VALUATION

기업가치평가

7판

TIM KOLLER, MARC GOEDHART, DAVID WESSELS 지음
김종일, 정경철, 권대욱 옮김

INFINITYBOOKS
인피니티북스

VALUATION (7th Edition)

Published by John Wiley & Sons, Inc., Hoboken, New Jersey.

Published simultaneously in Canada

저자 소개

저자들은 모두 McKinsey & Company의 전략 & 기업재무 분야의 전현직 컨설턴트들이다. 저자들은 컨설팅과 재무교육 분야에서 통합해서 85년 이상의 경험을 보유하고 있다.

Tim Koller는 McKinsey의 Connecticut주 Stamford 사무실의 파트너이며, McKinsey의 전세계 기업 재무 전문 컨설턴트로 이루어진 Strategy and Corporate Finance Insights 팀을 설립했다. 지난 35년간 Tim은 기업전략, 자본시장, M&A, 그리고 전략 수립과 자원 배분 분야에서 전세계 고객을 대상으로 컨설팅을 수행했다. 그는 기업가치평가와 자본시장 분야에서 연구활동을 이끌어왔다. McKinsey에 입사하기 전에서는 Stern Stewart & Company과 Mobil Corporation에서 근무하였으며, University of Chicago에서 MBA를 취득하였다.

Marc Goedhart는 McKinsey 암스테르담 사무실의 선임 컨설턴트이며, Erasmus University의 Rotterdam School of Management에서 기업가치평가 석좌교수이다. 지난 25년 넘게 Marc는 포트폴리오 재구축, M&A, 성과경영 분야에서 유럽의 고객들에게 컨설팅을 제공했다. 그는 Erasmus University에서 재무전공으로 박사학위를 받았다.

David Wessels는 University of Pennsylvania의 Wharton School 재무 전공 부교수이다. Bloomberg Businessweek에서 미국의 최고 경영학 강사 중 한 명으로 선정되었으며, MBA와 최고경영자 MBA 과정에서 기업 가치평가와 사모펀드 강의를 하고 있다. David는 또한 다수의 Fortune 500대 기업의 임원 및 최고경영자 개발 교수진을 도와주는 Wharton의 임원 및 최고경영자 교육 그룹의 책임자를 맡고 있다. 전에 McKinsey의 컨설턴트로 근무하였으며 UCLA에서 박사학위를 취득하였다.

McKinsey & Company는 글로벌 경영컨설팅 회사로서 다양한 조직들이 중요한 변화를 이루도록 헌신하고 있다. 130여개 도시와 65여개 이상의 국가에서 민간, 공공 및 사회 분야의 고객들이 과감한 전략을 수립하고 업무를 혁신하며 가치를 창출하는 기술을 내재화하도록 한다. 또한 고객들이 단순한 변화가 아니라 조직, 직원 및 사회 전반에서 중요한 변화를 지속할 수 있는 역량을 구축할 수 있도록 지원하는 역할을 하고 있다.

저자 서문

본서의 초판은 1990년대에 나왔지만 지속적으로 전 세계 독자들의 관심을 받아온 것은 우리에게 커다란 힘이 되고 있다. 우리는 본서가 이어져 올 수 있었던 이유가 본서에서 주장하는 접근방식이 일반적인 경제적 원리에 입각하고 있기 때문이라고 생각한다. 우리의 경험이 쌓이고 비즈니스와 금융이 날이 갈수록 진화하면서 본서의 내용을 개선, 업데이트 확장하고 있지만 이러한 근본적인 원칙은 변하지 않고 있다.

본서의 초판이 나온 이래 지난 30년간은 경영자와 투자자들이 지속적으로 기회와 도전에 직면해야 했던 경영사적으로 기념비적인 기간이었다. 2007년에 시작된 경제위기 및 이보다 거의 10년 전 인터넷 붐과 몰락을 통해 가치창출의 핵심원리는 모든 시장 환경에 계속 적용되는 일반적인 경제원칙이라는 우리의 확신이 공고해졌다. 따라서 인터넷 버블 기간의 주가에 나타난 비정상적인 높은 기대이익은 "새로운 경제성(new economy)"이 없었기 때문에 전혀 실현되지 않았다. 이와 유사하게, 2007년~2009년 금융위기 발발 2년 전에 금융 분야에서 보여준 비정상적으로 높은 이익은 과도했으며, 연이어 손실로 이어졌다. 비정상적인 이익은 지속될 수 없고 현실화될 수 없다는 경쟁의 법칙이 투자자에게 경각심을 주었어야 했다.

일부 기간의 기업 주가는 해당 기업의 가치에 대한 신뢰할 만한 지표가 아닐 수 있다는 사실을 오랜 기간에 걸쳐 확인할 수 있었다. 주식시장에서 보내는 가치신호는 때때로 신뢰할 수 없다는 사실에 비추어 기업의 경영자는 자신이 경영하는 기업의 내재가치와 가치창출의 방법을 항상 이해할 필요가 있다는 것을 좀 더 확실하게 해주었다. 우리는 경영관련 의사결정을 위한 지침으로써 가치평가에 대한 명확한 이해와 가치평가 기법이 기업의 성공을 위한 필수조건이라고 생각한다.

오늘날 주주 자본주의 성격의 변화를 요구하는 목소리가 높아지고 있다. 1장에서 설명한 것처럼 이러한 비판은 우리가 이 책에서 설명하는 가치 창출 원칙과 일치하지 않는 단기 성과에 대한 기업 경영자들의 잘못된 집중에서 비롯된다고 생각한다. 주주들을 위해 가치를 창출하는 것은 현재의 주가를 끌어올리는 것을 의미하는 것은 아니다. 그것은 이 책에서 설명한 기법을 적용하여 현재 주주와 미래의 주주 모두에게 가치를 창출하는 것을 의미한다.

왜 이 책이 필요한가?

모든 최고경영자들이나 임원들, 재무담당자들이 가치를 제대로 이해하고 있는 것 같지는 않다. 그러나 그들의 업무를 제대로 수행하고 그들의 책임을 충실히 수행하기 위해서는 이를 이해하는 것이 필요하다. 본서는 McKinsey 컨설턴트의 핸드북으로서 가치평가와 관련된 필요한 이해력 향상과 실무적인 내용을 전달한다. 우리는 자신의 기업가치를 창출하려는 현재와 미래의 경영자들과 투자자를 위하여 본서를 발간한다. 한편 가치평가 분야의 혼란스러움을 제거하여 전략과 재무분야의 연결고리를 명확히 하는데 그 목적이 있다. 본서는 최첨단의 학문적 화두를 풀어나가지만, 본서의 목적은 실제 적용에 있다. 우리가 집필을 제대로 하였다면 이 책은 커피 받침대가 아닌 밑줄과 메모, 형광펜 표시로 가득한 보물이 될 것이다.

이 책의 메시지는 단순하다: 주주들을 위한 진정한 경제적 가치를 창출할 때 기업은 성장할 수 있다는 것이다. 기업은 자신의 자본비용을 상회하는 수익률을 창출하는 투자 안에 투하자본을 투자함으로써 가치를 창출한다. 이 원칙은 시간과 장소를 불문하고 적용된다. 본서는 왜 핵심 가치창출 원리가 중요한지와 어떻게 가치를 향상시키는지 설명한다.

본서의 가치평가 테크닉과 관련된 내용들은 가치평가를 적절히 수행하기 위한 방법을 순차적으로 설명하고 있다. 우리는 우리가 실제 컨설팅을 수행할 때 사용하는 가치평가 체계를 설명하고, 가치평가 과정에서 발생하는 실무적인 판단을 강조하는 구체적인 사례 연구를 제시할 것이다. 본서의 경영자와 관련된 내용들은 경영에 대한 올바른 의사결정을 위해 가치평가의 사용방법을 설명하고 있다. 특별히, 아래 항목들을 이해하는 데 도움이 될 것이다.

- 여러 전략적 대안이 존재할 때 각 전략을 가치평가를 수행함으로써 최선의 대안을 선택할 수 있다.
- 어떤 사업부문이 모기업의 가장 잘 할 수 있는 부문인지, 혹은 특정사업에 대해 다른 기업이 할 때 더 잘 할 수 있는 사업인지를 이해하도록 하여 기업의 사업 포트폴리오를 구성하도록 도와준다.
- 기업인수, 사업부문 매각, 구조조정 등 기업의 주요 활동을 평가할 수 있게 해 준다.
- 기업의 성과평가 시스템을 개선하여 기업의 하부구조들이 더 많은 기업가치를 창출할 수 있는 구조로 개선한다.
- 누구에게 의사를 전달하고 누구로부터 이야기를 들어야 할지, 어떻게 의사소통을 해야 할지 등 투자자와 효과적으로 의사소통한다.

- 기업의 전략을 보조하고 재무적 위험을 최소화시킬 수 있는 효과적인 재무구조를 디자인한다.

본서의 구성

이번 7판에서는 지난 10년간의 경제적 사건, 새로운 학문적 발전, 저자들의 경험을 반영하며 실제 경영상의 문제에 재무관리를 구체적으로 적용하는 등 확장이 이어졌다. 7판은 각각 차별적인 목적을 가진 다섯 개의 부로 구성되어 있다.

1부, "가치창출의 기본원리"는 가치창출의 전반적인 개괄을 제공한다. 경영자는 즉각적인 주가 상승을 추구하는 현재의 몇몇 주주가 아닌 현재 및 미래 주주를 위한 장기적인 가치창출에 초점을 맞춰야 한다는 사례를 제시한다. 우리는 가치창출의 두 가지 핵심원리를 설명한다: (1) 투하자본이익률과 성장률이 현금흐름을 창출하며 이는 가치를 창출한다. (2) 가치보전의 원칙으로서 현금흐름을 창출하지 못하는 어떤 것도 가치를 창출하지 못한다(만약 리스크를 감소시키지 않는다면), 우리는 각 장을 전략적 원칙과 경험적 직관을 포함한 투하자본이익률과 성장률에 초점을 두었다.

2부, "가치평가의 핵심 방법론"은 기업가치 산출을 위해 DCF 사용을 위한 독립적인 핸드북이다. 독자들은 과거실적 분석, 잉여현금흐름 추정, 적절한 자본비용 산출, 가치의 원천 파악, 결과 해석 등에 대한 방법을 배우게 될 것이다. 또한 우리는 DCF 가치평가를 보충하기 위한 유사기업의 배수법을 사용하는 방법을 보여준다.

3부, "가치평가의 고급 방법론"은 세금, 퇴직연금, 충당부채, 소자본 비즈니스 모델, 인플레이션, 외환 등 복잡한 이슈들을 가치평가 과정에서 어떻게 분석하고 포함할지에 대해 설명한다. 또한 대체적인 자본이익률 측정과 적용에 대해 논의한다.

4부, "가치창출의 경영전략"은 가치창출의 원칙을 경영자가 직면하는 실무적인 의사결정에 적용한다. 사업 포트폴리오를 어떻게 디자인할 것인가, 어떻게 효과적인 전략과 성과 경영 프로세스를 계획할 것인가, 인수 · 합병 및 매각을 통해 어떻게 가치를 창출할 것인가, 적절한 자본구조와 배당정책을 어떻게 구성할 것인가, 자본시장에서 어떻게 의사소통을 향상시킬 것인가를 설명한다.

5부, "특수한 분야의 가치평가"는 좀 더 복잡한 맥락에서 가치평가를 다루게 된다. 고성장 기업, 신흥시장 기업, 경기변동형 기업, 은행 등의 가치평가에 도전하게 된다. 추가적으로, 불확실성 및 유연성이 어떻게 가치평가에 영향을 끼치게 되는지, 의사결정트리와 옵션가격결정이론을 어떻게 가치평가에 적용할지를 보여주게 된다.

마지막으로 9개의 부록들은 이책에 포함된 우리의 방법론을 완전하게 제공한다. 이 부록에서 방법론을 실제로 적용할 때 도움이 될 수 있는 추가적인 이론적인 증명, 수학적 공식 그리고 기초적인 계산이 제공된다. 특히 부록 H는 이번 판에 소개된 Costco 사례의 종합적인 가치평가를 위한 스프레드시트 한곳에서 설명한다.

가치평가 스프레드시트

엑셀 스프레드시트를 이용한 가치평가 모델이 온라인 다운로드를 통해 이용가능하다. 이 가치평가 모델은 우리가 실제로 사용하는 모델과 유사하다. 실무자들은 인수합병, 구조조정을 위한 사업부의 가치평가, 가치중심 경영, 주요 전략적 의사결정의 가치평가 등 다양한 상황에서 이 모델을 이용할 수 있다. 우리는 이 모델을 이용한 당신의 어떤 의사결정에도 책임이 없다는 점을 밝힌다. 이 모델의 구입에 관심이 있으면, 미국 (800) 225-5945으로 전화하거나, www.wileyvaluation.com.을 방문하라.

감사의 글

어떠한 책도 저자 혼자 노력해서 나오지는 않는다. 특히 McKinsey의 전략 & 기업재무 부문 전문가들의 노력과 전세계 컨설턴트들의 경험의 집합체인 본서도 절대 예외가 아니다.

무엇보다도 우리는 처음 3판까지 공동저자였던 Tom Copeland와 Jack Murrin에게 감사드리고 싶다. 본서의 빠른 성공과 현재 저자들에 대한 멘토링 그리고 현재 7판이 나올 수 있는 토대를 만들기 위한 그들의 노력에 대해 우리는 빚진 바가 크다.

Ennius Bergsma에게 특별한 감사를 드린다. Ennius는 1980년대 중반에 McKinsey의 전략 & 기업재무 부문 발전의 기초를 닦았다. 그는 McKinsey 내부 Valuation 핸드북에 대한 기초를 만들었으며, 이 핸드북이 외부인들을 위한 실제 책으로 거듭나는데 중요한 후원자 역할을 하였다.

Bill Javetski는 선임 편집자로 우리의 아이디어를 깔끔하고 간결하게 만들어 주었다. Dennis Swinford는 390개 이상의 표와 그림을 편집 및 감수하고 본문과 어울리도록 하였다. Karen Schenkenfelder는 전과정을 통해 사려깊은 편집과 피드백을 주었다. 우리는 그녀의 세밀한 부분까지 살피는 꼼꼼함에 큰 도움을 얻었다.

Tim과 Marc는 매일 우리의 생각에 영향을 주는 헌신적인 기업재무 전문가 그룹으로 이루어진 McKinsey의 Strategy & Corporate Finance Insights 팀의 설립자이다. Bernie Ferrari가 이 팀을 이끌고 발전에 도움을 준 것에 특히 감사한다. 이 팀은 현재 Werner Rehm과 Chris Mulligan이 이끌고 있다. Haripreet Batra, Matt Bereman, Alok Bothra, Josue Calderon, Susan Nolen Foushee, Andre Gaeta, Prateek Gakhar, Abhishek Goel, Baris Guener, Paulo Guimaraes, Anuj Gupta, Chetan Gupta, Peeyush Karnani, David Kohn, Tarun Khurana, Bharat Lakhwani, Ankit Mittal, Siddharth Periwal, Katherine Peters, Abhishek Saxena, João Lopes Sousa, Ram Sekar, Anurag Srivastava와 Zane Williams와 같은 다른 리더들에게도 감사를 전한다.

우리는 본서에 사용된 자료들를 위해 Peter Stumpner가 이끄는 McKinsey의 Corporate Performance Analytics(CPAnalytics)를 적극 활용하였다. Josue Calderon와 Anuj Gupta가 이끄는 R+I Insights 팀에도 감사한다. Rafael Araya, Roerich Bansal, Martin Barboza, Abhranil Das, Carlo Eyzaguirre, Jyotsna Goel, Dilpreet Kaur, Kumari Monika, Carolina Oreamuno, Victor Rojas와 Sapna Sharma를 포함한 이 팀은 우리를 위해 다양한 분석을 수행하였다. 과거 McKinsey의 동료이자 멘토인 Dick Foster는 CPAnalytics의 발전에 도움을 주었다.

Georgetown University의 재무 교수인 Michael Cichello는 이 책의 대학교 버전에 대한 연습문제와 시험 문제와 해답들을 포함한 다양한 교육자료를 만들어 주었다. 이러한 교육자료는 이 책을 재무 수업의 교재로 사용하는 교수와 학생들에게 중요한 보조자료가 될 것이다.

5판과 함께 McKinsey는 가치: 기업재무의 4개의 초석(Value: The Four Cornerstones of Corporate Finance)이라는 얇은 책을 발간하였는데 이 책은 복잡하고 상세한 수식이나 테크닉 없이 경영자와 투자자에게 가치의 원리와 시사점을 설명한다. 우리는 이 책의 공동저자인 Richard Dobbs과 Bill Huyett의 아이디어에서 큰 도움을 얻었다.

본서의 이론적 근원은 자본예산의 현재가치법과 노벨상 수상자인 Merton Miller와 Franco Modigliani의 1961년 Journal of Business에 게재된 논문인 "Dividend Policy, Growth, and the Valuation of Shares"로부터 발전된 가치평가 방법론에 있다. 다른 이들은 그들의 방법론을 대중화하였다. 특히 Northwestern University의 명예교수인 Alfred Rappaport와 Stern Stewart & Co의 고(故) Joel Stern이 Miller-Modigliani의 기업가치평가 방법론을 실제 세상에 적용시킨 대표적인 분들이다. 이러한 분들 이외에 가치평가, 기업재무, 그리고 전략에 대한 지식을 다듬에 주신 분들에게 감사드리고 싶다. Buford Alexander, Tony Bernardo, Richard Dobbs, 고(故) Mikel Dodd, Bernie Ferrari, Dick Foster, Bob Holthausen, Bill Huyett, Rob Kazanjian, Ofer Nemirovsky, Eduardo Schwartz, Chandan Sengupta, Jaap Spronk, the late Joel Stern, Bennett Stewart, Sunil Wahal, 그리고 Ivo Welch의 도움과 가르침에 감사드린다.

수많은 동료들은 우리와 7판 작업을 함께 하며 본서의 완성에 핵심적인 도움이 되었다. 1부 "가치창출의 기본원리"의 경우 David Schwartz, Bill Javetski, 그리고 Allen Webb이 책을 쓸 때 늘 어려운 첫 번째 장을 집필하는 데 도움을 주었다. 6장의 ESG 가치평가에 대한 논의는 Witold Henisz과 Robin Nuttall이 공동집필한 기사의 도움을 받았다. 같은 장에 있는 디지털 계획에 대한 논의는 Liz Ericsson과의 공동작업에서 도움을 받았다.

수년동안 우리는 2부와 3부의 많은 기업들의 가치를 평가하였다. Wharton의 대학원생인 Caleb Carter과 Daniel Romeu는 방대한 분석을 수행하여 여러 절에 사용된 것에 감사한다.

4부 "가치창출의 경영전략"에서는 기업들이 어떻게 전략을 수행하고 자원을 배분하는지에 대한 새로운 새로운 통찰력을 제시하였다. 우리는 이러한 작업에 도움을 준 Chris Bradley, Dan Lovallo, Robert Uhlaner, Loek Zonnenberg 그리고 다른 수많은 분들에게 감사한다. Matt Gage와 Steve Santulli는 M&A 분야에 대한 분석을 해주었다. 투자자와의 의사소통 분야는 Rob Palter와 Werner Rehm의 도움을 받았다. 5부 "특수 상황"의 경우 Marco de Heer의 졸업논문이 경기변동형 기업들의 가치평가 장의 기초가 되었다.

물론 McKinsey의 Strategy & Corporate Finance Practice의 리더인 Martin Hirt와 Robert Uhlaner의 지원과 격려가 없었다면 이 책에 많은 시간과 에너지를 쏟지 못했을 것이다. Lucia Rahilly와 Rik Kirkland는 McKinsey의 외부 출판 팀으로부터 우수한 편집지원을 받도록 애써 주었다.

우리는 이전 6판까지 책에 기여한 모든 분들에게 감사를 전한다. 30여년 전에 이 책의 최초 원고 개발을 위해 늦은 밤까지 애써 준 Dave Furer에게 커다란 신세를 졌다. 6판까지 기여한 Ashish Kumar Agarwal, Andre Annema, Bing Cao, Bas Deelder, Ritesh Jain, Mimi James, Mauricio Jaramillo, Bin Jiang, Mary Beth Joyce, Jean-Hugues Monier, Rishi Raj, Eileen Kelly Rinaudo, Ram Sekar, Saravanan Subramanian, Zane Williams, Angela Zhang과 언급되지 않은 많은 분들에게 감사를 드린다.

이전 책들과 이번 판의 책은 다음 분들의 수고와 아이디어 그리고 분석으로부터 만들어졌다. Carlos Abad, Paul Adam, Buford Alexander, Petri Allas, Alexandre Amson, André Annema, the late Pat Anslinger, Vladimir Antikarov, Ali Asghar, Bill Barnett, Dan Bergman, Olivier Berlage, Peter Bisson, the late Joel Bleeke, Nidhi Chadda, Carrie Chen, Steve Coley, Kevin Coyne, Johan Depraetere, 고(故) Mikel Dodd, Lee Dranikoff, Will Draper, Christian von Drathen, David Ernst, Bill Fallon, George Fenn, Susan Nolen Foushee, Russ Fradin, Gabriel Garcia, Richard Gerards, Alo Ghosh, Irina Grigorenko, Fredrik Gustavsson, Marco de Heer, Keiko Honda, Alice Hu, Régis Huc, Mimi James, Bin Jiang, Chris Jones, William Jones, Phil Keenan, Phil

Kholos, David Krieger, Shyanjaw Kuo, Michael Kuritzky, Bill Lewis, Kurt Losert, Harry Markl, Yuri Maslov, Perry Moilinoff, Fabienne Moimaux, Mike Murray, Terence Nahar, Rafic Naja, Juan Ocampo, Martijn Olthof, Neha Patel, Vijen Patel, John Patience, Bill Pursche, S. R. Rajan, Werner Rehm, Frank Richter, David Rothschild, Michael Rudolf, Yasser Salem, Antoon Schneider, Ram Sekar, Meg Smoot, Silvia Stefini, Konrad Stiglbrunner, Ahmed Taha, Bill Trent, David Twiddy, Valerie Udale, Sandeep Vaswani, Kim Vogel, Jon Weiner, Jack Welch, Gustavo Wigman, David Willensky, Marijn de Wit, Pieter de Wit, Jonathan Witter, David Wright, 그리고 Yan Yang.

본서의 원고를 준비하고 이메일, 전화 등 책으로 나오기까지의 전 과정을 조율한 우리 비서 Sue Cohen과 Laura Waters에게 감사한다.

또 우리는 John Wiley & Sons에서 본서를 맡은 팀인 Bill Falloon, Meg Freeborn, Purvi Patel, Carly Hounsome, 그리고 Kimberly Monroe-Hill에게 감사를 전한다.

마지막으로 Melissa Koller, Monique Donders, Kate Wessels와 우리의 아이들인 Katherine, Emily, and Juliana Koller; Max, Julia, and Sarah Goedhart; and Adin, Jacob, Lillia, and Nathaniel Wessels에게 감사한다. 우리의 부인들과 가족들은 진정한 힘의 원천이다. 그들의 격려와 성원, 그리고 희생이 없었다면 이 책의 출간은 불가능했을 것이다.

역자 서문

본서의 6판이 2017년 8월에 국내에 소개된 이래 5년 만에 7판을 출간하게 되었다. 국내의 수많은 독자들이 오랫동안 기다려온 뜻깊은 순간이며 저자들에게는 산고의 기쁨을 맛보는 영광스러운 순간이기도 하다. 우여곡절 끝에 빛을 보지 못한 5판을 제외하고 4판, 6판에 이은 저자(들)의 3번째 작품으로서 지난 10년간의 데이터가 업데이트 되었으며 McKinsey 경험의 완숙미가 반영된 작품으로 볼 수 있다.

본인은 1996년 미국 유학 시절 M&A 강좌에서 본서 2판을 처음으로 접할 수 있었는데 벌써 20여 년이 흘렀지만 그 때의 기쁨은 지금 생각해봐도 상당히 큰 것이었다. 가치평가와 관련된 이론과 경험을 놀라울 정도로 논리 정연하게 다룬 서적은 처음이었기 때문이다. 당시 해당 강좌의 담당 교수님께 수시로 찾아가 본서에 나와 있는 부분들에 대해 논의하고 한국의 특수한 상황에 대해 상의를 드렸던 기억들이 새록새록 떠오른다.

4판이 국내에 소개된 이후 국내 가치평가 분야도 많은 변화를 겪고 있다. 첫째, 2011년 국제회계기준(IFRS)의 전면시행을 들 수 있다. IFRS의 주요한 특징 중의 하나는 엄격하고 광범위한 공정가치(fair value) 평가제도가 도입되었다는 점이다. 금융상품의 공정가치 평가, 영업권을 포함한 자산의 손상차손 인식, 기업결합 시 취득법의 회계처리 등을 들 수 있다. 이외에 상환전환우선주(RCPS)의 부채 · 자본 분류이슈, 제3지정 콜옵션부 전환사채의 별도 회계처리 이슈 등 다양한 회계처리 이슈가 등장하였다.

둘째, 가치평가와 관련된 사회적 이슈가 크게 증가하고 있다는 점이다. 동원산업-동원엔터프라이즈 합병비율 논란, 교보생명-투자기관 풋옵션 논쟁, 삼성물산과 제일모직 합병비율 쟁점, 삼성바이오에피스관련 삼성바이오로직스 공모가 이슈 등 과거에 비해 기업가치평가와 관련하여 법적 · 사회적 관심이 높아지고 있다는 것이다.

셋째, 무형자산 가치평가에 대한 보편화를 들 수 있다. 기술거래, 기술사업화 및 기술지주회사의 정책적 지원, 지적재산권의 강화, 기업결합 과정에서 무형자산의 인식 등 무형자산 가치평가가 활성화되고 있으며 이에 따라 전문평가기관 및 관련시장이 크게 성장하고 있다.

다섯째, 국내 가치평가기관의 성장을 들 수 있다. 가치평가시장의 성장에 힘입어 기존 외국계 대형컨설팅회사 및 Big 4 회계법인을 넘어 중소형 회계법인, 중소형 가치평가전문 컨설팅회사, 신용평가법인 자회사 등이 관련시장에 등장하고 있다.

가치평가이론은 여러 분야에 적용될 수 있다. 비상장주식의 가치산정, 상장주식의 저평가 또는 고평가 여부결정, M&A에서 인수가격 산정, 법정관리에서 청산가치 및 계속기업가치 산정, 기업공개(IPO)시 공모가 산정, 세무상 주식평가금액 산정, 손해배상 및 배임관련 민 · 형법상 공정가치 산정, 합병비율 산정, 신규사업 타당성 검토, 가치경영을 위한 성과측정, 재무제표 작성 및 공시를 위한 공정가치 측정 등 다양한 분야에 이용될 수 있다. 가치평가이론 중 본서가 주로 다루고 있는 현금흐름할인(DCF)모형은 여러 분야에 공통적으로 적용될 수 있으므로 본서를 가치평가이론의 기본서 및 전문서로 광범위하게 확대 응용할 수 있을 것이다.

유학을 마치고 한국에 귀국하였을 때는 IMF가 막 터져 국내 경제가 아주 안 좋은 상황이었으며 기업구조조정의 여파 속에 주로 해외투자자들의 주도하에 국내기업 M&A가 활발히 진행되고 있었다. 개인적으로는 유학 이전의 컨설팅 경험과 유학과정에서 배운 기업가치평가 이론을 바탕으로 다수의 딜(deal)을 훌륭히 소화해 낼 수 있었다. MBA 과정에서 본서로 배운 기업가치평가 이론이 엄청난 자산이 된 것을 여러 차례 느낄 수 있었으며 현재까지도 지속적으로 축적이 되고 있다. 유학시절 본서를 접할 수 있었던 기회가 커다란 행운이었던 셈이다.

인피니티북스로부터 4판, 6판에 이어 7판에 대한 제의를 받은 지 벌써 1년 반이 넘는 시간이 흘렀다. 돌이켜보니 꽤 오랜 시간이 흘렀다. 사실 출판에 대한 기쁨보다는 완벽한 번역에 대한 미련과 아쉬움이 남는다. 4판, 6판과 마찬가지로 7판도 유명한 저서에 대한 기쁨과 함께 두려움이 느껴졌다.

저자(들)은 그 동안 기업가치평가 분야에서 많은 활동을 하고 있었는데 해당 원서 및 번역서는 가치평가분야에서 자타가 공인하는 최대 역작으로 인정받고 있었다. 아마 이러한 점은 국내뿐만 아니라 전 세계적으로 의심의 여지가 없는 듯하다. 본서가 국내에 소개된 이래로 기업가치평가 관련 입문자, 실무자뿐만 아니라 전문가에게도 지금까지 제1의 바이블로 활용되고 있다. 특히 본서의 1부 및 4부는 가치경영을 중시해야하는 현대 기업경영에서 경영자들에게 훌륭한 지침서가 될 수 있을 것이다.

본인 및 주변의 많은 노력에도 불구하고 본서 저자들의 완벽함과 훌륭함을 따라가기에는 많이 부족할 것이다. 이러한 부족한 점들은 향후 독자 여러분들의 지적과 의견을 반영하여 보완해 나갈 계획이다. 1년 반 동안의 번역과정을 마치고 7판 개정판을 독자들에게 선을 보이게 되어 홀가분하기도 하지만 한편으로는 무거운 사명감을 느끼게 된다. 독자 여러분들의 끊임없는 성원과 질책을 기다린다.

무엇보다 본서가 출간되기에는 인피니티북스 한혜인 대리님의 끝없는 인내와 치밀함, 투철한 프로의식의 도움이 절대적으로 컸다. 그리고 초기 번역을 각고의 고생 끝에 완성해준 경북대 권준엽 교수님과 울산대 김효은 교수님에게 이 자리를 빌려 깊은 감사를 드린다. 또한 본서의 출간에 힘써주신 인피니티북스 채희만 사장님과 직원 여러분께 깊은 감사를 드린다.

2022년 6월

역자 일동 씀

역자 약력

김종일(Jong-Il Kim), jayk@catholic.ac.kr, jayk@kicpa.or.kr

고려대학교 경영학과

Washington University MBA(Olin School in St. Louis)

고려대학교 경영학 박사

현) 가톨릭대학교 경영학부 교수

〈특기사항〉

- 한국공인회계사
- 세무사
- 미국공인회계사
- 미국선물거래사
- 한국회계학회 최우수 학위논문상 수상(2007년)
- 삼일회계법인 저명교수 선정(2021년)

〈주요 경력〉

- Deloitte 안진회계법인: 컨설팅본부
- E&Y 한영회계법인: 국제본부
- 한국씨티은행: 기업여신심사팀
- 신한금융투자: 기업금융본부 Equity Capital Market
- 삼성화재: 기업연금파트
- 한국공인회계사회 가치평가위원회 위원장
- 한국회계학회 공정가치회계위원회 위원장
- 한국전력공사 매각심사위원회 심사위원
- 한국서부발전(주) 투자심의위원회 심의위원
- 국민연금기금 대체투자위원회 위원
- 한국석유공사 투자심의위원회 위원
- 농업정책보험금융원 농식품모태펀드 투자관리심의위원회 위원
- 제주국제자유도시개발센터(JDC) 투자 및 자금운용심의위원회 위원

- 경찰공제회 외부심의위원
  (리스크관리위원회, 대체투자실무협의회의 및 투자심사위원회)
- 서울주택도시공사 투자심사위원회 위원
- 한국토지주택공사(LH) 기술심사평가위원
- 근로복지공단 근로복지진흥기금운용심의회 심의위원
- 건설공제조합 리스크관리위원회 위원
- 사학연금(사립학교교직원연금공단) 투자심의위원회 위원
- 스톤브릿지벤처스(주) 사외이사
- SK쉴더스(주) (前 ADT캡스) 이사회 의장 겸 사외이사
- 글로벌경영학회 부회장
- 한국회계정책학회 부회장
- 한국회계학회 회계저널 편집위원장
- 한국연금학회 편집이사
- 금융감독원 회계심의위원회 위원
- 한국거래소 기업심사위원회 심의위원단 위원
- 한국거래소(KRX) 주가지수운영위원회 위원
- (증권선물위원회) 회계감리위원 위원
- 공기업 · 공공기관 경영평가단 평가위원
- 문화방송(MBC) 경영평가위원
- 한국전력공사 매각심사위원회 심사위원
- 정보통신산업진흥원 누리꿈스퀘어 운영위원회 운영위원
- 한전KPS(주) 환위험관리위원
- 농림축산식품부 부정수급자심의위원회 위원
- 한국상장회사협의회 지배구조 자문위원회 자문위원
- 대한민국 브랜드대상 심사위원
- 사회복지법인 자애종합복지원 이사
- 한국디자인진흥원 비상임 감사
- 한식진흥원 비상임 감사
- 한국공인회계사, 관세사, 세무사, 경영 · 기술지도사 등 국가시험 출제위원
- Cross border M&A Insight
  (공저, 단행본, 한국소재부품투자기관협의회, 2018.01)
- 현금흐름표를 알면 성공이 보인다
  (대표저자, 제1판, 리스크컨설팅코리아, 2018.02.23)
- 재무제표분석과 기업가치평가
  (대표저자, 제1판 3쇄, 도서출판 탐진, 2021.02.03)
- K-IFRS 회계학 원론(공저, 제4판, 퍼스트북, 2022.03.02)

- 재무회계(대표저자, 제6판, 도서출판 탐진, 2021.03.08)
- 기업가치평가실무(대표저자, 제8판, 조세통람, 2021.01.05.)

정경철(Kyoung-Chol Jung), kcjung@knu.ac.kr

고려대학교 경영학과

고려대학교 경영학 석사

고려대학교 경영학 박사

현) 경북대학교 경영학부 교수

<특기사항>

- 한국공인회계사
- 세무사
- 미국공인회계사
- 한국회계학회 최우수 학위논문상 수상(2018년)
- 세종도서 학술부문 선정(2021년)

<주요 경력>

- 삼일회계법인
- PwC(미국 Atlanta office)
- 경북대학교기술지주(주) 대표이사
- 경북대학교 테크노파크 단장
- 경북대학교 기업기술경영지원센터 센터장
- 경북대학교 산학협력단 산학협력본부장
- 경북대학교 기술사업화센터 센터장
- 대구테크노파크 경북대학교센터 센터장
- 대구경북지방중소벤처기업청 · 경북대학교 중소기업성장지원센터 센터장
- 경북대학교 창업지원단 부단장
- 아시아사이언스파크협회(ASPA) 이사
- ㈜한솔테크닉스 사외이사 겸 감사위원장
- ㈜제이에스코퍼레이션 사외이사 겸 감사위원
- 한국개발연구원(KDI) 경제정책 자문위원
- 한국가스공사 재무위험관리위원회 위원
- 경북대학교병원 경영혁신위원회 위원
- 한국회계학회 공정가치회계위원회 위원

- 한국공인회계사회 윤리조사심의위원회 위원
- 한국공인회계사회 저널편집위원회 위원
- 한국회계학회 회계저널 편집위원회 편집위원
- 글로벌경영학회 사무국장
- 한국회계학회 이사
- 한국회계정보학회 이사
- 한국관리회계학회 이사
- 한국세무회계학회 이사
- 경북대학교 공공기관경영자과정 책임교수
- 한국공인회계사, 관세사 등 국가시험 출제위원

권대욱(Dae-wook Kwon), will.daewook.kwon@gmail.com

연세대학교 응용통계학 및 국제학 복수전공 졸업

〈특기사항〉

- Chartered Financial Analyst(CFA)
- CFA 영국협회 ESG Investing certificate 보유
- 출간 보고서: Global Energy Perspective 2021, McKinsey Energy Insights(2021)
- 출간 보고서: Global Energy Perspective 2019, McKinsey Energy Insights(2019)
- 출간 보고서: Smart Cities: Digital Solutions for a more livable future, McKinsey Global Institute(2017)

〈주요 경력〉

- 맥킨지 네덜란드 암스테르담 사무소 Energy Insights 부서 팀장
- 맥킨지 미국 샌프란시스코 사무소 McKinsey Global Institute 연구위원
- 비영리 사단법인 글로써스 Founder and President
- 세계경제포럼 한국 청년 지부 리더
- 현) 맥킨지 한국사무소 부파트너
- 현) 맥킨지 Strategy & Corporate Finance 부서 M&A Service line 한국 리더
- 현) 맥킨지 Global Energy and Materials 부서 한국 리더

일러두기

핵심용어

본서에서는 기업가치평가의 여러 가지 방법 중 현금흐름할인 접근법(discounted cash flow approach, 이하 'DCF접근법')을 가장 주요한 평가방법론으로 소개하고 있다. DCF접근법에서 가장 핵심적인 두 축인 현금흐름과 할인율에 관련된 핵심개념들은 다음 표와 같다.

원어	우리말 번역	본문에서 사용한 용어
earning before interest and taxes	이자비용, 법인세 차감전 이익	EBIT
earning before interest, taxes and amortization	이자비용, 법인세, 무형자산상각비 차감전 이익	EBITA
net operating profit after taxes	세후영업이익	NOPAT
free cash flow	잉여현금흐름	FCF
continuing value	영구가치	CV
invested capital	(영업용)(투하)자본 (영업용)(투하)자산	투하자본, IC
return on invested capital	투하자본이익률	ROIC
weighted average cost of capital	가중평균자본비용	WACC
economic profit	경제적 이익	EP

NOPAT : 핵심영업에서 창출되는 세후영업이익으로 비영업용 자산이나 자본구조와 상관이 없는 이익이다. 즉 비영업용 자산으로부터 발생하는 수익이나 이자비용 등 자본조달비용을 제외하며 모든 투자자가 이용할 수 이익에 해당한다.

free cash flow : FCF는 재무관련 서적에 '잉여현금흐름'이라고 소개되는 일반적인 용어이다. 영업활동으로 창출되는 현금흐름 중 주주 및 채권자 모두에게 귀속될 수 있는 현금흐름이라는 의미를 담고 있다. 즉, 영업활동으로 창출된다는 측면에서는 영업활동 현금흐름과 동일하지만, 그 현금흐름이 누구에게 귀속되는가에 보다 초점을 맞춘 표현으로 이해할 수 있다. 본서에서는 전체 투자자에게 귀속되는 현금흐름을 FCF, 주주에게 귀속되는 현금흐름을 '자기자본현금흐름(equity cash flow)'으로 표현하고 있는데, 학자에 따라서는 이를 각각 FCFF (free cash flow to firm)과 FCFE (free cash flow to equity)라는 표현을 사용하기도 한다 (Aswath Damodaran, Investment Valuation, John Wiley & Sons, Inc., 2002)

continuing value : DCF의 일반적인 모델에서는 일정기간은 평가대상의 현금흐름을 면밀히 추정하고 그 기간 이후에는 일정한 패턴을 가진 현금흐름이 영구히 지속됨을 가정하여 두 기간을 구분하여 평가하도록 하고 있다. 이 중 continuing value는 현금흐름추정 기간 이후에 발생되는 현금흐름에 대한 가치로써, 북미권에서는 'continuing value'(본서), 'residual value'(Alfred Rappaport, Creating Shareholder Value, The Free Press, 1986), 'terminal value'(Damodaran, 전게서) 등 다양한 표현으로 소개 되고 있는 개념이며 국문으로도 '잔존가치', '영구가치', '잔여가치' 등 다양한 용어로 소개되고 있다. 본서에서는 '잔존가치', '잔여가치' 등의 용어는 전체가치에서 무엇인가를 차감하고 남은 가치를 의미하는 듯한 어감을 준다는 지적에 따라 '영구가치'라는 용어를 사용하였다.

invested capital : 흔히 '투하자본'으로 번역되며, 영업활동에 직접 관련이 있는 자본만을 의미한다는 점에서 총투자재원(total funds invested)과 구분된다. 즉, invest capital도 자기자본이나, 타인자본 모두의 투자를 합해서 통칭한다는 의미에서는 총투자재원과 비슷하나, 투하자본은 비영업용 자산을 제외한 순수 영업용 자산에 투자된 금액만을 의미한다는 점에서 차이가 있다. 이러한 순수 영업활동에 대한 자기자본과 타인자본의 투자금액은 자본의 원천을 나타내는 재무상태표의 대변에서 구하기에는 어려움이 있다. 이에, 투하자본은 자본의 운용을 나타내는 재무상태표의 차변, 즉 자산 쪽에서 구하는 것이 일반적이며, 총자산에서 비영업용 자산을 차감함으로써 구할 수 있다.

return on invested capital : 말 그대로 '투하자본이익률'이며, 투하자본의 의미와 일관되게 순수 영업활동으로 발생한 이익만을 대상으로 하는 개념이다.

economic profit : 일반적으로 사용되는 'EVA'(economic value added, 경제적 부가가치)와 동일한 개념으로 영업활동에서 창출한 영업이익에서 법인세 및 자본조달에 따른 대가를 차감하여 측정한다. 즉 타인자본 사용에 따른 대가인 타인자본비용인 이자비용 뿐만 아니라 자기자본 사용에 따른 대가인 자기자본비용도 고려한다. 본문에서 '경제적 이익' 혹은 'EP'라는 표현을 사용하였다.

주요용어

위에서 언급한 핵심용어들 이외의 주요 용어에 대한 번역 및 해설은 다음과 같다.

annuity : 동일한 금액이 미리 정해진 일정에 따라 발생하는 현금흐름으로 '연금'으로 번역되었다. 하지만 이것이 꼭 퇴직연금 등의 제도적 연금을 의미하는 것은 아니다.

capitalize/capitalization : '자본화하다'/'자본화'로 번역되며 실제로 영업활동 등에 사용하고 있으나, 재무상태표상에 자산으로 표시되고 있지 않은 실체를 자산으로 환원하는 수정행위를 의미한다. 가장 좋은 예로 리스를 들 수 있는데, 리스는 대상 자산을 취득하는 것이 아니라 일정한 리스료를 지불하고 그 자산을 빌려 사용하는 것이다. 그런데, 이 경우 해당 리스자산은 NOPLAT을 창출하는 투하자본의 역할을 하지만, 그 리스자산은 재무상태표상에서 찾을 수 없으므로 투하자본에 포함시키지 않는 오류를 범하기 쉽다. 이를 방지하기 위하여 리스료를 리스자산으로 환원하여 투하자본에 포함되도록 조정하는 행위를 의미한다. '자본화'의 과정이란 해당 'annuity'의 1회 금액을 해당 자본비용으로 나누어 자산취득을 위해 당초에 조달했을 자본금액을 구하는 것이다.

debt : 이자발생 부채(interest-bearing debt, IBD)를 의미하며 '이자발생 부채'와 '비이자발생 부채'를 통칭하는 부채(liabilities)와는 다른 개념이다. 문맥에 따라 '이자발생부채', '차입성 채무', '차입금', '타인자본', '부채' 등의 용어를 사용하였다.

earnings before interest and taxes : 이자비용, 법인세 차감전 이익으로 번역할 수 있으나 본문에서 'EBIT'라는 용어를 사용하였다.

earnings before interest, taxes and amortization : 이자비용, 법인세, 무형자산상각비 차감전 이익으로 번역할 수 있으나 본문에서 'EBITA'로 사용되며, 흔히 사용하는 EBITDA에서 유형자산에 대한 감가상각을 고려하지 않은 개념이다.

excess cash : '과다보유 현금'으로 번역하였으며, 영업상 필요한 규모를 초과하여 보유한 현금으로 이 초과분은 영업활동에 기여하지 못하는 '비영업용 자산'으로 분류된다.

levered beta/unlevered beta : '차입 베타'/'무차입 베타'로 번역

margin : 문맥에 따라 '이익' 또는 '이익률'로 번역

market to book ratio : '시가대장부가비율'로 번역

market value : 문맥에 따라 '시장가치', '시가' 혹은 주식시장에서의 '시가총액'으로 번역

minority interest : 흔히 '소수주주지분'이나 '외부주주지분'으로 번역되나, '소수주주지분'의 경우 지분율이 과반에 못미치는 경우만을 의미하는 것으로 오해될 수가 있어 '외부주주지분'으로 통일하여 번역하였다.

nonoperating : 재무제표에서 자산을 의미할 때는 '비영업(용)'으로 번역하였으며, 손익을 의미할 경우에는 '영업외'로 번역하였다.

operating cash flow : '영업현금흐름'으로 번역

perpetuity : 영구히 지속되는 'annuity'의 한 형태로 '영구연금'으로 번역하였다.

tax shield : 이자비용 등으로 인한 법인세의 감면효과로 '절세효과'로 번역하였다.

total returns to shareholders : 전통적인 배당수입뿐 아니라, 주가의 변동으로 인한 자본차익까지 포괄하는 넓은 의미의 주주수익률로 '주주총수익률'로 번역하였다.

treasury stock : '자사주'로 번역

weighted average cost of capital : FCF를 할인하기 위한 할인율로, 타인자본비용과 자기자본비용을 구성비에 따라 가중한 값으로 '(가중평균)자본비용' 혹은 'WACC'로 표기하였다.

차례

표 차례

가치창출 기본원리

VALUATION Measuring and Managing the Value of Companies

1부

1장

가치를 평가하는 이유

사업의 가치를 창출하는 원리는 아주 단순한 것이다: 성장하면서 자본비용 이상의 투하자본이익률(return on capital)을 벌어들이는 기업들이 가치를 창출하는 것이다. Alfred Marshall[1]이 1890년에 일찍이 말했듯이, 이러한 개념의 타당성은 계속 유지되었으나 그 실제 적용은 어려운 것으로 드러났다.

그럼에도 불구하고 경영자, 이사회, 그리고 투자자들은 종종 경쟁의 열기나 시장 낙관론의 활황 속에서 가치창출의 기본원리를 무시한다. 1600년대 초반의 튤립 파동과 인터넷 열풍과 함께 가격이 화려하게 올랐던 닷컴 기업들의 몰락, 그리고 2007~2008년의 금융위기를 촉발시킨 2000년 중반의 부동산 광풍은 모두 어느 정도 이 원리를 오해하거나 잘못 적용하였기 때문으로 볼 수 있다.

때로는 가치를 창출하는 이런 시스템이 비난을 받기도 한다. 20세기 초 미국에서는 사업결합으로 커져가는 기업들의 영향력에 맞서 더 엄격한 독점금지법이 시행되었다. 1930년대의 대공황 시기에는 장기 실업으로 자본주의 시스템의 자원 활용 능력에 대한 신뢰가 떨어지고 세계적으로 민주주의에 새로운 정책들이 다양하게 등장했던 또 다른 순간이었다.

오늘날 많은 사람들이 자본주의의 토대, 특히 주주 중심의 자본주의에 대해 다시 의문을 제기하고 있다. 세계화, 기후변화, 소득 불평등, 기술 기업들의 영향력이

1 A. Marshall, *Principles of Economics* (New York: Macmillan, 1890), 1:142.

커지는 등의 문제들은 대기업에 대한 대중의 신뢰를 흔들어 놓았다.[2] 정치인과 평론가들은 기업지배구조의 더 많은 규제와 근본적인 변화를 촉구한다. 일부는 "자본주의가 지구를 파괴하고 있다"고 주장하기까지 한다.[3]

많은 재계 지도자들은 사회의 요구에 부응하기 위해서는 변화가 필요하다는 데 인식을 같이한다. 2019년 8월 미국 굴지의 기업 최고경영자(CEO)들의 모임인 비즈니스 라운드테이블에서 '기업의 목적에 관한 성명'을 발표했다. 이 문서의 서명자 181명은 "모든[4] 이해당사자들에 대한 근본적인 약속"을 선언했다.[5] 경영진들은 그들의 회사가 고객, 직원, 공급업체, 지역사회(물리적 환경 포함), 주주 등에 대한 책임이 있다고 단언했다. 성명은 "우리는 우리 기업, 지역사회, 그리고 우리나라의 향후 성공을 위해 그들 모두에게 가치를 전달할 것을 약속한다."고 결론짓는다.

이 성명이 미래에 초점을 맞춘 것은 우연이 아니다: 기후 변화와 같은 문제들은 오늘날의 세계 경제 시스템이 미래를 변화시키는 데 부족하다는 우려를 불러일으켰다. 이것은 오늘날의 자본주의에 대한 타당한 비평이다. 경영진은 장기적으로 가치를 창출하기보다는 단기성과 지표를 충족시키는 데 초점을 맞추면서 단기주의(Short-termism)의 희생양이 되는 경우가 너무 많다. 1999년부터 2017년까지 맥킨지의 기업 장기주의 지수(McKinsey's Corporate Horizon Index)가 추적한 기업들의 중위값 등에 의하면 이 같은 단기주의 추세가 늘어나고 있음을 보여준다. 단기주의의 뿌리는 깊고 얽혀 있어 장기적인 미래에 대한 재계 지도자들의 집단적 약속은 고무적인 일이다.

재계 지도자들은 기업의 목적에 대한 폭넓은 질문들과 함께 현대 기업의 무수한 주주들과 이해관계자들 사이의 이해득실을 관리하는 최선의 방법 등에 힘겹게 도전할 때는, 모호한 것들에 대해 겸손하고 참을성 있게 받아들이는 것이 필요할 것이다. 또한 그들은 지역사회가 해결하려고 하는 문제들에 대해서는 아주 분명한 명확성이 필요할 것이다. 그렇지 않으면, 목표에 대한 혼란으로 인해 수백만 명의 사람들을 가난에서 벗어나게 하고 문맹률을 낮추는데 기여하거나, 삶의 질을 향상시키고 기대수명을 연장시키는 혁신을 육성하는 등 과거부터 발전을 촉진해온 자

---

2 미국 갤럽의 연간 여론 조사에 따르면, 대기업에 대한 신뢰가 없거나 거의 없다고 말한 응답자의 비율이 1997년 27%에서 2019년 34%로 높아졌고, 대기업에 대한 신뢰도가 높거나 아주 높다고 말한 응답자의 비율은 28%에서 23%로 같은 기간에 5% 포인트 감소하였다. 반대로 중소기업에 대한 신뢰도가 높거나 아주 높다고 말한 응답자의 비율은 5% 포인트 증가(1997년 63%에서 2019년 68%)하였다. 자세한 내용은 Gallup, "Confidence in Institutions," www.gallup.com. 참조.

3 G. Monbiot, "Capitalism Is Destroying the Earth; We Need a New Human Right for Future Generations," *Guardian*, March 15, 2019, www.guardian.com.

4 비즈니스 라운드테이블이 강조를 추가함

5 McKinsey & Company의 글로벌 매니징 파트너인 Kevin Sneader는 이 선언의 서명인이다.

본주의의 능력을 무심코 해칠 수 있다.

재계 지도자들이 이 모든 중대한 상충관계를 해결하기 위해 노력할 때, 우리는 이 책이 주주 가치창출과 단기 이익 극대화를 명확히 구별하는 데 기여하기를 바란다. 이 두 가지를 모두 추구하는 기업들은 주주 가치와 이해관계자 이익을 모두 위험에 빠뜨리는 경우가 많다. 금세기 첫 10년 동안 단기 이익의 극대화가 기업 가치를 극대화할 것처럼 행동한 은행들은 금융위기를 촉발시켜 결국 수십억 달러의 주주 가치를 파괴했다. 마찬가지로 단기적인 이익추구로 인해 환경 재해를 일으킨 기업은 원상회복 비용과 과징금을 내야하고 손상된 평판으로 주주가치를 파괴하게 된다. 최고의 경영자들은 단지 주변에서 그렇게 한다는 이유로 안전에 돈을 아끼거나, 가치 파괴적인 의사결정을 하지 않으며 단기 이익을 부풀리기 위해 회계나 재무 속임수를 쓰지 않는다. 그러한 행동들은 주주를 포함한 모든 이해관계자들의 이익을 해친다. 그것들은 가치 창출과 정반대되는 것이다.

이러한 잘못된 개념을 없애기 위해 이 장은 가치 창출이 무엇을 의미하는지 설명하는 것을 시작으로, 가치 창출을 단기주의와 대조하고 가치 창출의 어려움 중 일부를 알아본다. 또한, 경쟁적 이해관계를 조정하고 가치 창출을 촉진하는 원칙에 대해 논의하고, 마지막으로 본 책의 나머지 주제들에 대한 개요를 설명하는 것으로 마무리하려고 한다.

주주가치창출은 무엇을 의미하는가?

특히 자본주의의 장점과 단점이 반영되는 이 시대에, 경영진과 이사회가 주주가치 창출의 의미를 분명하게 이해하는 것은 중요하다. 가치지향적인 경영진에게 주주 가치창출은 단순히 오늘 주가를 최대화하는 것만을 의미하지 않는다. 오히려 그보다는 더 나은 목표를 지적한다: 현재 그리고 미래 주주들에게 회사의 전체적인 가치를 극대화하는 것이다.

투자자들이 기업에 대해 경영진만큼 알고 있었다면, 현재의 주가를 최대화하는 것은 시간이 지남에 따라 가치를 최대화하는 것과 같았을 것이다. 그러나 실제로는, 투자자들은 기업의 공시된 재무결과와 그들이 평가한 경영진의 자질(quality)과 도덕성(integrity)에 대해서만 알 수 있다. 대기업의 경우 내부자조차 재무결과가 어떻게 산출되는지 알기 어렵다. 대부분의 기업에서 투자자들은 회사 내부에서 실제로 어떤 일들이 벌어지고 있는지, 어떤 결정이 내려지는지 알지 못한다. 예를 들어 기업이 업무방식을 더 효율적으로 개선하여 이윤을 증가시킨 것인지 아니면 제품개발과 자원관리, 마케팅비용을 절감함으로써 이윤을 증가시킨 것인지를 알 수 없다.

투자자들은 완벽한 정보가 없기 때문에, 기업은 단기 또는 장기적으로는 쉽게 주가를 끌어올릴 수 있다. 한 글로벌 소비재 기업은 7년 동안 매년 11%에서 16%까지 주당순이익(EPS)이 성장하였다. 경영진들은 그러한 성공의 비결을 효율성을 개선했기 때문이라고 했다. 여기에 깊은 인상을 받은 투자자들로 인해 그 회사 주가는 유사 기업들보다 상승하였다. 투자자들은 그 기업이 단기적인 순이익을 늘리기 위해 제품개발과 브랜드 구축에 대한 투자를 줄였다는 것을 몰랐고, 심지어 매출성장은 감소하고 있었다. 2003년에 경영자들은 자신들이 한 짓을 인정해야만 했다. 그 기업이 고통스러운 회복기간을 보낸 것은 놀라운 일이 아니며 주가가 회복되기까지 많은 시간이 필요했다.

이러한 사실 때문에 모든 공개된 정보가 반영된다는 주식시장이 학문적인 측면에서 "효율적"이지 않다고 결론내릴 수는 없다. 시장은 공개된 정보를 훌륭하게 활용하지만, 모든 정보를 다 아는 것은 아니다. 시장은 그들이 갖지 못하는 정보에 가격을 매길 수 없다. 오래된 집을 파는 경우를 생각해보자. 판매자는 보일러가 가끔씩 이상한 소리를 내거나 창문 틈으로 바람이 들어온다는 것을 알 수 있다. 판매자가 이러한 사실들을 알려주지 않는다면, 주택관련 전문가의 도움을 받는다 하더라도 잠재적 구매자들이 이를 알아채는 것은 매우 어렵다.

그러한 문제에도 불구하고 장기적으로 전략적 사고를 하는 기업들이 단기적인 사고를 가진 기업보다 더 많은 가치를 창출한다는 것은 명백한 사실이다. 예를 들어, 지난 10년 동안 부동산 거품 동안 단기 이익을 포기할 통찰력과 용기를 가진 은행들은 장기적으로는 훨씬 더 나은 총주주수익률(TSR; Total Shareholder Returns)을 얻었다. 실제로 2001~2014년 사이의 여러 업종에 걸쳐 수백 개 기업의 투자 패턴, 성장, 이익의 질, 이익조정 등을 연구한 결과, 장기에 집중하는 기업이 우수한 총주주수익률을 창출했으며, 14년 분석기간이 끝날 때까지 상위 10% 또는 상위 25% 안에 들 가능성이 50% 더 높았다.[6] 별도의 연구에서 우리는 장기적인 수익 성장, 특히 유기적 수익 성장이 기업들의 높은 자본수익률의 가장 중요한 요인이라는 것을 알아냈다.[7] 게다가 연구개발(R&D)에 대한 투자는 장기적인 총주주

6 *Measuring the Economic Impact of Short-Termism*, McKinsey Global Institute, February 2017, www.mckinsey.com.

7 B. Jiang and T. Koller, "How to Choose between Growth and ROIC," *McKinsey on Finance*, no. 25 (Autumn 2007): 19–22, www.mckinsey.com. 그러나 낮은 자본수익률을 가진 회사에서는 동일한 관계를 발견하지 못했다.

수익률과 강한 상관관계를 보였다.[8]

장기적인 가치를 창출하려는 경영자는 오늘의 주가를 높이기 위해서 미래에 회사에 손해를 주는 행동은 하지 않는다. 예를 들어, 제품 개발을 단축하거나, 제품 품질을 저하시키거나, 안전성을 낮추지 않는다. 투자를 고려할 때, 그들은 특히 환경 및 건강 문제와 관련하여 향후 규제나 소비자 행동의 변화 가능성을 고려한다. 오늘날의 경영자들은 변동성이 큰 시장, 빠른 경영진 교체, 그리고 심한 경영성과 압력을 마주하고 있기 때문에 장기적인 가치창출 결정을 내리려면 용기가 필요하다. 그러나 경영과 이사회의 근본적인 임무는 단기적인 결과에도 불구하고 현재와 미래 주주들의 집단적 이익을 가져오는 가치 창출을 위해서, 그 용기를 보여주는 것이다.

뿌리 깊은 단기 실적주의

내재가치 투자자는 장기적 가치창출[9]을 선호한다는 수많은 증거에도 불구하고, 너무 많은 경영자들이 계속하여 단기적 측정치, 특히 주당순이익(EPS)에 대한 전략을 계획, 실행하고 성과를 보고한다.

단기적인 주당순이익(EPS)에 집중한 결과, 주요 기업들은 종종 장기적인 가치창출의 기회를 지나치곤 했다. 예를 들어 한 대기업의 신임 CFO는 새로운 규칙을 정했는데, 모든 사업팀은 매년 수익보다 이익을 더 빨리 증가시켜야 한다는 것이다. 일부 팀은 현재 매출총이익이 30%를 넘고 자본이익률이 50% 이상이다. 당신의 목표가 다음 사업보고서라면 끔찍한 일이다. 당장의 성과 목표를 맞춰야 하는 팀들은 향후 25%가 넘은 매출총이익률의 사업기회는 포기하게 된다. 이는 드문 사례도 아니다. 400명의 최고재무책임자(CFO)를 조사한 후, 2명의 Duke 대학 교수들은 CFO 중 80% 가까이 단기이익 목표를 달성하기 위하여 마케팅과 R&D 같은 잠재적인 가치창출 활동에 대한 재량적 지출을 줄인다고 발표하였다.[10] 게다가 39%는 분기별 EPS 목표를 달성하기 위해 다음이 아니라 이번 분기 매출을 확보할 수 있는 고객할인을 실시한다고 하였다. 이런 방식으로 조직이나 사업을 운영해서

---

8 우리는 다른 시작일과 종료일을 가진 동일한 연구를 15년과 20년 동안의 데이터로 수행하였으며, 모두 유사한 결과를 얻었다.

9 R. N. Palter, W. Rehm, and J. Shih, "Communicating with the Right Investors," McKinsey Quarterly (April 2008), www.mckinsey.com. 이 책의 34장에서는 또한 내재가치 투자자와 기타 투자자들의 행동에 대해서도 고찰한다.

10 J. R. Graham, C. R. Harvey, and S. Rajgopal, "Value Destruction and Financial Reporting Decisions," *Financial Analysts Journal* 62, no. 6 (2006): 27–39.

는 안 된다.

경영자가 단기 EPS에 사로잡히는 과정을 보기 위해, 기업이 기업인수를 분석하는 과정에 대한 우리의 경험을 공유해 보면 도움이 될 것이다. 가장 빈번한 질문은 그 거래가 첫해 또는 다음 해에 EPS를 희석시킬 것인지의 여부이다. 결정기준으로서 EPS의 인기를 고려하면, EPS가 개선되리라고 예상되면 이것이 바로 가치창출의 지침이 될 것이라 여겨질 수 있는 것이다. 그러나 EPS의 증가와 그 거래로 인해 창출되는 가치 사이에 경험적 증거는 없다.[11] EPS를 강화시키는 거래와 EPS를 희석시키는 거래는 동등하게 가치를 창출하거나 파괴할 수 있다.

그러한 착오가 가치에 아무런 영향을 주지 못한다면, EPS는 왜 우선되는가? 단기실적주의에 대한 변명은 다양하다. 일부 경영자는 투자자가 장기성과에 초점을 맞추고 싶어하지 않는다고 주장한다. 다른 경영자들은 부분적으로 주주행동주의자의 등장에 책임을 돌린다. 그러나 우리의 연구결과에 따르면 단기 투자자가 매일매일 어떤 회사의 주가변동을 일으키고 분기마다 실적발표(earnings calls)를 좌지우지한다 하더라도, 장기 투자자들의 투자 행위로 인해 시장가격은 내재가치에 맞게 조정되어지고 있다.[12] 게다가 행동주의 투자자들은, 예를 들어 종종 단기실적주의를 촉진하는 기존의 보상체계에 도전함으로써, 평균적으로 기업의 장기적인 건전성을 강화시키는 역할을 한다.[13] 경영진 또는 이사회가 단기실적주의의 원인인 경우도 종종 발견된다. 최근의 한 연구에 따르면 1,000명 이상의 경영자와 이사회 멤버를 대상으로 한 조사에서, 다수가 단기실적을 압박하는 가장 큰 원인으로(투자자, 애널리스트 그리고 회사의 다른 구성원보다) 경영진과 이사회를 꼽았다.[14]

이러한 결과는 타당성을 부정할 수 있다. 큰 규모의 기업인수를 추진하는 회사의 사례를 살펴보면, 이 거래로 인해 이익이 희석되는지 여부가 중요한가에 대하여 토론했다. 그 기업을 담당하는 은행원 중 한 명은 EPS에 미치는 영향은 가치와 상

---

11 R. Dobbs, B. Nand, and W. Rehm, "Merger Valuation: Time to Jettison EPS," *McKinsey Quarterly* (March 2005), www.mckinsey.com.

12 Palter et al., "Communicating with the Right Investors."

13 J. Cyriac, R. De Backer, and J. Sanders, "Preparing for Bigger, Bolder Shareholder Activists," *McKinsey on Finance* (March 2014), www.mckinsey.com.

14 McKinsey & Company와 캐나다연금제도투자위원회(the Canada Pension Plan Investment Board)의 의뢰로 "Looking toward the Long Term" 이라는 온라인 서베이를 2013년 4월 30일부터 5월 10일까지 실시하였으며, 전세계적으로 전체 범주의 산업 및 기업들을 대표하는 1,038명의 경영진으로부터의 답변을 얻을 수 이었다. 응답자 중 722명은 자신을 C등급 경영진으로 분류하고 역할의 상황에 대한 질문에 답하였다. 이사회로 분류한 316명도 이에 따라 응답하였다. 응답률의 차이들을 조정하기 위해서 각각의 응답자의 국가가 전세계 GDP에 기여한 정도에 가중치를 두어 데이터를 산출하였다. 보다 자세한 내용은 J. Bailey, V. Bérubé, J. Godsall, and C. Kehoe, "Short-termism: Insights from Business Leaders," FCLTGlobal, January 2014, https://www .fcltglobal.org를 참조한다.

관이 없다는 걸 알았지만, 이사회와 의사소통하는 간단한 수단으로 그것을 활용한다고 말했다. 한편으로 기업 경영진들은 EPS의 중요성에 의문을 품으면서도, 그들 또한 월스트리트 애널리스트들 때문에 그것을 이용한다고 한다. 투자자들도 어떤 거래의 EPS에 대한 단기적 영향은 중요하지 않다고 말한다. 명백히 모두가 어떤 거래가 EPS에 미치는 단기적 영향은 중요하지 않다는 것을 알고 있다. 그러나 그들 모두는 이에 집중하는 게 현실이다.

사업이 성숙하기 시작하고 기업성장이 정체되기 시작하면 단기실적의 양호한 성적표에 대한 압력이 커진다. 투자자들은 높은 이익 성장을 부르짖는다. 경영자들은 장기성장을 시도하는 대신에 단기이윤을 늘리기 위한 방법을 찾으려는 유혹에 빠지기 쉽다. 그러나 생산적인 투자를 어렵게 만들고 단순히 이익을 포장하려는 단기적 시도는 장기성장을 성취하지 못하게 만들고, 악순환을 만들 뿐이다.

일부 애널리스트와 단기지향적 투자자들은 항상 단기 실적을 요구할 것이다. 그러나 장기적으로 가치를 키우는 일에 매진하는 기업이 그들의 요구를 항상 만족시킬 수는 없겠지만, 이러한 지속적 압력은 기업들에게 긴장의 끈을 놓지 않게 만드는 긍정적인 면도 있다. 단기이익과 장기가치창조 사이에서 절충점을 찾는 것은 경영자가 해야 할 일이다. 올바른 판단을 할 수 있는 용기는 중요한 자질이다. 경영자들이 올바른 절충점을 찾았는지를 판단하고, 결국 경영자들이 단기 이익을 활용하여 장기 가치를 창출한다는 선택을 하였을 때 그들을 보호하기 위하여, 기업의 포트폴리오에서 그 사업의 경제성을 조사하고 이해하는 것은 기업의 이사회에 달려있다.

회사의 기업지배구조를 개선하는 것이 도움이 될 것이다. 2019년 맥킨지의 조사결과에 따르면 압도적인 다수 경영진(83%)은 환경, 규제, 지배구조(ESG; environmental, regulatory, and governance) 문제에 대해 긍정적인 평판을 가진 회사를 인수하기 위해 부정적인 평판을 가진 회사보다 약 10% 정도의 프리미엄을 지불할 용의가 있다고 보고했다. 투자자들도 동의하는 것 같다; 최근의 한 보고서는 2018년에 세계적인 지속가능투자(sustainable investment)가 30조 달러를 넘어섰고, 지난 2년 동안 34%가 증가했다는 것을 발견했다.[15]

이사회 구성원은 또한 이사회활동에 더 많은 시간을 쓰도록 요구받을 것이다. 이에 따라 그들은 회사의 경제적 상황을 더 잘 이해하게 될 것이고, 경영자들이 내린 전략과 단기 결정을 감독하게 된다. 영국에서 주식시장에 상장된 회사와 사모펀드가 지배하는 회사 양쪽에서 일하는 20명의 이사회멤버를 조사한 결과, 20명의

---

15 *2018 Global Sustainable Investment Review*, Global Sustainable Investment Alliance, 2018, www.gsi-alliance.org.

응답자 중 15명이 사모펀드 이사회가 분명히 더 많은 가치를 창출한다고 대답했다. 그들의 대답은 두 가지 중요한 차이를 보여준다. 첫째, 사모펀드 회사의 이사회는 평균적인 상장회사의 이사회와 비교하여 그들의 역할을 수행하는 데 거의 3배의 시간을 쓴다. 둘째, 상장회사의 이사들은 가치창출보다 위험회피에 더 중점을 둔다.[16]

CEO에 대한 평가와 보상체계를 바꾸는 것이 또한 유용할 것이다. 많은 CEO와 고위 경영진에게 주어지는 보상은 종종 일정 산식에 의해 산정되는 단기 회계이익에 달려 있다. 대규모 다국적 기업을 경영하는 복잡함을 감안할 때, 하나의 숫자에 너무 많은 비중을 두는 것은 이상하지 않은가?

주주자본주의가 모든 문제를 해결하지는 못한다.

단기 실적주의는 치명적인 아픔이지만 오늘날 기업 자본주의에 대한 신뢰 위기의 유일한 문제는 아니다. 단기 실적주의가 마술처럼 해결되었다고 상상해보라. 다른 근본적인 문제들도 갑자기 사라질까? 물론 아니다. 경영자들은 주주나 이해관계자들이 방향을 분명하게 제시하지 못하는 많은 문제들에 대한 절충안을 만들기 위해 애쓴다. 이것은 특히 기업에 직접적인 연관이 없는 외부인들에게 영향을 끼치는 이슈, 예컨대 기업의 탄소배출이 그 기업과 관계가 없고 그 기업이 뭐 하는지도 모르는 집단에 영향을 미칠 때 두드러진다. 이러한 소위 외부효과는 기업 의사결정에서 아주 다루기 어려운데, 각 집단들 간의 타협점을 이끌어내는데 아무런 객관적인 기준이 없기 때문이다.

이러한 일들이 기후변화에 어떻게 적용되는지 생각해보라. 탄소배출의 해결책 중 가장 자연스러운 것은 전력생산용 석탄채굴을 줄이는 것이다.[17] 석탄채굴회사의 경영진이 이 같은 환경문제를 해결하기 위한 타협점에는 어떤 것이 있을까? 만약 장기적인 주주관점을 중요하게 여겨 앞으로의 규제변화를 예측한다면, 그들은 투자전략을 적절하게 조정할 것이다. 예를 들면 새로운 광산을 더 이상 개발하지 않을 수도 있다.

10년, 심지어 5년 전에 완벽한 지식이 있었다면, 석탄 회사는 미국 석탄 화력발전소의 수요 감소에 따라 생산량을 획기적으로 줄이거나 심지어 폐광까지 할 수 있었을 것이다. 그러나 완벽한 정보란 사실 불가능에 가까운 말이고, 때로는 심지어

16 V. Acharya, C. Kehoe, and M. Reyner, "The Voice of Experience: Public versus Private Equity," *McKinsey on Finance* (Spring 2009): 16–21.

17 2011년 석탄은 에너지 생산으로부터의 전세계 이산화탄소 배출량의 44%를 차지했다. 이산화탄소 배출 자료는 International Energy Agency의 2013년 Fuel Combustion 온라인 자료 서비스 참고함, www.iea.org.

나중에 돌이켜봐도, 생산량 변화의 타이밍 그리고 특히 폐광이라는 것은 틀림없이 갑작스럽게 느껴졌을 것이다. 또한, 그 선택이 "올바른" 것이라도 폐광은 심각한 결과를 초래했을 것이다.

폐광을 하게 되면 그 회사의 주주들과 채권자들은 전체 투자금을 잃게 되는데 연금펀드들이 대개 이 채권자에 해당된다. 그 기업의 모든 근로자들은 일자리를 잃게 될 것이다. 이는 지역사회 전체에 심각한 영향을 줄 수 있다. 2차 효과까지 생각하면 예측도 불가능하다. 모든 석탄생산업자가 일치하여 행동을 하지 않는다면 다른 생산업자들이 수요를 충족시키기 위해 생산량을 늘릴 것이다. 석탄생산업자들의 일치된 행동만으로도, 발전소는 전력생산을 할 수 없게 될 것이다. 이로 인해 조업을 중단하게 되고 전기의 공급부족은 결국 경제에 부정적인 영향을 주게 될 것이다. 주주 또는 이해관계자의 어느 쪽을 우선할 것인가와 같은 결정을 할 때 경제적인 면과 환경적인 면의 절충안에 대해서 개별 회사가 따를 수 있는 객관적인 기준은 무엇일까?

그렇다고 해서 기업 경영자들이 외부효과를 무시하거나 먼 훗날에 해결해야 할 문제로 여겨야 한다는 것은 아니다. 그러한 중대한 결정을 미루는 것이 단기주의의 핵심이다. 기후와 관련해 BP, Shell 등 세계 최대 에너지 기업 중 일부는 임원 보상금을 탄소 배출 목표치에 묶는 등 탄소 감축을 위한 과감한 조치를 지금 취하고 있다.

현재와 미래의 많은 사람들에게 영향을 미치는 기후 변화와 같은 세계적인 문제를 해결하기 위한 노력은 너무나도 복잡해서 이와 관련된 각국 정부에의 요구사항들이 커지고 있다. 서로 다른 경제적 이익들과 목표기간 사이의 이해상충 문제해결은 바로 정부가 해야 할 일이다. 기후변화를 생각해보면, 정부는 오염물질을 만드는 에너지원에서 벗어나는 것을 장려하는 규제와 세금 그리고 다른 인센티브를 만들 수 있다. 이상적으로는 그러한 접근법이 시장 지향적 접근법과 조화를 이루면서 창조적 파괴를 통해 노후화된 기술과 시스템을 보다 깨끗하고 효율적인 동력원으로 대체할 수 있게 될 것이다. 정부가 외부효과 영향의 가격을 책정하거나 통제하지 못하면 주주들과 다른 이해당사자들 모두를 압박하고 분열시킬 수 있는 잘못된 자원 배분을 초래할 것이다.

연금펀드와 같은 기관 투자가들은 많은 경우 그들에게 미래 재정이 달려있는 수많은 사람의 대리인으로서 중요한 역할을 할 수 있다. 이미 탄소배출, 물 부족, 토지 훼손과 같은 환경 문제에 관심을 갖는 장기 투자자들은 기업의 가치와 장기적인 지속가능성을 연결시키고 있다. 2014년 록펠러 스탠더드 석유회사의 상속인들은 석탄을 비롯한 화석연료 회사의 지분을 매각하기 위한 캠페인을 하고 있는 스탠포드 대학교의 재단이사회에 합류하기로 결정했다.

장기 지향적인 기업들은 투자자들과 정부들이 요구하는 장기적인 변화에 순응해야 한다. 이는 경영자들이 5년, 10년, 20년에 걸친 전략을 조정하고, 여전히 생산활동에 사용할 수 있지만 환경이나 다른 문제로 인해 사용할 수 없는 자산들을 보유하는 위험을 감소하게 한다. 가치 중심의 가치관을 가진 경영진에게 있어, 기억해야 할 것은 정부 정책과 장기 투자자들 사이에, 그리고 주주 가치 창출과 외부효과 사이에 미묘한 관계가 항상 존재할 것이라는 점이다.

이해관계자들의 이해는 조정될 수 있는가?

주주중심 자본주의에 대한 최근의 많은 비판은 기업들로 하여금 주주를 넘어 더 많은 이해관계자에게 집중하도록 만들었다. 이는 종종 기업지배구조를 중시하는 유럽대륙에서 오랫동안 영향력을 가져온 견해이다. 그것은 미국에서도 인기를 얻고 있는데, 이는 이사들이 주주 뿐 아니라 지역구의 이익을 고려할 수 있도록 명시적으로 권한을 부여하는 공익법인이 부상하고 있다.

세계 어디에서든 대부분의 기업들에게 장기 주주가치 창출을 목표로 한다는 것은 다른 이해관계자를 또한 만족시켜야 한다는 것이다. 고객, 공급자, 직원의 요구를 무시하면서 장기적인 가치를 창출할 수는 없다. 지속 가능한 성장을 위한 투자를 통해 경제를 더 활성화시키고, 삶의 수준을 높이며, 개개인에게 더 많은 기회를 제공해야 한다.

많은 기업들의 사회적 책임 프로그램도 또한 주주가치를 창출한다.[18] 구글 클래스룸을 포함한 Alphabet이라는 교육용 무료 도구모음을 생각해 보라. 구글 클래스룸은 교사들이 일을 더 쉽고 생산적으로 할 수 있도록 리소스를 제공한다. 이 프로그램은 사회적 필요성을 충족시키면서 전세계 학생들, 특히 사람들이 의미 있는 컴퓨터 과학 교육에 전혀 접근할 수 없는 소외된 지역사회에서도 구글 앱에 익숙하게 한다. 또한 Alphabet은 취약계층에 해롭다고 생각하는 사업을 하지 않기로 하였다; Google Play 앱 스토어는 이제 약탈적인 소액 대출의 특징인 이자율 연간 36% 이상 개인 대출에 대한 앱을 금지하고 있다.[19]

마찬가지로, "잘 놀자"라는 Lego의 사명, 즉 "내일의 창조자, 환경과 지역사회"에 영감을 주기 위해 놀이의 힘을 사용하는 것은 중국 시골 아이들을 일하는 부모와 친밀감을 높이는 프로그램으로 이어졌다. 이러한 프로그램들은 Lego의 브랜

---

18 S. Bonini, T. Koller, and P. H. Mirvis, "Valuing Social Responsibility Programs," *McKinsey Quarterly* (July 2009), www.mckinsey.com.

19 Y. Hayashi, "Google Shuts Out Payday Loans with App-Store Ban," *Wall Street Journal*, October 13, 2019, www.wsj.com.

드를 지역사회와 회사 내에서 빛나게 하는 확실한 역할을 한다. Lego는 직원의 동기와 만족도가 2018년 목표치를 50%나 앞섰다고 보고한다. 또한 경영자들의 성(gender) 균형을 맞추기 위한 Sodexo 회사의 노력을 참고할 수 있다. Sodexo는 이 프로그램이 직원 유지를 8% 증가시켰을 뿐만 아니라 고객 유지도 9% 증가시켰고 영업 마진도 8% 증가했다고 말한다.

하지만 어쩔 수 없이 회사의 이해관계자들의 이해관계가 완전히 조정되지 않는 때가 있을 것이다. 전략적 결정은 상충관계(trade-offs)를 수반하며, 다른 그룹의 이익은 서로 상충될 수 있다. Business Roundtable의 2019년 성명에 함축된 것은 재계 지도자들이 일부 의사결정을 하면서 주주들의 이익에 너무 치우쳤다는 우려다. 그 출발점으로, 우리는 경영자가 이해가 상충되는 결정을 할 때, 자원 분배와 경제 건전성에 대한 장점들을 고려해 장기적인 가치 창출을 우선하도록 장려할 것이다.

이해관계자 중 근로자를 떠올려 보자. 초라한 근무환경을 제공하거나, 임금을 적게 지급하거나 또는 절약함으로써 이윤을 추구하는 기업은 숙련된 근로자를 채용하고 유지하는 데 어려움을 겪을 것이다. 비숙련 근로자는 상품의 질을 떨어뜨리고, 수요를 감축시키며 브랜드 평판에 해를 끼칠 수 있다. 잦은 부상과 질병은 규정준수여부 감사를 야기할 수 있고 노동자들과 마찰을 빚게 된다. 높은 이직은 훈련비용을 불가피하게 증가시킬 것이다. 오늘날 모바일과 교육을 받은 인력 덕택에 기업은 더 매력적인 환경을 제안함으로써 장기적으로 경쟁자에 맞서 싸울 것이다.

기업이 자본비용보다 더 많이 수익을 낸다면, 시장평균보다 많은 임금을 지불할 수 있고 그러면서도 성장할 것이다. 그리고 근로자에게 좋은 대우를 해주는 것은 훌륭한 경영방침이 될 수 있다. 그런데 얼마나 잘해주어야 충분한가? 장기적인 가치창출에 따르면 숙련된 근로자를 유치하고 그들이 행복하고 생산적일 수 있게 충분한 임금을 지급해야 한다. 또한 비금전적인 이익과 보상도 제공해야 한다. 의류와 직물과 같은 제품의 생산을 비용이 적게 들고 노동자보호가 약한 국가로 이전하는 기업들조차 그 기업의 근로환경을 관찰할 필요가 있으며 그렇지 않으면 소비자의 반발에 직면하게 된다는 것을 깨닫게 되었다.

마찬가지로 가격 결정도 고려해보자. 장기적인 접근방식은 가격, 물량, 고객 만족도를 따져 지속가능한 가치를 창출하는 가격을 결정할 것이다. 그 가격은 또한 소비자로 하여금 제품을 구매하도록 유인해야 할 것이다. 그것도 한 번 구매로 그치는 게 아니라 제품의 새로운 버전이 나오면 반복 구매할 수 있게 해야 한다. 가격에 대한 어떠한 조정도 고가격방침이 주주와 다른 이해관계자에게 주는 가치와 저가격방침이 고객에게 주는 가치를 비교할 필요가 있을 것이다. 명품에 대한 명성을 보여주는 프리미엄 가격은 장기적인 가치를 제공할 수 있다. 아주 멀리, 아니 더 정

표 1.1 Value Inc.: 총주주 수익률과 고용증가율 사이의 상관관계

연복리증가율,[1] 2007 – 2017, %

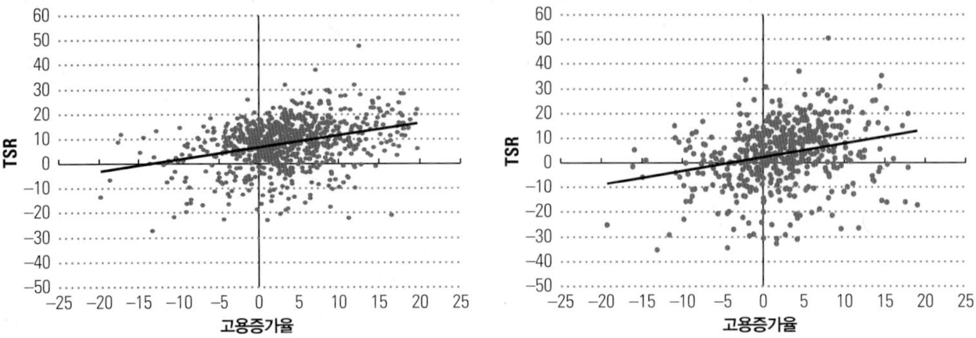

[1] 5억 달러 이상의 실제 매출액이 있는 기업들을 표본으로 하였으며, 20% 이상의 고용증가율을 가진 회사들은 제외하였음

확하게는, 충분히 멀리 보지 않은 명백한 예는 Turing 제약이다. 2015년 그 회사는 에이즈 관련 질환 치료에 흔히 쓰이는 약에 대한 권리를 취득한 뒤 알약의 가격을 5,000% 이상 올렸다. 이러한 전략은 분노와 정부의 조사를 촉발했다. 이 기업의 CEO는 심지어 "미국에서 가장 미움을 받는 사람"이라고 조롱까지 받았다.[20]

그러나 가치를 창조하는 것과 파괴하는 것 사이의 경계는 아주 많은 경우 애매하다. 예를 들어 성숙산업이며 경쟁이 심한 분야에 있는 기업들이 근로자를 계속 고용하고 거래처들의 파산을 막기 위해, 손실이 발생하는 많은 비용이 발생하는 공장을 계속 유지해야 하는지를 고심한다. 공장을 폐쇄하게 되면 심각한 현지 단기손실이 발생하지만, 이미 세계화가 되어버린 산업계에서 공장유지는 경제적인 차원에서 자원할당의 왜곡을 불러올 것이다.[21] 동시에, 정치인들은 실패한 공장들을 계속 열어두라고 기업들을 압박한다. 정부는 심지어 회사의 제품이나 서비스의 주요 고객일 수도 있다.

경험에 의하면 경영자들은 이익에 미치는 영향을 신중히 따질 뿐만 아니라, 직원들의 삶과 지역사회 복지에 영향을 미치는 결정에 대해 고민을 한다. 그러나 소비자 입장에서는 상품이 가능한 가장 낮은 비용으로 생산될 때 이익이며, 경제적으로 보면 공공자원의 유출이 발생하는 회사는 폐쇄하고 직원들은 더 경쟁력 있는 회사의 새로운 일거리를 찾아 가는 것이 좋다. 그리고 직원들이 쉽게 일자리를 찾고

---

20 Z. Thomas and T. Swift, "Who Is Martin Shkreli—'the Most Hated Man in America'?" BBC News, August 4, 2017, www.bbc.com.

21 일부는 잘 작동하는 시장도 제 기능을 하는 정부를 필요로 한다고 주장한다. 왜냐하면, 핵심적인 구조조정 과정을 보다 공평하게 하기 위해서는 안전망과 재훈련 지원을 제공해야 하기 때문이다.

수월하게 재배치되는 것이 어려운 것도 사실이기는 하지만, 가치를 창조하는 기업들이 더 많은 일자리를 창출한다는 것도 사실이다. 고용측면을 살펴보면, 2007년부터 2017년까지 총 주주수익률로 측정한 주주가치를 가장 잘 창출했던 미국과 유럽 기업의 고용이 더 많이 늘어났다(표 1.1 참조).[22]

가치창출 원칙을 망각한 결과

기업이 단순한 가치창출의 원칙을 잊어버리게 되면, 경제에 미치는 부정적인 결과는 매우 크다. 가치창출에 초점을 맞추지 못했던 경영진의 대표적인 사례는 최근 두 건을 들 수 있다. 하나는 1990년대의 인터넷 버블이고 다른 하나는 2008년의 경제위기다.

인터넷 버블 시기에, 경영자와 투자자들은 무엇이 투하자본이익률(ROIC; Return on Invested Capital)을 결정하는지 망각했다. 실제로 많은 사람들이 이 비율의 중요성을 완전히 잊어버렸다. 많은 경영자와 투자자들도 인터넷 혁명의 분위기에 취해 경제의 기본적인 원칙을 망각하거나 내던져 버렸다. 승자독식 개념은 효과적인 비즈니스 모델을 만드는 것은 나중에 걱정해도 된다고 가정하고 기업과 투자자들로 하여금 고속성장만이 가장 중요한 것이라고 믿도록 만들어 버렸다. 고객층이 늘어남에 따라 운전자, 트럭, 창고 등에(결국, 지속 불가능하게) 더 많이 투자해야 함에도 불구하고, 지속적 수익증가를 달성할 수 있다는 논리가 온라인 애완동물 물품판매와 식료품 배달서비스 분야에도 잘못 적용되었다. 경제학의 법칙에 의하면 언제나 그렇듯이 많은 인터넷 기업들은 적정한 투하자본이익률이라도 얻기 위해 가져야 할 확실한 경쟁상의 우위가 없다는 것이 분명했다. 인터넷은 다른 혁신과 마찬가지로 경제를 혁명적으로 바꾸기는 했지만, 경제학, 경쟁 그리고 가치창출과 같은 법칙을 바꾸지도 못했고 바꿀 수도 없는 것이었다.

근시안적인 경영목표는 불명예스러운 거래를 낳고, 때로는 그 결과가 자본주의에 대한 신뢰를 그 토대까지 뒤흔들 수도 있다. 2008년에는 너무 많은 금융 기관들이 핵심 원칙을 무시했다. 은행은 주택가격이 오로지 오를 것이라는 전제하에 개인과 투기자본에게 낮은 담보할인율로 대출을 해주었다. 은행은 이러한 고위험채무를 장기증권으로 묶고 매수자금을 마련하기 위해 단기부채를 사용하는 투자자들에게 매도했다. 결국 투자자에게 자금을 빌려주는 누구에게나 장기 위험이 생겼다. 주택구매자가 더 이상 대출 할부금을 갚지 못하게 되자, 부동산 시장은 붕괴했고,

---

22 15년 및 20년 동안 우리는 다른 시작일과 종료일을 가지고 동일한 분석을 수행하였는데, 항상 유사한 결과를 얻었다.

주택 가치는 그것을 매입할 때 빌린 돈의 가치 이하로 하락했다. 그렇게 되자 주택 소유자는 대출 할부금을 갚을 수도 없고, 주택을 매각할 수도 없었다. 모기지 증권 투자자에게 단기 대출을 한 은행들은 이 대출금을 차환해 줄 생각이 없었고, 투자자가 즉시 그 증권을 매각하도록 압박했다. 증권의 가치는 급락했다. 결국 이들 증권을 가지고 있던 여러 대형은행도 더 이상 차환되지 않는 단기부채로 자금을 조달해야 했다.

이 책에 대해서

이 책은 기업의 가치를 측정하고 관리하는 방법에 대한 안내서이다. 기업들이 수익을 빠르게 늘리고 매력적인 수익률로 더 많은 자본을 활용할수록 더 많은 가치를 창출할 수 있다. 원가에 비해 성장성과 투하자본이익률(ROIC)이 우수할 때 현금흐름과 가치를 이끌어낸다. 투하자본이익률을 증가시키거나 매력적인 투하자본이익률로 성장시키지 못하는 어떤 것도 가치를 창출하지 않는다. 현금흐름에 대한 청구권을 변경하는 조치들이나 실질적인 현금흐름을 바꾸지 않고 이익의 타이밍만 변경하는 회계 테크닉도 이러한 가치를 창출하지 않는 유형에 속한다.

가치창출의 주요한 원칙은 사업전략의 핵심개념인 경쟁우위와 직결된다. 기업들이 잘 정의된 경제우위를 가지고 있다면 그들은 지속적인 강한 성장을 할 수 있고 투하자본이익률을 획득할 수 있다. 경험적 관찰을 통해 우리는 핵심원칙에 더하여 지속 가능한 가치를 만들어 낼 수 있는 것은 장기간의 노력이라는 결론을 내렸다. 사회적, 환경적, 기술적 그리고 정책적 흐름을 고려할 필요가 있다.

경쟁은 경쟁우위를 약화시키는 경향이 있고, 이는 투하자본이익률에 대해서도 마찬가지다. 그러므로 기업은 장기가치를 창출하기 위하여 끊임없이 새로운 경쟁우위의 원천을 찾고 개척해야 한다. 궁극적으로 경영자들은 장기적인 가치창출에 대한 비전이나 노력을 버리고, 그저 단기적인 가치에만 집중하라는 압력들에 굴복하지 말아야 한다. 가치창출이란 예컨대 애널리스트의 다음 분기 이익추정에 대한 전망을 만족시키는 것과는 다르다. 미래의 오염규제를 충족하기 위해 환경적으로 개선하는 것부터 공장을 개조하는 것과 같이, 장래에 더 많은 비용을 초래할지 모르는 현재의 결정이 가져올 효과를 무시하는 것은 아니다. 단기적인 재무적 성과와 앞으로 수십 년 동안 가치를 창출할 수 있는 건전한 회사로 발전시키는 것 사이에서 균형을 맞추는 것을 의미한다. 이는 실로 힘든 도전이다.

이 책은 가치창출의 경제성(예를 들어, 경쟁우위가 어떻게 다른 기업보다 더 높은 투하자본이익률을 획득하게 하는지)과 가치를 측정하는 과정(예를 들어, 기업의 회계상 재무제표에서 투하자본이익률을 어떻게 계산하는지)을 설명한다. 이런 지식을 바탕으로, 기업은 더 현명한 전략적 결정을 내릴 수 있다. 어떤 사업을 수행하고 어떻게 성장과 투하자본이익률 사이에 적절한 절충점을 만들 것인지와 같은 결정을 내릴 수 있게 만든다. 마찬가지로 이러한 지식을 통해 투자자들은 자신 있게 투하자본의 위험과 수익을 계산할 수 있을 것이다.

가치창출 원리를 적용하는 것은 때로는 일반적인 생각과 반대의 길을 갈 수도 있다는 의미이다. 이는 공짜점심이 없다는 것을 인정하는 것이다. 이것은 데이터에 기초하고, 신중하게 분석하며 소속 산업에서 이루어지는 경쟁을 깊이 이해하고 사회가 당신의 비즈니스와 지속적으로 영향을 주고받는 방법에 대해 광범위하고 깊게 이해한다는 것을 의미한다. 이 책이 독자 여러분에게 투자자와 사회 전반을 위해 가치를 창출할 수 있는 결정을 내리고, 이를 뒷받침하는데 기여할 수 있기를 기대한다.

2장

재무관리 핵심요약

기업은 투하자본이익률(ROIC)이 자본비용을 초과할 때 가치를 창출할 수 있다[1]. 만약 ROIC가 자본비용 수준이거나 그 이하라면, 기업의 성장이 가치를 창출하지 못할 수도 있다. 기업은 현금흐름의 현재가치를 극대화 시킬 수 있는 성장과 ROIC의 조합을 찾는 것을 목표로 삼아야 한다. 그렇게 하는 데 있어서, 일반적으로 투자자들의 기대 수준 변화로 인해 발생하는 주식시장의 성과가 내재가치 창출과 다를 수 있다는 점을 염두에 두어야 한다.

가치 창출이 어떻게 작동하는지를 설명하기 위해, 이 장에서는 간단한 사례를 소개한다. 우리의 주인공 Lily와 Nate는, 트렌디한 의복을 취급하는 작은 옷가게 체인의 소유주였다. 시간이 흐르면서 그들의 사업은 놀라운 변혁을 맞이하게 되는데, Lily's Emporium이라는 비즈니스 아이디어를 개발하고, 새로운 컨셉으로 사업을 전환한다. 또한 사업 확장을 목표로 추가 자본 조달을 위한 기업공개를 실시한다. 투자 유치에 고무되어, 그들은 Lily's Furniture와 Lily's Garden Supplies를 포함한 더 많은 소매 사업으로 확장을 시도한다. 하지만, 이후 Lily와 Nate는 다양한 사업 운영으로 인해 발생하는 경영의 복잡성 문제에 직면하게 된다.

사업 초기

우리가 Lily와 Nate를 처음 만났을 때, 그들의 사업은 작은 부티크로부터 Lily's Dresses라고 불리는 트렌디한 중저가 의류를 다루는 작은 체인으로 성장했다. 그

1 투하자본이익률(ROIC)의 간단한 정의는 세후영업이익을 투하자본(운전자본+고정자산)으로 나눈 값이다. 회사의 재무제표를 이용한 ROIC 계산은 10장과 11장에서 자세히 설명한다.

들은 성공적인 재무적 성과를 얻고 있는지 알아보기 위해 우리를 방문했다. 우리는 세후영업이익을 운전자본과 토지, 공장, 장비와 같은 고정자산에 투자한 자본으로 나눈 투하자본이익률(ROIC)을 측정해야 한다고 말했다. 그러면, 그들의 사업에 대한 ROIC와 자본을 주식시장과 같은 다른 곳에 투자했을 경우의 ROIC를 비교할 수 있을 것이다.

Lily와 Nate는 사업에 $1,000만을 투자했고, 2020년에는 부채 없이 세후 $180만 정도를 벌었다. 그래서 그들은 투하자본에 대한 이익률을 18%로 계산했다. 그들은 주식시장에서 벌 수 있는 이익률의 합리적인 추정치가 무엇이냐고 문의했고, 우리는 일단 10%를 사용하자고 제안했다. Lily와 Nate는 사업을 통해서, 다른 곳에 투자해서 얻을 수 있다고 기대할 수 있는 이익률보다 8% 더 많이 벌고 있다는 사실을 이해하게 되었고, 그들의 사업성과에 만족했다.

우리는 재무성과 측정에서 성장 역시 고려대상이 되어야 한다고 이야기했다. Lily는 우리에게 그들의 사업이 매년 약 5%씩 성장하고 있다고 말했다. Nate는 성장에는 그에 따른 대가가 있다는 사실을 알아냈다고 덧붙였다. 목표 성장을 달성하기 위해 그들은 새로운 가게, 비품, 그리고 재고자산에 투자해야 했다. 5%의 성장률과 18%의 ROIC를 달성하기 위해 그들은 매년 이익의 약 28%를 재투자했다. 나머지 72%의 이익은 배당가능한 이익이었다. 그 후 2020년에는 약 $130만의 현금흐름을 창출했다.

Lily의 사촌 Logan이 본인의 소매 사업 Logan's Stores에 대한 공격적인 확

표 2.1 Lily's Dresses를 능가하는 Logan's Stores 예상 이익 증가

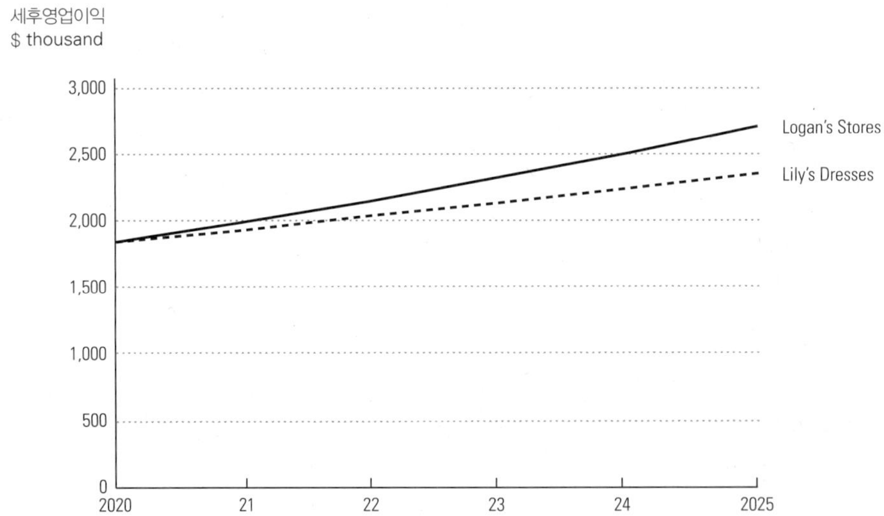

표 2.2 ROIC 및 현금흐름에서 우수한 성과를 보이는 Lily's Dresses

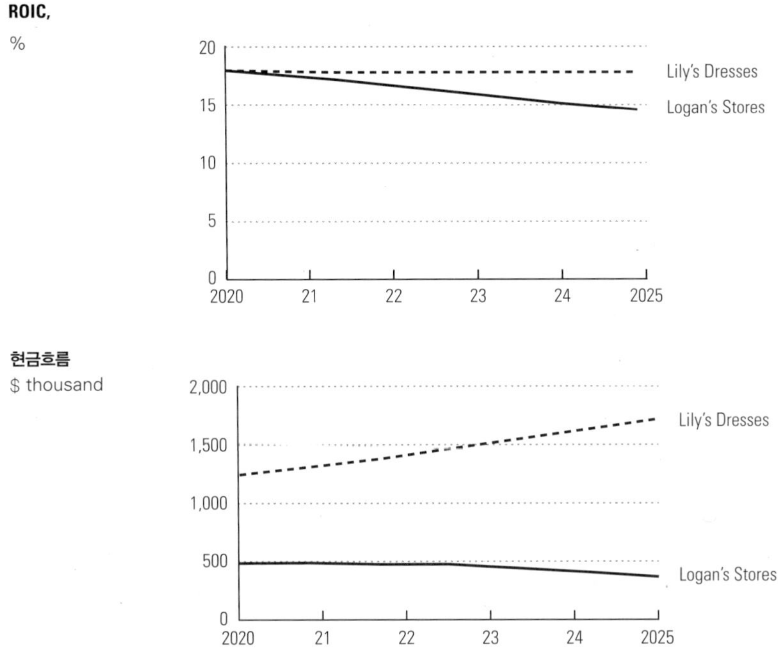

장 계획을 말하기 전까지는, Lily와 Nate는 5%의 성장률과 18%의 ROIC에 만족했다. Logan의 이야기를 토대로, Lily와 Nate는 표 2.1에서처럼, Logan's Stores의 예상 영업이익 증가율과 본인들 사업의 성장률 5%를 비교했다. Lily와 Nate는 Logan의 빠른 성장은 자신들의 비전이나 경영에 결함이 있음을 의미할 수 있다고 우려하였다.

잠깐만 기다려 달라고 요청했다. "Logan이 어떻게 이러한 성장을 이루었을까요? 그의 ROIC는 어떨까요?" Lily와 Nate는 표 2.2에 나타난 자료를 통해 새로운 사실을 확인할 수 있었다. 우리가 짐작했던 대로 Logan은 막대한 투자를 함으로써 이와 같은 성장률을 기록하고 있었다. 영업이익이 모두 증가했음에도 불구하고 Logan's Stores의 ROIC는 크게 감소하고 있어서, 현금흐름의 하락세가 드러나고 있었다.

우리는 두 사람에게 왜 그들의 상점이 Logan의 상점보다 투하자본이익률이 더 높다고 생각하는지 물었다. 한 가지 이유는 그들의 제품이 독특하고 최첨단 패션이었기 때문에 고객들이 다른 많은 드레스 매장의 제품보다 더 높은 가격을 기꺼이 지불하기 때문이라고 Nate는 말했다. Lily는 각 매장이 더 많은 고객을 유치했기 때문에 평방피트당 매출(고정 비용의 대용치)이 Logan보다 더 많았다고 덧붙였다. 그들이 보았을 때 Logan의 제품은 경쟁 제품과 크게 다르지 않았기 때문에 가격을 경쟁 제품에 맞춰야 했고 매장 방문 고객도 적었다. 이 토론을 통해 Nate와 Lily는 성장과 함께 ROIC를 고려하는 것이 유익하다는 것을 알게 되었다.

새로운 발상

몇 년 후, Lily와 Nate는 멋진 아이디어를 갖고 우리와 만났다. 그들은 Lily's Emporium이라고 불리는 새로운 개념의 사업을 개발하기를 원했다. Lily's Emporium에서는 재능 있는 디자이너들이 작업하고 있던 다양한 종류의 옷과 액세서리를 취급하는 확장된 점포를 운영할 것이다. 그러나 예상 결과를 분석했을 때 (이제는 그들도 재무팀을 갖추고 있었다), 그들의 사업 전환을 위해 필요한 모든 신규 자본 투자는, 표 2.3과 같이 매출과 이익이 더 빠르게 성장함에도 불구하고, 향후 4년 동안의 예상 ROIC와 현금흐름을 감소시키고 있었다. 4년차 이후의 예상 현금흐름은 사업 전환을 하지 않았을 경우보다 커지겠지만, 그들은 장기적 성과 개선을 위해, 단기적으로는 얼마만큼의 ROIC와 현금흐름을 희생해야 하는지 알 수 없었다.

우리는 이러한 질문들이 타당한 것이라고 생각했고, 이에 대한 답을 찾는 것은 조금 더 정교한 재무적 분석이 필요할 것이라고 설명했다. 우리는 현재가치로도 알려져 있는, 현금흐름할인(DCF)을 사용할 것을 권고했는데, 이는 회사의 미래 실적을 하나의 수치로 표현하는 방식이다. Lily와 Nate는 회사의 미래 현금흐름을 예측하고, 우리가 이전에 다른 투자와의 비교에 사용했있던 자본의 기회비용으로 할인하여, 사업의 현재가치를 구할 수 있었다.

우리는 예측한 현금흐름을 10%로 할인하였으며, Lily와 Nate가 새로운 사업에 대한 DCF를 구하는 것을 돕게 되었다. 우리는 그들이 새로운 사업을 시작하지 않는다면 회사의 DCF 가치는 $5,300만이 될 것이라는 것을 보여주었다. 만약 새로운 사업을 수행된다면, DCF 가치는 $6,200만으로 증가할 것이다(실제로, 우리의 스프레드시트에서, 우리는 가장 가까운 $61,911,000로 반올림했다). 이렇게 구한 숫자들은 그들에게 Lily's Emporium 사업에 대한 자신감을 주었다.

Lily와 Nate는 ROIC를 극대화하기 위해 노력해야 할까?

Lily와 Nate는 이러한 재무적 지표들이 어떻게 더 가치 있는 사업을 창출하는 데 도움을 줄 수 있는지 이해한 후, 가치 측정에 대한 더 많은 의문을 제기하기 시작했다. Lily는 투하자본에 대한 수익을 극대화하는 전략을 취해야 하는지에 대해 물

표 2.3 사업확장이 ROIC와 현금흐름에 미치는 영향

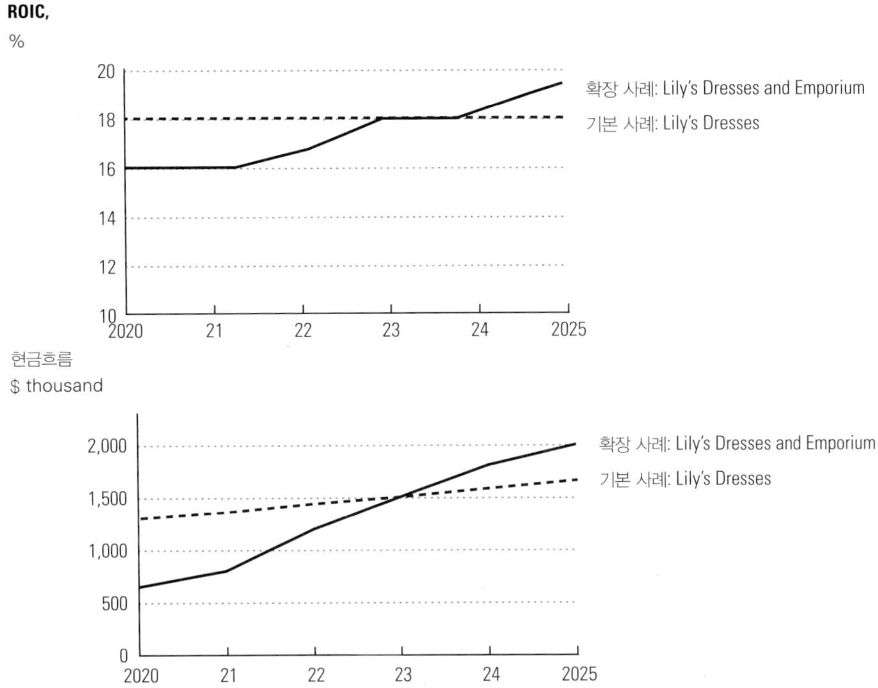

었다. 그녀는 일부 점포들이 다른 점포들보다 실적이 더 뛰어나다는 사실을 언급했다. 예를 들어, 몇몇 점포는 겨우 14%의 ROIC를 기록하고 있었다. 만약 실적이 저조한 점포들을 폐쇄한다면, 그들은 투하자본에 대한 회사 전체의 수익률을 높일 수 있을 것이다.

우리의 조언은 ROIC 자체가 아니라, 자본비용을 고려한 ROIC와 투하자본 크기의 조합에 초점을 맞추라는 것이었다. 경제적 이익(economic profit) 개념을 이용하면 이러한 부분에 대해서도 분석할 수가 있다. 우리는 표 2.4의 지표를 활용하여, 이 개념이 그들의 사업에 어떻게 이용되는지 보여주었다.

우리는 경제적 이익을 ROIC와 자본비용 차이의 스프레드에 투자자본의 금액을 곱한 것으로 정의했다. Lily와 Nate의 경우, 2024년의 경제적 이익 전망치는 투하자본 $1,200만 대비 8% 수준($96만)이 될 것이다. 수익률이 낮은 점포를 폐점하면 평균 ROIC는 19%로 늘어나지만, 경제적 이익은 $85만 5,000로 줄어든다. 일부 점포는 다른 점포보다 낮은 수준의 ROIC를 보이지만, 이러한 점포들도 여전히 자본비용보다 더 높은 수익을 올리고 있기 때문이다. 이 사례를 통해, 우리는 Lily와 Nate가 장기적으로 ROIC가 아닌 경제적 이윤을 극대화하기 위해 노력

표 2.4 경제적 이익은 성과가 낮은 점포가 있는 경우 더 높게 나타난다.

	ROIC, %	자본비용 %	스프레드 %	투하자본 $ thousand	경제적 이익 $ thousand
회사 전체	18	10	8	12,000	960
성과 하위 점포 제외	19	10	9	9,500	855

해야 한다고 조언했다.

그러나 이러한 방법은 Nate에게 실무적인 의문을 불렀다. 주어진 상황에서 어떤 방법을 사용해서 분석해야 하는지 분명하지 않았기 때문이다. 그는 "경제적 이익과 DCF는 각각 언제 쓰느냐"고 물었다.

"좋은 질문입니다"라고 우리는 말했다. "사실, 두 방법의 결과는 똑같아요." 우리는 Nate와 Lily에게 그 둘에 대한 비교를 보여주기 위해 표 2.5를 준비했다. 이전에 우리가 그들의 사업에 대해 추산했던 DCF 가치는 $61,911,000였다. 경제적 이익을 구하기 위해, 우리는 DCF를 구할 때 사용했던 자본비용으로 미래 경제적 이익을 할인했다. 그리고 이렇게 산출된 값을 현재 시점에 투자된 자본에 합산하였다. 두 가지 접근법의 대한 결과는 완전히 동일하다[2].

주식시장 상장

이제 Lily와 Nate는 장기적으로 중요한 전략적 결정을 내릴 수 있는 방법을 갖게 되었다. Lily's Emporium은 성공적이었고, 그 후에 그들이 우리에게 연락을 했을 때, 그들은 새로운 비전에 대해 신나게 이야기를 해주었다. Nate는 "점포를 더 빨리 확장하기 위해서는 자본이 더 필요하다"고 말했다. 이어서, "게다가 직원 일부가 회사의 주인이 될 수 있는 계기를 마련해 주고 싶다. 그래서 기업 공개를 결정했다." 그들은 기업이 공개되는 것이 그들의 재무적 의사결정에 미치는 영향에 대해서 이해할 수 있도록 도와달라고 요청했다.

"자, 이제 금융시장과 실물시장의 차이는 무엇인지, 그리고 그들이 상호간에 어떻게 관련되어 있는지 알아봐야 할 때입니다. 당신들은 한 시장에서 좋은 실적이 반드시 다른 시장에서 좋은 실적을 의미할 필요는 없다는 점을 이해하고 싶을 것입니다"라고 이야기 했다.

지금까지는 Lily, Nate와 함께 실물시장에 대해 이야기했다. 그들의 투자금액 대비 얼마나 많은 이윤과 현금흐름을 벌고 있는가? 그들은 시간이 지남에 따라 그

2 이 두 가지 가치평가 접근방식에 대한 자세한 설명은 10장을 참조하시오.

표 2.5 동일한 결과를 산출하는 DCF와 경제적 이익 가치평가

평가방법에 따른 가치평가, $ thousand

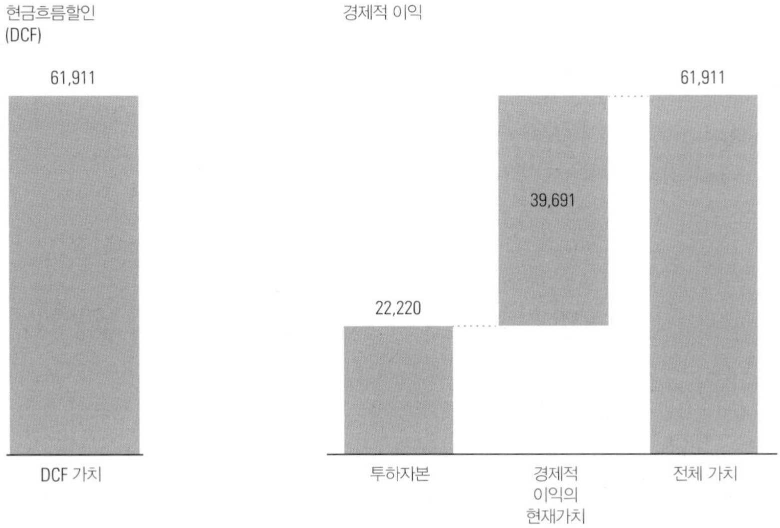

들의 경제적 이익과 현금흐름을 극대화하고 있었는가? 실물 시장에서 의사결정 규칙은 간단하다: 미래 현금흐름이나 미래 경제적 이익의 현재가치를 극대화하는 전략을 선택하거나 그러한 운영상의 결정을 내릴 것.

기업이 자본시장에 진입할 경우, 실물시장에서 적용되는 의사결정 규칙은 본질적으로 변함없이 적용이 된다. 그러나 경영진은 금융시장을 동시에 다루어야 하기 때문에 상황은 더욱 복잡해진다.

기업이 상장하여 체계화된 시장에서 광범위한 투자자에게 주식을 매도할 때, 투자자들과 시장 투기자들 사이의 상호작용(또는 거래 활동)을 통해 해당 주식의 가격이 결정된다. 주가는 투자자들이 그 주식에 대해 생각하는 가치를 근거로 정해진다. 각 투자자는 스스로가 생각하는 주식의 적정 가치를 산정하고, 내재가치의 추정치를 현재 관찰되는 주가와 비교하여 거래에 참여한다.

이러한 내재가치는 기업의 미래 현금흐름이나 수익창출 능력에 기초한다. 이는 본질적으로, 투자자들은 기업의 자산 원가 또는 기업이 과거에 성취했던 것이 아니라, 미래에 기업이 달성할 것으로 기대하는 실적에 대해서 돈을 지불하고 있다는 것을 의미한다.

Lily는 우리에게 그들의 회사 주식의 가치가 얼마인지 물었다. 우리는 "회사의 향후 실적에 대한 시장의 전반적인 평가가, 당신이 생각하기에 실제로 회사가 달성할 것이라고 믿는 실적과 비슷하다고 가정해 봅시다. 첫 번째 단계는 회사의 실적

을 예측하고 향후 예상되는 현금흐름을 할인하는 것입니다. 이 분석에 근거하면 주식의 내재가치는 주당 $20입니다"라고 말했다.

Nate는 "흥미롭네요"라고 하면서 "우리가 투자한 자본금은 주당 $7에 불과하기 때문입니다"라고 말했다. 회사가 미래에 벌어들일 것으로 평가받는 경제적 이익에 대해서, 시장은 $13의 프리미엄을 투하자본에 추가하여 지불해야 함을 의미한다고 그들에게 전했다.

"하지만" Lily가 물었다. "만약 그들이 우리에게 이 프리미엄을 선불로 미리 지불한다면, 투자자들은 어떻게 돈을 벌 수 있을까요?"

"그들은 아마 돈을 벌지 못할 것입니다"라고 우리는 말했다. "당신의 회사가 당신이나 시장의 예상과 정확히 일치하는 성과를 내면 어떻게 될지 지켜봅시다. 앞으로 5년 동안 당신 회사의 가치를 따져봅시다. 향후 5년간 기대했던 성과를 내고, 이후 성과에 대한 기대치가 변하지 않는다면, 회사의 가치는 주당 $32가 될 것입니다. 당신이 어떠한 형태의 배당도 지불하지 않았다고 가정해 봅시다. 오늘 주당 $20에 주식을 산 투자자는 5년 뒤에 $32에 주식을 팔 수 있을 것입니다. 연간 투자수익률은 10%로서, 미래 실적을 할인하는 데 사용했던 할인율과 동일한 것입니다. 흥미로운 점은 기대했던 수준의 성과를 거두는 한 주주들의 수익은 기회비용에 불과하다는 점입니다. 하지만 예상보다 실적이 좋으면 주주들은 10% 이상 벌 수 있게 됩니다. 그리고 예상보다 성과가 좋지 않다면 주주들은 10% 이하로 벌게 됩니다."

Lily는 "그래서 투자자들이 얻는 수익은 우리 회사의 실제 성과가 아니라 시장의 기대치와 비교한 실적에 의해 결정되겠네요"라고 말했다.

"정확해요!"라고 우리는 말했다.

Lily는 잠시 말을 멈추고 토론에 대해 곰곰이 생각해 보았다. "그렇다면, 실물시장과 금융시장에서 우리 회사의 실적을 동시에 관리해야만 한다는 말이네요."

우리는 Lily의 말에 동의했고, 만약 그들이 자본비용보다 높은 이익률과 빠른 성장을 통해서 실물시장에서 상당한 수준의 가치를 창출할 수 있었지만, 그것이 투자자의 기대치에는 미치지 못했다면, 투자자들은 실망할 것이라는 사실을 설명했다. 경영자들은 기업의 내재가치를 극대화하고 금융시장의 기대치를 적절히 관리해야 한다는 이중 과제를 안고 있다.

우리는 "시장의 기대치를 관리하는 것은 생각보다 어려운 일입니다"라고 덧붙였다. "당신은 투자자의 기대치가 너무 높거나 낮기를 바라지는 않을 것입니다. 우리는 많은 회사들이 미래에 훌륭한 성과를 낼 것이라고 시장을 설득한 뒤, 실제로는 그러지 않는 장면을 목격해 왔습니다. 그 회사가 기대했던 성과를 낼 수 없을 것이라는 사실을 시장이 깨달았을 때, 주가는 떨어질 뿐만 아니라, 시장의 신뢰를 회복하는 데는 몇 년이 걸릴 수도 있습니다. 반대로 시장의 기대치가 너무 낮고 회사가 가진 기회에 비해 주가가 낮으면, 적대적 인수합병 대상이 될 수 있습니다"라고 말했다.

이러한 문제들을 파악한 후, Lily와 Nate는 그들의 회사를 공개할 준비가 되었다고 느꼈다. 그들은 주식시장의 상장을 통해 자본을 조달했다.

사업 확장

Lily와 Nate의 사업은 성공적이었고, 빠르게 성장했으며, 시장의 기대치를 지속적으로 넘어섰기 때문에, 그들의 주가는 최고 수준이었다. 그들은 경영진이 Emporium 사업에서 높은 성장을 달성할 수 있을 것이라는 사실에 편안함을 느꼈고, 다음으로 그들이 생각하고 있던 몇 가지 새로운 생각을 시도해 보기로 결정했다. Lily's Furniture와 Lily's Garden Supplies 사업이 바로 그것이다. 하지만 그들은 사업이 더 복잡해짐에 따라 경영에 대한 걱정이 증가하게 되었다. 그들은 그 사업에 대해 항상 좋은 예감을 갖고 있었지만, 사업이 확장되면서 더 많은 의사 결정을 위임해야 했기 때문에, 그들은 사업이 잘 관리될 것이라는 확신이 점차 줄어들게 되었다.

그들은 우리를 다시 만났을 때 재무 부서에서 모든 점포 및 각 사업부의 매출 성장, ROIC, 그리고 경제적 이익을 면밀히 검토하기 위해 기획 관리 시스템을 마련했다고 말했다. 해당 팀은 향후 3년간 매년 매출과 경제적 이익 목표를 설정하고, 매달 진행 상황을 모니터링하며, 경영진에 대한 보상을 목표 대비 경제적 이익에 연계시켰다. 그러나 Lily와 Nate는 그들과 시장이 기대하는 장기적 실적에 맞추어서 회사가 제대로 나아가고 있는지 확신하지 못하고 있다고 말했다.

우리는 "과거 실적치에 대한 재무적 측정과 더불어 미래 예상치가 통합된 기획 관리 시스템이 필요합니다"라고 언급했다.

Nate가 말했다. "더 자세히 말씀해 주세요!"

"지적한 것처럼, 이러한 재무적 측정의 문제점은, 여러분의 경영자들이 미래를 위한 사업을 어떻게 꾸려나가고 있는지 말해줄 수 없다는 겁니다. 예를 들어, 경영진은 매장에서 고객을 돕기 위한 인력의 감축, 직원 교육 축소, 유지보수 비용 또는 브랜드 구축 관련 지출 연기 등과 같이 고객 서비스와 관련된 일들을 축소함으로써, 단기 재무성과를 개선할 수 있었습니다. 여러분들은 단지 현재의 실적만을 보여주는 지표가 아니라, 미래를 내다 볼 수 있는, 고객 만족도나 브랜드 인지도와 관련된 지표를 만들어내야만 합니다."

Lily와 Nate 둘 다 만족한 채 고개를 끄덕였다. 그들이 그렇게 빨리 흡수하고 적용한 교훈은 회사를 견고한 토대 위에 올려놓았다. 두 사람은 여전히 가끔 우리를 찾아오지만, 다만 사교적인 목적만을 위해 방문한다. 때때로 Lily와 Nate는 그들의 정원 용품 센터에서 꽃을 가져온다.

몇 가지 교훈

Lily와 Nate의 사업 이야기는 단순하지만, 그것은 가치 창출과 그것의 척도를 둘러싼 핵심 아이디어들을 강조하고 있다.

1. 실물시장에서 당신은 자본의 기회비용보다 더 높은 투하자본수익(ROIC)을 얻음으로써 가치를 창출한다.
2. 자본비용 이상의 수익으로 더 많이 투자할수록 더 많은 가치를 창출한다. 즉, 투하자본의 수익률이 자본비용을 초과하는 한 성장은 더 많은 가치를 창출한다.
3. 미래 기대현금흐름이나 경제적 이익의 현재가치를 최대화하는 전략을 선택해야 한다. 어떤 접근법을 선택하든 답은 같다.
4. 주식시장에서 기업의 주식 가치는 미래 실적에 대한 시장의 기대치를 근거로 하는 내재가치와 동일하지만, 시장의 미래 실적에 대한 기대치는 회사의 기대치와 다를 수 있다.
5. 주주들이 얻는 수익은 실제로 이루어진 실적뿐만 아니라, 시장의 기대치의 변화에 따라 달라진다.

다음 장에서는, 가치 창출을 이해하고 측정하기 위한 보다 체계적인 프레임워크를 학습한다.

VALUATION
Measuring and Managing the Value of Companies

3장

가치창출의 기본 원칙

기업들은 현재 시점에서 현금을 투자하고, 미래 시점에서 더욱 많은 현금을 만들어 내는 것으로 주주들의 가치를 창출한다. 창출된 가치의 크기는 투자 금액과 투자로 인해 발생하는 미래 현금 유입액의 차액으로서, 이것은 화폐의 시간가치 및 미래 현금흐름의 불확실성으로 인하여 미래 현금흐름이 현재 현금흐름에 비해 가치가 적다는 사실을 반영하여 구한다. 2장에서 설명한 것처럼, 매출을 현금흐름(그리고 이익)으로 전환하는 것은 기업의 투하자본이익률(ROIC)과 매출 성장률이 함께 영향을 끼친다. 이는 기업이 창출하는 가치의 크기는 궁극적으로 ROIC, 매출 성장률 그리고 이 두 가지를 유지할 수 있는 능력에 의해 결정된다는 것을 의미한다. ROIC가 자본비용(즉, 투자자들의 기회비용)보다 클 때에만 회사의 가치가 창출된다는 점을 명심해야 한다.[1] 뿐만 아니라, ROIC가 자본비용을 초과할 경우에만 성장이 기업의 가치를 증대시킬 것이다. 수익률이 낮은 기업의 성장은 오히려 기업가치를 훼손시킨다. 표 3.1은 이러한 가치 창출의 핵심 원칙을 보여준다.[2]

이런 원칙들은 기업의 의사결정자들이 장기적으로 주주들에게 최대의 가치를 창출하는 투자가 무엇인지 결정하는 데 도움을 준다. 투자자들 또한 핵심 원칙들을

1 자본비용은 회사 투자자들의 기회비용을 의미하는 것이지, 현금 비용을 말하는 것이 아니다. 더 자세한 설명은 4장을 참조하라.

2 가장 순수한 형태의 가치는 미래 기대 현금흐름의 현재 가치이다. 가치 창출은 회사 성과로 인한 가치 변화(성장과 ROIC의 변화)를 의미한다. 우리는 보통 미래의 성장, ROIC, 현금흐름에 대한 명확한 예측을 바탕으로 가치나 가치 창출을 언급한다. 경우에 따라, 우리는 주식의 시장가치를 회사 가치에 대한 대용치로, 주주 수익(주식 가격 상승과 배당금의 합)을 가치 창출의 대용치로 사용한다.

표 3.1 가치창출동인. 성장률과 ROIC

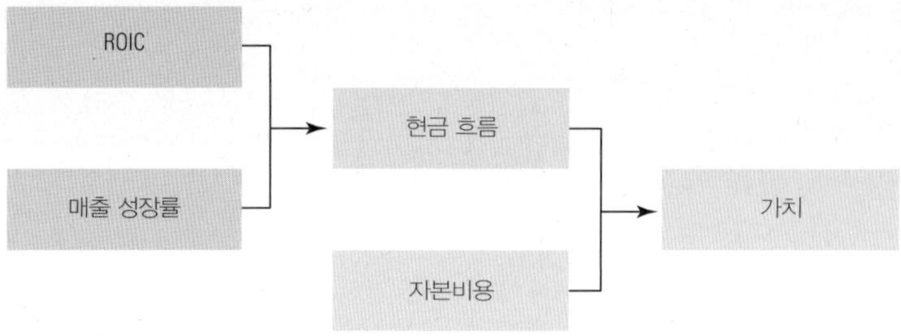

고려함으로써, 투자를 고려하고 있는 기업들의 잠재 가치를 산출하는 데 도움을 받을 수 있다. 이 장에서는 또한 성장률, ROIC, 현금흐름, 그리고 가치를 엮고 있는 관계를 파악함으로써, 경영자들로 하여금 다양한 투자기회와 전략들을 판단하는 데 도움이 될 수 있도록 하고 있다. 예를 들어, 높은 ROIC를 가진 기업들은 성장에 중점을 둘 때 더 많은 가치를 창출할 수 있는 반면, 낮은 ROIC를 가진 기업들은 ROIC를 높임으로써 더 많은 가치를 창출할 수 있는 것이다. 우리는 때때로 경영자들이 잊고 있는, 비현금성 비용 또는 회계 방식의 변화 등과 같이 현금흐름을 증가시키지 않는 것들이 회사의 가치를 창출하지 않는다는 원리에 대해서 탐구할 것이다. 우리는 실무적으로 가치 평가를 위한 핵심을 파악할 수 있는 간단한 공식에 대해서도 소개할 것이다.

혹자는 가치와 같이 근본적인 개념은 보편적으로 합의된 상태라고 생각할 수 있지만, 실제로는 그렇지 않다. 많은 경영진, 이사회 그리고 금융 매체들은 아직도 회계적 이익이 가치와 동일하다고 여기고, 지나칠 정도로 이익 향상에만 집중한다. 이익과 현금 흐름이 어느 정도 관련성이 있는 것은 사실이지만, 이익 자체만으로는 가치창출의 전체적인 맥락을 잡기 어렵다. 따라서 이익 또는 이익성장률에만 지나치게 집중하면 오히려 가치창출로부터 멀어지게 된다.

예를 들면, 이익성장률만으로는 2017년 $126억의 매출을 기록한 미국에서 4번째로 큰 할인 소매업체 Costco와 같은 해 $40억의 매출을 올린 Jack Daniels를 비롯한 다른 주류를 공급하는 Brown-Forman의 투자자들이 왜 1996년과 2017년 사이에 비슷한 주주수익을 거둘 수 있었는지 설명할 수 없다. 이 두 성공적인 기업들은 매우 다른 성장률을 기록했다. 이 기간 동안, Costco는 연 평균 11%의 세후영업이익 성장률을 기록했고, Brown-Forman은 7%를 기록했다. 이것은, Costco의 2017년 이익은 1996년의 9배이고, Brown-Forman의 경우 4배에 불과함을 의미한다. Costco는 이 시기에 미국에서 가장 빠르게 성장하는 기업 중 하나였다. 이 회사의 평균 연간 주주수익률은 15%였다. Brown-Forman은 훨씬 천천히 성장했지만, 연간 주주수익률은 역시 15%를 기록했다. 상대적으로 느린 성장에도 불구하고, Brwon-Forman이 Costco와 같은 가치를 창출해낸 것은, Brown-Forman은 29% ROIC를 기록한 반면, Costco는 13%에 불과했기 때문이다.

실은, 한 업종의 모든 기업들이 동일한 ROIC를 거둔다면, 이익 성장률이 차별성을 주는 변수가 될 수 있을 것이다. 왜냐하면, 이럴 경우, ROIC가 아닌 성장률이 회사들 간의 현금흐름의 차이를 결정할 것이기 때문이다. 애널리스트나 학자들은 단순화를 위해 종종 이와 같은 가정을 해왔다. 하지만 제8장에서도 볼 수 있듯이, ROIC는 업종뿐만 아니라 같은 업종에 속한 기업과 시간에 따라 상당히 다를 수 있다.

성장률, ROIC와 현금흐름의 관계

현금흐름을 매출성장률과 ROIC로 분류해서 보면 기업의 실적을 결정하는 근본요인에 대해 알 수 있다. 만약, 어떤 기업의 전년도 현금흐름이 $100이고 다음 연도에는 $115가 될 것이라고 하자. 그러나 이 $15의 증가는 매출 상승, 자본적 지출 또는 마케팅 비용 삭감 등 많은 요인으로부터 발생될 수 있는 것이기 때문에, 기업의 경제적 성과에 대해서 그다지 많은 것을 말해주지 못한다. 하지만, 해당 기업이 매년 7%의 매출성장률을 기록했으며 ROIC가 15%라고 제시한다면, 당신은 기업의 성과를 평가할 수 있을 것이다. 예를 들어, 기업의 성장률을 산업 및 경제 전체의 성장률과 비교하거나, ROIC를 경쟁기업, 자본비용, 과거 실적과 대비하여 분석할 수 있을 것이다.

성장률, ROIC와 현금흐름은 서로 수학적으로 연결되어 있다. 이것은 Value Inc.와 Volume Inc.라는 두 개 회사의 사례를 살펴보면 알 수 있는데, 이들의 추정이익, 투자, 그에 따른 현금흐름은 표 3.2에 나타나 있다. 이익은 우리가 이 책에서 계속 사용할 용어인, 세후영업이익(net operating profit after taxes, NOPAT)으로 표현되어 있다. 두 회사 모두 1년차에는 $1억의 NOPAT을 거두었고, 매년 매출과 이익이 5%씩 성장하므로 두 회사의 추정이익은 동일하다. 만약 가치가 이익에 의해서만 결정된다는 일반적인 견해가 맞는다면, 이 두 회사의 가치 또한 동일해야 한다. 그러나 간단한 사례를 통해 어떻게 이 견해가 잘못되었는지를 알 수 있게 된다.

대부분의 회사는 성장을 위해 공장, 설비 또는 운전자본 등에 투자할 필요가 있다. 잉여현금흐름은 이익으로부터 투자금을 일단 제하고, 투자자들에게 남게 되는

표 3.2 두 회사 사례: 동일한 이익, 상이한 현금흐름

$ million

Value Inc.	Year 1	Year 2	Year 3	Year 4	Year 5
NOPAT[1]	100	105	110	116	122
투자	(25)	(26)	(28)	(29)	(31)
현금흐름	75	79	82	87	91

Volume Inc.	Year 1	Year 2	Year 3	Year 4	Year 5
NOPAT[1]	100	105	110	116	122
투자	(50)	(53)	(55)	(58)	(61)
현금흐름	50	52	55	58	61

[1] 세후영업이익

여부이다. Value Inc.는 동일한 이익으로부터 더 높은 수준의 잉여현금흐름을 창출하고 있다. 왜냐하면 Volume Inc.가 이익의 50%씩이나 투자해서 얻는 것과 같은 이익성장률을 달성하기 위해 Value Inc.는 이익의 25%만을 투자해서 얻고 있기 때문이다. Value Inc.는 낮은 투자 비율 덕분에 Volume Inc.과 동일한 수준의 이익을 내면서도 현금 흐름은 50% 높게 창출할 수 있다.

우리는 두 기업의 미래현금흐름을 투자자들이 기대하고 있는 투자수익률, 즉 자본비용으로 할인함으로써 두 기업의 가치를 평가할 수 있다. 두 기업에 대해서, 우리는 그들의 성장과 투자 비율이 영속적이라고 가정하고, 각 연도 현금흐름을 10%의 자본비용으로 할인했다. 따라서, 예를 들어, Value Inc.의 1년차 $7,500백만 현금흐름은 현재가치로 $6,800만에 해당한다(표 3.3). 우리는 미래현금흐름의 총 현재가치를 도출하기 위해 각 년노에 대한 결과치를 합산하였다. Value Inc.의 경우 $15억이 산출되었고 Volume Inc.의 경우 $10억이 산출되었다.

두 기업의 가치는 또한 수익주가비율(P/E; Price Earning Ratio)로 나타낼 수 있다. 이를 위해서는 각 기업의 가치를 첫 해의 이익인 $1억으로 나누어야 한다. Value Inc.의 P/E는 15인 반면 Volume Inc.의 P/E는 10밖에 되지 않는다. 동일한 이익과 성장률을 가지고 있음에도 불구하고 두 기업의 현금흐름이 서로 다르기 때문에 이들은 상이한 이익배수를 갖는다. Value Inc.는 Volume Inc.만큼 투자할 필요가 없기 때문에, 더 높은 수준의 현금흐름을 창출할 수 있다.

ROIC는 여기서 지난 해 투자 대비 벌어들인 NOPAT의 증분으로 정의되며, ROIC 차이는 투자 비율의 차이를 만들어 낸다. 본 사례의 경우, Value Inc.는 첫 해에 $2,500만을 투자하였고($1억의 수익 중), 그 결과 다음 해의 이익은 $500만이 증가하였다. 새로 투자된 자본의 수익률은 20%이다($5백만의 추가 이익을 투자한 $2,500만으로 나눈 값).[3] 이에 반해 Volume Inc.의 ROIC는 10%이다(두

표 3.3 Value Inc.: 현금흐름할인 가치평가

$ million

	Value Inc.						
	Year 1	Year 2	Year 3	Year 4	Year 5	Year X	합계
NOPAT[1]	100	105	110	116	122	...	
투자	(25)	(26)	(28)	(29)	(31)	...	
현금흐름	75	79	82	87	91	...	
현재가치	68	65	62	59	56	...	1,500

1년간 10%로 할인했을 때 현재가치 75

4년간 10%로 할인했을 때 현재가치 87

[1] 세후영업이익

번째 해의 $500만의 추가 이익을 투자한 $5,000만으로 나눈 값).

성장률, ROIC, 그리고 현금흐름(투자 비율로 표시됨)은 수학적으로 다음의 관계를 가진다.

$$\text{성장률} = \text{ROIC} \times \text{투자비율}$$

이 수식을 Value Inc.에 적용하면,

$$5\% = 20\% \times 25\%$$

이 수식을 Volume Inc.에 적용하면,

$$5\% = 10\% \times 50\%$$

위에서 볼 수 있듯이, Volume Inc.는 동일한 성장률을 이루기 위해 더 높은 투자비율을 필요로 한다.

현금흐름의 관점에서 위의 식을 다시 살펴보면 다음과 같다.

$$\text{현금흐름} = \text{이익} \times (1 - \text{투자 비율})$$

이 등식에서, 투자비율은 성장률을 ROIC로 나눈 값과 같다.

$$\text{현금흐름} = \text{이익} \times (1 - \text{성장률}/\text{ROIC})$$

3 우리는 이익의 모든 증가는, Value Inc의 현재 자본수익률이 변하지 않는 상태에서, 새로운 투자로부터 발생했다고 가정한다.

Value Inc.의 경우:

$$\$75 = \$100 \times (1 - 5\%/20\%)$$
$$= \$100 \times (1 - 25\%)$$

Volume Inc.의 경우:

$$\$50 = \$100 \times (1 - 5\%/10\%)$$
$$= \$100 \times (1 - 50\%)$$

세 변수가 수학적으로 연결되어 있기 때문에, 그 중 두 가지 변수만 알아도 기업의 실적을 표현할 수 있다. 대다수 기업의 실적은 성장률과 ROIC로 표현되는데, 그 이유는 앞서 언급한 것처럼 성장률과 ROIC는 과거 또는 경쟁기업의 수치와 비교분석할 수 있기 때문이다.

표 3.4는 성장과 ROIC의 서로 다른 조합이 어떻게 다른 투자자들에게 돌려주는 현금흐름의 차이를 만들어내는지 보여준다. 박스 안의 숫자들은 NOPAT에 대한 비율로서, 투자자들에게 분배될 수 있는 수익을 의미한다. 어떠한 수준의 ROIC에서든지 성장이 느려질수록, NOPAT $1당 발생하는 현금은 증가한다. 이것은 성장이 느린 성숙 단계의 회사들이 왜 수익의 훨씬 더 많은 양을 투자자들에게 돌려줄 수 있는지를 설명한다. 높은 ROIC의 회사는 적정 수준의 성장을 유지하는 한, 많은 현금 흐름을 창출해낸다. 이것은 왜 성숙 단계의 자본수익률이 높은 기술이나 제약 기업이 투자자들에게 그렇게나 이익의 많은 양을 돌려주는지 설명한다.

표 3.4 분배 가능한 현금흐름으로 변환한 성장률과 ROIC

NOPAT 대비 %

성장률 \ ROIC	7%	9%	13%	25%
9%	–14	0	31	64
6%	14	33	54	76
3%	57	67	77	88

표 3.5 Value Inc.: 높은 성장률과 낮은 초기 현금흐름

$ million

5% 성장률

	Year 1	Year 2	Year 3	Year 4	Year 5	Year 6	Year 7	Year 8	Year 9	Year 10	Year 11	Year 12
NOPAT	100	105	110	116	122	128	138	141	148	155	163	171
순투자	(25)	(26)	(28)	(29)	(30)	(32)	(34)	(35)	(37)	(39)	(41)	(43)
현금흐름	75	79	83	87	91	96	101	106	111	116	122	128

8% 성장률

	Year 1	Year 2	Year 3	Year 4	Year 5	Year 6	Year 7	Year 8	Year 9	Year 10	Year 11	Year 12
NOPAT	100	108	117	126	136	147	159	171	185	200	216	233
순투자	(40)	(43)	(47)	(50)	(54)	(59)	(63)	(69)	(74)	(80)	(86)	(93)
현금흐름	60	65	70	76	82	88	95	103	111	120	130	140

높은 성장률은 초기에 낮은 현금흐름을 발생시킴

이러한 기업들은 선택의 여지가 없다. 왜냐하면 그들은 매력적인 투자수익률에 재투자하는 것보다 일반적으로 훨씬 더 많은 현금 흐름을 만들어 내기 때문이다.

가까운 미래의 현금흐름은 기업의 실적을 보여줄 수 있는 의미 있는 지표가 아닐 수 있다. 만약 Value Inc.가 25%의 ROIC 실현이 가능한 투자기회를 더 찾았고 성장률을 매년 8%까지 끌어올릴 수 있었다면 어떻게 되었을지 생각해보자. 표 3.5는 성장률이 8%일 경우의 추정 NOPAT와 현금흐름을 보여준다. 8% 성장을 하기 위해, Value Inc.는 이익의 더 많은 부분을 투자해야 할 것이고, 그로 인해 9년차가 될 때까지는 8% 성장 시나리오에서의 현금흐름이 5% 성장 시나리오에서의 현금흐름보다 작을 것이다. 그러나 5% 성장 시나리오에서 $15억이었던 회사의 가치는, 8% 성장 시나리오에서는 두 배가 되어 $30억이 될 것이다. 왜냐하면 장기적으로 이것의 현금흐름은 더 커질 것이기 때문이다.

만약 당신이 어떤 가정을 단순화한다면-예를 들어, 기업이 일정한 비율로 성장하고 일정한 ROIC를 유지한다고 한다면-당신은 현금흐름할인모형을 간단한 공식으로 줄일 수 있다. 우리는 이것은 가치유도공식(value driver formula)이라고 부른다. 여기서, NOPAT은 세후영업이익을 의미하고, g는 회사의 성장률이며, WACC는 자본비용이다.

$$\text{Value} = \frac{\text{NOPAT}_{t=1}\left(1 - \frac{g}{\text{ROIC}}\right)}{\text{WACC} - g}$$

이 공식을 활용하면, 예시에서 설명한 것과 같이, 가치는 성장률, ROIC, 그리고 자본비용으로 유도된다는 것을 확인할 수 있다. 실무에서, 우리는 이 공식 그 자체를 잘 사용하지는 않는다. 왜냐하면, 이것은 영원히 일정한 성장률과 ROIC를 가정했기 때문이다. 하지만, 가치창출 요인을 상기하기 위해서라도 이 공식은 유용하다. 어떠한 수준의 성장률에서도, ROIC를 향상시키는 것은 가치를 증가시킨다. 왜냐하면 이것은 성장을 위해 필요한 투자규모를 줄일 수 있기 때문이다. 하지만, 성장의 효과는 애매한데, 이것이 공식의 분모와 문자에 모두 나타나기 때문이다. 다음 장에서는, 더 빠른 성장은 회사의 ROIC가 자본비용보다 높은 경우에만 회사의 가치를 증가시킨다는 사실을 확인할 것이다. 이 장의 마지막에서는, 어떻게 이 공식이 유도되는지 살펴볼 것이다.

ROIC와 성장의 균형을 통한 가치창출

표 3.6은 서로 다른 성장률과 ROIC의 조합이 어떻게 기업가치로 환산되는지를 나타내고 있다(표 3.6). 매트릭스 속의 셀은 각각의 성장률과 ROIC에 대한 가정들을 기준으로 회사의 자본비용에 따라 할인한 미래현금흐름의 현재가치를 나타내고 있다. 여기에서는 9%의 자본비용과 회사가 1년차에 $100을 벌어들인다고 가정하고 있다.[4]

어떤 수준의 성장률을 보이는지에 관계없이, ROIC가 향상될수록 가치는 상승한다. 다시 말하면, 다른 모든 조건이 동일할 때, ROIC가 높을수록 가치는 높아진다는 것이다. 왜냐하면 이것은 같은 수준의 성장률을 달성하기 위해 그만큼 투자할 필요가 없음을 의미하기 때문이다. 하지만 이러한 논리는 성장률에 있어서는 해당되지 않는다. ROIC가 높을 때, 높은 성장률은 가치를 상승시키지만 ROIC가 기업의 자본비용보다 낮을 때에는 높은 성장률은 가치를 훼손시킨다. ROIC가 자본비용보다 낮을 때, 기업이 빠르게 성장한다면 가치를 훼손시키는 수익사업에 계속 많은 투자를 한다는 것을 의미한다. ROIC가 자본비용과 동일해지는 지점은 성장을 통한 가치 창출과 가치 훼손 사이의 경계선이라 할 수 있다. 이 경계선에서는 기업의 성장률이 가치에 아무런 영향을 미치지 못한다. 성장률에 따라 가치가 창출되지도 않고 훼손되지도 않는다. 다람쥐가 쳇바퀴를 돌리듯 경영진이 아무리 열심히 일해도 기업가치 측면에서는 결국 처음 시작한 상황으로 되돌아오고 만다.

그림에서 볼 수 있듯이, 높은 ROIC와 낮은 성장률을 보인 회사가 높은 성장률

---

4 우리는 첫 15년 동안의 현금흐름 예측을 수행했고, 이 후 모든 시나리오의 성장률은 4.5%로 수렴한다고 가정했다. 만약 회사가 경제보다 더 빠르게 성장한다면, 그 회사는 궁극적으로 세계 경제 전체를 앞지를 것이다.

과 낮은 ROIC을 보인 회사보다 높거나 또는 유사한 평가 배수를 가진다는 점을 알 수 있었다. 예를 들어, 2017년 말, Brown-Forman과 Costco는 모두 세후영업이익 대비 기업가치 비율이 19배에서 20배인 것으로 평가되었다. 그러나 Costco가 지난 3년간 매년 7%씩 성장한 반면 Brown-Forman은 연간 2% 이하의 성장에 머물렀다. Brown-Forman은 이러한 저성장을 높은 ROIC로 보완해주었는데, Costco의 ROIC는 15%(자본집약적인 저마진 유통업계에서는 높은 편)였지만 Brown-Forman의 ROIC는 30%였다.

우리는 때때로 ROIC가 낮은 기업들조차도 성장을 위해 노력해야 한다는 주장을 듣게 된다. 논리는 회사가 성장하면 ROIC는 자연스럽게 상승한다는 것이다. 하지만 이러한 주장은 새로운 신규 사업에나 해당되는 것이다. 대부분의 성숙한 기업들에 있어서 낮은 ROIC는 사업 모델에 결함이 있다거나 산업구조가 매력적이지 않다는 것을 의미한다. 기업이 성장만 한다면 자본수익률을 증가시킬 수 있을 정도의 규모의 경제가 생길 것이라는 착각에 빠져서는 안 된다. 이러한 상황은 성숙 단계의 기업들에게는 절대 일어나지 않을 일이다.

몇 가지 사례들

본 장에서 제시되고 있는 기본 논리는 주식시장에서 회사가 성과를 내는 방식을 반영한다. Costco의 이익이 훨씬 더 빨리 성장했음에도 불구하고 Costco와

표 3.6 가치로 변환한 성장률과 ROIC

가치,[1] $

성장률 \ ROIC	7%	9%	13%	25%
9%	400	1,100	1,900	2,700
6%	600	1,100	1,600	2,100
3%	800	1,100	1,400	1,600

[1] 1차년도 이익 $100와 자본비용 9%를 가정한 미래현금흐름의 현재가치이며, 15년 이후로는 모든 시나리오에서 4.5% 성장한다고 가정함

Brown-Foreman의 주주 수익률이 왜 같았는지 설명한 부분을 떠올려보자. 성장률과 ROIC가 기업가치에 미치는 영향을 보여주는 또 다른 예는 Rockwell Automation이다. Rockwell은 전산 통합 시스템 및 공장 자동화 기술을 공급하는 회사로 1995년과 2018년 사이 총주주수익률(TSR; Total Sharehoder returns)이 업계 상위 25%에 속하는 연간 19%를 기록했다. 이 기간 동안, Rockwell은 항공과 전력 시스템 분야로의 다각화로 인해 1995년 $130억에서 2018년 $70억으로 매출이 감소했다. 높은 TSR의 주요 배경에는 1990년대 중반 12%이던 ROIC의 2018년 약 35%(영업권 포함)로의 상승이 있다. 2001년 항공산업 분야(Rockwell Collins)를 스핀오프하면서, Rockwell은 핵심분야인 산업자동화에 집중할 수 있었고 결과적으로 ROIC를 크게 향상시켰다. 하지만 ROIC의 향상은 저수익률의 주변 사업을 매각한 것에 부분적인 영향을 받기는 했지만, 산업자동화 분야의 영업개선이 주요하게 작용했다. 해당 기간 동안, Rockwell은 여러 차례에 걸쳐 원가와 자본 생산성에 집중할 것임을 공언했다.

의심할 여지 없이, 가치창출의 핵심원리는 기업 수준에서 적용된다. 우리는 이것이 산업 수준에서도 적용된다는 사실을 확인했다. 생활용품 분야의 기업들을 생각해 보자. Procter & Gamble사나 Colgate-Palmolive사와 같이 이 분야의 유명 회사들은 성장률이 높은 기업은 아니지만, 높은 ROIC로 인해 시장에서는 평균 수준 또는 더 높은 수준의 이익배수로 거래된다.

전형적인 생활용품 대기업의 매출은 2014년에서 2019년 사이 연간 1.2% 정도만 상승했는데 이는 Standard & Poor's(S&P) 500 기업(금융회사 제외) 평균인 4.5%보다 느린 수준이다. 하지만 2018년 말, 생활용품 기업들의 P/E 중간값은 약 15 정도로 S&P 500 기업들의 P/E 중간값과 완전히 일치했다. 이 분야에 해당하는 기업들이 좋게 평가받는 이유는 이들의 높은 ROIC에 기인한다. 이들의 전체 ROIC는 40%를 상회하는데, S&P 500 기업들의 2018년 전체 ROIC가 22%인 것과 뚜렷이 비교된다.

가치창출의 핵심원리가 국가 경제 수준이나 지역 수준에서도 적용되는지를 알기 위해서 우리는 미국과 유럽에 기반을 둔 대기업들을 비교했다. 미국 대기업들의 실적 P/E(trailing P/E ratio) 중간값은 15.5배였고, 유럽 기업들은 12.8배를 기록했다. 투하자본 대비 가치 평가의 차이는 더 극단적이다. 미국 기업들에 대한 투하자본 대비 기업가치의 중간값은 5.4이고 유럽기업의 경우 3.2이다. 어떤 경영진들은 이러한 일이 발생하는 이유에 대해서 단순히 미국 기업에 대한 지불의사금액이 유럽기업보다 크기 때문이라고 추측한다(이러한 추측은 몇몇 다른 나라 기업들로 하여금 가치 증대를 위해 자신들의 주식을 뉴욕증권거래소에 상장하게끔 만들었다). 하지만 미국 기업들이 더 높은 배수로 거래되는 실제 이유는 보통 이들의

ROIC가 더 높기 때문이다. 2018년, 미국 대기업은 ROIC 중간값이 30%를 기록한 반면, 유럽 대기업의 ROIC 중간값은 19%였다. 물론, 이러한 차이는 산업 구조의 차이에서 기인한다. 미국의 경우 높은 ROIC를 보이는 제약, 의료기기, 기술 기업들을 보유하고 있다. 이러한 개략적인 비교는 몇몇 유럽의 기업들—가령 자동차 분야의 Robert Bosch나 생활용품 분야의 Reckitt Benckiser—이 미국 내 경쟁사들보다 좋은 실적을 보이고 있다는 점을 설명하지는 못한다.

ROIC와 성장률이 가치창출의 핵심요소라는 더 많은 사례들은 7장에서 볼 수 있을 것이다.

경영자에게 주는 의미

기업 경영 측면에서의 ROIC와 성장률에 대해서는 8장과 9장에서 각각 자세히 다룰 것이다. 여기에서는 경영자들이 전략적 의사결정을 할 때 알아야 할 몇 가지 교훈을 간단히 설명하고자 한다.

표 3.6으로 돌아가서, 이야기를 시작해보자. 왜냐하면 이것은 ROIC와 성장률의 변화가 기업가치에 어떠한 상대적 효과를 미치는가를 고민하는 경영자들을 위한 가장 중요한 전략적인 통찰을 담고 있기 때문이다. 일반적으로 이미 ROIC가 높은 기업들은 성장률을 높이면 더 많은 추가 가치를 창출할 수 있다. 반면 ROIC가 낮은 기업들은 ROIC를 높임으로써 상대적으로 더 많은 가치를 창출할 수 있다.

예를 들어, 표 3.7은 브랜드 생활용품 기업과 같은 전형적인 고ROIC 기업이 만약 성장률을 1% 포인트 높인다면 가치를 10% 상승시킬 수 있음을 보여준다. 반면 평균적인 소매업자와 같은 전형적인 중간ROIC 기업은 같은 성장률 상승으로 단지 5%만의 가치상승을 얻을 수 있다. 반대로 중간ROIC 기업은 ROIC를 1% 포인트 상승시키면 가치가 15% 상승하지만 고ROIC 기업은 ROIC를 1% 포인트 상승시키면 가치가 6%만 상승한다.

일반적인 교훈은, 고ROIC 기업들은 성장에 집중해야 하고 저ROIC 기업들은 성장에 앞서 수익률을 늘리는 데 집중해야 한다는 것이다. 물론, 이러한 분석은 성장률을 1% 포인트 상승시키기 위한 노력이 ROIC를 1% 포인트 증가시키기 위한 노력과 동일하고, 다른 모든 것은 변동이 없다는 가정에 바탕을 둔다. 현실적으로, 각 지표의 향상에 드는 노력은 기업별, 산업별로 다를 것이며, 성장률 및 ROIC의 변동의 효과 역시 기업들마다 다를 것이다. 하지만 경영전략에서의 우선순위를 정하기 위해서는 모든 기업이 이러한 분석을 해야 할 필요가 있다는 것이다.

지금까지 우리는 모든 성장은 동일한 ROIC을 발생시키고 따라서 동일한 가치를 창출한다고 가정했지만 이것은 사실 매우 비현실적이다. 다양한 종류의 성장은

표 3.7 가치 변화: 성장률과 ROIC 상승의 영향

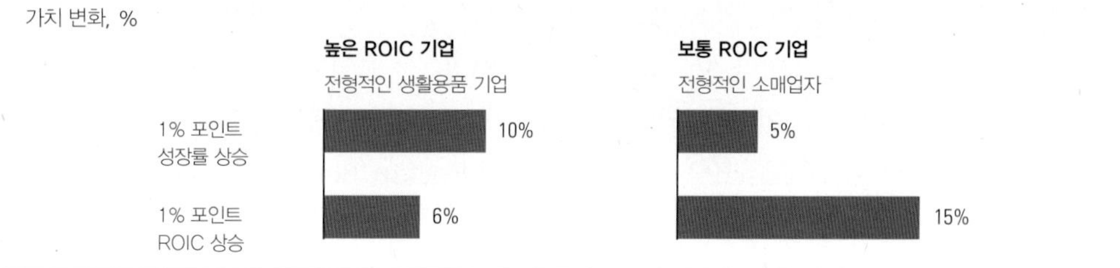

각기 다른 수준의 수익을 창출하기 때문에 모든 성장이 동일한 가치를 창출하는 것은 아니다. 각 기업은 산업과 기업 유형에 적합한 성장 관련 가치 창출의 우선순위를 파악해야만 한다.

표 3.8은 일반 소비재기업의 여러 가지 유형의 성장에 따른 가치를 보여준다.[5] 이러한 결과는 종합적 분석이 아닌 우리에게 익숙한 사례들에 근거하고 있다. 하지만 우리는 이러한 결과가 보다 폭넓은 현실을 반영한다고 믿는다.[6] 이 결과는 $1의 증분 매출당 창출된 가치로 나타난다. 예를 들어, 새로운 제품으로 인한 추가매출 $1는 $1.75에서 $2의 가치를 창출한다. 이 그림이 주는 가장 중요한 의미는 유형별 순위이다. 일반적으로 새로운 제품들은 주주들에게 있어 더 많은 가치를 창출하는 반면, 기업 인수는 최소의 가치를 창출한다. 이 둘 간의 핵심적인 차이는 투자유형에 따른 ROIC 차이에 있다.

자체적인 신제품 개발을 바탕으로 하는 성장 전략은 종종 가장 높은 수익률을 나타내는데, 이는 자체 신제품 개발에 요구되는 신규 자본 두입은 크지 않기 때문이다. 게다가, 신제품 생산을 위한 투자는 일시에 집행될 필요는 없다. 만약 예비적 결과가 좋지 않다면 향후 투자는 축소되거나 취소될 수도 있을 것이다.

이와는 달리, 기업인수는 거액의 사전적 투자가 필요하다. 여기서 투자금액은 피인수기업의 기대현금흐름에 다른 경쟁자들을 능가할 정도의 프리미엄을 가산한 금액이 될 것이다. 따라서 인수자가 피인수기업을 개선시켜 매력적인 ROIC를 창출한다 할지라도, 수익률은 보통 자본비용보다 조금 높은 정도이다.

사실 이 분석은 실패의 위험까지 반영하지는 않는다. 대부분의 제품 아이디어는 시장에 도달하기도 전에 실패하고 이런 실패한 아이디어에 따른 비용은 우리가 언급한 숫자들에는 반영되지 않았다. 이와는 달리, 기업인수는 일반적으로 기존의

5 이 그림은 다른 산업군에서는 다르게 나타날 것이다.

6 우리는 유형별 예시를 찾고 가치 창출에 대한 그것들의 효과를 평가했다. 예를 들어, 우리는 새로운 제품에 대한 마진과 자본 요구량에 대한 다양한 예시를 얻었다.

표 3.8 성장의 유형에 따른 가치 창출

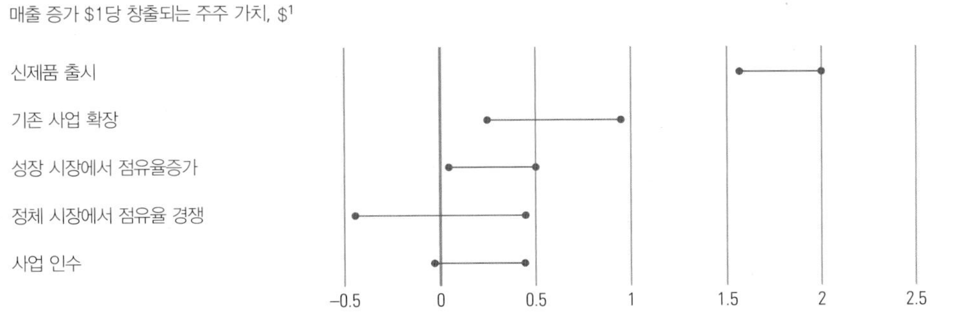

[1] 일반 소비재 기업 대상

매출과 현금흐름을 실질적으로 인수하는 것이기 때문에, 인수자의 리스크가 줄어든다. 하지만 실패의 위험을 포함한다고 해도 가치 창출의 관점으로 봤을 때 투자의 우선순위를 변화시키지는 않을 것이다.

특정한 투자가 한 기업의 전체 ROIC에 미치는 효과를 평가할 때, 성장과 ROIC간의 상호작용은 우리가 중요하게 고려해야 할 요인이다. 가령, 매우 성공한 미국의 고ROIC 기업들은 추가성장이 이들의 ROIC를 하락시킬 경우 성장에 투자하기를 꺼려하는 경우가 있다. 영업이익률이 30%이고 ROIC가 50% 이상인 한 기술 회사는, 기업의 평균 수익률이 낮아질 것을 우려하여 25%의 수익을 낼 수 있는 프로젝트에 투자하기를 원하지 않았다. 하지만 가치창출의 기본원리에 비추어 보면, 25%의 수익률이라도 자본비용이 이보다 더 낮다면 평균 ROIC는 하락한다고 해도 결과적으로 더 많은 가치를 창출하게 된다.

이것을 뒷받침하는 증거가 있다. 우리는 1996년-2005년과 2010-2017년의 157개의 고ROIC(ROIC 20% 이상) 기업들의 실적을 살펴보았다.[7] 당연한 사실이지만, TSR(Total Shareholder Return) 기준으로 가장 높은 가치를 창출한 기업들은 성장률이 가장 높으면서 높은 ROIC를 유지한 기업들이었다(표 3.9). 하지만 두 번째로 높은 가치를 창출한 기업들은 ROIC가 약간 하락했음도 불구하고 빠른 성장을 한 기업들이었다. 이들 기업은 성장률은 더디지만 ROIC를 상승시킨 기업들보다 더 큰 가치를 창출하였다.

어떤 저수익 기업들은 성장을 통해 매출이 증가하고 매출대비 고정비용이 낮아짐으로써 이익마진과 수익률이 상승할 것이라는 믿음으로 성장을 추구하기도 한

7 B. Jiang and T. Koller, "How to Choose between Growth and ROIC," *McKinsey on Finance*, no. 25, 19-22.

표 3.9 고ROIC 및 저ROIC 기업에 대한 성장률과 ROIC의 효과

연 환산 TSR 중간값 vs. S&P 500,

성과 요인		고ROIC 기업과 저ROIC 기업의 성과	
성장률	ROIC의 변화	ROIC 20% 이상 기업	ROIC 6%~9% 기업
평균 이상	증가함	6	4
평균 이상	감소함	2	–2
평균 이하	증가함	0	3
평균 이하	감소함	–3	–7

출처: B.Jiang and T.Koller, "How to Choose between Growth and ROIC," McKinsey on Finance, no. 25(Autumn 2007): 19-22. 본서의 저자들에 의해 2010-2017 데이터가 업데이트됨

다. 하지만 이전에도 언급했듯이, 소규모 신규 기업들이 아닌 이상 높은 성장률은 기업의 ROIC 문제를 해결해주지 못한다. 저수익은 보통 빈약한 산업 구조(유럽과 아시아의 항공산업과 같이),[8] 잘못된 사업 모델, 혹은 경영의 약화를 의미한다. 만약 기업이 ROIC 문제를 갖고 있다면 이 문제가 해결되기 전까지는 성장을 추구하지 말아야 한다.

실제 사례들을 살펴보면 더욱 분명해진다. 우리는 110개의 저ROIC 기업들의 실적을 살펴보았다(표 3.9의 우측 열). 성장률은 낮지만 ROIC를 향상시킨 기업들의 실적은 ROIC를 향상시키지 않은 고성장 기업들의 실적을 능가하였다.

마지막으로 경영진은 어떤 방법으로 ROIC를 향상시킬 것인지 결정해야 한다. 기업은 이익률을 개선하거나 자본 생산성을 높이는 방법으로 ROIC를 향상시킬 수 있다. 어느 방법을 선택하든 모두 기업의 성장을 가져온다. ROIC가 보통 수준이라면, 이익률 개선을 통한 ROIC의 1% 증가는 자본 생산성을 통한 방법보다 조금 더 많은 가치를 창출한다. 그러나 높은 수준의 ROIC에서는, 이익률 개선을 통한 ROIC 증가가 자본 생산성을 통한 동일한 크기의 ROIC 증가와 비교할 때 월등한 가치 창출 효과를 가져온다. 표 3.10은 9% 자본비용에 대해 이것이 어떻게 작동하는지 보여준다.

8 항공산업은 전통적으로 과잉 설비와 차별화 부재에 시달려왔는데, 이는 가격 경쟁과 낮은 수익으로 귀결되었다. 최근, 미국의 항공사들은, 한 차례 합병의 흐름이 지나간 뒤, 설비 추가와 서비스 요금 부과 등의 방법으로 과거에 비해 자본수익률을 증가시키고 있다.

표 3.10 이익률과 자본생산성 향상의 가치에 대한 효과

	1% 포인트 ROIC 향상에 대한 가치의 증가[1] % change		
ROIC, %	이익률 향상	자본생산성 향상	이익률 효과 대 자본생산성 효과 비율
10	20.0	13.5	1.2x
20	6.7	2.9	2.3x
30	4.0	1.2	3.4x
40	2.9	0.6	4.6x

[1] 9% 자본비용 회사를 대상으로 함

이러한 관계의 근거는 예시를 통해 가장 잘 설명될 수 있다. $1,000의 매출로 $100의 수익을 올리며, 투하자본은 $500인 무성장 기업(즉, 이익률 10%, 투하자본 대 매출 비율 50%, ROIC 20%)을 가정해보자. 이 기업의 ROIC를 1% 증가시키는 방법 중 하나는 이익을 $5 증가시켜 이익률을 10.5%만큼 증가시키는 것이다. 무성장 기업이기 때문에 $5의 추가이익으로 인해 매년 현금흐름이 $5씩 증가하게 된다. 이런 현금흐름의 증가를 10%의 자본비용으로 할인하여, 가치 증가분 $50을 계산할 수 있다. 다른 방법으로는 운전자본을 줄여 ROIC를 증가시키는 방법이 있다. 운전자본을 $24만큼 줄인다면, ROIC가 21%로 증가하게 된다($100/$476). 기업가치는 운전자본을 $24만큼 줄이면서 발생하는 현금유입으로 인해 단 한번만 증가할 것이다. 미래 현금흐름은 변하지 않을 것이다.

ROIC와 투자규모를 결합한 경제적 이익

기업이 창출하는 가치는 경제적 이익 개념을 이용해서 측정될 수도 있다. 경제적 이익은 ROIC와 투자규모를 화폐단위로 산출할 수 있다(여기에서는 미국 달러 기준). 단일 기간 동안 기업이 창출한 가치를 측정하는 경제적 이익은 다음과 같이 정의할 수 있다.

$$\text{경제적 이익} = \text{투하자본} \times (\text{ROIC} - \text{자본비용})$$

즉, 경제적 이익은 ROIC와 자본비용의 차이에 투하 자본을 곱한 값이다. Value Inc.의 1년차 경제적 이익은 $50이다(Value Inc.가 1년차에 20%의 수익률로 $100의 수익을 낸다면, 초기자본이 $500이어야 한다).

$$\text{경제적 이익} = \$500 \times (20\% - 10\%)$$

$$= \$500 \times 10\%$$
$$= \$50$$

Volume Inc.의 1년차 경제적 이익은 $0이다(Volume Inc.가 1년차에 10%의 수익률로 $100의 수익을 낸다면, 초기 자본이 $1,000이여야 한다).

$$\text{경제적 이익} = \$1{,}000 \times (10\% - 10\%)$$
$$= \$1{,}000 \times 0\%$$
$$= \$0$$

예상되는 경제적 이익을 자본비용으로 할인하고 여기에 초기 투하자본을 더해줌으로써 기업의 가치를 계산할 수도 있다. $500의 초기 투하자본을 바탕으로 한 Value Inc.의 1년차 경제적 이익은 $50이고, 해마다 5%씩 성장한다. 이런 성장률을 가지는 경제적 이익을 10%의 할인율로 할인하면 경제적 이익의 현재가치는 $1,000가 된다.[9] 이 방법을 사용하면,

$$\text{기업가치} = \text{초기 투하자본} + \text{추정 경제적 이익의 현재가치}$$
$$= \$500 + \$1{,}000$$
$$= \$1{,}500$$

경제적 이익법으로 계산된 Value Inc.의 가치는 $1,500로, 현금흐름할인(DCF; Discounted Cash Flow) 방법의 결과와 동일하다.

경제적 이익은 여러 기업들 또는 사업단위 간의 가치 창출을 비교할 때도 유용하다. Value Inc.의 경제적 이익을 $50라고 가정하자. 한편, $5,000의 투하 자본을 들여 단 15%의 투하 자본수익률을 얻고 있는 Big Inc.라는 기업이 있다고 가정해보자(또한 이 회사는 더 높은 ROIC를 얻을 수 있는 다른 투자기회는 없다고 가정하자). 그렇다면, Big Inc.의 경제적 이익은 $250가 될 것이다. 당연히, $250의 경제적 이익을 창출하는 것이 $50를 창출하는 것보다 선호될 것이다.

마지막으로, 경제적 이익 접근법은 새로운 투자의 수익률이 현재 기업의 평균 수익률보다 낮다 하더라도, 해당기업의 자본비용보다 높다면 그 투자를 진행하는 쪽을 선택한다. Value Inc.가 15% 수익기회가 있는 곳에 $200 여유자금을 투자했다면, ROIC의 평균값은 20%에서 18.6%로 하락하겠지만, 경제적 이익은 $50에서 $60로 증가했을 것이다.

9 영구 성장에 대한 경제적 이익의 현재 가치는 1차 년도의 경제적 이익을 자본비용과 성장률의 차로 나눈 것이다. Value Inc.에 대해서, 경제적 이익의 현재가치는 $50/(10%-5%) 이다.

가치보전원칙

현금흐름할인(DCF; Discounted Cash Flow) 모델이 가치를 창출하는 핵심 원리는 가치보전의 원칙이다. 즉, 현금흐름의 증가 없이는 가치가 창출될 수 없다는 것이다. 현금흐름의 청구권의 소유주가 바뀌더라도 전체 현금흐름에 변화가 없을 때, 가령 기업이 부채로 자본을 대체하거나 자사주매입을 위해 부채를 발행하는 경우, 가치는 그대로 유지되거나 변화하지 않는다. 비슷한 맥락에서, 예를 들어 회계처리의 변화와 같이 실제로 현금흐름의 변동 없이 외형만을 바꾸는 방법은 기업의 가치를 바꾸지 않을 것이다.[10] 이 원리는 매우 중요함에도 불구하고, 경영진, 투자자, 전문가들은 이를 종종 잊어버리거나 간과하기 쉽기 때문에 강조할 필요가 있다. 특히 어떤 회계 처리 방법이 다른 방법보다 더 높은 가치를 창출하기를 기대하거나 재무구조에 변화를 주는 것만으로 평범한 거래를 매력적인 거래로 손쉽게 바꿀 수 있을 것이라고 바랄 때 그러하다.

기업들이 경영자스톡옵션 제도를 어떻게 회계 처리할지에 대해 논란이 있다는 사실은 주식시장이 가치보전의 원칙을 인지하지 못한다고 경영자들이 계속해서 오해하고 있다는 것을 시사한다. 스톡옵션은 발행되는 시점에는 현금효과를 갖지 않지만, 행사되는 시점에는 기존 주주들의 경영권을 희석시킴으로써 주주들에게 주어지는 현금흐름을 감소시킨다. 1970년대의 회계규정에 따라, 기업들은 스톡옵션 제도의 암묵적 비용을 손익계산서에서 제외시킬 수 있었다. 스톡옵션의 중요성이 증가했던 1990년대 초반, 미국 재무회계기준위원회(FASB; Financial Accounting Standards Board)는 기업들에게 옵션이 발행된 시점에서 옵션가치에 대한 비용을 표시하도록 하는 회계규정의 개정을 제안하였다. 많은 경영진들과 벤처 캐피탈리스트들은 만약 옵션 관련비용이 손익계산서에 표시된다면 투자자들이 움츠러들 것이라고 생각했다. 심지어 어떤 이들은 벤처 캐피탈산업 전체가 심하게 약화될 것이라고 주장하였다. 왜냐하면, 임직원 보수의 상당부분을 옵션으로 제공하는 신생기업들의 이익이 낮아지거나 손실이 발생할 것이기 때문이다.

이로부터 10년 이상이 지나고, 닷컴 거품이 꺼진 직후인 2004년,[11] FASB는 새로운 규정을 제정하였다. 비관적인 전망에도 불구하고 기업들의 주가는 새로운 회계규정이 도입된 이후에도 변하지 않았는데 그 이유는 시장이 이미 옵션비용을 기

10 어떤 경우, 기업은 재무구조상 부채를 더 많이 조달하여, 자본비용을 줄임으로써 가치를 상승시킬 수 있다. 하지만 이런 경우에서조차도, 근본적인 변화는 세금을 줄이는 것이지만, 전체적인 세전 자본비용은 변하지 않는다. 자세한 내용은 33장을 참조하라.

11 Financing Accounting Standards 123R, 2004년 12월 발표, 2005년 6월 15일 이후부터 유효.

업평가에 반영했기 때문이다.[12] 한 유명 애널리스트는 다음과 같이 말했다. "나는 옵션이 비용으로 재무제표 본문에 표시되건 각주에 표시되건 상관하지 않는다. 이미 이 정보를 어떻게 처리할지 알기 때문이다."

이런 경우에, 가치보전원칙은 경영진들이 왜 스톡옵션 회계가 주가에 미칠 영향에 대해 걱정하지 않아도 되는지를 보여준다. 기업인수로 단지 이익이 증가했기 때문에 가치가 창출되었는지, 배당 대신 자사주 매입을 통해 주주에게 현금반환을 해야 하는지, 금융공학 기법이 가치를 창출하는지에 대한 질문들에 동일한 원칙이 적용될 것이다. 어떤 상황에서도, 경영진들은 투자자들 사이에서 가치를 재배분한다거나 발표이익을 보기 좋게 만들 편법을 만들어내는 대신 현금흐름을 향상시키는 것에 초점을 두어야 한다. 경영진들은 또한 실제로 어떻게 가치를 창출해 낼지 명확하지 않은 제안들을 조심해야 한다. 만약 가치 창출의 구체적 근거가 없다면, 당신은 아마 환상을 쫓고 있는 것일지도 모른다.

가치보전원칙: 간략한 역사

가치보전원칙은 Richard Brealey, Stewart Myers, Franklin Allen의 저서인 Principles of Corporate Finance에서 설명되었다.[13] 이 원칙을 초기에 적용한 사례는 노벨상 수상자인 Franco Modigliani와 Merton Miller의 선구적인 연구에서 볼 수 있다. 이들은 1950년대 말과 1960년대 초, 경영자들이 자본구조의 변화를 이용하여 주가를 상승시킬 수 있을까라는 질문을 던진 금융경제학자들이다. 또한, 1958년, 기업이 창출한 진체 현금흐름이 변하시 않는 한, 부채 및 자본의 소유권의 변화가 기업의 가치에 영향을 미치지 않는다고 주장하였다.[14]

부채가 없으며 주주 배당 전에 현금흐름이 매년 $100인 기업이 있다고 하고 이 기업의 가치가 $1,000라고 가정해보자. 이 기업이 $200를 차입하여 이를 주주들에게 지불했다고 하자. 이 경우에도, 주주들과 채권자에게 지불할 수 있는 현금흐름은 여전히 $100이기 때문에 가치 창출의 핵심 원칙과 가치보전의 원리에 근거하

12 D. Aboody, M. Barth, and R. Kasznik, "Firms' Voluntary Recognition of Stock-Based Compensation Expense," *Journal of Accounting Research* 42, no. 2 (December 2004): 251–275; D. Aboody, M. Barth, and R. Kasznik, "SFAS No. 123 Stock-Based Compensation Expense and Equity Market Values," *Accounting Review* 79, no. 2 (2004): 251–275; M. Semerdzhian, "The Effects of Expensing Stock Options and a New Approach to the Valuation Problem" (working paper, May 2004, SSRN).

13 R. Brealey, S. Myers, and F. Allen, *Principles of Corporate Finance*, 12th ed. (New York: McGraw-Hill/Irwin, 2017).

14 F. Modigliani and M. H. Miller, "The Cost of Capital, Corporation Finance and the Theory of Investment," *American Economic Review* 48, no. 3 (1958): 261–297.

면 이 기업의 가치는 여전히 $1,000이다. 이 중 $200는 채권자에게, $800는 주주들에게 귀속된다.

하지만 대부분의 국가들에서 부채차입은 현금흐름에 변화를 주는데 그 이유는 이자비용이 절세효과가 있기 때문이다. 기업이 지불하는 총 세금이 더 낮아지므로 주주들과 채권자 모두에게 지불 가능한 현금흐름은 증가한다. 또한 부채의 차입은 경영자들을 더 근면하게 만들 수 있다(제때에 빚을 갚기 위한 현금을 보유하고 있어야 하기 때문이다). 따라서 부채차입은 기업의 현금흐름을 상승시킨다. 부정적 면으로는, 부채가 있기 때문에 경영자들은 좋은 투자기회를 위해 자본을 늘리기 힘들 수 있고, 이로 인해 현금 흐름이 감소할 수 있다. 여기서 중요한 점은 자본 구조의 변화가 아니다. 오히려 자본구조의 변화로 인한 절세효과가 기업의 현금흐름을 변화시킬 수 있는지, 혹은 자본구조 변화에 대한 경영진의 결정이 현금흐름의 변화를 가져오는지를 살펴보는 것이 중요하다.

이와 관련해서, 1960년대 재무학계는 효율적 시장이론을 고안했다. 과거 닷컴열풍과 부동산 거품이 꺼지고 난 후 논란은 더욱 커졌지만, 효율적 시장의 의미와 유효성은 지속적인 논쟁의 주제이다. 분명한 것은, 기업에 귀속되는 현금흐름의 증가 없이 회계적 이익만을 상승시키더라도, 주식 시장은 쉽게 속지 않는다는 것이다. 한 예로 앞에서 언급한 임직원 스톡옵션에 대한 회계처리 변화에 따른 시장의 반응이다. 그리고 2002년에 FASB가, 그리고 2005년에 국제회계기준위원회(IASB; International Accounting Standards Board)가 영업권 상각을 폐지하였을 때, 많은 기업들은 회계이익의 증가를 보고했지만 이들의 내재가치와 주가는 변화하지 않았다. 회계처리 변화가 현금흐름에 영향을 미치지 않았기 때문이다. 7장에서는 현금 흐름에 영향을 주지 못하는 기업의 행동이 시장을 속이지 못한 많은 사례들을 소개한다.

경영의사결정에 주는 시사점

가치보전의 원칙은 기업의 어떤 활동이 가치를 창출하는가를 분석할 때 무엇을 살펴봐야 하는지 알려주기에 매우 유용하다: 즉, 현금흐름에 대한 영향만 보면 되는 것이다. 이러한 원리는 넓은 범위에 걸친 중요한 경영 의사 결정에 적용된다. 그 예로 회계 정책, 기업인수(31장), 기업 포트폴리오 결정(28장), 배당금 지급 정책(33장), 자본구조(33장) 등이 있다.

이번 절에서 우리는 가치 보전의 원칙을 적용한 세 가지 사례를 제시한다. 자사주 매입, 기업인수, 그리고 금융공학이 그것들이다.

자사주 매입 자사주 매입은 기업들이 투자자들에게 현금을 돌려주는 보편적인 방법이 되었다(자세한 내용은 33장 참조). 1980년대 초반까지는, 주주들에 대한 미국 대기업의 이익분배 방식의 90% 이상은 배당이었고, 10% 미만이 자사주 매입이었다. 하지만 1998년 이후부터는 자사주매입 방식이 50~60%를 차지하게 되었다.[15]

자사주 매입이 일반적으로 경영진이 하는 좋은 일이기는 하지만, 흔한 오류는 자사주 매입이 주당 순이익(EPS; Earnings Per Share)을 증가시키기 때문에 가치를 창출한다는 것이다.[16] 예를 들어, 순이익이 $700이고 1,000주의 발행주식이 있는 기업이 자신의 주식 중 10%를 매입하기 위해 $1,000를 차입했다고 가정해보자. 이 $1,000라는 새로운 부채에 대해 기업은 5%의 이자를 지불한다고 가정하자. 절세효과 25%를 고려하면, 이 기업의 총 수익은 $37.50 또는 5.4% 하락할 것이다. 하지만 주식 수는 10% 하락하였기 때문에 주당순이익은 5% 정도 상승할 것이다.

별다른 노력 없이도 EPS가 5% 상승한다는 것은 굉장히 매력적으로 들린다. 이 기업의 수익주가비율(P/E; price-to-earnings)이 변화하지 않는다고 가정하면 이 기업의 한 주당 시장 가치 또한 5% 상승할 것이다. 즉, 아무것도 하지 않고도 일정한 P/E와 높은 EPS 라는 이득을 볼 수 있다는 것이다.

하지만 불행히도, 기업의 총 현금 흐름은 증가하지 않았기 때문에 이것은 가치 보전 원칙에 부합하지 않는다. 비록 EPS가 5% 상승하였지만, 기업의 부채 또한 상승하였다. 더 높은 레버리지로 인해, 기업의 주주 현금 흐름은 더 변동적일 것이고 투자자들은 더 높은 수익률을 요구할 것이다. 이것은 기업의 P/E를 하락시켜 EPS 상승을 상쇄할 것이다.

게다가, 당신은 회사가 주주들에게 현금을 돌려주는 대신, 그 현금을 다른 곳에 투자할 수도 있었음을 고려해야만 한다. 만약 어떤 투자에서 발생하는 자본 수익률이 자본비용보다 크다면, 자사주 매입으로부터의 장기적 EPS보다 해당 투자로부터의 장기적 EPS가 더 클 것이다. 자사주 매입은 EPS를 즉각적으로 증가시키지만, 이것은 장기적 이익 감소를 가져올 수 있다.[17]

자사주 매입이 현금흐름을 증가시키지 않는다고 하더라도, 이를 통해 경영진이 현금을 수익률이 낮은 사업에 투자할 가능성을 낮춰준다고 주장할 수 있다. 만약 이것이 사실이고, 그렇지 않으면 경영진이 무분별하게 투자할 것이라고 본다면,

---

15 T. Koller, "Are Share Buybacks Jeopardizing Future Growth?," *McKinsey on Finance*, no. 56 (October 2015), www.mckinsey.com.

16 O. Ezekoye, T. Koller, and A. Mittal, "How Share Repurchases Boost Earnings without Improving Returns," *McKinsey on Finance*, no. 58 (April 2016), www.mckinsey.com.

17 Ibid.

기업의 영업 현금흐름은 상승할 것이기 때문에 가치 창출의 원칙이 지켜지게 된다. 다르게 말하자면, 수익률이 낮은 사업에 투자할 확률이 높다고 한다면, 자사주 매입은 가치파괴를 피하기 위한 좋은 전략이다. 하지만 자사주 매입 자체만으로는 가치를 창출할 수 없다.

기업의 주식이 과소평가되었을 때, 경영진이 주식을 매입해야 한다는 주장도 있다. 기업의 현재 주가가 기업의 잠재력을 반영하지 못하고 있다고 보고 주식을 매입 한다고 가정해보자. 일 년 후, 주가가 경영진의 기대를 반영하는 정도로 조정된다고 보자. 이럴 경우 가치가 창출된 것일까? 다시 한 번 말하지만, 가치는 창출되지 않았다. 가치는 단지 주식을 판 주주들로부터 팔지 않은 주주들로 옮겨갔을 뿐이다. 따라서 팔지 않은 주주들은 이익을 얻었을지 모르지만 주주 전체로 보자면 아무런 영향이 없었다. 주식이 저평가되었을 때 자사주를 매입하는 것은 주식을 팔지 않은 주주들에게 있어서는 좋을 수도 있다. 하지만 자사주 매입에 대한 연구를 살펴보면 기업들은 주가가 낮을 때가 아닌 높을 때 자사주를 매입하는 등 자사주 매입 시기를 잘 맞추지 못하는 것으로 나타났다.[18]

경영자들은 자사주 매입과 같이 EPS를 상승시켜 가치를 창출하는 것처럼 보이는 거래들을 주의해야 한다. 항상 "가치 창출의 근원은 무엇인가?"라는 질문을 던져야 한다. 예로, 어떤 R&D 집중 기업들은 EPS를 감소시키는 R&D 비용처리를 낮추기 위해 복잡한 합작투자를 통해 R&D 지출을 자본화할 방법들을 모색했다. 하지만 합작투자가 단기적인 EPS를 상승시켜 가치를 창출하는가? 그렇지 않다. 실제로 합작투자는 상승 기회와 리스크 모두를 합작투자의 파트너에게 이전시키기 때문에 오히려 가치를 파괴할 수도 있다.

기업인수 31장에서 보다 자세히 다루겠지만, 기업인수는 비용 절감, 매출성장의 가속화, 시설자금과 운전자금의 보다 나은 활용을 통해 두 기업의 결합된 현금흐름이 상승할 때에만 가치를 창출한다.

좋은 거래가 어떻게 작동할 수 있는가를 보여주기 위해, United Rental's가 RSC(또 다른 장비 대여 회사)를 2011년에 $19억에 인수한 사례를 들 수 있다. 몇 년 안에, 연간 $2.5억의 비용절감을 달성했다. 우리는 이 비용 절감이 보수적인 기

18 B. Jiang and T. Koller, "The Savvy Executive's Guide to Buying Back Shares," McKinsey on Finance, no. 41 (Autumn 2011): 14–17. 이 결과는 초기 표본기업들과 작은 규모의 많은 회사들을 대상으로 했던 학계의 연구와는 상반되는 것이다. 우리는 S&P 500에 속하는 기업들만을 대상으로 연구를 진행하였다. 자사주 매입 사례가 드문 시기에는, 발표 자체가 매우 큰 뉴스가 되어 자본구조를 건실히 하겠다는 경영진의 계획을 시장에 알리는 강한 신호가 되었다. 자사주 매입이 정기적으로 발생하면서, 이런 기능은 점차 사라지고 자사주 매입 발표가 시장에 큰 뉴스가 되지 않게 되었다.

준으로 $15억의 현재가치가 있다고 평가했다. 이는 인수 가격의 80%에 해당한다.

매출성장 가속화의 사례 또한 Johnson & Johnson에서 찾아볼 수 있는데, 이 회사는 1994년 Neutrogena(스킨케어제품 제조사)를 $9.24억에 인수하였다. 그 뒤로 8년간, 경영진은 기존 제품 라인에 20가지 신제품을 추가하였고, 남성 스킨케어 라인을 새롭게 출시하였다. 또한 미국 밖으로의 브랜드 확장을 가속화하였다. 결과적으로, Neutrogena의 매출은 1994년 $2.81억에서 2002년 $7.78억으로 증가하였다.

위에서 언급한 인수 사례들의 공통점은 한계적 변화가 아닌 뚜렷한 성과 개선이다. 하지만 때로는 마법을 부린 것 같이 보이는 인수사례도 있다.

예를 들어, 기업의 기대현금흐름에 근거하여 기업 A의 가치가 $100이고 기업 B의 가치가 $50라고 해보자. 기업 A는 기업 B를 $50에 인수하고 자기 주식을 발행한다. 문제를 간단하게 하기 위해, 결합된 현금흐름이 상승하지 않을 것이라고 가정해보자. 이때, 새로운 기업인 AB의 가치는 얼마나 될까?

인수 직후 이 두 기업들은 이전과 동일하게 운영된다. 전과 같은 기대현금흐름을 갖고 두 기업의 기존 주주들도 여전히 통합된 기업의 주식을 소유하고 있다. 따라서 기업 AB의 가치는 $150가 되어야 하고 기존 기업 A의 주주들이 가지고 있는 기업 AB의 주식의 가치도 $100, 기존 기업 B의 주주들이 가지고 있는 기업 AB의 주식 가치도 $50가 되어야 한다.

이처럼 간단해 보이지만, 몇몇 경영진들과 금융 전문가들은 거래에서 추가가치를 발견할지도 모른다. 기업 A가 다음 해 $5를 벌 것이라 가정하면 P/E는 20배이다. 기업 B가 다음 해에 $3를 번다면 P/E는 16.7배이다. 그렇다면 기업 AB의 P/E는 어떻게 될까? 단도직입적으로 말하자면 기업 AB의 가치는 $150에 머물러야 한다. 이 기업의 수입은 $8일 것이고 따라서 기업 AB의 P/E는 A와 B의 중간 정도인 약 18.8이 될 것이다. 하지만 바로 이때 마법과 같은 일이 일어난다. 많은 경영진들과 은행가들은 A가 B를 구매하는 순간, A의 P/E값인 20을 B사의 이익에 적용하여 주식가격을 계산할 것이다. 즉, A가 B를 소유하는 순간 기업 B의 이익의 가치는 더 커진다. 이렇게 본다면 기업 AB의 가치는 결합된 가치에서 $10 상승한 $160가 될 것이다.

이러한 현상을 미국에서는 "배수의 확장(multiple expansion)" 영국에서는 "재평가(rerating)"라는 용어로 설명하고 있다. 이 현상의 기본 논리는, 기업 A에 추가된 새로운 이익이 생각한 것만큼 가치가 있는 것은 아니라는 사실을 시장이 인식하지 못하기 때문에 기업 B 이익의 배수가 기업 A의 수준으로 커진다는 것이다. 이것은 기업 B의 이익이 이제 기업 A의 이익과 섞여서 시장이 그 차이를 알 수 없게 되었기 때문이다.

배수 확장 마법의 또 다른 경우로, 기업 B가 기업 A를 매수하는 경우를 가정해 보자. P/E가 더 낮은 기업이 P/E가 더 높은 기업을 매수하는 것이기 때문에 시장은 기업 B가 고성장 사업에 뛰어드는 것이 틀림없다고 판단할 것이다. 보통 고성장은 시장에서 좋은 것으로 여겨지기 때문에 기업 B가 성장을 가속하면 이 기업의 P/E도 상승할 것이라고도 볼 수 있다.

만약 배수의 확장이 사실이라면, 매수기업과 매도기업이 어떤 쪽이든 상관없이 낮은 P/E 기업의 이익의 P/E가 높은 P/E 기업의 수준으로 상승할 것이기 때문에 모든 인수는 가치를 창출할 것이다. 하지만 이것은 잘못된 생각이고 이를 뒷받침해 줄 수 있는 그 어떤 근거도 존재하지 않는다. 배수의 확장은 일견 대단해 보일 수도 있지만, 사실은 실질적인 이득을 창출하지 않는 인수를 정당화할 수 있는 전적으로 잘못된 방법이다.

모든 기업 리더들은 이것을 알고 있어야 한다. 그렇다면 우리는 왜 이처럼 당연한 오류에 대해 논의하고 있는 것일까? 그것은 기업들이 너무나 자주 잘못된 논리를 가지고 기업 인수를 정당화하기 때문이다. 여기서 우리가 대안으로 제시하는 방법은 간단한 것이다. 만약 현금 흐름 증가의 구체적인 원인을 파악하지 못한다면 주식 시장은 더 이상 속지 않을 것이라는 사실이다.

금융공학 가치보전의 원칙이 중요한 또 다른 분야는 금융공학인데, 금융공학은 안타깝게도 표준적인 정의를 갖고 있지 않다. 우리는 금융공학을 기업의 자본구조와 리스크 프로파일을 관리할 목적으로 하는 단순 부채 및 자본이 아닌 금융상품과 금융구조의 사용으로 정의한다.

금융공학은 파생상품, 구조화 채권, 증권화, 부외(off balance sheet) 금융의 사용을 포함한다. 이런 활동은 대부분의 경우 실질가치를 창출하지 못한다. 그럼에도 불구하고 부가가치가 발생하지 않는 금융공학에 참여하고자 하는 동기는 강력한데 그것은 금융공학의 단기적이고 현혹적인 효과 때문이다.

미국의 대다수 거대 호텔 운영사들은 대개의 경우, 자신들이 운영하는 호텔들을 소유하고 있지 않다는 사실을 살펴보자. 이들 호텔 자체는 다른 기업들이 파트너십이나 부동산투자신탁(REITs; Real Estate Investment Trusts)의 형태로 소유하고 있다. 주식회사와는 다르게 파트너십과 REITs는 미국 소득세를 내지 않는다. 이 세금은 파트너십과 REITs의 소유자들이 납부한다. 따라서 미국 내에서 호텔들을 파트너십과 REITs의 형태로 소유함으로써 세금 전체가 면제된다. 이렇게 소유권과 운영을 분리하는 방법은 국가에 내는 소득세를 낮추게 되어 총 현금흐름이 커지기 때문에 소유권을 가지고 있는 투자자들과 운영사에게 훨씬 이익이다. 이러한 예는 금융공학이 현금흐름을 상승시킴으로써 실질가치를 높인 경우이다.

이와 대조적으로, 판매 후 리스(sale-leaseback) 거래는 투자등급인 기업의 경우 가치를 창출하지는 못한다.[19] 판매 후 리스 거래에서, 기업은 보유한 자산을 판매하지만 계속 사용하기를 원하기 때문에(예를 들어 사무실 빌딩), 해당 자산을 구매한 판매자는 기업에게 다시 자산을 리스한다. 종종, 기업이 리스 거래 전반을 계획하는데 이 때, 리스 거래는 회계적 목적에 의해 이루어진다. 기업의 재무제표에서 해당 자산은 사라지고 판매의 수익금은 차입금 상환에 쓰일 수도 있다. 결과적으로 기업은 더 적은 자산과 더 적은 부채를 가지게 된다. 그리고 임차료 즉, 리스료가 미래의 감가상각과 이자비용을 대신하게 된다(리스료가 일반적으로 감가상각과 이자비용의 합계보다 크다고 할지라도).

투자등급 대기업의 경우, 임대인이 구매자금을 조달하기 위해 임차인의 신용도를 사용하기 때문에, 종종 기업의 일반적인 차입이자율에 비해 리스의 내재이자율(implied interest rate)이 높은 편이다. 게다가, 자산을 구매하는 기업은 자기자본비용과 영업비용 또한 감당해야 한다.

만약 기업이 잔존수명만큼 자산을 사용하고자 한다면(만기가 되면 계속 리스를 갱신하면서), 낮은 부채비율을 가지고 자본집약적이지 않은 기업이라고 할지라도 아무런 가치를 창출하지 못한다. 오히려, 리스비용이 차입비용을 초과하기 때문에 가치를 훼손한다. 또한 기업은 거래비용을 감당해야 하고 자산의 처분이익에 대한 세금도 지불해야 한다. 또한, 채권자와 신용평가 회사들은 리스를 부채와 동일하게 취급할 것이다.

기업은 자산의 잔존수명이 다하기 전, 자산의 사용을 중단할 수 있는 권리를 가지고 또, 지산의 사용을 중단하기로 결정하여 해당 자산의 가치가 낮아지는 리스크를 제거할 수만 있다면 리스 후 판매 거래가 가치를 창출할 수도 있다.

만약 임대인이 가속상각법과 같이, 자산보유와 관련된 세금혜택을 누릴 수 있다면, 판매 후 리스 거래는 가치를 창출한다. 이는 기업의 전체 현금흐름이(정부에 대한 지출 감소로) 증가했기 때문에 가치보전의 원칙에 위배되는 것이 아니다.

가치 창출의 산식

이번 장 앞부분에서, 우리는 가치창출요인 공식을 소개했는데, 이것은 가치 평가의 핵심을 다루는 간단한 공식이다. 가치평가의 수학에 관심있는 독자들을 위해서, 여기에서는 어떻게 공식이 유도되는지 보이고자 한다. 이 책을 통틀어서 사용한 용어

19 FASB와 IASB에서 모두 2019년부터 리스 회계기준을 바꾸었다. 새로운 기준에 따르면, 1년 이상의 모든 리스는 자산으로 처리해야 한다.

로서 시작을 해보도록 하자.(2부에서는 이 용어들을 더 자세히 정의한다.)

- *세후영업이익*(NOPAT; Net Operating Profits After Taxes): 핵심영업과 관련된 법인세 차감 후 핵심영업으로부터 발생된 이익
- *투하자본*(IC; Invested Capital): 기업이 핵심영업에 투자한 주로 유형자산과 운전자본의 누적금액
- *순투자*(Net Investment): 특정 연도로부터 다음 연도까지 투하자본 증가분

$$\text{순투자} = \text{투하자본(Invested Capital)}_{t+1} - \text{투하자본(Invested Capital)}_{t}$$

- *잉여현금흐름*(FCF; Free Cash Flow): 신규 투하자본 투자액 차감 후 핵심영업에 의해 창출된 현금흐름

$$\text{잉여현금흐름} = \text{NOPAT} - \text{순투자}$$

- *투하자본이익률*(ROIC; Return on Invested Capital): 사업에 투자된 금액에 대한 수익률

$$\text{투하자본이익률} = \frac{\text{NOPAT}}{\text{투하자본}}$$

ROIC는 두 가지로 정의될 수 있다: 전체 투하자본에 대한 수익률 또는 신규 또는 증분자본에 대한 수익률. 여기서 우리는 두 수익률이 동일하다고 가정한다.

- 투자비율(IR; Investment Rate): 사업에 다시 재투자되는 세후영업이익 비율

$$\text{투자비율} = \frac{\text{순투자}}{\text{NOPAT}}$$

- 가중평균자본비용(WACC; Weighted Average Cost of Capital): 투자자들이 회사에 대한 투자로부터 기대하는 수익률로서 잉여현금 흐름에 대한 적절한 할인율이다. 가중평균자본비용에 대해서는 15장에서 상세히 설명된다.
- 성장률(g; Growth): 매년 회사의 NOPAT과 잉여현금흐름 증가율

회사의 매출과 NOPAT은 일정 비율로 성장하고 매년 NOPAT의 일정 비율이 투자된다고 가정한다. 매년 NOPAT의 일정 비율을 투자한다는 의미는 잉여현

금흐름이 일정 비율로 성장한다는 것을 의미한다.

회사는 일정 비율로 현금흐름을 증가시키기 때문에 잘 알려진 영구현금흐름 공식(cash flow perpetuity formula)을 이용하여 기업가치를 평가할 수 있다.

$$\text{Value} = \frac{\text{FCF}_{t=1}}{\text{WACC} - g}$$

이 식은 재무이론이나 수학 문헌에 잘 정립되어 있다.[20]

다음으로, NOPAT와 투자비율로 잉여현금흐름을 정의해보자.

$$\begin{aligned}\text{FCF} &= \text{NOPAT} - \text{Net Investment}\\ &= \text{NOPAT} - (\text{NOPAT} \times \text{IR})\\ &= \text{NOPAT}(1 - \text{IR})\end{aligned}$$

앞에서 우리는 투자비율(IR), NOPAT 예상증가율(g), 투하자본이익률(ROIC) 사이의 관계를 전개하였다:[21]

$$g = \text{ROIC} \times \text{IR}$$

위 식을 투자비율(IR)에 대해서 풀면 다음과 같다.

$$\text{IR} = \frac{g}{\text{ROIC}}$$

이를 잉여현금흐름 정의에 대입하면 다음과 같다.

$$\text{FCF} = \text{NOPAT}\left(1 - \frac{g}{\text{ROIC}}\right)$$

이제 위 식을 영구현금흐름 공식의 잉여현금흐름에 대입하면 핵심가치창출요인 공식을 얻을 수 있다.[22]

20 유도를 위해서 다음을 참고하라: T.E. Copeland and J. Fred Weston, Financial Theory and Corporate Policy, 3rd ed.

21 기술적으로, 우리는 신규 자본에 대한 수익률 또는 증분자본에 대한 수익률을 사용해야 하지만, 편의성을 위해, ROIC와 증분 ROIC는 일치한다고 가정한다.

22 기술적으로, 이 공식은 ROIC가 아니라 신규투하자본이익률(return on new invested capital, RONIC)을 사용해야 한다. 편의성을 위해 이 책에서는, 전체 자본에 대한 수익률과 신규 자본에 대한 수익률을 ROIC로 표기한다.

$$\text{Value} = \frac{\text{NOPAT}_{t=1}\left(1-\dfrac{g}{\text{ROIC}}\right)}{\text{WACC}-g}$$

이 공식은 가치평가에 있어서의 DCF 방법과 경제적 이익 접근방법에 있어서 기본적인 계산식이 되며 이것의 변형은 경제적 이익 접근법 뒤에 숨겨져 있다. 10장에서 수학적으로 동일한 이 두 가지 평가방법에 대해서 좀 더 자세히 다룰 것이다. 이 공식은 가치 평가의 모든 것을 대표한다고 이야기할 수 있다. 다른 것들은 단지 추가적인 설명일 뿐이다.

표 3.2에서 보여지는 Value Inc.과 Volume Inc. 에 대한 추정치를 위의 식에 대입하면 DCF 방법과 동일한 결과를 얻게 된다.

회사	$\text{NOPAT}_{t=1}$, $	Growth, %	ROIC, %	WACC, %	Value, $
Value Inc.	100	5	20	10	1,500
Volume Inc.	100	5	10	10	1,000

그러나 대부분, 실무에서 이 계산식을 사용하지 않는다. 그것은 ROIC와 성장률이 일정하게 유지된다는 가정이 너무 제한적이기 때문이다. 특히 핵심가치 창출요인이 바뀔 것으로 예상되는 기업의 경우, 미래 추정에서 더 유연성이 있는 모델이 필요하다. 그렇지만, 비록 우리가 실무에서 이 계산식을 사용하지는 않는다 하더라도, 무엇이 가치를 창출하는지에 초점을 맞추도록 하는 데는 매우 유용하다.

지금까지 ROIC와 성장률이 어떻게 DCF 가치평가를 주도하는지 살펴보았다. ROIC와 성장률이 P/E나 시장가 대비 장부가 비율(market-to-book ratios)과 같이 기업분석에 흔히 쓰이는 배수법들에 어떤 영향을 미치는지 보기 위해 핵심가치창출요인 공식을 사용하기도 한다. 이를 위해, 핵심가치창출요인 공식의 양변을 NOPAT로 나누어보자.

$$\frac{\text{Value}}{\text{NOPAT}_{t=1}} = \frac{\left(1-\dfrac{g}{\text{ROIC}}\right)}{\text{WACC}-g}$$

공식에서 보여주듯이, 회사의 이익배수는 기대성장률과 ROIC에 의해서 결정된다.

또한 이 계산식을 가치 대 IC의 계산식으로 전환할 수 있다. 아래와 같이 NOPAT를 나타내는 식에서 시작해보자.

$$\text{NOPAT} = \text{Invested Capital} \times \text{ROIC}$$

이를 핵심가치창출요인 공식에 대입하면 다음과 같다.

$$\text{Value} = \frac{\text{Invested Capital} \times \text{ROIC} \times \left(1 - \dfrac{g}{\text{ROIC}}\right)}{\text{WACC} - g}$$

양변을 투하자본으로 나누어주면 다음과 같다.[23]

$$\frac{\text{Value}}{\text{Invested Capital}} = \text{ROIC}\left(\frac{1 - \dfrac{g}{\text{ROIC}}}{\text{WACC} - g}\right)$$

가치평가를 위한 DCF 방법에 내재되어 있는 논리를 설명하다 보면 왜 이익배수 방법이 DCF 분석을 근거로 하는 가치평가보다 애널리스트 보고서와 투자은행 관련업계에서 광범위하게 이용되는지에 대해 의문이 생길 수 있다. 이는, 일반대중들이 가장 쉽게 가치에 대해 이해할 수 있는 방법이 이익배수를 통한 비교이기 때문이기도 하다. 유명한 셀사이드(sell-side) 애널리스트가 최근 우리에게 다음과 같이 말한 바 있다. 기업을 분석하고 평가하기 위해 DCF 방법을 이용하지만, 그 결과를 전달할 때는 암묵적 배수(implied multiples)를 사용한다는 것이다. 예를 들어, 애널리스트들은 'X 회사는 Y 회사보다 더 높은 배수가 타당하다. 왜냐하면 더 빠른 성장, 더 높은 이익률, 더 많은 현금흐름이 기대되기 때문이다.'라고 이야기한다. 또한 가치평가가 제대로 이루어졌는지 확인하는 데 이익배수는 유용한 도구이다. 우리는 배수가 높거나 낮은 이유(성장률 또는 ROIC 때문에)를 설명할 수 있는지 확인하기 위해 항상 기업의 암묵적 배수를 유사기업들과 비교한다. 이익배수를 분석하는 방법에 관한 논의는 18장을 참조하도록 하자.

---

23 만약 전체 ROIC와 신규 투자 ROIC가 다르다면, 이 공식은 다음과 같이 표현된다:

$$\frac{\text{Value}}{\text{Invested Capital}} = \text{ROIC}\left(\frac{1 - \dfrac{g}{\text{RONIC}}}{\text{WACC} - g}\right)$$

여기에서는 ROIC는 회사의 현재 전체 투하자본에 대한 수익률이며, RONIC는 신규 투하자본에 대한 수익률을 의미한다.

요약

이번 장을 통해 기업가치가 자본비용으로 할인된 기대 현금흐름에 의해 유도된다는 것을 알 수 있었다. 그리고 현금흐름은 기대 투하자본이익률과 성장률에 의해 만들어진다. 기업들은 ROIC가 자본비용을 초과할 때만 가치를 창출한다. 고ROIC 기업에게는 성장이 더욱 강력한 가치창출 동인이기 때문에, ROIC를 더 향상시키기보다 성장에 중점을 두어야 한다. 반대로, 저ROIC 기업에게는 ROIC가 중요한 가치창출 동인이므로, ROIC 향상에 역점을 두어야 한다.

이것의 핵심은 가치보존이다. 현금흐름을 증가시키지 않는 어떤 것도 기업가치를 창출할 수 없다. 따라서 회계처리의 변화와 같이 실제로 현금흐름에 변동 없이 외형만을 바꾸는 것은 기업 가치를 변화시키지 못할 것이다. 위험은 기업의 자본비용 또는 미래 현금흐름에 대한 불확실성을 통해서 가치평가에 영향을 미친다. 투자자들은 포트폴리오에 대한 분산투자가 가능하기 때문에, 자본비용에서 고려되는 위험은 분산 불가능한 위험뿐이다. 이 주제에 대해서는 4장과 15장에서 다룰 것이다.

4장

리스크와 자본비용

기업이나 프로젝트를 평가하는 데 있어서, 리스크와 자본비용에 대한 주제는 필수적이고 불가분의 관계에 있으면서, 오해로 가득 차 있다. 이러한 오해는 기업의 전략적 실수를 발생시킬 수 있다. 예를 들어, 기업이 인수자금을 조달하기 위해 차입을 하고, 타인자본비용만 인수 대상 기업의 현금 흐름에 적용하는 경우, 인수대상 기업가치는 두 배 정도 과대평가될 수 있다. 반대로, 회사가 신흥 시장의 인수대상 기업 자본비용에 임의의 리스크 프리미엄을 더한다면, 이것은 인수대상 기업가치를 절반정도로 과소평가할 수 있다.

기업의 자본비용은 가치 창출을 규정하고 전략적 결정을 평가하는 데 매우 중요하다. 이것은 기업이나 프로젝트의 미래 현금흐름을 할인하는 비율이다. 기업이 가치를 창출하고 있는지를 판단하기 위해 ROIC와 비교하는 비율이기도 하다. 자본비용은 화폐의 시간가치와 회사, 사업부 또는 프로젝트에 대한 투자위험을 모두 포함한다.

이 장에서는, 자본비용이 현금비용이 아니라 기회비용인 이유를 설명한다. 기회비용은 투자자가 같은 수준의 위험을 감수하고 다른 곳에 투자함으로써 얻을 수 있는 수익률을 기초로 한다. 이는 항상 상장기업의 선택사항이다.[1] 오로지 분산이 불가능한 위험의 경우에만 기업의 자본비용에 영향을 미친다. 분산할 수 있는 그 밖의 위험은 복수의 시나리오를 이용한 현금흐름 예측에만 반영해야 한다.

우리는 또한 기업이 얼마나 많은 현금흐름 리스크를 부담해야 하는지도 논의할 것이다. 프로젝트의 규모가 너무 커서 실패할 경우 기업 전체의 생존력을 위협하지

1 제2장의 상기할 내용으로, 기업이 창출하는 가치금액은 자본비용보다 더 많이 버는 금액이다. 즉, 기업은 투자자가 스스로 벌 수 있는 것보다 더 높은 수익률로 자금을 투자할 수 있어야 가치를 창출한다.

않는 이상, 기업은 리스크 프로파일에 관계없이, 양(+)의 값의 기대 가치를 지닌 모든 프로젝트에 대한 투자를 수행해야 한다.[2] 대부분의 경영진들은 수익이 매우 높더라도 소규모 위험 프로젝트를 맡기를 꺼린다. 프로젝트를 개별적으로 평가하기보다는 포트폴리오로 통합함으로써 경영진은 과도한 손실 회피를 극복하는 경우가 많다.

이 장에서 우리는 핵심 원리에 초점을 맞출 것이다. 15장에서는 자본비용을 측정하는 방법에 대해 자세히 설명한다.

기회비용으로서의 자본비용

자본비용은 현금비용이 아니다. 그것은 기회비용이다. 예를 들어, 한 회사가 다른 회사를 인수할 때, 그 대안은 주주들에게 인수 비용에 해당하는 현금을 돌려주는 것이었고, 주주들은 그 현금을 다른 회사에 재투자할 수 있었다. 따라서 인수 기업의 자본비용은 투자자가 위험을 부담하는 것에 대한 가격이다. 투자자들은 유사한 위험을 가진 다른 투자에 기업의 이익을 재투자함으로써 수익을 얻을 수 있었을 것이다.[3] 마찬가지로, 기업의 전략적 의사결정을 위해 개별 사업부나 프로젝트를 평가할 때, 이들에 대한 정확한 자본비용은 기업의 투자자가, 회사 전체가 아닌 다른 유사한 위험 수준을 보이는 프로젝트로부터 얻을 수 있을 것으로 기대하는 수익률이다. 핵심 원리는 자본비용은 투자자의 기회비용에 의해 유도될 수 있다는 것인데, 이는 회사를 이끄는 경영진은 투자자의 대리인이고 회사의 투자자에 대한 신탁적 책임이 있기 때문이다.[4] 자본비용을 두자사의 요구수익률 또는 기대수익률이라고도 하는 것도 이 때문이다. 이러한 용어의 의미는 학계에 따라 다를 수 있지만, 대부분의 경우 자본비용, 요구수익률 및 기대수익률을 서로 대체하여 사용할 수 있다.

15장에서는 기업의 자본에 대한 기회비용을 추정하는 방법을 자세히 설명한다. 대부분의 실무자들은 자기자본비용과 타인자본비용의 가중평균을 의미하는 가

---

2 이를 흔히 순현재가치(NPV)라고 하지만, 우리는 기대가치라는 용어를 선호하는데, 이유는 이것이 기초 현금흐름의 위험성을 강조하기 때문이다.

3 조금 더 정확히 말하면, 자본비용은 투자자가 유사한 위험을 가진 잘 분산된 "효율적" 투자 포트폴리오에 투자함으로써 얻을 수 있는 수익이다.

4 일부 국가에서는 경영진도 '회사'에 대한 의무가 있지만, 그 개념은 일반적으로 모호하게 정의되어 있으며 경영진에게 많은 지침을 제공하지 않는다. 대부분의 경우, 심지어 그러한 국가들에서도 투자자들의 기회비용은 최선의 계산법이다. 미국에서 최근의 혁신은 "유익한" 법인으로, 그 헌장에는 사회, 근로자, 지역사회, 환경에 대한 긍정적인 영향을 포함하여 경영진이 주주들의 이익에 대해 반하는 추가적인 목표가 포함되어 있다. 이 개념은 비교적 새로운 개념으로, 주주 표결이 필요한 많은 대기업 상장기업이 "유익한" 법인이 아니다.

중평균자본비용(WACC)을 사용한다.[5] 이제는 기업의 자기자본비용을, 모든 기업의 평균대비 기업 리스크를 조정한 광범위한 기업 포트폴리오(예: S&P 500)에 투자함으로써, 투자자가 얻을 수 있는 수익률이라고 해도 충분하다.

기업 내의 개별 사업부는 위험 프로파일이 다를 경우, 서로 다른 자본비용을 가질 수 있다. 회사의 전체 자본비용은 개별 사업부 자본비용의 가중평균에 불과하다. 예를 들어, 은행업에서, 위험성 높은 트레이딩(trading) 업무는 더 안정적인 소매금융보다 훨씬 더 높은 자본비용을 수반한다.

경영진은 종종 기회비용의 개념을 자본비용에 대해서 생각할 때 적절하게 반영하지 못한다. 때때로 그들은 다른 자금 흐름과 다른 투자를 연관시킴으로써 자본의 기회비용을 혼동한다. 예를 들어, 한 회사가 다른 회사를 인수할 때, 인수자는 회사 전체를 지불할 수 있을 만큼 충분한 타인자본을 조달할 수 있다고 가정하자. 이때 인수를 위한 자본비용이 타인자본비용이라고 말한다면, 이는 잘못된 것이다. 왜냐하면 인수 대상의 잉여현금흐름 위험은 채권자의 현금흐름의 위험과 같지 않기 때문이다.

예를 들어, A사가 B사에 대한 인수를 고려하고 있다고 하자. 둘 다 동일한 제품 영역에서 영업하며 유사한 위험을 안고 있다. A사는 부채가 없고 자본의 기회비용은 8% 이며 A사가 세후 4%에 대출을 받을 수 있다고 가정하자. 이익 $10억, 자본 수익률 15%, 3% 성장률을 보이고 있는 인수대상 기업의 경우, 기업가치는 자본비용 4%에 대해서 $800억, 8%에 대해서 $200억이 될 것이다. 4%의 자본비용을 사용하는 것이 얼마나 불합리할 것인가를 알기 위해서, 4%의 가격이익수익률(P/E)은 80이고, 자본비용 8%인 경우 20이라고 생각해 보라. 성장률이 3%인 기업은 80의 P/E로 거래하지 않는다.

또한 인수에 타인자본비용을 적용하면 결국 다음과 같은 왜곡된 상황에 이르게 된다. A사의 기존 사업에는 8%의 자본비용이, 인수한 사업에는 4%의 자본비용이 적용된다. 또 A사가 인수 자금의 100%를 빌릴 수 있는 유일한 이유는, 기존 사업에서 사용하지 않은 부채 여력이 있기 때문이다. 그리고 자본비용은 모회사가 아닌 인수한 회사의 위험성에 의해 결정된다는 것을 잊지 말아야 한다(하지만, 그들의 위험 프로파일은 동일 업종에 속해 있다면 동일할 가능성이 높다).

---

5 WACC의 사용은 실용적인 해결책이다. 이론적으로 자본의 기회비용은 타인자본의 세제혜택을 제외하고는 자본구조(기업의 타인자본과 자기자본금액)와 무관하다. 대안은, 타인자본가 없을 때, 자본의 기회비용을 기업의 자기자본비용(주식투자자가 기대하는 수익)으로 추정한 후 타인자본의 세제혜택을 위해 직접 조정하는 것이다. 이론적으로, 두 접근방식은 동일한 결과를 산출해야 한다.

자본비용에 대해 기업들은 매우 작은 영향력만을 행사한다.

Procter & Gamble처럼 꾸준한 수익을 내는 회사의 자본비용은, 이익과 현금흐름이 더 가변적이라고 알려진 업계의 화학회사인 LyondellBasell과 같은 회사와 그렇게 다르지 않다는 사실을 알게 되면 놀랄지도 모른다. 2019년에는 대부분 대기업의 WACC이 7~9% 정도의 범위 안에 들어가 있다. 이 범위는 작게 나타나는데, 투자자들이 의도적으로 한 바구니에 모든 계란을 담는 것을 꺼리기 때문이다. 투자자들의 포트폴리오 다양화 능력은 분산화할 수 없는 위험만이 자본비용에 영향을 미친다는 것을 의미한다. 더욱이, 분산화할 수 없는 위험은 일반적으로 동일한 산업에 있는 모든 회사에 동일한 방식으로 영향을 미치기 때문에, 기업이 속한 산업이 기업의 자본비용에 주로 영향을 미친다. 같은 업종에 속하는 기업들은 비슷한 자본비용을 갖게 된다.

주식 투자자들, 특히 기관 투자자들은 포트폴리오에 수백 개의 다른 주식을 보유할 수도 있다. 아무리 특정 주식에 집중하는 투자자라도 최소한 50개의 종목은 보유하고 있다. 결과적으로, 어떤 단일 회사에 대한 그들의 노출은 제한된다. 주식 포트폴리오에 종목이 추가됨에 따라 포트폴리오의 총위험이 어떻게 감소하는지를 보여줄 수 있다(표 4.1). 기업들의 현금흐름이 완벽한 상관관계 하에 있는 것은 아니기 때문에 리스크가 줄어든다. 어떤 기간을 고려하든, 일부 기업의 현금흐름은 증가하지만 다른 기업은 감소할 것이다.

재무 분야의 학계에서 지속적으로 이야기하는 원칙 중 하나는, 분산투자가 자본비용에 미치는 영향에 관한 것이다. 분산투자가 투자자의 위험을 줄이고 포트폴리오를 다각화하는 것에 대해서 비용이 들지 않는다면, 투자자들은 분산투자를 통

표 4.1 분산투자로 인한 포트폴리오 수익율의 변동성 감소

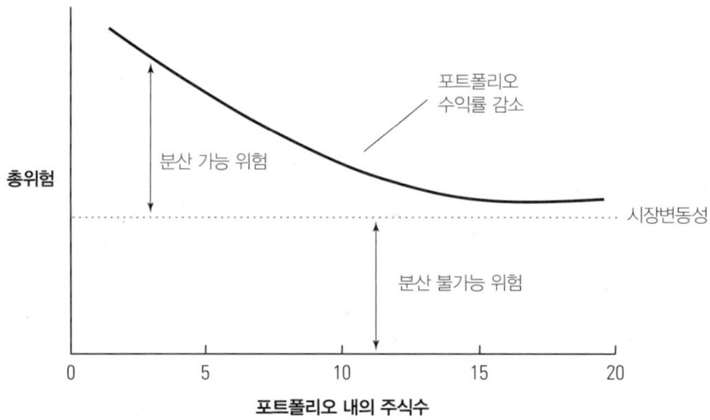

해 제거할 수 있는 어떤 위험에 대해서도 수익을 요구하지 않을 것이다. 그들은 분산될 수 없는 위험에 대해서만 보상을 요구한다.

분산될 수 없는 위험이라는 것은, 예를 들어 경기 사이클에 대한 노출과 같이 모든 기업에 영향을 미치는 위험들이다. 하지만, 기업들이 직면하는 대부분의 위험은 사실상 분산시킬 수 있기 때문에, 대부분의 위험은 기업의 자본비용에 영향을 미치지 않는다. 이를 실무적으로 볼 수 있는 한 가지 방법은 대기업의 P/E 범위가 상대적으로 좁다는 점에 주목하는 것이다. 대부분의 대기업은 P/E가 12에서 20 사이에 있다. 자본비용이 7~9%가 아닌 5~15%로 변동했다면 많은 기업들이 8 미만, 25 이상의 P/E를 기록하게 될 것이다.

기업의 자본비용이 7%인가, 9%인가, 그 중간 어디인가 하는 것은(15장에서 살펴보는 바와 같이) 큰 논쟁의 문제다. 수십 년 동안 자본비용의 차이를 측정하는 표준 모델은 자본자산가격결정모형(CAPM)이었다. CAPM은 학계 및 실무자들의 도전을 받아왔지만, 지금까지 실질적인 경쟁 모델은 등장하지 않았다.[6] 어쨌든 기업들 간의 자본 수익률이 5% 미만에서 30% 이상(때로는 같은 업종 내에서도) 차이가 날 때 자본비용의 1%포인트 차이는 논쟁의 여지가 거의 없어 보인다.

제품 노후화와 새로운 경쟁 등 어떤 회사가 직면하는 고유 위험은 자본비용에 반영되지 않는다. 그것은 기업의 가치가 이러한 위험에 영향을 받지 않는다는 의미는 아니다. 그것들은 기대현금흐름과 기대가치에도 영향을 미친다. 이 장의 뒷부분에서 논의할 것이지만, 기업들은 확실히 이러한 종류의 위험의 영향에 대해 걱정할 필요가 있다.

흔하게 오해하는 점이 바로, 자본비용은 기업이 영업하고 있거나 기업이 수행하는 특정한 투자를 수행하는 산업에 대한 함수가 아니라, 기업 고유 비용이라는 것이다. 대부분의 경우, 기업들은 개별 사업부나 회사 전체의 자본비용에 거의 영향을 미치지 않는다. 기업들이 어떻게 자본비용을 줄일 수 있는지에 대한 이론적인 예들이 있다. 예를 들어, 기업은 고정비를 낮추기 위해 생산을 아웃소싱할 수 있으며, 따라서 현금흐름의 변동성을 줄일 수 있다. 만약 당신이 당신의 경쟁 기업보다 낮은 변동성을 달성할 수 있다면, 당신의 자본비용은 약간 더 낮아질 것이다. 그러

---

6 학계에서는 많은 경우, Fama-French three factor 모형을 사용하지만, 대부분 기업가치보다는 자본시장 연구에 사용한다. 이 모형에 의하면, 주식의 초과 수익률은 초과 시장 수익률(CAPM과 같이), 소기업의 대기업에 대한 초과수익률(SMB), 높은 장부가치/시장가치 기업의 낮은 기업에 대한 초과 수익률 등으로 회귀된다. 저자들은 2015년 이 모형을 5가지 요소로 확장하면서 영업이익률과 투자를 추가했다: E. Fama and K. French, "The Cross-Section of Expected Stock Returns," *Journal of Finance* (June 1992): 427–465; E. Fama and K. French, "Common Risk Factors in the Returns on Stocks and Bonds," Journal of Financial Economics 33 (1993): 3–56; and E. Fama and K. French, "A Five-Factor Asset Pricing Model," Journal of Financial Economics 116 (2015): 1–22.

나 자본비용의 변화가 아웃소싱 생산과 같은 다른 전략적 고려사항과 비교하여 충분히 클 것 같지는 않다. 일부 회사들은 자본비용을 줄이기 위해 부채 기간을 단축하기도 한다. 이러한 기업이 인지하지 못한 사실은, 단기 부채를 롤오버할 때 금리가 더 높아질 가능성이나 회사가 리파이넌스에 어려움을 겪을 수 있기 때문에, 이러한 선택이 리스크를 증가시킨다는 점이다.

일시적 위험 프리미엄을 넘어서는 더 향상된 예측

특정 프로젝트에는 많은 투자자가 높은 위험으로 간주하는 것이 있다.[7] 이러한 프로젝트에는 정치적으로 불안정한 국가의 대규모 자본성 프로젝트(광업, 석유, 가스 분야의 기업들)와 첨단 기술 및 제약 분야의 투기적 R&D 프로젝트, 검증되지 않은 기술이나 광범위한 산업 분야의 기업 인수 등이 포함된다. 그러한 투자에 대한 잠재적인 수익은 매력적이지만, 만약 해당 프로젝트나 회사가 실패한다면 어떻게 될까? 해결책은 이러한 리스크를 무시하지 말고 자본비용이 아닌 현금흐름 예측에 명시적으로 포함시키는 것이다. 추천하는 방법은 여러 개의 현금흐름 시나리오를 개발하는 것이다.

기업들이 위험성이 높은 프로젝트의 불확실성을 반영하기 위해 자본비용을 추정할 때 부풀리는 것은 드문 일이 아니다. 그러나 이렇게 함으로써, 그들은 종종 무의식적으로 자본비용을 실질적인 근본적 위험(underlying risks)도 정당화하지 못할 수준으로 설정하고, 결과적으로 좋은 투자 기회를 기각하게 된다.[8] 많은 이들이 깨닫지 못하는 것은 자본비용보다 겨우 3~5% 포인트 높은 할인율을 가정하면, 기대가치의 값을 크게 줄일 수 있다는 점이다. 예를 들어, 기업인수 과정에서 8% 자본비용에 3%포인트만 추가하면, 현재가치를 30~40%까지 줄일 수 있다.

더욱이 할인율을 높이는 것은 종종 위험이 더 높다는 직감 외에는 근거가 없는 불투명한 위험에 대한 가정에 내재되어 있다. 문제는 기업들이 현금흐름을 추정할 때 쉬운 방법을 택하기 때문에 발생한다. 기대가치를 계산하기 위해 프로젝트 분석가는 적절한 자본비용으로 기대현금흐름을 할인해야 한다. 그러나 많은 경우에 그들은 모든 것이 잘된다고 가정하는 현금흐름의 추정치만 사용한다. 이를 고려한 경영자들은 현금흐름이 과대 계상될 가능성을 보완하기 위해 할인율을 높인다.

---

7 R. Davies, M. Goedhart, and T. Koller, "Avoiding a Risk Premium That Unnecessarily Kills Your Project," *McKinsey on Finance*, no. 44 (Summer 2012).

8 M. Goedhart and P. Haden, "Are Emerging Markets as Risky as You Think?" *McKinsey on Finance*, no. 7 (Spring 2003).

표 4.2 분산 불가능한 위험을 포함한 시나리오 접근법

기대 순현재가치 (NPV), $	시나리오 확률	8% WACC 순현재가치, $	현금흐름, $ Year 1	Year 2	Year 3	…
1,333	기본 케이스: 50%	1,667	100	102	104	
	비관 케이스: 50%	1,000	60	61	62	

프로젝트의 기대가치를 결정하기 위한 더 나은 접근법은 복수의 현금흐름 시나리오를 개발하여 조정되지 않은 자본비용으로 평가한 다음, 각 시나리오의 가치에 대한 확률을 적용하여 프로젝트나 기업의 기대가치를 추정하는 것이다. 표 4.2는 이와 관련된 예를 보여준다. 단순화시켜 각 시나리오의 예상 현금흐름을 기준으로 현재가치가 $1,000인 시나리오와 현재가치가 $1,667인 시나리오 두 개만 가정한다. 각 시나리오에 대해 50%의 확률을 가정하면 $1,333의 기대가치가 나온다.

시나리오 접근법을 적용하는 것은 다음과 같은 몇 가지 장점이 있다:

- 이것은 의사 결정자에게 더 많은 정보를 제공한다. 의사결정자들은 단일 포인트 추정치(예를 들어 $1억)로서 프로젝트를 바라보기 보다는, 이것의 가치가 20%의 확률로 −$2천만이 되고, 80%의 확률로 $1억 2천만에 이른다는 것을 알고 있다. 암묵적 위험 가정을 명시적으로 드러내는 것은 프로젝트의 위험에 대한 대화나 토론을 장려한다.
- 이것은 실패 또는 완전한 성공에 미치지 못하는 영향을 명시적으로 강조하기 때문에, 경영진에게 특정 위험을 완화하는 전략을 개발할 것을 유도하게 된다. 예를 들어, 경영진에게 단계적 투자에 대한 옵션을 제공함으로써 프로젝트에 더 많은 유연성을 확보할 수 있다. 즉, 성공 시 투자 규모를 늘리고 실패 시 이를 축소하는 것이다. 이러한 옵션을 갖게 되면 프로젝트의 가치를 크게 높일 수 있다.
- 이것은 가능한 결과 값의 전체 범위를 인식하게 된다. 프로젝트 찬성자들이 하나의 시나리오를 제출할 경우, 이것은 그들이 승인을 얻어낼 수 있을 만큼 충분히 유리하게 반영할 필요가 있지만, 또한 프로젝트의 성과 목표에 전념할 수 있을 만큼 충분히 현실적이 되어야 한다. 이러한 요구사항은 종종 불충분한 타협을 발생시킨다. 찬성자들이 여러 시나리오를 제시할 경우, 프로젝트의 잠재적으로 불리한 위험을 완전히 공개하는 동시에, 그들은 프로젝트의 완전한 상승 잠재력과, 진정으로 전념할 수 있는 현실적 수준의 목표를

보여줄 수 있다.

시나리오 접근법을 적용하는 경영진은 지나치게 단순화된 가정(예: 현금흐름의 10% 증가 또는 감소)을 경계해야 한다. 시나리오 분석을 잘하면, 전형적인 기본 케이스의 배수가 되는, 매우 성공적인 사례로 이어질 것이다. 음의 값을 갖는 시나리오도 종종 포함될 것이다. 게다가 전통적인 기본 케이스가 없을 수도 있다. 많은 프로젝트의 경우, 커다란 성패만 있을 뿐, 프로젝트가 자본비용보다 겨우 더 많은 돈을 버는 경우는 드물다.

극단적인 예를 들어보자. 프로젝트 A에는 초기에 $2,000의 투자가 필요하다. 이 프로젝트가 모든 것이 잘 되면, 그 회사는 평생 1년에 $1,000을 번다. 그렇지 않으면 회사는 $0을 받는다(이러한 전부 또는 전무(all or nothing) 식의 프로젝트는 드물지 않다). 프로젝트 A를 가치평가하기 위해, 재무 이론에 의하면 기대 현금흐름을 자본비용으로 할인해야 한다. 그러나 이 경우 예상되는 현금흐름은 얼마인가? 모든 일이 잘 될 가능성이 60%라면 기대현금흐름은 연간 $600이 될 것이다. 10%의 자본비용으로 이 프로젝트는 일단 완성되면 $6,000의 가치가 있을 것이다. 투자금 $2,000을 빼면 투자 전 프로젝트의 순가치는 $4,000이다.

그러나 이 프로젝트는 결코 연간 $600을 만들어내지 못할 것이다. 그것은 연간 $1,000 또는 $0의 현금흐름을 창출할 것이다. 즉, 할인된 현금흐름의 현재가치는 $10,000 또는 $0이 될 것이며, 최초 투자액을 차감한 프로젝트 가치는 $8,000 또는 -$2,000이 될 것이다. 예상한 $4,000(즉, $6,000에서 투자금을 차감한)의 가치를 가질 확률은 0이다. 경영진은 예상 가치를 파악하려고 애쓰기보다는, 이 프로젝트가 $8,000의 가치가 있을 확률은 60%, $2000의 손실을 입을 위험성은 40%에 이른다는 것을 이해하는 것이 더 나을 것이다. 그런 다음, 경영진은 각각의 결과가 우세하게 나타나는 시나리오를 검토하고, 상승케이스가 하락케이스를 보완하는지, 기업이 잠재적 손실을 안정적으로 흡수할 수 있는지, 그리고 손실 규모나 위험을 줄이기 위한 조치를 취할 수 있는지를 결정할 수 있다. 기대치에 초점을 맞추는 이론적 접근방식은, 수학적으로 정확하지만 특정 결과의 범위와 배타성에 대한 중요한 정보를 숨긴다.

더욱이 일부 기업은 기대가치 접근법을 올바르게 적용하지 않는다. 복수의 시나리오를 논의하는 기업은 거의 없으며, yes-or-no 결정을 기초로 하는 단일 포인트 예측을 선호한다. 대부분의 기업은 단순히 이 프로젝트에서 발생하는 기대현금흐름을 연간 $1,000, 즉 모든 것이 잘 될 경우를 가정한 금액으로 나타내며, 임의로 할인율을 높여 현금흐름의 불확실성을 반영한다. 이러한 접근법으로 정답을 얻을 수는 있겠지만, 두 가지 결점이 있다. 첫째, 정확한 가치를 구할 수 있는 자본비용을 쉽게 판단할 수 있는 방법이 없다. 이 경우 10% 대신 16.7%의 자본비용을 사용하면 투자 전 $6,000, 투자 후 $4,000의 프로젝트 가치가 발생한다. 그러나 이것이 정확한 값이라는 것을 알 수 있는 유일한 방법은 철저한 시나리오 분석을 하는 것뿐이다. 기업은 자본비용에 위험 프리미엄을 임의적으로 더하는 경우도 있지만, 추가하는 크기가 합리적으로 정확한지 알 길이 없다. 둘째로, 연간 $1,000의 현금흐름과 16.7%의 자본비용을 이용하여 프로젝트를 평가하는 의사결정자들은, 여전히 0의 현금흐름이 발생할 수 있는 40%의 위험을 전혀 고려하지 않고 있다.

어떤 이유로 단일 현금흐름 시나리오를 사용해야 하는 경우, 표 4.3과 같이 다양한 실패 확률 수준에 대한 동등한 위험 프리미엄을 분석적으로 추정할 수 있다. 수직축에서, 실패 확률의 서로 다른 조합에 대해 현금 흐름 시나리오를 사용하는 대신 증가시켜야 하는 자본비용의 크기를 나타냈고, 수평축에서 베이스 케이스에 대한 상대적인 손실 규모를 나타낸다. 예를 들어 사업실패 확률이 50%이고 기업가치가 예상보다 40% 적은 경우, 이에 상응하는 위험 프리미엄은 1.5%가 된다. 이 표에서 위험 프리미엄은 대부분의 사람들이 기대하는 것에 비해 작다는 점을 주목하자. 예를 들어 3%의 위험 프리미엄에 근접하기 위해서는 실패 확률 50%와 이로 인한 60%의 현금 흐름 감소가 있다고 믿어야 할 것이다. 한편, 5%의 위험 프리미엄에 도달하려면 실패 확률 50%와 현금 흐름 80% 이상의 감소를 고려해야 할 것이다.[9]

일시적 위험 프리미엄을 추가하는 것은 개별 프로젝트별 불확실성을 가치평가에 포함시키기 위한 조잡한 방법이다. 시나리오 기반 접근법은 더 나은 해답과 그 안에 내재된 가정에 대한 투명성을 모두 강조한다.

현금 흐름 위험을 어느 정도까지 감수할 것인지에 대한 결정

이제 현금 유동성 리스크로 돌아가보자. 우리가 현금흐름위험에 대해 이야기할 때, 우리는 회사 전체, 사업부, 또는 단일 프로젝트의 미래 현금흐름에 대해 직면하는 불확실성을 의미한다. 재무이론은 자본비용에서 분산될 수 없는 현금흐름위험 부분에 대한 가격을 결정하는 지침을 제공한다. 실패가 기업을 재정난에 빠뜨리지 않을 정도로 작은 사업이라면, 이론적으로는 실패 가능성이 높더라도 긍정적인 기대치를 갖는 모든 사업이나 성장할 수 있는 기회를 기업은 수행해야 한다. 실제로, 우리는 기업들이 소규모 프로젝트에서 발생하는 손실의 영향을 과대평가하여 가치

9 위험 프리미엄은 손실의 확률과 크기뿐만 아니라 프로젝트의 기간, 현금흐름의 패턴 등에 의해서도 결정된다는 점에 유의한다.

표 4.3 다양한 실패 확률 수준에 대한 동등한 위험 프리미엄의 예

위험 프리미엄, %

낮은 현금 흐름 확률, % \ 현금 흐름 감소 크기, %	20	40	60	80	100
10	0.1	0.2	0.4	0.5	0.7
20	0.2	0.5	0.8	1.1	1.5
30	0.4	0.8	1.3	1.9	2.6
40	0.5	1.1	1.9	2.8	4.0
50	0.7	**1.5**	2.6	4.0	6.0

투자가치의 40% 손실
가정하에서도 1.5%의
위험 프리미엄만 요구된다.

주석: 상기 특정 사례는 안정된 현금흐름 프로필, 8% 가중평균자본비용, 2% 영구성장률을 가정한 계속기업에 대한 것이다. 이보다 수명이 짧은 프로젝트의 경우 자본비용 조정이 더 크게 된다.
출처: R. Davis, M. Goedhart, and T. Koller, "Avoiding a Risk Premium That Unnecessarily Kills Your Project," McKinsey Quarterly (August 2012).

창출 기회를 놓친다는 것을 발견했다.

예를 들어, 기업이 프로젝트를 수행할지 어떻게 판단해야 하는가? 예를 들어, 프로젝트 A는 60%의 확률로 $8,000을 벌 수 있고, 40%의 확률로 $2,000의 손실을 입게 된다면, 예상 가치를 $4,000이라고 판단해야 하는가? 이론에 따르면 상하방 위험과 상관없이 긍정적인 기대 가치를 지닌 모든 프로젝트를 수행해야 한다. 기업은 이 사례에서와 같이 작은 프로젝트가 여러 개일 가능성이 높기 때문에 작은 프로젝트의 경우 리스크를 떠나 긍정적인 기대 가치를 지닌 모든 프로젝트를 수행해야 한다.

하지만 만약에 회사가 하방 위험이 회사를 파산시킬 수 있는 하나의 큰 프로젝트에 직면에 있다면 어떻게 해야 하는가? $150억(원자로 2기를 갖춘 설비에 대한 구체적인 금액)에 원자력 시설을 건설할 기회를 가진 전력 회사를 생각해 보자. 이 회사는 $250억의 기존 부채가 있고 $250억의 시가총액을 갖고 있다고 가정하자. 만약 공장이 성공적으로 건설되고 가동된다면, $130억의 순가치로 $280억의 가치가 되어 있을 가능성이 80%이다. 그러나 규제 승인을 받지 못하고 가치가 0이 될 가능성이 20%에 달해 $150억의 손실을 볼 가능성이 있다. 기대 가치는 투자금액을 제하고 $70억이다.[10] 실패는 회사를 파산시킬 것이다. 왜냐하면, 회사의 기존 공장에서 나오는 현금 흐름은 기존의 부채와 실패한 공장에 대한 부채를 감당하기에

10 식은 다음과 같다: ($130억 × 80%) + (−$150억 × 20%).

불충분하기 때문이다. 이 경우 원전의 경제성은 기업의 다른 사업에 대한 가치로 파급된다. 실패할 경우, 그 공장에 투자한 $150억뿐만 아니라 회사의 모든 자본을 날리게 될 것이다.

이것이 의미하는 것은, 기업이 다른 사업을 위험에 빠뜨릴 위험을 감수해서는 안 된다는 것이다. 다시 말해, 회사의 다른 사업에 부정적인 파급효과가 큰 일은 하지 말라는 것이다. 이러한 주의사항은 프로젝트 A의 진행 여부를 결정하는 초기 사례에서 경영진에게 알려져야만 할 것이다. 만약 $2,000의 손실이 회사 전체를 위험에 빠뜨릴 수 있다면, 경영진은 60%의 성공 가능성에도 불구하고 그 프로젝트를 포기해야 한다. 그러나, 이와 마찬가지로 기업들은 정상적인 운영 능력을 위협하지 않는 위험을 피해서는 안 된다.

회사를 위해 결정을 내리는 경영진들은 자신이 아닌 회사의 위험 프로필에 대해 생각해야 한다.[11] 결국 그것은 기업의 일이다. 기업이란 위험을 감수하고 개인의 자연스러운 손실 기피를 극복하기 위해 고안된 것이다. 초기 기업은 영국과 네덜란드 동인도 해운회사였다. 이러한 기업들이 있어서, 배가 침몰할 경우, 배 한척을 소유한 선주는 모든 것을 잃게 되지만, 회사의 주주들은 그들이 감당할 수 있는 금액을 잃게 되는 것이다.

Daniel Kahneman 교수와 Amos Tversky 교수는 대부분의 사람들이, 그들의 결정으로 인해 발생하는 잠재적 경제 손실에 대해서 동등한 수준의 잠재적 이득 보다 더 큰 비중을 두고 있음을 보여주었다. McKinsey가 여러 업종에 걸쳐 1,500명의 글로벌 경영진을 대상으로 실시한 설문조사에서 경영진에게 다음과 같은 시나리오를 제시했다.[12] 당신은 3년 동안 현재 가치로 $4,000만을 받거나, 첫 해에 전체 투자금을 잃을 가능성이 있는 $1,000만의 자금이 필요한 투자를 고려하고 있다. 당신이 투자를 진행하기 위해 감내할 수 있는 가장 큰 손실 금액은 얼마인가?

위험 중립적인 경영진은 75%의 손실 확률과 25%의 이익 가능성을 기꺼이 받아들일 것이다. $4,000만의 1/4은 초기 투자금액인 $1,000만이기 때문에, 25%의 이익 확률 하에서 기대 위험중립가치가 0이 된다. 그러나 대부분의 응답자들은 극도로 손실에 대해 기피하고 있다는 것을 보여주었다. 그들은 이 투자를 하기 위해 단지 19%의 손실 가능성만을 기꺼이 받아들였고, 이것은 75%라는 위험 중립

---

11 이 장의 나머지 부분에 대해서는 다음의 문헌으로부터 발췌되었다: D. Lovallo, T. Koller, R. Uhlaner, and D. Kahneman, "Your Company Is Too Risk-Averse," *Harvard Business Review* (March–April 2020), hbr.org.

12 T. Koller, D. Lovallo, and Z. Williams, "Overcoming a Bias against Risk," McKinsey & Company (August 2012), https://www.mckinsey.com/business-functions/strategy-and-corporate-finance/ourinsights/overcoming-a-bias-against-risk.

을 고려한 답변에 근접하지 않는다. 실제로 40% 이상의 손실 확률을 수용할 의향이 있는 응답자는 9%에 불과했다. 비공식적으로, 우리는 더 낮은 금액의 투자 권한을 갖는 그룹 경영진에게 같은 질문을 했고 비슷한 결과를 얻어냈다. 우리의 결과는 1966년 Ralph O. Swalm 교수의 연구와 일치한다.[13]

이러한 현상은 계층적 조직에 심각한 결과를 초래한다. 비록 작은 도박이, 큰 도박에 대한 기피의 근거가 되는 생존이나 파멸과 같은 문제를 제기하지 않더라도, 경영진들은 큰 도박에서와 마찬가지로 작은 도박에서도 손실을 회피하는 성향을 보인다. 게다가, 작은 도박들은 집적에 대한 위험 감소 효과를 가질 수 있는 기회를 제공한다.

손실 기피를 극복하고 더 나은 투자 결정을 내리기 위해서는, 개인과 조직이 개별 프로젝트의 성과가 아닌 회사 전체의 성공이라는 관점에서, 선택을 구성하는 법을 배워야 한다. 실제로, 이는 개별 프로젝트의 리스크에 초점을 맞추기보다는, 기업이 수행하는 프로젝트를 집적화하여 포트폴리오로 간주하는 것을 의미한다.

한 기술 회사는 성공적으로 포트폴리오 접근 방식을 사용하여 프로젝트를 평가했다. 첫째, 경영진은 각 프로젝트 제안서의 예상 수익률(기대 현재가치를 투자금액으로 나누어서 측정)과 각 제안과 관련된 위험(예상 수익의 표준편차로 측정)을 추정하였다. 이후, 경영진은 수익과 위험 사이의 균형을 가장 잘 맞출 수 있는 프로젝트 포트폴리오를 구축했다. 전체적인 프로젝트 포트폴리오를 살펴보면(표 4.4), 프로젝트 포트폴리오의 수익률은 대부분의 개별 프로젝트의 그것보다 높고, 포트폴리오의 위험성은 대부분의 개별 프로젝트에 비해 훨씬 낮다는 것을 알 수 있다.

프로젝트 포트폴리오의 위험 수준이 개별 프로젝트보다 낮은 것은 사실이지만, 포트폴리오를 사용한다고 해서 기업의 자본비용이 낮아지는 것은 아니라는 점을 알아둘 필요가 있다. 그 이유는 포트폴리오 구축이, 자본비용에 내재된, 분산될 수 없는 위험을 줄일 수 없기 때문이다.

헷지해야 하는 위험 유형 결정

투자자들이 기업이 감수하기를 간절히 바라는 리스크도 있다. 예를 들어, 금광 회사들과 석유 생산 회사들의 투자자들은 종종 변동성이 큰 금 또는 석유 가격에 노출되기 위해 이러한 회사들의 주식을 매입한다. 금과 석유 회사들이 미래 매출에

---

13 이 결과는 Ralph O. Swalm의 1966년 *Harvard Business Review*의 다음의 문헌에서 정립되었다: "Utility Theory: Insights into Risk Taking." 그는 다양한 수준의 지출 권한을 가진 경영진을 연구했고, 위험 선호 프로필은 조직 내 지출 권한 정도와 상관없이 매우 유사하다는 것을 발견했다.

표 4.4 프로젝트의 통합(aggregating)은 높은 기대 수익률을 달성하면서 위험을 감소시킴

프로젝트	**수익률,** 투자 대비 현재가치 비율	**위험,** 기대 수익에 대한 표준편차, %	**기대 순현재가치,** $ million
선택된 프로젝트 A–Q의 포트폴리오	4.5	15	8,100
A	15.4	64	200
B	12.4	104	500
C	7.5	66	50
D	4.7	22	5
E	4.7	150	200
F	4.4	52	500
G	3.7	37	30
H	3.7	29	400
I	2.7	58	900
J	2.6	31	400
K	2.5	150	300
L	2.3	20	220
M	1.9	18	520
N	1.5	20	300
O	1.1	13	850
P	0.9	5	2,000
Q	0.3	5	850

대해서 헷지하려 한다면, 이것은 투자자들의 삶을 복잡하게 만들 뿐이다. 예를 들어, 투자자들은 회사들의 이러한 시도를 통해, 얼마나 많은 가격 위험이 헷지되고 있는지, 그리고 미래에 경영진이 정책을 어떻게 바꿀 것인지를 추측해야 한다. 더욱이 위험 헷지는 현재의 가격을 2년 동안 고정시킬 수 있는데, 이는 해당 기간 동안 현물 가격을 헷지할 수 있지만, 기업의 현재 가치는 이후 시기에 대한 현금흐름을 포함해야 한다. 따라서 위험 헷지는 단기 현금흐름의 변동성을 줄일 수 있지만, 장기 현금흐름에 기초한 기업의 가치평가에 거의 영향을 미치지 않을 것이다.

이 사례의 현물 가격위험과 같은 위험은 주주들이 스스로 관리할 수 있다. 하지만, 비슷한 형태를 갖는 일부 통화위험은 주주들이 관리하기가 어렵다. 일반적인 규칙은 첫 번째 유형의 위험을 헷지하지 않고 가능하면 두 번째 유형의 위험을 헷지하는 것이다.

글로벌 양조업체인 Heineken에 미 달러화 위험이 미치는 영향을 고려해보자. 미국 시장을 위해, Heineken은 주력 브랜드인 Heineken을 네덜란드에서 생산해 미국으로 배송한다. 대부분의 다른 시장에서는, 동일한 국가에서 생산하고 판매한다. 따라서 이러한 시장에서 환율변동은 현지 이윤을 보고 통화로 환산하는 데만 영향을 미친다. 예를 들어, 대부분의 시장의 경우 유로화에 대한 현지 화폐 가치의 1% 변동은 수익의 1% 변동과 이익의 1% 변동으로 이어진다. 모든 수익과 비용이 동일한 통화로 실현되기 때문에, 환율 변동이 수익과 이익에 미치는 영향은 동일하다는 점에 유의하자. 영업이익률에는 변화가 없다.

미국 시장은 다르다. 달러/유로 환율이 바뀌면 Heineken의 유로화 수익은 영향을 받지만 비용은 그렇지 않다. 달러화가 1% 하락하면 Heineken의 유로 매출도 1% 감소한다. 하지만 비용은 유로화이기 때문에 변하지 않는다. 시작 단계에서, 10%의 마진을 가정하면, 달러화 가치가 1% 하락할 때, Heineken의 마진이 9%로 줄어들 것이고, 유로화로 표시된 이익은 무려 10% 감소할 것이다.

Heineken의 생산 설비는 다른 나라에 있으며, 미국에서 생산되는 제품과 경쟁하고 있기 때문에, 원가 상승 부분을 전가할 수 없다. 따라서 Heineken의 통화 리스크는 다른 시장에서보다 미국 시장에서 더 클 수밖에 없다. Heineken의 미국 사업에 대한 위험 헷지는, 다른 시장에 대한 헷지보다 더 중요할 수 있는데, 이는 달러/유로 환율의 상승 또는 하락이 Heineken 사업에 큰 영향을 미치기 때문이다.

요약

불리한 전략적 결정을 피하기 위해 경영진은 자본비용과 리스크 사이의 역동적인 관계를 잘 이해해야 한다. 리스크는 기업의 자본비용(기회비용)과 미래현금흐름을 둘러싼 불확실성 모두를 통해 가치평가에 영향을 미친다. 투자자들은 포트폴리오를 분산화할 수 있기 때문에 기업의 자본비용은 대부분 기업이 속해있는 산업에서 결정한다.

복수의 현금흐름 시나리오를 사용하는 가치평가는 자본비용을 소성하는 가치보다 분산될 수 있는 위험을 더 잘 반영한다. 경영진들은 잠재적 수익률이 높더라도 위험한 프로젝트를 기피하는 경향이 있다. 이러한 과도한 손실 기피는 개별 프로젝트보다는 프로젝트 포트폴리오를 검토함으로써 극복할 수 있다.

5장

주식시장 성과의 연금술

기업과 경영진의 성과를 측정하기 위한 지표로 총주주수익률(TSR: Total Shareholder Return)이 종종 사용된다. TSR은 특정 기간 동안 주식가격과 주주들에게 지급되는 배당금의 합계의 증가 비율로 측정된다.[1] 사실, 미국 증권거래위원회(Securities and Exchange Commission)는 회사들로 하여금 연간보고서에 과거 5년간의 비교기업 대비 TSR을 공개하도록 요구하고 있다. 만약 경영진들이 실적보너스를 받기 위해 TSR 향상에 집중한다면 경영진과 주주들의 이해관계는 일치하게 되므로, 이러한 평가방법은 좋은 아이디어로 여겨진다. 실증적으로도 최소 10년에서 15년 정도의 긴 기간 동안 측정할 경우 이러한 아이디어가 효과가 있다는 점이 입증되고 있다. 하지만 10년 이하의 기간 동안 측정된 TSR의 경우, 기업과 경영진의 실제 실적을 반영하지 못할 수도 있다. 왜냐하면, TSR은 단지 회사의 성과뿐만 아니라 투자자 기대의 변화에 강하게 영향을 받기 때문이다.

이미 성공한 기업의 경영자들은 개선의 여지가 있는 기업의 경영자들보다 높은 TSR을 달성하기가 훨씬 힘들다. 왜냐하면 시장에서 성과우위를 달성하기 위한 회사의 노력은 많은 기대를 하고 있는 투자자들의 관심을 끌게 되고, 이것은 주식가격의 상승으로 이어지기 때문이다. 경영자들은 투자자들의 기대치를 능가하고 TSR을 넘어서기 위해 뛰어난 성과 향상을 달성해야만 한다. 우리는 이와 같은 상황을 "기대 쳇바퀴(expectation treadmill)"라고 부른다. 높은 성과 기업의 경우, TSR만 따로 떼어서 사용하는 것은, 높은 성과에 대한 평가를 불공정하게 만들 수 있다. TSR의 구성 요소에 대한 이해 없이 TSR에만 집중하는 또 다른 문제점은 경

1 이번 장의 후반부에서 현금 분배의 주요 수단인 자사주 매입의 영향을 고려할 필요가 있다는 것을 보여줄 것이다.

영자나 이사회가 TSR 중 얼마만큼이 영업성과로부터 비롯되며, 얼마만큼이 비영업용 항목 및 기대치의 변화에서 오는지 이해하는 데 도움을 줄 수 없다는 것이다.

경영자 성과에 대한 지표로서 단기 TSR의 광범위한 사용은 잘못된 유인을 제공할 수 있다. 기대의 쳇바퀴 위에서 전속력으로 달리고 있는 경영자는, 장기적 관점에서 주주들에게 더 많은 가치를 창출할 수 있는 투자를 희생하고, 단기 TSR 상승을 추구하는 유혹에 빠질 수 있다. 게다가 TSR은, 물가상승률의 변화 등과 같이 경영자의 통제 영역을 넘어서는 외부 요인들 때문에 모든 회사 전반에 거쳐 오르거나 내릴 수도 있다. 엄격하게 말해서, 이러한 요인들은 경영자 보상에 영향을 주어서는 안 된다.

이번 장은 기대 쳇바퀴에 대한 설명으로 시작할 것이다. 그 다음, 얼마나 많은 TSR이 매출 성장과 ROIC의 향상과 같은 장기적 가치 창출 요소와 기대 및 비영업용 항목의 변화에서 오는지 나누어보는 분석법에 대해서 다룰 것이다. 경영자, 이사회 그리고 투자자들은 TSR의 세부 분석으로부터 회사의 성과에 대해서 더 많이 배울 수 있을 것이다.

왜 주주들의 기대는 쳇바퀴가 되는가?

앞서 2장에서 살펴본 것처럼, 회사의 자본에 대한 수익률은 모든 주주들이 얻게 되는 수익률과 동일하지 않다. 한 회사가 $1,000을 공장에 투자하여 매해 $200을 벌고, 이것을 주주들에게 배당으로 지급한다고 가정해 보자. 첫 투자자들이 총 $1,000을 지분에 투자하여 그 지분을 유지한다고 하면, 그들은 매년 20%의 수익률을 올릴 것이다($200/$1,000).

이후 1년이 지난 뒤, 모든 투자자들이 지분을 처분하기로 결정하여 총 $2,000을 지불할 매수자들을 찾았다고 가정해보자. 매수자들은 그들의 투자에 대해 매해 10%의 수익률만을 올리게 될 것이고($200/$2,000) 첫 투자자들은 이로 인해 120%의 수익률을 올릴 수 있다($200의 배당금과 $1,000의 지분처분 이익의 합). 따라서 회사의 자본수익률은 20%이고, 한 그룹의 투자자들은 120%의 수익률을 올리는 반면 다른 한 그룹은 10%의 수익률을 올리게 된다. 수익률의 시간가중평균을 내어 보면, 모든 투자자들은 전체적으로 회사의 수익률과 유사한 수익을 얻을 것이다. 하지만 각각의 투자자 그룹이 지분에 투자한 금액이 상이하기 때문에, 미래 실적에 대한 기대치에 따라 그들이 얻는 수익률은 많은 차이를 보일 것이다.

이러한 변화를 이해하는 한 가지 방법은 이것을 쳇바퀴에 비유하는 것이다. 쳇바퀴 속도는 주가에 내포되어 있는 실적에 대한 기대를 나타낸다. 만약 회사가 시장의 기대를 충족시키고, 시장이 회사의 이러한 실적이 지속 가능할 것이라고 기대하게 되면, 회사의 주식은 상승한다. 미래의 기업실적이 미리 주가로 자본화되는 것이다. 그러나 주식가격의 상승은 경영진이 주식가격의 유지를 위해 계속 쳇바퀴를 빨리 돌려야 된다는 것을 의미한다.[2] 실적이 개선될수록 기대 쳇바퀴는 더 빨리 돈다. 상대적으로 낮은 기대치들은 손쉽게 달성할 수 있기 때문에, 성공에 대한 주주의 기대치가 낮은 기업들이라면 초반에 좀 더 쉽게 주식시장의 기대치를 앞지를 수 있을 것이다.

쳇바퀴 비유는 시장 수익률을 초과하는 실적이란 지속적으로 올리기 어렵다는 사실을 설명하는데 유용하다. 계속해서 속도가 높아지는 쳇바퀴라면 언젠가는 넘어지듯이, 가속되는 시장의 기대치를 만족시키지 못하게 되는 시점을 언젠가는 맞닥뜨리게 될 것이다.

많은 CEO들의 경험을 토대로 만들어진 가상의 인물 Terry Turnaround 사례를 살펴보자. Terry는 Prospectus라는 회사의 CEO로 고용되었는데, 이 회사는 다른 경쟁사들과 비교하였을 때 평균 이하의 자본수익률과 성장률을 기록하고 있다. 이러한 과거 실적으로 인해 회사에 대한 시장의 기대치는 낮고, 이에 따라 Prospectus의 가치 또한 경쟁사들에 비해 비교적 낮은 상태이다. Terry는 뛰어난 팀을 고용하여 일을 시작하였고, 2년 후 Prospectus는 수익률과 자본수익률에서 경쟁사들을 거의 따라잡고 시장점유율 또한 상승했다. Prospectus의 주가는 경쟁사들보다 두 배 빠르게 상승하게 되는데, 이는 회사의 실적이 좋아질 것이라고 시장에서 기대하지 않았기 때문이다.

Terry와 팀원들은 계속해서 열심히 일했고, 2년이 더 지난 후 Prospectus는 산업 내에서 최고의 영업실적과 가장 높은 자본수익률을 올리게 되었다. 출발점이 워낙 낮았기 때문에 회사의 주가는 산업평균치보다 4배나 더 빠르게 상승하였다. Prospectus의 새로운 행보와 지속적인 실적 하에서 시장은 계속해서 평균 이상의 자본수익률과 수익성장을 기대하게 되었다.

시간이 지나도 여전히 Prospectus는 높은 자본수익률과 선도적인 시장점유율을 유지했다. 하지만 2년 후 Terry는 경쟁사들보다 좋은 실적을 내었음에도 불구하고 회사의 주가 상승률은 경쟁사들과 큰 차이가 없다는 사실을 알게 되는데, 이것이 바로 기대 쳇바퀴에 붙잡힌 상황이다. Terry와 그녀의 팀이 워낙 회사를 잘 운영하여 회사가 지속적으로 높은 실적을 낼 것이라는 기대치가 이미 회사의 주가에 반영되어 있기 때문에, 만약 Prospectus가 시장의 기대에 부합하는 실적을 낸

2 이론적으로, 한 기업의 실적이 예상과 정확히 일치한다면, 그 회사의 TSR은 자본비용과 동일할 것이다. 그러나 실제로 이자율, 인플레이션, 경제활동의 지속적인 변화로 인해 때로는 더 넓은 시장과의 비교가 더 바람직할 때가 있다.

다 하더라도 회사의 주가 상승률은 업계의 평균수준에 머무를 것이다.

이것은 뛰어난 경영자라 하더라도 단지 평범한 TSR를 내놓을 수 있는 이유를 설명해 주는데, 아무리 출중한 경영자라 할지라도 계속적으로 높아지는 기대를 충족시키기란 쉽지 않기 때문이다. 이는 반대로, 실적에 대한 기대가 낮은 기업의 경영자라면 적어도 단기간에는 높은 TSR를 달성할 수 있다는 것을 알려준다. 주주기대치를 업계 내 경쟁사들 수준으로 올릴 수 있는 정도의 실적을 냄으로써 더 높은 TSR을 창출할 수 있는 것이다.

주주 기대치가 이미 높아진 기업들이 평균 이상의 TSR을 달성하고자 할 때 생길 수 있는 위험은, 비현실적인 수익 성장을 추구하거나 높은 리스크의 대규모 인수 작업을 진행하는 것과 같은 적절치 못한 선택을 할 가능성이 있다는 점이다. 1990년대 말과 2000년대 초의 전력 붐(electric power boom)을 생각해 보자. 규제 철폐로 인해 전력 회사들에 대한 기대치가 높아져 이에 해당되는 에너지 생산 기업들은 매우 높은 가치로 평가 받으며 모기업들로부터 분사하였다. 예를 들어 Mirant라는 회사는 Southern Company로부터 2000년 10월에 분사하였으며 전체 자본과 부채는 $180억에 이르러 이자비용, 법인세, 무형자산상각비 차감 전 이익(EBITA; Earning before Interest, Taxes, and Amortization) 대비 30배 정도의 배수를 보였는데, 이것은 전력회사치고는 상당히 이례적인 수치였다. Mirant는 자신의 가치를 입증하기 위해 여느 기업들처럼 공격적으로 규모를 확장하여 미국의 14개 주뿐만 아니라 바하마제도, 브라질, 칠레, 영국, 독일, 중국, 그리고 필리핀의 전력 공장에도 투자했다. 이러한 투자로 인한 부채부담은 곧 Mirant가 감당하기 힘든 수준이 되었고, 회사는 2003년 7월 파산신청을 하였다. 기대 쳇바퀴를 충족시키고 주가를 정당화하기 위해 Mirant는 엄청난 리스크를 감수했지만, 결국 그에 대한 대가를 치르게 된 것이다.

기대 쳇바퀴는 좋은 기업과 좋은 투자대상이 항상 일치하는 건 아니라는 것을 입증해준다. 단기적으로 볼 때 좋은 기업이 꼭 좋은 투자 대상이 되는 건 아니라는 것인데, 그 이유는 미래의 좋은 실적이 주가에 이미 반영되어 있기 때문이다. 현명한 투자자들은 종종 실적이 좋지 못한 기업들을 선호하는데, 그러한 기업들의 경우 낮은 주가에 반영된 기대치를 충족시키기가 쉽기 때문에 가격이 상승할 가능성이 높기 때문이다.

기대 쳇바퀴의 실제 사례

Tyson Foods와 J&J Snack Foods는 미국의 조리기구 회사이다. Tyson은 세계에서 가장 큰 회사 중 하나인데, Hillshire Farm, Sara Lee와 같은 브랜드를 보유하고 있다. 이 회사의 2017년 매출액은 $400억이다. J&J Snack Foods는 더 작은데, 2017년 매출액이 $10억을 간신히 넘고, Icee와 Autie Anne's와 같은 브랜드를 갖고 있다. 당연하게도, 더 작은 규모와 스낵에 중점을 둔 제품으로, J&J는 2013년에서 2017년까지 평균 6%의, Tyson의 3%와 비교했을 때, 더 빠른 성장을 기록했다(표 5.1). J&J는 ROIC 부분에서도 Tyson을 앞질렀는데, 세후 ROIC에서 J&J는 해당 기간 평균 24%를 기록했고 Tyson은 19%를 기록했다. 그러나 Tyson의 주주들은 TSR에서 거의 두 배를 벌어들였다. 해당 기간 Tyson의 TSR은 평균 27%를 기록했고, J&J는 14%를 기록했다.

기대 쳇바퀴는 TSR과 두 회사가 창출한 내재 가치 사이의 불일치를 설명한다. 시장 기대치에 대한 대용치로서 세후영업이익(NOPAT) 대비 기업가치(EV) 비율을 사용하면, J&J의 EV/NOPAT는 23배로, Tyson은 13배로 시작했다. 이는 J&J의 쳇바퀴가 이미 주가에 높은 기대를 반영한 채 빠르게 돌아가고 있었다는 의미다. Tyson의 EV/NOPAT는 평균을 밑돌며 완만한 성과 기대치를 반영했다. 이 기간 동안 두 회사의 EV/NOPAT는 J&J의 경우 23배에서 29배, 타이슨은 13배에서 17배까지 증가했다.

TSR의 차이에 대한 또 다른 원천은 주로 이익률 변화에 의해 주도되는 ROIC의 변화였다. Tyson의 조정 EBITA/매출액은 4%에서 9%로 증가했고, J&J는 약 12% 주변에서 보합세를 유지했다. 마찬가지로 Tyson의 ROIC(영업권 제외)는

표 5.1 Tyson Foods vs, J&J Snack Foods: 성장률, ROIC, TSR

2014.12 -2017.12, %

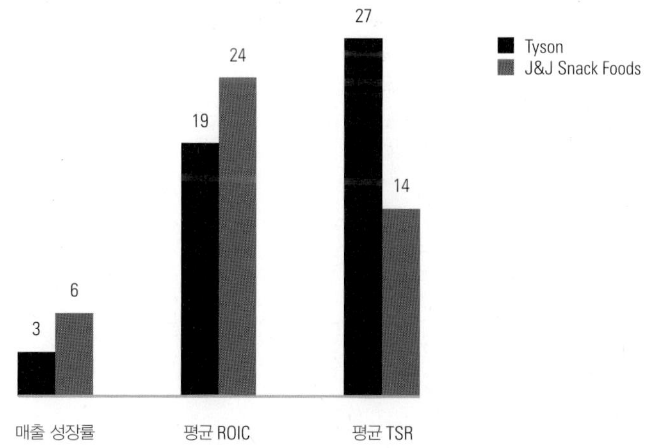

12%에서 22%로 증가하였지만, J&J는 25%에서 21%로 줄었다.[3]

어느 회사가 더 잘했는가? 당신은 다음 중 하나를 주장할 수 있다. Tyson은 예상을 뛰어넘는 성과를 거두었고, J&J Snack Foods는 높은 기대치를 충족하는 성과를 보여주었다. TSR은 Tyson 매니저들의 성과를 가늠할 수 있는 공정한 척도였을지 모르지만, J&J팀이 얼마나 훌륭한 일을 했는지 반영하지 못할 것이다. TSR이 기업의 진정한 성과에 대해서 더 깊은 통찰을 제공하게 하기 위해서, 우리는 이 척도의 내면을 보다 세밀하게 들여다볼 필요가 있다.

TSR의 분해

이 장에서 제시된 방식으로 TSR를 분해하고 그 구성요소들을 정량화하는 것은 두 가지 목적을 갖는다. 첫째로, 경영자들, 이사회, 그리고 투자자들이 TSR의 변화 요인들을 이해하게 되면 훨씬 수월하게 경영진을 평가할 수 있게 된다. 예를 들면,

표 5.2 매출 성장률, 이익률, ROIC, 기대치의 변화로 유도되는 TSR

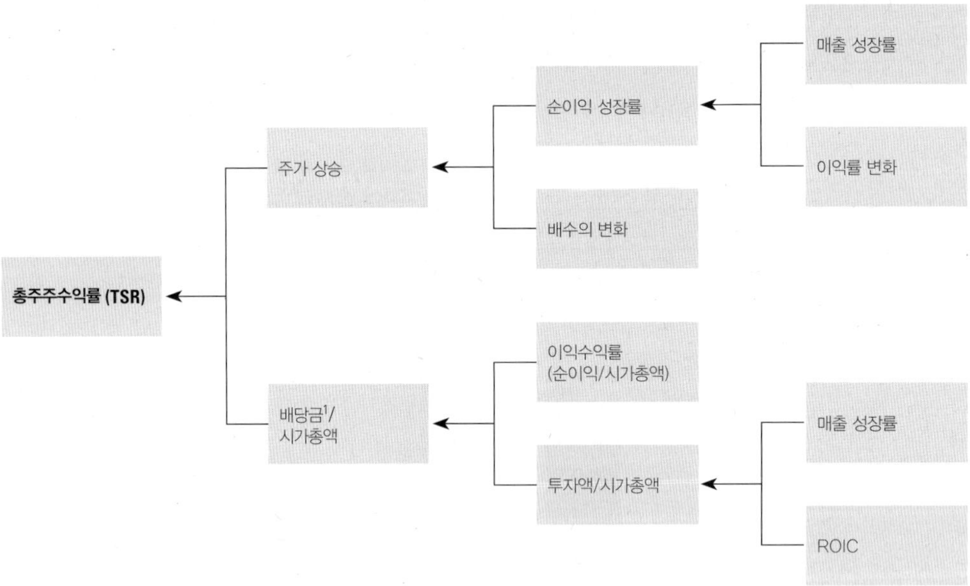

주석: 차입금과 자사주 매입이 없다고 가정함
[1]배당금 = 순이익 – 투자액

3 J&J Snack Foods의 ROIC는 감소했고 EBITA 이익률은 증가했는데, 2013년과 비교했을 때 2017년 $1 수익 창출을 위해 더 많은 자본(운전자본과 순유형자산)을 사용했기 때문이다.

J&J의 TSR이 비록 Tyson보다 낮아도 거기에는 높은 기대를 충족시키는 뛰어난 실적을 반영하고 있다는 것을 이해하는 것이 중요하다. 둘째로, TSR을 분해하는 것은 미래 목표를 설정하는 데 도움을 준다. 가령, Tyson의 경영자들이 계속해서 높은 TSR을 내기는 힘들다는 것이다. 왜냐하면 이를 위해서는 회사의 이익률과 이익배수를 월등히 높게 상승시켜야 하기 때문이다.

TSR의 전통적인 분석은 수학적으로는 정확하지만, 가치창출의 핵심 요인과 TSR을 연결시키지 않았다. 우리가 추천하는 TSR 분해 방법은, 경영자들에게 TSR에서 그들이 변화시킬 수 있는 요소와 그렇게 할 수 없는 요소, 그리고 특정 기대 쳇바퀴가 돌아가는 속도에 대해 명확히 이해하도록 돕고 있다. 따라서 경영자들에게는 지속 가능한 가치를 창출하는 데 집중할 수 있도록 도와주고, 투자자나 다른 이해관계자들에게는 경영진의 계획이 TSR에 미치는 장단기적 효과를 전달하는 데 도움을 준다.

TSR에 대한 전통적인 접근은, TSR을 주가 변화율과 배당수익률의 합으로 정의 내린다(단순화를 위해, 우리는 이 회사가 차입금이 없고, 매년 모든 초과 현금흐름을 배당금으로 지출한다고 가정한다).

$$\text{TSR} = \text{주가 변화율}(\%) + \text{배당수익률}$$

주가의 변화는 순이익 변화와 회사의 주가수익률(P/E; Price to Earning ratio) 변화의 합으로 표현될 수 있다.[4] 배당수익률을 더하면 아래와 같은 TSR 공식을 얻을 수 있다.

$$\text{TSR} = \text{이익 상승률} + \text{P/E 변화율} + \text{배당수익률}$$

이 공식은 우리가 TSR을 분석하기 위한 "전통적인" 접근법이라고 부르는 것이다. 기술적으로는 맞지만, 이러한 TSR의 표현은 중요한 몇 가지 요소들을 놓칠 수 있다. 예를 들어, 경영자로 하여금 모든 형태의 이익 성장은 동일한 수준의 가치를 창출해낸다고 생각하게 할 가능성이 있다. 하지만 3장에서 다루었듯이 수익 성장의 여러 근원들은 각각의 자본수익률을 가지고 각기 다른 현금흐름을 창출해 내기 때문에, 서로 다른 크기의 가치를 창출하게 된다. 예를 들어, 인수를 통한 성장은 미래의 배당을 줄이게 될 수 있는데, 이는 기업 인수를 위해서는 큰 규모의 투자를 해야 하기 때문이다.

두 번째 문제는 이러한 접근이 배당수익률의 경우 미래의 수익에 영향을 미치

4 기술적으로는 주가변동과 P/E 변동의 상호작용을 반영하는 추가적인 교차항이 있지만, 대체로 작기 때문에 여기서는 무시한다.

지 않고서도 증가될 수 있고, 마치 배당 그 자체가 가치를 창출하는 것처럼 보이게 할 수 있다는 것이다. 하지만 배당은 단지 잉여금일 뿐이다. 예를 들어, 만약 한 기업이 차입을 늘려 더 많은 배당금을 지급한다면, 향후 이자비용 발생 및 차입금 상환으로 인해 미래의 배당금은 낮아질 것이다. 이와 비슷하게 만약 한 기업이 높은 배당금을 지급하기 위해 매력적인 투자기회를 포기한다면 영업 현금흐름이 감소하여 미래에는 높은 배당금을 지급하기 힘들 것이다.

마지막으로, TSR의 전통적인 접근법은 재무적 레버리지 효과를 설명하지 못한다. 같은 내재적 가치를 잘 창출하고 있는 두 기업이 매우 다른 TSR을 산출해낼 수 있는데, 이는 그들의 자본 대비 부채 비율의 차이와 서로 다른 투자자들에 대한 리스크에 따른 결과이다.

이러한 문제점들을 피하기 위해, 우리는 전통적인 TSR 요소들을, 가치 창출의 핵심 원천에 대한 더 나은 통찰을 제공하는 요소들로 분해할 것이다. 표 5.2는 이것을 그림으로 보여준다.

유도과정은 다음과 같다. 차입금이 없고 모든 현금흐름을 배당으로 지급하는 기업을 가정하자. 우선 전통적 정의에서부터 시작해보자.

$$\text{TSR} = \text{순이익 성장률} + \text{P/E 변화율} + \text{배당수익률}$$

순이익 성장률은 매출 증가와 이익률(profit margin)의 변화로 나눠질 수 있다.[5]

$$\text{순이익 성장률} = \text{매출 증가율} + \text{이익률 증가가 순이익에 미치는 영향}$$

배당수익률 역시 분해될 수 있다.

$$\text{배당수익률} = \frac{\text{배당금}}{\text{주가}}$$

단순화된 사례에서는, 회사가 모든 현금흐름을 배당금으로 지급하는 경우, 배당금은 순이익에서 투자액을 뺀 것과 같을 것이다. 따라서 배당수익률은 이익수익률(순이익을 주가로 나눈 값)에서 재투자한 주가 비율을 뺀 값으로 표시할 수 있다.

$$\text{배당수익률} = \frac{\text{순이익}}{\text{주가}} - \frac{\text{투자액}}{\text{주가}}$$

이상을 종합하면 다음과 같은 TSR 식을 얻는다.

---

5 정확하게는, 이러한 두 효과의 상호작용을 반영하기 위한 추가적인 교차항이 있어야 하지만, 핵심에 집중하기 위해 생략했다.

$$\text{TSR} = \text{매출성장률} - \frac{\text{투자액}}{\text{시장가치}}$$

$$+ \text{이익률 변화의 영향}$$

$$+ \frac{\text{순이익}}{\text{주가}} + \text{P/E 변화율}$$

요약하면, TSR은 5가지 요소에 의해서 결정된다.

1. 매출 성장
2. 위의 매출 성장을 달성하는데 요구되는 투자액
3. 이익률의 변화가 순이익 증가에 미치는 영향
4. 순이익 대 주가의 사전 비율(P/E 비율의 역수)
5. P/E 비율의 변화율

앞서 3장에서 이야기한 것처럼, 성장에 요구되는 투자액은 성장률과 ROIC의 함수로 표현할 수 있다.

$$\text{투자액} = \text{순이익} \times \text{성장률/ROIC}$$

시가총액 대비 투자액 비율은 다음과 같다.

$$\frac{\text{투자액}}{\text{시가총액}} = \frac{\text{순이익} \times \text{성장률/ROIC}}{\text{시가총액}}$$

$$= \frac{\text{순이익}}{\text{시가총액}} \times \frac{\text{성장률}}{\text{ROIC}}$$

순이익 대 시가총액 비율은 P/E 비율의 역수이다. 따라서,

$$\frac{\text{투자액}}{\text{시가총액}} = \frac{1}{\text{P/E}} \times \text{성장률/ROIC}$$

이제, TSR이 기초 P/E 비율에 의해서 조정되어 어떻게 성장률과 ROIC에 의해 표현되는지 알 수 있다.

표 5.3 전통적 및 개선된 TSR 분해

기업 A 재무상황			TSR 분해		
$ million	기초연도	1차년도	%	전통적 분석	개선된 분석
투하자본	100.0	107.0	성장률	7.0	7.0
이익	12.5	13.4	필요 투자액	–	(5.6)
			실적 TSR	7.0	1.4
P/E (배수)	10.0	10.3			
주식가치 총액	125.0	137.5	이익수익률	–	10.0
배당	5.0	5.5	P/E 변화율	3.0	3.0
			배당수익률	4.4	–
TSR, %		14.4	TSR, %	14.4	14.4

표 5.3은 가상의 기업 A의 재무정보 이용하여 TSR 분해의 전통적인 방법과 우리의 개선된 접근법을 비교한다.[6] 표 우측에 있는 두 가지 분해 접근법을 보면, 전통적인 접근법은 기업 A가 7%의 이익 성장률과 P/E(변화된 기대치에 대한 대용치)의 3% 변화율, 그리고 4.4%의 배당수익률을 바탕으로 14.4%의 TSR을 기록했음을 나타낸다. 향상된 접근방식에 의하면, A사의 TSR을 우리의 전체 분해 과정의 네 부분 중 세 부분으로 세분화한다(단순함을 위해, 이 예시에서 A는 이윤을 증가시키지 않았다). 이는 14.4%의 TSR 중 새로운 가치 창출을 반영하는 부분은 많지 않다는 것을 보여준다. 첫째, 7%의 이익 성장을 달성하기 위해 필요한 재투자는 이익 성장 그 자체에 대부분을 소비함으로써, 성과에서 발생하는 TSR은 1.4%에 불과했다. TSR의 또 다른 3%는 실적이 아닌 주주 기대치의 변화(P/E의 배수 상승에 반영됨)에서 비롯되며, 나머지 10%는 단순히 이익률로서, 0% 성장 시의 TSR과 투자자의 기대가 변하지 않았을 경우를 반영한다.

우리는 많은 사람들이 TSR 분해에서 이익수익률(무성장 수익률)을 이해하는 것에 어려움을 겪고 있다는 것을 발견했다. 이해를 돕기 위해, 이것이 어떻게 작동하는지 간단한 예를 들어보자. 각각 $100의 수익과 성장률이 0인 H와 L이라는 두 회사가 있다고 가정하자. 이 회사들은 성장하지 않기 때문에, 투자를 필요로 하지 않으며, 주주들에 대한 배당금은 이익과 같을 것이다. 기업 H는 P/E가 20이고 기업 L은 P/E가 15이다. 표 5.4는 기업이 성장하지 않고 P/E가 변하지 않았을 때 왜 P/E의 역수인 이익수익률이 기업이 얻을 수 있는 수익률인지를 보여준다.

이 예시에서 기업 H의 TSR은 5.0%로서, P/E의 역수인 이익수익률과 정확히 일치한다. 마찬가지로 기업 L의 TSR은 6.7%로 P/E의 역수이다. 또한 P/E가 높은 기업 H는 이익수익률(또는 무성장 TSR)이 더 낮다는 점을 주목할 필요가 있

6 이 예시는 두 회사 모두 이익률의 변화가 없음을 가정하기 때문에, 이익 성장은 투자를 통해서만 이루어진다.

표 5.4 이익수익률(earnings yield): 무성장 TSR

	기업 H		기업 L	
	Year 0	Year 1	Year 0	Year 1
이익, $	100	100	100	100
P/E	20	20	15	15
가치, $	2,000	2,000	1,500	1,500
배당(이익과 동일), $		100		100
가치와 배당의 합, $		2,100		1,600
TSR, %		5.0		6.7
P/E의 역수, %		5.0		6.7

다. 이는 P/E가 더 높은 기업이 낮은 P/E를 가진 기업의 TSR을 능가하기 위해서는 더 높은 성장률이나 ROIC에서의 향상이 필요함을 보여준다.

다음 예는 부채조달이 TSR 분해에 미치는 영향을 보여준다. 당신이 $50만 상당의 집을 소유하고 있고 $20만을 대출받았다고 가정해보자. 만약 그 집의 가치가 $55만으로 증가한다면, 당신의 집에 대한 지분 가치는 $30만에서 $35만로 증가할 것이다. 집의 가격이 10% 오르면, 그것은 17%의 자기자본이익률로 이어진다.

기업에도 같은 개념이 적용된다. 기업 A(표 5.3의 단순 사례)와 동일한 기업 B를 고려해보자. 표 5.5에서 자세히 설명한 바와 같이, 자금 조달 방식의 차이는 기업 B가 18%의 높은 TSR을 생성했음을 의미한다. TSR을 분해하는 전통적인 접근 방식은 기업 B의 주주들이 더 높은 배당수익률과 더 강한 기대치 상승으로 이익을 얻었음을 시사한다. 그러나 이익수익률(무성장 TSR)과 무차입 P/E(기업가치 대 이익 비율)로 측정한 변화한 기대치에 근거한 기업 B에 대한 보다 근본적인 TSR 분해를 보면, 회사의 TSR 중 처음 세 부분은 사실상 기업 A의 그것과 동일하다는 것을 알 수 있다. 기업 B의 추가적인 3.6% TSR은 새로 창출된 가치가 아니라, 높아진 부채 비율에서 발생한 것이라고 할 수 있다. 더 높은 부채와 관련하여 더 높은 수준의 재무 위험에 대한 조정은, 기업 B가 실제로 기업 A보다 더 많은 가치를 창출하지 못했다는 것을 보여준다. 이는 투자자와 회사의 경영진에게 중요한 사실이다.

우리는 이 접근법을 Tyson과 J&J Snack Foods의 이전 비교에 적용할 수 있다. 표 5.6은 두 회사의 TSR 분해를 보여준다. 2013~2017년 Tyson의 27% 연간 TSR은 J&J의 14%보다 높은 반면, J&J는 성장에서 비롯된 TSR에서 Tyson을 앞질렀다. J&J의 경우 투자액을 제한 성장은 TSR에 3% 기여했지만, Tyson의 경우 평범한 매출 증가를 넘어서는 상당한 규모의 기업 인수를 실행했고, 여기에서

표 5.5 레버리지 효과를 밝히기 위한 개선된 TSR 분해

기업 B 재무상황

$ million	기초연도	1차년도
기업가치	125.0	137.5
부채(debt)[1]	(25.0)	(25.0)
자본가치	100.0	112.5
배당		5.5
P/E (배수)	8.0	8.4
TSR, %		18.0

TSR 분해

%	전통적 분석	개선된 분석
성장률	7.0	7.0
투자 요구액	–	(5.6)
실적 TSR	7.0	1.4
이익수익률	–	10.0
P/E 변화[2]	5.5	3.0
재무 레버리지 영향	–	3.6
배당수익률	5.5	–
TSR, %	18.0	18.0

[1] 설명을 위해 부채는 이자가 없는 것으로 가정하였다.
[2] 전통적 분석의 경우 P/E 배수의 변화이며 개선된 분석의 경우 무차입 P/E의 변화(기업가치/이익)

마이너스 값을 기록했다.

Tyson은 영업이익률의 훨씬 더 큰 증가로 인해 이득을 보았는데, 22%의 TSR 효과는 이것의 이익률이 4%에서 9%로 증가한 것에 기인한다. 반면 J&J의 이익률은 약 12% 수준에서 큰 변동이 없었다. Tyson의 이익률이 더 증가했음에도 불구하고, J&J는 여전히 더 높은 이익률을 얻었다는 점은 주목해 볼 필요가 있다. 흥미롭게도, 두 회사 모두 2017년에 비슷한 ROIC를 받았는데, 이는 Tyson의 자본 생산성이 더 높았기 때문이다.

두 회사에서는 기대치 상승(배수의 변화)에 대한 영향이 비슷한 반면, J&J의 배수가 훨씬 높은 수준에 머물렀다. Tyson의 EV/NOPAT 배수는 13배에서 17배로 증가하는 동안, J&J는 23배에서 29배로 증가했다.

Tyson은 높은 금융 레버리지로 인해 TSR에서 7% 우위에 있었다. 부채가 J&J의 TSR에 미친 영향은 현금이 부채보다 더 많았기 때문에 사실상 부정적이었다.

표 5.6 Tyson Foods와 J&J Snack Foods: TSR 분해, 2013-2017

연환산 %

	Tyson Foods	J&J Snack Foods	차이
매출성장률	3	6	(3)
성장을 위한 투자	(22)	(3)	(19)
성장률 순효과	(19)	3	(22)
이익률 변화	22	0	22
실적에 의한 TSR	3	3	0
이익수익률(무성장 수익률)	7	4	3
이익배수 변화	8	7	1
재무 레버리지 영향	6	(1)	7
비영업 현금흐름	3	1	2
TSR	27	14	13

반면 Tyson의 부채는 TSR에 6%를 더했다.

기대치에 대한 이해

이번 장의 사례들이 보여주고 있듯이, 측정 기간의 초기와 말기의 투자자 기대치는 TSR에 많은 영향을 준다. 하지만 여기서 투자자들과 경영진들이 이해하고 있어야 할 중요한 이슈는, TSR이 지속적으로 시장평균보다 높게 상승한 기업들은 언젠가는 그들 주가에 반영된 기대치들을 만족시킬 수 없는 시점에 도달하게 된다는 것이다. 그 시점부터 기업이 계속해서 큰 규모의 가치를 창출한다고 하더라도 그들의 TSR은 과거보다 낮아질 것이다. 경영자들은 이 시점에 잘못된 인수합병이나 과도한 모험을 통해 무리하게 TSR를 유지시키는 것보다 TSR가 조금 하락하는 것이 장기적으로는 주주들에게 더 좋다는 것을 이해하고, 이사회와 투자자들에게 이 사실을 전달할 수 있어야 한다.

Home Depot는 1999년에 위와 같은 상황에 직면했다. 앞에서 우리는 이익배수를 활용하여 기대치를 나타내 보았지만 이러한 배수들은 매출 성장률과 현재 주가에 반영되어 있는 주주들의 기대치를 만족시키기 위해 요구되는 ROIC로 해석될 수도 있다. 이러한 분석은 경영자들이 그들의 실적 계획을 평가하고 예상되는 결과와 시장의 기대치 간에 격차가 있는지 발견할 수 있도록 도와줄 것이다. 1999년 말 Home Depot의 시장가치는 $1,320억이었고 이익배수는 47을 기록하였다. 일정한 이익률(margin)과 투하자본이익률을 가정하고 현금흐름할인 모델을 사용하면, Home Depot는 향후 15년간 매년 26%의 매출성장을 해야 1999년도의 주가를 유지할 수 있었다. 2006년까지 Home Depot의 실제 매출 성장률은 연평균 13%로 매우 양호하였고, 이는 대기업으로서는 매우 높은 수치였지만 주가를 1999년도 수준으로 유지하기엔 턱없이 부족한 것이었다. 따라서 그 기간 동안 Home Depot의 주식은 S&P500 수익률을 매년 8%씩 하회하였다. 그 이후, Home Depot의 매출은 2006년 $900억에서 2018년 $1,080억으로 매년 2%씩 증가했다. 성장세가 둔화된 것은, 현재 수준으로 매출액을 회복하기 이전 2010년의 매출액 $660억 하락을 야기한 주택시장의 침체 때문이었다.

그렇다면, 높은 시장가치가 형성되었던 1999년에 Home Depot의 이사회는 어떠한 행동을 취했어야 했을까? 이를 그저 축하할 일로만 받아들이는 것은 물론 답이 아니다. 몇몇 기업들은 그들의 높은 주가를 정당화하기 위해 온갖 리스크가 큰 전략들을 고려해 볼 것이다. 하지만 Home Depot처럼 규모가 큰 기업이라면, 1999년의 가격을 정당화할 수 있을 만큼의 높은 ROIC 성장 기회를 찾기란 사실상 불가능하다고 볼 수 있다.

현실적으로, Home Depot가 이에 대처할 방안은 거의 없었고, 단지 급격한 주가 하락에 대비하는 수밖에 없었다. Home Depot의 시장가치는 1999년 12월 $1,300억에서 2006년 12월에는 $800억으로 급격히 하락했다(2019년 중반 기준 $2,000억 이상으로 증가했다). 몇몇 기업들은 그들의 높은 주가를 무기로 인수합병을 추진하기도 하지만, 이러한 방법은 Home Depot에겐 적절하지 않았다. 왜냐하면 Home Depot의 높은 성장률은 경영진이 감당하기에 매우 높은 수준이기 때문이다. 또한 소매시장산업에서는 큰 규모의 인수합병이 성공적으로 이루어진 사례도 거의 없었다.

Home Depot의 1999년도 상황은 이례적인 것이었다. 대다수의 기업들이 업계 평균 정도로만 성장한다면 현재 주가에 반영된 주주들의 기대를 충족시키는 데에 어려움을 겪지 않는다. 오랜 기간 수많은 기업들의 주가를 DCF 방법으로 분석한 결과, 인터넷 버블 시대(1999년과 2000년 사이)를 제외하면 적어도 80%의 기업들은 그들이 속한 산업의 성장 기대치와 투하자본이익률에 부합하는 실적 기대치가 주가에 반영되어 있었다. 이러한 기업들은 그들의 산업 내 유사 기업들보다 월등히 좋거나 나쁜 실적을 내지 않는 이상 그들의 TSR은 산업평균치와 비슷하게 유지될 것이다. 하지만 나머지 20%의 기업들은 훨씬 빠르거나 느린 쳇바퀴에서 버틸 수 있도록 대비하여야 할 것이다. 기업의 주가를 정밀 분석하여 그들의 ROIC와 성장률에 대한 기대치를 이해하고 있는 경영자들은 이러한 80/20 비율 중 자신의 기업이 어느 쪽에 속하게 되는지 이해함으로써 이득을 볼 수 있다.

경영자에게 주는 의미

기대 쳇바퀴는 TSR을 실적 평가의 기준으로 활용하기 어렵다는 것을 입증하고 있다. 앞에서 Tyson과 J&J Snack Foods의 예에서 볼 수 있듯이, 2013년에서 2017년 사이에 이 두 기업이 보인 TSR의 상당한 차이는 측정기간의 초기에 이들이 보인 기대치의 큰 차이를 알 수 없게 하였다. Home Depot의 사례에서는 어느 기업도 긴 기간 동안 계속해서 빠르게 성장할 수 없기 때문에, 계속해서 기대치를 충족시키는 것은 실질적으로 불가능하다는 것을 알 수 있다.

기대 쳇바퀴를 고려하면, TSR과 연결되어 있는 경영진의 보상 시스템은 경영자들의 실적을 제대로 평가하고 있다고 볼 수 없다. 왜냐하면 대다수 기업들의 단기 TSR는 그들이 속한 산업과 그보다 넓은 시장의 움직임을 통해 영향을 받기 때문이다. 1980년과 1990년대에 스톡옵션을 통해 부를 축적한 경영진들이 바로 여기에 해당되는데, 이 시기에 주가는 경영자들의 활동과는 관계없이 주로 물가와 이자율의 하락으로 인해 상승하였다. 반대로 2008년 금융위기 당시 스톡옵션으로 인한 부가 모두 사라져버렸다. 이러한 이익과 손실은 경영자들의 활동과 대부분 관계없는 것들이었다(금융기관에 종사하는 경영자들은 제외하고).

효과적인 보상 시스템은 일정 기간 동안 회사의 TSR를 바탕으로 하기보다는 성장, ROIC, 그리고 유사 기업 대비 TSR 실적을 바탕으로 하여야 한다. 이는 기업 고유의 실적과 관계없이 TSR에 영향을 미치는 요소들을 제거해 줄 것이다.

보상 시스템을 개선시키는 것에 더해서, 경영진들은 TSR을 좀 더 정밀하게 해석할 필요가 있는데, 특히 단기 TSR에 있어서 더욱 그러하다. 만약 경영진과 이사회가 회사나 유사 기업들의 주가에 어떠한 기대치가 반영되어 있는지 이해한다면, 그들의 활동을 시장이 인지하였을 때 주가에 어떠한 영향을 미치게 되는지를 좀 더 쉽게 예측할 수 있을 것이다. 예를 들면, 만약 상당한 가치를 창출하는 전략이 실행되고 있는데 이에 대한 성공을 시장에서 이미 기대하고 있다면, 그 전략으로 TSR을 상승시키기는 힘들 것이다. 경영진과 이사회는 이를 충분히 숙시하여, 이사회는 장기적인 관점을 유지하고 또 경영진의 가치창출 활동들이 즉각적인 주가 상승으로 이어지지 않더라도 이를 계속해서 지원해주어야 한다.

경영진들은 또한 주가를 끊임없이 모니터링하는 나쁜 습관도 버려야 할 것이다. TSR을 단기적으로 보는 것은 큰 의미가 없다. 일반적인 3개월의 기간 내에서 40% 이상의 기업들은 10%이상의 주가 상승 또는 하락을 경험하고,[7] 이는 무작위적인 변동에 지나지 않는다. 따라서 경영진들은 유사 기업 평균과 비교하여 주가가 하루에 2% 이상 변동되거나 분기 내에 10% 이상 움직이지 않는 한 일별 주가 움직임들을 분석하려고 들지 말아야 한다.

마지막으로, 무엇을 기대하고 희망할 것인지에 대해 주의해야 한다. 모든 경영진들과 투자자들은 그들 기업의 주가가 상승하기를 바란다. 하지만 주가가 한번 상승하면, 시장평균보다 빠르게 오르도록 유지시키는 것은 매우 어려워진다. 기대 쳇바퀴에서 벗어나는 것은 실질적으로 불가능하고, 기대치들을 낮추는 방법들 또한 쉽게 찾기 힘들 것이다.

---

7 2004년에서 2007년까지 시가 총액 $10억 이상의 비금융 기업을 표본으로 측정된 S&P 500 지수 대비 주가 변화.

6장

ESG와 디지털 계획의 가치평가

2020년 초에 우리는 이 책을 쓰면서, 경영진의 목표들 중 두 가지 항목이 가치창출에서 새롭고 중요한 것으로 대두되고 있으며 그 가치를 평가하기 까다롭기 때문에 주목하게 되었다. 하나는 ESG(환경, 사회, 지배구조, environmental, social, and governance) 문제에서 여러 가지 서로 얽혀있는 부분들을 관리하는 것이다. 또 다른 하나는 흔히 "디지털"이라고 부르는 기술 개선 또는 변화의 무수한 사례들과 씨름하는 것이다.

기업 가치평가의 원리에는 ESG 또는 개별 디지털 자산이나 전략에 대한 다양한 접근방식에 대해 가치를 평가하는 간단한 방법은 없다. 오늘날, 기업 가치평가를 하는 가장 숙련된 분석가에게도, 이처럼 이해하기 어려운 요소들로는 할 수 있는 것이 제한적이다. 예를 들어, 많은 서비스 업체들이 다양한 ESG 등급을 발표하지만, 연구자들은 ESG의 측정 방법에 대한 연구가 여전히 진행 중이기 때문에 서비스 업체들의 등급들은 서로 상관관계가 없다고 한다.

대신 이번 장에서는 ESG 및 디지털 계획과 관련된 전략 및 의사결정을 어떻게 가치 평가할 것인지에 대해 생각해 볼 수 있는 방법을 제시한다. 우리의 견해는 기업들이 그들의 산업에서 차이를 만드는 몇 안 되는 분야, 예를 들어 음료 제조업체의 물 소비, 의류 회사의 공급망 관리, 또는 많은 산업의 탄소 배출에 초점을 맞추어야 한다는 것이다. 또한, 특히 급속한 기술 변화의 시기에 크고 작은 트렌드를 받아들이거나 무시하는 리스크에 대해 날카로운 눈으로 지켜보는 것도 중요하다. 각각의 경우에, 향후 실행과정에서 평가 방법을 개선하기 위한 데이터 수집을 하면서 결과들을 측정하기 위한 가치평가의 기본원칙을 확립할 것을 권고한다.

일반적인 프레임워크

ESG와 디지털 가치평가에 대한 세부사항을 살펴보기 전에 이러한 전략이나 프로젝트를 평가하는 것은 모든 투자 결정에 적용되는 원칙 즉 할인된 현금흐름을 사용하고 시나리오별 현금흐름을 기본 사례(base case)와 비교하는 원칙을 따른다는 점을 지적할 필요가 있다. 보통 이러한 분석에 가장 중요한 것은 비교를 위한 기본 사례의 정의다.

간혹 경영진은 "전략적"으로 계량화하기 어려운 투자가 필요하다거나, 효익을 측정할 수 없다고 주장하기도 한다. 사실 이런 경우는 드물다. 논리적 오류는 종종 기본 사례를 정의하는 데서 발생한다. 어떤 은행이 모바일 뱅킹 앱에 투자해야 하는지에 대해 의사결정을 해보자. 이 투자의 가치를 어떻게 계량화할 것인가? 핵심은 기본 사례이다. 만일 경쟁사들이 모두 모바일 앱을 제공하고 있는데 이 은행이 모바일 앱에 투자하지 않으면 고객을 잃거나 신규 고객을 유치하지 못하면서 시간이 지날수록 시장 점유율이 떨어질 가능성이 높다. 따라서 이 경우 기본 사례는 모바일 앱에 투자하지 않을 경우에 생기는 이익과 현금흐름의 감소일 것이며, 안정적인 수익과 현금흐름이 아닐 것이다.

기업들은 종종 이익과 현금흐름의 감소가 예상되는 상황의 사업 전망을 만드는 것을 꺼린다. 그러나 이이과 현금흐름의 감소는 기업들이 변화를 회피할 때 가장 잘 일어날 것이다. 기업은 이처럼 현금흐름이 감소하는 기본 사례에 익숙해져야 한다. 그렇지 않으면 ESG와 디지털에 대한 많은 투자의 가치를 계량화하는 데 어려움을 겪을 것이다. 가치를 계량화하는 것은 현명한 선택을 하는데 필수적이다. 이를 통해 부족한 자원 속에서도 투자 계획을 다른 투자안과 비교할 수 있게 해준다. 그리고 모바일 뱅킹 앱의 예처럼, 특정 계획에 얼마를 투자해야 할지 고민하게 할 수도 있다. 알지도 못하고 남들을 따라가려는 의무감으로 기술의 진보나 지속가능성에 대한 수요의 증가를 바라보고 맹목적으로 행동하는 것은 좋지 않다.

환경, 사회 그리고 지배구조(ESG)의 문제들

모든 사업은 환경, 사회, 지배구조(ESG)의 문제와 깊이 얽혀 있다.[1]

---

1 ESG에 대한 이 부분은 이 책의 저자 중 한 명이 공동으로 작성한 기사를 개작한 것이다. W. Henisz, T. Koller, and R. Nuttall, "Five Ways That ESG Creates Value," *McKinsey Quarterly* (November 2019), www.mckinsey.com.

- 환경 기준에는 기업이 사용하는 에너지와 배출되는 폐기물, 기업이 필요로 하는 자원, 그 결과 생명체에 미치는 결과 등이 포함된다. 가장 중요한 측정치로는 탄소배출과 기후변화가 있다.
- 사회적 기준은 기업이 가지고 있는 관계들과 기업이 사업을 하는 지역사회에서 사람 및 기관과 함께 만들어가는 평판을 다룬다. 중요한 기준으로 노사관계, 다양성, 소속감 등이 있다.
- 지배구조는 기업이 스스로를 다스리고, 효과적인 결정을 내리고, 법률을 준수하며, 외부 이해관계자의 요구를 충족시키기 위해 채택하는 실행, 통제, 절차 등의 내부 시스템이다.

이러한 개별적인 요소들 자체가 서로 얽혀 있다. 예를 들어, 사회적 기준은 기업이 환경법과 지속가능성에 대한 보다 광범위한 사회적 우려를 준수하고자 할 때 환경 기준 및 지배구조와 중복된다.

이러한 평판과 사업의 위험과 혜택을 결합하면 보다 많은 경영진이 ESG를 사전 예방적으로 생각하고 행동하게 된다. 제1장에서 논의한 바와 같이, 2019년 8월 미국 비즈니스 라운드테이블은 고객, 직원, 공급업체, 지역사회, 주주 등 광범위한 이해관계자와의 관계를 강력하게 확인하는 성명을 발표했다.[2] 기업의 ESG 실적에 대한 투자자들의 관심이 높아지고 있으며, ESG 중심의 투자가 증가하고 있다. ESG 관련 투자 펀드는 2014년 이후 68% 증가했으며 2004년 이후 10배 증가한 $30조를 달성했다.[3] 이처럼 빠른 속도는 기업의 광범위한 영향에 대한 사회적, 정부 및 소비자의 관심이 높아지고, 강력한 ESG 정책이 기업의 장기적인 성공을 지켜줄 수 있다는 것을 깨달은 투자자와 경영진에 의해 달성되었다.

축적된 연구를 보면 환경, 사회, 지배구조 문제에 관심을 기울이는 기업은 가치창출과정에서 발목을 잡히지 않는다는 것을 알 수 있다.[4] ESG에서 성과가 좋을수

---

2 이해관계자 중심의 접근방식은 다음에 자세히 설명되어 있다. Witold J. Henisz, *Corporate Diplomacy: Why Firms Need to Build Ties with External Stakeholders* (New York: Routledge, 2016); J. Browne, R. Nuttall, and T. Stadlen, *Connect: How Companies Succeed by Engaging Radically with Society* (New York: PublicAffairs, 2016); and C. Mayer, *Prosperity: Better Business Makes the Greater Good* (Oxford: Oxford University Press, 2019).

3 *Global Sustainable Investment Review 2018*, Global Sustainable Investment Alliance, 2018, www.gsi-alliance.org.

4 W. J. Henisz and J. McGlinch, "ESG, Material Credit Events, and Credit Risk," *Journal of Applied Corporate Finance* 31 (July 2019): 105–117; M. Khan, G. Serafeim, and A. Yoon, "Corporate Sustainability: First Evidence on Materiality," *Accounting Review* 91, no. 6 (November 2016): 1697–1724; and Z. Nagy, A. Kassam, and L.-E. Lee, "Can ESG Add Alpha? An Analysis of ESG Tilt and Momentum Strategies," white paper, MSCI, June 2015, msci.com.

록 대출 및 신용디폴트스왑의 스프레드를 낮추고 신용등급을 높이거나 하는 방식으로 하방 위험의 감소와도 관련되었다는 증거들이 보고된다.[5]

전 세계 및 업종별 경영진 558명을 대상으로 한 2019년 McKinsey 설문조사에서 57%가 ESG 프로그램이 주주가치를 창출한다고 생각한다고 응답했다.[6] 57%의 거의 모두가 이러한 프로그램이 장기적인 가치를 창출한다고 답한 반면, 그들 중 3분의 2는 단기적으로도 가치를 창출한다고 보고했다. 응답자들에 따르면 가치 창출을 이끌어내는 ESG의 주요 장점은 좋은 평판과 브랜드 형평성 유지, 우수한 직원 유치 및 유지, 회사의 경쟁력 강화라고 한다. 또한 지역과 업종에 관계없이 응답자들은 ESG가 긍정적인 기업에 부정적인 기업보다 10%의 프리미엄을 지불할 의향이 있다고 응답했다.

이런 호의적인 의견은 기업이 ESG의 모든 아이디어를 실행해야 한다는 것을 의미하지는 않는다. 우리의 요점은 가치평가 원칙과 일관되게 기업이 중요한 결정을 내릴 때 ESG를 고려해야 하며, 기업이 ESG 혜택을 받는 프로젝트에 투자할 기회를 적극적으로 찾아야 한다는 것이다. 적극적으로 바라보는 사람들은 그들이 기대했던 것보다 더 많은 양(+)의 현재가치를 보이는 기회를 찾을 수도 있다. 재무적 타당성이 있는 강력한 ESG 정책을 어디에서 찾을 수 있는가? ESG는 (1) 매출액 성장률 촉진, (2) 비용 절감, (3) 규제 및 법적 개입 최소화, (4) 직원 생산성 향상, (5) 투자 및 자본 지출 최적화 등 다섯 가지 중요한 방법으로 현금 흐름과 연계할 수 있다.

---

5 다음의 예를 참고하라. S. A. Lundqvist and A. Vilhelmsson, "Enterprise Risk Management and Default Risk: Evidence from the Banking Industry," *Journal of Risk and Insurance* 85, no. 1 (March 2018), https://onlinelibrary.wiley.com; E. Landry, M. Lazaro, and A. Lee, "Connecting ESG and Corporate Bond Performance," MIT Management Sloan School and Breckinridge Capital Advisors, 2017, mitsloan.mit.edu; and M. Reznick and M. Viehs, "Pricing ESG Risk in Credit Markets," Hermes Credit and Hermes EOS, 2017, hermes-investment.com. Similar benefits are found in yield spreads attached to loans; see A. Goss and G. S. Roberts, "The Impact of Corporate Social Responsibility on the Cost of Bank Loans," *Journal of Banking and Finance* 35, no. 7 (2011): 1794–1810, sciencedirect.com; S. Chava, "Environmental Externalities and Cost of Capital," *Management Science* 60, no. 9 (September 2014): 2111–2380; S. C. Bae, K. Chang, and H.-C. Yi, "The Impact of Corporate Social Responsibility Activities on Corporate Financing: A Case of Bank Loan Covenants," *Applied Economics Letters* 23, no. 17 (2016): 1234–1237; and S. C. Bae, K. Chang, H.-C. Yi, "Corporate Social Responsibility, Credit Rating, and Private Debt Contracting: New Evidence from Syndicated Loan Market," *Review of Quantitative Finance and Accounting* 50, no. 1 (2018): 261–299.

6 다음을 참고하라. L. Delevingne, A. Gründler, S. Kane, and T. Koller, "The ESG Premium: New Perspectives on Value and Performance," McKinsey on Finance 73 (January 2020), www.mckinsey.com.

매출액 성장률

강력한 ESG 정책은 기업이 새로운 시장을 개척하고 기존 시장을 확장하는 데 도움이 된다. 정부 당국이 기업인들을 신뢰할 때, 그들에게 새로운 성장 기회를 제공하는 사업에 대한 접근, 승인 및 면허를 부여할 가능성이 더 높다. 예를 들어, 최근 캘리포니아 롱비치에서 실시한 대규모 민관 인프라 프로젝트에서는, 영리기업들이 그들의 이전 지속가능성 실적을 바탕으로 참여여부를 심사를 받았다. 탁월한 ESG 실행은 광산업에서도 확실히 성과를 거두고 있다. 다른 조건들이 동일할 때, 금을 채굴하는 기업들의 수익과 ESG 정책은 무관하다고 생각하기 쉽다. 그러나 한 연구에 따르면 사회 참여 활동이 공공과 사회의 이해당사자들에 의해 유익하다고 인식되는 기업은 계획이나 운영의 광범위한 지연 없이 금과 같은 자원을 더 쉽게 추출할 수 있다는 사실이 밝혀졌다. 따라서 이들 기업은 사회적 자본이 낮은 경쟁업체보다 현저하게 높은 가치평가를 성취하였다.[7]

ESG는 또한 소비자 선호도를 높일 수 있다. McKinsey 연구에 따르면 고객들은 "친환경"을 위해 비용을 기꺼이 지불할 용의가 있다고 말하는 것을 보여주었다. 1% 라도 더 내기를 거부하는 고객도 있는 현실에서는 차이가 클 수 있지만, 연구진은 자동차, 건물, 전자, 포장 등 여러 업종에서 구매를 조사한 결과 70% 이상의 응답자가 만일 친환경이 아닌 제품과 동일한 성능을 보여준다면 5%를 추가로 부담하겠다고 말했다. 또 다른 연구에서는 응답자의 거의 절반(44%)이 비즈니스와 성장 기회를 지속가능성 프로그램을 시작하는 동기로 꼽았다.

그 결과는 진짜이다. Unilever가 다른 브랜드에 비해 물을 훨씬 적게 사용하는 세제 브랜드 Sunlight를 개발했을 때, Sunlight와 Unilever의 다른 물절약 제품 매출은 수많은 물절약 시장에서 해당 카테고리의 평균 성장을 20% 이상 앞질렀다. Procter & Gamble 역시 $200억의 시장가치로 추정되는 찬물에서도 효과적인 세제 제품군을 개발하는 것을 목표로 하고 있다.[8] 그리고 70여 년 전 전통적인 정유회사로 설립된 핀란드의 Neste는 현재 재생 연료와 지속가능성 관련 제품에서 수익의 3분의 2 이상을 창출하고 있다.

7 W. J. Henisz, S. Dorobantu, and L. J. Nartey, "Spinning Gold: The Financial Returns to Stakeholder Engagement," Strategic Management Journal 35, no. 12 (December 2014): 1727–1748.

8 Henisz, Corporate Diplomacy.

비용 절감

ESG는 또한 비용을 크게 절감할 수 있다. 여러 장점들 중에서 ESG를 효과적으로 실행하면 증가하는 운영 비용(원자재 비용, 물이나 탄소의 실제 비용 등)에 효과적으로 대처할 수 있으며, McKinsey 연구에서는 이를 통해 영업이익을 최대 60%까지 높일 수 있다고 밝혔다. 연구진은 수익과 관련하여 발생하는 에너지 사용량, 물 사용량, 폐기물 등의 측정기준을 만들어 다양한 분야 기업들의 상대적 자원 효율을 분석했다. 그들은 자원 효율성과 재무적 성과 사이에 중요한 상관관계를 발견했다. 또한 이 연구에서는 자원 효율성과 재무성과 측면에서 특히 우수한 성과를 거둔 분야별 기업들이 지속가능성 전략을 가장 오랜 기간 수행한 기업들이라는 것을 확인했다.

ESG 가치 창출에 대한 다섯 가지 링크들과 마찬가지로, 가치를 실현하기 위한 첫 번째 단계는 기회를 인식하는 것에서부터 시작된다. 환경 리스크에 대해 사전 대처하는 것이 경쟁 우위의 원천이 될 수 있다는 것을 오랫동안 이해해온 3M을 살펴보자. 이 회사는 오염을 정화하기보다는 예방하기 위한 "오염 방지 혜택"이라는 프로그램을 가지고 있다. 이를 위한 노력에는 제품 개혁, 제조 공정 개선, 장비 재설계, 생산 폐기물 재활용 및 재사용 등이 포함되어 있다. 1975년 이 프로그램을 도입한 이후 $3백만의 투자로 $22억을 절감했다. 주요 수도 사업자인 또 다른 기업은 예방 정비 개선, 예비 부품 재고 관리 정제, 에너지 소비 및 슬러지 복구 등을 목적으로 하는 린 계획(lean initiatives)을 통해 연간 약 $1억 8천만의 비용 절감을 달성했다. FedEx는 3만 5천 대의 차량 전체를 전기 또는 하이브리드 차량으로 전환하는 것을 목표로 하고 있다. 현재까지 20%가 전환되어 이미 연료 소비가 5천만 갤런 이상 줄어들었다.[9]

규제 및 법적 개입의 감소

외부가치에 대한 강력한 정책은 기업들이 더 큰 전략적 자유를 얻고 규제 압박을 완화하도록 할 수 있다. 수많은 사례를 보면서, 섹터와 지역에 관계없이 ESG를 잘 관리하는 것이 정부 규제 위험을 줄이는 데 도움이 된다는 것을 알게 되었다. 그것은 또한 정부의 지원을 얻어낼 수도 있다.

---

9 W. J. Henisz, "The Costs and Benefits of Calculating the Net Present Value of Corporate Diplomacy," Field Actions Science Reports, special issue 14 (2016), https://journals.openedition.org/factsreports/4109.

이러한 위험이 가치에 미치는 영향은 당신이 생각하는 것보다 더 클지도 모른다. 일반적으로 기업 이익의 3분의 1은 정부의 규제로 위험에 처한다.[10] 물론 규제의 영향은 업종에 따라 다르다. 제약과 의료의 경우, 영향을 받는 이익은 약 25-30%이다. 은행업의 경우 자기자본비율 요건, "망하기에는 너무 크다(too big to fail)"는 문제에 대한 규제, 소비자 보호에 관한 충당부채가 매우 중요하며, 위험에 노출된 가치는 일반적으로 50~60%이다. 정부 보조금(다른 형태의 정부 개입 가운데)이 많은 자동차, 항공우주, 국방, 기술 분야에서는 위험에 노출된 가치가 60%에 이를 수 있다.

직원 생산성 향상

강한 ESG 정책은 기업이 양질의 직원을 유치 및 유지하고, 목적 의식을 심어 직원의 동기 부여를 강화하며, 전반적인 생산성을 높이는 데 도움이 될 수 있다. 직원 만족도는 주주 수익률과 긍정적인 상관관계가 있다.[11] 예를 들어, 런던 경영대학원의 Alex Edmans는 포춘지가 선정한 미국에서 가장 일하기 좋은 100대 기업을 25년 이상의 데이터로 측정한 결과 유사 기업들보다 연간 2.3~3.8% 더 높은 주식 수익률을 보인다는 사실을 발견했다.[12] 게다가 단순히 만족감을 느끼는 것에 그치지 않고 사회와 연결되어 있다는 느낌을 받는 직원들의 활약이 더 좋다는 것이 오래전부터 관찰되었다. 근로자가 근로의 수혜자에게 미치는 영향에 대한 인식이 강할수록 "친사회적" 방식으로 행동하려는 동기는 커진다.[13]

최근의 연구에서도 사회적으로 긍정적인 영향을 미치는 것은 높은 직무 만족도와 상관관계가 있다는 것을 보여주었고, 현장 실험에서는 기업이 "환원"할 때 직원들이 열정적으로 반응한다는 것을 보여준다. 예를 들어, 한 호주 은행은 무작위로 직원들을 선발하여 지역 자선단체에 회사가 지급하는 형태의 상여금을 지급하였는데 이들은 기부 프로그램에 선발되지 않은 동료들보다 더 크고 즉각적인 직업 만족

---

10 다음을 참고하라. Henisz et al., "Five Ways That ESG Creates Value."

11 A. Edmans, "Does the Stock Market Fully Value Intangibles? Employee Satisfaction and Equity Prices," Journal of Financial Economics 101, no. 3 (September 2011): 621–640.

12 A. Edmans, "The Link between Job Satisfaction and Firm Value, with Implications for Corporate Social Responsibility," Academy of Management Perspectives 26, no. 4 (November 2012): 1–19.

13 A. M. Grant, "Does Intrinsic Motivation Fuel the Prosocial Fire? Motivational Synergy in Predicting Persistence, Performance, and Productivity," Journal of Applied Psychology 93, no. 1 (2008): 48–58; A. M. Grant, "Relational Job Design and the Motivation to Make a Prosocial Difference," Academy of Management Review 32, no. 2 (April 2007): 393–417; and J. S. Bunderson and J. A. Thompson, "Violations of Principle: Ideological Currency in the Psychological Contract," Academy of Management Review 28, no. 4 (2003): 571–586.

도를 보였다.[14]

더 높은 목표의식이 직원들에게 더 나은 성과를 내도록 고무시킬 수 있듯이, ESG 정책의 약화는 생산성을 저하시킬 수 있다. 가장 두드러진 예는 파업, 노동자의 태업, 그리고 조직 내의 다른 노동 행동들이다. 그러나 생산성의 제약은 기업 건물 바깥의 공급망 전체에서 나타날 수 있다는 것을 기억할 필요가 있다.[15] 1차 협력업체는 대량 주문의 일부를 다른 회사에 하청하거나 구매 대행업체에 의존하는 경우가 많으며, 하청업체는 일반적으로 느슨하게 관리되며, 때로는 근로자의 건강과 안전에 대한 감독도 거의 없이 관리된다.

선견지명이 있는 회사들은 주의를 기울인다. ESG 원칙을 "농장에서 (식탁의) 포크를 거쳐 매립지까지" 적용하여 음식물 낭비를 줄이기 위해 노력하는 General Mills를 생각해 보자. Walmart가 공급업체들에게 제공하고 있는 공급업체 점수표에 따르면 Walmart는 중국 내 협력업체들의 업무환경을 추적한다. 그리고 Mars는 회사, 공급업체, 환경을 위해 이른바 "윈윈윈"을 전달할 수 있는 기회를 모색한다. Mars는 공급망에 있는 농부들에게 새로운 기술 계획을 도입할 뿐만 아니라 농부들의 자본 접근성을 높여 그 계획에서 재정적 지분을 얻을 수 있는 모델 농장을 개발했다.[16]

투자와 자산최적화

강한 ESG 정책은 보다 유망하고 지속 가능한 기회(예: 재활용 산업, 폐기물 감소, 오염제거)에 자본을 투입하여 투자 수익을 높일 수 있다. 또한 장기적인 환경(유조선의 대규모 가치 하락 등) 속에서 성과를 거두기 어려운 투자를 기업들이 피할 수 있도록 도울 수 있다. 적절한 투자 수익을 얻으려면 적절한 기준부터 시작해야 한다는 것을 명심하라. ESG에 대해 아무것도 하지 않는 접근은 대개 직선이 아니라 점진적인 결과를 가져온다는 점을 명심해야 한다. 예를 들어, 에너지 소모가 많은 플랜트와 장비에 계속 의존하면 앞으로 현금을 크게 낭비할 수 있다. 운영 설비의 업데이트를 위해 필요한 투자는 상당할 수 있지만, 기존 설비의 수명이 다하기를

---

14 J.-E. De Neve et al., "Work and Well-Being: A Global Perspective," in Global Happiness Policy Report, ed. Global Council for Happiness and Wellbeing (New York: Sustainable Development Solutions Network, 2018).

15 A.-T. Bové and S. Swartz, "Starting at the Source: Sustainability in Supply Chains," McKinsey & Co., November 2016, www.mckinsey.com.

16 K. Askew, "'Extended Supply Chains Are Broken': Why Mars Thinks the Commodities Era Is Over," Food Navigator, June 6, 2018, www.foodnavigator.com.

기다리는 것이 가장 비용이 많이 드는 옵션이 될 수 있다.

게임의 규칙은 바뀌고 있다: 탄소 배출에 대한 규제로 인해 에너지 비용이 증가하고 특히 탄소 집약적인 산업의 재무상태표에 영향을 미칠 수 있다. 그리고 도심에서 1회용 플라스틱이나 디젤 연료 자동차와 같은 것을 금지하거나 제한하는 것은 엄청난 수의 사업에 새로운 제약을 가할 것이며, 그들 중 다수는 새로운 규칙을 따라잡아야 한다는 것을 알게 될 것이다. 미래의 변화를 넘어설 수 있는 한 가지 방법은 지금 당장 자산의 용도 변경을 고려하는 것이다. 예를 들어, 활용도가 떨어지는 주차장을 주택이나 탁아 시설과 같은 높은 수요가 있는 용도로 전환하는 것이다. 이러한 추세는 도시가 되살아날 때 나타나고 있다.

미래의 예측은 손익에 영향을 미치게 되는데, 지속가능성의 바람을 잘 타면 투자수익률을 높일 수 있는 새로운 기회가 된다. 중국을 예로 들어보자. 대기 오염 개선을 위한 국가적 필요성 때문에 2030년까지 대기질 모니터링에서 실내 공기 정화, 심지어 시멘트 혼합까지 산업 전반에 걸쳐 $3조 이상의 투자 기회를 창출할 것으로 예측된다.

디지털 계획

디지털의 정의는 모호하다. 일부에서는 이를 단순히 자신의 IT 기능이 수행하는 작업에 대한 업그레이드된 용어로 본다. 또 어떤 이들은 디지털 마케팅과 판매, 고객에게 디지털 서비스를 제공하거나 기기를 연결하는 데 초점을 맞추고 있다. 조직에서 디지털 기술의 적용은 이러한 모든 것들과 아마도 아직 생각되지 않은 아이디어들을 포함한다. 우리 동료 중 몇몇은 디지털화와 디지털 애플리케이션이 성과 향상에 얼마나 많은 방법을 사용할 수 있는지 알아보기 위해 전형적인 소비자 패키지 상품 회사를 조사했다. 그들은 디지털 마케팅, 무역 지출 최적화, 영업 인력 범위 개선, 예측 유지보수, 공급망 계획, 백오피스에서 로봇 프로세스 자동화 등 최소 33가지 가능성을 확인했다.

잠재적인 디지털 계획의 범위가 넓다는 점을 감안할 때, 대부분의 기업들이 이러한 디지털화를 시작하는 것은 놀랄 일이 아니다. 경영진 1,733명을 대상으로 한 2018년 조사에서 10명 중 8명 정도가 조직이 디지털 전환을 시작했다고 답했다. 하지만, 14%만이 그들의 노력이 성과를 향상시키고 지속시켰다고 말했다. 게다가, 3%만이 그들의 변화를 지속하는데 완전한 성공을 거두었다고 보고했다.[17] 분명히,

---

17 J. Deakin, L. LaBerge, and B. O'Beirne, "Five Moves to Make During a Digital Transformation," McKinsey & Company, April 2019.

디지털은 경영 훈련이 많이 필요한 영역이다.

디지털화의 가치 측정

기업들이 제안되고 있는 무수한 "디지털" 계획을 어떻게 평가해야 할지 고심하는 것은 놀라운 일도 아니다. 그러나 기본적인 원칙은 여전히 적용된다. 디지털 프로젝트가 창출할 것으로 예상되는 현금 흐름에 기초하여 디지털 프로젝트를 평가한다. 단순하게 들리지만, 제대로 해내려면 사려 깊은 전략적 분석이 필요하다.

이상적으로는 모든 투자 결정들은 대안적인 방법들과 비교해서 분석해야 한다. 디지털 프로젝트의 경우, 대안은 아무것도 하지 않는 것일 수 있다. 그러나 아무것도 하지 않는 경우가 0의 현금흐름을 의미하는 것은 아니다. 사실, 아무것도 하지 않거나 평소대로 하는 경우가 디지털 프로젝트를 평가하는 열쇠가 되는 경우가 많다.

은행들은 지난 40년 동안 이 도전에 여러 번 직면했다. 1970년대와 1980년대에 은행들은 현금 자동입출금기(ATM)를 도입했다. 2000년대에 은행들은 온라인 뱅킹을 설립했다. 2010년대에 은행들은 모바일 뱅킹 앱을 개발하였다. 은행들이 이 모든 혁신을 도입할 필요가 있었던 것은 분명해 보인다. 그러나 이러한 혁신은 고객이 예상하던 것이기 때문에 새로운 수익을 창출하지는 못했을 것이다. 따라서 모바일뱅킹 앱은 전략적 의미가 있지만 추가 수익 없이 추가 비용만 발생하기 때문에 음(−)의 현재가치를 창출하는 것으로 보인다.

여기에 기본 사례의 중요성이 있다. 만약 은행이 모바일 앱을 구축하지 않는다면, 시간이 지남에 따라 시장 점유율과 수익을 잃을 가능성이 있다. 이 경우 모바일 앱 프로젝트의 현금유입액은 수익의 잠재적인 감소 회피 금액으로 액수가 매우 클 것이다. 따라서 이 프로젝트의 현재가치는 양(+)의 값을 가질 수 있다.

이론적으로 은행은 시장 점유율의 감소 시기를 추정하여 애플리케이션을 구축하는 데 가장 적합한 시기를 결정할 수 있다. 은행 고객층이 큰 불만을 표시하기 전까지 1~2년 정도 미루면 프로젝트의 가치가 극대화될 수 있다. 은행은 앱의 대체 기능과 개발 방법도 고려해야 한다. 간단하고 저렴한 것으로 시작해서 시간이 지남에 따라 조금씩 개선해야 하는가? 아니면 기능이 더 많은 앱을 개발하기 위해서 큰 비용을 초기에 지출해야 하는가? 보시다시피, 이러한 결정을 내릴 때는 많은 현금흐름 시나리오를 분석해야 한다.

개선된 성과에 이르는 길

디지털 계획은 여러 가지 방법으로 회사의 성과를 개선할 수 있다. 디지털의 잠재적인 영향은 두 개의 기회 또는 위협으로 구체화하여 논의하는 것이 도움이 된다. 첫 번째 영향은 경제 언론에서 사용하는 표현처럼 디지털 도구가 기존의 산업을 근본적으로 파괴하는 것으로 기업의 비즈니스 모델을 대대적으로 개혁한다.

두 번째의 영향은 앞의 경우보다 덜 극적이지만 중요한데, 기업들이 디지털을 사용하여 기존의 일을 단지 더 잘하게 되는 것이다. 디지털 전략은 비용 절감, 고객 경험의 개선, 새로운 수익원, 개선된 의사결정 등 일상적이면서도 중요한 곳에 사용된다. 의류 소매상들이 오프라인 판매와 온라인 판매를 통합하는 경우와 같이 두 가지 영향의 경계가 모호할 수도 있다. 소매업자는 여전히 옷을 팔고 있지만, 고객의 경험은 바뀌었고, 소매업자는 근본적으로 비즈니스 모델을 재정비해야 한다.

새로운 비즈니스 모델 어떤 경우에는 디지털의 파괴적인 영향이 전체 비즈니스 모델에 충격을 주거나 완전히 새로운 비즈니스를 창출하기도 한다. 인터넷은 소비자들이 항공권과 호텔 객실을 조사하고 구입하는 방식을 바꾸어 많은 전통적인 여행사 직원들을 혼란스럽게 했다. 비디오 스트리밍 서비스의 도입으로 전통적인 방송사와 케이블 TV 채널의 경제성에 차질이 빚어졌다. 어떤 경우, 디지털은 거대한 신사업을 만들어냈다. 클라우드 컴퓨팅 서비스는 10년 전의 $100억 미만의 매출에서 시작해서 2019년에는 약 $800억 ~ $1,000억의 매출을 달성했다. 클라우드 컴퓨팅의 등장은 다른 두 산업에 지장을 주었다. 첫째, 주요 업체들에 의한 서버 표준화는 메인프레임과 서버 컴퓨터 제조사들을 혼란에 빠뜨렸다. 둘째, 기업의 데이터센터를 운영하던 IT 서비스 사업에 차질이 빚어졌다.

이러한 새로운 비즈니스의 가치를 평가하려면 표준적인 DCF 접근법을 사용해야 한다. 이러한 사업들은 빠르게 성장하고 초기 수익이 없다는 사실은 가치평가 방법에 영향을 미치지 않는다. 결국, 그들은 이익과 현금흐름을 창출하고 매력적인 ROIC를 얻어야 할 것이다. 36장에서는 고성장 기업의 가치를 측정하는 방법을 설명한다. 핵심은 고성장 기업의 경우 시장의 잠재 규모를 기준으로 시장이 안정되기 시작하면 향후 수익 추정을 시작해야 한다는 점이다. 당신은 사업의 근본적인 경제성을 평가하여 ROIC를 추정해야 한다.

새로운 디지털 비즈니스의 잠재 규모와 ROIC를 추정하는 데 있어 중요한 고려사항은 네트워크 효과가 있는지 여부이며, 이를 규모의 경제라고도 한다. 기본적인 아이디어는 다음과 같다. 특정 상황에서 기업이 성장함에 따라 새로운 고객 한 명 한 명이 더 가치 있게 되기 때문에 높은 이윤과 자본수익률을 얻을 수 있다. 대부분의 산업에서는 경쟁자들 때문에 수익률이 합리적인 수준으로 떨어진다. 그러나 네트워크 효과가 있는 산업에서는, 시장 지배자는 단위당 원가의 수준이 낮고, 감소하기 때문에 경쟁을 피하게 된다(따라서 이러한 종류의 산업에 대해 "승자독식"이라는 꼬리표가 붙는다).

워드 프로세서, 스프레드시트 및 그래픽을 제공하는 제품인 Microsoft의 Office 소프트웨어를 생각해 보자. Office는 오랫동안 대부분의 회사와 사용자들이 사용하는 표준 소프트웨어이다. 일찍이 Office 사용자들이 늘어나면서, 문서, 계산, 이미지를 다른 많은 사람들과 공유할 수 있기 때문에 새로운 이용자들은 이러한 작업에 Office를 사용하는 것이 훨씬 더 유리했다. 고객층이 성장하면서 DVD나 다운로드를 통한 소프트웨어에 대한 한계비용이 너무 낮았기 때문에 이윤이 매우 높았다. Office는 역사상 가장 수익성이 높은 제품 중 하나이다. 즉, 이처럼 성공적인 제품도 더 많은 컴퓨터 작업이 클라우드로 이동함에 따라 경쟁에 노출되게 된다.

이러한 네트워크 효과가 일반적인 경우는 아니다. 혁신의 역사는 매우 특별한 상황을 제외하고 일정 기간 동안 자본에 대한 독점적 규모의 수익을 얻는 것이 얼마나 어려운지를 보여준다. 많은 기업과 투자자들은 1999-2000년의 닷컴 버블 동안 이것이 얼마나 드문 일인지 알지 못했다. 좀 더 최근에, 투자자들은 보통 $10억 이상의 가치(보통 여전히 비상장)와 손실을 가진 스타트업으로 정의되는 "유니콘"에 또다시 과하게 투자하고 있다. 2019년 일부 유니콘이 상장하거나 상장을 위해 노력하면서 이들 기업 모두가 네트워크 효과를 통해 남다른 수익을 얻을 수는 없다는 깨달음이 다시 생겼고, 가치도 상당히 떨어졌다. 분석 서비스를 제공하거나 전자담배를 판매하거나 사무실 공간을 단기 임대하는 기업이 장기적인 네트워크 효과를 거둘 가능성은 낮다.

비용 절감 디지털 계획들을 통해 기업은 운영 비용을 절감할 수 있다. 공장 장비에 대한 예방 정비는 유지보수 비용을 절감하고 생산력 저하로 인한 손실을 줄인다. 또 다른 예로는 로봇 프로세스 자동화(RBA)가 있다. 이것은 실제 로봇을 지칭하는 것이 아니라, 매입채무의 처리 등을 자동화하는 소프트웨어를 말한다. 이러한 로봇들이 더욱 정교해짐에 따라, 매입채무 등의 간단한 업무 외에도 예외사항의 처리 등 훨씬 더 어려운 업무를 수행할 수 있다.

일부 사례들은 이러한 비용 절감의 큰 성과를 보여준다. 한 광산 회사는 이 분야의 프로세스 자동화로 연간 $3억 6천만 이상의 비용을 절감하였으며, 경영진은 정확히 어떤 일이 일어나고 있는지 더 많은 정보를 얻을 수 있었으며, 이를 통해 경영진은 조정 작업과 필요한 조치들을 예상할 수 있었다. 화석 연료를 이용한 발전기는 원격 모니터링 및 자동 운전 센서와 작동장치, 그리고 누출을 자체 보고 및 수리하는 스마트 밸브를 사용함으로써 발전소의 발전율(발전소가 연료를 얼마나 효율적으로 사용하는지)을 최대 3%까지 개선하였다. 또한 자동화된 작업 주문 생성, 가상 현실 장치를 사용하는 원격 전문가 지원, 자동화된 창고 시스템을 사용하여 운영 비용을 5-20% 절감했다. 이와 함께 제한된 공간에서의 작업에 로봇을 활용할 뿐 아니라 물론 피로나 산만 등으로 인한 사고 예방을 위한 첨단 분석까지 제공하는 등 안전성을 높였다.[18]

비용 절감의 경제성을 이해하는 것은 보이는 것만큼 간단하지 않다. 단순히 예상 절감액을 할인하고 필요한 투자금액을 차감해서 현재가치를 추정하려고 할지도 모른다. 그러나 2차 효과도 생각해야 한다. 경쟁업체도 동일한 계획을 추진하고 있는가? 화학 사업과 같은 경쟁이 치열한 산업에서는 이러한 비용 절감은 단순히 가격 인하로 고객에게 전달될지도 모른다. 화학 회사들은 일반적으로 연간 약 2%의 비용을 절감할 수 있는 방법을 찾지만, 업계 참여자들이 절감액을 고객에게 전가하기 때문에 이윤은 증가하지 않는다.

이처럼 절감효과가 고객에게 전가되기 때문에 비용절감 노력의 현재가치가 제로인 상황에서 디지털 계획을 따르지 않는 대안이 중요해진다. 경쟁업체는 비용을 절감하기 위해 디지털 계획을 추진하고 있지만 당신은 그렇지 않다면, 당신은 여전히 경쟁업체와 보조를 맞춰 가격을 인하해야 한다. 디지털 계획을 따르지 않으면 원가는 절감하지 못하고 판매가격만 낮추어 현금흐름이 감소될 것이다. 따라서 디지털 계획을 따르지 않는 대안과 비교한 후에는 디지털 계획의 현재 가치가 다시 양(+)의 값으로 바뀔지도 모른다. 실제로 절감액이 고객에게 전가되는지 여부는 업종별로 차이가 있겠지만, 디지털 계획을 따르지 않을 경우를 통해 신중하게 생각하는 것이 중요하다.

개선된 고객 경험 고객들은 그들에게 서비스를 제공하는 기업들의 디지털 계획으로부터 엄청난 이익을 얻었다. 많은 소매점들이 소비자들에게 높은 선택권을 부여하면서 "옴니채널"이 되었다. 만약 상점에 사이즈가 맞는 물건이 없어도 소비자들은 상점의 현장에서 구매하여 구매자의 집이나 상점으로 배송시킬 수 있다. 반품 결정을 한 고객은 구매 방법에 관계없이 모든 상점에 반품하거나 우편으로 반품할 수 있다. 소비자는 또한 배송상황을 실시간으로 추적할 수 있다.

디지털화를 사용하여 고객 경험을 개선하면 다양한 방식으로 비즈니스에 가치

18 G. Guzman, A. Prasanna, P. Safarik, and P. Tanwar, "Unlocking the Value of Digital Operations in Electric-Power Generation," McKinsey & Company, October 2019, www.mckinsey.com.

를 더할 수 있다. 한 농산물 분야의 선두 제조업체는 낮은 고객만족도 점수와 고객 수의 정체로 어려움을 겪고 있었다. 이 회사는 디지털 솔루션을 사용하여 주문, 추적 및 고객 문의를 위한 원활한 온라인 프로세스를 만들었다. 이로 인해 회사의 고객 만족도 점수는 24% 포인트 상승하고 처리량은 20% 향상되었다.[19] 고객 서비스를 개선하면 비용도 절감된다. 한 전기 회사가 고객과의 온라인 소통을 우선시하는 "디지털 우선" 방식으로 고객과의 온라인 창구를 완전히 새롭게 디자인했다. 그 결과 고객만족도는 25% 포인트, 직원만족도는 10% 포인트, 고객서비스 비용은 40% 하락했다.

비용을 절감하기 위해 디지털 솔루션을 적용하는 경우처럼, 고객이 훌륭한 경험을 할 수 있도록 디지털에 투자하는 것이 경쟁에 미치는 효과를 고려하는 것은 중요하다. 모바일 뱅킹 앱의 이전 사례를 기억해보라. 가치 제안은 결국 현금 흐름으로 연결되지만, 특별한 고려사항이 있다. 고객 서비스가 경쟁사보다 우수하기 때문에 향상된 고객 서비스가 시장 점유율로 이어지는가? 아니면 경쟁사가 동일한 작업을 수행 중이기 때문에 시장 점유율을 유지하거나 시장 점유율을 잃는 것을 방지하는가?

많은 상황에서, 고객들은 향상된 고객 경험을 기대하게 되었지만, 추가 비용을 지불하기는 꺼리고 있다. 옴니채널 소매점의 경우, 오늘날 고객들은 일상적으로 많은 소매업체로부터 구매 채널 사이에 원활한 거래를 기대하지만, 소매업체의 입장에서 살펴보면 옴니채널 서비스를 제공하는 데는 많은 비용이 소요된다. 온라인 매출의 경우 배송 비용이 수익성을 종종 떨어뜨리고 있으며, 매장을 통한 오프라인 매출 규모는 감소하고 있으며, 매장은 고정비용이 들어가기 때문에 이윤이 감소하게 될지도 모른다. 그렇더라도 유통업체들은 낮은 수익성에도 불구하고 옴니채널 서비스를 제공할 수밖에 없다. 그렇게 하지 않으면, 그들은 훨씬 더 많은 수입과 이익을 잃게 될 것이다.

새로운 수익의 원천 일부 기업은 디지털 계획을 통해 새로운 수익원을 창출할 수 있었다. 이러한 경우, 새로운 사업의 경제적 분석과 기본 사례의 비교가 더 간단하다. 왜냐하면 적어도 당분간은 당신과 경쟁자들이 업계 전체의 파이를 더 크게 만들고 있기 때문이다. 그러나 실제로 새로운 수익원은 찾기 어렵고 고객에게 돈을 지출하도록 설득하기가 어려울 수 있다.

당신이 집에 앉아 아이스크림을 먹고 싶지만, 동네 편의점까지 나가고 싶지 않

---

19 J. Boringer, B. Grehan, D. Kiewell, S. Lehmitz, and P. Moser, "Four Pathways to Digital Growth That Work for B2B Companies," McKinsey & Company, October 2019.

다고 상상해 보라. 영국의 Ben & Jerry 사는 한 택배회사가 아이스크림을 수거해 단시간 내에 고객에게 전달하는 중앙집중식 아이스크림 냉동고를 설치했다. 이 중앙집중식 냉동고는 편의점 냉동고의 10배 분량을 보관하는데, 이들 대부분은 추가적인 판매로, 편리한 배달이 없으면 많은 고객들이 아이스크림을 주문하지 않을 것이기 때문이다.

또는 농기구 제조업체인 John Deere 사의 정밀 농업 서비스 도입을 생각해 보라. 토양 샘플을 채취하고 날씨 패턴을 분석해 농가의 농작물 수확량 최적화를 돕는 데이터 중심 서비스 사업을 만들었다. 트랙터 및 기타 기계에 달린 센서들에서는 예방 보수를 위한 데이터를 제공하고, 자동 스프링클러 시스템은 날씨 데이터와 동기화하며, 개방형 소프트웨어 플랫폼을 통해 제3자가 새로운 서비스 애플리케이션을 구축할 수 있도록 지원한다.[20]

또한 차량들의 유지보수를 개선할 수 있도록 지원하는 운송 회사용 디지털 솔루션도 도입했다. 이 솔루션을 통해 소프트웨어 구독 및 수리 부품 판매를 통해 $1,000만 이상의 추가 매출을 올릴 수 있었다.[21]

이러한 새로운 수익원은 단순히 경쟁 우위를 유지하는 데만 국한되지 않기 때문에 가치를 창출할 수 있다. 두 가지 사례에서, 디지털 혁신은 업계의 전반적인 수익 증가를 창출했다. Ben & Jerry의 경우, 아이스크림의 전체 소비가 증가했다. John Deere의 경우 신제품 출시로 전반적인 수요도 증가했다.

더 나은 의사결정 일부 경영진은 마케팅 자금 조달, 자산 활용, 고객 유지 등 광범위한 활동에 대해 더 나은 결정을 내릴 수 있도록 생성된 데이터들을 수집하고 새로운 고급 분석 기법을 활용하고 있다.

두 가지 사례를 살펴보자. 한 첨단기기 제조사는 수천 개의 상품 구성의 가격결정을 돕는 부분적으로 자동화된 솔루션을 실행하였다. 이 솔루션은 구성에 따른 가격 벤치마킹, 가격 추세의 분석, 그리고 최대 2만 여개 상품에 대한 최대 20만 여개의 시장 판매가격을 일주일마다 업데이트하여 가격을 자동으로 추천하는 기능을 특징으로 한다. 또 한 소비재 회사는 첨단 분석을 사용하여 플래노그램 디자인을 개선하였다. 플래노그램은 소비재 회사가 패키지 제품을 한정된 상품 진열대에 배열하는 방법을 결정하는 모델을 말한다. 어떤 제품을 진열할지 그리고 어떻게 진열할지를 알려준다. 회사의 의사결정자들은 분석 결과 판매효과가 극적으로 개선될

---

20 J. Bughin, T. Catlin, M. Hirt, and P. Willmott, "Why Digital Strategies Fail," McKinsey Quarterly (January 2018), www.mckinsey.com.

21 M. Banholzer, M. Berger-de Leon, S. Narayanan, and M. Patel, "How Industrial Incumbents Create New Businesses," McKinsey & Company (September 2019), www.mckinsey.com.

수 있다는 것을 알게 되었다. 동시에 그들은 플래노그램 디자인에 필요한 인력을 10명에서 2명으로 줄일 수 있었다.

첨단 분석으로 개선된 의사결정은 추가적인 수익을 창출할 수 있으며, 비용을 절감할 수 있다. 플래노그램의 예를 보면, 의사결정의 개선으로 총 소비자 지출을 증가시키는데 이는 고객들이 더 수익성 높은 상품을 선택하도록 만들기 때문이다. 이러한 개선은 회사의 제품의 구성 안에서 고객의 선택을 변화시키기 때문에 경쟁자들의 개입을 초래하지 않는다. 다른 예에서는 경쟁자들이 비슷한 행동을 해서 의사결정 개선의 장점이 희석될 수 있지만, 분석에 대한 투자는 여전히 경쟁력을 유지하게 해주는 효과가 있다.

이번 장을 마치면서

경영진과 투자자들 모두는 떠오르는 ESG 문제가 비즈니스 가치에 미치는 영향과 새로운 디지털 기술이 경쟁구도에 미치는 의미에 대한 이해에 고심하고 있으므로 해당 주제와 이에 대한 경영진의 대응은 당분간 유동적일 것임을 명심해야 한다. 하지만 기존의 가치평가 원칙은 이러한 변화에 대한 초기 대응의 틀을 짜는 데 도움이 될 수 있고, 이러한 도전들이 심해질 때 대처하기 위한 대응 기법에 도움이 될 수 있다. 이러한 분석을 통해 기업들도 가치를 창출하는 요인에 가장 큰 영향을 미칠 특정 분야를 선정하고 집중한다면 좋은 성과를 거둘 수 있을 것이다.

7장

주식시장은 생각보다 더 현명하다

주식시장의 변동성과 일부 회사 주식들의 예상하기 어려운 가격 수준은 주식가격과 경제적 본질 사이의 연관성에 대한 의문을 불러일으킨다. 심지어 일부 전문가들은 주식시장이 스스로의 삶을 살아가고 있는 생명체라고 이야기한다. 2017년 시장의 가치평가 수준은 노벨상 수상자 Richard Thaler로 하여금 "우리는 우리의 삶에서 가장 위험한 순간을 살아가고 있는 것 같지만, 주식 시장은 낮잠을 자고 있는 것만 같다... 나는 그것을 이해하지 못했음을 인정한다"라고 언급하게 만들었다.[1] 몇 년 전, 또 다른 노벨 경제학상 수상자 Robert Shiller는, "본질적으로, 주식 시장은 구체적 사실 기반을 요구하지 않는 대중들의 이야기에 의해서 움직인다"고 적었다.[2] 미국의 투자자 Bill Gross는 2012년에, 지난 100년간의 미국 주식수익률은 행운의 편지나 폰지(Ponzi) 사기처럼 상식적 결함을 갖고 있다고 주장했다.[3]

주식시장을 감정이 지배하는 경기장으로 보는 것이 상식적인가? 우리는 아니라고 생각한다. 확실히, 비합리적인 행동이 단기적으로 어떤 분야의 일부 종목의 가격을 결정할 수도 있다. 더 단기적 관점에서 보았을 때, 시장조차도 경제적 본질과의 연관성을 잃을 수도 있다. 그러나 장기적으로, 개별주식은 물론 주식시장은 투하자본이익률(ROIC)과 성장률을 따라가는 것은 명확하다. 따라서, 경영진은 지속적으로 이러한 가치의 본질적 요인들을 기초로 하여 의사 결정을 해야 한다. 그

1 J. Smialek, "Nobel Economist Thaler Says He's Nervous about Stock Market," *Bloomberg News*, October 10, 2017, www.bloomberg.com.

2 R. Shiller, "When a Stock Market Is Contagious," *New York Times*, October 18, 2014, www.nytimes.com.

3 W. H. Gross, "Cult Figures," *Investment Outlook* (PIMCO), August 2012, www.pimco.com.

렇게 함으로써 경영진은 혹시라도 비정상적 시장편차가 발생했을 때 그것을 찾아내고 활용할 수 있을 것이다.

이 장에서는, 설령, 몇몇 투자자들이 경제적 본질에 기초하여 의사 결정을 내리지 않더라도, 어떻게 서로 다른 유형의 투자자들이 대부분의 경우 합리적인 가격을 이끌어내는지에 대하서 설명할 것이다. 그리고 우리는 성장과 투하자본이익률이 가치의 핵심동인이라는 경험적 증거를 보일 것이다. 마지막으로 우리는 가치평가의 기본적인 원칙과 상충되지만 널리 받아들여지고 있는 믿음을 기반으로 하는 오해들을 무너뜨릴 것이다.

주식시장과 펀더멘탈: 모형

우리는 어떻게 펀더멘탈 투자자(또는 정보 투자자)와 그렇지 않은 투자자(이른바 노이즈투자자, noise trader)가 일반적으로 내재가치에 부합하지만 변동성이 있는 가격을 만들어 내는지를 설명하기 위한 직관적 모형을 사용했다.[4] 이러한 가격들은 드물지만, 확실한 조건에서도 내재가치로부터 상당히 벗어나기도 한다.

한 종목의 주식과, 비교 목적의 무위험 자산의 거래만을 고려하는 기초적인 시장을 가정해보자. 두 유형의 투자자가 거래에 참여한다. 정보 투자자는 자본수익률과 성장률과 같은 근본적인 펀더멘탈을 기초로 회사 주식의 내재가치에 대한 관점을 키워나간다. 그들은 이러한 정보에 입각한 관점에 따라 매수 및 매도 결정을 내린다. 그들 모두가 주어진 내재가치에 대해서 동의하지 않을 수는 있다. 누군가는 회사 주식의 가치가 $40, 다른 이는 $50, 또 다른 누군가는 $60라고 믿을 수 있을 것이다. 거래비용과 내재가치에 대한 불확실성 때문에, 그들은 주식 가격이 그들의 추정치에서 10% 이상 벗어날 경우에만 거래에 참여할 것이다.

이 주식 시장의 다른 유형의 투자자는 바로 노이즈 투자자이다. 이러한 투자자들은 뉴스 지향적이라고 볼 수 있는데, 회사의 내재가치에 대한 관점을 가지지 않은 채, 가까운 시일 내에 주식 가격을 움직일 것이라고 믿는 모든 이벤트에 대응하여 거래에 참여한다. 노이즈 투자자들은 모멘텀 투자 역시 가능한데, 이것은 오로지 가격추세만을 근거로 투자를 하는 것이다. 주가가 상승하고 있을 때 이들은 가격이 계속 상승할 것이라고 가정하여 매수를 하고, 주가가 하락하고 있을 때 매도를 한다.[5]

---

4 非펀더멘탈 투자자들은 기업 경제 분석을 바탕으로 의사결정을 내리지 않기 때문에, "비합리적"이라고도 부를 수 있다. 하지만 우리는 그들이 논펀더멘탈하다고 부르는데, 그들의 전략이 펀더멘탈에 기초하지 않더라도, 그들의 전략이 합리적이고 정교할 수 있기 때문이다.

표 7.1 주가 거래범주 모형

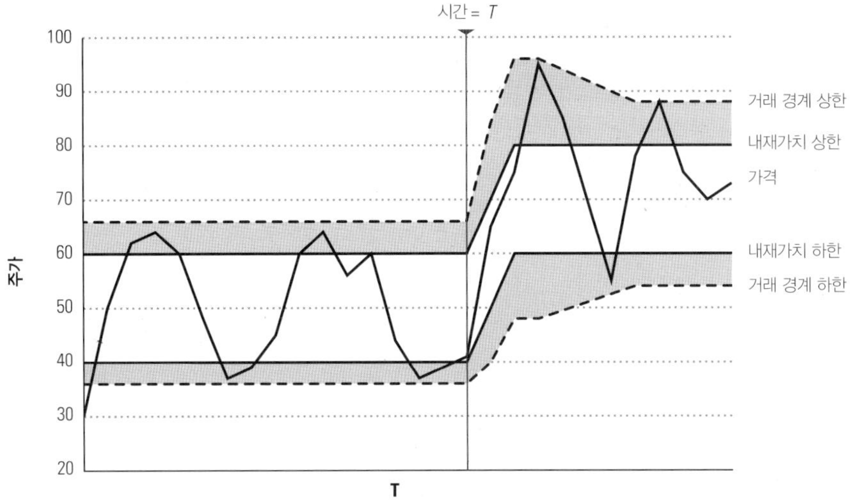

시장에서 주식 1주의 가격이 $30일 때 거래를 시작하는 경우를 가정해 보자. 정보 투자자는 그 주식이 $40에서 $60의 가치를 가져야 한다고 믿기 때문에, 그들은 주식을 매수하기 시작한다. 이러한 매수는 주식 가격을 상승시킨다. 이때 일부 노이즈 투자자들은 주가가 상승하는 것을 목격하고, 추격 매수를 시작한다. 이것은 주식 가격 상승을 가속시킬 것이며, 더욱 더 많은 노이즈 투자자들을 끌어들일 것이다. 주식 가격이 증가할수록, 정보 투자자들은 점진적으로 매수 속도를 늦추어 나갈 것이다. 주가 $44에서, 가장 비관적인 전망을 가진 투자자들이 매도를 시작할 것이다. 일단 주식 가격이 $66을 넘어서게 되면, 모든 정보 투자자들이 주식을 매도하려고 할 것이다. 이에 따라 가격 모멘텀은 감소하게 되는데, 일부 노이즈 투자자들이 이에 대해서 인식하게 되면, 이들 역시 매도를 시작할 것이다. 그러면 매도 압력이 가중되고, 주식 가격이 하락하기 시작한다. 노이즈 투자자들은 하락을 가속시키지만, 이러한 추세는 $36에서 모든 정보 투자자들이 다시 매수를 시작하는 순간에 이를 때까지, 더 많은 수의 정보 투자자들이 매수에 참여할수록 감소하며, 이러한 하락세는 다시 반전된다.

이러한 패턴은 지속되며, 표 7.1에서처럼, 정보 투자자에 의해서 경계선이 형

5 우리가 가정한 두 그룹은 다음 연구에서의 피드백 투자자(feedback traders)와 스마트머니 투자자(smart-money investors)와 유사하다: W. N. Goetzmann and M. Massa, "Daily Momentum and Contrarian Behavior of Index Fund Investors," Journal of Financial and Quantitative Analysis 37, no. 3 (September 2002): 375–389.

성된 밴드 안에서 주식 가격이 진동하게 된다. 노이즈 투자자가 가격 변동뿐만 아니라 무작위적이고 중요하지 않은 이벤트에 대해서도 대응하는 경우에도, 밴드 안에서의 가격 진동이 있을 것이다. 회사 내재 가치에 대한 정보 투자자들 사이의 불확실성에 의해서, 이 밴드의 폭은 시간이 지남에 따라 변할 수 있다. 예를 들어, 제품 출시나 연구 개발에서의 성공은 정보투자자로 하여금 가치 추정치뿐만 아니라 그들의 거래 대역폭도 증가시킬 수 있다. 결과적으로, 표 7.1의 T시점 이후의 기간에서 드러나는 것처럼, 가격 변동성은 투자자들이 새로운 정보를 흡수하는 동안 일시적으로 커질 것이다.

이 모형에서 충분한 정보 투자자 자본 유입이 있다면, 가격은 대역폭 안에서 움직일 것이다. 이러한 메커니즘은 파괴될 수 있지만, 실제로 그것이 발생하는 경우는 드물다. 예를 들어, 펀더멘탈 투자자들의 수가 노이즈 투자자들의 수에 비해 압도적으로 적을 때, 펀더멘탈 투자자들의 주식 매도는 가격 상승을 멈출 수 없을 수도 있을 것이다. 하지만 이러한 상황은, 오늘날 정교하고 전문적인 투자자, 즉 펀더멘탈 투자자에 의해서 운용되는 자본의 크기를 고려했을 때, 좀처럼 발생하지 않는 일이다.[6] 그럼에도 불구하고, 일단 펀더멘탈 투자자가 모든 고평가된 주식을 매도하면, 그들 중 일부는 가격이 더 낮은 수준으로 회복되기 전에 상당한 액수의 손실을 우려하여 공매도 참여를 꺼릴 수 있다. 또 다른 투자자들은 기관에 의한 또는 규제에 의한 제약에 직면할 수 있다. 결과적으로, 가격 상승이 지속될 수는 있다. 하지만 노이즈 투자자들이 장기적으로 주식 가격을 내재가치 이상으로 밀어 올릴 수는 없다. 어떤 시점에서, 펀더멘탈 투자자들은 주식 시장에서의 가격 설정에 대해서 지배적인 역할을 한다. 1990년대 기술 버블과 같은 극단적인 경우에는 몇 년이 걸릴 수도 있지만, 주식 시장은 밑바닥에 위치한 경제적 본질에 맞추어 스스로 주식 가격을 바로잡는다.

시장과 펀더멘탈: 증거

일반적으로, 경험적 증거는 성장률과 투하자본이익률이 가치의 핵심 동인이라는 생각을 뒷받침한다. 이것은 이 증거가 다른 척도들에 의한 비슷한 수준의 가치 형성에 대한 믿음을 지지하지 않는 경향이 있음을 의미한다. 심지어 주식시장에서

---

6 이것은 학술 문헌에서 예상하고 있는 사실이다: 정보투자자들은 노이즈투자자들을 능가하고 시장에서 살아남는다. L. Blume and D. Easley, "Market Selection and Asset Pricing," in *Handbook of Financial Markets: Dynamics and Evolution*, ed. T. Hens and K. Hoppe (Amsterdam: Elsevier, 2009); and J. De Long, A. Shleifer, L. Summers, and R. Waldman, "The Survival of Noise Traders in Financial Markets," Journal of Business 64, no. 1 (1991): 1–19.

표 7.2 성장주와 가치주의 성장률 분포

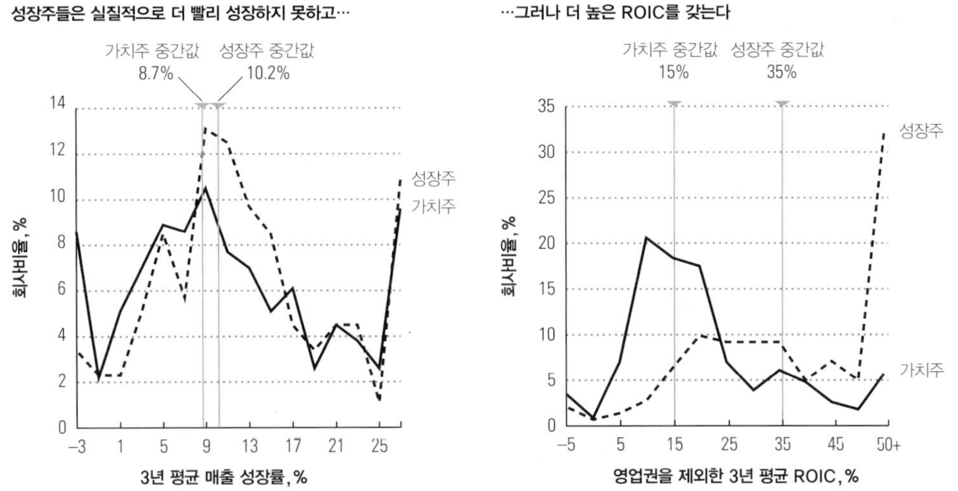

의 가장 전통적인 믿음들 중 일부는 사실에 의해서 뒷받침되지 않는다. 예를 들어, Standard & Poor와 같은 대부분의 성장과 가치 지수는, 시가대비장부가비율(MTB; market-to-book ratios)과 주가수익률(P/E; price-to-earnings ratios) 등을 포함한 복합적인 요인을 바탕으로 기업을 "가치주" 또는 "성장주"로 분류한다. 일반적으로, MTB와 P/E가 높은 기업을 성장주로 분류하는 반면, 다른 기업들은 가치주로 분류한다. 그러나, 성장은 MTB와 P/E의 차이를 만들어내는 유일한 요인이다. ROIC 역시 중요하다. 사실, 우리는 소위 말하는 가치주와 성장주의 성장률 분포에서 어떠한 차이도 찾을 수 없었다(표 7.2 참조). 다만, 소위 성장주는 높은 ROIC를 갖는 경향이 있고, 가치주는 낮은 ROIC를 갖는 경향이 있다. 가치주 자본수익률의 중간값은 15%인 반면, 성장주의 중간값은 35%였다. 그래서 성장주로 분류된 회사들은 평균적으로 더 빨리 성장하지는 못하지만, 더 높은 자본수익률을 보였다. 이러한 이유로, 높은 ROIC를 보이고 있는 소비자 패키지 상품 회사 Clorox와 같이 평범한 성장 회사가 결국 성장주 목록에 오르게 된다.

수십 년 동안의 일관된 수익

마찬가지로, 시장의 거품과 위기는 항상 대중의 관심을 끌었고, 주식 시장이 경제적 펀더멘탈에서 벗어나 혼란스러운 방식으로 움직인다는 믿음을 가중시켰다. 2008년 금융위기, 1990년대 기술주 거품, 1987년 10월 블랙먼데이 폭락, 1980년대 레버리지 바이아웃(LBO) 열풍, 그리고 물론 1929년 월가의 붕괴가 이러한 생

표 7.3 채권 대비 주식의 장기 성과, 1801–2018

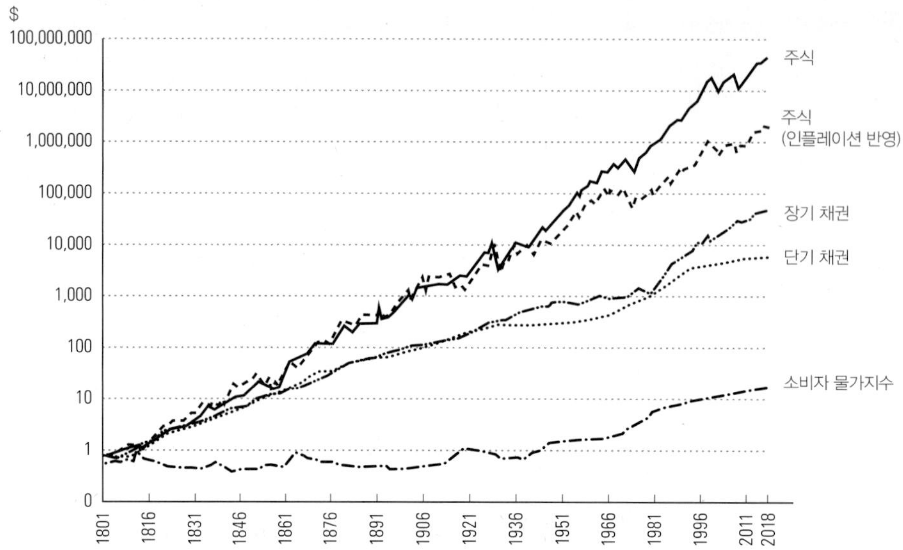

출처: J. J. Siegel, *Stocks for the Long Run: The Definitive Guide to Financial Market Returns and Long-Term Investment Strategies* (New York: McGraw-Hill, 2014); R. G. Ibbotson, 2019 SBBI Yearbook (Duff & Phelps).

각을 확인시키는 것처럼 보였다. 그러나 진실은 다른 이야기를 들려준다. 이와 같은 상황에도 불구하고, 지난 200년 동안 미국 주식회사들은 매년 약 6.75%의 인플레이션을 고려한 일관된 수익률을 기록했다. 장기적 관점에서, 주식시장은 혼란과는 거리가 멀었다(표 7.3).

총주주수익률(TSR; Total Shareholder Return) 6.75%의 근간에는 기업의 본질적 경영성과와 장기자기자본비용이 있다. TSR은 상대적 주가상승률과 현금수익률의 단순 합이다(표 7.4). 지난 70년간, 미국 기업의 이익은 실질적으로 연간 3.0%에서 3.5%로 성장했고, P/E의 중간값은 약 15에서 17 사이의 수준을 맴돌았다.[7] P/E가 시간이 지남에 따라 정상 수준으로 되돌아간다면, 주가상승률은 매년 약 3.0에서 3.5% 정도가 되어야 한다. 게다가, 미국기업은 이익 성장을 달성하기 위해, 일반적으로 매년 이익의 40에서 50% 정도를 재투자하고, 나머지는 배당 및 자사주 매입으로 주주들에게 지급했다. 결과적인 50에서 60%의 지급 비율은 우연이 아니다: 이 결과는 미국 기업의 일반적인 12에서 14%의 자기자본이익률이 3에서 3.5% 수준의 실질 성장률 또는 인플레이션을 포함한 5에서 6%의 성장률과 결합하여 나타난 것이다. 이것은 장기 평균 P/E가 15에서 17% 사이일 때 약 3.5%의 주주들에 대한 현금수익률(즉, P/E의 역수와 지급비율의 곱)로 해석된

7 장기성장률, 자본수익률, 자기자본비용 등이 안정적일 때 P/E가 안정적이라는 사실에 유의하자.

표 7.4 장기 총주주수익률을 설명하는 경제 펀더멘탈

지난 70년간 연간 실적 범위

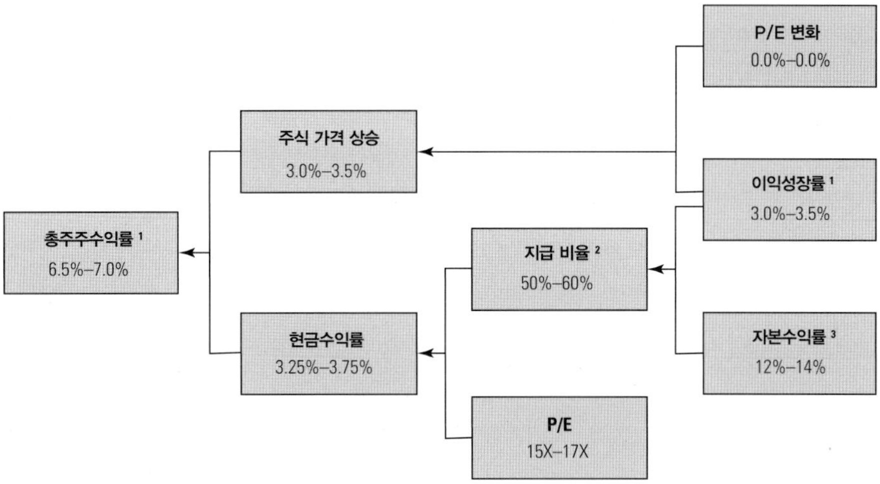

[1] 실질가치로 측정

[2] (1-성장률/투하자본이익률)로 측정, 성장률은 실질 이익성장률과 2.0%~2.5% 인플레이션의 합

[3] 장기 평균 투하자본이익률, 최근 몇 년간 평균 수준을 넘어서고 있음

다. 연간 3에서 3.5%의 주가상승률을 현금수익률에 더하면, 연간 약 6.5에서 7%의 실질적인 주주수익률이 나온다.

P/E 펀더멘탈

일부 애널리스트들은 주식 수익의 중요한 요소들을 놓치고 있다: 수익은 주가 상승과 현금수익률 두 가지에 의해서 유도된다는 점이다. 이러한 애널리스트들의 관점에서 볼 때 주식 가격이 기업의 이익보다 더 빨리 상승할 수는 없다. 그러나 그들의 생각은 현금 분배에 대해서 고려하지 않고 있다. 다른 전문가들은 장기 평균 수준으로 P/E 값의 수렴을 예측했을 경우, 주가 상승 요소에 대해 지나치게 비관적이었다. 그들은 예외적으로 높은 인플레이션 수준으로 인해 P/E가 심각하게 낮았던 1970년대와 1980년대를 같이 고려했기 때문에, 장기 평균 수준에 대한 그들의 추정치는 너무 낮았다.[8]

8 추가적으로, Robert Shiller의 현행 P/E 척도는 영업권 손상 등과 같이 비정상적 손실을 포함하지 않았기 때문에 과대평가되어 있다. "J. Siegel, "Don't Put Faith in Cape Crusaders," *Financial Times*, August 20, 2013; "Siegel vs. Shiller: Is the Stock Market Overvalued?," Knowledge@Wharton, September 18, 2018, knowledge.wharton.upenn.edu/article/siegel-shiller-stock-market/.

표 7.5 본질적 시장 가치평가 수준의 추정

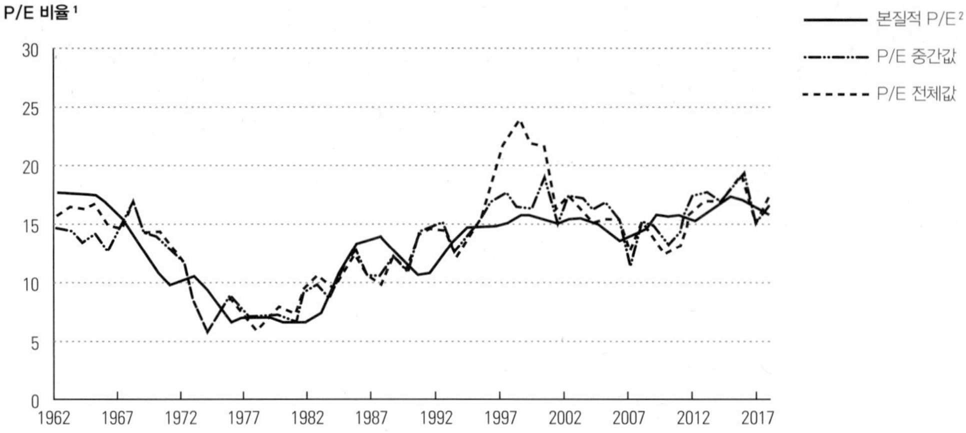

¹ S&P 500에 대한 12개월 추정 이익에 대한 P/E
² 3년 동안의 이동평균

기업과 경제의 근본적인 실적도 단기간에 걸친 주식 시장의 수준을 설명한다. 우리는 2장에서 처음 제시한 가치 동인 공식에 따라, 가장 단순한 형태의 현금흐름할인(DCF) 평가 모형을 사용하여 1962년부터 2019년까지 매년 미국 증시에 대한 P/E를 추정했다. 매년 미국 주식 시장의 P/E가 어떻게 되었을지에 대해서 추정했는데, 이것은 근본적 경제 요인에 기초하고 있었다. 표 7.5는, 1960년대와 1990년대의 극도로 높은 수준의 경제 성장기와 1970년대와 1980년대의 저성장과 높은 인플레이션 시기가 있었음에도 불구하고, 단순 펀더멘탈 가치평가 모형이 지난 수십 년간 주식 시장의 실제 P/E 수준을 얼마나 잘 설명하는지 보여준다. 대체로, 미국 주식 시장은 공정하게 가격이 형성되었고, 펀더멘탈 P/E를 중심으로 진동했다. 우리는 유럽 증시에 대해 비슷한 분석을 실시했고 비슷한 결과를 얻었다.

본질적 P/E와 실질 P/E는 모두 지난 35년간 상승 추세를 보였으며, 2019년에는 17까지 올라갔다. 대체로, 이러한 패턴은 꾸준히 증가하는 이익과 자본에 대한 수익에 의해서 주도된다.[9] 대기업이 보유한 초과 현금잔액은 또 다른 요인이 된다. 현금은 세후 이자를 거의 수반하지 않기 때문에, 높은 P/E를 의미한다. 기업 P/E에서의 초과 현금잔액에 대한 조정은 2017년의 시장 전반적인 비율을 19에서 18로 감소시켰다.[10]

---

9 Chapter 8 and R. Jain, B. Jiang, and T. Koller, "What's behind This Year's Buoyant Market," *McKinsey on Finance*, no. 52 (Autumn 2014): 27–31 참조.

10 R. Gupta, B. Jiang, and T. Koller, "Looking behind the Numbers for US Stock Indexes," *McKinsey on Finance*, no. 65 (January 2018): 11–15 참조.

표 7.6 표본 산업군의 시장가치 대비 ROIC 및 성장률

실질 매출액 10억 달러 이상의 글로벌 기업, 2018년 중간값

	시장가치/자본[1]	시장가치/이익[1]	ROIC,[2] %	성장률,[3] %
바이오테크놀로지	11.5	13.9	38.7	9.3
헬스케어 장비 및 용품	8.5	15.6	31.6	6.1
정보서비스 및 소프트웨어	7.5	13.1	47.6	6.2
제약	5.5	12.0	23.7	5.1
우주항공 및 방위	3.6	13.0	13.5	5.2
호텔, 레스토랑 및 여가	3.5	11.2	15.7	5.6
사치품 및 의류	3.3	10.3	16.8	5.2
브랜드 소비재	3.1	11.3	14.8	3.6
가정용 내구재	2.3	9.4	15.9	4.7
기계 및 장비	2.3	11.1	11.3	5.0
기술 하드웨어	2.2	9.1	13.2	5.0
소매업	2.2	9.8	13.1	4.9
화학제품	1.9	9.1	10.8	4.2
운송 및 물류	1.7	10.2	8.2	4.5
자동차 및 부품	1.6	6.5	11.2	4.6
건설	1.6	8.5	10.4	4.3
유통 및 무역	1.5	9.3	7.8	4.6
항공	1.5	6.7	10.9	3.7
금속 및 광업	1.4	7.6	6.9	3.3
유틸리티 및 전력	1.3	9.8	6.0	2.9

1 시장가치는 기업가치(enterprise value), 자본은 영업권을 제외한 투하자본, 이익은 이자, 법인세, 감가상각 차감 전 이익(EBITDA)

2 2015년과 2017년 사이의 영업권을 제외한 평균 투하자본

3 2018년부터 2020년까지의 연간 매출 성장률에 대한 애널리스트들의 합의된 예측(consensus forecast)

출처: 기업성과분석(McKinsey)

더 높은 수익률, 더 높은 가치

주식시장에서 적용되는 것은 산업 전반에도 적용될 수 있다. 2018년 산업군별로 구분한 세계 최대 상장 기업들에 대해서,[11] 우리는 예상 미래 수익률에 대한 대용치로서 지난 3년간의 평균 ROIC를 채택했으며, 애널리스트들의 3년 성장률 전망치에 대한 합의된 추정값을 장기 기대성장률의 대용치로 사용했다(표 7.6 참조). 자본대비시가비율(market value to capital) 또는 이익대비시가비율(market value to earning)이 더 높은 산업군은 높은 성장률을 기록했고, 더 나은 매출이익률과 자본회전율로 인하여 더 높은 ROIC를 보였다. 생명과학 및 기술 기업의

11 이 표본은 미국, 유럽, 호주, 뉴질랜드, 일본 등에서 매출이 $10억을 넘는 모든 상장사(금융기관 제외)로 구성된다.

가치평가 수준이 가장 높았던 것은 가장 높은 ROIC가 우월한 성장률과 결합된 덕분이다. 호텔, 레스토랑 또는 명품 업종에 속한 다른 회사들은 평균 수준의 ROIC에서, 높은 성장률로 인해 높은 가치를 평가 받았다. 유틸리티 기업, 금속 및 광업 분야의 회사들은 낮은 자본성장률과 기대성장률 때문에, 자본대비시가(market value to capital) 배수가 낮게 평가되었다. 이익대비시가비율은 산업 분야별 차이를 덜 보여주는데, 이는 장기적으로 수렴하는 이익 성장률에 대한 투자자 기대치를 반영했기 때문이다.

개별 기업에도 동일한 원칙이 적용된다. 우리는 동일한 표본에 속하는 모든 기업의 자본대비시장가치비율들을 예상 ROIC 및 성장률과 함께 비교했다. 표 7.7에 따르면, 주어진 성장률 수준에서, 더 높은 ROIC는 일반적으로 시장 가치를 더 높게 만들며, 특정 ROIC 수준 이상에서는, 성장률의 증가 역시 더 높은 가치로 이어진다는 것을 알 수 있다. 비록 경험적 결과가 이론적인 모형에 완벽하게 부합하지는 않지만, 그들은 시장이 성장률과 ROIC를 바탕으로 기업을 평가하고 있음을 여전히 분명하게 보여준다.

예를 들어, 미국의 가치평가 배수가 대부분의 다른 국가보다 더 높은 경향이 있다는 사실을 고려해 보자. 이와 같은 사실은 일부 유럽 기업들이 더 높은 평가를 받기 위해 미국 주식 시장에 대한 재상장을 고민하게 만들기도 했다. 그러나 이 장의 뒷부분에서 논의했듯이 그러한 희망은 잘못되었다. 미국 투자자들은 같은 주식에 대해 유럽 투자자보다 더 많은 돈을 지불하지 않는다. 가치평가 배수의 차이는 본

표 7.7 시장 가치, ROIC 그리고 성장률: 실증적 관계

실질 매출액 10억 달러 이상의 글로벌 기업

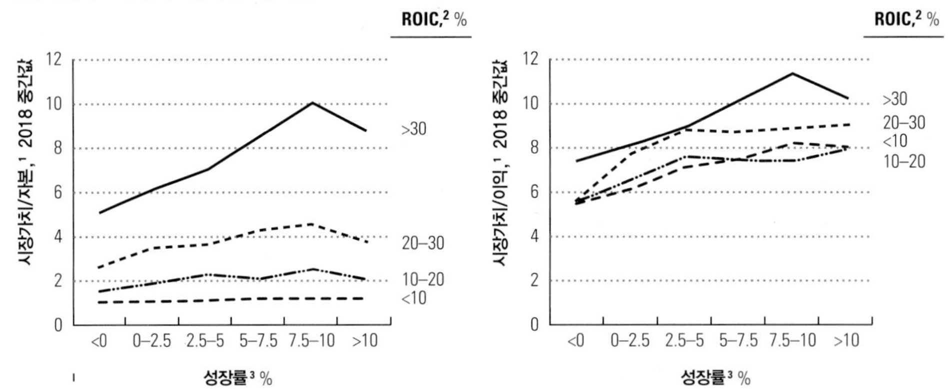

[1] 시장가치는 기업가치(enterprise value), 자본은 영업권을 제외한 투하자본, 이익은 이자, 법인세, 감가상각 차감 전 이익(EBITDA)

[2] 2015년과 2017년 사이의 영업권을 제외한 평균 투하자본

[3] 2018년부터 2020년까지의 연간 매출 성장률에 대한 애널리스트들의 합의된 예측(consensus forecast)

출처: 기업성과분석(McKinsey)

표 7.8 기술과 신용거품하의 미국과 유럽의 주식 시장

미국과 유럽의 종합수익지수(1991.01 = 100)

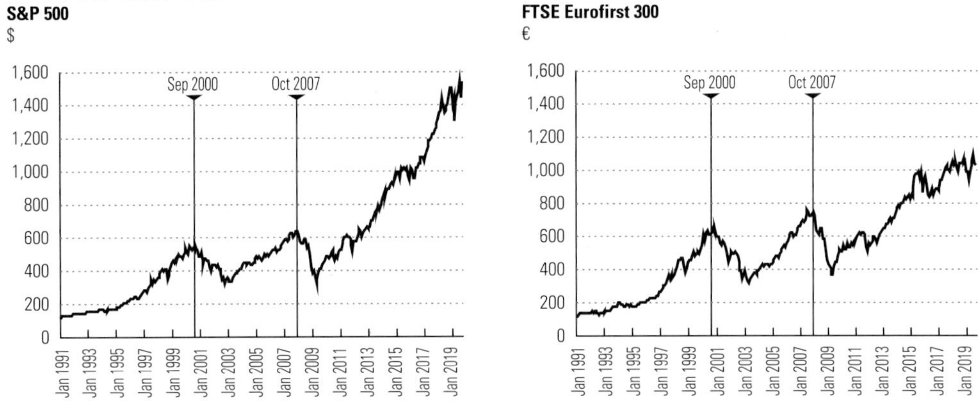

출처: S&P Capital IQ.

질적인 펀더멘탈로 설명할 수 있다. 첫째, 미국과 유럽 경제에서 산업군 구성에 대한 현저한 차이가 있다. 가치평가 배수가 높은 기술 및 생명과학 분야는 미국 경제에서 훨씬 더 큰 비중을 차지한다. 둘째, 우리는 미국 기업들이 일반적으로 같은 산업군의 유럽 회사들보다 더 높은 자본수익률을 창출한다는 것을 발견했다.

펀더멘탈로부터의 이탈

그럼에도 불구하고, 경제적 펀더멘탈로부터의 이탈이 너무 크고 광범위하게 퍼져 주식 시장 전반에 영향을 미친 시기들이 있었다. 두 가지 예는 2000년에 터진 기술 버블과 2007년에 붕괴된 신용 버블이다(표 7.8 참조).

기술시장 호황은 가치평가 거품의 전형적인 사례이며 펀더멘탈로 인해 정당화될 수 없는 이익배수 값에서 주식 가격이 책정되었다. 1995년 Netscape Communications가 주식시장에 상장되었을 때, 연간 매출은 $8,500만에 불과했지만, 시가 총액은 $60억까지 치솟았다. 투자자들이 인터넷이 세상을 바꿀 것이라는 확신을 빠르게 하자, 2000년에 Standard & Poor's 500(S&P 500) 지수는 새로운 고점을 형성하였다. 이후 2003년까지 이 S&P 500 지수는 절반 수준으로 떨어졌다.

시장 전반의 가치평가가 영향을 미쳤겠지만, 기술 버블은 기술주와 다른 산업군의 특정 초대형 주식(일명 메가캡)에 집중되었다. 버블 이전과 이후에, 30대 기업의 P/E는 지수에 포함된 다른 470개 기업과 평균 거의 같았다(표 7.9 참조). 그

표 7.9 전체 시장 가치평가에 대한 대형주의 영향

12-month trailing price-to-earnings ratios

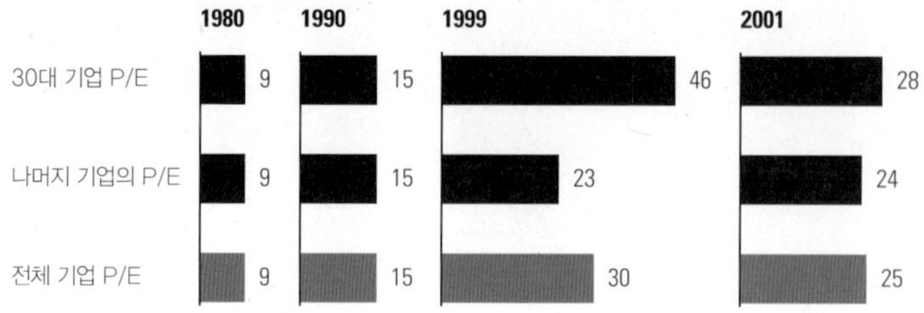

출처: Compustat.

러나 1999년 30대 기업의 평균 P/E는 46배였으며, 다른 470개 기업의 평균 P/E는 23배였다. 그 결과 시장 전체의 가중평균 P/E는 30배에 이르렀다.

높은 P/E를 보이는 대형 시가총액 기업 중 대부분은 기술, 미디어, 통신(TMT) 등 3개 산업군에서만 모였다. 물론, 이 시대에 탄생한 몇몇 기업들(Amazon과 eBay 포함)은 상당한 경제적 가치를 창출했다. 그러나 모든 견고하고 혁신적인 새로운 사업 아이디어에 대해서, 수십 개의 회사들이 경제학의 기본 법칙을 잊거나 의도적으로 무시했다.

2007년까지 전 세계 주식 시장은 기술 거품으로 인한 폭락이전 수준을 넘어섰으며, S&P 500은 신고점을 기록했다(표 7.8 참조). 미국과 유럽 역사상 가장 큰 부동산 붐과 신용 팽창은 기업 수익을 이례적인 수준으로 끌어올렸지만, 이는 궁극적으로 지속 불가능한 것으로 판명되었다. 모든 기업이 영향을 받았음에도 불구하고, 이 버블 역시 주로 몇몇 산업군에 의해 움직였다. 금융, 에너지, 유틸리티, 소재 부문은 1997년 전체 S&P 이익의 41%에서 2006년 51%로 급격히 상승한 이익을 보였다. 그러나 2007년, 주택담보대출과 다른 형태의 신용대출에 대한 자금 조달 구조가 붕괴되는 연쇄반응이 전 세계의 금융기관을 어렵게 만들었다. 미국과 유럽의 주식시장은 1930년대 이후 세계 경제가 가장 가파른 침체를 겪으면서 가치의 절반 이상을 잃게 되었다.

2009년 이후, 미국 주식 시장은 빠르게 모멘텀을 회복하고 새로운 고점에 도달했는데, 이번에는 특히 생명 과학과 기술 분야에서 자본수익률과 매출 성장의 급격한 증가에 영향을 받았다(8장 참조). 메가캡 현상은 하이테크 버블보다 훨씬 더 작은 규모임에도 불구하고 다시 등장했다. 2018년 현재, 단지 4개의 메가캡 회사-Alphabet(Google), Amazon, Facebook, Microsoft-가 S&P 500 지수

의 10%를 설명하고 있다.[12] 유럽 주식 시장은 자본과 성장에 대한 저조한 수익률로 인해, 위기 이전의 수준을 회복하는 데 훨씬 더 오랜 시간이 걸렸다. 2010년 국가 채무 위기는 유럽의 가장 큰 국가들의 경제 활동에 대한 장기 침체를 야기했다. 게다가, 유럽 국가들은 미국처럼 강력한 기술 산업군의 출현과 지속적인 성장을 경험하지 못했다.

역설적으로, 시장 편차가 때때로 발생한다는 사실은 기업 경영진과 투자자로 하여금 회사의 진정한 본질적 가치를 이해하는 것이 얼마나 중요한지 깨닫게 만든다. 그렇지 않다면, 그들은 시장 편차를 어떻게 이용해야 하는지 확신할 수 없을 것이다. 예를 들어, 그들은 주식이 시장에 의해 고평가될 때, 다른 기업에 대한 인수 비용을 지불하기 위해 주식을 사용할 수도 있고, 특정 산업군에서의 거래 및 중계 배수들이 본질적 가치에 의해 정당화될 수 있는 것보다 높을 경우, 그들은 이러한 산업군에 속한 사업들을 처분할 수도 있을 것이다.

이익에 대한 오해

지금까지 우리는 경영진이 매력적인 ROIC에서 성장에 그들의 에너지를 집중할 수 있는 긍정적인 사례를 제시했다. 그러나 일부 기업은 특정 주당순이익(EPS)을 달성하거나 이익을 보여주기 위해 많은 노력을 기울이고 있다. 이것은 에너지의 낭비이다. 조사된 증거들은 이러한 노력들이 그럴만한 가치가 없다는 것을 보여주며, 이것들은 실제로 회사에 해를 끼칠 수도 있다.

우리는 EPS가 중요하지 않다고 말하는 것이 아니다. 가치를 창출하는 기업은 종종 매력적인 이익성장률을 가지며, 이익은 회사 수명 전체 기간 동안의 현금 흐름과 같을 것이다. 그러나 모든 이익 성장이 가치를 창출하는 것은 아니다. EPS 성장의 가장 중요한 3개의 동인인 이익 증가, 이익 개선 및 자사주 매입에 대해서 생각해보자. 우리가 지적했듯이, 이익 증가(특히 유기적 성장)는 자본비용을 초과하는 투하자본 수익을 창출할 경우 가치를 창출하는 강력한 동인이 된다. 순전한 비용 절감에 의한 이익 개선은 장기적 관점에서 지속 가능하지 않으며, 연구나 마케팅에 대한 투자가 줄어들 경우, 기업의 미래 성장과 가치 창출에도 타격을 줄 수 있다. 자사주 매입은 일반적으로 EPS를 증가시키지만 기업의 부채를 증가시키거나 현금 보유량을 감소시킨다. 어느 경우든 간에, 이것은 회사 P/E의 하락으로 이어지고, 이는 EPS의 증가에 영향을 주어, 주당 가치가 변하지 않는다. 2019년에 약 $1,300억의 유동 자산을 보유한 Microsoft를 생각할 수 있다. 유동 자산은 리스

12 Gupta et al., "Looking behind the Numbers for US Stock Indexes 참조.

크가 낮고 수익률이 낮기 때문에, P/E(Microsoft의 운용 자산의 경우보다 높음)가 높다. 유동자산의 지불은 낮은 P/E 자산 대비 높은 P/E 자산의 비율이 감소하여 Microsoft 전체의 (가중평균) P/E가 감소시킨다.

이번 절에서는 주식시장 가치를 주도하는 숙련된 투자자들이 경제적 본질을 이해하기 위하여 기업 회계정보를 심층적으로 분석한다는 사실을 보일 것이다. 여기에 대한 전형적인 예는 1960년대와 1970년대 미국 회사의 재고자산 회계처리 변경에 대한 주가의 반응이다. 이 시기의 몇 년 동안 물가가 상승하였는데, 선입선출법(FIFO) 방식에서 후입선출법(LIFO) 방식으로 회계처리를 변경한 것이 과세소득뿐만 아니라 당기순이익을 감소시켰다. 그러나 투자자들은 주식 가격에 반영된 투자자들의 반응은 일반적으로 낙관적이었는데, 법인세 감소로 인해, 투자자들은 잉여현금흐름이 더 높아졌다고 인식했기 때문이다.[13]

때때로 투자자들은 회계정보 이면에 숨어있는 진짜 경제상황을 파악하는 데 어려움을 겪는다. 예를 들어, 투자자들은 2008년 신용 위기 이전에 많은 금융 기관들의 실제 위험과 자본수익률을 평가하기가 어려웠는데, 이는 재무보고서가 지나치게 불투명했기 때문이다. Enron과 WorldCom 등을 포함한 일부 기업들은 의도적으로 재무제표를 조작해 주식 가격을 호도했다. 그러나 모든 경영진은 시장이 오랫동안 실수하거나 속아 넘어갈 수도 있음을 이해해야 한다. 멀지 않은 미래에, 주식 가격은 회계적 이익 보다는 현금 흐름에 의해서 정당화될 필요가 있다.

자사주매입에 의한 EPS 성장

EPS가 가치 창출에 대해 신뢰할 수 있는 지표는 아니지만, 많은 기업들은 여전히 이것을 재무성과에 대한 핵심 척도와 경영진 보상의 중요한 요인으로 사용하고 있다. 당연하게도, 우리는 경영진이 주가 상승에 따른 EPS 성장이 주주들을 위한 가치를 창출한다고 믿기 때문에, 그들이 자사주매입 프로그램을 추구하는 것은 당연하다는 사실을 발견했다. 그러나 상식적인 시장은 날카로운 눈으로 그러한 움직임을 간파한다. 한 회사는 순이익이 감소하는 동안 EPS의 높은 성장을 이루어냈는데, 이는 단순히 지분을 더 빨리 처분하는 것만으로 가능했다.[14] 투자자들이 사업실적이 악화되고 있다는 사실을 이해했을 때, 이 회사의 주가는 전반적인 시장 변화 대비 40%나 떨어졌다.

---

13 G. Biddle and F. Lindahl, "Stock Price Reactions to LIFO Adoptions: The Association between Excess Returns and LIFO Tax Savings," *Journal of Accounting Research* 20, no. 2 (1982): 551–588.

14 O. Ezekoye, T. Koller, and A. Mittal, "How Share Repurchases Boost Earnings without Improving Returns," *McKinsey on Finance*, no. 58 (2016): 15–24 참조.

표 7.10 자사주 매입과 주주수익률 사이의 관계

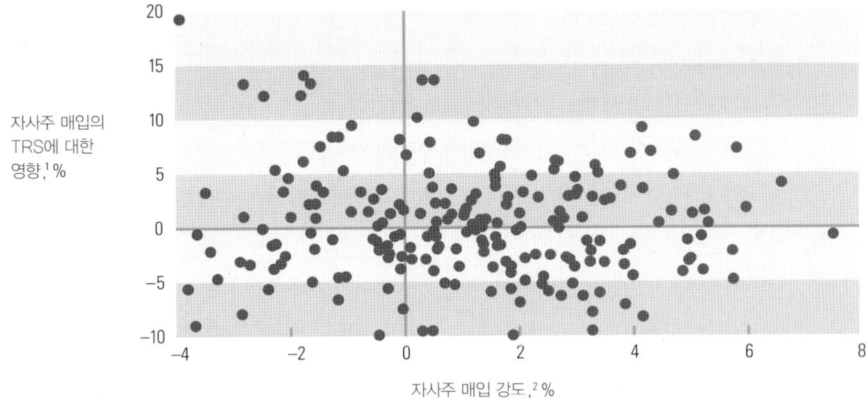

250개 이상의 비금융 S&P 500 기업에 대한 표본을 기초로 함

[1] 자사주 매입이 TRS에 미치는 영향은 다중회귀분석의 잔차를 이용하여 측정함. 변수들에는 자사주 매입 강도와 경제적 이익 성장률이 있음. 경제적 이익 성장률은 성장률과 자본수익률(자본비용 대비)을 결합한 것. 이 회귀분석은 자사주 매입 강도는 통계적으로 유의하지 않음을 보여준다.

[2] EPS 성장률과 자사주 매입 강도의 대용치로 사용한 순이익 성장률의 차이

출처: 기업성과분석(McKinsey)

경험적 증거는 분명하다. 액면가에서는 주주 가치 창출과 회사의 자사주 매입 프로그램 강도 사이에 상관관계가 있는 것처럼 보인다. 그러나 이것은 단순히 더 높은 자본이익률과 성장률을 갖는 회사들도 주주들에게 더 많은 현금을 지불하는 경향이 있다는 사실에서 기인한다. 성장률과 자본수익률의 차이를 통제한 다음에는, 자사주 매입과 주주 가치 창출 사이에는 어떤 관계도 남아있지 않았다(표 7.10 참조).[15]

인수합병(M&A)에서의 이익

기업들이 수익을 늘릴 수 있는 또 다른 방법이 있다: 다른 회사를 사는 것. 한 회사가 $10억의 초과 현금을 가지고 있다고 하자. 이 회사가 P/E 배수의 20배로 연간 $5천만의 이익을 올리고 있는 다른 회사를 사들이기 위해 현금을 사용했다고 하자. 이 회사의 이익은 $5천만에서, 초과 현금흐름 때문에 얻을 수 있었던 이자를 뺀 만큼 증가할 것이다. 만약 그 이자가 $500만(현금에 대한 0.5% 세후 수익률)이었다고 가정하면, 순 증가량은 $4,500만이 될 것이다. 이 경우, 비록 회사의 이익은 늘

---

15 만약 회사가 주식 가격이 정말로 낮을 때 자사주매입 시기를 맞출 수 있다면, 회사는 주식을 매도하지 않은 주주들에 대한 가치를 창출할 수 있을 것이다. 그러나, 33장에서 논의한 것처럼, 대부분의 회사는 자사주매입 시기를 효과적으로 맞추지 못한다.

었지만 가치를 창출했다고는 말할 수 없다. 20배의 P/E에 해당하는 인수 가격에서, 투하자본 대비 겨우 5%를 버는 것에 그치고 있기 때문이다. 만약 회사의 자본비용이 10%라면, 방금 투자한 $10억에 대한 자본비용을 회수하기 위해서 피인수기업의 이익을 두 배로 증가시킬 필요가 있다.

투자자들은 회계적 이익에 대해서 꿰뚫어 보고 있다. 31장은 주식인수 후 첫 해나 두 해 동안 이익의 증가 및 감소 여부와 해당 거래에 대한 주식시장의 반응이 서로 상관관계가 없음을 보여준다.

투자자들은 또한 3장에서 논의한 바와 같이 "배수확장(multiple expansion)"의 환상에 대해서 정확히 이해하고 있다. 주식 시장이 인수기업의 이익배수에 따라 피인수기업의 가치를 측정할 것이라는 것에 대한 경험적 증거와 경제적 논리는 존재하지 않는다. 두 개의 결합된 사업에 대한 이익배수는 단순히 개별 사업의 가중평균 이익배수와 같다. 모든 가치 상승은 반드시 개별 사업의 현금 흐름에 덧붙인 추가적인 현금흐름에서 발생한다.

자산가치 감액

최고경영진들은 자산가치 감액에 의한 이익 감소를 받아들이기를 망설이고는 하는데, 투자자들이 이에 대해 부정적으로 반응할 것이라고 믿기 때문이다. 하지만 투자자는 자산 가치 감액에 기계적으로 반응하지 않는다. 오히려, 그들은 회사의 미래 성과에 대해서 감액이 어떠한 정보를 전달하는지를 평가한다.

우리는 2007년부터 2011년까지, 회사의 이익에서 적어도 $20억 이상의 손상된 영업권을 장부에서 감액한 미국 회사 99개를 분석했다.[16] 감액 발표 당일, 통계적으로 유의한 주식 가격의 하락은 없었다. 시장은 이미 과거 기업인수 때문에 더 낮은 이익이 발행할 것으로 예상했고, 이로 인해 감액 발표 이전의 주식 가격은 이미 내려가 있었다. 예를 들어, Boston Scientific이 2006년 Guidant 인수와 관련한 $27억의 감액을 발표했을 때, 주식 가격은 거의 10% 정도 올랐다. U.S. Steel이 2013년 3분기 이익과 함께 $18억의 영업권 손상차손을 발표했을 때, 주식 가격은 8% 정도 상승했다. 우리는 2010년에서 2012년 사이 유럽 기업들에서 발생한 가장 큰 15건의 영업권 손상들에 대해서도 비슷한 패턴을 확인했다. 이러한 패턴은 오랜 시간에 걸쳐 일관되게 나타났다. 마찬가지로, 표 7.11은 2002년부터 2004년까지 미국과 유럽의 54개 회사들을 표본으로 실시한 분석에서, 영업권 손상

---

16 Cao, M. Goedhart, and T. Koller, "Goodwill Shunting: How to Better Manage Write-Downs," *McKinsey on Finance*, no. 50 (Spring 2014): 13–15 참조.

표 7.11 영업권 손상 발표에 대한 시장의 무반응

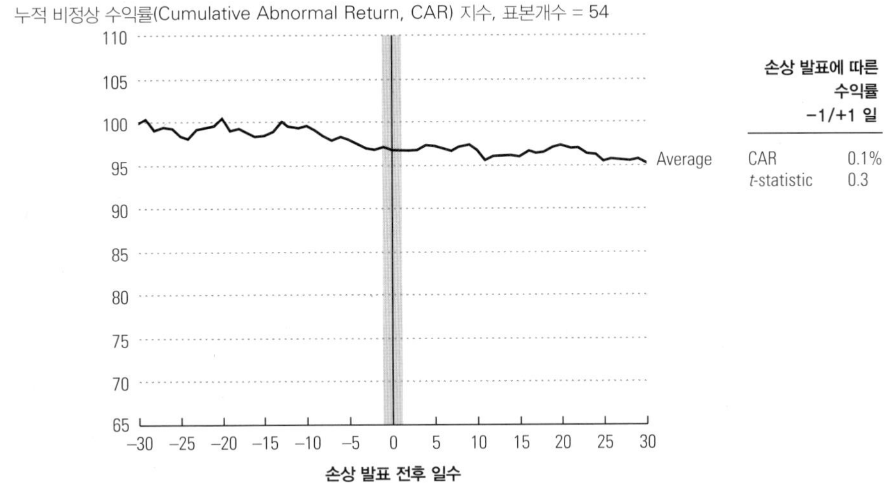

출처: SEC filings, Datastream, Bloomberg.

발표에 따른 통계적으로 유의한 주식 가격 하락은 나타나지 않음을 보여준다.[17]

주식 시장은 대외적으로 발표된 이익과 영업권 손상보다는 오히려 내재적 현금 흐름과 사업의 본질을 명확히 주시하고 있었다. 2010년부터 2012년까지 유럽의 감액 표본에 대해서, 오로지 한 건의 애널리스트 보고서가 단지 손상의 크기에 대해서만 언급한 채 발행되었을 뿐이다. 그러나 애널리스트들은 회사가 향후 어떻게 나아가야 하는지에 대해서는 강하게 언급했다. 결국 중요한 것은 미래 영업이익에 대한 신호 또는 명확한 안내, 시장과 사업단위에 대한 전망, 그리고 변화하는 상황에 대응하는 경영활동 또는 계획 등이다.

종업원 스톡옵션

2000년대 초반, 손익계산서에서 종업원 주식옵션을 비용 처리해야 한다는 새로운 회계기준이 제안되자 많은 우려를 불러일으켰다. 일부 경영진과 벤처투자자들은 스톡옵션의 확대가 소규모 고성장 회사의 이익을 감소시켜서, 회사를 상장시킬 수 없게 될 것이라고 주장했다.

물론, 주식가격은 공시된 이익이 아니라 현금 흐름에 의해서 움직이기 때문에, 이러한 걱정은 기우에 불과했다. 학술 연구에 따르면, 스톡옵션의 구조에 대해 충

17 표본은 시가총액이 적어도 $5억 이상이고, 손상차손이 시가총액의 2% 이상 되는 미국과 유럽의 기업으로 구성되어 있다.

분한 정보를 제공하는 회사를 가치평가 할 때 주식시장은 이미 이것을 염두에 두고 있다는 점을 보여준다. — 이는 옵션의 가치가 회사의 손익계산서에 명시적으로 비용 처리되어 있지 않은 경우에도 마찬가지이다.[18] 사실 이러한 회계처리가 의무화되기 전 자발적으로 스톡옵션을 비용으로 처리했던 기업들은, 공시된 이익에 부정적 영향이 있었음에도 불구하고 주가는 하락을 경험하지 않았다.[19]

2002년 7월부터 2004년 5월까지 스톡옵션을 비용으로 처리하기 시작한 120개의 미국회사에 대해서, 비슷한 결론을 얻을 수 있었다. 게다가, 스톡옵션의 비용 처리로 인한 이익 감소 규모와 새로운 스톡옵션 계획을 발표한 시점 전후 기간의 비정상수익률 사이에서 특정한 관계를 찾을 수 없었다. 주식시장은 이미 이러한 옵션 계획에 대한 정보를 갖고 있었고, 공시정책이 바뀌었다고 해서 혼란에 빠지지 않았다.

상이한 회계기준

복수의 주식 시장에서 서로 다른 회계 실적을 발표하는 기업에 대한 주식 가격 데이터는, 주식 가격이 공시된 이익을 액면 그대로 받아들이지 않는다는 추가적인 증거를 제공한다. 2008년 이전, 미국의 주식 시장에 상장되어 있고 미국회계기준(U.S. GAAP: U.S. Generally Accepted Accounting Principles)이나 국제회계기준(IFRS: International Financial Reporting Standards)에 따라서 보고하지 않는 해외 기업들은, 이를테면, 자기자본과 순이익을 미국회계기준에 의해 보고하도록 되어있다.[20] 이것은 자국의 회계기준에 의해 공시된 자기자본 및 순이익과는 큰 차이가 있을 수 있다. 우리는 1997년에서 2004년 사이 미국에 상장된 이후 미국회계기준에 의해 자기자본과 순이익에 대한 조정을 보고하기 시작한 50개 유럽 기업들을 표본으로 분석했다. 미국과 자국 회계기준에 따른 순이익과 자기자본의 차이는 상당히 컸으며, 절반 이상의 경우 그 차이는 30%를 초과했다.

많은 경영진들은 아마도 미국회계기준 하에서 낮아진 이익이 직접적으로 낮은 주가로 이어지지 않을까 걱정했을 것이다. 그러나 이것은 사실이 아니었다. 표 7.12에서 볼 수 있듯이, 표본기업의 3분의 2가 미국 공시기준에 따라 더 낮은 이익을 보고했음에도 불구하고, 이러한 공시에 대한 주식시장의 반응은 긍정적이었다.

---

18 D. Aboody, M. Barth, and R. Kasznik, "SFAS No. 123 Stock-Based Compensation Expense and Equity Market Values," *Accounting Review* 79, no. 2 (2004): 251–275.

19 D. Aboody, M. Barth, and R. Kasznik, "Firms' Voluntary Recognition of Stock-Based Compensation Expense," *Journal of Accounting Research* 42, no. 2 (December 2004): 251–275.

20 2008년 3월부터, 국제회계기준으로 공시하는 기업들은 더 이상 미국회계기준으로 조정하지 않아도 되었다.

표 7.12 미국회계기준 조정에 대한 명확한 영향 부재

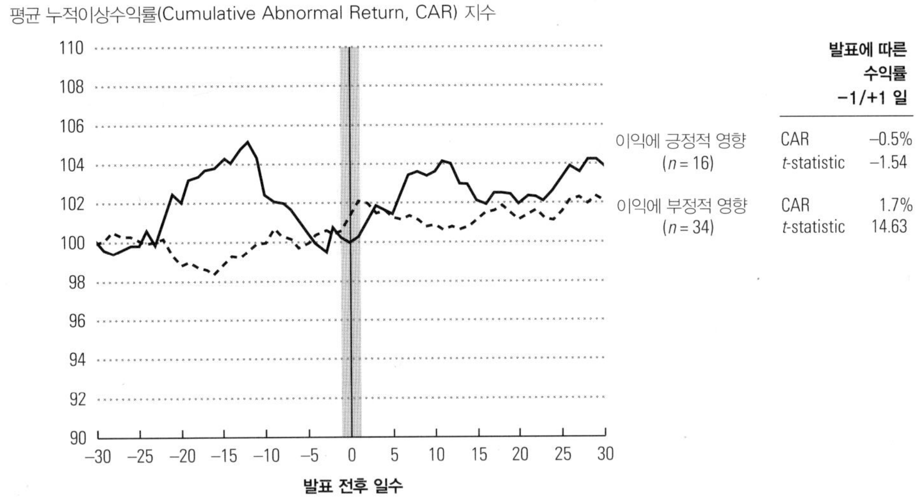

출처: SEC filings, Datastream, Bloomberg.

그 시점에서, 미국회계기준을 따른다는 것은 자국 기준에서 요구된 수준보다 많은 정보를 공시해야하는 것을 의미했다. 명백하게도, 개선된 공시는 어떠한 인위적인 회계 효과보다 컸다.

이익 관리에 대한 오해

2019년 7월 17일, 인터넷 엔터테인먼트 서비스 회사 Netflix는 주당 $0.56의 2분기 실적을 발표했는데, 이는 애널리스트들의 합의 기대치 $0.60에 불과 4센트 모자란 것이다. 또한 전년 동분기보다 25% 많은 $49억2000만의 매출을 올렸지만 애널리스트들의 목표 매출보다 $1,000만이나 적었다. 같은 날 주식 가격은 10% 이상 하락했다. 가격 하락의 핵심요인은 회사의 이익이나 이익 목표치를 달성하지 못했다는 사실이 아니었다. 오히려 투자자들이 회사의 장기적인 전망에 대해서 우려한 부분은, 증가가 예상되었던 미국 가입자 수가 감소했고 해외 가입자 증가율도 크게 낮아졌다는 사실이다. 여전히, 이와 같은 사건들로 인해 많은 경영진은 주식시장이 일반적으로 애널리스트들의 기대치를 밑도는 단기 이익 또는 이익변동성에 점점 더 민감해지고 있다고 믿게 되었다. 나중에 보겠지만, 이런 이벤트는 이익 발표 그 자체가 아니라, Netflix의 가입자 기반 성장률에 대한 것과 같이 이익에 수반되는 다른 정보에 의해서 발생한다. 게다가, 투자자들은 이익변동성에 대해 크게 걱정하지 않으며 예측 가능한 이익 또는 이익전망치에 대한 보상을 제안하지 않는다.

이익변동성

일부 경영진은 투자자들이 꾸준한 이익성장을 위해 프리미엄 지불용의가 있다고 믿는다. 실제로 경영진은 전략적 행동의 근거로서 이익성장의 안정화를 자주 인용한다. 예를 들어, Conoco의 CEO는 계류 중인 Phillips Petroleum과의 부분 합병의 이유로, 상품가격 주기를 고려했을 때 합병이 이익의 안전성을 높여줄 것이라고 주장하여 이를 합리화한 적이 있다.[21]

이와는 대조적으로, 학술 연구에 따르면 이익변동성은 시장가치나 주주수익률에 제한적인 영향만을 미치거나 또는 아무런 영향도 미치지 못하는 것으로 나타났다. 자본대비시가비율은 분명히 현금흐름의 변동성에 따라 감소하지만, 이익변동성에 의해서는 감소하지 않는다. 투자자들은 현금흐름과 관계없는 이익유연화(earnings smoothing)를 간파할 수 있다.[22] 미국 기업의 지난 30년 동안의 이익 데이터를 살펴보면, EPS의 변동과 기업의 시장가치 사이에는 연관성이 나타나지 않는다.[23] 일부 연구자들은 통계적으로는 유의미하지만 실질적으로는 무시해도 좋은 둘 사이의 상관관계를 밝혀냈다: 하위 1%의 이익변동성을 보인 회사와 상위 1% 이익변동성을 보인 회사 사이에는 10% 미만의 장부가액 대비 시장가치비율의 차이가 있을 뿐이다.[24]

이러한 결과에 대한 설명 중 일부는 완만한 이익성장률의 오해에 불과하다는 것을 보여준다. 거의 모든 기업이 완만한 이익성장률을 설명하지 못한다. 표 7.13은 2008년부터 2018년까지, 가장 작은 이익변동성을 갖는 미국 상위 10% 이내의 대형 상장주 중 5개 기업의 이익증가율을 보여주고 있다.[25] 조사 대상 기업 중 Home Depot만이 유일하게 10년간 꾸준한 이익성장을 이루었다. 극소수의 기업만이 4년 이상 꾸준한 이익성장을 보였다. 상대적으로 꾸준한 이익성장을 보인 기업은 표 7.13에서 Home Depot보다는 나머지 4개의 기업과 유사한 패턴을 보였다: 몇 년 간의 꾸준한 성장이 갑작스러운 이익 감소로 인해 중단된 것이다.

---

21 Analyst teleconference, November 19, 2001.

22 B. Rountree, J. Weston, and G. Allayannis, "Do Investors Value Smooth Performance?" *Journal of Financial Economics* 90, no. 3 (December 2008): 237–251 참조.

23 J. McInnis, "Earnings Smoothness, Average Returns, and Implied Cost of Equity Capital," *Accounting Review* (January 2010).

24 R. Barnes, "Earnings Volatility and Market Valuation: An Empirical Investigation" (LBS Accounting Subject Area Working Paper ACCT 019, 2003). 차이는 0.2로 나타나며, 전체 표본에 대한 평균 장부가대비시가비율은 2 정도이다.

25 2018년 매출액 $10억 이상의 전체 미국 비금융 상장기업들이다.

표 7.13 가장 낮은 변동성 기업들의 이익성장률: 그다지 완만하지 않다.

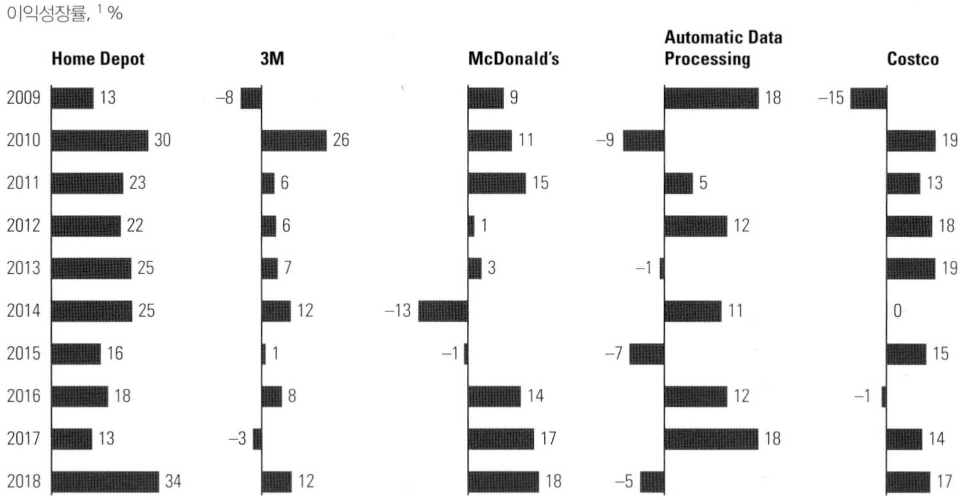

[1] 이익은 영업권 손상 조정 후, 특별손익 반영 전 순이익이다.
출처: S&P Capital IQ.

합의된 이익전망치에 대한 충족

잘 알려진 기업이 이익 목표치를 달성하지 못했을 때, 확실히 헤드라인을 장식하게 되지만, 그렇다고 해서 단기이익의 영향이 주가에 미치는 영향이 과도하게 평가되어서는 안 된다. 예를 들어, 실증 연구에 따르면, 어닝서프라이즈는 발표 전후 4주 이내 구간에서 2% 미만의 주가변동성만을 설명한다.[26] 투자자들은 기업의 경제적 펀더멘탈에 대해서 공시 이익보다 더 높은 중요성을 부여한다. 그러나 때때로 단기 이익만이 투자자들의 본질적 기업 실적에 대한 판단의 기초가 되는 유일한 데이터가 되기도 한다. 이런 경우에 투자자들은, EPS 목표치를 달성하지 못했다는 사실에 대해서 장기성과와 경영관리의 신뢰성이 하락하는 징표라고 해석할 수 있으며, 이에 따라 그들은 기업의 주식 가격을 낮추게 된다. 34장에서 더 자세히 설명하겠지만, 기대치 보다 낮은 이익을 발표하는 것은 장기 펀더멘탈 전망을 하향 조정하는 경우에만 주식 가격을 떨어뜨린다.

마찬가지로, 시장이 긍정적 어닝서프라이즈가 단순 자산 분할로 인한 장부상 이익에 대한 고의적 시기 조정이나 고객들에 대한 대폭 할인으로 인한 매출 증가와 같은 일부 창의적 회계(imaginative accounting)의 결과라고 믿으면, 주식 가

26 W. Kinney, D. Burgstahler, and R. Martin, "Earnings Surprise 'Materiality' as Measured by Stock Returns," *Journal of Accounting Research* 40, no. 5 (December 2002): 1297–1329.

격은 오르지 않는다. 이러한 발생 의존적인 이익 증가에 대해서, 이후의 주주수익률은 유사 업계와 비교했을 때 저조해진다.[27] 또한 투자자들은 발생 기준에 의한 이익이 지나치게 많은 비중을 차지할 때, 경계하는 태도를 갖는 것이 현명한데, 왜냐하면, 이것은 일반적으로 기업이 전환기에 도달했고 미래에 더 낮은 수익을 발표할 가능성이 높다는것을 의미하기 때문이다.

이익전망치 가이던스

많은 기업들은 다가오는 분기나 연도의 예상 이익에 대한 전망치를 제공하는 것이 제한된 비용으로 가치 평가 상승, 가격변동성 감소, 시장 유동성 증가를 가져올 수 있다고 믿는다. 안타깝게도, 전망치가 이러한 이득을 제공한다는 증거는 없다. 34장에서 논의한 바와 같이, 우리는 기업들의 이익전망치 발행 여부가 이익배수, 주주수익률, 또는 가격변동성에 영향을 미치지 않는다는 사실을 발견한다. 주식유동성에 대한 전망치의 영향은, 설령 있다고 하더라도, 일반적으로 다음 해에 사라지며, 주주의 관점에서는 실질적으로 무의미하다.[28]

그러나 이러한 이익전망치를 제공하는 것은, 막대한 보이지 않는 비용을 야기할 수도 있다. 목표치를 달성하지 못할 위기에 처한 기업들은 인위적으로 단기 이익을 증가시키려는 유혹에 빠질 수 있다. 앞서 서술한 바와 같이, 이것은 시장에 어떠한 확신을 줄 수 없을 뿐만 아니라, 장기적 가치 창출의 희생을 비용으로 지불해야 할 수도 있다. 이익전망치를 제공할 때, 기업들은 하나의 추정치가 아니라 범위를 제시하고, 이것을 주당순이익에 대해서가 아닌 본질적인 영업성과(판매량 및 매출 목표치, 영업이익률, 원가절감 계획 등)에 대해 설명한다면, 이러한 비용들을 감소시킬 수 있을 것이다.

사업다각화에 대한 오해

다각화는 본질적으로 좋지도 나쁘지도 않다. 그것은 단지 모기업이 포트폴리오 기업들의 사업에 대한 최적의 소유주(Owner)인지 여부와만 관련이 있다. 일부 경영진은 더 안정적인 전체 현금흐름, 더 많은 차입능력(debt capacity)에 따른 세제 혜택 그리고 사업주기에 걸친 더 나은 투자 시기 선택 등의 이유로 다각화가 그 자

---

27 K. Chan, L. Chan, N. Jegadeesh, and J. Lakonishok, "Earnings Quality and Stock Returns," *Journal of Business* 79, no. 3 (2006): 1041–1082.

28 T. Koller, B. Jiang, and R. Raj, "Three Common Misconceptions about Markets," *Journal of Applied Corporate Finance* 25, no. 3 (2006): 32–38 참조.

체로 이득이 될 것이라고 믿고 있다. 그러나 28장에서 다루는 것처럼 선진 경제 체제에서의 경우 이러한 이점에 대한 증거는 없다. 오히려 관찰된 증거는 다각화에 따른 비용을 의미하고 있다: 다각화된 회사의 사업단위는, 복잡성과 관료화의 증대로 인해 집중화를 하는 유사 업계의 다른 회사보다 종종 낮은 성과를 보인다.

다각화에 대한 또 다른 오해는 그것이 사업 공정가치(fair value) 관점에서 소위 말하는 대기업할인(conglomerate discount)으로 이어진다는 것이다. 이 관점에 따르면, 스핀오프(spin-off) 및 다른 형태의 분사는 대기업할인을 해결하는 효과적인 수단이다. 이러한 견해를 가진 사람들은, 분사 발표에 대한 주가 반응은 일반적으로 긍정적이고, 이는 이러한 거래가 낮은 가치평가에 대한 손쉬운 해결책이라는 것에 대한 증거로 받아들여진다는 점에 주목한다.

일반적으로, 이러한 오해는 잘못된 가치합산모형(sum-of-the-parts) 계산 방식에 기초하는데, 여기서 애널리스트들은 기업의 각 사업에 대한 가치를 같은 업종 다른 회사들의 이익배수에 기초해서 평가한다. 만약 사업 전체를 합친 가치가 기업의 현재 시장 가치를 초과하면, 애널리스트들은 시장 가치가 대기업할인을 포함하고 있다고 가정한다. 그러나, 19장에서 다루었듯이, 이 분석은 보통 성과나 업종 측면에서 실질적으로는 비교가 불가능한 유사 업계 회사들과의 비교에 기초하고 있다. 만약 분석에서 실제와 같은 산업군에 속한 회사를 활용한다면, 대기업할인은 사라지게 될 것이다.

분사 발표에 대한 주가의 긍정적 반응이 투자자의 저평가 또는 고평가에 대한 교정을 의미하는 것은 아니다. 이러한 반응은 단순히 모회사와 자회사가 각자 전략, 인원, 조직 등을 자유롭게 바꿀 수 있게 되면, 두 회사 모두 실적이 개선될 것이라는 투자자의 기대를 반영한 것에 불과하다. 수많은 경험적 증거가 보여주듯이, 투자자들은 실적 향상의 기대 하에서는 옳다.[29] 예를 들어서, 우리는 1992년 이후 85개의 주요 스핀오프에 대해서, 자회사와 모회사 모두 거래 이후 5년 이상의 기간 동안 영업이익률에서 상당한 개선을 보여주었다는 사실을 발견했다(32장 참조).

---

29 J. Miles and J. Rosenfeld, "The Effect of Voluntary Spin-Off Announcements on Shareholder Wealth," *Journal of Finance* 38 (1983): 1597–1606; K. Schipper and A. Smith, "A Comparison of Equity Carve-Outs and Seasoned Equity Offerings: Share Price Effects and Corporate Restructuring," *Journal of Financial Economics* 15 (1986): 153–186; K. Schipper and A. Smith, "Effects of Recontracting on Shareholder Wealth: The Case of Voluntary Spin-Offs," *Journal of Financial Economics* 12 (1983): 437–468; J. Allen and J. McConnell, "Equity Carve-Outs and Managerial Discretion," *Journal of Finance* 53 (1998): 163–186; and R. Michaely and W. Shaw, "The Choice of Going Public: Spin-Offs vs. Carve-Outs," *Financial Management* 24 (1995): 5–21 참조.

회사 규모에 대한 오해

많은 경영진은 기업의 절대적인 크기나 규모가 주식 시장에서의 주가 상승 또는 사업에서의 ROIC와 성장률 증가 등의 형태로 이익을 가져다 줄 것이라는 환상에 빠진다. 학계와 실무자들은, 더 큰 기업의 경우 주식 애널리스트들과 방송이 더 많이 다루어 주기 때문에, 투자자들이 더 높은 수요를 보인다고 주장해왔다. 또한 그들은 대기업은 덜 위험하고 대기업 주식은 더 유동적이기 때문에, 자본비용이 적다고 이야기한다. 더 높은 수요와 낮은 자본비용은 시장에서의 더 높은 가치평가로 이어져야 한다.

그러나 기업이 일정한 규모가 되고 나면 이것은 더 이상 중요하지 않다. 기준은 대략 시가총액 $2억 5천만에서 $5억의 범위에 걸쳐있다.[30] 예를 들어, 해당 범위 이하에서만 더 높은 자본비용에 대한 징후가 있다. 기업이 $1억, $5억 또는 그 이상의 시가총액을 가지는지 여부는 시장에서의 상대적인 가치평가에 있어서 중요하지 않다.

기업의 규모가 ROIC나 성장률에 미치는 효과에 있어서도 마찬가지다. 대부분의 사업에서 규모의 경제는 어느 정도 규모까지만 차이를 만들어 낸다. 대기업들(그리고 중견기업들)은 일반적으로 그러한 규모의 경제에서 얻을 수 있는 최대한의 이익을 이미 달성하였다. 예를 들어 FedEx나 UPS 같은 포장배송 기업들은 낮은 한계비용으로 쉽게, 더 많이 배송할 수 있다고 여겨진다(비행기와 트럭들이 이미 준비되어 있다). 그러나 이러한 기업들의 배송망은 세밀하게 조정되며 유휴 능력의 최소화에 최적화되어 있다. 따라서 10%만큼 배송능력을 늘리는 데는 사실 10% 이상의 비행기와 트럭을 더 필요로 할 것이다.

대부분의 기업에서 규모만 키우는 것은 더 이상 자동적으로 성과 개선을 가져오지 못하고, 단지 더 많은 복잡성만 만들어낼 뿐이다. 성장은 때로는 더 많은 사업단위를 추가하고 지리적으로 확장하는 것을 말하는데, 이것은 기업의 명령계통을 확장시키고 모든 결정에 더 많은 사람이 관여하게 만든다. 반대로 기업이 더 작고, 더 민첩할수록 더 낮은 비용으로 일을 처리할 수 있다. 규모가 도움이 될 것인지 해가 될 것인지, 기업의 크기가 규모의 경제를 실현하는지 아니면 규모의 불경제를 실현하는지 여부는 개별 기업 고유의 상황에 의존한다.

---

30 R. McNish and M. Palys, "Does Scale Matter to Capital Markets?" *McKinsey on Finance* (Summer 2005): 21–23 참조.

시장역학에 대한 오해

기업들이 자사주를 주요 시장지수에 포함시키거나, 복수의 시장에 상장시키거나, 또는 액면분할 함으로써 근본적인 현금흐름의 개선 없이 주주들을 위한 이익을 잡아낼 수 있다는 통념은 오래전부터 있었다. 사실, 아시아의 신흥시장에 속한 기업이 미국 주식시장에 상장되거나 잘 알려지지 않은 유럽 기업이 유명한 글로벌 주식지수에 포함되는 것은, 주목할 만한 상승을 가져다 줄 수도 있다. 하지만 제대로 작동하는 자본시장은 전적으로 현금흐름과 매출성장의 펀더멘탈에 집중한다.

시장지수 편입(Index Membership)

S&P 500이나 FTSE 100과 같은 주요 지수에 편입되는 것은, 많은 대형 기관 투자가들이 이러한 지수를 추적하기 때문에, 경영진의 관심을 끈다. 경영진은 기관투자가들이 지수 멤버십의 변화를 반영하여 포트폴리오를 재조정할 때, 주식 수요가 급격히 증가해 가격을 끌어올릴 것으로 믿고 있다. 일화적인 증거가 이 견해를 확인하는 것처럼 보인다. 2001년 Nortel, Shell, Unilever와 해외의 4개 회사가 S&P 500 지수에서 제외되었고, 이들은 같은 수의 미국 법인으로 대체되었다. 지수에서 빠진 기업들은 발표 후 3일 동안 평균 7.5% 가까이 가치가 떨어졌다. eBay, Goldman Sachs, UPS 등 신규 진입자의 주식 가격은 같은 기간 3% 이상 상승했다.

그러나 경험적 증거는 이러한 변화가 일반적으로 오래가지 못함을 보여준다. 평균적으로, 주요 지수에서 제외된 기업들의 주식 가격은 발표 이후 실제로 하락한다. 그러나 이러한 하락은 한 달 또는 두 달 내로 완전히 회복되었다.[31] 놀랍게도, 지수 편입 효과에 대한 증거는 확실하지 않다. 여러 문헌들에 따르면, 지수 편입 이후 즉시 상승했던 주가는 시간이 지나면 어느 정도 반대로 돌아온다.[32] 우리는 1999년 12월부터 2004년 3월까지 S&P 500에 대한 103개의 신규 편입과 41개의 제외가 이들 기업의 주가에 미치는 영향을 조사했다.[33] 표 7.14에서와 같이, 지수 신규

---

31 H. Chen, G. Noronha, and V. Singal, "The Price Response to S&P 500 Index Additions and Deletions: Evidence of Asymmetry and a New Explanation," *Journal of Finance* 59, no. 4 (August 2004): 1901–1929.

32 L. Harris and E. Gurel, "Price and Volume Effects Associated with Changes in the S&P 500: New Evidence for the Existence of Price Pressures," *Journal of Finance* 41 (1986): 815–830; and R. A. Brealey, "Stock Prices, Stock Indexes, and Index Funds," *Bank of England Quarterly Bulletin* (2000): 61–68 참조.

표 7.14 지수편입 효과는 45일 이후 사라진다.

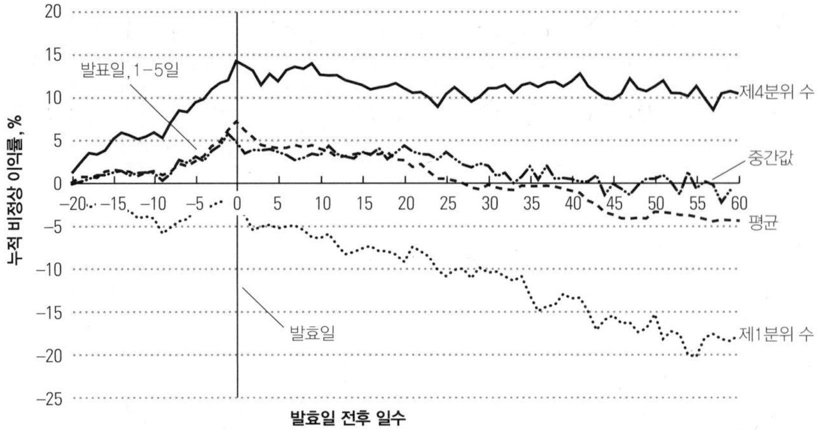

진입 기업은 주식 가격의 단기적 상승만을 경험했다. 통계적으로 유의한 양의 수익률은 20일 후에는 사라져버렸고, 모든 효과는 45일 후에 대부분 사라졌다. 투자자들은 지수변화에 맞춰 포트폴리오를 조정하기 때문에, 새로 편입된 기업의 주가는 처음에 상승하지만 포트폴리오가 조정되고 나면 평상시의 가격으로 돌아왔다. 같은 기간 S&P 500에서 제외된 41개의 기업들로부터, 우리는 일시적으로 주가가 변화하는 유사한 패턴을 발견하였다. 지수에서 제외된 후의 주가에 대한 압력은 2, 3주 후에 사라졌다.

교차상장

수년 동안 많은 학자, 경영진 그리고 애널리스트들은 미국, 런던, 도쿄의 증권거래소에서 주식을 교차상장(cross-listing)한 기업들이 더 높은 주식 가격과 더 낮은 자본비용을 실현할 수 있을 것이라고 믿었다.[34] 교차상장 주식은 더 많은 애널리스트에 의해 분석되고, 더 넓은 주주기반을 가지며, 유동성이 개선되고, 더 높은 지배구조 기준을 충족시키며, 자본 접근성이 향상되는 등 여러 장점이 있다.

그러나 우리의 분석은 미국, 서유럽, 일본 그리고 호주 등 선진 주식시장의 교

33 상세한 내용은 M. Goedhart and R. Huc, "What Is Stock Membership Worth?" *McKinsey on Finance*, no. 10 (Winter 2004): 14–16 참조.

34 예를 들어, C. Doidge, A. Karolyi, and R. Stulz, "Why Are Foreign Firms That List in the U.S. Worth More?" *Journal of Financial Economics* 71, no. 2 (2004): 205–238; and M. King and U. Mittoo, "What Companies Need to Know about International Cross-Listing," Journal of Applied Corporate Finance 19, no. 4 (Fall 2007): 60–74 참조.

표 7.15 미국/영국 거래소로부터의 상장폐지: 선진시장에서의 상장폐지는 기업가치평가에 영향을 미치지 않음

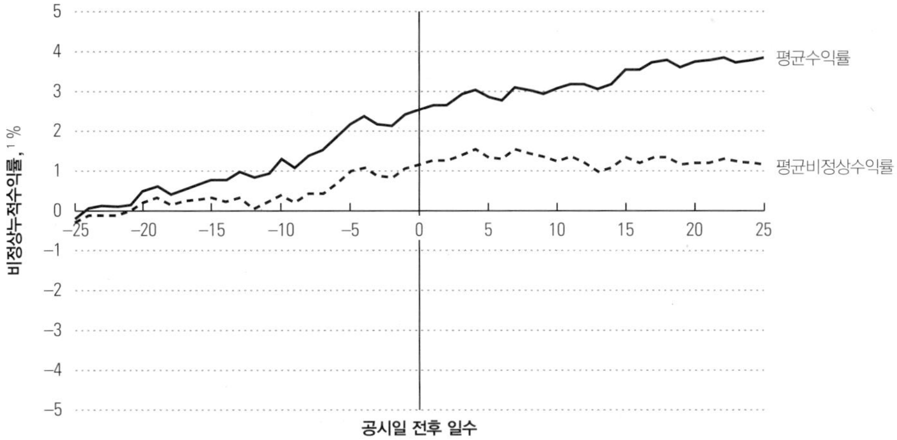

¹ 뉴욕증권거래소, NASDAQ 및 런던국제시장에서 상장폐지 된 224개의 표본, 발표일은 2002년 12월 31일과 2007년 12월 31일 사이

출처: Reuters; Bloomberg; Datastream.

차상장된 회사들로부터의 주주가치에 대해 어떠한 유의한 효과도 찾을 수 없었다.[35] 우리는 미국과 영국 증권거래소에서 상장폐지가 발표되었을 때, 주식 가격 하락이 없음을 확인했다(표 7.15).[36] 사실, 우리의 표본에서 대부분의 발표는 애널리스트와 투자자들의 어떠한 반응도 만들어내지 못했다. 우리는 투하자본이익률 차이를 보정한 이후, 교차상장을 전혀 하지 않은 기업 대비 뉴욕과 런던 주식시장에 교차상장한 기업의 가치평가 프리미엄을 전혀 찾을 수 없었다(표 7.16).

사실, 우리는 교차상장으로 인한 이익이라고 간주될 수 있는 어떠한 증거도 찾지 못했다. 규모에 대한 보정을 하게 되면, 교차상장된 유럽 기업들은 교차상장하지 않은 회사들 대비 단지 근소한 수준의 추가적인 애널리스트들의 관심을 받게 된다.[37] 미국의 기관투자자들은, 그들이 투자하고 싶은 외국 기업들에게 미국증시에 상장할 것을 요구하지 않는다.[38] 유동성에 미치는 영향 역시 존재하지 않았는데, 미

35 우리는 2002년부터 2008년 사이 229건의 자발적인 상장폐지에 대한 주식시장 반응을 분석했다.

36 M. Lang, K. Lins, and D. Miller, "ADRs, Analysts, and Accuracy: Does Cross Listing in the U.S. Improve a Firm's Information Environment and Increase Market Value?" Journal of Accounting Research 41, no. 2 (May 2003): 317–345.

37 예를 들어, M. Lang, K. Lins, and D. Miller, "ADRs, Analysts, and Accuracy: Does Cross Listing in the U.S. Improve a Firm's Information Environment and Increase Market Value?" *Journal of Accounting Research* 41, no. 2 (May 2003): 317–345 참조.

38 예를 들어, 미국의 대규모 투자자 CalPERS는 2,400개 정도의 해외 주식 포트폴리오를 갖고 있지만, 그중 미국거래소에 교차상장된 종목의 비율은 10% 미만이다.

표 7.16 미국 교차상장: 선진 시장 기업들의 가치평가에 대한 효과 부재

서유럽, 일본, 캐나다, 호주 및 뉴질랜드의 미국거래소 상장과 비상장 기업

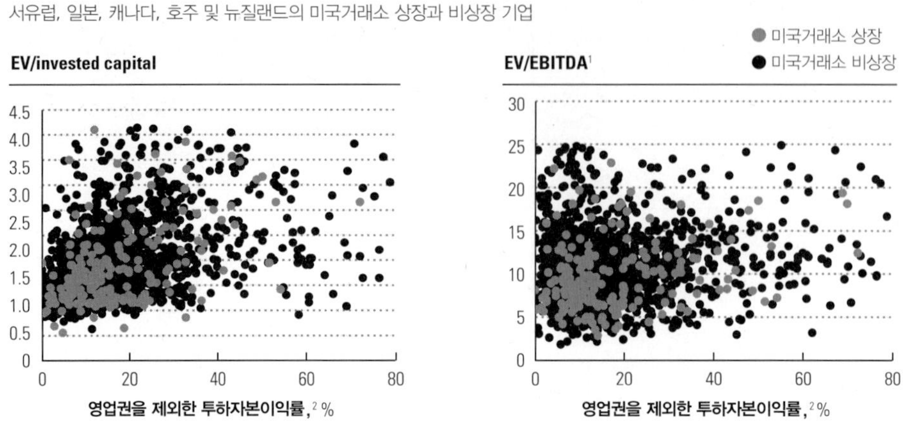

[1] 2006년 기업가치를 2006년 EBITDA로 나눈 것

[2] 2004년과 2006년 사이 평균 ROIC

출처: New York Stock Exchange, NASDAQ, Bloomberg, Datastream, Corporate Performance Analytics by McKinsey.

국에 교차상장된 유럽기업의 주식은-미국예탁증서(ADRs; American Depositary Receipts)-이들 회사 주식 전체 거래량의 3% 미만을 설명할 뿐이다. 선진국의 기업지배구조기준(corporate governance standards)은 미국과 영국의 것으로 수렴한다. 자본접근성 측면에서도 이익이 별로 없는데, 유럽연합에 교차상장된 미국 기업들의 4분의 3은 미국에서 새로운 자본을 끌어들이지 못했다.[39]

그러나 신흥국의 기업들은 이야기가 다르다. 이들 기업들은 미국이나 영국의 주식시장에 교차상장함으로써 새로운 주주를 끌어들이고 더 엄격한 기업지배구조 요구조건으로 인한 이득을 볼 수 있다.[40]

주식 분할

지난 10년 동안 수적으로 크게 줄었지만, 매년 일부 미국 상장회사들은 주식 분할을 통해 발행주식 수를 늘려 기업의 주식 가격을 "최적 거래 구간(optimal trading range)"으로 들어오게 만들었다.[41] 그러나 근본적으로, 주식 분할은 주주에게

39 1970년부터 2008년 5월까지 뉴욕증권거래소(NYSE), NASDAQ, 아메리카증권거래소(AMEX)의 420개의 예탁 증서 기준. Bank of New York Mellon Corporation, www.adrbnymellon.com 데이터.

40 R. Newell and G. Wilson, "A Premium for Good Governance," *McKinsey Quarterly*, no. 3 (2002): 20–23 참조.

돌아가는 파이의 크기를 변화시키지 않기 때문에, 가치를 창출할 수 없다. 예를 들어, 2 대 1 주식 분할을 하게 되면, $5 주식 2주를 보유했던 주주가 $2.50 주식 4주를 보유하게 되는 것이다. 그러나 일부 경영진과 학자들은, 낮은 가격이 자본에 제약을 받는 투자자들에게 해당 주식을 더욱 매력적으로 만들어 수요를 증가시키고 유동성을 개선하며, 주주 수익률을 높인다고 주장한다.[42]

실제로 많은 경우에 주식분할은 분할 이전의 몇 달 동안 양의 비정상 주주수익률을 수반한다(표 7.17 참조).[43] 비정상 주주수익은 분할과는 관계가 없고 단지 자기선택(self selection)과 신호효과(signaling)에 대한 함수일 뿐이다. 자기선택이란 주가의 장기적인 상승으로 인하여 주식분할을 통해 액면가를 낮추려고 하는 기업의 성향을 의미한다.

주목해야 하는 점은, 주식분할 발표 전후의 3일 동안, 3% 정도 수준의 비정상 수익이다.[44] 경영진이 주식분할을 발표하는 것은 경제적 펀더멘탈에 있어 더욱 개선을 기대한다는 신호를 주는 것이기도 하다. 사실, 주식분할 이듬해에, 3분의 2정도의 기업이 기대보다 높은 이익과 배당을 공시했다. 주식분할 이후에 성과개선이 실제로 발생한 경우, 주식시장은 반응하지 않았는데, 이것은 투자자들이 주식분할 발표 시점에 이미 이를 염두에 두고 있었다는 것을 의미한다. 이러한 패턴과 일관되게, 주식분할 다음 해에 기대만큼 성과를 개선하지 못한 기업들은 주가가 하락했다.[45]

---

41 R. D. Boehme and B. R. Danielsen report over 6,000 stock splits between 1950 and 2000: "Stock-Split Post-Announcement Returns: Underreaction or Market Friction?" *Financial Review* 42 (2007): 485–506. D. Ikenberry and S. Ramnath report over 3,000 stock splits between 1988 and 1998: "Underreaction to Self-Selected News Events: The Case of Stock Splits," *Review of Financial Studies* 15 (2002): 489–526.

42 이것이 사실이 아님을 증명하는 충분한 증거가 있다: 분할이후, 거래량은 감소하고, 중계수수료와 매매가격차이(bid-ask spread)는 증가했는데, 이는 낮아진 유동성을 의미한다.

43 E. Fama, L. Fisher, M. Jensen, and R. Roll, "The Adjustment of Stock Prices to New Information," *International Economic Review* 10 (1969): 1–21.

44 어떤 연구자들은 분할발표 전후의 짧은 기간에 대해서 뿐만 아니라, 분할이 발생한 전체 년도에 대해서 양의 이상수익률을 보고했다. 그들은 주식분할에 대해서 둔감하게 반응한 것에 대해서 시장이 비효율적이라고 결론을 내렸다. Ikenberry and Ramnath, "Underreaction to Self-Selected News Events." Others find that these abnormal returns do not lead to any arbitrage opportunities and that the market is efficient; see Boehme and Danielsen, "Stock-Split Post-Announcement Returns"; and J. Conrad and G. Kaul, "Long-Term Market Overreaction or Biases in Computed Returns?" *Journal of Finance* 48 (1993): 39–63 참조.

45 Fama et al., "Adjustment of Stock Prices 참조.

표 7.17 주식분할 전후의 누적 비정상 수익률

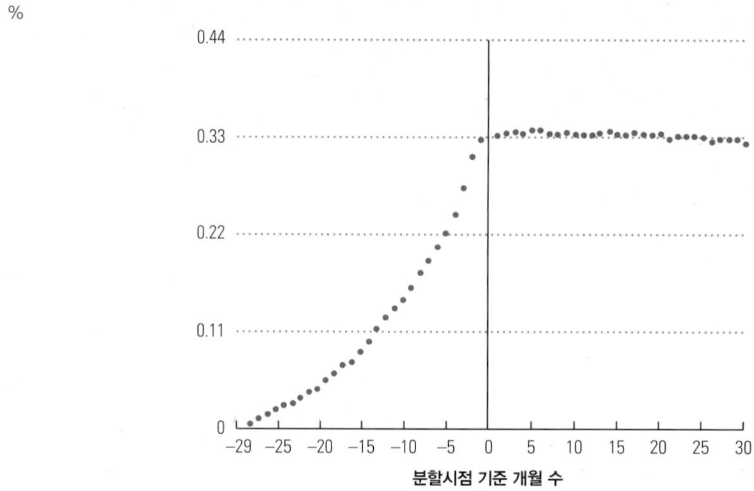

출처: E. Fama, L. Fisher, M. Jensen, and R. Roll, "The Adjustment of Stock Prices to New Information," *International Economic Review* 10 (1969): 1–21.

가치배분에 대한 오해

경영진이 갖는 또 다른 착각은 자사주매입과 배당이 주주가치를 창출한다는 것이다. 이런 견해는 특히 자사주매입의 경우에, 주주들에게 더 많은 현금을 돌려주라는 투자자들로부터의 사적 및 공적 수요 모두에 의해서 강화되는 경우가 많다. 만약 당신이 투자자의 요구를 깊이 이해하게 되면 당신은 투자자들이 더 많은 현금을 배당 받길 원한다는 것을 이해하게 될 것인데, 이는 현금배당이 그 자체로 가치를 창출하기 때문이 아니라, 기업들이 자신의 가치를 파괴하는 투자에 초과현금과 차입능력을 낭비하는 것을 투자자들이 우려하기 때문이다. 그들은 현금 배당을 기업의 현금 사용을 제한하는 방법으로 생각한다.[46]

더 중요한 것은 기업이 현금흐름을 발생시킬 때, 가치를 창출한다는 점이다. 이러한 현금흐름을 단순히 주주들에게 분배하는 것은 추가적인 가치를 창출할 수 없다. 주주배분을 추가적 가치 창출로 인정하는 것은 이중 계산(double counting)이 될 수 있으며 이는 물리학의 질량보존법칙(conservation of matter)의 원리를 위반하는 것과 비슷하다고 볼 수 있다.

그렇다면 자사주매입이나 배당을 실시한다고 발표했을 때 기업의 주가가 종종

---

46 예를 들어, M. Goedhart and T. Koller, "How to Attract Long-Term Investors: An Interview with M&G's Aled Smith," *McKinsey on Finance* 46 (Spring 2013): 8–13 참조.

오르는 것은 무슨 까닭인가? 몇몇 경우에, 투자자들은 배당금 증가에 대해서 경영진이 높은 배당수준을 약속할 수 있을 만큼 미래 현금흐름 창출에 자신이 있음을 나타내는 신호로 해석한다. 또한, 투자자들은 경영진이 가치를 파괴하는 투자에 현금을 낭비할 개연성이 줄어들 때, 안심을 하게 된다. 결과적으로 투자자들은 미래 현금흐름에 대한 기대치를 올리게 된다. 이러한 기대가 충족되지 않으면 기업들의 주가는 추후에 하락하게 된다.

배당과 자사주매입은 단지 회사경영에 의해 창출되는 현금을 배분하는 수단에 불과하다. 게다가 33장에서 논하겠지만, 기업의 현금배당에 대한 결정이 기업의 투자결정에 선행하거나 영향을 주어서는 안 된다. 현금배당은 투자 수요, 자금조달 기회 및 선호 위험 수준 등과 맞아 떨어져야 하는 기업의 자본 배분(capital allocation)의 핵심적인 부분이다.

요약

주식 가격의 급격한 변동은 때때로 금융 실무자들로 하여금 그동안 확립된 가치평가 이론이 무의미하며, 주식시장이 경제성장과 사업수익성과 분리된 삶을 살고 있다는 생각을 하게 만들었지만 우리는 이에 동의하지 않는다. 개별 기업과 주식시장 전반에 대한 가치평가 수준이 자본수익률 및 성장률 측면에서 근본적 성과를 명백하게 반영하고 있다는 강력한 증거가 있기 때문에 그렇다. 가치평가가 펀더멘탈에서 벗어나는 경우가 있기는 하지만, 일반적으로 이러한 상태는 오래 지속되지 않는다. 증거들은 또한, 경영진과 재무 전문가들이 주장하는 일부 신념들이 가치평가의 기본원칙과 일관되지 않으며 또한 잘못되었다는 것을 보여준다.

우리는 또한 경영진이 종종 지나치게 이익과 이익성장률에 초점을 맞춘다는 사실을 발견했다. 이익은 그 자체로 가치를 창출하는 것이 아니다. 오직 현금흐름만이 가치를 창출한다. 매력적인 성장률과 투자자본 수익률을 가진 기업들도 좋은 이익을 창출할 것이다. 시장은 자사주매입이나 충분한 자본수익률을 얻게 해주지 못하는 인수합병 등에 의한 이익 증가와 같이, 단단한 펀더멘탈에 의해 뒷받침되지 않는 이익에 대해서 충분히 이해하고 있다. 경영진은 자산 감액이나 회계기준 변경 등과 같이 수익을 감소시키는 비경제적 이벤트에 대해 신경을 써서는 안 된다. 그들은 또한 이익유연화나 단기적으로 합의된 이익 전망치를 충족시키는 것에 대해서 고민해서도 안 된다.

마지막으로, 기업의 경제적 성과와 무관한 기준을 바탕으로 시장에서 기업을 어떻게 평가하는지에 대한 수많은 오해들이 생겨났다. 그 어떤 것도 정교한 분석에 의한 검증이 이루어지지 않았다. 다각화, 교차상장, 그리고 규모 그 자체를 위한 규모 확장에 따른 가치 프리미엄은 존재하지 않는다. 반대로 대기업할인은 발생하지 않으며, 다각화된 기업들에 대한 실적 할인만 있을 뿐이다. 배당금과 자사주매입은 가치를 창출하지 못하지만, 경영진이 미래 투자에 대한 절제된 관리를 할 것이라는 신호를 보낼 경우, 주식시장은 긍정적으로 반응한다.

8장

투하자본이익률 (ROIC)

3장에서 설명했듯이 기업은 투하자본이익률(ROIC; Return on Invested Capital)이 높아질수록, 그리고 ROIC를 자본비용보다 높게 유지시켜 나갈수록 더 큰 가치를 창출할 수 있게 된다. 따라서 ROIC를 창출하고 유지하는 요인들을 예측하고 이해하는 것은 모든 전략적인 투자 결정에 있어 매우 중요하다.

그렇다면 특정 기업들은 어떻게 다른 기업들보다 더 높은 ROIC를 유지하고 있을까? IT산업이 호황을 누리던 2000년 무렵 시장에 새롭게 진출했던 eBay와 Webvan의 차이점을 살펴보자. eBay의 시가총액은 1999년 11월 당시 $230억에 달하는 반면, Webvan은 시가총액이 $80억에 불과하였다. 또한 eBay는 시장 진출 이후 사업이 지속적으로 번창한 반면, Webvan은 시장에서 빠르게 사라졌는데, 이것은 그들 각각의 ROIC에 내재된 전략의 의미를 생각해본다면 결코 놀라운 일이 아니다. 그 이후로 몇 년간 eBay는 부흥했다. 2015년에 자회사 PayPal을 분사시킬 때는 시가총액이 $700억에 다다랐다. 2018년 중에는, eBay와 PayPal의 시가총액을 합산한 값이 $1600억을 넘었다. 반면, Webvan은 몇 년 후 부도가 나고 청산되어 사라졌다. 이러한 이유를 이해하기 위해선, 이 기업들 각각의 ROIC에 내재된 전략의 의미를 살펴보아야 한다.

eBay의 핵심 사업은 온라인경매로, 구매자와 판매자 간에 거래가 체결될 때마다 일정한 수수료를 지급받는 사업이다. 이 사업은 재고나 매출채권이 발생하지 않으며, 투하자본 또한 소규모에 불과하다. 일단 사업이 시작되어, eBay를 활용하는 구매자들이 늘어나면 판매자들 또한 늘어나게 되고, 이는 또 다시 더 많은 구매자들을 eBay로 끌어들이는 선순환이 형성된다. 게다가 이러한 구매자 또는 판매자들을 추가적으로 더 유치하는데 필요한 한계비용은 사실상 없다. 경제학자들은 이러한 eBay와 같은 사례가 규모의 경제를 잘 보여주고 있다고 말한다. 규모의 경제가 적용되는 사업에서는 경쟁자 중에서 가장 먼저 크게 성장하는 기업이 높은 ROIC를 창출하게 되고, 결과적으로 시장에서도 높은 가치를 창출하게 된다. 만약 eBay처럼 사업이 여러 분야로 뻗게 된다면, 그 잠재 가치는 더욱 거대해진다.

Webvan은 캘리포니아에 기반을 둔 온라인 식료품 배달 회사였다. eBay와 달리 Webvan은 도매창고, 트럭, 재고 등의 상당한 초기 투하자본이 필요한 자본집약적인 사업모델을 갖고 있었을 뿐만 아니라, 매우 작은 마진에 제품을 팔고 있는 소매식료품점과도 경쟁 관계에 있었다. 정확한 시간 내에 제품을 직접 고객에게 배달해야 하는 사업의 특성과 그로 인한 비용지출은 무점포 운영으로 비용절감효과를 얻고자 했던 Webvan의 노력을 상쇄시켰으며, 결과적으로 Webvan의 사업은 규모의 경제 효과를 누릴 수 없었다. 즉 수요가 늘어나면 늘어날수록 더 많은 도매 직원, 트럭, 그리고 운전기사를 필요로 하게 되었기 때문이다.

이로 미루어보아 eBay는 사업초기부터 견고한 사업모델과 높은 수익률을 낼 수 있는 경쟁우위를 갖고 있었던 반면 Webvan은 다른 식료품 가게에 비하여 이렇다 할 경쟁우위가 없었다. eBay의 전략은 성공을 향해 달려가고 있었던 반면 Webvan의 전략은 실패를 예고하고 있었던 것이다. 이로 인해 온라인 식료품 사업은 다른 온라인 소매업보다 훨씬 어렵다는 것이 밝혀졌다. 예를 들어, Amazon Fresh는 인구밀도가 높은 거대도시 밖으로 사업을 확장하지 못하고 있다. Amazon이 2017년에 Whole Foods를 인수했던 것이, 식료품 사업에서는 기성 업체를 이기기 힘들다는 것을 증명한 것이다.

ROIC의 중요성은 모든 영역에서 공통적이다. 기업에 적용됨은 물론 기업 내의 사업에도 적용된다. 일례로, Amazon은 소매업 모델 내에서 온라인 플랫폼을 이용해 제3자 판매자들로부터 막대한 수익을 얻는다. 제3자 판매자의 플랫폼 판매량은 규모의 경제를 실현시켜 Amazon의 직접 판매 매출보다 훨씬 높아졌다. 플랫폼 판매는 투자되는 자본이 적고, 추가로 발생하는 거래에 Amazon이 내야 하는 한계 비용 또한 적으므로, Amazon의 가치창출에 플랫폼 매출은 중요한 요인이 되었다.

이번 장에서는 ROIC와 산업구조 및 경쟁행위의 결과로 만들어지는 경쟁우위의 관계에 대해 살펴본다. 경영전략이 경쟁우위를 어떻게 창출해내며 궁극적으로 ROIC가 어떻게 창출되는지에 대해, 그리고 어떠한 요소들이 ROIC를 유지시켜 나가는지를 알아보고 이를 통해 어떤 기업은 50%의 ROIC를 달성하는 반면 어떤 기업은 왜 10%의 ROIC밖에 달성하지 못하는지 논의해보겠다. 이 장의 결론에서는 지난 55년간의 산업별 ROIC 추세를 제시하고, 산업별로 ROIC가 어떤 차이를 보이는지 그리고 그것이 시간이 지남에 따라 어떻게 변동되는지 살펴보자.

ROIC의 창출요소

전략, 경쟁우위, 그리고 ROIC의 상호 연관성을 이해하기 위해서는, 다음과 같은 ROIC 수식을 살펴볼 필요가 있다.

$$\text{ROIC} = (1 - \text{세율})\,\frac{\text{단위당 가격} - \text{단위당 원가}}{\text{단위당 투하자본}}$$

세후영업이익(NOPAT: net operating profit after taxes)을 투하자본으로 나눈 전형적인 산식과 달리, 위 식은 ROIC를 단위당 가격, 단위당 원가, 단위당 투하자본 등의 단위개념으로 계산하고 있다.[1] 만약 회사가 경쟁우위를 가지고 있다면, 회사는 제품의 가격에 프리미엄을 붙이거나 제품을 더욱 효율적으로(더 낮은 원가를 투입하거나, 더 작은 자본을 투하하거나) 생산할 것이기 때문에, 더 높은 ROIC를 창출해 낼 것이다. 기업의 경쟁우위는 사업 전략과 소속된 산업군에 따라 달라진다.

구조-행위-성과 모형(SCP 모형; Structure-Conduct-Performance framework)은 경쟁우위와 ROIC의 창출요소들을 분석함에 있어서 기초가 되는 전략적인 모델이다. 이 모형에 따르면 산업의 구조는 경쟁회사들의 행위에 영향을 주고, 결국 다른 회사들의 성과에도 영향을 미치게 된다. 이 모형은 원래 1930년대 Edmund Mason에 의해 개발되었지만, Michael Porter가 회사의 경영전략에 적용하여 Competitive Strategy(Free Press, 1980)를 출판하기 전까지는 크게 영향력을 미치지 못했다. 자원기반접근(Resource based approach)와 같이 SCP 모델을 변용하거나 확장하는 모델도 있었으나,[2] Porter의 모형이 전략을 설명하는 데에는 여전히 가장 많이 쓰인다.

Porter에 따르면 산업에서의 경쟁의 강도는 다음과 같은 5가지 요인에 의해 결정된다. 신규 진입에 따른 위협, 대체재의 압력, 구매자의 협상력, 공급자의 협상력, 그리고 기존 기업간 경쟁의 5가지 요인이다. 따라서 회사들은 경쟁우위 달성을 위한 적절한 전략을 선택하여 위와 같은 요인들을 완화시키거나 변화시켜 높은 수익성을 달성할 수 있어야 한다. 이 5가지 요인은 산업별로 다르며 동일한 산업 내에서도 회사들은 서로 다른 전략을 추구할 수 있기 때문에 산업간, 그리고 산업 내에

1 가격, 비용, 그리고 수량에 대해 알아보기 위해 여기서는 단위라는 개념을 제시하였다. 하지만 이러한 수식은 제품 제조에 있어선 구체적이지 못하다. 단위는 청구한 시간 수, 진료한 환자 수, 진행된 일 등에 대한 것으로 나타낼 수 있다.

2 다음의 예를 참고하라. J. Barney, "Resource-Based Theories of Competitive Advantage: A Ten-Year Retrospective on the Resource-Based View," *Journal of Management* 27 (2001): 643–650.

표 8.1 기업 수익성: 산업에 따라 좌우

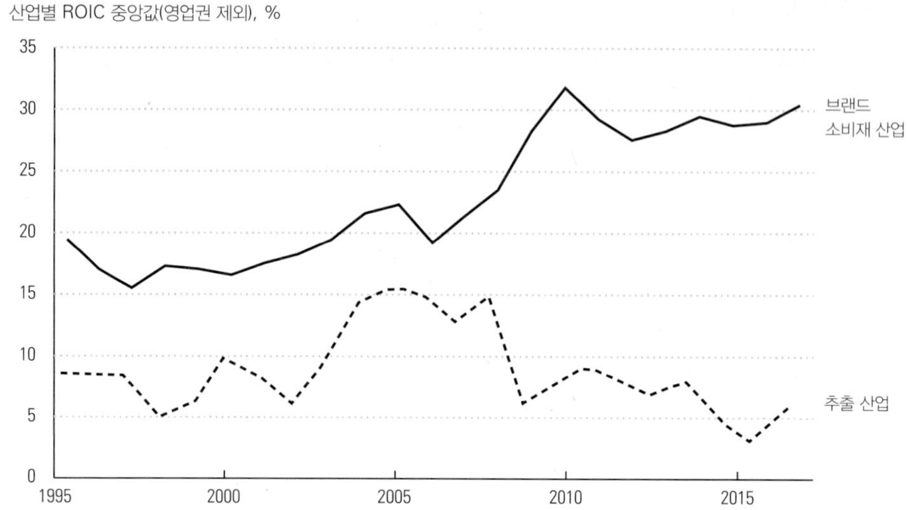

출처: 기업성과분석(McKinsey)

서도 ROIC들은 상당한 차이를 보일 것이다.

표 8.1은 ROIC에 있어 산업구조의 중요성을 강조하고 있다. 이 표는 지난 20년 동안 소비재 산업과 탐사산업(광산, 석유 및 가스) 등 두 분야에서의 ROIC를 보여주고 있는데, 소비재 산업의 ROIC가 탐사산업의 ROIC와 대비하여 지속적으로 높은 값을 가진다. 또한, 추출 산업 내 회사들의 ROIC의 변동성은 매우 큰 편이다.

이러한 산업 간의 실적차이는 주로 경쟁구조의 차이에서 기인한다. 소비재산업에서 Nestlé, Procter & Gamble이나 Unilever와 같은 기업들은 장기간 지속될 수 있는 브랜드를 발전시켜 새로운 경쟁사들이 진입하기 어렵도록 진입장벽을 구축하였다. 이러한 이점을 무기삼아 이 기업들은 새로운 경쟁사들이 도전해옴에도 불구하고 자본이익률을 1993년의 20% 수준에서 20년 후엔 30% 이상으로 상승시킬 수 있었다. Harry's사와 Dollor Shave Club사[3]와 같은 Procter & Gamble 회사의 면도 사업부인 Gillette가 실제로 마주했던 경쟁자들을 실제 예로 들 수 있다.

탐사 산업에선, 모든 회사의 제품은 거의 동일하기 때문에(약간의 품질차이가 있을 뿐 철광석은 철광석일 뿐이다), 가격이 전반적으로 균일하다. 게다가 모든 회사들이 추출을 위한 자본 집약적인 과정을 필요로 한다. 이런 이유로 산업 내 평균

3 Unilever는 Dollar Shave Club을 2016년에 취득하였다.

기업은 경쟁우위를 가지지 못하고 ROIC 또한 지난 20년간 9% 내외에 머무를 뿐이었다. 2005년까지 몇 년 동안 코모디티(commodity)[4] 가격이 장기간 상승한 경우와 마찬가지로 수요와 공급의 불균형이 제품 가격과 ROIC의 주기(cycle)로 이어질 수 있다는 점은 주목할 가치가 있다. 결국 경쟁으로 인해 다시 원래의 평균적인 저ROIC 수준으로 돌아간다.

동일한 산업 내에서도 기업들의 ROIC가 많은 차이를 나타내는 것을 보면 절대로 산업구조가 ROIC를 결정짓는 유일한 요소는 아니다. 자동차 산업을 예로써 살펴보자. 자동차 산업은 오랜 기간 동안 과잉설비의 문제를 안고 있다. 그러나 낮은 수익률에도 불구하고 시장에 기업이 새롭게 진입하거나(한국 기업의 미국/유럽 시장 진출이 좋은 예이다), 신기술이 등장하기도 한다. 더구나 어떤 기업들은 노조가 등장한 공장을 폐쇄하려 하니, 업계의 과잉설비 문제가 어떻게 수익을 낮추는지 알기 쉽다. BMW와 같은 소수의 기업만이 프리미엄 브랜드와 높은 품질로 높은 가격을 받아 타 업체에 비해 높은 수익을 얻을 수 있다. 다른 예로 경쟁이 치열해 자본비용과 비슷하거나 가끔은 낮은 수익을 내는 유럽 항공사 업계가 있다. 그럼에도, Ryanair는 소규모 공항을 잇는 항로로 업계 최하 수준의 가격을 고집하는 전략을 통해 높은 수익을 얻고 있다.

마지막으로, 산업 구조와 경쟁 행위는 고정된 것이 아니다. 산업구조와 경쟁 행위는 기술 혁신, 정부 규제의 변화, 경쟁사의 진입에 의해 영향을 받으며, 산업 전체에 영향을 줄 수도 있고 단지 몇 개의 기업에만 영향을 미칠 수도 있다. 그렇기 때문에 소프트웨어 산업은 지속적으로 높은 수익률을 올려 나갈 수도 있겠지만, 오늘날의 선두기업들이 20년 전에도 모두 시장 내에서 선도적 기업이 아니었듯이 현재의 선도적인 기업들 또한 20년 후에는 그 위치를 유지하지 못할 수도 있는 것이다.

경쟁우위

표 8.2에 나타났듯 경쟁우위는 10가지 요소의 조합으로 창출된다. 이 중 다섯 개가 기업이 가격 프리미엄을 청구할 수 있도록 하고, 네 개는 비용과 자본 효율성에 기여하며, "네트워크 경제"라고도 불리는 마지막 하나는 가격과 비용 우위를 혼합해 규모의 경제를 만든다. 여기에서 중요한 점은, 이러한 요소들로 인해 발생한 경쟁우위는 기업 전체가 아닌 특정 사업단위와 생산 라인에 적용된다는 사실이다. 따라서 경쟁우위라는 개념이 전략적인 사고에 영향을 미칠 수 있는 수준 역시 이러한

4 코모디티(commodity)란 농업 · 광업의 제1차 상품, 미가공품을 의미함.

표 8.2 경쟁우위 원천

가격 프리미엄	원가 및 투하자본 효율성
혁신적 상품: 복제가 어렵거나 특허 등록된 제품, 서비스 및 기술	**혁신적 사업방법**: 업계 관행에 의해 계약되어진 복제하기 어려운 사업방법
품질: 경쟁 제품 또는 서비스보다 뛰어난 구체적 또는 인지된 차별성에 대해 프리미엄을 지불하려는 고객	**특유 자원**: 원재료 확보와 관련하여 타고난 지리적 특성이 만든 장점
브랜드: 확실한 질적 차별성이 없어도 브랜드에 프리미엄을 지불하려는 고객	**규모의 경제**: 해당 시장관련 효율적 규모 확장형 제품 또는 과정: 적은 추가비용으로 고객 및 생산능력을 추가할 수 있는 능력
충성 고객: 경쟁 제품 또는 서비스로 이전하지 않거나 이전할 수 없는 고객	**확장형 제품 또는 과정**: 적은 추가비용으로 고객 및 생산능력을 추가할 수 있는 능력
합리적 가격 정책: 가격 신호 또는 생산량 관리를 통해 업종 선두기업에 의해 설정된 가격 하한선	

규모에 따른 이익 증가: 규모를 통해 고객에게 증가하는 가치를 제공하는 확장 가능한 제품

사업단위 수준이다. 만약 어떤 한 기업이 독점적으로 스프나 애완견 음식을 판매한다고 하더라도, 그 기업의 개별 사업부문들과 생산라인들은 각각 서로 다른 수준의 경쟁우위 요소를 가질 것이며, ROIC 또한 서로 다르게 나타날 것이다.

가격 프리미엄은 어떠한 종류의 사업에도 훌륭한 ROIC를 제공해 주지만, 상대적으로 비용효율성보다는 창출하기가 어렵다. 따라서 가장 높은 수익률을 가진 사업들과 제품들은 보통 하나 이상의 경쟁우위 요소들을 함께 가지고 있는 경우가 많다.

가격 프리미엄 우위

코모디티 시장에서 기업들은 보통 가격수용자들이다. 즉 이들의 제품은 차별화시키는 것이 어렵기 때문에 사업을 지속하기 위해서는 시장가격에 제품을 팔아야 한다. 기업들이 가격 프리미엄을 붙여 제품을 팔기 위해서는 자신의 제품을 경쟁사들의 것과 차별화시킬 방법을 찾아야 한다. 아래에서 가격 프리미엄을 가능하게 하는 요소들을 살펴보자: 그것은 혁신적인 제품, 품질, 브랜드, 고정고객(customer lock-in), 그리고 합리적 가격정책이라는 다섯 가지 요소이다.

혁신적인 제품 혁신적인 제품과 서비스는 특허에 의해 보호되거나 복제가 어렵거나, 또는 이 두 가지 요건을 모두 갖추어야만 투하자본에 비해 높은 수익을 얻을 수 있다. 혁신적인 제품을 보유하고 있더라도 두 가지 요소 중 하나라도 갖추지 못하였다면, 제품 자체만으로는 높은 수익을 달성할 수 없을 것이다.

제약 회사들이 높은 수익률을 낼 수 있는 이유는 그들이 생산한 혁신적인 제품

들이 복제가 가능하더라도 20년까지는 특허로 보호받기 때문이다. 제약 회사들은 이 특허기간 동안 가격에 프리미엄을 반영할 수 있고 특허 기간이 지난 후에야 비로소 복제약들이 시장에 진입하여 가격하락을 야기할 것이다. 그러나 특허 기간이 만료된 후에도 특허 보유자에게는 "가격 고착성(stickiness)"이 존재한다.

Apple의 iPod MP3 플레이어 시리즈는 특허의 보호는 받지 않지만 복제하기 어려운 혁신적인 제품 라인의 한 예라고 할 수 있다. MP3 플레이어는 Apple이 iPod을 출시하기 전부터 수 년간 시장에 존재해 왔고 모든 경쟁사들은 동일한 핵심기술을 보유하고 있었다. 하지만 iPod은 경쟁사들에 비해 매우 성공적이었는데, 그 이유는 매력적인 디자인과 iTunes를 포함한 사용자 환경이 경쟁제품에 비해 사용하기 편리하였기 때문이다. Apple은 iPhone과 iPad에도 유사한 전략을 적용하였다. 두 제품 모두 디자인과 사용자 인터페이스가 가격 프리미엄의 주요인이었다. 특허의 보호가 없더라도 훌륭한 디자인은 복제하기가 어렵다.

품질 품질이라는 용어는 워낙 널리 사용되기 때문에 이에 대한 명확한 정의가 필요하다. 경쟁우위 및 ROIC와 관련된 내용에서 품질이란 기꺼이 높은 가격을 지불할 만큼 타 경쟁사 제품이나 서비스와 실질적으로 차별되거나 또는 고객들이 그렇다고 인식하는 차이를 의미한다. 예를 들어 자동차 분야에서 BMW는 가격 프리미엄을 갖고 있는데, 이는 소비자들이 BMW의 성능은 그보다 저렴한 자동차보다 뛰어나다고 인식하기 때문이다. 뛰어난 품질을 제공하는데 드는 비용은 가격 프리미엄보다 낮다. 따라서 BMW는 다른 제조사들보다 더 높은 수익률을 얻을 수 있다. Weber와 같은 가전제품 제조사들은 그들의 경쟁제품보다 가격 프리미엄을 받는데, 고객이 그들 제품이 믿을 수 있고, 내구성이 뛰어난 것으로 인지하기 때문이다.

때때로 품질에 대한 인식은 실제 품질의 차이보다 훨씬 더 오랫동안 지속된다. Honda와 Toyota의 경우를 살펴보면(적어도 2009년 Toyota의 리콜 사태 전까지는) 때때로 품질에 대한 인식 차이는 실제 품질의 차이보다 훨씬 더 강력하다. 미국산과 일본산 자동차들은 J.D. Power 조사와 같이, 실제 측정 가능한 품질에 있어 거의 동등함에도 불구하고 일본 기업들은 자신들의 제품에 대해 품질 우위에 따른 가격 프리미엄을 누려왔다. 미국산과 일본산 자동차의 희망 소매 가격이 같을 때, 일본 자동차들은 희망 소매 가격에 근접하게 팔 수 있었지만 미국 제조업자들은 희망 소매 가격에서 $2,000에서 $3,000 정도 낮춰서 팔아야 했다.

브랜드 브랜드에 기반한 가격 프리미엄은 품질에 기반한 가격 프리미엄과 구별하기 어려울 때가 있으며(BMW의 예와 같이) 이 둘은 서로 밀접하게 연관되어 있다. 제품의 품질이 브랜드보다 더 중요할 수도 있지만, 때로는 브랜드 자체가 더 중요한 경우도 있다. 특히 Heineken, Coca-Cola, Perrier, 그리고 Mercedes-Benz와 같이 그 브랜드가 매우 오랜 기간 동안 존재한 경우에는 더욱 그러하다.

포장 음식과 내구소비재는 제품 전체가 아닌 몇몇 제품에 있어서 브랜드가 가격 프리미엄을 가져오는 좋은 사례이다. 아침식사 시리얼과 같은 포장 음식의 경우 고객들은 고품질 브랜드나 자체브랜드 대체품이 있음에도 불구하고 Cheerios와 같은 브랜드에 대해 충성도가 매우 높다. 하지만 육류와 같은 다른 제품 종류에서의 브랜드화는 그다지 성공적이지 않다. 그 결과 시리얼 회사들은 강력한 브랜드 덕분에 30% 정도의 이익률을 얻는 반면 육가공 업체들은 약 15% 정도의 이익률을 얻고 있다.

고정고객(Customer Lock-In) 고객들에게 있어, 한 회사의 제품이나 서비스를 다른 회사의 것으로 대체하는 것이 상대적으로 비용이 많이 든다면 기존의 회사는 가격에 프리미엄을 붙일 수 있게 된다. 이 경우 최초 판매부터는 아니라도 적어도 추가적으로 구입하는 제품이나 지속적으로 이어지는 제품 시리즈, 최초 제품의 업그레이드 버전에서도 적용이 가능하다. Gillette의 면도 용품이 전형적인 예이다. 제조사는 면도기 완제품보다 교체용 면도날에서 더 큰 수익이 난다는 사실을 알았다. 전자제품의 영역에선 무선 음향기기 생산사인 Sonos가 고정고객을 만들고 있다. 일단 고객이 1개 이상의 스피커를 설치했다면, Sonos의 제품과 호환성이 떨어지기에 다른 기업의 제품을 구매할 확률이 낮다는 것이다.

Sonos의 예와 같이 제품이나 서비스의 가격에 비해 높은 전환비용은 고정고객 형성의 강력한 요인이 된다. 예를 들어 인공 관절과 같은 의료 장비는 의사들이 치료 과정에 사용하기까지 사용법을 배우고 익숙해질 시간이 필요하기 때문에 한 번 구입한 의사들을 고정고객으로 확보할 수 있다. 의사들은 특정 도구에 익숙해지면 별다른 중요한 이유가 생기지 않는 한 다른 경쟁사의 제품으로 바꾸지는 않는다. 이와 비슷하게, 단말기의 사용법을 배우는데 상당히 많은 시간을 투자한 은행원과 트레이더들이 다른 시스템을 다시 배우기를 꺼려한다.

합리적 가격 정책(Rational Price Discipline) 경쟁자가 많은 코모디티 산업에서 수요와 공급의 법칙은 가격과 ROIC를 하향조정할 것이다. 이는 화학제품이나 제지와 같이 명백히 코모디티 제품뿐만 아니라 비행기 티켓과 같이 최근에 코모디티 제품과 서비스에도 적용된다. 항공권 가격의 5-10%만 상승하면 항공 산업의 총 손실을 총이익으로 바꿀 수 있다. 하지만 각 경쟁사는 연료비와 다른 비용이 상승할 때에도 가격을 내려서 빈 좌석을 채우려는 유혹을 받게 된다. 최근 몇 년간, 미국 항공사들은 좌석 수를 늘리는 데 신중을 기해왔으며, 그 결과로 합리적인 가격대에 기업을 운영하여 훌륭한 자본수익률을 창출하는 데에 성공했다. 반면, 유럽 항공사들은 아직 강한 가격경쟁에 부딪히고 있으며 자본비용을 넘는 자본수익률을 얻기도 힘들어하는 상황이다.

때때로 기업들은 경쟁의 규칙을 깨지 않으면서도 경쟁의 압박을 극복하고 합리적인 수익률을 얻는 가격으로 결정하는 경우가 있다(보통 15%를 넘진 않지만). 예를 들어 오랫동안 미국의 거의 모든 부동산 중개인들은 그들이 판매한 집 가격에 대해 6%의 중개수수료를 받았다. 다른 경우에서는 규제정책들을 통해 정부가 한 산업의 가격을 통제한 사례도 있다. 1990년대까지 유럽의 항공료는 매우 높았는데, 그 이유는 대부분의 국가에서 외국 항공사는 국내 항공사에 비해 더 심한 규제를 받았기 때문이다. 그러나 1997년 정부에 의해 시장 규제가 풀어지면서 항공료는 폭락했다.

합리적이고 합법적인 가격 하한 정책은 일반적으로 한 경쟁사가 선두를 달리고 다른 경쟁사들이 선두 기업의 가격 변동을 빠르게 모방하는 방식으로 진행된다. 여기에 신규로 진입하는 경쟁사에 대한 진입장벽도 존재하여야 하고, 각 경쟁사들은 기존 물량에 대한 이윤감소분이 새로운 판매로부터 획득한 추가 이윤보다 큰 상황을 이겨낼 수 있을 만큼 규모를 가져야 한다. 만약 경쟁사가 소규모여서, 낮아진 가격으로 인해 줄어드는 수익보다 추가 매출로 인해 얻어지는 수익이 더 많은 상황이 발생한다면 가격 하한 정책은 유지되기 어렵다.

최저가격을 유지하려는 기업들의 노력은 대부분 실패한다. 제지 산업을 예로 들어보자. 1990년에서 2013년 사이 제지회사들의 ROIC는 평균 10% 미만이었다. 제지 산업은 이러한 문제를 스스로 일으켰는데, 제지에 대한 수요와 가격이 상승한 후 모든 제지회사들이 일시에 시설투자를 했기 때문이다. 상당한 규모의 새로운 시설투자가 동시에 시작되었고, 그 결과 수요와 공급의 균형이 깨져 가격과 수익률이 낮아지게 되었다.

심지어 카르텔(대부분의 국가에서 불법임)들도 가격 수준을 유지하는 데에 어려움을 겪는데, 이는 각 카르텔 구성원들이 가격을 낮춰 더 많은 고객을 유치함에 따라 받는 보상이 크기 때문이다. 이러한 소위 무임승차(free-rider) 문제 때문에 세계에서 가장 크고 유명한 카르텔인 석유 수출국 기구(OPEC; Organization of Petroleum Exporting Countries)조차도 장기간에 걸친 가격 수준의 유지는 어려울 수밖에 없는 것이다.

원가와 자본 효율성 우위

이론적으로 비용과 자본효율성은 별개의 경쟁적 우위다. 원가효율성은 경쟁사보다 더 낮은 원가로 제품과 서비스를 판매할 수 있는 능력이다. 자본효율성은 경쟁사보다 투하자본의 달러 당 제품을 더 많이 판매하는 것이다. 실무적으로 이 둘은 분리하기 어려운 공통된 동인을 갖는 경향이 있다. (회사가 제조분야를 아시아로 아웃소싱한 것은 원가효율성 때문인가 아니면 자본효율성 때문인가?) 따라서 우리는 이어지는 다음의 4가지 경쟁적 우위 요인을 원가와 자본효율성 모두로부터 기인한 것이라고 보아야 한다.

혁신적인 사업 수단 기업의 경영 방법은 생산, 유통, 그리고 고객과 상호작용하는 패턴들의 조합이다. 대부분의 생산 방법은 모방될 수 있지만 어떠한 특정 요소들은 모방하기 어렵다. 예를 들어 Dell은 초반에 PC를 만들고 유통하는 새로운 방식을 개발했다. Dell은 고객들에게 직접 판매를 했고 재고가 거의 남지 않도록 제품을 관리했으며, 저비용으로 수많은 공급처로부터 규격화된 부품을 구매하여 제품을 조립하는 방식을 택했고, 제품의 배송과 동시에 고객들로부터 대금을 받았다. 반면에 당시 시장에서 막강한 경쟁사였던 Hewlett-Packard와 Compaq은 대량생산체제를 갖추고 있었고 소매업자들을 통해 판매하였다. 경쟁사들이 소매업자들과의 마찰과 생산 과정을 재설계해야 하는 어려움을 겪는 반면 Dell은 원가와 자본효율성을 통해 이들보다 훨씬 더 높은 ROIC를 초반에 창출해냈다.

흥미롭게도 시간이 지나면서 수요 판매 제품이 데스크탑에서 노트북으로 넘어가자 Dell의 성공 공식은 무너졌다. 노트북 컴퓨터는 좀 더 정교한 부품 사양을 필요로 하며 어떤 경우에는 납품업자들이 Dell을 위해 특별히 만든 전용부품들만을 사용해야 했다. 모든 부품들이 정확히 맞아 떨어져야 하기 때문에 Dell은 납품업자들로부터의 지원을 더욱 필요로 하였고, 따라서 원가만을 근거로 다른 납품업자로 변경하겠다고 협박하는 방식으로는 그들을 압박할 수 없었다.

스웨덴의 IKEA 또한 혁신적인 사업 수단으로 얻은 우위의 예이다. IKEA는 전 세계 가구 업계의 디자인, 생산, 유통, 판매까지 모든 영역에 혁신을 불러일으켰다. 자가조립 가구라는 개념으로 생산/저장 비용을 줄였다. 디자인 부서와 생산 부서의 긴밀한 협조로 상품 개발 비용과 시간을 최소화하였다. 원자재 사용을 제한하여 생산 비용을 줄였다. 상품들이 표준 포장 규격에 맞아 들어가므로 자동화 유통 시설이 매우 효율적이다. 매장들은 표준화되어있으며 고객이 포장된 상태의 상품을 고객들이 바로 가져가므로 인건비도 적다. 이 모든 것이 소비자 선호에 맞게끔 세심하게 조정되어있다. 이것이 바로 IKEA가 2018년 기준 50개 국가에 매장이

400개가 넘는, 세계 최대의 가구 소매 기업이 된 이유다.

특유 자원(Unique Resources) 때로 기업은 모방할 수 없는 독점적인 자원에 대해 접근 권한을 가질 수 있으며 이 점은 기업에게 엄청난 경쟁우위를 제공한다. 일반적으로, 북미의 금광의 수익률은 남아프리카 금광의 수익률보다 높은 편인데, 그 까닭은 광석이 지표근처에 분포되어 있기 때문에 적은 비용으로도 추출이 용이했다. 낮은 추출 비용은 북미광산의 높은 수익률의 주요 동인이다. (높은 투자비용에 의해 그 효과가 일부 상쇄되기도 한다.)

시베리아 북부에 위치한 Norilsk Nickel의 니켈 광산 예를 살펴보자. 캐나다와 인도네시아의 광산에서 생산되는 니켈과 비교하면, Norilsk의 니켈 광석에는 팔라듐과 같이 가치 있는 금속이 더 많이 포함되어 있다. 즉 Norilsk는 광석에서 니켈뿐만 아니라 가격이 높은 팔라듐 또한 얻을 수 있는 것이다. 결과적으로 시베리아의 광산이 다른 니켈 광산들에 비해 높은 수익률을 창출한다.

특유 자원을 얻는 데 있어 지리적 위치는 때때로 중요한 역할을 한다. 당연한 말이지만 대부분의 주요 항구와 항공들이 성공한 이유는 그 위치에 있다. Rotterdam Authority 항구는 유럽에서 가장 교통량이 많은 강인 라인강과 가장 큰 경제력을 지닌 국가인 독일을 북해의 무역망으로 연결시켜주기 때문에 유럽 내 가장 큰 항구가 되었다. 지리적 위치는 이러한 인프라 기업에만 이득을 주는 것은 아니다. 일반적으로 제품의 배송료가 제품의 가치보다 상대적으로 높을 때에는 고객들과 가까운 생산자가 독점적인 이점을 갖는다. 중국은 현재 철광석의 최대 소비국이다. 남미의 광산들은 호주의 철광산에 비해 높은 수송비용이 든다는 단점이 있고, 이로 인해 남미의 광산은 호주 광산보다 낮은 수익률을 보인다.

규모의 경제 규모의 경제라는 개념은 규모에 자동적으로 호경기가 수반된다는 뜻이 아니다. 규모는 가치에 있어 중요하기는 하지만 보통 국가적 혹은 세계적 시장이 아닌 지방이나 지역적인 수준에서 더욱 중요하다. 예를 들어, 세탁사, 상조사, 심지어는 사무실 렌트 서비스를 하는 기업들에겐 전국에 크게 퍼져있기보단 한 도시에서 사업이 융성하는 게 낫다. 시설과 광고비가 지역에 따라 다르거나, 같기 때문이다. 시카고에서 광고 방송 시간에 내는 비용은 매장이 하나이든 수십 개이든 같을 것이다. 한 도시지역의 방송광고비로 지불하는 금액은 당신이 가게를 하나를 갖고 있든 열 개를 갖고 있든 동일할 것이다. 이와 같은 사례로, 미국의 건강 보험업자들의 이윤을 결정짓는 중요한 요소는 전국적이 아닌, 지역적으로 운영하는 공급자인 병원, 의사들과 가격을 협상하는 능력이다. 지역 시장에서 가장 큰 시장 점유율을 갖고 있는 보험업자는 전국 시장 점유율과는 상관없이 가장 낮은 가격을 협상할 수 있는 위치를 가질 것이다. 다시 말하자면 10개의 주에서 가장 높은 시장 점유율을 갖는 것이 전국 시장 점유율이 1등이지만 모든 주 중에서 4등보다 낫다.

규모의 경제는 규모를 달성하기 위해 투자해야 하는 금액이 매우 커서 경쟁자들이 진입을 포기하는 경우에만 이익을 창출할 수 있다. 예를 들어 UPS와 경쟁하려는 기업들은 먼저 전국 규모의 네트워크를 갖추는 데 막대한 고정비용을 지불한 후에 상당기간 동안 손해를 보면서 운영해야 하고 동시에 타사의 기존 고객들도 빼앗아야 한다. UPS가 새로운 비행기, 트럭, 운전사 등을 도입하여 비용이 지속적으로 증가하더라도 이런 비용은 변동비로써 단계적으로 상승한다. 전국적인 네트워크 건설과 같은 고정비용 발생과는 성격이 다르다. 그러나 이게 업계가 경쟁으로부터 완전히 자유롭다는 뜻은 아니다. Amazon은 몇 년간 자사만의 배송 네트워크를 형성하고 있다. Amazon에게는 규모의 벽을 극복하는 것은 그리 어렵지 않다. 내재적인 수요 덕에 빠르게 충분한 규모에 도달할 수 있었고, 좋은 준비성을 보여주어 선투자를 받을 수 있었기 때문이다.

확장형 제품과 과정(Scalable Product or Process) 확장형 제품이나 과정을 갖는다는 의미는 새로운 고객에게 공급하거나 서비스를 제공하는 비용이 매우 낮다는 것을 뜻한다. 이러한 이점을 갖는 사업들은 보통 그들의 제품과 서비스를 정보 기술(IT)을 이용하여 전달한다. 아주 표준화된 소프트웨어를 제공하는 기업을 예로 들어보자(변형을 거의 필요로 하지 않는 제품이라는 뜻이다). 일단 소프트웨어의 개발이 끝나면, 추가적으로 개발 비용을 더 지불할 필요 없이 많은 고객들에게 판매할 수 있다. 그러므로 증분 판매량 대비 총 매상이 100%까지 올라갈 수 있다. 판매량이 증가하여 상승하는 비용이 보통 영업, 마케팅, 그리고 운영뿐이기 때문이다.

확장형 소프트웨어 업계의 경쟁자들이 마주해야 하는 어려움은 선투자뿐만이 아니다. 소프트웨어 제공사를 변경할 때 고객들에게 비용이 발생하므로, 시장을 선점하고 있는 기업과 비슷한 규모를 실현하기 어렵다. 그렇다고 이 경쟁우위가 영원히 지속되는 것은 아니다. IT 기술에는 계속해서 혁신이 일어나며, 이를 기회로 새로운 경쟁사가 진입할 수도 있기 때문이다. 일례로, 재무/입출금 서비스 업계에선 PayPal과 Ayden같이 새롭게 진입한 기업들이 혁신적인 기술 플랫폼을 이용해 업계의 선두를 확보했다. 구식이 된 조직, 시스템, 프로세스에 묶인 기성 기업들은 이러한 혁신을 흉내 내기가 힘들다.

또 다른 좋은 예는 영화나 TV 방송들을 제작하고 분배하는 미디어 회사들이다. 영화나 TV쇼를 제작하는 것은 제작진, 세트, 배우와 같은 초기 지출을 필요로 하지만, 그 지출액은 해당 영화나 TV쇼를 보고 지불하는 사람의 인원수에 상관없이 고정되어 있다. 광고를 하는 데 있어서 약간의 추가 비용이 있을 수 있고, 영화를 DVD로 만들거나 다운로드 받게 하는 매우 적은 비용이 있을 수도 있다. 하지만 전반적으로 시청자의 수가 증가한다고 해서 비용이 그만큼 상승하지 않는다.

대부분의 IT기반 기업, 또는 IT를 이용하는 기업들은 최근의 클라우드 컴퓨팅 기술 개발로 인해 어느 정도의 확장성을 갖고 있다. 그러나 중요한 것은 사업 시스템의 중요한 부분에 모두 확장성이 있냐는 것이다. 온라인 식료품 배달 서비스를 예로 들어보자. 이 기업들의 등록 식당, 고객, 주문 등은 쉽게 확장될 수 있다. 그러나 최소한 배송비는 지불해야 하므로, 매 주문마다 비용이 발생한다. 이러한 비용은 고객 수와 함께 증가하므로, 사업이 성장할수록 확장성이나 비용 절감에 한계가 생긴다.

네트워크 경제

어떤 확장형 사업 모델은 규모가 커질수록 수익이 커지는 네트워크 경제성을 지니고 있어 자본 대비 수익이 아주 높다. 기업이 고객을 확보하고 성장할수록, 제품의 가격을 내릴 수 있고, 고객에게 그 제품의 가치를 증대시킬 수 있기 때문이다. 이 장의 초반에 언급했던 eBay가 그 예이다. 다른 예들은 Airbnb나 Booking.com 같은 온라인 숙박/여행 업체들이 있다. 이 기업들의 모델은 거래에서 발생하는 비용을 최소화한 모델을 채택하고 있다. 거기에 규모가 있으므로, 이 기업들은 고객과 숙박 제공자들에게 더욱 매력적으로 비추어진다. 그 결과로, Airbnb와 Booking.com은 가격과 비용/자본 효율성에서 경쟁우위를 점할 수 있었다.

이러한 경쟁우위의 원천은 고객이 제품을 바꾸려 할 때 드는 비용이 높을 때 더욱 강력하다. Microsoft와 같은 기업을 예로 들어보자. 해당 기업의 Office 소프트웨어는 매우 낮은 비용으로 온라인 제품, 서비스를 판매할 수 있으므로 운영이 확장성을 띄어, 비용 면에서 이득을 본다. Office는 또한 고객층이 커지면서 가치가 상승하였다. Microsoft는 Office 사용자 사이에 문서 교환을 쉽게 하고 싶거나, 굳이 다른 기업의 제품으로 바꾸는 시간과 수고를 들이기를 꺼려하는 고정고객을 확보하였다. Facebook과 같은 몇몇 SNS 기업 모델은 비슷하지만 규모에서 오는 수익이 더욱 큰 고정고객층을 만들었다.

SNS, 디지털 시장, 온라인 유통과 같은 새로운 디지털 비지니스 모델들은 이렇게 항상 규모에 비례해 수익이 늘어난다고 하지만, 실제로는 아주 드물게 일어난다. Carl Shapiro나 Hal Varian 같은 경제학자들은 1998년 출판한 Information Rules[5]에서 이 개념을 널리 알렸다. 이 책의 내용이 경영진들에게 뜻하는 바는, 바로 수익이 증가하는 업계에선 다른 이들보다 빠르게 커지는 것이 중요하다는 것이다. Shapiro와 Varian은 규모에 따라 수익이 커질 수 있는 상황은 아주 드물다고도 설명하나, 아쉽게도 책의 이 부분을 무시하고 "네트워크 효과"를 좇은 경영진들은 대참사에 직면했다. 예를 들어, 많은 미국 전기 생산사들이 가능한 모든 자산을 구입하여 빠르게 커지려고 했다가, 대부분이 무너졌다. 전기 생산은 아무리 확장해도 수익이 늘어나지 않기 때문이다. 더욱 명심해야 할 점은, 이러한 규모의 효과는 경쟁사가 비슷한 규모로 확장하는 것을 막아야만 더 길게 지속 가능한 수익 증가로 이어진다는 것이다.

ROIC의 지속가능성

높은 ROIC를 오래 유지할수록 기업이 더 많은 가치를 창출할 수 있다. 그러나 완전경쟁시장에서, 자본비용보다 높은 ROIC는 오래 유지되지 못한다. 기업이 특정 수준의 ROIC를 얼마나 오래 유지할 수 있는가의 여부는 기업의 사업과 제품의 수명 주기, 경쟁우위의 지속성, 그리고 사업과 제품 리뉴얼에 대한 잠재력에 의해 결정된다.

제품 수명 주기의 길이

기업의 사업과 제품의 수명 주기가 길수록 ROIC를 유지할 수 있는 가능성은 높아진다. Coca-Cola나 Mars와 같은 기업을 예로 들어보자. 이 기업들의 상품은 최신 전자제품처럼 흥미를 불러일으키진 않는다. 그러나 문화에 깊숙이 침투한 탄산음료나 과자 브랜드는 새로 발매된 전자제품보다 시장 수명이 훨씬 길다. 이와 마찬가지로 팔라듐이 풍부한 니켈 광석과 같은 특수한 자원이 수명 주기가 긴 제품과 관련이 있다면 영속적으로 유리할 수 있지만 관련이 없다면 그렇지 않을 것이다(갈탄과 석탄이 실제로 그러하다).

짧은 수명 주기를 가진 제품으로 고객들을 유지하는 사업 모델은 오랫동안 고객을 유지할 수 있는 사업에 비하여 가치가 낮다. Microsoft사의 Windows 사용자들이 프로그램 사용에 익숙해지면 다른 경쟁사의 운영체제로 쉽사리 이동하

5 C. Shapiro and H. Varian, Information Rules: A Strategic Guide to the Network Economy (Boston: Harvard Business School Press, 1998).

지 못하는 것이 좋은 예이다. 심지어 Windows보다 상대적으로 저렴한 대체 프로그램인 Linux조차 시스템 관리자들과 일반 사용자들이 컴퓨터 사용법을 새롭게 배워야 한다는 사실을 그다지 내켜 하지 않았기 때문에 시장점유율을 높이기 위해 애썼지만 성공하지 못했다. 반면에 Microsoft사는 Windows의 수명 주기를 늘리는데 성공하여 기업가치의 밑바탕으로 삼았다. 큰 고객층을 가지고 있었으나 iPhone과 같은 차세대 제품들에게 초기 스마트폰 시장을 빼앗긴 BlackBerry와는 정반대의 상황이다.

경쟁우위의 지속성

만약 어느 기업의 경쟁사가 사업을 모방하는 것을 예방할 수 없다면 해당 기업의 높은 ROIC는 오래 지속되지 못할 것이고 기업의 가치는 감소할 것이다. 최근 20년간 항공사들이 도입한 원가절감 방법을 예를 들어보자. 셀프 발권 단말기나 최근 도입된 스마트폰 앱은 승객들이 줄 서서 기다리지 않고도 세계 어디서나 티켓을 구입하거나 발권하는 것을 가능하게 하였다. 항공사의 입장에서는 더 적은 지상요원을 고용하면서 더 많은 고객들을 처리할 수 있다. 그럼에도 불구하고 이러한 비용 개선책은 왜 항공사의 ROIC 증대로 이어지지 않았을까?[6] 그 까닭은 모든 항공사가 이 신기술에 동일하게 접근이 가능하기 때문에 서로간의 경쟁에 의해 비용 감소분이 항공료 인하라는 직접적인 혜택으로 고객에게 전달되었기 때문이다. 비슷한 예로는 생산업계의 로봇 자동화로 인한 비용절감이 있다. 모든 기업이 이 신기술을 받아들여 비용절감을 이루었기 때문에 그 혜택은 고객이 받게 되었다. 일반적으로 가격측면에서는 브랜드와 품질이, 비용측면에서는 확장가능성으로부터 가질 수 있는 경쟁우위가 일시적인 원인에 의한 우위보다 더 오래 지속된다. 향후 다른 혁신에 의해 쉽사리 대체될 수 있는 단발성의 혁신은 지속적 경쟁우위의 원천이 되지 못한다.

제품 리뉴얼의 잠재력

Coca-Cola만큼 수명 주기가 긴 기업이나 제품은 거의 없다. 대부분의 기업들은 기존 사업 또는 제품을 활용할 수 있는 새로운 사업이나 제품을 찾아내거나 새로운 경쟁우위를 계속해서 구축해야 한다. 이런 점에서 가치를 만들어내는 브랜드의 더

---

6 최근 몇 년간 미국 항공사들의 ROIC이 증가하긴 했으나, 이는 신기술을 통한 비용절감이 아니라 진행중인 인수합병과 저유가로 인한 것이다.

욱 중요해진다. 소비재 기업의 경우, 신제품 출시를 위해 브랜드를 적극 활용한다. Apple의 iPod와 iPhone, Bulgari의 향수사업 진출, 그리고 Mars의 아이스크림 사업으로의 확장, Netflix의 우편 DVD 렌탈로부터 온라인 스트리밍 서비스로의 전환, John Deere의 농업 정보 제공, 그리고 Hue로 대표되는 Signify(전 Philips Lighting)의 커넥티드 라이팅 개발과 같은 성공적인 사례들을 생각해보라. 성공적인 혁신 역시 기업이 제품과 사업을 리뉴얼하는 것에 도움이 된다. 제약회사들은 새로운 약을 발견할 수 있기 때문에 살아남을 수 있는 것이고 ASML이나 Intel과 같은 반도체 제조업체들은 새로운 제품을 출시하고 경쟁사보다 앞서기 위해 기술 혁신에 의존한다.

Procter & Gamble과 Alphabet의 Google 자회사 같은 몇몇 기업들은 그들의 주요 제품 라인을 보호하는 동시에 새로운 시장으로 확장해 나가기도 한다. Google은 검색 엔진에 의존하던 기존의 광고 사업을 보완하기 위해 Youtube나 G Suite(Gmail, Calendar, Google+)를 중심으로 새로운 광고 및 구독 사업을 형성하였다. Procter & Gamble은 Swiffer, Febreze, Crest Whitestrips와 같은 새로운 제품들을 성공적으로 출시한 것으로 유명하다. 또한 여러 기업의 인수를 통해 2000년도 초반에 미용 제품 시장에서 강한 성장을 보일 것으로 기대되었고 미용 제품 관련 매출액이 1999년 $73억에서 2013년 $200억으로 상승하였다. Procter & Gamble은 1999년엔 단지 $10억 가치의 브랜드였지만, 제품개발과 리뉴얼로 인해 2013년에는 $230억 가치의 브랜드가 되었다. Procter & Gamble은 2014년에 총 180개의 브랜드 중 90~100개의 비교적 소규모 브랜드를 단종시키기나 처분하겠다고 발표했다. 큰 브랜드의 경쟁력을 강조하기 위함이다.

다음에 소개될 경험적인 연구들을 통해 지난 50년 동안 기업들은 상당히 성공적으로 ROIC를 유지해온 것을 알 수 있다. 기업들은 경쟁우위를 만들어낼 전략을 발견하면 이것을 오랫동안 유지하고 리뉴얼할 수 있었다. 이는 Amazon, Google, Microsoft와 같은 기업들이 경쟁적 우위를 20년 이상 유지하거나 리뉴얼해온, 비교적 최근의 디지털 사업 모델에도 해당된다. 경쟁으로 인해 ROIC가 낮아져도, 경영자들은 경쟁자들보다 사업환경 변화에 적절히 대처함으로써 수익률을 높게 유지할 수 있다.

ROIC에 대한 실증적 분석

미국 내 비금융 기업 중 매출이 $10억 이상인 기업들의 ROIC(인플레이션 고려됨)

를 1963년부터 2017년까지 관찰하여, 다음의 몇 가지 중요한 점을 확인하였다.[7]

- 1963년에서 2000년대 초반까지 기업들의 ROIC 중앙값은 약 10% 정도로 비교적 일정하게 유지되다가 이후 증가하여 2010년 후에는 17%가 되었다. 기업들의 ROIC 중앙값이 변한 주원인은 전 분야의 수익률이 증가했고, 2000년대 이후, 빠르게 성장하면서 높은 ROIC를 가지는 생명 과학 기술 분야의 기업들이 늘어났기 때문이다.
- ROIC는 산업에 따라서는 차이를 보였다. 제약과 브랜드 소비재와 같이 특허와 브랜드로 경쟁적 우위를 지속하는 기업들은 높은 ROIC 중앙값을 보였다. 반면 석유/가스, 채굴, 공공사업과 같은 기초 산업들은 낮은 ROIC을 가졌다.
- 동일 산업 내에서 ROIC 수치에 상당한 편차가 있었다. Walmart를 비롯한 기업들은 ROIC 중앙값이 낮은 편에 속하는 산업 내에서도 높은 ROIC 수치를 달성하였고, 그 반대의 경우도 존재했다.
- ROIC는 대체적으로 안정적으로 유지되는 경향이 있고, 특히 다음 장에서 다루게 되는 성장률(Growth)과 비교하게 될 때 더욱 그러하다. ROIC 중앙값에 따른 산업별 순위는 계속해서 일정한 편이며, 몇몇의 산업들만 구조적 변화로 인하여 전체적으로 상승 또는 하락하고 있다. 이러한 구조적 변화의 예로는 지난 수십 년간 넓게 통합되어 온 방위산업이 있다. 개별 기업의 ROIC들은 시간이 지나면서 산업의 중앙값으로 상당히 지속적으로 수렴해 가는 경향을 보인다. 이러한 변화는 보통 지난 2년간 발생한 방위 산업체와 항공사 업계의 광범위 인수합병이나 생명공학 업계의 성장과 같은 구조 변화 때문에 발생한다. 각 기업의 수익률은 업계 중앙값에 서서히 가까워지나 평균적으론 평탄하다. 2008년 금융 위기조차 이 경향을 바꾸진 못했다.

ROIC 추세와 원인

표 8.3을 보면 1963년부터 2000년대 초반까지 미국 내(US-based) 비금융기업들의 ROIC 중앙값이 2000년대 초반까지 안정적 흐름을 보였음을 확인할 수 있다.[8]

---

7 이 조사결과는 McKinsey의 Corporate Performance Analytics로 산출했다. Standard & Poor의 Compustat과 Capital IQ의 재무 데이터에 의존하는 시스템이다. 샘플에 쓰인 기업 수는 매년 다르다. 금융 기업이나 금융 사업이 큰 일반 산업 기업들은 제외하였다. 2017년에 쓰인 샘플 기업 수는 1,095개였다.

8 이번 절의 숫자들은 미국 회사들에 근거하고 있다. 미국이 아닌 곳의 회사들의 장기자료를 쉽게 구할 수 없었기 때문이다.

표 8.3 미국 내 비금융기업의 ROIC, 1963-2017

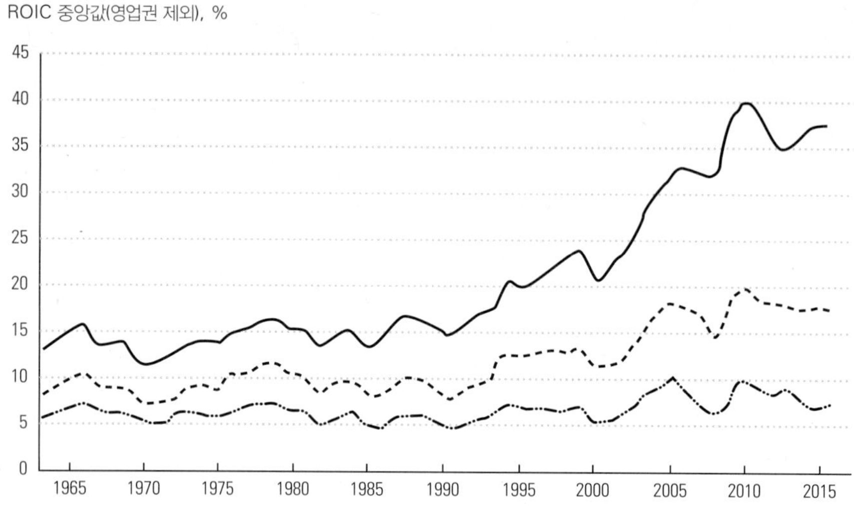

출처: 기업성과분석(McKinsey)

해당 표에 나타난 ROIC는 영업권과 인수무형자산을 제외하고 계산된 값으로, 인수합병(이 장의 마지막에서 논의함)의 효과로 인한 왜곡 없이 기업의 내재가치를 보다 정확히 반영하고 있다.

2000년대 초반까지 영업권을 제외한 ROIC 평균 중앙값은 10% 내외였다. GDP 성장률에 따라 함께 등락을 반복하였지만, 그래도 연평균 중앙값의 변동 폭이 넓지 않은 편이었다. 그러나 2000년대 초반 이후로는 영업권을 제외한 ROIC 중앙값이 오르기 시작하여 2010년 이후에는 17%에 이르렀고, 상위 25%와 75%의 차이가 크게 벌어졌다. 상위 25%에 해당하는 기업의 ROIC는 해당기간 동안 5~7%에 머물렀던 반면 10% 중반대의 ROIC를 보였던 상위 75%에 해당하는 기업은 ROIC를 35%까지 상승시켰다.

기업별로 각기 다른 ROIC를 가지면서 ROIC 분포도 달라졌다. 표 8.4는 1965 - 1967 기간의 ROIC 분포를 1995 - 1997, 2005 - 2007 및 2011 - 2013 기간과 비교하여 보여준다. 높은 ROIC를 가지는 기업들이 늘어날수록 전체적인 분포는 편평해진다. 1965 - 1967 기간 동안에 20% 이상의 ROIC를 기록하는 기업이 전체 기업의 14%뿐이었다면 2015-2017년 기간에는 53%나 되었다. 동시에, 10% 이하의 ROIC를 달성하는 기업의 수는 53%에서 30%로 줄어들었다.

ROIC 중앙값이 상승하고 분산이 커지게 된 주된 이유는 미국 내 비금융기업의 구성이 변했기 때문이다. 미국 내 비금융기업이 벌어들이는 전체수익 중 제약회사, 의료기기회사, IT회사가 벌어들이는 수익은 1990년에는 14% 정도에 불과하

표 8.4 ROIC 분포

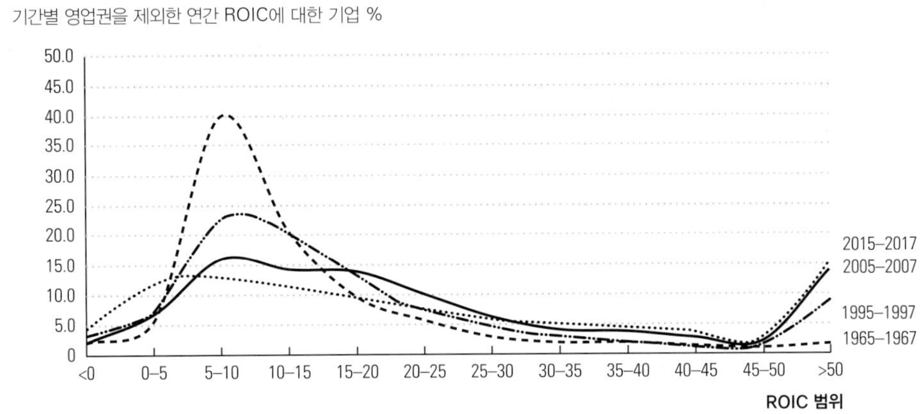

출처: 기업성과분석(McKinsey)

였으나 2013년에는 33%로 증가하였다. 이런 증가는 경제 전반적인 성장속도보다 빠르게 성장하는 산업분야이고, 이익률과 자본수익률이 높을 뿐 아니라 지속적으로 증가한다(다음 장에서 다뤄질 것이다)는 특징에 기인한 바가 크다.

ROIC 중앙값 변화를 일으키는 또 다른 요소는 1990년대에 전 업계의 영업 비용이 상승했기 때문이다. 표 8.5는 영업 비용 중앙값(판매량 대비 NOPAT)이 2% 상승했음을 보여준다. 높은 수익과 향상된 자본 생산성(낮은 판매량 대비 투하 자본)이 합쳐지면, 자본 대비 수익률이 상승한다. 미국의 변화하는 업계 비율은 그보다 더 강력한 동인이며 수익 확산이 커지는 이유를 설명할 좋은 도구가 된다. 미국의 비금융 기업 중 생명과학 분야의 영업 수익은 1995년의 19%에서 2017년에는 38%까지 증가했다.[9] 이렇게 큰 증가율은 다른 분야에 비해 빠른 성장, 자본 대비 수익의 증가가 원인이다. 생명과학 분야는 미국 경제의 총 자본 수익률 16%의 6%를 차지한다. 1995년의 12% 중 2%보다 크게 증가한 수치이다. (표 8.6 참조)[10]

9 본 저서에선 생명과학 및 기술 분야를 제약, 생명공학, 의료 장비 및 비품, 정보 서비스 및 소프트웨어, 그리고 하드웨어, 창고, 잡화로 정의한다.

10 ROIC 기여율은 생명과학 및 기술 분야의 NOPAT을 모든 분야의 투하자본으로 나눈 값이다. 모든 샘플의 ROIC를 합산한 값이 1995년엔 12.4%, 2005년엔 16.7%, 2017년엔 17.4%인 ROIC 중앙값과 가깝다는 점에 주목하라.

표 8.5 미국 비금융 기업의 ROIC 세부 분석, 1995-2017

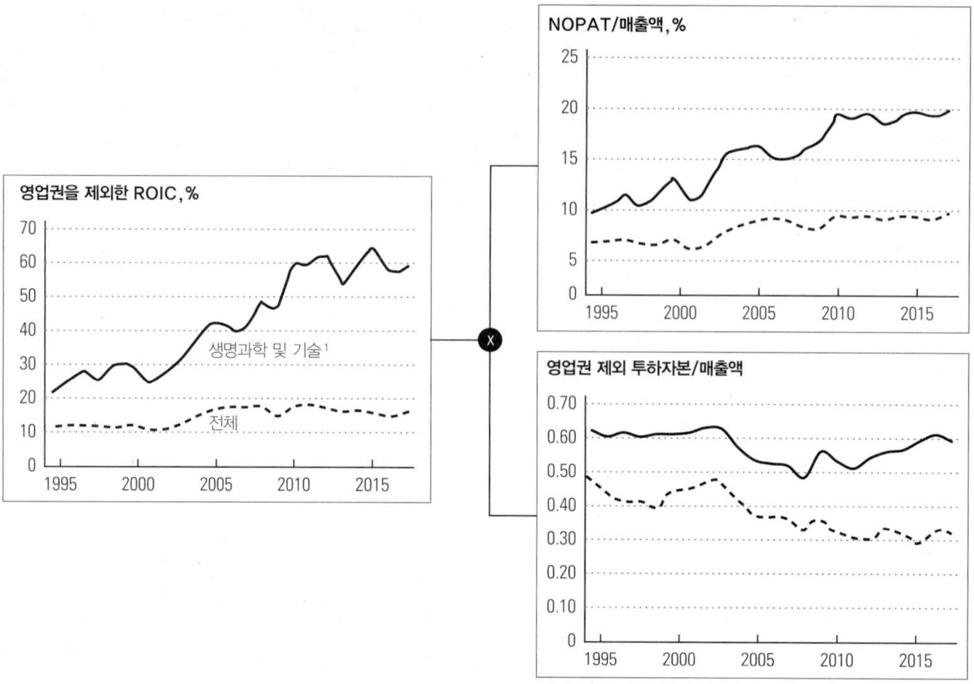

주석: ROIC, NOPAT/매출액, 투하자본/매출액은 총액지표(aggregate metrics)이다.

[1] 생명 과학 및 기술 분야는 제약, 생명 공학, 의료 장비 및 용품, 정보 서비스 및 소프트웨어, 기술 하드웨어, 스토리지 및 주변장치로 구성된다.

출처: 기업성과분석(McKinsey)

산업별 ROIC

산업과 기업 간에 걸친 ROIC의 차이가 경쟁우위를 창출하는 동인간의 차이와 어떻게 관련되어 있는지 파악하기 위해, 지난 20년 동안의 산업별 ROIC를 살펴보았다. 우리의 조사결과는 1960년까지의 과거 수익률을 조사한 지난 판본들의 조사결과와 일치한다. 표 8.7은 1995~1999년과 2013~2017년 기간 동안의 다양한 산업의 ROIC 중앙값을 보여준다. 표는 업계에 따라 ROIC 중앙값이 크게 차이남을 보여준다. 제약, 생명공학, 기타 기술 관련 사업들은 지속가능한 경쟁 우위성을 지니고 있으니 놀라운 결과는 아니다. 제약과 의료장비의 경우엔 특허로 보호되는 혁신들 덕분이며, 기술 관련 사업들은 규모 비례 수익과 고정고객에서 우위를 창출한다. 브랜드 소비재와 사치재의 경쟁 우위는 브랜드의 가치로 인한 고객 충성도에 있다. 이 표에서 밑자리를 차지하는 산업들은 가격 프리미엄이나 비용 우위를 얻기 힘든 정유, 가스, 제철, 채광 산업같은 원자재 기반 산업들이다.

표 8.6 생명과학 및 기술 분야의 경제 전반에 대한 기여율, 1995-2017

전체 표본의 영업권을 제외한 총 ROIC, %

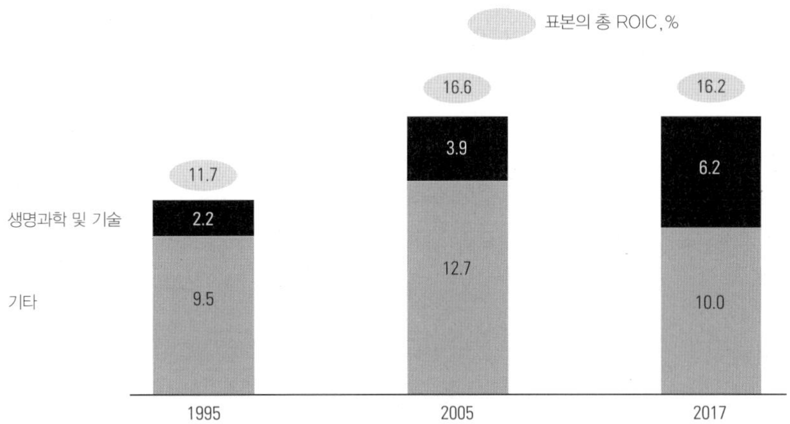

출처: 기업성과분석(McKinsey)

높은 수익을 얻는 것으로 알려진 기업들은 보통 ROIC의 성장률이 가장 명확한 기업들이다. 이유는 각 분야마다 다르다. 예를 들어, 방위산업체는 보통 선급금을 지불하는 정부 계약에 집중한다. 이로써 기업의 투하 자본을 이익에 비해 낮은 수준으로 유지할 수 있다. 생명공학 분야는 Amgen이나 Gilead와 같은 대기업들이 혁신적인 약을 성공적으로 개발하고 마케팅해 매우 높은 수익을 얻어, 지난 20년간 계속해서 성장했다. 마지막으로, 기술 기업들은 하드웨어(반도체, 서버, 스마트폰)와 소프트웨어 혁신과 성장으로 이득을 보았다. 시장이 점점 세계화되어가며, 확장성 있는 온라인 소프트웨어나 정보 서비스 또한 높은 수익에 기여했다. 소셜미디어 업계 내 Facebook이나 Youtube의 성장이나 소프트웨어의 Microsoft나 Oracle이 그 예이다. 고수익 분야 중에 특히나 이질적인 분야가 있는데, 바로 항공업계이다. 항공업은 원래 ROIC이 낮았으나 최근 미국 내의 합병과 저유가를 통해 ROIC를 늘리는 데에 성공했다.

표 8.5에 나타나있듯 ROIC의 증가는 자본집약도가 낮아지는 업계 전반의 추세를 어느 정도 반영한다. 이는 단순히 미국 회사들이 가치를 창출하지 않고 영업을 아웃소싱하는 등 자본 기반을 줄이려 하는 것이라 해석할 수 있으나, 이는 틀린 해석이다.[11] 샘플 중 가장 큰 미국 기업들의 총 경제 수익은 1995년의 310억 달러에서 2017년엔 5600억 원으로 증가했다. 게다가 같은 기간 동안 거의 모든 분야의 수익이 증가하며 ROIC 또한 비슷한 패턴을 보였다.

11 아웃소싱으로 인한 투하자본에서의 ROIC 감소는 항상 가치 창출을 의미하진 않는다. 24장에서 말하듯, 믿을만한 지표는 경제적 이익의 변동이다.

표 8.7 산업별 ROIC, 1995-2017

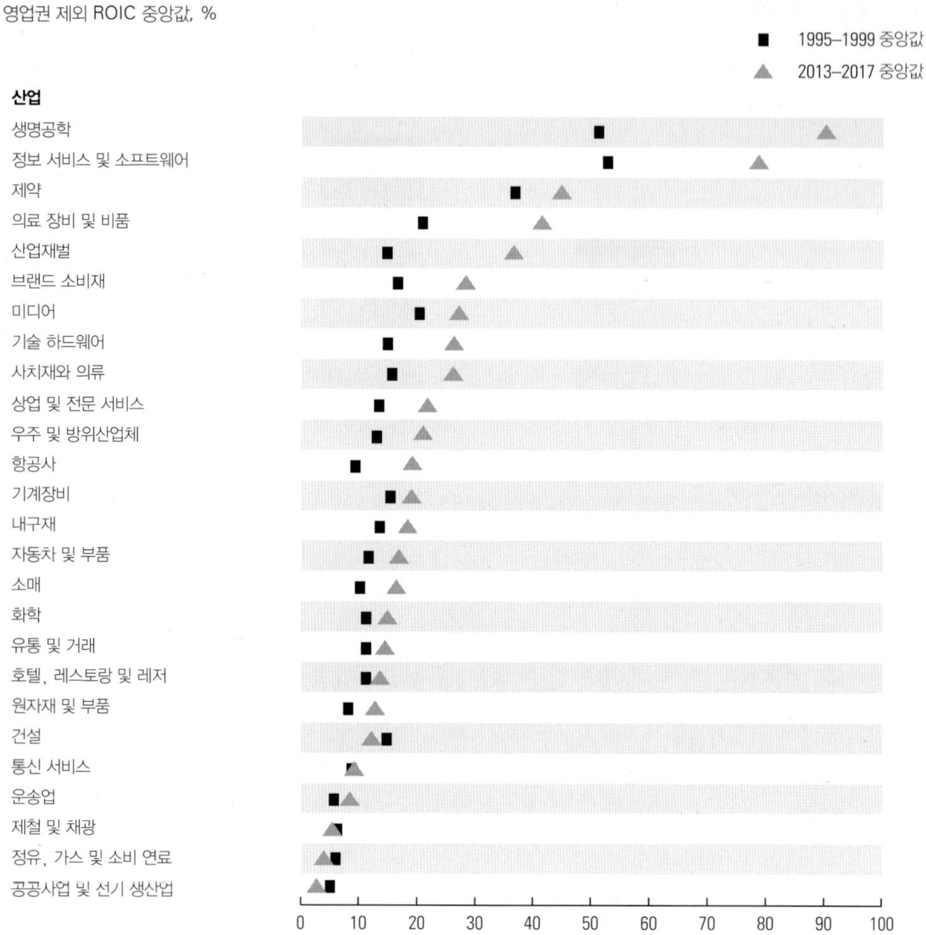

출처: 기업성과분석(McKinsey)

동일 산업 내에서도 ROIC는 많은 차이를 보인다. 표 6.6은 동일 산업 내에서 제 1 사분위수와 제 3사분위수에 속하는 ROIC값의 차이를 보여준다. 표 8.8은 같은 업계 내 상위 25%와 상위 75% 기업의 차이를 보여준다. 정보 서비스와 소프트웨어 업계의 큰 차이에 주목하라. 분야 내 어떤 기업들은 데이터센터 운영과 같이 자본집약적 투자로 인해 수익률이 낮을 뿐 아니라 확장가능한 제품의 부재로 인해 마진 또한 낮은 편이다. 그러나 표준화된 소프트웨어를 판매하는 IT 서비스 기업은 신규고객 유치를 위한 추가 비용이 매우 작기 때문에, 높은 ROIC를 달성할 수 있다. 어떤 업계에선, 가장 큰 기업들이 가장 큰 수익을 얻어 ROIC 중앙값이 해당 분야 전체의 ROIC 합산(분야의 NOPAT 나누기 총 투하자본)을 나타내지 못하는 경우가 있다. 그 예로는 기술 하드웨어 분야가 있다. 이 분야에선 2015~2017년의

표 8.8 산업 내의 ROIC 차이, 2015-2017

영업권 제외 ROIC,[1] %

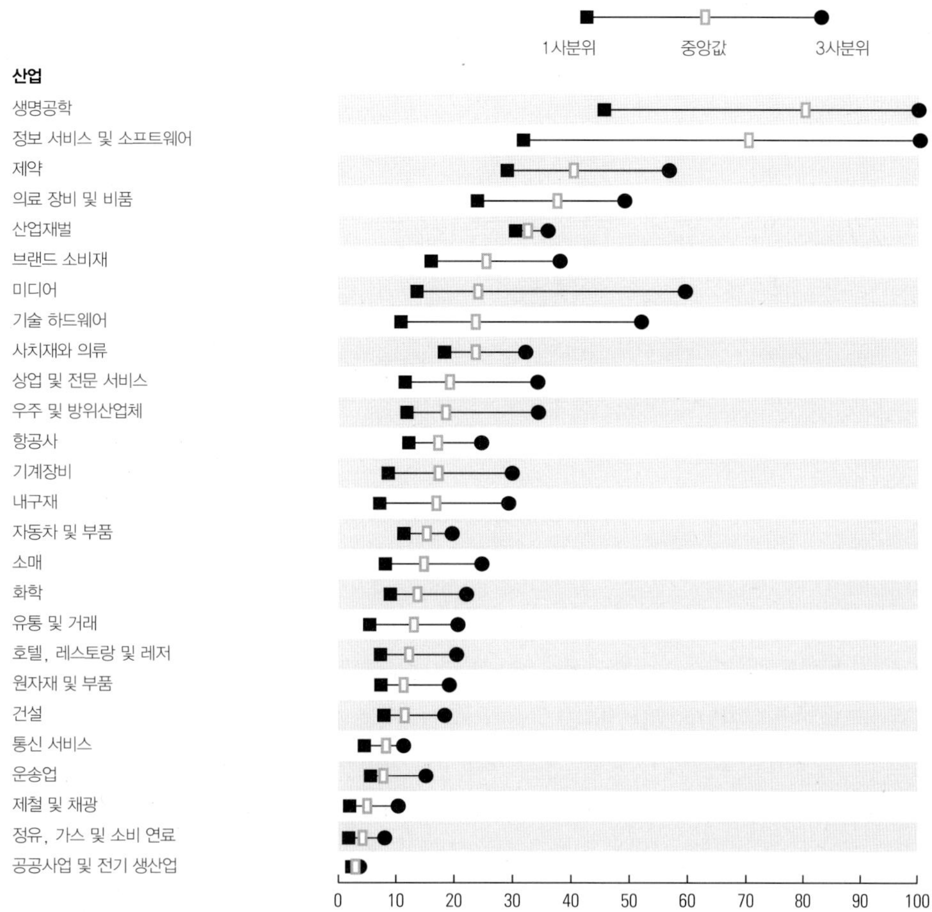

[1] 스케일을 보고목적상 100%로 제한하였다.

출처: 기업성과분석(McKinsey)

ROIC 중앙값은 27%인데 Apple과 같은 기업의 ROIC 합산이 70%에 달한다.

이 표는 비교적 규모가 작거나 평범한 업계 내 최고 기업들이 더 융성한 업계의 중간 기업보다 성과가 좋을 수도 있음을 보여주고 있다. 예를 들어 이 표의 하위 50%에 위치한 소매업을 살펴보자. Walmart 같이 거대한 소매업소가 상위 50%에 위치한 미디어 업계의 중간 기업보다 성과가 좋다.

ROIC의 안정성

어떤 업계의 ROIC은 큰 변화를 보여줄 수도 있으나, 대부분의 업계에서 ROIC은

표 8.9 산업 ROIC의 지속성

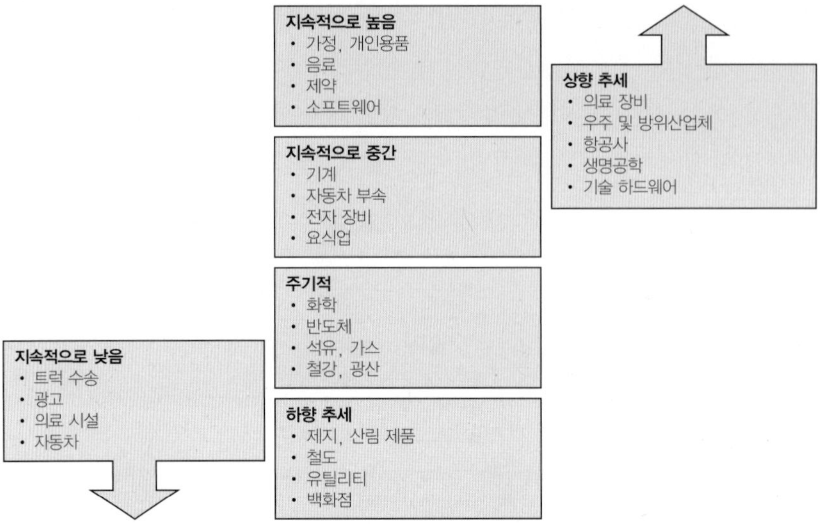

평탄하게 유지된다. 전체 산업을 ROIC의 크기에 따라 상, 중, 하 그룹으로 분류하면 이를 알 수 있다. 표 8.9에 나와있듯 대부분의 업계는 지난 60여년간 같은 그룹 안에 머물렀다. 어떤 기업들은 또한 높고 낮은 수익을 반복하는 순환성을 띄고 있으나 시간에 따라 크게 변동하는 경향성은 없었다.

지속적인 고수익 산업에는 가정용품, 개인용품, 음료수, 제약, 소프트웨어 등이 있다. 이러한 산업들은 확장 가능한 제품을 보유하거나(소프트웨어) 브랜드파워와 특허의 보호를 받기 때문에 지속적으로 높은 수익을 창출한다. 지속적인 저수익 산업에는 제지, 철도, 가스, 전기, 수도 등이 있다. 이들은 코모디티 산업들로 낮은 진입장벽, 제품의 범용성 등으로 인해 가격에 프리미엄을 붙이는 것이 매우 어렵기 때문에 일정한 수익만을 창출한다. 놀랍게도 백화점 사업도 여기에 포함되는데, 그 이유는 코모디티 산업들과 마찬가지로 가격 차별화의 여지가 거의 없기 때문에 결국 지속적으로 저수익을 창출할 수밖에 없기 때문이다.

수익률이 뚜렷한 하락세를 보이는 산업들도 있었는데, 트럭, 광고, 의료장비, 자동차 산업이 이에 속한다. 지난 5년간 트럭, 광고, 자동차 산업 내 경쟁은 꾸준히 증가했다. 의료시설 산업은 정부와 보험회사의 통제 및 비영리단체와의 경쟁으로 인해 가격을 제한할 수밖에 없었다.

ROIC가 뚜렷하게 상승세를 보이는 산업은 드물다. 두 가지 예로 의료장비와 우주항공 및 방위산업이 있다. 의료장비 산업은 혁신을 통해 주사기나 겸자와 같은 비교적 코모디티 제품뿐만 아니라 스텐트와 인공관절 등의 차별화된 고부가가치

제품의 생산을 가능하게 했다. 우주항공 및 방위산업의 ROIC증가는 아무도 예상하지 못했다. 우주항공 및 방어산업의 기업들은 정부가 더 많은 계약을 위한 계약선급금을 효과적으로 제공함에 따라 자본집약도를 줄일 수 있었던 것으로 분석된다.

개별 회사수준에서도 비슷한 패턴으로 ROIC가 유지되기도 한다. 우리 데이터베이스의 비금융 업체를 ROIC에 따라 5등분으로 나누어 ROIC 지속력을 측정해 보았다. 1등분을 기업의 포트폴리오로 묶어, 해당 포트폴리오의 ROIC 중앙값을 15년간 측정하였다. 표 8.10은 기업의 ROIC가 평균값을 향해 수렴하는 패턴을 보여준다. 고수익을 내는 기업들은 이후 15년 동안 ROIC가 점차 감소하면서 평균에 수렴하고, 저수익을 내는 기업들은 그 반대로 ROIC가 점차 증가하면서 평균에 수렴한다. ROIC가 5%와 10% 사이인 기업들(대부분 규제를 받는 기업들)을 포함한(의) 포트폴리오만이 값의 변화를 보이지 않았다. 그러나, 주목할만한 현상은 10년 이상 지속되는 우수한 실적이다. 최고의 실적을 내는 기업들의 ROIC 중앙값은 이후 15년 동안 전체 중앙값 수준까지 하락하지는 않았다. 실적이 우수한 기업들은 대체로 경쟁우위를 유지하는 능력과 더불어 경쟁우위를 유지하거나 재구축할 새로운 사업을 발견하는 능력이 뛰어나다. 이 패턴은 시간이 지남에도 유지된다. 심지어 금융위기가 있었던 2008년을 포함하고서도 패턴에 변화는 없었다(표 8.11 참조).

기업의 지속가치는 ROIC에 대한 장기적인 전망과 성장성에 크게 의존하기 때

표 8.10 ROIC 감퇴(decay) 분석

포트폴리오의 ROIC 중앙값(영업권 제외), 5분위,[1] %

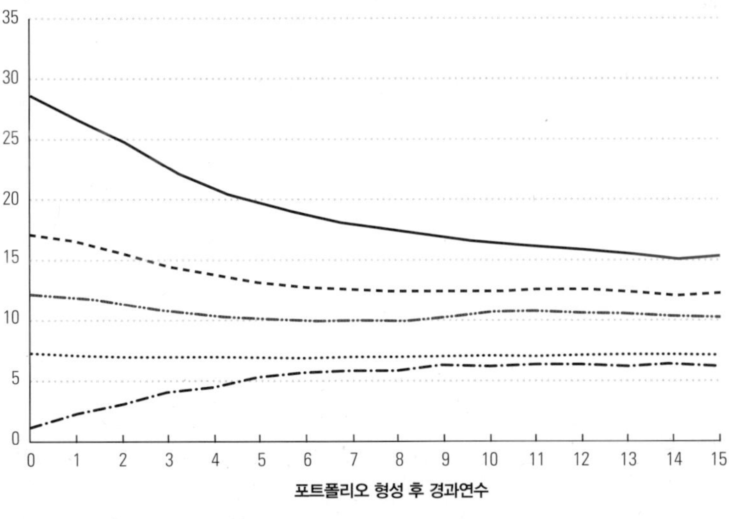

[1] 0년도에 ROIC를 기준으로 기업들은 5가지 포트폴리오 중 하나에 소속됨

출처: 기업성과분석(McKinsey)

표 8.11 금융 위기와 회복을 거쳐 온 ROIC의 감퇴

ROIC 중앙값 포트폴리오(영업권 제외), 2003년, 5분위,[1] %

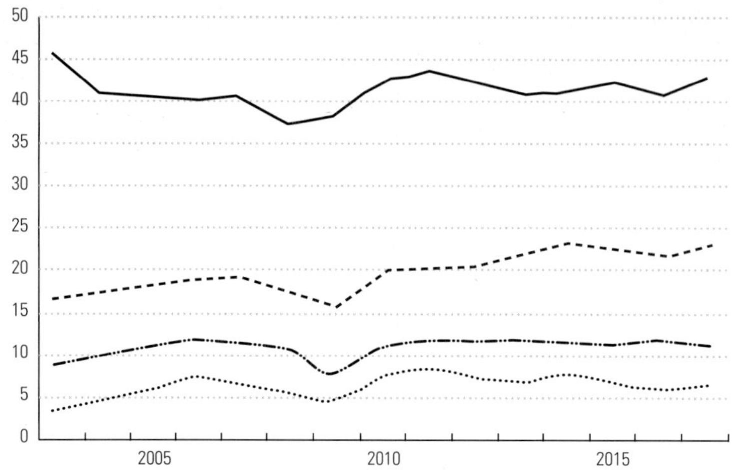

[1] 2003년부터 기업들을 ROIC에 따라 5등분 하였다.
출처: 기업성과분석(McKinsey)

문에 이러한 결과는 기업의 가치 평가에 중요한 시사점을 제공한다. 어떤 기업의 ROIC가 가중평균자본비용(WACC: weighted average cost of capital) 수준으로 수렴한다는 경제적 개념을 높은 ROIC를 창출하는 기업들의 가치평가에 적용하는 것은 다소 보수적이라 할 수 있다(지속가치에 대해서는 14장에서 중점적으로 다룰 것이다).

이러한 성과 차이 범위를 명심하고, 기업 ROIC의 과거 감퇴를 벤치마킹할 때엔 결과를 업계별로 나누는 것이 중요하다. 특히나 업계를 경쟁 우위성의 대용치로 사용할 때엔 더욱 그렇다. 표 8.12는 브랜드 소비재 업계의 ROIC 감퇴율을 나타내고 있다. 위에서 했듯이 기업 룹을 ROIC에 따라 5등분하였다. 여기서는 성과가 가장 좋은 기업들이 중앙값으로 감퇴하는 경향을 보이지 않는다. 15년이 지난 후에도, 원래 우량이었던 기업들이 여전히 하위 20%보다 13% 더 앞서는 ROIC을 보여준다.

지금까지 살펴본 ROIC의 평균으로의 회귀 경향은 통계적인 결과일 뿐이지, 기업들의 잠재적인 미래 실적에 대해서 알 수 있는 것은 아니다. 20%보다 높은 수익률을 지닌 기업은 항상 15%로 수렴하는가? 아니면 어떤 기업들의 수익률은 오히려 높아지는가? 이 질문에 답하기 위해, 우리는 기업이 10년 이내에 다른 ROIC 그룹으로 이동할 가능성을 측정하였다. 그 결과는 표 8.13이다. 각 행을 왼쪽에서 오른쪽으로 읽으면 된다.

표 8.12 브랜드 소비재 업계의 ROIC 감퇴

포트폴리오의 ROIC 중앙값(영업권 제외), 5분위,[1] %

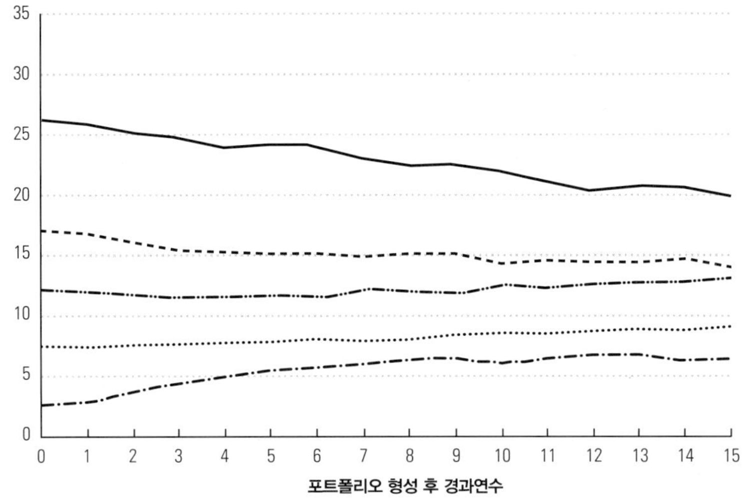

[1] 0년도에 ROIC를 기준으로 기업들은 5가지 포트폴리오 중 하나에 소속된다.

출처: 기업성과분석(McKinsey)

상위 그룹과 하위 그룹은 모두 상당히 안정적인 값을 보인다. ROIC 상위와 하위 그룹의 기업들은 대체로 동일한 그룹에 계속 머물러 있다. 2007년에 ROIC가 15%였던 기업은 2017년엔 15% 이하의 수익을 얻을 확률이 74%였다. ROIC가 25%를 넘는 기업들은, 뛰어난 성과를 그대로 유지할 확률이 70%였다. 2007년에 ROIC가 15%~25%였던 기업들은 10년 후에도 ROIC이 뚜렷하게 변화하지 않았다.

표 8.13 ROIC 전이확률

2017 ROIC 달성확률, %

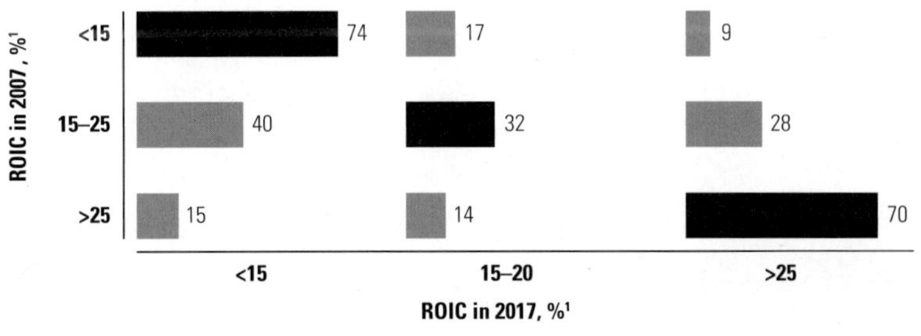

[1] 영업권을 제외한 ROIC

출처: 기업성과분석(McKinsey)

표 8.14 영업권을 포함 또는 제외한 ROIC, 1995-2017

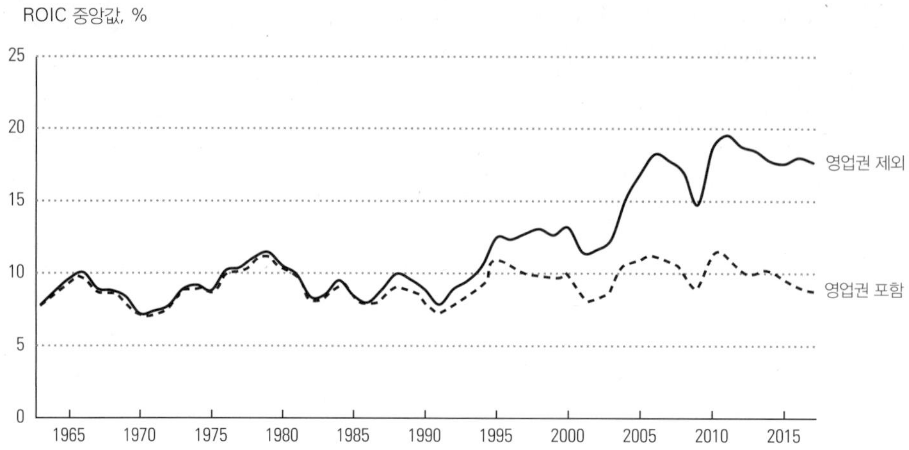

출처: 기업성과분석(McKinsey)

인수합병이 ROIC에 미치는 영향

표 8.14를 보면 영업권을 제외한 ROIC는 증가한 반면, 영업권을 고려한 ROIC는 크게 변하지 않았다는 것을 알 수 있다. 인수기업들은 이미 인수를 위해 상당한 금액을 지불했고, 거래로 인해 발생하는 가치의 대부분은 피인수기업의 주주들이 누리게 됐다는 뜻이다(인수와 가치 창출에 대해서는 31장에서 자세히 다룬다). 이것이 인수합병을 통한 가치 창출이 용이하지 않았음을 의미하진 않는다. 영업권을 포함한 자본 수익이 자본비용보다 높고, 진행중인 성장률까지 있으니 인수합병으로 지불한 비용보다 높은 가치를 창출했다고 볼 수 있다. 영업권을 제외한 수익이 증가한 것은 인수기업이 피인수기업의 성과와 맞물려 큰 시너지를 발생시켰기 때문이다.

어떤 업계들은, 영업권을 제외한 수익과 포함한 수익의 차이가 표에 나타난 것보다 훨씬 크다. 생명과학 분야에선 영업권을 포함한 수익은 25% 전후이나, 포함하지 않으면 65%이다. 이 분야의 기업들은 다른 분야보다 더 높은 가치를 창출했으나, 피인수기업의 주주들이 그 수익의 대부분을 가져가버린 상황이다.

요약

ROIC에 대해서는 배워야 할 것이 많다. 첫째, ROIC는 기업에게 가격 프리미엄 또는 비용과 자본의 효율성 혹은 그 두 가지 모두를 달성하게 해주는 '경쟁우위'에 의해 창출된다는 것이다. 둘째, 산업구조는 ROIC에 영향을 주는 중요한 요소지만 ROIC를 결정지을 수 있는 유일한 요소는 아니라는 점이다. 어떤 산업들은 높은 수준, 평균적인 수준, 평균 이하의 수준 중 한 가지 수준만의 ROIC를 달성하게 되는 특성을 가지고 있지만, 여전히 각각의 산업 내에서 개별 기업들이 창출하는 ROIC는 많은 차이를 보이고 있다. 셋째, 개별 기업이 높은 ROIC를 창출할 모델이나 전략을 찾았다면, 그 기업은 높은 수익률을 계속해서 유지시켜 나갈 가능성이 높다는 것이다. 이는 경제적, 산업적인 변화와 기업이 직면한 조건들의 변화 속에서도 가능할 것이며, 특히 긴 수명주기의 제품들이 속한 산업이라면 더욱 그러할 것이다. 물론 이는 반대의 경우에도 성립하는데, 어떤 기업이 낮은 ROIC를 창출하게 된다면 계속해서 그 상태가 지속될 가능성이 높다.

9장

성장

비즈니스 세계는 성장과 성장의 추구에 의해 지배되어 있다고 하여도 과언이 아니다. 일반적인 견해는 기업이 살아남고 번창하기 위해서 성장해야 한다는 것이다. 이것은 확실히 어느 정도 사실이다. 성장 속도가 느린 기업들은 경영진들에게 매력적인 기회를 덜 제시하게 되고, 따라서 인재를 모집하고 유지하는 것에도 어려움을 겪게 된다. 이러한 기업들은 또한 빠르게 성장하는 기업들보다 타 회사에 인수될 가능성도 훨씬 더 높다. 지난 25년간 S&P 500 지수에서 사라진 기업들 중 대다수는 자신보다 더 큰 기업들에게 인수되거나 비상장회사로 전환되었다.

하지만 2장과 3장에서 다루었듯이, 성장이란 기업이 새로운 고객, 프로젝트, 또는 인수를 통해 자본비용보다 높은 투하자본이익률(ROIC)을 발생시킬 때만 가치를 창출한다. 그리고 높은 가치를 창출하는 좋은 프로젝트를 찾는 일은 기업의 규모가 커지고 산업에서의 경쟁이 치열해질수록 점점 더 어려워진다. 성장과 ROIC 사이의 적절한 균형점을 찾는 것은 가치 창출에 있어 절대적으로 중요하다. 우리의 연구는 ROIC가 높은 기업의 주주수익률은 ROIC의 증가보다 매출의 증가에 더 많은 영향을 받는다는 사실을 보여준다.[1] 실제로 우리는 이러한 기업들이 더 높은 성장을 위해 ROIC을 조금 포기하였다고 하더라도, 높은 ROIC를 유지 또는 증가시킨 한편 낮은 성장속도를 보인 회사들 보다 더 높은 주주수익률을 보일 것이라는 사실을 발견했다. 반대로, ROIC가 낮은 기업들은 ROIC를 증가시키는 것이 성장하는 것보다 더 큰 가치를 창출할 것이다.

이전 장에서는, 경영진이 그들이 선택하는 전략이 높은 ROIC를 가져다 줄 수

1 T. Koller and B. Jiang, "How to Choose between Growth and ROIC," *McKinsey on Finance*, no. 25 (Autumn 2007): 19–22 참조.

있는지 여부를 이해하는 것이 중요한 이유에 대해서 탐구했다. 마찬가지로 경영진들은 어떠한 성장 기회가 가장 큰 가치를 창출할지에 대해서도 이해할 필요가 있다. 이 장에서는, 매출 성장을 견인하는 기본 전략, 성장이 가치를 창출하는 방법, 성장 지속성에 대한 도전 등을 다룰 것이다. 그리고 지난 55년간의 기업 성장 패턴에 대한 데이터를 분석하는 것으로 마무리할 것이다.

매출성장의 동인

경영진이 성장을 계획할 때, 좋은 출발점은 다음과 같은 세 가지 주요 요소로 매출 성장을 구분하는 것이다:[2]

1. 포트폴리오 모멘텀(Portfolio momentum): 기업의 포트폴리오에 있는 각 시장구분(market segment)의 전반적인 확장 덕분에 기업이 누리는 유기적인 매출 성장이다.
2. 시장 점유율 변화(Market share performance): 기업이 특정 시장에서 점유율을 얻거나 잃으면서 기록하는 유기적인 매출 성장(또는 감소)이다.
3. 인수합병(M&A, Mergers and acquisitions): 기업이 인수 또는 매각을 통해 매출을 사거나 팔 때, 회사가 달성하는 비유기적 성장을 설명한다.

Baghai, Smit 및 Viguerie는 대기업의 성장의 가장 중요한 원천을 포트폴리오 모멘텀으로 보았다.[3] 즉, 고성장시장에 위치하는 것 자체가 성장의 가장 큰 동인이 되는 것이다. 가장 덜 중요한 것은 시장점유율 증가였다. 그러나 경영진은 대부분의 관심을 기존 시장에서 시장 점유율을 올리는 일에 쏟는 경향이 있었다. 시장 점유율을 유지하거나 경우에 따라 증가시킬 필요가 있기는 하지만, 성장 및 위축하고 있는 시장에 대한 기업의 노출 수준의 변화가 주요 관심사가 되어야 한다.

포트폴리오 모멘텀의 영향을 분석하기 위해 2008년부터 2017년까지 성장률 중간값이 산업별로 어떠한 차이가 있는지 살펴보았다(표 9.1). 당연한 결과이지만, 이 기간 동안 가장 빠르게 성장한 업종은 바이오테크놀로지로서, 2008년에는 여전히 연속적인 혁신과 블록버스터 의약품으로부터 인상적인 성장을 촉진시켰던 소규

---

2 이 장은 "This section draws on P. Viguerie, S. Smit, and M. Baghai, *The Granularity of Growth* (Hoboken, NJ: John Wiley & Sons, 2008)을 이용한다.

3 M. Baghai, S. Smit, and P. Viguerie, "The Granularity of Growth," *McKinsey on Finance*, no. 24 (Summer 2007): 25–30.

표 9.1 산업별 매출 증가율 차이

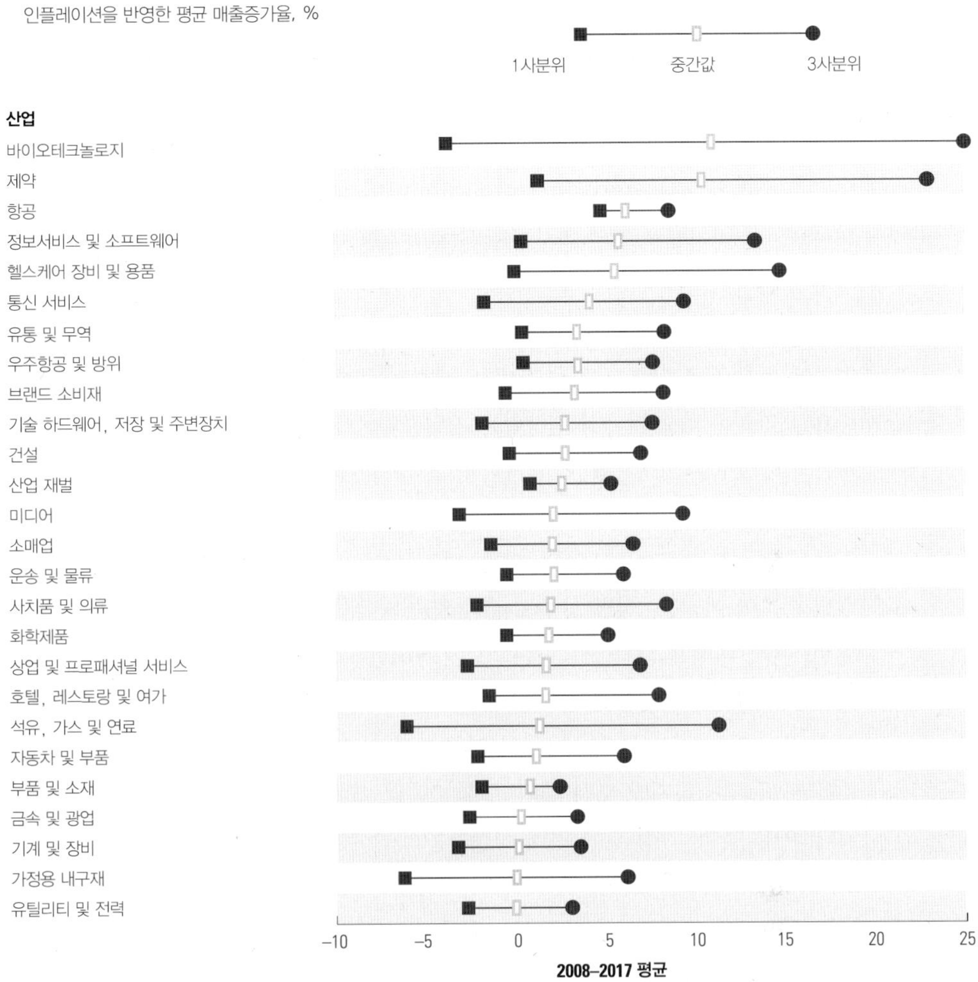

출처: Compustat; Corporate Performance Analytics by McKinsey.

모 산업이었다. 전통적인 제약회사는 두 번째로 높은 성장률을 보였지만, 1990년대부터 가장 많이 팔린 의약품들의 특허권이 만료되었기 때문에, 혁신보다 통합에 의한 성장이 대부분이었다. 같은 이유로, 항공업은 지난 10년 동안 미국에서 가장 큰 회사들 중 일부가 합병된 상태에서, 리스트의 상위권을 차지했다. 지난 10년과 비교했을 때, 석유 및 가스 회사들은 2014년 이후 유가가 크게 하락했기 때문에 리스트에서 거의 가장 아래로 떨어졌다. 이러한 현상은, 이전 장에서 논의한 것처럼 성장률과 ROIC에 대한 산업의 주기성을 분명히 보여준다. 그럼에도 불구하고, 어떻게 기술하드웨어(technology hardware)와 같이 높은 판매 증가율을 보이는 산업군이(정보서비스 및 소프트웨어와 같은 다른 기술 산업군과 대조적으로) 다수의 타산업군을 능가하지 못하게 되었는지에 대해서 주목해 보자. 이들 산업군의 경우, 엄청난 판매량 증가에도 불구하고, 더 낮은 가격으로 인해 전체 매출 증가율이 비교적 완만하게 유지했던 것이다.

표 9.1은 같은 산업 내에서도 상당히 다양한 성장률을 보여주고 있다. 제약이나 항공과 같은 산업군의 경우, 이러한 차이의 일부는 인수합병에 의한 성장으로 설명될 수 있다. 여기에서 일부 회사는 득을 보았지만 모든 회사가 그랬던 것은 아니다. 다수의 타산업군에 대해서, 인수합병은 성장률의 광범위한 차이를 설명할 수 없다. 만약, 한 기업의 성장이 그것이 속한 분야의 역동성에 주로 의존한다면, 동일한 산업군에 속한 서로 다른 기업들 간에 왜 이렇게 큰 성장률 차이가 발생하는가? 가장 중요한 이유는 각 분야에서 경쟁하는 기업들의 성장률 중간값이 그 산업군의 시장 구분과 하위구분에 걸쳐있는 커다란 성장률의 차이를 감추기 때문이다.

이러한 시장의 세분화된 특성을 포착하고 기업의 매출 성장 차이를 이해하기 위해서, Baghai, Smit, Viguerie는 시장의 성장을 기업별, 부서별, 혹은 사업단위별 수준이 아니라, 개별 상품 수준과 $5천만에서 $2억의 매출액을 갖는 지리적 세부구분에 대해서 분석했다.[4] 유럽의 한 거대한 개인용품 제조업체에 대한 이들의 예시는 왜 이런 식의 분석이 의미 있는지를 보여준다. 이 기업은 세 가지 사업 라인을 갖고 있는데, 이들은 한 해 1.6%에서 7.5%라는 뚜렷하게 낮은 성장률 전망치를 보여준다. 하지만 부서 내의 개별 제품라인의 예측 성장률의 범위는 훨씬 더 넓다. 예를 들어, 가장 낮은 기대 성장률을 가진 부서의 어떤 제품라인의 성장률은 24%를 기록하고 있었는데, 이것은 이 기업에서 가장 높은 수치였다. 반면에, 가장 높은 성장률을 보였던 부서 내에는, 빠른 성장 둔화로 인하여 심지어 매각까지 고려해야 할 몇 개의 제품라인을 갖고 있었다.

성장과 가치 창출

경영진은 항상 고성장을 추구하지만, 이것이 반드시 최상의 가치 창출을 보장하지는 않는다. 그 이유는 성장의 세 가지 요소(포트폴리오 모멘텀, 인수, 시장 점유율 획득)가 모두 똑같은 수준의 가치를 창출하는 건 아니기 때문이다. 이것을 이해하기 위해서는 대안이 될 수 있는 매출 성장 시나리오에서 패자가 누구인지를 고려해

4 M. Baghai, S. Smit, and P. Vi guerie, "Is Your Growth Strategy Flying Blind?" *Harvard Business Review* (May 2009): 86–96 참조.

표 9.2 인수에 의한 성장보다 더 높은 유기적 성장에 의한 가치 창출

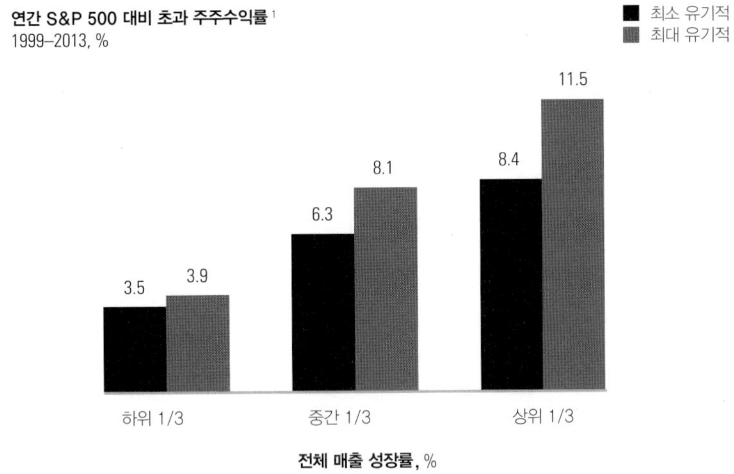

[1] 은행, 보험사, 채굴 회사 및 경기순환 코모디티(cyclical commodities) 제외

보고 또한 이 패자들이 얼마나 효율적으로 반격할 수 있을지를 생각해 보는 것이 효과적일 수 있다.

- 시장점유율에서의 성장, 특히 저성장 또는 완만한 성장 시장에서의 성장은, 거의 가치를 창출해내지 못하는데, 왜냐하면 기존의 자리를 잡은 경쟁자들은 일반적으로 시장 점유율을 보호하기 위한 반격을 하기 때문이다. 지속적인 가치 창출은 더 작은 경쟁자들이 시장 바깥으로 완전히 밀려나거나 경쟁자들이 따라할 수 없는 차별화된 제품이나 서비스를 회사가 내놓은 상황에서만 가능하다.
- 가격 인상을 통한 성장은, 고객을 대가로 치르게 되는데, 그들은 가격이 상승하면 제품의 구매를 줄이거나 다른 제품을 찾는 식으로 반응할 것이기 때문이다. 따라서 가격인상에 의해 창출된 새로운 가치는 오래 지속되지 않는다.
- 일반적인 시장 확장에 의한 성장은 다른 산업에 속한 기업들의 희생으로 만들어지는데, 희생된 기업들은 자신들이 누구에게 점유율을 빼앗겼는지 잘 모를 가능성이 높다. 이러한 종류의 희생자는 반격 능력이 가장 낮기 때문에, 상품 시장의 성장은 가장 높은 가치를 창출할 수 있는 원동력이 되는 것이다.

- 인수를 통한 성장의 가치는 인수 비용에 따라 천차만별로 달라지기 때문에 특정하기 어렵다(31장에서 논의한 것처럼). 표 9.2에서 볼 수 있듯이, 550개의 미국과 유럽 기업들의 표본은, 일반적으로, 인수에 의한 성장은 유기적 성장보다 낮은 가치를 창출했음을 드러냈다.[5] 주요 이유는 유기적 성장의 경우 기업들은 많은 초기비용을 투자할 필요가 없기 때문이다. 인수를 통한 성장의 경우, 기업들은 일반적으로 해당 사업에 대한 독립된 가치에 더하여 인수 프리미엄까지 지불해야만 한다. 이것은 유기적 성장과 비교했을 때, 낮은 투하자본이익률과 낮은 가치 창출로 귀결된다.

성장 시나리오의 계층

가치 창출에 대한 잠재력에 따라 세 가지 성장 전략에 포함되는 서로 다른 성장 시나리오에 대해서 순위를 매길 수 있다(표 9.3 참조). 이 순위는 모든 산업에서 완벽히 일치할 수는 없지만, 출발점으로서는 잘 맞아 떨어질 것이다. 가치 창출에 대한 가장 높은 잠재력을 가진 시나리오는 가격 인상을 통해 직접적인 경쟁자나 고객들로부터 이득을 취하는 것이 아니라, 멀리 떨어진 기업으로부터 매출을 가져올 수 있는 빠르게 성장하는 제품 시장에 대한 진입 전략들이다.

완전히 새로운 제품 범주를 만들 정도로 혁신적인 새로운 제품 또는 서비스를 개발하는 것은 가장 높은 가치 창출 잠재력을 갖는다. 기업이 신제품 부분에서 경쟁력을 강화할수록 ROIC와 창출되는 가치는 증가한다. 예를 들어, 1990년대 초 상용화된 관상동맥 스텐트는 심장 수술의 필요성을 감소시켜, 심장 질환을 치료하는 위험과 비용을 모두 낮추었다. 이러한 혁신이 갖고 있는 기존의 치료법과 시장에 진입하는 후속 제품들에 대한 압도적 경쟁 우위 때문에[6] 그 누구도 반격할 수 없었고, 결국 이것은 막대한 액수의 가치를 창출했다(그러나 최근에는 스텐트 시장이 포화되면서 수익이 줄어들고 있다). 비슷한 맥락으로, 전통적인 음악 소매점들은, 처음에는, iTunes, Amazon 등과 같은 온라인 음원 판매 대기업들에 의해서, 그리고 더 최근에는 소비자들이 Spotify, Amazon Music, Apple Music 등이 제공하는 모바일 스트리밍 서비스를 받아들이면서 거의 경쟁에서 물러나게 되었다. 하지만 새로운 디지털-엔터테인먼트 카테고리에서의 경쟁은 그 자체만으로 치열하기 때문에, 이 분야의 매출 $1당 창출되는 가치는 관상 동맥 스텐트 삽입술이

---

5 M. Goedhart and T. Koller, "The Value Premium of Organic Growth," *McKinsey on Finance*, no. 61 (Autumn 2017): 14–15 참조.

6 이후 시장에 진출한 제품들은 고객들에게 부담이 되는 높은 전환가격 때문에 이보다는 덜 성공적이었다(8장 참조).

표 9.3 주요 성장 유형의 가치

가치 창출[1]	성장 유형	근거
평균 초과	• 신제품을 통한 새로운 시장 진입	• 기존 경쟁자가 없음; 고객 지출의 전환
	• 기존 고객이 더 많은 제품을 구매하도록 설득	• 모든 경쟁자들이 혜택; 낮은 보복 위험
	• 시장에 새로운 고객을 유치	• 모든 경쟁자들이 혜택; 낮은 보복 위험
평균 획득	• 고속성장 시장에서 시장점유율	• 경쟁자는 시장 점유율을 잃어도 여전히 성장 가능; 중간수준의 보복 위험
	• 제품 성장을 가속화하기 위한 성장	• 상향 잠재력 대비 통상의 인수 프리미엄
평균 이하	• 추가 혁신을 통해 경쟁자로부터 시장 점유율 획득	• 경쟁자는 제품을 복제하여 고객을 회복할 수 있음
	• 제품 홍보 및 가격 책정을 통해 경쟁자로부터 시장 점유율 획득	• 경쟁자는 빠르게 보복할 수 있음
	• 대규모 인수 실시	• 높은 인수 프리미엄 지불; 대부분의 가치가 피인수기업 주주들에게 전환됨
	• 가격 상승	• 수요가 낮은 가격 탄력성을 갖고 있지 않으면, 고객들은 소비를 줄이거나 다른 곳으로 전환함

[1] 매출 1달러당

만들어냈던 수준에는 미치지 못할 것으로 보인다.

가치 창출 성장 전략의 두 번째 단계로는 기존 고객들을 설득하여 어떤 상품이나 관련 상품들을 더 사도록 하는 방법이 있다. 예를 들어, 만약 Procter & Gamble이 고객들에게 손을 더 자주 씻으라고 설득한다면 손 세정제 시장은 더 빨리 성장할 것이다. 이와 유사하게 안티바이러스 소프트웨어 공급업체인 McAfee가 컴퓨터 사용자들에게 해커와 바이러스에 대한 더 나은 보호가 필요하다고 설득한다면, 안티바이러스 소프트웨어와 서비스에 대한 전체 수요는 더 빨리 증가할 것이다. 직접적인 경쟁사들은 자신들 또한 이익을 얻기 때문에 반격하지 않을 것이다. 추가 매출과 연관된 ROIC는 높을 것으로 예상되는데, 왜냐하면 이러한 기업들의 제조/유통 시스템이란 대개 이러한 추가 제품들을 아주 적은 추가 비용만으로도 생산할 수 있도록 되어있기 때문이다. 만약 기업이 이 정도의 매출을 올리기 위해 비용 지출을 상당히 증가시켜야 한다면, 추가적으로 얻을 수 있는 이익은 별로 크지 않을 것이다. 예를 들어, 은행 고객들에게 보험 상품을 제안하는 일은, 완전히 새로운 판매 인력들에 대한 비용을 필요로 하게 될 것인데, 왜냐하면 보험 상품들은 은행원이 판매하고 있는 기존의 상품 판매리스트에 단순히 추가하기에는 너무 복잡하기 때문이다.

새로운 고객들을 시장으로 유인하는 것 또한 막대한 가치를 창출할 수 있다. 포장 소비재 기업인 Beiersdorf는 남성들에게 Nivea 제품들을 사용하도록 설득하여 스킨케어 제품의 매출을 급격하게 성장시켰다. 다시 한 번, 경쟁사들조차 제품군 확장을 통해 이익을 얻었기 때문에 이에 대해서 반격하지 않았다. 사실 남성용 스킨케어 제품들은 여성이 사용하는 제품과 크게 다르지 않기 때문에, 연구개발, 제조, 유통 비용의 상당 부분은 공유될 수 있을 것이다. 주요한 추가 비용은 마케팅과 광고비용이었다.

한 기업이 시장 점유율 증가를 통해 창출할 수 있는 가치는 시장성장률과 기업이 시장 점유율을 확보하는 방법에 의존한다. 시장 점유율을 늘리는 데에는 크게 세 가지 방법이 있고 이는 표 9.3의 우선순위와 나란히 놓이게 되는 것은 아니다. 한 기업이 고성장 시장에서 점유율을 늘리면, 그 기업의 경쟁사들의 절대 매출액 또한 계속해서 빠르게 성장할 수 있기 때문에 그들은 반격하지 않을 것이다. 하지만 성숙 시장에서 점유율을 늘릴 경우, 경쟁 회사들의 반격을 유발할 개연성이 크다.

점진적 혁신을 통해 점유율을 확보하는 것은-예를 들어, 제품에 대한 본질적 변화나 완전히 새로운 제품군의 창출이 없이 복제가 가능한 점진적인 기술 향상을 통해서-큰 가치를 창출하거나 오랫동안 우위를 유지하지 못할 것이다. 고객의 관점에서 보면 하이브리드 차량과 전기 차량은 휘발유나 디젤 자동차들과 근본적으로 다르지 않기 때문에, 이런 제품들을 통해서는 높은 비용을 상쇄할 가격 프리미엄을 요구할 수 없다. 차량의 총 판매량은 늘어나지 않을 것이며, 만약 한 기업이 잠시 시장점유율을 확보한다면, 경쟁사들은 이 기업이 이익을 올리기 전에, 혁신기술을 빠르게 따라하여, 다시 빼앗긴 점유율을 되찾아 오려고 할 것이다. 그렇기 때문에 대체적으로 자동차 회사들은 하이브리드나 전기 차량으로는 큰 가치를 창출하기가 어렵다. 이러한 경쟁이 대부분의 혜택을 고객에게로 이동시킬 것이다.

성숙 단계의 시장에서 제품 가격과 판촉 행사를 통해 점유율을 얻는 것은 가치를 거의 창출해내지 못한다. Huggies 와 Pampers는 일회용 기저귀 시장을 지배하고 있고, 재정적으로 건실할 뿐만 아니라 한 쪽이 점유율을 높이려고 한다면, 다른 한 쪽이 쉽게 반격할 수 있다. 그렇기 때문에, 예를 들어, 상대방에 직접적으로 타격을 입힐 수 있는 강력한 가격 인하 광고 캠페인 등으로부터 발생하는 성장은 경쟁사의 반격을 유발하게 된다. 또한 2009년 Amazon은 지속적으로 미국 가전제품 소매시장으로 확장해 나갔는데, 이들의 2008년 연매출인 $200억은 같은 해 Walmart의 연매출 $4,060억에 비하면 일부분에 불과했다. 비록 Walmart의 경쟁적 반응은 Amazon이 2014년까지 Walmart를 제치고, 미국 최대의 전자제품 유통 업체로 올라서는 것을 막을 수는 없었지만, Walmart는 전자제품 부문 전반에서 마진을 줄여가며 이 부문에서의 경쟁 역학을 다시 써 내려갔다.

포화 시장에서, 점유율 전쟁은 종종 시장 점유율을 서로 주고받는 순환으로 이어지지만, 한 경쟁자가 효과적으로 새로운 제품을 창조해 낼 수 있을 만큼 충분히 제품이나 배송에서 큰 변화를 이루어내지 않는 한, 하나의 경쟁자가 영구적인 점유율을 확보하는 경우는 드물다. 여기서 생각할 수 있는 예외적인 경우는, 앞선 단락의 Amazon 사례에서와 같이, 더 강력한 기업이 작고 약한 경쟁사들로부터 점유율을 확보한 다음 약한 경쟁사들을 시장에서 완전히 몰아내는 것이다.

비용 인상을 넘어서는 가격 인상은, 그에 따르는 매출 하락폭이 작다면 가치를 창출할 수 있게 된다. 하지만 이것은 보통 반복 가능하지 않다: 만약 한 기업이나 여러 경쟁사들이 특정 해에 무사히 가격을 인상했다면, 다음에도 이러한 행운을 누리는 일이 좀처럼 발생하지는 않을 것이다. 게다가, 첫 번째 가격인상에 대한 효과는 상당히 빨리 줄어들 수 있다. 그렇지 않으면, 당신은 일부 기업들이 매년 이익 마진을 늘려가는 것을 볼 수 있었겠지만, 현실에서는, 이익 마진의 장기적으로 상승으로 이어지는 경우는 드물다. 1990년대 중반 패키지 상품 기업들에게서 예외를 찾을 수 있다. 이들 기업은 코모디티 가격 상승분을 고객들에게 떠넘겼지만, 이후 코모디티 가격이 내려갔을 때에는 가격을 다시 낮추지 않았다. 그러나 더 높은 마진에 대한 기대는 소매업체로 하여금, 때로는 온라인 판매 채널을 통하여 사설 브랜드를 제공하는 패키지 상품 부분에 진출하는 것을 더욱 매력적으로 만들었다.

인수를 통한 성장에는 두 가지 주요한 접근법이 있다. 볼트온 인수(bolt-on acquisition)를 통한 성장은 인수 대상에 대한 프리미엄이 지나치게 높지만 않다면 가치를 창출할 수 있다. 볼트온 인수는 비즈니스 모델에 점진적 변화를 일으킨다-예를 들어, 기업의 상품라인을 완성 또는 확대하거나 유통 시스템의 부족한 부분을 보완함으로써 말이다. 2000년대, IBM은 더 작은 소프트웨어 회사들을 추가하고, 이어서 막대한 투자 없이 추가적인 매출에 대한 흡수가 가능한 기존의 글로벌 판매 및 유통시스템을 통하여 그들의 애플리케이션을 마케팅하는데 상당히 성공했다. 이러한 인수는 비교적 크기가 작기 때문에, 추가적인 비용과 복잡성이 거의 없이, IBM의 성장을 촉진시킬 수 있었다.

반대로 대규모 인수-인수 기업의 3분의 1 규모 또는 초과-를 통한 성장은 가치를 더 적게 창출해낸다. 대규모 인수는 보통 시장이 성숙 단계에 들어서거나 산업이 포화되었을 때 발생한다. 인수 기업은 매출이 성장하지만 합산 매출은 보통 증가하지 않으며 경우에 따라 오히려 하락하기도 하는데, 그 이유는 다수의 공급자가 있는 것을 고객들이 선호하기 때문이다. 새로운 가치는 성장이 아닌 비용 절감에서 주로 발생한다. 또한 두 기업을 통합하는 것은 막대한 투자를 필요로 하게 되고, 규모가 작은 볼트온 인수보다 훨씬 더 많은 어려움과 위험이 따른다.

성장 전략의 선택

제품 시장 확장으로부터의 성장이 점유율 확보로부터 오는 성장보다 더 크고 지속가능한 가치를 창출한다는 논리는 설득력이 있을 수 있다. 하지만 이 두 유형의 성장 방법 사이의 경계선은 모호할 수 있다. 예를 들어, 한 기업의 기술 혁신은 그들의 제품과 서비스가 그렇게 새롭게 보이지 않더라도 기존 경쟁자들이 반격하는 것을 막을 수 있다. 1960년대와 1970년대에 소매업에 대한 Walmart의 혁신적인 접근은 고객들에게 완전히 새로운 쇼핑 경험을 제공하였고 그들을 Walmart 매장으로 몰리게 만들었다. 누군가는 Walmart가 단지 인근 소규모 가게의 점유율을 빼앗아온 것뿐이라고 주장할 수도 있을 것이다. 하지만 Walmart에 대해 경쟁자들이 반격하지 못했다는 사실은, Walmart의 접근이 실제로 혁신적인 제품이었음을 보여준다. 하지만 만약 Walmart가 Target의 고객들을 빼앗아서 성장을 하려고 했다면, 이것은 시장 점유율을 확보한 것이라고 볼 수 있다. 왜냐하면 Target과 Walmart는 비슷한 방식으로 자신들의 상품들을 팔기 때문이다. 주목할 점은, 지난 10년 동안 Walmart는 Amazon의 직접 판매와 플랫폼 판매 분야의 혁신적 서비스와의 경쟁에 직면해 오고 있는데, Amazon은 다수의 소매 부문에서 Walmart의 시정 점유율을 잠식해가고 있다.

일반적으로, 근본적인 제품시장 성장이 가장 높은 가치를 창출하는 경향이 있다. 기업들은 가장 빠르게 성장하고 있는 상품 시장에 들어가는 것을 목표로 해야 하고, 이를 통해 꾸준히 가치를 창출하는 성장을 달성해야 한다. 만약 한 기업이 잘못된 시장에 속해있으면서도 알맞은 시장에 쉽게 들어가지 못한다면, ROIC를 유지하고 향상시키는 방법을 찾으면서 경쟁사들과 같은 수준의 성장률을 유지하고 있는 것이 더 나을 수도 있다.

지속적 성장이 어려운 이유

높은 성장률을 유지하는 것은 ROIC를 유지하는 것보다 훨씬 더 어려운데, 특히 큰 기업일수록 더더욱 그렇다. 이유는 간단하다. 당신 회사의 핵심 제품시장이 GDP의 성장 비율(가령 5%의 명목성장률)로 성장하고 있고 현재 매출이 $100억이라고 가정해보자. 지금으로부터 10년 후, 당신이 한 해 5%씩 성장한다고 가정했을 때, 매출은 $163억이 되어있을 것이다. 당신은 회사가 매년 유기적으로 8% 성장하길 바란다고 가정해보자. 그러면 10년 후, 당신의 매출은 $216억이 되어야 한다. 따라서, 당신은 10년이 되는 해에는, 매년 $53억 이상 성장할 수 있는 새로운 매출 근

표 9.4 제품 수명 주기상에서의 차이

일반적인 제품 수명 주기

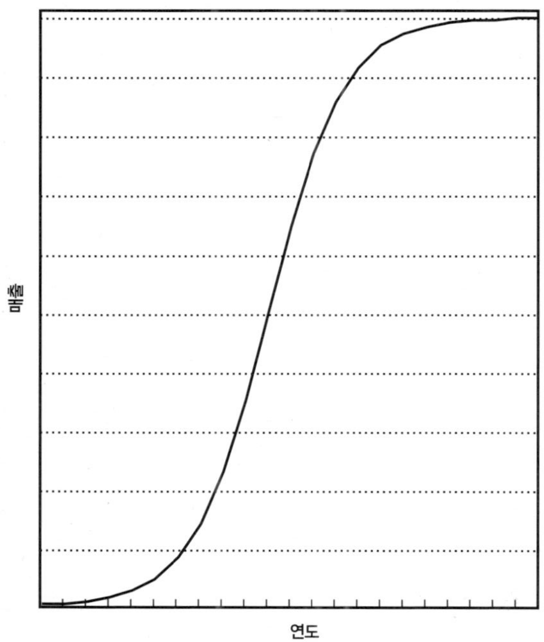

선택된 제품에 대한 수명 주기

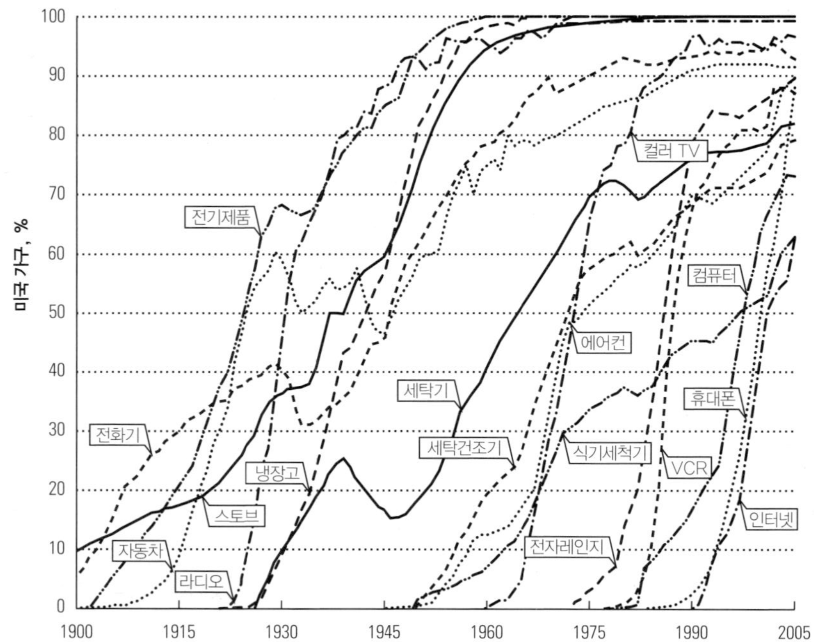

출처: W. Cox and R. Alm, "You Are What You Spend," *New York Times*, February 10, 2008.

표 9.5 Walmart와 eBay: 성장률 궤적

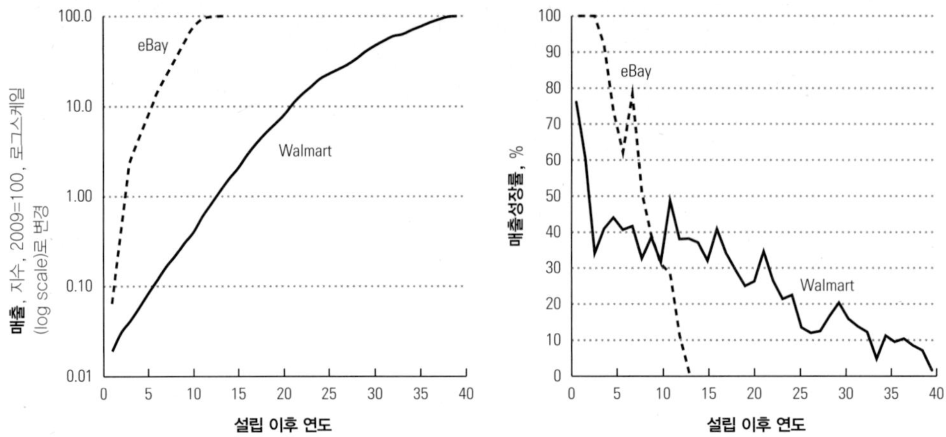

거를 찾아야 한다. 인플레이션을 1%에서 2%라고 가정하면, 현재 달러 가치로 매년 $43억에서 $48억이 추가로 요구될 것이다. 이에 대해 생각할 수 있는 또 다른 방법은, 이러한 매출을 찾기 위해, 당신은 현재 규모의 절반 정도가 되는 사업을 다시 만들어내서, Fortune 500에 다가가도록 할 필요가 있다는 것이다.[7] 만약 당신의 제품시장이 5% 정도로만 성장한다면, 어떻게 이 정도의 성장 규모를 달성할 것인가?

이러한 어려움을 고려하면, 몇몇 기업들의 성장 목표는 비현실적이다. 매출액이 이미 $50억을 초과한 기업이 향후 20년 동안 연간 20% 이상의 유기적 성장 목표를 발표한 적도 있다. 연도별 세계 실질 경제 성장률이 일반적으로 4% 미만이고, 많은 기업들이 이 성장률의 부분을 점유하기 위해 경쟁하고 있기 때문에, 이러한 성장 목표는 거의 달성하기 어렵다.

대부분의 제품시장이 자연 수명 주기를 갖고 있기 때문에, 지속적인 성장은 어렵다. 어떤 제품에 대한 시장-이것은 특정 지역에서 특정 고객군에 판매되는 좁은 제품 범주에 대한 시장을 의미한다-은 일반적으로, 표 9.4에서 볼 수 있는 것과 같이, 성숙 단계에 접어들 때까지 제품 수명 주기에 걸쳐, S자 곡선을 따른다. 오른쪽은 미국 가계에 대한 상대적 보급률로 측정된 다양한 실물 제품들의 성장률을 보여준다. 우선, 제품은 얼리어댑터들에게 스스로의 가치를 증명해야 한다. 제품이 최대 보급률 수준을 달성할 때까지는 더 많은 사람이 제품 구매를 원할수록, 성장은 빨라진다. 시장 성숙 지점을 지난 이후에는, 제품의 속성에 따라, 매출증가율이 인

7 2018년 Fortune 500의 매출액 관점에서 기준점은 $55억이었다.

구나 경제 성장률과 같은 수준으로 감소하거나, 매출이 줄어들기 시작할 수도 있다. 예를 들어, 비디오카세트레코더(VCR)는 판매가 감소하고 사라지기 전에 20년 미만의 기간 동안 성장한 반면, 자동차와 포장 스낵은 경제 성장에 따라 반세기 이상 성장을 지속해왔다.

성장 패턴은 보통 모든 상품과 서비스에 대해서 동일하지만, 성장의 양과 속도는 서로 다를 수 있다. 표 9.5는 Walmart와 eBay를 비교하고 있다. Walmart의 성장은 설립된 지 35년이 지난 1990년 말 전까지는 10% 밑으로 떨어지지 않았다. 이와는 대조적으로, eBay는 너무 급속도로 성장하여 성숙 단계에 빠르게 도달했기 때문에, 불과 12년 만에 성장률이 10% 밑으로 떨어졌다. eBay는 인터넷 기반의 경매 사이트이기 때문에, 성장을 위해서 더 많은 직원들을 추가할 필요가 없다. 이와 대조적으로 Walmart는 물리적으로 존재하는 소매 기업이기 때문에, 점포와 매출이 늘어날 때마다 빠르게 직원들을 추가로 고용해야만 한다. eBay와 비교했을 때, Walmart가 직원들을 고용하고 교육시킬 수 있는 속도는 Walmart의 성장률을 제한한다. 하지만 Walmart의 핵심 시장은 eBay보다 훨씬 더 크다. 2018년 Walmart는 $5,000억의 매출을 냈는데, 이것의 대부분은 Walmart의 주력 대형할인매장에서 발생하였다. 반면 eBay는 단지 $100억의 매출만을 기록했는데, 그 이유는 그들의 핵심 시장이 훨씬 더 작았기 때문이다.[8]

고성장을 유지하는 것은 기업들에게 큰 도전을 안겨준다. 제품의 자연 수명 주기가 주어졌을 때, 지속적인 고성장을 달성하는 유일한 방법은 지속적으로 새로운 제품시장을 꾸준히 발굴하고, 적정 시기에 성공적으로 진입하여, 보다 높은 수익성의 고성장 국면을 누리는 것이다. 표 9.6은 매년 한 개의 시장(지리 또는 고객 부문에 있어서)에서 한 가지 제품을 소개하는 회사의 누적 매출을 보여줌으로써 이를 표현하고 있다. 여기서 모든 상품들의 매출 규모와 성장은 동일하고, 성장률은 초반에는 매우 높으나 시장이 완전히 침투되면서 점진적으로 3%까지 떨어진다. 비록 이 기업이 계속해서 이전 상품들만큼 성공적인 새 상품을 출시하기는 하지만, 기업의 규모가 커질수록, 총 매출성장은 급격하게 느려진다. 장기적으로 본다면 성장률은 3%에 도달하는데, 이것은 이 기업이 속한 상품 시장의 장기성장률과 동일한 것이다. 궁극적으로, 한 기업의 성장과 규모는 제품시장의 성장과 크기, 그리고 이 기업이 경쟁하고 있는 제품시장의 수에 의해 제한된다.

높은 성장을 지속하기 위하여, 기업들은 포트폴리오 쳇바퀴(portfolio treadmill) 효과를 극복해야 한다: 성숙 단계에 도달하여 매출의 감소를 보이는 각 상품

8 이 비교는 다소 왜곡되었다: eBay는 자회사 PayPal을 2012년에 분사시켰는데, 이로 인해, 이 시기의 매출액이 $140억에서 $60억 만큼 감소했다.

표 9.6 고성장 지속에 대한 도전

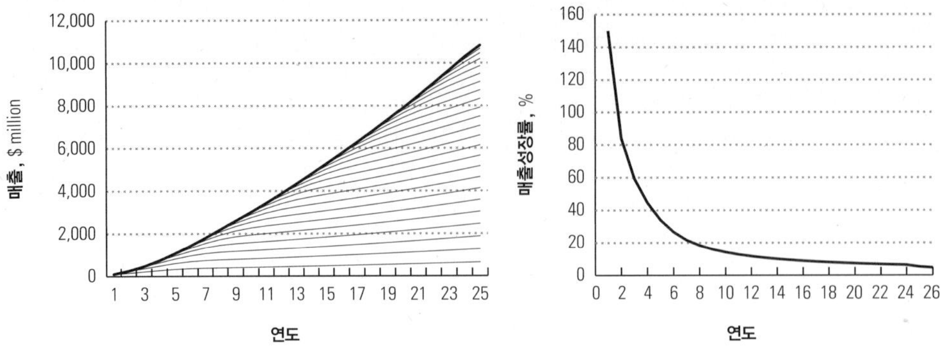

들마다 비슷한 규모의 대체 상품을 찾아서 매출 수준을 유지하거나 성장을 지속해야 한다. 제약 산업을 생각해보자. 이 산업은 Lipitor와 Celebrex와 같은 소위 블록버스터 급 약품에 힘입어, 1990년대 중반부터 유례없는 성장을 기록했다. 하지만 이 약품들의 특허가 만료되고 이어지는 약품이 블록버스터들만큼의 판매 실적을 내지 못하면, 성장률은 급격히 하락할 것이다. 상당한 수준의 성장의 원천을 찾는 것은 많은 기업들이 기꺼이 투자하려는 수준보다 더 많은 실험과 더 긴 시간이 필요하다. Royal Philips의 건강 기술 사업은 1998년 전체 회사 매출의 7%를 만들어 낸 소규모 사업부였다. 이것이 Philips 전체 매출의 절반을 창출하는 최대 사업부가 되기 위해서 15년의 지속적인 투자와 사업 인수가 필요했다. 조명 사업과 다른 사업부문의 분할 이후, 건강 기술은 이제 Philips의 핵심 사업이 되었다.

기업성장에 대한 경험적 분석

우리가 앞서 논의했던 원리들은 실제 사례를 통해서도 확인할 수 있다. 이 장에서는 1963년부터 2017년까지, 인플레이션을 감안한 매출액 규모가 $10억 이상인 미국계 비금융 기업들의 성장 수준과 그 지속여부에 대한 연구결과를 보여준다(매년 표본의 크기는 다른데, 2017년의 경우, 관측 기업의 수는 1,095개였다). 매출성장률에 대한 분석은 8장의 ROIC 데이터 분석과 같은 절차를 따르지만, 여기서는 환율 변동과 M&A 활동에 의한 왜곡을 완화하기 위해 3년간의 이동 평균 수치를 사용하였다. 또한 성숙 단계의 기업들조차도 1970년대의 인플레이션으로 가격이 인상되면서 급격한 성장을 보였기 때문에, 모든 기업 성장 결과를 분석하는 데 있어서 명목 데이터가 아닌 실질 데이터를 사용하였다. 유기적인 매출 성장에 대한 통계를

표 9.7 비금융기업의 장기 매출성장률, 1965-2017

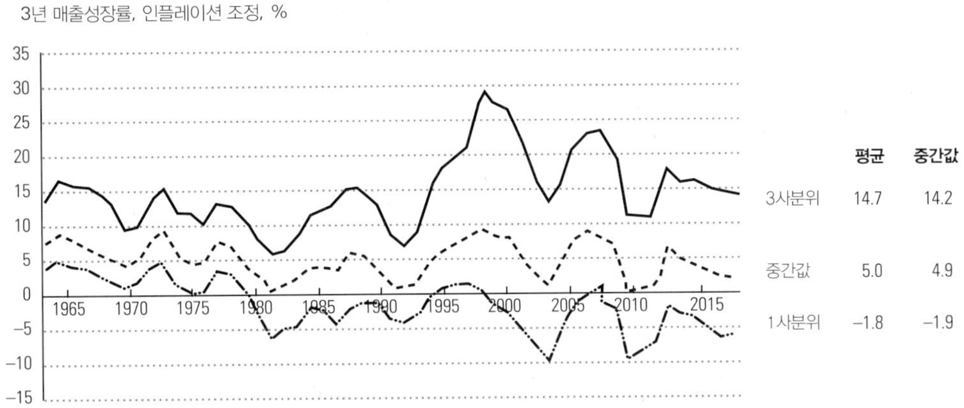

출처: Compustat; Corporate Performance Analytics by McKinsey.

보고하는 것이 이상적이겠지만, 현재의 보고 기준에서는 기업들에게 자신들의 수익에 대한 환율과 M&A가 매출액에 미치는 영향을 밝히도록 요구하지 않는다.

- 매출 성장에 대해 전반적으로 발견한 특성들은 다음과 같다:
  1965년부터 2017년 사이의 인플레이션을 반영한 실질 매출성장률의 중간값은 4.9%였다. 실질 매출성장률은 0%에서 9% 사이의 값을 보였는데, 상당부분 주기적인 측면이 있었다.
- 높은 성장률은 매우 빠르게 붕괴되었다. 실질 기준으로 20%보다 더 빠르게 성장한 기업들은 보통 향후 5년 내에 8% 성장률을 기록하게 되며 10년 후에는 고작 5%의 성장률을 보이게 된다.

성장 추세

우선 먼저 기업 성장의 총체적 수준과 추세를 살펴보자. 표 9.7은 1965년과 2017년 사이의 (실질) 매출 성장률의 중간값을 보여주고 있다. 해당 기간 동안의 매출 성장률의 평균 중앙값은 4.9%이고 대략 0%와 9% 사이를 오가고 있다. 매출성장률의 중간값은 시간에 따른 추세를 나타내지는 않지만, 지난 5년 동안 실질적으로 성장률이 2% 정도의 수준으로 하락했다.

실질 매출성장률 4.9%는 같은 기간 미국의 실질 GDP 성장률 3.0%와 비교했을 때 상당히 높은 것이다. 이러한 차이는 왜 발생하는 것일까? 여기에 대한 해답은 다양하다. 첫 번째 이유는, 자기 선택(self-selection)이다: 좋은 성장 기회를 가진 기업들이 성장하기 위해서는 자본이 절대적으로 필요한데, 상장시장(public

표 9.8 성장률 분포

성장률, 인플레이션 조정

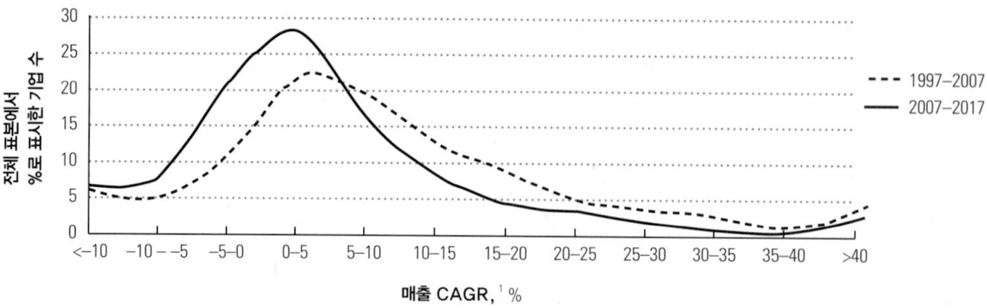

[1] 연간평균성장률

출처: Compustat; Corporate Performance Analytics by McKinsey.

market)은 그 규모가 크고 유동성이 풍부하기 때문에 고성장기업들은 비공개적으로 거래되기보다는 공개시장에서 거래되는 경향이 있다. 그런데 해당 분석에서는 공개시장에서 거래되는 기업들만을 측정하였기 때문에 성장률에 대한 결과는 다소 높은 경향을 보일 수 있다.

두 번째로는, 기업들이 점점 더 전문화되고 더 많은 서비스를 아웃소싱함에 따라, 서비스를 제공하는 기업들은 GDP 수치에 영향을 주지 않고도 빠르게 성장하고 발전할 것이다. 하청 전자제품 제조사, Jabil Circuit의 사례를 살펴보자. Jabil이 Apple이나 IBM을 대신하여, 이들의 제품이나 부품을 생산하게 하더라도, 국내 총생산량을 의미하는 GDP는 변하지 않을 것이다. 그러나, 이 경우에도 Jabil사의 성장률은 우리의 표본에 영향을 미친다.

세 번째 설명은 글로벌 확장이다. 우리의 표본에 속한 많은 기업들은 미국 밖에서 상품을 생산하고 수익을 내는데, 이것은 미국 GDP에 영향을 주지 않는다. 마지막으로, 우리는 이동평균과 중간값을 사용했음에도 불구하고, 이들은 M&A나 환율 변동의 영향을 제거하지 못한 채 단지 완화시키기만 할 뿐인데, 이것은 유기적 성장을 반영하지 못한다.

성장률의 중앙값을 표시한 것에 추가적으로, 표 9.7은 1970년대 중반부터 2017년까지, 거의 매년, 적어도 4분의 1 이상의 기업들이 실질 기준 규모가 줄어들었음을 보여준다. 따라서 비록 대부분의 기업들이 대중들에게 알릴 때나 또는 심지어 애널리스트 예측에서, 건강한 성장률을 전망하지만, 현실에서는 많은 성숙 단계의 기업들의 규모가 감소한다는 것이다. 이것은 가치평가에서, 높은 성장을 예측하기 전에, 특히 성숙 단계 산업군의 대기업의 경우 상당한 주의를 기울여야 한다는 사실을 강조한다.

표 9.9 산업별 변동성

10년 매출증가율[1], 인플레이션 반영 산업 중간값, %

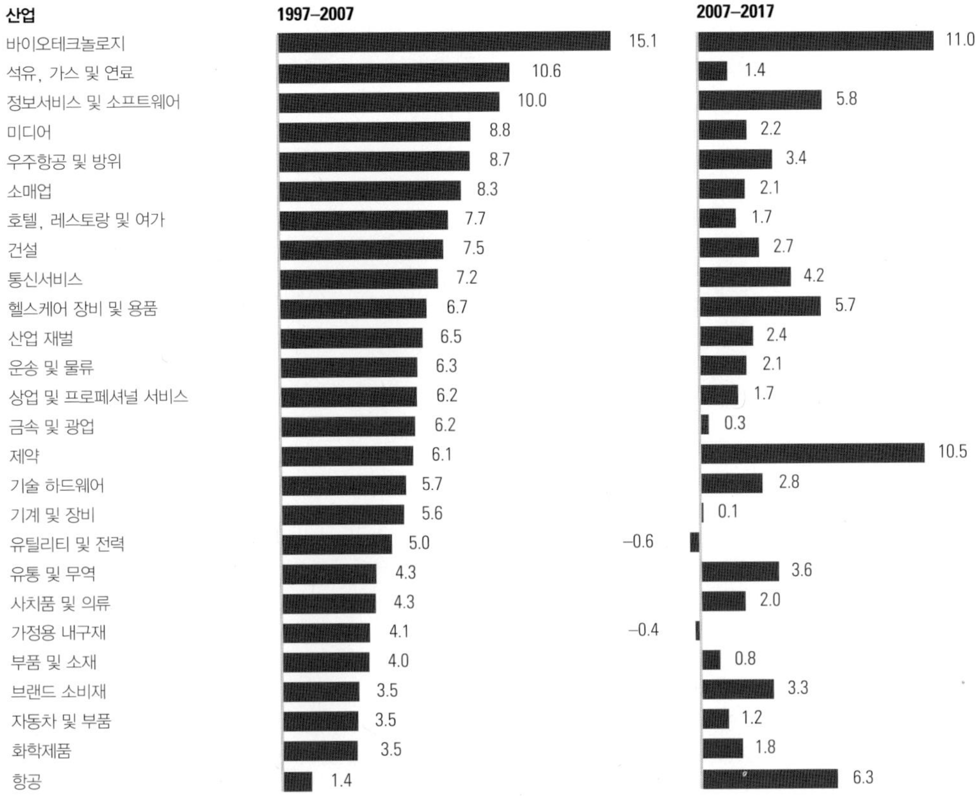

[1] 연복리수익률(CAGR)
출처: Compustat; Corporate Performance Analytics by McKinsey.

표 9.8은 1997-2007년(2008년 금융 위기 이전)과 2007-2017년 두 개의 기간 동안의 3년 실질 매출성장률의 분포에 대해서 보여준다. 당연하게도, 후자의 기간에서 분포는 더 넓어졌으며, 이전에 비해 왼쪽으로 옮겨갔다. 2007년에서 2017년 사이, 표본의 대략 3분의 2에 해당하는 기업들이 매년 5% 이하의 실질성장률을 보였다. 오로지 21%의 기업만이 10%보다 빠른 속도로 성장했다(이것은 인수합병의 영향을 고려한 결과이기 때문에, 유기적 성장만을 고려하였을 때는 더 적은 수의 기업들이 10%보다 빨리 성장했다).

산업별 성장률

표 9.1에서 볼 수 있듯이, 성장률은 산업 간에 그리고 산업 안에서도 크게 변한다.

또한-산업별 순위가 안정적이었던 ROIC와는 다르게-산업별 성장률 순위는, 표 9.9의 1997-2007년과 2007-2017년처럼, 시간이 지남에 따라 크게 변한다. 이것의 일부는 시장포화와 같은 구조적 요인(호텔이나 요식사업, 화학제품의 감소하는 성장률) 또는 완전히 새로운 시장을 창출해내는 기술혁신의 효과(바이오테크놀로지와 정보서비스의 강력한 성장) 등에 의해서 설명된다. 다른 경우들에서는, 성장은 더욱 주기적이다. 석유나 가스 산업의 성장률은 1997-2007년 10%에서, 지난 10년 동안 1%로 변했다. 이와 유사하게, 건설 산업 역시 주기적인 속성을 갖는데, 2008년 신용 위기 이래로 훨씬 더 낮은 수준의 성장률을 기록했다. 통신 서비스 공급자들은 2000년대 휴대전화가 보편화되면서 폭발적인 성장을 누렸다. 그러나 지난 10년 동안의 매출성장률은 강한 가격 압박으로 인해 크게 낮아졌다.

이러한 높은 수준의 변화에도 불구하고, 일부 산업군은 이 표본에서 다루는 30년 동안뿐만 아니라, 이전 기간 동안에도 지속적으로 가장 빠르게 성장하고 있다. 여기에는 30년 동안 수요가 견고했던 정보서비스 및 소프트웨어, 기술하드웨어, 제약, 생명공학, 의료 등과 같은 생명과학과 기술 분야가 포함된다. 자동차 부품, 화학제품, 그리고 브랜드 소비재와 같은 제품들은, 이들의 시장이 1990년대 훨씬 이전부터 이미 성숙기에 도달했기 때문에 지속적으로 낮은 성장률을 기록했다.

표 9.10 매출성장률 감퇴 분석

포트폴리오 성장률 중간값, 사분위별,[1] %

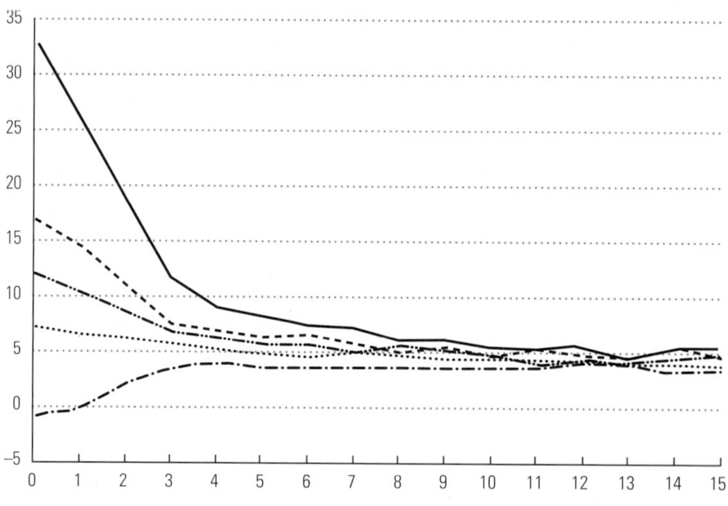

[1] 시작점에서 기업들은 매출성장률을 기준으로 5개의 포트폴리오 중 하나의 그룹에 배정된다.

출처: Compustat; Corporate Performance Analytics by McKinsey.

표 9.11 경제 위기와 회복을 통한 매출성장률 감퇴

[1] 2002년 현재, 기업들은 2002-2004년의 매출성장률을 기준으로 5개 포트폴리오 중 하나로 분류된다.
출처: Compustat; Corporate Performance Analytics by McKinsey.

성장의 유지

기업의 미래 매출 성장 잠재력을 이해하는 것은 가치 및 전략평가에 있어서 필수적이다. 하지만, 특히, 주식 전문 애널리스트들이나 미디어에 의한 상승 편향이 주어지면, 미래를 합리적으로 예측해내는 것은 어렵다. 조사에 따르면 애널리스트들이 전망하는 S&P 500의 1년 총 이익성장률 전망은 실질 매출 성장을 5% 포인트 이상 초과하는 등 구조적으로 지나치게 낙관적이다.[9]

장기적인 기업 성장률을 적절한 시각으로 보기 위해, 우리는 1963년 이후의 성장률 감퇴에 대해서 분석했다. 기업들은 포트폴리오가 구성된 해의 성장률에 따라 5개의 포트폴리오로 세분화되었다. 표 9.10은 각 포트폴리오의 중앙값을 갖는 기업이 시간에 따라 어떻게 성장하는지 보여주고 있다. 이 표에서 볼 수 있듯이, 성장은 매우 빠르게 사라지고 있다. 일반적인 기업에 대해서, 높은 성장률은 일반적으로 지속가능하지 않다. 3년 이내에, 포트폴리오 간의 차이는 상당히 줄어들며, 5년이 되면, 가장 높은 성장률이 보이는 포트폴리오가 가장 낮은 성장률을 5% 미만으로 앞서게 된다. 10년 안에는 이 차이가 2% 포인트 미만으로 줄어든다.

---

9 예를 들어, M. Goedhart, B. Raj, and A. Saxena, "Equity Analysts: Still Too Bullish," *McKinsey on Finance*, no. 35 (Spring 2010): 14–17 참조.

표 9.12 매출성장률 전이(transition) 확률

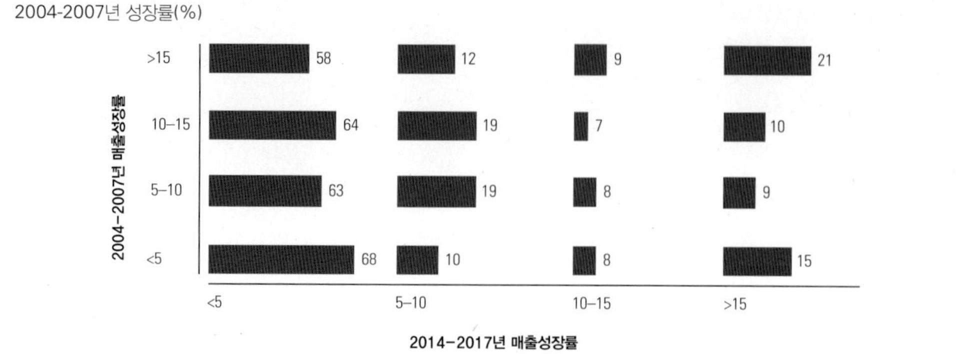

우리는 또한 최근 15년간 성장률의 감퇴 비율을 분석했고 5% 미만으로의 유사한 빠른 수렴 패턴을 발견했다(표 9.11). 표 9.10의 장기 데이터에서 전형적인 감퇴 패턴을 바꾸지 않은 채, 2008년 신용위기가 어떻게 전체 성장률의 일시적 하락을 야기했는지 주목하라. 성장률 하락을 이전 장에서 보았던 ROIC의 하락과 비교했을 때, 기업의 ROIC 비율은 일반적으로 시간이 지남에 따라 한정적이지만-가장 높은 기업들은 가장 낮은 수준의 기업들을 15년 동안 10% 포인트 이상 능가했다-성장률의 경우 그렇지 않다.

이번 장 앞부분에서 언급했듯이 상품의 수명 주기는 유한하고 기업의 규모가 커질수록 성장은 더욱 어려워지기 때문에, 기업들은 높은 성장률을 유지하기 위해 고군분투한다. 그렇다면 이러한 원칙에 반하는 회사가 있을까? 간단히 잘라서 말하자면 극소수뿐이다. 표 9.12는 2004-2007년 성장률을 기준 그룹별로 분류한 기업들의 성장률에 어떤 일이 일어났는지를 보여준다. 각 행을 걸쳐 읽어보면, 주어진 그룹에서 10년 뒤 각각의 성장률 범주에 속하는 비율을 나타낸다. 명백하게, 높은 성장을 유지하는 것은 느린 성장에 머물러 있는 것보다 훨씬 드물다. 2004년에서 2007년까지 5% 미만의 매출증가율을 기록한 기업들 중 68%는 10년 뒤에도 5% 미만의 성장률을 유지했다. 반면에, 고성장 기업의 21%만이 10년 후에도 15%의 실질 성장률을 유지했다. 심지어 고성장 기업에 대해서는 2004년부터 2007년까지 15%를 초과하며 빠르게 성장했던 기업의 58%가 10년 뒤 실질성장률 5% 미만을 기록했다. 고성장을 유지하는 것은 매우 어렵다-이것은 높은 ROIC을 유지하는 것보다 훨씬 더 그렇다.

요약

주주가치를 최대화하기 위해 기업들은 무엇이 성장을 가져오며 어떻게 가치를 창출하는지 이해해야 한다. 대기업의 경우, 대체로 이들이 속한 시장의 성장은 장기적인 매출성장으로 이어진다. 비록 시장 점유율의 확보가 단기 매출에 도움이 되기는 하지만, 이것은 장기 성장보다 훨씬 덜 중요하다.

매출 성장만이 가치창출에 있어서 중요한 요소라고는 볼 수 없다. 오히려 추가적인 매출 $1당 창출되는 가치가 중요하게 작용한다고 볼 수 있다. 이것은 일반적으로 한 기업의 성장 전략에 경쟁사들이 얼마나 쉽게 대응할 수 있는지에 달려있다. 이러한 관점에서 가장 잠재력을 갖는 성장 전략은 제품 혁신인데, 왜냐하면 완전히 새로운 상품 카테고리에는 자리를 선점하고 있는 경쟁자가 있을 수 없기 때문이다. 기존 상품에 신규 고객을 유치하거나 기존 고객들로 하여금 더 많이 구입하도록 설득하는 것 역시, 상당한 가치를 창출할 수 있는데, 이는 같은 시장 내의 직접적인 경쟁사과 함께 이익을 얻을 수 있는 방법이기 때문이다. 볼트온 인수를 통한 성장 또한 가치를 더해줄 수 있는데, 이러한 인수는 적은 추가 비용과 낮은 복잡성으로 매출성장률을 촉진할 수 있기 때문이다. 시장 점유율을 올림으로써 매출 성장을 시도하는 것은 훨씬 덜 매력적인데, 왜냐하면, 특히 성숙 단계의 시장에서, 이러한 성장은 쉽게 반격 가능한 직접적 경쟁자들의 몫을 놓고 경쟁하는 것이기 때문이다.

높은 성장률을 달성하는 것만큼이나 그 성장률을 유지하는 것이 또한 어렵다. 대부분의 상품들은 자연 수명 주기가 있기 때문에, 높은 성장률을 유지하는 유일한 방법은 지속적으로 새로운 상품을 빠르게 출시하는 것이다(이것은 실질적으로 거의 불가능하다). 따라서 대기업의 성장률이 ROIC보다 훨씬 더 빨리 감소하는 것은 당연하다 심지어 가장 빠르게 성장하는 기업들의 성장률도 10년 이내에 5% 이하로 떨어지는 경향이 있다.

가치평가의 핵심 방법론

2부

10장

가치평가의 기초

1부에서는 어떤 변수가 투자자를 위한 가치를 창출하는지 개념적으로 배웠다. 기업가치는 높은 투하자본이익률(ROIC; Return On Invested Capital) 그리고 기업의 성장에 의해 발생한다. 높은 이익률과 성장성은 기업의 현금흐름을 증가시켜 결국 기업가치를 증대시키게 된다.

2부에서는 실제로 기업을 분석하고 기업의 가치를 평가하기 위한 단계별 지침을 제공한다. 다양한 기업 가치 평가 방법(표 10.1 참조) 중에서도 특히 두 가지, 전체기업가치 DCF 모델(enterprise discounted cash flow)과 경제적 이익 모델에 관해 집중적으로 다루고 있다. 정확하게 적용한다면 두 평가 기법을 사용했을 때 같은 결과가 나타나야 하겠지만, 실제 적용 과정에서는 차이가 있다. 전체기업가치 DCF는 여전히 실무자와 학계가 가장 선호하는 방법론이다. 이것은 회계기준에 따라 상이할 수 있는 회계적 이익에 기초하지 않고, 기업의 현금흐름만을 가지고 가치를 평가하기 때문이다. 한편 경제적 이익 모델은 어느 기업이 자본비용 이상의 수익을 거두었는지의 여부에 관심을 기울인다. 이 접근법은 경제학 이론과 기업의 경쟁전략에 충실하다는 장점 때문에 점차 각광받고 있다. 두 기법이 동일한 결과를 보여주더라도 서로를 상호보완할 수 있는 장점과 특징이 있기 때문에, 두 기법을 모두 사용하는 것을 권장한다.

전체기업가치 DCF 모델(enterprise DCF Model)이나 경제적 이익 모델(economic-profit model)은 모두 장래의 경제적 가치를 가중평균자본비용(WACC; Weighted Average Cost of Capital)으로 할인한다는 공통점을 지니고 있다. WACC 할인 모델은 기업의 재무구조가 안정되어 있을 때 가장 효과적인 방법이다. 회사의 부채비율이 변동될 것이라 예상되어도 WACC 할인 모델은

표 10.1 DCF를 기초로 한 가치평가 체계

모델	측정대상	할인계수	평가
전체기업가치 DCF 모델	잉여현금흐름	가중평균 자본비용	프로젝트, 사업부문, 목표 자본구조 수준을 유지하는 기업에게 가장 적합
경제적 이익 모델	경제적 이익	가중평균 자본비용	구체적으로 언제 기업이 가치를 창출하는지 강조
조정현가 모델	잉여현금흐름	무차입 자기자본비용	WACC 기반 모델보다 변화하는 자본구조를 더 쉽게 변경함
자본현금흐름 모델	자본현금흐름	무차입 자기자본비용	하나의 수치에 잉여현금흐름과 지급이자 절세 효과를 합산하여 기업과 기간 간 영업성과를 비교하기 어려움
자기자본현금흐름 모델	주주에 대한 현금흐름	차입 자기자본 할인율	자본구조가 현금흐름에 내재되어 있기 때문에 정확히 수행하기 어려움. 금융기관의 가치평가에 가장 적합

여전히 정밀한 결과를 도출할 수 있지만, 실무적으로 실행하기 어려운 점들이 있다. 이 경우에는 조정현가모델(APV model: Adjusted Present Value model)을 대안으로 권장한다. APV 모델은 전체기업가치 DCF 모델과 동일한 현금흐름을 할인하여 가치를 구하지만, 할인율로는 무차입 자기자본비용(unlevered cost of equity)을 사용한다. 그 다음 부채와 연관된 세금 혜택을 평가한 후 총 자본 가치에 더해 총 기업가치를 결정한다.[1] 올바르게 적용되었을 경우, APV 모델은 전체기업가치 DCF 모델과 같은 결과를 낸다.

이 장에서는 자본현금흐름(capital cash flow) 모델과 자기자본현금흐름(equity cash flow) 모델에 관한 논의도 다뤄질 것이다. 이 두 가지 모델 또한, 제대로 적용된다면 전체기업가치 DCF 모델과 동일한 결과값을 보여주지만, 기업의 재무구조와 영업실적을 하나의 현금흐름에 동시에 반영하기 때문에 적용과정에서 실수가 생기기 쉽다. 이러한 이유 때문에 재무활동 자체를 영업활동의 일부로 인식하는 금융기관의 가치평가 이외에는 이 두 가지 방식의 적용은 가급적 사용하지 않고 있다(금융기관의 가치평가는 38장 참조).

전체기업가치 DCF 모델

전체기업가치 DCF 모델은 지분 보유자(equity holder) 또는 채권자 등, 모든 종류의 투자자에게 귀속되는 현금흐름을 WACC, 즉 모든 투자자금에 대한 종합 비

1 사모펀드 기업에 의한 기업 담보 차입 매수는 매수 금액을 충당하기 위해 상당한 양의 차입금을 사용한다. 이러한 경우엔, 무차입 자기자본비용에서 잉여현금흐름을 할인하여 재무 구조의 이익을 따로 평가해야 한다.

표 10.2 단일 사업을 수행하는 기업의 가치평가

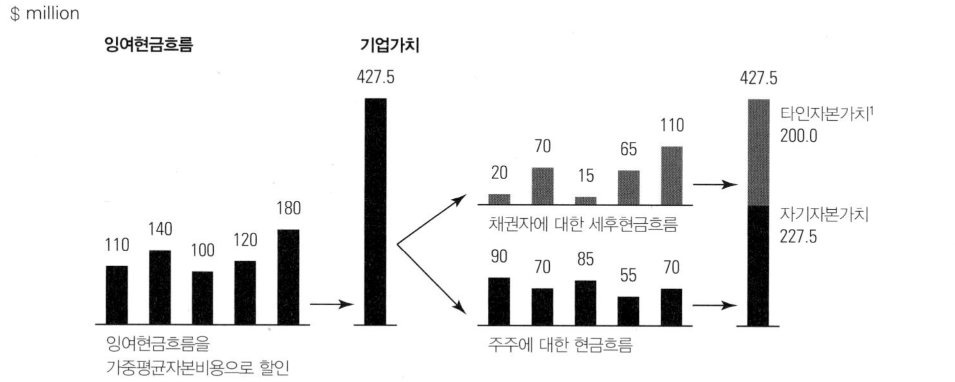

[1] 채권자에 대한 세후현금흐름의 할인액과 지급이자 절세효과의 현재가치를 합산하여 타인자본가치를 산출한다.

표 10.3 복수 사업을 수행하는 기업의 가치평가

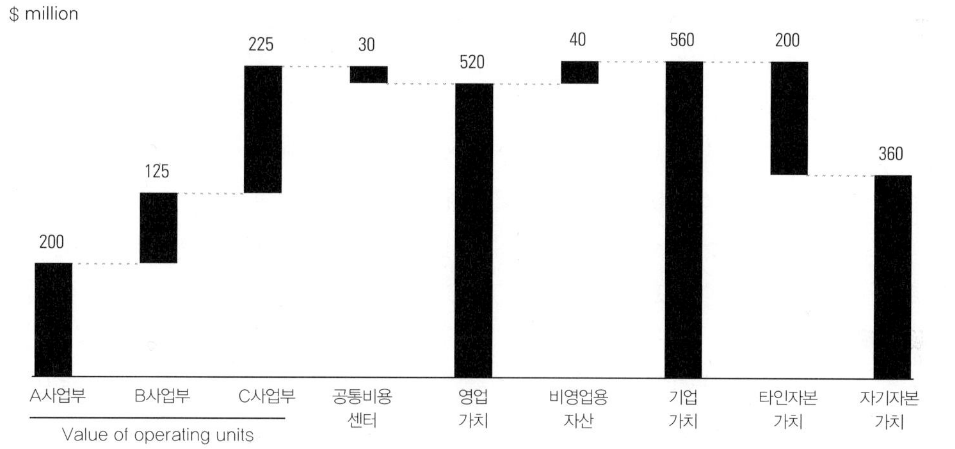

[1] 과다보유현금 및 시장성 유가증권 포함

용으로 할인한다. 따라서, 기업의 주주가치를 계산하는 방법으로는 전체기업가치 DCF 접근법, 즉 전체기업가치를 산정한 후 타인자본 등의 가치를 차감해주는 방법과, 주주에게 귀속되는 현금흐름만을 할인하는 자기자본 DCF 접근법 두 가지를 생각해볼 수 있다.[2] 표 10.2에서는 전체기업가치 DCF와 자기자본 DCF 두 가지

---

2 이 장 전반에 걸쳐, 부채 및 기타 비주주 청구권(other nonequity claims)에 대하여 설명한다. 기타 비주주 청구권은 주식의 소유자가 회사의 미래 현금흐름에 대한 청구권을 가지면서 이자발생 부채와 보통주를 소유하지 않을 때 발생한다. 비주주 청구권에는 부채에 해당하는 금액(예: 운용리스 및 미적립 퇴직연금 관련 부채)과 복합증권(hybrid securities, 예: 전환사채, 종업원 스톡옵션)이 있다.

접근법을 비교하고 있다. 단일 사업을 수행하는 이 기업의 경우 자기자본 DCF로 직접 구한 주주가치는 $2억 2,750만인데, 이것은 전체기업가치($4억 2,750만)를 산정한 이후 타인자본의 가치($2억) 차감하여 얻을 수 있는 결과와 동일하다.

또한, 전체기업가치 DCF 모델은 특히 다양한 사업부를 가지고 있는 기업의 가치평가에 유리하다. 표 10.3에서 보듯이, 기업전체의 가치는 개별 사업부의 가치의 합에서 공통비용센터(corporate center)의 가치를 차감하고, 비영업용 자산의 가치를 더한 것과 같다.[3] 전체기업가치 DCF 모델을 통해 개별 프로젝트 또는 개별 사업부 평가에서부터 기업전체 가치평가까지 모두 동일한 방법론을 사용하여 평가할 수 있다.

전체기업가치 DCF모델의 절차를 자세히 살펴보면 다음과 같다.

1. 잉여현금흐름을 WACC로 할인하여 영업활동 가치를 구한다.
2. 영업에 직접적으로 필요한 수준보다 과다한 현금 및 등가물, 비연결대상 투자회사지분 등 비영업용 자산의 가치를 구하여 앞서 구한 영업의 가치에 더한다.[4]
3. 부채 및 기타 비주주 청구권(nonequity claims)을 파악하고 가치를 산정한다. 부채 및 기타 비주주 청구권은 고정금리부 차입금, 변동금리부 차입금, 미적립 종업원 연금이나 구조조정 비용과 같은 부채등가물(debt equivalents), 종업원 스톡옵션, 우선주 등을 포함하는데 이에 대한 자세한 논의는 16장에서 다룰 것이다.
4. 2번에서 구해진 기업전체의 가치에서 3번에서 구한 부채 및 기타 비주주 청구권의 가치를 차감하여 주주의 가치를 구한 후, 이를 주식수로 나누어 주당 가치를 산출한다.

표 10.4에는 가상의 세계적 운송 업체인 GlobalCo의 전체기업가치 DCF의 결과가 나타나있다. 이 장의 전반에 걸쳐 다양한 평가방법을 비교하기 위해 GlobalCo를 사례로 들 것이다. GlobalCo는 현실 기업의 복잡성을 제거하여 단순화된 가상의 예이다. 부록 H에 현실의 세계적 유통 업체인 Costco Wholesale의 기업평가가 포함되어 있다.

---

3 대부분의 투자 전문가들은 전체기업가치를 이자부 부채에 주식의 시장가치를 합한 금액에서 과다보유현금(excess cash)을 차감하여 기업가치를 정의하는 반면 우리는 전체기업가치를 영업가치와 비영업 자산의 가치를 합한 금액으로 한다. 두 정의는 비영업 자산(예: 과다보유현금과 비연결 투자주식)과 미적립 퇴직연금 등의 부채가 없는 기업에 대해서는 동일하게 적용될 수 있다.

4 많은 투자 전문가들은 전체기업가치 평가를 할 때 과다보유현금을 포함하지 않고, 부채에서 직접 차감한다.

표 10.4 GlobalCo: 전체기업가치 DCF 평가

별도표기를 제외하고 백만 달러

추정연도	잉여현금 흐름	7.8% 할인계수	FCF 현재가치
Year 1차년도	(2.0)	0.928	(1.9)
Year 2차년도	22.5	0.861	19.4
Year 3차년도	54.6	0.798	43.6
영구가치	1,176.2	0.798	938.9
영업가치			1,000.0
비영업용 자산의 가치			–
기업가치			1,000.0
차감: 부채 가치			(250.0)
차감: 부채 등가물과 비지배지분			–
Equity value			750.0
발행주식수, 백만			12.5
주당 가치, $			60.00

2부에서는 평가 과정의 각 단계를 더 자세히 표현하기 위해 GlobalCo를 사례로 들 것이다.

GlobalCo를 평가하기 위해 우선 3년간의 현금흐름을 추정하였다. 3차년도 이후의 현금흐름은 핵심가치창출요인 공식(Key value driver formula)을 이용해 평가하여 "영구가치"로 기록하였다. 그 후, 각 년도의 예상된 FCF과 영구가치를 WACC로 할인한다.[5] 그리고 연간 현금흐름의 모든 현재 가치를 합산하여 영업 자산의 현재 가치를 결정한다.

가치평가모델을 단순화하기 위해, 1차년도의 현금흐름은 1년 동안 할인해주고 2차년도는 현금흐름은 2년 동안 할인하는 방식으로 가치평가를 수행하였다. 명료한 설명을 제공하기 위해 현금흐름은 항상 일시불인 것으로 간주한다. 현실의 현금흐름은 한 해에 걸쳐 일어나는 것이며 일시불로 발생하지 않으므로 현금흐름의 타이밍에 맞도록 필요하다면 할인율을 조정하여야 한다.[6] 이 계산으로 산출된 값은 영업가치이며, GlobalCo의 영업가치는 $10억이다.

이 영업가치의 값에 과다보유 현금이나 비지배 자본과 같은 비영업용 자산을 더한다. GlobalCo에는 비영업용 자산이 없으므로, 영업가치와 기업가치의 값이

5 평가방법에 상관없이 동일한 결과를 생성하기 위해 반올림 오차에 대해 조정하지 않는다. 반올림 오차는 대부분의 예시에서 발생한다.

6 만약 현금흐름이 연간 꾸준하게 창출되었다면, 할인율을 절반으로 낮추어야 한다. 만약 현금흐름이 소매업처럼 연말에 집중되어 있다면, 할인율에 약간의 조정만이 필요하다. 이러한 문제와 연도 중간의 기업가치평가에 대해서는 16장을 참고하라.

같다. 자기자본 가치를 산출하려면, 여기에서 부채의 가치와 비주주 청구권을 차감하면 된다. GlobalCo는 $1억 1천의 단기 부채와 $1억 4천의 장기 부채를 가지고 있으므로, 총 부채 가치는 $2억 5천이 된다. 이 회사엔 재원이 없는 연금 의무나 다른 회사에게 소유된 비지배 자본은 없으나, 있다면 그 가치 또한 차감하여야 한다.[7] 그 결과로 나온 $7억 5천의 자기자본 가치를 발행주식수(1억 2천 5백만)로 나누면 주당 내재 가치는 $60이 된다.

이 책에서는 여러 단계에 걸쳐 데이터와 평가 과정을 더욱 깊게 파고 들어갈 것이다. 이 장에서는 전체기업가치 DCF 평가 과정을 순서가 정해진 단계로 표현하였으나, 실제로는 반복되는 과정을 통해 이루어진다.

영업가치

영업가치는 잉여현금흐름(FCF; Free Cash Flow)을 할인한 값이다. FCF는 기업의 영업을 통해 창출된 현금흐름에서 영업을 위해 재투자한 금액을 차감하고 남은 금액이다. FCF는 주주, 채권자, 비지분 투자자를 포함하는 모든 투자자들의 몫으로, 기업의 재무구조와는 상관이 없다. 이렇게 FCF가 모든 투자자에게 귀속되

표 10.5 GlobalCo: 손익계산서와 자본변동표

$ million

		추정			
	과거	1차년도	2차년도	3차년도	영구 가치
매출	200.0	250.0	287.5	301.9	308.5
영업 비용	(120.0)	(150.0)	(172.5)	(181.1)	(185.1)
감가상각비	(20.0)	(25.0)	(28.8)	(30.2)	(30.9)
영업 이익	60.0	75.0	86.3	90.6	92.6
이자비용	(9.0)	(10.0)	(10.8)	(11.4)	(11.8)
세전 이익	51.0	65.0	75.5	79.1	80.8
법인세	(10.2)	(13.0)	(15.1)	(15.8)	(16.2)
당기순이익	40.8	52.0	60.4	63.3	64.6
자본변동표					
기초 자기자본	65.0	98.0	140.0	171.1	
당기순이익	40.8	52.0	60.4	63.3	
배당	(7.8)	(10.0)	(14.3)	(24.1)	
신주발행(자기주식)	–	–	(15.0)	(30.0)	
기말 자기자본	98.0	140.0	171.1	180.3	

7 비지배지분은 외부 투자자가 피투자기업의 지분을 소량 보유하고 있을 때 발생한다. 이 외부 투자자는 현금흐름 일부에 대한 청구권만 가지기 때문에, 이 부분에 대한 가치는 전체기업가치에서 차감되어야 한다.

표 10.6 GlobalCo: 재무상태표

$ million

		추정		
	과거	1차년도	Year 2	Year 3
현금	4.0	5.0	5.8	6.0
매출채권	20.0	25.0	28.8	30.2
재고자산	40.0	50.0	57.5	60.4
유동자산	64.0	80.0	92.0	96.6
유형자산	200.0	250.0	287.5	301.9
영업권과 매수무형자	100.0	100.0	100.0	100.0
총자산	364.0	430.0	479.5	498.5
부채와 자본				
단기부채	110.0	110.0	125.4	134.0
매입채무	16.0	20.0	23.0	24.2
유동부채	126.0	130.0	148.4	158.2
장기부채	140.0	160.0	160.0	160.0
자기자본	98.0	140.0	171.1	180.3
총부채와 자본	364.0	430.0	479.5	498.5

는 현금흐름을 포괄하고 있는 만큼 이 현금흐름은 WACC로 할인되어야 한다. WACC는 주주와 채권자 요구수익률을 모두 반영한 것으로, 회사 투자자금의 기회비용을 의미한다.

재무제표 재구성 평가를 시작하려면 먼저 기업의 과거 재무제표를 모아야 한다. 표 10.5는 GlobalCo의 손익계산서와 자본변동표이며 표 10.6은 재무상태표이다. 설명을 더욱 쉽게 하기 위해, 1년의 재무제표만을 제시하였다. 현실에서는 기업의 장기적 실적과 잠재력을 정확하게 평가하기 위해선 다년간의 재무제표를 모을 필요가 있다.

ROIC와 FCF는 영업의 가치에서 가장 중요한 요소들인데, 이들은 기업의 공시 재무제표를 통하여 바로 계산되지 않는다. 왜냐하면 실제로 공시되는 재무제표에는 영업활동은 물론 다양한 비영업적 손익과 재무구조로 인한 효과까지 동시에 포함되어 있기 때문이다. 따라서 ROIC와 FCF를 산출하기 위해서는 공시 재무제표에서 비영업적 요소와 재무구조 효과를 제거한 새로운 재무제표를 작성 이용해야 한다.

재무제표를 재구성할 때는, 투하자본(IC; Invested Capital)과 세후영업이익(NOPAT; Net Operating Profit After Taxes)의 개념에 대한 이해가 필요하다. 투하자본이란 영업활동을 위해 필요한 투자자금으로, 누구로부터 어떻게 자금이 조달되었는지에 대해서는 구분이 필요하지 않은 개념이다. NOPAT은 영업활

표 10.7 GlobalCo: 세후영업이익(NOPAT)

$ million

		추정			
	과거	1차년도	2차년도	3차년도	영구 가치
매출	200.0	250.0	287.5	301.9	308.5
영업 비용	(120.0)	(150.0)	(172.5)	(181.1)	(185.1)
감가상각비	(20.0)	(25.0)	(28.8)	(30.2)	(30.9)
영업 이익	60.0	75.0	86.3	90.6	92.6
영업현금 법인세	(12.0)	(15.0)	(17.3)	(18.1)	(18.5)
세후영업이익(NOPAT)	48.0	60.0	69.0	72.5	74.0
당기순이익과 대사					
당기순이익	40.8	52.0	60.4	63.3	64.6
이자비용	9.0	10.0	10.8	11.4	11.8
절세효과	(1.8)	(2.0)	(2.2)	(2.3)	(2.4)
세후영업이익(NOPAT)	48.0	60.0	69.0	72.5	74.0

동으로부터 발생하는 세후이익으로, 투하자본으로부터 창출되며, 주주 및 채권자 모두에게 귀속되는 기업의 영업실적을 뜻한다. 이 장에서는 재무제표 재구성 과정을 간단히 요약하였다. Costco를 예로 든 더욱 자세한 논의는 11장을 참조하라.

표 10.7는, 손익계산서를 세후영업이익(NOPAT)으로 재구성한 표를 보여준다. 세후영업이익(NOPAT)을 계산하기 위해서는, 매출에서 영업비용과 감가상각비를 차감하기만 하면 된다. 비영업용 자산과 부채를 다룰 때에 따로 분석할 것이므로, 이자비용을 차감하거나 비영업 이익을 더하면 안 된다. 영업현금 법인세는 영업 이익을 기반으로 계산하여 세금 부과 정도를 나타낸다. 이는 기업이 자기자본으로만 운영되며 영업 자산만을 가지고 있을 경우에 지불한다. 평가를 올바르게 진행했다면, 당기순이익에서 세후영업이익(NOPAT)을 계산할 수 있다. 대사(Reconciliation)는 의도치 않은 오류를 방지하고 평가 과정에서 각각의 데이터가 어떻게 합산될 것인지 정하는 데에 도움을 줄 것이다.

표 10.8은 재무상태표를 투하 자본과 총투자재원으로 재구성한 표이다. 투하자본은 운전 자본과 유형자산, 기타 영업 자산과 총 영업 부채를 합산한 값이다. 투하 자본을 측정할 때는 영업권과 무형자산을 포함한 값과 포함하지 않은 값을 둘 다 구해야 한다. 영업권을 포함한 값과 포함하지 않은 값을 둘 다 분석함으로써 합병이 기업의 과거 실적에 미치는 영향을 측정할 수 있다. 영업권을 포함한다면 이익이 높고 견실한 영업을 하는 기업의 ROIC 값이 낮을 수도 있다. 합병에 지불한 비용이 크기 때문이다.

GlobalCo는 영업 자산만을 가지고 있으므로, 투하 자본이 총투자재원과 같은

표 10.8 GlobalCo: 투하자본과 총투자재원(TFI)

$ million

		추정		
	과거	1차년도	2차년도	3차년도
운전자본	48.0	60.0	69.0	72.5
유형자산	200.0	250.0	287.5	301.9
영업권을 제외한 투하자본	248.0	310.0	356.5	374.3
영업권과 매수무형자산	100.0	100.0	100.0	100.0
영업권을 포함한 투하자본	348.0	410.0	456.5	474.3
비영업 자산	–	–	–	–
총투자재원	348.0	410.0	456.5	474.3
총투자재원의 대사				
단기부채	110.0	110.0	125.4	134.0
장기부채	140.0	160.0	160.0	160.0
부채와 부채등가물	250.0	270.0	285.4	294.0
자기자본	98.0	140.0	171.1	180.3
총투자재원	348.0	410.0	456.5	474.3

값이다. 보통 비영업 자산은 DCF가 아닌 다른 방법으로 평가되므로 영업 자산 및 영업 부채와 구별하였다. 그 다음, 부채나 자기자본과 같은 자금원을 총투자재원과 대사한다. 부채 등가물의 예시로는 재원이 없는 연금 의무나 환경 복원 의무 등이 있으며 자본 등가물의 예시로는 연기된 세금 등이 있다.

1차년도의 ROIC을 구하려면, NOPAT을 지난해의 투하 자본으로 나누면 된다.[8] 1차년도의 영업권을 제외한 ROIC은 24.2%이며($60/$248), 영업권을 포함한 ROIC은 17.2%이다 ($60/$348). ROIC이 7.8%인 자본비용보다 크기 때문에, 해당 기업은 합병 프리미엄의 효과를 포함하건 안 하건 간에 가치를 창출하고 있다는 결론이 된다.

과거 성과 분석 기업의 재무제표를 NOPAT과 투하 자본으로 재구성한 뒤에는 과거의 재무성과를 분석해야 한다. 이것을 통해서 회사의 가치창출 여부, 성장속도를 알 수 있으며, 다른 경쟁사와의 비교분석도 가능할 것이다. 좋은 분석 결과를 위해서는 ROIC, 매출 성장률, FCF와 같은 주요 가치 창출 요소에 집중하여야 한다. 이러한 요소들이 과거에 어떤 추세를 보였는지 이해한다면 미래의 현금흐름을 추정하는 데에 큰 도움을 줄 것이다.

8 이 계산에선 작년의 투하 자본을 이용해 ROIC을 추정한다. 이 장에서 나중에 등장할 경제적 이익 평가와 전체기업가치 DCF 평가를 연결시키기 위함이다. 실제로 실적을 평가할 때는, 2년치 투하 자본의 평균을 이용하라.

표 10.9 GlobalCo: 매출성장률과 ROIC 추정

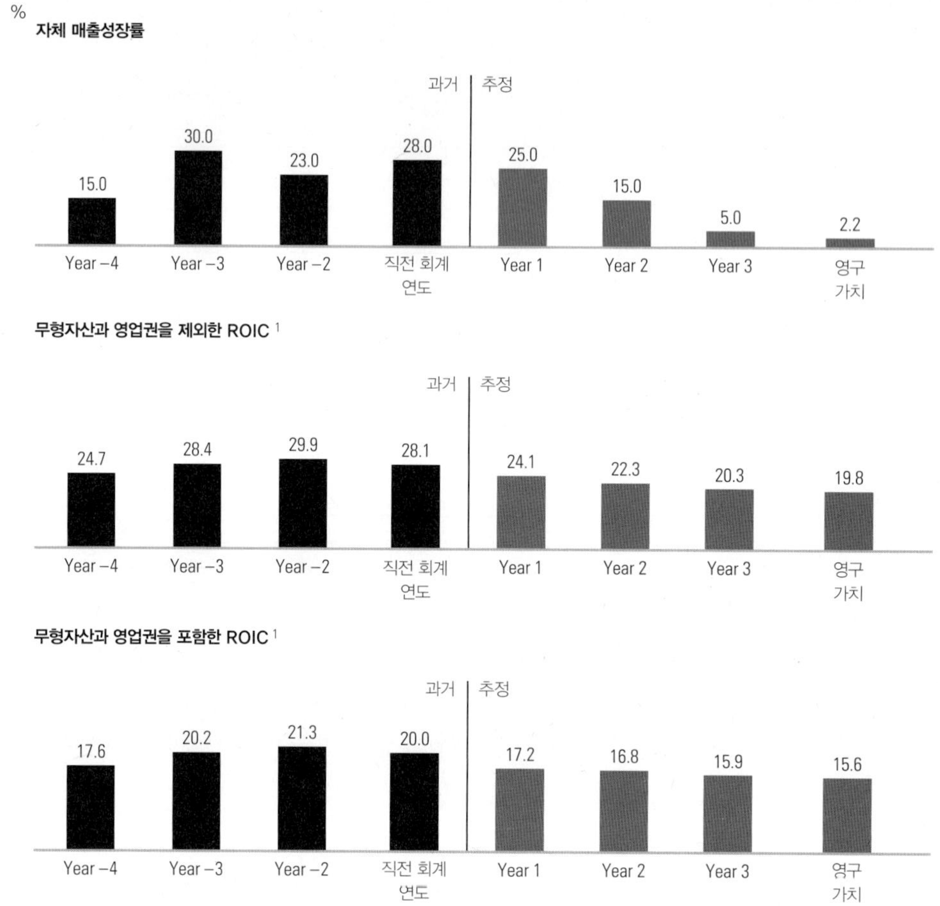

[1] 이 장의 후반부에서 제시할 경제적 이익모델과 일치시키기 위해 기초 투하자본을 이용하여 산출함.

표 10.9는 자체 매출 성장률과 ROIC을 분석한 표이다. 자체 매출 성장률과 영업권을 포함하지 않은 ROIC이 모두 20%를 넘어가므로 GlobalCo는 좋은 실적을 내고 있는 것으로 볼 수 있다. 정확한 평가를 위해서는 수십 년 분량의 과거 실적을 분석해야 할 수도 있다. 먼 과거의 분석 자료는 시대에 뒤쳐졌지만, 해당 기업이 지금과는 다른 당시 상황에 얼마나 성과를 올렸는지 이해하면 미래를 추정하는 데에 도움을 줄 것이다. 재구성된 재무제표를 통한 재무분석의 자세한 논의는 12장에서 다루도록 한다.

매출 성장률, ROIC, 및 FCF 추정 과거 실적 분석, 그리고 경제와 산업의 추세를 추정해 얻은 통찰력을 통해 통합재무제표를 작성할 수 있다. 표 10.5와 10.6에선,

손익계산서, 자본변동표, 그리고 재무상태표의 추정치를 보여주고 있다. 당기순이익은 자본변동표를 통해서 재무상태표에서 해당하는 값과 일치해야 하므로, 이 세 재무제표는 통합되어야 한다. 과다보유 현금, 부채, 배당금, 또는 다른 요소의 조합을 이용해 재무상태표의 잔금과 일치하도록 하여야 한다. 13장에서 이 추정 과정을 자세하게 다룬다.

추정 모델을 만들 때는 어느 정도까지 자세히 추정을 할 것인지 결정해야 한다. 최초 몇 년간은 매출총이익률, 판매비, 매출채권 및 재고 등 모든 개별 항목을 추정하는 것이 어렵지 않다. 이렇게 하면 개별 항목별 추세를 쉽게 파악할 수 있게 된다. 그러나 이후의 기간에 대해서 재무제표의 모든 개별 항목을 추정하는 것은 쉽지 않다. 게다가 지나치게 자세히 진행되는 추정작업 때문에 오히려 주요 핵심변수에 집중할 수 없게 된다. 따라서 5년에서부터 10년 사이의 추정기간은 영업이익, 유효세율(영업관련세율), 자본효율성 등 몇 개의 핵심변수만을 고려하여 추정하는 것이 좋다. 이 기간 이후에는 각 년도의 핵심변수를 따로 추정하는 것은 실용적이지 못하다. 따라서 이후의 현금흐름의 가치는 영구가치(continuing value) 또는 잔여가치(terminal value)로 계산해주면 된다. 영구가치를 계산하는 시점은 기업별로 차이가 있고 시간에 따른 현금흐름 변화추이에 따라 다르다. 변화가 많은 기업은 현금흐름을 오랫동안 자세히 파악해야 하고, 상대적으로 안정되고 성숙기에 접어든 기업이라면 추정에 많은 변수가 필요하지 않다.

그 다음으로는 재구성된 재무제표를 이용해 FCF를 계산하면 된다. 표 10.10은 GlobalCo의 FCF를 나타내고 있다. 이 표에서 FCF는 회사 내부 연간 보고서의 회계 내역서에 기재되는 현금흐름과는 달리 NOPAT과 투하 자본의 변화에서 바로 산출한 값이다. FCF는 비영업 자산이나 자본구조와는 상관이 없다.

영구가치의 산출 어느 정도 시간이 지난 뒤부터는, 개별적인 핵심변수들을 해마다 새롭게 추정하지 않고 핵심변수값을 특정값으로 고정하는 영구가치법을 적용한다.

$$\text{영업가치} = \frac{\text{추정 기간 내}}{\text{FCF의 현가합계}} + \frac{\text{추정 기간 이후의}}{\text{FCF의 현가합계}}$$

많은 영구가치 평가 모델이 존재하지만 우리는 3장에서 다룬 바 있는 핵심가치창출요인 공식(key value driver formula)을 사용하기로 한다. 이 방법은 이익이 아닌 현금흐름에 기초하며 성장과 ROIC를 고려하고 있기 때문에 다른 방식보다 우월하다고 할 수 있다. 공식은 다음과 같다.

표 10.10 GlobalCo: FCF 추정

$ million

	1차년도	2차년도	3차년도
세후영업이익	60.0	69.0	72.5
감가상각비	20.0	25.0	28.8
총 현금흐름	80.0	94.0	101.2
운전자본의 감소(증가)	(12.0)	(9.0)	(3.4)
자본적 지출, 매각금액 차감 후	(70.0)	(62.5)	(43.1)
잉여현금흐름	(2.0)	22.5	54.6
잉여현금흐름의 대사			
이자비용	10.0	10.8	11.4
절세효과	(2.0)	(2.2)	(2.3)
단기부채의 감소(증가)	0.0	(15.4)	(8.6)
장기부채의 감소(증가)	(20.0)	–	–
채권자 현금흐름	(12.0)	(6.8)	0.5
현금배당	10.0	14.3	24.1
자기주식	–	15.0	30.0
주주 현금흐름	10.0	29.3	54.1
잉여현금흐름	(2.0)	22.5	54.6

$$\text{영구가치}_t = \frac{\text{NOPAT}_{t+1}\left(1 - \frac{g}{\text{RONIC}}\right)}{\text{WACC} - g}$$

이 공식에 필요한 변수로는 현금흐름 추정기간 이후 첫 연도의 NOPAT, 신규투하자본이익률 (RONIC; return on new invested capital), NOPAT의 장기 성장률(g) 및 WACC가 있다.

표 10.11은 GlobalCo의 영구가치 추정치를 나타내고 있다. 표 10.7에서 알 수 있는 마지막 연도의 NOPAT인 $7천 4백만과, 표 10.9에서 알 수 있는 영업권을 제외한 RONIC 값인 19.8%, 그리고 장기 성장률 2.2%의 값으로 계산해보면

표 10.11 GlobalCo: 영구가치

$ million

주요 변수[1]	
최종 추정연도 추정 NOPAT	74.0
NOPAT 영구성장률(g)	2.2%
RONIC	19.8%
WACC	7.8%

$$\text{Continuing value}_t = \frac{\text{NOPAT}_{t+1}\left(1 - \frac{g}{\text{RONIC}}\right)}{\text{WACC} - g}$$

= 1,176.2[1]

[1] $1,176.2는 반올림하지 않은 자료로 산출되었다. 반올림한 자료로 계산하면 $1,174.6 백만이다.

GlobalCo의 영구가치 추정치는 $11,762억이다. 표 10.4에서 보여준 평가 모델을 이용해 이 영구가치를 현가화하여 추정 기간 중 현금흐름의 가치와 합산한 것이 GlobalCo의 영업가치가 된다.

영구가치를 산출하는 또 다른 방법 및 영구가치에 대한 더 자세한 내용은 14장을 참조하기 바란다.

FCF를 WACC로 할인 기업 평가에서, FCF는 모든 투자자에게 귀속되는 현금흐름이다. 그러므로 이것을 할인할 때는, 모든 투자자들의 위험을 제대로 반영하고 있는 할인율을 사용해야 한다. WACC는 자기자본 요구수익률(Ke)과 타인자본 요구수익률(Kd)을 자본구조에 따라 가중평균한 할인율이다. 어떤 기업의 자본조달이 자기자본과 부채만으로 이루어져 있다면, WACC는 다음과 같게 된다.

$$\text{WACC} = \frac{D}{D+E} k_d (1 - T_m) + \frac{E}{D+E} k_e$$

타인자본(D)과 자기자본(E)은 시장가치를 이용하여 측정한다. 이때, 타인자본비용은 한계세율(Tm; marginal tax rate)에 의해 감소한다는 점을 주의하라. FCF에는 부채의 사용으로 인한 절세효과가 반영되어 있지 않다. 그런데 이러한 절세효과(ITS; Interest Tax Shield)는 주주들에게 가치를 창출하기 때문에, 반드시 고려되어야 한다. 이러한 절세효과를 전체기업가치 DCF 모델에서는 WACC를 감소시킴으로써 가치평가에 반영하고 있다.

이처럼 절세효과를 현금흐름에 직접 반영하지 않고 할인율에 반영하는 이유는 무엇일까? 그것은 기업이 마치 자기자본만으로 자금을 조달하는 것으로 가정해서 FCF를 산출하면 해당 기업의 자본구조라는 변수를 고려하지 않아도 되어서, 기업 간 또는 시점 간 영업성과의 비교가 용이하기 때문이다. 이렇게 되면 오직 영업성과에만 집중할 수 있으므로, 과거 및 미래의 실적을 분석하고 추정하기가 수월해진다.

WACC를 적용하는 것은 직관적으로 이해하기 쉽고 상대적으로 단순하기도 하지만, 취약점도 있다. 만일 어떤 기업을 평가할 때 전 기간에 걸쳐 단일한 할인율만을 사용한다면(대다수의 분석가들이 단일 할인율을 사용한다), 이것은 그 기업이 동일한 목표자본구조를 유지할 것이라고 가정하고 있는 셈이다. 그러나 만약, 해당 기업이 부채비율을 변화시키려는 계획을 세우고 있을 때, 현재의 자본구조로부터 산출된 WACC를 사용한다면, 이 회사의 절세효과는 과소 또는 과대평가될 것이다. 이러한 자본구조 변화를 반영하여 WACC를 조정할 수도 있지만, 이처럼 회사의 자본구조가 지속적으로 변화할 것으로 예상되는 경우에는 APV와 같은 대체적인 평가방법이 권장된다.

표 10.12 GlobalCo: WACC

%

자금의 원천	전체 자금 중 비중	자본 비용	한계 법인세율	세후자본 비용	가중평균 비중
타인자본	25.0	4.0	20.0	3.2	0.8
자기자본	75.0	9.3		9.3	7.0
WACC	100.0				7.8

GlobalCo의 WACC은 표 10.12에 제시되어 있다. GlobalCo의 WACC는 7.8%로, 자기자본비용 9.3%, 세전 타인자본 4.0% 그리고 부채 대비 가치 비율이 25%로 나타나있다.

비영업자산의 평가

많은 기업들이, 가치는 있지만 매출이나 영업이익에 포함되지는 않는 자산을 보유하고 있다. 결과적으로 이러한 자산에서 발생하는 현금은 FCF의 일부가 아니므로, 반드시 가치를 따로 측정해야 한다.

미국 이외의 지역에 비연결 자회사(nonconsolidated subsidiary)에 지분투자한 경우를 가정해 보자. 한 회사가 다른 회사에 비지배 지분을 소유하고 있을 경우, 지분소유회사는 투자대상회사의 매출이나 비용을 직접 인식하지는 않을 것이다. 대신 회사는 이 피투자회사의 이익 중 자신이 투자한 비율에 해당하는 이익을 별도 계정과목(separate line item)으로 계상한다.[9] 이러한 비연결 자회사의 순이익을 모회사의 영업이익에 포함할 경우 회사의 영업이익률은 왜곡되게 된다. 왜냐하면 매출은 고려되지 않고 단지 이익만 반영되기 때문이다. 따라서 이러한 비연결 자회사의 가치는 별도로 평가하는 것이 타당하다.

기타 비영업용자산으로는 과다보유현금, 단기매매증권 및 거래처 대여금(customer financing) 등이 있다. 비영업용자산에 대한 구체적인 평가절차에 대해서는 16장에서 다루고 있다.

9 20%에서 50%의 비주주 지분을 보유하는 투자회사는 피투자회사의 이익을 지분율에 따라 인식한다. 20% 미만의 지분을 보유하는 투자회사는 배당금만을 이익의 일부로 기록한다. 따라서 20% 미만의 지분에 대한 가치를 평가하는 것은 매우 어려운 일이다.

부채 및 기타 비주주 청구권의 가치평가

자기자본의 가치를 구하기 위해서는 전체기업가치에서 부채 및 퇴직 관련부채, 자본화된 운용리스, 종업원 스톡옵션 등과 같은 비주주 청구권의 가치를 차감한다. 주주는 잔여 청구권자로서, 다른 청구권자들이 자신의 몫을 모두 가져가고 남은 잔여분에 대해서만 청구권을 갖는다. 이 같은 이유 때문에 현금흐름에 대한 모든 잠재적 청구권을 신중하게 분석하는 것은 매우 중요한 과제이다.

기업의 현금흐름에서 비주주 청구권이 차지하는 부분을 찾는 것은 쉬운 일이 아니다. 미국에서 사베인스-옥슬리법(Sarbanes-Oxley legislation)이 제정된 배경이 되었던 수많은 회계 스캔들 또한 미공시되거나 숨겨진 채무와 깊은 관련이 있다. 그러나 10년이 지난 지금까지도 숨겨진 채무 문제는 여전히 풀리지 않는 숙제로 남아있다. 예를 들어, Netflix는 2012년에 제작사에 지급하기로 한 약속어음 $37억에 대한 채무를 제대로 공시하지 않았다는 이유로 고발을 당했다.[10] 이 경우 약속어음은 영업과 관련해 발생한 것으로 이미 FCF 추정에도 반영되어 있을 것이다. 그렇지만, 해당채무는 기업의 자산에 대한 우선 청구권을 가지므로 그에 맞게 평가되어야 한다.

비주주 청구권에 대한 포괄적인 목록을 제시하는 것은 현실적으로 쉽지 않지만, 가장 일반적인 비주주 청구권으로는 다음과 같은 것들이 있다.

- 부채(debt): 부채는 변동금리부이건 고정금리부이건, 시장가치로 평가되어야 한다. 이러한 시장가치 정보를 얻을 수 없을 때는 부채의 장부가치를 시가의 대용치로 사용한다. 회사의 신용도가 매우 나쁘거나, 부채 발행 시점에 비해 현재의 시장금리가 크게 변동된 경우를 제외하고는 어떠한 방법으로 부채를 평가하건, 전체기업가치를 평가한 방법과 같이 일관되게 유지하는 것이 중요하다(자세한 내용은 16장 참조).
- 리스: 기업들은 자산을 직접 구매하기보다는 일정 기간 동안 자산을 리스하는 방식을 택하기도 한다. 이러한 리스 비용은 렌탈 비용이 아니라 지급이자로 기록되며 반드시 따로 평가되어 기업 가치에서 차감해야 한다.
- 미적립 퇴직연금 관련 부채: 확정급여형 퇴직연금 및 퇴직의료보험을 운영하는 기업의 관련 미적립 금액은 부채로 다루어져야 한다.
- 우선주: 안정적인 우량기업에서 우선주는 무담보 부채와 비슷하게 작용하

10 Cory Johnson, "The Scary $3B Bomb Not on Netflix's Balance Sheet," Bloomberg TV, July 5, 2012, www.bloomberg.com.

며, 반대로 작은 스타트업 기업에서 우선주는 고가치 옵션을 포함한다. 어느 쪽이든, 우선주는 반드시 일반주와는 따로 평가되어야 한다.

- 임직원 스톡옵션: 많은 회사들이 임직원에 대한 보상으로 주식매수선택권을 부여하고 있다. 주식매수선택권을 통해 회사의 주식을 미리 정해진 가격으로 살 수 있으므로, 회사주가의 움직임에 따라 주식매수선택권의 가치가 매우 커질 수도 있다. 그리고 반드시 자기자본 가치에 포함되어야 한다.
- 비지배 지분(noncontrolling interest): 모회사가 어떤 회사를 사실상 지배하고 있지만 지분율이 100%가 아닌 경우, 모회사는 자회사를 연결하여 연결재무제표를 작성할 때 자회사의 외부주주에 대한 몫을 비지배지분(소수주주지분(minority interest)으로 불렸었음)으로 나타낸다. 비지배지분을 평가할 때 주의할 점은 소수주주지분의 청구권자가 갖는 권리는 모회사가 아니라 그들이 투자한 자회사에 있다는 점이다.

비주주 청구권의 평가는 16장에서, 리스 분석법은 22장에서, 퇴직급여부채에 대해서는 23장에서 자세하게 다루고 있다.

비주주 청구권을 고려하여 기업가치를 평가할 때 가장 흔하게 범하는 실수는 이미 현금흐름에서 차감한 비주주 청구권을 중복하여 차감하는 것이다. 일례로, 퇴직연금을 규정보다 적게 적립한 기업을 생각해보자. 이 회사는 미적립 연금 문제를 해결하기 위하여 조만간 추가적인 지출이 발생할 예정이다, 이 경우 미적립액의 현가를 전체 기업가치에서 차감했다면, 향후에 부족분을 적립하기 위한 현금 지출 예상액을 현금흐름에서 공제해서는 안 된다. 그렇게 되면, 중복차감의 오류가 발생하여 결국 전체기업가치가 과소평가되는 결과를 가져온다.

자기자본의 평가

비주주 청구권을 별도로 구분하여 가치를 적절하게 평가했다면 전체기업가치에서 비주주 청구권의 가치를 차감하여 자기자본의 가치를 구할 수 있다. 표 10.4에서 우리는 단기/장기 부채인 $2억 5천을 전체기업가치인 $10억에서 차감하였다. GlobalCo에는 부채 등가물이 없으므로, 해당 기업의 자기자본 가치는 $7억 5천만이 된다.

GlobalCo의 주가를 구하려면, 자기자본 가치를 희석 효과를 배제한 전체 발행주식수로 나누어야 한다. 희석 효과를 반드시 배제하여야 한다. 전환사채, 전환우선주, 종업원 스톡옵션은 따로 가치를 산정해야 한다. 만일 이 사례에서 희석화를 고려한 주식수로 주가를 구하게 되면, 옵션의 가치를 이중계산하는 것과 같은 효과가 나타난다. GlobalCo 평가 당시에 해당 기업은 1억 2천 5백만주의 발행주식이 있었다. 자기자본 가치인 7억 5천을 1억 2천 5백만으로 나오면 주당 $60이라는 결과가 나온다.

여기서 평가가 끝난 것처럼 보일지도 모르겠으나, 아직 끝나지 않았다. 실제 가치와 시장 가치를 비교해보면 두 가치에 반드시 차이가 있을 것이다. 너무 낙관적으로 추정하지 않았는지, 아니면 놓친 부채가 있는지 등 그 이유를 잘 찾아보아야 한다. 그리고 평가 모델을 사용하여 변수들의 변화도를 측정해 어떤 변수가 가장 크게 변화하고 어떤 변수가 무시해도 될 정도로 적게 변화하는지 확인해야 한다. 이 분석과정을 통해 기회, 우선해야 할 영업활동, 또는 위험 등을 밝혀낼 수 있다.

경제적 이익에 근거한 평가 모델

전체기업가치 DCF 모델은 기업의 현금흐름에만 집중하기 때문에 학계와 실무자들로부터 광범위한 지지를 받아왔다. 복잡한 회계문제도 "현금이 외부로 유출되었는가?"와 같은 단순한 질문들로 해결할 수 있다. 그러나 전체기업가치 DCF 모델의 단점은 각 연도의 현금흐름이 회사의 실적에 대해 깊이 있는 통찰력을 제공하지 못한다는 점이다. 현금흐름이 감소하고 있는 기업이 있다면, 이 기업은 실적이 악화되고 있거나 또는 미래를 위한 투자를 진행하고 있을 것이다. 경제적 이익 모델은 기업이 가치를 창출하는 시기와 방법까지 고려하면서, 전체기업가치 DCF 모델과 같은 결과를 산출해낸다.

기업이 한 기간에 벌어들인 경제적 이익은 다음과 같이 정의된다.

$$경제적\ 이익 = 투하자본 \times (ROIC - WACC)$$

ROIC는 NOPAT을 투하자본으로 나눈 것과 같기 때문에 이것을 위의 식에 대입하면 다음과 같다.

$$경제적\ 이익 = NOPLAT - (투하자본 \times WACC)$$

표 10.13에서는 GlobalCo의 경제적 이익을 위의 두 식을 이용하여 계산하는 과정을 보여주고 있다. ROIC가 자본비용의 2배를 상회하고 있기 때문에, GlobalCo는 상당한 경제적 이익을 창출하고 있다.

경제적 이익이 회사의 가치평가에 어떻게 이용되며, 그것이 전체기업가치 DCF와 어떻게 대응되는지 알아보기 위하여 영구현금할인 모델을 살펴보자.

표 10.13 GlobalCo: 경제적 이익 요약

별도 표기를 제외하고 백만 달러

	1차년도	2차년도	3차년도
방법 1			
투하자본이익률,[1] %	24.2	22.3	20.3
가중평균자본비용, %	(7.8)	(7.8)	(7.8)
경제적 스프레드, %	16.4	14.5	12.5
× 투하자본[1]	248.0	310.0	356.5
= 경제적 이익	40.7	44.8	44.6
방법 2			
투하자본[1]	248	310	357
× 가중평균자본비용, %	7.8	7.8	7.8
= 자본비용	19.3	24.2	27.8
세후영업이익	60.0	69.0	72.5
자본비용	(19.3)	(24.2)	(27.8)
경제적 이익	40.7	44.8	44.6
영업권 포함			
영업권을 포함한 경제적 이익	32.9	37.0	36.8

[1] 투하자본의 경우 기초에 측정하였으며 영업권 및 매수 무형자산은 제외하였다.

$$\text{Value}_0 = \frac{\text{FCF}_1}{\text{WACC} - g}$$

우리는 3장에서 이 영구현금할인 모델을 핵심가치창출요인 모델(Key value driver model)로 변환하는 것을 배웠다. 핵심가치창출요인 모델은 성장과 그에 필요한 투자를 명백히 구분해서 보여준다는 점에서 단순한 영구현금할인 모델보다 우월하다. 기존 투하자본에 대한 기업의 ROIC가 향후 프로젝트의 ROIC와 같다는 가정 하에, 몇 단계의 수학적 과정(부록 A 참조)을 거치면 영구현금할인 모델을 경제적 이익 관점에서의 핵심가치창출요인 모델로 변환시킬 수 있다.

$$\text{Value}_0 = \text{Invested Capital}_0 + \frac{\text{Invested Capital}_0 \times (\text{ROIC}_1 - \text{WACC})}{\text{WACC} - g}$$

경제적 이익의 정의를 이용하면,

$$\text{Value}_0 = \text{Invested Capital}_0 + \frac{\text{Economic Profit}_1}{\text{WACC} - g}$$

경제적 이익의 평가 모델을 기본으로 한 핵심가치창출요인 모델에서도 보았듯이, 기업의 영업가치는 투하자본의 현재 장부가치와 미래에 창출될 가치의 현재가

치를 합산한 것과 같다. 기업이 미래에 창출할 가치를 평가할 때는 일정한 성장률로 성장하는 영구연금의 가치평가 방법을 따른다. 기업의 경제적 이익이란 항상 일정한 성장률로 증가할 것이기 때문이다. 이 수식에 따르면, 미래 경제적 이익이 0이면 운용가치는 투하자본과 같아진다. 회사의 운용가치가 투하 자본을 능가하는 경우에는, 회사가 우수한 재무 실적을 유지할 수 있게 하는 경쟁력이 어디에서 나오는지를 찾아야 한다.

경제적 이익은 다음과 같이 가치를 평가할 수 있다.

$$\text{Value}_0 = \text{Invested Capital}_0 + \sum_{t=1}^{\infty} \frac{\text{경제적 이익}_t}{(1+\text{WACC})^t}$$

경제적 이익 평가 모델이 FCF 할인법으로부터 파생되었기 때문에(유도과정을 보기 위해서는 부록 A 참조), 이 결과는 전체기업가치 DCF로 평가한 가치와 항상 일치해야 한다. 이 두 방법론이 같은 결과를 내기 위해서는 항상 다음 사항을 주의해야 한다.

- 경쟁적 벤치마킹에 주로 쓰이는 연평균이나 현재 투하자본값 대신 연초의 투하자본값을 사용해서 평가하라(예를 들어, 전년도 말의 장부가치를 이용).
- 경제적 이익을 산출할 때나, ROIC를 산출할 때, 동일한 투하자본을 사용하라. 일례로 ROIC는 영업권을 투하자본에 포함시켜 평가할 수도 있고, 포함시키지 않고 평가할 수도 있다. 어떤 투하자본을 사용하는지는 상관없지만, 일단 정해지면 모든 계산에 동일한 투하자본을 사용하여야 한다.
- 일관성 있는 자본비용으로 투하자본을 할인하라.

표 10.14에는 할인된 경제적 이익 평가법에 의한 GlobalCo의 가치평가 결과가 도출되어 있다. 3년간의 경제적인 이익은 구체적으로 계산되었고, 이후의 가치평가는 영구가치 공식에 의하여 산출되었다.[11] 표 10.4 결과와 표 10.14의 결과를 비

11 과거 투하자본이익률과 미래 투하자본이익률이 동일할 경우에만 경제적 이익의 영구가치 공식을 이용할 수 있다. 과거 투하자본이익률과 미래 투하자본이익률이 다르다면, 영구가치를 계산하기 위해서는 현재가치와 미래가치를 분리하여 계산하여야 할 것이다.

$$\text{Value}_t = \text{IC}_t + \underbrace{\frac{\text{IC}_t(\text{ROIC}_{t+1} - \text{WACC})}{\text{WACC}}}_{\text{현재 경제적 이익}} + \underbrace{\frac{\text{PV}(\text{Economic Profit}_{t+2})}{\text{WACC} - g}}_{\text{미래 경제적 이익}}$$

따라서,

$$\text{PV}(\text{Economic Profit}_{t+2}) = \frac{\text{NOPAT}_{t+1}\left(\frac{g}{\text{RONIC}}\right)(\text{RONIC} - \text{WACC})}{\text{WACC}}$$

이에 대한 자세한 정보는 14장을 참고하라.

표 10.14 GlobalCo: 경제적 이익 모델을 통한 평가

별도 표기를 제외하고 백만 달러

연도	투하 자본[1]	ROIC,[1] %	WACC, %	경제적 이익	7.8% 할인계수	경제적 이익의 현재가치
1차년도	348.0	17.2	(7.8)	32.9	0.928	30.5
2차년도	410.0	16.8	(7.8)	37.0	0.861	31.9
3차년도	456.5	15.9	(7.8)	36.8	0.798	29.4
영구가치				701.8	0.798	560.3
경제적 이익의 현재가치						652.0
영업권 포함 투하자본[1]						348.0
영업가치						1,000.0
비영업용 자산						–
기업가치						1,000.0
차감: 타인자본 가치						(250.0)
차감: 비지배주주 지분가치						–
자기자본가치						750.0

[1] 투하자본은 영업권 및 매수영업권을 포함하여 기초 시점에 산출하였다.

교해 보면, 접근방법에 상관없이 결과가 동일함을 알 수 있다.

경제적 이익을 결정하는 변수인 ROIC와 WACC를 사용해서 표 10.14와 같이 연도별로 분석을 해 보면 경제적 이익 평가법의 장점이 더욱 명확하게 드러난다. 해당 평가는 자본비용을 뛰어넘으나 경쟁사가 등장해 운전 자본을 압박함에 따라 감소하는 수익에 결과가 달렸음에 주의하라. ROIC을 경제적 이익의 주 변수로 두면 가치 창출을 추정할 수 있다. 반대로, FCF 모델은 기업이 가치를 창출하거나 잃는 경우를 강조하지 못한다. FCF는 똑같이 중요하나 성질은 아주 다른 ROIC과 성장률을 하나로 보기 때문이다.

또한 자본비용의 두 배나 되는 GlobalCo의 높은 ROIC 탓에, 장부 가격이 투하 자본을 넘어가는 점에도 주목해야 한다($10억 vs. $3천 4백만 8백). 기업이 가치를 창출하리라 투자자들이 믿는다면, 전체기업가치는 투하자본보다 높을 것이다.

조정현가 모델

전체기업가치 DCF법이나 경제적 이익 접근법을 사용할 때, 투자 전문가들은 통상적으로 하나의 동일한 할인율로 전체 기간을 할인한다. 이러한 동일한 할인율은 기업의 재무구조가 목표자본구조로 지속될 때 가능하다.

일반적인 기업의 경우 기업의 가치가 성장하면서 차입금 조달금액도 증가하기

때문에 자본구조가 유지될 수도 있다. 그러나 만일 부채가 많은 어떤 기업이 기업의 현금흐름을 개선시키기 위해서 차입금을 줄이는 경우를 생각해보자. 이와 같은 회사의 경우 동일한 할인율을 적용한다면 미래의 절세효과가 과다하게 평가되어 기업의 가치가 고평가될 것이다. 물론 이러한 경우 연간 할인율을 자본구조에 따라 재계산하여 기업의 가치를 산출할 수도 있지만, 이 과정은 매우 복잡하다. 따라서 이러한 경우에는 매우 유연한 APV 모델이 주로 사용된다.

APV 모델에서는 기업의 가치를 두 단계로 나누어 산출한다. 먼저 기업이 부채를 사용하지 않고 자기자본으로만 조달하였을 경우의 기업가치를 산출하고, 여기에 부채사용으로 인한 절세효과의 현가를 가산한다.[12]

APV = 100% 자기자본 조달 시 기업의 가치 + 절세효과의 현가

APV 모델은 Modigliani와 Miller의 이론에 근거를 둔다. 그들의 이론에 의하면, 법인세가 없다면 기업의 자본구조는 기업의 경제적 가치에 전혀 영향을 주지 않는다. 그들은 오직 세금이나 파산비용과 같은 시장의 불완전성을 통해서만, 재무구조로 인한 경제적 차이가 발생한다고 주장했다.

사실 이 부분은 가치평가 모델을 구축하면서 간과하기 쉬운 부분이다. 세금이 없는 세상을 가정하고 자기자본과 부채의 비율이 50:50인 기업을 가정해보자. 타인자본의 요구수익률은 5%이고 자기자본의 요구수익률은 15%라고 할 때, 이 기업의 WACC는 10%가 될 것이다. 이러한 상황에서 이 기업이 자사주를 매입하여 이익을 소각할 목적으로 회사채를 발행한다고 가정해보자. 이러한 행위는 값싼 타인 자본을 조달하고 비싼 자기자본을 줄임으로써 WACC를 낮추게 되고, 이로 인하여 기업의 가치는 증가하는 것처럼 보여진다.

하지만 이 논리는 잘못된 것이다. 왜냐하면 세금이 없는 세상에서는 부채를 더 많이 사용한다고 해서 기업이 영업부문에서 현금을 더 창출할 수 있지도 않고, 투자자의 위험 또한 줄어드는 것이 아니기 때문이다. 사실 기업의 가치가 변하는 것도 아니며, WACC가 변하는 것도 아니다. 그렇다면 우리는 왜 이와 같은 착각을 하게 되는 것일까? 그것은 우리가 부채를 증가시켜 주면서 남아 있는 자기 자본의 할인율을 높여주지 않았기 때문이다. 타인자본에게 지급하는 이자비용은 주주의 몫보다 선순위이기 때문에, 부채가 증가하여 이자가 증가하면 전체 현금흐름 중 주주에 귀속되는 부분은 점점 작아지고 그 변동성은 커지게 된다. 따라서 주주 입장

12 이 책에서는 이자비용으로 인한 절세효과를 주로 다룬다. 보다 넓은 관점에서 APV 모델은 이자비용의 절세효과뿐 아니라, 증권의 발행비용, 파산비용 등 재무구조의 변동과 관련된 모든 현금흐름의 증감을 평가한다. 파산비용에는 법무 관련 비용과 같은 직접 비용부터 고객과 거래처의 손실 등과 같은 간접 비용이 포괄된다.

에서 위험과 할인율이 증대된다. Modigliani와 Miller는, 이러한 과정을 통하여 부채의 증가로 인한 할인율 감소효과와 위험증가로 인한 자기자본의 할인율 증가효과가 정확하게 상쇄되어 전체적인 WACC는 변화가 없다고 역설하였다.

그러나 현실적으로는 세금 문제가 의사결정의 중요변수가 되며, 이에 따른 자본구조의 결정은 종종 현금흐름에 차이를 만들어 내기도 한다. 이자비용은 절세효과를 가질 수 있기 때문에 부채를 늘림으로써 세금을 줄일 수 있다. 그러나 이런 이유로 기업이 너무 많은 부채를 지게 되면, 그 업체의 파산을 걱정하는 거래처나 고객 등이 이탈하게 되어 기업의 현금흐름은 오히려 줄어들 수 있다. 이 같은 요소들을 고려할 때, 자본구조 변화의 효과를 WACC에 반영하는 것보다는 재무구조에 따른 현금흐름의 가치를 별도로 측정하는 APV 모델이 더 유용할 수도 있다.

APV 가치평가를 위해서 먼저 해당 기업이 부채를 사용하지 않고 자기자본으로만 운영된다고 가정하고, 현금흐름을 무차입 자기자본비용(unlevered cost of equity)으로 할인한다.[13] 마지막으로 부채 사용 때문에 증가하는 기업가치를 가산해준다. 표 10.15에는 GlobalCo를 APV로 평가하는 사례가 제시되어 있다.

여기서 우리는 GlobalCo의 자본구조가 25%에서 안정화될 것이라 가정(해설 목적으로)했기 때문에, APV 모델로 평가하는 경우와 전체기업가치 DCF(표 10.14 참조)로 평가하는 경우, 그리고 경제적 이익(economic profit, 표 10.14 참조)을 사용하여 평가하는 경우나 모두 같은 결과에 도달하게 된다. 전체기업가치 DCF와 APV가 같은 결과를 도출하는 사례는 부록 B에 제시되어 있다. 이제 APV를 좀 더 자세히 살펴보자.

무차입 자기자본비용으로 FCF 가치 산출

APV를 사용하여 기업가치를 평가할 때는 부채가 존재하지 않는 상황을 가정하여 산출된 영업가치(V_u)와 절세효과 등으로부터 생기는 가치(V_{tax})를 엄격하게 구분한다. 부채(D)와 자기자본(E)을 사용하여 이 관계를 표시하면 다음과 같다.

$$V_u + V_{txa} = D + E \tag{10.1}$$

Modigliani와 Miller 연구의 두 번째 결론은 기업의 실물 및 금융자산을 포함한 모든 자산과 관련된 위험의 총합은 해당 자산과 관련된 위험의 크기와 같다는 것이다. 이와 마찬가지로, 영업자산에 대한 요구수익률(k_u, 무차입 자기자본비용)

13 APV 모델에서 FCF의 추정은 표 10.4에서 표시한 것과 동일하다. 영구가치는 핵심가치창출 요인 공식을 적용하여 계산되며, 자본비용만이 변경된다.

표 10.15 GlobalCo: APV 모델을 통한 평가

별도 표기를 제외하고 백만 달러

연도	잉여현금 흐름 (FCF)	지급이자 절세효과 (ITS)	8.0% 할인계수	FCF의 현재가치	ITS의 현재가치
1차년도	(2.0)	2.0	0.926	(1.9)	1.9
2차년도	22.5	2.2	0.857	19.3	1.9
3차년도	54.6	2.3	0.794	43.4	1.8
영구가치	1,135.6	40.6	0.794	901.5	32.2
현재가치				962.3	37.7
잉여현금흐름의 현재가치					962.3
지급이자 절세효과(ITS)의 현재가치					37.7
영업가치					1,000.0

과 금융자산에 대한 요구수익률(k_{txa})을 가중한 요구수익률은 타인자본요구수익률(k_d)과 자기자본 요구수익률(k_e)을 가중한 것과 같아야 한다. 이것을 계산식으로 표현하면 다음과 같다.

$$\frac{V_u}{V}k_u + \frac{V_{txa}}{V}k_{txa} = \frac{D}{V}k_d + \frac{E}{V}k_e \tag{10.2}$$

기업재무 부분과 관련하여 학자들은 자기자본비용(k_e)의 산출을 위하여 Modigliani와 Miller의 두 계산식을 조합했다. 부록 C에서는 부채사용 시 자기자본의 비용 산출을 위하여 10.2 식을 대수적으로 다시 전개하였다.

$$k_e = k_u + \frac{D}{E}(k_u - k_d) - \frac{V_{txa}}{E}(k_u - k_{txa}) \tag{10.3}$$

이 식에서 보듯이 자기자본의 비용은 무차입 자기자본비용 또는 기업에 부채가 없을 때의 자기자본비용에 부채의 재무적 프리미엄을 더하고, 부채 사용으로 인한 세금의 절세효과를 차감하여 결정된다. 회사에 부채가 없고(D = 0) 결과적으로 부채로 인한 가치 창출이 없는 경우에는 ($V_{txa} = 0$) k_e가 k_u와 같아지게 된다. 이 같은 이유에서 k_u를 무차입 자기자본비용이라고 부른다.

그런데 무차입 자기 자본비용인 k_u를 포함해서 위의 식 (10.2)의 좌변에 있는 값들은 파악하기 어렵다. 오직 우변의 부채와 자기자본의 가치만이 시장 데이터를 이용해 측정가능하다. 하나의 방정식에 파악이 불가능한 변수가 너무 많이 들어 있으므로 이대로는 k_e와 k_u의 관계를 산출할 수가 없다. 따라서 나머지 변수에 대해서는 몇 가지 가정을 전제하기로 하자.

가치평가대상 회사가 부채비율을 목표 수준으로 유지할 수 있다고 판단되면(회

사의 부채는 회사가 성장하면서 증가하게 된다) 절세효과의 가치는 영업자산의 가치를 따라간다. 절세효과에 적용되는 위험은 영업 자산에 적용되는 위험을 반영한다.($k_{txa} = k_u$). k_{txa}를 k_u와 동일하다고 가정하면, 식 10.3은 다음과 같이 간략하게 정리된다.

$$k_e = k_u + \frac{D}{E}(k_u - k_d) \tag{10.4}$$

무차입 자기자본 비용은 자기자본비용, 타인자본비용, 시가기준 부채-자본 비율을 이용해 역계산될 수도 있다(부록 C에서는 k_e에서 k_u를 도출하는 다른 방법들을 소개한다).

절세효과의 가치평가 및 기타 자본구조 효과

APV에 기반한 평가를 완료하기 위해서는 절세효과, 주식발행비용, 파산비용 등 자본구조의 부작용을 추정하고 할인하여야 한다. GlobalCo는 도산 가능성이 매우 희박한 회사이기 때문에, 만기 수익률과 한계세율을 이용해서 미래 이자 절세효과를 측정할 수 있다(표 10.16 참조). 1차년도에 예상되는 이자비용을 구하기 위하여 전년도 순차입금 $2억 5천(순채무는 보고된 채무에 세후 미적립 퇴직연금 부채 및 자본화한 운영 리스를 더하고, 초과보유 현금절대금액을 제한 것)에 올해 예상되는 조달금리 4.0%를 곱한다. 이렇게 하면 기대 이자비용인 $1천만이 산출될 것이다. 다음 이 이자비용에 한계세율인 20%를 곱하면, 1차년도의 기대 절세효과금액은 $2백만이 될 것이다. 3차년도 이후 지속될 예상 이자 절세효과를 결정하기 위해서는 영구가치 기간의 이자 절세효과, 무차입 자본비용, NOPAT의 성장률에 기초하여 추정된 영구성장률을 이용해야 한다.

과대한 차입금을 쓰는 기업의 경우 절세효과를 제대로 누릴 수 없을지도 모른

표 10.16 GlobalCo: 절세효과 추정

$ million

추정연도	전기 순차입금[1]	지급 이자율, %	지급이자 금액	한계 법인세율, %	지급이자 절세효과
1차년도	250.0	4.0	10.0	20.0	2.0
2차년도	270.0	4.0	10.8	20.0	2.2
3차년도	285.4	4.0	11.4	20.0	2.3
추정 영구가치	294.0	4.0	11.8	20.0	2.4

[1] 잉여현금을 제외한 총 차입금

다(즉, 이자비용이 너무 많아 적자가 발생할 수 있다). 이러한 파산위험이 큰 기업을 평가할 때는 약정된 이자지급액에 기초하여 절세효과를 구하는 대신에, 예상 절세효과를 추정해야 한다.[14] 이렇게 하기 위해서는 누적 파산확률에 의한 각각의 약정 절세효과를 줄여야 한다.

자본현금흐름 모델

어떤 기업이 목표자본구조를 유지하기 위해 적극적으로 노력한다면, 그 회사의 FCF나 ITS는 모두 무차입 자기자본비용(k_u)으로 할인되고 전체기업가치는 할인된 현금흐름과 할인된 절세효과금액을 더한 값과 같다.

$$V = \sum_{t=1}^{\infty} \frac{\text{FCF}_t}{(1+k_u)^t} + \sum_{t=1}^{\infty} \frac{\text{ITS}_t}{(1+k_u)^t}$$

2002년에 Harvard Business School의 Richard Ruback은 이자비용의 절세효과와 잉여현금흐름이 동일한 자본비용으로 할인된다면, 이 둘을 굳이 구분할 필요가 없다고 주장하였다.[15] 그는 이 두 현금흐름을 하나로 합해서 FCF에 ITS를 더한 자본현금흐름(CCF; Capital Cash Flow)이라고 이름 붙였다.

$$V = \text{PV}(\text{Capital Cash Flow}) = \sum_{t=1}^{\infty} \frac{\text{FCF}_t + \text{ITS}_t}{(1+k_u)^t}$$

이러한 가정을 WACC에 적용하면, WACC를 적용해서 얻은 기업가치와 CCF로 구한 기업가치는 동일해질 것이다. 지금까지 우리는 다른 면은 동일하지만 절세효과를 어떻게 평가할지에 따라 나뉘는 세 가지 개별적인 평가방법(WACC, APV, CCF)을 학습했다.

부채비율이 일정하게 유지될 경우에는 CCF와 FCF가 동일한 결과를 나타냄에도 불구하고, 여전히 FCF 모델이 더 우월한 방법으로 여겨지는데, 그 이유는 FCF 모델이 자본구조와 상관없는 NOPAT과 FCF를 산출함으로써, 기업 간 그리고 시점 간 영업성과의 비교를 용이하게 만들기 때문이다. 이러한 영업성과의 명료한 분

14 2017년에 시행된 The Tax Cuts and Jobs Act로 인해 흑자를 내는 기업에게도 세금 감면에 제한이 생겼다. 세금 감면 가이드라인에 부합하는 경우에만 절세효과를 평가하라.

15 R. S. Ruback, "Capital Cash Flows: A Simple Approach to Valuing Risky Cash Flows," Financial Management (Summer 2002): 85–103.

표 10.17 GlobalCo: 자기자본 현금흐름 요약

$ million

	추정		
	1차년도	2차년도	3차년도
당기순이익	52.0	60.4	63.3
감가상각비	20.0	25.0	28.8
총현금흐름	72.0	85.4	92.1
영업용 운전자산의 감소(증가)	(12.0)	(9.0)	(3.4)
순 자본적지출	(70.0)	(62.5)	(43.1)
단기부채의 증가(증가)	–	15.4	8.6
장기부채의 증가(감소)	20.0	–	–
주주 현금흐름	10.0	29.3	54.1
주주 현금흐름의 대사			
현금 배당	10.0	14.3	24.1
자기주식 취득(재발행)	–	15.0	30.0
주주 현금흐름	10.0	29.3	54.1

석을 통해 미래 영업성과를 정밀하게 추정하는 것이 가능할 것이다.

자기자본 현금흐름 모델

앞서 학습한 평가 모델들은 기업가치에서 부채 및 기타 비주주 청구권의 가치를 차감하여 자기자본의 가치를 간접적으로 산출하였다. 주주귀속 현금흐름 모델은 주주귀속 현금흐름(CFE; Cash Flow to Equity)을 전체자본 할인율인 WACC가 아니라, 자기자본 할인율인 k_e로 할인하여 자기자본의 가치를 직접적으로 산출해낸다.[16]

표 10.17은 GlobalCo의 주주귀속 현금흐름을 보여주고 있다. 주주귀속 현금흐름의 산출은 순이익으로부터 출발한다. 다음으로 비현금 비용을 가산하고, 운전자본, 고정 자산, 비영업용 자산에 대한 투자를 차감한다. FCF와는 달리, 주주귀속 현금흐름 모델은 영업 자본과 비영업 자본, 자금조달 항목 모두를 계산에 포함한

16 이러한 자기자본 평가모델은 실행이 어려운 경우가 많다. 왜냐하면, 현금흐름 자체에 이미 자본구조가 녹아 있기 때문에 추정이 어려운 경우가 많다. 하지만 자금의 조달과 운영을 주된 사업으로 하는 금융기관의 경우에는 이러한 평가모델이 오히려 적절하다. 금융기관의 가치평가에 관해서는 38장에서 학습하기로 한다.

$$V_e = \frac{\text{Net Income}\left(1-\frac{g}{\text{ROE}}\right)}{k_e - g}$$

표 10.18 GlobalCo: 자기자본 현금흐름 모델을 통한 평가

별도 표기를 제외하고 백만 달러

Forecast year	자기자본 현금흐름 (CFE)	8.9% 할인계수	CFE 현재가치
2014	10.0	0.915	9.1
2015	29.3	0.837	24.5
2016	54.1	0.765	41.4
영구가치	882.1	0.765	675.0
자기자본 현금흐름의 현재가치			750.0
차감: 비지배주주 지분가치			–
자기자본가치			750.0

다. 마지막으로는 타인자본 조달 및 상환에 따른 변화를 가감한다. 한편, 순이익이 아닌 배당으로부터 시작하는 방식도 있는데, 이것은 배당에 자사주 매입액을 더하고 신주발행금액을 차감한다. 두 방법의 결과는 같다.[17]

GlobalCo를 주주귀속 현금흐름 모델로 평가하려면 우선 위해 예상 주주귀속 현금흐름을 자기자본비용으로 할인한다(표 10.18 참조). 전체기업가치 DCF 모델과 달리, 비영업용 자산, 부채 등에 대한 조정을 별도로 수행하지 않고, 이 모두를 주주귀속 현금흐름에 반영한다.

주주귀속 현금흐름에 기반한 평가 또한 이 전에 배웠던 다른 평가들과 결과가 같음에 주목하라. 이는 GlobalCo의 부채 비율이 일정하도록 세심하게 조정했기 때문이다. 차입금이 바뀔 것으로 예상된다면, 주주들에게 가해지는 리스크를 반영하기 위해 자기자본비용을 그에 맞게 조정해야 한다. 위 APV 파트에서 다루었듯, 자기자본비용을 조정하는 공식이 존재하지만, 현금흐름으로 기업의 재무 구조를 추정하는 방식과는 호환되지 않아 현금흐름과 자기자본비용이 불일치해 부정확한 평가 결과를 산출할 가능성이 있다.

주주귀속 현금흐름 모델을 사용하게 되면 부지불식간에 회사의 자본구조를 변동시키는 일이 종종 발생하는데, 이것은 매우 위험한 일이다. 부채비율이 25%인 회사를 평가하려 한다고 가정하자. 회사가 더 많은 배당을 줄 것으로 예상하고 배당 지출을 위해 차입금을 늘릴 경우, 배당의 증가가 주주현금흐름의 증가로 나타나게 되고 이는 다시 자기자본 가치의 상승으로 이어진다. 회사의 영업실적은 아무것도 변한 것이 없는데 주주의 가치가 증대되고 있는 것이다. 무엇이 잘못되었을까? 차입을 통해 배당을 늘리려면 부채비율을 올려서 자기자본비용을 높여야 한다. 만

17 자기자본을 기초로 한 주요 가치 창출 공식(Key value driver formula)를 이용해 영구가치를 계산한다. Ve = Net Income(1-g/ROE)/Ke-g

일 조금 전처럼 자본비용의 조정 없이 현금흐름만 증가시킨다면, 자기자본의 가치는 비정상적으로 커질 것이다.

주주귀속 현금흐름 모델의 두 번째 취약점은 바로 비영업용 자산의 가치를 평가한다는 점이다. 어떤 기업이 저위험, 저수익 자산인 현금을 과다로 보유하고 있다고 가정해보자. 영업용 현금흐름과 비영업용 현금흐름은 함께 묶어 계산되기 때문에 두 현금흐름 모두 자기자본비용으로 할인될 것이다. 이 자기자본비용은 요구수익률을 상회하기 때문에 비영업용 자산이 실제로는 납득할 만한 수익률을 거두고 있음에도 불구하고 장부가보다 낮은 가치로 평가되면서 마치 전체 기업가치를 떨어뜨리는 것처럼 평가된다.

주주귀속 현금흐름 모델의 세 번째 취약점은 사업부별로 기업을 평가할 때 발생한다. 주주귀속 현금흐름 모델을 사용하려면 각 사업부별로 부채와 이자비용을 배부하여야 한다. 이것은 별다른 실익도 없는 매우 번거로운 작업이다.

주주귀속 현금흐름 모델이 가장 들어맞는 경우는 금융기관을 분석하고 평가할 때이다. 금융기관에서는 자본구조가 영업의 중요변수이기 때문에, 영업과 자본구조를 분리하는 전체기업가치 DCF 모델의 가정은 불필요해진다. 38장에서는 주주귀속 현금흐름 모델을 이용하여 은행과 기타 다른 금융기관들을 평가한다.

DCF 모델의 잘못된 수정

이 장에서는 명목 자본비용의 명목상 현금흐름을 할인하는 방식으로 GlobalCo를 평가하였다. 이에 대한 대안은 실질현금흐름을 추정하고, 동 현금흐름을 실질 자본비용(예를 들어, 명목 자본비용에서 물가상승률을 차감한 자본비용)으로 할인함으로써 기업가치를 평가하는 것이다. 그러나 대부분의 경영진들은 실질가치보다는 명목가치를 적용하기 때문에 이들과의 의사소통에서는 명목가치를 사용하는 것이 편리하다. 또한 우리가 흔히 사용하는 이자율도 인플레이션을 차감한 실질이자율이 아닌 명목 이자율이다.

두 번째 어려움은 ROIC를 실질 기준으로 측정하고 해석하기 어렵다는 점이다. 재무제표 자체가 명목가치로 작성되기 때문에 재무제표에서 추출하는 과거 ROIC도 명목 숫자가 된다. 만일 미래를 실질가치로 추정한다면 미래에 새롭게 투하될 자본에 대한 ROIC는 실질 수치가 될 것이다. 그리하여 이 프로젝트 전체의 이익은 역사적 투하자본에서 오는 명목이익과 미래의 추정 투하자본에서 오는 실질이익이 섞이게 되어 해석이 불가능해진다. 이 문제의 유일한 해결법은 역사적 재무제표를 실질가치 기준으로 다시 작성하는 것이다. 이것은 매우 손이 많이 가는 작업으로, 26장에서 다루게 될 극도의 인플레이션 상태가 아니라면 이렇게 실질 지표를 사용하여 가치를 산출하는 것은 별 이득이 없다.

전체기업가치 DCF 모델에 대한 두 번째 대안으로는 세전현금흐름을 세전 최소 요구수익률(pretax hurdle rate, 자본의 시장비용과 (1+한계세율)의 곱으로 계산)로 할인하여 세전가치를 구하는 방법이 있다. 이러한 세전 현금흐름을 이용한 가치평가는 세 가지의 중대한 모순점이 있다. 첫째, 세금은 이익에서 감가상각을 차감한 금액을 기준으로 부과되는 것이지, 이익에서 유형자산에 대한 투자를 차감한 금액을 기준으로 부과되지는 않는다. 이러한 상황에서 세전 현금흐름을 세전 자본비용으로 할인한다면 마치 유형자산 투자를 세무상 손비가 인정되는 항목인 것처럼 취급하게 되는 오류가 발생한다. 또한, 매출채권, 재고자산 같은 운전자본투자는 절대로 세무상 손비로 인정되지 않는다. 재고를 보유하는 것이 세금을 유발하는 것이 아니고, 이익을 붙여서 물건을 팔았을 때 세금이 발생하기 때문이다. 그러나, 세전 현금흐름 할인법은 이러한 운전자본투자도 감세요인이 있는 것과 같은 결과가 나오게 된다. 마지막으로 유형자산에 대한 투자가 감가상각액과 동일한 금액일 경우에도 가치를 낮게 평가하게 만드는 오류가 발생하게 되는데, 할인율이 높으면 높을수록 저평가 오류 또한 더 커진다. 이 오류는 세전 현금할인법이 수학적으로 명확한 관계에 바탕을 둔 계산이 아니라, 대략적인 예측치를 사용하기 때문에 발생한다. 이런 문제들 때문에 세전 현금흐름을 세전 최소요구수익률로 할인하는 방법은 추천하지 않는다.

DCF법의 대안

지금까지 DCF 모델에 대해서만 집중적으로 공부하였는데, 이 외에도 널리 쓰이는 두 가지 가치평가 방법이 있다. 배수법(multiples)을 사용하는 모형과 실물옵션(real option) 모형이 그것이다.

배수법(mutiples)

기업을 평가하는 가장 간단한 방법은 바로 다른 기업과의 비교이다. 부동산 중개업자가 최근 거래된 유사매물과의 비교를 통해 부동산의 가격을 책정하는 것과 유사한 논리이다. 비교를 통해 가치평가를 하려면 우선, 비교를 하고자 하는 기업 간의 유사한 정도를 먼저 살펴보아야 한다. 이익이나 투하자본 등과 같은 관련수치의 배수, 영업구조나 체계 등과 관련된 배수가 얼마나 유사한지를 파악한 다음, 그 배수를 기업가치 평가에 활용한다. 예를 들어, NOPAT이 $1억인 기업을 평가한다고 가정해보자. 해당 기업과 유사한 ROIC와 성장률을 가지는 동종업계 기업들의 전체기업가치 대비 NOPAT 배수가 13이라고 한다면, $1억의 NOPAT에 13을 곱함으로써 해당기업의 가치인 $13억을 구할 수 있다.

가치배수 방법은 DCF 방법을 검증하는 수단으로 활용될 수도 있다. 만약 가치배수 방법으로 계산된 기업가치가 $13억이고, DCF 모델로 계산된 기업가치가 $27억으로 차이가 난다면 이는 DCF 방법의 오류일 수 있다. 또는 해당 기업이 비교대상 기업과는 다른 방식으로 영업을 하기 때문에 비교대상 기업의 배수를 그대로 사용하는 것이 부적절하다는 것을 의미할 수도 있다. 투자자들의 산업전체에 대한 전망이 변경되어 비교대상기업들의 가치배수 또한 DCF 모델과 일치하지 않는 경우일 수도 있다. 물론, 가치배수법 자체가 잘못 계산되었을 가능성도 있다. 이처럼 가치배수는 그 활용도가 매우 높은 동시에 오류의 가능성도 다양하다. 이에 대해서는 18장에서 보다 자세히 다룬다.

가치배수법을 제대로 사용하기 위해서는 사용할 배수뿐 아니라 배수를 차용할 비교대상 기업도 신중하게 선택해야 한다. 이익배수의 경우에는, 주가수익률이나 전체기업가치 대비 EBITDA와 같은 배수 대신 전체기업가치 대비 NOPAT 배수를 사용하길 권장한다. 비교대상 기업을 선택할 때는, 동종업계에 있는 기업 중에서 ROIC와 성장률 기준으로 비슷한 성과를 보이는 기업을 선택해야 한다.

실물옵션과 복제 포트폴리오

1997년 Robert Merton과 Myron Scholes는 현금흐름이나 자본비용의 추정 없이도 파생상품을 평가할 수 있는 획기적인 방법을 제시해서 노벨경제학상을 수상하게 되었다. 이 모델은 현대 경제학자들이 "복제 포트폴리오(replicating portfolio)"라고 부르는 개념에 근거하고 있다. 만일 어떠한 증권의 미래 현금흐름을 완벽하게 복제하는 포트폴리오가 존재한다면, 그 포트폴리오는 대상이 되는 증권과 정확히 동일한 가치를 가질 것이다. 이는 일물일가의 법칙(The law of one price)이라 불린다. 이러한 복제 포트폴리오를 찾을 수만 있다면, 대상 증권을 평가하기 위하여 미래 현금흐름을 추정할 필요는 없어지게 된다.

최근 들어 이 개념을 증권이 아닌 개별 기업에게 적용하여 복제 포트폴리오로 기업의 가치를 측정하려는 시도들이 실물옵션이라는 이름으로 진행되고 있다. 실물옵션을 이용한 평가는 불확실성이 큰 상황에서 더욱 유용한 방법이다. 그러나 기업이나 프로젝트에 대응하는 포트폴리오를 구성하는 것은 금융상품에 대응하는 포트폴리오를 찾는 것보다 훨씬 어려운 작업이다. 이 때문에 금융상품의 평가에서는 옵션 평가 모델이 큰 역할을 했지만, 기업가치 평가에 적용하기에는 많은 한계를 보이고 있다. 이에 관해서는 39장에서 다룰 것이다.

요약

이번 장에서는 기업가치평가에서 가장 일반적인 DCF 평가 모델에 대해 다뤘다. 특히 기업 DCF 평가 모델과 경제적 이익 모델을 가장 집중적으로 학습했다. 우리는 각 모델의 원리를 설명하고, 왜 각 모델이 기업가치 평가에서 중요한가를 설명했다. 2부의 나머지 장들을 통하여 기업가치평가에 대해서 더 차근차근 공부해보기로 하자. 이하의 장들에서는 재무제표의 재구성, ROIC 및 매출성장률분석, FCF의 추정, 자본비용의 계산 및 영구가치의 추정과 같은 기업가치를 평가하는 세부적인 기법에 대하여 설명할 것이다.

11장

재무제표의 재구성

손익계산서, 재무상태표, 현금흐름표와 같은 전통적 재무제표는 영업성과와 기업가치에 대한 직관적인 통찰력을 제공하지는 않는다. 재무제표는 그런 목적으로 만들어진 것은 아니다. 재무상태표는 영업자산, 비영업자산, 자금조달의 원천을 혼합하여 표시하며, 손익계산서 또한 이와 유사하게 영업이익, 이자비용 및 기타 비영업항목을 함께 표시한다.

경제적 성과를 분석하기 위한 재무제표를 작성하려면, 각 재무제표를 영업항목, 비영업항목, 자금조달 원천 등 세 가지 범주로 재구성해야 한다. 이러한 재구성 작업에는, 영업과 함께 비영업항목들이 혼재된 계정들을 분리하기 위해, 주석을 참고해야 하는 경우가 많다. 이 작업은 지루해 보일 수는 있지만, 중복계산, 현금흐름의 누락, 재무성과를 인위적으로 높이기 위한 부외차입 등 일반적인 함정을 피하기 위해 중요하다.

재무제표의 재구성과정은 복잡하기 때문에, 이번 장은 3개의 절로 나누어 본다. 첫 번째 절에서는 투하자본, 세후영업이익(NOPAT; net operating profit after taxes) 및 잉여현금흐름(FCF; free cash flow)을 어떻게 도출하는지 보여주는 간단한 예를 제시한다. 두 번째 절에서는 이 방법을 Costco Wholesale에 적용하며, 재무제표 재구성의 복잡성에 대해서 논의한다. 마지막 절에서는 구조조정비용, 운용리스, 연금 및 자본화 비용(capitalized expenses) 등을 조정하는 방법을 포함한 고급 재무분석 사례에 대해서 간단히 정리한다. 이러한 각 주제에 대한 심층 분석은 3부에서 확인할 수 있다.

재무제표의 재구성: 핵심 개념

투하자본이익률(ROIC; Return On Invested Capital)과 FCF를 산출하기 위해서는 투하자본(IC; Invested Capital)을 도출하기 위한 재무상태표의 재구성과 NOPAT을 도출하기 위한 손익계산서의 재구성이 필요하다. 투하자본은 자본의 조달 방법과는 관계없이 영업활동에 필요한 투자자 자본을 나타낸다. NOPAT은 모든 투자자가 이용할 수 있는 세후영업이익(회사의 투자 자본에 의해 창출되는)을 나타낸다.

ROIC와 FCF는 모두 NOPAT과 투하자본으로부터 유도된다. ROIC는 다음과 같이 정의된다:

$$\text{ROIC} = \frac{\text{NOPLAT}}{\text{투하자본}}$$

또한 FCF는 다음과 같이 정의된다:

$$\text{FCF} = \text{NOPAT} + \text{비현금성 영업비용} - \text{투하자본 투자}$$

감각상각비와 같은 비현금성 영업비용(noncash operating expenses)과 투하자본에의 투자를 동시에 고려하여, FCF를 다음과 같이 정의하기도 한다.

$$\text{FCF} = \text{NOPAT} - \text{투하자본의 증감}$$

투하자본: 핵심 개념

회사의 영업자산을 비영업자산 및 재무구조와 구분이 되는 경제적 재무상태표를 만들기 위해, 우선 전통적인 재무제표를 살펴보자. 회계적 재무상태표는 아래처럼 가장 기본적인 원칙을 따른다:

$$\text{자산} = \text{부채} + \text{자본}$$

하지만 전통적인 대차관계식에서는 영업부채와 자금조달의 원천을 우변에 섞어서 표시한다.

기업이 매출채권, 재고자산, 유형자산(PP&E; property, plant & equipment)과 같은 영업자산(OA; operation asset)과 매입채무, 미지급급여와 같은 영업부채(OL; operating liability), 이자발생부채(D) 그리고 자기자본(E)만 갖고 있다고 가정하자. 자산, 부채, 자본을 보다 명확하게 구분함으로써 다음과 같은 식을 도출할 수 있다:

$$OA = OL + D + E$$

이 식에서 영업부채를 좌변으로 이동하면, 투하자본을 구할 수 있다:

$$OA - OL = IC = D + E$$

새로운 식을 이용하여, 우리는 영업에 투하된 자본과 이 자본의 조달 방법이 잘 반영될 수 있도록 재무제표를 정리했다. 위의 식에서 볼 수 있는 것처럼, 투하자본은 영업적 접근방식(영업자산에서 영업부채를 차감하는 방법)과 재무적 접근방식(차입금에 자기자본을 가산하는 방법)에 의해서 산출될 수 있다.

많은 회사들에게, 위의 방정식은 너무 단순하다. 자산은 영업자산뿐만 아니라 시장성 유가증권, 선급 퇴직연금자산, 비연결 투자주식, 기타 장기투자자산 등의 비영업자산(nonoperating asset, NOA)도 존재한다. 또한 부채도 영업부채와 차입금만으로 구성되는 것이 아니라 미적립 퇴직급여채무와 같은 차입금 등가물(debt equivalent, DE)과 이연법인세와 이익평준화충당부채와 같은 자기자본 등가물(equity equivalent, EE)로 구성된다(차입금 등가물과 자기자본 등가물 등에 대해서는 본 장에서 차후 자세하게 다룬다). 기존의 대차관계식을 확장하면 다음과 같다.

$$\underset{(\text{영업자산})}{OA} + \underset{(\text{비영업자산})}{NOA} = \underset{(\text{영업부채})}{OL} + \underset{(\text{차입금 및 등가물})}{D + DE} + \underset{(\text{자기자본 및 등가물})}{E + EE}$$

이 식을 재정리하면, 총투자재원(TFI; total funds invested)을 구하는 식을 아래와 같이 도출할 수 있다.

$$\underset{(\text{투하자본})}{OA - OL} + \underset{(\text{비영업자산})}{NOA} = \text{총투자재원} = \underset{(\text{차입금 및 등가물})}{D + DE} + \underset{(\text{자기자본 및 등가물})}{E + EE}$$

부채와 자본등가물이 있는 회사의 경우, 투하자본은 더 이상 부채에 자본까지 더한 것이 아니다. 영업자산에서 영업부채를 뺀 것과 같다. 투자관점에서, 총투자재원은 투하자본에 비영업자산을 더한 것과 같다. 재무적 관점에서, 총투자재원은 차입금 및 등가물에 자기자본 및 등가물을 더한 것과 같다. 표 11.1은 몇 개의 계정과목만을 가진 가상 회사의 재무상태표를 이용하여 투하자본을 산출하는 방법을 보여주고 있다. 우측 하단의 조정은, 사용된 방법과 관계없이 총투자재원은 변함이 없음을 보여준다.

표 11.1 투하자본의 사례

$ million

회계상의 재무상태표

자산	**전기**	**당기**
현금	5	15
재고자산	200	225
순유형자산	300	350
지분투자	15	25
자산총계	520	615
부채 및 자본		
매입채무	125	150
이자발생부채	225	200
이익잉여금	170	265
부채 및 자본 총계	520	615

투하자본

	전기	**당기**	
현금	5	15	
재고자산	200	225	
매입채무	(125)	(150)	← 영업용 부채는 영업용 자산과 상계 처리된다.
영업용 운전자산	80	90	
순유형자산	300	350	
투하자본	380	440	
지분투자	15	25	← 비영업자산은 투하자본에 포함되지 않는다.
총투자재원	395	465	
총투자재원조정			
이자발생부채	225	200	
이익잉여금	170	265	
총투자재원	395	465	

세후영업이익(NOPAT): 핵심 개념

NOPAT은 핵심영업에서 창출되는 세후이익으로, 비영업자산으로부터의 수익이나 이자 등 자본조달비용을 제외한다. 순이익은 주주들에게만 제공되는 이익인 반면, NOPAT은 부채, 자기자본 및 기타 모든 유형의 투자자를 포함한 모든 투자자가 이용할 수 있는 이익이다. NOPAT을 투하자본에 대한 정의와 일관되게 정의하고 투자된 자본에 의해 창출되는 이익만을 포함하는 것이 중요하다.

NOPAT을 계산하기 위해서, 손익계산서를 3단계의 기본적인 방법으로 재구성한다(표 11.2 참조). 첫째, 이자비용을 영업이익에서 차감하지 않는데, 이자는 영업비용이 아니라 회사의 채무 투자자들에 대한 보상이기 때문이다. 우리는 이자비용을 재무적 항목으로 분류함으로써, NOPAT을 회사의 자본구조로부터 독립시킬 수 있다.

둘째, NOPAT을 계산할 때 투하자본에서 제외된 자산으로부터 발생한 이익을 제외한다. 투하자본에 관련 자산을 포함하지 않고 NOPAT에 비영업수익을 잘못 포함하면 ROIC의 정의에 부합되지 않을 수 있으며, 분자와 분모는 관련 없는 요소를 포함할 것이다. 주요 소송 화해 등 일회성 항목이 보고되면 NOPAT에서도 제외한다. 일회성 항목은 분석할 만큼 중요하지만, 핵심 성과의 추세에 대한 파악을 어렵게 만든다.

마지막으로, 회계적 법인세는 이자비용 및 비영업수익도 고려하여 산출되기 때

표 11.2 세후영업이익의 사례

$ million

회계상의 손익계산서	당기	세후영업이익	당기	
매출	1,000	매출	1,000	
영업비용	(700)	영업비용	(700)	
감가상각비	(20)	감가상각비	(20)	
영업이익	280	EBITA	280	
지급이자	(20)	영업법인세[1]	(70)	← 법인세는 영업이익에 대해 산출한다.
투자이익	4	세후영업이익	210	
세전이익 (EBT)	264			
		투자이익	4	← 투하자본에서 제외된 자산의 손익은 NOPAT에 포함시키지 않는다.
법인세 등	(66)	비영업 법인세[2]	4	
당기순이익	198	투자자 가용 이익	218	
		당기순이익에서 조정		
		당기순이익	198	
		지급이자	20	← 지급이자는 영업비용이 아니라 투자자에 대한 재무적 배분으로 처리한다.
		투자자 가용 이익	218	

1 모든 이익에 대해 25%의 한계법인세율을 가정

2 지급이자 절세효과에서 투자이익에 대한 법인세 차감

문에, 결국 비영업자산과 재무구조의 함수가 되어버린다. NOPAT을 영업활동에만 집중시키기 위해서는 이자비용과 비영업손익 효과도 법인세에서 제거되어야 한다. 결과적으로 발생하는 영업활동에 대한 법인세는 자기자본만으로 영업하는 가상의 법인의 법인세와 동일해질 것이다. 영업활동 법인세와 회계적 법인세의 차이인 비영업활동 법인세는 NOPAT에 포함되지 않으며, 투자자가 가용할 수 있는 손익의 일부로 포함된다.

잉여현금흐름(FCF): 핵심 개념

회사의 영업활동을 평가하기 위해 우리는 FCF를 추정하고, 회사의 가중평균자본비용으로 할인한 예상 FCF를 구한다. FCF는 모든 투자자들, 즉 채권자와 주주들이 모두 이용할 수 있는 세후 현금흐름이다. 사업보고서에 공시되는 "영업현금흐름"과는 달리, FCF는 재무구조와 영업 이외의 항목과는 독립적이다. 이것은 모든 자금을 자기자본만으로 조달하고 핵심 영업자산만을 보유한 기업의 세후 현금흐름과 같다고 생각할 수 있다. FCF는 다음과 같이 정의된다:

$$\text{FCF} = \text{NOPAT} + \text{비현금성 영업비용} - \text{투하자본 투자}$$

표 11.3 잉여현금흐름의 사례

$ million

회계상의 현금흐름표	당기	잉여현금흐름	당기	
당기순이익	198	세후영업이익	210	
감가상각비	20	감가상각비	20	
재고자산의 감소(증가)	(25)	총현금흐름	230	
매입채무의 증가(감소)	25			
영업활동 현금흐름	218	영업현금의 감소(증가)	(10)	총현금흐름에서 영업활동투자금액을 차감한다.
		재고자산의 감소(증가)	(25)	
자본적 지출	(70)	매입채무의 증가(감소)	25	
지분투자의 감소(증가)	(10)	자본적 지출	(70)	
재무활동 현금흐름	(80)	잉여현금흐름	150	
이자발생부채의 증가(감소)	(25)	비영업수익	4	핵심 영업활동에서 비영업자산으로부터 현금흐름을 별도로 평가한다.
배당금	(103)	비영업 법인세	4	
재무활동 현금흐름	(128)	지분투자의 감소(증가)	(10)	
기초현금	5	투자자 가용 현금흐름	148	
영업활동 현금흐름	218			
재무활동 현금흐름	(80)	**투자자 가용 현금흐름의 조정**		
재무활동 현금흐름	(128)			
기말현금	15	지급이자	20	지급이자는 비용이 아니라 투자자에 대한 재무적 배분으로 처리한다.
		이자발생부채의 증가(감소)	25	
		배당금	103	
		투자자 가용 현금흐름	148	

표 11.3에 나타난 것과 같이 FCF는 영업 이외의 활동으로 인한 현금흐름과 자본구조와 관련된 항목이 제외된다. 회계상 현금흐름표와 다르게, FCF는 당기순이익이 아니라 NOPAT에서 시작한다. 앞서 논의한 바와 같이, NOPAT는 비영업손익과 이자비용을 제외한다. 대신, 이자는 재무활동에 의한 현금흐름으로 취급한다.

비영업자산의 변동과 이와 관련된 차익, 손실 및 이익은 FCF에 포함되지 않는다. 대신, 이러한 비영업활동과 관련된 현금흐름은 별도로 분석하고 평가해야 한다. FCF와 비영업활동 현금흐름을 결합하면 모든 투자자들에게 돌아가는 현금흐름이 나온다. 총투자재원과 NOPAT의 경우와 마찬가지로 투자자가 이용할 수 있는 현금흐름은 두 가지 방법론을 사용하여 계산할 수 있다. 하나는 현금흐름이 생성되는 방식에 초점을 맞추고 다른 하나는 현금흐름을 받는 사람에게 초점을 맞춘다. 두 가진 방법이 중복되는 것처럼 보이지만, 두 방법이 동일한 결과를 가져다주는지 점검하는 것은 계정 누락과 분류 오류의 함정을 방지하는 데 도움이 될 수 있다.

재무제표의 재구성: 실제 사례

재무제표를 재구성한다는 것은 전문적인 애널리스트에게도 어려운 일일 수 있다. 어떠한 자산이 영업자산인가? 어떠한 것이 비영업자산인가? 어떠한 항목이 차입금으로 취급되어야 하는가? 무엇을 자기자본으로 간주하는가?

이어지는 순서에서는, Costco Wholesale의 실제 사례를 이용하여 재무제표 재구성을 검토한다(Costco에 대한 완전한 가치평가는 해설과 함께 부록 H에 제시되어 있다). 세계에서 네 번째로 큰 소매업체인 Costco는 일상 용품들을 대량으

표 11.4 Costco: 재무상태표

$ million

자산	2015	2016	2017	2018	2019
현금 및 현금등가물[1]	6,419	4,729	5,779	7,259	9,444
순매출채권	1,224	1,252	1,432	1,669	1,535
상품재고자산	8,908	8,969	9,834	11,040	11,395
이연법인세[2]	521	—	—	—	—
기타유동자산	227	268	272	321	1,111
유동자산 합계	17,299	15,218	17,317	20,289	23,485
유형자산	15,401	17,043	18,161	19,681	20,890
이연법인세[2]	109	202	254	316	398
기타자산	631	700	615	544	627
자산총계	33,440	33,163	36,347	40,830	45,400
부채 및 자기자본					
매입채무	9,011	7,612	9,608	11,237	11,679
미지급급여	2,468	2,629	2,703	2,994	3,176
회원보상충당부채	813	869	961	1,057	1,180
선수회원가입비	1,269	1,362	1,498	1,624	1,711
유동성장기부채(debt)	1,283	1,100	86	90	1,699
유동성금융리스[3]	10	10	7	7	26
기타 유동부채	1,686	1,993	2,632	2,917	3,766
유동부채 합계	16,540	15,575	17,495	19,926	23,237
장기부채(debt)	4,864	4,061	6,573	6,487	5,124
금융리스[3]	286	364	373	390	395
이연법인세[2]	462	297	312	317	543
기타부채	445	534	515	607	517
부채 총계	22,597	20,831	25,268	27,727	29,816
Costco 자기자본	10,617	12,079	10,778	12,799	15,243
비지배지분	226	253	301	304	341
자기자본 총계	10,843	12,332	11,079	13,103	15,584
부채 및 자기자본	33,440	33,163	36,347	40,830	45,400

주석: Costco의 회계년도 8월 31일에서 가장 가까운 일요일에 종료된다 예를 들어, FY2019는 2019년 9월 1일 종료된다.

[1] 단기 투자자산을 포함한다.

[2] 이연법인세는 원래 보고서에 기타유동자산, 기타자산 및 기타부채에 포함되어 있다.

[3] 금융리스는 원래 보고서에 기타 유동부채와 기타부채에 포함되어 있다.

로 판매하는 것으로 잘 알려져 있다. 호주, 캐나다, 아이슬란드, 일본, 멕시코, 한국, 영국, 미국에 매장을 갖고 있다. 이 회사는 2018년에 중국에 진출했다. 우리는 먼저 Costco의 재무제표를 영업, 비영업 및 재무항목으로 재구성하여 이 회사의 재무성과를 분석할 수 있는 무대를 마련했다.

투하자본: 실제 사례

투하자본을 계산하기 위해서 이 회사의 재무상태표를 재구성한다. 표 11.4는 Costco의 과거 재무상태표를 제시하는데, Costco는 회계연도가 8월 31일과 가장 가까운 일요일에 끝난다. 제시된 버전은 영업계정과 비영업계정을 혼합한 계정에 대한 정보를 각 사업보고서의 주석을 검색했기 때문에 Costco의 사업보고서에 첨부된 재무상태표보다 자세하다. 예를 들어, Costco의 2019년 사업보고서의 주석을 보면 회사의 금융리스(capital lease)가 기타 부채 항목에 포함된 것을 알 수 있다. 금융리스는 채무의 한 형태이고 이와 같이 취급되어야 하기 때문에, 원래의 재무상태표는 가치평가 목적으로 사용할 수 없을 것이다.

투하자본은 영업용 운전자본(영업용 유동자산과 영업용 유동부채의 차이), 고정자산(유형자산에서 감가상각누계액 차감액), 기타 순장기영업자산(장기영업부채 차감 후), 무형자산(영업권, 매수 무형자산, 자본화된 소프트웨어)의 합이다. 표 11.5는 Costco에 대한 항목별 집계를 보여준다. 다음 절에서 각각에 대한 세부적인 내용을 살펴본다.

영업용 운전자본 영업용 운전자본은 영업용 유동자산에서 영업용 유동부채를 차감하여 산출한다. 영업용 유동자산이란 운전자본용 현금, 재고자산 및 선급비용을 포함하여 영업활동에 필요한 모든 유동자산으로 구성된다. 특히, 과다보유현금과 시장성 유가증권과 같이 기업의 영업적 수준을 넘어서는 현금은 제외한다.[1] 과다보유현금은 일반적으로 회사 현금의 일시적 불균형 상태를 나타낸다. 이에 대하여 이 절의 뒤에서 따로 설명한다.[2]

영업용 유동부채는 회사의 지속적인 영업활동에 필요한 부채들을 포함한다. 가

---

1 다음 두 가지 이유에서 과다보유현금은 영업용 운전자본과 분리해서 분석해야 한다: 첫째, 과다보유현금은 FCF의 일부이기보다는 시장가치를 이용하여 보다 정교하게 평가된다. 둘째, 과다보유현금은 운전자본보다 훨씬 더 낮은 리스크-수익률 프로파일을 가질 것이다. 서로 다른 리스크 프로파일을 갖는 자산을 결합하면 성과에 대한 인식이 왜곡될 수 있다.

2 재무제표 작성에서 회계는 현금과 시장성 유가증권을 구분하지만, 운전현금과 과다보유현금을 구분하지는 않는다. 이 장의 뒷부분에서는 운전현금과 과다보유현금을 구별하는 방법에 대한 지침을 제공한다.

표 11.5 Costco: 투하자본과 총투자재원

$ million

	2015	2016	2017	2018	2019
영업용 현금[1]	2,324	2,374	2,581	2,832	3,054
순매출채권	1,224	1,252	1,432	1,669	1,535
상품재고자산	8,908	8,969	9,834	11,040	11,395
기타유동자산	227	268	272	321	1,111
영업용 유동자산	12,683	12,863	14,119	15,862	17,095
매입채무	(9,011)	(7,612)	(9,608)	(11,237)	(11,679)
미지급급여	(2,468)	(2,629)	(2,703)	(2,994)	(3,176)
회원보상충당부채	(813)	(869)	(961)	(1,057)	(1,180)
선수회원가입비	(1,269)	(1,362)	(1,498)	(1,624)	(1,711)
기타 유동부채	(1,686)	(1,993)	(2,632)	(2,917)	(3,766)
영업용 유동부채	(15,247)	(14,465)	(17,402)	(19,829)	(21,512)
영업용 운전자산	(2,564)	(1,602)	(3,284)	(3,967)	(4,417)
유형자산	15,401	17,043	18,161	19,681	20,890
자본화된 운용리스[2]	2,230	2,320	2,528	2,500	2,414
기타자산[3]	631	700	615	544	627
기타부채[3]	(445)	(534)	(515)	(607)	(517)
투하자본	15,253	17,928	17,506	18,151	18,997
과다보유현금[1]	4,095	2,355	3,199	4,427	6,390
해외 이월세액공제[4]	—	—	—	—	65
총투자재원	19,348	20,282	20,704	22,578	25,452
총투자재원조정					
장기부채(debt) 및 금융리스[5]	6,443	5,535	7,039	6,974	7,244
자본화된 운용리스[2]	2,230	2,320	2,528	2,500	2,414
차입금 및 차입금등가물	8,673	7,855	9,567	9,474	9,658
이연법인세, 영업용[4]	(61)	158	76	(39)	120
이연법인세, 비영업용[4]	(107)	(63)	(18)	40	90
비지배지분	226	253	301	304	341
Costco 자기자본	10,617	12,079	10,778	12,799	15,243
자기자본 및 자기자본등가물	10,675	12,427	11,137	13,104	15,794
총투자재원	19,348	20,282	20,704	22,578	25,452

[1] 매출액의 2퍼센트로 영업용 현금을 추정하였으며, 나머지 현금은 과다보유현금으로 간주하였다.

[2] 표 22.10에서는 2019년에 대한 자본화된 운용리스가 산출되었다.

[3] 추가적인 내용을 파악할 수 없어 다른 자산과 부채는 영업용으로 분류하였다.

[4] 해외 이월세액공제와 기타 이연법인세는 표 11.7에 제시되었다.

[5] 유동성 부분을 포함한다.

장 일반적인 영업부채에는 공급업체(매입채무), 종업원(미지급급여), 고객(선수금 또는 Costco의 경우, 선수회원 가입비), 그리고 정부(미지급법인세)와 관련된 부채이다.[3] 부채가 재무활동이 아닌 영업활동으로 간주되는 경우, 투하자본을 결정하

3 Costco를 분석할 때, 회원보상충당부채(accrued member rewards)는 영업 관련 유동부채로 취급하며,

기 위해 부채는 영업용 자산에서 차감해야 하며, 결과적으로 FCF에 반영되어야 한다. 이자발생부채는 비영업항목이기 때문에 영업용 자산에서 차감되어서는 안되며, 별도로 가치를 산정해야 한다(관련 이자비용은 비영업비용으로 분류한다).

일부에서는 외상매입금과 같은 영업부채는 자금조달의 한가지 방식이므로 재무활동으로 분류되어야 한다고 주장하기도 한다. 그러나 이는 투하자본과 일관되지 않은 NOPAT의 정의로 이어질 것이다. NOPAT은 자기자본과 타인자본 투자자 모두에게 귀속되는 이익이며, 따라서 ROIC를 계산할 때는 NOPAT을 차입금과 자기자본의 합으로 나누어 주어야 한다. 설령 공급자가 30일 후에 대금을 받기로 하고 그 암묵적인 이자비용까지 제품가격에 가산해서 가격을 받는다고 하더라도, 해당 이자비용은 제품가격에서 구분될 수 없으며 따라서 매출원가에서 구분 및 분리할 수 없다. 이처럼 NOPAT을 구하기 위하여 매출액에서 매출원가를 차감하기 때문에, 일관성을 유지하기 위해서는 영업용 자산에서 영업용 부채를 차감하여 투하자본을 산출하여야 한다. 이론적이지만 번거로운 대안으로서 매입채무를 차입금으로 취급하고 암묵적 이자비용만큼 NOPAT를 조정하는 방법을 들 수 있다.

유형자산 및 기타 자본화된 투자 유형자산(생산장비나 제조설비 등)의 장부가치는 언제나 영업용 자산의 범주에 포함된다. 장부금액은 과거 투자를 바탕으로 가치를 창출하는 회사의 능력을 측정한다. 특정 자산의 매각 또는 대체를 평가할 경우에만 시장가치 또는 대체원가를 사용한다.

IBM과 UPS를 포함한 일부 기업은 사내용으로 개발한 소프트웨어에 상당한 투자를 하고 있다. 특정 제약 하에서, 이러한 투자는 즉시 바로 비용으로 처리하기보다는 자본화한 뒤 재무제표에 기재한다. 이것이 무형자산으로 분류된다고 하더라도, 자본화된 소프트웨어는 유형자산처럼 감가상각을 하고 자본화된 소프트웨어에 투자한 금액은 자본적 지출로 처리한다(IBM 사업보고서의 현금흐름표는 소프트웨어에 대한 투자와 유형자산 투자를 구분한다. 이와는 대조적으로 UPS는 자본적 지출 내에서 두 개의 계정을 결합한다. 이 경우 보고된 자본적 지출을 전적으로 유형자산에 귀속시키면 실제 투자가 과대 평가된다). 매수 무형자산이 아닌 내부적으로 창출한 무형자산만 이러한 방식으로 처리하여야 한다. 매수 무형자산은 특별한 주의를 요하며, 이 장의 이후 하위 절에서 논의한다.

따라서 운전자본의 일부로 취급한다. 우리는 회원보상충당부채가 다른 고객 선급금과 다른 점이 없다고 생각하지만, 회원은 보상에 대해 특별히 현금을 지급받지는 않는다. 한 가지 대안은 해당 부채를 자본등가물로 취급하면서 회원보상충당부채에 대해 현금주의 회계를 사용하는 것이다. 현금 기준으로 전환하려면 EBITA에 회원보상충당부채의 증가분을 추가한다. 법인세는 변경되지 않음으로, 원래의 EBITA를 사용하여 법인세를 계산한다.

기타 영업용 자산 (부채 차감 후) 기타 장기 자산과 부채의 규모가 작을 경우-그리고 회사에 의해 상세하게 설명되지 않을 경우-일반적으로 영업활동관련 자산과 부채로 가정한다. 기타 장기 순영업용 자산을 계산하려면, 기타 장기자산에서 장기부채를 차감한다. 그러나 만약 이러한 기타 장기자산과 부채의 규모가 상대적으로 큰 경우에는, 기타 장기 순영업용 자산을 계산하기 전에, 각 계정을 영업용 또는 비영업용으로 세분화할 필요가 있다.

예를 들어, 상대적으로 규모가 큰 기타 장기자산 계정에는 이연법인세자산, 선급 퇴직연금자산, 비연결 종속법인, 기타 투자주식 등의 비영업용 자산이 포함될 수도 있다. 이러한 비영업용 항목들은 투하자본에 포함되면 안 된다. 자산을 영업용 또는 비영업용으로 분리하기 위해서는 특히 애매한 계정에 대한 판단이 필요하다. 예를 들어, 보험료 지급을 위해 신용카드 결제를 해야 할 만큼 재무적 곤경에 처한 항공사의 경우처럼, 제 3자의 보증을 확보하기 위해 현금을 별도로 적립해야 하는 경우 사용 제한 현금을 영업용으로 취급한다. 영업용 자산은 일반적으로 매출에 비례한다.

장기부채에도 이와 유사하게 영업용 계정과 비영업용 계정이 섞여 있을 수 있다. 영업부채란 지속적인 영업활동에서 직접 발생하는 부채이다. 예를 들어, 한 제조업체는 기타 부채에 장기고객선수금을 포함하여 기록했다. 그러나 일반적으로 장기부채는 영업용 부채가 아니라 차입금이나 자기자본 등가물인 경우가 많다. 미적립 퇴직연금(unfunded pension liabilities), 미적립 퇴직후 의료급여제도(unfunded postretirement medical costs), 이연법인세 등이 이러한 예가 될 수 있다.

사업보고서의 기타 자산과 부채의 분류는 어디에서 찾을 수 있을까? 어떠한 회사는 재무제표 주석에 상세한 표를 제공하는 경우도 있다. 그러나 대부분의 경우 기타자산과 부채에 혼재되어 있는 항목들을 찾아 주석 사항들을 하나하나 살펴보아야 한다.

영업권과 매수 무형자산 12장에서는 영업권과 매수 무형자산이 있는 경우와 없는 경우의 ROIC를 모두 분석한다. 영업권과 매수 무형자산을 포함한 ROIC는 회사가 인수 프리미엄을 지급한 후 가치를 창출할 수 있는 기업의 능력을 측정한다. 영업권과 매수 무형자산을 포함하지 않은 ROIC는 기존사업의 경쟁력을 측정한다. 예를 들어, 1963년부터 2009년까지 대형 소비재 상품 회사의 투하자본이익률을 연구했다. 그들이 발견한 것은 흥미로웠다. 1960년대부터 1980년대 중반까지, 이러한 기업들의 영업권을 제외한 ROIC의 중간값은 지속적으로 10퍼센트 대 중반이었다. 영업권을 포함한 ROIC는 단지 조금 더 낮았을 뿐이다. 이후, 1980년대 중반을 시작으로 회사들은 브랜드 파워를 이용하여 영업권을 제외한 ROIC의 중간값을 거의 35퍼센트로 증가시켰다. 동시에 기업인수 활동도 강화했다. 영업권을 포함한 그들의 ROIC 중간값은 10퍼센트 대 중간에 머물렀다. 2009년까지 영업권 포함 ROIC와 영업권 제외 ROIC의 차이는 17퍼센트 포인트였다. 회사의 성과를 분석할 때는 영업권이 포함된 ROIC와 이것을 제외한 ROIC를 이해하는 것이 중요하다.

영업권과 매수 무형자산을 제대로 평가하기 위해서는 두 가지의 조정이 이루어져야 한다. 첫째, 매수 무형자산의 상각과 관련된 이연법인세부채를 차감해야 한다.[4] 이유는? 상각이 세무상 비용으로 인정되지 않는 경우, 회계에서는 무형자산 취득 당시에 이연법인세부채를 설정한 후, 상각 기간 동안 차감해 나간다(장부상 법인세는 실제 법인세보다 낮기 때문이다). 부채의 대차를 맞추기 위해 매수 무형자산은 현금이 지급되지 않더라도 해당 금액만큼 인위적으로 증가시킨다. 매수 무형자산과 관련된 이연법인세를 제외하면 이러한 왜곡이 사라진다. 예를 들어, Coca-Cola같이 주요한 매수 무형자산을 보유한 기업의 경우 조정 금액이 상당할 수 있다.

두 번째로는, 누적 상각액과 손상차손을 가산한다. 다른 고정자산과 달리 영업권 및 매수 무형자산은 마모되지 않으며 대체가능하지도 않다. 따라서 영업권의 과거 손상차손금액과 무형자산의 상각금액을 회수하기 위해서는 장부상 영업권과 매수 무형자산을 상향조정해야 한다(일관성을 유지하기 위하여, 영업권 손상차손이나 매수 무형자산의 상각액을 NOPAT을 구하기 위해 수익에서 차감하지 않는다. 이것이 NOPAT이 EBITA에서 시작하는 이유이다).

Kinko's라는 인수한 브랜드 명을 FedEx Office로 변경하며 영업권과 매수 무형자산에 대해 약 9억달러의 감액 손실을 기록한 FedEx를 살펴보자. 이러한 손상차손을 제대로 가산하지 못하면 감액 후 투하자본에 대한 수익률이 크게 상승할 수 있다. 기업인수에 사용된 돈은 실제 지출이 이루어진 것이기 때문에, 투자가 가치를 하락 시키더라도 계산에 포함될 필요가 있다.

총투자재원의 계산

투하자본은 기업의 핵심 사업을 운영하는 데 필요한 자본이다. 투하자본 외에도 기업은 비영업 자산도 소유할 수 있다. 투하자본과 비영업자산의 결합은 총투자재원

---

4 영업권은 정기적으로 손상에 대한 검사가 이루어지고 상각될 수 없음으로, 이러한 처리는 오로지 매수 무형자산에만 이루어진다.

으로 이어진다. 비영업자산에는 과다보유현금 및 시장성 유가증권, 금융계열사의 수취채권(예를 들어, 신용카드 수취채권), 비연결지분투자, 과다출연연금자산, 이월결손금 등이 포함된다. Costco는 과다보유현금과 해외 이월세액공제라는 두 가지 비영업자산을 보유하고 있다.

영업용 자산과 비영업자산을 신중히 분리하는 이유는 두 가지다. 첫째, 비영업자산은 경제적 이유와 회계적 이유로 인해 성과 측정을 왜곡할 수 있다. 예를 들어, 많은 비영업자산은 이익을 창출하지만, 기업은 특정 기준이 충족되지 않는 한 이익을 보고하지 않는다. 대응되는 이익 없이 해당 자산을 포함하면 성과 측정치가 왜곡된다. 둘째, 비영업자산의 가치평가의 경우 현금흐름 할인 방법보다 더 나은 방법도 존재한다. 예를 들어 과다보유현금의 가치를 평가하기 위해 이자 수입은 할인하지 않는다. 이러한 자산에 대해서는 장부가치로 충분하다.

이제 가장 일반적인 비영업자산을 살펴보자.

과다보유현금과 시장성 유가증권 투하자본에 과다보유현금을 포함해서는 안 된다. 정의에 따르면, 과다보유현금은 핵심 영업활동과 무관하다. 과다보유현금을 핵심사업에 포함하기보다는 과다보유현금은 별도로 분석하고 평가한다. 유동성과 낮은 위험을 고려할 때, 과다보유현금은 매우 낮은 수익률을 보일 것이다. 핵심 사업에서 과다보유현금을 분리하지 못하면, 회사의 ROIC를 저평가하는 오류가 발생할 것이다.

기업들은 영업활동에 필요한 현금이 얼마인지 밝히지 않는다. 또한 회계기준에서도 영업활동에 필요한 현금과 과다보유현금을 구분하지는 않는다. 과거 분석에 따르면 현금 잔고가 가장 적은 기업은 매출액의 2퍼센트를 조금 밑도는 현금을 보유하고 있었다. 만약 이것이 운용현금에 대한 좋은 기준이라면, 2퍼센트를 넘어서는 현금은 과다보유현금으로 간주해야 한다.[5] 2019년 Costco는 1,527억 달러의 매출로 95억 달러 미만의 현금 및 유가증권을 보유했다. 매출액의 2퍼센트를 운용현금으로 생각한다면, 31억 달러에 해당한다. 나머지 64억 달러의 현금은 과다보유현금이라고 할 수 있다. 표 11.5는 운용현금과 과다보유현금을 구분한다. 과다보유현금은 투하자본에 포함되지 않고 비영업자산으로 처리된다.

---

5 그러나 이 수치는 정해진 기준이 아니다. 필요한 현금 보유량은 업종에 따라서 다르다. 예를 들어, 한 연구에 따르면 현금흐름의 변동성이 높은 산업에 속하는 기업들이 현금 잔고를 더 많이 보유하고 있는 것으로 나타났다. 영업을 지원하는 데 필요한 최소 현금을 평가하려면 산업 전반에 걸쳐 매출에 대한 최소 현금 클러스터링을 찾을 필요가 있다. 역사적 맥락에서 상당한 현금 보유의 이유를 더 잘 이해하기 위해서는 J. Graham and M. Leary, "The Evolution of Corporate Cash," SSRN working paper (May 25, 2018)을 참조한다.

비연결 지분투자 비연결 지분투자는 관계기업에 대한 투자, 계열사에 대한 투자, 또는 지분증권투자라고도 불리는데, 이것은 투하자본과는 별도로 측정하고 평가해야 한다. 기업이 다른 기업의 소수 지분을 소유할 경우, 해당 투자액을 재무상태표에 지분투자관련 하나의 계정과목으로 기록하고 피투자회사가 보유한 개별자산은 기록하지 않는다. 손익계산서 상에는 피투자회사로부터의 순이익이 투자회사의 손익계산서에 기록되며, 피투자회사의 매출액과 비용은 기록되지 않는다. 매출액이 아닌 순이익만이 공시되기 때문에 영업의 일부로서 비연결 지분투자를 포함하는 것은 수익률과 자본회전율(capital turnover)의 왜곡을 초래할 것이다. 따라서 우리는 투하자본으로부터 비연결 지분투자를 분리하고 핵심 영업활동과 별개로 이것을 평가하고 분석하는 것을 추천한다.

금융계열사 General Motors와 Siemens 등의 일부 기업은 고객의 구매 자금을 지원하는 금융계열사가 있다. 이들 계열사는 구매 시 금융지원에 대한 이자를 부과하기 때문에 은행업과 유사하다. 은행업은 제조업 또는 서비스업과 다르기 때문에 금융계열사와 관련된 항목과 제조업의 항목은 구분해야 한다. 그런 다음 각 유형의 사업에 대한 자본수익률을 별도로 평가해야 한다. 그렇지 않으면, 성과평가에 상당한 왜곡이 생겨 다른 기업들과의 의미 있는 비교를 불가능하게 만들 것이다. 금융계열사를 분석하고 평가하는 방법에 대한 자세한 내용은 19장을 참조하라.

과다적립 연금자산 기업이 근로자를 위한 확정급여형 퇴직연금제를 운영하는 경우, 매년 정해진 금액을 적립해야 한다. 그리고 기업이 퇴직연금에 산출된 비용보다 더 많이 자금을 적립하거나 퇴직연금 운용자산이 기대보다 빨리 증가한다면, 미국회계기준(U.S. GAAP)과 국제회계기준(IAS/IFRS)에 따라 기업은 재무상태표에서 초과된 부분를 자산으로 계상할 수 있다. 연금자산은 비영업자산으로 간주되며 투하자본의 일부가 아니다. 연금의 가치는 주주에게도 중요하기 때문에, 이후에 논의하겠지만, 핵심 영업과는 별개로 평가될 것이다. 23장에서 연금자산에 대해 자세히 학습한다.

세무상 이월결손금 금액이 적고 매출과 일관되게 증가하는 경우를 제외하고는 세무상 이월결손금—소위 순영업손실(NOLs; Net Operating Losses)—을 투하자본에 포함해서는 안 된다. 이연세무자산의 유형에 따라 별도로 평가되거나 현금기준 영업법인세의 부분으로 평가되어야 한다. 이연법인세의 재구성의 복잡성을 감안하여, 우리는 이 장 뒷부분의 "이연법인세 등 자본 등가물"에서 더 자세히 논의한다.

기타 비영업자산 파생상품, 과잉 부동산, 중단 사업의 자산 등과 같은 비영업자산은 투하자본에서 제외되어야 한다. Costco의 경우 파생상품은 주석에서 공시했지만, 주요 항목이 아니기 때문에, 재무제표 상에서 조정을 수행하지는 않았다.

총투자재원 조정

총투자재원은 이전 절에서 언급한 바와 같이, 투하자본과 비영업자산을 더해서 계산하거나 또는 차입금과 자기자본 및 등가물의 합으로 계산할 수 있다. 두 가지 접근법에 의해서 산출된 총액은 서로 일치되어야 한다. 표 11.6은 자금조달의 원천에 대한 요약을 보여준다. 다음으로 우리는 총투자재원에 기여하는 각각의 자금원천에 대해서 알아본다.

차입금 차입금은 이자가 발생하는 장단기부채이다. 단기차입에는 융통어음, 회사채, 유동성 장기부채 등이 포함된다. 장기차입에는 1년 이상의 만기를 갖는 고정금리 차입, 변동금리 차입, 전환사채 등이 포함된다.

퇴직급여나 구조조정충당금 등의 차입 등가물 어떤 회사의 확정급여형 퇴직연금이 미적립 상태라면, 미적립금액은 부채로 인식되어야 한다. 해당 미적립금액은 영업용 부채가 아니며 미적립 퇴직연금부채(unfunded pension liabilities)나 퇴직 후 의료급여 제도의 미적립부채(unfunded postretirement medical liabilities)는 차입등가물로 취급한다(그리고 해당 부채와 관련된 순이자비용은 비영업비용으로 처리한다). 이것은 마치 퇴직연금제도에 필요한 자금을 위해 돈을 빌려야 하는 것과 같다. 예를 들어, UPS는 2012년에 복수기업 연금 기금을 청산하겠다고 발표했다. 이 펀드에 대한 의무에서 벗어나기 위해 UPS는 매년 4,300만달러를 50

표 11.6 자금조달의 원천

자금원천	내용
차입금	금융기관 및 공개 자본시장으로부터의 이자발생부채
차입등가물	장부 외 차입금 및 계속사업의 일부가 아닌 일회성 부채(예를 들어, 구조조정 관련 퇴직급여 지급, 미적립퇴직연금부채, 공장폐쇄에 따른 환경복구충당부채)
자기자본	자본금, 자본잉여금, 이익잉여금 및 기타포괄손익누계액
자기자본 등가물	이익잉여금에 대한 비현금 조정 때문에 발생하는 재무제표 항목: 차입금 등가물하고 유사하나 자기자본가치를 결정하기 위해 기업가치로부터 차감하지 않음(예를 들어, 대부분의 이연법인세 항목과 이익유연화 충당부채)
복합증권	자본의 성격을 갖고 있지만 아직 자본이 아닌 청구권(예를 들어, 전환사채 및 종업원 스톡옵션)
비지배지분	연결 종속법인에서 외부소액주주

년간 지급하기로 약속했다. 이러한 고정상환 이행금액은 자기자본에 대한 우선청구권을 가지므로 전통적인 개념의 차입금과 차이가 없다.

공장의 폐쇄나 구조조정을 위한 충당금 같은 차입 등가물에 대해서는 21장에서 논의한다.

자기자본 자기자본은 자본금, 자본잉여금과 같은 투자원금과 이익잉여금과 기타포괄손익누계액(other comprehensive income, OCI) 등 회사에 재투자된 자금이 포함된다. 미국에서 OCI는 주로 환율변동으로 인한 조정, 아직 매각되지는 않았지만 가격이 수시로 변동하는 유동자산의 평가손익 총액, 그리고 특정 범위 안에서 변동하는 퇴직연금부채로 이루어진다. 또한 국제회계기준(IFRS)에서도 OCI 누계액은 자기자본에 포함되지만, 각각의 누적액은 별도로 계상된다. 한편, 매입한 자사주는 총 자기자본에서 차감되어야 한다. 표 11.5에서 우리는 이러한 계정을 자기자본이라는 이름의 단일 계정으로 통합한다.

이연법인세 등의 자기자본 등가물 자기자본 등가물은 이익잉여금에 대한 비현금 조정때문에 재무상태표에 계상되는 계정이다. 자기자본 등가물은 차입금 등가물과 동일하다; 자기자본 가치를 산출하기 위해 기업가치에서 차감하지 않는 것이 다를 뿐이다.

가장 일반적인 자기자본 등가물인 이연법인세는 기업과 정부가 법인세에 대해 회계처리하는 방법의 차이에서 발생한다. 많은 나라들에서 기업은 회계 목적으로는 정액상각법을 사용하여 실적으로 보고하고, 세무적으로는 가속상각법을 사용하여 법인세를 낼 수 있도록 허용하고 있다. 이러한 경우 감가상각의 초기에는 세무상 감가상각액(가속상각에 의한 감가상각액)이 회계상 감가상각액(정액법에 의한 감가상각액)보다 일시적으로 많아지게 되지만, 이것은 일시적인 현상이고, 감가상각이 완료되는 시점에 감가상각누계액은 동일해진다. 다만 이 금액이 차이가 나는 중간 기간에는 이 두 가지의 차이로 인한 회계상 부채를 인식하여야 한다. 성장과정에 있는 회사는 회계상의 법인세 부담이 실제보다 지속적으로 더 과장되게 보여질 것이다. 따라서 이런 왜곡을 피해 NOPLAT을 구하기 위해서는, 발생기준인 회계상 법인세를 사용하지 않고, 현금기준 법인세를 사용해야 한다. 이처럼 현금기준 법인세를 사용한다면, 이연법인세를 인식할 필요가 없다는 의미이다. 기업이 현금기준 법인세로 보고할 경우 자기자본 중 이익잉여금을 조정해야 하는데, 이것이 이연법인세가 자기자본 등가물로 간주되는 이유이다.

모든 이연법인세 계정이 영업활동과 관련된 것은 아니다. 영업 이연법인세 계정과 비영업 이연법인세 계정 모두 자본 등가물이지만, 지속적인 영업활동과 관련

표 11.7 Costco: 이연법인세의 재구성

$ million

보고기준	2017	2018	2019
이연법인세 자산			
주식기준보상	109	72	74
선수수익/회원가입비	167	136	180
해외 이월세액공제	—	—	65
미지급부채 및 적립금	647	484	566
기타	18	—	—
이연법인세 자산 총계	941	692	885
평가성충당금	—	—	(76)
순이연법인세 자산 총계	941	692	809
이연법인세 부채			
유형자산	(747)	(478)	(677)
상품재고자산	(252)	(175)	(187)
해외지점 이연	—	—	(69)
기타	—	(40)	(21)
이연법인세 부채 총계	(999)	(693)	(954)
부채 차감 후 이연법인세 자산	(58)	(1)	(145)

재조정후	2017	2018	2019
부채 차감 후 영업활동 이연법인세 자산			
주식기준보상	109	72	74
선수수익/회원가입비	167	136	180
미지급부채 및 적립금	647	484	566
Property and equipment	(747)	(478)	(677)
Merchancise inventories	(252)	(175)	(187)
평가성충당금	—	—	(76)
부채 차감 후 영업활동 이연법인세 자산	(76)	39	(120)
부채 차감 후 비영업활동 이연법인세 자산			
기타자산	18	—	—
해외지점 이연	—	—	(69)
기타부채	—	(40)	(21)
부채 차감 후 비영업활동 이연법인세 자산	18	(40)	(90)
세무상 이월결손금			
해외 이월세액공제	—	—	65
부채 차감 후 이연법인세 자산	(58)	(1)	(145)

된 이연법인세 계정만 영업활동에 의한 현금기준 법인세 산출시 고려된다.[6] 이와는 대조적으로, 비영업 법인세는 대응되는 계정의 일부로서 평가되어야 한다.[7] 예를 들어, 미적립연금을 가치평가 할 때, 이연법인세의 장부 금액을 잠재적 법인세 절감액을 평가하는 데 사용하지 않는다. 대신에, 자금이 적립되었을 때 절약될 수 있는 예상 법인세를 미적립연금에서 차감한다.

표 11.7은 Costco에 대한 이연법인세 자산과 부채를 회사의 사업보고서 상의 법인세 관련 주석을 이용하여 영업, 비영업 및 세무상 이월결손금으로 전환한다. 미지급부채와 적립금 등과 같은 개별 영업 관련 금액은 크지만 순액은 0에 가깝다. 이러한 이유는 Costco에 대한 영업 관련 현금 기준 법인세는 발생 기준에 따른 회계상 법인세와 크게 다르지 않기 때문이다.

6 이연법인세를 영업과 비영업항목으로 분리하는 것은 어려운 일일 수 있으며 회계분야에 대한 고급 지식이 요구된다. 이연법인세에 대한 깊이있는 논의를 위해 20장을 참조한다.

7 앞서 언급한 것처럼, 과거 손실과 관련된 이연법인세 자산은 비영업자산으로 분류되어야 하며 분리되어 평가되어야 한다. 매수 무형자산의 상각과 관련된 이연법인세 부채는 이 무형자산에서 차감되어야 한다. 이 계정은 자기자본 등가물이 아니다.

복합증권 및 비지배지분 일부 자금 조달의 원천은 차입금이나 자기자본으로 쉽게 분류되지 않는다. 여기에는 복합증권 및 비지배지분이 포함된다. 차입금과 달리, 이러한 계정은 정해진 이자가 없다. 자기자본과도 다르게, 이것은 현금흐름에 대한 잔여청구권이 아니다. 따라서 이러한 계정은 별도로 평가하여 기업가치에서 차감하여 자기자본 가치를 산정해야 한다.

- 복합증권: 가장 일반적인 세 가지 복합증권은 전환사채, 우선주, 그리고 종업원 스톡옵션이다. 복합증권은 내재옵션을 포함하기 때문에 보통주로 취급할 수 없다. 대신, 시장 가격을 사용하거나 또는 필요하다면, 옵션 가격결정 모형을 사용하여 이러한 청구를 별도로 평가하라. 이렇게 하지 않으면, 복합증권의 가치를 과소평가하고 보통주를 과대평가할 수 있다. 이는 특히 벤처캐피털이 지원하는 우선주 및 장기 종업원 스톡옵션의 경우 중요하다.
- 비지배지분: 비지배지분은 회사의 연결 종속법인 중 하나에 소수 지분을 소유할 때 발생한다. 비지배지분이 존재하는 경우 재무상태표 금액을 자본조달의 원천으로 간주한다. 모든 비지배지분에 귀속되는 이익을 배당금과 유사한 금융 현금흐름으로 간주한다. 자료가 확보되면 종속법인을 별도로 평가하고, 비지배지분을 기업의 기업가치에서 차감하여 지분가치를 결정한다. 종속법인에 대한 자료를 이용할 수 있는 경우, 비지배지분과 관련된 수익을 적절한 자기자본비용으로 할인한다. 16장에서는 비지배지분에 대한 다양한 평가방법론을 제시한다.

재무상태표 항목을 정확하게 분류하는 것은 어려운 작업이 될 수 있다. 하지만 걱정할 필요는 없다: 각 계정이 FCF의 일부로 포함되거나 별도로 가치평가된다는 사실만 기억하면 된다.

NOPAT 계산

Costco에 대한 NOPAT를 결정하기 위해, 우리는 손익계산서(표 11.8 참조)를 참고하여 표 11.9와 같이 NOPAT으로 전환한다.

순영업이익 (EBITA) NOPAT은 취득된 무형자산의 이자비용, 법인세 및 무형자산상각비 이전의 이익(EBITA)으로 시작하며, 이는 매출액에서 매출원가, 판매원가, 판매관리비 및 감가상각과 같은 영업비용을 뺀 것과 같다.

왜 EBITDA가 아닌 EBITA를 사용하는가? 기업이 장비 등을 비롯한 실물 자

표 11.8 Costco: 손익계산서

$ million

	2015	2016	2017	2018	2019
상품 판매	113,666	116,073	126,172	138,434	149,351
회원가입비	2,533	2,646	2,853	3,142	3,352
매출액	116,199	118,719	129,025	141,576	152,703
상품 매출원가	(101,065)	(102,901)	(111,882)	(123,152)	(132,886)
판매관리비	(10,318)	(10,813)	(11,580)	(12,439)	(13,502)
감가상각비[1]	(1,127)	(1,255)	(1,370)	(1,437)	(1,492)
개업비	(65)	(78)	(82)	(68)	(86)
영업이익	3,624	3,672	4,111	4,480	4,737
지급이자	(124)	(133)	(134)	(159)	(150)
이자수익	50	41	50	75	126
기타수익	54	39	12	46	52
세전이익	3,604	3,619	4,039	4,442	4,765
미지급법인세	(1,195)	(1,243)	(1,325)	(1,263)	(1,061)
당기순이익 조정	2,409	2,376	2,714	3,179	3,704
비지배지분 당기순이익	(32)	(26)	(35)	(45)	(45)
당기순이익, Costco 당기순이익	2,377	2,350	2,679	3,134	3,659

[1] 원래 보고서에는 판매관리비로 합쳐서 보고되었다.

산을 매입할 때, 재무상태표 상의 자산을 자본화하여 자산의 내용연수에 걸쳐 자산을 상각한다. 시간이 지남에 따라 자산의 가치가 상실되기 때문에 이익(그리고 이익률)의 척도는 이러한 가치 손실을 인식해야 한다. 감가상각은 가차의 주기적 손실과 완벽하게 일치하지는 않지만, 적절한 대용품이 된다.

왜 EBIT가 아닌 EBITA를 사용하는가? 결국, 취득된 무형자산의 상각에도 동일한 주장이 제기될 수 있는데, 무형자산 역시 정해진 수명을 갖고 있고 시간이 지남에 따라 가치가 소멸되기 때문이다. 그러나 무형자산의 회계처리는 유형자산의 회계처리와 다르다. 자본적 지출과 달리 내부에서 창출된 신규 고객 리스트, 상품 브랜드 등의 무형자산은 비용처리되고 자본화되지 않는다. 따라서 취득된 무형자산이 가치를 상실하고 내부적인 추가투자를 통해 대체될 경우, 이미 재투자금액은 비용 처리되었으므로, 기업은 상각 1회와 재투자 1회를 통해 이중으로 비용처리하게 된다. 완벽하지는 않더라도, EBITA를 사용하는 것은 현재의 회계 규칙에 부합한다.

어떠한 종류의 항목을 영업활동에 의한 지출로 포함시킬지 결정하는 것은 판단이 필요하다. 지침으로서 회사의 핵심 영업과 관련된 진행 중인 지출을 포함시켜라. 우리가 최근에 분석한 한 회사는 합리화 비용을 영업 지출의 일부로 포함시켰다. 합리화 비용은 회사 경비 구조의 일관된 부분이었고 산업이 계속 성숙해짐에

표 11.9 Costco: NOPAT와 당기순이익에 대한 조정

$ million

	2015	2016	2017	2018	2019
매출액	116,199	118,719	129,025	141,576	152,703
상품매출원가	(101,065)	(102,901)	(111,882)	(123,152)	(132,886)
판매관리비	(10,318)	(10,813)	(11,580)	(12,439)	(13,502)
감가상각비	(1,127)	(1,255)	(1,370)	(1,437)	(1,492)
개업비	(65)	(78)	(82)	(68)	(86)
조정 전 EBITA[1]	3,624	3,672	4,111	4,480	4,737
운용리스 이자[2]	73	75	57	74	91
조정 후 EBITA	3,697	3,747	4,168	4,554	4,828
영업활동 현금기준 법인세[3]	(1,184)	(1,149)	(1,493)	(1,455)	(1,009)
세후영업이익	2,513	2,598	2,675	3,098	3,818
당기순이익 조정					
연결 당기순이익	2,409	2,376	2,714	3,179	3,704
영업활동 이연법인세[3]	7	219	(82)	(115)	159
조정 후 당기순이익	2,416	2,595	2,632	3,064	3,863
지급이자	124	133	134	159	150
운용리스 이자[2]	73	75	57	74	91
이자수익	(50)	(41)	(50)	(75)	(126)
기타수익[4]	(54)	(39)	(12)	(46)	(52)
비영업 항목과 관련된 법인세[5]	(35)	(48)	(49)	(32)	(15)
기타 비영업법인세[3]	39	(77)	(37)	(45)	(92)
NOPAT	2,513	2,598	2,675	3,098	3,818

[1] 이자, 세금, 무형자산 상각 전 이익(EBITA)

[2] 운용리스 이자비용은 표 11.15에서 산출하였다.

[3] 영업활동 현금기준 법인세와 기타 비영업활동 법인세는 표 11.11에서 자세히 다룬다.

[4] 기타소득은 해외통화 거래손익으로 주로 구성되어 있으며 편의를 위해 비영업 항목으로 취급한다.

[5] 이자비용 및 운용리스 이자비용의 합계에서 이자수익과 기타소득의 합계를 차감한 수치에 법정세율을 곱하여 산출하였다. 법정 법인세율은 표 11.10에 제시되었다.

따라 지속될 가능성이 높기 때문에 운영비로 유지했다. 만약 이것이 일회성 비용이었다면, 우리는 EBITA에 포함시키지 않았을 것이다.

EBITA에 대한 조정 많은 기업에서 비영업 항목이 영업비용 내에 포함되어 있다. EBITA 계산이 영업 활동만에 의한 것을 보장하기 위해 영업 지출로부터 비영업 항목을 제거하기 위한 주석을 자세히 살펴본다. 가장 흔한 비영업 항목은 퇴직연금과 관련된 항목, 운용리스에 따른 이자 비용, 매출원가 속에 숨겨진 일회성 구조조정 비용 등이다.

표 11.9에서는 운용리스 이자를 위해 영업이익을 조정한다. Costco는 확정급여퇴직연금을 제공하지 않기 때문에 연금 비용의 비영업 부분에 대해서는 조정이

표 11.10 Costco: 법인세 조정표

$ million

	2015	2016	2017	2018	2019
법정 연방정부(federal) 법인세	1,262	1,267	1,414	1,136	1,001
순 주정부(state) 법인세	85	91	116	154	171
순 해외법인세	(125)	(21)	(64)	32	(1)
우리사주조합(ESOP)	(66)	(17)	(104)	(14)	(18)
2017년 세법 조항	—	—	—	19	(123)
기타	39	(77)	(37)	(64)	31
미국 및 해외법인세 비용(환급)	1,195	1,243	1,325	1,263	1,061
법인세율[1]					
연방정부(federal) 법인세율, %	35.0	35.0	35.0	25.6	21.0
주정부(state) 법인세율, %	2.4	2.5	2.9	3.5	3.6
법정법인세율, %	37.4	37.5	37.9	29.0	24.6

[1] 각 세율을 결정하기 위해 각 세액을 세전 이익으로 나누었으며, 세전 이익은 표 11.8에 제시되어 있다.

출처: Costco의 사업보고서, 주석 8: 법인세

이루어지지 않았다. 운용리스와 연금을 위한 포괄적 프로세스는 이 장의 끝부분과 이 책의 제3부에서 설명될 것이다.

Costco는 중요한 일회성 항목을 영업비용에 포함시키지 않았기 때문에 다른 조정은 필요하지 않는다. 흔한 일은 아니지만, 있을 수 있다. 2012년 UPS가 복수 회사 연금 적립을 청산하기로 결정함에 따라 그 해 급여와 복리후생비가 급증했다. 이러한 청산은 일회성 사건이기 때문에 영업이익에 포함하지 않고 영업 외 비용으로 분리해 평가하는 것이 좋다. 비용이 일회성인지 아니면 지속적인지를 선택하는 것은 판단이 필요하다. 그러나 일회성 항목을 지속적으로 발생하는 비용과 구분하는 것은 추세를 파악하고 미래 위험에 대한 가치평가를 위한 논의를 가능하게 한다.

영업성 현금기준 법인세 많은 비영업 항목이 법인세에 영향을 미치기 때문에, 이 항목도 전체 자기자본의 영업 수준에 대해서 조정되어야만 한다. 재무제표 조정 과정에서 가장 복잡한 부분이 법인세 조정 절차이다. 20장은 프로세스의 구체성, 그 이면에 있는 추론, 그리고 그것을 구현하기 위한 대안적 방법에 대해 더 자세히 설명한다. 여기에서는, 그 과정을 요약하도록 한다.

영업활동에 대한 법인세를 결정하려면 주석 상의 법인세조정표(tax reconciliation table)가 필요하다. 일부 기업은 법인세 조정 표를 백분율로 보고하고, 다른 기업은 통화로 보고한다. 20장에서는 두 가지 보고 유형을 모두 사용하여 영업 법인세를 추정하는 방법을 제시한다. 표 11.10은 Costco에 대한 법인세조정표를 제시한다.

현금기준 영업법인세를 추정하기 위해, 세 단계로 진행한다:

1. 법인세조정표(tax reconciliation table)를 이용하여 법정세율(statutory tax rate)을 산출한다. 법정세율은 이익에 대해서 납부하는 정부가 부과한 세율과 같다. 조정된 EBITA에 법정세율을 곱하여 EBITA에 해당하는 법정법인세를 산출한다.
2. 기타 영업활동 법인세(또는 환급액)만큼 EBITA에 대한 법정세율을 증가(또는 감소)시킨다. 기타 영업활동 법인세를 추정하기 위해서는 법정법인세보다는 진행중인 영업관련 법인세에 대한 부분을 법인세조정표에서 조사한다. 가장 일반적인 영업법인세는 국내와 해외의 법인세 차이이다. 영업으로 간주되는 다른 세율을 더하고, 표가 백분율로 표시된 경우 이 합계에 세전순이익(EBT; earnings before taxes)을 곱한다. EBT(EBITA가 아닌)를 백분율에 곱하면, 법인세조정표의 백분율이 달러 기준 조정 값으로 변환된다.[8]
3. 발생주의 기준의 법인세를 현금기준 영업현금법인세로 전환한다. 체계적으로 법인세를 이연하는 기업의 경우 발생주의 기준의 법인세는 실제로 납부한 현금법인세를 제대로 나타내지 못할 것이다. 현금기준 영업법인세를 계산하는 가장 간단한 방법은 발생주의 영업법인세에서 영업이연법인세 부채(자산 차감 후)의 증가분을 차감하는 것이다. 주석을 살펴보면 이연법인세에 대한 정보를 알 수 있지만, 영업과 비영업 이연법인세를 분리하지 않기 때문에 공시를 이용하기 어렵다. 모든 기업이 가속상각법과 같은 영업 이연법인세를 선급연금자산과 같은 비영업 이연법인세와 구분할 만큼 충분한 정보를 공개하지는 않는다. 이러한 정보를 사용할 수 없는 경우, 우리는 현금 조정 없이 영업법인세를 사용할 것을 추천한다.

3단계 프로세스를 적용하기 위해, 우리는 표 11.11에서 Costco에 대한 현금 영업법인세를 구해보자. 2019년 Costco의 법정 세율은 24.6퍼센트였다. 이 값에는 연방정부 세금(21.0퍼센트)과 주정부 세금(3.6퍼센트)이 모두 포함된다. EBITA에 대한 법정법인세를 결정하려면, 법정세율(24.6퍼센트)에 표 11.9에서 추정한 EBITA(48억2800만 달러)를 곱해준다. 2019년, EBITA에 대한 법정법인세는 11억8700만 달러였다.

---

8 기타 비영업항목에 대한 EBITA의 법정법인세율을 조정할 때, 비율 조정보다 달러 조정을 사용하는 것을 선호한다. 왜냐하면, 인위적으로 낮은 세전이익(EBT)은 이 비율을 상당한 수준으로 왜곡시킬 수 있기 때문이다. 예를 들어, 2012년 UPS가 복수 주(multistate)에 대한 연금적립을 청산했을 때, 해외 절세액과 관련된 조정 비율은 특이하게 높았는데, 왜냐하면 EBT가 평상시보다 낮았기 때문이다.

표 11.11 Costco: 법인세

$ million

	2015	2016	2017	2018	2019
EBITA	3,697	3,747	4,168	4,554	4,828
× 법정세율[1]	37.4%	37.5%	37.9%	29.0%	24.6%
EBITA에 대한 법정법인세	1,382	1,406	1,579	1,322	1,187
순 해외법인세[2]	(125)	(21)	(64)	32	(1)
우리사주조합(ESOP)[2]	(66)	(17)	(104)	(14)	(18)
영업법인세	1,191	1,368	1,411	1,340	1,168
영업활동 이연법인세[3]	(7)	(219)	82	115	(159)
영업활동 현금기준 법인세	1,184	1,149	1,493	1,455	1,009
공시된 법인세					
영업법인세	1,191	1,368	1,411	1,340	1,168
비영업 항목과 관련된 법인세[4]	(35)	(48)	(49)	(32)	(15)
기타 비영업법인세[5]	39	(77)	(37)	(45)	(92)
공시된 법인세	1,195	1,243	1,325	1,263	1,061

[1] 연방정부 세금과 주정부 세금의 합에 세전순이익을 나누어서 추정함.

[2] 표 11.10의 법인세 조정표 참조

[3] 부채 차감 후 영업 이연법인세 자산의 증가(감소)로 계산함. 영업이연법인세는 표 11.7에 제시되어 있음.

[4] 표 11.9에서 추정함.

[5] 기타 비영업법인세는 표 11.10에 공시된 2017년 세법과 연관된 법인세와 기타 법인세를 포함함.

다음으로, 법인세조정표에 기타 영업법인세가 있는지 검색하라. 우리는 미국의 법정세율과 다른 세율로 과세되는 해외소득(100만 달러)과 종업원지주제로부터의 절세액(1,800만 달러)은 영업으로 분류한다. 반대로, 2017년 감세 및 일자리법(2017 Tax Cuts and Jobs Act)이 가져다 준 미국 법인세율의 상당한 변화와 관련된 법인세는 일회적인 이벤트이다. 따라서, 이것은 비영업항목으로 간주한다. 기타 영업법인세를 결정하려면, 전체적인 영업관련 법인세 조정을 합산한다. 2019년, 기타 영업법인세는 Costco의 EBITA에 대한 법인세를 1,900만 달러 감소시켰다. EBITA에 대한 법정세금(11억 8,700만 달러)과 기타 영업세금(-1,900만 달러)를 합치면 11억 6,800만 달러의 영업법인세가 발생한다.

영업법인세를 영업현금법인세로 변환하기 위해서, 영업이연법인세자산(부채)의 증가분을 더한다(차감한다). 투하자본 부분에서 논의한 것처럼, 비영업이연법인세의 변동을 현금기준 법인세에 반영하지 않는다. 대신에, 대응하는 비영업계정의 가치평가의 부분으로서 비영업이연법인세를 평가한다. 예를 들어, 연금부족에 대한 미래법인세는 과거 이연법인세계정이 아닌 예상 기여금을 이용해서 계산해야 한다.

표 11.7은 Costco의 영업이연법인세와 비영업이연법인세를 구분한다. Costco는 2019년 영업 이연법인세 순자산이 감소했기 때문에, Costco는 발생주의회계를 이용해서 공시된 것보다 낮은 현금 법인세를 납부하고 있다. 2019년에는, 영업 이연법인세 순자산은 1.59억달러 감소했다. 따라서 11.68억달러의 영업법인세는 1.59억달러 감소되어 영업 현금법인세를 10.09억 달러로 추정한다.[9]

다른 재무상태표 계정과 마찬가지로 영업활동과 관련된 이연법인세는 인수, 분할 및 가치 재평가와 같은 발생 항목 이외의 이유로 오르거나 내린다. 그러나 이연법인세의 본질적인 변동만 영업현금세에 포함시켜야 하며, 재평가나 연결로 인한 일회성 변동은 없어야 한다. 예를 들어, 대부분의 미국 기업들은 2017년 감세 및 고용법(2017 Tax Cuts and Jobs Act)을 반영하기 위해 2018년 이연법인세 계정을 재평가했다. 이연법인세 자산과 부채의 본질적인 변화를 추정하기 위해 만약 세율이 변하지 않았다면 어떤 변화가 있었을지 추정해보라. Costco의 경우 이 효과는 중요하지 않았다.

많은 기업들의 경우 영업 현금법인세의 완벽한 계산은 불가능할 수도 있다. 이런 경우에는, 현금법인세를 계산하지 않고 회계상 영업법인세를 사용한다.

공시된 법인세의 조정 NOPAT을 당기순이익으로 조정하려면, 먼저 영업법인세를 공시된 법인세로 조정하는 것이 도움이 된다. 표 11.11의 하단에서 우리는 공시된 법인세에 대한 조정을 보여준다. 이 조정에는 비영업 계정 관련 법인세와 기타 비영업 법인세가 포함된다. 두 계정이 비슷한 것으로 보이지만, 다르게 추정된다.

비영업계정과 관련된 법인세는, 2019년 기준 -1,500만 달러인데, 이것은 한계법인세율에 표 11.9의 당기순이익에 대한 NOPAT의 조정에 공시된 비영업계정들의 합을 곱한 것으로 계산된다. Costco의 경우, 비영업 계정은 이자 지출, 운용리스 이자, 이자 소득 및 기타 소득을 포함한다. 다른 비영업세금을 정하기 위해, 일회성 계정 및 대손상각과 같은 비영업 항목에 대해서 표 11.10에 나타난 법인세 조정 표를 살펴보자. 이전 절에서는, 2017년 감세 및 일자리법과 관련된 법인세(-1억 2,300만 달러)와 다른 항목과 관련된 법인세(3,100만 달러)를 비영업으로 분류했다. 이 둘을 더하면 -9,200만 달러가 된다.

표 11.8에 제시된 손익계산서 상에 보고된 소득법인세와 이러한 조정이 어떻게 같아지는지 주목하자. 조정은 시간이 많이 걸릴 수 있지만, 모델링이 올바르게 수행되었음을 보장한다.

---

9 부록 H에서, 우리는 Costco에 대한 우리의 가치평가의 일부로서 영업현금법인세를 예측했다. 이연된 Costco의 법인세 비율이 변동적이기 때문에, 우리는 이연되는 경향이 큰 영업법인세 비율을 추정하기 위해서 5년 평균치를 사용했다.

표 11.12 Costco: 자본변동표

$ million

	2015	2016	2017	2018	2019
자기자본, 기초	12,303	10,617	12,079	10,778	12,799
당기순이익	2,377	2,350	2,679	3,134	3,659
외화환산 조정	(1,045)	22	85	(185)	(237)
포괄순이익	1,332	2,372	2,764	2,949	3,422
주식기준보상	394	459	518	547	598
실행된 스톡옵션	69	—	—	—	—
가득된 RSUs(restricted stock unit)의 발행	(122)	(146)	(165)	(217)	(272)
자사주매입	(494)	(477)	(473)	(322)	(247)
현금배당	(2,865)	(746)	(3,945)	(936)	(1,057)
자기자본, 기말	10,617	12,079	10,778	12,799	15,243

당기순이익의 조정

재무제표의 재조정이 정확한지 확인하기 위해 당기순이익을 NOPAT로 조정할 필요가 있다(표 11.9의 하반부 참조). NOPAT을 산출하기 위해, 보통주지분과 비지배지분에 지급 가능한 당기순이익에서 시작하여, 영업관련 이연법인세 부채의 증가분을 다시 더해준다(또는 감소분을 빼준다). 우리는 이 금액을 조정 당기순이익이라고 표기한다.

다음으로, 이자비용과 기타 비영업비용과 같이 회사가 공시한 비영업청구액을 추가(또는 이익을 차감)한다. 이어서, 운용리스 이자 조정과, 필요한 경우, 퇴직연금 비용의 비영업부분과 같이 이미 수행된 모든 조정을 포함시켜라. 마지막으로, 앞서 계산된 비영업지출에 대한 절세 부분을 차감하고, 법인세 조정 표로부터, 모든 비영업법인세를 더하라. NOPAT을 추정할 때 매출액에서 비용을 차감해서 추정하든, 또는 대체적으로 당기순이익에 비영업항목과 기타 조정을 더해서 추정하든, 결과는 일치하게 된다.

잉여현금흐름(FCF): 실제 사례

이번 절에서는 재구성된 재무제표를 통해, FCF를 어떻게 구축하는지에 대해서 구체적으로 설명한다. 잉여현금흐름(FCF)을 추정하기 위해서는 현금흐름표와 재무상태표로는 충분하지 않다; 자본변동표 역시 필요하다. 표 11.12는 Costco의 자본변동표를 보여준다. 이 재무제표는 재무상태표를 통해 손익계산서를 조정하고, FCF와 투자자들에게 지급 가능한 현금흐름을 추정하는데 필요한 추가적인 정보를

보여준다. FCF는 다음과 같이 정의된다:

FCF = NOPAT + 비현금성 영업비용 – 투하자본 투자액

표 11.13은 Costco에 대한 FCF계산을 보여주고 투자자에게 지급 가능한 FCF를 조정한다. FCF를 창출하기 위해서, NOPAT에서 시작해서 감가상각과 같은 비현금성비용을 다시 가산한다. 총현금흐름에서 운전자본, 자본지출 및 부채 차감 후 기타장기자산에 대한 투자를 차감한다.

총현금흐름(GCF; Gross Cash Flow) 총현금흐름이란 회사가 창출하는 현금성 영업이익을 말한다. 과다보유현금에서와 같이 비영업자산의 매각 또는 추가 자본의 조달이 필요 없는 투자금 및 투자자 가용 현금을 의미한다. 총현금흐름은 두 가지 항목으로 구성된다.

1. *NOPAT*. 앞서 정의했듯이, 모든 투자자에게 지급될 수 있는 세후영업이익이다.
2. *비현금성 영업비용*. NOPAT에 포함된 일부 비용은 비현금성이며 과거 투자에 대한 경제적상각을 나타낸다. NOPAT를 현금흐름으로 전환하기 위해 감가상각, 감손 및 자본화된 자산의 상각을 더하라. NOPAT을 계산하기 위해, 자본화된 소프트웨어나 매입한 고객 계약의 상각과 같이, 매출액에서 차감된 상각만 가산한다. 매수된 무형자산의 상각과 손상차손을 NOPAT에 가산해서는 안된다. 왜냐하면 이들은 NOPAT을 계산할 때 매출액에서 차감하지 않았기 때문이다. 또 다른 주요 비현금성 지출은 주식기준 종업원 보상이다. 총현금흐름을 결정하기 위해 주식기준 보상을 NOPAT에 가산해서는 안된다. 종업원들이 현금 흐름에 대한 새로운 청구권을 가지므로, 이 청구는 현금 흐름의 일부 또는 별도의 계산으로, 가치평가에 수반되어야 한다. (주식기준 종업원보상은 16장에서 논의한다.)

투하자본에 대한 투자 영업활동을 유지하고 성장시키기 위해, 기업들은 총현금흐름의 일부를 사업에 재투자해야 한다. 잉여현금흐름을 결정하려면 총현금흐름에서 총투자를 차감해야 한다. 총투자는 다섯 개의 주요 영역으로 나누어진다:

1. *영업용 운전자본의 증감액*. 사업을 성장시키는 것은 영업용 현금, 재고자산 및 운전자본의 기타 요소에 대한 투자를 요구한다. 영업용 운전자

표 11.13 Costco: 잉여현금흐름과 투자자 가용 현금흐름

$ million

	2016	2017	2018	2019
NOPAT	2,598	2,675	3,098	3,818
감가상각비	1,255	1,370	1,437	1,492
총현금흐름(GCF)	3,853	4,045	4,535	5,310
운전자본의 감소(증가)	(962)	1,682	684	449
차감: 자본적 지출[1]	(2,649)	(2,502)	(2,969)	(2,998)
자본화된 운용리스의 감소(증가)	(91)	(208)	28	86
부채 차감 후, 기타 자산의 감소(증가)	20	6	163	(173)
잉여현금흐름(FCF)	**171**	**3,083**	**2,441**	**2,675**
이자수익	41	50	75	126
기타수익	39	12	46	52
비영업 관련 법인세	48	49	32	15
기타 비영업법인세	77	37	45	92
과다보유현금의 감소(증가)	1,740	(844)	(1,229)	(1,962)
이월세액공제의 감소(증가)	—	—	—	(65)
설명되지 않은 외화환산[2]	(226)	99	(173)	60
투자자 가용 현금흐름	1,890	2,486	1,238	993
투자자 가용 현금흐름 조정				
이자지출	133	134	159	150
운용리스 이자	75	57	74	91
장기차입금 및 금융리스의 감소(증가)	908	(1,504)	65	(270)
자본화 된 운용리스의 감소(증가)	(91)	(208)	28	86
차입금 및 등가물로의 현금흐름	1,025	(1,521)	326	57
비영업 이연법인세	(44)	(45)	(58)	(50)
주식기준 보상을 위한 순주식발행액[3]	(313)	(353)	(330)	(326)
자사주매입	477	473	322	247
배당금	746	3,945	936	1,057
비지배지분(투자)에 대한 보상[4]	(1)	(13)	42	8
자기자본 및 등가물에 대한 현금흐름	865	4,007	912	936
투자자 가용 현금흐름	1,890	2,486	1,238	993

[1] 자본적 지출은 현금흐름표에 공시된다.

[2] 외화환산조정에서 유형자산의 변화에 따른 금액을 차감한다. 자세한 내용은 표 11.14를 참조한다.

[3] 가득된 RSUs(restricted stock units)의 발행은 차감하며, 주식기준 보상과 실행된 스톡옵션을 포함한다.

[4] 비지배지분에 대한 당기순이익에 비지배지분의 증가는 차감하고 감소는 더해준다.

본은 과다보유현금과 같은 비영업자산과 단기차입금 및 지급배당금과 같은 재무적 항목을 제외한다.

2. *자본적 지출, 매각 차감 후*. 자본적 지출은 유형자산(PP&E)에 대한 투자에서 매각한 유형자산의 장부가치를 뺀 것을 의미한다. 순자본지출을 추정하는 한 가지 방법은 순유형자산의 증가에 감가상각비를 합산하는

것이다.[10] 총유형자산의 변동분을 이용해서 자본지출을 추정하지 않는 것이 좋다. 기업이 자산을 처분하면 총유형자산이 감소하기 때문에, 총유형자산의 변화는 실제 자본지출의 양을 과소평가할 수 있다.

3. *자본화된 운용리스의 증감액*. NOPAT, 투하자본, ROIC 및 잉여현금흐름의 정의를 일관적으로 유지하기 위해 자본화된 운용리스에 대한 투자를 총투자에 포함시킨다. 자본화된 운용리스에 대해서는 이 장의 뒷부분에서 논의한다.
4. *영업권과 매수 무형자산에 대한 투자액*. 상각누계액을 더해준 매수 무형자산에 대해서 순영업권과 취득 무형자산의 증감을 계산하여 투자를 추정할 수 있다. 상각되는 무형자산의 경우 순자본지출의 결정과 같은 방법을 사용한다(순무형자산의 증가에 상각비를 합산).
5. *장기부채 차감 후 기타 장기 영업자산의 변화*. 기타 순영업자산에 대한 투자를 차감한다. 투하자본과 마찬가지로, 주식투자와 초과퇴직연금자산과 같은 기타 장기 비영업자산을 기타 장기영업자산과 혼동해서는 안된다. 비영업자산의 변동은 평가되어야 하지만, 별도로 분석해야 한다.

대부분의 자산과 부채의 경우 재무상태표 계정의 연도별 증감은 순투자를 적절하게 추정할 것이다. 그러나 이것이 항상 성립하는 것은 아니다. 외화환산, 취득, 대손상각, 회계기준 변경도 계정 변동에 영향을 미칠 것이다. 예를 들어, 기업들은 외국 재무상태표를 자국 통화로 환산하기 때문에, 계정의 변경은 (현금을 동반하는) 실제 투자와 (회계상 조정일 뿐 회사 내부 또는 외부로의 현금 흐름이 아닌) 통화 기반 재작성을 모두 잡아낼 수 있다. 특정 계정이 현금흐름의 상당한 부분을 차지한다면, 계정의 연간 변화를 더 잘 이해하기 위해, 사업보고서의 현금흐름표와 주석을 이용하라.

표 11.14는 Costco유형자산의 변화를 분석한다. 자본적 지출과 유형자산의 처분은 현금흐름표에 보고된다. 감가상각비를 추정하려면 현금흐름표에서 감가상각비과 무형자산상각비에서 시작하고, 만약 매수 무형자산의 상각이 존재한다면, 이것을 차감한다(이것은 보통 영업권과 무형자산에 대한 주석에서 찾을 수 있다). 나머지 항목은 사업보고서의 이사의 경영진단 및 분석의견(MD&A; management

10 가능하면, 현금흐름표에 공시된 자본적 지출을 이용하되, 순유형자산의 변동에 감가상각비를 합쳐 공시된 자본적 지출을 조정한 후에만 이용한다. 자본적 지출은 외화환산(이 절의 뒷부분에서 논의), 취득 및 손상 때문에 순유형자산과 감가상각비의 합과 다를 수 있다. 취득은 별도로 분석해야 하며, 손상은 손익계산서에서 비영업용 비현금성 비용으로 처리되어야 한다.

표 11.14 Costco: 유형자산의 변동

$ million

	2015	2016	2017	2018	2019
유형자산, 기초	14,830	15,401	17,043	18,161	19,681
자본적 지출[1]	2,393	2,649	2,502	2,969	2,998
감가상각비[1]	(1,127)	(1,255)	(1,370)	(1,437)	(1,492)
외화 및 설명되지 않은 부분[2]	(695)	248	(14)	(12)	(297)
유형자산, 기말	15,401	17,043	18,161	19,681	20,890

[1] 현금흐름표에 공시된다.

[2] 기초와 기말 사이의 설명되지 않은 차이로 계산된다.

discussion and analysis)에서 찾을 수 있으며, 만약 공시되어 있지 않을 경우, 직접 추정해야 한다.

재무상태표의 각 항목에 대한 환율 효과를 제거하는 것이 항상 가능한 것은 아니다. 이러한 경우에, 외화환산이라는 재무상태표 계정을 사용하여 환율 효과에 대한 전체 잉여현금흐름을 조정하는데, 이는 US GAAP과 IFRS에 따라서 기타포괄손익누계액에서 확인된다. 불행하게도, 재무상태표 상의 계정은 영업항목뿐만 아니라 모든 외국 자산과 부채를 포함하는 전체 효과를 공시한다. 대부분의 환율 조정이 영업 항목과 관련이 있다고 생각되는 경우, 외화환산 계정의 증가를 더하여 잉여현금 흐름을 결정하라. 투자가 아닌 환율 변동으로 재무상태표에서 재고자산이 상승하는 상황을 고려하라. 재무상태표의 균형을 맞추기 위해, 회사는 자기자본 내에서 외화환산 계정을 증가시킨다. 재고자산의 증가는 실제 재고자산 투자를 과대평가하기 때문에, 외화환산 증가분을 잉여현금흐름에 더하면 통화 환산에 따른 음의 현금흐름이 해소된다. Costco의 경우 중요 계정을 하나씩 조정했기 때문에, 설명되지 않은 외화환산은 비영업으로 분류한다.

투자자 가용 현금흐름

비록 잉여현금흐름에는 포함되지는 않지만, 비영업자산과 관련된 현금흐름은 투자자 입장에서 중요하다. 이러한 현금흐름은 별도로 가치평가가 이루어져야 하고 이어서 투자자에게 가용한 전체 현금흐름을 산출하기 위해 잉여현금흐름에 합산되어야 한다:

$$\text{잉여현금흐름의 현재가치} + \text{비영업자산의 가치} = \text{전체 기업가치}$$

잉여현금흐름을 투자자 가용 전체현금흐름으로 조정하기 위해서는 다음 비영업 현금흐름을 포함시켜야 한다:

- *영업외수익 및 영업외비용*. 대응되는 자산이나 부채의 변동에 대해 (비현금성 이기 때문에) 계정을 차감할 수 없다면, 영업외수익과 비용을 잉여현금흐름이 아닌 투자자 가용 현금흐름에 포함시켜라.
- *비영업법인세*. 전체 투자자 가용 현금흐름에 비영업법인세를 포함시켜라. 비영업법인세는 비영업항목에 대한 절세액과 세금 조정 표에 나와있는 기타 비영업법인세를 포함한다.
- *과다보유현금과 시장성 유가증권과 관련된 현금흐름*. 투자자 가용 전체 현금흐름을 계산하기 위해 과다보유현금과 시장성 유가증권의 증가를 차감한다(또는 감소를 가산한다). 기업이 포괄손익계산서에서 시장성 유가증권과 관련된 인식되지 않은 손익을 보고하게 되면, 이전에 계산한 변동에 대한 손익을 차감한다.
- *기타 비영업자산으로부터의 현금흐름*. 과다보유현금 및 시장성 유가 증권에 활용된 과정을 기타 비영업자산에 대해 반복한다. 가능하다면, 특정 자산의 비영업손익을 비영업자산의 변동과 결합시킨다.

투자자 가용 현금흐름의 조정

투자자 가용 현금흐름은 기업의 전체 자금조달 흐름과 동일해야 한다. 투자자에 대한 유입 및 유출 현금흐름을 모델링함으로써 놓칠 수 있는 실수를 발견할 수 있을 것이다. 재무적 흐름은 차입금, 차입금 등가물, 자기자본 관련 흐름을 포함한다:

- *이자비용*. 전통적인 차입금과 운용리스 관련 이자는 재무적 흐름으로 취급해야 한다.
- *차입금 조달과 상환*. 차입금의 변동분은 단기차입금, 장기차입금, 자본화된 운용리스를 포함한 모든 이자발생부채에 대한 순조달 또는 순상환을 의미한다. 차입금의 모든 변동분은 잉여현금흐름이 아닌 총투자재원의 조정에 포함되어야 한다.
- *차입금 등가물 변동분*. 퇴직연금부채와 퇴직후 의료급여제도부채는 차입금 등가물로 취급되므로(퇴직연금 및 기타 퇴직후 급여제도와 관련된 자세한 사항은 23장을 참고), 이들의 변동분은 재무적 흐름으로 취급되어야 한다.[11]
- *배당금*. 배당금은 보통주와 우선주에 대한 모든 현금 배당을 포함한다. 주식배당은 현금흐름에 미치는 영향이 없으므로 무시되어야 한다.

---

11 연금(pension)은 손익계산서 상 연금비용, 연금자산, 연금부채, 이연법인세 등 많은 계정에 영향을 미칠 것이다. 표 11.16은 이 장의 뒷부분에 나타난 것과 같이 각 연금계정을 현금흐름표에 하나의 수치로 집계한다.

- *주식 발행 및 자사주 취득*. 신주 발행시 또는 자사주 매입 시 4개의 계정이 영향을 받는다. 자본금, 주식발행초과금, 자기주식 및 이익잉여금(주식 소각 관련하여)이 이에 해당한다. 비록 상이한 거래들이 개별 계정에 다양한 영향을 끼치겠지만, 개별 계정과목의 영향보다는 전체적인 것이 중요하다. 표 11.13은 전체 변동분에 대해서 "자사주 취득(재발행)"으로 언급하고 있다.
- *비지배지분에 대한 현금유출*. 손익계산서의 마지막 부분에서 찾을 수 있는 비지배지분 귀속 당기순이익은 배당처럼 재무적 흐름으로 취급한다.

고급 이슈

이 절에서는 비영업 충당부채 및 구조조충당금, 운용리스, 연금, 자본화된 연구개발 등을 포함한 기업의 재무제표 재구성에서 가장 일반적인 고급 주제들을 요약한다. 각 항목들은 Part 3의 "고급 가치평가 기법"에서 심도 있게 논의되므로, 여기서는 이러한 주제에 대한 간단한 요약만 제공한다.

비영업 충당부채 및 구조조정 충당금 충당금(provision)은 미래원가 또는 기대손실을 반영하는 비현금성 비용이다. 기업은 당기순이익을 감소시키고 대응하는 준비금을 부채로 계상(또는 관련 자산에서 차감)함으로써 충당금을 기록한다.

기업분석 및 가치평가 목적으로 우리는 충당금을 4가지 유형으로 분류할 수 있다: 계속영업충당금, 장기영업충당금, 비영업 구조조정충당금 및 이익을 다른 기간으로 배분하여 이것을 평준화할 목적으로 만들어내는 이익평준화충당금. 각 충당금의 특성에 기초하여, 기업의 실제 경영성과를 산출하기 위해 재무제표를 조정한다:

- *계속영업충당금*. 제품보증과 같은 영업충당금은 영업의 한 부분이다. 따라서, NOPAT를 산출하기 위해 매출액으로부터 충당금을 차감하며, 투하자본을 산출하기 위해 순영업자산으로부터 대응되는 준비금을 차감한다.
- *장기영업충당금*. 예상 공장해체비용과 같은 특정 부채는 NOPAT를 산출하기 위해 매출액으로부터 영업부분을 차감하며 이자부분은 비영업으로 처리한다. 대응되는 준비금은 차입금 등가물로 처리한다.
- *비영업충당금*. 퇴직금과 관련된 구조조정비용은 비영업 항목이다. 해당 비용은 비영업으로 처리하고 관련 준비금은 차입금 등가물로 처리한다.
- *이익평준화충당금*. 이익평준화 목적의 모든 충당금은 비영업으로 분류하고 관련 준비금은 자기자본 등가물로 처리한다. 이익평준화 충당금은 비현금성

이므로 가치평가에는 영향을 끼치지 않는다.

충당금의 분류와 올바른 적용 과정은 21장에서 더 자세히 설명될 것이다.

운용리스

2019년부터는 미국회계기준(U.S. GAAP) 또는 국제회계기준(IFRS)에 따르면 운용리스로 알려진 단기 리스를 포함해 거의 모든 자산관련 리스를 자본화해야 한다.[12] 두 기준 모두에서 운용리스 지급액의 현재가치는 재무상태표에 기록된다. 손익계산서 상에서, IFRS는 운용리스 지급액을 감가상각비와 이자비용에 적절히 배분하기 때문에, 조정이 필요하지 않다. U.S. GAAP를 사용하는 기업의 경우, 내재된 이자를 포함한 전체 리스비용은 매출원가와 같이 기타 영업비용에 통합된다. 이 경우 리스비용에 내재된 이자를 이자비용으로 재분류한다.

과거의 재무제표는 재작성되지 않을 것이기 때문에, 유사한 분석을 할 수 있도록 과거 운용리스에 대해서 반드시 조정하도록 한다. 새로운 기준을 채택하기 전 운용자산의 현재 가치를 추정하기 위해, 향후 임대약정사항에 대한 주석들을 찾아보자. Costco는 임대약정사항을 리스에 대한 주석에 공시했다. 운용리스의 현재가치를 결정하기 위해 저위험 차입금에 대한 이자율로 미래의 각 임대약정사항을 할인한다. 기업은 5년치 약정금액에 대해서만 공시하고 잔여 약정금액은 하나의 숫자로 합산하여 나타내기 때문에, 첫 해 이후의 남아있는 약정금액을 평가하기 위해 연금(annuity) 공식을 사용한다.

표 11.15는 Costco의 과거 재무제표에 대한 운용리스 조정을 보여준다.[13] Costco의 2018년 리스 약정액의 현재가치는 25억 달러이다. 2019년 EBITA에 내재된 이자를 결정하기 위해, 2018년 자본화된 운용리스에 담보부채권의 이자율을 곱한다. (운용리스에 대한 자본 회수의 용이성을 고려하여, AA 등급 이자율을 내재된 이자의 할인 및 추정에 사용한다.) 다음으로, 영업법인세를 조정하여 내재이자와 관련된 절세효과를 제거한다. 리스에 대해서 조정된 NOPAT를 구하기 위해서, 조정된 EBITA로부터 조정된 영업법인세를 차감한다. 운용리스의 자본화가 NOPAT와 투하자본 모두를 어떻게 증가시키는지 주목하자. 증가량이 대칭적이지

---

12 국제회계기준위원회(IASB)는 2016년 1월 IFRS 16 "Leases"를 발표했고, 미국재무회계기준위원회(FASB)는 2016년 2월 Accounting Standards Update(ASU) 2016-02, "Leases"(Topic 842)를 발표했다.

13 Costco의 회계연도가 12월 15일 이전에 끝나기 때문에, 2020년까지 새로운 리스 기준을 채택하지 않을 것이다. 따라서 운용리스의 가치는 2020년 이전 과거 연도에 대해서 산출되어야만 한다. 회계연도가 12월 15일 이후 끝나는 기업의 경우 2019년에 대한 조정이 필요없다.

표 11.15 Costco: 투하자본과 총투자재원

$ million

	2015	2016	2017	2018	2019
EBITA					
EBITA, 리스료 적용	3,624	3,672	4,111	4,480	4,737
내재이자[1]	73	75	57	74	91
EBITA, 운용리스에 대한 조정	3,967	3,747	4,168	4,554	4,828
10년 AA등급 채권에 대한 만기수익률	3.19%	3.36%	2.44%	2.91%	3.63%
현금 영업법인세					
현금 영업법인세, 리스료 적용	1,156	1,121	1,471	1,434	987
내재이자 비용에 대한 절세효과[2]	27	28	21	21	22
현금영업법인세, 운용리스에 대한 조정	1,184	1,149	1,493	1,455	1,009
NOPAT					
NOPAT, 리스료 적용	2,468	2,551	2,640	3,046	3,750
세후 내재이자 비용	46	47	35	52	68
NOPAT, 운용리스에 대한 조정	2,513	2,598	2,675	3,098	3,818
투하자본					
투하자본, 운용리스 미포함	13,023	15,607	14,978	15,651	16,583
자본화된 운용리스[3]	2,230	2,320	2,528	2,500	2,414
투하자본, 자본화된 운용리스 포함	15,253	17,928	17,506	18,151	18,997
ROIC, 기초 자본 사용					
ROIC, 리스료 적용	19.5%	19.6%	16.9%	20.3%	24.0%
ROIC, 운용리스에 대한 조정	16.8%	17.0%	14.9%	17.7%	21.0%

1 내재이자는 10년 AA등급 채권의 만기수익률(YTM)과 기초 자본화된 운용리스를 곱하여 계산된다.
2 내재이자에 대한 절세효과는 내재이자비용에 법정 법인세율을 곱하여 계산된다. 법정 법인세율은 표 11.10에 나타나 있다.
3 표 22.10에서 2019년에 대해서 자본화된 운용리스가 산출되었다.

않기 때문에, Costco에 대한 ROIC는 감소한다. 이것은 운용리스가 차입금의 한 형태이기 때문이다. 타인자본조달비용보다 더 큰 수익을 얻는 기업의 경우, 레버리지는 인위적으로 수익률을 증가시킨다.

운용리스를 자본화하면 벤치마킹 품질이 향상되지만, 내재가치가 잉여현금흐름, 자본비용, 차입금 등가물에 의해 정확하게 반영되는 한, 자본화 여부가 내재가치에 영향을 미치지는 않는다. 22장에서는 어떻게 가치평가 전반에 걸쳐 운용리스를 포함시키는지에 대해서 설명한다. 또한 운용리스의 가치를 평가하는 대체 모형도 논의한다.

퇴직연금 등의 퇴직 후 급여 지급

2006년 U.S. GAAP 하의 FASB 158의 채택에 따라, 기업은 이제 재무상태표에 연금부족액(그리고 초과 연금자산)을 보고한다.[14] 초과연금자산과 연금부족액 펀드 운용은 영업이익을 창출하지 못하기 때문에, 연금 계정은 투하자본에 포함되어서는 안 된다. 대신에, 연금자산은 비영업자산으로 취급되어야 하며, 연금부족액은 차입금등가물로 취급되어야 한다. (그리고 둘 다 영업활동과는 별도로 평가되어야 한다.) 연금계정이 회사의 재무상태표에 명시적으로 상세히 보고되지 않은 경우, 관련 주석을 분석하여 어디에 포함되었는지 확인한다. 종종 초과연금자산은 기타 자산에 들어가 있으며, 미지급연금부채는 기타 부채에 포함되어 있다.

IFRS(IAS 19) 하에서의 공시 규정은 기업들이 보험통계적 가정 변경에 따른 미적립연급채무의 인식을 기업이 미룰 수 있다는 점에서 다소 다르지만, 누적미인식손익이 채무의 10퍼센트를 초과하지 않은 경우에만 해당된다. IFRS 기준으로 공시하는 기업들의 경우, 채무의 현재가치에 대한 주석을 확인한다.

2018년 연금에 대한 새로운 GAAP 회계처리에 의하면 특정 연도에 제공된 근무용역에 대해서 종업원들에게 약정한 새로운 급여와 같은 근무원가만 매출원가처럼 영업비용에 포함하도록 규정하고 있다.[15] 기대 사외적립자산수익률과 채무에 대한 이자비용과 같은 나머지 항목은 이제 비영업수익이나 비용에 포함된다. 하지만, 2018년 이전 기간에 대해서 여전히 조정이 필요하다.

Costco는 종업원에게 퇴직연금을 제공하지 않으므로, 과거 재무제표를 조정하지 않았다. 퇴직연금과 관련하여 NOPAT를 조정하는 방법과 과소 또는 과대 적립된 퇴직연금이 기업가치평가에 어떻게 영향을 주는지 23장에서 자세히 다루게 된다.

연구개발비의 자본화

보수적인 회계기준에 따라 기업은 R&D, 광고선전비, 특정한 기타비용을 발생한 기간에 전액 비용으로 처리한다. 심지어 해당 비용으로부터 발생한 경제적 이익이 당기 이후에도 지속이 될 경우에도 비용으로 처리가 이루어진다.[16] 이러한 관행은 일부 기업에게 투하자본을 상당히 과소 계상하고 자본수익률을 과대 계상할 수 있

14 2006년 12월부터 FASB 158은 재무상태표에서 연금 평준화 부분을 제거했다. 기업들은 이제 과거처럼 평준화된 금액이 아닌 재무상태표 상에 초과연금자산과 미적립연금채무를 보고해야 한다.

15 FASB는 2017년 3월 10일, ASU 2017-07, "Compensation—Retirement Benefits (Topic 715): Improving the Presentation of Net Periodic Pension Cost and Net Periodic Postretirement Benefit Cost,"를 발표했다. IFRS는 이미 연금에서 재무적 성과와 근무원가를 분리했다.

16 이러한 보수주의의 한 가지 예외는 소프트웨어의 개발이다. 소프트웨어는 무형자산이지만 GAAP와 IFRS 모두 특정 소프트웨어 투자는 자본화되고 자산의 내용연수 동안 상각될 수 있도록 허용하고 있다.

는 기회를 제공할 수 있다. 따라서, R&D와 기타 유사투자를 자본적 지출과 동일한 방식으로 자본화하여 상각하는 것이 효과적인지 고민할 필요가 있다. 당연히 투하자본 등식을 맞추기 위해 자기자본도 동일하게 조정되어야 한다.

만약 R&D를 자본화하기로 하였다면 영업이익을 산출하는 과정에서 R&D 비용은 수익으로부터 차감되어서는 안되며 과거 R&D투자와 관련하여 합리적인 상각방법에 따라 산출된 상각비가 차감되어야 한다. 상각비는 과거 투자에 근거(반대로 R&D비용은 당기 지출에 근거)하기 때문에, 이러한 접근방법은 R&D 축소가 단기 ROIC 개선을 가져오게 하는 것을 방지하게 된다.

사실 특정 비용의 자본화 여부는 가치 산출에는 영향을 끼치지 않는다. 단지 ROIC와 경제적 이익의 시점(timing)에 영향을 끼칠 뿐이다. 24장에서는 연구개발 집약 기업들에 대해 잉여현금흐름과 가치에 대한 조정을 포함하여 완전한 가치평가 과정을 다루게 된다.

기타 고급 조정항목

일부 기업은 조정이 필요한 산업 특화 항목을 가질 수도 있다. 이러한 조정은 손익계산서나 재무상태표에 있는 흔치 않은 항목으로부터 발생하며, 드물게는 이 책의 경제원리에 기초한 사려 깊은 판단을 요구한다.

FedEx의 예를 살펴보자. 2013년, 이 회사는 다른 회사에 항공기를 판매하고 이것을 다시 임대했다. 이러한 거래는 일반적으로 매각후재리스(sale-leaseback)으로 알려져있다. 매각으로 이익이 발생하면 차익을 이익으로 인식할 수 없지만, 대신에 계약 기간동안 연간 임차료를 낮춰야만 한다. 현금은 증가하지만 이익잉여금은 증가하지 않으므로, 이연이익(deferred gain)에 대한 부채가 인식된다.

이연이익에 대한 부채는 영업용으로 취급되어, 투하자본을 결정하기 위해 영업자산에서 차감되어야 하는가? 아니면 타인자본(debt) 또는 자기자본 등가물로 분류될 수 있는가? 가치평가 관점에서, 일관성 있게 취급되는 한, 그 항목을 어떻게 분류하는지는 중요하지 않다. 그러나 ROIC와 궁극적으로는 가치 창출에 대한 인식에 영향을 미칠 것이다. 회계기준은 재무거래로 인한 당기순이익의 단기 급증을 방지하지만 낮은 임차비용이 비현금성이고 새로운 리스계약의 인식된 비용을 왜곡시킬 수 있기 때문에, 미래 임차비용의 하향 왜곡은 더 심해질 수 있다. 따라서 거래를 완전히 취소하고, 해당 계정을 자기자본 등가물로서 인식한다.

모든 고급 이슈들이 ROIC, 성장 및 잉여현금흐름의 실질적 차이로 이어지는 것은 아니다. 추가 데이터를 수집하고 필요한 미지수를 추정하기 전에, 조정작업이 회사와 해당 산업에 대한 이해도를 높일 것인지 여부를 결정해야 한다. 불필요하게 복잡한 모형은 간혹 단순한 모형에서 명백해 보이는 근본적인 경제성을 모호하게 만들 수 있다. 재무 분석의 목표는 훌륭한 재무 의사 결정과 강건한 예측을 위한 강력한 배경을 제공하는 것이며, 중요하지 않은 조정을 손쉽게 처리하기 위한 과하게 설계된 모형을 만드는 것이 아니라는 점을 기억하자.

12장 성과분석

기업의 과거를 이해하는 것은 미래를 예측하는데 필수적이므로 가치평가를 할 때 과거의 성과를 분석하는 것은 아주 중요한 과정이다. 투하자본이익률(ROIC: return on invested capital)과 매출성장률은 핵심가치동인으로써, 모든 분석의 시작이 된다. 기업의 장기 성과 및 경쟁사와 비교한 성과의 추세를 검토하고, 이를 기업의 핵심가치동인에 관한 합리적인 가정을 통해 미래의 현금흐름을 추정하는 기초로 사용할 수 있다.

영업권을 포함했을 때와 제외했을 때에 대한 각각의 ROIC 분석을 시작해보자. 영업권을 포함한 ROIC는 인수대가로 지불한 경영권 프리미엄 이상의 가치를 창출할 기업의 능력을 측정한다. 영업권을 제외한 ROIC는 경쟁사와 기업의 성과를 비교하는 데는 더 나은 지표이다. 기업의 영업성과를 통합적으로 바라보기 위해 ROIC의 구성요소를 상세하게 분석한 다음, 전반적인 성과에 가장 큰 영향을 미치는 요소가 무엇인지 파악한다. 다음으로, 매출 성장에 주로 영향을 미치는 요인을 확인해보자. 예를 들어, 매출 성장이 본질적 성장률 때문인지, 아니면 환율효과처럼 경영진의 통제가 가능하지 않고 따라서 지속 가능하지도 않은 요인 때문인지 파악한다. 마지막으로, 영업을 수행하고 장단기 투자를 수행할 수 있는 재무자원을 확보하고 있는지 파악하기 위하여 기업의 재무건전성을 평가해야 한다.

투하자본이익률 분석

11장에서, 우리는 손익계산서를 조정하여 세후영업이익(NOPAT: net operating profit after taxes)을 산출하고 재무상태표를 조정하여 투하자본을 산출하였다.

ROIC는 NOPAT을 투하자본으로 나누어 측정한다.

$$ROIC = \frac{NOPAT}{\text{투하자본}}$$

사업보고서에 ROIC를 기재하는 기업들은 기초자본, 기말자본 또는 그 둘의 평균을 이용해 계산한다. 이익은 1년 전체에 대하여 측정되는 반면, 자본은 단지 한 시점만을 기준으로 측정되기 때문에, 기초와 기말의 투하자본을 평균해서 계산하는 것이 좋다. 그러나 회기 중에 취득된 신규 자산으로 인해 추가적인 이익이 발생한다면, 기초자본만을 분석에 사용하는 것은 ROIC를 과대 추정하게 될 것이다. 또한 계절적 요인의 영향을 많이 받는 사업이라면 기업의 회계연도 마감에 자본이 크게 변동하기 때문에 분기별 평균자본을 사용하는 것이 좋다.

ROIC는 기업의 영업활동에 초점을 맞추기 때문에, 자기자본이익률(ROE; return on equity)이나 총자산이익률(ROA; return on assets)보다 더 적합한 기업 분석 도구이다. ROE는 영업성과 뿐만 아니라 자본구조의 영향을 받기 때문에, 경쟁사 분석이나 추세분석에 있어서 상대적으로 의미 있는 정보를 전달해주지 못한다. ROA는 (이자비용차감전 기준으로 계산을 할 때조차도) 비영업자산을 포함하고 있을 뿐만 아니라 투자자로부터의 요구 자본액을 감소시킬 수 있는 매입채무와 기타 영업부채의 영향을 제대로 반영하지 못하기 때문에 성과를 측정하는데 적합한 측정치가 아니다.

ROIC을 통한 성과 분석의 사례로, 11장에서 배운 NOPAT과 투하 자본 계산에 기초해 산출한 2015년부터 2019년까지 Costco의 ROIC와 유사 기업 집단의 ROIC 중위값을 표 12.1에 기재하였다.[1] Costco는 지속적으로 유사 기업 집단보다 더 많은 ROIC를 얻고 있으며 특히 2018년과 2019년에 큰 증가폭을 보였다. Costco의 높은 ROIC는 낮은 영업 이익률을 강한 자본 생산력으로 보완한 결과임을 이 장의 나중에 다룰 것이다.

영업권 및 인수무형자산 포함 또는 제외 시의 ROIC 분석

영업권과 인수무형자산은 인수과정에서 얻은 무형자산이다. ROIC는 영업권을 포함 또는 제외하여 계산되어야 한다. 본 저서의 분석에서는 영업권과 인수무형자산

1 Costco의 회계연도는 8월 31일에 가장 가까운 일요일에 끝나기 때문에 2019 회계연도는 2019년 9월 1일에 종료되었다. 경쟁기업들은 12월이나 1월에 회계연도를 마감하기 때문에, 2019년 결과는 당시에 입수할 수 없었다.

표 12.1 Costco vs. 유사 기업 집단: ROIC

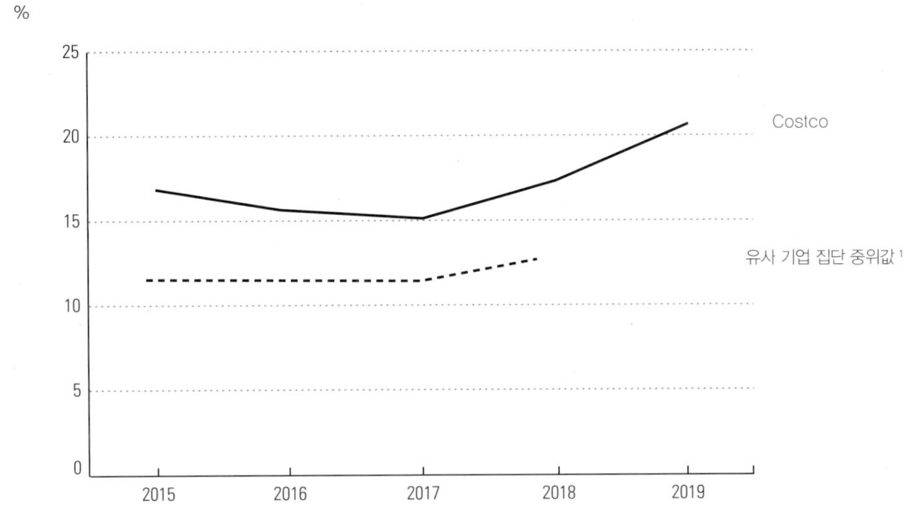

[1] 영업권과 매수무형자산을 제외한 평균 투하자본으로 계산한 ROIC

[2] 유사 기업들의 2019년 데이터는 본 저서 집필 당시 공개되지 않았다. Costco의 회계연도는 2019년 9월 1일에 끝났으며 유사 기업 집단의 회계연도 범위는 2019년 12월부터 2020년 1월이다.

을 동일한 것으로 간주하기 때문에,[2] "무형취득 외부자산"을 "영업권"으로 줄여 표현할 것이다.

ROIC에서 영업권을 포함 또는 제외하여 계산되어야 하는 이유는 서로 다른 것을 분석대상으로 삼기 때문이다. 영업권을 제외한 ROIC는 기업의 기존 영업성과를 측정하며 기존 사업이 자본비용보다 큰 ROIC를 창출하고 있는지의 여부를 알려준다. 또한 경쟁기업간의 성과비교에 사용될 수도 있으며 추세분석에도 이용된다. 인수합병에 지불된 프리미엄의 영향을 받지 않는다. 영업권을 포함한 ROIC는 인수를 위해 지불한 프리미엄을 고려하면서 회사가 적절한 주주수익률을 달성하고 있는지를 보여준다. 영업권을 제외한 ROIC는 미래 현금흐름 추정이나 전략 선정에 보다 적합한 지표라 할 수 있다. 프리미엄을 지불한 이후 성장을 위해 추가로 지불되는 금액은 없기 때문에 영업권을 제외한 ROIC는 미래 현금흐름을 추정하기에 한층 적합한 지표가 된다. 마지막으로, 영업권을 제외한 ROIC가 높은 기업은 성장을 통해 더 많은 가치를 창출할 수 있으며, 영업권을 제외한 ROIC가 낮은 기업은 ROIC를 개선함으로써 보다 많은 가치를 창출할 수 있다.

---

2 영업권과 매수 무형자산은 인수로 인해 매입한 무형자산이다. 매수 무형자산으로 분류하기 위해서는 자산은 특허처럼 분리가능하고 식별가능해야 한다. 매수 무형자산은 자산의 내용연수 동안 상각되지만, 영업권은 가치가 장부가액 아래로 떨어지면 손상된다. 우리는 이 두 계정을 동일하게 분석하므로, 구분하지 않는다.

표 12.2 Tapestry: ROIC

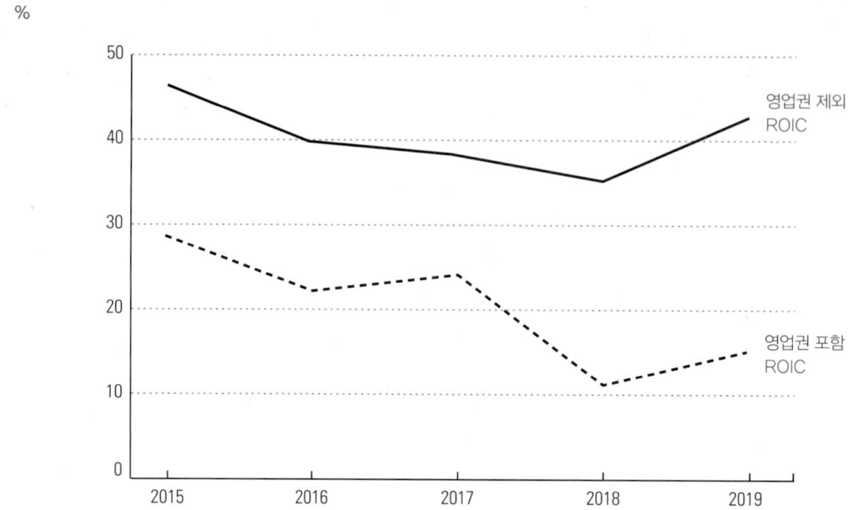

Costco는 자체적으로 성장하여 영업권이 존재하지 않지만, 상당한 인수합병을 한 회사들은 영업권을 포함한 ROIC와 영업권을 제외한 ROIC의 차이가 클 수도 있다. 표 12.2는 미국의 명품 메이커 기업 Tapestry(前 사명 Coach)의 영업권을 포함 또는 제외한 ROIC을 나타내고 있다. 2017년에 회사는 명품 패션 디자인 회사인 Kate Spade를 24억 달러에 인수하였다. 두 회사는 자본수익률이 상당히 비슷했기 때문에, Tapestry의 영업권을 제외한 ROIC는 인수 전후에 상당히 일정하게 유지되었다. 반면 인수 후에 영업권을 포함한 ROIC는 2017년 24%에서 12%까지 떨어졌다. 영업권을 포함하여 측정했을 때 ROIC의 감소는 인수합병이 가치를 파괴했다는 것을 암시하는가? 반드시 그렇지는 않다. 비용 절감 및 교차 판매 기회는 실현하는 데 시간이 걸리며, Tapestry가 새로운 고객, 특히 밀레니얼 세대에게 접근하면 자체 제품군의 성장을 가속화할 수 있다.

영업권을 포함한 ROIC를 정확하게 평가하는 데에는 또 다른 어려움이 있다. 기업 자체는 개선되지 않았는데 ROIC가 상승하는 경우가 있기 때문이다. 가끔 새로운 전략을 발표하면서 ROIC가 점점 개선될 것이라고 장담하는 경우가 있다. 표면적으로 예측치는 긍정적으로 보여진다. 그러나 자세히 들여다보면, 영업권을 포함해 ROIC를 측정하고 있었고 기존 사업의 성장없이 영업권의 계상으로 인해 ROIC가 개선된 것처럼 보였다는 것을 알 수 있었다. 경영진은 사업의 근본적인 개선을 통해서가 아니라 영업권의 회계적 처리로 인해 보상을 받는 것이다.

표 12.3 Costco vs. 유사 기업 집단: ROIC 트리, 2018

%

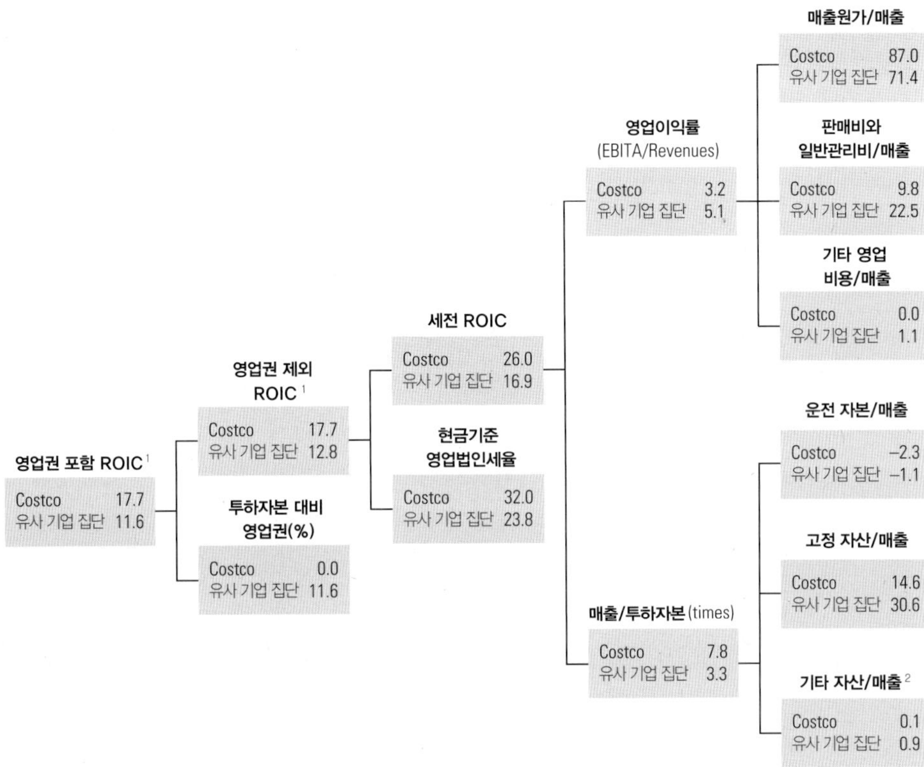

[1] 경제적 이익(EP) 가치평가와 비교하기 위해 투하자본은 기초에 추정하였다.
[2] 기타 자산, 기타 부채 차감 후

기업을 통합적으로 바라보기 위한 ROIC 상세분석

ROIC의 상세분석을 통해 기업의 재무상태를 평가하는 방법을 시연하기 위해 Costco와, 유사 기업을 예로 들겠다. Costco는 지속적으로 동일한 규모의 기업들보다 더 많은 ROIC를 벌어들였다. 이러한 차이는 왜 발생할까? 기업의 ROIC을 변화시키는 주된 변수를 이해하기 위해, ROIC을 다음과 같이 분해해보자.

$$\text{ROIC} = [1 - \text{세율(현금기준 영업법인세율)}] \times \frac{\text{EBITA}}{\text{매출}} \times \frac{\text{매출}}{\text{투하자본}}$$

위의 공식은 재무분석에서 가장 중요한 식 중 하나이다. 이 공식은, 기업의 ROIC란 회사의 이익을 극대화할 수 있는 영업이익률과 자본효율성의 최적화, 그리고 납부세액의 최소화에 의해 결정된다는 것을 나타내고 있다.

이러한 ROIC의 구성요소는 또 다시 더 작은 항목들로 세분화되어 각각의 비용과 자본을 매출 대비 비율로 나타낼 수 있다. 표12.3은 이 구성요소들이 어떻게 쪼개어지는지를 ROIC 트리를 통하여 단계별로 보여주고 있다. ROIC 트리의 오른쪽 항목들은 경영자가 직접 통제가능한 가치동인인 영업활동에서의 재무성과를 나타낸다. 오른쪽에서 왼쪽으로 이 ROIC 트리를 따라가다 보면, 각각의 박스는 오른쪽 박스들의 함수임을 알 수 있다. 예를 들어, 영업이익률은 100%에서 매출 대비 급여 및 복리 비율, 매출 대비 운송수단 구매비 비율, 매출대비 연료비 비율, 매출 대비 상각비율 및 매출대비 기타비용 비율을 차감한 값이다. 세전 ROIC는 영업마진에 자본 회전율(매출을 투하자본으로 나눈 값)을 곱한 값이다.

일단 과거의 ROIC의 동인을 계산하고 나면, 동종업계 다른 기업들의 ROIC 동인과 비교해보아야 한다. 그러면 여기서 파악하게 된 관점을 산업구조 분석(차별화 기회, 진입장벽 등) 및 기업의 강점과 약점에 대한 질적 분석에 적용할 수 있다.

Costco와 유사 기업의 예를 들어보자. 2018년 Costco의 영업권 포함 ROIC는 17.7%이며 동종업계 평균은 11.6%이었다. Costco는 영업권이 없기 때문에 영업권 제외 ROIC의 차액은 더 적다. 당신은 무엇이 Costco의 높은 ROIC를 설명하는지 물을지도 모른다. Costco는 소매상에게는 특이한 비즈니스 모델을 가지고 있다. Costco는 다른 소매점들만큼 비용에 이익을 가산하지 않아서, 매출 대비 매출원가의 비중이 높다. 그리고 낮은 판매관리비로 그것을 보충한다. 예를 들어, Costco의 창고 형식은 감가상각비가 훨씬 더 낮고, 개별적으로 선반 위에 물건을 올려놓지 않고 대신 제조자의 컨테이너를 사용하기 때문에 관리비용이 더 낮다. Costco는 또한 취급하는 제품의 종류를 줄이고 더 큰 사이즈로 판매한다. 판매관리비용이 낮음에도 영업이익률(3.2% 대 5.1%)은 여전히 낮다. Costco는 매출 규모에 비해 매우 적은 고정 자산을 보유하여 자본 생산성을 높이는 방식으로 이를 보완한다.

세부항목의 분석 종합적인 가치평가 모델은 회사의 재무제표상의 많은 세부항목들을 일정한 형식의 비율로 변환할 것이다. 손익계산서에서 대부분의 항목들은 매출 대비 비율로 표시된다. 예외도 있는데, 일례로 영업 현금 세금은 매출 대비가 아닌 세전영업이익 대비 비율로 계산되어야 한다.

재무상태표에서의 각 항목들도 역시 매출 대비 비율로 표시된다(재고자산과 매입채무에 대해서는 제품가격의 변화로 인한 편차를 피하기 위해 매출원가 대비 비율을 사용한다). 유동자산 및 유동부채를 분석할 때는 각 항목을 일수로 변환하는 다음과 같은 식을 사용한다.

표 12.4 Costco vs. 유사 기업 집단: 일수로 계산한 운전자본

매출과 매출원가 기준 일수 계산[1]

	Costco			유사 기업 집단		
	2016	**2017**	**2018**	**2016**	**2017**	**2018**
영업 현금	7.2	7.0	7.0	6.7	6.1	6.1
순매출채권	3.8	3.8	4.0	4.2	4.2	4.6
재고자산	31.7	30.7	30.9	54.3	52.3	52.7
기타유동자산	0.8	0.8	0.8	1.5	1.4	1.6
영업용 유동자산[2]	39.3	38.2	38.6	49.6	50.1	51.7
매입채무	29.5	28.1	30.9	48.2	50.6	54.4
미지급급여 및 복리후생비	7.8	7.5	7.3	4.8	5.3	5.7
기타 유동부채[3]	12.3	13.2	13.8	12.8	12.1	11.8
영업용 유동부채[2]	45.7	45.1	48.0	51.7	57.1	57.7
운전자본	(6.4)	(6.9)	(9.3)	(2.1)	(7.0)	(6.0)

[1] 재고자산과 매입채무 일수는 매출원가를 이용하여 계산하였다. 그밖에는 매출을 사용하여 계산하였다. 기초와 기말 운전자본 계정을 이용하여 측정하였다.

[2] 영업용 유동자산과 영업용 유동부채는 개별 계정의 합과 같지 않다. 대신 매출 일수로 표시되었다.

[3] Costco의 기타 유동부채는 회원 보상 발생액과 이연된 멤버십 요금이다.

$$\text{일수} = 365 \times \frac{\text{재무상태표 항목}}{\text{매출}}$$

기업의 분야가 계절의 영향을 받기 쉽다면, 재고와 같은 영업 비율은 분기 데이터를 이용해 계산해야 한다.

일수를 분석에 이용하는 것은 해석이 쉽다. 얼마나 많은 자금이 사업에 묶여 있는가? 표 12.4를 보면 Costco가 더 작긴 하지만 Costco와 유사 기업들은 음(-)의 운전자본을 가진다. Costco의 제품 선택과 사업 모델은 재고자산과 매입채무를 줄이는 결과를 가져왔다. 2018년에 재고자산 일수를 보면 Costco는 단지 30.9일인 것에 비해 동종업계는 52.7일이었다. 다른 말로 하면 Costco의 상품은 동종업계에 비해 선반에 있는 시간이 짧다. Costco는 또한 낮은 매입채무 일수(2018년 기준 30.9 대 54.4)를 보인다. 이것은 공급자들에게 더 빨리 대금을 지불하고 있다는 뜻이며, 아마도 더 낮은 가격으로 구매할 것이다.

비재무지표를 이용한 영업 분석 외부인의 시각에서 분석할 때, 비율분석은 보통 재무성과에 한정되어 수행된다. 그러나 회사 내부인 입장에서 분석을 수행하거나 영업자료를 기업이 배포하는 경우에는, 영업활동의 동인들을 ROIC에 직접 연결시킨다. 이것은 영업성과동인을 평가함으로써, 경쟁자와의 재무성과 차이의 지속가능성을 더욱 잘 평가할 수 있기 때문이다.

표 12.5 A 항공사와 B 항공사: 재무와 영업 지표

$ million

	Airline A			Airline B		
	2016	2017	2018	2016	2017	2018
매출	25,591	26,449	28,912	4,609	4,908	5,361
항공기 연료비와 관련 세금	(4,069)	(4,839)	(6,515)	(752)	(954)	(1,329)
인건비	(7,123)	(7,659)	(8,021)	(1,189)	(1,321)	(1,431)
기타 영업비용	(10,836)	(11,258)	(11,731)	(1,786)	(1,938)	(2,094)
영업이익	3,562	2,693	2,645	882	695	506
영업지표						
종업원, 정규직	64,400	62,860	61,600	11,190	12,197	12,787
가용 좌석-마일, 백만	177,513	183,670	192,683	37,534	39,205	41,917

안전을 이유로 수많은 영업관련 자료의 제출이 요구되는 항공산업을 보자. 표 12.5는 2016년부터 2018년까지 A항공사와 B항공사로 언급할 미국 두 항공사들의 재무와 영업관련 자료의 세부사항을 보여준다. 영업자료에는 정규직 종업원 수와 수송능력을 측정하기 위하여 사용되는, 이용가능 좌석-거리(ASMs; available seat-miles)에 대한 정보 등이 기재되어 있다.

표 12.6은 표 12.5에 표시된 자료를 이용하여 ROIC 트리의 영업마진 박스를 완성했다. 항공사 A와 항공사 B의 영업이익률(영업이익을 매출로 나눈 값)은 각각 9.1%와 9.4%이다. 항공사의 영업이익률은 연료비, 임금, 기타비용의 3가지 항목에 의해 정해진다. 언뜻 보기에, 항공사 A와 항공사 B의 임금은 비슷해 보인다. 매출대비 임금비율은 항공사 A가 27.7%, 항공사 B가 26.7%이다. 그러나 이런 계산값의 사용은 적절하지 않다. 그 이유는 ASM을 이용해서 매출대비 임금비율을 분석해보면 알 수 있다.

$$\frac{\text{임금}}{\text{매출}} = \left(\frac{\text{임금}}{\text{ASMs}}\right) \div \left(\frac{\text{매출}}{\text{ASMs}}\right)$$

매출당 임금 비율은 ASM당 임금과 ASM당 매출의 함수이다. ASM당 임금은 1 ASM 운항 시 요구되는 임금이며, ASM당 매출은 ASM 당 평균가격을 나타낸다. 매출당 임금 비율은 항공사 A와 항공사 B가 비슷했지만, 해당 지표의 수치 산출에 대한 이유는 크게 다르다. 항공사 B의 임금은 1,000 ASMs 당 34.1달러로 항공사 A의 임금은 41.6 달러에 비해 18% 정도 경쟁적 우위가 있었다. 그러나 항공사 A가 지출한 임금 수준은 높은 가격으로 서비스를 제공하기 때문에 보전이 가능하다. 더 많은 항공노선과 취항지를 보유하고 있기 때문에 항공사 A의 1,000 ASMs 당 평균가격은 150달러로 항공사 B의 평균가격 127.9달러보다 17% 높은

표 12.6 매출 대비 인건비 비율의 영업성과동인, 2018

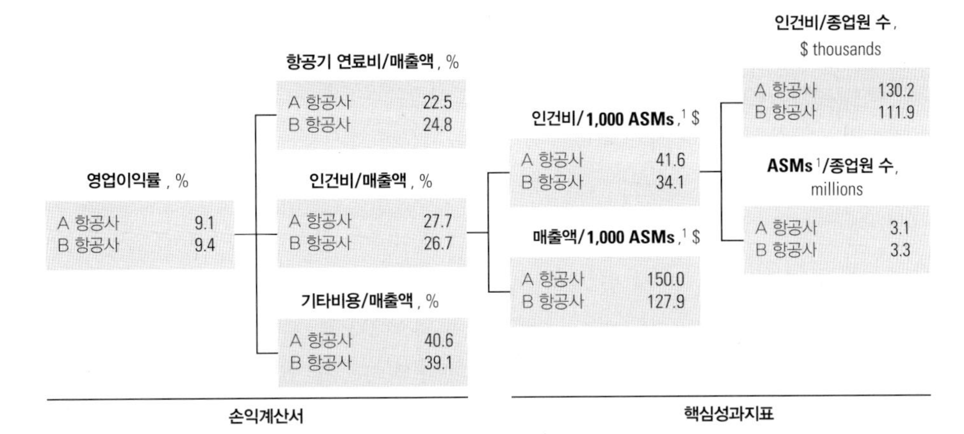

[1] 가용 좌석-마일(ASMs)은 미국 항공 산업에서 사용하는 표준 측정단위이다.

평균가격을 부과하고 있다.

그렇다면 ASM당 임금에서 이러한 차이를 가져오는 것은 무엇 때문인가? 항공사 B의 직원들이 더 생산적인가? 아니면 항공사 B의 직원들이 더 적은 임금을 지급받는가? 이러한 질문에 대답하기 위해서는, ASMs당 임금을 다음의 등식에 따라 세분화해야 한다.

$$\frac{\text{임금}}{\text{ASM}}=\left(\frac{\text{임금}}{\text{종업원수}}\right)\div\left(\frac{\text{ASMs}}{\text{종업원수}}\right)$$

ASM당 임금의 두 가지 동인 중 첫 번째 항목은 정규직 종업원당 평균 임금을 나타내고, 두 번째 항목은 종업원당 ASM 운항거리인 정규직 종업원당 생산성을 측정한다. 표 12.6의 오른쪽 박스에는 이 등식에 따른 계산 결과가 나타나 있다.

평균 임금은 항공사 A가 16.4% 정도 높지만, 마일당 생산성은 4.6% 낮다. 임금차이는 중요하게 보이기는 하지만, 평균 임금이 거의 2배 차이가 났었던 지난 2000년대 초기와 2018년도를 비교하면 그 차이는 별로 크지 않다. 또한, 노선의 차이나 서비스 수준에 의해서도 생산성이 결정될 수도 있다.

영업성과동인을 사용하여 성과를 분석하는 것은 항공사 간의 경쟁력 차이에 관하여 더 많은 것을 알 수 있다. 그렇다고 분석이 끝난 것은 아니다. 사실, 깊이 있는 분석을 하게 되면 해결되는 것보다 의문점이 더 많아진다. 예를 들어, 항공사 A와 항공사 B 간의 임금차이가 종업원의 구성(파일럿들의 임금이 다른 종업원들에 비해 비싸다)이나 종업원의 지역차이(동서부가 중부보다 비싸다)때문이라고 설명할 수 있을까? 이러한 각각의 분석을 통하여 항공사의 생존과 성공을 위한 전략에 대해 추가적인 통찰력을 가질 수 있을 것이다.

매출성장률 분석

3장에서 우리는 회사의 가치가 ROIC, 자본비용 및 현금흐름의 성장에 의해 결정된다는 것을 확인했다. 기업의 과거 매출성장률을 분석하면 미래의 잠재적 성장률을 측정할 수 있다. 각 연도별 매출성장률을 계산하는 것은 간단하지만 이러한 결과는 오해를 부를 수도 있다. 매출성장률을 왜곡하는 세 가지 주요 원인은 환율 변동의 영향, 기업인수 및 합병, 회계정책의 변화이다. 이러한 원인에 의해 발생된 효과를 제거함으로써 지속가능성을 기반으로 한 향후의 수익을 예측할 수 있을 것이다.

표 12.7은 조정을 거치지 않은 연도별 매출성장률 수치가 어떻게 오해를 불러일으킬 수 있는지를 보여준다. 영국을 본거지로 하는 Compass와 프랑스를 본거지로 하는 Sodexo는 기업체, 의료시설, 학교나 경기장에 구내식당 서비스를 제공하는 다국적 기업이다. 2017년에 Compass의 총매출은 15.1% 증가했으며, Sodexo는 2.2% 증가했다. 증가율의 차이가 매우 커 보일지도 모르나, 이것은 순수한 매출의 증가 때문이 아닌, 유로 대비 파운드화의 화폐가치 변화 때문이다. 이런 효과를 제거하면, 실제로는 Compass의 본질적 매출성장률은 4.0%로 Sodexo의 1.9%를 여전히 넘어서지만, 그 차이는 크게 줄어들었다.

최근의 화폐가치의 변화와 대규모 포트폴리오의 변화 등을 고려할 때, 거대 다국적 기업의 과거 매출성장률은 변동성이 매우 심해서, 서로 비교하는 것이 쉽지 않다. 또한, Compass의 재무제표상의 매출성장률은 2017년의 15.1%에서 2018년 1.8%로 하락했는데, 같은 기간 본질적 매출성장률이 4.0%에서 5.5%로 증가하기도 했다.

지금부터 화폐가치 변화, 인수합병, 회계 정책 변경 등 분석 결과에 왜곡을 불러오는 주된 원인들을 살펴보고 각각의 원인이 측정, 추정, 궁극적으로 평가에 미치는 영향을 논의할 것이다.

환율 효과

다국적 기업들은 여러 종류의 화폐로 사업을 수행한다. 각 회계기간 말에, 다양한 화폐로 기록된 매출은 기업의 본거지가 위치한 국가의 통화로 환산된다. 외화가 해당 기업의 모국통화에 비해 강세를 띄는 경우, 자국통화로 환산하면 더 높은 환율

표 12.7 Compass와 Sodexo: 매출성장률 분석

%

	Compass			Sodexo		
	2016	2017	2018	2016	2017	2018
지속적 매출	5.0	4.0	5.5	2.0	2.5	2.0
럭비 월드컵	–	–	–	0.5	(0.6)	–
자체 매출 성장률	5.0	4.0	5.5	2.5	1.9	2.0
환율효과	5.4	11.3	(4.6)	(0.4)	(0.8)	(5.9)
미국 53주 회계기간	–	–	–	–	0.7	(0.4)
인수 및 분할	1.1	(0.2)	0.9	0.1	0.4	2.9
회계상 매출 성장률	11.5	15.1	1.8	2.2	2.2	(1.4)

을 적용받게 되어 더 높은 매출로 환산표시된다. 이러한 경우, 매출의 증가는 가격결정력이나 판매량의 증가에 의한 결과가 아니라 단순히 기업의 모국통화의 평가절하로 인한 결과일 수 있다.

Compass와 Sodexo의 성과는 모두 환율 변동에 영향을 받는다. 이 기업들은 유사한 지역별 매출 구성을 가지고 있고, 북미지역에서 절반에 근접하는 매출이 이루어지고 있다. 두 기업이 연결재무제표 작성을 위해 미국 달러화를 환산할 때 적용하는 통화는 각각 다르기 때문에, 환율은 각 기업에 상당히 차별적인 영향을 미칠 것이다.

Compass는 미국 사업장에서 벌어들이는 수익을 파운드화로 환산한다. 파운드가 달러 대비 약세라는 점을 감안하면 (2015년 파운드당 1.51달러, 2017년에는 유로당 1.30달러), Compass는 2016년에 5.4%, 2017년에 11.3%의 매출 상승을 기록했는데, 이는 표 12.7에 "환율 효과"로 기재되어있는 파운드화 약세에 기인한 것이다. Sodexo의 경우에는 환율의 효과가 반대로 나타난다. 유로화가 달러대비 강세를 보이면서, Sodexo의 미국매출을 유로화로 유로하여 파운드화로 표시된 재무제표로 나타낼 때 2016년에는 0.4%, 2017년에는 0.8% 매출이 감소되는 효과가 나타났다. Compasso는 2016년과 2017년에 환율로 매출상승 효과를 봤었지만 2018년에는 반대효과가 나타난 것에 주목하라. 이처럼, 환율이 재무제표상의 숫자에 미치는 영향에 대해 충분히 이해하지 못하면 다국적 기업의 성과에 대해 제대로 이해할 수 없다.

기업인수 및 합병

기업인수를 통한 성장은 인수하기 위해 지불해야 하는 상당한 프리미엄 때문에 내부적인 역량을 통한 성장과는 ROIC의 특성이 매우 다르다. 따라서 기업들의 과거

의 매출 성장이 기업인수를 통한 성장이었는지 아니면 내부적인 역량을 통한 성장이었는지를 이해하는 것은 중요하다.

많은 기업들이 Compass와 Sodexo처럼 표 12.7과 같은 데이터를 제공하고 있다. 그러나 보고된 매출로부터 기업인수의 효과를 분리해내는 것은 어려운 일이다. 기업인수가 중요하지 않으면, 공시에서 구체적으로 설명하거나 기업인수를 보고할 필요도 없다. 반면 규모가 큰 기업인수에 대해서는, 기업은 때에 따라 인수가 회계연도 초에 완결된 것으로 가정하고, 과거 재무자료를 소급하여 재구성한 재무제표로 보고할 것이다. 이러한 경우, 매출성장률은 수정된 매출 숫자[3]를 사용하여 계산되어야 한다. 피인수기업이 재무자료를 공시하는 경우, 전기의 인수기업의 매출과 피인수기업의 매출을 합산하는 수작업을 통해 전년도의 재무제표를 재작성할 수 있다. 이때 주의할 것은, 인수기업의 재무제표는 대개 피인수기업의 매출 중 인수 완료시점 이후에 발생한 부분만을 포함시켜 작성된다는 점이다. 일관성을 유지하기 위해서는 재작성된 전기의 추정재무제표도 피인수기업 매출의 일부분만 포함시켜야 한다.

표 12.8은 3차년도의 7월에 피인수기업을 매수한 상황을 가정한 것이다. 인수기업과 피인수기업 모두 매년 10%씩 본질적 성장을 해오고 있다. 각 개별기업이 매년 10%씩 성장하는 가운데, 연결 매출 성장률은 3차년도에 22.8%, 4차년도에 18.2%를 기록했다.

3기와 4기에 대한 일관된 비교를 하기 위해서는, 전년도의 연결 매출에 당기의 상황을 반영하여 조정해야 한다. 이러한 분석을 수행하기 위해서, 피인수기업의 2차년도의 매출 중 7개월 분(7/12 × 2천 2백만 달러=1천 280만 달러)을 인수기업의 2차년도의 매출(110백만 달러)에 합산한다. 이러한 조정 결과, 3차년도와 비교가능한 상태인 2차년도의 매출은 122.8백만 달러가 된다. 본질적 성장률을 계산하기 위하여, 3차년도의 매출인 13억 5천 5백 10만 달러를 2차년도 매출 12억 2천 2백만 80만 달러로 나눈다. 매출의 조정을 거쳐 다시 산출된 매출성장률은 본질적 성장률과 같은 10%가 계산되고, 이 결과는 개별 기업의 본질적 매출성장률과 같아진다.

3차년도에 발생한 기업인수라 하더라도, 4차년도의 매출성장률 역시 기업인수에 의해 영향을 받게 될 것이다. 4차년도에는 피인수기업의 매출 전부가 합산된다. 따라서 4차년도의 본질 성장률을 계산하려면 3차년도의 매출도 피인수기업의 5개

---

3 2017년 11년에 Sodexo가 Centerplate를 매수한 것을 예로 들어보자. 2018년의 데이터는 2017년의 Centerplate 매수에서 온 수익을 포함하나 2017년의 자료는 그러하지 않으므로, 2018년의 데이터는 필요한 조정을 거치지 않고선 2017년의 데이터와 비교할 수 없다.

표 12.8 인수합병이 매출성장률에 끼치는 영향

$ million

	연도				
	1	**2**	**3**	**4**	**5**
회사별 매출					
인수기업	100.0	110.0	121.0	133.1	146.4
피인수기업	20.0	22.0	24.2	26.6	29.3
연결 매출					
인수기업 매출	100.0	110.0	121.0	133.1	146.4
연결 매출			14.1	26.6	29.3
성장률[1]	100.0	110.0	135.1	159.7	175.7
성장률					
연결 매출 성장률[1]		10.0	22.8	18.2	10.0
자체 성장률		10.0	10.0	10.0	10.0

1. 연결 매출은 기업의 사업보고서에만 나타남

월 분(5/12 × 2천 4백 20만 달러 = 1천 10만 달러)만큼 증가되어야 한다.

회계 변경 및 회계 부정

매년, 미국 재무회계기준위원회(FASB)와 국제회계기준위원회(IASB)는 특정한 사업활동의 재무적 처리에 관한 기준안을 만든다. 이때 수익인식 정책에 관한 대부분의 변경안은 위원회 자체적으로 공시하는 것이 아니라 개별 주제를 담당하는 테스크포스팀이 결정한다. 기업들은 변경된 기준안에 맞추어 회계처리하기 위해 상당한 시간을 들인다. 이러한 기업의 수익인식 정책의 변경은 기준을 적용하는 연도의 매출액에 영향을 미칠 수 있으며, 매출성장률의 왜곡이 발생할 수 있다.[4] 따라서 과거 수익의 실제 추세를 이해하기 위하여 그 영향을 제거할 필요가 있다.

2017년에는 새로운 수익인식 기준 IFRS 15(고객과의 계약에서 생기는 수익)가 기존의 모든 IFRS 및 GAAP 매출 규정을 모두 대체하였다.[5] 이 규정에 의하면 계약의 명시적 또는 암묵적 기간에 걸쳐 매출을 어떻게 인식할 것인가를 결정하기 위해 기업들은 새로운 5가지 단계를 따라야 한다. 몇몇의 경우에 계약기간 후반부로 수익인식이 늦춰지면서 한 번은 동일한 수익의 급감이 발생한다. 예를 들어, 무상수리를 제공하는 자동차회사들은 수익인식이 지연되면서 한 차례 수익급감이

4 수익인식기준 변경은 이익률 및 자본회전율에도 영향을 미칠 수 있다. 그러나 FCF에는 영향을 미치지 않는다.

5 ASC 606 and IFRS 15, "Revenue from Contracts with Customers,"는 FASB와 IASB가 2014년 5월 28일에 공동으로 발표했으며 2017년에 시행되었다.

발생한다. 휴대폰 제조업체의 경우에는 핸드폰 판매가 즉시 매출로 인식되면 계약기간에 걸쳐 매출로 인식하는 것에 비해 한 차례 수익이 급증한다.[6]

회계변경이 중요한 경우, 기업은 사업보고서의 '이사의 경영진단 및 분석의견(MD&A)'에서 회계변경으로 인한 변화를 기술할 것이다. 예를 들어, 표 12.7에서 볼 수 있듯 Sodexo는 2017년 특이한 53주 회계기간으로 주목을 받았다. 의도적으로 2017년 회계기간을 연장하여 2017년 성장률을 높이고 2018년 성장률을 낮추었다.

통합적 전망을 위한 매출성장요소의 분해

일단 기업의 인수합병, 외화환산, 회계기준의 변경 등으로 인한 영향을 연도별 매출성장률 수치에서 제거한 후에는, 영업적인 관점에서 매출성장률을 분석해야 한다. 가장 대표적인 분석은 다음과 같다.

$$\text{매출} = \frac{\text{매출}}{\text{판매량}} \times \text{판매량}$$

이 공식을 사용하여, 제품단가 또는 판매량 중 어떤 것이 매출의 성장을 주도하는지 판단해보자. 단위당 매출액과 제품단가는 다를 수 있으므로 혼동해서는 안 된다. 단위당 매출액이 상승하면 그 변화는 제품가격의 상승 때문이거나, 기업이 저가 제품 중심에서 고가 제품 중심으로 제품구성을 옮기고 있기 때문일 수도 있다.

기입이 보고목적으로 선택하는 영업통계는 산업에서 중요하게 다뤄지는 요소나 경쟁사의 활동에 따라 다르다. 예를 들어 대부분의 소매업자들은 그들이 운영하는 점포의 수, 점포의 면적, 연간 거래량 등에 대한 정보를 제공한다. 서로 다른 영업상의 통계수치를 총매출액과 관련지어 생각해보면 사업에 대한 더 깊은 이해를 가질 수 있다. 이처럼 소매회사를 기준으로 생각해보자.

$$\text{매출} = \frac{\text{매출}}{\text{점포 수}} \times \text{점포 수}$$

표 12.9는 가상의 거대 소매업체인 Delta와 Gamma의 영업지표를 보여준다. 해당 표에서 나온 자료를 이용해 우리는 Delta가 Gamma보다 점포 수가 많으며 점포당 수익이 높다는 것을 알 수 있다(2018년 기준, Delta는 점포당 4천7백만 달

---

6 F. Norris, "New Standards for Companies' Revenue Accounting Will Begin in 2017," *New York Times*, May 28, 2014.

러이며 Gamma는 점포당 3천 7백만 달러). 세 영업 데이터를 이용해 우리는 점포당 수익, 점포당 거래수, 점포당 면적, 거래 당 평균매출, 점포단위면적 당 거래수 등의 자료를 얻을 수 있다.

영업비율은 강력해 보이지만, 실제 성과에 대한 판단은 시간에 따른 비율의 변화가 어떤 추이를 보였는지 확인한 다음 이루어질 수 있다. 표 12.10은 각 비율을 하나의 트리로 나타내었다. 점포당 매출액과 같은 비율을 계산하여 보고하기보다, 비율의 변화를 보고하고 이것을 다시 매출액의 성장과 연결하였다.

표에서 알 수 있듯이, Delta가 Gamma보다 빠르게 성장하였다. Delta가 점포수를 약간 늘리는 동안 Gamma는 점포수를 줄였고, Delta의 점포당 매출이 Gamma보다 빨리 성장하였다. 이 두 회사의 점포당 매출 성장은 주요 동인인데, 두 회사의 품목이 거의 겹치기 때문이다. 동일 매장 매출(same-store sales)이 이러한 분석에서 가지는 의미는 매우 크기 때문에 재무분석가들은 점포당 매출액 성장에 대해 'comps'('Comparables'의 약자) 또는 'year-to-year same-store sales' 등의 특별한 이름을 붙인다.[7] 이러한 매출액 성장이 왜 중요할까? 첫째, 얼마나 많은 신규 점포가 개설되었는지는 투자 선택의 결과이지만 동일 점포의 매출액 성장은 지역 시장에서의 점포별 효율성을 반영하기 때문이다. 둘째, 신규 점포는 대규모의 자본 투자를 필요로 하지만, 점포당 매출액성장은 추가자본을 거의 필요로 하지 않는다. 더 높은 수익에 더 적은 자본이 결합되면 자본의 회전율, ROIC의 상승 및 더 큰 가치창출로 이어진다.

트리의 오른쪽으로 이동해보면, 각 회사별로 동일 매장 매출의 성장을 이끄는 동인에 대해 파악할 수 있다. Delta는 도보고객 수를 증가시켜, 점포당 거래수를 2.5% 증가시켰다(Delta는 1.2%). 두 기업의 거래당 수익 성장률은 같았다.

신용의 건전성 및 자본구조

지금까지 우리는 회사의 영업성과와 가치창출 능력에 초점을 맞추어 살펴보았다. 즉 회사의 ROIC와 자체 성장성 등 일차적인 가치창출의 동인을 조사하였다. 이제 과거 분석의 최종 단계로, 회사가 영업자금을 조달하는 방법에 초점을 맞추기로 하자. 투하자본 중 어떠한 부분이 자기자본 투자자가 아닌 채권자로부터 오는가? 이러한 자본구조는 지속 가능한가? 회사는 업계의 침체기에도 생존할 수 있는가? 주

7 표12.10에서 점포별 매출의 변화를 보여준다. 이러한 값은 각각의 회사가 보고한 점포 매출액의 비교와는 차이가 있는데, 회사는 적어도 13개월은 운영한 점포들만 포함하기 때문이다.

표 12.9 가상의 소매업체: 영업 지표

	Delta			Gamma		
공시	**2016**	**2017**	**2018**	**2016**	**2017**	**2018**
매출, 백만 달러	51,081	54,488	58,430	35,109	37,054	38,507
평균 점포수	1,229	1,232	1,234	1,076	1,070	1,050
거래수, 백만	834	853	875	510	515	511
점포면적, 백만	90	90	90	85	86	85
추정						
점포당 매출, 백만 달러	42	44	47	33	35	37
점포당 거래수, 천	678	692	709	474	481	487
거래당 매출, 달러	61	64	67	69	72	75

표 12.10 가상의 소매업체: 2018년의 자체 매출성장률 분석

성장률, %

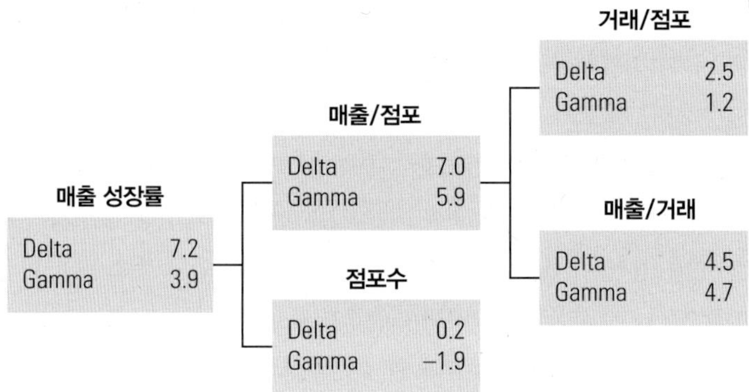

주에게 흘러간 현금이 있다면, 그 액수는 얼마인가?

기업 자본구조의 건전성을 파악하려면 우선 보상비율을 이용해 유동성지표를 살펴보아야 한다. 이때 유동성지표는 이자비용, 임차료 지급 및 원금 상환과 같이 단기적인 채무를 상환할 수 있는 기업의 능력을 측정한다. 그 다음, EBITDA 대비 채무, 가치 대비 채무 비율을 이용해 이자보상배수를 산출한다. 차입금은 장기 채무를 지급할 수 있는 회사의 능력을 평가한다. 자기자본을 평가하기 위해선, 배당성향과 영업 가치 대비 EBITDA를 측정하면 된다. 배당성향은 몇 퍼센트의 수익이 주주들에게 돌아가는지를 나타낸다. 영업 가치 대비 EBITDA는 기업의 미래 성과에 대한 주주들의 기대를 나타낸다.

현 섹션에서는 기업의 자본 구조를 검사할 수 있는 도구들을 다룬다. 33장에서는 자본 구조 결정이 왜 기업의 영업 전략과 배당금 상환 계획에 필수적인지 다룬다.

이자보상배수를 이용해 유동성지표 측정하기

단기채무를 상환할 수 있는 회사의 능력은 이익을 측정하는 세가지 지표를 결합하는 비율들로 측정할 수 있다.

1. 이자비용, 법인세, 무형자산상각비 차감전 이익 (EBITA).
2. 이자비용, 법인세, 감가상각비, 무형자산상각비 차감전 이익 (EBITDA).
3. 이자비용, 법인세, 감가상각비, 무형자산상각비, 임차료 차감전 이익 (EBITDAR)

이 중 1과 2를 이용해 이자보상배수를 계산할 수 있다. EBITA나 EBITDA를 이자비용으로 나누면 된다. 첫 번째 보상배수인 EBITA/이자비용은 감가상각되고 있는 설비를 대체하기 위한 자본적 지출 차감전 이익을 이용하여 이자를 상환하는 회사의 능력을 측정한다. 두 번째 비율인 EBITDA/이자비용은 현재의 이익과 보유자산의 감가상각액 두 가지를 이용하여 단기적인 금융약정을 충족시키려는 회사의 능력을 측정한다. EBITDA가 이자지급액을 충족시키려는 단기적인 능력에 관한 좋은 척도가 될 수 있지만, 대부분의 회사들은 상각된 자산을 교체하지 않고는 오랜 기간 생존할 수 없다.

다른 방법으로는 EBITDAR을 이자비용과 임차료의 합으로 나누는 방법이 있다. 이자보상배수와 마찬가지로 EBITDAR를 이자비용과 임차료의 합으로 나눈 비율은 운용리스 효과 등의 알려진 미래의 채무를 상환할 수 있는 회사의 능력을 측정한다. 많은 기업들, 특히 소매기업이나 항송산업의 분석에서 임차료를 포함하는 것은 사업의 재무적 건전성을 이해하는 중요한 지표가 된다.

일전의 Costco와 동종업계의 사례를 다시 한 번 들어보자. 표 12.11는 저 기업들의 재무 데이터와 보상 배수를 보여주고 있다. 2018년도 Costco의 EBITA/이자보상배수는 31.6이고, 동종 업계는 15.3이다. 대부분의 기준에 따르면 Costco의 부채는 매우 적고, Standard & Poor's의 신용 측정에서 AA-를 받을 정도이다. Costco의 유사 기업들 또한 높은 이자보상배수와 신용 등급을 갖고 있으나, Costco보다는 낮다.

레버리지의 측정

과거 수십 년 동안 전례 없는 저금리 시대가 도래하면서 기업들의 이자보상비율은 매우 높아졌다. 이러한 저금리 환경에서 레버리지를 측정하기 위해, 분석가들은 이제 EBITDA/부채 또는 부채/EBITA와 같은 부채배수(debt multiples)를 사용한다. 부채/EBITDA는 분모가 훨씬 크기 때문에 더 안정적이고, 시간에 따른 분석을 훨씬 깔끔하게 진행할 수 있다. 또한 이는 저금리 상황에서는 잘 드러나지 않는, 채무 연장 또는 부도 위기에 처한 기업들을 드러내게 할 수 있다.

부채/EBITDA가 많이 쓰이는 두번째 이유는 전환증권의 사용 증가에 있다. 많은 전환 가능한 증권들은 이자 대신 자기자본으로 전환함으로써 이자보상률을 높여 보완하는 방식을 취한다. 부채/EBITDA를 이용하면, 레버리지의 위험성을 좀 더 확실히 알아볼 수 있게 된다.

이러한 부채배수의 변형으로는 (부채+리스)/EBITDAR가 있다. 이 식은 항공사나 소매업체와 같이 운용 리스가 많은 기업들에게 적합하다.

차입의 힘(그리고 위험)을 더 잘 이해하기 위해 ROE 및 ROIC 간의 관계를 살펴보자.

$$\text{ROE} = \text{ROIC} + [\text{ROIC} - (1 - T)k_d]\frac{D}{E}$$

공식이 나타내듯 기업의 ROE는 ROIC, 세후 타인자본비용과 ROIC의 차이 및 장부가치 기준 부채비율의 직접적인 함수이다. 여기서, ROIC가 10%이고, 세후 타인자본비용이 5%인 회사를 가정해보자. ROE를 높이기 위해 기업은 (영업개선을 통해) ROIC를 증가시키거나 (부채로 자기자본을 대체함으로써) 부채비율을 증가시킬 수 있다. 각 전략은 ROE에 동일한 변화를 유도할 수 있지만, 부채비율을 높이는 것은 영업성과(ROIC)의 변화에 대해 기업의 ROE가 더 민감해지도록 만든다. 따라서 부채비율을 증가시킴으로써 ROE를 증가시킬 수는 있지만, 이 경우 주주들이 직면하는 위험 또한 커지게 된다.

레버리지를 평가하려면 시간에 따른 부채비율의 변화를 측정하고, 비교대상 유사 기업의 부채비율과 비교해야 한다. 부채비율이 산업평균에 비하여 어떠한가? 어느 정도의 위험을 기업이 부담하고 있는가? 우리는 33장에서 레버리지와 관련된 이러한 질문과 그 밖의 질문에 대해 심도 있는 답변을 하게 될 것이다.

배당성향

배당성향은 총보통주 배당금을 보통주 주주들에게 귀속되는 순이익으로 나눈 것과 같다. 우리는 배당성향을 앞서 학습한 현금흐름의 재투자와 관련하여 분석함으로써 기업의 재무상태를 더 잘 이해할 수 있게 된다.

- 기업이 한편으로는 높은 배당성향을 가지면서 다른 한편으로는 1보다 큰 재

표 12.11 Costco vs. 유사 기업: 이자보상배수 측정

$ million

	Costco			유사 기업		
	2016	**2017**	**2018**	**2016**	**2017**	**2018**
EBITA	4,111	4,480	4,737			
EBITDA	5,481	5,917	6,229			
EBITDAR[1]	5,739	6,182	6,497			
이자비용	134	159	150			
임차료	258	265	268			
이자비용+임차료	392	424	418			
보상 비율						
EBITA/이자비용	30.7	28.2	31.6	9.0	8.3	15.3
EBITDA/이자비용	40.9	37.2	41.5	13.1	12.7	19.8
EBITDAR/(이자비용+임차료)	14.6	14.6	15.5	5.2	4.7	4.8
차입금상환계수						
차입금/EBITA	1.71	1.56	1.53	2.21	2.35	2.40
차입금/EBITDA	1.28	1.18	1.16	1.53	1.53	1.67
(차입금+리스료)/EBITDAR	1.67	1.53	1.49	2.55	2.63	2.72

1. 이자비용, 법인세, 감가상각비, 무형자산상각비, 임차료 차감전 이익

투자율을 가진다면, 이 기업은 음의 잉여현금흐름을 충당하기 위하여 돈을 빌려 이자를 지급하거나 배당금을 지급하고 있음에 틀림없다. 그러나 이것이 지속가능한가?

- 양의 잉여현금흐름 및 낮은 배당성향을 갖는 기업은 아마도 부채를 상환하고 (혹은 현금을 과다보유하고) 있을 것이다. 이러한 상황에서 기업은 귀중한 부채의 감세효과를 누리지 못하거나 불필요하게 현금을 축적하고 있지는 않은가?

이 질문을 Costco에게 적용해보면, 2015년부터 2019년까지 Costco는 147억 달러의 NOPAT을 창출했고, 11억 달러를 이자로 상환했으며, 95억 달러를 주주들에게 배당금으로 분배한 것을 알 수 있다.

가치평가 지표

자본구조 평가를 마무리하기 위해, 시장배수를 이용하여 미래성과에 대한 주주들의 인식을 측정해보자. 시장배수는 핵심영업가치(전체기업가치에서 잉여현금이나 비합병 자회사와 같은 비영업 자산의 시장를 차감한 값임을 10장에서 학습했다)를 매출액, EBITDA, 또는 투하자본의 장부가액 등으로 나누어 산출한다. 한 기업의

표 12.12 Costco vs. 유사 기업: 영업가치/EBITDA

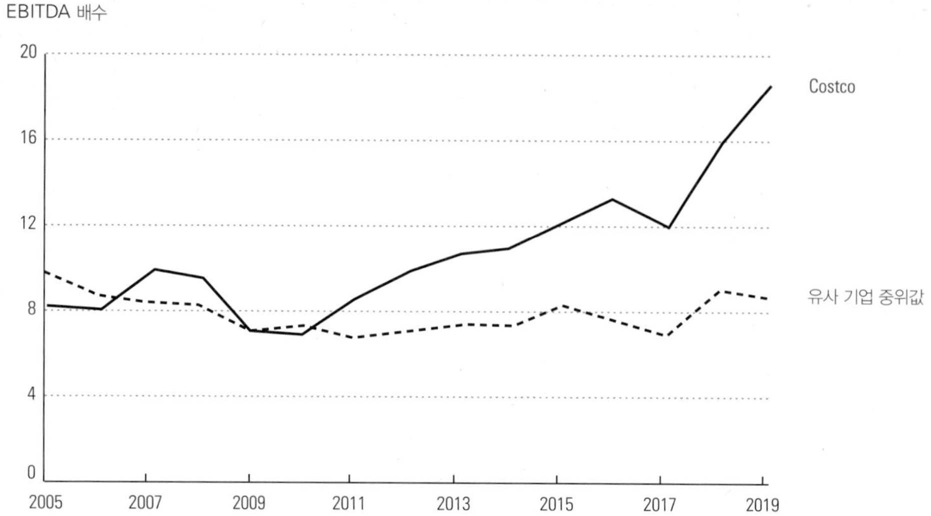

주석: 영업가치 = 전체기업가치 - 비영업용 자산의 장부가액

배수를 다른 기업과 비교함으로써 현재 시장이 다른 기업들과 비교하여 해당 기업의 미래를 어떻게 인식하고 있는지를 관찰할 수 있다.

표 12.12는 2005년부터 2019년까지 Costco와 유사 기업의 영업가치/EBITDA 배수를 보여준다. Costco는 2005년부터 2011년까지는 유사 기업들과 비슷했으나, 갑작스레 배수가 증가하기 시작했다. 유사 기업의 배수는 그대로였다. 이는 높은 매출성장률과, 높은 ROIC를 인내한 결과라고 추정된다.

영업가치/EBITDA가 가장 많이 쓰이는 방법이긴 하나, 영업가치/EBITA 또는 영업가치/NOPAT과 같은 방법들도 도움이 될 수 있다. 가치평가배수를 만들고 해석하는 방법에 대해서는 18장을 참조하라.

일반적인 고려사항

한 기업의 과거의 재무성과를 분석하기 위한 포괄적인 체크리스트를 제공하는 것은 불가능하지만 몇 가지 명심해야 할 가이드라인은 있다.

- 가능한 긴 시간을 분석하라(최소 10년). 긴 기간설정은 그 기업과 산업이 정상 수준의 성과로 되돌아갈 수 있는지, 단기적인 추세가 영구적이 될 수 있는지 알아낼 수 있게 해줄 것이다.

- ROIC와 매출성장률, 이 두 가치 창출요인을 최대한 상세히 분석하라. 가능한 한 영업성과 측정지표들을 각각의 중요한 가치창출요인과 연결하라.
- 만약 성과와 관련하여 큰 변화가 있다면, 그 출처를 확인하라. 그 변화가 일시적인지, 영구적인지, 또는 단지 회계적인 영향에 의한 것인지를 확인하라.
- 가능하다면, 회사 전체를 대상으로 한 분석보다는 작은 단위부터 점진적으로 분석하라. 유용한 분석은 개별 사업단위, 상품라인, 또는 고객별 분석 등의 단위 결과에서 주로 얻어진다.

과거 성과 분석이 끝났다면, 이제 평가에서 아주 중요한 부문인, 미래 추정을 쌓아올릴 준비가 된 것이다.

13장

성과 추정

이번 장에서는 추정 기법, 특히 통합적인 재무추정을 수행하는 방법에 초점을 맞추어 살펴볼 것이다. 이 장은 잘 구조화된 스프레드시트 모델을 구축하는 방법을 보여준다. 잘 구조화된 모델은 원시자료를 계산과정과 별도로 분리하여 관리할 수 있어야 하며, 흐름이 원활하고 다수의 시나리오 분석을 할 수 있을 만큼 충분히 유연해야 한다. 추정 과정은 그 다음으로 논의할 것이다.

미래의 현금흐름에 도달하기 위해서는 손익계산서, 재무상태표 및 자본변동표를 추정해야 한다. 이러한 추정 재무제표는 세후영업이익(NOPAT; Net operating Profit After Taxes), 투하자본, 투하자본이익률(ROIC; Return On Invested Capital) 및 잉여현금흐름(FCF; Free Cash Flow) 계산을 위해 필요한 정보를 제공할 것이다.

추정을 진행하면서 자칫 계정항목의 지엽적인 사항에만 몰두되기 쉬운데, 총체적인 결과가 전체의 흐름 속에서 적절한 맥락으로 나타나야 한다는 점을 다시 한 번 강조해 둔다. 현실과는 동떨어진 10년간의 매출채권을 정밀히 추정하는 것보다, 회사의 경쟁우위에 걸맞는 미래의 ROIC를 산출해내는 것이 가치평가의 결과를 개선하는 데 훨씬 도움이 된다.

추정기간 및 세부사항 결정

각 세부 항목을 추정하기 전에 기간을 어느 정도로 하고, 추정이 어느 정도까지 구체적이어야 하는지를 결정해야 한다. 10장에서 소개한대로 전형적인 방식은 향후 몇 년간에 대해 구체적인 추정을 한 다음 나머지 기간은 3장에서 소개한 핵심가치 창출요인 공식과 같은 영구가치 공식을 활용하는 것이다. 어떤 공식이든 영구가치 접근법(continuing-value approaches)은 모두 미래의 성과가 급변하지 않고 안정화된 상태임을 가정한다. 따라서 현금흐름을 구체적으로 추정하는 기간(explicit forecast period)은 회사의 현금흐름이 안정화 상태에 도달하기까지 충분히 긴 기간이어야 하는데, 이것은 다음과 같은 특징으로 정의된다.

- 기업은 일정한 비율로 성장하며, 매년 일정한 비율의 영업이익을 사업에 재투자한다.
- 기업은 기존 자본과 신규 투하자본에 대해 일정한 비율의 수익을 얻는다.

이같은 정의에 따르면 안정된 상태인 기업의 FCF는 일정한 비율로 증가하므로, 영구성장률을 통해 추산할 수 있게 된다. 구체적인 추정 기간은 회사의 성장률이 경제성장률보다 낮거나 같은 수준이 될 만큼 충분히 길어야 한다. 영구성장률이 전체 경제성장률보다 높다면 회사가 전체 경제보다도 커지는 비현실적인 결과를 초래할 수 있다.

일반적으로 10년 ~ 15년까지의 추정기간을 이용할 것을 권장한다. 다만, 경기순환주기에 민감한 사업을 하는 회사들이나 매우 급격한 성장을 경험하는 회사들에 대해서는 더 긴 기간이 바람직하다. 5년과 같이 짧은 현금흐름 추정기간을 이용하면 기업을 상당히 저평가하게 될 가능성이 있다. 한편, 추정기간을 길게 보는 것 또한 문제점을 내포하고 있는데, 이는 10년~15년치의 세부 항목 수치를 추정해야 하는 데서 오는 어려움이다.

모델을 단순화하고 잘못된 정밀분석의 오류를 피하기 위해 우리는 흔히 현금흐름 추정을 두 기간으로 분리한다.

1. 실제 변수(예를 들어 단위수량, 단위원가)들에 대해 정밀한 계산을 거친 완전한 재무상태표 및 손익계산서를 작성하는 구체적인 5~7년의 추정기간
2. 매출성장, 마진 및 자본회전율과 같이 몇 가지 중요한 변수들에 초점을 맞추는 잔여연도에 대한 단순화된 추정

이렇게 단순화된 접근법을 이용하면 세부적 수치에 지나치게 사로잡히는 것을 방지하고 기업의 장기적인 재정상태를 볼 수 있다.

좋은 평가모델의 구성요소

15년간의 재무추정과 10년간의 실적분석을 결합하면, 어떠한 가치평가 스프레드시트든지 지나치게 복잡하게 될 것이다. 따라서 추정을 시작하기 이전에 모델을 설계하여 구조화해야 할 필요성이 있다. 이때 다양한 설계가 가능한데, 표 13.1의 사례에서 스프레드시트는 7개의 워크시트로 이루어져 있다.

1. 기초과거자료: 회사의 재무제표, 주석사항, 외부보고서 등으로부터의 데이터를 한 장소에 모은다.[1] 데이터를 함께 관리하면, 필요할 때 정보를 확인할 수 있고 매년 데이터를 업데이트하기도 용이하다. 가공하지 않은 원래의 양식대로 원시자료를 입력한다.

표 13.1 워크북 사례

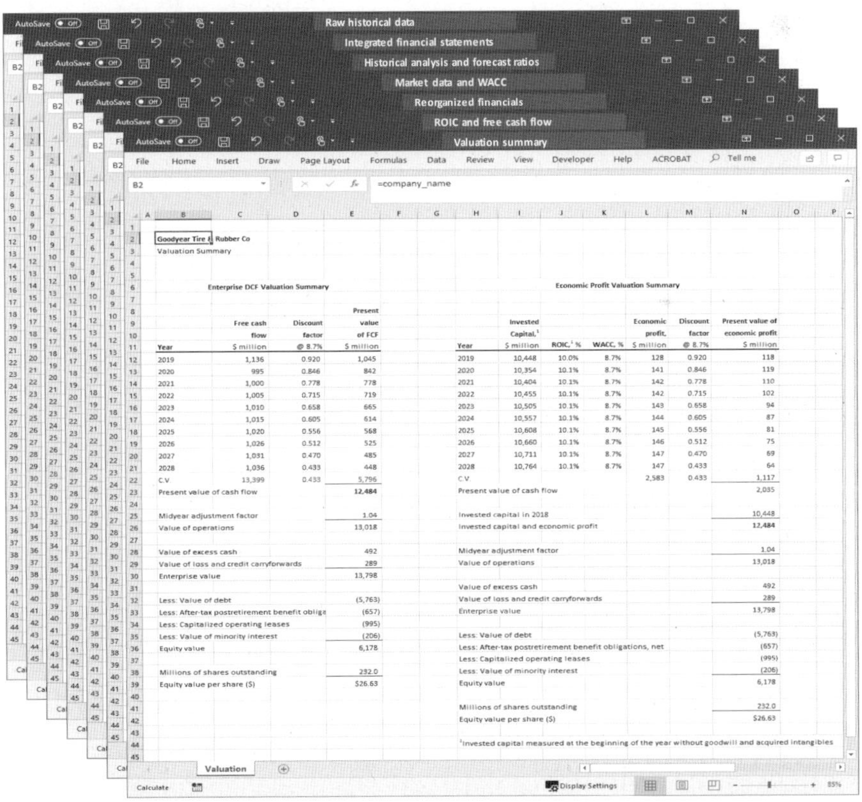

1 규모가 크고 안정적인 기업들의 경우엔 데이터 양이 매우 많을 것이다. 11장과 부록 H에서 우리는 Costco를 분석하기 위해 해당 기업의 재무제표, 법인세자료, 이연법인세 주석를 위한 스프레드시트를 따로 작성하였다.

2. 통합 재무제표: 기초 과거자료 워크시트의 숫자를 이용하여 적절한 수준의 세부 내역을 파악할 과거 재무자료를 생성한다. 보통, 영업용 그리고 비영업용 항목들은 한 항목에 같이 포함되어서는 안된다. 손익계산서는 이익잉여금을 통해 재무상태표와 연결되어야 한다. 이러한 워크시트는 과거와 추정 재무제표를 포함하게 된다.
3. 역사적 분석 및 추정비율: 재무제표의 세부 항목에 대해 미래의 비율추정 뿐만 아니라 과거 비율도 추출한다. 이러한 비율들을 이용하여 이전 시트에 포함된 추정재무제표를 산출할 수 있다.
4. 자본시장자료 및 가중평균자본비용: 모든 금융시장의 자료를 하나의 워크시트에 모은다. 이 워크시트는 베타추정, 자본비용, 부채비용 및 가중평균자본비용(WACC; Weighted Average Cost of Capital)과 아울러 회사에 대한 과거 시장가치 및 상대가치평가 배수를 포함할 것이다.
5. 재무제표의 재구성: 일단 과거 재무제표와 추정 재무제표가 모두 완성되면, NOPAT을 계산하고, 그 결과를 순이익, 투하자본 및 총 투자액 등과 대사하기 위하여 재무제표를 재구성한다.
6. ROIC 및 FCF: 투하자본이익률, 경제적 이익 및 FCF을 산출하기 위하여 5번에서 재구성한 재무자료를 활용한다. 미래 FCF는 가치평가를 위한 기본자료가 될 것이다.
7. 가치평가 요약: 이 워크시트에서는 할인된 현금흐름, 경제적 이익과 가치평가의 최종결과를 보여준다. 가치평가 요약에는 영업가치, 비영업용 자산의 가치, 비주주청구권의 가치 그리고 자기자본의 가치 등을 포함하게 된다.

잘 구축된 가치평가모델은 공통된 특징이 있다. 첫째, 원시자료 및 사용자 입력항목이 단 몇 곳에서만 이루어진다. 예를 들어, 우리는 원시자료(워크시트 1), 추정(워크시트 3) 및 자본시장자료(워크시트 4) 등 세 곳에만 입력을 허용한다. 또, 구분을 명확히 하기 위하여 원시자료와 사용자의 입력항목을 서로 다른 색상으로 표시한다. 둘째, 가능한 모든 경우 특정 워크시트의 숫자가 다음 워크시트로 연동되어야 하며, 계산을 위한 공식들이 분명한 방향성 없이 시트마다 달라서는 안 된다.[2] 원시자료는 통합재무자료에 연동되어야 하며, 통합 재무제표는 다시 ROIC 및 FCF를 산출하기 위한 계산과 연동되어야 한다. 셋째, 꼭 필요한 경우가 아니면 숫자를 결코 공식 안에 직접 기입해서는 안 된다. 직접 기입된(기입한) 숫자들은 스

---

2 데이터는 항상 한 방향으로 흐르며 순환 참조를 만들지 않도록 해야 한다. 순환 참조가 있으면 스프레드시트에서 결과를 정확하게 계산할 수 없다.

프레드시트가 점점 복잡하게 됨에 따라 잊혀질 위험이 있기 때문이다. 마지막으로 순현재가치(NPV; Net Present Value) 공식과 같이 스프레드시트 소프트웨어에 내장되어 있는 공식(Built-in formulas)의 사용을 피해야 한다. 내장되어 있는 공식은 자칫 모델의 논리를 모호하게 만들 수 있으며, 결과의 검토를 어렵게 만들 수도 있다.

추정의 작동원리

전체기업가치 현금흐름할인법(DCF; Discounted Cash Flow) 평가모델은 추정된 FCF에 기초한다. 그러나 이 장의 서두에 지적한 것처럼 FCF는 손익계산서, 재무상태표 및 이익잉여금처분계산서를 먼저 추정한 후 이를 토대로 간접적으로 산출되어야 하며, 과거 성과를 분석할 때와 동일한 방법으로 추정 FCF를 계산해야 한다 (잘 구축된 스프레드시트는 과거 실적을 분석했던 것과 동일한 공식으로 별다른 수정 없이 ROIC와 FCF를 추정할 수 있을 것이다).

추정 과정은 총 여섯 단계로 나눌 수 있다.

1. 과거 재무자료 준비 및 분석: 미래의 재무자료를 추정하기 이전에 과거의 재무자료를 모으고 분석하여야 한다.
2. 매출 추정: 거의 모든 세부항목이 직간접적으로 매출에 의존할 것이다. Top-down방식(시장 기반)이나 Bottom-up방식(고객 기반)을 선택하여 미래의 매출액을 예상할 수 있다. 추정결과는 과거 실적 및 경제전반의 사례와 비추어 무리가 없어야 한다.
3. 손익계산서의 추정: 영업비용, 감가상각, 이자수익, 이자비용 및 회계상 법인세를 추정하기 위해 적절한 경제변수를 사용한다.
4. 재무상태표 추정: 투하자본 및 비영업용자산. 재무상태표상에 영업운전 자본(순유형자산, 영업권, 비영업용자산 등)을 추정한다.
5. 투자자 재원(Investor funds)을 고려해 재무상태표 조정: 이익잉여금을 계산하고 그 밖의 자본계정을 추정함으로써 재무상태표를 완성한다. 재무상태표의 대차를 맞추기 위해 잉여현금 및 신규부채 항목을 활용한다.
6. ROIC 및 FCF 계산: 추정이 경제원칙, 산업역학 및 회사의 경쟁능력과 일치하도록 ROIC를 계산한다. 추정을 완성하기 위해 가치평가의 기본자료인 FCF를 계산한다. 미래 FCF는 과거의 FCF과 동일한 방법으로 계산되어야 한다.

매출추정에 특히 중점을 둘 필요가 있다. 스프레드시트에서 거의 모든 세부항목은 직간접적으로 매출에 연동되므로 만족스러운 매출추정이 이루어질 수 있도록 충분한 시간을 할애하여야 하며, 특히 고속성장기업의 경우 더욱 그러하다.

1단계: 과거 재무자료 준비 및 분석

추정을 시작하기 이전에 회사의 과거 재무자료를 스프레드시트에 입력하여야 한다. 이를 위해 Bloomberg, Capital IQ Compustat, Thomson ONE과 같은 전문적인 재무자료 서비스를 이용하거나 혹은 회사의 공시자료로부터 직접 재무자료를 이용할 수 있다.

전문적인 서비스는 표준화된 자료양식(즉, 몇 가지 범주로 분류된 재무자료)을 사용한다는 이점이 있다. 자료의 항목들이 회사에 따라 변하지 않으므로 표준화된 자료를 사용하는 단일한 모델로 어떠한 회사라도 분석할 수 있다. 그러나 단점 또한 존재한다. 이들이 제공하는 표준화된 항목들은 중요한 세부 항목들을 합산하여 하나의 숫자로 제공하는 경우가 많고, 이런 경우에 중요한 정보를 놓쳐버릴 수가 있다. 예를 들어, Compustat는 '영업부서 선급금'(영업자산) 및 '연금 및 기타 특별기금'(비영업자산)을 '기타자산'이라는 단일범주로 분류한다. 이 때문에 표준화된 자료만을 바탕으로 하는 모델은 가치동인의 추정에 상당한 오류를 야기시킬 수 있어 좋지 않은 가치평가로 이어질 소지가 크다.

다른 방법으로는 회사의 사업보고서 재무자료를 이용하여 모델을 구축하는 방법이 있다. 그러나 이렇게 기초자료를 직접 이용하기 위해서는 많은 수작업이 필요하다. 흔히 회사들은 재무제표를 단순화하기 위해 중요한 정보를 합산해버린다. 예를 들어, 표 13.2에 나타난 Honeywell사에 대한 재무자료를 보자. Honeywell사가 보고한 재무상태표에서 회사는 많은 항목들을 '미지급부채'라는 항목으로 합산해서 나타낸다. 재무상태표의 주석 12에서 이 항목이 보상, 급여 등 종업원과 관련된 비용 또는 환경 비용 등의 부채 등가물(debt equivalents)로 이루어져 있다는 것을 알 수 있다. 이들 각각의 평가는 다른 방법으로 이루어지기 때문에 확장재무상태표(extended balance sheet)에 항목별로 구분되어서 공시되어야 한다.

우리는 원시자료를 별도의 워크시트에서만 다룰 것을 권장한다. 원시자료 자료 시트에 재무자료를 원래 보고된 양식대로 기록하되, 다수의 자료를 하나의 셀에 합쳐서 기록해서는 절대로 안 된다. 일단 보고된 재무자료 및 주석으로부터 원시자료를 수집했으면, 손익계산서와 재무상태표, 자본변동표 및 기타포괄손익계산서(statement of accumulated other comprehensive income) 등 재무제표를 작성하기 위해 이 자료들을 이용한다. 자본변동표가 불필요한 것처럼 보이지만, 이

표 13.2 Honeywell: 재무상태표상 유동부채

$ million

	재무상태표	2017	2018
	매입채무	6,584	5,607
	단기차입금	3,958	3,586
	유동성 장기부채	1,351	2,872
⟶	미지급부채	6,968	6,859
	유동부채 총계	18,861	18,924
	주석 12: 미지급부채		
	고객 선수금과 선수수익	2,198	2,403
	보상, 급여 및 기타 종업원 비용	1,420	1,469
	석면 관련 채무	350	245
	재배치 비용	508	566
	제품 보증 채무	307	243
	환경 비용	226	175
	법인세	134	166
	이자비용	94	94
	기타 세금	277	234
	보험료	199	170
	기타(주로 영업비용)	1,255	1,094
⟶	미지급부채	6,968	6,859

출처: Honeywell International 사업보고서, 2018

는 손익계산서와 재무상태표를 연결할 때 오류검증을 위해 중요한 역할을 한다. 누적 기타포괄수익은 FCF보고서를 작성하기 위해 필요하다.

통합 재무자료를 구축하면서 중요하지 않은 세부 항목들을 모두 입력할지의 여부를 결정해야 한다. 중요하지 않은 수많은 항목들을 분석하고 추정하는 것은 오히려 오류를 발생시키고 모델을 다루기 어렵게 만들 수 있다. 표 13.2에 나타난 Honeywell사의 사례로 돌아가 보면, 미지급법인세는 Honeywell사 매출의 0.1% 미만이다.[3] 따라서 이 계정을 다른 영업채무와 합침으로써 가치평가모델을 단순화시킬 수 있다. 그러나 세부항목을 묶을 때는 결코 영업 및 비영업항목들을 단일항목에 합산해 넣지 않도록 명심한다. 두 계정이 결합되면 ROIC 및 FCF를 적절하게 계산할 수 없다.

2단계: 매출액의 추정

매출추정을 하기 위해 하향식(top-down) 접근법을 이용할 수 있는데, 이 과정을

3 이를 보상, 급여 등 미지급종업원비용과 비교해보자. 이 항목들은 미지급법인세보다 15배나 크다. 그러므로 이 항목은 다른 세부항목과 묶어서는 안된다.

통해 전체 시장의 규모를 측정하고 시장점유율을 결정한 후 가격을 추정함으로써 매출액을 추정하게 된다. 또는 상향식(bottom-up) 접근법으로써 기존 고객, 고객회전율 및 신규 고객에 대한 잠재력으로부터 회사 자체적인 수요를 추정할 수 있다. 가능하다면 두 방법을 모두 사용하여 매출액을 설정하는 것이 좋다.

하향식 접근법은 어떠한 회사에 대해서도 적용할 수 있을 것이다. 성숙된 산업에 속한 회사들의 경우 전체 시장이 느리게 성장하며 매출은 경제성장과 소비자기호의 변화와 같은 장기적 추세와 밀접하게 연결된다. 이러한 상황에서 전체 시장규모는 업종전문가에게서 추정된 전문적 추정에 의존하고 대신 경쟁에 의한 시장점유율 추정에 초점을 맞출 수 있을 것이다.[4] 이를 위해서 어떠한 회사들이 효과적으로 경쟁하여 점유율을 높일 능력과 자원을 가지고 있는지를 판단하여야 한다. 물론 이러한 분석은 과거 재무분석에서 시작하는 것이 좋다. 그러나 더 중요한 점은 회사가 미래의 경쟁에 대비하여 어떻게 포지셔닝을 하는지이다. 회사는 해당 점유율을 차지하는 데 필요한 제품과 서비스를 가지고 있는가? 다른 경쟁사들이 회사의 시장지위를 바꿀 만한 대체할 제품과 서비스를 가지고 있는가? 이러한 각 이슈의 분석이 제대로 이루어져야만 좋은 추정이다.

단기에 걸친 하향식 추정은 성장에 대한 회사의 정책과 능력을 바탕으로 구축되어야 한다. 예를 들어, Costco와 같은 대형 소매업체는 매출성장의 일차적인 동력인 신규 점포개설을 위해 잘 짜여진 계획을 가지고 있다. BP와 같은 석유회사들은 보유광구의 매장량이 측정되어 있으며, 상대적으로 고정된 양의 정유능력도 갖추고 있다. 그리고 Merck 와 같은 제약회사들은 특허 및 임상시험 중에 있는 고정된 수의 약품을 가지고 있다.

부록 H에서 Costco의 가치 평가 시 애널리스트들이 추정한 매출액을 사용하였다. 표 13.3은 한 분석가의 매출 추정치를 보여준다. 해당 추정치는 국내 매출액, 국제 매출액, 회원비, 그리고 주유소나 약국 같은 보조 사업으로 이루어져있다. Costco의 가치를 평가할 때는 지리적으로 나누어진 추정치가 중요한데 그 이유는 매장의 국적에 따라 매장 넓이당 수익과 매장당 부지 넓이가 다르기 때문이다. 이러한 세부사항은 기업 또는 업계마다 다르다. 어떤 분석가들은 고객 기업에게 거래수, 거래당 수익 평균 등의 수익 동인을 제공하기도 한다. 이처럼 기업의 성장동인을 보다 자세히 들여다보면 가치창출의 동인 또한 명확히 파악할 수 있다.

신흥 제품시장에서 하향식 접근법은 많은 도움이 되지만, 이미 성숙한 시장에 대해 분석할 때보다 더 많은 작업을 필요로 한다. 최근에 스마트 오븐 사업을 시작

4 이러한 분석전문업체에는 예로는 제약업계의 EvaluatePharma, 발전기 장비의 McCoy Power Reports, 판매시점관리 시스템 업계의 RBR 등이 있다.

표 13.3 Costco: Costco: 매출 추정치 샘플[1]

$ million

	과거			예측					
	2017	**2018**	**2019**	**2020**	**2021**	**2022**	**2023**	**2024**	**2025**
미국 국내 매출									
매장 넓이당 매출, $	1,007	1,054	1,100	1,144	1,172	1,202	1,226	1,250	1,275
× 매장당 넓이	147	147	147	147	148	148	148	148	148
× 매장 수	514	527	543	558	566	574	582	590	598
= 미국 국내 매출	76,087	81,652	87,803	93,838	98,176	102,112	105,603	109,150	112,843
국제 매장									
매장 넓이당 매출, $	904	958	968	997	1,027	1,058	1,089	1,122	1,156
× 매장당 넓이	142	142	144	144	144	144	144	144	144
× 매장 수	225	233	236	244	252	260	268	276	284
= 국제 매출	28,883	31,696	32,897	35,031	37,268	39,612	42,027	44,593	47,276
회원비									
회원당 회원비 평균	32	33	34	35	35	36	37	38	38
× 회원 수	90	94	99	102	104	108	110	114	116
= 회원비	2,853	3,140	3,349	3,539	3,682	3,899	4,048	4,286	4,443
보조 사업[2]	21,400	24,900	28,600	30,900	33,400	36,100	39,000	42,100	45,500
총 매출액	129,223	141,389	152,649	163,308	172,525	181,723	190,677	200,129	210,061

[1] 데이터를 캘린더 형식으로 정리해 타 기업과의 비교를 용이하게 하였다. Costco의 회계년도는 8월 31일에 끝난다.
[2] 보조 사업은 주유소, 약국, 안경점, 푸드 코트, 보청기점 등을 포함한다.
출처: Trefis, "Costco," November 2019.

한 June Life를 예로 들어보자. 해당 기업의 스마트 오븐은 토스터, 건조기, 전기 찜솥 기능이 하나에 들어간 복합가전으로 광고되었다. 오븐과 병행해 사용하는 스마트폰 앱으로는 멀리서 오븐을 조작하거나, 남은 시간을 보거나, 심지어는 현재 요리중인 음식의 영상을 볼 수도 있다.

과거 기록이 없는 이 기업의 이 신제품의 시장 진출력을 어떻게 추정할 것인가? Black & Decker나 Cuisinart와 같이 기존 기업을 분석하는 데에서 시작할 수도 있다. 다양한 기능을 가진 스마트 오븐이 기존 오븐보다 더 많은 고객을 확보할 것인지, 높은 가격으로 인해 고객 확보에 어려움을 겪을 것인지를 분석하는 것이다. 그 다음으로, 신모델이 얼마나 빨리 기존시장에 침투하는지에 대해 예측한다. 이를 위해서는, 기존의 제품들에서 발생하였던 고객 이동 속도, 예를 들어 음성전화기에서 스마트폰으로의 고객이동 속도를 살펴본다. 예측을 보다 정확히 하기 위해서는 침투율을 결정하는 시장별 특성에 대한 분석도 필요하다. 그 다음으로, 신종모델에 적합한 가격과 운영마진에 대해 평가한다. 얼마나 많은 회사들이 이런 제품을 개발하고 있는가? 그리고 신종모델과 관련된 시장이 얼마나 경쟁적일 것인가? 이런 분석에서는 질문이 많을 수밖에 없다. 결국 핵심은 이런 수많은 질문들을 잘 정리해서 분석에 반영하고, 비교가능한 시장에 대한 과거자료를 최대한 활용하는 것이다.

하향식 접근법이 전체 시장에서 시작하여 침투율, 가격변화 및 시장점유율을 추정하는 것인 반면, 상향식 접근법은 고객수요 추정에 의존한다. 일부 산업에서 고객은 자신의 매출을 추정하여 공급자들에게 자신의 구매계획에 관한 개략적인 정보를 제공하고 있다. 이렇게 고객들이 제출한 구매계획을 집계함으로써 현재의 고객기반으로부터 예상되는 단기적 매출을 결정할 수 있다. 다음으로 고객회전율을 예상한다. 고객회전이 상당한 경우 예상매출의 일부를 제거해야 한다. 마지막 단계로 회사가 얼마나 많은 신규 고객을 유인할 수 있는지 그리고 그러한 신규 고객들이 얼마나 매출에 기여할지를 추정한다. 결과적으로 상향식 추정은 신규 고객과 기존 고객으로부터의 매출을 합산하는 것이다.[5]

어떤 추정방법을 사용하는가와 관계없이, 장기에 걸친 매출을 추정하는 것은 부정확하다. 고객선호, 기술 및 기업전략이 변화하고 있고, 이러한 변화는 예상하기가 어려우며 생각보다 빈번하게 발생하는데, 이것은 시장에서의 승자와 패자를 가르는 데 크게 영향을 미친다. 따라서 현재 추정이 산업역학, 경쟁적 포지셔닝 및 기업성장에 대한 역사적인 증거와 일치하는지의 여부를 항상 재평가하여야 한다. 매출 추정에서 확신이 부족하면 불확실성을 모델화하기 위해 다수의 시나리오를 이용하자. 이렇게 하는 것은 추정의 경계를 설정할 뿐만 아니라 회사의 경영진이 더 좋은 의사결정을 하도록 도울 수도 있다. 시나리오 분석에 관한 구체적인 내용은 16장에서 다룰 것이다.

3단계: 손익계산서 추정

매출추정이 준비된 경우, 다음으로 손익계산서와 관련된 개별 항목들을 추정한다. 세부 항목을 추정하기 위해서는 다음 세 단계를 따른다.

1. 어떤 요인이 세부항목의 결과를 경제적으로 결정하는지 판단한다: 대부분의 세부항목에 대한 추정은 매출과 직접적으로 연결될 것이며, 일부 세부항목들은 경제적으로 특정한 자산(또는 부채)과 연결될 것이다. 예를 들어, 이자수익은 통상적으로 예금과 유가증권에 의해 생긴다. 이러한 경우 이자수익의 추정은 예금과 유가증권과 연결되어야 한다.

---

5 고객 확보/유지 통계를 이용한 기업 평가에 대해 더 자세히 알고 싶다면 Daniel McCarthy, Peter Fader, and Bruce Hardie, "Valuing Subscription-Based Businesses Using Publicly Disclosed Customer Data," *Journal of Marketing* 81, no. 1 (2018): 17–35.를 참조한다.

2. 손익비율 등을 추정한다: 손익계산서 각 항목에 대해 각 비율에 대한 역사적 값과 각 추정기간에 대한 추정치를 계산한다. 모델을 적절하게 작동시키기 위해 우선 전년도 값과 동일한 비율로 추정치를 설정한다. 모델은 기업의 세부적인 사항이 추가되면서 변할 수 있다. 제대로 작동하는 모델을 만드는 것이 중요하다. 일단 전체 모델이 완성되면, 추정 페이지로 돌아가서 가장 적합한 추정치를 입력한다.
3. 연동되는 해당 항목의 추정치로 해당 추정비율을 곱한다: 대부분의 항목들이 매출에 연동된다. 따라서 매출원가율과 같은 대부분의 추정비율은 매출 추정치에 곱해 매출원가 등 원하는 항목의 추정치를 산출하여야 한다. 매출 추정이 중요한 이유가 여기에 있다. 즉, 매출추정에서 어떠한 오류가 발생하면 이는 전체 모델의 값에 영향을 미칠 것이다. 다른 비율들도 마찬가지로 각각의 연동되는 항목에 곱해져야 한다.

표 13.4에서는 가상 회사의 손익계산서를 보여주고 있는데, 과거 부분에서는 과거 실적 손익계산서를 보여주고 미래 부분에서는 추정 손익계산서를 보여주고 있다. 추정을 위한 3단계 과정을 나타내기 위해 매출원가를 추정하되, 첫 단계에서 매출의 함수로 과거의 매출원가율을 계산한다. 그 다음 매출에 대한 과거 매출원가율을 계산하면 37.5%가 나온다. 단순화하여, 다음 연도의 비율도 우선 37.5%

표 13.4 손익계산서 부분 추정

추정 워크시트

%	2019	추정 2020
매출성장률	20.0	20.0
매출원가/매출액	37.5	37.5
판관비/매출액	18.8	
감가상각비$_t$/순유형자산$_{t-1}$[1]	9.5	

1단계: 추정변수 선정 및 과거 비율 계산

2단계: 추정 비율 산정

손익계산서

$ million	2019	추정 2020
매출액	240.0	288.0
매출원가	(90.0)	(108.0)
판관비	(45.0)	
감가상각비	(19.0)	
EBITA	86.0	
이자비용	(15.0)	
이자수익	2.0	
영업외수익	4.0	
세전이익 (EBT)	77.0	
법인세	(18.0)	
순이익	59.0	

3단계: 추정 비율에 다음 연도의 매출 추정치를 곱한다.
(또는 해당 추정변수를 곱한다).

[1] 순유형자산 (net property, plant, and equipment.)

로 동일하게 설정한다. 마지막으로 다음 연도의 매출추정에 추정된 비율을 곱한다. 즉, 37.5% × 2억 8,800만 달러 = 1억 800만 달러이다.

20%(매출액과 동일한 성장률)로 매출원가를 증가시켜 매출원가를 추정하지 않았다는 점에 주목하자. 이 두 방법은 최초에는 동일한 값이 나오겠지만, 후자의 경우 유연성을 극적으로 감소시킨다. 우리는 매출액 대비 추정비율 방법을 이용하였기 때문에 매출추정을 변화시키거나(그리고 매출원가율 자체가 단계적으로 변화할 수 있음) 아니면 적용비율을 변화시킬 수 있다(예를 들어 잠재적인 원가율의 개선을 반영하기 위해). 그러나 매출원가를 직접적으로 증가시킨다면, 매출원가의 성장률만 변화시킬 뿐이다.

표 13.5는 가장 전형적인 재무제표 세부 항목들에 대한 추정변수와 추정비율을 나타낸다. 그러나 추정변수에 대한 적절한 선택은 회사 및 관련 산업에 따라 다르다.

상장기업의 모델을 비롯한 대부분의 평가모델들은 기업의 재무제표에서 얻은 비율로 평가를 진행한다. 만약 추정에 도움이 될만한 다른 데이터를 갖고 있다면 이를 포함시켜야 한다. 예를 들어, UPS와 같은 운송 업체의 경우, 연료비 등의 데이터는 바로 수익률과 연결시킬 수 있다. 정교한 평가 모델이라면 연료비를 연료비용 또는 배달한 품목 수와 묶을 수도 있을 것이다. 하지만 이렇게 새로운 데이터를 포함시킬 때엔 주의가 필요하다. 새로운 데이터를 넣으면 추정이 더 현실성을 띄게 되지만, 복잡성 또한 늘어나기 때문이다. 현실성과 심플함 사이의 균형을 잘 맞추어야 실력 있는 분석가라고 할 수 있다.

영업비용 매출원가, 판매관리비 및 연구개발비와 같은 손익계산서상 각 영업비용에 대해서는 매출을 기준으로 추정하도록 권장한다. 대부분의 경우 영업비용에 대한 추정과정은 간단하다. 그러나 11장에서 설명한 바와 같이, 손익계산서는 때에 따라 영업비용에 일부 비영업 항목들을 포함한다. 추정을 시작하기 전에, 재무제표를 재구성하여 지속되는 비용과 일시적 비용을 구분하여야 한다.

감가상각 감가상각을 추정하기 위해서는 세 가지 방식이 있다. 매출의 비율이나 순유형자산 대비 비율로 감가상각비를 추정할 수 있다. 대상회사 내부에서 업무를 하는 경우 장비구매액 및 감가상각명세표를 바탕으로 감가상각을 추정할 수도 있다.

첫 번째 방법으로도 감가상각을 매출에 연결시킬 수 있지만, 추정변수로 유형자산을 이용하면 더 좋은 결과가 나올 것이다. 실례로 몇 년마다 대규모 자본지출이 있는 회사를 고려해보자. 감가상각은 특정한 자산에 직접적으로 연결되어 있으

표 13.5 손익계산서의 일반적 추정변수

	영업항목	일반적 추정요인	일반적 추정비율
영업항목	매출원가(COGS)	매출액	COGS/revenue
	판매 및 일반관리비(SG&A)	매출액	SG&A/revenue
	감가상각비	전년도 순유형자산	감가상각비$_t$ / 순유형자산$_{t-1}$
영업외항목	영업외수익	해당 비영업용 자산	영업외수익/비영업용 자산 또는 비영업수익 성장률
	이자비용	전년도 차입금 총계	이자비용$_t$ / 차입금총계$_{t-1}$
	이자수익	전년도 과다보유현금	이자수익$_t$ / 과다보유현금$_{t-1}$

므로 자산취득이 늘어야만 감가상각이 증가할 것이다. 그러나 만일 감가상각이 매출액과 연결되어 있다면, 자본적 지출이 이루어지지 않을 때에도 매출이 성장함에 따라 감가상각이 증가하는 오류를 범하게 될 것이다.

유형자산을 추정변수로 이용하는 경우, 총유형자산보다는 순유형자산에 감가상각을 연동시킨다. 원칙적으로는 감가상각이 총유형자산에 연동되는 것이 옳다. 왜냐하면, 연도별 자산 감가상각액은 총유형자산을 자산의 기대내용연수으로 나눈 값이기 때문이다(정액상각의 경우). 그러나 감가상각을 총유형자산에 연동시키려면 총자산에서 추정한 상각자산을 지속적으로 제거시켜야 한다. 특히 자산이 완전히 감가상각되는 때에는 총유형자산에서 완전히 제거되어야 하는데, 그렇지 않으면 상각 완료 후에도 감가상각(그리고 절세효과)을 과다계상하게 될 것이다.

회사 자산에 관해 상세한 내부적 정보를 가지는 경우, 공식적인 감가상각표를 도출할 수 있다. 각 자산에 대해 적절한 감가상각명세표, 자산의 내용연수 및 잔존가치를 이용하여 감가상각액을 추정한다. 회사 전체적인 감가상각을 결정하기 위해 각 자산의 연도별 감가상각을 합산하자.

표 13.6에는 손익계산서상 남아 있는 기타 손익항목들과 감가상각의 추정액이 나타나 있다.

영업외수익 영업외수익은 고객금융, 비합병 자회사 및 기타 지분투자와 같은 비영업 자산에 의해 발생된다. 비합병 자회사 및 기타 지분투자에 대한 평가에 있어서, 얼마나 많은 정보가 공개되어 있는가에 따라 영업외 수익은 보통 FCF와는 별개이며 해당하는 비영업 자산은 주 영업과는 다르게 평가되므로, 이 추정치는 주 영업 평가에 영향을 끼치지 못할 것이다. 대신, 영업외 수익을 추정하는 주목적은 현금흐름을 계획하고 주당 수익을 평가하기 위함이다.

비합병 자회사 및 기타 지분투자에 대한 평가에 있어서, 얼마나 많은 정보가 공

표 13.6 추정 손익계산서의 완성

추정 워크시트 %	2019	추정 2020	손익계산서 $ million	2019	추정 2020
매출성장률	20.0	20.0	매출액	240.0	288.0
매출원가/매출액		37.5	매출원가	(90.0)	(108.0)
판관비/매출액		18.8	판관비	(45.0)	(54.0)
감가상각비$_t$/순유형자산$_{t-1}$ [1]		9.5	감가상각비	(19.0)	(23.8)
			EBITA	86.0	102.3
이자율			지급이자	(15.0)	(13.8)
이자비용	5.4	5.4	이자수익	2.0	1.2
이자수익	2.0	2.0	비영업수익	4.0	5.3
			세전이익 (EBT)	77.0	95.0
영업외항목					
영업외수익 성장률	33.3	33.3	법인세	(18.0)	(22.2)
			순이익	59.0	72.7
Taxes					
영업세율	23.4	23.4			
법정세율	24.0	24.0			
평균세율	23.4	23.4			

개되어 있는가에 따라 추정방법론은 달라진다. 모기업이 20% 미만을 소유하는 투자에 대하여 모회사는 단지 수익배당금 및 자산매각만을 계상한다. 비영업자산은 취득원가로 기록되는데, 매각 시까지 금액이 변하지 않고 그대로 남아 있다. 이러한 투자의 현금흐름을 추정하는 데에는 전통적인 변수들을 이용할 수 없다. 대신 비영업 수익의 역사적인 성장을 조사하거나, 정보가 공개되어 있는 비교대상 회사의 매출 및 이익(지분투자에 대해 비교가능한)을 조사함으로써 미래의 비영업 수익을 추정한다.

20%를 초과하는 비합병 자회사에 대해서 모기업은 아직 배당 전이라도 자회사의 이익을 인식한다. 또한 자회사의 이익잉여금이 성장함에 따라 모회사에 기록된 자산도 성장한다. 따라서 비영업 수익성장률을 추정하거나 산업역학 및 자회사의 경쟁적 위치를 바탕으로 투자수익률(해당 비영업 수익/적절한 비영업 자산)을 추정함으로써 비합병자회사 투자로부터의 미래 수입을 추정할 수 있다.

이자비용 및 이자수익 이자비용(수익)은 비용(수익)을 발생시키는 부채(자산)에 직접 연동되어야 한다. 이자비용에 대한 적절한 변수는 총부채이다. 그러나 총부채는 이자비용의 함수이며, 총부채와 이자비용은 서로 순환하며 영향을 미친다. 이를 살펴보기 위해 영업비용의 상승을 고려해보자. 회사가 부채를 이용하여 단기적인 자금을 조달하는 경우, 이자비용의 부담으로 이익은 더 낮아지고, 여기서 또 다시

표 13.7 과거 재무상태표

$ million

자산	2018	2019	부채 및 자기자본	2018	2019
영업용 현금	5.0	5.0	**매입채무**	15.0	20.0
과다보유현금	100.0	60.0	단기차입금	200.0	178.0
재고자산	35.0	45.0	유동부채	215.0	198.0
유동자산	140.0	110.0			
			장기차입금	80.0	80.0
순유형자산	200.0	250.0	이익잉여금	145.0	182.0
지분투자	100.0	100.0	부채 및 자기자본 총계	440.0	460.0
자산총계	440.0	460.0			

초래된 자금부족을 메우기 위해 총부채는 더 증가할 것이다. 이렇게 증가된 부채부담은 이자비용을 상승시키고 이익을 한층 더 하락시킨다. 더 낮은 이익은 다시 한 번 더 많은 부채를 필요로 한다. 이러한 복잡한 피드백 효과를 피하기 위해 이자비용을 전년도의 부채부담을 기준으로 계산한다. 이러한 단순한 방법이 모델을 단순화하고 추정오류를 최소화할 것이다.[6]

이자비용을 추정하기 위해서는 과거 손익계산서와 재무상태표가 필요하다. 표 13.7는 가상회사의 재무상태표를 보여준다. 추가적인 이자비용을 추정하기 위하여 2019년 이자비용(1500만 달러)을 2018년의 총부채(2억 달러의 단기부채와 8천만 달러의 장기부채를 합하여 나오는 2억 8천만 달러)로 나눈다. 이 비율은 5.4%다. 2020년의 이자 비용을 추정하기 위해 추정된 추정이자율(5.35%)을 2019년의 총부채(2억 5천 8백만 달러)에 곱하여 1천3백80만 달러의 추정이자비용을 계산한다. 기업의 영업수익이 증가하면서 총부채가 감소하고 있으므로 매출이 상승하는 동안에도 이자비용이 하락하는 것에 주목하자.

이자비용의 추정을 위해 과거 이자율을 이용하는 것은 단순하고 명료한 추정방법이다. 그리고 이자비용은 FCF에 포함되는 부분이 아니므로, 이자비용의 추정방법 선택은 회사의 가치평가에 영향을 미치지 않을 것이다(FCF만 가치에 영향을 미친다. 부채비용은 WACC의 부분으로서 모델에 포함된다).[7] 그러나 회사의 재무구조가 추정의 중요한 부분일 때에는 부채(그리고 이자비용)를 기존 부채 및 신규 두 분류로 나눈다. 상환 시까지 기존부채는 과거 이자율에 따라 이자비용을 산출한다. 반면, 신규부채를 바탕으로 한 이자비용은 현재의 시장금리로 계산되는데 관련자

6 만일 전년도의 부채 배수와 현재의 이자비용을 사용하여 이자비용을 추정하였다면, 매년 부채의 규모가 크게 변하는 회사의 경우 그 오차가 가장 크게 나타날 것이다.

7 WACC를 기초로 한 평가 모델에서는 부채 비용, 그리고 이와 관련된 절세혜택이 모두 자본비용에 포함되어 있다. APV 모델에서는, 절세혜택은 이자비용 추정을 통해 따로 평가된다.

료는 데이터 서비스업체에서 확인할 수 있다. 경영진이 특정한 만기를 정하지 않은 경우에는 회사의 현존 채권에 대한 평균상환기간을 유지하는 것으로 가정한다. 따라서 추정 이자비용은 동일 등급 유사 상환기간 회사채의 금리를 이용하여 계산한다.

이자수익은 수익을 창출하는 자산을 바탕으로 한 수익추정과 동일한 방법으로 추정한다. 이자수익은 과다보유 현금, 단기투자자산, 고객금융 및 기타 장기투자자산을 포함하여 서로 다른 많은 투자로부터 창출될 수 있다는 점에 유의하자. 주석에서 이자수익과 이자수익을 창출하는 자산 사이에 역사적인 관계를 구체적으로 기술하고 있으면(그리고 그 관계가 중요하면), 각 자산별로 별도로 추정하도록 한다.

법인세 세전이익의 비율로 법인세를 추정하지 않아야 한다. 만약 그렇게 추정하면, 추정년도의 ROIC와 FCF가 레버리지 효과로 변하게 될 것이며 비영업 수익도 변할 것이다. 그 대신, 먼저 이자비용, 법인세, 무형자산상각비 차감전 이익(EBITA: earnings before interest, taxes, and amortization)에 대한 영업 법인세를 추정하고 비영업 법인세를 조정한다. 손익계산서에서 법인세를 계산하는 데 이 조정값을 사용한다.

표 13.8은 법인세의 추정과정을 보여준다. 2020년의 영업관련 세금을 산출하기 위해, EBITA에 영업세율(24.4%)를 곱한다. 앞에서 2020년 EBITA는 1억 2백30만 달러로 추정했다. 법정세율을 사용하여 영업관련 법인세를 추정해서는 안 된다. 많은 회사들은 낮은 외국 세율과 영업관련 세금공세 때문에 그들이 소재한 지역의 법정세율보다 낮은 세율로 세금을 납부한다.[8] 영업관련 공제를 인식하지 않는 것은 FCF 추정에 실수를 일으킬 수 있게 한다. 또한 만약 과거 세율로 미래 세율을 추정한다면, 이는 암묵적으로 이런 특수한 인센티브가 EBITA와 같이 성장한다고 가정하는 것이다. 만약 이러한 경우가 아니라면, EBITA는 한계세율로 과세되어야 하며 세금공제는 하나하나씩 추정되어야 한다.

다음은, 비영업 법인세를 추정한다. 이러한 세금은 FCF의 일부분이 아님에도 불구하고 면밀하게 추정하면 미래 당기순이익과 현금 수요를 정확히 이해할 수 있다. EBITA와 세전이익 사이의 각 항목을 추정하기 위하여 그 항목에 관련된 한계세금을 산출한다. 만약 회사가 각 항목의 한계세율을 공시하지 않는다면 법정세율을 사용한다. 표 13.8에서는, 누적 순 비영업비용(2020년 730만 달러)에 한계세율인 24%를 곱한다. 각 항목의 한계 소득세율이 같기 때문에 이렇게 할 수 있다. 비

8 법정세율, 유효세율, 그리고 영업 세율의 차이에 대한 자세한 논의는 20장을 참고하라.

표 13.8 회계적 법인세의 추정

$ million

	2019	추정 2020
영업법인세		
EBITA	86.0	102.3
× 영업법인세율	23.4%	23.4%
= 영업법인세	20.2	24.0
영업외법인세		
지급이자	(15.0)	(13.8)
이자수익	2.0	1.2
비영업수익	4.0	5.3
순영업외수익(비용)	(9.0)	(7.3)
× 한계수익	24.0%	24.0%
= 영업외법인세	(2.2)	(1.8)
법인세[1]	18.0	22.2

1. 수익 세금 공제는 영업 세금과 비영업 세금을 합한 값과 같다.

영업 항목들에 대한 한계세율이 다를 때에는 각 항목별 비영업 세금을 추정한다.

2020년 법인세를 산출하기 위해, 영업 법인세(2,400만 달러)와 비영업 법인세(-180만 달러)를 합산한다. 이제 FCF와 ROIC의 미래가치가 레버리지 효과로 변하지 않게 계산된, 회계적 법인세 2천 2백 20만 달러의 추정치를 알아냈다.

4단계: 재무상태표 추정 : 투하자본 및 비영업 자산

재무상태표를 추정하려면 우선 투하자본 및 비영업자산을 추정한다. 그러나 과다보유 현금 또는 (부채 및 자본과 같은) 자금조달의 원천을 추정하지는 않는다. 과다보유 현금 및 자금조달의 원천은 별도의 조치들을 필요로 하며 이것은 5단계에서 다루어질 것이다.

재무상태표를 추정할 때, 직면하게 되는 첫 번째 문제는 재무상태표 개별 항목들을 직접(Stock, 저량개념으로) 추정할 것인지 아니면 변화를 추정함으로써 간접적으로(Flow, 유량개념으로) 추정할 것인지의 여부이다. 예를 들어, Stock 접근법은 연말 매출채권을 매출액의 함수로 추정하며, Flow 접근법은 매출채권의 변화를 매출성장의 함수로 추정한다. 우리는 Stock 접근법을 선호한다. 재무상태표 계정들과 매출(또는 다른 거래액 측정치)의 관계는 재무상태표 계정의 변화와 매출액 변화 사이의 관계보다 더 안정적이다. 표 13.9에 나타난 사례를 살펴보자. 매출에 대한 매출채권의 비율은 9.52%와 10.1% 사이의 좁은 폭 내에서 유지되는 한편, 매출변화에 대한 매출채권의 변화율은 -1%에서 16%의 범위 내에서 발생하

표 13.9 잔액(Stock) 접근법과 흐름(Flow) 접근법

	1차년도	2차년도	3차년도	Year 4
매출액, $	1,000	1,100	1,200	1,300
매출채권, $	100	105	121	120
잔액(Stock) 접근법				
매출액 대비 매출채권 비율, %	10.0	9.5	10.1	9.2
흐름(Flow) 접근법				
매출액 변동 대비 매출채권 변동 비율, %		5.0	16.0	(1.0)

표 13.10 재무상태표의 일반적 추정변수

	세부항목	일반적 추정변수	일반적 추정비율
영업항목	영업용 운전자본		
	매출채권	매출	매출채권/매출액
	재고자산	매출원가	재고자산/매출원가
	매입채무	매출원가	매입채무/매출원가
	미지급비용	매출액	미지급비용/매출액
	순유형자산	매출액 또는 판매수량	순유형자산/매출액
	영업권과 인수한 무형자산	인수한 매출	영업권과 인수한 무형자산/인수한 매출
영업외항목	비영업용 자산	없음	비영업용 자산 증가율
	퇴직연금자산 또는 부채	없음	0으로 수렴
	이연법인세	영업법인세 또는 해당 재무상태표 항목	영업 관련 이연법인세 증감/영업법인세 또는 연법인세/해당 재무상태표 항목

여 의미가 있기에는 너무 범위가 넓다.

표 13.10는 가장 전형적인 개별 항목들을 위한 추정변수들 및 추정비율들을 요약한 것이다. 영업 항목 중 가장 중심이 되는 항목은 영업용 운전자본, 순유형자산과 같은 장기자본, 그리고 인수와 관련된 유형자산의 3가지이다. 비영업 항목은 비영업자산, 퇴직연금, 이연법인세 등을 포함한다. 각 항목에 대해서는 뒤에서 살펴본다.

영업용 운전자본 재무상태표를 작성하려면 우선 매출채권, 재고, 매입채무 및 미지급비용 등과 같은 영업용 운전자본 내 항목들을 추정해야 한다. 영업용 운전자본에는 과다보유 현금(사업운영에 필요하지 않은 현금), 단기부채 및 미지급배당금과 같은 재무 항목들을 배제한다는 점을 기억하자.

영업용 운전자본을 추정할 때 매출액 대비 비율이나 매출채권 회전율로 대부분

의 항목들을 추정한다.[9] 예외가 있을 수 있다면 재고 및 매입채무이다. 이 두 계정은 매입가격과 연결되므로 매출액 대신(매입가격에 연결된) 매출원가의 비율로 추정한다.[10] 존재할 수 있는 손익계산서와 재무상태표 사이의 다른 연결고리를 찾아본다. 예를 들어, 미지급급여 등은 급여 및 복리후생의 일부로 계산된다.

표 13.11는 영업용 운전자본, 장기운전자산 및 비영업용 자산(투자자의 자금은 나중에 상세히 설명될 것이다)을 나타낸 가상 기업의 재무상태표이다. 모든 운전자본 항목은 날짜수로 추정되어 이중 대부분이 매출을 이용하여 계산된다. 영업현금은 매출액의 7.6일 (days), 재고자산은 매출액의 182.5일, 그리고 매입채무는 매출의 81.1일로 추정된다. 영업과 더욱 밀접한 연관을 위해 우리는 일수로 추정한다. 예를 들어 경영진이 재고보유기간을 180일에서 120일로 감축시킬 의도를 발표하면, 추정을 직접 조정함으로써 가치변화를 계산할 수 있다.

유형자산 Stock 및 Flow 개념에 관한 앞선 설명대로, 순유형자산은 매출액비율로 추정된다. 보편적인 대안은 매출대비 비율로 자본적 지출을 추정하는 것이다.[11] 그러나 이 방법은 너무나 쉽게, 의도하지 않았던 자본회전율(매출에 대한 순유형자산의 비율)의 증가 또는 하락으로 이어진다. 장기간을 놓고 볼 때 매출에 대한 회사의 순유형자산 비율은 상당히 안정적인 경향이 있으므로 유형자산에 대해 다음과 같은 세 단계의 접근법을 선호한다.

1. 매출액 대비 비율로 순유형자산을 추정
2. 총 또는 순유형자산의 비율로 감가상각비를 추정
3. 순유형자산과 감가상각비를 합하여 자본적 지출을 계산

자본적 지출을 추정하는 방법으로 표 13.11에 나타난 방법을 이용한다. 2019년 순유형자산은 매출의 104.2%였다. 이 비율이 2020년에도 동일하게 유지된다고 가정하면, 순유형자산은 3억달러가 될 것이다. 자본적 지출을 추정하기 위해 2019년부터 2020년까지의 순유형자산의 증가액을 계산하고 표 13.6로부터 2015년 감가상각비를 더한다.

---

9 매출채권 회전율을 계산하기 위해, 매출액 비율에 365를 곱한다. 예를 들어, 만약 매출채권이 매출의 10%에 해당할 경우, 이는 매출채권 회전율이 36.5로 나타난다. 평균적으로 회사는 36.5일 안에 매출채권으로부터 현금을 회수한다.

10 실제로는 통상 매출액을 이용하여 각 운전자본 항목을 추정함으로써 모델을 단순화한다. 가격이 단위당 원가에서 현저하게 벗어날 것으로 예상될 때에만 그 구분이 중요하다.

11 정유사를 비롯한 어떤 기업들은 데이터에 단위수(Units)를 기재할 것이다. 이런 경우에는 매출 대신 단위를 이용해 장비 구매를 추정하도록 하자.

표 13.11 재무상태표의 부분 추정

추정 워크시트

추정비율	2019	추정 2020
운전자산		
영업현금, 일수(매출액 기준)	7.6	7.6
재고자산, 일수(매출원가 기준)	182.5	182.5
매입채무, 일수(매출액 기준)	81.1	81.1
비유동자산		
순유형자산/매출액, %	104.2	104.2
비영업용 자산		
지분투자 증가율, %	0.0	0.0

재무상태표

$ million	2018	2019	추정 2020
자산			
영업용 현금	5.0	5.0	6.0
과다보유현금	100.0	60.0	
재고자산	35.0	45.0	54.0
유동자산	140.0	110.0	
순유형자산	200.0	250.0	300.0
지분투자	100.0	100.0	100.0
자산총계	440.0	460.0	
부채 및 자본			
매입채무	15.0	20.0	24.0
Short-term debt	200.0	178.0	
유동부채	215.0	198.0	
장기부채(debt)	80.0	80.0	
이익잉여금	145.0	182.0	
부채 및 자본 총계	440.0	460.0	

자본적 지출 = 순유형자산 2020 − 순유형자산 2019 + 감가상각비 2020
= 3억 달러 − 2억 5,000만 달러 + 2,380만 달러
= 7,380만 달러

성장률이 낮고 자본효율성이 개선될 것으로 선방되는 회사들은 결과적으로 마이너스의 자본적 지출이 예상되기도 하는데(자산매각을 의미), 이는 현금흐름상으로는 현금의 증가로 이어진다. 장부상 가격대로 자산매각이 이뤄질 수도 있지만, 이는 별로 가능성이 없다. 이런 경우에는 매각으로 인한 현금흐름을 신중하게 측정한다.

영업권과 인수무형자산 기업인수를 위해 회사가 지급한 금액이 대상 회사의 장부상 가액을 초과할 때 인수회사는 그 차액을 영업권과 취득한 무형자산으로 기록한다.[12] 우리는 기업인수의 잠재력을 명시적으로 모델화하지 않도록 선택하였으므로, 기업인수로부터의 매출 성장이 0과 같다고 설정하며 현재 수준에서 영업권이 일정하게 유지되는 것으로 가정한다. 전형적인 기업인수가 가치를 창출해내지 못했다

12 이 장에서는 취득한 무형자산에 대해서만 설명한다. 자본투자나 유형자산 예측에 사용되는 방법을 이용하여 자본화된 소프트웨어와 취득한 판매계약과 같은 무형자산에의 투자를 추정하라.

는 실증적 연구들로 인해 우리는 이러한 접근법을 선호한다(시너지는 높은 인수 프리미엄을 통해 매도자에게 이전된다). NPV가 0이 되는 투자는 회사의 가치를 증가시키지 않을 것이므로 기업인수의 가치를 추정하는 것은 불필요한 일이다. 사실상, 회사의 현재 재무적 결과와 인수부문이 결합하여 얻어질 성장을 추정함으로써 기업인수의 가치에 관해 내재적인(그리고 흔히 숨어 있는) 가정을 만든다. 예를 들어, 인수된 매출액에 대한 영업권 가치보다 인수로 인하여 성장한 현금흐름의 현재가치가 더 커서 양(+)의 NPV를 나타내면 (이러한 훌륭한 인수 사례는 찾기 어렵겠지만) 결과적으로 회사의 가치를 극적으로 증가시킬 수 있을 것이다.

기업인수의 효과를 평가하기로 결정한 경우, 이 인수가 미래의 매출성장에 얼마나 기여할지를 우선 평가한다. 예를 들어 기업의 내재적 경쟁력으로 5%의 성장을 이루고, 기업인수를 통하여 5% 성장을 달성해 연간 10% 성장할 계획을 밝힌 1억 달러 매출의 회사를 살펴보자. 이 경우 인수로 인한 매출대비 영업권과 인수무형자산의 역사적 비율을 측정하고 인수로 인한 매출액에 그 비율을 적용한다. 예를 들어, 회사가 과거 매 1달러의 매출액을 인수하기 위해 영업권으로 3달러를 증가시켰다고 가정하자. 인수매출액이 500만 달러가 될 것으로 예측되는 상황에서는 조금 전 가정한 3배수에 의하여 1,500만 달러의 영업권을 계상하게 될 것이다. 이렇게 모델을 가정한 다음에도 인수된 성장률을 변화시켜 보고 이것이 회사의 가치변화에 미치는 영향을 관찰함으로써, 모델의 유의성에 대한 현실성 검증을 반드시 수행하여야 한다. 이 결과가 이 기업의 최근 기업인수의 사례 및 시장 전체적인 경험과도 어긋나지 않는지 확인하자.

비영업용 자산, 퇴직연금 및 이연법인세 다음으로 비영업용 자산(비합병 자회사 및 지분투자 등), 기존 부채 및 자본 등가물(연금 및 이연법인세 등)을 추정한다. 많은 비영업 항목들의 가치평가는 현금흐름 할인법 이외의 방법을 통하여 가치가 평가되기 때문에(16장 참조), 이러한 항목들의 추정은 가치평가를 위해서가 아니라 재무계획과 현금관리의 목적으로만 이뤄진다. 예를 들어, 미적립연금을 살펴보자. 경영진이 향후 5개년에 걸쳐 미적립연금을 50% 감축시킬 계획을 발표한다고 가정해보자. 이 경우 미적립연금을 평가하기 위해 향후 5개년에 걸친 현금유출의 추정액을 할인하면 안된다. 대신 연금에 대해 주석에 나타나 있는 현재의 보험회계상 평가부족액을 이용한다. 연금부족액의 감소율은 기업의 가치평가에 영향을 끼치지 않을 것이지만 특정 시기에 배당금의 지급여력이나 추가부채의 필요 여부에는 영향을 미칠 수도 있을 것이다. 이러한 목적이라면 연금부족액이 제거될 만큼 충분히 긴 기간으로 모델을 만든다.

우리는 비합병 자회사 및 기타 지분투자를 추정하는 데(그리고 평가하는 데) 극

표 13.12 자본금변동표

$ million

	2018	2019	추정 2020
기초 주주자본	120.8	145.0	182.0
당기순이익	40.2	59.0	72.7
배당	(16.0)	(22.0)	(27.1)
주식 발행(자기주식 취득)	–	–	–
이익잉여금, end of year	145.0	182.0	227.6
배당/당기순이익, %	39.8	37.3	37.3

도로 주의를 기울인다. 가치평가는 미래 장부가치의 변화 및 그로 인한 이익의 증감만을 할인하는 것이 아니라 현재 소유하고 있는 투자에 대한 평가가 바탕이 되어야 한다. 재무계획을 위하여 추정이 필요한 경우라도, 관계사로부터의 수익은 종종 비현금성이고, 비영업용 자산은 흔히 회사의 매출과 관계없이 불안정한 양상으로 성장한다는 점을 고려하자. 지분투자를 평가하기 위해서는 적절한 수준의 성장을 결정하도록 전례에 의존하는 것이 바람직하다.

이연법인세 자산과 부채는, 과거엔 주로 감가상각 스케줄의 차이를 통해 발생했다(투자자 및 세무 당국은 과세소득을 결정하기 위해 서로 다른 감가상각 스케줄을 이용한다). 하지만 오늘날 이연법인세는 연금을 위한 세무조정, 주식보상, 영업권의 상각 및 이연수익 등을 포함하여 많은 이유로 발생하고 있다. 따라서 극도로 상세한 추정을 필요로 하는 정교한 가치평가를 위해서는 각 납세항목을 적절한 변수에 연동시켜 이연법인세를 개별적으로 평가해야 한다(이연법인세에 대한 상세한 내용은 20장 참조).

매우 정교한 추정이 필요한 경우에는, 적절한 동인에 연결시켜 이연법인세를 하나하나 모두 추정하라. 보통 이연될 가능성이 있는 세액의 비율을 계산함으로써 이연법인세를 추정하는 것이 합리적일 수 있다. 예를 들어 영업 관련 법인세가 EBITA의 23.4%로 추정되고 회사가 과거에도 지급세액의 5분의 1을 이연시킬 수 있었던 경우, 우리는 회사가 앞으로 ×23.4%를 이연시킬 수 있다고 가정한다. 이렇게 하면 영업관련 이연법인세 부채는 이연된 금액만큼 증가할 것이다.

5단계: 투자자 재원을 바탕으로 재무상태표 조정

재무상태표를 완성하기 위하여 회사의 자금조달의 원천을 추정한다. 이 작업을 위해 회계원칙에 의존하자. 첫째, 순잉여금회계원칙(Principle of clean surplus accounting)을 이용한다.

$$자기자본_{2020} = 자기자본_{2019} + 당기순이익_{2020} - 배당금_{2020} + 증자금액_{2020}$$

이 식을 앞에 나왔던 사례에 대입해보자. 표 13.12는 주주 자본 내역서이다. 2020년의 자기자본을 계산하려면, 표 13.11에 나왔던 1억 8,200만 달러의 2019년 자기자본부터 시작해야 한다. 이 값에, 2020년의 예상된 총 수입인 7,270만 달러를 더한다(표 13.6에 나타나있는 값이다). 그 다음, 배당금을 계산해야 한다. 37.3퍼센트의 배당율을 계산된 총 수입에 적용하면 예상 배당금은 2,710만달러가 된다. 마지막으로 증자금액에서 자기주식 취득액을 차감한 값을 더하면 된다. 이 예시에선 해당 값은 0이다. 순잉여금관계(Clean surplus relation)를 이용함으로써 2020년 이익잉여금을 2억 2,276만 달러로 추정할 수 있다.

이제 다루지 않은 항목은 과다보유 현금, 단기부채(short-term debt), 장기부채(long-term debt), 새로운 항목명인 "신규부채(newly issued debt)"까지 총 네 개가 남아 있다. 이러한 세부 항목의 조합은 추정 재무상태표의 대차균형을 맞추는 역할을 한다. 이러한 이유로 이들 항목들은 흔히 'the plug(끼워넣기)'로 불린다. 단순 모델에서 보통주는 일정하게 유지되며, 기존 부채는 일정하게 유지되거나 계약조항에 따른 계획에 따라 상환된다.[13] 재무상태표를 완성하기 위하여 남아 있는 두 항목 중 하나를(과다보유 현금 또는 신규 부채) 0으로 설정하자. 그 다음 자산이 부채와 자기자본과의 합이라는 일차적인 회계원칙을 이용하여 나머지 항목들을 결정한다.

표 13.13는 앞선 사례를 위와 같이 다루는 과정을 나타내고 있다. 첫째, 단기부채, 장기부채 및 보통주를 일정하게 유지한다. 다음으로 과다보유 현금을 제외한 영업현금(600만 달러), 재고자산(5,400만 달러), 순유형자산(3억만 달러), 자기자본 투자(1억 달러) 등 총자산을 합산하여 총 4천 6백만 달러를 산출한다. 그 다음 신규 부채를 제외하고 매입채무(2,400만 달러), 단기부채(1억 7천 8백만 달러), 장기부채(8,000만 달러), 그리고 주주 자본(2억 2천 76만 달러)를 더하여 5억 9백 60만 달러를 산출한다. 신규 부채를 제외한 부채와 자기자본이 과다보유 현금을 제외한 자산보다 크기 때문에, 신규 부채는 0이다. 이제 총 부채와 자기자본은 5억 9백 60만 달러이다. 추정 재무상태표의 대차균형을 확인하기 위해 유일하게 남아 있는 항목인 과다보유 현금을 4천 9백 60만 달러로 설정한다. 이렇게 하면 총자산이 5억 9백 60만 달러로 증가하여 추정 재무상태표가 완성된다.

이러한 절차를 스프레드시트에서 실행하기 위하여 마이크로소프트 엑셀 프로그램에서 제공하는 IF 함수기능을 이용하자. 이 함수를 이용하여 (과다보유 현금을

---

13 레버리지 매수(LBO)의 중요성을 감안하여, 매수 평가 모델은 각각의 부채 계약 연도에 따른 이자와 원금 상환을 상세히 다루는 별도의 워크시트를 포함하고 있다.

표 13.13 추정 재무상태표: 자금조달의 원천

$ million

	2018	2019	예비 2020F	완성 2020F
자산				
영업현금	5.0	5.0	6.0	6.0
과다보유현금	100.0	60.0		49.6
재고자산	35.0	45.0	54.0	54.0
유동자산	140.0	110.0	60.0	109.6
순유형자산	200.0	250.0	300.0	300.0
지분투자	100.0	100.0	100.0	100.0
자산총계	440.0	460.0	460.0	509.6
부채 및 자본				
매입채무	15.0	20.0	24.0	24.0
단기차입금	200.0	178.0	178.0	178.0
유동부채	215.0	198.0	202.0	202.0
장기차입금	80.0	80.0	80.0	80.0
신규 조달 차입금	–	–		–
자기자본	145.0	182.0	227.6	227.6
부채 및 자본 총계	440.0	460.0	509.6	509.6

1단계: 이익잉여금 순증관계(the clean surplus relationship)를 이용해 이익잉여금 결정, 계약조항을 통해 기존 차입금 추정, 보통주 자본금 유지

2단계: (a) 과다보유 현금을 제외한 자산, (b) 신규 조달 차입금을 제외한 부채 및 자본 중 어떤 값이 더 큰지 파악

3단계: 과다보유 현금을 제외한 자산이 더 클 경우, 과다보유 현금을 0으로 설정하고 차이 금액을 신규 조달 차입금으로 조정한다. 반대의 경우 과다보유 현금으로 조정한다.

제외한) 자산이 (신규 발행 부채를 제외한) 부채 및 자본을 초과한 때에는 과다보유 현금을 0이 되도록 하고, 신규 부채는 대변합과 차변합의 차이가 되도록 한다. 반대로 부채 및 자본이 자산보다 크면 신규 부채를 0이 되도록 하고, 과다보유 현금을 대변합과 차변합의 차이와 같게 되도록 하자.

자본구조가 가치평가에 미치는 영향 재무상태표를 완성하고자 과다보유 현금 및 신규 발행 부채를 이용할 때는 성장률이 하락함에 따라 신규 부채가 0으로 떨어지고 과다보유 현금이 비현실적으로 커지는 부작용에 직면할 가능성이 높다.[14] 이러한 부채비율의 하락이 우리가 생각하는 이 회사의 장기적인 자본구조의 전망과 일치하지 않으면 어떻게 해야 하는가? 가치평가의 관점에서 보면 이러한 부작용은 문제되지 않는다. 과다보유 현금 및 부채는 FCF에 포함되지 않으므로 기업가치평가에 영향을 미치지 않는다. 자본구조만이 WACC를 통하여 기업의 DCF에 영향을 미친다.[15] 따라서 WACC에 대한 조정만이 가치평가에서의 변화로 이어질 것이다.

14 ROIC가 매출성장률보다 클 경우, 기업은 영업현금흐름을 창출한다. 즉, 투자율이 음(-)의 값으로 떨어지게 된다. 늘어나는 현금을 배당이나 자사주매입 등으로 소진하지 않는다면, 부채는 줄어들고 과대보유현금은 계속 쌓이게 된다.

15 APV 모델에서는 차입금 추정이 평가에 영향을 끼친다. 이자 절세혜택을 차입금 규모, 이자율, 세율에 따라 매년 계산하기 때문이다. 동일한 WACC로 할인하는 평가모델들은 타인자본 대 시가총액 비율이 변하지 않는다

WACC에 내포되어 있는 자본구조에 맞는 재무상태표상 자본구조를 나타내기 위해 배당률 또는 자사주 매입액을 조정한다. 예를 들어, 배당지급이 증가함에 따라 이익잉여금은 감소할 것이며, 이는 과다보유 현금 역시 감소시킬 것이다. 배당률을 변화시킴으로써 이미 구축한 모델의 완성도 역시 검증할 수 있다. ROIC 및 FCF 및 이에 따른 가치는 배당률이 조정되더라도 바뀌지 않아야 하기 때문이다.

배당률을 어떻게 결정할지는 모델 자체의 결과에 달려 있다. 대부분의 경우 필요할 때(배당률은 가치평가에 영향을 미치는 것이 아니라 오히려 과다보유 현금 및 신규 부채를 현실적인 모습으로 만드는 결과를 가져온다는 점을 기억하자) 수작업으로 배당률을 조정할 수 있다. 더 복잡한 모델을 만들기를 원한다면 각 시점의 WACC에 모델화된 목표 부채비율을 적용함으로써 순부채(총부채에서 과다보유 현금을 차감)를 결정한다. 그러나 이렇게 하기 위해서는 가치평가를 각 추정연도마다 계속 반복해주어야 하는데, 이는 최종 가치평가에 영향을 주지 않을 일에 시간을 낭비하는 일이 될 것이다.[16]

6단계: ROIC와 FCF 계산

일단 손익계산서 및 재무상태표를 완성하면, 각 추정연도에 대한 ROIC 및 FCF을 계산한다. 이미 과거의 ROIC 및 FCF를 계산한 경우, 이는 단순한 과정이 될 것이다. 추정을 위한 재무자료를 모두 완성했으므로 단순히 과거의 재무실적을 토대로 추정재무 수치를 산출하면 된다.

가치를 창출하고 있는 회사들에 대하여 미래의 ROIC는 세 가지 일반적인 형태 중 하나와 일치해야 한다. ROIC은 현재 수준(회사가 차별화된 지속 가능한 경쟁우위를 지니고 있을 때)에 머물거나 산업 또는 경제 전체 수익률의 중간치로 수렴하거나 아니면 자본비용으로 수렴해야 한다. 어느 것이 적절할지 결정하기 위해 사업의 경제적 내용을 철저히 분석한다. ROIC의 장기추세에 대한 자세한 내용은 8장을 참고한다.

고급 추정

앞선 절에서는 종합적인 재무추정 생성을 위한 과정을 구체적으로 설명하였다. 실

고 간주하여, 재무상태표 추정은 이루어지지 않는다.

16 부록 H의 Costco를 평가하기 위해 우린 매년도 동일한 레버리지 비율을 모델화한 뒤 거꾸로 다시 반복하였다. 보통 기업을 평가하는 데에 이러한 반복은 필요하지 않으나, 전체기업가치 DCF 평가 방식을 자기자본 현금흐름모델 같은 다른 평가 방식과 연결시키기 위해선 반드시 필요하다.

제 추정을 할 때는 다음 세 가지 추가적인 이슈들, 즉, 비재무적인 영업변수들을 이용한 추정, 고정비 및 변동비를 고려한 추정, 인플레이션의 영향처리 등을 고려하여야 한다.

비재무적 영업변수들

현재까지 우리는 재무적인 변수들에만 의존하는 추정을 만들어왔다. 하지만 가격이 급변하거나 기술이 진보하고 있는 산업에서의 추정은 생산량 및 생산성과 같은 비재무적 변수도 수용해야 한다.

2000년대 초반 항공산업에서의 혼란을 생각해보자. 경쟁이 심화됨에 따라 토요일 밤에 표를 구하기 위해 대기하거나 사전에 예매해야만 했던 모습이 사라졌다. 다수의 항공망을 운영하는 사업자들은 기존에 중요한 수익의 원천이었던 비즈니스 목적의 여행객과 여가를 위한 관광객을 더 이상 구분할 수 없게 되었다. 항공료의 평균단가가 하락함에 따라 원가율은 상승하였다. 그러나 항공사들의 비용이 진정 더 높아졌는가?[17] 그리고 어떻게 이러한 추세가 계속되는가? 더 정확하게 변화를 추정하기 위하여 우리는 매출액을 단가와 (좌석 당 운행거리로 측정된) 수량으로 분리할 필요가 있다. 이제 비용을 매출액 대비 비율로 추정하는 대신 비용을 예상 수량, 이 경우 좌석 당 운행거리의 함수로 추정한다. 예를 들어 매출의 비율로 연료비용을 추정하지 말고, 좌석 마일 당 연료사용량을 분석하여 이를 연료가격 전망과 연결하여 연료비용을 추정한다.

동일한 개념이 기술진보에도 적용된다. 예를 들어, 매출액에 대비하여 임금을 추정하기보다 오히려 종업원당 생산량 및 종업원당 평균급여를 추정할 수 있다. 노동원가에 관한 이러한 두 가지 변수들을 분리함으로써 신기술로부터의 생산성 개선과 종업원당 생산량의 변화와의 직접적 연관성을 모델화할 수 있게 된다.

고정비용 대 변동비용

작은 프로젝트 가치평가를 할 때, 고정비용(기본적인 인프라 생성을 위해 한 번 발생하고 말 것)과 변동비용(생산량에 연동되어 달라지는 비용)을 구분하는 것은 중요하다. 즉, 개별 프로젝트의 가치평가를 할 때 변동비용만을 매출액 성장에 따라 증가시켜야 한다.

17 일례로, 항공사 Spirit Airlines는 American Airlines보다 더 높은 노동 대 매출비를 갖고 있다. 그러나 좌석당 비용은 American Airlines 쪽이 더 높다.

대부분의 상장회사 정도의 규모에서는 고정비용 및 변동비용 간의 구분은 중요하게 여겨지지 않은데, 그 까닭은 거의 모든 비용이 가변적이기 때문이다. 예를 들어, 라디오 주파수 탑을 이용하여 전화를 송신하는 이동통신회사를 생각해 보자. 송신탑이 고정비용이라는 보편적인 생각에도 불구하고 이것은 고정된 수의 가입자들에 대해서만 사실일 뿐이다. 가입자가 송신탑의 처리능력을 넘어서 증가하게 되면, 이미 기존 송신탑이 관할하고 있던 지역이라도 새로운 송신탑이 추가로 건설되어야 한다. (1,000명의 고객을 보유하고 있는 작은 회사가 100,000명의 고객을 보유하고 있는 대형회사보다 규모의 경제 효과를 더 크게 느낄 수 있을 것이다.) 이러한 사실은 서버와 같은 기술재 구매나 인적자원과 같은 지원부서 증원에 대해서도 똑같이 적용된다. 단기간 작은 규모의 변화에서 고정비용이었던 것이, 합리적인 성장률이라 하더라도 장기간이 지나게 되면 변동비로 바뀌게 된다. (매년 10%씩 성장한다면 약 7년 뒤 회사의 규모는 지금의 2배가 된다.). 회사의 가치평가는 장기 수익성과 성장에 관한 것이므로 거의 모든 비용이 가변적인 것으로 취급되어야 한다.

반면, 컴퓨터 소프트웨어나 모바일 앱 같은 자산은 그 처리능력이 무한히 확장 가능하다면 고정비로 취급되어야 한다. 물론 이때에도 주의를 기울여야 한다. 컴퓨터 소프트웨어와 같은 많은 기술들은 빠르게 진보하기 때문에 회사가 경쟁력을 유지하려면 새로운 추가적 지출을 필요로 한다. 이 경우 고정적인 것으로 간주된 비용은 실제 반복된 현금지출을 필요로 한다.

인플레이션

10장에서 우리는 재무추정 및 자본비용의 추정이 (인플레이션을 반영하지 않은) 불변가치가 아니라 (인플레이션을 반영한) 명목가치로 추정되어야 한다고 권고하였다. 즉, 일관성을 유지하기 위하여 명목가치 재무추정과 명목가치 자본비용은 동일한 추정 인플레이션율을 반영하여야 한다. 이것은 재무추정에 사용되는 인플레이션율이 자본비용에 내재된 인플레이션율에서 도출되어야 한다는 것을 의미한다.[18]

가능한 한 국채수익률의 기간구조에서 기대 인플레이션율을 도출한다. 국채에

18 개별 항목의 인플레이션율은 일반 인플레이션율보다 높거나 낮을 수 있지만 여전히 일반 인플레이션율에서 도출되어야 한다. 예를 들어, 수익예측은 판매 수량의 증가와 예상되는 판매 단가의 증가를 반영해야 한다. 단가 상승은 일반적으로 예상되는 경제 수준의 인플레이션에 해당 산업에 대한 인플레이션 차이를 더하거나 뺀 값을 반영해야 한다. 일반 인플레이션이 4%이고 회사 제품의 단가가 일반 인플레이션보다 1% 포인트 낮을 것으로 예상된다고 가정하자. 또한 전반적으로 회사의 가격은 매년 3%씩 증가할 것으로 가정하자. 판매 단위가 연간 3% 증가한다고 가정하면 연간 매출 증가율은 6.1%(1.03×1.03−1)가 될 것이다.

대한 명목 이자율은 실제 수익과 기대 인플레이션에 대한 프리미엄의 합으로 계산된다. 다음 공식을 이용하여 명목이자율에서 실질이자율 추정치의 차감으로 기대 인플레이션율을 추정한다.

$$\text{기대 인플레이션율} = \frac{(1 + \text{명목이자율})}{(1 + \text{실질이자율})} - 1$$

기대 인플레이션율을 추정하기 위하여, 먼저 10년 만기 국채에 대한 명목수익을 계산해보자. 그런데 실질수익률은 어떻게 찾을 것인가? 미국, 영국, 일본을 비롯한 많은 국가들이 물가연동국채(ILBs; Inflation-linked bonds)를 발행한다. ILB는 채권의 이자지급금액과 원금을 소비자물가지수(CPI: consumer price index)로 증가시킴으로써 인플레이션으로부터 자유로운 채권이다. 결과적으로 ILB의 만기수익은 해당 만기를 가진 채권에 대해 시장이 기대하는 실질이자율이다. 2019년 3월, 10년 만기 미국국채 유통수익률은 2.57%였으며, 물가연동채권(TIPS; Treasury Inflation Protected Security)의 유통수익률은 0.66%이었다.[19] 실질이자율이 2% 근방에 머무르던 예전과 달리, 2012년엔 0 이하로 떨어지기도 하는 등 지난 10년간 금리의 변화폭은 매우 컸다. 기대 인플레이션을 결정하기 위해 다음 공식을 적용한다.

$$\text{기대 인플레이션율} = \frac{1.0257}{1.0066} - 1 = 0.0190$$

명목 및 실질채권에서의 차이로 측정된 기대 인플레이션율은 향후 10년간 연 1.90%로 기대된다.

표 13.14은 실제 미국 CPI의 연간 상승추세와 미국국채 및 U.S. TIPS로 산출한 기대 인플레이션율을 나타낸다. 10년 만기 물가연동채권이 장기 인플레이션에 기반을 두고 있기 때문에, 내재 인플레이션율은 CPI(2008년 중반에 CPI는 석유가격 급상승시 5% 이상 올랐으나 이는 금융위기 이후 기업들이 수요를 창출하기 위해 가격을 낮춘 결과이다)의 1년 변동보다 훨씬 더 안정적이다. 2000년부터, 실제와 예상 인플레이션은 각각 2% 주변을 맴돌았다.

인플레이션율은 과거 분석도 왜곡시킬 수 있는데, 특히 연 5%를 초과할 때 더욱 그러하다. 이러한 상황에선 과거 재무자료가 인플레이션과 독립적인 영업성과를 반영하기 위하여 조정되어야 한다. 높은 인플레이션율의 영향에 관해서는 26장

---

19 10년 만기 국채 불변 만기율(DGS10) 및 10년 만기 국채 인플레이션 지수 증권, 불변 만기(FII 10), 세인트루이스 연방 준비 은행.

에서 논의할 것이다.

마무리

이 장에서는 재무 추정 과정을 하나하나 자세하게 다루었다. 기업의 복잡성을 제대로 반영하여 모델화하는 것도 중요하지만, 큰 그림을 놓쳐서는 안된다. ROIC와 성장률과 같은 가치 창출 변수는 기업의 과거 성과와 업계 경기와 밀접하게 연관되어있다. 모델화가 완료되고 나면, 그 모델을 이용해 다양한 변수의 중요성을 테스트하라. 민감도 결과 요약표를 이용하면 가치 평가뿐만 아니라 경영진들이 원하는 기업가치를 달성하기위해 취해야 할 행동에 대한 인사이트까지 얻을 수 있다.

14장

영구가치 추정

영구가치(coutinuing value)에 대한 신중한 추정은 기업 가치평가에 필수적이다. 이러한 방법은 경제 원칙을 확실하게 포함하면서도 가치평가 과정을 단순화할 수 있어서 유용한 방법이다. 회사의 가치를 추정하기 위해서, 기대 현금흐름을 두 개의 기간으로 분리한 다음, 다음과 같이 기업가치를 정의할 수 있다.

$$\text{가치} = \frac{\text{개별현금흐름 추정기간 동안의}}{\text{현금흐름의 현재 가치}} + \frac{\text{개별현금흐름 추정기간 이후}}{\text{현금흐름의 현재 가치}}$$

두 번째 항이 개별추정기간을 넘어 발생하는 기대 현금흐름의 가치인 영구가치이다. 우리는 개별추정기간 이후의 회사성과에 관한 가정들을 단순화함으로써(일례로 일정한 성장률 및 투하자본이익률을 가정함으로써), 더 긴 기간에 걸쳐 현금흐름을 정밀하게 추정하는 대신 단순한 공식을 이용하여 영구가치를 추정할 수 있다. 영구가치는 통상 회사의 전체 가치 중 높은 비중을 차지한다. 표 14.1은, 8년에 대한 구체적인 개별추정치가 주어졌을 때, 네 가지 산업에 속한 회사들의 전체 가치에 대한 영구가치의 비율을 보여준다. 이 사례들에서 영구가치는 전체 가치의 56%에서 125%를 차지한다. 영구가치의 비율이 이렇게 높다고 해서 기업 가치의 대부분이 반드시 영구가치 기간에 창출된다는 뜻은 아니다. 영구가치가 높게 나타나는 이유는, 사업 초기의 경우 이익과 현금유입이 자본적 지출이나 운전자본 투자로 인해 상쇄되기 때문이다. 투자는 이후에 더 많은 현금흐름을 발생시킨다. 영구가치에 대한 더 상세한 내용은 이 장의 뒷부분에서 다룰 것이다.

표 14.1 전체 기업 중 영구가치 비율

8년 추정기간, %

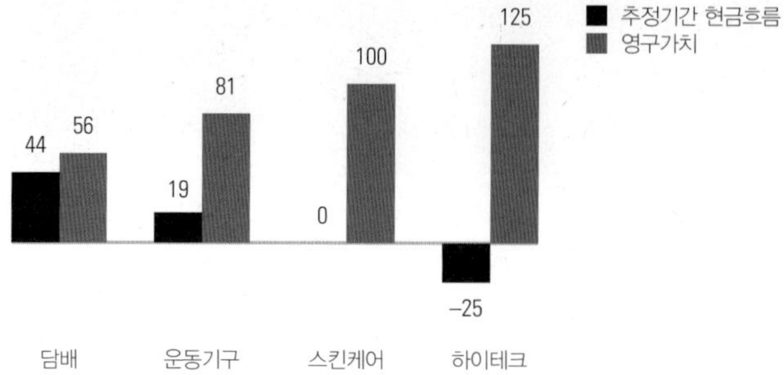

다음 몇 페이지에 걸쳐 전개된 영구가치 공식은 가치평가 원리 및 현금흐름할인(DCF; discounted cash flow)과 일관된다. 이러한 사실은 중요한데, 많은 투자 전문가들이 그들의 영구가치에 대한 추정을 뒷받침하는 경제학을 무시하기 때문이다. 예를 들어, 우리는 일부 기업인수자들이 피인수기업에 대해서 현재 지불하고 있는 이익 배수와 같은 미래 5년에 대한 이익 배수를 적용하여, 피인수기업의 영구가치를 추정하는 것을 관찰해 왔다. 그렇게 함으로써, 그들은 해당 기간 동안 투자된 자본에 대한 전망과 수익률의 변화에 관계없이 누군가가 5년 후에 같은 배수를 기꺼이 지불할 것이라고 암시적으로 가정하고 있다. 이러한 유형의 순환적인 추론은 (때론 지나치게 긍적적인) 부정확한 가치평가로 이어진다. 차라리, 기업인수자들은 추정기간이 끝나는 시점의 회사의 잠재적 가치를 염두에 두고, 배수(multiples)에 대해서 검토할 필요가 있다.[1]

이 장은 DCF와 경제적 이익의 가치평가 모형들에 대해 권장되는 영구가치 공식부터 다룬다. 다음으로 영구가치를 해석하는 과정에서 보편적으로 제기되는 이슈들에 대해 논의하고, 어떻게 이러한 문제를 해결할 수 있는지 설명한다. 이 후에는 추정에서 발생하는 여러가지 함정들을 찾아보고 이를 피하기 위한 모범 사례를 제시할 것이다. 마지막으로, 권장 공식을 배수 및 청산 가치와 같은 다른 일반적인 기법과 비교할 것이다.

1 일반적인 배수에는 기업가치 대 EBITA와 기업가치 대 EBITDA가 있다. 여기서 EBITA는 이자, 세금 및 무형자산 상각 이전의 이익을 의미하며 EBITDA는 이제, 세금 및 유무형자산 상각 이전 이익을 의미한다.

DCF 가치평가를 위한 권장 공식

기업 DCF 모형을 이용하는 경우, 3장에서 도출된 가치창출요인 공식을 이용하여 영구가치를 추정해야 한다.

$$\text{영구가치}_t = \frac{\text{NOPAT}_{t+1}\left(1 - \frac{g}{\text{RONIC}}\right)}{\text{WACC} - g}$$

단, NOPAT_{t+1} = 현금흐름 추정기간 이후 첫 연도의 안정화된 수준의 NOPAT

g = 영구 NOPAT 기대 성장률

RONIC = 신규투하자본이익률

WACC = 가중평균자본비용

아래의 단순한 사례를 통해 핵심가치창출요인 공식이, 사실은 현금흐름을 추정하고 그것을 현재 가치로 할인하는 과정을 복제하는 것임을 설명한다. 다음의 현금흐름 추정에서 시작해보자:

연도	1	2	3	4	5
NOPLAT	$10.0	$10.6	$11.2	$11.9	$12.6
순투자	5.0	5.3	5.6	6.0	6.3
FCF	$5.0	$5.3	$5.6	$6.0	$6.3

첫 5개년도 이후로는 12 %의 수익률로 세후영업이익의 절반을 재투자하는 등 6%로 지속적인 성장세를 보이고 있다. 이때 가중평균자본비용(WACC)은 11%로 가정한다.

영구가치(CV)를 계산하는 방법을 비교하기 위해, 추정기간을 아주 길게 100년이라고 가정하고 할인을 해 보자.

$$CV = \frac{\$5.0}{1.11} + \frac{\$5.3}{(1.11)^2} + \frac{\$5.6}{(1.11)^3} + \ldots + \frac{\$50(1.06)^{99}}{(1.11)^{100}}$$

$$CV = \$99$$

다음으로 영구성장공식(growth perpetuity formula)을 이용하여 평가한다.

$$CV = \frac{\$5.0}{0.11 - 0.06}$$

$$CV = \$100$$

마지막으로, 가치창출요인 공식을 이용하여 평가한다.

$$CV = \frac{\$10\left(1 - \frac{0.06}{0.12}\right)}{0.11 - 0.06}$$

$$CV = \$100$$

세 가지 접근법은 모두 거의 같은 결과를 도출한다. 만일 우리가 150년 이상의 DCF를 실시하더라도, 결과는 거의 동일할 것이다.[2]

가치창출요인 공식과 영구성장현금흐름공식(cash-flow-based growth perpetuity formula)은 기술적으로는 동일하지만, 영구성장현금흐름공식을 적용하는 경우가 더 까다롭고 잉여현금흐름(free cash flow)과 성장 사이의 상호의존성을 무시하는 일반적인 오류를 범하기 쉽다. 보다 구체적으로, 영구가치 기간에서의 성장이 개별추정기간 말의 성장률보다 낮다고 추정되는 경우(일반적으로 그렇듯이), 요구되는 재투자는 적고, 더 높은 잉여현금흐름으로 이어질 가능성이 크다. 만약 영구잉여현금흐름이 고성장의 개별추정기간에서의 현금흐름을 사용하여 계산된다면, 이러한 현금흐름은 너무 낮을 것이고, 계산 결과는 영구가치를 과소평가하게 될 것이다. 이 장 후반부에서 핵심 가치 동인 공식보다는 현금흐름 영속성 공식을 사용할 때 무엇이 잘못될 수 있는지에 대해서 예를 들어서 설명할 것이다.

현금흐름의 영구가치공식은 결코 변하지 않는 변수들에 의존하기 때문에, 회사가 낮은 매출성장률과 안정적인 영업이익률을 보이는 꾸준한 상태에 도달한 경우에만 사용하도록 한다. 8장과 9장에서는 자본수익률과 장기성장률에 대한 지침들을 제시하였다. 덧붙여, 영구가치의 변수를 추정할 때는 다음과 같은 기술적 고려사항을 염두에 두어야 한다:

2 현재가치의 합계는 개별추정기간이 연장됨에 따라 영구현금흐름 가치에 근접할 것이다. 이 사례에서 75년 추정기간은 영구현금흐름 값의 96.9%를 설명하는 반면 150년 추정기간은 99.9%를 설명한다. 그러나 이것은 성장률이 자본비용보다 상당히 낮은 경우에만 사실이다. 두 변수가 거의 동등한 값을 갖는다면, 영구 현금흐름 가치는 제한된 수명을 가진 기업의 가치를 과대평가하게 될 것이다. 이러한 상황에서는 실패 확률을 영구 현금흐름 가치에 포함시키거나 성장 현금흐름을 통해 영구가치를 추정하자.

- NOPAT: NOPAT의 수준은 정규화된 수준의 매출, 지속 가능한 이윤 및 ROIC를 기초로 해야 한다. 이는 순환주기적인 사업에 대해서 특히 중요하다. 매출액과 영업이익률은 회사의 최고점이나 최저점이 아니라 사업 주기의 중간값을 반영해야 한다.
- RONIC: 신규투하자본이익률(RONIC; Rate of return on New Invested Capital)은 명시적 추정기간을 넘어서 기대 경쟁 조건과 일관되어야 한다. 경제이론에서는 경쟁이 결국 초과수익을 제거하게 되므로 많은 회사들이 RONIC를 WACC와 동일하게 설정하도록 제안한다. 그러나 브랜드나 특허와 같이, 지속 가능한 경쟁우위를 가진 회사들에 대해서는 명시적 추정기간 이후 회사가 벌어들일 것으로 예상되는 이익률과 동일하게 RONIC를 설정할 수 있다. 8장은 서로 다른 산업에 속한 회사들에 대한 장기 자본수익률에 대한 데이터를 포함하고 있다.
- 성장률: 기업의 성장률은 일반적으로 산업 성장률로 매우 빠르게 되돌아가며, 경제 성장 속도가 장기간 지속될 것으로 예상되는 기업은 거의 없다. 가장 좋은 추정치는 아마도 산업 제품의 기대 장기 소비증가율과 인플레이션의 합일 것이다. 민감도 분석은 성장률이 영구가치 추정치에 어떤 영향을 미치는지 이해하는 데 유용하다. 9장에서는 과거 기업 성장률에 대한 경험적 증거를 제시한다.
- WACC: 가중평균자본비용은 지속 가능한 자본구조와 기대 산업 조건과 일관되는 사업 위험에 대한 기초적인 추정치를 통합해야 한다.

표 14.2는 핵심가치창출요인 공식을 사용하여 계산된 영구가치 값이 성장률과 RONIC의 다양한 조합에 의해 어떻게 영향을 받는지 보여준다. 이 예시에서는 1억 달러의 NOPAT 기본 레벨과 10% WACC를 가정한다. 자본비용에 가까운 RONIC의 경우, 성장이 변화함에 따라 가치의 변화가 거의 없다. 순현재가치가 0에 가까운 프로젝트를 수행하고 있기 때문이다. 그러나 14%의 예상 RONIC에서 성장률을 6%에서 8%로 바꾸면 영구가치가 약 14억 달러에서 약 21억 달러로 50% 증가한다. RONIC가 높을수록 영구가치는 성장률 변화에 더 민감하다.

2단계 영구가치 모형

고성장 기업이나 장기적인 구조 변화를 겪고 있는 기업에 대해서, 우리는 기업이 안정적인 상태에 도달할 때까지 명시적 추정기간을 연장하는 것을 권장한다. 결과 모형이 너무 번거롭다면, 여러 년도를 하나의 공식으로 통합하는 다단계 영구가치

표 14.2 영구가치 가정의 효과

WACC = 10%; 세후영업이익 = $100 million

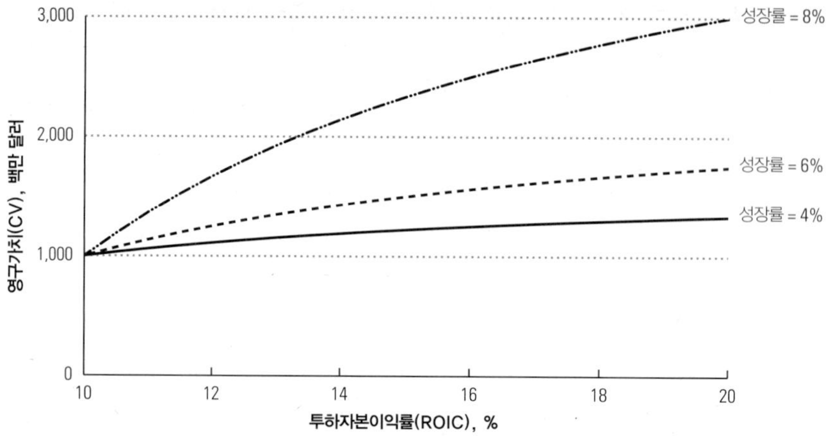

를 사용하자. 2단계 모형에서, 영구가치는 성장영구연금이 뒤따르는 성장연금으로 분할된다. 이를 통해 매년 추정에 대한 부담 없이 기업 수명 주기의 여러 단계에 걸쳐 명확한 자본수익률과 성장률을 고려하게 한다. 우리는 부록 I에 할인 현금 흐름과 경제적 이익 모형에 대한 2단계 영구가치 공식을 제공한다.

경제적 이익을 이용한 영구가치

경제적 이익 가치평가에서 영구가치를 추정하기 위해, 우리는 영속성에 기초한 공식에 다시 의존한다. 그러나 경제적 이익 접근법의 경우, 영구가치는 할인 잉여현금흐름처럼 명시적 추정기간에 이어지는 기업의 가치와 동일하지 않다. 대신, 이는 명시적인 추정기간 말, 회사의 투자 자본에 대한 증가하는 가치이다. 이 회사의 현재 가치는 다음과 같다:

$$\text{Value}_0 = \begin{matrix}\text{추정 초기}\\ \text{투자자본}_0\end{matrix} + \begin{matrix}\text{명시적 추정기간 동안 추정}\\ \text{경제적 이익 현재 가치}\end{matrix} + \begin{matrix}\text{명시적 추정기간 후의}\\ \text{경제적 이익 현재 가치}\end{matrix}$$

영구가치는 앞의 등식에서 마지막 항에 해당한다.

경제적 이익을 이용하여 영구가치를 추정하는 공식은 할인 현금흐름에 대한 공식보다 더 복잡하다. 기업 DCF 모형에서 사용되는 가치창출요인공식과 달리, 경제적 이익에 대한 영구가치는 두 가지 항을 포함한다. 첫 번째 항은 추정기간 말의 자본에 대한 경제적 이익의 현재 가치를 나타낸다. 두 번째 항은 명시적 추정기간을 넘어서는 연간 투자에 대한 경제적 이익의 현재 가치를 나타낸다. 공식은 다음과 같다:

$$\text{영구가치}_t = \frac{IC_t(ROIC_{t+1} - WACC)}{WACC} + \frac{PV(\text{경제적 이익}_{t+2})}{WACC - g}$$

$$\text{단,}\quad PV(\text{경제적 이익}_{t+2}) = \frac{NOPAT_{t+1}\left(\frac{g}{RONIC}\right)(RONIC - WACC)}{WACC}$$

IC_t	=	명시적 추정기간 말의 투하자본
$ROIC_t$	=	명시적 추정기간 이후 존재하는 자본의 ROIC
WACC	=	가중평균자본비용
g	=	NOPAT의 영구 기대성장률
RONIC	=	추정기간 후의 신규투하자본 기대수익률

공식에 따르면, 명시적 추정기간 이후의 경제적 이익은 추정기간 직후 첫 해의 경제적 이익과 그 이후 증가된 경제적 이익의 현재 가치의 합과 같다. 증가하는 경제적 이익은 자본비용을 초과하는 수익률의 추가 성장에 따라 만들어진다. 기대 RONIC가 WACC와 동일하다면, 등식의 세 번째 항(1년 이후의 경제적 이익)은 0이 되며, 경제적 이익의 영구가치는 첫 해 경제적 이익을 영구가치로 계산한 것과 같다.

영구가치에 대한 오해

적절히 활용된다면, 영구가치는 탄탄한 경제 원리를 포함하면서, 가치평가를 단순화시킬 수 있다. 그러나 실제로, 이것을 적절히 적용하기 위해서는, 종종 발생하는 영구가치에 대한 세 가지 일반적인 오해를 바로잡아야 한다. 첫 번째는 명시적 추정기간이 기업의 가치에 영향을 미친다는 인식이다. 이 절에서 보인 것처럼, 추정기간의 변화는 전제 가치가 아니라 값의 분할만 변경되고 있다. 둘째, 사람들은 영구가치 공식에서 RONIC가 WACC와 동일하게 설정되었을 때, 가치 창출은 명시적 추정기간의 끝에서 멈춘다는 잘못된 믿음을 갖고 있다. 우리가 설명한 것처럼, 기존 자본에 대한 수익률이 영구가치 기간으로 이동하기 때문에, 총 ROIC는

표 14.3 서로 다른 추정기간에 대한 전체 가치 비교

%

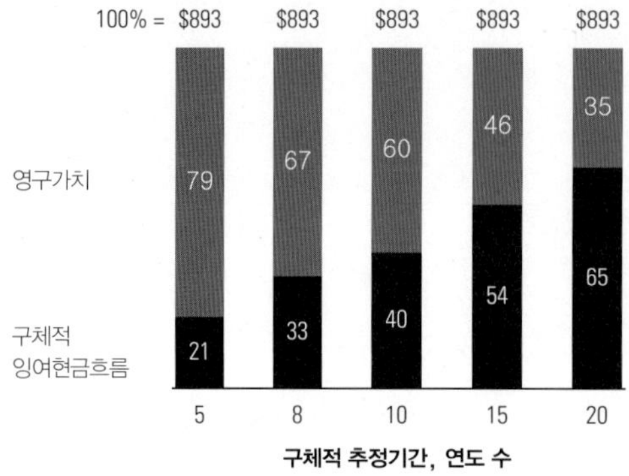

평가모델의 가정

	Years 1–5	Years 6+
성장률	9	6
RONIC	16	12
WACC	(12)	(12)
스프레드	4	0

자본비용으로 점진적으로 접근할 뿐이다. 마지막으로, 일부 투자 전문가들은 회사의 총 가치에 비해 영구가치가 크다는 것은 가치 창출이 주로 명시적 추정기간 이후에 발생한다는 것을 의미한다고 잘못 추론한다. 이로 인해서 그들은 기업 DCF 사용에 대해 불편해한다. 이 절에서, 우리는 왜 이러한 우려가 반드시 정당화되지는 않는지, 그리고 왜 영구가치가 종종 인식되는 것보다 더 강력한지에 대해서 보여줄 것이다.

왜 추정기간이 기업가치에 영향을 미치지 못하는가?

현금흐름의 명시적 추정기간을 얼마로 잡는가가 중요하기는 하지만, 그것이 평가기업의 가치에 영향을 미치지는 않는다. 그것은 단지 현금흐름의 개별추정기간과 그 이후 기간 사이의 기업가치 분포에만 영향을 미칠 뿐이다. 표 14.3에서, 추정기간의 길이와 무관하게 회사의 가치는 8.93억 달러이다. 5년의 추정기간에서, 영구가치의 현재 가치는 전체가치의 79%이다. 8년의 추정기간을 사용하면, 영구가치의 현가는 단지 전체가치의 67%가 된다. 개별 추정기간이 길어질수록, 기업가치는 영구가치에서 추정기간의 가치로 옮겨갈 뿐이며, 전체 가치는 변하지 않는다.

이러한 가치 이동이 어떻게 이루어지는지, 표 14.4와 표 14.5를 비교해 보면 알 수 있다. 전자는 5년간의 개별 추정기간을 이용한 상세한 가치평가 계산 과정을 보여주며 후자는 8년간의 추정기간에 대해 이를 반복했다.

표 14.4에서, NOPAT은 첫 년도에 1억 달러부터 시작된다. 초기 5년 동안, NOPAT은 매년 9%씩 성장한다. 5차년도 이후 NOPAT의 성장률은 6%이다. 10장에서 유도한 FCF의 정의에 이용하여, NOPAT에 감가상각비를 더해 총현금

표 14.4 5년의 명시적 추정기간을 이용한 가치평가

$ million

	Year 1	Year 2	Year 3	Year 4	Year 5	CV를 위한 기초금액
NOPAT	100.0	109.0	118.8	129.5	141.2	149.6
감가상각비	20.0	21.8	23.8	25.9	28.2	
총현금흐름	120.0	130.8	142.6	155.4	169.4	
총투자	(76.3)	(83.1)	(90.6)	(98.7)	(107.6)	
잉여현금흐름 (FCF)	43.8	47.7	52.0	56.7	61.8	
× 할인계수	0.893	0.797	0.712	0.636	0.567	
FCF의 현재가치	39.1	38.0	37.0	36.0	35.0	

FCF_{1-5}의 현재가치	185.1
영구가치	707.5
전체가치	892.6

영구가치의 계산(CV)

$$CV_5 = \frac{NOPAT_{CV}\left(1 - \frac{g}{RONIC}\right)}{WACC - g} = \frac{\$149.6\left(1 - \frac{0.06}{0.12}\right)}{0.12 - 0.06} = \$1{,}246.9$$

$$CV_0 = \frac{CV_5}{(1 + WACC)^5} = \frac{\$1{,}246.9}{(1.12)^5} = \$707.5$$

흐름을 구한다. FCF는 총현금흐름에서 총투자를 뺀 것과 같다. 회사의 총투자를 계산하기 위해 NOPAT에 재투자 비율을 곱하게 되는데, 재투자 비율은 성장률 대 ROIC 비율(즉, 9%를 16%로 나눈 것)이다. 이어서, 감가상각비를 더해준다. 회사의 현재 가치를 결정하기 위해, 추정기간 동안의 현금흐름의 현재가치와 영구가치의 현재가치를 더한다. (영구가치는 5차년도에서 측정되기 때문에, 12.469억 달러의 영구가치는 5년에 대해서 할인되지만, 흔히 6년으로 할인하는 오류가 생기기도 한다). 최종적으로 전체 가치는 8.926억 달러이다.

표 14.5는 8년의 명시적 추정기간과 9차년도부터 시작하는 영구가치를 사용한 가치평가 모형의 계산을 상세히 보여주고 있다. 이 모형의 구조와 추정에 사용한 값들은 표 14.4의 방식과 동일하다. 초기 5년에는, 성장률이 9%이고 ROIC는 16%로 동일하다. 5년 후 성장률은 6%로 떨어지고, ROIC는 14%로 떨어진다. 추정기간 내 기업가치는 추정기간이 5년일 때의 가치보다 높은 2.929억 달러가 된다. 영구가치 계산에 고려된 NOPAT이 높을수록 영구가치 또한 높아지지만, 3년이 지난 다음에 발생하기 때문에, 할인 가치는 낮아진다.

우리는 두 평가 방법 하의 가치평가 결과가 동일하다는 것을 알 수 있다. 두 모형에서 내재되어 있는 가치 유발 동인은 동일하기 때문에, 가치평가 결과는 같게 나타난다. 추정기간의 길이는, 전체 가치가 아닌, 단지 추정기간 내의 가치와 영구가치의 전체 가치에 대한 배분 비율에만 영향을 미친다.

표 14.5 8년의 명시적 추정기간을 이용한 가치평가

$ million

	Year 1	Year 2	Year 3	Year 4	Year 5	Year 6	Year 7	Year 8	CV를 위한 기초금액
NOPAT	100.0	109.0	118.8	129.5	141.2	149.6	158.6	168.1	178.2
감가상각비	20.0	21.8	23.8	25.9	28.2	29.9	31.7	33.6	
총현금흐름	120.0	130.8	142.6	155.4	169.4	179.6	190.3	201.7	
총투자	(76.3)	(83.1)	(90.6)	(98.7)	(107.6)	(104.7)	(111.0)	(117.7)	
잉여현금흐름 (FCF)	43.8	47.7	52.0	56.7	61.8	74.8	79.3	84.1	
× 할인계수	0.893	0.797	0.712	0.636	0.567	0.507	0.452	0.404	
FCF의 현재가치	39.1	38.0	37.0	36.0	35.0	37.9	35.9	34.0	

FCF의 현재가치$_{1-8}$	292.9
영구가치	599.8
전체가치	892.6

영구가치의 계산(CV)

$$CV_8 = \frac{NOPAT_{CV}\left(1 - \frac{g}{RONIC}\right)}{WACC - g} = \frac{\$178.2\left(1 - \frac{0.06}{0.12}\right)}{0.12 - 0.06} = \$1,485.1$$

$$CV_0 = \frac{CV_8}{(1 + WACC)^8} = \frac{\$1,485.1}{(1.12)^8} = \$599.8$$

영구가치 추정의 기초가 되는 경제적 가정의 변화와 관련된다면, 추정기간의 선택은 가치에 간접적으로 영향을 미칠 것이다. 추정기간을 변경할 때, 인지하지 못한 채, 창출되는 가치의 크기가 바뀔 수 있다. 많은 전문가들은 회사가 명시적 추정기간 동안 자본비용 이상의 수익을 창출할 것으로 가정하고, 영구가치로 WACC와 같은 새로운 자본 수익률을 설정한다. 명시적 추정기간을 연장하면 회사가 가치를 창출하는 기간이 증가한다. 추정기간을 연장하면 의도하지 않은 경우에도 간접적으로 가치가 상승하는 것이다.

그렇다면 명시적 추정기간의 적절한 길이를 어떻게 선택할까? 그 기간은 사업이 끝날 때쯤에는 안정된 상태에 도달할 수 있을 만큼 충분히 길어야 한다. 고객이 통합됨에 따라 회사의 이윤이 감소할 것으로 예상한다고 가정하자. 이윤은 현재 14%이고, 향후 7년 동안 9%까지 떨어질 것으로 추정했다. 이 경우, 영구가치 접근법이(적어도 복잡한 계산 없이는) 마진 감소를 설명할 수 없기 때문에, 명시적 추정기간은 적어도 7년 이상이어야 한다. 영구가치 접근법이 유용하기 위해서는 사업이 균형 수준에서 운영되어야 한다. 명시적 추정기간이 7년 이상이면 회사의 전체 가치에는 영향이 없다.

표 14.6 영구가치 공식에 대한 평균 ROIC의 점진적 감소

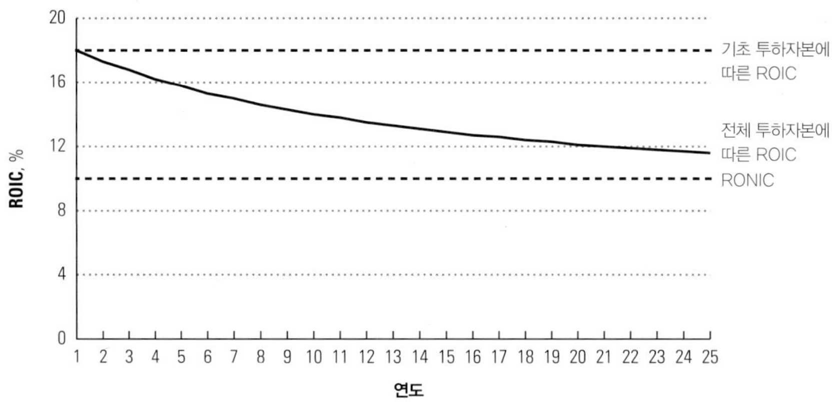

영구가치가 경쟁 우위의 종료를 나타내지 않는 이유

미묘한 관련 이슈는 경쟁 우위 기간, 즉 기업이 자본비용보다 더 높은 비정상적인 수익을 얻는 기간의 개념이다. 비록 직관적이지는 않지만, 영구가치 공식에서 RONIC를 WACC와 동일하게 설정하는 것은 경쟁 우위 기간이 명시적인 추정기간 말에 종료된다는 것을 의미하지는 않는다.

핵심가치창출요인 공식은 전사적인 평균 ROIC가 아니라 신규 투자된 자본의 수익률을 기초로 한다는 점을 기억하자. 영구가치 기간에 RONIC를 자본비용과 동일하게 설정하는 경우, 총 자본(구 자본 및 신 자본)의 수익률이 자본비용과 동일하다고 가정할 수 없다. 기존 자본(영구가치 기간 이전)은 마지막 추정기간에 추정된 이익률을 계속 얻게 된다. 이는 영구가치 기간이 시작되면 회사의 경쟁 우위 기간이 끝나지 않는다는 의미이다. 기존 자본은 지속적으로 비정상적인 수익을 얻을 것이다. 예를 들어, 통행량이 많고 성장률이 높으며 수익성이 매우 높은 지역에 초기 매장을 여는 소매점을 상상해 보자. 이들 점포는 수익률이 우수하고 자금 유입이 진행 중이다. 그러나 회사가 성장함에 따라 새로운 장소를 찾기가 어려워지고 확장과 관련된 ROIC가 하락하기 시작할 것이다. 결국, 최신 매장의 ROIC는 자본비용에 근접하게 될 것이다. 그러나 이것이 초기 점포의 ROIC가 자본비용까지 하락할 것이라는 것을 의미하는가? 아마 아닐 것이다. 좋은 장소는 쉽게 수익률이 떨어지지 않는다.

표 14.6은 영구가치 성장률 5%를 기준인 평균 ROIC를 보여주고 있으며, 기준 자본수익률은 18%, 신규 자본수익률은 10%, WACC는 10%이다. 총자본의

표 14.7 Innovation Icn.: 잉여현금흐름 추정 및 가치평가

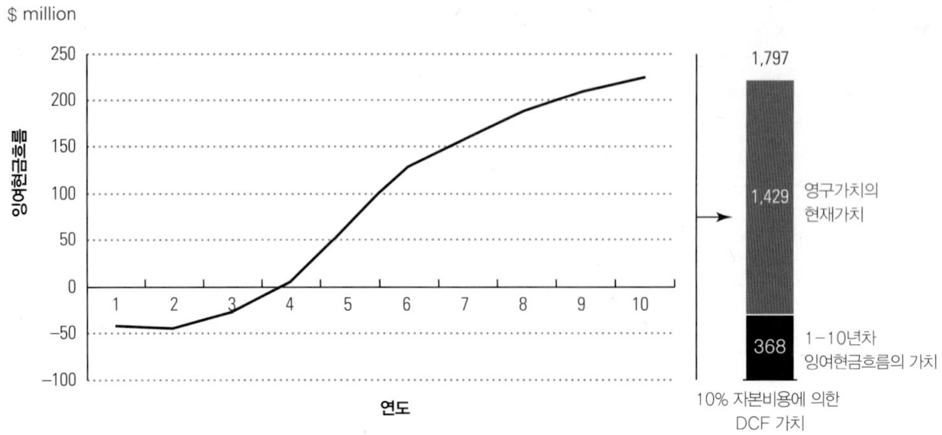

평균 수익률이 어떻게 점진적으로 하락하는지 주목하자. 시작점인 18%으로부터, 이것은 영구가치 기간 진입 후 10년 후에 14%(RONIC까지 중간점)로 감소한다. 21년 후에는 12%, 37년 후에는 11%에 도달한다. 이러한 붕괴가 추정기간에서의 ROIC 값에서 영구가치 기간에서의 RONIC 값까지 얼마나 빠르게 일어나는지는 영구가치의 성장률에 의존한다. 성장률이 높을수록 낮은 수익률로 투입해야 하는 자본이 많아지고 더 빠르게 하락한다.

가치가 영구가치로만 제한되지 않은 이유

"모든 가치는 영구가치에 있다"는 우리가 종종 경직된 경영진으로부터 들어본 언급이다. 표 14.7에서는 가상 기업 Innovation Inc.에 대한 문제를 보여주고 있다. 할인 현금흐름에 기초하여, Innovation 가치의 80%는 영구가치로부터 오는 것으로 보인다. 하지만 가치의 원천을 해석하는 다른 흥미로운 방법들도 있다.

표 14.8은 대안을 제시한다: 사업구성요소 접근법. Innovation Inc.는 안정적으로 20%의 자본수익률을 거두는 기존 사업부문을 가지고 있으며, 매년 5%로 성장하고 있다. 또 새로운 판매 채널 개발을 위해 수년간 음의 현금흐름을 발생하는 신제품 라인도 개발하여, 경영진은 유기적 성장으로 이어지기를 희망하고 있다. 표 14.8과 같이, 기존 사업의 가치는 13.26억달러(Innovation 전체 가치의 74%)이다. 즉, 회사 가치의 74%는 현재 안정적이고 추정 가능한 현금흐름을 창출하고 있는 사업에서 비롯된다. 총 가치의 26%만이 추정 불가능한 성장 사업에 기인할 수 있다. 상황을 이렇게 볼 때, 불확실성은 회사의 총 가치에 작은 역할을 할 뿐이다.

표 14.8 Innovation Inc.: 사업부문별 가치평가

$ million

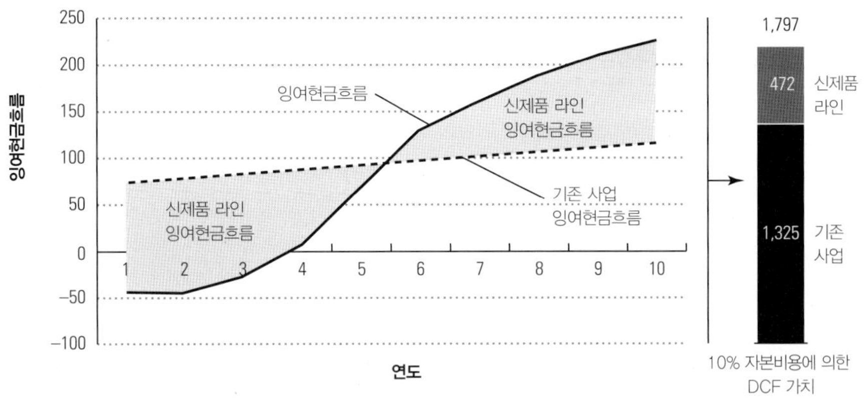

표 14.9 Innovation Inc.: 영구가치 접근법들에 대한 비교

$ million

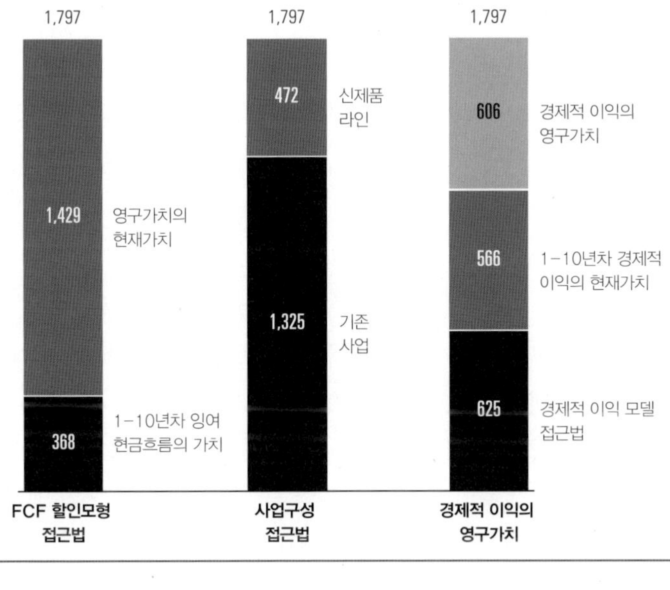

경제적 이익 모형을 사용하여 영구가치에 대한 또 다른 해석을 만들 수 있다. 표 14.9는 할인-FCF 접근법, 사업구성요소 접근법 및 경제적 이익 모형을 사용하여 Innovation. Inc의 가치 구성 요소를 비교한다. 경제적 이익 모형에 따르면 Innovation 가치의 35%는 투자 자본의 장부금액에 불과하다. 나머지 가치인 11.72억 달러는 예상 경제 이익의 현재가치이다. 이 중 34%만이 영구가치 기간 동

안 생성되며, 이는 할인 FCF 모형에 비해 훨씬 적은 비율이다.

보편적 함정들

기업의 10년에서 15년 후 실적을 추정하는 것은 부정확한 관행이다. 영구가치 추정의 일반적인 실수에는 기준 년도의 현금흐름을 잘못 추정하는 것뿐만 아니라 미숙하고 의도적으로 자본이익률에 대해 지나치게 보수적인 가정을 하는 것이 포함된다.

미숙한 영구가치의 기준연도 추정(extrapolation)

표 14.10은 영구가치의 기초가 되는 잉여현금흐름의 기본 수준을 추정하는 일반적인 오류를 보여준다: 즉, 투자비율이 일정하다고 가정하여 NOPAT, 투자 및 FCF가 모두 동일한 비율로 성장할 것이라고 가정하는 것이다. 9차년도부터 10차년도(마지막 추정 연도)까지 이 회사의 이익과 현금흐름은 10%씩 성장한다. 영구가치 기간의 매출 증가율은 연간 5%가 될 것으로 제시하고 있다. 공통적이지만 부정확한, 11차년도(영구가치 기준 연도)에 대한 추정은 단순히 모든 행의 항목을 10년을 기준으로 5%씩 증가시킨 것이다. 매출 증가폭이 작은 점을 감안할 때, 운전자본의 증가량이 너무 크기 때문에, 이 추정은 틀렸다고 볼 수 있다. 매출액은 더 느리게 증가하고 있기 때문에, 마지막 열에서 보듯이, 운전자본 필요액에 기여하는 총현금흐름의 비율은 크게 감소해야 한다. 마지막 열에서, 운전자본의 증가는 일정한 매출 대비 운전자본 비율을 유지하기 위해 필요한 금액이 되어야 한다.

잘못된 접근 방식은 매출 대비 일정 비율(5%)로 운전자본을 지속적으로 증가시켜서 회사의 가치를 크게 저평가한다. 세 번째 열의 경우, 잉여현금흐름은 제대로 된 값보다 18%가 낮아야 한다는 점을 주목하자. 자본적 지출에도 동일한 문제가 적용된다. 예를 단순하게 유지하기 위해, 본 서에서는 운전자본의 예시만 살펴본다.

최종 연도의 현금 흐름을 추정하는 오류를 피하기 위해, 영구현금흐름 모형 대신 우리는 가치창출요인 공식을 강하게 권장한다. 가치창출요인 모형은 성장률과 ROIC에 대한 기대를 바탕으로 필요한 투자금액을 암묵적으로 계산한다.

표 14.10 기초 FCF 추정을 위한 정확한 방법과 부정확한 방법

$ million

	9년차	10년차	11년차, 5% 성장률 정확한 방법	 부정확한 방법
매출	1,000	1,100	1,155	1,155
영업비용	(850)	(935)	(982)	(982)
EBITA	150	165	173	173
영업법인세	(60)	(66)	(69)	(69)
세후영업이익	90	99	104	104
감가상각비	27	30	32	32
총현금흐름	117	129	136	136
자본적 지출	(30)	(33)	(35)	(35)
→ 운전자산의 증가	(27)	(30)	(32)	(17)
총투자	(57)	(63)	(67)	(52)
잉여현금흐름	60	66	69	84
추가계산				
운전자산, 기말	300	330	362	347
운전자산/매출액, %	30.0	30.0	31.3	30.0

단순한 과잉보수주의

많은 투자 전문가들은 통상적으로 영구가치 기간 동안 추가자본에 대한 수익률이 자본비용과 같을 것이라고 가정한다. 이 경우 성장이 가치를 더하거나 파괴하지 않기 때문에 이러한 관행은 그들이 성장률을 추정해야 하는 부담을 덜어준다. 일부 기업에 대해서는 이러한 가정은 너무 보수적이다. 예를 들어 Coca-Cola나 PepsiCo의 청량음료 사업 모두 높은 ROIC를 얻고 있으며, 브랜드 파워, 높은 진입장벽, 제한된 경쟁으로 인해 지속적으로 성장함에 따라 수익률이 크게 하락할 것으로 보이지는 않는다.[3] 이러한 사업에 대해, RONIC가 WACC와 같다는 가정을 하는 것은 그들의 가치를 과소평가할 것이다.[4] 이 문제는 많은 제약 회사, 수많은 소비자

3 심지어 가장 강력한 브랜드조차도 신기술과 고객 선호도 변화에 따른 압박에 직면해 있다. 예를 들어, Coca-Cola와 PepsiCo는 소비자들이 청량음료에서 생수와 풍미가 있는 차로 옮겨가면서 새로운 사업들을 모색해 왔다.

4 이 예시에서, 동일한 WACC와 RONIC를 가진다는 것은 경제적 관점에서 가능성이 낮은 일이다. 자본이 구조적으로 과소평가되어 있기 때문에 RONIC는 자본비용을 계속 상회할 것이다. 현행 회계기준에 따르면 단지 실제(또는 계약상의) 투자만이 재무상태표상에서 자본화될 수 있다. 가치있는 브랜드, 유통망, 지적재산권은 인수 등을 통해 취득한 방법이 아니고서는 이를 재무상태표상에서 자산으로 인식할 수 없다. 무형자산 비중이 높은 기업의 투하자본을 계산하는 방법은 24장에서 보다 자세히 다룬다.

제품 회사 및 일부 소프트웨어 회사 등을 포함하여 모방 가능성이 적은 제품 또는 서비스를 판매하는 거의 모든 기업에도 비슷하게 적용된다.

그러나, RONIC이 높게 유지될 때조차도, 시장이 성숙함에 따라 성장률은 결국 떨어질 것이다. 그러므로, RONIC이 WACC보다 크다는 가정은 경제적으로 합리적인 성장률과 맞아 떨어져야 할 것이다.

의도적인 보수적 가정들

재무분석가들은 때때로 미래의 불확실성과 영구가치의 큰 규모 때문에 지나치게 보수적이 된다. 그러나 영구가치를 적절하게 추정한다면 불확실성에 대해서도 그렇게 보수적이 될 필요가 없다. 불확실성은 과소평가될 위험이 있는 만큼 과대평가될 위험도 크다. 불확실성이 문제가 되긴 하지만 ROIC나 성장률을 지나치게 보수적으로 가정하기 보다는 시나리오에 따른 모델화를 통해 접근해야 한다.

영구가치에 대한 다른 접근법

영구가치를 추정하기 위한 몇 가지 대안적 접근법이 실무에서 사용되고 있다. 신중하게 적용된다는 가정 하에 몇 가지 접근방식이 허용될 수 있지만, 일반적으로 이러한 대안들은 종종 잘못된 결과를 만들어낸다. 우리는 이 장의 앞부분에서 살펴본 방법들을 선호하는데, 기업 분석에 내재된 근본적인 경제적 가정에 구체적으로 의존하기 때문이다. 다른 접근법들은 근본적인 경제적 가정을 이해하기 어렵게 만드는 경향이 있다. 한 스포츠 용품 회사의 예를 사용하여, 표 14.11은 다양한 기법에 의해 산출된 영구가치 추정치의 광범위한 분포를 보여주고 있다.

가장 보편적인 방법들은 크게 세 가지로 분류되며 기타 DCF 방법, 배수법, 자산가치법이 있다. 이제 세 가지 방법에 대해 알아보고, 앞서 추천한 방법이 더 선호되는 이유에 대해서 설명한다.

기타 DCF 접근법

추천한 DCF 공식은 더 제한적인(그리고 때에 따라 비합리적인) 가정을 적용하여 추가적인 영구가치 공식을 도출할 수 있다.

첫 번째 변형은 수렴 공식(convergence formula)이다. 경쟁적인 산업에서 많은 회사들은 모든 초과수익이 경쟁으로 인해 소진됨에 따라, 다수의 사람들은 새

표 14.11 스포츠용품 회사에 대한 영구가치 추정

$ million

기법	가정	영구가치
기타 DCF 접근법		
마지막 연도의 세후영업이익에 근거한 영구가치	세후영업이익 증가율을 물가상승률로 정상화	582
마지막 연도의 현금흐름에 근거한 영구가치	FCF 증가율을 물가상승률로 정상화	428
배수법(상대가치)		
주가순이익비율(PER)	업종 평균이익의 15배	624
주가순자산비율(PBR)	업종 평균순자산의 1.4배	375
순자산 접근법		
청산가치	운전자산의 80% 순고정자산의 70%	186
대체원가	물가상승이 조정된 장부가액	275

로운 투자에 대한 수익률(RONIC)이 결국 자본비용으로 수렴할 것으로 기대한다. 이러한 가정에 따르면 가치창출요인 공식을 다음과 같은 단순한 버전으로 만들 수 있다:

$$\text{CV} = \frac{\text{NOPAT}_{t+1}}{\text{WACC}}$$

이 변형공식은 가치창출요인 공식을 이용하여 유도할 수 있다.

$$\text{CV} = \frac{\text{NOPAT}_{t+1}\left(1 - \dfrac{g}{\text{RONIC}}\right)}{\text{WACC} - g}$$

RONIC= WACC라고 가정하자(즉, RONIC가 자본비용과 동일하다):

$$\text{CV} = \frac{\text{NOPAT}_{t+1}\left(1 - \dfrac{g}{\text{WACC}}\right)}{\text{WACC} - g}$$

$$= \frac{\text{NOPAT}_{t+1}\left(\dfrac{\text{WACC} - g}{\text{WACC}}\right)}{\text{WACC} - g}$$

WACC-g 항을 소거하면 다음과 같은 단순한 공식이 된다.

$$CV = \frac{NOPAT_{t+1}}{WACC}$$

성장률 항이 등식에서 사라졌다고 해서 NOPAT의 명목성장률이 0이 될 것임을 의미하는 것은 아니다. 성장률과 관련된 RONIC가 자본비용과 같게 됨에 따라, 새로운 성장이 가치에 아무것도 더해주지 않기에 성장률 항은 제거된다. 이 공식은 때에 따라 제로성장(심지어 인플레이션이 있음에도 불구하고)을 의미하는 것으로 해석되지만, 이것은 정확한 해석이 아니다.

수렴공식에 대한 오해는 또 다른 변형인 공격적 성장 공식(the aggressive growth formula)에서도 이어진다. 이 공식은 영구가치 기간 동안 가장 흔히 사용되는 인플레이션율과 같은 일정한 비율로 이익이 성장할 것으로 가정한다. 이렇게 되면 이익은 명목 WACC가 아니라 실질 WACC로 할인되어야 한다는 결론이 도출된다.

결과적으로 공식은 다음과 같이 얻어진다:

$$CV = \frac{NOPAT_{t+1}}{WACC - g}$$

여기에서 g는 인플레이션이다. 이 공식은 NOPAT이 신규 투하자본도 없이 성장할 수 있다고 가정하기 때문에 영구가치를 현저하게 과다계상하게 된다. 그러나 현실은 그렇지 않거나 또는 불가능할 것이다. 왜냐하면 모든 성장은 추가적인 운전자본 및 고정자산투자를 필요로 하기 때문이다.

앞의 공식에 숨겨져 있는 핵심적인 가정을 살펴보기 위해, 우리는 RONIC이 무한대로 다가갈 때의 핵심가치창출요인 공식을 분석했다:

$$CV = \frac{NOPAT_{t+1}\left(1 - \frac{g}{RONIC}\right)}{WACC - g}$$

$$RONIC \to \infty\text{; 그러므로, } \frac{g}{RONIC} \to 0$$

$$CV = \frac{NOPAT_{t+1}(1-0)}{WACC - g}$$

$$= \frac{NOPAT_{t+1}}{WACC - g}$$

표 14.12는 핵심가치창출요인 공식의 두 가지 변형을 비교하고 있는데, 어떻게 평균 ROIC(기존 및 신규 투자 모두에 대한 것)가 두 가지 서로 다른 가정하에서

표 14.12 대체 영구가치 공식들을 적용한 내재 수익률

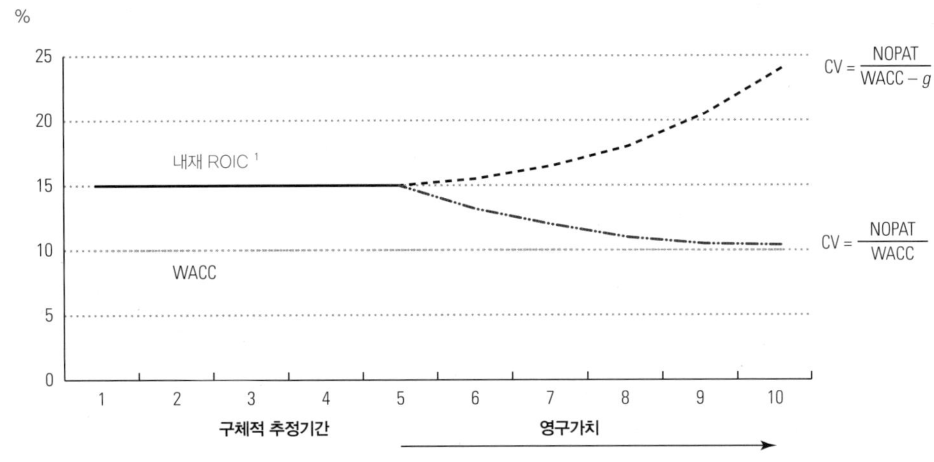

[1] 내재 ROIC는 신규 및 기존 투하자본에 대해 모두 동일하다.

움직이는지를 보여준다. 공격적 성장의 경우, NOPAT은 어떠한 새로운 투자 없이도 성장하므로, ROIC는 결국 무한대로 발산한다. 수렴하는 경우, 신규자본이 총자본에서 차지하는 비중이 점점 커지기 때문에, 평균적인 ROIC는 WACC로 수렴한다.

배수법

배수법은 회사가 영구가치 기간에 미래 이익 또는 장부가치의 어떤 배수만큼의 가치가 있다고 가정한다. 그러나, 적절한 미래의 배수를 어떻게 추정하는가?

보편적인 접근법은 회사가, 현재 회사에 대한 배수를 기초로 하는 이익 또는 장부 가치의 배수만큼의 가치를 앞으로도 가지게 될 것으로 가정하는 것이다. 우리가 현재의 산업평균 기업가치 대 EBITDA 비율(평균 EV/EBITDA)을 선택했다고 해보자. 이 비율은 영구가치 기간 뿐만 아니라 명시된 현금흐름 추정기간 동안의 경제적 산업 전망도 반영한다. 그러나, 성숙기에 있는 산업의 경우, 명시된 현금흐름 추정기간 말의 산업 전망은 현재의 그것과 매우 다를 것이다. 따라서, 우리는 추정기간 말의 회사 전망을 반영하는 다른 기업가치 대 EBITDA가 필요하다. 어떠한 요소들이 그 비율을 결정할 것인가? 3장에서 이미 논의된 것처럼, 주요한 결정변수는 회사의 기대성장률, 신규자본투하수익률 및 자본비용이다. 이러한 요인들이 핵심가치동인 공식에 포함되어 있다. 임의의 배수를 이용하는 것이 편하지 않는다면, 핵심가치동인 공식을 이용하는 것이 훨씬 더 좋다.

기업 인수에 대해서 가치평가를 할 때, 회사들은 때때로 영구가치에 대한 배수가 기업인수에 지불된 배수와 같아야 한다는 순환적인 추론에 빠진다. 달리 말하면, 만약 내가 EBITDA의 15배를 오늘 지불한다면, 나는 이 사업을 명시된 추정기간 말에 EBITDA의 15배로 판매할 수 있을 것이라고 생각하는 것이다. 대부분의 경우, 한 회사가 인수에 대해서 특정한 배수를 지불할 의사가 있는 이유는, 이 회사가 인수 대상 기업의 수익성을 향상시킬 계획이 있기 때문이다. 따라서 향상된 EBITDA 수준에 대해 지불하는 유효 EBITDA 배수는 15배보다 훨씬 적을 것이다. 일단 개선사항이 마련되고 이익이 높아지면, 구매자들은 이미 이루어진 것 이상의 추가 개선을 할 수 없는 한 동일한 배수를 기꺼이 지불하지 않을 것이다. 18장에서는 배수를 사용할 때 흔히 저지르는 다른 오류를 설명한다.

자산가치법

미래현금흐름이나 이익에 의존하는 기존 방식과 달리 대체원가나 청산가치를 이용해 영구가치를 추정하는 방법은 자산가치법으로 알려져 있다. 이러한 접근 방식은 회사의 미래 잠재력을 무시하므로, 지속적인 운영이 위험한 상황에서만 사용한다.

청산가치 접근법은 명시적 추정기간 말에 부채를 상환한 후 자산의 매각예상수익과 동일한 영구가치를 설정한다. 영구가치는 현재 상태의 회사 가치와 크게 다른 경우가 많다. 성장하는 수익성 높은 산업에서 기업의 청산 가치는 아마도 현재 상태에 대한 가치를 훨씬 밑돌 것이다. 죽어가는 산업에서 청산가치는 현재 상태에 대한 가치를 초과할 수 있다. 추정기간 말에 청산할 가능성이 있는 경우가 아니라면 이 방법을 사용하지 않도록 하자.

대체원가접근법은 영구가치를 회사의 자산을 대체할 때 소요되는 예상 비용과 동일하게 설정한다. 이 접근법에는 적어도 두 가지 단점이 있다. 첫째, 모든 유형자산이 대체 가능한 것은 아니다. 회사의 조직화된 자본은 회사가 창출하는 현금흐름에 기초 해서만 그 가치가 평가될 수 있다. 회사의 유형 자산만 교체하는 비용은 회사의 가치를 크게 과소평가할 수 있다. 둘째, 회사의 모든 자산이 대체되는 것은 아니다. 특정 회사에서 사용하는 기계를 생각해 보자. 양의 현금흐름을 창출하는 한, 그 자산은 회사의 계속 사업에 대해 가치가 있다. 그러나 자산의 대체원가가 너무 높아서 이것을 대체하는 것이 경제적이지 않을 수 있다. 이러한 경우, 대체원가는 계속 기업으로서의 기업가치를 초과할 수 있다.

마무리하며

미래는 본질적으로 알 수 없으므로, 우리는 많은 전문가들이 영구가치 공식에 의존하는 기업가치 DCF 모델에 대해 회의적인 이유를 이해할 수 있다. 이러한 회의론은 경우에 따라 정당화될 수 있지만, 많은 가치평가에서 영구가치를 경제적 구성요소로 세분화하면 이러한 우려가 과장된 이유를 찾을 수 있다. 기업의 가치는 투자한 자본에 그 자본을 통해 창출되는 경제적 이익을 더한 것에 불과하다는 것을 기억하라. 대부분의 가치 창출이 명시적 추정기간 동안 발생하는 경우, 영구가치는 잉여현금흐름보다 훨씬 작은 역할을 하게 된다.

영구가치를 추정할 때, 성공적인 가치평가를 위해 몇 가지 간단한 지침을 따를 것을 기억하자. 먼저, 영구 가치 추정을 위해 핵심가치창출요인 공식을 사용하자. 잉여현금흐름 모형과 달리 가치창출요인 공식은 성장에 필요한 올바른 투자를 암시적으로 모형화한다. 둘째, 영구가치 기간에서의 가치창출요인을 신중하게 평가한다. 가치창출요인은 오늘날의 성능이나 경제 환경이 아니라 미래의 회사의 잠재력과 일관되어야 한다. 신중한 분석을 수행한다면 다른 모형에서 찾을 수 없는 통찰력을 얻을 수 있다.

15장

자본비용의 추정

기업 현금흐름할인(DCF; Discounted Cash Flow) 모델을 이용하여 기업가치를 평가하기 위해서는 가중평균자본비용(WACC; Weighted Average Cost of Capital)으로 잉여현금흐름(FCF; Free Cash Flow)을 할인해야 한다. 이 때 WACC는 회사의 모든 투자자인 주주와 채권자가 유사한 위험을 갖는 다른 사업들 대신 특정한 사업에 투자하여 벌어들일 것으로 기대하는 수익률을 나타낸다. 이는 자본기회비용이라고도 불린다. 기업의 투자자들은 기업이 그들의 기대치를 충족시키는 경우 자신들의 자본비용을 얻게 될 것이기 때문에 이 자본비용은 기대수익률로 바꿔 말할 수 있다.

가중평균자본비용(WACC)은 세 가지 주요 요소를 가지고 있다: 자기자본비용, 세후 타인자본비용과 회사의 목표자본구조이다. WACC를 추정하는 것은, 특히 주주자본비용이 그러한데, 특정 투자자의 자본기회비용을 직접적으로 측정할 수 있는 방법이 없기 때문에 어렵다. 게다가, 수년 동안 적용했던 많은 기존 접근방법은 국채에 낮은 이자율을 부과하는 통화정책의 영향으로 복잡해졌다. 자본비용을 추정하기 위해 여러 모델과 접근방법을 적용한다. 이것은 기업재무이론에 기초하고 있으며 기업들의 시장가치에 대한 경험적 관찰을 통해 완성되었다. 이러한 모델들은 비슷한 위험을 가진 대체 투자안에 대한 기대이익율을 추정한다.

WACC 산출에 관한 간략한 요약과 함께 이 장을 시작할 것이며, 이 후 각 항목들인 자기자본비용, 타인자본비용, 목표자본구조 각각을 어떻게 추정하는지에 대해 구체적으로 설명하고자 한다. 복잡한 목표자본구조를 가지고 있는 회사의 WACC 추정을 설명하면서 이 장의 결론을 지으려 한다.

가중평균자본비용

가장 간단한 방법으로 세후 타인자본비용과 자기자본비용을 가중평균하여 가중평균자본비용을 계산한다.

$$\mathrm{WACC} = \frac{D}{V} k_d (1 - T_m) + \frac{E}{V} k_e$$

D/V = (장부가 아닌) 시장가치를 이용하여 산출한 목표 타인자본(debt)비율
E/V = 시장가치를 이용한 목표 자기자본(equity)비율
k_d = 타인자본비용
k_e = 자기자본비용
T_m = 기업의 한계법인세율

우선주와 같은 기타 증권을 보유하고 있는 기업들은 자본비용에 각 증권의 기대수익률과 전체기업가치 대비 비율을 추가해야 한다. 자본비용은 매입채무과 같은 영업부채의 기대수익을 포함하지 않는다. 고객, 공급자, 종업원 등에게서 공급받은 자본에 대한 보상은 영업 비용에 포함되어 FCF에 이미 포함되어있다.

자기자본비용은 평가대상기업의 위험을 조정하여 시장 포트폴리오에 대한 기대수익율을 추정하는 방식으로 결정된다. 본 도서에서 기업의 위험조정요소를 추정하기 위하여 CAPM(Capital Asset Pricing Model; 자본자산가격결정모델)을 사용하기로 한다. CAPM은 회사고유위험을 베타를 사용하여 조정하고, 이는 기업의 주가가 시장 전반의 움직임에 대해 어떻게 반응하는지를 측정하여 계산한다. 주식과 주식시장 사이의 상관관계가 높은 주식은 시장포트폴리오의 변동성을 증가시키기 때문에 투자자들은 해당주식을 보유하는 것에 따른 높은 수익율을 요구하게 된다. 결과적으로 높은 베타를 갖는 주식은 시장수익률을 초과하는 수익률을 가져야 한다. 낮은 베타를 갖는 주식은 반대의 사실이 성립한다. 오직 베타위험만 가격이 매겨질 수 있다. 학문적으로 고유위험(idiosyncratic risk)이라고 부르는 나머지 위험은 (제4장에서 설명한 바와 같이) 여러 종류의 주식을 보유함으로써 분산시킬 수 있다. 실무적으로, 베타의 측정은 매우 부정확하다. 그러므로 기업의 베타를 측정하려면 일련의 유사 기업 베타에 타인자본비율을 조정하여 추정해야 한다.

투자등급회사의 세후 타인자본조달비용을 측정하기 위해서는 회사가 발행한

표 15.1 Costco: 가중평균자본비용(WACC)

%

자금의 원천	전체 자본에서 차지하는 비중	자본비용	한계세율	세후자본비용	가중평균자본비용에 대한 기여분
타인자본	10.4	4.9	24.6	3.7	0.4
자기자본	89.6	8.5		8.5	7.6
가중평균자본비용	100.0				8.0

장기채권의 세후 만기수익률(YTM)을 이용해야 한다.[1] 채권 거래가 빈번하지 않거나 아예 거래되지 않는 채권을 발행한 기업들의 만기수익률을 추정하기 위해서는 해당 기업의 채권등급을 사용해야 한다. FCF가 이자의 절세효과를 고려하지 않고 측정되므로 WACC에 절세효과를 접목시키기 위해 세후 기준으로 타인자본비용을 측정하여야 한다.

마지막으로, 목표 자본구조를 예측하고 세후 타인자본비용 및 자기자본비용을 목표 자본구조를 이용하여 가중치를 부여하여야 한다. 성숙 단계에 있는 회사의 목표 자본구조는 흔히 타인자본 및 자기자본의 시장가치를 이용한 현재의 시가총액 대비 타인자본비율과 비슷한 수준이 된다. 이 장의 후반부에 설명하겠지만 장부가치를 이용하여 자본구조와 자본비용을 구해서는 안 된다.

표 15.1에서는 Costco의 WACC를 계산하는 과정을 보여준다. CAPM을 이용한 이 회사의 자기자본비용은 8.5%로 측정되었다. Costco의 세전 타인자본비용을 계산하기 위해서 무위험이자율 추정치에 Costco 채무에 대한 프리미엄을 합산하여 4.9%의 세전 타인자본비용을 구했다. 11장에서 우리는 Costco의 한계세율을 24.6%로 추정하였으므로 세후 타인자본비용은 3.7%가 된다. 마지막으로 우리는 Costco가 향후에도 현재의 시가 기준 기업가치 대비 타인자본 비중 15%를 유지할 것으로 가정한다. 이렇듯 타인자본비용 및 자기자본비용을 각각의 구성비로 가중평균함으로써 8%의 WACC를 얻게 된다.

자본비용을 추정하기 위해서는 항상 잉여현금흐름(FCF; Free Cash Flow)의 원칙과 일관성이 있어야 한다. 예를 들어 FCF는 모든 재무적투자자들에게 이용 가능한 현금흐름이므로, 회사의 WACC도 각 투자자들의 기대수익을 모두 포함하여야 한다. 일반적으로 자본비용은 다음 기준을 충족해야 한다.

- 자본비용은 차입금, 우선주, 보통주 등 모든 투자자들에 자본비용을 모두 포

1 기업의 레버리지 규모가 클 때는 만기수익률(YTM)은 타인자본비용을 대체하기에 적합하지 않다. 이러한 기업의 타인자본비용을 산출하는 방법은 이 장의 나중에 다룬다.

함하고 있어야 한다. 왜냐하면 FCF는 모든 투자자들에게 귀속되는 현금흐름이며, 이들은 자신이 선택한 위험에 대한 대가를 기대하기 때문이다.

- FCF에는 포함되어 있지 않은 이자비용의 절세효과와 같은 일체의 자금조달과 관련된 혜택 및 비용은 자본비용에 그 효과가 포함되거나 조정현재가치(APV; Adjusted Present Value) 모델에서처럼 별도로 평가되어야 한다.[2]
- WACC는 세후로 계산되어야 한다(FCF가 법인세를 차감한 현금흐름이므로)
- WACC는 FCF 예측에 사용된 것과 동일한 인플레이션 예측치를 적용하여야 한다.
- 자본비용을 추정하는 데 사용된 증권의 듀레이션(duration)은 반드시 현금흐름의 듀레이션과 일치하여야 한다.

자기자본비용의 추정

자기자본비용은 WACC 추정에서 핵심이지만, 안타깝게도 추정하기 어려운 요소이다. 학계와 실무자들은 자기자본비용을 추정하기 위하여 수많은 모델들을 제시하여 왔다. 하지만 그 어떤 것도 보편적으로 받아들여지지 못했다. 설령 한 모델을 받아들이더라도, 정확한 추정에 필요한 값을 구하는 것은 매우 어려울 것이다. 결과적으로, 자기자본비용을 산출해내는 것은 교과서에서 말하는 것과 달리 실무에서는 매우 어려운 것임을 명심해야 한다. 자기자본비용 추정은 두 단계로 이루어진다.

1. 전체 주식시장에 대한 기대수익률을 추정한다. 비록 특정 기업이 해당 시장과 동일한 수익률을 가질 필요는 없지만, 시장수익률은 개별 기업의 추정이 얼마나 타당하게 이루어졌는지를 판단하는 데 있어 중요한 벤치마크를 제공한다. 이 문제는 지난 15년 동안 첨예하게 다뤄져 왔다.
2. 다음으로 두 가지 잘 알려진 모델 – 자본자산가격결정모델(CAPM)과

2 대부분의 경우 WACC로 FCF를 할인하는 방법을 쓰면 단순하고 정확하며 견고하게 기업가치를 평가할 수 있다. 그러나, 그 기업의 목표자본구조가 현저하게 변경될 것으로 예측되는 경우에 – 예를 들어 차입매수(LBO; Leveraged buyout)와 같이 – 단일 WACC는 이자의 절세효과를 과다계상(또는 과소계상)하는 결과를 초래할 수도 있다. 이러한 상황에서는 무차입(unlevered) 자기자본비용으로 FCF를 할인하고 (10장에서 설명한 대로) 절세효과 및 기타 자금조달 효과는 별도로 평가해야 한다.

Fama French 3요인 모델(Fama-French three-factor model) - 중 하나를 이용하여 회사의 위험을 측정한다. 각 모델은 주식시장변화에 대한 주가의 상관관계인 베타를 측정하여 회사의 위험을 측정한다. 베타의 추정이 부정확하기 때문에 우리는 개별기업의 베타를 사용하기 보다는 유사 기업그룹의 베타에 의존한다.

시장수익률의 추정

매일매일 수천 명의 투자자들이 시장의 기대수익률을 추정하려고 애쓴다. 미래는 관찰이 불가능하기 때문에, 많은 실무자들은 이를 추정하기 위하여 두가지 접근방식 중 하나를 사용한다.

첫 번째 방법은 현재 주가와 펀더멘탈 성과종합적인 기본(이익, ROIC 및 성장기대치) 사이의 관계를 적용시켜 자기자본비용을 계산하는 방식이다. Standard & Poor's (S&P) 500 지수에 포함된 많은 기업들의 가치를 평가해보면, 내재된 자기자본비용을 역으로 계산해낼 수 있다. 비록 이 방식은 미래 성과의 추정을 필요로 하지만, 최근 시가를 반영한다는 점에서 아주 강력하다고 할 수 있다.

두 번째 방법은 과거 시장수익률을 사용한 과거지향적인 방식이다. 하지만 과거 시장수익률은 해당시점의 물가상승률에 의해 영향을 많이 받기 때문에, 과거 수익률의 단순 평균은 도움이 되지 않는다. 대신에 우리는 현재의 기대물가상승률을 반영한 현재의 이자율에 과거 시장위험프리미엄을 더하는 방식을 사용한다.

시가에 내재된 자기자본비용 추정 시장에 대한 자기자본비용을 추정하는 첫 번째 방법은 다수의 표본기업들의 현재 주가와 내재된 기업성과(수익, ROIC 및 성장기대치)에 근거하여 추정하는 방식이다. 인플레이션을 제외하고 나면, 시장수익률(초과수익률이 아님)은 1962년부터 2018년까지 7% 주변으로 아주 일관적일 것이다.

3장에서 서술한 가치창출요인공식(value driver formula)으로 시작한다. 이 경우 기업가치가 아닌 자기자본가치라는 표현으로 변경한다(가중평균자본비용 대신 자기자본비용으로, ROIC 대신 자기자본수익률인 ROE로 대체하여):

$$\text{자기자본가치} = \frac{\text{이익}\left(1 - \dfrac{g}{\text{ROE}}\right)}{k_e - g}$$

단, 이익 = 자기자본

g = 기대이익성장률

ROE = 기대자기자본이익률
k_e = 자기자본비용

자기자본비용으로 풀면 다음 방정식을 만들 수 있다:

$$k_e = \frac{\text{이익}\left(1 - \frac{g}{\text{ROE}}\right)}{\text{자기자본가치}} + g$$

자기자본가치로 이익을 나누어 P/E의 역수를 구할 수 있으며 아래와 같은 간략한 방정식이 가능하다.

$$k_e = \left(\frac{1}{\text{P/E}}\right)\left(1 - \frac{g}{\text{ROE}}\right) + g$$

우리는 주어진 연도의 S&P 500 중간 P/E값을 자기자본비용으로 변환하기 위해 14.5%의 장기 자기자본수익률과 3.5%의 장기 실질GDP성장률을 사용하여, S&P 500지수에 이 공식을 적용하였다.[3] 이 모델을 적용하는 것은 공식에서 의미하는 것보다 약간 좀 더 복잡하다. 왜냐하면 우리는 실질 자기자본비용에 도달하기 위해 물가상승률의 영향도 제거했기 때문이다. 표 15.2은 1962년과 2018년 사이의 실질 기대시장수익률을 나타낸다. 결과는 주목할 만하다. 물가상승률을 제거하고 난 후에 기대시장수익(초과수익이 아닌)은 평균 7%로 눈에 띄게 일정하다. 영국에서는 실질시장수률익은 약간 변동성이 더 있으며 평균 6%이다.

이와 유사한 기술은 1920년대 Charles Dow까지 거슬러 가는데, 많은 학자들은 이 개념을 시험해왔다.[4] 두 가지 논문이 성장률을 추정하기 위하여 애널리스트 예측자료를 사용했는데,[5] 많은 이들은 애널리스트 예측자료가 단기간에만 집중

3 R. Dobbs, T. Koller, and S. Lund, "What Effect Has Quantitative Easing Had on Your Share Price?" *McKinsey on Finance*, no. 49 (Winter 2014): 15–18; and M. H. Goedhart, T. M. Koller, and Z. D. Williams, "The Real Cost of Equity," *McKinsey on Finance*, no. 5 (Autumn 2002): 13–15.

4 E. Fama and K. French, "Dividend Yields and Expected Stock Returns," *Journal of Financial Economics* 22, no. 1 (1988): 3–25; R. F. Stambaugh, "Predictive Regressions," *Journal of Financial Economics* 54, no. 3 (1999): 375–421; and J. Lewellen, "Predicting Returns with Financial Ratios," *Journal of Financial Economics* 74, no. 2 (2004): 209–235.

5 5 J. Claus and J. Thomas, "Equity Premia as Low as Three Percent? Evidence from Analysts' Earnings Forecasts for Domestic and International Stocks," *Journal of Finance* 56, no. 5 (October 2001): 1629–1666; and W. R. Gebhardt, C. M. C. Lee, and B. Swaminathan, "Toward an Implied Cost of Capital," *Journal of Accounting Research* 39, no. 1 (2001): 135–176.

표 15.2 S&P 500 실질 및 명목 기대수익률, 1962-2018

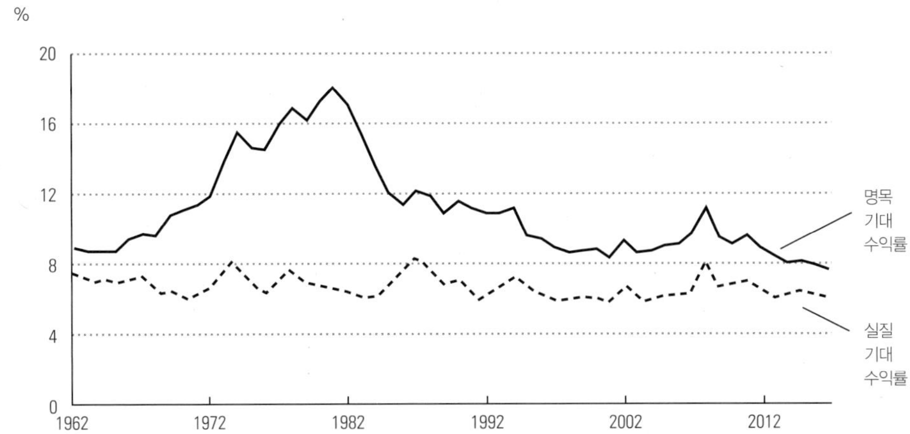

하고 있으며 이는 심하게 상향편중되어 있다는 주장을 제기하고 있다. 2003년 한 연구보고서에서 Fama와 French는 미래성장률의 대용치로 장기배당성장률을 사용하였다.[6] 그들은 배당수익률에 집중하였지만 가용현금흐름은 아니었다. 그러므로 우리는 이 적용이 최선이라고 믿는다.

실질기대수익을 할인에 적합한 명목기대수익으로 전환하는 경우, 현금흐름 추정과 일관성이 있는 물가상승률의 추정치를 가산하여야 한다. 미국에서는, Federal Reserve Bank of Philadelphia가 장기 기대 물가상승률 추정치를 공시한다. 2018년 12월에 이 추정치는 2.3%였다. 다른 방법으론 물가안정채(inflation-protected bonds) 및 일반 국채 수익률간의 스프레드를 사용하는 법이 있다.[7] 2018년에 이 스프레드는 약 1.7%였다. 1.7%~2.5%의 물가상승률을 실질 수익률 7%에 더하면 기대시장수익률은 8.7%~9.3%가 된다는 것을 다시 확인할 수 있다.

이 장의 후반부에서 우리는 산업 및 회사 리스크에 대한 기대시장수익률을 조정하기 위하여 CAPM을 사용한다. CAPM은 주식 수익과 무위험 채권의 차이로 산출할 수 있다. 1962년부터 2018년 사이의 데이터를 이용해 얻은 실질 평균주식시장수익률은 7%이며, 동일하게 인플레이션을 조정한 미국 국채 이자율이 2%이므로, 시장위험프리미엄은 5%라고 할 수 있다.

6 6 E. F. Fama and K. R. French, "The Equity Premium," *Journal of Finance* 57, no. 2 (April 2002): 637–659

7 Federal Reserve Bank of Philadelphia, Survey of Professional Forecasters, www.philadelphiafed.org를 참조하라.

또는, 시장이 7%의 수익을 올릴 거라 예상하고 2018년 실질이자율 1%를 차감하면, 시장 위험 프리미엄은 6%가 된다. 우리는 정상 위험프리미엄보다 더 큰 위험프리미엄을 거부하지 않지만, 통계적 검증에 의하면 위험프리미엄이 상승해왔음을 확신할 수 있는 어떤 증거도 없다. 만약 이것이 사실이라면 고위험주식에 비해 상대적으로 저위험주식이 가치측면에서 상승해야 한다. 왜냐하면 위험가격이 증가함에 따라 고위험주식은 더 높은 수익률을 요구할 것이고 결과적으로 더 낮은 가치평가결과가 산출될 것이기 때문이다. 우리는 고위험 주식 대비 저위험 주식의 P/E의 추세를 평가해본 결과, 실질이자율이 하락함에 따라 스프레드가 넓어지는 현상을 관찰하지 못했다.

과거 시장위험프리미엄의 사용 미래 시장수익을 추정하기 위한 두번째 방법은 과거 시장수익률 자료를 검증하는 것에서부터 시작한다. 과거 시장수익률의 과거 평균을 채택하기보다는 현재 시점의 장기 국채 이자율에 위험프리미엄을 가산하는 방식으로 계산한다. 이 방법에서는 미래 시장수익률의 추정 시 과거의 이자율과 물가상승률을 반영하지 않고 현재의 그것들을 결합시킨다는 점에서 의미가 있다.

과거 위험프리미엄을 추정할 때는 정교한 통계기술이 요구된다. 이 이슈와 관련된 내용은 부록 F 에 기술되어 있으며 여기서는 요약만 서술하고자 한다. 첫째로, 가능하다면 긴 기간의 자료를 사용하는 것이 좋다. 우리의 작업은 Elroy Dimson, Paul Marsh, and Mike Staunton의 연구결과에 의존하였는데, 이들은 1900년까지 거슬러간 시장수익률 자료를 제공하고 있다.[8] 비록 많은 사람들이 시장위험프리미엄은 시간에 걸쳐 떨어졌다고 주장하고 있지만, 간단한 회귀분석결과로는 이것이 확인되지 않는다. 따라서 우리는 데이터가 많을 수록 추정치의 질을 높여줄 수 있다고 믿고 있다. 둘째로, 과거수익률의 산술평균 및 기하평균 그 어느 것도 다기간 할인율을 잘 추정하지 못할 것이다. 최선의 값은 이 두 평균값 사이의 어딘가로 계산된다. 산술평균이 평균수익율을 측정함에 있어 완벽한 최선치인 반면, 평균수익율을 복리로 계산하는 것은 수치가 너무 높게 나타나는 추정오류를 나타낼 것이다. 이 편차를 바로잡기 위해서 Marshall Blume 는 두 평균의 결합을 사용한 추정계수를 개발하였다.[9]

---

8 E. Dimson, P. Marsh, and M. Staunton, "The Worldwide Equity Premium: A Smaller Puzzle," in *Handbook of Investments: Equity Risk Premium*, ed. R. Mehra (Amsterdam: Elsevier Science, 2

9 D. C. Indro and W. Y. Lee, "Biases in Arithmetic and Geometric Averages as Estimates of Long-Run Expected Returns and Risk Premia," *Financial Management* 26, no. 4 (Winter 1997): 81–90; and M. E. Blume, "Unbiased Estimators of Long-Run Expected Rates of Return," *Journal of the American Statistical Association* 69, no. 347 (September 1974): 634–638.

표 15.3 다양한 보유기간 동안의 누적수익률, 1900-2018

산술평균, %

	산술평균			연환산수익률	
보유기간	미국주식	미국국채	미국 초과수익률[1]	미국 초과수익률	시장 위험 프리미엄에 대한 Blume 추정치
1 year	11.3	5.4	6.3	6.3	6.3
2 years	23.8	11.0	12.6	6.1	6.3
4 years	51.2	23.3	25.0	5.7	6.3
5 years	67.4	30.2	32.2	5.7	6.2
10 years	172.6	72.1	71.3	5.5	6.2

[1] 누적주식수익률과 채권수익률의 차이가 아닌 연도별 초과수익률을 평균하여 추정한다.

출처: Data for 1900–2002 from E. Dimson, P. Marsh, and M. Staunton, "The Worldwide Equity Premium: A Smaller Puzzle," in *Handbook of Investments: Equity Risk Premium*, ed. R. Mehra (Amsterdam: Elsevier Science, 2007); data for 2003–2017 from R. G. Ibbotson, *2018 SBBI Yearbook: Stocks, Bonds, Bills, and Inflation* (New York: Duff & Phelps, 2018); data from 2018 from Bloomberg.

표 15.3은 미국주식시장, 미국채권시장의 누적평균수익률과 1900년과 2018년 사이의 초과수익률(주가수익률에서 채권수익률을 차감)을 보여주고 있다. 5년에서 10년간의 보유기간 동안 연간평균초과수익률은 5.5에서 5.7%이다. 보다 긴 기간의 현금흐름으로 Blume이 추정했을 때는 이보다 약간 높은 6% 초반의 수치였다. 통계적으로 가장 훌륭한 기법을 가지고도 이 숫자는 너무 높을지 모른다. 왜냐하면 관찰 가능한 샘플들이 강력한 과거 수익률데이터를 가지고 있는 국가들만 포함하고 있기 때문이다.[10] 통계학자들은 이 현상을 생존오차(survivorship bias)라고 일컫고 있다. Zvi Bodie는 "1900년대에는 36개의 활성화된 주식시장이 있었다. 우리는 왜 두 개의 시장[영국과 미국시장]만 봐야 하는가? 왜냐하면 다른 많은 시장들은 다양한 이유로 100년의 역사를 가지고 있지 않기 때문이라고 말할 수 있다"[11]

미국주식시장이 다음 세기에는 과거의 성과를 거의 반복하지 않을 확률이 높기에, 우리는 과거 시장위험프리미엄을 하향 조정해야 한다. Dimson, Marsh와 Staunton은 미국시장의 연간 수익률에 대한 산술평균은 17개국의 복합수익률보다 실질 가액기준으로 0.8% 초과한 것으로 밝혔다.[12] 만약 표15.3에서 보여주었던 5.5%에서 6.2%에 이르는 미국주식시장의 초과수익률에서 0.8%의 생존프리미엄(survivorship premium)를 차감한다면 이 차이는 초과수익률로 측정한 미국시장 위험프리미엄은 4.7%에서 5.4% 구간, 즉 사사오입하면 5%라는 것을 암시한다. 가치창출요인공식으로 기대시장수익을 역계산해 얻은 평균 위험 프리미엄과

10 S. Brown, W. Goetzmann, and S. Ross, "Survivorship Bias," *Journal of Finance* (July 1995): 853–873

11 1 Z. Bodie, "Longer Time Horizon 'Does Not Reduce Risk,'" *Financial Times*, January 26, 2002

12 Dimson, Marsh, and Staunton, "The Worldwide Equity Premium."

같은 값이라는 것이 흥미롭다.

무위험 이자율 추정 과거 시장위험프리미엄의 추정치를 가지고, 시장위험프리미엄에 현재 무위험 이자율을 더함으로써 기대시장수익률을 추정하는 것이 이제 가능해졌다. 2007년부터 2009년 사이의 금융위기가 발생하기 전까지는 국채 수익률에 과거위험프리미엄을 더한 값이 적합했으나, 금리가 전례없이 낮은 지금은 추가적인 분석이 필요하다.

금융위기를 방어하기 위해서 미연방준비제도이사회(U.S. Federal Reserve)는 단기금리를 거의 제로에 가까운 수준으로 감소시켰으며 또한 장기금리도 인하되었다. (양적완화로 알려진) 공개시장에서의 채권재매입 정책도 시작했으며, 가격상승 및 수익률 억제를 가져오도록 하였다. 같은 시기에 미국 국공채가 전세계에 걸쳐 투자자들에게 피난처(safe haven)가 되었다. 이로 인해 국공채 가격은 올라가고 수익률은 낮아졌다. 이 위기와 함께 경기침체가 이어짐에 따라 10년만기 국공채 수익률이 길고 불안한 하락의 길로 들어서게 되었으며 이는 2016년 7월 1.5%라는 사상 최저치에 이르게 되었다. (이 책이 인쇄되기 직전, 미연방준비제도이사회는 코로나바이러스 대유행에 대응하여 금리를 낮추었다. 그 결과로, 2020년 3월에는, 10년짜리 국채가 사상 최초로 1% 이하로 떨어졌다.)

2016년 7월부터 많은 실무자들은 이러한 과거 이자율에 근거한 평가모형이 합리적인 결과를 가져오지 않는다는 것을 깨달았다. 1.5%의 국공채수익률에 5%의 시장위험프리미엄을 더하면 6.5%의 기대시장수익률이 나온다. 금융위기 전의 예상수익률과 비교하면 이처럼 낮은 수익률은 시장가격의 극적인 상승을 이끌었어야 했다. 산술적으로는, S&P 500지수에 편입된 주식들의 자기자본비용이 1%가 감소할 때마다, 주가이익비율(P/E)은 대략 20에서 25%정도 상승해야 한다. 따라서 자기자본비용가 3% 하락하면 일반적으로 15배 정도에서 거래되는 주식들은 25배 이상으로 P/E가 상승할 것이다. 그러나 실제 시장에서 상승은 일어나지 않았고, 대신 S&P 500 지수의 P/E가 금융위기 전의 수치인 약 20배로 회복되었다.

국공채 이자율과 주식의 시장가치 사이의 불일치를 해소하기 위하여 합성무위험이자율(synthetic risk free rate)을 사용할 것을 추천한다. 합성이자율을 만들기 위해서 1.7~2.3%의 기대물가상승률에 2%의 장기평균실질이자율을 더하여, 합성무위험이자율을 3.7%~4.3%로 추정한다.[13]

---

13 더 간단한 적용을 위해, 단 하나의 자본비용으로 모든 현금 흐름을 할인했다. 더 복잡한 모델은 현금 흐름을 명시적인 예측기간(explicit forecast period)과 영구가치기간으로 나눈다. 이 두 기간을 사용할 때는 첫 번째 기간에 대해 현금 흐름 값들을 관찰된 수익률로 할인하고, 합성 무위험이자율을 이용해 영구가치를 계산한다. 이러한 2개 기간 모델은 단기 시장 데이터를 더 효과적으로 쓸 수 있지만, 1개 기간과 2개 기간 모델의 평가상 차이

전에 산출한 5%의 시장위험프리미엄을 더하면 기대시장수익률은 8.7%~9.3%가 된다. 만약 시장가격이 결국 낮은 이자율을 반영하기 위해 상승한다면(혹은 이자율이 시장가격을 반영하기 위해 상승한다면), 여러분의 견해를 재평가해야 한다는 점을 명심해야 한다.

현금 흐름의 듀레이션(duration) 일치시키기 이 전의 분석에선, 10년 만기 채권의 수익에 집중하였다. 왜 하필 10년일까? 채권의 만기를 선택할 때 가장 이상적인 것은 예상되는 개별 현금흐름마다 각 기간과 유사한 만기를 가지는 국채를 이용하여 할인하는 것이다. 바꿔 말해, 1년차 현금흐름은 1년 만기 무위험이자율을 사용한 자기자본비용으로 할인해야 하고, 반면 10년차 현금흐름은 10년 만기 할인율을 사용한 자기자본비용으로 할인해야 함을 의미한다. 이렇게 하기 위해서는 중간 이자지급이 있는 국채보다는 (STRIPS로 알려진) 순수할인채(zero-coupon bonds)를 이용하여야 한다.[14] 왜냐하면 중간에 이자가 지급되는 경우 명시된 만기(stated maturity)보다 유효만기(effective maturity)가 더 짧아지는 효과가 발생하기 때문이다.

복수의 할인율을 사용하는 것은 꽤 번거로운 일이다. 그 때문에 실무자들은 각 현금흐름과 일치하는 할인율로 할인하는 방식을 거의 사용하지 않는다. 대신 대부분의 실무자들은 평가할 전체 현금흐름에 가장 알맞는 하나의 만기수익률을 선택한다. 미국에 영업기반을 가진 회사의 가치를 평가할 때는 10년 만기 미국 정부 할인채를 사용한다(30년 만기 국채와 같이 더 긴 기간의 채권들이 현금흐름기간과는 더 잘 맞을 수도 있지만, 이러한 채권은 유동성이 떨어져 무위험이자율을 정확하게 반영하지 못할 수 있다). 유럽의 회사들을 평가할 때, 우리는 10년 만기 유로화로 발행된 독일국채를 사용하는데, 왜냐하면(그 이유는) 독일채권은 그 밖의 유럽국가들의 채권보다 유동성이 높고 신용위험이 더 낮기 때문이다. 무위험이자율을 추정할 때 해당 기업의 현금흐름에 적용된 동일한 통화로 표시된 국공채수익률을 사용하여야 한다. 또한, 현금흐름에 내포되어 있는 물가상승률은 사용하는 국공채에 내포된 물가상승률과 일관성이 있어야 한다는 사실을 명심해야 한다.

무위험이자율을 결정하기 위해 미국단기국채를 사용해서는 안 된다. 재무관리 개론 서적에서는 CAPM을 계산할 때에는 단기국채금리를 보통 사용하고 있는데 이는 교과서가 다음 달에 대한 기대수익을 계산하려고 하기 때문이다. 따라서 현실

는 작다. 특히 예측 기간이 짧을 때 더욱 그렇다.

14 1985년에 미국 재무부가 도입한 STRIPS는 "separate trading of registered interest and principal of securities."의 약자이다. STRIPS 프로그램 덕에 투자자들은 개개의 재무부 국채와 어음을 개별 증권으로 거래할 수 있게 되었다.

에서는 장기 채권을 사용하는 것이 합리적이며, 그 이유는 장기채권이 기업의 현금흐름 기간과 더 일치하기 때문이다.

시장위험프리미엄에 대한 맺음말 비록 많은 재무전문가들이 시장위험프리미엄을 측정하는 방식에 대해 의견일치를 보지 못하지만 우리는 약 5%의 범위가 적당하다고 믿는다. 대부분의 교과서에서 보여지는(그리고 많은 이들의 고정관념에 있는) 과거 추정치는 8% 가량이나, 이는 가치평가목적으로는 너무 높다. 왜냐하면 이들은 시장위험프리미엄을 미국 재무성 단기채(만기가 아주 짧은 채권)와 비교하고 있으며 미국 증권시장의 역사적 강점에 의해 왜곡되기 때문이다.

산업/기업 위험의 조정

시장에 대한 자기자본비용을 전체적으로 추정하여 왔다면, 기업들에 걸친 위험의 차이도 조정해야 한다. 분산가능한 위험과 그렇지 않은 위험의 차이에 대해 4장에서 논의한 바를 잘 기억해두자. 주식 포트폴리오를 보유함에 따라서도 투자자들이 제거할 수 없고 분산할 수 없는 위험만 자기자본비용에 포함시켜야 한다.

위험차이에 대해 자기자본비용을 조정하는데 사용되는 가장 일반적인 모델이 자본자산가격결정모델(CAPM)이다. 다른 모델로는 Fama-French 3요인 모델(three-factor model)과 차익거래가격결정이론(APT; Arbitrage Pricing Theory)이 있다. 이 세가지 모델은 보상위험의 효과를 추정하기 위해 사용되는 주요 요소들이 주로 다르다. 최근의 비판에도 불구하고 우리는 자기자본비용을 추정하기 위한 최고의 모델이 CAPM이라고 믿는다. 그러나 항상 주의를 기울여야 한다. 과거의 데이터를 맹목적으로 신뢰한다면 부정확한 자본자기비용 평가로 이어질 수 있기 때문이다.

자본자산가격결정모델(CAPM) CAPM은 요즘 재무관리 교과서에서 상세히 기술되어 있기 때문에, 여기서는 주요 개념들에 대해서만 초점을 맞추고자 한다.[15] CAPM은 어떤 증권의 기대수익률은 무위험이자율에 시장위험프리미엄에 해당 증권의 베타를 곱한 값을 더해준 것과 같다고 가정한다.

$$E(R_i) = r_f + \beta_i[E(R_m) - r_f]$$

15 예로는 R. Brealey, S. Myers, and F. Allen, *Principles of Corporate Finance*, 11th ed. (New York: McGraw-Hill, 2014); and T. Copeland, F. Weston, and K. Shastri, *Financial Theory and Corporate Policy*(Boston: Pearson Education, 2013)가 있다.

표 15.4 자본자산가격결정모형(CAPM)을 사용한 자기자본비용

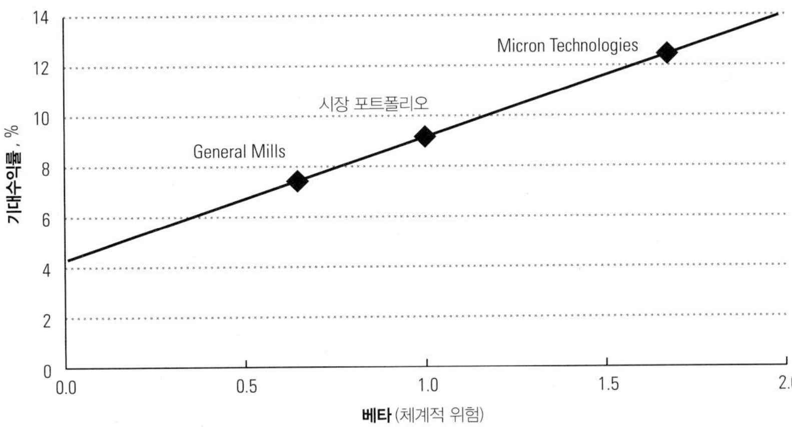

출처: Refinitiv Thomson One

$E(R_i)$ = 증권 i의 기대수익률

r_f = 무위험이자율

β_i = 시장에 대한 증권 i의 민감도

$E(R_m)$ = 시장의 기대수익률

CAPM에서 무위험이자율 그리고 $E(R_m)$과 r_f의 차이로 정의되는 시장위험프리미엄은 모든 기업에서 동일하다; 오직 베타만 회사에 따라 달라진다. 베타는 다양한 투자를 수행하고 있는 투자자가 그 주식을 추가로 보유할 때 발생하는 주식의 증분위험을 나타내는데, 여기서 위험은 주식이 전체주식시장과 연관되어 위아래로 변동하는 정도로 정의된다.

시리얼과 스낵식품 제조회사인 General Mills와 메모리칩을 생산하는 반도체 제조회사인 Micron Technology를 예로 들어보자. 식품은 생필품으로 그 소비가 주식시장의 가치에 상대적으로 독립적이므로 General Mills의 베타는 낮은 0.64로 추정하였다.[16] 4.3%의 무위험이자율과 5%의 시장위험프리미엄을 바탕으로 하여 General Mills의 자기자본비용은 7.5%로 추정된다(표15.4 참조). 대조적으로 첨단기술 업체는 높은 베타를 가지는 경향이 있다. 경제가 곤란을 겪을 때 주식시장은 하락하고, 회사들은 신기술 구매를 중단한다. 따라서 Micron Technolo-

16 설명을 쉽게 하기 위해, General Mills의 60개월 주식수익률을 이용하여 Morgan Stanley Capital International (MSCI) 세계 지수와 회귀분석하여 베타를 계산하였다. 이 장의 후반에서는 산업 베타를 측정하기 위해 유사 기업을 예로 사용할 것이다.

gy의 가치는 시장가치와 높은 상관관계를 가지며 그 베타는 높게 형성된다. 베타값 1.68로 계산한 Micron Technology의 기대수익률은 12.7%이다. General Mills는 Micron Technology보다 시장하락에 대해 더 크게 방어해주므로 투자자들은 이 주식에 대한 프리미엄을 기꺼이 지불하여 기대수익률을 낮춘다. 역으로 Micron 은 시장 포트폴리오에 대해 위험분산효과를 거의 제공하지 않으므로 이 회사는 투자자들을 유인하기 위해 더 높은 수익률을 제시하여야 한다.

실무적으로 CAPM을 적용하기 위해서는 각 요소들을 추정해야 한다. 회사의 자기자본비용에 대한 핵심 질문은 시장대비 상대적인 회사의 위험과 이에 따른 베타를 추정하는 방법이다. 회사를 가치평가할 때, 해당 회사의 과거 베타를 정확하게 분석하는 것이 목적이 아니라는 점을 명심해야 한다. 이것은 미래 베타를 추정하는 일이므로, 기술적인 접근뿐만 아니라 판단과 상식 또한 고려해야 한다.

개별기업 베타는 비반복적인 사건에 크게 영향을 받을 수 있기 때문에 분석대상 회사의 역사적 베타를 추정하기 보다는 업계 유사 기업의 중간값을 쓰는 것이 낫다. 베타는 닷컴(dot-com)거품처럼 주식시장에서 비정상적 사건에 의해서 영향을 받을 수 있다. 산업베타가 시간에 걸쳐 어떻게 변화되는지를 살펴봄으로써 현재는 그 위치에 없지만 베타가 장기적 수준에 돌아갈지에 대한 판단을 적용할 수 있다.

이 섹션의 나머지에선 회사의 베타가 단계별로 어떻게 추정되는지에 대해 살펴볼 것이다. 첫번째로 유사기업집단에 있는 각 회사의 베타를 추정한다. 그 다음 각 베타를 무차입베타로 변환한다. 이 베타들을 종합하여, 베타의 중간값과 같은 대표 베타의 표본을 평가한다. 현재의 베타가 위험을 대표하고 비정상적인 자료의 가공물이 아니라고 확신하기 위해 특정수치가 아닌 시간에 걸친 추세를 평가해봐야 한다.

산업표본에서 각 기업 베타의 추정 산업베타를 도출하기 위해 먼저 그 기업의 유사기업군의 베타를 찾아야 한다. 베타는 직접적으로 관찰되지 않기 때문에, 추정할 수 밖에 없다. 회사의 원시 베타를 추정하기 위해 사용되는 가장 흔한 회귀분석은 시장 모델이다.

$$R_i = \alpha + \beta R_m + \varepsilon$$

시장모델에서 개별 주식의 주식률(주식가격이 아닌)은 시장 전체의 수익률에 대해 회귀분석된다.

표 15.5는 2015년 9월~2019년 8월 사이 60개월간 MSCI 세계지수(Morgan Stanley Capital International World Index) 대비 Costco사의 주식수익률을 표시한다. 실선은 Costco사의 주식수익률과 주식시장 사이의 회귀식을 나타내

표 15.5 Costco: 주식수익률, 2015–2019

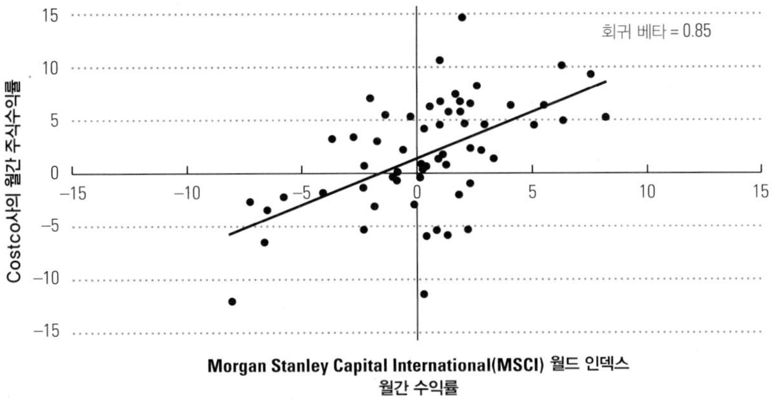

출처: Refinitiv Thomson One.

준다. 이 선의 기울기가 보통 베타로 정의된다. Costco에 대한 회사의 회귀베타(기울기)는 0.85이다.

그러나 우리는 왜 Costco의 수익을 월간기준으로 측정하기로 하였는가? 왜 5개년 자료를 이용하였는가? 그리고 이 측정은 얼마나 정확한가? CAPM은 단일기간 모델이며 가치평가를 위한 사용법에 대한 지침은 거의 제공하지 않는다. 그러나 특정한 시장특성과 다양한 경험적 검증을 바탕으로 우리는 몇 가지 지침에 대한 결론에 도달할 수 있다:

- 회귀분석은 최소한 60개의 데이터를 이용해야 한다(예시: 5년의 월간수익률). 산출된 베타가 주식위험상 어떠한 패턴 또는 체계적인 변동을 반영하는지 검토하기 위해 그래프로 표시되어야 한다.
- 회귀분석은 월간수익을 바탕으로 해야 한다. 일간 또는 주간 수익률과 같이 더 짧은 수익기간을 이용하는 것은 체계적인 오차로 이어 진다.[17]
- 회사의 주식수익률은 MSCI 세계지수와 같이 가치로 가중평균되고 잘 분산된 포트폴리오에 대해 회귀분석되어야 한다. 단, 이 포트폴리오의 가치는 시장거품이 발생한 기간 동안에는 왜곡되어 측정될 수 있다는 점을 염두에 두어야 한다.

17 일일, 심지어는 주간 수익률을 사용하는 것은 주식이 잘 거래되지 않는 경우 특히 문제가 된다. 비유동적인 주식은 0에 가까운 수익률 보고를 많이 하게 될 것이다. 이는 주식의 가치가 불변하기 때문이 아니라 거래되지 않았기 때문이다(보고되는 것은 마지막 거래이다). 결과적으로 비유동적인 주식의 추정 베타는 하향 추정된다. 월간 주가수익률 등 더 긴 기간의 수익률을 이용하면 이 오류를 줄일 수 있다.

CAPM에서 시장 포트폴리오는 거래되는 것(주식 및 사채 등)과 거래되지 않는 것(비상장기업 및 인적자본 등) 등 모든 자산의 포트폴리오와 동일하다. 그러나 진정한 시장 포트폴리오는 관찰과 측정이 불가능하므로 대용물이 필요하다. 미국의 주식시장에서 가장 보편적인 대용물은 가치 기준으로 가중평균된 미국 대기업 지수인 S&P 500 이다. 미국 외 지역에서는 MSCI 유럽지수 혹은 23개 선진국(미국 포함)의 대규모 주식 포트폴리오로 구성되는 MSCI 세계지수 같은 지역지수에 의존한다.

S&P 500 및 MSCI 세계지수와 같이 잘 분산된 지수들은 매우 높은 상관관계를 보인다(두 지수는 2000년과 2009년 사이에 95.8%의 상관관계를 보였다). 따라서 특정지수의 선택은 베타에 거의 효과를 미치지 않을 것이다. 그러나 (일부 데이터 서비스가 제공하고 있는) 현지의 시장 지수는 가급적 이용하지 않아야 한다. 대부분의 국가들이 소수 산업에 큰 비중을 두고 심지어 일부의 경우에는 몇 개 기업에만 큰 비중을 둔다. 그 결과 베타를 현지지수에 대하여 측정하면, 전체 시장에 대한 체계적인 위험을 측정하는 것이 아니라 특정 한 산업에 대한 회사의 민감도를 측정하게 될 수 있다.

베타 평준화(Beta smoothing) 많은 학계와 베타 서비스 기관들은 모든 기업의 평균에 근접하도록 기업의 미가공 베타를 조정한다(평준화라고 부름). 평준화기법은 베타가 전체평균을 향해서 추정값을 옮겨간다. Bloomberg를 이용한 간단한 평준화과정을 살펴보자.

$$\text{조정 베타} = 0.33 + 0.67(\text{미가공 베타})$$

이 공식을 이용함으로써 미가공 추정치를 1로 수렴하도록 "평준화"한다. 예를 들어, 이 과정을 거치면 0.5의 원시베타가 0.67의 조정베타가 되며, 1.5의 미가공 베타는 1.34의 조정베타가 된다.

Bloomberg의 평준 메커니즘은 베타가 평균으로 복귀한다는 Marshall Blume의 관찰로 거슬러 올라간다.[18] 오늘날에는 더 개선된 평준화기법들이 존재한다.[19] 그에 대한 유도과정은 이 책의 범위를 넘어서지만, 다음과 같은 조정으로 베타 추정의 오류를 줄일 수 있다.

---

18 M. Blume, "Betas and Their Regression Tendencies," *Journal of Finance* 30 (1975): 1 – 10

19 P. Jorion, "Bayes-Stein Estimation for Portfolio Analysis," *Journal of Financial and Quantitative Analysis* 21 (1986): 279 – 292를 참조하라.

$$\beta_{adj} = \left(\frac{\sigma_\varepsilon^2}{\sigma_\varepsilon^2 + \sigma_b^2}\right)1 + \left(1 - \frac{\sigma_\varepsilon^2}{\sigma_\varepsilon^2 + \sigma_b^2}\right)\beta_{raw}$$

σ_ε = 회귀분석 베타의 표준오차

σ_b = 모든 베타의 횡단면 표준편차

이 식에서 미가공 회귀분석 베타는 분석베타의 표준오차(σ_ε)가 가장 작을 때 가장 가중치가 높게 된다. 사실상 베타의 오차가 전혀 없는 것으로 측정될 때($\sigma_\varepsilon = 0$) 미가공 베타는 100%의 가중치를 받는다. 역으로 회귀분석이 어떠한 의미 있는 결과도 제공하지 않는 경우 (σ_ε 가 매우 큰 경우)에는, 미가공 베타의 가중치는 0%에 가까워, 베타를 1로 설정하여야 한다.

Costco사의 경우 재차입(relevered) 산업베타가 이미 1에 가깝기 때문에 베타 평준화 기법을 사용하지 않았다.

산업베타의 생성 베타를 추정하는 것은 정밀하지 않은 과정이다. 앞에서 우리는 과거 회귀분석을 이용하여 Costco의 미가공 베타를 0.85로 추정하였다. 그러나 이 회귀분석의 결정계수는 30%밖에 되지 않았으며 베타추정치의 표준오차는 0.17였다. 이 두 가지 지표를 기준으로 볼 때, UPS의 진정한 베타는 0.5와 1.18 사이의 너무 넓은 예측구간에 존재하는 것으로 보인다.

베타추정의 정밀도를 개선하기 위하여 회사 고유의 베타보다는 산업베타를 이용한다. 동일한 산업의 회사들은 유사한 영업위험에 직면하므로 유사한 영업베타를 가져야 한다. 회사들 간에 추정오류가 상관관계가 없는 개별 베타의 과대추정 또는 과소추정은 상쇄되는 경향이 있으며, 산업의 중앙값(또는 평균값) 베타가 더 우월한 추정치를 만들어낼 것이다.

큰 계약건으로 같은 산업군에서 경쟁하는 두 기업을 예로 들어보자. 어떤 기업이 그 계약을 얻는지에 따라 그 기업의 주가는 오르고, 다른 기업의 주가는 떨어질 것이다. 시장이 이 기간 동안에 상승하고 있다면, 계약을 따낸 회사는 더 높은 베타가 측정될 것이고, 계약에서 떨어진 회사는 더 낮은 베타가 측정될 것이다. 비록 이러한 결정이 시장의 성과와는 아무런 관계가 없어도 그러하다. 회사의 위험에 대한 대용치로 산업베타를 사용하는 것은 특이한 충격의 효과를 줄여주게 된다.

그러나 단순히 원시산업베타의 중앙값을 이용하는 것은 레버리지라는 중요한 요인을 간과하는 것이다. 회사의 베타는 회사가 직면하는 영업위험뿐만 아니라 재무위험도 포괄하는 함수이기 때문이다. 더 많은 타인자본을 가진 회사의 주주들은 더 큰 위험에 직면하고, 이러한 위험의 증가는 베타에 반영된다. 따라서 회사를 비

슷한 영업위험으로 비교하기 위해 우리는 먼저 레버리지 효과를 제거해야 한다. 그 다음 산업간 회사끼리의 베타를 비교할 수 있다.

레버리지 효과(그리고 절세효과)를 없애기 위해 우리는 10장에서 소개된 Franco Modigliani 및 Merton Miller (M&M)의 이론에 의존한다. M&M에 따르면 회사의 재무적 청구권의 위험을 가중평균한 것은 회사의 경제적 자산의 위험을 가중평균한 것과 동일하다. 부록 C에선, 베타로 측정된 자기자본 위험을 독립하기 위해 수학적으로 재정리한 식을 소개하고 있다. 베타를 이용한 보통 식은 다음과 같다.

$$\beta_e = \beta_u + \frac{D}{E}(\beta_u - \beta_d) - \frac{V_{txa}}{E}(\beta_u - \beta_{txa})$$

β_u = 무차입영업자산의 베타

β_d = 타인자본의 베타(부채 베타)

β_{txa} = 절세효과의 베타

D = 타인자본의 시장가치

E = 자기자본의 시장가치

V_{txa} = 회사의 이자비용 절세효과의 가치

이 공식을 좀 더 간단하게 변형하려면 일정한 자본구조를 유지하는 경우 절세효과의 가치는 영업자산의 가치에 따라 변동할 것이며, 절세효과의 베타(β_{txa})는 무차입회사의 베타(β_u)와 같을 것이다. β_{txa} 와 β_u를 동일하게 놓으면, 위 식의 마지막 항이 소거된다.[20]

$$\beta_e = \beta_u + \frac{D}{E}(\beta_u - \beta_d)$$

어떤 분석가들은 타인자본의 베타가 0 이라고 가정해 식을 더욱 단순화한다. 어떤 이들은 투자적격등급 회사의 부채베타로 0.15를 사용한다. 이는 투자적격등급 회사채와 국채 사이의 스프레드에 근거한 내재된 베타값이다.

따라서 회사의 자기자본베타는 회사의 (일반적으로 무차입 베타로 알려진) 영업 베타에 레버리지 계수를 곱한 것과 같다. 레버리지가 상승함에 따라 회사의 자기자본베타도 상승할 것이다. 이 관계를 역으로 이용하여 우리는 자기자본 베타를

---

20 부채/자본 비율, 부채베타, 절세효과베타 등에 다른 가정을 사용한 상세한 방정식을 보려면 부록 C를 참조하라.

표 15.6 산업별 무차입 베타 추정치

산업	베타 구간
전자 장비	0.5–0.7
의료 서비스	0.7–0.8
석유 및 가스	0.7–0.8
항공	0.7–0.9
소비재	0.8–0.9
제약	0.8–1.0
소매업	0.8–1.0
통신	0.8–1.0
광산	0.9–1.0
자동차 및 부품업	0.9–1.1
화학	0.9–1.1
IT 서비스업, 하드웨어	0.9–1.1
소프트웨어	0.9–1.1
은행	1.0–1.1
보험	1.0–1.1
반도체	1.0–1.3

무차입 베타로 변환할 수도 있다. 무차입베타는 영업위험에만 초점을 맞추므로 산업 내에서 평균을 낼 수 있다(산업 경쟁자들이 유사한 영업의 성격을 가지는 것으로 가정함).

산업베타를 계산하기 위해서 다음 과정을 거쳐야 한다. 첫째, 유사 기업군에서 각 회사의 베타를 계산해야 한다. 이 때, 부채/자본비율로 각 회사의 베타를 무차입 베타로 변환시켜야 한다. 베타가 다른 기업들의 베타와 비정상적으로 동떨어져 있는 특이치들은 제거해야 한다. 이런 기업들은 전형적으로 이례적인 사건 및 일어날 것 같지 않은 사건에 영향을 받기 때문이다. 해당 표본군으로부터 베타 중앙값과 평균값을 계산한다. 통계적으로 볼 때, 표본의 평균값은 가장 작은 추정오류를 가질 것이다. 그러나 표본군이 작은 경우 이 평균은 특이치에 크게 영향을 받기 때문에 우리는 중앙값을 선호한다. 마지막으로 장기간에 걸친 산업베타의 중앙값을 그린다. 베타가 예측가능한 방식으로 변화하고 있는지 살펴보고 현재의 베타가 해당 산업의 미래 베타의 최선의 예측치인지를 살펴보아야 한다.

장기추세선 검증 Costco의 자기자본비용을 산출하기 위해, 다른 소매업체 몇 곳을 묶어 유사 기업집단을 형성했다. 우선 표 15.5에 나타난 바와 같이 회귀 분석을 통해 각 기업의 베타를 측정하는 것부터 시작한다. 그 다음 각 기업의 타인자본 대 자기자본 비율을 이용해 결과를 무차입화한다.

한 순간의 베타만을 이용하기보다는, 추세를 살펴야 한다. 업계에 특별한 추세나 급격한 변화가 없는 한, 한 순간만을 이용한 추정보다 장기 무차입 베타가 미래를 측정하는 데에 더 적합하다. 그러므로, 기업의 목표 자본 구조에 산업 베타를 재차입할 때에는 장기적 방법을 사용하는 것이 좋다.

표 15.6은 소매업을 포함한 몇몇 업계의 차입 베타 추정치를 나타내고 있다. Costco의 경우엔 무차입 베타율을 0.8이라 가정한다. 동종 업계의 베타가 최근 1 밑이므로 이 값을 이용한다. Costco의 자기자본비용을 측정하려면, 우선 무차입 베타를 유사 기업의 타인자본 대 자기자본 비율에 재차입해야 한다. 베타를 차입하기 위해선, WACC에서 타인자본과 자기자본을 측정하기 위해 쓰였던 자본 구조를 그대로 사양한다. Costco의 차입된 베타는 0.88이다(실무에선 오해를 줄이기 위해 소수점 이하는 사용하지 않는다). 4.1%의 무위험율과 5%의 시장위험프리미엄을 사용하면 8.5%의 자기자본비용이 산출된다.

어떤 경우엔, 장기추세를 이용하면 베타와 시장데이터에 대한 중요한 정보가 밝혀낼 수 있다. 1990년대 후기 주식시장은 극적으로 상승하였지만, 이 상승은 주로 거대 시가총액 주식이나 통상 TMT로 알려진 통신(telecommunications), 미디어(Media) 및 기술(Technology) 관련 주식에 국한되었다. 역사적으로 TMT 주식은 S&P 500 시장가치의 약 15%를 구성한다. 1998년과 2000년 사이 이 비율은 거의 40%로 상승하였다. 이렇게 시장 포트폴리오가 변함에 따라 산업베타 역시 변하였다. 표 15.7은 은 TMT 기업 이외의 주식, 예를 들어 식료품회사, 항공회사 그리고 제약회사와 같은 기업주식의 과거 중앙값 베타를 보여준다.[21] TMT 기업이 주식시장 포트폴리오 전반에 걸쳐 지배적인 비중을 차지할 때 이들 기업의 중앙값 베타는 1.0에서 0.6으로 하락했다.

2001년 TMT 부문이 몰락한 이후, 시장 포트폴리오는 기존의 구성비율로 되돌아갔다. 따라서 베타도 마찬가지로 정상화될 것이다. 그러나 베타는 60개월 분의 과거 데이터를 이용해 계산되므로, 비TMT 베타가 여전히 TMT가 장악한 시장비율에 반영되고 있었다. 그러므로, 2001년 이후의 미래 현금흐름을 평가하기 위해선, 2001년 베타보다 1997년 베타를 사용하는 것이 더 적합하다. 최종 목표가 과거 베타를 측정하는 것이 아니라 미래 가치의 예측자료로서 과거 추정치를 이용하는 것임을 명심해야 한다. 이 경우 최근의 과거 기록이 특별히 유용하지는 않으며, 과도하게 비중을 두어서도 안 된다.

---

21 A. Annema and M. Goedhart, "Better Betas," *McKinsey on Finance*, no. 6 (Winter 2003): 10–13; and A. Annema and M. Goedhart, "Betas: Back to Normal," *McKinsey on Finance*, no. 20 (Summer 2006): 14–16.

표 15.7 닷컴 거품이 베타에 미친 영향

1 TMT = telecommunications(통신), media(미디어), technology(기술)

CAPM의 대안: Fama-french 3요인 모델 1992년 Eugene Fama와 Kenneth French는 다음과 같은 결론으로 매우 큰 주목을 받은 논문을 Journal of Finance 지에 개재하였다. "간단히 말해서 우리의 실증연구의 결과는 SLB[Sharpe-Lintner-Black] 자본자산가격결정모델의 가장 기초적인 가정인 평균 주식수익률이 시장베타에 대해 양의 상관관계를 갖는다는 주장을 지지하지 않는다."[22] 기존 연구와 자신들의 종합적인 회귀분석을 바탕으로 Fama와 French는 자기자본수익률이 회사의 규모(시가총액 기준)와 역의 상관관계에 있고, 자기자본의 시가총액 대비 장부가치 비율과 양의 관계에 있다고 결론을 내렸다.

Fama와 French의 강력한 실증적 결과로 인해, 학계에서는 통상 Fama-French 3요인 모델로 불리는 이 모델로 위험을 측정하기 시작했다. 이러한 모델을 이용하여, 특정주식의 초과수익률은 초과시장수익률(CAPM과 유사), 대규모 주식대비 소규모 주식의 초과수익률(일명 SMB; Small Miunus Big), 낮은 시가대비 장부가 주식대비 높은 시가대비 장부가 주식의 초과수익률(일명 HML; High Minus Low)을 대상으로 회귀분석이 이루어진다.[23] 위험프리미엄이 SMB 및 HML 주식 포트폴리오에 대한 회귀분석으로 결정되기 때문에, 회사는 단지 규모가 작다는 이유만으로 프리미엄을 갖지는 않는다. 대신 주식수익률이 소규모 주식의 수익률 또는 시장가치 대비 높은 장부가치가 주식의 수익률과 상관관계가 있는 경우, 그 회사는 위험프리미엄을 받는다. SMB 및 HML 포트폴리오는 시장가치 대비 장부가치가 높은 동시에 규모가 작은 회사가 CAPM에서 기대되는 수익

22 E. Fama and K. French, "The Cross-Section of Expected Stock Returns," *Journal of Finance* (June 1992): 427–465.

23 이에 대한 자세한 설명은 E. Fama and K. French, "Common Risk Factors in the Returns on Stocks and Bonds," *Journal of Financial Economics* 33 (1993): 3–56를 참조하라.

표 15.8 Costco: Fama-French 모델을 이용한 자기자본비용, 2019년 8월

Factor	평균 월간 프리미엄,[1] %	평균 연간 프리미엄, %	회귀계수[2]	기대수익률에 대한 기여분, %
시장 포트폴리오		5.0	0.90	4.5
SMB 포트폴리오	0.20	2.4	(0.33)	(0.8)
HML 포트폴리오	0.35	4.3	(0.54)	(2.3)
무위험수익률 대비 프리미엄[3]				1.4
			무위험수익률	4.1
			자기자본비용	5.5

[1] SMB 및 HML 프리미엄은 평균 월간 수익률 자료를 근거로 계산, 1926-2019
[2] 월간 수익률을 근거로 계산, 2014-2019
[2] 소수점 첫째 자리에서 반올림하여 합산.

이상을 보여 주는 요인, 즉 관찰될 수 없는 위험요인들을 복제하는 의미를 가진다.

우리는 표 15.8에서 Costco사의 자기자본비용을 추정하기 위해 Fama-French의 3요인 모델을 이용했다. 회사의 세 가지 베타를 결정하기 위해 초과 시장 포트폴리오, SMB 및 HML에 대해 Costco의 월간 주식수익률을 회귀분석한다. 표 15.5에서 나타난 바와 같이, 시장 포트폴리오에 대한 Costco의 베타는 CAPM을 사용했을 때보다 Fama-French의 3요인 모델을 이용했을 때가 약간 높다. 하지만, Costco가 다른 소기업들과 음(-)의 상관관계가 있고(작은 회사들이 대기업을 평균적으로 능가함), 시장가치 대비 장부가치 비율이 높은 다른 회사들과 양(+)의 상관관계가 있기 때문에(높은 시장가치 대비 장부가치 기업들이 낮은 시장가치 대비 장부가치 회사들을 평균적으로 능가함)

Fama-French 모델이 미래 수익을 예측하는 데에는 CAPM보다 월등하시만, 한 순간, 한 기업의 회귀결과에 의존할 때에는 주의를 기울여야 한다. 이 장의 앞에서 살펴본 것처럼, 한 기업의 회귀결과란 부정확하기 때문이다. 예를 들어, CAPM을 가장 적절하게 적용하려면 미가공 회귀 결과보다 유사 기업그룹의 베타를 이용하는 것이 좋다. Fama-French 모델의 베타계수는 세 가지가 존재하며, 그들의 추정은 다른 하나에 의존한다. 일련의 산업베타는 깔끔하게 생성될 수 없다. 결과적으로 Fama-French모델은 대규모 과거자료의 위험을 통제하는 데는 맞지만, 개별 기업의 자기자본비용을 측정하는 데에는 적절하지 않을 수 있다.

기존 이론을 극복하기 위해서는 더 좋은 이론이 필요하지만, 그런 이론은 아직 없다. 따라서 우리는 이 분야에서 새로운 연구결과에 대한 관심을 소홀히 하지 않으면서 CAPM을 계속 이용하기로 한다.

CAPM 대안: 차익거래가격결정이론(APT) CAPM에 대한 또 하나의 대안인 차익거래가격결정이론(APT; Arbitrage pricing theory)은 Fama-French 3요인 모델의 범용 버전을 닮았다. APT에서 주식의 실제 수익은 k개의 요인들과 무작위 오차에 의해 산출된다.

$$R_i = \alpha + \beta_1 F_1 + \beta_2 F_2 + \ldots + \beta_k F_k + \varepsilon$$

$F_i = i$ 요소에 대한 수익률

투자자들이 잘 분산된 요소 포트폴리오를 보유하고 있다면, 오차 위험은 사라질 것이다. 이 경우에, 증권의 기대수익률은 무위험이자율 더하기 각 요소에 대한 노출 곱하기 해당 요소의 위험프리미엄(λ)의 누적합계와 같다:[24]

$$E(R_t) = r_f + \beta_1 \lambda + \beta_2 \lambda + \ldots + \beta_k \lambda_k$$

그렇지 않으면 차익거래(위험이 전혀 없는 수익창출)가 가능하다.

이론적으로 이 모델은 매우 강력하다. 주식의 수익이 모델을 벗어나는 순간 전혀 위험이 없는 무제한의 수익이 가능하다. 그러나 얼마나 많은 요소들이 있는지, 요소들이 무엇을 나타내는지 또는 변수들을 어떻게 측정하는지에 관해서는 거의 합의되지 않고 있으므로 모델의 실제 적용은 어렵다. 이러한 이유로 APT는 수업에서 예시로 쓰이는 정도이다.

세후 타인자본비용 추정

가중평균자본비용은 자기자본비용과 세후타인자본비용으로 만들 수 있다. 투자적격등급회사의 타인자본비용을 추정하기 위해서 그 회사의 옵션이 없는 장기채의 만기수익률을 이용할 수 있다. 타인자본비용 추정치에 (1-세율)을 곱하면 세후타인자본비용을 계산할 수 있다.

기술적으로 말하자면, 현재의 만기수익률은 미래 기대수익률의 유일한 대용치인데, 만기수익률이란 실제로 회사의 부채에 대해 약정된 수익률이기 때문이다(모든 액면이자 지급이 적시에 이루어지고 부채가 완전히 지급된다는 것을 가정한다).

---

24 차익 거래 가격 책정 이론에 대한 더 자세한 논의는 M. Grinblatt and S. Titman, *Financial Markets and Corporate Strategy*, 2nd ed. (New York: McGraw-Hill, 2001)를 참조한다.

따라서 현재의 만기수익률을 바탕으로 한 기업가치평가는 이론적으로는 일관성이 없으며, 이러한 이유로 기대 잉여현금흐름은 약정수익률이 아닌 기대수익률로 할인되어야 한다. 그러나 채권의 신용등급이 높은 회사의 경우 파산가능성이 낮기 때문에 이러한 불일치는 중요하지 않은데, 특히 자기자본비용을 둘러싸고 있는 추정오류와 비교해보면 이러한 불일치는 별로 중요하지 않다. 따라서 투자등급부채(BBB 또는 더 좋게 평가된 부채)를 가진 기업에 대한 타인자본비용을 평가하기 위해 만기수익률은 적절한 대용치가 될 수 있다. 낮은 투자등급부채를 가진 기업들에 대해서는 회사를 평가하기 위해 WACC보다는 무차입자기자본비용으로 할인하는 조정현재가치(APV)모델을 사용하는 것을 권한다.

대용수치로서의 만기수익률

만기수익률을 구하기 위하여 채권의 약정현금흐름의 현재가치가 채권가격과 같아지게 하는 할인율을 역으로 구할 수 있다.

$$채권가격 = \frac{표면이자}{(1+\text{YTM})} + \frac{표면이자}{(1+\text{YTM})^2} + \ldots + \frac{액면금액+표면이자}{(1+\text{YTM})^N}$$

이상적인 상황에선, 만기수익률은 유동성이 높고 옵션이 없는, 장기 채권을 바탕으로 계산되어야 한다. 이 장의 전반부에서 논의했듯, 단기 부채는 기업의 FCF 기간에 잘 맞아들어가지 않는다. 채권이 거의 거래되지 않아 유동성이 떨어지면 채권가격은 시장가격을 제대로 빈영하지 못할 것이다. 잘못된 가격을 이용하는 것은 시기에 맞지 않는 만기수익률산출로 이어진다. 만기수익률은 기업채권에 조기상환옵션부(Callability) 또는 전환옵션부(Convertibility)와 같은 옵션이 부가될 때에도 왜곡된다. 옵션의 가치가 채권의 가격에는 옵션가치가 약정된 현금흐름 뿐만 아니라 채권가격에도 영향을 끼치기 때문이다.

미국에서는 TRACE 가격 데이터베이스를 활용하여 무료로 기업부채에 대한 만기수익률을 다운로드 받을 수 있다.[25] 표15.9은 2027년 5월 만기인 Costco의 3% 채권에 대한 TRACE 데이터를 보여주고 있다. TRACE는 네 가지 데이터 항목인 거래의 발생 시기, 거래의 크기, 채권가격, 만기수익율을 보여준다. 만기수익률을 계산할 때엔 작은 규모의 거래는 부정확할 수 있기 때문에 가장 규모가 큰 거

25 TRACE는 2002년 7월에 The Financial Industry Regulatory Authority(FINRA) 처음으로 선보였다. 이 시스템은 투자 거래, 고수익주, 전환기업사채 등을 포착하고 배포하여 장외시장 (all over the counter)의 활동을 공시한다.

표 15.9 Costco: 기업 부채(Corporate Debt)에 대한 거래 데이터, 2019년 8월

채권: 3%, 2027년 5월 15일 만기

거래	거래일자	거래시간	거래량, 천달러	채권가격, $	수익률, %	
1	8/30/19	15:48	250.0	106.8	2.01	←
2	8/30/19	15:48	250.0	106.8	2.01	
3	8/30/19	15:35	26.0	107.0	1.98	
4	8/30/19	15:35	26.0	107.0	1.98	
5	8/30/19	15:35	26.0	107.0	1.98	
6	8/30/19	15:17	5.0	106.7	2.03	
7	8/30/19	15:17	5.0	106.7	2.03	
8	8/30/19	14:40	200.0	106.9	2.00	
9	8/30/19	14:40	200.0	106.9	2.00	
10	8/30/19	10:39	14.0	106.7	2.03	
				Costco 채권수익률	2.0	
				7년 만기 미국 국채 수익률	(1.4)	
				Costco 지급불능 프리미엄	0.6	

출처: Financial Industry Regulatory Authority's Trade Reporting and Compliance Engine (TRACE).

래를 이용해야 한다. Costco의 2027년 채권매매 중 가장 규모가 큰 것은 2019년 8월 30일의, 2.01%로 완료된 거래다. (7년 미국 재무부 채권의 수익률보다 0.6% 높은 수치다).

단기부채 또는 거의 거래되지 않는 채권만을 가진 회사에 대하여는 간접적인 방법을 이용하여 만기수익률을 결정한다. 첫째, 이 회사의 무담보 장기채권에 대한 신용등급을 평가한다. 다음으로 동일한 신용등급을 갖는 장기채권 포트폴리오에 대한 평균 만기수익률을 조사한다. 회사의 장기채권수익률에 대한 대안으로 이 수익률을 이용한다.

S&P나 Moody's같은 신용평가기구는 기업의 최근 재무 비율, 경쟁 환경 등의 분석, 그리고 경영진과의 인터뷰를 통해 채권 등급을 평가한다. 기업 채권 등급은 공시되어있으며 신용평가기구의 웹사이트에서 다운로드할 수 있다. 예를 들어, 2019년 Costco는 S&P 평가에서 2019년 9월에 A+등급, Moody's에서 Aa3 등급을 받았다. 등급을 알았다면, 이 등급을 만기수익률로 전환해야 한다. 표 15.10은 미국 재무부 채권과 기업채권 사이의 차이를 나타내고 있다. 이 차이를 수익률 스프레드로 명명한다.

만기수익률을 결정하기 위해 회사채 등급을 이용하는 것은 직접적으로 만기수익률을 계산하는 것에 대한 좋은 대안이다. 결코 채권의 액면이율을 이용하여 만기수익률의 근사치를 추정해서는 안 된다. 액면이율은 발행 당시 회사가 설정한 것이며, 채권이 액면가 근처에서 거래되는 경우에만 만기수익률과 비슷하다. 회사를 가치평가할 때에는 지금 현재의 유사투자안과 비교하여 기대수익률을 추정하여야 한

표 15.10 미국 재무부증권과 등급별 채권의 수익률 차이, 2019년 8월

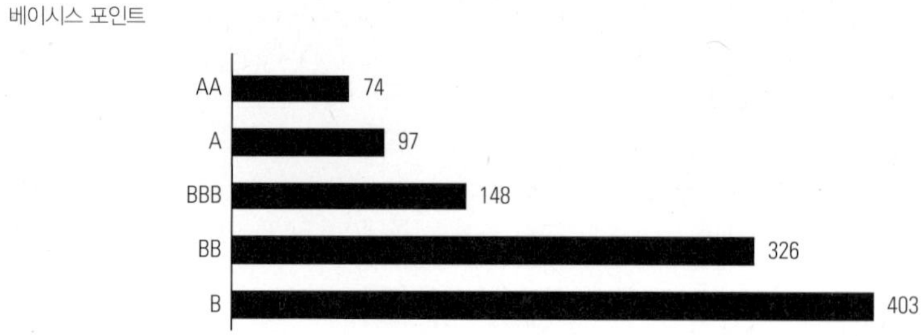

출처: Bloomberg bond portfolio with 10-year maturity.

다. 따라서 타인자본비용을 측정할 때 만약 유사투자안을 오늘날 매입 또는 매각한다면 얻을 수 있는 수익율을 예측한다. 모든 시세는 1/100로 나타낸다.

Costco의 가장 긴 만기부채가 10년보다 짧기 때문에, Costco의 채권 등급을 이용해 타인자본비용을 알아내도록 하겠다. A+/Aa3 채권의 기본 프리미엄(0.8%)을 지난 섹션에서 측정한 무위험률(4.1%)에 더하면 된다. 즉, Costco의 세전 타인자본비용은 4.9%이다.

만기수익률을 결정하기 위해 채권 등급을 이용하는 것은 직접적으로 만기수익률을 계산하는 것에 대한 좋은 대안이다. 결코 채권의 액면이율을 이용하여 만기수익률의 근사치를 추정해서는 안 된다. 액면이율은 발행 당시 회사가 설정한 것이며, 채권이 액면가 근처에서 거래되는 경우에만 만기수익률과 비슷하다. 회사를 가치평가할 때에는 지금 현재의 유사투자안과 비교하여 기대수익률을 추정하여야 한다. 따라서 타인자본비용을 측정할 때 만약 유사투자안을 오늘날 매입 또는 매각한다면 얻을 수 있는 수익율을 예측한다.

투자등급 이하의 부채(debt)

실무에서는 기대수익률과 약정수익률의 차이를 구분하는 재무분석가의 수는 적다. 그러나 투자등급 이하 부채의 경우에, 만기수익률을 타인자본비용의 대용치로 이용하는 것은 중대한 오류를 일으킬 수 있다.

기대수익률과 만기수익률 사이의 차이점을 더 잘 이해하기 위해 다음 사례를 살펴보자. 당신은 액면가가 100달러인 1년 만기 무이자할인채를 평가하도록 요청 받았다. 이 채권의 경우 위험이 있는데, 채권이 채무불이행에 빠지고 최종금액의 절반만 회복될 확률이 25%이다. 마지막으로 CAPM을 이용하여 추정된 (만기 수

익률이 아닌) 타인자본비용은 6%이다.[26]

이러한 정보를 바탕으로 타인자본비용에 의해 기대 현금흐름을 할인함으로써 채권가격을 추정한다.

$$\text{채권가격} = \frac{E(\text{현금흐름})}{1+k_d} = \frac{(.75)(\$100)+(.25)(\$50)}{1.06} = \$82.55$$

다음으로 이 회사채의 만기수익률을 결정하기 위하여 이번에는 기대현금흐름이 아니라 약정현금흐름을 분자로 두고 그 다음 만기수익률을 계산한다.

$$\text{채권가격} = \frac{\text{약정현금흐름}}{1+\text{YTM}} = \frac{\$100}{1+\text{YTM}} = \$82.55$$

82.55달러라는 가격으로 계산하면 타인자본비용보다 훨씬 더 높은 21.1% 의 만기수익률이 계산된다. 21.1%라는 만기수익률은 부채의 자본비용인 6%보다 훨씬 높다.

타인자본비용과 만기수익률 사이에 차이가 왜 이리 크게 날까? 타인자본비용, 채무불이행 확률 및 불이행 시 상환비율 등 세 가지 요인들이다. 채무불이행 확률이 높고 원금상환비율이 낮을 때, 만기수익률은 타인자본비용으로부터 상당한 편차를 가질 것이다. 따라서 높은 채무불이행 위험과 낮은 등급을 갖는 회사의 만기수익률은 타인자본비용의 대체물로 적합하지 않다.

기업이 투자 부적격 등급일 때에는, 기업의 재무 구조와 관련된 재무 전략을 분석하는 것부터 시작해야 한다. 기업이 유사 기업보다 지나치게 높은 부채를 지니고 있다면, 기업이 공시한 목표나 유사 기업의 재무 구조를 통해 WACC를 산출한다. 이 목표 재무 구조를 기반으로 기업의 부채 등급을 산출해내면 된다.

기업이 의도적으로 투자 부적격 등급을 유지하는 때엔 기업가치를 평가하는 데 있어서 WACC을 사용하도록 추천하지 않는다. 대신에 조정된 현재가치(APV)를 이용한다. APV모델은 기업이 속한 산업에 기초한 무차입 자기자본비용으로 추정 잉여현금흐름을 할인하고 절세효과의 현재가치를 더하여 도출된다. APV가치평가는 10장을 참고한다.

26 CAPM은 자본비용뿐만 아니라 어떤 증권에든 이용할 수 있다. 실무에선 타인자본비용을 CAPM으로 측정하는 경우는 드물다. 비주기적인 거래 때문에 베타를 측정하는 것이 불가능하기 때문이다.

이자비용의 절세효과 합산

(10장과 11장에서 구체적으로 설명된 기법대로) FCF를 계산하기 위해 우리는 회사가 완전히 자기자본으로만 자금이 조달된 것처럼 법인세를 계산한다. 모두가 자기자본일 때의 법인세를 이용함으로써 우리는 자본구조와 관계없이 기업간, 기간별 비교를 할 수 있다. 하지만 절세효과는 경제적 가치를 가지므로 반드시 고려되어야 한다. WACC를 이용한 기업 DCF에서 절세효과는 자본비용의 일부분으로 평가된다. 절세효과를 평가하기 위해 한계세율만큼 타인자본비용을 감소시켜야 한다.

$$\text{세후타인자본비용} = \text{타인자본비용} \times (1 - T_m)$$

10장과 11장에서는 과거 분석을 위해 한계세율을 계산하는 방법을 자세히 설명하였다. 자기자본비용의 계산시 한계세율은 잠재적 조정만 하고 일관성 있는 방식으로 계산되어야 한다. 다국적 기업들은 종종 법인세율이 높은 국가에서 자금을 차입하여 해당 국가에서 그들의 세부담을 완화시키는 방법을 사용한다. 기업의 사업보고서상 회사채의 발행 국가를 확인해야 하며, 필요한 경우 그 회사의 모국의 한계세율을 적용하지 않고, 채무가 발행된 국가의 한계세율을 이용하여야 한다.

이익이 낮거나 변동이 심한 기업들의 경우 법정 세율은 미래기간에 있어 한계세율을 과대평가할 수 있다. John Graham 의 연구에 따르면, 법정 한계세율은 이월결손금 공제, 이월결손금 환급, 투자세액 공제 및 최저한세 등과 관련된 각종 규정 때문에 미래의 한계세율을 과대평가하게 된다. Graham은 기업별로 실현 가능한 한계세율을 추정하기 위한 시뮬레이션을 사용한다. 투자등급회사의 경우 법정세율을 사용하였다.[27] Graham은 이익이 더 작거나 이익이 나지 않는 기업들에게 주로 한계세율이 평균 5% 정도는 법정세율보다 낮다고 추정하였다.

자본비용 결정을 위한 목표 자본구조

자기자본비용과 세후타인자본비용의 추정치를 조합하여 WACC를 추정할 수 있다. 이 때, 시가 기준으로 기업가치(초과현금차감후)에 대한 부채(초과현금차감후)

27 J. Graham and L. Mills, "Using Tax Return Data to Simulate Corporate Marginal Tax Rates," *Journal of Accounting and Economics* 46 (2009): 366–388; and J. Graham, "Proxies for the Corporate Marginal Tax Rate," *Journal of Financial Economics* 42 (1996): 187–221.

와 자본의 목표가중치를 사용하여야 한다.

$$\text{WACC} = \frac{D}{V} k_d (1 - T_m) + \frac{E}{V} k_e$$

기대수익률의 가중평균계산을 위해 장부가보다 시가를 이용하는 과정은 공식의 도출과정에서 직접적으로 볼 수 있다(FCF와 WACC의 도출을 위한 Appendix B 참조). 좀 더 직관적인 설명은 이렇다: WACC는 동일하게 식별된 위험을 가진 다른 투자에 대한 기대수익률을 나타낸다. 어떤 기업의 경영진이 회사에 재투자하는 대신 투자자에게 그 돈을 나눠줄 수도 있다. 투자자들은 이 돈을 다른 대상에 재투자할 수도 있다. 경영진은 회사의 자본구조를 변화시키지 않은 채로 자본을 돌려주기 위해 부채를 상환하는 동시에 자사주를 매입할 수 있는데, 그러자면 시장가격을 기준으로 해야 한다. 장부가치는 매몰원가를 나타내므로 적절하지 않다.

특정 시점에서 회사의 자본구조는 이 회사에 대해 장기적으로 기대되는 자본구조와 다를 수 있기 때문에 자본비용을 산출할 때는 현재의 가중치가 아니라 목표 가중치를 기준으로 삼아야 한다. 현재의 가중치는 어떤 기업의 주가의 단기적인 움직임을 반영할 뿐이며, 따라서 이 같은 움직임은 경영진에 의해서 언제든 조정될 수 있다. 따라서 현재의 자본구조를 이용하면 기업의 차입이 줄어들(늘어날) 것으로 예상되는 경우 절세효과를 과다계상(또는 과소계상)하는 결과로 이어질 수 있다.

많은 회사들은 이미 목표 자본구조에 근접해 있다. 만일 그렇지 않은 경우라면 회사가 목표자본구조에 도달할 시기를 결정해야 한다. 가장 간단한 시나리오에서는 회사가 지금 즉시 자본구조를 재조정하고 새로운 자본구조를 유지하는 것이다. 이 경우 목표 자본구조와 (모든 미래의 연도에 대해) 동일한 WACC의 사용을 통해 합리적인 가치평가를 할 수 있을 것이다. 재무구조의 조정이 상당히 긴 시간에 걸쳐 일어날 것으로 기대되는 경우, 매년 서로 다른 자본비용을 이용하여 각 연도의 자본구조를 반영할 수 있으나, 실제로 이 절차는 복잡하다. 이를 위해서는 가중치(자본구조)뿐만 아니라 타인자본 및 자기자본비용의 변화(채무불이행 위험 증가 및 더 높은 베타 때문에 변동하게 됨)도 정확하게 모델화하여야 한다. 자본구조의 극적인 변화가 예상되는 기업에 대해 일정한 WACC를 이용하여 기업 DCF를 모델링하는 것은 상당한 오류로 이어질 수 있다. 이러한 기업의 경우 APV 모델로 기업을 평가한다.

외부자로서 회사에 대한 목표 자본구조를 도출하기 위해서는, 먼저 회사의 현재 시장가치를 기초로 자본구조 추정, 다음으로는 비교 가능한 유사회사의 자본구조 검토, 마지막으로 자금조달에 대한 경영진의 묵시적 또는 명시적 접근법과 암묵적 목표 자본구조를 검토하는 등의 단계를 거친다. 각각의 단계에 대해서는 아래에서 논의하기로 한다.

현재의 자본구조

회사의 현재 자본구조를 결정하기 위하여 기업가치에 대한 모든 청구권의 시장가치를 측정한다. 대부분의 회사들의 경우, 청구권은 주로 전통적인 타인자본 및 자기자본으로 구성된다(이 장의 마지막 섹션에서 더 복잡한 유가증권에 초점을 맞춘다). 회사의 타인자본 및 자기자본이 공개시장에서 거래되는 경우, 가장 최근의 가격을 각 유가증권의 수량에 곱한다. 유가증권거래시 가격을 알기 어려운 비상장유가증권 등의 경우에는 많은 어려움이 따른다.

차입금, 차입금 등가물(초과현금차감후) 차입금과 차입금 등가물을 평가하기 위해 우리는 단기차입금, 장기차입금 및 미적립 퇴직급여채무와 같은 부채등가물을 합산해야 한다. 전체합계로부터 초과현금을 차감하면 순차입금이 계산된다. 차입금은 재무상태표에 장부가치로 계상되며 이는 시장가치와는 다를 수 있다. 그러므로 가능한 경우 시장 가치를 계산하기 위하여 데이터 서비스를 활용해야 한다. 차입금 등가물의 경우에는 평가방법이 해당 차입금등가물의 계정과목에 따라 다르다. 우리는 다음에서 차입금과 차입금 등가물의 평가에 대해 논하기로 한다.

미국회사채에 대한 시가는 금융산업규제기관(FINRA; Financial Industry Regulatory Authority) TRACE 시스템에 공시되어 있다. 이 장의 전에 등장했던 표 15.9에 의하면 Costco의 2027년 채권은 106.8달러, 또는 2019년 8월 30일에 액면가 대비 106.8%로 거래되었다. 채권의 장부가 1억달러(Costco 사업보고서에서 공시됨)에 106.8%를 곱하면 Costco 채권의 시장가치는 10억 6천 8백만으로 결정된다. 채권의 가격은 장부이자율과 만기 이자율에 의존하며 모든 Costco의 채권이 같은 가격에 매매되지는 않는다. 예를 들어, 2024년 만기 Costco 채권은 최근 같은 기간에 걸쳐 액면가 대비 104.0%로 마감되었다. 결과적으로 각각의 채권은 별도로 평가된다.

차입금의 시장가치가 즉시 이용 가능하지 않으면, 장부가치로 채권을 평가하거나 현금흐름 할인을 이용해서 평가할 수 있다. 대부분의 경우 재무상태표에 보고된 장부가치는 합리적으로 현재의 시장가치에 근접한다. 그러나 회사의 최근 평가시점 이후 금리가 변화하였거나 회사가 재무적인 곤경에 처하게 되면 그렇지 않을 것이다. 이러한 두 가지 상황에서 현재 가격은 장부가치와 서로 다르게 되는데 이것은, 기대 현금 흐름이 변하였거나 할인율이 원래의 수준에서 변하였기 때문이다.[28] 이러한 경우에 적절한 만기수익률로 약정현금흐름을 할인하는 방식으로 각각의 채권을 별도로 평가해야 한다. 액면이자의 크기와 시점은 회사의 사업보고서에 주석으로 공시될 것이다. 유사한 만기를 가진 비교 가능한 채권의 수익률을 조사함으로써 적절한 만기수익률을 결정한다.

다음으로 운용리스 및 미적립 퇴직급여채무와 같은 부채등가물을 평가한다. 운용리스에 해당하는 FCF을 조정할 계획이면(FCF를 조정하는 방법에 대해서는 22장과 23장에 자세히 기술되어 있다) 운용리스를 차입금에 포함시켜야 한다. 이는 FCF와 자본비용 사이의 일관성 유지가 가장 중요한 사안이기 때문이다. 2019년 12월부터, 운용리스 비용을 재무제표에 명시하는 것이 의무화되었으므로, 측정하지 않아도 된다. 미적립 퇴직급여채무의 가치를 확인하기 위해 가장 최근의 시장가치에 대한 연금채권(pension note)를 활용한다. 회계당국이 미적립 퇴직급여채무를 재무상태표에 공시하도록 요구하고 있긴 하지만, 이는 종종 다른 계정과목에 포함되어 있을 수가 있다.

자기자본 보통주가 공개시장에서 거래되는 상장주식이면 주가에 유통주식수를 곱한다. 자기자본의 시장가치는 자본시장에서 유통되고 있는 주식을 대상으로 하여야 한다. 총 발행주식수는 회사가 보유한 자사주 등을 포함하고 있을 수 있으므로 발행주식수를 이용해서는 안 된다. 특히 유럽기업들은 자사주를 종종 발행주식수 계산에 포함시키기 때문에 발행주식수의 정확한 금액을 계산할 때 조심할 필요가 있다.

여기서 자본비용의 산출을 위해 자기자본의 시장가치를 사용하면서, 이 가치를 바로 회사의 가치로 이용하지 않는 이유가 무엇인지 궁금해질 수도 있다. 추정 자기자본 가치를 이용해야 하는 것은 아닌가? 대답은 '아니다!'이다. 우리는 자본구조에 관한 경영진의 철학을 도출해내기 위해 오늘의 시장가치를 추정하고 있을 뿐이다. 회사를 평가하기 위해서는 목표 자본구조를 이용한다.

미상장 회사에 대하여는 어떠한 시장의 가치도 이용할 수 없다. 이 경우 배수법 아니면 순환반복적인 DCF를 이용하여 자기자본 가치(자본비용산출을 위해)를 결정하여야 한다. 순환반복적인 가치평가를 수행하기 위해 합리적인 자본구조를 가정하고 DCF를 이용하여 기업가치를 평가한다. 기업가치대비 부채비율을 이용하

---

28 변동이자부 채권의 경우엔, 재무부 이자율 변화가 가치에 영향을 끼치지 못한다. 이자들이 재무부 이자율과 함께 변동하기 때문이다. 그러나 시장 프리미엄이 변화하면 변동이자부 채권의 시장 가치에 영향이 있다. 재무부 이자율에 고정 스프레드를 가산하여 채권이 거래되기 때문이다.

여 가치평가를 반복한다. 가치평가가 더 이상 중요하게 변화하지 않을 때까지 이 과정을 반복한다.

유사 기업들의 자본구조

회사의 현재 자본구조를 적절한지 평가하기 위하여 회사의 자본구조를 유사한 회사들과 비교한다. 표 15.11는 10개 산업에 대한 기업가치대비 부채비율의 중앙값을 나타내고 있다. 표에 나타나 있는 것처럼 높은 성장을 하는 특히 무형 투자를 많이 하는 소프트웨어와 IT서비스 산업에서 더 적은 부채수준을 갖는다. 사실 많은 기업들이 차입금보다 더 많은 초과현금을 보유하고 있기 때문에 순부채비율이 음(−)의 값을 갖게 된다.[29] 유형자산 투자를 많이 하는 광산이나 공익설비사와 같은 장비산업일수록 더 높은 부채수준을 갖는 경향이 있다. 2018년에, 비금융권 회사들의 S&P 1500에 대한 기업가치 대비 부채비율의 중앙값은 17.6%, 자기자본 대비 부채비율의 중앙값은 21.4%이었다.

어떤 기업의 자본구조가 해당산업의 자본구조와 다를 수 있다는 것은 충분히 받아들여질 수 있다. 하지만, 다른 자본구조가 나타나는 이유를 이해하고 있는 것이 중요하다. 예를 들어 그 회사가 타인자본의 사용에 대하여 더 적극적이고 혁신적인가? 혹은 목표 자본구조가 더 보수적이지만 일시적으로 목표 자본구조에서 이탈해 있지 않은가? 흔히 회사들은 부채로 기업인수를 위한 자금을 조달하고 이를 빠르게 상환하거나 주식공모를 통해 자금을 재조달하기도 한다. 아니면, 자본구조의 차이를 설명할 수 있는 회사의 특이한 현금흐름 또는 자산 집중도(Asset intensity)가 있는지를 살핀다. 목표자본구조를 결정하기 전에 차이에 대한 동기를 결정해야 한다.

경영진의 자본조달에 관한 철학

마지막 단계로서 경영진의 과거 자금조달에 대한 철학을 검토해야 한다. 혹은 가능하다면, 경영진에게 진솔하게 질문한다. 현재의 팀이 회사의 자본구조를 능동적으로 관리하고 있는가? 경영진이 부채의 이용에 적극적인가? 혹은 지나치게 보수적인가? 운동화를 생산하는 Nike를 살펴보자. 현금흐름이 건전하고 안정적이어서

29 기업들은 모국으로 송금된 이익에 대해 세금이 부과되기 때문에 지난 15년간 해외에 보유 중인 현금 잔고가 크게 증가하였다. 모국의 세율이 비교적 높은 기업들의 현금은 해외에 묶여있게 된다. 2017년 미국 세법의 개정에 따라, 외국에서 창출한 이익에 대한 세율이 낮아지기 때문에 미국 기업들의 현금 잔고는 낮아질 전망이다.

표 15.11 산업별 기업가치 대비 타인자본 중앙값, 2018

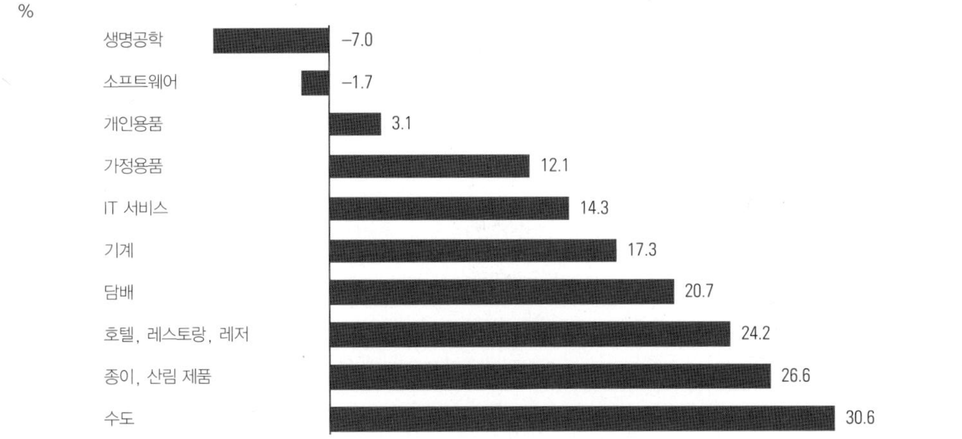

주석: Calculated using S&P 1500 classified by GICS industry. Market values used when available.

부채조달이 쉽지만, 회사는 부채를 거의 발생시키지 않는다. 자금 조달의 관점에서 보면, 추가적인 유가증권을 발행할 필요가 없다. 투자는 현재의 이익으로 조달될 수 있다.

복잡한 자본구조에서 WACC 추정하기

WACC는 개별 조달수단의 기대수익률을 전체가치에 대한 가중치로 가중평균함으로써 결정된다. 전환사채와 같은 복잡한 증권에 대해 기대수익률을 측정하는 것은 어려운 일이다. 전환사채를 단순히 채권으로 취급하여 자본비용으로 만기수익률을 이용할 수 있는가? 혹은 자기자본으로 취급하여 CAPM 을 이용하여야 하는가? 실제로는 채권과 자기자본 어느 쪽도 아니므로 대안을 사용하는 걸 권장한다.

복합증권의 평가가 가치평가 결과에서 중대한 차이를 만들 경우,[30] 우리는 APV 모델을 이용할 것을 권장한다. APV 모델에서 기업가치는 해당 사업의 차입 자기자본비용으로 FCF를 할인함으로써 결정된다. 여기에 이자비용 절세효과와 같은 자금조달과 관련된 증분 현금흐름의 가치는 별도로 계산된다.

어떤 경우에는 회사의 자본비용을 정확하게 표현하고 싶을 수 있다. 이러한 경

30 복합증권이 외가격이며 전환될 가능성이 낮다면, 전통적인 타인자본으로 취급해도 된다. 반대로 복합증권이 내가격이면, 전통적인 자기자본으로 취급한다. 이러한 경우에 오류 금액은 크지 않으며, WACC 기반 가치평가는 여전히 적합하다.

우에는 전환증권의 구성요소를 분리한다. 예를 들어, 전통적인 채권과 회사주식에 대한 콜옵션을 결합함으로써 전환사채를 복제할 수 있다. 또한, 콜옵션은 무위험 사채와 회사주식으로 구성되는 포트폴리오로 한층 더 세분화할 수 있다. 복합증권을 타인자본 및 자기자본의 포트폴리오로 전환함으로써 다시 한 번 전통적인 자본비용의 구성요소들을 가질 수 있다. 포트폴리오를 옵션으로 복제하는 과정은 39장에서 논의될 것이다.

맺음말

자본비용은 재무관리 영역에서 가장 뜨겁게 논의되는 주제이다. 탄탄한 통계기법들을 통해 이 이슈들을 더 잘 이해할 수 있게 되었음에도, 자본비용의 실무적인 측정은 여전히 힘들다. 그럼에도 장기적 추세의 건전한 직관력을 지니고 있다면, 이 장에 서술된 단계들로 신뢰할 수 있고 합리적인 자본비용을 이끌어낼 수 있을 것이다. 자본비용 계산의 정확성이 떨어진다고 좌절하지 말자. ROIC가 자본조달비용을 넘어서고 많은 프로젝트에 걸친 ROIC의 변동이 자본비용의 변동을 크게 앞지를 때 그 기업은 가치를 창출하게 된다. 정확한 자본비용의 측정에 기반하지 않고, 전망된 ROIC에 기초한 영리한 전략 및 투자선택이야 말로 매일의 경영활동에 가장 의미있는 결과를 만들어 낼 수 있다.

16장

전체기업가치와 주당가치 계산

10장에서 기술한 핵심영업활동의 가치평가를 완료하였다면 기업가치, 자기자본 가치, 그리고 주당 가치를 각각 계산할 수 있다. 전체기업가치는 기업 전체의 가치를 나타내는 반면, 자기자본가치는 주주가 소유하는 부분을 나타낸다.

기업가치를 결정하기 위해서 핵심 영업활동 가치에 비영업자산 가치를 더한다. 가장 흔한 비영업자산은 과다보유 현금 및 비연결 투자주식, 그리고 이월결손금이다.[1] 자기자본 가치를 측정하기 위해서 기업가치에서 모든 비주주 청구권을 차감해야 한다. 비주주 청구권은 장단기 차입금과 미적립 퇴직연금부채와 같은 부채 등가물, 그리고 전환증권이나 종업원스톡옵션과 같은 복합증권(hybrid securities)을 말한다. 최종적으로, 주당가치를 추정하기 위해서는 자기자본가치를 가장 최근의 유통주식수로 나누어야 한다.

비영업자산과 비주주 청구권은 후순위 고려사항으로 느껴질 수 있지만 그렇지 않다. 많은 기관 투자자들은 특히 민간대기업의 비영업자산에 숨어있는 커다란 가치를 발견하곤 하였다. 그에 반해서, 다른 투자자들은 Enron의 잘 알려진 사례처럼 기업가치에 포함된 모든 비주주 청구권을 정확하게 식별하고 평가하지 않아 실패했다. 누가 현금흐름에 대해 주주보다 선순위 청구권을 갖는지 아는 것은 대단히 중요하다.

이번 장은 핵심영업활동 가치에서 기업가치로, 그 뒤에 자기자본가치로 전환하

1 본서 전반에 걸쳐, 우리는 기업가치를 핵심영업가치에 비영업자산을 더하는 것으로 규정한다. 많은 금융기관 종사자들은 기업가치를 부채(debt)와 자기자본에서 현금을 뺀 것으로 규정한다. 유일한 비영업자산이 과다보유 현금이고 일반적인 부채만 보유하고 있는 회사라면 그 의미는 우리가 정의한 핵심영업가치의 의미와 동등하다. 그러나 기업가치에 대한 이러한 간단한 정의는 다른 비영업자산들과 부채 등가물은 설명하지 못하고 평가의 오류를 초래할 수 있다.

는 과정을 보여준다. 이번 장은 가장 흔한 비영업자산, 부채와 부채 등가물, 복합증권, 그리고 비지배지분을 식별하고 평가하는 과정을 차례로 설명하고 마지막으로 가치평가의 마지막 단계인 주식의 내재가치 산출을 살펴본다.[2]

가치평가 구축 과정

가치평가 구축은 현금흐름할인법(DCF)에 기반하는 회사의 핵심영업가치부터 시작한다(표16.1 예시의 가장 첫 번째 줄). 여기에 비영업자산을 더한 것이 기업가치가 된다. 자기자본가치(표의 가장 마지막 줄)는 기업가치에서 이자발생부채와 차입금 등가물 그리고 복합증권을 포함한 모든 비주주 청구권을 차감한 값이다. 전통적인 고정이자 부채와 주주지분 이외에도 회사의 현금흐름에 대한 많은 금융 청구권(financial claims)이 존재하기 때문에 비주주 청구권이라는 용어를 사용한다.

일반적으로 비영업자산은 잉여현금흐름(FCF)으로 포함되지 않은 자산이다. 흔한 비영업자산은 과다보유 현금, 일회성 채권, 비연결 투자주식(주식 투자 등으로 불림), 초과연금자산, 중단된 영업활동, 그리고 금융자회사이다. 계속 영업 중인 기업에 필요한 자산을 비영업으로 분류하지 않도록 특별히 주의한다. 예를 들어, 몇몇 소매업 애널리스트들은 부동산 가치를 핵심영업가치에 가산한다. 사업을 영위하기 위해서는 부동산이 필수요소이기 때문에, 부동산의 가치는 이미 영업가치에 내재되어 있다고 볼 수 있다. 부동산의 가치는 회사의 FCF 계산에 시장가치 수준의 임차료를 지불하고 있는 경우만 영업가치에 더해질 수 있다. 그렇지 않으면, 부동산가치를 포함하는 것은 과대평가로 이어진다.

비주주 청구권은 관련 비용이 EBITA에 포함되지 않고 결과적으로 FCF에서 제외되는 기업가치에 대한 금융 청구권이다. 은행 부채나 사채와 같은 전통적인 채무 계약이 가장 흔한 비주주청구권이다. 부채등가물과 같은 다른 채무청구는 그 중에서 운용리스의 현가, 미적립연금과 기타 퇴직연금금 부채, 그리고 환경복구충당부채들을 포함한다. 이 청구권들은 매출과 상관관계가 있거나 자본비용에 영향을 주지 않기 때문에 잉여현금흐름과는 따로 분리시켜 분석하는 것이 적합하다.

비주주청구권은 또한 우선주, 전환사채 및 종업원 옵션과 같은 복합증권을 포함한다. 복합증권은 이들의 가치평가가 기업가치로부터 매우 큰 영향을 받기 때문

---

2 주당가치의 산출은 기업가치평가의 기술적 측면에서 완성단계이다. 그러나 실제 가치평가 작업은 끝난 것이 아니다. 주당가치의 산출후에는 기업가치평가 전체를 처음부터 끝까지 다시 살펴보면서 종합적으로 시사점을 분석할 필요가 있다. 이 과정은 17장에서 자세히 알아본다.

표 16.1 가치평가 과정의 심층 사례

$ million

항목	금액	구분
DCF에 의한 영업가치	5,000	
과다보유 현금 및 시장성 유가증권	50	비영업용 자산
과다보유 부동산	5	비영업용 자산
비연결 지분투자	270	비영업용 자산
금융자회사	300	비영업용 자산
결손금 이월공제	10	비영업용 자산
중단영업	30	비영업용 자산
기업가치	5,665	
전체 기업가치에 대한 청구권		
은행 차입금	(250)	이자발생부채
사채	(550)	이자발생부채
장기영업충당금	(50)	차입금 등가물
영업외충당금	(75)	차입금 등가물
운용리스	(250)	차입금 등가물
미적립 퇴직연금부채	(200)	차입금 등가물
우발채무	(40)	차입금 등가물
전환채무	(200)	복합증권 및 비지배지분
우선주	(100)	복합증권 및 비지배지분
종업원 스톡옵션	(50)	복합증권 및 비지배지분
비지배지분	(150)	복합증권 및 비지배지분
자기자본 가치	3,750	

에 특별한 주의를 필요로 한다. 그래서 장부상의 금액보다 옵션가격결정 모델을 사용하여 이들을 평가해야 한다.[3]

비영업자산 평가

잉여현금흐름에는 포함되지 않지만 비영업자산은 여전히 주주가치의 일부이다. 따라서 기업가치를 구하기 위해서는, 각 비영업자산의 시가를 별도로 추정하여 그 가치를 영업활동의 DCF 가치에 더해주어야 한다. 필요한 경우에는 주주가 이러한 자산을 완전한 시가에 가깝도록 만들 수 있는 특수한 상황도 고려해야 한다. 예를 들어, 회사가 가까운 미래에 비영업자산을 매각하겠다고 발표하는 경우, 이 비영업

3 투자등급 회사의 경우, 타인자본가치는 이자율에 의해 주로 좌우된다. 이 경우 기업가치와 타인자본의 상관관계가 낮다. 그러나 자금압박을 받는 회사의 경우, 파산 위험이 타인자본가치에 영향을 미치게 되므로, 상관관계가 높아지므로 반드시 둘의 관계가 가치평가에 반영되어야 한다. 부채비율이 높은 회사에 대해서는 이 장의 뒷부분에서 설명한다.

자산의 시가에서 해당 자산에 대한 추정 양도소득세(있는 경우)를 차감해야 한다. 자산의 소유권을 다른 회사와 공유하는 경우, 오로지 자신의 회사가 소유한 부분의 가치만 포함한다.

이번 절에서는 가장 보편적인 비영업자산의 유형에 대하여 알아보고, 이를 가치평가에서 어떻게 다루어야 하는지 설명할 것이다.

과다보유 현금 및 시장성 유가증권

11장에서 논의한 바와 같이, 기업들은 종종 필요 이상의 현금 및 시장성 유가증권을 보유한다. 기업들이 현금을 과다하게 보유하는 이유는 다양한데, 다시 투자하거나 주주에게 배당할 때까지 단기 증권에 보관한다. 2018년 미국의 세법이 개정되기 이전에는 미국 기업들은 해외국가에서 벌어들인 수익이 클 때 회사의 현금 보유비중이 상당한 수준으로 올라갔다. 외국에서 발생한 수익을 미국으로 송금할 때 각 나라 간의 법인세 차이에 따른 추가세금을 납부해야 하기 때문에 현금을 미국으로 송금하지 않고 해외법인에서 보유하는 것이다. 세율이 35퍼센트에서 21퍼센트로 떨어지면서 많은 기업들이 현금을 본국으로 송금하게 되었다. 그들이 어떻게 이 현금을 사용할 것인지는 시간이 지나 밝혀지겠지만, 아마 새로운 투자, 증가된 배당금, 그리고 상당한 규모의 자사주취득으로 예상된다.[4]

기업이 영업을 위해 얼마가 필요한지에 대한 추산이 필요하다. 남아있는 현금과 시장성 유가증권은 비영업자산으로 취급된다. 일반적으로 기업이 사업을 운영하기 위해 수입의 2퍼센트를 현금으로 필요로 한다고 추정한다. 남아있는 현금과 시장성 유가증권은 초과액으로 간주된다.

현금과 시장성 유가증권은 재무제표상 공정 시장가로 표시된다. 재무제표 보고 시점 이후로 심각한 가치의 변동은 없을 것으로 판단될 때에는 장부가를 사용할 수도 있다.

4 본국으로의 송금과 재사용의 예시로는 A. Balakrishnan, "Apple Announces Plans to Repatriate Billions in Overseas Cash, Says It Will Contribute $350 Billion to the US Economy over the Next 5 Years," CNBC, January 17, 2018, www.cnbc.com. 자사주취득에 대한 정보는 K. Rooney, "Share Buybacks Soar to Record $806 Billion—Bigger Than a Facebook or Exxon Mobil," CNBC, March 25, 2019, www.cnbc.com.을 참고한다.

비연결 지분투자

다른 기업들에 대해 지배권 획득 없이 투자하는 것이 일반적이기 때문에 피투자기업의 재무제표를 투자기업의 재무제표와 연결하지는 않는다. 비연결 지분투자는 다양한 명칭으로 재무제표에서 찾을 수 있다. 예를 들어, Philips는 비연결 지분투자를 '관계기업투자'(investment in associates)라고 보고하고 Intel은 '지분투자'(equity investments)라고 보고했으며, PPG Industries는 '계열기업 투자'(equity affiliates)라고 보고한다.

투자기업이 이러한 피투자기업들에 대한 지배권이 없기 때문에, 피투자기업의 재무제표는 연결대상이 아니므로 이러한 투자는 영업가치와 별개로 평가되어야 한다. 미국 회계기준(U.S. GAAP)및 국제회계기준(IFRS)에 의하면 비연결 지분투자가 모기업의 재무제표에 나타날 수 있는 방법은 두 가지가 있다.

1. 20%에서 50% 사이의 지분율을 갖는 기업에 대해 투자기업은 지배력을 가지지는 않지만 "유의적인 영향력"을 가진다고 인정된다. 관계기업투자주식은 투자의 취득원가에 피투자기업의 이익이 합산되어 투자기업 재무제표에 보고된다. 피투자기업 이익 중 투자기업의 지분율에 해당하는 금액이 구체적으로 명시되어 있지 않더라도 투자기업의 손익계산서 상에서 영업외수익으로 표시된다. 이러한 방법은 지분법(Equity method)이라고 부른다.
2. 20% 이하의 지분율을 갖는 기업에 대하여 일반적으로 투자기업은 영향력을 가지지 않는 것으로 가정한다. 해당 투자주식은 투자기업의 재무제표에 취득원가(Historical cost)로 나타난다. 투자기업 몫의 피투자기업 배당금은 손익계산서상에서 영업외수익으로 표시된다.

2000년대 초반에 있었던 회계스캔들로 인해 전세계적으로 회계처리방법에 변화가 있었다. 절대 기준보다는 핵심 영업활동에 대한 투자기업의 영향력과 손익에 대한 노출 정도를 바탕으로 연결재무제표가 작성되기 시작했다. 실제 연결재무제표의 작성은 매우 복잡하며 각 기업들이 다양한 회계기준에 따라 재무제표를 작성할 수 있기 때문이다. 어떤 지분투자가 EBITA에 영향을 끼치는지 여부를 판단하기 위해서는 주석을 면밀히 살펴보아야 한다.

상장기업 지분투자 피투자기업이 공개된 상장회사일 경우, 투자주식의 가치평가는 시가를 이용한다. 시가가 실제로 내재가치를 잘 반영하고 있는지 검토해야 한다. 이러한 상장 투자주식중 일부는 유통주식수가 매우 제한돼 있거나 유동성이 현

표 16.2 Coca-Cola: 상장기업 지분투자, 2018년 12월

$ million

	장부가액	공정가치
Monster Beverage Corporation	3,573	5,026
Coca-Cola European Partners plc	3,551	4,033
Coca-Cola FEMSA, S.A.B. de C.V.	1,714	3,401
Coca-Cola HBC AG	1,260	2,681
Coca-Cola Amatil Limited	656	1,325
Coca-Cola Bottlers Japan Holdings Inc.	1,142	978
Embotelladora Andina S.A.	263	497
Coca-Cola Consolidated, Inc.	138	440
Coca-Cola İçecek A.Ş.	174	299
합계	12,471	18,680

Coca-Cola Amatil Limited(ASX:CCL)의 가치평가	
주가, AU $	8.19
× 유통주식수, 백만	724
= 시가총액, AU $ 백만	5,930
× 지분율	30.8%
= 지분금액, AU $ 백만	1,826
× 외화환산, US $/AU $	0.73
= 지분금액	1,325

출처: Coca-Cola Company annual report, 2018; Coca-Cola Amatil annual report, 2018; Yahoo Finance.

저히 낮아 주가가 현재의 정보를 적절히 반영하지 않을 수도 있다.

표 16.2는 Coca-Cola가 보유하고 있는 지분투자 내역을 보여준다. Coca-Cola가 표에 나타난 기업들에 영향력을 행사하지는 않기 때문에, 해당 기업들의 매출, 이익, 자산이 Coca-Cola의 재무제표상 연결회계로 처리되지는 않는다. 각 지분투자에 대해서는 별도의 가치평가가 이루어진 뒤 Coca-Cola 영업가치에 더해져 전체기업가치가 산출된다.

2018년 사업보고서의 이사의 경영진단 및 분석의견(MD&A: management discussion and analysis)을 살펴보면, Coca-Cola는 지분투자의 장부가액과 공정가치 모두를 공시한다.[5] 따라서, 회계연도말 경에 Coca-Cola의 가치를 평가한다면, 사업보고서의 자료만으로도 충분할 것이다. 그러나, 해가 지나갈수록 자료의 시의성이 떨어져 각 지분투자의 재평가가 필요해진다. Coca-Cola 병을 제조하는 호주회사 Coca-Cola Amatil에 대한 코라콜라의 지분투자 예시를 살펴보자. 해당 지분투자를 평가하기 위해서는 Coca-Cola Amatil (59억 3000만 호주달러)의 자기자본가치에 Coca-Cola의 지분율 30.9%를 곱한다. Coca-Cola는 18억 2600만 호주달러에 해당하는 지분을 소유하고 있다. 코라콜라는 이 결과를 미국달러로 보고해야 하기 때문에, 금액은 호주달러에서 미국달러로 전환된다. 1826million 호주달러에 0.73을 곱하여 Coca-Cola의 Coca-Cola Amatil에 대한 달러 지분금액을 구한다. (13억 2500만 달러)

5 기업들은 각 증권에 대해 공정가치 서열체계를 활용해 어떻게 공정가치를 결정하는지를 공시한다. 수준1 투입변수는 활성시장에서 동일한 증권의 공시가격이다. 수준2 투입변수는 비활성시장에서 동일한 증권의 공시가격 또는 활성시장에서 유사한 증권의 공시가격이다. 수준3 투입변수는 관측 가능하지 않으며, 재무모델을 이용하여 산출한다.

하지만, 2018년 12월 31일 기준으로 정확한 이 수치에 하나의 입력이 바뀌게 되어도 평가에 업데이트를 필요로 할 것이다. 예를 들어, 2019년 1분기 Amatil의 주가가 대략 3% 올랐다. 이 값의 변화는 Coca-Cola의 중간보고에서는 반영되지 않았지만 다음 분기별 보고에 반영되었다.

비상장기업 지분투자 피투자기업이 상장되어 있지 않지만 재무제표를 입수할 수 있는 경우(예를 들어, 채권공모나 비공개 공시를 통해), 투자주식에 대한 별도의 DCF 가치평가를 수행한다. 꼭 투자기업의 가중평균자본비용(WACC)이 아니더라도 적절한 자본비용으로 현금흐름을 할인한다. 또한 투자기업의 가치를 평가할 때, 피투자기업의 기업가치 또는 자기자본가치 전체를 포함시키지 말고 자기자본가치의 지분만 포함시켜야 한다.

투자기업의 계정이 피투자기업에 대한 유일한 재무정보의 원천일 경우, DCF를 위해 다음과 같은 대안을 사용하자.

- 단순화된 주주 현금흐름 가치평가: 이는 투자기업이 20%에서 50% 사이의 지분율을 가지는 회사일 경우 가능한 평가 방법이다. 왜냐하면 이 경우 투자기업의 재무제표에 피투자기업의 순이익 및 순자산 장부가액이 공시되기 때문이다.[6] 자기자본 기반의 핵심적인 가치창출요소들(순이익의 성장률 및 자기자본 수익률)이 어떻게 전개될지에 대한 일련의 추정을 통하여, 자기자본에 대한 현금흐름을 추정할 수 있다. 투자기업의 자본비용이 아니라 해당 피투자기업의 자기자본비용으로 이러한 현금흐름을 할인한다.
- 배수법: 두 번째 대안으로 주가순이익비율 및 주가순자산비율을 이용하여 투자주식을 추정한다. 회사가 피투자기업에 대해 20%에서 50%의 지분율을 갖는 경우, 공시된 이익에 적절한 배수를 적용하자.
- 포트폴리오 추적법: 20% 미만의 투자기업의 투자지분에 대해 투자 당시의 취득원가, 즉 투자기업 재무제표와 주로 주석에만 공개되는 장부가액 이외의 정보를 알 수 없는 경우가 있다. 이러한 경우 배수를 적용하는 것조차 어려운데, 이것은 순이익이나 현재 순자산의 장부가액도 보고되지 않기 때문이다. 언제 지분이 취득되었는지를(또는 언제 마지막으로 평가되었는지) 아는 경우, 비교가능 주식포트폴리오의 동일보유기간 동안 가격변화를 적용시킴으로써 현재 시가의 근사치를 추정할 수 있다.

---

6 피투자기업의 장부가는 과거 취득원가에 유보이익을 더한 값이며 이는 합리적인 자기자본의 장부가의 추정치에 해당한다. 영업권이 피투자기업의 장부가에 포함되어 있다면, 차감해야 한다.

이러한 가치평가 접근법은 정확성이 낮기 때문에, 가능한 한 많은 가치평가접근법의 결과를 다각도로 비교하여야 한다.

타회사에 대한 대여금

비연결 투자주식 및 타회사에 대한 대여금에 대해서는 보고된 장부가액을 이용한다. 이것은 해당 대출이 공정한 시장조건에 따라 이루어지고 차입자의 신용위험과 시중이자율이 발행 이후 현저하게 변하지 않은 경우에는 시가의 합리적인 근사치가 될 수 있다. 만약 이러한 선행조건을 충족시키지 못하고 투자가 매우 큰 규모로 이루어진다면, 유사한 위험 및 만기를 갖는 회사채에 대한 만기수익률로 약정원리금에 대한 별도의 DCF 가치평가를 수행해야 한다.

금융계열사

제품을 더욱 접근 가능하도록 만들기 위해 일부 회사들은 고객을 대상으로 금융사업을 운영한다.[7] 금융계열사는 제조 및 서비스 사업과 매우 다르기 때문에 계열사와 관련된 수익, 비용 및 재무상태표 계정은 핵심 영업으로부터 분리되어야 한다는 점이 중요하다. 이렇게 작업을 하지 않으면 투하자본이익률 (ROIC; return on invested capital), FCF 및 최종적으로 회사의 가치에 대한 시각을 왜곡시킬 것이다.

고가의 제품을 판매하는 기업들은 대부분 할부금융 서비스를 제공한다. Caterpillar, IBM, Textron 등의 회사는 상당한 규모의 고객상대 할부금융 사업부문을 보유하고 있다.

금융계열사를 영업활동에서 분리한 뒤에는 해당 계열사를 금융기관의 평가방법에 따라 가치평가 하기 위해, 조정된 재무제표를 사용한다. 이렇게 산출한 계열사의 가치를 핵심영업 가치에 더하면 전체기업가치가 구해진다. 금융계열사의 부채는 이미 가치평가에 반영되어 있기 때문에, 자기자본 가치를 구하기 위해서 모회사의 전체 기업가치에서 총부채(debt)를 차감하면 안된다. 금융계열사와 관련이 없는 일반부채(debt)만 차감해야 한다.

금융계열사를 가지고 있는 기업에 대한 평가는 19장에서, 그리고 은행에 대한 가치평가는 38장에서 다룬다.

---

7 고가의 제품을 판매하는 기업들은 대부분 할부금융 서비스를 제공한다. IBM, Textron 등의 회사는 상당한 규모의 고객상대 할부금융 사업부문을 보유하고 있다.

중단영업

중단영업은 매각했거나 폐업한 사업을 의미한다. 중단된 영업으로부터의 이익은 손익계산서에 명시적으로 나타나며, 관련된 순자산가액은 재무상태표에 공시된다. 중단된 사업은 더 이상 회사의 영업 부분이 아니기 때문에, 그 가치가 FCF의 일부분으로 모델화된다든지 DCF에 따른 영업가치에 포함되어서는 안된다. 미국 회계기준(GAAP)및 국제회계기준(IFRS)에 따라 중단된 영업과 관련된 자산 및 부채는 공정가치로 평가되어 재무상태표에 순자산으로 공시되어야 하므로, 통상적으로 가장 최근의 장부가액이 합리적인 근사치이다.[8]

과다보유 부동산

과다보유 부동산 및 그 밖의 유휴자산은 회사의 영업을 위해 더 이상 필요하지 않은 자산들이다. 결과적으로 그 자산들이 창출할 수 있는 일체의 현금흐름은 FCF 추정에서 제외되고 그 자산들은 DCF 영업의 가치에 포함되지 않는다. 외부에서 가치평가를 하는 경우 이런 자산들은 회사의 주석에 특별히 공개되어 있지 않는 한 식별하기가 거의 불가능하다. 이러한 이유로 내부적인 가치평가만이 이들 자산의 가치를 별도로 고려하여 포함시킬 수 있을 것이다. 과다보유 부동산은 이용 가능하다면 가장 최근의 감정평가 자료를 이용한다. 이러한 자료를 이용할 수 없다면 제곱미터당 가치와 같은 배수를 이용하거나, 미래예상 임대수익의 현금흐름을 적절한 자본비용으로 할인하여 실제 부동산의 가치를 추정한다. 물론 이러한 계산에는 일체의 영업용 부동산을 포함시키지 않도록 주의해야 하는데, 영업용 부동산의 가치는 이미 FCF 추정 및 영업가치에 내재적으로 포함되어 있기 때문이다.

사용되지 않는 자산이 가까운 회계기간 내에 매각되지 않을 것으로 예상되는 경우, 이들에 대해 별도의 가치평가를 수행하는 것은 권장하지 않는다. 회사에 대한 재무추정에 성장이 반영된 경우, 현재는 활용도가 낮은 자산의 가치는 미래의 낮은 자본적 지출로 고려될 것이기 때문이다.

과다보유 연금자산

회사의 연금기금 과다적립액은 재무상태표에서 순연금자산 또는 순확정급여자산

8 자산과 부채의 현재 장부가액에 대한 조정금액의 상한기준은 자산에 대한 과거 손상차손 누계액이다. 따라서 중단된 영업의 공정가치는 재무상태표상의 순자산가액보다 높을 수 있다.

으로 나타나며 일반적으로 시장가로 보고된다.[9] (금액이 적은 경우에는 보통 기타 자산 내에 포함된다.) 세후 기준에 따라 연금의 가치는 앞으로의 경영진 계획에 의존하게 된다. 연금이 조만간 청산될 것으로 예상된다면, 청산 세금(보통은 법정세율보다 높다)을 과다보유 연금 자산의 시가로부터 차감해야 한다. 그렇지 않으면 법정세율(미래의 낮은 기여금을 반영한)로 계산된 세금을 차감해야 한다. 연금의 회계처리방법과 평가를 세부적으로 알기 위해서는 23장을 살펴보자.

이월결손금

회사가 한 해 동안 손실을 만들어낸다면, 회사는 그 손실들을 누적해 미래의 수입에 대해 순이익을 올림으로써 (손실을 차후의 이익에서 공제) 향후 세금 납부액을 낮출 수 있다.[10] 이것이 이월결손금이다. 절세가 향후 현금유동성을 증가시킬 것이기 때문에 현금흐름할인법(DCF)를 사용해 그들의 가치를 평가하고 회사의 영업가치에 그 값을 더해야 한다.

잠재적 이월결손금은 이연법인세자산(DTAs: deferred tax assets)으로 재무제표에 기록된다.[11] 이연법인세자산을 이월결손금의 가치를 평가하는 첫 시작점으로 사용하라. 회사가 이월결손금을 사용하지 않는다면, 회사는 이연법인세자산에 대한 평가성충당금을 기록할 것이다. 두 수치는 모두 회사의 재무제표의 세금 관련 주석에서 발견될 수 있다. 회사의 평가성충당금은 회사의 미래 수익에 대한 현재의 기대치를 반영할 것이다. 이 기대치는 당신의 추정과 다를 수 있기 때문에 주의를 요해야 한다. 당신이 기업을 평가하는데 다수의 시나리오를 개발해 사용한다면, 각 시나리오에서 그 자산이 발생할 확률을 기반을 두고 이연법인세자산에 대한 비용을 추정하라.

절세는 할인된 기준으로 기록되기 때문에 현재의 가치를 평가하기 위해서는 현금흐름할인법(DCF)를 적용해야 한다. 이상적으로는, 당신은 리스크를 상쇄하는 자본비의 절세를 할인할 것이다. 실제로는 가중평균자본비를 사용한다. 이는 기업의 가치에 포함된 영업세를 적절하게 계산한다.

---

9 IFRS에 의하면, 기업들은 장부가로 과다보유 연금자산을 보고할 수 있다. 만약 연금자산이 시가로 평가되지 않는다면, 과다보유 연금자산의 가치는 주석사항을 살펴봐야 한다.

10 조세정책은 국가별로 다양하다. 언제, 어떻게 과거 손실액이 미래수익으로 공제되는가에 대해 궁금한다면 지역의 조세정책을 참고하라.

11 11장에서 서술한 바와 같이, 우리는 이연세금을 이월결손금, 영업이연법인세, 그리고 비영업이연법인세로 분류한다. 오로지 이월결손금만이 별개로 가치평가된다. 다른 두 계정은 현금영업세를 통해 FCF에 포함되거나 이연을 발생시키는 계정의 일부로 평가된다.

현재의 가치를 측정하기 위해서는, 회사의 예상수익에 기반하여 매년의 절세를 예측해야 한다. 이월 결손금이 그들이 발생시킨 나라에서 일치해야 하기 때문에 지리별 소득(국가별 소득)을 이용할 수 있지 않는 한, 매년의 절세를 평가하기가 어렵다. 세금혜택이 임의적인 기간(예를 들어 5년)에 발생할 것이라고 추정하는 것이 실용적인 접근이다. 만약 당신의 이월결손금의 평가가 주가에 유의미한 영향을 준다면 경영진들에게 세액 공제의 장소와 시기에 대한 추가적인 내용을 요청하라.

마지막으로 미래절세를 예상되는 잉여현금흐름(FCF)에 포함시킴으로써 이중계산하지 않도록 주의하라. 우리는 이월 결손금을 별도로 평가하기 때문에 이는 세금 공제 후 순영업이익(NOPAT)이나 투입자본의 일부로 포함되지 않고 비영업자산으로 분류된다.

이자발생부채

기업가치가 정해지면, 자기자본가치를 결정하기 위해 비주주청구권의 가치를 차감해야한다. 비주주 청구권은 재무상태표의 부채와 자기자본 부문에서 발견된다. 비주주 청구권은 차입금과 미적립퇴직연금과 같은 차입금 등가물, 그리고 차입금과 자기자본의 특성을 모두 가지는 하이브리드 증권(복합증권)을 포함한다. 이번 절에서는, 전형적인 이자발생부채에 대해 논의하고자 한다.

차입금에는 기업어음, 지급어음, 변동금리부 및 고정금리부 은행대출, 회사채, 금융리스 등 여러 형식이 있다. 투자등급을 분류되는 회사의 경우, 차입금의 가치는 영업의 가치와 연관이 없기 때문에 별도로 평가된다. 그러나, 부채비율이 높은 회사나 파산위험에 놓인 회사의 경우에는 차입금의 가치는 핵심영업 가치와 밀접하게 연결되어 있으므로 차입금의 가치와 영업가치는 함께 계산되어야 한다.

투자등급 차입금 차입금이 상대적으로 안전하고 활발하게 거래되는 경우에는 시가를 이용한다.[12] 기업부채에 대한 시가는 금융산업규제기구(FINRA)의 무역보고와 일치성 점검엔진(TRACE) 시스템에 보고되어 있다.[13] 채권이 거래되지 않으면

12 채권의 수익률이 표면이율보다 낮을 때, 채권은 액면가보다 높은 가격에 거래된다. 얼핏, 채권의 액면가를 기업가치에서 차감하면 될 것 같아 보이지만, 기업가치는 타인자본비용(가중평균자본비용을 통해)을 이용해서 계산된 값이기 때문에 기업가치에서 채권의 액면가를 차감하는 것은 기업가치 계산논리와 맞지 않는다. 채권을 액면가로 만기전에 상환가능하다면, 채권의 시가가 액면가보다 높은 경우는 드물다.

13 금융산업규제기구(FINRA)에 의해 개발된 TRACE 시스템은 미국의 적격한 채무증권에 장외거래에 대한 의무신고를 가능하게 한다. 이는 FINRA 웹사이트에서 대중들도 이용가능하다. 공개 당시, FINRA는 홈페이지에 채권검색수단을 제공했다.

약정된 이자지급액 및 원금상환액을 채권의 위험도에 따른 만기수익률(회사의 채권등급에 따라 다르다)로 할인하여 현재가치를 추정한다. 채권의 장부가액은 이자율 및 지급불능 위험이 채권발행 이후 현저하게 변하지 않은 경우, 고정금리 채권의 합리적인 근사치이다. 변동금리 채권에 대하여 시가는 이자율에 대해 민감하지 않으며 회사의 지급불능 위험이 상당히 안정적인 경우 채권의 장부가액은 실제 가치의 합리적인 근사치이다.

영업성과의 변화를 테스트하기 위해 가치평가 모형을 사용하는 경우(예를 들면 영업이익률을 향상시킬 신규 호재가 있을 경우), 차입금의 가치는 현재의 시가와 달라질 수 있다. 회사의 채권등급이 새로운 예측치에 따라 변화하는지 여부를 테스트하기 위해서는 이자보상비율과 같은 레버리지 비율을 항상 확인해야 한다. 채권등급의 변화로 인하여 차입금의 만기수익률은 변화할 수 있으며, 이에 따라서 차입금을 재평가해야 한다. 차입금의 등급과 이자율에 대해 더 알아보기 위해서는 33장을 살펴보자.

부채비율이 높은 기업 상당한 차입금을 갖고 있는 회사이거나 재무적인 곤란을 겪고 있는 회사들에 대한 차입금을 평가할 때에는 신중한 분석이 필요하다. 어려운 상태의 회사들의 경우 부채의 실질적 가치는 장부가치에 비해 상당폭 할인될 것이며, 기업가치와 함께 변동될 것이다. 이 경우 부채는 근본적으로 자기자본과 유사해진다. 그 가치는 기업가치에 대한 추정에 직접적으로 의존할 것이다.

이러한 경우에 차입금을 평가하기 위해서는 통합된 시나리오 접근법을 적용한다. 표16.3은 상당한 차입금이 있는 회사의 단순한 두 시나리오 예이다. 시나리오 A에서 회사의 경영진은 영업 마진, 재고자산 회전율 등을 향상시킬 수 있다. 시나리오 B에서는 변화가 성공적이지 않은 채 성과가 현재 수준에서 유지된다.

각 시나리오에 대해 예상되는 재무실적별로 기업가치를 추정하고[14], 차입금의 전체가치(full value) 및 그 밖의 비주주 청구권을 기업가치에서 차감한다. 채무불이행이 없을 때, 차입금의 전체가치는 시장가가 아닌 차입금의 가치이다.[15] 차입금 전체가치가 기업가치보다 큰 경우에는 자기자본 가치가 0이 되어야 한다. 자기자본 가치를 완성하기 위해, 각 시나리오별 자기자본 가치에 각 시나리오의 발생확률을 곱한다. 표 16.3의 회사에서 시나리오 A는 3억달러로 자기자본 가치를 산출한 반면 시나리오 B에서의 자기자본 가치는 0이다. 각 시나리오의 확률이 50%라면 가

14 모든 비주주 청구권은 부실기업에 대한 시나리오 접근방식에 포함되어야 한다. 비주주 청구권이 청산 시에 지급되는 순서는 각 비주주 청구권의 가치에 차이를 가져오지만 자기자본 가치에 차이를 가져오지는 않는다.

15 액면이자율의 유사 채권의 수익률과 다를 경우

표 16.3 시나리오 분석을 통한 자기자본 평가

$ million

	기업가치	차입금의 액면가	자기자본 가치[1]	확률, %	가중 자기자본 가치
시나리오 A					
새로운 소유주가 가치를 향상시킴	1,500	1,200	300	50%	150
시나리오 B					
기존 성과 유지	900	1,200	–	50%	–
				Equity value:	150

[1] 자기자본 가치는 기업가치에서 차입금의 액면가를 차감한 금액과 0 중에서 큰 금액이다.

중평균 자기자본가치는 1억 5,000만 달러이다.

시나리오 평가 접근법에서는 자기자본을 기업가치에 대한 콜옵션과 같이 처리한다. 좀 더 종합적인 모형은 가능성이 있는 기업가치의 전체 분포를 추정하며, 자기자본을 평가하기 위해 Black-Scholes 모형과 같은 옵션-가격결정 모형을 사용한다.[16] 그러나 평가를 위해 시나리오 분석이 아닌 옵션-가격결정 모형을 사용하는 것은 심각한 구체적인 결점을 가지고 있다. 먼저 기업가치의 분포를 모형화하기 위해서는 매출 성장률, 매출 총이익과 같은 불확실한 자료의 기대되는 변화와 그 변동성을 예측해야만 한다. 이것은 가능성이 있는 시나리오의 근본적인 경제여건에 대한 신중한 분석을 대체하는 너무 쉬운 기계적인 작업이 되어버린다. 두 번째로 대부분의 옵션모형은 불확실한 자료들을 서로 독립적으로 취급한다. 이것은 경제적으로 매우 비현실적인 결과를 가져오게 된다. 이러한 이유로 신중한 시나리오 분석은 옵션모형보다 더 정보에 입각한 정확한 가치평가를 할 수 있다.

부채등가물 평가

부채 등가물들은 부채의 특성을 띠지만 정식차관계약 또는 거래증권이 아니다. 그들은 공장감축과 같은 운영비용, 구조조정비용과 운용리스 같은 비운영비용, 그리고 계류 중인 소송과 같은 임시부채를 포함한다. 다음으로 가장 일반적인 부채 등가물들에 대해 알아보자.

16 옵션평가모델은 39장에서 설명한다.

충당금

퇴직관련부채 이외의 추당금은 부채 등가물로서 차감될 필요가 있다. 11장에서 소개되고 21장에서 더 자세하게 다루는 네 가지 유형의 충당금을 구분하며 평가한다.

1. 계속영업관련 충당금(예를 들어 품질보증 및 반품에 대한 충당금)은 이미 FCF에 계산되었으므로 기업가치에서 차감되어서는 안 된다.
2. 장기영업충당금(예를 들면 해고에 따른 구조조정비용에 대한 충당금)은 부채등가물로서 기업가치에서 차감되어야 한다. 이러한 충당금은 장기적으로 지급될 현금비용을 포함하기 때문에 재무상태표에 할인된 가치로 보고된다. 이 경우 별도의 DCF 분석을 수행할 필요가 없으며 가치평가시 부채의 장부가액을 이용할 수 있다.[17]
3. 영업외충당금(예를 들어 해고에 따른 구조조정비용에 대한 충당금)은 부채등가물로서 기업가치에서 차감되어야 한다. 할인된 가치가 이상적이지만, 대부분의 경우 재무상태표상의 장부가액도 합리적인 근사치이다. 이러한 충당금은 가까운 기간 내 지출되기 때문에 재무제표에 할인되지 않는 명목가치로 기록된다.
4. 이익평준화(Income-smoothing) 충당금은 세후순영업이익(NOPAT)에서 제외되므로 기업가치에서 차감되어서는 안 된다. 이익평준화 충당금의 사례로는 11장 마지막 FedEx의 매매 후 임차 전략을 참고하라.

리스계약

2019년부터 회사들은 운용리스를 포함한 거의 모든 리스계약을 재무제표에 인식하도록 요구받는다. 국제회계기준(IFRS)를 사용해 보고하는 회사들은 리스계약관련 이자가 재무비용으로 기록되고, 리스계약관련 부채가 차입금에 포함된다. 따라서, 다른 수정사항이 필요하지 않다.

미국 회계기준(US-GAAP)을 사용해 보고하는 회사들에게는 금융리스와 운용리스라는 두 가지 유형의 임대차 계약이 있다. GAAP 금융리스 처리의 경우는 IFRS와 동일하기 때문에 기업가치에 다른 수정사항이 필요하지 않다. 반면, 운용리스는 특별히 주의해야 한다. 자기자본 가치를 결정하기 위해서는 운영비에서 포

---

17 기업은 최초 투자시점에 해체된 자산을 인식할 것이다. 해체 자산은 이미 잉여현금흐름(FCF)에 반영되어 있기 때문에, 해체 자산에 대한 조정은 불필요하다.

함된 이자를 제거하고, 잉여현금흐름(FCF)에서 연도별 변화를 자산"사용권"에 포함시키고, 기업가치에서 운용 리스 부채를 차감해야 한다.[18] 자기자본을 지속적으로 평가하기 위해서는 이 모든 세 가지가 필요하다. 포함된 이자를 조정하지 않고 잉여현금흐름(FCF)의 자산사용권한의 변화를 포함시키지 않는다면 운용 리스의 가치를 차감시키지 말아야 한다.

22장은 새로운 회계규정, 필수 조정사항, 그리고 임대차 계약 평가에 대한 세부적으로 논의한다.

미적립 퇴직연금

미적립 퇴직연금과 은퇴의료보험(PRMB)과 같은 미적립 퇴직의무는 부채등가물로서 취급되어야 하며 자기자본 가치를 결정하기 위해 기업가치에서 차감되어야 한다. 미적립된 부채를 이행하기 위한 미래 기여금은 한계세율로 세무상 공제되기 때문에 미적립 퇴직연금 부채는 (1-법정세율)과 곱해진다. 퇴직연금 회계처리 및 가치평가를 세부적으로 보기 위해서는 23장을 참고한다.

우발채무

우발채무는 재무제표상에 나타나지는 않지만, 재무제표 주석에서 별도로 다루어진다. 계류 중인 소송 및 지급보증으로 인해 발생할 수 있는 부채가 그 예일 수 있다. 가능하다면(비용이 세무상 인정되는 경우) 각 부채의 예상 세후 현금흐름을 추정하고 타인자본비용으로 할인한다. 불행히도 그러한 현금흐름이 실현될 확률을 평가하기가 어렵기 때문에 가치평가의 결과는 주의 깊게 해석되어야 한다. 최종적인 가치평가의 범위를 잡기 위하여 발생 가능한 확률의 범주에서 우발채무의 가치를 추정한다.

복합증권 및 비지배지분 평가

안정적인 회사에서는 일반적인 차입금과 차입금 등가물의 현가가 보통 기업가치와 독립적이다. 그러나, 복합증권과 비지배지분은 그렇지 않다. 이들 각각은 기업가치 추정치와 결합되어 평가되어야만 한다. 가장 흔한 복합증권은 전환사채, 전환우선

18 더 종합적인 요약은 11장의 운용 리스를 부문을 참고하라.

주, 그리고 종업원 스톡옵션이 있다. 이 세 가지 방식과 비지배지분에 대해 상세히 다루고자 한다.

전환 증권

전환사채는 사전에 결정된 전환비율에 따라 보통주로 전환될 수 있는 회사채이다.[19] 전환우선주는 전환사채가 흔히 이사직과 같은 전환사채와 같은 기타 통제권을 동반한다는 점 이외에 동일한 기본적인 구조를 가진다. 두 가지 모두 상장된 테크기업들(technology companies)의 재정에 주요 공급원이 되었다.[20] 전환사채는 실질적으로 일반 회사채의 자기자본에 대한 콜옵션(전환옵션)이 합쳐진 패키지이다. 전환옵션이 중요한 가치를 가질 수 있기 때문에 이러한 형식의 부채는 보통의 회사채와는 다른 처리를 필요로 한다.

전환사채의 가치는 기업가치에 달려있다. 일반사채와 대조적으로 장부가액 뿐만 아니라 단순한 사채 현금흐름의 DCF 가치도 전환사채 가치의 계산에 좋은 대안이 되지는 못한다. 이용가능한 정보에 따라 가능성이 있는 네 가지 대안이 있다.

1. *공정가치*: 회사들은 재무제표의 주석에 전환사채를 포함해 금융수단의 "공정"가치를 보고한다. 회사들은 이러한 투자를 공시 시가 또는 가격결정모델을 이용해 평가하고 그들이 사용한 방법을 밝힌다. 최근 재무제표의 공시 이후 기업의 가치에 중대한 변화가 없을 경우에만 이 값을 사용한다.
2. *시장가치*: 많은 전환사채가 정기적으로 활발하게 거래된다. 미국전환사채에 대해서는 기업가치가 마지막 기록 이후 실질적으로 변화했을 때 부채의 시가를 결정하기 위해서 TRACE 데이터베이스를 사용하라.
3. *Black-Sholes 가치*: 공정가치 또는 시장가치가 적합하지 않은 경우,[21] 전환사채에 대해 옵션가치평가 접근법을 이용할 것을 권고한다. 옵션기반모델에 의한 전환사채의 정확한 가치평가가 간단하지는 않지만, DeSpiegeleer, Van Hulle, 그리고 Schoutens에 의해 제시된 방법들을 따름으로서 조정된 Black-Scholes 옵션가격결정 모델을 활용해 합리적인 근사치를

19 전환사채의 세부적인 내용은 R.Brealey, S. Myers, and F.Allen의 *Principles of Corporate Finance*, 12th ed.(New Yo가:McGraw-Hill,2017)의 24장을 참고하라.

20 R.Molla,"Tech Companies Are Taking Out Record Amounts of Convertible Debt. Here's Why" *Vox*, June 20, 2018, www.vox.com

21 계획상 경영변화로 인해 기업가치를 수정해야 한다면 공정가치는 더 이상 적합하지 않다. 전환채무의 가치가 기업 가치와 함께 변경될 것이기 때문이다.

구할 수 있다.[22]

4. 전환가치: 전환가치 접근법은 모든 전환사채가 자기자본으로 즉각적으로 교환되어 전환옵션의 시간가치를 무시하는 것으로 가정한다. 그것은 전환옵션이 심한 과내가격 옵션일 때 합리적인 결과를 유도하는데, 사채가 향후 원리금을 지급받는 것보다 주식으로 전환될 때 더 큰 가치를 갖는다는 것을 의미한다.

전환채무 평가 표 16.4는 모바일결제회사 Square의 네 가지 평가방법을 보여준다. Square는 전통적인 형태의 채권은 발행하지 않았다. 대신, 두 가지 전환사채(2022년 3월까지인 2억 1,170만 달러의 전환사채와 2023년 3월까지인 8억 6250만 달러의 전환사채)를 발행했다.[23] 당시 표면금리가 비전환사채의 시장이자율 이하였기 때문에 채권은 원금보다 낮은 1억 8,120만 달러와 7억 1,850만 달러로 각각 재무제표에 보고된다.[24]

표 16.4의 첫 줄은 회사의 사업보고서에 보고된 전환사채의 적정가치를 이용해 Square의 자기자본을 평가한다. 두 번째 줄은 TRACE 데이터베이스에서 수집된 연말 종가를 보여준다. 재무제표에 보고된 장부가와 비교했을 때 회사의 전환사채는 상당한 프리미엄이 붙은 가격으로 거래된다. 예를 들어, 2023년 만기인 전환사채가 2018년 12월 Square는 9억 150만 달러로 평가된 반면 장부가는 7억 1,850만 달러에 불과했다.

장부가에 대한 상당한 프리미엄은 전환권의 가치로부터 시작된다. Square의 사업보고서에 따르면 2022년 만기의 채권은 1주당 22.95달러에 주식으로 전환가능하다.[25] 이 전환가격으로 계산해보면, 2억 1170만 달러 규모의 채권이 923만개의 주식으로 전환되는 것이다. 2018년 12월 Square의 주식거래가가 56.09불이

---

22 전환사채의 평가에 대한 보다 자세한 내용은 다음을 참조한다: J.DeSpiegeleer와 W.Schoutens, *The Handbook of Hybrid Securities: Convertible Bonds, CoCo Bonds, and Bail-In*(Hoboken, NJ: John WILEY & Sons, 2014).

23 Square는 원래 4억4천만 달러의 전환사채를 발행했다. 이후, 투자자들은 다수의 2022년 전환사채를 행사했고 2018년 말에는 단지 2억 1,170만 달러가 나머지 원금에 남았다.

24 회사가 비슷한 비전환채무의 총수익 이하의 표면금리로 전환사채를 발행할 때, 재무제표에 할인가로 기록되지만 할인가로 거래되지는 않을 것이다. 이는 변환특징이 가치를 가지기 때문이다. 그러나 전환권의 가치는 채무의 일부가 아닌 주주들의 자기자본으로 기록된다. 자기자본의 장부가가 DCF 평가에서 사용되지 않기 때문에 이런 방법은 가치의 심각한 저평가를 초래할 수 있다. 전환사채의 회계에 대한 보다 자세한 내용은 Accounting Principles Board(APB) 14-1, "Accounting for Convertible Debt Instruments That May Be Settled in Cash upon Conversion (Including Partial Cash Settlement).". Financial Accounting Standard Board, May 9,2009, www.fasb.org. 를 참고하라.

25 Square의 2018 사업보고서 주석12, "차입현황"에 보고됨

표 16.4 Square 전환채무, 2018년 12월

$ million

	자본 구조	공정가치[1]	시장가격[2]	Black-Scholes 가치[3]	전환가치	장부가치	발행규모(액면가)
	기업가치	26,300.0	26,300.0	26,300.0	26,300.0		
→	2022년 만기 0.375% 전환채무	(515.7)	(523.2)	(534.8)	–	181.2	211.7
→	2023년 만기 0.5% 전환채무	(901.5)	(899.2)	(917.9)	–	718.5	862.5
→	전환채무 헷지	230.9	230.9	230.9	–		
	종업원 옵션	(1,543.8)	(1,543.8)	(1,543.8)	(1,543.8)		
	자기자본 가치	23,570.0	23,564.8	23,534.5	24,756.2		
	주식수, 백만						
	희석 전 주식수	419.7	419.7	419.7	419.7		
→	신규 발행 주식수	–	–	–	20.3		
	희석 후 주식수	419.7	419.7	419.7	440.0		
	주당 가치, $	56.1	56.1	56.0	56.3		

[1] 2018년 10-K 주석 5, "공정가치(수준 2)"에 따른 "금융상품의 공정가치"에 공시된 전환사채의 가치

[2] 2018.12.31. 현재 FINRA TRACE 데이터베이스에 보고된 시가

[3] Black-Scholes 옵션 가격결정모델과 회사 공시자료를 이용한 산출가격

었으므로, 채권은 약 5억 1,750만 달러의 주식으로 전환될 수 있다. 전환사채의 시장가치(5억 2329만 달러)는 사채의 채권전환가치(5억 1750만)보다 살짝 높게 형성되어 있는데, 이는 전환사채가격의 상승 잠재력과 하락의 제한 때문이다.

영업의 개선으로 기업가치가 증대되면, 옵션가격결정 모델을 이용해 Square의 전환사채를 재평가하는 것이 필요하다. Sqaure의 전환사채평가모델을 도출하기 위하여, 전환사채를 일반사채와 옵션가치로 분리하여 판단한다. 2022년 만기 채권의 예를 살펴보면, 일반사채의 가치는 표면이자율이 0.375%이고 수익률이 2.48%(전환옵션이 없는 유사채권의 수익률)인, 잔존만기가 3.23년인 이표채(coupon bond)의 순현재가치와 동일하다. 전환권이 없다면, 사채의 가치는 잔존원본 2억 1,170만 달러의 93.45% 또는 1억9,790만 달러이다.

옵션가치를 평가하기 위해서는 기초자산가치, 행사가격, 기초자산의 변동성, 무위험이자율, 그리고 만기까지 남은 잔여기간, 기초자산에 대한 배당률이라는 6가지의 기초정보가 필요하다. Square의 2022년 전환사채에 포함된 옵션을 위한 기초자산은 현재 5억 1,750만 달러의 가치를 가진 Square의 주식 923만 주이다. 주식으로 전환 시 투자자들이 지불해야 하는 가격을 의미하는 행사가격은 일반부채의 현재가치인 1억 9,790만 달러와 동일하다. Sqaure의 주식변동성은 30.9%로 회사의 사업보고서(10-K)에 공시되어 있으며 채권의 만기까지의 잔존기간은 3.25

년, 현재 무위험이자율은 2.48%이다.[26] Square는 배당금을 지불하지 않기 때문에 배당수익금은 0이다.

해당 자료를 Black-Scholes 공식에 투입한 결과, 옵션가치는 3억 3,690만 달러로 산출되었다. 그러므로 표 16.4의 세 번째 줄에 보이는 바와 같이 전환사채의 Black-Scholes 가치는 5억 3,480만 달러(일반사채 1억 9,790만 달러와 옵션가치 3억 3,690만 달러의 합)에 해당한다. 이 결과는 Black-Scholes 기초정보의 안정성, 특히 변동성에 달려있다. 만약 회사가 성장하면서 변동성이 떨어질 것으로 예상되는 경우 과거 변동성의 추정치가 옵션가치를 과대평가하는 것이 될 수 있다. 잘못된 평가는 주로 전환사채의 장기옵션에서 가장 많이 이루어진다.

옵션 가격결정의 대안은 표 16.4의 네 번째 데이터 열에 있는 전환가치 접근법이다. 이 방법은 Black-Scholes 보다 사용하기 쉽지만 옵션가치를 고려하지 않는다. 전환가치접근법 하에서 전환사채는 즉시 자기자본으로 변환된다고 가정한다. Square의 사채는 2,030만주로 전환 가능하기 때문에(2022년 만기인 전환사채가 920만주, 2023년 만기인 전환사채가 1,110만주의 주식으로 전환가능하다) 희석화 전 발행 주식 수는 4억 1,970만에서 4억 4천만주로 증가된다. 이 접근법으로 전환사채는 0이 되고 자기자본가치는 희석 후 발행주식 수로 나누어진다.

이 경우 각 접근법은 전환가치가 전통적 사채의 가치보다 많이 높기 때문에 (내가격(in the money)인 경우) 비슷한 가치를 만들어낸다. 외가격(out of money) 사채의 경우 전환접근법은 사채의 가치를 과소평가하는 결과를 초래한다. 그러므로 Black-Scholes와 같은 옵션가치평가 모델 사용을 권한다.

전환사채 헷지 기업들이 전환사채를 발행할 때 때때로 효과적으로 행사가격을 증가시키기 위해 복잡한 파생상품거래를 동반한다.[27] 예를 들어, Square, Etsy, Twitter는 동반하는 헷지와 함께 전환사채를 발행했다. 투자자들은 행사가격이 현주가와 비슷한 것을 선호한다. 발행인들은 전환에 따른 자본 희석화를 염려하고, 전환률을 낮춰줄 높은 행사가격을 선호한다.

사업보고서에서 Square는 "회사가 전환가격을 주당 약 22.95달러에서 약 31.18달러로 증가시키기 위해 전환사채 헷지거래를 시작했다"라고 보고했다. 헷지의 가치를 측정하기 위해서 우리는 더 높아진 행사가격의 전환사채를 재평가하기 위해 Black-Scholes를 사용한다. 표16.4에 보고된 전환사채 헷지는 원래의 사채

26 Square의 전환사채는 조기상환이 불가능하기 때문에 잔존만기가 옵션가격 결정에 필요하다. 만약 채권이 조기상환될 가능성이 있는 경우(callable)라면, 반드시 채권가치 결정에 고려되어야 한다.

27 해당 거래에서 기업들은 원래 주가로 자기주식에 대한 콜옵션을 취득하고, 우선전환가격으로 두 번째 콜옵션을 매각한다.

와 합성사채 가격의 차이와 동일하다.

비록 Square가 헷지 가치를 재무제표나 주석에 보고하지는 않지만, "전환사채 헷지와 신주인수권 거래(warrant transactions)는 우리의 보통주 A의 가치에 영향을 미칠 수 있다."라고 공시한다. 최근의 회계투명성 개선에도 불구하고, 주석 정보에 대한 성실한 분석이 대단히 중요하다.

종업원 스톡옵션

많은 회사들이 보상의 일부로서 종업원들에게 스톡옵션을 제공한다. 옵션은 보유자에게 행사가격이라고 불리는 특정한 가격으로 회사주식을 매입할 권리를 부여하지만, 이를 반드시 매입할 의무는 없다. 종업원 스톡옵션은 긴 만기를 가지고 있고 회사의 주가는 종종 행사가격 이상으로 상승할 수 있기 때문에, 옵션은 큰 가치를 가질 수 있다.

종업원 스톡옵션은 두 가지 방식으로 회사의 가치평가에 영향을 미친다. 첫째, 미래에 행사될 옵션의 가치는 11장의 지침에 따라 FCF 추정 또는 별도의 DCF 가치평가에 포함될 필요가 있다. FCF 추정에서 이 문제를 다룰 때, 미래 옵션 행사가치는 영업가치에 포함되어 있으므로 비주주 청구권으로 다시 취급되어서는 안 된다. 둘째, FCF에서 이 문제를 다루지 않을 때 미지급 옵션의 가치는 비주주 청구권으로서 기업가치에서 차감되어야 한다. 그러나 옵션의 가치는 미래 기업가치에 종속되어 있으며, 옵션 가치평가는 이러한 점을 반영하여야 한다는 점에 주목하자.

다음의 접근법들이 종업원 옵션을 평가하는 데 이용될 수 있다.

- *회사가 공시한 공정가격* 회사의 적정가치평가에 대한 연례보고를 살피는 것으로 시작하라. 예를 들어, Square는 주주자본에 관한 주석에서 종업원 옵션의 "내재가치총액"을 15억 4400만으로 보고한다.
- *옵션가격결정 모델*. 회사의 기업가치가 마지막 재무제표 공시 이후 변화했다면, Black-Scholes 또는 보다 발전한 이항(lattice)모델과 같은 옵션가치평가모델로부터 추정된 시가를 이용하도록 추천한다. 미국 U.S. GAAP 및 IFRS에 따라 재무제표 주석 상에는 옵션가격결정 모델로 추정된 모든 미행사 종업원 스톡옵션의 가치가 보고된다. 이러한 가치는 현재 시점에서의 추정주가가 사업보고서 시점에서 옵션가치를 계산하기 위해 사용된 추정주가와 가까울 경우에만 좋은 근사치가 된다는 점에 주목하자. 그렇지 않으면,

표 16.5 Square 종업원 옵션, 2018년 12월

$ million

			Black-Scholes 적용[2]		
	자본구조	총 내재가치[1]	미행사 옵션의 가치	행사가능 옵션의 가치	행사가치 접근법
	기업가치	26,300.0	26,300.0	26,300.0	26,300.0
	2022년 만기 0.375% 전환채무	(515.7)	(515.7)	(515.7)	(515.7)
	2023년 만기 0.5% 전환채무	(901.5)	(901.5)	(901.5)	(901.5)
	전환채무 헷지	230.9	230.9	230.9	230.9
→	종업원 옵션	(1,543.8)	(1,584.9)	(1,507.9)	–
→	Employee options: exercise proceeds	–	–	–	315.6
	자기자본가치	23,570.0	23,528.9	23,605.8	25,429.4
	주식수, 백만				
	희석 전 주식수	419.7	419.7	419.7	419.7
→	신규 발행 주식수	–	–	–	33.2
	희석 후 주식수	419.7	419.7	419.7	452.8
	주당가치, %	56.1	56.0	56.2	56.1

[1] 2018년 10-K 주석 15, "총내재가치에 따른 주주지분"에 공시된 옵션 가치
[2] Black-Scholes 옵션 가격결정 모델과 회사 공시자료를 이용한 산출가격

옵션가격결정모델을 이용하여 새로운 가치평가를 생성할 필요가 있다.[28] 주석은 가치평가에 필요한 정보를 공시한다.

- *행사가치 접근법*. 행사가치 접근법은 종업원 옵션 가치에 대해 추정 값으로 반올림할 최소 값인 하한선의 정보를 제공한다. 이 접근법은 모든 옵션이 즉시 행사되고 이에 따라 옵션의 시간가치를 무시하는 것으로 가정한다. 옵션이 만기까지 더 긴 시간을 가지거나, 회사의 주식이 더 높은 변동성을 가지거나, 회사의 주가가 행사가격에 더 가까이 접근하게 되면 이러한 접근법의 평가오류는 증가하게 된다. 사업보고서에서 더 정확한 가치평가가 이미 공개되었음을 고려할 때, 우리는 이 방법을 권장하지 않는다. 그러나 이것은 여전히 현업의 실무자들 사이에서 아주 보편적으로 사용되고 있다.

표 16.5는 세 가지 평가 방법의 예를 제공하고 있다. 첫 번째 데이터 열은 "내재가치총액"으로 회사에서 공시한 적정 가치에 기반을 둔 것이다. 두 번째와 세 번째 데이터 열은 미행사 옵션과 현재 행사 가능한 옵션을 평가하기 위해 Black-

28 종업원 스톡옵션의 가치평가에 대한 보다 자세한 내용은 다음을 참조한다. J. Hull and A. White, "How to Value Employee Stock Options," *Financial Analysts Journal* 60, no.1 (January/February 2004): 114-119

Scholes 옵션가격결정모델을 사용한다. 미행사 옵션의 가치는 종업원이 회사를 그만둘 경우에 잃게 되는 옵션을 포함하고 있기 때문에 행사 가능한 옵션보다 적다.

종업원 스톡옵션의 가치를 추정하기 위해 현재 주가, 평균 행사가격, 주식의 변동성, 무위험이자율, 만기까지의 잔여기간 그리고 주식배당률이라는 6가지 기초정보가 필요하다. Square의 현재 주가는 56.09달러이다. 미행사 옵션과 행사가능옵션과 관련한 다른 투입정보의 경우 Square의 사업보고서(10-K)에 공시되어 있다. 미지급 옵션의 경우 가중평균 행사가격은 9.52달러, 주식의 변동성은 30.9%, 만기까지의 평균잔여기간은 5.45년으로 보고되어 있다. 현재 5년 만기 무위험이자율은 2.51%이고 예상 주식배당률은 0%이다. Black-Scholes 추정공식에 따르면 평균 옵션가는 47.81달러로 정해진다.[29] 미지급 옵션이 3320만개일 때 옵션의 총 가치는 15억 8천만 달러이다. 주가를 측정하기 위해 기업가치로부터 총 가치를 차감하고 희석화 전 발행주식수로 나눈다. 발행된 옵션들 중 일부는 행사되지 않을 것이기 때문에, 행사가능한 옵션의 경우에만 이런 과정을 반복한다. 실제가격은 발행가격과 행사가격 중간쯤이 될 것이다.

행사가치접근법 하에서 종업원 옵션은 즉시 행사될 것이라 가정한다. 2018 Square 사업보고서(10-K)에 따르면 33,152,881주는 평균 행사가격 9.52달러로 행사 가능하고 총 행사금액은 3억 1,560만 달러이다. 종업원 스톡옵션이 행사되면 회사에는 현금이 유입되며, 유통 주식 수는 4억 1,970만주에서 4억 5,280만주로 증가한다. 희석 후 발행 주식 수로 자기자본 가치를 나누면 Black-Scholes 모형 하에서의 가치보다 조금 낮은 56.1달러가 된다.

비지배 지분

모회사가 자회사를 완전히 소유하지 않았더라도 실질적으로 경영권을 행사할 때, 자회사의 재무제표는 모회사의 연결재무제표에 포함되어야 한다. 자회사의 자산과 부채는 모회사의 계정과 구분이 어렵지만 자회사의 자기자본 중 모회사가 보유하고 있지 않은 부분은 비지배지분으로 구분되어 다른 자기자본 항목과 구분된다.[30] 자회사의 전체가치가 모회사의 영업가치에 포함되기 때문에, 모회사에 의해 지배

29 다양한 행사가격을 가진 여러 옵션들의 포트폴리오를 행사가격의 평균가격을 이용해서 Black-Scholes 공식으로 평가한다면 옵션포트폴리오의 가치가 저평가될 수 있다. 그러나 다양한 행사가격의 범위를 모두 파악할 수 없다면, 저평가 정도(bias) 또한 파악하기 힘들다.

30 예를 들어, Berkshire Hathaway는 2018년 38억 달러의 비지배지분을 보고하였다. 이 부분은 회사의 재무상태표 내 주주의 자기자본 항목에서 파악할 수 있다.

되지 않는 자회사의 부분에 대해서 모회사의 영업가치가 조정되어야 한다.

비지배 지분은 상당부분 비연결 투자지분과 성격이 비슷하기 때문에, 비지배지분에 대한 평가는 이번 장의 앞부분에서 언급한 비연결 투자지분을 평가하는 방법과 유사한 방법을 쓸 것을 추천한다. 100% 소유하고 있지는 않은 연결자회사의 주식을 상장시키는 카브 아웃(carve-out)의 경우, 자기자본 가치를 구하기 위해서 비지배주주가 소유한 시가총액부분만큼을 기업가치에서 차감한다. 이러한 방법 이외에는 이용 가능한 정보의 양에 따라 DCF 접근법, 배수법 또는 포트폴리오 추적법 등을 이용하여 별도의 가치평가를 수행할 수 있다. 그러나 비지배 지분은 전체 회사가 아니라 자회사에 대한 청구권임을 명심한다. 따라서 어떠한 가치평가도 회사 전체에 대해서가 아니라 자회사에 직접적으로 관련시켜야 한다.

주당가치계산

가치평가의 마지막 단계는 주당가치를 계산하는 것이다. 전환사채 및 종업원 스톡옵션에 대해 옵션가치평가 접근법을 이용했다고 가정할 경우, 희석화되지 않은 유통 주식 수로 전체 자기자본 가치를 나누어야 한다. 전환사채 및 스톡옵션의 가치가 이미 비주주 청구권으로서 기업가치에서 차감되었기 때문에 희석화되지 않은 주식 수를 이용하는 것이다. 또한 가장 최근의 희석화되지 않은 유통 주식 수를 사용하자. 평균 주당이익을 계산하기 위해 재무제표에 보고되는 가중평균 유통 주식수를 사용하면 안 된다. (이는 주당평균수익을 결정하기 위해 재무제표에 보고된다)

유통 주식 수는 발행된 총 주식 수에서 자사주 보유분을 차감한 주식 수이다. 대부분의 미국 및 유럽 국가들은 자기자본 항목 아래에 총 발행 주식 수와 자사주를 보고한다. 그러나 일부 회사들은 자사주를 투자자산으로 나타내는데, 이러한 회계처리는 경제적 관점에서 옳지 못하다. 자사주를 투자자산으로 보지 말고 유통 주식 수에서 차감하는 방식으로 처리한다.

종업원 옵션, 전환사채 및 스톡옵션의 가치를 계산하기 위해 전환가치 혹은 행사가치 접근법을 이용했다면, 희석화된 주식 수로 나누어야 한다.

주당 가치 산출이 이루어졌다면, 가치평가의 기계적인 과정이 끝났다고 할 수 있다. 그러나 실제 업무는 끝난 것이 아니다. 다음 장에서는 통합시나리오와 거래배수(Trading multiples)를 이용해서 수행된 가치평가에 대한 스트레스 테스트(stress test)가 어떻게 이루어지는지 알아본다.

17장

결과의 분석

이제 가치평가모델이 완성되었으므로, 모델의 타당성을 검토해보면서 실제 상황에 적용해보자. 기술적인 오류나 경제적 논리의 오류는 제대로 구성된 모델에서도 나타날 수 있다. 이러한 오류를 범하지 않기 위해, 우리는 모델의 견고함을 검증할 수 있는 체계적 분석방법과 기타 기법을 살펴보고자 한다. 이것을 확인하는 과정에서, 투하자본이익률과 같은 주요 비율들이 소속산업의 경제적 환경과 일관성이 있는지 확인해볼 것이다.

일단 모델을 이해하고 난 후, 각 추정변수를 차례대로 바꾸어 모델에 넣어가면서 가치평가모델의 투입변수와 결과 값을 확인하도록 하자. 모델의 각 부분들이 어떻게 변하는지 분석해보고, 어떤 변수가 가치평가에 가장 큰 영향을 미치고, 어떤 변수가 거의 영향을 미치지 않는지 확인해보자. 추정변수는 동시에 변하는 경향이 있기 때문에 동시에 다양한 변화를 검증해낼 수 있는 민감도 분석을 구성하고 이 분석의 결과를 전략적 행동에 대한 우선순위를 결정할 때 사용하자.

그 다음, 가치평가모형에 대해 더 깊게 이해하기 위해서, 시나리오 분석을 사용해보자. 기업의 미래에 영향을 미치는 주요 불확실성들을 밝혀내고 이를 통해 다양한 추정작업을 수행하자. 불확실성은 특정 상품의 출시가 성공할지에 대한 판단처럼 간단할 수도 있고 어떤 기술이 시장을 지배할 것인지에 대한 예측처럼 복잡할 수도 있다. 각 시나리오와 일관된 포괄적인 추정작업을 수행하고 발생가능성에 따라 최종가치평가 결과에 가중치를 두어라. 시나리오 분석은 가치평가 범위를 설명해줄 뿐만 아니라 다양한 대안적인 상황 하에서의 전략적 행동과 자원배분에 대한 정보를 제공해 줄 것이다.

평가모델 검증

실행가능한 가치평가모델을 가지고 있다면 결과들의 논리를 검증하고, 오차를 최소화하며, 가치평가의 동인을 확실히 이해하기 위해 여러 번 확인을 해야 한다. 먼저 모델이 기술적으로 탄탄한지 확인하라. 우선 재무상태표의 대차가 각 예측연도에 일치하는지 확인하는 작업처럼, 모델이 기술적으로 견고한지 확인하는 것부터 시작하자. 다음에는 결과들이 소속산업의 경제적 상황과 일치하는지 검증하자. 예를 들어, 투하자본이익률(ROIC; return on invested capital)과 같은 주요 가치동인들은 어떤지, 경쟁의 강도와 일치하는 방향으로 변화하고 있는지 등이다. 다음으로, 현재 주가 및 거래배수들(trading multiples)과 모델의 결과치를 비교해보자. 차이점이 경제학적으로 설명되거나 혹은 오류가능성이 있다고 생각하는가? 우리는 후에 이러한 각각의 현상들을 설명할 것이다.

평가모델이 기술적으로 견고한가?

평가모델에서 모든 점검항목 및 대차의 균형이 제대로 되었음을 확인한다. 평가모델은 다음과 같은 근본적인 균형관계를 반영하여야 한다.

- 조정 전 재무제표에 대해, 과거 및 추정 재무상태표는 매년 대차가 맞는지, 순이익이 주주자본으로 올바르게 연결되는가?
- 조정 후 재무제표에 대해, 영업용 투하자산(IC)과 비영업용자산(NOA)의 합계는 자금조달의 원천과 합계가 맞는가? 세후영업이익(NOPAT;Net Operating Profit after Taxes)을 매출에서 계산하든 순이익으로부터 계산하든 관계없이 그 값이 동일한가? 조정된 자기자본에서 순이익은 이익잉여금, 배당금, 주식 발행 및 자기주식취득과 정확하게 연결되는가?
- 과다보유현금 및 부채에서의 변화가 현금흐름표와 일치하는가?

좋은 평가모델은 평가모델의 각 부분에서 각 점검항목이 자동적으로 산출될 것이다. 그러면 점검항목이 문제가 되는 평가모델의 기술적인 변화는 중요하다고 볼 수 있다. 스트레스 테스트를 통하여 주요 변수들을 극단적으로 변화시켜본다. 예를 들어, 만약 매출총이익률이 99%로 증가했거나 1%로 감소했다면 재무제표가 여전히 대차의 균형이 맞는가?

마지막은 일관성 확인을 위해, 배당성향을 조정해보자. 배당금에 따라서 필요한 자금조달수준은 달라질 것이므로, 기업의 자본구조 또한 변할 것이다. 그러나,

NOPAT, 투하자본, 그리고 잉여현금흐름(FCF)은 자본구조와 독립되어 있기 때문에, 배당성향 변화에 관계없이 변하지 않을 것이다. 만약 위에서 언급한 것들이 변한다면, 모델은 기술적인 결함이 있는 것이라고 볼 수 있다.

평가모델이 경제적으로 일관성이 있는가?

다음 단계는 가치평가 결과가 가치결정 변수로 쓰인 경제적 상황을 정확하게 반영하는가를 점검하는 것이다. 추정 투하자본이익률이 가중평균자본비용(WACC; weighted average cost of capital)보다 큰 경우, 영업가치는 투하자본의 장부가치 이상이어야 한다. 또한, 성장성이 높은 경우, 영업가치는 장부가치보다 상당히 높아야 한다. 만약 그렇지 않다면, 계산상의 오류가 있었을 가능성이 있다. 가치평가 결과를 핵심가치동인 공식으로 대략적으로 계산한 추정치와 비교하고, 이때 장기평균성장률 및 투하자본이익률을 핵심투입변수 항목으로 선택한다.

마지막으로 핵심적인 재무 및 영업비율의 추이가 경제논리와 일관성이 있는지 확인한다.

- *비율의 추이가 의도된 것인가?* 예를 들어, ROIC가 시간이 지날수록 증가하는 이유는 건전한 경제적 이유로 인한 것인가? 또는 단순히 미래의 자본적 지출을 매출액 대비 일정비율로 고정시켜서 모델화했기 때문인가? 이연법인세자산을 매출액 또는 영업이익 대비 일정 비율로 추정했기 때문에 미래의 납부세율이 크게 변화하고 있는가?
- *비율의 추이가 합리적인가?* 한 연도에서 다음 연도로 넘어가면서 핵심 가정을 크게 변화시키지 않도록 해야 하는데, 그렇지 않으면 핵심적인 비율을 왜곡시켜 잘못된 해석으로 이어질 수 있기 때문이다. 예를 들어 자본효율성이 특정연도에 대폭 개선되면, 해당 연도에서의 자본적 지출을 음수(-)로 만들고(고정자산을 장부가로 현금 판매하는 경우는 드물다) 이것은 비현실적으로 높은 현금흐름으로 이어질 수 있다.
- *비율의 추이가 산업역학과 일치하는가?* 어떤 경우에는, 핵심변수의 합리적인 변화가 예상 외의 결과를 가져올 수 있다. 표 17.1은 경쟁이 심한 산업에서 경쟁하는 가상기업의 가격과 원가 자료를 나타낸 것이다. 인플레이션에 맞춰, 연간 3% 정도 기업의 제품 가격이 증가할 것으로 예측한다. 원가효율성 때문에, 영업비용은 연간 2% 정도 하락할 것으로 기대된다. 별개로 보았을 때, 각각의 비율은 나쁘지 않은 수준으로 보인다. 그러나, ROIC를 계산하여 보면 아주 중요한 추세를 알 수 있다. 경쟁이 심한 산업에서는 볼 수 없

표 17.1 작은 변화에 따른 ROIC 영향: 가격과 원가 추이의 예시

$

	Year 1	Year 2	Year 3	Year 4	Year 5	…	Year 10	증가율, %
가격	50.0	51.5	53.0	54.6	56.3	…	65.2	3.0
수량	100.0	103.0	106.1	109.3	112.6	…	130.5	
매출액	5,000.0	5,304.5	5,627.5	5,970.3	6,333.9	…	8,512.2	
단위당 원가	43.0	42.1	41.3	40.5	39.7	…	35.9	−2.0
수량	100.0	103.0	106.1	109.3	112.6	…	130.5	
원가	4,300.0	4,340.4	4,381.2	4,422.4	4,464.0	…	4,677.8	
영업이익	700.0	964.1	1,246.3	1,547.9	1,869.9	…	3,834.4	
투하자본	7,500.0	7,725.0	7,956.8	8,195.5	8,441.3	…	9,785.8	
세전 ROIC, %	9.3	12.5	15.7	18.9	22.2	…	39.2	

는 연도1과 연도10 사이에서, ROIC가 9.3%에서 39.2%까지 증가한다. 원가는 유지하기가 어렵기 때문에, 경쟁은 결국 점유율을 높이기 위해 생산을 모방하거나 가격을 낮추는 형태로 나타난다. 좋은 모델은 이러한 경제적 불일치를 명확하게 나타내어 줄 것이다.

- *개별추정기간의 종료시점에 회사의 경제 상태는 안정적인 상태인가?* 현금추정기간의 끝, 즉 영구가치 공식을 적용하는 시점이 되면 회사의 이익률, ROIC, 성장률은 안정적으로 유지되어야 한다. 만일 그러한 경우가 아니라면, 핵심성과 비율이 일정하게 유지되는 시점이 될 때까지 개별추정기간을 확장한다.

결과가 현실적인가?

일단 평가모델이 기술적으로 문제가 없고 경제적 측면에서 일관성이 있다고 확신한다면, 최종 결과가 현실적인지의 여부를 검토해야 한다. 만약 분석기업이 상장기업일 경우, 가치평가 결과를 시가와 비교한다. 추정가치가 시가와 거리가 먼 경우, 성급하게 주식시장이 잘못되었다고 결론을 내려서는 안 된다. 차이가 있다면, 원인을 찾아야 한다. 예를 들어, 아마 일부 관련 정보가 주가에 포함되지 않았을 수도 있다. (예를 들어 적은 유통물량, 부족한 주식거래가 주가에 반영되지 않았을 수도 있다.)

또한 온전한 배수법을 수행해야 한다. 예를 들면, 이자비용, 법인세, 무형자산상각비 차감전 이익(EBITA; earnings before interest, taxes, and amortization) 대비 영업가치와 같은 묵시적 배수 추정치를 계산하여, 이들을 동종 유사

표 17.2 민감도 분석의 예시

변수	변화	가치평가 영향, 백만 달러
이익률	판매비에서 1% 포인트 영원한 감소	29
증가율	다음 5년간 매년 가격에서 1% 포인트 증가	26
증가율	다음 5년간 매년 수량에서 1% 포인트 증가	14
법인세	영업법인세율에서 1% 포인트 감소	11
자본	5일 분량의 재고자산 감소	8

상장기업의 지표와 비교한다. 적절한 배수법 분석의 방법은 18장에서 설명할 것이다. 기업의 가치동인 및 사업 특성 또는 전략의 측면에서 동종 유사기업과 중요한 차이점을 설명할 수 있어야 한다.

민감도 분석

견고한 평가모델을 이용하여 핵심변수들의 변화에 따라 기업의 가치가 어떻게 변화하는지 살펴본다. 기업의 경영진들은 기업가치에 중요하게 영향을 미칠 수 있는 경영활동들의 우선순위를 정하기 위해 민감도분석을 사용할 수 있다. 투자자의 관점에서, 민감도분석은 더 정확하게 분석하기 위해 어떤 변수들에 초점을 맞춰야 하는지 알려준다. 또한 민감도분석은 불확실한 변수들로 인한 가치평가 범위를 파악하는 데 도움을 준다.

개별 동인들의 영향력 평가

어떤 변수가 기업의 가치평가에 가장 큰 영향을 미치는지 파악하기 위해 각 변수들을 동시에 분석해본다. 표17.2는 민감도 분석의 사례를 나타낸 것이다. 위의 동인들 중에서, 판매비의 1% 포인트 지속적인 감소가 기업의 가치에 가장 큰 영향을 미치고 있다.[1] 또한 분석을 통해 어떤 동인이 가치에 최소의 영향을 미치는지 알 수 있다. 우리는, 측정하기는 쉽지만 가치에 영향을 미치지는 못하는 경영활동에 집착하는 고객들을 종종 보게 된다.

---

1 일부 분석가들은 각 동인의 긍정적, 부정적 변화에 대한 영향력을 분석하고 결과를 편차가 큰 것부터 작은 것의 순서로 하여 도표로 나타냈다. 이러한 도표는 일반적으로 토네이도 차트(tornado chart)라고 알려져 있다.

변수 대 변수 민감도 분석이 가치평가의 동인이 되는 변수들에 대한 정보를 더 많이 알려줄지는 알려줄 수는 있지만, 사용은 굉장히 제한적이다. 첫째, 변수들은 독립적으로 변하는 경우가 거의 없다. 가령, 판매비용의 증가는 잘 관리된다면 매출액의 성장과 함께 나타난다. 둘째, 두 개의 변수가 동시에 변할 때, 상호작용으로 인해서 개별효과의 합과 차이가 있을 수 있다. 따라서, 판매비용 1% 포인트 증가와 성장률 1% 포인트 증가를 비교하기 힘들다. 만약에 변수들의 변화에서 상호관계가 있다면 일대일 분석은 그 효과를 놓칠 수도 있다. 변수들의 상호작용까지 파악하려면 상충관계(trade-offs)분석을 해야 한다.

상충관계 분석

가치평가모델에는 전략적인 선택에 따른 변수들 간의 상충관계를 고려해야 한다. 예를 들어, 가격이 오르면 구매가 줄어들고, 재고수준을 낮추면 매출의 기회를 놓치기도 하며, 신규 시장에 진입은 성장성과 이익율 동시에 영향을 끼친다. 표 17.3은 두 개의 변수들이 동시에 변할 때 기업가치에 어떤 영향을 미치는지 측정하는 분석을 나타낸 것이다. 3%의 매출액 성장률과 14%의 EBITA 이익률을 토대로 추정한 기업의 가치는 3억 6,500만 달러라고 하자. 표 상의 곡선은 동일한 기업가치를 갖는 매출성장률과 EBITA 이익률의 가능한 조합의 점들을 통하여 그려진 곡선이다 (경제학자들은 이것을 isocurve라고 칭한다). 기업가치를 25% (3억 6,500만 달러에서 4억 5,600만 달러로) 높이기 위해서는, 곡선이 북동쪽으로 이동해야 한다. 이러한 정보에 기반하여, 기업의 경영신은 경쟁적인 환경이나 기업가치향상에 부합하는 성과목표를 설정할 수 있다.

민감도분석을 사용할 때, 재무변수들의 변화에만 너무 얽매이지 말아야 한다. 비재무적 가치동인의 변화가 어떻게 최종가치에 영향을 미치는지 검토해봐야 한다. 이것이 평가모델의 진짜 핵심이라 할 수 있다. 가령, 이동통신사의 고객이탈율이 증가하면 기업의 가치가 떨어지는가? 변화가 크거나 작은지 어림잡아 추정치를 설명할 수 있는가?

시나리오 구성

가치평가는 예측이 필요하지만 미래는 불확실하다. 정부는 전체 산업에 영향을 미치는 법을 통과시킬 수도 있고, 신기술이 경쟁기업들의 제품구성을 혁신시킬 수도 있다. 미래를 정확히 예측할 수 없기 때문에, 다양한 시나리오 하에서 재무추정을

표 17.3 성장률과 이익률에 의한 가치평가 아이소커브(Isocurve)

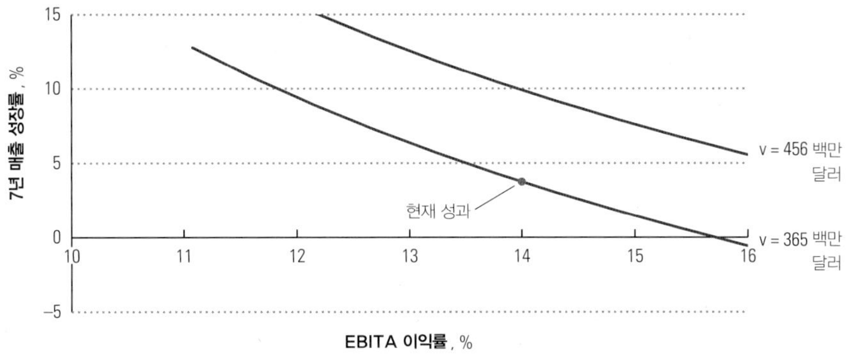

수행할 필요가 있다.[2] 시나리오는 경쟁기업 및 전략적 대응뿐만 아니라 미래의 거시경제, 산업 또는 사업발전에 관해 서로 다른 가정을 반영해야 한다. 종합해보면, 시나리오는 미래 가치창조나 발생가능한 사업기회 등 미래의 다양한 상태에 주요한 영향을 미치는 요소를 포함하여야 한다. 각 시나리오를 뒷받침하는 핵심적인 가정들의 변화가능성을 평가하고, 이를 기준으로 각 시나리오에 대해 발생확률을 부여한다.

시나리오들을 분석할 때, 다음 변수들을 중심으로 설정한 가정을 비판적으로 검토해야 한다.

- *전반적인 경제적 여건* : 경제여건과 관련된 추정치들이 결과에 얼마나 결정적인 영향을 미치는가? 어떤 산업들은 다른 산업보다 기본적인 경제여건에 더 의존한다. 예를 들어, 주택건설업은 경기와 더 높은 상관관계를 가진다. 반대로 브랜드화된 음식가공업은 거시경제의 추이에 덜 영향을 받는다.
- *산업의 경쟁구조* : 시장점유율이 상당히 증가할 것을 가정하는 시나리오는 세분화되고 비효율적으로 경쟁하는 산업보다, 경쟁의 강도가 높고 집중화된 시장에서 발생 가능성이 낮다.
- *회사의 운영 능력* : 시나리오에서 기대하고 있는 결과를 달성하는 데 필요한

2 과신(overconfidence)은 잘 알려진 행동편향(behavioral bias)이다. 시나리오 분석을 이용해 불확실성을 고려함으로써 이런 과신의 오류를 줄일 수 있다. 과신과 가치평가에 대한 보다 자세한 내용은 다음을 참조한다: J.Lambert, V. Bessiere, G.N'Goala, "Does Expertise Influence the Impact of Overconfidence on Judgment, Valuation and Investment Decision?" *Journal of Economic Psychology* 33, no. 6 (December 2012):1115-1128

역량에 집중한다. 회사가 적시에 제품을 개발해내고, 예상된 비용범위 내에서 제조할 수 있는가?

- *회사의 자금조달 능력* : 자금조달 능력은 종종 평가에 암묵적으로 반영되어 있다. 차입금 또는 시장성 유가증권이 회사의 필요수준보다 과도하게 많은 경우, 회사는 그 불균형을 어떻게 해결할 것인가? 너무 많은 부채가 예상되는 경우 회사는 증자하여야 하는가? 회사는 현재의 시가로 기꺼이 증자하여야 하는가?

상기 분석을 통해 필요한 대안 시나리오를 수립할 수 있다. 초기적 결과를 검토하는 과정에서 예상치 않았던 질문들을 마주하게 되는 경우, 이는 새로운 시나리오를 만듦으로써 해결될 수 있는데, 이처럼 가치평가 과정은 본질적으로 순환적인 측면이 존재하며, 이러한 과정을 통해 새로운 통찰을 얻을 수 있다.

표17.4와 표17.5는 현금흐름할인 (DCF; discounted cash flow) 가치평가의 간단한 사례를 나타낸 것이다. 평가 대상 회사는 거액의 R&D 비용과 오랜 시간을 투입한 신제품 출시를 앞두고 큰 불확실성에 직면해 있다(2019년 Tesla가 경제적인 가격으로 Model3을 출시한 것과 같은 같은 주요출시를 생각해보면 이해가 될 것이다) 만약에 신제품이 잘 팔리면, 매출액성장률이 향후 몇 년간 두 배 이상이 될 가능성이 크다. ROIC가 최고 20% 이상을 달성하고 지속적으로 12% 이상의 수준에서 유지될 것이다. 그러나 이 제품의 출시가 실패로 끝나면 기업의 기존 제품이 진부화되면서 성장성은 계속 잠식될 것이다. 또한, 떨어진 평균 판매가격 때문에 영업이익률이 떨어질 것이다. ROIC는 자본비용 이하 수준까지 하락할 가능성이 크고, 기업은 장기적으로 자본비용 수준의 이익을 얻기 위해 고전할 것이다. 표17.4는 각각 두 개의 시나리오와 일치하는 성장성, 영업이익률, 자본효율성에 대한 추정을 나타낸 것이다.

그런 다음, 각각의 추정 단위에 대하여 별도의 잉여현금흐름모델을 만들어본다. 여기에 기술되어 있지는 않지만, 현금흐름모델의 결과는 10장에서 설명한 DCF방법론의 기초가 된다. 표 17.5는 가치평가 결과를 나타낸 것이다. 성공적으로 제품을 출시했을 경우 영업활동에 대한 DCF 가치는 50억 4,400만 달러이다. 비영업자산은 주로 연결대상이 아닌 투자주식들로 구성되어 있는데, 이 회사들이 해당 제품 출시에 영향을 받는다면, 투자기업의 내재 NOPAT 배수를 사용하여 추정한 가치가 6억 7,200만 달러로 평가되었다. 종합적인 시나리오는 항목들이 시나리오에 기본적으로 전제된 내용들과 일치하는지 확인하기 위하여, 비영업 항목들을 포함한 모든 항목에 대하여 분석이 이루어질 것이다. 다음 단계로 미상환 차입금의 액면가치인 28억 달러를 차감할 것이다.(이자율은 고정이라고 가정하기 때문에 차입금의 시장가치가 액면가치와 같다). 산출된 자기자본가치는 29억 1,600만 달러이다.

표 17.4 시나리오에 의한 핵심가치창출 요인

%

	재무 측정								
	2019A	**2020**	**2021**	**2022**	**2023**	**2024**	**2025**	**영구 가치**	**시나리오 평가**
시나리오 1: 신제품이 베스트셀러가 되다.									
매출성장률	5.0	12.0	15.0	14.0	12.0	10.0	5.0	3.5	새로운 제품 출시는 급속한 매출 성장률을 가져온다.
세후영업이익률	7.5	9.0	11.0	14.0	14.0	12.0	10.0	8.0	소비자가 제품에 가격 프리미엄을 지불함에 따라 업계 최고의 이익률로 향상된다.
× 자본 회전률, 배	1.5	1.4	1.3	1.4	1.5	1.6	1.6	1.6	예상 수요를 맞추기 위해 제품을 준비함에 따라 제품 출시기간에 자본회전율은 약간 떨어진다.
투하자본이익률	11.3	12.6	14.3	19.6	21.0	19.2	16.0	12.8	
시나리오 2: 제품 출시에 실패하다.									
매출성장률	5.0	3.0	(1.0)	(1.0)	1.5	1.5	1.5	1.5	경쟁자가 시장을 잠식함에 따라 매출 성장률은 떨어진다.
세후영업이익률	7.5	7.0	6.5	6.0	5.5	5.5	6.5	6.5	낮은 가격은 이익률에 압력을 가져온다; 원가 절감은 유지될 수 없다.
× 자본 회전률, 배	1.5	1.4	1.4	1.4	1.3	1.3	1.3	1.3	가격 압력은 매출 감소를 가져옴에 따라 자본효율성은 떨어진다; 재고 감축은 하락을 완화시킨다.
투하자본이익률	11.3	9.8	9.1	8.4	7.2	7.2	8.5	8.5	

표 17.5 DCF 가치평가에서 시나리오 접근법의 예시

$ million

		시나리오 1: 신제품이 베스트셀러가 되다.		
		영업가치	5,044	기업의 새로운 제품 출시는 매출 성장률에 새로운 활력을 불어 넣는다. 높은 평균 판매가격은 영업 이익률의 증가와 결과적으로 높은 ROIC를 가져온다. 새로운 제품이 성숙기에 이르게 되면 ROIC는 떨어지게 되나 추가적인 제품 제공은 자본비용을 초과하는 ROIC를 유지시킨다.
		비영업용 자산	672	
	67% 확률	기업가치	5,716	
		이자발생부채	(2,800)	
		자기자본가치	2,916	
확률–가중평균 자기자본 가치: 1,954		시나리오 2: 제품 출시에 실패하다.		
		Vrations	1,993	새로운 제품을 출시하지만 다른 제품에 비해 열등한 것으로 취급된다. 매출 성장률은 정체되고 가격 경쟁력이 떨어지고 시장 점유율이 침식됨에 따라 매출 성장률은 하락하게 된다. 경영진이 원가절감에 다시 초점을 맞춤에 따라 마침내 자본 수익률은 자본비용까지 상승하게 된다.
		Nsets	276	
	33% 확률	기업가치	2,269	
		이자발생부채	(2,269)	
		Equity value	–	

만약 상품의 출시가 실패로 돌아간다면, DCF를 통해 계산한 영업의 가치는 고작 19억 9,300만 달러 밖에 안 된다. 이러한 시나리오 하에서는, 신상품 출시의 실패로 인해 피투자기업들의 사업전망이 나빠지면서, 피투자기업들의 가치는 2억 7600만 달러로 훨씬 낮아진다. 이런 시나리오 하에서 차입금의 가치는 더 이상 28억 달러가 될 수 없다. 대신에, 채권자들은 기업체를 압류하여 22억 6,900만 달러 정도를 받을 수 있을 것이다. 시나리오 2에서, 자기자본은 가치는 없을 것이다.

상품의 성공확률을 대략 3분의 2라고 생각해보면, 두 가지 시나리오의 발생확률 가중평균 자기자본의 가치가 19억 5,400만 달러에 이를 것이다. 시나리오 확률 평가는 개략적일 수밖에 없으므로, 특정한 전략적 경영활동에 연결되는 확률의 범위를 결정해야 한다. 가령, 이 회사가 15억 달러에 인수 가능한 회사였다면, 50% 이상의 성공적인 출시 가능성이 가치창출로 이어진 결과일 것이다. 가능성이 67%인지 72%인지는 이 의사결정의 결과에 영향을 끼치지 않는다.

시나리오 접근법을 사용할 때는, 영업가치부터 자기자본 가치에 이르는 모든 과정을 포괄하여 가치평가 준비를 해야 한다. 시나리오별 가중치 영업활동의 가치로부터 차입금의 가치를 차감하는 방법을 사용하여 프로세스를 단순화해서는 안 된다. 만약 이렇게 한다면 자기자본가치가 굉장히 저평가될 가능성이 있다. 왜냐하면 각각의 시나리오마다 차입금의 가치가 다르기 때문이다. 이러한 경우에, 자기자본가치는 1억 7500만 달러 (액면가치 28억 달러 – 차입금의 발생확률 가중평균가치 26억 2,500만 달러) 정도로 과소평가될 가능성이 있다.[3] 비영업자산의 경우에

3 이것이 일반적으로 권장되는 접근법이지만 당신의 채무불이행 추정치가 시장 기대치와 일치하지 않는 때 부채

도 마찬가지이다.

또한 시나리오를 만들어보면 기업의 주요한 우선순위가 무엇인지 이해하기 수월해 진다. 앞선 예제에서 보듯이, 불리한 시나리오에서 비용이나 자본지출을 줄이는 것이 가치평가의 결과에는 별다른 영향을 미치지 못할 것이다. 가치가 5억 3,100 달러(액면가치가 28억 달러이고 시장가치가 22억 6,900만 달러 차감)가 안 되는 불리한 시나리오 하에서는 어떤 혁신의 결과도 채권자들에게 귀속될 것이다. 반대로, 성공적인 출시의 가능성 향상은 주주가치에 더 큰 영향을 미친다. 성공가능성을 3분의 2에서 4분의 3으로 증가시키면 주주가치는 10퍼센트 이상 올라갈 가능성이 있다.

가치평가의 기술적 측면

가치평가는 미래에 관한 가정의 작은 변화에 대해서도 매우 민감할 수 있다. 15~16배 정도의 추정 주가수익률(P/E; Price Earning Ratio)을 가지는 일반적인 회사의 민감도를 살펴보자. 이 회사의 자본비용을 0.5% 증가시키면 기업가치는 약 10% 하락할 것이다. 향후 15년 간 성장률을 연간 1% 포인트씩만 높여주어도 기업가치는 약 6% 변할 것이다. 고성장기업일 경우 이 민감도는 훨씬 더 크다. 1990년대 후반과 같이 이자율이 낮을 때 이 민감도가 가장 높다. 민감도 분석의 결과를 생각해보면, 주가가 때때로 변동한다는 것은 놀랄 만한 일이 아니다. 과거 몇 년에 걸쳐 일반적인 주식의 역사적 주가변동성은 연 환산 약 25%이었다. 이것을 미래 변동성의 예상치로 가정하면, 이 회사의 주가는 다음 달에 15% 범위에서 변동할 것이다.[4]

보통 ±15%의 가치평가범위를 목표로 하는데, 이것은 많은 투자업계에서 이용하는 범위와 유사하다. 심지어 가치평가의 전문가들도 항상 정확한 추정치들을 만들 수는 없다. 즉, 가치평가의 정확성을 항상 점검하는 것이 중요하다.

의 시장가를 기업 가치에서 차감하면 주식가치의 추정은 일치하지 않을 것이다.

4 95%의 신뢰수준에서 연 9%의 기대수익률로 추정한 월말주가

18장

배수Multiple의 활용

현금흐름할인기법(DCF; Discounted Cash Flow)은 기업 가치를 측정하는 가장 정확하고 유연한 방법이지만, 유사한 기업의 배수(multiple)를 같이 이용하면 상대적인 가치를 측정하는데 통찰력을 제공하고, 측정된 가치를 요약, 검토하는데 도움이 된다. 그러나 실제로 배수법은 종종 잘못된 결론을 이끄는 피상적인 방법이 될 수 있다. 이 장에서는 배수법을 정확히 활용하는 방법을 설명한다. 논의의 대부분은 가장 다양하게 쓰이는 이익배수(earnings multiples)에 집중할 것이다. 그리고 또한 몇 가지 다른 배수에 대해서도 다룰 것이다.

가치평가에 있어 배수를 활용한다는 개념의 바탕에는 그것이 집이든 주식이든 간에 비슷한 자산은 비슷한 가격에 팔려야 한다는 생각이 깔려 있다. 주식의 경우 전형적인 벤치마크는 이익을 기준으로 하는 것이다. 가장 널리 쓰이는 것은 주가순이익배수(P/E multiple)이며, 이것은 단순히 기업의 주식가치를 순이익으로 나누는 것이다. 배수는 비상장 회사의 가치를 평가하거나 상장회사의 사업부의 가치를 평가할 때 쓰일 수 있고 상장된 회사를 동종업계의 회사와 비교할 때, 어떻게 가치를 평가받고 있는지에 대해서 살펴볼 때도 쓰일 수 있다. 동종업계에 속하고, 비슷한 성과를 보이는 기업은 같은 배수에서 거래 되어야 할 것이다.

배수를 사용하여 회사를 평가하는 것은 간단해보이지만, 유용한 통찰력을 얻어내기 위해서는 신중한 분석이 필요하다. 표 18.1은 배수 분석을 충분히 수행하지 않으면 어떤 일이 발생하는지를 보여준다. 포장식품을 생산하는 기업 A의 경영진은, 오로지 P/E만을 고려하여, 동종업계 대부분의 회사가 14배 P/E에 거래된 반면, 그들의 회사는 50퍼센트 할인된 7.3배P/E에 거래되었다고 걱정했다. 경영진은 시장이 그들의 전략이나 성과를 제대로 파악하지 못했다고 믿었다. 사실 경영진

표 18.1 포장식품 회사들의 배수

$ billion

기업	자기자본의 시장가치	기업가치 (자기자본 + 타인자본)	순이익 (1년 추정)	EBITA (1년 추정)	배수: 주가/순이익	배수: EV/EBITA
A	2,783	9,940	381	929	7.3	10.7
B	13,186	16,279	856	1,428	15.4	11.4
C	8,973	11,217	665	1,089	13.5	10.3
D	14,851	22,501	1,053	2,009	14.1	11.2
평균값					12.6	10.9
평균값					13.8	11.0
평균값(A기업 제외)					14.3	11.0
중앙값(A기업 제외)					14.1	11.2

은 배수의 수학적 원리를 이해하지 못한 것이다. 경영진들이 이 표에서 보이는 다른 유용한 배수-기업가치(EV)를 EBITA로 나눈 수치-를 살펴보았더라면 그들의 기업이 다른 기업과 비슷한 수준으로 적정하게 거래되었다는 것을 알게 될 것이다. 그 차이의 원인은 A기업이 다른 회사들보다 자본 대비 훨씬 더 많은 부채를 가지고 있다는 것이다. 우리는 이 기업이 다른 기업과 비슷한 수준의 부채를 갖고 있었다면 그 P/E 또한 14였을 것이라고 예상한다. 고성장기업을 제외하면, 다른 기업에 비해 더 많은 부채를 가진 기업은 더 낮은 P/E 비율을 가지게 된다. 더 많은 부채는 주주에게 더 큰 위험과 더 높은 자본비용으로 간주되기 때문이다. 그러므로 이익(그리고 주주에게 돌아가는 현금흐름)의 한 푼 한 푼은 투자자에게 별로 가치가 없을 것이다.[1]

이익배수를 적절히 활용하려면, 비슷한 유형의 기업들을 비교하기 위한 재무제표 분석을 시행해야 한다. 또한 비교대상 기업을 잘 선택해야 한다. 이익배수를 제대로 활용하기 위한 다음 5가지 원칙을 명심하라.

1. *여러가지 사업을 하는 회사의 경우 각 부분(SOTP)의 합으로 가치를 평가하라.* 단일 산업에 있는 것으로 보이는 기업조차도 광범위하게 다양한 ROIC와 성장률을 갖는 하위산업 및 제품영역에서 경쟁하는 경우가 종종 있을 것이다. 이 경우 배수적용에 있어 상당한 다양성이 나타날 수 있다.

1 P/E 배수는 투하자본이익률, 자본비용 및 성장률의 함수이다. 성장률이 빠른 기업들의 경우 기업배수는 부채배수보다 큰데 이 경우 배수는 레버리지 효과 때문에 실질적으로는 증가하게 될 것이다. 부록 D를 같이 보도록 하자.

2. *이익추정치를 활용하라.* 이익추정치를 활용하여 배수를 계산하면 유사 기업 전반에 걸쳐 일반적으로 매우 낮은 변동치를 갖게 되는데, 이로 인하여 가치의 불확실성에 대한 범위가 더 좁아지게 될 것이다. 또한 과거의 자료에 기초한 배수들보다 미래 기대치를 잘 반영할 수 있다.
3. *일반적으로 Net EV / EBITA 또는 Net EV / NOPAT과 같은 올바른 배수를 이용하라.* P/E가 널리 쓰이지만, 이는 자본구조 및 영업외손익에 의해 왜곡된다. (이 책에서 EV/EBITA처럼 기업가치배수를 언급할 때, 기업가치(EV)는 순기업가치(Net EV)의 줄임말로 사용되며, 영업가치와 일치한다.)
4. *영업외항목에 대한 배수효과를 조정하라.* 과다보유현금 및 연금항목과 같은 재무상태표 항목뿐만 아니라 회계상 EBITA에 포함되어 있는 영업외항목들은 배수를 크게 왜곡시킬 수 있다.
5. *광범위한 산업평균이 아닌, 적합한 비교대상 기업들을 활용하라.* 좋은 비교대상은 같은 산업군에 속한 기업뿐만 아니라 ROIC 와 성장률 전망이 비슷한 기업도 포함된다.

여러가지 사업을 운영하는 기업은 각 부분의 합SOTP을 이용하여 가치를 평가한다.

대부분의 대기업은 단일 산업에서 운영되더라도, 경쟁 역학 관계가 서로 다른 하위 산업에 속한 사업부들을 갖고 있기 때문에, 이들의 ROIC와 성장률에는 큰 차이가 있다. 예를 들어, 많은 애널리스트들은 Johnson & Johnson을 헬스케어 기업으로 분류하겠지만, 이 회사의 3개 주요 사업부(제약, 의료기기 및 소비자 건강 용품)는 성장률과 자본수익률 측면에서 크게 다른 경제적 특성이 있다. 따라서, 이들 사업부는 각각 다른 가치평가 배수를 가질 것이다. 이렇게 다양한 사업을 영위하는 기업들에 대해서, 배수를 활용한 가치평가는 부분의 합을 활용하는 접근법을 필요로 하는데, 각 사업부를 비교대상들과 성과에 대해서 적합한 배수를 적용하여 평가한다.

심지어 더 좁게 정의된 산업군의 기업들도 종종 다른 경제적 특성을 갖는 사업부를 갖고 있다. 예를 들어, 석유 및 가스 서비스 기업은 석유 및 가스 기업에게 시추장비, 드릴파이프, 압력제어서비스, 조절서비스, 압력펌핑, 액체핸들링, 심해저 건설 및 근로자를 위한 임시숙소 등을 포함하는 장비와 서비스를 제공한다. 시추장

표 18.2 부분의 합 가치평가 예시

	NOPAT, 2014, $ million	EV/NOPAT, 배		가치, $ million	
		고	저	고	저
사업 단위 1	410	16.0	14.5	6,568	5,952
사업 단위 2	299	13.9	12.5	4,165	3,749
사업 단위 3	504	13.1	12.5	6,597	6,306
사업 단위 4	587	9.7	9.4	5,681	5,533
사업 단위 5	596	9.0	8.0	5,365	4,769
사업 단위 6	116	8.0	7.0	931	814
기업	(542)	8.0	9.1	(4,339)	(4,917)
순기업가치	1,971	12.7	11.3	24,968	22,207

	세후순이익, 2013, 백만 달러	장부가액, 백만 달러	2013 이익배수, 배	시장가치/장부가액, 배	가치, 백만 달러 고	가치, 백만 달러 저
조인트 벤처	157	675	12.0	2.5	1,879	1,688
기타 투자자산		1,525			1,525	1,525
현금 및 시장성 유가증권		2,879			2,879	2,879
총기업가치					31,251	28,298
차입금		(10,776)			(10,776)	(10,776)
미적립 퇴직급여채무		(2,907)			(2,907)	(2,907)
비지배지분	(45)	(296)	12.0	2.5	(540)	(739)
기타		(1,940)			(1,940)	(1,940)
자기자본 가치					15,088	11,937
유통주식수, 백만					500	500
주당 자기자본 가치					$30.18	$23.87

비 및 드릴파이프를 포함한 이러한 제품 영역의 일부는 압력제어서비스 및 조절서비스보다 자본수익률이 훨씬 높은 경향이 있다. 이상적으로는, 유사한 사업부 및 경제성을 가진 기업과 비교하여, 가능한 세분화된 접근법을 통해 사업부를 평가할 수도 있다.

부분의 합 가치평가의 좋은 예로 표 18.2를 보자. 우리는 가상 기업의 각 사업부에 대해 다른 비교대상을 근거로 하여, 이익에 대한 다른 배수를 적용했다. 그리고 순기업 가치는 각 부서들의 가치의 합으로 추정했다. 자기자본가치를 추정하기 위하여 영업외자산을 더하고 부채와 부채등가물을 차감했다.

사업부들의 배수는 10대 중반에서 10 미만까지의 범위에서 걸쳐 있다는 점을 주목하자. 부분의 합 접근방법 없이는, 이 기업의 가치를 정확하게 평가하는 것은 불가능할 것이다. 또한 단일 시점에서 비교대상의 가치평가에 따라 모든 사업의 가치를 평가한 것이 부정확하다는 점을 반영하여 각 사업부의 가치에 대한 범위를 활용했다.

미래 이익추정치의 활용

배수를 산정할 때, 과거의 이익이 아니라, 가급적 비정상적인 항목을 정상화(normalized)한 미래 이익의 추정치를 분모로 삼아야 한다. 과거실적배수(backward-looking multiples)와는 달리, 미래추정배수(Forward-looking multiples)는 가치평가 원칙과 일관되는데, 특히, 기업의 가치는 과거 매몰비용이 아니라 미래 현금흐름의 현재가치와 일치한다는 점에서 그렇다. 만약 회사가 최근에 비지니스의 큰 부분을 새로 취득하였거나 분리하였다면 과거의 이익은 더욱 더 미래의 이익과 연관성이 떨어진다. 정상화된 이익추정치는 일회성 항목을 제외할 때 장기현금흐름을 더 잘 설명한다. 예를 들어, Warren Buffett이나 가치투자의 스승 Benjamin Graham의 다른 제자들은 회계이익(reported earnings)을 사용하지 않는다. 그보다는 그들이 "수익능력(earnings power)"이라고 일컫는 이익의 지속가능한 수준에 의존한다[2].

미래추정배수(Forward-looking multiples)는 일반적으로 비교대상인 기업들 전반에 걸쳐 훨씬 적은 차이를 보인다. 특히 두드러지는 예가, 바로 전 세계 20대 제약회사에 대한 주식시장 평가이다. 작년 EBIT에 대한 기업가치의 과거실적배수는 10배에서 70배 사이의 범위에 걸쳐있다(표 18.3 참조). 기업가치 대비 차년도 기대 EBIT 비율은, 주식 애널리스트 추정을 근거로, 6배에서 25배에 이르는 상당한 차이를 보였다. 그러나 예측 기간을 4년으로 늘렸을 때, 한 회사를 제외한 모든 기업에 대한 배수가 약 7배에서 12배 사이일 정도로 기업 전체에서의 차이는 현저히 적어졌다.

제약업분야에서 4년 이후 배수의 수렴은 놀랍다고 할 수 있다. 이것은 가까운 시기의 이익을 잘 예상하는 시장의 능력 때문인데, 신약 발표와 특허 기간 만료는 잘 알려져 있기 때문이다. 반대로 기업들의 장기적 성공을 식별하는 것은 어려운데, 이는 신약을 발견하거나 개발할 수 있는 개별 기업의 능력에 의존하기 때문이다. 아무도 이를 위한 좋은 방법을 알아내지 못하고 있다.

경험적 증거는 미래추정배수가 과거실적배수보다 실제로 더 정확한 가치의 예측변수임을 보여준다. 한 실증연구는 미국거래소에서 거래되는 기업의 다수 표본에 대한 역사적 배수와 미래추정산업배수(forward industry multiples)의 특성과 성과를 조사했다.[3] 개별 기업의 배수를 해당산업분야의 배수와 비교했을 때,

---

2 B. C. N. Greenwald, J. Kahn, P. D. Sonkin, and M. van Biema, *Value Investing: From Graham to Buffett and Beyond* (Hoboken, NJ: John Wiley & Sons, 2001).

3 J. Liu, D. Nissim, and J. Thomas, "Equity Valuation Using Multiples," *Journal of Accounting Research* 40 (2002): 135 – 172.

표 18.3 제약회사: 과거실적배수와 미래추정배수, 2019년 9월

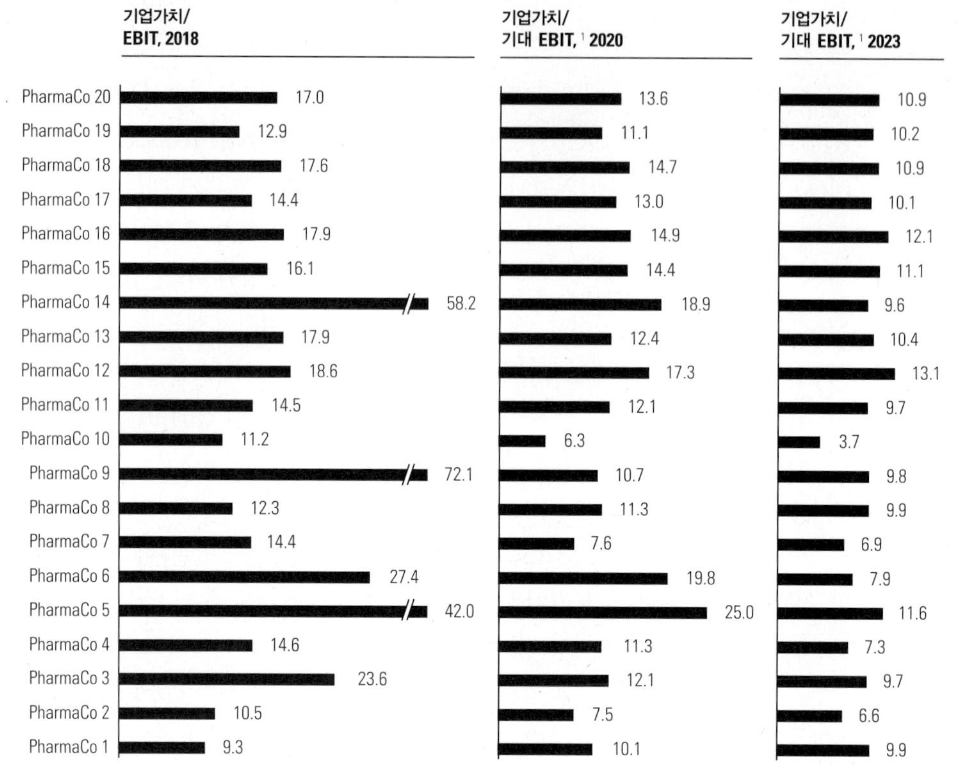

[1] 애널리스트 추정치 컨센서스

과거 수익주가비율(E/P ratio)의 표준편차는 1년 선도 수익주가비율의 표준편차의 1.6배였다(6퍼센트 대 3.7퍼센트). 142개의 초기 공모가격을 예측하기 위하여 배수를 활용한 다른 조사에서도 미래 이익에 기초한 배수를 적용한 경우가 과거 이익에 기초한 경우보다 더 나은 결과를 냈음을 보였다.[4] 과거 이익에 기초한 배수부터 1년 및 2년 후 예측치에 기초한 배수까지 분석해보면, 평균 가격산정 오차는 55퍼센트에서 43.7퍼센트와 28.5퍼센트로 떨어졌고, 실제 거래 배수의 15퍼센트 이내로 평가된 기업의 비율이 15.4퍼센트부터 18.9퍼센트와 36.4퍼센트까지 상승했다.

미래추정배수(forward-looking multiple)를 산정하기 위해 그 사업의 장기 전망을 가장 잘 반영할 수 있는 EBITA추정 연도를 선택해야 한다. 성장률과 이익률이 꾸준한 기간에는 차년도 추정치로 충분하다. 너무 높거나 너무 낮은 특이한

---

4 M. Kim and J. R. Ritter, "Valuing IPOs," *Journal of Financial Economics* 53, no. 3 (1999): 409–437.

이익을 낸 기업 또는 성과가 변할 것으로 기대되는 기업의 경우 미래추정기간을 더 늘려야 한다.

순기업가치/조정EBITA 또는 순기업가치/NOPAT 비율 활용

대부분의 재무 관련 웹사이트와 신문들은 기업의 주가를 직전 12개월 회계상 주당 이익으로 나누어서 P/E비율을 인용한다. 그러나 오늘날 뛰어난 투자자와 은행가들은 소위 말하는 순기업가치/EBITA(또는 순기업가치/NOPAT)배수의 미래추정배수(forward-looking multiples)를 사용한다. 그들은 이들 배수가 기업가치를 더욱 유사하게 비교할 수 있게 해준다고 생각한다.

추정이익을 활용하는 이유는 앞선 장에서 논의한 것과 같다. P/E 대신에 순기업가치 대 EBITA(또는 NOPAT) 비율을 쓰는 것은 상이한 자본구조, 영업외자산 그리고 (연금비용의 영업외손익과 같은) 영업외손익에서 발생할 수 있는 왜곡 효과를 제거해준다. 기업의 미래 현금창출 능력을 보여주는 데 도움이 되지 못하는 지표는 배수계산에서 제외하여야 한다. 예를 들어, 일시적인 손익과 무형자산 상각비와 같은 영업외지출은 미래 현금흐름과 직접적인 관련이 없다. 이를 포함하여 배수를 산출하면 다른 기업과 비교하여 왜곡이 발생하게 될 것이다.

때때로 애널리스트들은 EV/EBITDA와 같은 대체배수를 사용한다. 이 절의 뒷부분에서, EBITDA 대신에 EBITA 혹은 NOPAT을 사용하는 논리에 대해서 설명할 것이다.

P/E를 사용하면 안 되는 이유

본서는 일관되게 영업성과의 동인-ROIC, 성장률 그리고 잉여현금흐름-에 초점을 맞춰왔는데, 총자산수익률(ROA; return on assets)이나 자기자본수익률(ROE; return on equity)과 같은 전통적인 측정 기준은 영업과 자본구조의 효과를 혼동시키기 때문이다. 같은 논리가 배수에도 적용된다. P/E비율은 자본구조와 영업외 항목을 영업성과에 대한 기대치를 혼합하기 때문에, P/E를 비교하는 것은 EV/EBITA 또는 EV/NOPAT 비율의 비교보다 기업의 상대적인 가치에 대한 척도로서는 신뢰성이 약하다.

자본구조가 어떻게 P/E를 왜곡하는지 보여주기 위해 표 18.4는 기업A부

표 18.4 자본구조에 의해 왜곡된 P/E 배수

$ million

	기업 A	기업 B	기업 C	기업 D
손익계산서				
EBITA	100	100	100	100
지급이자	–	(20)	–	(25)
세전이익	100	80	100	75
Taxes	(40)	(32)	(40)	(30)
당기순이익	60	48	60	45
시장가치				
부채	–	400	–	500
자본	1,000	600	2,500	2,000
기업가치(EV)	1,000	1,000	2,500	2,500
배수, 배				
EV/EBITA	10.0	10.0	25.0	25.0
P/E	16.7	12.5	41.7	44.4

터 기업D까지 네 기업의 재무자료를 보여주고 있다. 기업 A와 B는 10배의 EV/EBITA에 거래되고, 기업 C와 D는 25배의 EV/EBITA에 거래된다. 각 조합에서 기업들은 다른 P/E를 갖고 있다. 기업A와 기업 B는 영업성과가 아니라 오직 자본조달 측면에서만 다르다. 기업 C와 기업 D도 마찬가지다.

기업 A와 기업 B가 통상적인 기업가치 배수로 거래되었기 때문에, 더 많은 부채를 가진 기업의 P/E가 떨어졌다. 이는 EV/EBITA 비율(10억 달러/1억 달러 = 10 배)이 부채/이자비용 비율(4억 달러/2천만 달러 = 20 배)보다 낮기 때문이다. 20배의 부채와 세전자기자본의 조합이 기업가치의 10배와 같아야 하기 때문에, 고배수 부채에 가중된 효과를 상쇄하기 위하여 세전자기자본 배수는 10배 이하로 떨어져야 한다.[5] EV/EBITA가 부채/이자비용 비율(오늘날의 낮은 이자율을 가정한다면 일반적이지 않다)을 초과하게 되는 경우에는 반대가 성립하게 된다. 기업 D가 기업 C보다 더 많은 부채를 사용하기 때문에 기업 D가 기업 C보다 높은 P/E를 가진다. 이 경우에서, 25배의 EV/EBITA 배수를 창출하기 위해 높은 세전 P/E는(25배보다 더 많은) 부채배수(20배)와 혼합되어야 한다.

5 부록 D는 회사의 실제 P/E와 무차입 P/E, 즉 회사가 전적으로 자기자본만으로 자본조달을 하는 것과 같은 P/E 사이의 명시적 관계를 도출하고 있다. 큰 무차입 P/E를 갖는 회사(즉, 미래 가치 창출에 대해 상당한 기회를 가진 회사)에 대해서, P/E는 구조적으로 부채에 비례해서 증가한다. 반대로, 작은 무차입 P/E를 갖는 회사는 부채가 증가함에 따라 P/E의 감소를 나타낸다.

표 18.5 인수 회계처리에 따른 EV/EBIT 배수 왜곡

$ million

	기업 인수 전			기업 A가 기업 B를 인수한 이후	
	기업 A	**기업 B**	**기업 C**	**기업 A + B**	**기업 C**
EBIT					
매출	375	125	500	500	500
매출원가	(150)	(50)	(200)	(200)	(200)
감가상각비	(75)	(25)	(100)	(100)	(100)
EBITA	150	50	200	200	200
무형자산상각비	–	–	–	(75)	–
EBIT	150	50	200	125	200
투하자본					
자체 자본(organic capital)	750	250	1,000	1,000	1,000
매수무형자산	–	–	–	750	–
투하자본	750	250	1,000	1,750	1,000
기업가치	1,500	500	2,000	2,000	2,000
배수, 배					
EV/EBITA	10.0	10.0	10.0	10.0	10.0
EV/EBIT	10.0	10.0	10.0	16.0	10.0

왜 EV/EBIT는 안 되는가?

순기업가치 배수로 전환하는 것이 비교대상 기업들에 대해 더 나은 통찰과 비교를 제공한다는 점은 명확하다. 다음 질문은, 분모에 이용하기 위한 영업이익의 척도는 무엇인가에 대한 것이다. EBIT, EBITDA, (조정 후)EBITA, 혹은 NOPAT인가? 우리는 EBITA나 NOPAT을 추천한다.

EBIT와 EBITA의 차이는 무형자산의 상각이다. 대부분의 상각은 고객명단 또는 브랜드명과 같은 외부에서 취득한 무형자산과 연관된다. 11장은 ROIC와 잉여현금흐름의 계산으로부터 취득한 무형자산의 상각을 제외하는 이유를 설명했다. 그것은 비현금성이며 유형자산의 감가상각비와는 달리, 판매관리비와 같은 계정과목을 통해 무형자산의 대체는 이미 EBITA에 포함되어 있다. 그러므로 논리적 관점에서 보았을 때, 그리고 기업들 간에 더 비교하기 좋은 배수를 이끌어낸다는 점에서, EBITDA를 사용하는 것이 선호된다.

인수무형자산을 상각함으로써 발생한 왜곡을 보여주기 위하여, 규모와 기초 영업 수익성이 같은 두 기업을 비교해보자. 기업 A는 기업 B를 인수함으로써 지금과 같은 규모가 된 반면, 기업 C는 스스로 성장했다는 차이가 있다. 표 18.5은 기업 A가 기업 B를 인수하기 전후를 비교한다.

더 작은 규모가 경쟁상 불리할 수 있다는 우려에서 기업 A는 기업 B를 매수했다. 시너지가 없다고 가정하면, 기업 A와 기업 B의 결합으로 인한 재무제표는 두 가지 예외-매수 무형자산과 무형자산의 상각-를 제외하고 기업 C의 재무제표와 동일하다. 매수한 무형자산은, 어떤 기업이 장부가치 이상으로 팔릴 때, 인식된다. 이 경우에는, 기업 A는 기업 B를 장부가보다 7.5억 달러 비싼 10억 달러에 매수했다. 이러한 매수 무형자산이 특허권처럼 분리가능하고 인식가능할 수 있다면, 기업 A+B는 그것을 추정 내용연수에 걸쳐 상각해야 한다. 내용연수를 10년으로 가정하면, 기업 A+B는, 매년 7천5백만 달러 규모의 무형자산상각을 해야 한다.

표18.5의 하단은 인수 전후에 대한 EBITA 와 EBIT를 활용한 가치 배수를 보여줄 것이다. 이들 3개 기업 모두가 동일한 수준의 영업성과를 창출하기 때문에, 그들은 인수 전에 EBIT(및 EBITA)의 10배라는 동일한 배수에 따라 거래하였다. 인수 이후에 결합기업 A+B는 EBITA의 10배에 거래되어야 하는데, 왜냐하면 성과가 기업 C와 동일하기 때문이다. 그러나 무형자산상각비는 결합기업의 EBIT를 떨어뜨린다. 따라서 이 회사의 EV/EBIT 배수는 16까지 증가한다. 그러나 이러한 배수 상승은 프리미엄을 반영하지 못한다(어떤 시너지도 발생하지 창출되지 않았음을 기억하라). 이것은 단지 회계상의 인공산물에 불과하다. 다른 기업을 인수한 기업은 무형자산상각비를 인식해야 하는 반면, 유기적으로 성장한 기업은 그럴 필요가 없다. 따라서, 상대적인 영업성과를 왜곡시키는 것을 피하기 위해서, EV/EBITA를 사용하도록 하자.

특정 상황에서 기업은 무형자산에 대해 자체투자된 금액을 자본화할 것이다. 예를 들어, 통신 서비스 사업자는 주파수 라이센스 구입 비용을 자본화하고, 그 다음 내용 연수 동안 이것을 상각할 것이다. 이와 유사하게, 제3자에 팔리거나 라이센스할 수 있는 소프트웨어에 대한 개발비용은 특정 조건을 만족한다면, 국제회계기준(IFRS)과 미국회계기준(U.S. GAAP) 하에서 자본화하고 상각할 수 있다. 이런 경우에, 상각비용은 영업비용이며, 자체 투자에 대한 상각은 외부취득에 의한 상각과는 구분되어야 한다. 유형자산의 감가상각비처럼, 영업 관련 무형자산 상각은 조정 EBITA에 포함되어야 한다.

EBITA와 EBITDA의 비교

EBITA 배수의 일반적인 대안은 EBITDA 배수이다. 많은 실무자들이 EBITDA 배수를 사용하는데, 엄격히 말해 감가상각비는 매몰비용을 반영하지만 미래투자는 반영하지 못하는 비현금성 지출이기 때문이다. 그러나 이러한 논리가 획일적으로 적용되는 것은 아니다. 많은 산업에서 기존 자산에 대한 감가상각비는 그 자산을 대체하는데 필요한 미래 자본 지출을 따로 두는 것과 동등한 회계이다. 이러한 기

표 18.6 자본 투자에 의해 왜곡된 EV/EBITDA 배수

$ million

	기업 A	기업 B
손익계산서		
매출	1,000	1,000
원재료	(100)	(250)
영업비용	(400)	(400)
EBITDA	500	350
감가상각비	(200)	(50)
EBITA	300	300
영업법인세	(90)	(90)
세후영업이익	210	210
배수, 배		
EV/EBITA	10.0	10.0
EV/EBITDA	6.0	8.6

	기업 A	기업 B
잉여현금흐름		
세후영업이익	210	210
감가상각비	200	50
총현금흐름	410	260
운전자본에 대한 투자	(60)	(60)
자본적 지출	(200)	(50)
잉여현금흐름	150	150
기업가치	3,000	3,000

업들의 이익에서 감가상각비를 빼는 것은 미래현금흐름 그리고 나아가 기업의 가치에 대한 더 나은 표현이다.

이것을 확인하기 위해 제품을 직접 생산하는 것과 아웃소싱하는 측면에서만 다른 두 기업을 생각해보자. 기업 A는 자체 설비를 사용해 제품을 생산하는 반면 기업 B는 제조를 공급자에 아웃소싱한다. 표18.6은 각각의 기업에 대한 재무자료를 제공한다. 기업 A는 자체 설비를 갖추고 있기 때문에 매년 상당한 감가상각(이 경우 2억 달러)을 인식한다. 기업 B는 설비가 적어서, 감가상각은 단지 5,000만 달러에 불과하다. 그러나 기업 B의 납품업체는 가격에 자신의 감가상각비를 포함시켜서 기업 B는 지속적으로 원재료에 대해 더 많이 지불할 것이다. 이런 차이 때문에 기업 B는 오직 3.5억 달러의 EBITDA 를 보이지만, 기업 A의 EBITDA는 5억 달러를 기록했다. EBITDA 에서의 이런 차이는 다른 배수값으로 이어진다: 기업 A가 6배인데 반해 기업 B는 8.6배이다. 이것이 기업 B를 거래에 대한 가치평가 프리미엄을 의미하는가? 그렇지 않다. 기업 A의 감가상각이 그 이익으로부터 공제되므로, 두 기업은 모두 EBITA의 10배에 거래된다.

앞선 사례에서 EV/EBITDA 배수를 계산할 때, (자체 설비를 갖추고 있는) 기업 A가 오래된 설비를 대체하기 위해 현금을 지출해야 한다는 것을 인식하지 못했다: 기업 A는 2억달러를, 기업 B는 5,000만 달러를 지출해야 한다. 자본적 지출이 NOPAT가 아니라 잉여현금흐름으로 기록되기 때문에 EBITDA 배수는 왜곡된다.

우리는 표 18.7에서 보는 것과 같이 가공산업에서 흥미로운 사례와 마주쳤

표 18.7 M사의 유사 기업의 배수 비교

	EV/EBITDA, 2015E	**EV/EBITA**, 2015E
Company M	6.3	16.0
Company C	10.2	16.3
Company H	9.0	13.5
Company L	8.4	11.3
Company B	8.1	12.0

다. EV/EBITDA에 기초할 때 기업 M은 6.3배의 배수에서 거래되었는데, 비교대상인 기업이 8.1배에서 10.2배 사이인 것과 비교할 때 꽤 낮다. 그러나 EV/EBITDA기준에서는, 그 비교대상인 기업들 중 가장 비싸게 거래되었다. 이 산업에서 기업들은 감가상각된 자산을 끊임없이 대체하고, 그렇기 때문에, EBITA배수는 가치평가 수준을 더 잘 비교할 수 있다. 기업 H의 사례에서, 낮은 현금 이윤 또한 EBITA와 EBITDA 간의 큰 차이에 영향을 주었다.

몇몇 경우에, EBITDA는 EBITA보다 기업의 가치를 더 잘 측정한다. 현재의 감가상각이 미래의 자본적 지출에 대한 정확한 예측변수가 아닐 경우 이러한 일이 일어난다. 예를 들어, 똑같은 제품을 생산하는 기계를 소유하고 있는 두 기업을 생각해보자. 두 기계는 현금 기준 동일한 운영비용이 들고, 각 회사의 제품은 같은 가격에 팔린다. 한 회사가 기계를 더 비싸게 구매했다면(이유가 무엇이든 간에 – 예를 들어 협상의 열위), 더 많은 감가상각이 있을 것이고, EBITA가 더 낮아진다. 그러나 가치평가는 과거의 이익이 아니라 미래 할인현금흐름에 기초한다. 두 기업이 동일한 현금흐름을 보이기 때문에, 이들은 동일한 가치를 가져야 한다.[6] 따라서 우리는 두 회사가 같은 배수를 갖기를 기대할 것이다. 그러나 두 기업 간 EBITA가 다르기 때문에, 배수 또한 달라질 것이다.

NOPAT과 EBITA의 비교

EBITA에 대한 영업법인세를 파악할 필요가 없다는 이유로 애널리스트와 투자자는 종종 NOPAT 대신에 EV/EBITA를 사용한다(신고된 세금은 일반적으로 영업법인세가 아닌 항목을 포함하기 때문에, 일반적으로 좋은 예측 변수가 되지 않는

6 감가상각비는 소득공제가 가능하기 때문에, 감가상각비가 많은 기업은 세 부담이 더 적다. 더 낮은 세금은 보다 높은 현금흐름을 가져오게 되고 이는 보다 더 높은 가치평가로 이어지게 된다. 따라서 동일한 EBITDA를 가진 회사라 할지라도 다른 EBITDA 배수를 가질 것이다. 그러나 왜곡은 덜 나타나게 된다.

표 18.8 EV/EBITA vs. EV/NOPAT

미국 파이프라인 회사, 2013년 6월

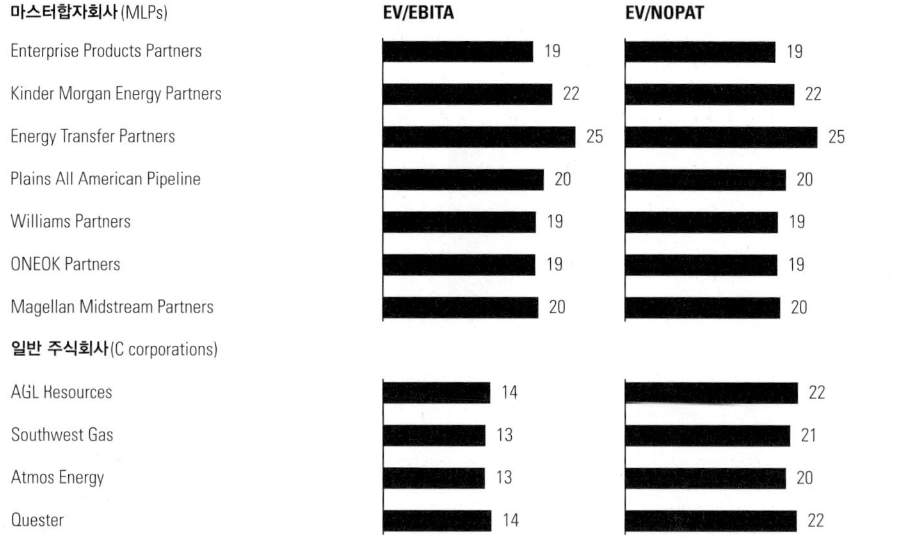

다). 우리는 종종 EBITA를 활용하는데, 그 이유는 비교대상 집단에 속한 모든 기업이 단일의 법인세관할권에 속한 경우처럼, 이들이 동일한 영업법인세율을 적용받는 경우, EBITA를 활용하는 것이 일반적 관행이고 또한 잘 작동하기 때문이다. 그러나, 세율이 다른 경우에는 NOPAT이 활용하기에 더 좋은 척도이다.

미국의 석유 및 가스 파이프라인기업은 이에 대한 전통적인 예시를 제공한다. 2010년 중반까지 몇몇 파이프라인 회사들이 마스터합자회사(master limited partnership, MLP)형태로 조직되었고, 이들은, 미국 세법상 C 법인(C corporations)이라고 불리는 일반 법인 파이프라인 기업들과 비교했을 때, 과세 계층 전체가 제거되었다. C 법인과는 다르게, MLP는 법인소득세를 내지 않고, 대신에 투자자들이 자신의 몫에 해당하는 이익에 대해 세금을 냈다. 표 18.8은 이러한 산업에서 기업을 평가할 때, 주식시장이 세금의 차이를 명확하게 반영하고 있음을 보여준다. 모든 회사에서 NOPAT 배수는 19배와 25배 사이의 좁은 범위에 걸쳐져 있다. 그러나 EBITA 배수는 일반적인 회사와 MLP사이의 명확한 서술을 보여준다. MLP에 대한 EBITA 배수는 그대로인 반면, 일반 기업의 배수는 19배에서 25배 사이에서 13배에서 14배로 떨어졌다. 분명히, 이 경우에는 NOPAT 배수가 더 우월하다.

증권가에서는 파이프라인 기업뿐 아니라 모든 산업군에서 세율의 차이를 인식하고 있다. 기업의 세후 수익 평가와 세전 이익 배수의 차이는 단순히 회사의 법인

표 18.9 미국 주식시장에서의 세전이익 배수 및 세후이익 배수의 차이

2013 – 2017, 평균

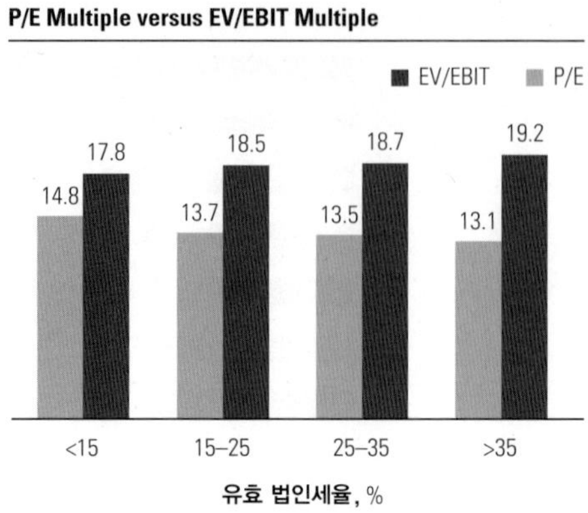

출처: S&P CapitaliQ

세율에서 비롯된다. 주식시장이 과세를 기업 가치평가에 정확히 반영한다면 세율이 높은 기업의 세전 및 세후 이익 배수 차이도 더 클 것이다. 이것은 사실, 2013년에서 2017년 사이 미국 최대 기업들의 시장 가치 평가(2017년의 Tax Cuts and Jobs Act 이전)를 조사하면서 발견한 패턴이다. 표 18.9는 소득세율에 의해서 분류된 기업들의 5년 간의 세전 이익배수(EV/EBIT)와 세후이익배수(P/E)의 평균 차이를 보여준다. 예상할 수 있듯이, 기업이 부담하는 세율에 따라 배수의 차이가 지속적으로 커진다. 세율의 차이는 시장 가치평가에 분명히 중요하다. 따라서, 기업들이 서로 다른 법인세율에 직면했을 때, 이들은 동일한 EBITA 배수(또는 어떠한 다른 세전이익 배수)로 평가되어서는 안 된다.

법인세율은 국가마다 크게 다르기 때문에, 국가 간 비교에서 중요한 고려사항이다. 예를 들어 아일랜드의 법인세율은 12.5퍼센트로 가장 낮은 국가 중 하나이고, 미국은 21.0퍼센트, 프랑스는 세율이 가장 높은 국가중 하나이며 34.4퍼센트를 기록하고 있다. 이러한 차이 때문에, 같은 산업 속에 있으면서 영업에서 다른 지리적 조합을 가진 기업들은 서로 다른 세율에 직면할 수 있는데, 이는 반드시 배수를 이용한 가치평가에 고려되어야 한다. 세율이 비교대상 기업간에 다르다면 순기업가치/EBITA 비율 대신에 순기업가치/NOPAT 비율을 사용하라.

비영업항목을 위한 조정

전문 투자자 집단에게 이루어진 발표에서, 우리는 청중들에게 두 기업에 대한 재무자료를 제공했다. 그리고 그들에게 더 높은 EV 배수에 거래된 기업이 어디인지 질문했다. 결과는 놀라웠다. 집단 전체적으로, 우리는 어떻게 EV 배수를 계산하는지에 대한 공통의 합의가 없다는 사실을 발견할 수 있었다. 100명의 전문가로 이루어진 이 집단에는 거의 12개에 이르는 서로 다른 비교법이 있었다. 게다가 이 조사는, 기업가치를 정의하는 방법의 불일치가 이러한 다양성의 주된 원인임을 드러냈다.

EV/EBITA 배수를 산정하기 위한 오로지 한 개의 접근법만이 이론적으로 일관성이 있다. 기업가치는 오직 (조정된)EBITA를 창출하는 자산과 부채에 기인하는 가치의 일부만을 포함해야 한다. 엄격히 말해서, 이것은 영업외자산을 제했다는 의미에서, "순"기업가치라고 불러야 한다. 분모의 이익 또는 손실에 대응하는 이익의 포함없이 분자에서 조인트벤처 가치와 같은 가치를 포함하는 것은 체계적으로 배수를 위쪽으로 왜곡시킬 것이다. 반대로, 기업가치의 요소를 인식하지 못하는 것은, 분자를 저평가할 것이고, 배수를 아래쪽으로 편향되게 할 것이다. 예를 들어, 비지배지분의 가치가 기업가치에 포함되지 않았을 때 이러한 현상이 발생한다.

Oracle은 편향된 배수의 예시이다. 2019년 9월 말 Oracle은 380억 달러의 현금과 유가증권을 보유하고 있었다. 총 부채, 연금 및 부채 등가물이 760억 달러, 자기자본이 1,770억 달러로, 총 기업가치는 2,530억 달러였다. 영업외현금을 빼면 2,160억 달러의 순기업가치를 얻을 수 있다. 기대 EBITA는 190억 달러, 총기업가치/EBITA 비율은 13.3배인 반면, 순기업가치/EBITA는 11.3배였고, 이는 15퍼센트 낮은 수준이었다.[7]

이 차이에 대해서 생각해 볼 수 있는 방법은 Oracle을 두 개의 요소로 구성된 하나의 포트폴리오로 보는 것이다: 하나는 소프트웨어와 서비스를 판매하는 영업부문이고 다른 하나는 현금부문이다. 영업부문의 가치는 EBITA의 11.3배인 반면, 보유 현금이 세전 1.0퍼센트를 벌어들인다면, 현금부문의 가치는 100배(세전이익율의 역수)가 된다. 기업 전체에 대해서는 두 배수의 가중평균인 13.3배로 가치평가 되었다. 13.3배는 전혀 다른 두 수의 가중 평균이기 때문에, Oracle의 가치에 대해 어떻게 생각해야 하는지에 대한 어떠한 통찰력도 제공하지 못한다.

수학적 계산이 어떻게 이를 보다 명확하게 만드는지 보기 위해, 표 18.10은 동일한 EV/EBITA 배수를 가진 세 개의 기업 A, B, C를 제시한다. 기업 A는 핵심영업자산만을 보유하고 있으며, 전통적인 부채와 자기 자본으로 자금을 조달하고 있다. 부채와 자본의 시장가치의 합은 9억 달러이다. 9억 달러를 EBITA 1억 달러로 나누면 EV배수는 9배가 된다.

7 설령, 우리가 EBITA를 현금에 대한 수입(이를테면, 세후 1퍼센트)을 포함하도록 조정하더라도, 전체 기업가치 배수는 거의 같았다.

표 18.10 기업가치배수와 복잡한 지분구조

$ million

	기업 A	기업 B	기업 C
부분 손익계산서			
EBITA	100	100	100
이자수익	–	4	–
지급이자	(18)	(18)	(18)
세전이익	82	86	82
총기업가치			
핵심영업가치	900	900	900
과다보유현금	–	100	–
비연결 투자주식	–	200	–
총기업가치	900	1,200	900
차입금	300	300	300
비지배지분	–	–	100
자기자본의 시장가치	600	900	500
총기업가치	900	1,200	900
배수, 배			
Net EV/EBITA	9.0	9.0	9.0
(차입금+자기자본–현금)/EBITA	9.0	11.0	8.0
(차이금+자기자본)/EBITA	9.0	12.0	8.0

기업 B는 기업 A와 유사한 사업을 운영하고 있지만, 과다보유현금 1억 달러와 비연결종속기업에 대한 2억 달러의 소액 지분을 소유하고 있다. 초과 연금과 비연결종속기업은 EBITA에 영향을 미치지 못함으로, EV/EBITA 배수의 분자에 포함되지 않는다. EBITA와 일관된 순기업가치를 구하기 위해, 차입금과 자기자본을 더하고(12억 달러), 영업외자산의 시장가치(3억 달러)를 차감하자.[8] 결과적인 순기업가치(9억 달러)를 EBITA(1억 달러)로 나누어라. 그 결과는 EV/EBITA 배수 9이다. 이는 기업 A와 같다. 영업외자산의 시장가치를 차감하지 않으면 너무 높은 배수가 나올 것이다. 예를 들어, 기업 B의 차입금과 자기자본의 합을 EBITA로 나누면 그 결과 배수는 12배가 되는데, 이는 정확한 가치보다 3포인트 높다.

타인자본 및 자기자본 이외의 재무청구권(financial claims)에 있어서도 비슷한 조정이 필요하다. EBITA와 일관되게 기업가치를 계산하기 위해서는 타인자본 및 자기자본 뿐만 아니라 모든 재무청구권의 시장가치를 포함해야 한다. 기업 C의 경우, 외부 투자자들은 연결자회사의 비지배지분을 가지고 있다. 비지배지분의 가

8 대신에, 우리는 EBITA에 이자수익을 더하는 방법으로 분자보다는 분모를 조정할 수 있다. 이러한 EV/EBITA의 정의는 일관되었지만, 상향 왜곡되어 있다. 이는 과다보유현금 배수가 일반적으로 핵심영업의 배수를 초과하기 때문이다. 전체 가치에 대한 현금의 비중이 커질수록 배수의 결과값은 더 높아지게 된다.

치도 EBITA에 의해 결정되기 때문에, 기업가치를 계산할 때 이를 포함시켜야 한다. 그렇지 않으면 EV/EBITA 배수는 하향 왜곡될 것이다. 예를 들어, 기업 C에 있어 타인자본과 자기자본의 합을 EBITA로 나누면, 그 결과 배수는 단지 8배에 지나지 않는다.

일반적으로, EBITA에 기여하지 못하는 영업외자산은 기업가치에서 제외해야 한다. 이는 과다보유현금과 비연결대상 투자지분의 시장가치뿐만 아니라, 앞서 언급했던 것처럼, 과다보유부동산, 다른 투자자산 그리고 선급연금자산의 시장가치까지 포함한다. 재무청구권은 차입금과 자기자본을 포함할 뿐만 아니라 소수주주지분, 미적립퇴직연금부채 그리고 미행사 임직원주식매입선택권(employee grants outstanding)도 포함한다. 비영업자산과 재무청구권에 대한 세부 논의는 16장에서 다루었다.

23장에서 설명하는 것처럼 연금 및 기타 퇴직급여에 대해서는 까다로운 조정이 필요하다. 미적립퇴직연금부채를 차입금으로 취급하거나 또는 과다보유자산을 비영업자산으로 처리해야 한다. 또한, EBITA에서 연금비용의 비영업부분을 제외하라.

적합한 비교기업군의 활용

적합한 비교기업그룹을 선택하는 것은 배수를 활용한 합리적인 가치평가를 하는데 있어서 중요하다. 보통은 8개에서 15개 정도의 비교기업들을 선택하여 비교기업들의 배수 평균을 취한다. 그럼에도, 합리적인 가치평가를 위해서는 어떠한 기업과 배수가 실질적으로 가치평가에 관련이 있는지를 판단해야 한다.

비교기업을 찾는 일반적인 방법은 표준산업분류(SIC; Standard Industrial Classification) 코드나 Standard & Poor's 및 Morgan Stanley에 의해 더 새롭게 개발된 세계산업분류표준(GICS; Global Industry Classification Standard) 시스템을 활용하는 것이다.[9] 이러한 접근은 좋은 시작점이 될 수 있지만, 대개의 경우, 제대로 된 가치평가 분석을 하기에는 너무 광범위하다. 예를 들어 UPS는 항공화물운송 및 물류 GICS 코드에 해당하는데, 여기에는 수십 개의 기업이 포함되어 있지만, 그들 대부분은 소형소포배송 핵심사업에서 UPS와 경쟁하지 않는

9 1997년에 시작하여 SIC 코드는 북미산업분류시스템(NAICS; North American Industry Classification System)이라 불리는 전면적으로 개정된 코드에 의해 대체되었다. NAICS 6자리 수 코드는 신규산업을 소개할 뿐만 아니라 생산/공정에 대한 분류를 재조정했다. 그러나, SEC(The Securities and Exchange Commission)는 여전히 SIC코드에 따라 회사들을 분류하고 있다.

다. 또 다른 접근방법으로는 이미 가치평가가 이루어진 기업에서 제공된 비교대상 기업을 활용하는 것이다. 그러나 기업들은 실제 정면으로 경쟁하는 기업들보다 미래지향적인 기업을 제공하기도 한다. 같은 시장에서 유사한 제품이나 서비스로 제대로 경쟁하는 소수의 기업을 비교대상으로 하는 게 더 낫다.

정면으로 경쟁하는 기업을 찾더라도, 성과의 차이는 배수의 차이를 정당화할 수 있다. 배수로 표현되는 가치창출요인공식(the value driver formula)을 기억하라.

$$\frac{\text{Value}}{\text{EBITA}}=\frac{(1-T)\left(1-\frac{\text{g}}{\text{ROIC}}\right)}{\text{WACC}-\text{g}}$$

또는

$$\frac{\text{Value}}{\text{NOPAT}}=\frac{\left(1-\frac{g}{\text{ROIC}}\right)}{\text{WACC}-g}$$

제시한 두 가지 버전의 공식에서 기업의 EBITA 또는 NOPAT 가치평가 배수는 성장률, ROIC 그리고 가중평균자본비용(WACC)에 의해 결정된다. 대부분의 비교대상 기업이 비슷한 자본비용을 가지는 반면, 다른 변수들은 달라질 수 있는데, 이는 기대배수의 차이를 가져오게 된다.

흔한 잘못은 경영 성과의 차이를 고려하지 않고 특정한 기업의 배수를 같은 산업에 속한 다른 기업들의 평균배수와 비교하는 것이다. 유사한 성과를 보인 더 작은 규모의 표본 기업을 활용하는 게 더 낫다. 표18.11은 오일과 가스 시추를 위한 설비를 만들고 서비스를 제공하는 9개의 가상 기업의 배수를 보여준다. EV/NOPAT 배수는 거의 10배에서 17배의 범위에 있다. 평가대상기업인 Swallow는 그 범위의 아래쪽 끝에 위치한 12배로 평가되었다. 이것은 그 기업이 저평가되었다는 것을 의미하는가? 아마도 아닐 것이다. 그 기업들의 성과를 조사해보면, 그들이 3개의 집단으로 나뉘어지는 것을 알 수 있다: 15에서 17 정도의 배수를 가진 최상위 그룹, 약 12 정도 배수의 중간 그룹, 그리고 10배수 정도의 하위 그룹. ROIC와 성장률이 배수의 범위와 동일선상에 있다는 것을 기억하자. 12배수의 Swallow는 다른 두 기업(Owl 와 Robin)과 정확하게 같은 선상에서 평가받는다. Swallow의 배수를 모른다면, 전체 표본기업이나 어떤 다른 표본의 평균이 아니라, Owl과 Robin의 배수 평균인 12배가 최선의 추정치가 될 것이다.

비교대상기업 목록을 정리하고 그들의 배수를 적절히 측정하면 이제, 집중적인

표 18.11 ROIC와 성장률로 구분한 유사 기업그룹

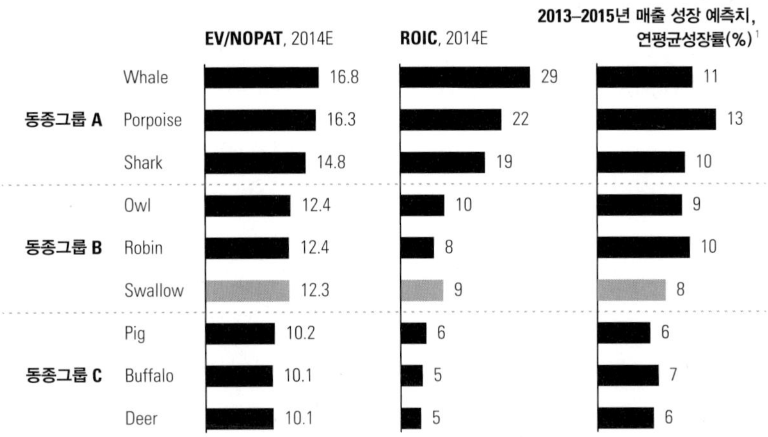

1 CAGR(compound annual growth rate)

분석이 시작된다. 당신은 일련의 질문들에 답해야만 한다: 비교기업집단 간에 배수는 왜 다른가? 집단에 속한 어떤 기업들은 탁월한 제품, 더 나은 고객 접근성, 반복적 매출 또는 규모의 경제를 갖추고 있는가? 이러한 전략적 장점이 우월한 ROIC와 성장률로 해석될 수 있다면, 더 나은 위치에 있는 기업들은 더 높은 배수로 거래되어야 한다.

대안적 배수접근법

지금까지는 EBITA나 NOPAT에 기반한 기업가치 배수에 초점을 맞춰왔지만, 다른 배수접근법도 특정 상황에서 유용할 수 있다. EV/매출액 배수는 변동성이 높은 EBITA에 의한 가치평가의 경계를 결정하는데 유용하게 쓰일 수 있다. 주가순이익성장비율(PEG; P/E-to-growth ratio)은 기업들 간에 서로 다른 성장률을 어느 정도 통제한다. 비재무적인 배수는 현재의 재무정보가 적절하지 않은 신생 기업에 유용하게 쓰일 수 있다. 이 절에서는 이들 각각의 대안적 배수접근법을 다룬다.

기업가치/매출 배수

기업가치/매출 배수는 대부분의 경우에 기업 가치평가를 설명하기에 그렇게 유용하지 않지만, 안정적이지 않은 이익을 보이거나 음의 이익을 갖는 산업의 경우는

예외이다. 간단한 예를 들어보자. 기업 A와 기업 B는 같은 기대성장률, ROIC 및 자본비용을 갖고 있다. 유일한 차이는 A의 EBITA 이익률이 10퍼센트인 것에 반해, B는 20퍼센트라는 것이다(B는 더 자본집약적이어서, 더 높은 이익률은 더 많은 투하자본에 의해 상쇄된다). 그 기업들은 ROIC와 성장률이 동일하기 때문에 그들의 가치 대 EBIT 비율도 같아야 한다(가치창출요인공식에 의해서 13배). 그러나 기업가치/매출액 배수 결과는 A가 1.3이고 B는 2.6이다. 이 경우 기업가치/매출액 배수는 이 기업들의 가치평가에 대해 아무 것도 알려주지 않는다.

기업가치/매출액 배수는 여러 상황에서 최후의 수단으로 유용하다. 하나는 음의 이익을 보이거나 지속 가능한 이익의 수준을 추정할 수 없는 초창기 산업의 경우이다. 또 다른 하나는 변동성이 큰 수익률을 가진 산업인데, 장기적으로 볼 때 이들 기업의 이익률은 대략 비슷할 것이다. 당신은 아마도 동종업계 기업들보다 주기적으로 연구개발 또는 마케팅에 더 많이 투자하는 기업을 찾을 수 있을 것인데, 이러한 기업의 이익은 일시적으로 떨어질 것이다. 만약 투자자들이, 그 기업의 이익률이 동종업계 기업들과 유사하다고 확신한다면, 동종업계 기업들과 동일선상에 있는 기업가치/매출액 배수가, 동종업계 기업들과는 다른 선상에 있는 EV/EBITA 배수보다 더 관련이 많다는 것을 알게 될 것이다.

PEG 비율

일부 애널리스트들과 투자자들은 기업 가치를 평가하기 위해 PEG비율을 사용한다. 예를 들어, P/E가 15이고 기대성장률이 4퍼센트인 기업은 3.75의 PEG비율을 가질 것이다:

$$\text{PEG 비율} = \frac{P/E}{\text{Growth} \times 100} = \frac{15}{4\% \times 100} = 3.75$$

그러나, PEG비율은 아주 중요한 단점이 있다. 왜냐하면 앞서 본 것처럼 기업가치에 중요한 영향을 미치는 ROIC를 고려하지 않기 때문이다.

P/E를 성장률에 연관시키는 개념은 적절할 수 있지만, 하나를 다른 하나로 단순히 나누어 의미 있는 결과값을 만들어낼 수 있다는 수학적 도출 과정은 존재하지 않는다. 게다가, 성장률에 대한 시간범위 선택 등과 같이 PEG 비율에 대한 표준적인 접근방식도 없다. 시간범위 또한 1년, 5년, 또는 10년 중 어떤 것이 되어야 할까? 성장은 시간이 지남에 따라 정체되기 때문에 시간범위의 선택은 큰 차이를 만들 수 있다. 5년동안 6퍼센트의 기대성장률을 가진 회사는 10년동안 오직 4퍼센트의 기대성장률을 갖게 될 것이다. 이 경우 성장 지평을 바꾸면, 기업의 PEG 비율

이 50퍼센트까지 증가할 것이다. 마지막으로, 기간을 늘리면, 산업 성장률은 수렴할 것이며, P/E에서의 차이만 반영하는 PEG 비율의 차이로 귀결될 것이다.

더 큰 문제는 ROIC를 무시한다는 점이다. 표18.12는 두 기업을 대상으로 수행한 DCF 평가를 보여준다. 기업 A는 더 높은 ROIC(30퍼센트, 기업 B는 14퍼센트)를 보이고, 기업 B는 더 높은 성장률을 보인다(10퍼센트, 기업 A의 경우 5퍼센트). 두 기업에 대한 DCF 가치평가는 9퍼센트의 자본비용과 무차입자본구조 하에서 똑같은 17배의 이익배수를 만들어 낸다. 그러나 기업 A의 PEG 비율은 3.4인 반면, 기업 B는 1.7이다. 일반적으로 PEG 비율이 더 높기 때문에 기업 A가 기업 B보다 높게 평가 되었다고 해석할 것이다. 그러나 두 기업의 성장률과 ROIC를 고려한다면 두 기업은 명백하게 동일한 가치를 가지고 있어야 한다.

투하자본(IC) 배수

일부 산업에서 투하자본에 기반한 배수는 이익배수보다 더 나은 통찰력을 제공할 수 있다. 은행업계에서 최근의 예가 있다. 2008년 신용위기 다음 해에, 은행이 달성할 수 있는 자기자본수익률 수준이 어느 정도인지에 대한 불확실성이 상당히 컸다.[10] 게다가 1년에서 3년 이익 전망은 신뢰성이 없었고, 종종 음의 값을 갖기도 했다. 많은 투자자들이 장부가치 기준 자기자본 배수를 이용하였다. 사업의 구성 및 사업의 경제상황에 근거하여 더 높은 장기 기대 자기자본수익률을 보이는 은행들은 더 낮은 기대 자기자본수익률을 보이는 은행들에 비해 더 높은 배수를 갖는 경향이 있었다. 예를 들어, 자산관리와 거래중개 같이 안정적이고 높은 수익을 내는 포트폴리오에 초점을 가진 은행들은 변동적이고 낮은 수익을 내는 투자업무와 소매업무를 중점으로 하는 은행에 비해 더 높은 자기자본 배수로 평가받았다.

규제 산업은 투하자본 배수에 대한 또 다른 적용 사례를 제공한다. 일부 규제체제에 따라 기업의 이른바 규제자산기반(regulatory asset base, RAB) 대한 허용수익률에 의해서 이익의 상한이 정해진다. RAB는 별도로 보고되며, 규제 당국이 적격한 자본 지출에 대해 설정한 특정 규칙에 따라 계산된 투하자본을 나타낸다. 만약 규제 당국이 자본비용 이상의 초과수익률을 허용하지 않을 경우, 규제대상 기업의 기업가치 대 RAB 배수는 1이 되거나 1에 근접해야 할 것이다. 실무에서는, 규제 당국은 종종 기업이 초과수익을 창출할 수 있도록 다양한 효율성 유인을 제공하기 때문에, 배수는 더 높은 수준에 도달한다. 또한, 대부분의 회사들은 성

---

10 As explained in Chapter 34, we use return on equity for banks, rather than return on capital. 34장에서 설명한 바와 같이 은행의 경우 투하자본이익률보다는 자기자본수익률을 사용한다.

표 18.12 ROIC 차이에 의해 왜곡된 PEG 비율

	기업 A	기업 B
ROIC, %	30	14
예상성장기간 1–10, %	5	10
예상성장기간 10년 이후, %	3	3
가중평균자본비용(WACC), %	9	9
P/E = EV/NOPAT, 배	17.0	17.0
PEG 비율, 배	3.4	1.7

장기회를 갖고 있다. 이들은 승인된 새로운 프로젝트를 통해 RAB를 확장할 수 있다. 유사한 규제 체제 하에 있는 기업의 경우, 많은 투자자들과 분석가들이 비교 및 가치평가를 위해 RAB 배수들을 사용한다.

영업측정기준(Operating Metrics)에 기초한 배수

때때로 기업 가치평가는 영업측정기준 배수를 사용한다. 예를 들어, 원유 및 가스 회사들의 가치는 때때로 원유 비축량의 배럴당 가치로 표현된다. 명백히, 기업이 접근할 수 있는 지상의 원유 비축량은 기업가치를 결정할 것이다. 그러나 각 배럴의 가치는 추출할 때와 매각했을 때는 거의 유사한 반면, 각 배럴의 추출원가는, 해당 매장량의 지질학적 특성과 추출에 필요한 기술에 따라 크게 변동됨으로, 배럴당 이익에 영향을 미칠 것이다. 따라서 확보하고 있는 매장량의 배수를 기준으로 원유 및 가스 회사의 가치를 추정할 때는, 배수가 추정된 회사와 비교하여, 추출 및 유통 비용의 차이에 대해서 조정해야만 한다.

다른 경우, 빠르게 성장하는 젊은 기업을 평가할 때, 투자자들과 애널리스트들은 영업배수에 의존하기 되는데, 이는 잠재적 시장규모, 수익성, 그리고 필요 투자액 등에 대한 불확실성 때문이다. 일반적으로 가치평가에 대한 벤치마크를 제공하는 재무변수들은 보통 쓸모가 없는데, 수익성(어떠한 형태로 측정되던)은 종종 음의 값을 갖기 때문이다. 이러한 약점을 극복하는 방법은 기업가치를 웹사이트 조회수, 순방문자 수, 사용자 또는 구독자 수와 같은 영업통계와 비교하면서, 비금융배수를 적용하는 것이다. 예를 들어, 이것은 1990년대 후반, 수많은 인터넷 회사들이 저조한 매출과 음의 이익으로 상장되었을 때 일어났다. 2000년에 Fortune은 일련의 인터넷 회사들을 대상으로 시장가치 대 고객 수 배수를 발표했다.[11] Fortune은 Yahoo가 고객 당 2,038달러, Amazon.com이 고객 당 1,400달러, NetZero가

11 E. Schonfeld, "How Much Are Your Eyeballs Worth?" *Fortune*, February 21, 2000, 197–200.

고객 당 1,140달러에 거래되고 있다고 판단했다.

오늘날에는 디지털 사용자 기반 또는 구독 기반 사업모형을 바탕으로 빠르게 성장하고 있는 기업의 가치를 분석하고 비교하는 데 유사한 배수가 사용되기도 한다. 예를 들어, 오디오 및 비디오 스트리밍 회사 Netflix, Spotify, 그리고 Sirius XM의 시장가치는 유료 사용자 수나 구독자 수로 표현할 수 있다. 2019년 7월 현재 Netflix는 가입자당 약 1,200달러, Spotify는 가입자당 약 200달러, Sirius XM은 가입자당 약 900달러에 거래되고 있다.[12] 문제는 그러한 배수가 진정한 통찰력을 제공하는가 여부이다.

비재무적인 배수의 효과적인 활용은 비재무적인 측정기준(metric)이 미래가치창출에 대한 합리적인 예측변수가 되는 것을 요구하며, 이는 ROIC및 성장률과 어떻게든 연결되어야 한다. 단순히 겉보기에 비슷한 사업체의 고객 수나 가입자 수의 배수의 평균을 취하는 것만으로는 거의 통찰력을 얻을 수 없다. Netflix, Spotify 및 Sirius XM은 고유한 사업모형으로 운영되기 때문에, 사용자당 매출액과 비용의 기본적인 요인 측면에서 차이가 있다. Netflix는 주문형 TV 시리즈, 영화, 다큐멘터리를 스트리밍하고 Spotify는 주문형 음악 스트리밍을 제공한다. Sirius XM은 (2019년 판도라 인수를 통해) 주문형 및 라디오 형식의 음악 스트리밍을 위성 라디오 방송의 기존 사업과 통합했다. 이 세 회사 모두 사용자의 구독으로 수익을 창출하지만, Spotify와 Sirius XM은 광고 수익도 창출한다. Netflix의 경우 스트리밍 콘텐츠 비용은 대개 사용자 수와 무관하며, 콘텐츠 자체의 증가하는 부분을 생산하고 콘텐츠 공급자에게 시청 건수에 대한 비용을 지불하지 않는다. 대조적으로, Spotify는 콘텐츠를 생산하지 않고 콘텐츠 소유주(레코드 회사 및 아티스트)에게 곡 재생 당 금액을 지불한다. Sirius XM은 콘텐츠의 일부(예를 들어, 라디오 쇼)를 개발하여 제 3자로부터 음악을 구입한다. 즉, 노래 재생마다 금액을 지불하지만 주문형 스트리밍보다 라디오 방송의 경우 더 적게 지불한다. 이밖에 2019년 이 회사들의 이용자 증가율은 Spotify가 약 30퍼센트, Netflix가 약 20 퍼센트, Sirius XM이 약 3 퍼센트(Sirius가 미국에서만 영업을 하며Netflix와 Spotify가 다수 국가에서 영업)로 크게 차이가 났다. 이러한 사용자 경제성과 성장률의 차이 때문에 Netflix, Spotify 및 Sirius XM의 사용자당 평균 가치는 다른 온라인 음악이나 비디오 스트리밍 사업을 평가하는 데 큰 의미가 없다. 세 가지 사업 중 어떤 사업이 가장 비교가능한지 파악하려면 기본 사업모형을 자세히 분석해야 한다.

12 2019년 중반 현재, Netflix는 1,800억 달러 정도의 기업가치, 1.5억의 유료 사용자를 기록했으며, Spotify는 230억 달러 수준의 가치에 1.1억의 유료 사용자, 그리고 Sirius XM은 320 달러 정도의 가치에 3,500만 유료 사용자를 나타냈다.

결국 중요한 것은 사용자 수, 웹 사이트 조회수, 순방문자 수가 아닌 근본적인 가치 창출이다. 1990년대 후반 Fortune의 인터넷 사례에서 Yahoo는 Amazon.com보다 높은 배수로 거래되었다. 왜냐하면 투자자들은 Yahoo의 사용자당 수익이 Amazon보다 높을 것으로 예상했기 때문이다. 이러한 평가에 대해, 학술 연구는 웹사이트의 순방문자 수나 방문당 사이트 조회 페이지 수가, 기업의 현재 재무 실적을 통제한 후에도 기업의 주식 가격과 직접적인 상관관계가 있음을 입증했다.[13] 그러나 주어진 비금융 지표의 힘은 회사에 의존한다. Yahoo와 같은 포털 및 콘텐츠 회사의 경우 페이지 뷰와 순방문자 모두 기업의 시장가치와 관련이 있었다. Amazon.com과 같은 온라인 소매업체의 경우 오로지 방문당 페이지 뷰만 가치와 상관관계가 있었다. 명백하게, 시장은 단지 잠깐 들르는 것이 온라인 소매상들의 미래 현금 흐름으로 해석되지는 않을 것이라고 믿었다.

연구는 또한 산업이 성숙함에 따라 총 이익과 연구개발 지출과 같은 금융 지표가 점점 더 예측 가능해지는 반면, 비금융 데이터는 힘을 잃는 경향이 있다는 것을 보였다.[14] 이는 새로운 산업이 성숙하고 일단 금융 지표가 의미 있게 되면 기존의 가치평가 지표로 회귀하는 것을 의미한다.

배수와 관련된 문제는, 이것이 상대적인 가치평가 방법이라는 점이다. 이들은 이익, 매출액, 고객 수 등의 규모에 따라 정규화된 다른 기업에 대해 상대적으로 한 기업의 가치평가를 측정한다. 이들은 절대평가 수준을 측정하지 않는다. 영업 지표를 기준으로 하는 배수의 경우 매우 유사한 영업모형을 가진 매우 제한된 수의 회사에서만 이를 비교할 수 있기 때문에 해석에 추가적인 어려움이 있다. 재무배수는 해석하고 비교하기 더 용이하다. 성숙단계 산업의 기업에 대한 20배의 EV/EBITA 배수의 예를 들어보자. 근본적 가치창출요인에 대한 기본적인 이해는 첫 번째 결론으로 이어진다: 이 배수는 합리적인 자본비용 하에서 ROIC와 성장률에 대한 높은 기대를 반영하는 것이다. 그러나 고객 당 1,200달러의 EV 배수를 관찰했을 때, 이러한 결론을 내리는 것은 훨씬 어렵다.

13 B. Trueman, M. H. F. Wong, and X. J. Zhang, "The Eyeballs Have It: Searching for the Value in Internet Stocks," *Journal of Accounting Research* 38 (2000): 137–162.

14 P. Jorion and E. Talmor, "Value Relevance of Financial and Non Financial Information in Emerging Industries: The Changing Role of Web Traffic Data" (working paper no. 021, London Business School Accounting Subject Area, 2001).

요약

여러가지 가치평가 기법 중에서, 현금흐름할인법은 거의 항상 가장 최선의 선택지로 여겨진다. 하지만, 신중하게 선택된 동종업계 기업들과 다양한 배수법을 이용해서 평가 대상 기업의 상대적 가치를 깊이 있게 비교하는 것도 장점이 있다. 이러한 비교분석이 신중하고 타당하다면, DCF 예측에 대한 유용한 점검이 될 뿐만 아니라, 주어진 산업에서 어떤 것이 가치를 창출하는지에 대한 통찰력을 제공할 수 있다. 영업성과와 영업외성과, 자본 및 현금흐름은 DCF 가치평가에서 적용되는 것과 정확히 동일한 논리를 따라야 한다. 가장 통찰력 있는 배수는 영업가치를 영업결과와 비교하는 것이다. 광물비축 규모나 구독자 수와 같은 영업지표는 가치 창출과 명백하게 관련되었을 때 사용될 수 있다. 항상 회사마다 가치 배수가 다른 근본적인 이유를 분석하고, 배수법의 결과를 가치평가의 지름길로 여기지 않도록 조심해야 한다. 현금흐름할인법 적용시 요구되는 수준의 주의를 가지고 배수법을 이용하여야 한다.

19장

부문별 가치평가

지금까지는 단일 사업만 운영하는 기업들에 초점을 맞춰왔다. 그러나 많은 대기업들이 여러 분야의 사업 부문을 가지고 있고, 각 사업 부문은 각 재무적 특징을 가진 업종에서 경쟁하고 있다. 예를 들어, 영국-네델란드계 기업 유니레버(Anglo-Dutch Unilever)는 식품, 다과, 개인용품 그리고 홈케어 제품 분야에서 경쟁하고 있다. Vodafone(무선통신서비스)과 Amazon(온라인 소매)과 같이 소위 말하는 '단일산업(pure-play)' 기업들조차도 대개 넓은 범위의 지리적 부문과 상품 부문을 가지고 있다. 이는 대기업에게만 해당되는 것이 아니다. 온라인 판매채널을 가지고 있는 동네의 자전거 가게를 떠올려 보자.

만약 기업의 각 사업부문마다 경제적 특징이 다르다면, 각 사업 부문을 별도로 분석하여 평가한 후 종합하여 전체기업의 가치평가를 수행하는 통찰력이 필요할 것이다. 기업 전체를 한 회사로 보고 평가하려 하는 것은 좋은 생각이 아니다. 또한 가치평가 결과도 신통치 않을 것이다. 빠르게 성장하는 사업 부문일수록 느리게 성장하는 사업 부문보다 더 낮은 자본수익을 가져오는 간단한 예를 생각해보자. 두 사업 부문 모두 각자의 ROIC를 유지한다면, 기업성장률이 점차 증가하는 반면, 그 기업의 ROIC는 다른 사업부문의 가중치가 변동함에 따라 하락할 것이다.

부문별로 가치를 평가해야 가치 평가값의 추정을 더 잘할 수 있고, 기업이 어디서, 어떻게 가치를 창출하는지를 보다 깊이 이해할 수 있다. 그것이 바로 부분별 가치 평가가 산업을 선도하는 기업들과 합리적인 투자자들 사이에서 표준 관행으로 자리잡은 이유이다. 이 장에서는 부문별로 기업의 가치를 평가하는 4가지 중요한 단계를 설명한다:

1. 부문별 가치 평가값의 합을 통해 전체 기업가치를 평가하는 구조와 통찰력을 이해한다.
2. 사업단위별 재무제표를 작성한다. 필요하다면, 불완전한 정보를 가지고 할 수도 있다.
3. 사업단위별로 가중평균자본비용(WACC)를 추정한다.
4. 비교기업의 배수에 근거한 평가값과 비교하며 검증해본다.

부문별 가치평가 기법

부문별 가치평가 체계와 그 통찰력을 살펴보는 가장 효과적인 방법은 가치평가를 한 번 해보는 것이다. 표 19.1은 ConsumerCo라는 가상기업의 주요 재무제표 수치로, 가치 동인, 가치평가 결과 및 각 부분별 배수 등을 다룬다. 이 회사의 부분은 4개의 사업 부문, 하나의 금융자회사와 하나의 비연결대상 합작회사로 구성되어 있다. 분석을 단순하게 하기 위해, 각 사업 부문의 모든 미래수익률 및 미래성장률은 2020년 수준에서 일정한 것으로 가정한다.

모든 ConsumerCo의 사업들은 개인관리용품을 판매하는데, 각 사업의 재무적 특징은 매우 다르다. 표19.1에 제시된 주요 재무수치와 가치동인이 그 증거이다. 이 기업의 주요한 사업단위는 브랜드화된 소비자제품을 판매(이하 “BP 사업”)하는 것으로 개인관리용품에서 잘 알려진 브랜드(주로 얼굴에 바르는 크림, 면도크림 그리고 치약)를 판매한다. 이 부문은 8.6%의 자본비용보다 꽤 많은 수익을 내고 있고, 매출은 20억 달러이다. 그러나 주로 저성장, 성숙 시장에 속해 있다. 그 다음으로 큰 사업인 자체브랜드사업(이하 “PL 사업”)은 매출이 15억 달러이고, 대형할인체인점 이름을 사용한 제품을 생산한다. 이 사업은 브랜드화된 제품 사업에 비해 빠르게 성장하고 있다. 그러나 자본수익률은 자본비용만을 겨우 충족하는 아주 낮은 수준이다.

매출액 12.5억 달러인 디바이스 사업은 썬 베드(태닝기계), 전기면도기 그리고 전동칫솔과 같은 개인용 전자 디바이스를 판매한다. 18.1%라는 양호한 자본수익률과 함께 높은 성장률을 보여준다. 새롭게 개발한 유기농제품 사업은 천연물질로 만든 프리미엄제품을 바탕으로 7.5억 달러의 매출을 기록하고 있다. 이 사업은 가장 높은 수익률과 성장률을 보인다. 기업본부(corporate center)의 연간 운영비용 8,300만 달러는 별도 사업단위로 구분 표시되어 있다. 마지막으로 BP사업이 PL사업으로부터 매입한 항목에 대한 내부매출 및 EBITA와 투하자본은 ConcumerCo 의 연결재무제표에서 제거된다.

표 19.1 ConsumerCo: 2020년 1월 평가요약

	주요 재무수치 $ million			가치 창출요인 %												WACC	평가결과 $ million	배수	
	매출액	EBITA	투하자본	매출 성장률				영업 이익률				ROIC					DCF 평가결과	EV/NOPAD	EV/NOPAD
	2020	2020	2020	2018	2019	2020	2020–25	2018	2019	2020	2020–25	2018	2019	2020	2020–25				유사기업
브랜드 제품 사업(BP사업)	2,000	500	1,600	1.5	2.5	3.0	3.0	23.0	24.3	25.0	25.0	19.7	19.9	20.3	20.3	8.6	5.188	16.0	15.6
자체 브랜드 사업(PL사업)	1,500	143	900	4.6	4.7	5.0	5.0	7.7	8.5	9.5	9.5	8.5	9.3	10.3	10.3	9.1	1,128	12.2	11.7
디바이스 사업	1,250	156	563	7.1	7.3	7.5	7.5	11.2	12.0	12.5	12.5	15.8	17.1	18.1	18.1	10.1	1,474	14.5	14.0
유기농 제품 사업	750	206	488	9.3	9.5	10.0	10.0	27.6	27.3	27.5	27.5	27.6	27.5	27.5	27.5	8.6	3,440	25.7	24.5
기업 본부	–	(83)	806	4.4	5.0	5.4	5.6[1]									9.1	(1,123)	20.9	–
중복 제거	(500)	(2)	(50)														–	–	–
영업 합계	5,000	920	4,306	4.5	5.1	5.5	5.7	17.7	18.4	18.4	18.3	12.6	13.2	13.9	14.7		10,107	16.9	
소비자 금융																10.5[2]	150[3]	12.1[2]	12.0[2]
화장품 조인트 벤처																9.1	609[4]	17.6	17.0
과다보유현금																	250		
총기업가치																	11,117		
부채																	(1,941)[5]		
자기자본 가치																	9,175		

[1] 본사의 경우 본사 비용의 증가율

[2] 소비자 금융의 경우 P/E 자기자본비용

[3] 소비자 금융의 경우 차입금을 차감한 자기자본 가치

[4] 화장품 조인트 벤처의 경우 소액주주의 자기자본 가치

[5] 소비자 금융의 차입금 10억 3,800만 달러는 제외

표19.1에 제시된 DCF 평가방법에 의한 평가결과와 배수는 전체 사업에 걸친 각 사업부문의 규모, 성장률 그리고 투하자본순이익률(ROIC)의 차이를 나타낸다. 놀랄 것도 없이, BP사업의 높은 수익률과 큰 규모는 가장 큰 평가값(51억 8,800만 달러)을 가져왔고, NOPAT에 대한 기업가치(EV) 배수는 16배였다. PL사업은 전체 매출의 거의 1/3을 창출한다. 그러나 가치 측면에서는 전체 기업가치의 10% 정도만(11억 2,800만 달러) 차지한다. 이는 자본수익률이 낮기 때문이다. 더 높은 성장률에도 불구하고, PL사업의 EV/NOPAT 배수는 12.2로 BP사업보다 더 낮다. 디바이스 사업은 자본비용을 훨씬 상회하는 이익률과 PL사업을 능가하는 성장률을 보이고 있는데, 그 결과 14억 7,400만 달러의 가치와 NOPAT의 14.5배의 배수를 가진다. 유기농제품 사업은 고성장과 고수익의 조합으로 34억 4,000만 달러의 가치를 달성하였고, 이는 BP 사업 다음으로 높다. 그러나 가정적 배수(implied multiple)는 NOPAT 25.7배로 매우 높다. 기업본부의 DCF평가값이 (-)1,12300만 달러이고 사업간 거래로 제거되는 효과는 없어서(이 장의 후반부 참조) NOPAT의 16.9배 가중평균배수를 적용하면 ConsumerCo의 총 영업가치는 101억 700만 달러이다.

ConsumerCo의 소비자금융 자회사는 디바이스 매출액의 1/4 정도에 대해 대출을 제공해주고 있다. 10.5%의 자기자본비용으로 자기자본현금흐름을 할인하면 1억 5,000만 달러(10억 3,800만 달러 차감후)의 가치평가가 된다(다음 절 참조). 화장품 합작회사는 전체기업 DCF 법을 이용하여 가치 평가하지만 6억 900만 달러로 평가되는 ConsumerCo의 45%의 주주지분만이 ConsumerCo의 가치에 포함된다.

ConsumerCo의 사업들을 모두 합친 결과값은 금융자회사와 화장품합작회사와 2억 5,000만 달러의 초과 현금까지 포함해서 111억 1,700만 달러로 평가되었다. 19억 4,100만 달러의 부채를 차감하면(회사의 전체 채무 29억 8,000만 달러 중 금융자회사로부터 차입된 금액을 제외함) 자기자본가치는 91억 7,500만 달러로 평가되었다.

ConsumerCo의 평가결과는 왜 부분별로 평가하는 것이 더 좋은 결과를 나타내는지를 보여준다. 예를 들어 모든 사업단위가 일정한(그러나 서로 다른) 성장률과 자본수익률을 보이지만 ConsumerCo의 전반적인 성장률과 수익률은 2020년부터 2025년까지 계속해서 변화하는데, 이는 포트폴리오에서 유기농제품 사업의 비중이 꾸준히 증가하고 있기 때문이다. 각 사업부문이 처한 재무상황이 크게 다를 경우에는, 과거의 패턴에 바탕하여 단순히 하향식접근방식(top-down approach)만으로 기업의 수익성과 성장률을 추정한 다음, 미래에 어떤 길로 갈 것인지 예측하는 것은 어려워진다. 만약 당신이 13.9%의 2020년 ROIC를 할인율로

표 19.2 ConsumerCo: 자기자본가치 산출과정, 2020년 1월

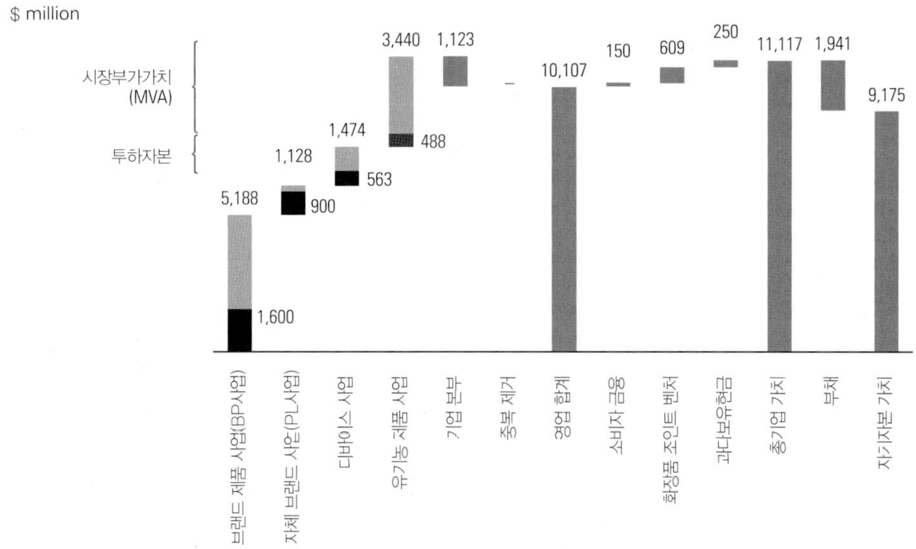

적용하고 5%의 지속적인 성장률을 가정하여 ConsumerCo를 단일사업으로 보아 DCF 평가를 수행한다면 그 결과는 10% 정도 낮아진다. 또한 사업들 간에 배수 차이가 얼마나 큰지(NOPAT 12.2배부터 25.7배까지) 그리고 영업기업가치에 대한 전체 배수가 그 근간이 되는 사업들의 배수와 얼마나 불일치하는지를 주목해야 한다.

표19.2의 자기자본가치의 산출과정은 브랜드제품과 유기농제품들이 대부분의 회사가치를 차지하고 있음을 보여준다. 그들은 그들의 시장 부가가치에도 두각을 나타낸다-(DCF 가치와 투입자본의 장부가 차이). 이 두 가지 사업부문이 투자자본의 각 달러 당 가장 높은 가치창출을 나타냈다.

부분별 가치평가로 접근하는 방식은 기업의 가치창출 원천과 동인을 꿰뚫어볼 수 있는 혜안을 제공한다. 이는 하향식 관점(top-down view)으로는 드러나지 않는다. 표19.3은 추가적인 성장이나 ROIC가 각 사업부문의 가치에 어떻게 영향을 미치는가를 보여준다. 유기농제품 사업은 투하자본에 대한 영업가치의 측면에서 포트폴리오 중 가장 높은 가치창출을 보여준다. 유기농제품 사업부문의 높은 자본수익률을 전제로 하면, 유기농제품 사업에 추가적인 투자를 하여 성장했을 때가 다른 사업에 투자했을 때보다 더 많이 기업가치를 창출할 것이다. 반대로 PL 사업부문은 낮은 자본수익률 때문에 가장 적은 가치를 창출한다. 수익성을 개선하는 것이 이 부문에서 가치를 더 창출하기 위한 가장 좋은 방법이다. 가치창출을 최대화하려

표 19.3 ConsumerCo: ROIC의 변화와 성장이 가치에 미치는 영향

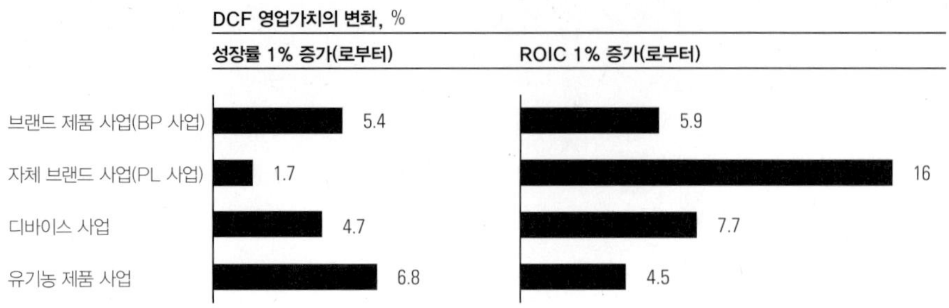

표 19.4 ConsumerCo: 과거 투자내역, 2015-2020

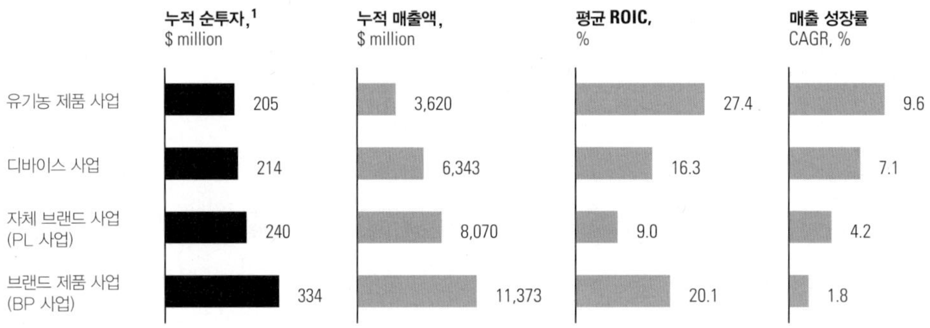

[1] 자본적 지출 + 순운전자본 투자 -감가상각비.

면 ConsumerCo 경영진은 기업 전반적인 목표를 설정하는 것보다 각 부문의 성장률과 수익률에 따라 우선순위를 구분하여야 한다.

ConsumerCo를 포함한 많은 기업들이 이러한 차별화에 어려움을 겪고 있다. 표19.4에서 투자지도가 보여주는 것처럼, 2015년부터 2020년까지 5년에 걸친 ConsumerCo의 자본지출은 각 사업의 수익률 및 성장률에 의한 것이 아니라 각 사업의 규모에 따라 이루어졌다. PL사업과 BP사업에 대한 투자가 가장 컸고, 유기농제품 사업에 대한 투자가 가장 작았다. 일반적인 연간 예산을 편성하는 과정에서, 많은 기업들은 가치창출에 대한 상대적인 공헌을 고려하지 않고 매년 같은 방식으로 자본, R&D 그리고 마케팅 예산을 배정한다. 각 사업부문의 수익성에 따라 자원을 더 적극적으로 재배정하는 기업들은 평균 30% 더 높은 주주총수익률(TRS)[1]을 보이므로 그렇지 못한 기업이 치루어야 할 대가는 크다고 할 수 있다. 부

1 S. Hall, D. Lovallo, and R. Musters, "How to Put Your Money Where Your Strategy Is," *McKinsey Quarterly* (March 2012).

표 19.5 각 단계 분석을 위한 ROIC 세분화

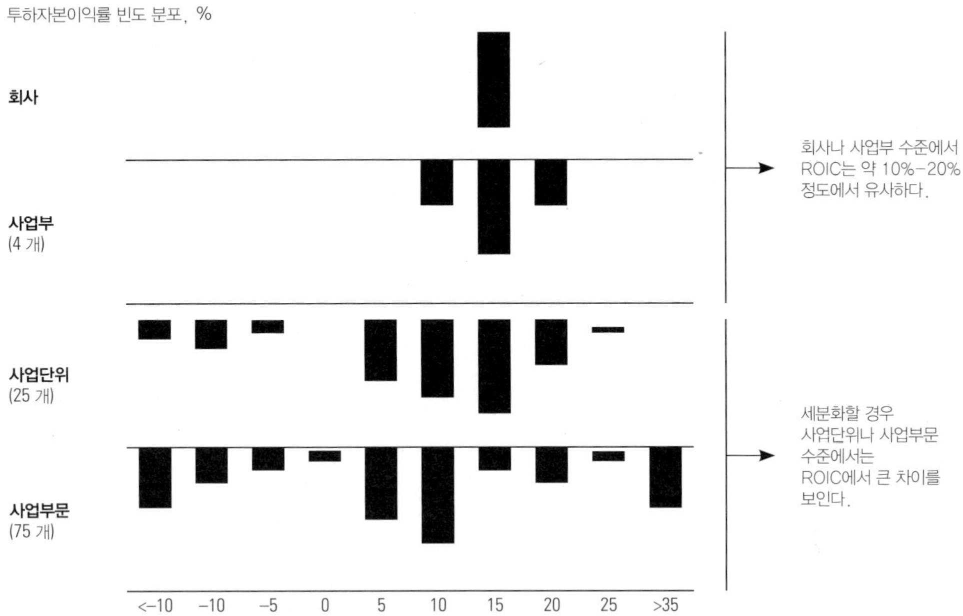

문별 가치평가를 하게 되면 기업이 투자한 자본이 가치 창출의 기회로 이어질 수 있었는지를 나타내 줄 수 있다.

때로는 최고의 통찰력을 확보하려면 ConsumerCo의 사례에서 제시하였던 것보다 세심하게 가치평가를 해야 한다. 소비자내구재 회사 내 4개의 사업부를 분석했을 때, 그들 모두는 12%에서 18% 사이의 비슷한 수익을 창출했다. 이는 기업의 자본비용 9%보다는 꽤 높은 것이었다(표 17.4 참조). 그러나 다음 단계에서 사업단위의 수익은 더 넓게 분산되었다. 가장 성과가 좋은 사업부에서조차, 어떤 사업단위는 자본비용 이하의 수익을 벌어들였다. 사업단위의 개별 활동 단계에서, 수익분산은 더 커졌다. 성장을 위해서는 어디에 투자할 것인지, 수익성 향상을 위해서는 어디에 투자할 것인지를 세분화 단계에서 차별화하는 것은 회사 전체 가치를 크게 개선시키는 것을 촉진시킬 수 있다.[2]

2 M. Goedhart, S. Smit, and A. Veldhuijzen, "Unearthing the Source of Value Hiding in Your Corporate Portfolio," *McKinsey on Finance* (Fall 2013).

사업 단위 재무제표 만들기

기업의 개별 사업단위의 가치를 평가하기 위해서는 손익계산서, 재무상태표, 현금흐름표가 필요하다. 가장 이상적인 것은 한 사업단위가 독립된 회사였다고 가정하고 이러한 재무제표를 근사치로 만드는 것이다. 사업단위에 대한 재무제표를 만들 때 고려해야 하는 몇 가지 이슈가 있다.

- 기업본부비용(간접비)의 배부
- 내부거래의 처리
- 금융자회사 이해
- 불완전한 공시자료 검색

ConsumerCo의 예를 확장시켜서 이들 각각의 이슈들을 다루고자 한다.

기업의 간접비 할당하기

대부분의 다각화 기업은 본부 서비스를 공유함에 따른 비용과 기업전체의 간접비가 있기 때문에 어떤 비용을 사업부에 배분하고, 또 어떤 비용을 기업본부 차원(corporate level)에서 유지할 것인지를 결정해야 한다. 급여, 인사, 회계와 같이 기업본부에서 제공하는 서비스에 대한 비용은 각각의 원가동인들(cost drivers)에 따라 배분되어야 한다. 예를 들어, 기업본부에서 지원하는 인사 관련 서비스 비용은 각 사업단위의 인원수로 배분될 수 있다.

하지만 CEO의 성과급 또는 기업차원의 미술품 구매 등 각 사업단위가 기업의 한 부분이기 때문에 필연적으로 발생하는 비용들은 배분하여서는 안 된다. 기업본부의 코스트센터(cost center)를 따로 관리하고 이를 별도로 가치평가하여야 한다. 그 이유는 첫째, 기업본부 비용을 각 사업단위로 분배하는 것은 그러한 비용이 발생하지 않는 단일업종 영위기업들과의 비교가능성을 떨어뜨린다(대부분의 사업단위는 단일업종 영위기업들과 비교할 수 있는 각 부문별 사장, 재무담당이사, 회계담당자 등이 있기 때문이다). 둘째, 기업본부를 개별단위로 유지함으로써, 기업본부가 기업가치 형성에 끼친 영향을 분리해서 볼 수 있기 때문이다.

ConsumerCo의 경우, 할당되지 않은 기업본부 비용의 현재가치는 기업전체 평가값의 약 10%에 해당하며, 이는 매출의 약1.7%인 8,300만 달러로 추정된다. 기업본부 비용의 현재가치는 흔히 다중사업회사 기업가치의 10%에서 20% 범위 내에 있다.

내부거래 처리하기

같은 기업 내의 한 사업단위는 다른 사업단위에게 상품이나 서비스를 공급하기도 한다. 이 과정에서 사업부간 매입채무와 매출채권, 그룹 자금부서에 대한 차입과 대출이 발생한다. 이런 경우, 연결 기업실적을 산출하고 이중계산을 방지하기 위해서는 내부자산 및 부채 뿐만 아니라 내부매출, 비용, 이익을 제거해야 한다. 그 결과 외부거래에 따른 매출, 비용, 자산 및 부채만이 연결재무제표에 계상되도록 해야 한다. 표19.6는 2020년 ConsumerCo의 각 사업들의 재구성된 재무수치가 어떻게 모회사인 ConsumerCo Corporation의 계정으로 연결되는지 보여주고 있다. 이 사례에서, ConsumerCo Corporation은 어떤 사업활동도 하지 않으며, 단지 자회사의 지분과 그룹 부채의 대부분을 가지고 있을 뿐이다.

내부매출과 내부이익 ConsumerCo의 PL사업부문은 불완전제품을 공개시장에 판매하기도 하지만 BP사업단위에 제공하기도 한다. 이러한 내부거래로 2020년에 5억 달러의 내부매출을 일으켰다(표19.6 제거 I 첫번째 줄 참조). BP사업단위가 같은 해에 이 제품들을 모두 가공하여 외부에 판매했더라면, 5억 달러의 내부매출과 내부비용은 연결재무제표에서 간단히 제거될 수 있을 것이다. 한 사업단위의 매출은 다른 사업단위의 원가이기 때문에 전체적인 이익에는 영향이 없다.[3]

그러나 대개 이런 내부매출의 경우, ConsumerCo의 BL 사업이 PL사업에서 이전받은 제품들을 같은 해에 가공하여 외부로 팔지 않는 것이 일반적이다. 내부적으로 공급된 재고자산이 같은 해에 모두 외부로 팔리지 않기 때문에, 한 사업단위의 매출은 더 이상 다른 사업단위의 원가가 아니며, 뿐만 아니라 미실현된 수익과 재고자산금액은 연결재무제표에서 제거되어야 한다. ConsumerCo의 연결재무제표는 수익의 200만 달러와 재고자산금액의 5000만 달러를 제거한다. (표 19.6 제거 I 참조)[4] 대부분의 상황과 같이 수익의 영향은 기말재고자산이 아닌 재고자산의 변화에서 오는 것이기 때문에 그 영향이 적다. 어떤 경우에도 이러한 제거가 ConsumerCo의 총 잉여현금흐름이나 기업 DCF 평가값에 영향을 미칠 수 없는데, 그 이유는 재고자산에 대한 연결조정은 항상 NOPAT 변동액과 상계되기 때문이다.

3 사업단위의 누적가치는 전체가치와 일치할 것이다. 그러나 두 사업 단위 간에 이전가격 수준에 따라 가치를 분리해야 한다. 이전 가격이 높을수록 PL사업에 더 많은 총 가치가 이전되었다. 각각의 사업단위를 정확하게 평가하기 위해서는 제3자와 거래했을 때 적용되는 가치로 내부거래를 기록해야 한다. 그렇지 않으면 사업단위 간의 상대적 가치가 왜곡될 것이다.

4 연결회계가 법인세현금유출액이나 잉여현금흐름(FCF)에 미치는 영향은 없다. 우리는 이 사례에서 법인세연결(회계연도 합치기)의 영향을 제외하였다.

사업단위의 재무제표를 작성 및 추정할 경우, 총 판매액(외부+내부)을 이용해 각 단위를 독자 사업 단위(stand-alone business unit)로 취급하여야 한다. 그렇지 않으면, 시간이 지남에 따라 회사 내부의 마진분석이나 관계기업들과의 상대적인 비교 분석을 왜곡시킬 수 있다. 기업 센터와 유사한 연결 제거(내부거래제거)에 대한 별도 추정을 준비하라. 내부매출의 성장률은 이 항목이 어떻게, 왜 발생하는지 자세히 분석함으로써 얻어질 수 있다. 간단하게는 내부거래 제거가 사업부분 전체 혹은 매입하는 사업부분의 성장률과 동일하게 증가한다고 가정하는 것이다. 주의할 점은 내부거래 제거가 각 사업부문 예측치를 기업전체연결 예측치에 맞게 조정할 때 이용된다는 것이며, 기업전체 또는 개별 사업단위의 가치에는 영향을 끼치지 않는다는 것이다.

내부 금융채권 및 금융부채 다각화 기업은 통상 모든 사업부문의 현금 및 차입금을 중앙에 집중하여 관리한다. 이에 따라 모기업에 대한 내부채권과 내부채무를 계상하게 된다. 보통 이러한 내부계정은 세금 문제 때문에 발생한다. 예를 들어 어떤 사업부문이 다른 사업부문으로 바로 현금을 빌려주게 되면 이 자금은 모회사로 흘러가지 않는다. 모회사로 자금이 흘러갈 경우 추가적인 과세가 생길 수도 있기 때문이다. 대개 이런 계정은 경제적 목적 없이 단순히 기업의 회계시스템상 관리를 위해 인위적으로 만든 계정들이다. 목적과 관계없이 이러한 내부채권 및 채무는 제3자와의 거래가 아니기 때문에 영업용 운전자본으로 보아서는 안 되며, 투하자본(IC)을 계산할 때 내부자본으로 처리해야 한다.

표 19.6의 제거 II 에서는 이러한 내부 채권채무 제거가 이루어지는 과정을 볼 수 있다. 모회사는 자회사들에 대한 50억 9,700만 달러의 지분증권(equity investment)를 가지고 있으며, 예를 들어 이 중 7억 달러는 PL사업에 대한 것이며, 자회사는 이를 자본(equity)으로 계상하고 있다. 이 회계처리는 내부보고 목적이다; ConsumerCo는 PL 사업 100%를 소유하고 있기 때문에 외부보고 목적으로는 연결재무제표를 작성해야 하며, 지분투자 7억 달러는 제거해야 한다(표에 나타난 다른 사업에 대해서도 동일하게 해야 한다. 이는 결국 연결재무제표상 50억 2,100 달러의 투자유가증권을 제거하고, 지분법 회계처리를 하고 있는 화장품 합작회사 지분 7,600만 달러만 연결재무제표에 남아있게 된다.)

또한, ConsumerCo Corporation은 PL사업부문에 2억 달러를 대여하였으며, 모회사는 이를 내부채권으로 PL사업부문은 내부채무로 계상하고 있다. 모회사의 경우 이러한 내부채권은 영업이익을 창출하지 않는 비영업용 자산을 나타내어 영업용 운전자본에 포함되지 않는다. PL사업부문의 경우 자본과 유사한 자금유입(financial infusion)으로 나타난다. 연결재무제표에서 이들 채권, 채무는 제거된

표 19.6 ConsumerCo: 제거와 연결, 2020

$ million

	자회사들									
	브랜드 제품 사업(BP사업)	자체 브랜드 사업(PL사업)	디바이스 사업	유기농 제품 사업	기업 본부	소비자 금융	ConsumerCo 모기업	제거 I	제거 II	ConsumerCo 연결
세후영업이익										
매출액	2,000	1,500	1,250	750	–	–	–	(500)	–	5,000
영업비용	(1,500)	(1,358)	(1,094)	(544)	(83)	–	–	498	–	(4,080)
EBITA	500	143	156	206	(83)	–	–	(2)		920
EBITA에 대한 법인세	(175)	(50)	(55)	(72)	29	–	–	–	–	(323)
NOPAT	325	93	102	134	(54)	–	–	(2)	–	597
관계기업/조인트 벤처로부터의 순이익	–	–	–	–	–	–	972	–	(942)	30
이자수익	–	–	–	–	–	77	16	–	–	93
이자비용	–	–	–	–	–	(58)	(118)	–	–	(177)
영업외항목에 대한 법인세	–	–	–	–	–	(7)	(304)	–	330	19
순이익	325	93	102	134	(54)	12	565	(2)	(612)	563
투하자본										
매출채권	240	105	25	75	–	–	–	–	–	445
매입채무	(216)	(74)	(18)	(5)	–	–	–	–	–	(312)
재고자산	700	375	500	150	–	–	–	(50)	–	1,675
순유형자산	876	494	55	268	806	–	–	–	–	2,498
투하자본	1,600	900	563	488	806	–	–	(50)	–	4,306
과다보유현금	–	–	–	–	–	–	250	–	–	250
내부 매출채권	300	–	450	–	–	–	200	–	(950)	–
대여금	–	–	–	–	–	1,154	–	–	–	1,154
관계기업/조인트 벤처에 대한 투자	–	–	–	–	–	–	5,097	–	(5,021)	76
총투자재원	1,900	900	1,013	488	806	1,154	5,547	(50)	(5,971)	5,785
내부 매입채무	–	200	–	–	–	–	750	–	(950)	–
차입금 및 차입금 등가물	–	–	–	–	–	1,038	1,941	–	–	2,980
조정 자기자본	1,900	700	1,013	488	806	115	2,856	(50)	(5,021)	2,806
총투자재원	1,900	900	1,013	488	806	1,154	5,547	(50)	(5,971)	5,785

다. 유사하게 BP사업부문 및 디바이스 사업부문에 대한 내부채권도 비영업용 자산으로 취급되어 연결재무제표상 모회사의 내부채무 7억 5,000만 달러와 상계되어 제거된다. 내부채권 및 채무를 잘못 처리하면 심각하게 잘못된 결과를 가져온다. 예를 들어 내부거래계정이 자본이 아닌 운전자본으로 취급되었다면 PL사업부의 투하자본은 약 20%이상 과소평가되었을 것이고, ROIC는 그만큼 과대평가되었을 것이다.

금융자회사 이해하기

일부 기업들은 고객에게 자금조달을 해주는 금융자회사(예를 들어, John Deere Financial과 사실상 모든 자동차 제조업체)를 거느리고 있다. 이런 금융자회사의 지분을 100% 보유하는 경우, 연결범위에 포함되어 연결재무제표 안에 포함되어야 한다. 그러나 금융회사의 대차대조표는 일반적인 제조 또는 서비스 회사와는 다르다. 자산은 통상 물리적 자산이 아닌 대출채권과 같은 금융자산으로 이루어져 있으며, 일반적으로 부채비율이 높은 편이다. 38장에서 상세히 설명하겠지만, 금융사업은 자기자본 소유주에게 귀속되는 현금흐름을 자기자본비용으로 할인하여 가치를 평가하게 된다. 규모가 큰 금융자회사를 거느린 대부분의 회사는 별도의 재무제표를 공시하게 된다. 이 정보를 통해 별도로 금융자회사를 분석하여 가치를 평가할 수 있다.

표 19.6은 2020년에 ConsumerCo의 소비자금융부문의 대출채권 잔액은 11억 5,400만 달러임을 보여준다. 대출채권에 대한 부채비율은 현행 BBB신용등급을 유지한다고 했을 때, 90%로 추정하였다. 자금조달은 10억 3,800만 달러의 차입금(0.90 × 11억 5,4 00만달러)과 1억 1,500만 달러의 자기자본으로 하게 된다. 대출채권은 연 7,700만 달러의 이자수익을 발생시킨다. 차입금에 대한 5,800만 달러의 이자비용과 700만 달러의 세금을 을 차감하고 나면 세후순이익은 1,200만 달러가 된다. 소비자금융부문의 자기자본수익률은 10.8%(당기순이익/자기자본=1,200만달러/1억 1,500만 달러)로, 자기자본비용 10.6%보다 약간 높다(표 19.1 참조). 이러한 대출채권, 차입금, 금융수익은 ConsumerCo의 비금융사업과 별도로 평가될 필요가 있다. 소비자금융부문의 대출채권은 (소비자 대출을 같이 일으킬 수 있는) 디바이스 부문의 매출과 같은 선상에서 커지는 것으로 가정하는 것까지 감안해야 한다. 이자율과 대출채권 대비 부채비율은 90%로 안정되어 있다면 DCF 평가로 인한 자기자본에 대한 현금흐름은 1억 5,000만 달러로 추정된다.(표 19.1 참조)

기업전체의 가치평가에서 금융자회사의 부채가 이중 계상되지 않도록 조심해

표 19.7 ConsumerCo: 영업부문에 대한 외부공시, 2020

보고된 재무수치, 백만 달러	브랜드 제품 사업 (BP 사업)	자체 브랜드 사업 (PL 사업)	디바이스 사업	유기농 제품 사업	기업 본부	내부거래 제거	연결
매출	2,000	1,500	1,250	750	–	(500)	5,000
영업이익	500	143	156	206	(83)	(2)	920
감가상각비[1]	150	59	57	31	42		338
자본적 지출	208	107	90	79	42		526
자산	1,872	882	596	531	830	(50)	4,662
투하자본: 추정 vs. 실제							
부문자산/전체자산, %	40	19	13	11	18		99
추정투하자본, 백만 달러	1,711	806	545	486	759		4,306
실제 투하자본, 백만 달러	1,600	900	563	488	806		4,306
추정 오류, %	6.9	(10.4)	(3.1)	(0.4)	(5.9)		

[1] 영업이익 포함

야 한다. 소비자 금융자회사의 자기자본가치에서 이미 10억 3,800만 달러의 순부채를 차감하였기 때문에, 표19.1에 있는 연결회사의 자기자본가치를 도출하기 위해 기업전체가치(EV)에서 부채를 차감할 때 비금융회사 관련 부채 19억 4,100만 달러만을 차감해야 한다.

공시자료 검색

ConsumerCo 예제에서 우리는 사업부문별 재무제표를 완벽히 입수하였다. 하지만, 다각화 기업을 내부자가 아닌 외부에서 가치 평가할 경우 대개 그렇지 않다. 표 19.7은 ConsumerCo같은 회사에 대해 US GAAP과 IFRS에 따른 일반적인 공시내용을 보여준다. 기업들은 부문별 매출, 영업이익(혹은 EBITA 같은 유사한 항목), 감가상각비, 자본지출, 자산을 공시한다. 이러한 항목들은 NOPAT과 투하자본(IC)으로 변환시켜야 한다.

NOPAT 각 사업부문에서 발표한 영업이익으로부터 NOPAT을 산출한 다음[5], 법인세, 퇴직연금 조정금액(연금비용의 비영업효과를 제거하기 위해), 운용리스 조정금액(새로운 회계기준이 도입되기 전인 2019년, 임차비용에 녹아있는 이자비용 제거를 위해)을 각 사업부문에 배분한다(이러한 조정에 대한 상세한 내용은 11장을 참조하라). 각 사업부문의 법인세율을 추정할 만한 정보가 없다면 전체 사업부문에 대한 유효법인세율을 사용한다. (예를 들어, 부문들이 다른 조세관할권에 속한다면)

5 회사들은 사업부문결과에 대해 영업이윤, 근본 이익, 혹은 간단히 이자와 세금을 내기 전의 이익(EBIT) 등과 같은 다양한 명칭을 사용한다.

ConsumerCo의 경우, 보고된 EBITA에서 조정할 퇴직연금, 운용리스 및 기타 조정사항이 없기 때문에(일반적인 경우는 아니지만), 사업부문별 정확한 NOPAT을 계산해낼 수 있을 것이다.

NOPAT추정이 끝나면 모든 조정이 정확히 이루어졌는지 확인하기 위해 모든 사업부문의 NOPAT의 합계를 연결순이익과 조정해야 한다.

투하자본(IC) 투하자본을 산출하기 위해 이용가능한 정보에 따라 증분분석법(Incremental approach) 혹은 비례분석법(proportional approach)을 사용할 수 있다. 가능하다면 두 가지 접근법을 사용해 다각도로 추정하라.

*증분분석법*은 각 사업부문의 총자산에서 비영업용자산과 무이자부부채를 차감한다(많은 기업들은 사업부문 수준이 아니라, 기업본부 차원에서 보유하고 있기 때문에 이 사례에서는 조정이 필요없다). 비영업용자산은 초과현금, 비연결대상자회사 투자유가증권, 퇴직연금자산, 이연법인세자산을 포함한다. 무이자부부채는 매입채무, 미지급법인세, 미지급비용을 포함한다. 이들은 매출과 총자산에 의해 각 사업부문에 배분된다. 내부채무와 내부채권에 대해 앞 절에서 논의하였듯이 내부대여금과 내부차입금은 영업용부채로 취급해서는 안 된다.

그 다음에, 연결실체에 대한 투하자본을 각 사업부문의 총자산에서 비영업용자산과 무이자부부채를 차감한 금액에 의해 모든 사업부문에 배분한다. 이 때 영업권을 제외한 투하자본을 산출하기 위해,[6] 사업부문별로 배분된 영업권을 차감한다. 만약 영업권이 사업부문별로 보고되지 않았다면, 과거 영업권이 발생할 때 각 사업부문이 어떻게 변화하였는지 확인하는 등 과거거래를 통해 추정할 수 있다.

ConsumerCo에 비례분석법을 사용할 경우, 총영업용 투하자본(대출채권과 조인트벤처는 당연히 제외)을 부문간 거래 제거 전 총자산에 의해 사업부문 각각에 배분할 수 있었을 것이다. 그랬다면, BP사업의 실제투하자본이 16억 달러일 때 이 사업에 17억 1,100만 달러($1,872/$4,712 × $43억 6 00만달러로 계산)의 투하자본을 배분하는 것과 같은 추정오류를 범했을 것이다.

사업부문과 기업본부에 대한 투하자본을 추정했다면, 연결재무제표에서 산출되는 전체 투하자본 금액과 이 추정치를 맞추어 보아야 한다.

---

6 여기서 영업권은 영업권과 취득한 무형자산 모두를 의미한다.

표 19.8 WACC 추정, 2020년 1월

사업부문	부채/자본[1]	타인자본 비용,[2] %	무차입 베타	차입 베타	자기자본 비용,[3] %	WACC,[4] %	DCF 가치, $ million	내재된 부채, $ million
브랜드 제품 사업(BP 사업)	0.30	5.5	0.9	1.1	10.1	8.6	5,188	1,197
자체 브랜드 사업(PL 사업)	0.30	5.5	1.0	1.2	10.7	9.1	1,128	260
디바이스 사업	0.25	5.5	1.2	1.5	11.8	10.1	1,474	295
유기농 제품 사업	0.25	5.5	0.9	1.1	9.9	8.6	3,440	688
기업 본부	0.30					9.4	(1,123)	(259)
제거							–	–
영업 합계							10,107	2,181
소비자 금융								1,038
ConsumerCo: 회사 전체: 순차입금, 내재								3,220
과다보유현금, 실제								(250)
차입금, 영업부문 실제								1,941
차입금, 소비자 금융 실제								1,038
ConsumerCo 회사 전체: 순차입금, 실제								2,730

[1] 목표 신용등급 BBB 수준에서
[2] 부채 베타는 0.2이며 무위험이자율은 4.5%
[3] 시장위험프리미엄(MRP)은 5%로 가정
[4] 법인세율 35%

자본비용

사업부문은 각각의 자본비용으로 가치평가가 이루어져야 한다. 왜냐하면 영업현금흐름의 체계적위험(베타)과 부채를 유지하는 능력(즉, 암묵적 자본구조)은 각 사업부문별로 다를 것이기 때문이다. 사업부문의 가중평균자본비용(WACC)을 결정하기 위해 각 사업부문의 목표자본구조, 자기자본비용(각 레버베타에 의해 결정되어짐), 차입비용이 결정되어야 한다(가중평균자본비용의 산출에 대한 자세한 사항은 15장 참조). ConsumerCo 부문의 산출결과는 표 19.8에 요약되어 있다.

첫째, ConsumerCo의 각 사업부문에 대한 부채자본비율(debt-to-equity ratio)에 의하여 목표자본구조를 산출해야 한다. 이 때, 유사상장기업들의 자본구조의 중앙값을 사용할 것을 권장하며, 특히 대부분의 유사상장기업들의 자본구조가 유사할 경우에는 더욱 권장한다. 다음으로는 레버베타(levered beta), 자기자본비용, WACC를 결정해야 한다. 각 사업부문의 베타를 결정하기 위해 먼저 유사기업그룹의 언레버베타의 중앙값(unlevered median beta)을 산출해야 한다(어떤 회사를 포함시킬지 신중해야 하는데 특히 이상치를 제외하는 것이 중요하다). 같은 사업부문의 목표자본구조를 이용하여 레버베타를 구하고 WACC를 추정한다. 기업본부 현금흐름은 각 사업부문의 자본비용의 가중평균을 이용한다. ConsumerCo의 사업부문의 대부분은 유사한 베타를 가졌는데 그 범위는 1.1~1.2이고 이로써 WACC는 8.6~9.1% 사이로 추정된다. ConsumerCo의 소비자금융 자회사는 소매금융 유사 기업의 자기자본베타 1.2를 직접 사용하였으며 이 결과 자기자본비용은 10.5%로 추정되었다.

마지막으로 업종중앙값에 근거한 부채 수준을 사용하여 사업부문의 부채를 합산하고, 이를 회사 전체의 목표 부채수준과 비교한다.[7] 본부의 목표 부채비율(D/E)은 사업부문의 부채비율(D/E)의 가중평균으로 설정한다. 왜냐하면 기업본부의 (-) 현금흐름은 기업의 전반적인 부채상환능력을 감소시키기 때문이다. 만약 사업부문의 목표부채합계가 연결회사의 실제부채와 다를 경우, 차액을 기업본부 항목으로 계상하며 별도로 법인세절감효과를 평가한다(만약 회사가 더 보수적으로 자본조달을 할 경우 법인세 절감효과가 아니라 법인세 비용을 평가해야 한다). 사업부문평가가 실제가 아닌 목표자본구조을 기반으로 한다는 것을 기억하라.

ConsumerCo의 사례에서 사업부문과 금융자회사에 대한 목표부채수준을 합한 결과는 32억 2,000만 달러이다. 이 금액은 현재의 순부채금액인 27억 3,000만 달러, 혹은 29억 8,000만 달러의 부채에서 2억 5,000만 달러의 잉여현금을 차감한 금액보다 높은 금액이다(표 19.8 참조). 만약 ConsumerCo가 현재의 부채수준을 계속해서 유지한다면 부분의 평가와 관련해서는 평가손실을 인식하게 될 것이다. 이 손실금액을 추정하기 위해 유사 기업의 부채수준 이하인 현행 부채수준 때문에 발생한 절세효과 상실분을 전반적인 매출성장률을 이용한 영구현금흐름으로 추정하고, 언레버 자기자본비용으로 현재가치 할인하여 산출해야 한다.[8]

사업부눈의 가치를 합산하여 전체기업을 평가할 경우, 전체기업 단위의 자본비용을 산출할 필요는 없으며 각 사업부문의 베타를 전체기업의 베타와 조정할 필요도 없다. 개별 사업부문의 베타가 기업 베타보다 적합하다고 볼 수 있다. 기업베타는 중대한 추정오류가 발생하기 쉬우며 기업의 사업포트폴리오에서 변동되는 사업의 가중치가 바뀜에 따라 변하기 쉽기 때문이다.[9]

---

7 법적으로나 기업 내부 목적으로 사업부문에 부채를 배분하는 것은 일반적으로 사업부문의 경제적 분석결과와는 무관하다. 법적부채 또는 내부부채는 일반적으로 세무 목적으로 산출되었거나 과거사건(현금지출부문은 많은 부채를 갖는다)일 뿐이다. 따라서 이러한 배분은 경제적으로 거의 의미가 없으므로 고려될 필요가 없다.

8 15장 내용을 되새겨 보면, 절세효과를 타인자본비용으로 할인하는 것은 중대하게 과대평가될 위험이 있다. 이론적으로 기업의 무차입 자기자본비용은 시간에 걸쳐 계속 변화하는 내포된 사업에 대한 무차입 자기자본비용의 복합적인 평균값이다. 관련 추정오류가 가치평가에 미치는 영향이 작다고 한다면, 근사치로 내포된 사업의 무차입 자기자본비용의 단순평균을 사용할 수 있다. 법인세율이 35%이고 이자율이 6%라고 했을 때 목표 부채 수준보다 낮은 부채 4억 9,000만 달러로부터 계산되는 세금절감효과의 상실금액 추정치는 2020년에 1,030만 달러이다. 미래 세금절감효과 상실금액은 전반적인 매출성장과 함께 대략 성장할 것이며, 이를 ConsumerCo의 언레버 자기자본비용 약 9.5%로 할인하면 그 손실금액은 대략 1억 9,000만 달러로 계산된다.

9 각 미래기간을 전체로 보고 계산한 ConsumerCo의 내재 자본비용은 약 8.8%이다. 전체자기자본비용은 내

표 19.9 ConsumerCo: 브랜드화된 제품 사업을 하는 유사 기업의 배수, 2020년 1월

회사	ROIC 2020, %	성장률, 2020–2025, %	EV/EBITA	EV/NOPAT	
유사 기업 1	31.0	4.7	16.5	22.0	
유사 기업 2	29.6	4.4	15.8	22.6	*상위 유사 기업 평균: 21.0*
유사 기업 3	28.5	4.5	14.3	20.4	
유사 기업 4	27.1	3.9	12.8	19.1	
유사 기업 5	22.0	3.0	12.0	16.0	
유사 기업 6	21.1	2.8	10.5	15.7	
유사 기업 7	19.7	2.4	11.0	15.7	*유사 기업 평균: 15.6*
유사 기업 8	19.0	2.1	10.0	15.4	
유사 기업 9	18.5	2.2	9.5	15.1	
유사 기업 10	18.3	4.0	20	26.7	*특이치*
유사 기업 11	9.0	3.4	32	45.7	
Overall average				18.0	특이치 제외
				21.3	특이치 포함

유사 기업군 배수에 근거한 평가값과 검증해보기

현금흐름을 할인하여 얻은 평가값은 가능한 경우 배수에 의한 평가값과 비교하여 다각도로 검증해 보아야 한다 (18장에서 추천한 바와 같이). 기업의 각 부문에 대해 주의 깊게 비교가능 비교기업 집단군을 선택해야 하는데, 이들은 업종뿐만 아니라 자본수익률과 성장률 측면에서도 유사해야 한다. 단순하게 유사 기업 그룹의 배수 평균이나 중간값을 사용하는 방식은 좋지 않다. 대신에 내재된 경제환경에 걸맞지 않은 특이치(outliers)들을 제거하고 가능하다면 비슷한 수익률과 성장률을 가진 유사 기업의 중간값을 사용하도록 해야 한다. 더구나, 우리는 EBITA 배수보다는 NOPAT 배수를 사용하기를 권장한다. 왜냐하면 EBITA 배수는 기업들마다 다르게 적용되는 법인세 때문에 왜곡될 수 있기 때문이다.

표 19.9은 ConsumerCo의 BP사업부문과 경쟁관계에 있는 기업들의 EV/이익배수와 이와 관련한 ROIC 및 성장률을 보여주고 있다. 표본 중에서 평가배수가 다른 나머지 기업들과 아주 동떨어지고, 성장률이나 자본수익률이 검증되지 못한 두 개의 특이치는 제거하였다. 회사세율이 다르기 때문에 EBITA 배수가 NOPAT 배수보다 폭이 넓은 점에 주목하자. 그러므로 평가에는 NOPAT 배수를 사용하는 것이 보다 신뢰성이 높다.

전체적인 NOPAT 배수 평균은 전체 유사 기업군에 걸쳐 18배수로, 배수에 의

재된 각 사업부문의 잉여현금흐름의 합과 이 잉여현금흐름의 현재가치 할인금액의 합으로부터 도출해낼 수 있다.

표 19.10 ConsumerCo: 배수를 이용한 평가, 2020년 1월

사업	NOPAT, $ million	EV/NOPAT 유사 기업	EV/NOPAT 상위 유사 기업	배수에 근거한 가치: 유사 기업, $ million	DCF 대비 델타값, %	상위 유사 기업, $ million	DCF 대비 델타값, %	DCF value, $ million
브랜드 제품 사업(BP 사업)	325	15.6	21.0	5,060	-2	6,833	32	5,188
자체 브랜드 사업(PL 사업)	93	11.7	16.0	1,084	-4	1,482	31	1,128
디바이스 사업	102	14.0	19.5	1,422	-4	1,980	34	1,474
유기농 제품 사업	134	24.5	26.5	3,285	-5	3,553	3	3,440
기업 본부	(54)			(1,123)		(1,123)		(1,123)
제거	(2)	–	–	–		–		–
영업 합계	597			9,727	-4	12,726	26	10,107
소비자 금융	12[1]	12.0[1]	12.0[1]	149	0	149	0	150[2]
화장품 조인트 벤처	81	17.0	22.0	589	-3	772	27	609[3]
과다보유현금				250		250		250
총기업가치				10,716	-4	13,897	25	11,117
부채				(1,941)		(1,941)		(1,941)
자기자본가치				8,774	-4	11,956	30	9,175

1 소비자 금융의 경우 P/E와 순이익으로 보여줌
2 소비자 금융의 경우 차입금을 차감한 자기자본 가치
3 화장품 조인트 벤처의 경우 소액주주의 자기자본 가치

한 평가가 DCF 추정 평가값보다 아주 높다(내재된 NOPAT 배수는 16배이다). 그러나 이 기업군의 유사 기업들은 아주 다른 수익률과 성장률을 가진 두 개의 그룹으로 무리 지을 수 있다. 이는 전체평균값이 그다지 의미 없음을 나타낸다. 이 그룹에는 주식시장에서 NOPAT의 평균 21배수로 평가되는 뛰어난 수익률과 성장률을 가진 선두그룹이 있다. 이런 선두그룹의 배수에 근거하여 ConsumerCo의 BP사업부문의 가치를 평가하면 68억 8,300만 달러로 추정된다. 이는 실제 영업성과와 성장률을 놓고 봤을 때 명백히 과대평가된 수치이다(표19.10 참조). 이러한 과대 평가값은, 이 분야에서 선두 역할을 하는 기업들과 같은 수준의 경제 환경을 달성한다는 가정하에 ConsumerCo의 사업이 얼마의 가치로 평가되었을지를 기껏해야 보여주는 정도이다. 반대로 유사 기업군에서 ConsumerCo의 사업과 비슷한 수익률과 성장률을 가진 회사들의 NOPAT 배수는 평균 15.6배이고, 이 배수를 이용한 평가값은 50억 6,000만 달러로 추정되었다. 이 결과값이 DCF 평가값과 훨씬 더 가깝다.

성장률과 수익률이 유사한 회사의 배수를 사용하는 것은 금융자회사 및 화장품 합작회사를 포함한 ConsumerCo의 다른 부문들의 평가를 할 때에도 동일하게 적용해야 한다. 그 결과 추정된 자기자본가치는 87억 7,400만 달러로 추정된다(표 19.10). 가치평가시 상위그룹의 유사 기업 배수를 사용하는 것은 ConsumerCo의 가치평가값이 DCF 평가결과보다 30%나 높게 추정된다는 점을 주목하라. 유사

한 규모의 유사 기업배수와 상위 그룹의 유사 기업배수를 사용한 평가값의 범위와 DCF 평가값을 다각도로 검증해 보는 것이 도움이 된다. 실제 경험상, 유사한 기업배수는 일반적으로 DCF 평가값의 10%에서 15% 안에 들어온다. 바꿔 말하면 이것은 어떤 평가기법을 사용했을 때 나타나는 오류의 정상범위 이내이다.

그러나, 많은 애널리스트들과 실무자들은 상위 유사 기업의 배수에 근거하여 가치를 평가한다. 부문별로 평가하게 되면 쉽게 복합기업 할인효과(conglomerate discount)로 인한 가치평가 하락을 관찰할 수 있으므로, 상위 유사 기업 대비 평가 하락을 없애기 위해 기업을 부분으로 쪼개서 평가해야 한다고 권고할 수 있다.

하지만 그러한 결론과 권고는 틀린 것이다. 할인효과는 단지 상위 유사 기업 수준에서의 가치평가 비교를 보여줄 뿐이다. 낮은 가치평가의 이유는 낮은 성과에서 이유를 찾아야 한다. 기업을 쪼갠다고 해서 자동적으로 성과 차이에 의한 가치평가가 고쳐지는 것은 아니다.

복합기업(conglomerate)과 다각화기업에 대한 저평가가 존재하는지에 대한 실무계와 학계의 논쟁은 수년간 계속되어 왔다. 즉, 시장에서는 복합기업이 각 사업 분야의 가치를 합친 것보다 저평가되는가와 같은 류의 질문이다. 하지만 불행하게도 결과는 명확하지 않다. 다각화기업들(diversified firms)이 유사한 사업 분야에서 단일 업종(pure play)을 영위하는 기업들보다 저평가되는지의 여부에 대해서는 일치된 결론이 없다.[10] 저평가되고 있다고 주장하는 연구들조차도, 저평가의 원인이 특정 사업에 집중하는 기업들보다 상대적으로 낮은 성과를 보여서인지, 또는 시장이 낮게 평가해서인지에 대해 명확하게 말하지 못하고 있다.[11] 과거 경험에 비추어볼 때 한 기업이 단일업종 영위기업보다 저평가된다면, 그 까닭은 그 기업의 각 사업부문이 단일업종 영위기업 대비 낮은 성장과 투자수익률을 보여준다는데 있었다. 즉, 성과에 대한 저평가였지 다각화(diversification) 또는 복합기업으로서의 저평가는 아니었다.

---

10 P.BergerandE.Ofek,"Diversification'sEffectonFirmValue,"JournalofFinancialEconomics37(1995): 39–65; and B. Villalonga, "Diversification Discount or Premium? New Evidence from Business Information Tracking Series," Journal of Finance 59, no. 2 (April 2004): 479–506.

11 A. Schoar, "Effects of Corporate Diversification on Productivity," Journal of Finance 57, no. 6 (2002): 2379–2403;andJ.Chevalier,"WhatDoWeKnowaboutCross-Subsidization?EvidencefromtheInvestment Policies of Merging Firms" (working paper, University of Chicago, July 1999).

요약

규모가 큰 기업들의 대부분은 여러 분야의 사업을 영위하고 있으며, 각각의 사업부문은 다른 경제적 특성을 가진 업종부문에서 경쟁하고 있다. 각 부분별 가치 평가를 합하여 그러한 기업의 가치를 평가하는 것은 산업을 선도하는 기업들과 합리적인 투자자들 사이에서 통용되는 표준 관행이다. 이것은 더 나은 평가결과를 산출할 뿐만 아니라 이 회사가 어디서 어떻게 가치를 만들어내는지 볼 수 있는 깊은 통찰력을 제공해주기 때문이다.

기업을 부분별로 평가하기 위해, NOPAT, 투하자본(IC) 그리고 잉여현금흐름을 나타내는 재무제표가 필요한데, 이는 사업부문이 독립된 하나의 회사인 것처럼 가정하고 만들어져야 한다. 이러한 재무제표를 작성할 때 기업 본부 코스트센터는 별도로 분리해 내야 하고, 내부거래는 제거하며, 금융업 자회사의 별도 자기자본현금흐름 평가를 수행해야 한다. 각 사업부문의 WACC는 가장 적합한 유사회사의 베타와 부채비율에 근거하여 별도로 평가해야 한다.

DCF 추정값을 다각도로 검증하기 위해 각각의 개별 부문에 대해 배수에 근거한 가치평가를 해봐야 한다. 평가대상 부문의 자본수익률 및 성장률과 근접하게 잘 맞는 유사 기업그룹을 선택하여 사용하여야 함을 명심하라. 경험상 기업집단은 소위 복합기업 할인(conglomerate discount)을 겪게 되는데, 그 이유는 대개 자본수익률과 성장률이 월등히 높은 유사 기업그룹을 선택한 것으로부터 비롯된다.

가치평가의 고급 방법론

VALUATION Measuring and Managing the Value of Companies

3부

20장

세금

좋은 가치평가를 하기 위해선 필요한 각 요소들에 대한 적절한 관리가 필요하다. 일단 기업의 손익계산서와 재무상태표를 세 가지 범주(영업항목, 비영업항목, 그리고 재무항목)로 재편성한다. 재편성된 재무제표를 활용해서, 우리는 기업의 가치평가를 할 수 있게 투하자본이익률 (ROIC: Return On Invested Capital)과 잉여현금흐름(FCF; Free Cash Flow)을 산출한다.

세 가지 범주 모두를 결합한 항목이 바로 세금이다. 이 장에서 우리는 가치평가에서 영업법인세의 역할을 살펴보고 연례 보고서의 주석을 활용하여 영업법인세와 영업법인세율을 추정하는 법에 대해 논의한다. 일부 회사가 신고된 세금의 일부를 장기간에 걸쳐 이연할 수 있기 때문에 우리는 영업법인세를 현금기준으로 전환하는 방법, 그리고 결과적으로 이연법인세를 가치평가에 적용하는 방법에 대해 살펴본다.

영업법인세 추정하기

영업법인세는 회사가 영업이익만을 창출하고 전적으로 자기자본으로 자금이 조달될 때 회사가 지불하는 세율이다. 이는 NOPAT을 추정하는 최적의 세율로, 잉여현금흐름(FCF)의 중요요소이다. 영업법인세는 잘 알려진 대안인 법정세율(Statutory tax)과 유효세율(Effective tax)보다 더 적합하다. 1달러의 소득에 대한 국내세율과 동일한 법정세율은 외국세율과 지속적인 운영관련 세금공제의 차이를 보고하지 못한다. 적극적으로 조세부담을 관리하는 회사의 경우, 법정세율은 종종 납세액을 과대 추정케 할 것이다. 그에 반해서 세 공제 전 소득에 의해 나누어지는 소득세와 동일한 유효세율은 일회성 회계감사 결의안과 같은 너무 많은 영업외 항목을 포함한다. 이러한 일회성의 영업외 항목들 때문에 유효세율은 정확한 세금예측을 어렵게 만들면서 변동이 있을 수 있다.

영업법인세를 결정하기 위하여, 우리는 손익계산서 상의 회계상 세금으로부터 비영업항목과 재무항목의 효과를 제외시킬 필요가 있다. 하지만 이것이 간단하게 들릴지는 몰라도, 세무회계가 복잡하고 또 일반적으로 공시되지 않는 자료를 필요로 한다는 점에서 어려움이 많다. 우리는 각 접근법에서의 추정이 공공재무제표에 의해 남겨진 공백을 채우도록 하므로 영업법인세를 추정하는 몇 가지 방법들을 보여주기 위해 가상의 회사를 소개할 것이다.

상충관계(trade-off)를 밝히기 위해 일반적으로 공개되지 않은 정보를 포함한 완전한 정보를 가질 때 영업법인세를 추정하는 것으로부터 시작한다. 표 20.1는 가상의 글로벌 기업 TaxCo의 1년간 내부재무자료를 나타낸다. TaxCo는 국내에서 22억 달러의 이자비용, 법인세, 무형자산 상각비 차감전 이익(EBITA; earnings before interest, taxes, amortization)을 냈고, 해외에서는 6억 달러의 EBITA를 냈다. TaxCo는 국내에서 연 4억 달러의 무형자산을 상각한다. 이 회사는 자국내의 차입금으로 영업활동을 위한 자금을 조달하며 국내 손익계산서상 6억달러의 이자비용을 차감한다. 회사는 최근 해외시장에서 보유한 자산을 매각하고 그 나라에서 1억 달러의 이익을 기록하였다. TaxCo는 법인세 차감전 소득에서 국내에서 법정세율 25%를 지불하지만, 해외 영업에서는 단지 15%만을 지불한다.

TaxCo는 진행중인 R&D세액공제(R&D활동의 금액 및 소재에 따라 결정되는 세액공제)로 4,000만 달러를 창출하고 있으며 회사가 성장함에 따라 증가할 것으로 예상된다. 회사는 또한 과거 세금 분쟁의 성공적인 결의안(해결)으로부터의 환급금과 같은 일회성 세액 공제를 통해 2,400만 달러를 추가로 공제받는다. 따라서 TaxCo는 국내법정세율 25%보다 낮은 17.9%의 세전 이익에 대한 유효세율(effective tax rate)의 세금을 납부한다.

앞서 언급한 바와 같이, 영업법인세는 회사가 영업이익만을 창출하고 전적으로 자기자본으로 자금이 조달될 때 회사가 지불하는 세율이다. 표 20.2에서는 TaxCo에 대한 영업세와 NOPAT의 산출과정을 보여주고 있다. 영업법인세를 결정하기 위해서는, 자금조달 또는 비영업항목에 앞서 적정법정세율을 각각의 관할구역의 EBITA에 적용하여야 한다. (이자비용 절세효과는 가치가 큰 것이다. 하지만, 이익의 일부으로서의 평가보다는 오히려 가중평균자본비용 (WACC;Weighted Average Cost of Capital)의 일부 또는 별도의 조정현재가치법(APV)으로 평가한다. 무형자산상각비는 보통 세금 목적상 공제할 수 없기 때문에 아무런 가치가 없

표 20.1 TaxCo: 지역별 손익계산서

$ million

	국내 자회사	해외 자회사	R&D 세액공제	환급세액	연결
EBITA[1]	2,200	600	–	–	2,800
무형자산상각비	(400)	–	–	–	(400)
EBIT[1]	1,800	600	–	–	2,400
이자비용	(600)	–			(600)
자산처분이익	–	100	–	–	100
법인세 차감전 이익	1,200	700	–	–	1,900
법인세	(300)	(105)	40	24	(341)
순이익	900	595	40	24	1,559
세율, %					
법정세율	25.0	15.0			
유효세율					17.9

[1] EBITA는 지급이자, 법인세, 무형자산상각비 차감전 이익; EBIT는 지급이자, 법인세 차감전 이익

표 20.2 TaxCo: 퍼센트 표시 세무조정표로 영업법인세 계산하기

$ million

	국내 자회사	해외 자회사	R&D 세액공제	환급세액	연결
EBITA	2,200	600	–	–	2,800
영업법인세	(550)	(90)	40	–	(600)
NOPAT[1]	1,650	510	–	–	2,160
세율, %					
법정세율	25.0	15.0			
영업법인세율					21.4

[1] 세후영업이익

다. 그러므로, 영업법인세는 EBITA의 함수로 산출한다.) 이 경우 22억 달러의 국내 EBITA에 25%를 곱하고, 6억 달러의 해외 EBITA에 20%를 적용한다-(6억 4천만 달러의 법정세율과 맞먹는다) R&D 세액공제의 4천만 달러는 영업과 관련되어 있고 회사가 성장할수록 늘어날 것으로 예상되기 때문에 영업법인세로 간주된다. 결과적으로, 회사는 영업법인세로 6억 달러를 지불한다. 영업법인세율을 구하기 위해서는, 영업법인세를 21.4%의 세율로 28억의 글로벌 EBITA로 나눈다.

법정법인세, 유효법인세 그리고 영업법인세의 차이에 주의하라. 국내수입에 대한 법정세율은 25.0%, 유효세율은 17.9% (표 20.1 참조), 그리고 영업법인세는 21.4%이다. 영업법인세는 EBITA를 NOPAT으로 전환하는데 최적의 세율이다.

표 20.3 TaxCo: 달러 표시 세무조정표로 영업법인세 계산하기

세무조정표	
법정세율	25.0%
해외소득조정	(3.7%)
R&D 세액공제	(2.1%)
환급세액	(1.3%)
유효세율	17.9%

영업법인세 $ million	
EBITA	2,800
× 법정세율	25.0%
= EBITA에 대한 법정세율	700
해외소득조정	(3.7%)
R&D 세액공제	(2.1%)
누적조정	(5.8%)
× 세전이익	1,900
= 영업상 조정항목	(110)
영업법인세	590

공시된 자료를 이용한 영업법인세 추정

실무에서, 기업은 국가별 소득을 공개적으로 밝히지는 않는다. 대신, 회사 전반의 손익계산서와 세무조정표에 의존해 볼 수 있다. 세무조정표는 재무제표의 주석들에서 찾을 수 있다. 그것은 회사의 보고된 세금들이 세 공제전 이윤에 법정세율을 곱한 값과 일치하지 않는 이유를 설명해준다. 회사의 재량에 따라 세무조정표는 그 액수를 %(퍼센티지)나 회사의 보고통화로 표현될 수 있다.

퍼센티지로 표시된 표가 어떻게 법정세율과 유효세율의 차이를 설명하는지 밝히기 위해서 표 20.3의 왼쪽은 TaxCo의 세무조정표를 보여주고 있다. 해외소득이 15%의 세율을 적용받기 때문에 TaxCo는 국내에서 25%의 세율로 적용했을 때보다 7천만 달러 적은 세금을 지불한다. (25%의 세율일 때 1억 7500만 달러를 지불하는 반면 15% 세율로는 1억5000만 달러를 지불한다.) 이 차이를 세전이익의 퍼센티지로 보고하려면, 세무조정표에서 7천만 달러를 19억 달러의 세전이익으로 나누어서 3.7%를 구하게 된다. 세무조정표에 해당하는 퍼센티지를 알아내기 위해 각 조정사항들은 세전이익으로 나누어진다.

표 20.3의 오른쪽은 백만 달러 단위의 영업법인세를 추정하기 위해 세무조정표를 사용하는 방법을 보여준다. 먼저 EBITA로 법정세를 계산하는 것으로 시작한다. 다음으로, 영업활동과 관련된, 지속적인 항목을 찾아 세무조정표를 꼼꼼히 살핀다. 마지막으로, EBITA의 법정세를 영업관련 조정사항들에 추가한다. 다음의 문단들에서 이 과정들에 대해 더 자세히 살펴본다.

TaxCo의 EBITA에 대한 법정법인세를 계산하려면 EBITA에 법정세율을 곱한다: 25% × 28억 = 7억

표 20.4 TaxCo: 달러 표시 세무조정표로 영업법인세 계산하기

$ million

세무조정표	
법정세율	475
해외소득조정	(70)
R&D 세액공제	(40)
환급세액	(24)
소득세	341

영업법인세	
법정세율	475
/ 세전이익	1,900
= 법정세율에서 세전이익	25.0%
× EBITA	2,800
= EBITA에 대한 법정세율	700
해외소득조정	(70)
R&D 세액공제	(40)
추정영업법인세	590

다음으로, 세무조정표에서 영업활동과 관련이 있고 지속적인 세무조정 항목을 찾는다. 가장 흔한 영업조정 항목은 주정부세(state tax)와 외국조세이다. 다른 조정 항목들이 영업활동인지 여부를 밝히기 위해서는 시간의 경과에 따른 일관성을 살펴보고 계정과목 설명을 이용한다. 일부 계정과목 설명들은 난해하기 때문에 온라인 검색을 통해 조정사항을 밝힐 수도 있다. TaxCo의 경우, 우리는 R&D 세액공제를 영업활동으로 분류했고 과거세금분쟁에 따른 환급세액을 비영업활동으로 분류했다.

TaxCo의 누적 영업 조정항목(cumulative operating adjustments)을 계산하려면 해외소득조정(3.7%)과 R&D 세액공제(2.1%)의 합계를 내고, 그 결과를 EBITA가 아닌 세전이익에 곱한다. 회사가 세무조정표를 EBITA가 아닌 세전이익으로 만들었기 때문에 세전이익을 사용해 계산한다. TaxCo의 경우, 영업상 조정항목은 1억 1000만 달러와 같다. 7억달러에서 1억 1000만 달러를 빼면 5억 9천만 달러의 영업법인세가 계산된다.[1]

이 방법이 효과적이기는 하지만 이는 단지 추정에 불과하다. 제시한 예시에서, 공개보고서를 이용한 5억 9000만 달러의 계산은 표 20.2에서 생성된 6억 달러의 내부결과와 일치하지 않는다. 이 차이는 1억 달러의 이익이 법정세율 25%가 아닌 15%의 세율을 적용받은 것으로 설명된다. 이 이익이 25%의 세율을 적용받았다면, 표 20.3의 방법은 오류 없이 영업법인세를 추정했을 것이다. 그러나 내부 재무

1 영업법인세를 추정하기 위해, 일부 전문가들은 퍼센티지(%) 기반의 영업관련 조정항목들을 법정세율에 직접 추가한다. 이 방법이 간단한 상황에서는 작동하지만, 믿을만한 방법은 아니다. 회사가 자산감액(asset write-off)과 같은 거대한 영업외 비용이 있다면, 이는 세전이익을 낮춰 퍼센티지기반의 세무조정항목들을 급증하게 할 것이다. 이러한 급증은 과거의 분석과 (미래)예측을 어렵게 만든다. 결과적으로, 통화(currency) 기반의 조정사항들을 사용해 법정법인세를 조정할 것을 추천한다.

표 20.5 Walmart: 세무조정표

%

	2016	2017	2018
미국 법정세율[1]	35.0	33.8	21.0
미국 주정부세율	1.7	1.8	3.3
2017년 미국 세법의 영향			
일회성 세금	—	12.3	3.6
이연법인세 효과	—	(14.1)	(0.7)
미국 밖에서 부과된 세금	(4.5)	(6.3)	(3.5)
Walmart Brazil의 매각	—	—	6.7
평가성충당금	—	2.1	6.4
국제소득의 미국 송금	(1.0)	(0.1)	0.8
연방세액공제	(0.6)	(0.9)	(1.2)
기타	(0.3)	1.8	1.0
유효세율	30.3	30.4	37.4

[1] Walmart ends its fiscal year on January 31. Therefore, 2017 includes 11 months at a 35% statutory tax rate and 1 month at 21%.

제표에 대한 접근 없는 우리의 분석은 제한적이다.

회사가 세무조정표를 자국통화로 나타냈을 때, 영업법인세를 계산하는 과정은 동일한 원칙을 따르지만 실행에 있어서 약간의 차이가 있다. 표 20.4의 왼쪽은 백만 달러의 단위로 TaxCo의 세무조정표를 보여준다. 첫 번째 항목은 세전이익에 법정세율을 적용할 때 회사가 부담하는 것을 나타낸다. 주로 회사의 법정세율은 세무조정표에 동반되는 문자에 보고된다. 그러나, 그렇지 않을 경우, 법정세율을 구하기 위해 각 항목을 세전이익으로 나눈다.

법정세율을 구했다면, EBITA에 법정세율을 곱해 EBITA에 대한 법정세금을 계산한다.(표 20.4의 오른쪽 참조) 다음으로, 다른 영업 조정사항들을 구하기 위해 세무조정표를 참고한다. 영업 조정사항들이 이미 달러로 표시되었기 때문에 영업법인세의 계산으로 바로 전환될 수 있다. 과정은 다를 수 있지만, 영업법인세에 대한 추정치는 일관적이다.

Walmart의 영업법인세 실제 사례를 들어보면 표 20.5는 할인점인 Walmart의 세무조정표를 나타낸다. 이 세무조정표에서 Walmart는 법정세율에 대한 조정을 퍼센티지로 나타낸다. 당시 모든 미국 회사들과 같이 Walmart의 세무조정표는 최근 미국의 세법 개정과 관련한 몇 가지 조정사항들을 포함한다. 2017년 세제개혁안 TCJA(Tax Cuts and Jobs Act)는 2018년에 미국의 법인세율을 35%에서 21%로 인하하였다.[2] Walmart는 다음 해 1월 31일에 회계연도가 끝나기 때문에, 2017년의 회계연도의 한 달 매출은 새로운 법인세율이 적용된다.

표 20.6 Walmart: 영업법인세

$ million

	2016	2017	2018
법정세율	35.0%	33.8%	21.0%
× EBITA	22,764	20,437	21,957
= EBITA에 대한 법정세율	7,967	6,908	4,611
미국 주정부 소득세	1.7%	1.8%	3.3%
미국 밖에서 부과된 세금	(4.5%)	(6.3%)	(3.5%)
연방세액공제	(0.6%)	(0.9%)	(1.2%)
기타 영업세	(3.4%)	(5.4%)	(1.4%)
× 세전이익	20,497	15,123	11,460
= 기타 영업세	(697)	(817)	(160)
영업법인세	7,271	6,091	4,451
영업법인세율[1]	31.9%	29.8%	20.3%

[1] 영업법인세/EBITA

표 20.6에서 우리는 앞서 설명한 과정으로 Walmart의 영업법인세를 추정하기 위해 세무조정표를 사용한다. 우리는 회사의 손익계산서를 사용하지 않고 EBITA와 세전이익을 필요에 따라 사용한다. 다음 문단들은 이 과정들을 세부적으로 설명한다.

먼저, 법정세율에 EBITA를 곱한다. 예를 들어, 2018년에 Walmart의 EBITA에 대한 법정 세율은 46억 1,100만 달러였다. 다음으로 다른 운영 항목들에 대해 법정세를 조정한다. 이 단계에서 처음 두 가지 운영 조정항목들은 주 소득세(state tax)와 해외소득세이다. 간편성을 위해 법정세율에서 이 두 가지 퍼센티지에서 바로 차감할 수 있지만 그 방법 대신 이 두 가지를 세전이익을 이용해 달러액수로 전환할 것이다. 우리가 이렇게 하는 이유는 2018년 브라질 기업의 평가인하(write-off)가 세전이익을 떨어뜨려 주세에 대한 조정을 퍼센티지 단위로 급증하게 했기 때문이다.(표 20.5 참조) 우리는 또한 연방세금 공제를 영업활동으로 간주한다. Walmart가 이러한 공제의 성격을 밝히지 않았기 때문에 그들은 일관성을 보이고, 그러므로 우리는 이들을 지속적이라고 여긴다.

우리는 표 20.5에 남아있는 조정활동들을 비영업활동으로 간주한다. 이들은 미국의 세율 감소, Walmart 브라질 법인의 매각, 그리고 과거 수익의 본국 송금과 관련된 일회성 세금들을 포함한다. 이들은 비영업활동이기 때문에 표 20.6의 영업

2 TCJA는 미국 법인세법에 많은 변화를 가져왔다. 국내생산활동공제(DPAD)와 같은 일부 공제는 사라졌다. 글로벌 무형자산 발생소득 저율과세(GILTI)와 같은 새로운 최저한세 기준이 도입되었다.

법인세와 영업세율의 계산에 고려되지 않는다.

종합하면, 표 20.6에 포함된 세 가지 조정사항들은 2018년에 EBITA에 대한 법정세율을 1.4%까지 낮춘다. 이 퍼센티지에 세전이익을 곱하면 1억 6천만 달러의 마이너스 조정액이 나올 것이고, 이는 44억 5,100달러의 영업법인세를 결과로 가진다. 영업법인세 총액을 219억 5,700만 달러의 EBITA로 나누면 2018년에 21% 법정세율보다 조금 낮은 20.3%의 영업법인세율이 나온다.

영업법인세를 현금기준 영업법인세로 전환

앞에서 우리는 발생주의(accrual basis)에 근거하여 영업법인세를 추정하였다. 대부분의 회사들, 특히 성장하는 기업들은 회계기준과 세법의 차이 때문에 손익계산서에 보고되는 법인세는 실제 지불한 현금기준 법인세는 반영하지 않는다. 예를 들어, 재무회계가 일반적으로 정액상각법을 사용하는 반면 세법은 물리적 자산의 가속 상각을 허용한다. 더 높은 비용과 더 낮은 세전이익으로 회사들은 발생 주의 세금 지불을 상당히 지연시키거나 어쩌면 영원히 연기할지도 모른다. 지속적으로 세금을 이연하거나 선급하는 회사의 경우, 우리는 현금기준 영업법인세로 불리는 영업현금 법인세를 사용할 것을 권장한다. (느린 성장을 하는 회사의 경우, 이연법인세 계정은 예측불가하게 오르내릴 수 있다. 만약 현금 기준 영업법인세율이 변동성이 있는 경우, 과거 실적을 벤치마킹하기 위해 이연(deferral)을 조정을 하지 않도록 한다. 대신, 발생주의에 근거한 영업법인세율을 사용한다.)

영업법인세를 현금기준 영업법인세로 전환하려면, 영업법인세부터 시작하여 이연법인세 부채를 차감한 영업관련 이연법인세 자산의 증가는 가산하고 감소는 차감한다.[3] 재무상태표의 이연법인세는 영업항목과 비영업항목을 모두 포함하고 있기 때문에 우리는 그들을 분리해야 한다. 이를 위해서는 이연법인세의 상세항목에 대한 주석을 살펴봐야 한다.

표 20.7은 Walmart의 사업보고서 주석9에서 찾을 수 있는 이연법인세 테이블을 보여준다. 이연법인세 자산(DTAs)는 표의 윗부분에 나와 있다. Walmart는 일부 세금자산들이 인식되지 않을 것으로 보이기 때문에 세금자산에 평가성충당금을 인식한다. 표의 밑 부분은 이연법인세 부채(DTLs)이다. 표는 이연법인세 자산

3 오늘날 이연법인세 회계의 복잡성을 고려했을 때, 전체 이연법인세의 변화에 의해 법인세를 조정하는 것은 잉여현금흐름(FCF)를 계산하는데 불충분하다. 2018년 Coca-Cola의 경우, 이연법인세자산의 85%의 증가는 실제 세금의 선급보다는 회계변경으로 인한 가치평가의 수정 때문이다.

표 20.7 Walmart: 이연법인세자산과 이연법인세부채

$ million

	2017	2018
이연법인세자산		
결손금이월공제와 이월세액공제	1,989	2,964
미지급부채	2,482	2,135
주식기준보상	217	245
기타	1,251	1,131
총 이연법인세자산	5,939	6,475
평가성충당금s	(1,843)	(2,448)
순 이연법인세자산	4,096	4,027
이연법인세 부채		
가속상각	(3,954)	(4,175)
취득한 무형자산	(401)	(2,099)
재고자산	(1,153)	(1,354)
기타	(540)	(899)
총 이연법인세부채	(6,048)	(8,527)
순 이연법인세자산	(1,952)	(4,500)

[1] 사업보고서에 유형자산으로 공시됨

에서 이연법인세 부채를 차감하는 것으로 끝난다.

표 20.8은 이연법인세 자산과 이연법인세 부채를 영업항목과 비영업항목으로 인식한다. Walmart는 영업활동과 관련된 네 가지 이연법인세 계정을 가진다: 미지급부채(accrued liabilities), 주식기준보상(share-based compensation), 가속상각(accelerated depreciation), 재고자산(inventory). 이 중 하나인 미지급부채는 고객으로부터 선불로 받지만 멤버십의 유효기간에 걸쳐 소득이 인정되는 멤버십과 같은 선수이익을 포함한다. 정부는 현금이 수금될 때 소득으로 인정하지만 재무제표는 시간에 걸쳐 수익이 발생하였을 때 소득으로 인정함으로 이연법인자산이 만들어진다. 결과적으로, Walmart나 다른 성장 중인 회사들이 이러한 상황일 때 현금세는 손익계산서에 보고된 것보다 더 높다.

다른 영업항목인 가속상각은 이연법인세 부채이다. 이는 Walmart가 회계상 재무제표에는 정액법을 사용하고 세무상으로는 가속상각법을 사용하기 때문에 생기는 부채이다.(감가상각비가 클수록 세전 이익이 적어지고, 이는 곧 적은 세금으로 이어지기 때문이다) 성장하는 기업에 대한 가속상각은 전형적으로 정액법 감가상각보다 비용이 더 크게 발생한다. 그래서 발생주의에 기초한 세금은 보통 실제로 지불된 현금 세금보다 과대계상된다.

표 20.8에서 보여지는 바와 같이, 영업관련 이연법인세부채(가속상각과 관련된 항목들)를 이연법인세자산(보증과 관련된 항목들)에서 차감하여 순이연법인자

표 20.8 Walmart: 이연법인세자산의 재조정

$ million

	2017	2018
순 이연법인세자산		
미지급부채	2,482	2,135
주식기준보상	217	245
가속상각	(3,954)	(4,175)
재고자산	(1,153)	(1,354)
순 영업이연법인세자산	(2,408)	(3,149)
순 비영업이연법인세자산		
결손금이월공제와 이월세액공제	1,989	2,964
평가성충당금	(1,843)	(2,448)
평가성충당금 차감한 결손금이월공제	146	516
취득 무형자산	(401)	(2,099)
순 기타자산	711	232
순 비영업이연법인세자산	456	(1,351)
순 이연법인세자산	(1,952)	(4,500)

산을 구한다. 이 같은 재구성은 영업법인세의 구성요소와 재구성된 재무상태표, 그리고 궁극적으로 최종적인 가치평가가 보다 더 투명하고, 보다 적게 오류가 발생되도록 할 것이다.

표 20.8에 남아있는 항목들은 비영업활동으로 분류된다. Walmart는 세 가지 비영업 이연법인세 계정을 가진다.

1. *공제액을 차감한 이월결손금* : 기업이 손실을 볼 때, 정부로부터 현금으로 배상을 받지는 않는다. (손익계산서상 세금이 음(-)의 값으로 표시됨) 오히려 미래의 세금에서 상쇄시킨다. 이러한 상쇄가 현재의 수익성에 관련이 없기 때문에 영업활동과 별도로 분석하고 평가해야 한다. 대부분의 상쇄가 특정 조세관할권에 갇혀 인식되기 힘들기 때문에 우리는 이월결손금에서 평가성충당금을 차감시킨다.
2. *인수 무형자산* : Walmart가 2018년 Flipkart를 인수한 것과 같이 회사가 다른 회사를 인수할 때, 특허나 고객명단과 같은 항목을 재무상태표상에서 무형자산으로 인식한다.[4] 이런 항목들은 손익계산서에서는 상각되지만 세금목적용으로는 공제되지 않기 때문에, 회사는 인수연도 동안에는 이연법

4 현재의 회계기준에서는 인수 시 지급된 프리미엄이 영업권과 기타 무형자산(인수무형자산)으로 나누어진다. 인수무형자산은 특허, 상표권, 제품제조법, 고객명단과 같은 확인가능하고 분리가능한 자산으로 구성된다. 영업권과 달리, 인수무형자산은 추정연수동안 상각이 이루어진다.

인세부채로 기록할 것이고, 그런 다음 무형자산을 상각하듯이 부채를 상각할 것이다. 영업법인세는(표 20.6에서 산출된) NOPAT 계상에서 이미 무형자산상각비 세금절감효과를 배제하였기 때문에, 그러한 무형자산과 관련있는 이연법인세 조정을 영업법인세에 수행하지 않는다. 대신에, 무형자산의 상각비와 관련된 이연법인세는 비영업항목으로 취급한다.

3. *부채를 차감한 기타 비영업자산.* 다른 비영업이연법인세의 예시로는 연금이나 전환사채와 관련된 이연세금이 있다. 추가적으로 밝혀지는 사실 없이 다른 계정들을 분류하는 것은 까다롭다. 우리가 다른 이연세금에서 일관된 패턴을 발견하지 못했기 때문에 우리는 그들을 비영업활동으로 간주한다.

발생주의에 기초한 영업법인세를 현금 기준 영업법인세로 전환하기 위해서는, 영업법인세에 영업DTL를 차감한 영업DTA의 증가를 더해준다. 대부분, DTL이 DTA보다 크기 때문에 영업 DTL 증가분에서 영업 DTA 증가분을 차감한 뒤 이를 영업법인세에서 차감해도 된다. Walmart의 경우, 영업 순DTL은 2017년 24억 900만 달러에서 2018년 31억 4,900만 달러로 7억 4,100만 달러만큼 증가하였다. (표20.8 참조) 현금기준 법인세를 계산하기 위해서는, 표 20.6에서 계산된 2018년의 44억 5,100만 달러의 영업법인세에서 7억 4,100만 달러를 차감한다. 현금기준 영업법인세는 37억 1,000만 달러와 같다:

100만 달러	2018
영업세	4,451
순 영업 이연법인세부채의 감소(증가)	(741)
영업현금세	3,710

2018년 현금기준 영업법인세율은 37억 1,000만 달러의 현금기준 영업법인세를 219억 5,700만 달러의 EBITA(표 20.6 참조)로 나눈 값인 16.9%와 같다. 영업관련 이연자산으로 인해 현금기준 영업법인세율은 발생주의에 의해 계산된 영업법인세보다 대략 17% 정도 낮다. 미래 FCF 추정에 필요한 EBITA를 결정하기 위해 현금기준 영업법인세율을 사용할 수 있다.

현금기준 영업법인세의 추정이 완료되었다면, 결과를 분석하자. 예를 들어, Walmart의 영업관련 이연법인세의 변화에서 중요한 부분은 미지급부채 DTA의 감소에서 발생한 것이다. 그 감소가 지속 가능한 것인지 혹은 누적 휴가에 대한 새로운 제한과 같은 일회성의 감소인지 생각해보자. 지속중인 영업 관련 차이만을 추정 현금법인세, 결국 잉여현금흐름에 대한 추정에 포함시킨다.

재구성된 재무상태표 상의 이연법인세

잘 구축된 기업가치평가 모델의 중요한 요소는 적절하게 재구성한 재무상태표다. 11장에서 설명한대로, 회사의 재무상태표는 투하자본, 비영업항목, 자금조달의 출처로 재구성된다. 대개, 이연법인세자산과 이연법인세부채는 투하자본이라고 여겨지지 않는다. 영업 이연법인세자산과 부채는 현금기준의 법인세를 경유하여 NOPAT으로 반영되기 때문에, 자본등가물로 간주된다. 왜 자기자본인가? 그것은 발생주의에 기초한 세금을 현금기준으로 전환시키고자 하는 경우 소득을 조정한다. 이때 발생하는 차이가 이익잉여금의 일부가 되면서 자기자본등가물로 처리되는 것이다. 11장에서 논의한 것처럼, 자기자본등가물은 투하자본의 일부가 아니다. 만약 영업이연법인세 자산과 영업이연법인세 부채가 실수로 투하자본의 일부로 포함시킨다면, 영업이연법인세 자산과 부채는 FCF에서 중복 처리될 것이다. 현금기준 세금을 통해 NOPAT에서 한번, 그리고 투하자본에서의 변환 시 다시 이루어진다.

표 20.9는 표 20.8의 항목들에 이연법인세 항목을 추가하여 재구성된 재무상태표를 보여준다. 투자 총자본의 자기자본 부분에서 발견되는 자기자본 등가물에는(표 20.9의 오른쪽 참조) 이월결손금 및 공제 불가능한 무형자산을 제외한 모든 이연법인세 계정이 포함되어 있다. 2018년 Walmart의 자기자본 등가물은 29억 1,700만 달러에 해당된다. 이 금액은 이연법인세 부채(DTL)를 차감한 마이너스 31억 4,900만 달러의 영업이연법인세 자산(DTA)과 다른 이연법인세 부채(DTL)를 차감한 2억 3200만 달러의 다른 이연법인세 자산(DTA)으로 구성되어 있다. 우리는 이 결과를 자산이 아닌 자기자본 부분에 보고하기 때문에 이 표시를 반대로 한다.

이월결손금과 인수 무형자산과 관련된 이연법인세, 이렇게 두 가지 비영업이연법인세는 자기자본 등가물로 분류되지 않는다. 2018년 5억 1,600만 달러의 이월결손금에 대한 DTA는 비영업자산으로 분류되어 별도로 평가되어야 한다. 취득된 무형자산 20억 9,900만 달러와 관련된 DTL만큼 해당 무형자산을 상각하는데, 자산이 생겼을 때 공제불가한 상각으로 그로스업(gross up)되었기 때문이다.

왜 인수 무형자산에서 무형자산에 대한 이연법인세를 차감하는가? 회사가 다른 회사를 인수할 때, 특허와 같이 분리가능하고 확인가능한 무형자산은 인수 무형자산으로 인식한다. 인수 무형자산은 회계기준 손익계산서 상에서 추정연수동안 상각된다. 그러나 대부분의 나라에서 무형자산 상각이 세무기준 공제대상이 아니기 때문에, 회계상 법인세와 실제 법인세 간에 불일치가 발생한다. 결국 회사는 인수 당시 이연법인세부채 계정을 마련한 뒤 재무제표의 대차를 맞추기 위해 인수 무형자산을 이연법인세부채(DTL) 금액만큼 증가(그로스 업)시킨다. 회계적으로 그

표 20.9 Walmart: 재구성된 재무상태표에 대한 이연법인세 처리

$ million

	2017	2018		2017	2018
총투하자본: 사용			**총투하자본: 원천**		
운전자본	(9,195)	(7,750)	단기차입금	5,257	5,225
유형자산	114,818	111,395	유동부채	4,405	2,605
순 기타자산	5,396	7,341	장기차입금	36,825	50,203
무형자산을 제외한 투하자본	111,019	110,986	차입금 및 차입금등가물	46,487	58,033
취득한 무형자산	18,242	31,181	→ 순 이연법인세부채[1]	1,697	2,917
→ 차감: 손금불산입 무형자산	(401)	(2,099)	비지배지분	2,953	7,138
그로스업을 제외한 취득무형자산	17,841	29,082	Walmart 주주지분	77,869	72,496
			자기자본 및 자기자본 등가물	82,519	82,551
무형자산을 포함한 투하자본	128,860	140,068			
→ 이월결손금	146	516	총투자재원	129,006	140,584
총투자재원	129,006	140,584			

[1] 이월결손금과 이연법인세를 제외한 이연법인세부채(자산을 차감한)는 습득된 무형자산과 관계가 있다.

로스업된 무형자산은 현금흐름과는 무관하기 때문에 무형자산과 이연법인세 분석 시에는 제외되어야 한다.

이런 2018년의 계산(offset)을 표 20.9에 반영하기 위해서, 20억 9,900만 달러의 이연법인세부채를 311억 8,100만 달러의 인수 무형자산에서 차감한다. 표의 왼쪽의 자금사용에서 알 수 있듯이, 무형자산 항목은 290억 8,200만 달러가 되었다. EBITA에 대한 법인세를 계산하고 취득된 무형자산에서 이연법인세부채를 차감함으로써, 발생주의에 근거한 회계적 법인세를 현금기준 법인세로 바꿀 수 있다.

재무상태표에서 이연법인세 찾기

이연법인세자산과 부채의 어려운 점은 그들을 찾는 것이다. 때때로 그들은 재무상태표에 분명하게 실려있지만, 종종 그들은 기타 자산과 기타 부채들에 포함되어 있다. 포함된 항목들을 살펴보기 위해서는 세금 각주를 확인하라. 예시로, 2018년 연례보고서의 주석에서, Walmart는 17억 9600만 달러의 이연법인세자산을 "기타 장기자산"에 포함하고 있다고 밝혔다.

이연법인세 가치평가

앞부분에서 언급했듯이, 영업항목으로 분류된 이연법인세자산과 부채는 현금기준 법인세 계산에 포함된다. 그 다음 NOPAT와 FCF 산출에도 포함되기 때문에 그들은 이미 영업활동의 가치에 포함되어있다. 그에 반해서, 비영업 이연법인세의 가치평가과정은 계정의 상세항목에 의존한다.

이월결손금의 가치평가는 제공된 정보에 의존한다. 세부사항들을 찾기 힘들다면, 보고된 평가성 충당금을 이월결손금에 적용하라. 정보가 허락한다면, 세금절감 시기를 추정하기 위해 과거 손실을 미래소득에 적용하라. 현금유동성을 무부채 자기자본비용과 같은 적정자본비용으로 할인하라. 이월결손금에 대한 조세법은 매우 복잡하기 때문에 반드시 해당 지역의 조세전문가와 함께 검토하여야 한다. 그리고 이월결손금은 발생한 국가에만 적용된다는 것을 명심해야 한다. 한 국가에서 발생한 이월결손금은 다른 국가의 영업에서 발생한 이익을 상계하는 역할로 사용될 수 없다. 이월결손금과 이를 평가하는 방법에 대한 더 많은 정보는 16장을 참조하라.

취득된 무형자산과 관련 있는 이연법인세는 무형자산에서 차감되고 무시된다. 앞 부분에서 설명한 바와 같이, 상각은 비현금이며 많은 나라에서 손금불산입으로 처리된다. 그러므로, 상각과 그에 상응하는 이연법인세 부채는 현금흐름에 효과가 없다.[5]

연금(pensions)과 전환사채를 포함된 나머지 이연법인세 계정을 가치평가하려면 그들에 상응하는 계정을 살펴보자. 실제 처리하는 방법은 계정과목의 성격에 따라 차이가 발생한다. 하나의 예로, 연금과 관련있는 이연법인세는 연금비용이 현금불입액과 다를 때 발생한다. 그러나 재무상태표상 인식된 이연법인세 계정은 미래의 절세가 아닌 누적된 역사적 차이를 반영한다. 그러므로, 미적립연금과 연관된 절세효과를 평가하기 위해서는, 현재의 미적립부채에 한계세율을 곱해야 한다(즉, 부족분 자금조달에 따른 기대세금절세효과). 이는 미국의 법령상에서, 자금의 격차를 좁히기 위한 금전기여금액은 소득공제가 되기 때문에 가능하다.

이연법인세 계정에 상관없이, 가치를 계산하기 위해 계정의 장부가를 사용해서는 안 된다. 이연법인세 계정은 회계와 세법의 과거 차이들을 반영하여 미래의 현금흐름이나 이러한 현금흐름의 현재가치를 반영하지 않는다.

---

5 일부는 이연법인세부채를 영업활동으로 간주하고 다음과 같은 로직을 이용해 잉여현금흐름에 포함시킨다. 먼저, 영업법인세는 EBITA가 아닌 EBIT으로 계산된다. 만약 상각이 공제불가하다면 세금에 대한 결과추정치는 너무 낮을 것이다. 이연법인세부채가 감소한다는 것은 마이너스 현금흐름을 암시한다. 이러한 감소는 EBIT을 사용해 만들어진 상각절세효과를 상쇄한다. 그러나 우리가 영업법인세를 EBITA로 산출하기 때문에, 우리는 상각절세효과를 무시하고 결과적으로 상쇄(offset)를 적용시키지 않는다.

마무리하며

세무회계는 매우 복잡하므로 세법 전문가들조차도 어려움을 느낄 때가 많다. 그러나 많은 기업들의 영업법인세율이 법정세율 및 유효세율과 다르기 때문에, 기업가치 평가를 위해서 영업법인세율을 정확히 파악하는 것이 무엇보다 중요하다.

세무조정 테이블의 특정 항목을 분석하는 데 어려움을 느낀다면 다음의 두 가지 질문을 생각하면서 이 책에서 제시한 원칙을 떠올리길 바란다. 첫째, 해당 항목이 지속적인 것이고, 핵심영업과 관련된 것인가? 둘째, 해당 항목이 기업의 성과나 가치에 대한 당신의 생각을 바꿀 만큼 영향력이 있는 것인가? 영업법인세를 현금기준 법인세로 전환할 때, 이연비율(deferral rate)이 합당하며 지속 가능한지를 항상 확인해야 한다. 인수합병의 이슈가 있을 때 이연법인세 계정이 인위적으로 크게 증가하며 이연비율을 지나치게 높게 만들 수 있다. 이런 경우에는 미래 이연비율을 예측하기 위해 장기간 동안 관찰된 추세 값을 이용한다.

VALUATION
Measuring and Managing the Value of Companies

21장

비영업 항목, 충당부채비용 및 충당부채

잉여현금흐름을 예측하기 위해서는, 일반적으로 매출원가, 운반비, 판매비, 관리비 같은 영업비용을 중점적으로 살펴보아야 한다. 그러나 사업재조정 비용, 영업권 손상, 비경상적인 항목과 같은 영업외비용은 어떠한가?

영업외비용은 발생 빈도가 낮고 회사의 일반적인 활동과 간접적으로 연관되어 있는 비반복적 비용이다. 일반적으로 현금흐름할인법 계산에서는 영업비용을 과거 지향적이고 일회성 비용으로 보아 특별히 고려하지 않는다. 그러나 연구결과에 의하면 영업외비용의 종류와 회계처리가 미래 현금흐름에 영향을 미칠 수도 있기 때문에, 특정상황에서는 가치평가에 반영되어야 한다.

본 장은 가장 흔한 비영업비용에 대한 분석으로 구성되어있다. 이는 무형자산 상각비, 구조조정비용, 소송 비용과 같은 비경상적 비용, 자산 제각(asset write-off), 그리고 영업권 손상으로 구성되어 있다. 비현금성 비용은 그에 상응하는 충당부채비용이 수반되기 때문에, 다양한 조정에 대한 구분체계를 설립하고 기업가치와 관련하여 상기 충당부채비용들의 실제 효과를 반영한 손익계산서와 재무상태표의 재구성 과정을 설명한다. 더불어 잉여현금흐름(FCF; Free Cash Flow) 및 지분가치평가에서 상기 충당부채비용들이 처리되는 방법을 보여 줄 것이다.

비영업비용과 일회성 비용

비영업비용과 일회성 지출은 흔히 발생하지 않는 비용으로서 과거의 재무실적을 왜곡하고, 결과적으로 미래에 대한 우리의 관점 또한 왜곡되게 할 수 있다. 그러므로 지속적으로 발생하는 비용과 일시적인 비용은 분리시키는 것이 중요하다. 이러한 생각은 쉽게 들릴 수 있지만, 적용하는 방법은 간단하지가 않다. 비영업비용은 손익계산서에서 쉽게 판별할 수 있지만, 몇몇의 경우에는 회사의 주석상에 숨겨져 있을 수 있다. 비영업비용을 모두 확인한다고 해서, 모든 작업이 끝난 것은 아니다. 각각의 비영업비용이 미래 현금 흐름에 미치는 영향에 대해 주의 깊게 분석해야 하며, 필요한 경우, 추정을 통해 비용과 관련된 정보를 반영하기 위해 조정되어야 한다.

비영업비용의 영향을 평가하고 현금 흐름 추정에 이러한 정보를 구체화시키기 위해서는 다음과 같은 세 단계를 추천한다.

1. 영업항목과 비영업항목의 구분: 이 과정은 판단이 필요하다. 일반적으로, 매출에 따라 늘어나고 핵심사업 운영과 관련이 깊은 항목은 영업항목으로 분류한다. 여러 계정이 한꺼번에 묶여있는 경우에는 각각이 장기 ROIC에 미치는 영향을 파악해보아야 한다.
2. 일회성 항목에 대한 주석 파악: 연결손익계산서에 모든 일회성 비용들이 각기 공시되어 있지는 않다. 때때로 사업보고서상의 '이사의 경영진단 및 분석 의견'(MD&A; management discussion and analysis) 부분에 이러한 일회성 항목들에 관련된 정보가 표시되어 있다.
3. 미래 영업에 미치는 각 비영업 항목의 영향 분석: FCF에도 포함이 되어있지 않고 EBITA(이자비용, 법인세, 무형자산상각 차감전 이익)에도 포함되지 않은 항목들은 핵심 영업가치의 일부가 아니다. 그러므로 이러한 비영업 항목들을 개별적으로 분석하고 미래에 계속 발생할 가능성이 있는지를 판단하는 것이 매우 중요하다. 또한, 발생가능성이 높은 경우에는 FCF 추정에 구체적으로 반영하여야 한다.

영업비용과 영업외비용의 구분

많은 기업들은 손익계산서에 &영업이익/손실&로 표현하는 항목을 포함한다. 예를 들어, 표 21.1에서 나타난 Boston Scientific에 대한 손익계산서를 살펴보면 2018년에 회사는 15억 달러의 영업이익을 보고하였다. 그러나 당기의 영업이익이 회사의 장기적인 이익 잠재능력에 대한 정확한 반영이라고 할 수 있는가? 비영업항목(예를 들어, 영업이익/손실 하단에 기록되는 항목)에 대한 구분이 엄격한 회계기준상의 영업이익에 대한 정의와 우리의 EBITA에 대한 정의는 차이가 발생한다. 핵심 영업을 효과적으로 벤치마킹하기 위해서, EBITA와 세후순영업이익

표 21.1 Boston Scientific: 손익계산서

$ million

회계상 손익계산서[1]	2016	2017	2018
순매출액	8,386	9,048	9,823
매출원가	(2,424)	(2,593)	(2,813)
매출총이익	5,962	6,455	7,010
판관비	(3,099)	(3,294)	(3,569)
R&D 비용	(920)	(997)	(1,113)
로열티 비용	(79)	(68)	(70)
무형자산상각비	(545)	(565)	(599)
무형자산손상차손	(11)	(4)	(35)
조건부 대가비용	(29)	80	21
구조조정 비용	(28)	(37)	(36)
소송관련 비용	(804)	(285)	(103)
영업이익(손실)	447	1,285	1,506

재구성된 손익계산서	2016	2017	2018
순매출액	8,386	9,048	9,823
매출원가	(2,424)	(2,593)	(2,813)
매출총이익	5,962	6,455	7,010
판관비	(3,099)	(3,294)	(3,569)
R&D 비용	(920)	(997)	(1,113)
로열티 비용	(79)	(68)	(70)
EBITA	1,864	2,096	2,258

[1] Boston Scientific 2018 사업보고서

(NOPAT; Net Operating Profit After Taxes)은 회계기준에 의한 구분에 연연하지 말고, 진행 중인 핵심 사업과 연관된 항목만을 포함시켜야 한다.

Boston Scientific이 보고한 여러 이른바 영업비용들은 실제로는 비영업비용이다. 무형자산상각비(2018년 5억 9,900만 달러)와 무형자산 손상차손(3,500만 달러)는 모두 무형자산의 가치에서 차감되는 비현금비용이다. 이들은 인식시기와 정기적으로 발생하는지에 있어서만 차이를 보일 뿐이다. 다른 비영업비용들로는 기업인수와 관련된 조건부 대가비용(contingent consideration benefit)(2,100만 달러), 구조조정비용(3,600만달러), 그리고 소송비용(1억 300만 달러)이 있다. 평가의 목적을 위해, EBITA를 결정하는데 이러한 비영업비용들은 수익에서 차감되지 않아야 한다.

표 21.1의 오른쪽 부분은 Boston Scientific의 EBITA 산출 과정을 보여준다. 매출에 따라 늘어나는 영업비용들—예를 들어 매출원가, 판매관리비, R&D 비용, 그리고 로열티 비용—만이 EBITA 산출에 포함되어 있다. EBITA는 비교적 안정적인 성장을 띄는 반면, 회계적으로 정의된 영업손익은 얼마나 급격히 성장하는지를 주목할 필요가 있다.

이미 언급했듯이, 각 계정들을 영업 혹은 비영업 항목으로 분류하는 것은 판단을 요구한다. 영업비용은 지속적으로 발생하고, 수익과 연관되는 경향이 있기 때문에 장기적인 전망이 필수적이다. 예를 들어, 10년마다 발생하는 공장폐쇄는 비영업 항목으로 간주해야 한다. 반대로 수백 개의 점포를 보유하고 있는 유통 업체의 경우, 가게 문을 닫는데 드는 비용은 영업 항목으로 간주해야 한다.

표 21.2 Boston Scientific: 연도별 소송비용

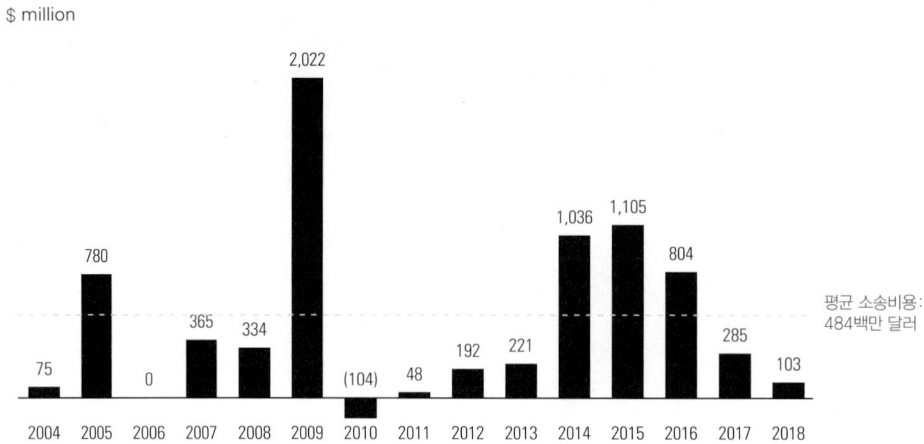

출처: Boston Scientific 사업보고서

Boston Scientific에 있어, 우리는 로열티 지급을 영업비용으로 분류했는데 그 이유는 로열티는 의료장비산업에 있어 필수적인 부분이고 매출이 증가함에 따라 같이 증가하기 때문이다. 반대로, 소송비용은 특정 기간에 집중되어 있거나 혹은 산발적으로 나타난다. 표 21.2는 2004년과 2018년 사이 발생한 Boston Scientific의 소송비용을 보여준다. 최근 3년간 소송비용은 감소세를 보이고 있지만, 이는 장기적인 추세를 반영하지 못한다. 소송비용을 영업 항목으로 분류할 수 있지만, 이는 소송비용이 인식되는 해의 ROIC가, 소송으로 인해 혜택을 누리는 해들의 ROIC보다 부진하게 보이도록 할 것이다. 또한 소송비용은 실제로 발생하는 금액이기 때문에 Boston Scientific의 가치 평가에 반드시 반영되어야 한다. 시간 소요가 많은 일이지만, 해당 회사와 관련된 소송의 내역과 의료장비 기업들의 평균 소송비용에 대한 분석 작업은 제대로 된 가치 평가를 위해 필요하다.

분류가 명확하지 않을 때에는, 비용항목을 포함하거나 포함시키지 않는 ROIC를 모두 측정해보면 알 수 있다. 만약 비용발생이 집중되는 경향이 있다면, 그 비용이 발생한 기간에 걸쳐 지출을 분산시켜야 한다.

숨겨진 일회성 항목 발견을 위한 주석 분석

모든 비영업비용이나 일회성 비용이 손익계산서에 구체적으로 보고되는 것은 아니다. 이는 매출원가나 판관비에 내재되어 있을 수도 있다. 내재된 지출을 찾기 위해서는 기업의 사업보고서에서 MD&A항을 읽어보라. 이 항은 매출원가와 기타 비

용에서 연도별로 나타나는 변화에 대하여 자세히 기술하고, 때로는 특이 항목을 보고하기도 한다. 2011년, Boston Scientific은 비용에 대하여 다음과 같이 보고하였다:

2011년의 일사분기동안 우리는 그리스의 장기 미수금(receivables)에 대한 대손충당금으로 2000만 달러를 설정하였다. 2011년의 일사분기에, 그리스 정부는 해당 미수금을 현금화가 가능한 채권(bonds)으로 전환하였기 때문에 판관비의 환입으로 처리하면서 대손충당금을 감소시켰다.

이런 비용에 대해 NOPAT을 조정할지의 여부는 그 비용이 성과에 영향을 줄 만큼 큰 비용인가에 달려 있다. 만약 비용이 그만큼 크지 않다면, 그것을 위한 조정이 분석을 지나치게 복잡하게 만들고 시간도 많이 걸리게 하기 때문에 굳이 할 필요가 없다.

향후 영업에 미칠 영향에 대한 비영업항목 분석

Kimberly-Clark의 2018년 사업보고서에는, 다음과 같이 쓰여 있다. "2018년도 국제 구조조정 프로그램(2018 Global Restructuring Program)은 제조 공급망과 간접 조직의 간소화와 능률화를 통해 구조적 비용 기반을 줄일 것이다. 이번 구조조정을 통해 2021년 말까지 연간 5억 달러에서 5억 5000만 달러의 비용 절감 효과(pre-tax cost savings)를 나타낼 것이라 예상된다." 만약 이것이 신뢰성이 있다면, 보고서의 내용을 미래 현금흐름에 대한 예측에 포함하여야 한다.

학계에서는 특별 항목(special item)과 일회성 비용 중 예측 가능한 부분에 대해 부석하였다. 초기 연구는 특별 항목의 낮은 지속성을 지적하며, 이들은 실제로 일시적이며 예측에 포함되어서는 안 된다고 주장하였다. 하지만, 이 초기 연구는 연간 기준에 따른 지속성을 조사한 것이다. 2009년, 연구자들은 여러 년도로 범위를 확장하였고, 강력한 핵심 이익을 가진 기업들에 있어 특별 항목들이 지속성을 갖고 있다는 점을 발견하였다.[1] 다시 말하면, 해마다 구조조정 비용을 계상하는 고수익 기업은 향후 비슷한 비용을 계속해서 계상할 가능성이 높다는 것이다. 영업이익이 작은 기업들의 지속성은 낮게 나타났다.

많은 학계의 연구자들은 수익성 있는 기업의 특별항목들이 해마다 지속될 수

1 P. M. Fairfield, K. A. Kitching, and V. W. Tang, "Are Special Items Informative about Future Profit Margins?" *Review of Accounting Studies* 14, nos. 2-3 (2009): 204-236.

있음에 대한 한 가지 원인으로 경영진이 특정한 이익 목표를 달성하기 위하여 지속적인 영업비용을 특별항목으로 분류하고 있기 때문으로 보고 있다. 연구 분석가들도 흔히 이렇게 믿는데, 이들 기업은 특별항목의 공시에 이어서 이익 예측치를 낮춘다.[2] 비록 특별항목이 이익을 관리하는데 사용됨을 보여주는 연구들이 설득력 있지만, 이러한 연구 결과를 어떻게 개별 기업과 연관시킬지는 여전히 명확하지 않다. 다시 한번 판단이 필요해진다. 우선, 특별 항목들을 공시하는 기업들에게 집중하라. 그리고 만약, 특히 불경기에, 그 특별항목들이 반복될 것처럼 보인다면, 여러분의 예측을 거기에 맞게 조정하라.

비영업항목과 일회성 비용을 모두 파악하기는 현실적으로 어렵겠지만, 주로 분석이 되는 항목들이 있는데, 다음과 같다. 인수무형자산의 상각비용, 영업권 제각(write-off)과 외부구입 R&D를 포함하는 자산의 제각, 구조조정비용, 소송비용, 자산처분으로 인한 이익과 손실. 이들 개별 비영업항목들은 특정한 조정을 요하기 때문에, 이들 하나하나를 살펴보아야 한다.

인수 무형자산의 상각 비록 회계기준이 인수 무형자산의 상각을 요구하지만, 대부분의 경우 NOPAT을 결정하는 영업이익에서 해당 상각비를 차감해서는 안 된다. 비용화되는 상각비에 대한 대안으로 (EBIT이 아닌) EBITA를 사용하여 영업이익을 결정해야 한다. 상각비는 영업이익에서 제외되기 때문에 제외된 상각누계액은 재무상태표에서 무형자산의 총계에 포함해야 한다. 또한, 해당 항목은 자기자본("상각누계액" 항목으로)에 포함되어 총투자재원의 합계와 균형을 맞춰야 한다.

감가상각비를 ROIC 계산에 포함하는데, 왜 무형자산을 상각하지 않는가? 무형자산을 인식하고 시간 경과에 따라 상각하는 것은 좋은 방법이다. 하지만 현재 회계기준은 기업들이 모든 무형자산에 있어 지속적으로 이러한 접근법을 적용하는 것을 허용하지 않는다. 오늘날, 인수 무형자산만이 자본화되고 상각되는 반면, 내부적으로 생성된 무형자산들, 예를 들어 브랜드와 유통망 등은 지출시점에 비용화된다. 따라서 무형자산을 취득한 후, 내부투자로 해당 자산을 유지시키는 기업의 EBIT은 재무제표에서 두 번 차감될 수 있는데, 한번은 판매관리비(SG&A)를 통해, 그리고 또 한번은 상각을 통해서이다. 실제로, 새로운 무형자산 생성에 대한 지출을 비용화하고 동시에 오래된 무형자산을 상각하는 것은 손익계산서에 자본지출과 감가상각을 섞어놓는 것과 동일한 것으로, 바람직한 행태는 아니다. 가치평가 목적상, 영업권과 인수 무형자산을 원래 가치로 유지시킴으로써 상각과 지출을 뒤

---

2 N. Li, H. Su, W. Dong, and K. Zhu, "The Effect of Non-recurring Items on Analysts' Earnings Fore- casts," *China Journal of Accounting Research* 11, no. 1 (2018): 21-31.

표 21.3 2018년 제약산업의 EBIT와 EBITA 마진

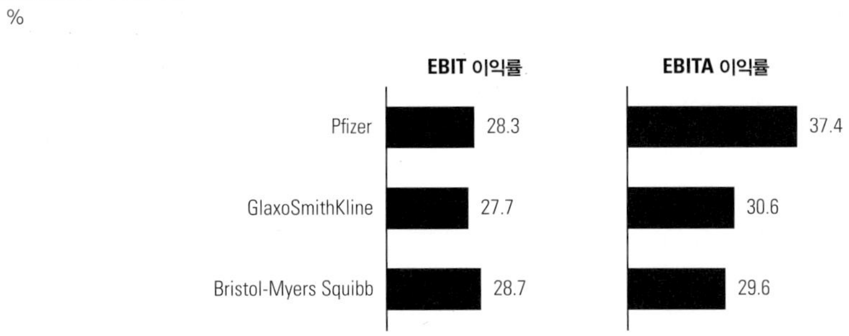

출처: 사업보고서

섞는 것을 피해야 하고 이를 위해서는 영업이익을 무형자산 상각비 차감 전에 계산하고 누적상각액을 영업권과 무형자산의 현재가치에 더해야 한다.

표 21.3은 제약산업에 종사하는 3개의 기업들의 이익마진에 있어 외부에서 취득한 무형자산의 상각이 미치는 영향을 보여준다. EBIT 마진 측면에서는 3개의 기업들이 거의 비슷한 실적을 띄는 것으로 보인다. 하지만 이는 취득된 무형자산의 상각에 의해 왜곡된 것이다. Pfizer는 2016년 Medivation and Anacor의 인수건을 포함해, 기업과 제품 인수에 매우 적극적인 태도를 보여왔다. 이러한 인수건과 기타 매입건에 대한 상각액을 고려하지 않는다면, Pfizer는 GlaxoSmith-Kline와 Bristol-Myers Squibb에 비해 약 7 퍼센트 포인트 앞섰다.

상각비를 공제하는 것이 정당한 상황에는 무형자산이 꾸준히 (비용화되지 않고) 자본화될 수 있는 경우가 있다. 영업인력 대신 제3자로부터 고객 연락처를 구입하는 회사의 경우를 보자. 영업비용은 SG&A를 통해 지출되는 것이 아니기 때문에, 의미 있는 영업수익성에 도달하기 위해 이는 상각되어야 한다. 그렇지 않으면, 손익계산서는 판매비용을 정확하게 반영하지 못할 것이다. 또 다른 예로는 통신회사의 주파수 사용권 구입이 있다. 이러한 자산은 예외 없이 자본화되고 상각될 수 있음으로, 고정 장비와 감가상각과 다르지 않게 취급해야 한다.

자산 감액(write-offs) 회계기준에 의하면, 만약 자산의 가치가 장부가액보다 낮을 경우에는 그 자산의 공정가액까지 (때로는 전체가액을) 감액되어야 한다. 비록 감액(write-downs) 또는 제각(write-offs)이 채권자들에게 담보가치에 대한 평가가 감소되었음을 알려주긴 하지만, 그로 인해 재무상태표 가치는 주주들에 의한 과거 투자를 과소계상하게 된다. 따라서, 감액이 발생한 후의 ROIC는 인위적으로 증가할 수 있다. 이러한 결과에 대응하기 위해서, 자산감액을 비영업항목으로 처리하고, 감액손실누계액을 투하자본에 합산하여야 한다. 또 투하자본의 총합과 균형

을 맞추기 위해서, 상응하는 자본등가물을 계상하여야 한다.

자산감액에는 일반적으로 두 가지의 범주가 있다.

1. 자산 감액: 일반적으로 자산감액은 비영업항목으로 처리되지만, 가끔 자산 감액이 구조적으로 발생하는 경우에는 영업항목으로 처리되기도 한다. 자산감액분을 다시 자산가치에 가산한다. 그러나 미래 필요현금을 계산하기 위해서 자본회전율을 추정하는 경우는 예외로 한다. 이 경우에는, 필요현금을 가장 잘 반영할 수 있도록 비율을 산정한다.
2. 영업권 및 무형자산 손상차손: 영업권 및 기타 무형자산 손상차손을 비영업항목으로 처리하고 누적손상차손을 재무상태표의 영업권에 다시 가산하라. 영업권을 포함하는 ROIC를 계산하는 목적은 모든 인수 프리미엄을 포함하는 과거 실적을 측정하는 것이기 때문에, 영업권은 원래 수준으로 유지되어야 한다.

구조조정 비용 기업들은 변화하는 사업환경에 적응해야 한다. 주요 변화들은 공장폐쇄, 직원 해고, 재고자산 감액, 자산 감액, 그리고 기타 구조조정비용을 요구한다. 만약 구조조정비용이 다시 발생하지 않을 것으로 예상되면, 이 비용을 비영업비용으로 처리해야 한다. 하지만 진행 중인 구조조정비용이 반복적으로 나타난다면, 추가적인 분석이 필요하다. 표 21.4는 2009년과 2018년 사이 Boston Scientific의 구조조정비용을 보여준다. 이 기간 동안 Boston Scientific의 구조조정비용은 매년 평균 7000만 달러, 매출의 0.9%를 차지했다. 이러한 지출은 매출원가 및 판매관리비와는 별개의 것으로 보고되었다.

Boston Scientific의 구조조정비용은 그 규모와 지속성으로 봤을 때, 이 중 현금비용의 비중이 얼마나 되고, 현금구조조정비용이 계속 발생할지, 그리고 그렇다면 얼마나 오랫동안 지속될지를 판단하기 위하여 분석이 필요하다. 마지막으로, 회사 보고서를 상세히 보면 다음과 같이 나와있다:

> 이사회는 2018년도 11월에 세계적인 구조조정 프로그램(the 2019 Restructuring Plan)을 실시하였고 우리는 이에 따랐다. 2019년도 구조조정 계획이 실행됨에 따라 약 2억 달러에서 3억 달러의 세전 부담금(pre-tax charges)이 부과될 것으로 예상되며, 프로그램 혜택이 실현됨에 따라 2022년도 말까지 연간 총 약 1억 달러에서 1억 5천만 달러까지의 세전 운영비를 절감할 수 있을 것이라 기대한다.

많은 구조조정비용은 현금이 지출되기 전에 인식된다. 이 경우, 그에 상응하는

표 21.4 Boston Scientific: EBITA와 구조조정비율

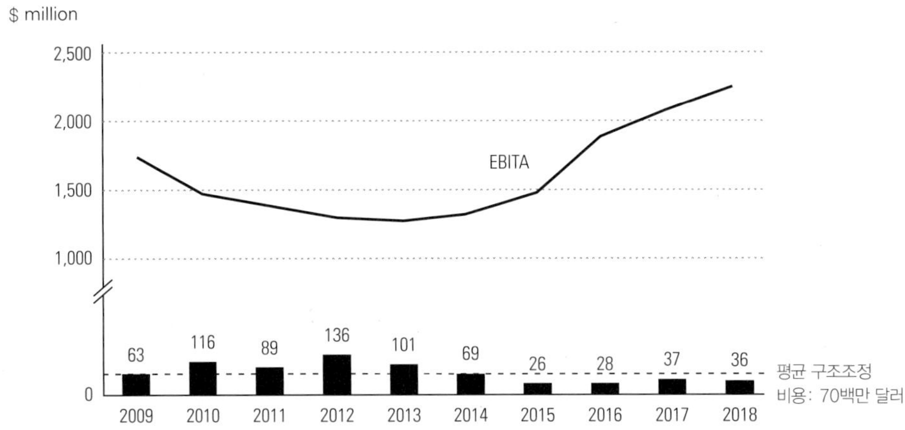

출처: Boston Scientific 사업보고서

충당부채(reserves)가 재무상태표의 부채 부분에 기록될 것이다. 다음 절에서, 구조조정비용과 연관된 것을 포함하여, 다양한 충당금의 적용에 대해 살펴볼 것이다.

소송비용 회사에 대한 법적인 판단의 가능성으로, 회사는 소송비용을 인식할 수 있다. 소송비용이 빈번히 발생하고 매출액과 함께 증가한다면, 그 비용은 영업비용로 처리해야 할 것이다. 예를 들어, 병원시스템은 빈번히 발생하는 의료 과실소송에 대해 대응해야 한다. 이러한 소송은 병원 영업을 위해 소요되는 비용이기 때문에, 소송비용은 가치평가 및 추정을 위해 영업비용으로 취급되어야 한다. 그러나 소송비용이 일회성 비용이라면, 비영업항목으로 취급하고, 주요 영업과는 별개로 회사에 대한 소송을 평가해야 한다.

자산매각에 대한 손익 자산의 판매가격이 장부가액과 다를 때, 회사는 이익과 손실을 인식할 것이다. 이익과 손실은 과거시점 기준이기 때문에(가치가 과거에 창출되거나 훼손되었음), 비영업항목으로 취급한다. 이에 더하여, 추정된 FCF에 최근에 매각된 자산이 포함되지 않도록 검토해야 한다. 예를 들어, 향후의 감가상각은 남아있는 자산에 대해서만 반영한다.

자산매각 관련손익이 영업이익에 포함되어서는 안되지만, 과거의 자산매각은 미래 자산매각에 의해 발생될 현금의 수준을 통찰력 있게 제시해 줄 수도 있다. 미래에 자산 매각으로 발생하는 현금의 가치를 측정하려면 해당 현금흐름이 FCF 산출에는 포함되지 않아야 한다는 것을 명심하자. 그렇지 않다면, 이중 계산으로 인해 기업의 가치가 과대평가될 것이다.

충당부채비용 및 상응하는 충당부채

충당부채비용은 미래에 발생할 비용 또는 예상 손실을 반영하는 비현금성 비용이다. 기업들은 현재의 이익을 감소시키고 충당부채비용을 인식하여, 부채에 해당하는 충당부채를 설정한다 (또는 관련 자산에서 금액을 직접 차감함).

회사를 분석하고 평가하기 위해, 우리는 충당부채비용을 네 가지 종류 중 하나로 분류한다. 즉 계속영업 충당부채비용, 장기영업 충당부채비용, 비영업 구조조정 충당비용 또는 이익유연화(이익을 한 기간에서 또 다른 기간으로 이전시키는 것) 목적을 위해 발생되는 충당부채비용의 4가지이다. 예를 들어, 계속영업 충당부채비용은 기타 영업비용과 같이 처리되는 반면, 구조조정 충당부채비용은 발생주의 금액에서 현금기반으로 변환시켜 비영업항목으로 적용된다. 표 21.5는 네 가지 종류의 충당비용이 각각 NOPAT, 투하자본, 가치계산에서 어떻게 적용되는지 보여준다.

우리는 우리의 충당부채 체계가 더 나은 분석으로 이어진다고 믿지만, 관련 재무자료의 조정 방법은 회사의 가치 평가에 영향을 주지 않아야 한다. 회사의 가치 평가는 발생주의 기반 회계가 아니라 순전히 사업을 통해 현금이 어떻게 그리고 언제 흘러가는지에 따라야 한다.

충당부채비용에 대한 조정

표 21.6에서는 다음 4가지의 충당부채비용을 인식하는 가상 기업의 요약 재무제표

표 21.5 충당부채비용과 충당부채의 처리

분류	예시	NOPAT에서의 처리[1]	투하자본에서의 처리	가치평가에서의 처리
계속 영업 충당비용	제품 반품 및 보증	NOPAT 결정을 위해 수익으로부터 충당비용 차감	투하자본 결정을 위해 영업용 자산으로부터 충당부채 차감	충당비용은 잉여현금흐름의 일부
장기 영업 충당비용	공장 폐쇄 비용 및 미적립 퇴직급여제도	NOPAT 결정을 위해 수익으로부터 영업부분을 차감하여 이자부분은 영업외로 처리	차입금 등가물로서 충당부채를 처리	영업가치로부터 충당부채의 현재가치를 차감
비영업 구조조정 충당비용	해고에 따른 예상퇴직급여와 같은 구조조정 비용	발생기준 충당비용을 현금기준 충당비용으로 전환하고 영업외로 처리	차입금 등가물로서 충당부채를 처리	영업가치로부터 충당부채의 현재가치를 차감
이익유연화 충당비용	이익유연화 목적의 충당비용	발생기준 충당비용을 현금기준 충당비용으로 전환하여 충당비용을 제거	자기자본 등가물로서 충당부채를 처리	이익유연화 충당비용은 비현금비용이므로 영향이 없음

[1] 세후순영업이익

표 21.6 재무제표에서의 충당부채비용과 충당부채

$ million

	Today	Year 1	Year 2	Year 3	Year 4
손익계산서					
매출액		1,000.0	1,200.0	1,400.0	1,600.0
영업비용		(750.0)	(900.0)	(1,190.0)	(1,200.0)
공장폐쇄 자산, 상각비[1]		(7.7)	(7.7)	(7.7)	–
공장폐쇄 충당부채, 전입액[2]		(15.0)	(16.5)	(18.2)	–
제품결함 충당비용[2]		(100.0)	(120.0)	(140.0)	(160.0)
이익유연화 충당비용[2]		(40.0)	(40.0)	80.0	–
회계상 영업이익		87.3	115.8	124.1	240.0
구조조정 충당비용		–	(30.0)	–	–
순이익		87.3	85.8	124.1	240.0
재무상태표					
공장폐쇄 자산 취득원가	77.1	77.1	77.1	77.1	–
상각누계액	(54.0)	(61.7)	(69.4)	(77.1)	–
공장폐쇄 자산 장부가액	23.1	15.4	7.7	–	–
기타 영업자산	700.0	840.0	980.0	1,120.0	–
자산 총계	723.1	855.4	987.7	1,120.0	–
공장폐쇄 충당부채	150.3	165.3	181.8	–	–
제품결함 충당부채	100.0	120.0	140.0	160.0	–
구조조정 충당부채	–	–	30.0	–	–
이익유연화 충당부채	–	40.0	80.0	–	–
자기자본	472.9	530.1	555.9	960.0	–
부채 및 자기자본	723.1	855.4	987.7	1,120.0	–

[1] 일반적으로 상각비용에 포함됨
[2] 일반적으로 매출원가와 같은 영업비용에 포함됨

를 나타내고 있다. 그 4 가지는 기업의 공장을 폐쇄하는 것에 대한 환경 충당부채비용, 미래 제품 결함에 대비하기 위한 충당부채비용, 이익을 유연화하기 위한 충당부채비용, 그리고 미래 퇴직급여를 위한 구조조정 충당비용이다. 이 예에서 우리는 각 충당비용의 평가의 관점에서 어떻게 다뤄지는지 보여주기 위해 과거 재무제표가 아닌 추정 재무제표를 재편성했다. (과거 재무제표는 추정 재무제표와 같은 방식으로 조정되어야 한다) 분석의 편의를 위해, 우리는 이 기업이 세금을 내지 않고 부채가 없다고 가정하였다.

재무제표를 조정하는 과정은 충당부채비용의 종류에 따라 다르다. 표 21.7을 사용하여 가상기업의 충당비용 손익계산서와 재무상태표에서 각각 어떻게 조정되는지 살펴본다. 앞으로 괄호 안의 숫자는 1차년도에 재편성된 재무제표에 나타난 값을 의미한다.

표 21.7 ROIC와 충당부채비용 및 충당부채

$ million

	Today	Year 1	Year 2	Year 3	Year 4
NOPAT					
회계상 영업이익		87.3	115.8	124.1	240.0
공장폐쇄 충당부채, 전입액		15.0	16.5	18.2	–
이익유연화 충당부채 증가(감소)		40.0	40.0	(80.0)	–
세후영업이익		142.3	172.3	62.3	240.0
순이익 조정					
순이익		87.3	85.8	124.1	240.0
공장폐쇄 충당부채, 전입액		15.0	16.5	18.2	–
이익유연화 충당부채 증가(감소)		40.0	40.0	(80.0)	–
구조조정 충당비용		–	30.0	–	–
NOPAT		142.3	172.3	62.3	240.0
투하자본					
순공장폐쇄자산	23.1	15.4	7.7	–	–
기타 영업용 자산	700.0	840.0	980.0	1,120.0	–
제품결함 충당부채	(100.0)	(120.0)	(140.0)	(160.0)	–
투하자본	623.1	735.4	847.7	960.0	–
투하자본 조정					
공장폐쇄 충당부채	150.3	165.3	181.8	–	–
구조조정 충당부채	–	–	30.0	–	–
이익유연화 충당부채	–	40.0	80.0	–	–
자기자본	472.9	530.1	555.9	960.0	–
투하자본	623.1	735.4	847.7	960.0	–
기초 투하자본 대비 ROIC, %		22.8	23.4	7.3	25.0

계속영업 관련 충당부채비용 회사가 일부 제품이 반품될 것을 예상하거나 제품을 보증 혹은 관련 애프터서비스를 자체적으로 보장할 때에는, 제품 혹은 서비스가 판매될 때 상기 의무에 해당하는 채무를 인식해야 한다. 충당부채는 계속영업에 관련되어, 매출이 증가함에 따라 같이 증가한다면, 충당부채는 이자를 지급하지 않는 기타 부채와 동일하게 처리되어야 한다.(예를 들면 매입채무 또는 미지급임금) 특히 관련 충당부채비용은 EBITA 결정을 위해 매출에서 차감되어야 한다. 투하자본(6억 2310만 달러)은 영업자산(7억 2310만 달러)에서 해당 충당금(1억 달러)을 차감한 순액으로 보고되어야 한다. 해당 충당부채비용 및 충당부채는 영업항목으로 적용되어 FCF에서 차감되는 만큼, 별도로 평가되어서는 안된다.

장기영업 충당부채비용 때때로 회사는 공장을 폐쇄하는 경우, 환경정화 및 그 밖의 비용을 지급해야 한다. 가상 회사가 10년 동안 공장을 운영한 뒤 폐쇄비용으로 2억 달러를 필요로 한다고 가정하자. 회사는 공장폐쇄 시 현금을 일시불로 비용 처

표 21.8 충당부채비용 및 충당부채 주석

$ million

	Today	1차년도	2차년도	3차년도
패널 A: 자산항목 변동				
기초 공장폐쇄 자산	30.8	23.1	15.4	7.7
상각비	(7.7)	(7.7)	(7.7)	(7.7)
기말 공장폐쇄 자산	23.1	15.4	7.7	–
패널 B: 부채항목 변동				
기초 공장폐쇄 충당부채	136.6	150.3	165.3	181.8
10% 적용 전입액	13.7	15.0	16.5	18.2
지출	–	–	–	(200.0)
기말 공장폐쇄 충당부채	150.3	165.3	181.8	–
패널 C: 손익계산서				
공장폐쇄 자산, 상각비	7.7	7.7	7.7	–
공장폐쇄 충당금, 전입액	15.0	16.5	18.2	–
공장폐쇄 비용	22.7	24.2	25.9	–

리하는 대신에, 폐쇄비용의 현재가치를 자산과 부채로 나눠 투자시점에 인식하는 것을 선호한다.[3] 10년 뒤의 폐쇄비용 2억 달러를 10%로 할인한 현재가치는 7,710만 달러이다.[4] 이는 회사가 7,710만 달러를 차입한 다음 미래 공장폐쇄에 대비해 제한된 현금항목(restricted cash)으로 계속 보유하고 있는 것과 마찬가지다.

공장폐쇄 자산과 충당부채를 인식하고 나면, 해당자산은 상각되고(제한된 현금이 공장정화 비용 마련을 위해 마련된 외부투자처에 지불되는 과정과 비슷함), 충당부채는 증가하게 된다(부채가 미지급 이자비용 때문에 늘어나는 것과 비슷함). 따라서 회사는 공장폐쇄시 현금을 일시불로 비용 처리하는 대신에, 자산의 가치보다는 폐쇄 비용에 대한 인식이 더 강하다.

만약 핵 발전 시설이나 광산등의 경우처럼 폐쇄 비용이 상당하다면, 비용이 회사의 주석사항에서 설명될 것이다. 표 21.8은 주석의 예시를 보여준다. 표 21.8의 패널 A에서 공장폐쇄 자산은 해마다 770만 달러씩 줄어든다. 감가상각액은 최초 공장폐쇄자산 금액을 정액상각으로 계산한 값이다. 패널 B에서는 공장폐쇄 충당금이 해마다 전기 말 충당금의 10%씩 증가한다. 늘어나는 비용은 이자비용을 추정하는 것으로 증분(accretion)으로 불린다. 1년차의 충당금은 1억 5030만 달러로 전

3 미국에서 asset retirement obligations (AROs)는 SFAS 143을 따른다. IFRS를 따르는 회사들은 ARO를 "충당부채비용"으로 분류하는 IAS 37을 차용한다.

4 표 21.6는 공장의 기대수명인 10년 중 7년차 상태를 보여준다. 따라서, 공장폐쇄 자산 및 충당부채는 1년차 금액인 7710만 달러와 달라졌다. 공장폐쇄 자산은 7년 동안 정액 상각되어 2310만 달러가 되었고 반대로 폐쇄충당부채는 해마다 할인율(discount rate)만큼 증가하였다. 결과적으로, 7년차 충당금은 $77.1 × (1.10)7 인 1억 5030만 달러가 되었다.

표 21.9 충당부채비용 및 충당부채가 포함된 잉여현금흐름

$ million

	Year 1	Year 2	Year 3	Year 4	
NOPAT	142.3	172.3	62.3	240.0	
상각비	7.7	7.7	7.7	–	
총현금흐름	150.0	180.0	70.0	240.0	
투하자본의 투자	(120.0)	(120.0)	(120.0)	960.0	
FCF	30.0	60.0	(50.0)	1,200.0	← 10%로 할인한 현가 = 858.9
FCF의 조정					
구조조정 충당비용	–	30.0	–	–	
구조조정 충당부채 (증가)감소	–	(30.0)	30.0	–	
현금기준 구조조정 충당비용	–	–	30.0	–	← 10%로 할인한 현가 = 22.5
공장폐쇄 충당부채, 전입액	15.0	16.5	18.2	–	
공장폐쇄 충당부채 (증가)감소	(15.0)	(16.5)	181.8	–	
배당금	40.0	70.0	–	1,120.0	
자사주 매입(발행)	(10.0)	(10.0)	(280.0)	80.0	
FCF	30.0	60.0	(50.0)	1,200.0	

기대비 1500만 달러 증분되었다. 표 21.6에 나타난 손익계산서를 보면, 상각과 증분 모두 영업항목으로 분류되어 있는데 상각비용이나 영업비용 계정에 포함되어 표시되는 경우가 많다.

NOPAT, 투하자본, ROIC, 및 FCF를 계산하기 위해서는, 11장에서 제시된 방법을 적용한다. 손익계산서를 재구성할 때, 상각은 영업항목으로 처리한다. 반대로 증분은 이자비용을 추정하는 것이기 때문에 NOPAT에 포함되어서는 안되고 순이익 조정표에는 이자비용 다음 항목으로 포함되어야 한다. NOPAT과 순이익 조정표의 계산은 표 21.7의 윗부분에서 확인할 수 있다. 대차대조표를 재구성할 때, (제한된 현금과 비교되는) 공장폐쇄 자산은 투하자본의 일부로 처리하고 충당금은 부채 등가물로 처리한다. 투하자본과 그에 대한 조정은 표 21.7의 아랫부분에서 확인할 수 있다. FCF를 구하기 위해서는, NOPAT에 공장폐쇄 자산의 상각분을 더하고 (비현금성이기 때문에), 투하자본에의 투자분을 차감한다. 표 21.9는 FCF를 보여준다.

공장폐쇄 충당부채를 부채 등가물로 처리할 때 이자비용과 충당금 증감은 FCF에 반영되지 않는다. 따라서, 자기자본 가치를 결정하려면 현재의 회계상 충당금(1억 5,030만 달러)을 기업전체가치인 8억 5,890만 달러에서 차감해야 한다. 표 21.10에서는 영업가치를 자기자본 가치로 전환한다.

표 21.10 충당부채비용 및 충당부채가 포함된 기업 DCF

$ million

가치평가		산출근거
영업가치	858.9	DCF 합계
구조조정 충당비용의 가치	(22.5)	10%로 할인한 현가(차입금 등가물)
공장폐쇄 충당부채	(150.3)	대차 대조표 참조(차입금 등가물)
자기자본가치	686.1	

일회성 구조조정 충당부채비용 경영진이 회사를 구조조정하기로 결정하면 일정한 미래의 비용(예, 퇴직금)을 즉시 인식할 것이다. 이 때 우리는 일회성 충당부채비용은 비영업항목으로 처리하고 이에 상응하는 충당금은 부채 등가물로 처리할 것을 추천한다. 2차년도에 가상기업은 3000만 달러의 구조조정 충당비용을 계상하는데, 이는 3차년도에 지급될 비용이다.(표 21.6 참조) 구조조정은 비영업항목이기 때문에 NOPAT을 구하기 위한 과정 중 매출에서 차감되는 항목이 아니며, 오히려 순이익에 대한 조정항목에 포함되어야 한다. (표 21.7 참조) 우리는 현금주의에 의거하여 충당비용을 평가할 계획이기 때문에 비현금충당금은 부채 등가물로 처리하며, 투하자본을 결정할 때도 영업자산에서 차감하지 않는다.

비영업수익 및 비용은 FCF에 반영되지 않기 때문에 구조조정비용은 현금주의에 의거하여 별도로 평가되어야 한다. 발생주의기준의 구조조정비용을 현금기준으로 전환시키기 위해서, 구조조정비용에서 구조조정 충당금의 증분을 차감하라. 이렇게 계산하면 2차년도의 현금흐름은 0달러가 되고 3차년도의 현금흐름은 3,000만 달러가 된다. (FCF와 그에 대한 조정은 표 21.9를 참조하라.) 비영업현금흐름의 추정 현재가치는 2,250만 달러인데, 이것은 자기자본 가치결정을 위해 영업가치에서 차감되어야 한다.

이익유연화 충당부채비용 몇몇 경우를 제외하고, U.S. GAAP 또는 IFRS는 이익유연화를 위한 충당부채비용을 허용하지 않고 있다. 이익 조작 등을 방지하기 위해 많은 회사들은 주요 충당부채비용에 대한 산출을 제 3의 기관에 위탁한다. 몇몇의 경우, 회사는 이익유연화를 위한 충당비용을 사용할 수 있다. 예를 들어, 계약의 장기적 가치가 변동될 것이라고 생각된다면 특정 계약에 한해 계약자는 이익 유연화를 시도할 수 있다.

표 21.6에서, 가상 회사는 유연화 시킨 충당부채비용을 사용함으로써 회계상 EBITA와 순이익에서 유연한 성장을 보여줄 수 있다. 본서에서는 계정을 "이익유연화 충당부채비용"이라고 명하지만, 실제 회사는 "기타 충당부채비용(other provision)"이라는 교묘한 어법을 사용한다. 가상 회사의 경우, 충당부채비용은 1차

년도와 2차년도에 기록되고, 3차년도에는 환입된다. 이익유연화 충당비용을 사용함으로써, 회사는 3차년도의 영업성과의 하락을 숨길 수 있었다. (영업비용은 매출액의 70%에서 80%로 상승하였다)

회사의 성과를 적절히 평가하기 위해서는, 이익유연화 충당부채비용을 제거하라. 이익유연화 충당부채비용을 회계상 EBITA에 다시 더해줌으로써 삭제한다. (이전에 차감되었던 이익유연화 충당비용을 다시 더해줌으로써 그 효과를 상쇄함). 이러한 방식으로, 우리는 충당비용을 발생주의로 회계처리하기보다는 현금기준으로 전환시키고, 결과적으로 충당금을 자기자본 등가물로 처리할 필요가 있다. (그 과정은 이연법인세와 동일하다) 이익유연화 충당비용은 비현금비용이므로, 회사의 가치평가나 현금흐름에 영향을 미치지 않는다.

충당부채비용과 세금

대부분의 경우에서, 충당비용은 인식되는 때가 아니라 현금으로 지급될 때만 세무상 공제가 가능하다. 따라서, 대부분의 충당비용은 이연법인세자산을 발생시킬 것이다. 예를 들어, 3000만 달러 비현금성구조조정비용은 3000만 달러 구조조정 충당부채를 발생시킨다. 구조조정비용이 GAAP 손익계산서에서 세금 공제된다면, 이익잉여금은 2100만 달러만큼만 떨어진다(30% 세율을 가정). 구조조정 충당부채의 증가가 이익잉여금의하락과 서로 대응되지 않기 때문에, 재무상태표의 대차균형이 맞지 않는다. 그 차이를 없애기 위해서, 이연법인세 자산이 900만 달러로 인식된다.

영업관련 충당부채비용의 경우, 발생주의 세금보다 현금주의 세금을 사용할 것을 추천한다. 비영업관련 충당부채비용의 경우, 충당부채비용이 세금에 미치는 영향을 측정한다. 장부가는 과거를 기록한 것으로 미래의 현금흐름과 반드시 연결되어 있는 것이 아니므로 사용하지 않는다. 이연법인세에 대한 자세한 내용은 20장을 참고한다.

마무리하며

비영업이익에 대한 회계적 정의는 이자비용과 기타 몇 가지 항목으로 제한된다. 따라서, 영업이익에 대한 회계적 정의는 일회성 항목이나 기타 비영업 항목들도 다수 포함하고 있다. 재무 분석을 하려면 손익계산서상의 비영업 항목과 영업항목을 구분해야 한다. 이런 구분은 회사의 현재 성과와 미래 현금흐름 창출 능력에 대한 이해를 높여준다. 가끔 특정비용을 정확히 분류하기 어려울 때가 있다. 그러나 모든 항목을 너무 정확히 분류하고자 애쓸 필요는 없다. 모든 항목을 빠짐없이 분류하고 애초의 분류기준에 따라 일관성있게 해당 항목들이 가치평가에 반영되기만 한다면 제대로 된 가치평가가 이루어질 것이기 때문이다.

22장

리스

많은 회사들, 특히 소매업체와 항공사들은 자산을 직접 구매하기보다는 다른 회사로부터 그들의 자산을 리스한다. 그들은 더 큰 융통성과 세금절감을 포함한 다양한 이유로 이렇게 한다.

과거에는 회계기준을 교묘히 이용해서 자산과 부채를 재무상태표에 표시하지 않을 수 있었다. 이에 해당하는 자산에는 리스 자산과 그에 상응하는 부채, 매출채권과 같은 유동화자산, 미적립퇴직급여 부채 등이 있었다. 이는 회사가 현금흐름을 관리하거나 자금조달을 용이하게 하기 위한 수단으로 사용하도록 도왔다. 또 다른 예로는, 부외 항목들이 종종 주당순이익이나 자산수익률 등을 인위적으로 높이기 위해 사용되기도 했다.

이에 대응하여 국제회계기준위원회(IASB)와 미국회계기준위원회(FASB)의 회계기준을 그게 변경하였다. 2019년 기준으로, 회사들은 운용리스를 포함한 거의 모든 리스자산들을 재무상태표에 자본화하도록 요구받는다.[1] 이는 회사가 자산을 리스하고 (심지어 오랜 기간 동안) 주기적인 리스비용만 인식하던 과거 기준과 극명한 차이를 보인다.

새로운 회계기준은 운용리스의 처리를 이 책의 기본원칙에 가까워지게 한다. 하지만 새로운 기준의 실행은 기업별로 다르기 때문에 운용리스를 가치평가에 포함시키는 것은 여전히 특별한 주의를 요한다.

이 장은 새로운 회계기준에 대한 검토와 그것이 기업별로 어떻게 다른지, 또 재무제표에 어떻게 나타나는지에 대한 내용으로 시작한다. 그 후 운용리스를 기업평

---

1 IASB는 2016년 1월 IFRS 16, "Leases"을 발표했고, FASB는 2016년 2월 ASU 2016-02 "Leases(Topic 842)" 을 발표했다.

가에 통합시키는 방법에 대한 틀을 잡는다. 운용리스가 가치평가의 각 부문에 영향을 주기 때문에 이 장은 파트2에 나타난 가치평가원칙에 대한 검토를 제공할 것이다. 회사들이 그들의 과거 재무제표를 수정하지 않을 것이기 때문에, 우리는 시간 경과에 따른 일관된 벤치마킹을 확실히 하기 위해 과거 재무제표를 조정하는 방법에 대해서 논의한다. 이 장은 회사별 벤치마킹을 할 때 유용한 리스 평가방법의 대안에 대한 논의로 끝난다.

운용리스회계

비록 IASB와 FASB 모두 현재 운용리스에 대한 자본화를 요구하지만 새로운 기준을 실행하는 데 있어서는 차이점이 있다. IFRS를 사용하는 회사의 경우, 리스기간 1년 이상의 거의 모든 리스가 리스자산과 그에 상응하는 부채가 재무상태표에 자본화되었으며 리스비용이 감가상각과 지급이자로 적절하게 나뉘어졌음을 의미하는 "금융"리스로 간주된다. 이 책의 파트2에 나타난 기업가치 평가방법은 임대를 IFRS에 따라 추가의 조정없이 올바르게 통합시킬 것이다.

리스를 GAAP에 따라 자본화시키는 것은 더욱 복잡하다. 회사들은 리스자산을 IFRS와 비슷하게 "금융"리스로 분류하거나 "운용"리스로 분류한다. 리스는 리스인에게 누적납입이 특정 기준치를 초과할 때 금융리스로 분류된다.[2] 금융리스는 각 요소들이 다른 재무제표계정에 포함되어 있기 때문에 일반적으로 재무제표에 표시되지 않는다. 리스자산은 자산, 시설, 그리고 장비에 포함된다. 리스부채는 단기부채와 장기부채에 포함된다.

새로운 회계기준의 영향을 더 잘 이해하기 위해서 우리는 FlightCo라는 운용리스를 이용하는 가상의 항공사를 분석하고 가치평가 한다. 지속적 가치의 불필요한 복잡성들을 피하기 위해 우리는 회사의 리스를 항공기 한 대로 가정하고 3년째 되는 연말에 청산할 것으로 계획한다. 그 시점에 부품재고는 팔리고 일반의무채권은 말소되었으며 청산배당은 지불되었다. 이 리스는 계약기간이 기초자산의 수명보다 상당히 짧기 때문에 운용리스로 분류된다.

표 22.1은 현금흐름할인법을 이용한 FlightCo의 운용리스의 가치평가를 나타낸다. 리스는 1에서 3까지 각각 900만 달러, 900만 달러, 그리고 1,200만 달러의

---

2 리스는 리스기간이 경제적 내용연수의 75%보다 클 때, 리스료의 현가가 원가의 90%보다 클 때, 자산이 특별하여 그것이 반환되었을 때, 임대인에게 가치가 없을 때, 또는 리스기간 종료 시에 자산의 소유권이 임차인에게로 옮겨졌을 때 금융리스로 분류된다.

표 22.1 FlightCo: 운용리스의 가치평가

$ million

	리스료	할인계수	현금흐름 할인법
1차년도	9.0	0.952	8.6
2차년도	9.0	0.907	8.2
3차년도	12.0	0.864	10.4
운용리스의 현가			27.1

지불금을 가진다. 5%의 부채비용에 현금흐름할인법을 사용했을 때, 리스는 2,710만 달러의 현가를 가진다. 계약기간이 단지 3년이기 때문에, 리스지불금의 현가는 자산의 실가보다 상당히 낮다. 이 장의 뒷부분에 "운용리스 가치평가방법의 대안" 파트에서 우리는 연례보고서의 데이터를 이용해 리스자산의 전체가치를 추정하는 평가방법을 제시한다. 이는 다른 자금조달정책을 가지는 두 회사를 벤치마킹할 때 유용하다.

표 22.2는 FlightCo의 리스와 관련된 재무제표 계정들을 보여주고 시간의 경과에 따라 계정들이 어떻게 변화하는지를 보여준다. 비록 이 변화가 가치평가에 요구되거나 실제로 밝혀지는 것은 아니지만 리스 후의 회계를 설명하는데 유용하다.

손익계산서에서 미국 GAAP은 리스료가 시간이 지나면서 변화하지만 3천만 달러의 총 리스료는 계약기간에 걸쳐 균등하게 나눠질 것을 요구한다.[3] 연간 리스비용은 연간 천만달러로 손익계산서에 기록된다. 리스료는 자산의 감가상각과 임대인에 대한 재정적 보상까지 포함한다.

재무상태표에서 리스료의 현재가치는 "사용권자산"으로 기록되고 그에 상응하는 부채는 "운용리스부채"로 기록된다. 두 계정은 2,710만 달러에서 시작한다(리스료의 현가) 두 계정이 처음 기록될 때는 맞아 떨어지더라도 시간이 경과하면서 매년 현금지불금이 달라지면 맞지 않을 것이다. 이것이 우리의 FlightCo 예시의 경우이다. 사용권자산은 1,000만 달러의 리스료에서 140만 달러 이자를 뺀 860만 달러가 감소된다.(2,710만 달러에서 1,850만 달러까지) (마치 이것이 충분히 혼란스럽지 않다는 듯이, 이자는 자산이 아닌 운용리스부채에 계산된다.) 같은 해에 운용리스부채는 리스료 900만 달러에서 140만 달러 이자를 뺀 760만 달러가 감소된다.(2,710만 달러에서 1,950만 달러)

3 일부는 운용리스에 대한 비용 처리가 금융리스에 대한 비용 처리를 반영한다고 생각한다; 이는 사실이 아니다. 금융 리스의 경우 현재가치가 정액법으로 리스기간 동안에 상각된다. FlightCo의 리스가 금융리스였다면, 상각비용은 3년간 연 903만 달러에 달했을 것이다. 리스자산상각은 감가상각과 무형자산상각(depreciation and amortization)에 포함되어 있다. 리스이자비용은 해당 부채로부터 산출되며 이자비용에 포함된다.

표 22.2 FlightCo: 리스와 관련된 재무제표 계정

$ million

	Year 1	Year 2	Year 3
손익계산서			
리스비용	10.0	10.0	10.0
자산: 사용권자산			
사용권자산, 기초	27.1	18.5	9.4
리스비용	(10.0)	(10.0)	(10.0)
이자비용[1]	1.4	1.0	0.6
사용권자산, 기말	18.5	9.4	–
부채: 운용리스			
리스원금, 기초	27.1	19.5	11.4
5%의 이자비용	1.4	1.0	0.6
리스료 지급	(9.0)	(9.0)	(12.0)
리스원금, 기말	19.5	11.4	–

[1] 미국회계기준에 따르면, 운용리스부채에 대한 이자는 사용권자산의 연간 감소를 결정하기 위해 리스비용에서 차감한다.

앞 문단에서 설명한 불일치 때문에 대부분의 회사들은 그들의 상응하는 사용권자산과 다른 운용리스부채를 보고한다. 예를 들어 Delta 항공사는 2019년 1분기 보고서에 60억 달러의 사용권자산을 보고했다. 그에 반해, 운용리스부채의 당기리스료는 9억 4,100만 달러, 비유동 운용리스부채(noncurrent operating lease)는 58억 달러로 총 67억 달러이다. 이 보고기간에 해당 값들은 10% 이상 차이가 난다.

운용리스 보유 회사의 가치평가하기

운용리스를 기업가치평가에 통합시키는 것은 이 책의 파트2에 설명된 과정과 동일하다. 우리는 FlightCo를 가치평가하기 위해 네 가지 과정을 사용한다.

1. 재무제표를 재구성하라. 재구성 과정에서 운용리스비용에서 계산상의 이자(내재이자)를 제거함으로써 EBITA를 상향조정하라. 조정된 NOPAT을 알아내기 위해 영업법인세를 조정하라.
2. 조정된 NOPAT과 사용권자산의 변화를 이용하라. FCF를 추정하라. 운용리스로 분류된 부채들은 차입금으로 간주되고 FCF의 조정에 통합된다.
3. 운용리스의 가치를 차입금으로 포함하는 WACC를 추정하라.
4. 운용리스를 포함한 WACC로 (조정된 NOPAT을 기본으로) 잉여현금흐름

표 22.3 FlightCo: 재무제표

$ million

	Year 0	Year 1	Year 2	Year 3
손익계산서				
매출액		75.0	75.0	75.0
영업비용		(40.0)	(40.0)	(40.0)
영업리스비용[1]		(10.0)	(10.0)	(10.0)
영업이익, 미조정		25.0	25.0	25.0
이자비용, 부채[2]		(0.4)	(0.3)	(0.3)
세전이익		24.6	24.7	24.7
20%의 법인세율		(4.9)	(4.9)	(4.9)
당기순이익		19.7	19.7	19.8
재무상태표				
재고자산	15.0	15.0	15.0	–
사용권자산	27.1	18.5	9.4	–
총자산	42.1	33.5	24.4	–
운용리스	27.1	19.5	11.4	–
부채	7.8	6.6	5.0	–
자기자본	7.2	7.4	8.0	–
부채 및 자기자본	42.1	33.5	24.4	–
자본변동표				
자기자본, 기초		7.2	7.4	8.0
당기순이익		19.7	19.7	19.8
배당금 및 자사주취득		(19.5)	(19.1)	(27.8)
자기자본, 기말		7.4	8.0	–

1 일반적으로 매출원가와 같이 영업비용에 포함되어 있다.
2 1년차부터 3년차까지 이자는 0.39, 0.33, 0.25에 해당한다. 그 결과, 반올림 오차는 세전이익과 순이익에 영향을 미친다.

(FCF:free cash flow)을 할인하여 기업가치를 구해야 한다. 자기자본가치를 결정하기 위해서는 기업가치에서 전통적인 부채와 운용리스부채의 현재가치를 차감해야 한다.

당신이 사용권자산을 직접 구입한 장비로 취급하고 운용리스부채를 차입금의 일종으로 취급하는 한, 당신의 결과는 이론상으로 일관될 것이다. 영업이익의 경우 내재리스이자에 의해 상향조정될 것이다. 영업이익을 조정하지 않을 경우 내재이자를 이중계산함으로써 자기자본을 과소평가시킬 것이다. 한 번은 리스비용의 일부로 또 한 번은 자기자본을 구하기 위해 기업가치에서 리스가치를 차감할 때이다.

표 22.4 FlightCo: NOPAT와 당기순이익의 조정

$ million

	Year 1	Year 2	Year 3
EBITA,[1] 미조정	25.0	25.0	25.0
운용리스이자	1.4	1.0	0.6
EBITA, 운용리스 이자에 맞게 조정	26.4	26.0	25.6
20%의 영업법인세율	(5.3)	(5.2)	(5.1)
NOPAT[2]	21.1	20.8	20.5
당기순이익과 대사			
당기순이익	19.7	19.7	19.8
이자비용, 부채	0.4	0.3	0.3
운용리스 이자비용	1.4	1.0	0.6
20%의 절세효과	(0.3)	(0.3)	(0.2)
NOPAT	21.1	20.8	20.5

[1] EBITA(Earnings before interest, taxes, and amortization)
[2] NOPAT(Net operating profit after taxes, 세후영업이익)

재무제표 재구성하기

FlightCo의 가치평가를 시작하려면 먼저 재무제표를 재구성해야 한다. 표 22.3은 FlightCo의 손익계산서, 재무상태표 그리고 자기자본계산서를 보여준다.

FlightCo의 재무제표의 정보를 이용해 표 22.4는 NOPAT의 계산과 순이익으로의 조정을 보여준다. 그 과정은 운용리스비용에 포함된 계산상의 이자(내재이자)를 다시 추가하는 것으로 시작한다. 계산상의 이지(내재이자)를 추정하려면, 전년도의 운용리스부채에 운용리스를 가치평가하기 위해 사용했던 금리를 곱한다. (만약 회사가 주석에 운용리스에 대한 할인율을 공개하지 않았다면 AA등급 부채의 만기이율을 사용하라.) FlightCo의 경우, 포함된 이자가 5%의 금리에 곱해진 2,710만 달러의 운용리스부채와 같다. 사용권자산이 아닌 운용리스부채를 이용해 계산상의 이자(내재이자)를 추정하라.

NOPAT을 계산하기 위해서는, 조정된 영업이익에서 영업법인세를 차감하라. 영업법인세는 영업이익에 영업세율을 곱하는 것으로 추정된다. 1년차에 대한 NOPAT 결과값은 2,110만 달러이다. 포함된 이자에 대한 세금절감은 자본비용에 통합될 것이다.

우리는 단순화된 재무상태표가 이미 투입자본과 일치하기 때문에 FlightCo에 대한 재구성된 재무상태표를 제시하지 않는다. 일반적으로 사용권자산을 투입자본의 일부로, 운용리스부채를 자금조달원천으로 포함시킨다.

표 22.5 FlightCo: FCF와 그 조정

$ million

	Year 0	Year 1	Year 2	Year 3
손익계산서				
영업비용		(40.0)	(40.0)	(40.0)
영업리스비용[1]		(10.0)	(10.0)	(10.0)
이자비용, 부채[2]		(0.4)	(0.3)	(0.3)
세전이익		24.6	24.7	24.7
20%의 법인세율		(4.9)	(4.9)	(4.9)
당기순이익		19.7	19.7	19.8
재고자산	15.0	15.0	15.0	–
사용권자산	27.1	18.5	9.4	–
총자산	42.1	33.5	24.4	–
운용리스	27.1	19.5	11.4	–
부채	7.8	6.6	5.0	–
자기자본	7.2	7.4	8.0	–
부채 및 자기자본	42.1	33.5	24.4	–
당기순이익		19.7	19.7	19.8
배당금 및 자사주취득		(19.5)	(19.1)	(27.8)
자기자본, 기말		7.4	8.0	–

1 일반적으로 매출원가와 같이 영업비용에 포함되어 있다.

2 1년차부터 3년차까지 이자는 0.39, 0.33, 0.25에 해당한다. 그 결과, 반올림 오차는 세전이익과 순이익에 영향을 미친다.

잉여현금흐름(FCF) 추정하기

재무제표가 재구성되었다면, 잉여현금흐름을 추정한다. 표 22.5는 현금흐름표와 FlightCo 투자자들에 대한 현금흐름 조정을 보여준다. FCF는 NOPAT에서부터 시작한다. FlightCo가 재산이나 장비를 소유하지 않기 때문에 추가 감가상각은 없다.[4] 이 가치에서 운전자본의 증가(재고)와 장기자산(이 경우에서는 사용권자산)을 뺀다. 두 계정이 시간의 경과에 따라 감소하기 때문에 그들은 양수(+)이다.

표 22.5의 운용리스이자와 사용권자산의 감소의 합계가 어떻게 표 22.3의 운용리스비용과 동일한지 주목하자. 본질적으로, 가치평가과정은 잉여현금흐름에서 기존자산에 대한 전체리스비용을 제외한다. 가치평가의 완료에서 기존자산의 리스는 잉여현금흐름의 일부가 아닌 차입금으로 평가될 것이다. 기본 재정원칙과 일치하게, 이 과정은 투자흐름을 그것이 융통된 방식으로부터 분리한다.

4 FCF를 알아내기 위해서 우리는 시간이 지남에 따라 감소하는 FlightCo의 사용권자산의 변화를 통합한다. 감소에 의해 발생한 양수 값(+)은 감가상각추가를 모방한다. 본질적으로, 리스를 자본화하는것의 현금흐름은 차입을 통해 해당 자산을 구매하는 것의 현금흐름과 동일하다.

투자자에 대한 현금흐름을 조정할 때, 운용리스의 포함된 이자와 운용리스부채의 변화를 채권자에 대한 흐름으로 간주한다. 다시 한 번, 어떻게 표 22.5의 이 두 계정의 합계가 현금기준의 리스 지불금과 일치하는지 주목한다. 자금조달과 그와 관련된 세금은 잉여현금흐름의 일부가 되어서는 안 된다.

재무추정에 운용리스 통합시키기

사용권자산을 예측하기 위해 13장에서 소개된 예측기법을 사용하라. 사용권자산을 매출이나 단위가 팔린 수와 같은 수량기준측정치에 연결시켜라. 항공 산업에서는, 단위들은 유효한 좌석마일로 나타내어진다. 매입자산과 대치자산의 혼합이 영업을 수행하는 데 필요한 용량과 일치하도록 확인하라.

운용리스부채를 사용권자산의 퍼센티지로 설정하라. 이 추정방법이 정밀함과는 거리가 멀지만, 자금조달로의 흐름이나 자금조달로부터의 흐름은 기업기준의 평가에 영향을 미치지 않는다. 대신 자금조달은 가중평균자본비의에 설정된 목표자본구조를 통해서만 가치평가에 영향을 준다. 만약 도움이 된다면, 운용리스와 차입금의 결합을 목표자본구조로 모델화할 수 있지만, 이것이 필수는 아니다.

자본비용 산출

잉여현금흐름을 할인하려면, 운용리스의 가치가 포함된 가중평균자본비를 활용한다. 표22.6은 FlightCo의 가중평균자본비용을 보여준다.

우리는 회사가 전체 가치대비 40% 수준인 부채의 현재자본구조를 유지할 것이라 가정한다. 총 부채는 2,710만 달러의 운용리스부채와 780만 달러의 전통적인 부채의 합계와 동일하며, 8,740만 달러로 추산되는 기업가치로 나누면 약 40%이다. 기업가치를 추정할 때 운용리스 역시 포함시켜야 한다. FlightCo의 경우, 운용리스와 부채의 비율은 시간에 따라 변화할 것이다. 하지만 우리는 이 비율을 기업가치의 40%로 일정되게 설정한다. 운용리스와 이자비용이 소득공제가 되기 때문에 운용리스의 자본비용과 회사의 한계세율에 의한 효과를 차감해야 한다.

이 예시의 계산에는 자기자본비용이 제공되었다. 그러나 실무에서는 베타를 이용해 자기자본비용을 계산해야 한다. 우선, 15장에서 제시되었던 원칙대로 산업 내 무차입베타를 추정해야 한다. 운용리스를 조정한 부채-자본 비율을 이용해 각 기업의 베타에서 무차입베타를 구한다. 그런 다음, 이 무차입베타를 이용해 리스를 포함한 목표회사의 자본구조에 맞는 베타를 계산한다.

표 22.6 FlightCo: 가중평균자본비용(WACC)

%

자금 출처	가치, $ million	총자본 대비 비중	자본 비용	한계 세율	세후 자본비용	개별 자본비용
운용리스[1]	27.1	31.0	5.0	20.0	4.0	1.2
타인자본	7.8	9.0	5.0	20.0	4.0	0.4
자기자본	52.4	60.0	12.0		12.0	7.2
WACC	87.4	100.0				8.8

1 운용리스의 현가는 재무상태표의 부채 부문에서 찾을 수 있다.

표 22.7 FligthCo: DCF를 이용한 기업가치평가

별도 표기를 제외하고 백만 달러

추정년도	잉여현금 흐름 (FCF)	8.8% 할인계수	FCF 현재가치
Year 1	29.7	0.919	27.3
Year 2	29.8	0.845	25.2
Year 3	44.9	0.776	34.9
영업가치			87.4
차감: 운용리스[1]			(27.1)
차감: 부채			(7.8)
자기자본가치			52.4

1 운용리스의 현가는 재무상태표의 부채 부문에서 찾을 수 있다.

기업가치에서 자기자본가치 산출

기업가치를 구하기 위해, 모두 임대를 포함하여 가중평균자본비용으로 잉여현금흐름을 할인하라. 표22.7은 FlightCo에 대한 기업 DCF 가치평가를 보여준다.

잉여현금흐름이 기존의 운용리스와 관련된 미래지불금을 제외하기 때문에 고유자본가치를 구하기 위해서는 운용리스의 가치가 기업가치에서 공제되어야만 한다. FlightCo의 경우, 기업가치는 8,740만 달러이다. 운용리스부채의 현가(2,710만 달러)와 780만 달러의 부채를 공제하는 것은 5,240만 달러의 자기자본가치로 이어진다.

자기자본 현금흐름을 이용한 가치평가

일반적으로, 우리는 자기자본 현금흐름을 기준으로 하는 가치평가모델을 권장하지 않는다. 왜냐하면 이것은 다른 리스크의 자산들을 혼합시키고 경영성적을 자본구조와 혼합시키기 때문이다. 하지만 이것이 적절하게 실행되었을 때, 자본으로의

표 22.8 FlightCo: 자기자본 현금흐름

$ million

	Year 1	Year 2	Year 3
매출	75.0	75.0	75.0
영업원가	(40.0)	(40.0)	(40.0)
리스료[1]	(9.0)	(9.0)	(12.0)
이자비용, 차입금	(0.4)	(0.3)	(0.3)
세전이익	25.6	25.7	22.7
법인세	(4.9)	(4.9)	(4.9)
세후이익	20.7	20.7	17.8
재고의 변동	0.0	0.0	15.0
차입금 증가(감소)	(1.2)	(1.6)	(5.0)
자기자본 현금흐름	19.5	19.1	27.8

[1] 현금기준 리스료

표 22.9 FlightCo: 자기자본 현금흐름을 이용한 가치평가

명시된 부분을 제외하고는 백만, $

추정연도	자기자본 현금흐름(CFE)	12%의 할인계수	CFE의 현가
Year 1	19.5	0.893	17.4
Year 2	19.1	0.797	15.3
Year 3	27.8	0.712	19.8
자기자본가치			52.4

현금흐름 가치평가는 이 장에서 설명한 기업 DCF 과정의 정확성을 확인시켜준다. 이것은 또한 자본화 과정에서 만들어지는 선택권들에 대한 통찰력을 제공해준다.

표 22.8은 FlightCo의 자기자본 현금흐름을 보여준다. 이 표에서 각 줄의 항목들은 지분보유자의 관점에서 회사 안으로 또 밖으로의 실제 현금 흐름을 나타낸다. 자기자본 모델에서는 리스비용을 자본화하지 않는다. 대신, 그것이 발생했을 때, 임대인에게 지불되는 현금지불금을 공제한다. 리스는 자본화되지 않고 비용으로 처리되므로 사용권자산의 변화나 운용리스부채의 변화를 포함시키지 않는다. 이는 그들이 실제현금흐름을 나타내기 때문에 이자비용과 부채의 변제를 계산에 모두 포함하는 부채흐름과 극명한 대조를 이룬다.

표 22.9는 자기자본 현금흐름을 자기자본비용으로 가치평가한다. 자기자본 현금흐름을 할인하기 위해 사용되는 자기자본비용은 가중평균자본비용을 결정하기 위해 사용되는 자기자본비용과 동일하다. 어떤 이는 운용리스와 관련된 레버리지가 무시되기 때문에 자기자본비용이 떨어질 것이라 생각한다. 하지만 이는 사실이 아니다. 자기자본의 기본적 위험이 모델을 바꿀 때 변화하지 않기 때문에 자기자본비용 역시 변하지 않는다.

자기자본으로의 현금흐름을 12%의 자기자본비용으로 할인하는 것은 5,240만 달러의 자기자본 가치평가로 이어진다. 이것은 기업 DCF모델을 사용해 우리가 계산한 가치평가와 동일하다.

운용리스에 대한 과거 재무제표 조정

시간이 지남에 따라, 운용리스에 의한 왜곡은 대부분의 투자자들이 2000년 이전의 오래 사용되지 않은 지분풀링에 요구되는 조정들을 잊는 것과 같은 방식으로 잊혀질 것이다. 그 때까지, 과거 재무제표가 조정되지 않은 채로 남아있는지 알아보는 것이 중요하다. 2019년 이전의 과거분석의 일관성을 확실히 하기 위해서, 현재 회계정책과 일치하도록 과거 재무제표를 조정해야 한다.

11장과 부록 H의 CostCo 분석에서 우리는 운용리스를 가치평가하고 그에 따라 과거 재무제표를 조정하기 위해 그들의 연례 보고서에 나오는 정보를 활용했다. 표 22.10은 CostCo가 새로운 기준을 채택하기 전인 2019년의 CostCo 운용리스의 가치평가를 보여준다.[5] 운용리스를 가치평가하기 위해서 우리는 차후 리스료를 AA등급 부채로 할인했다. 리스 계약은 CostCo의 2019년 연례보고서 주석5에 보고되어 있다. 회사는 단지 처음 5년간의 리스지불금을 매년 기록한다. 2024년 이후의 리스지불금은 단일 할인 수로 묶여질 수 있다. 표 22.10의 아래쪽에 우리는 연금공식을 이용해 일시불을 가치평가한다. 공식에서 현금흐름을 2024년 임대지불금과 동일하게 설정한다. 연수를 계산하기 위해서는 할인되지 않은 일시불을 2024년 임대료로 나눈다. CostCo의 경우, 연금가치는 거의 18억 달러이다. 연금가액을 2024년 이후의 일시불금액을 2024년을 기준으로 가치평가했기 때문에 결과값을 다른 현금과 마찬가지로 다시 2019년 기준으로 할인하는 것을 확인하라.

일반적으로, 재무상태표를 재구성할 때, 운용리스의 가치를 투입자본의 일부로 포함시켜라. 상응하는 부채를 부채등가물로써 통합시켜라. 과거의 재무제표에서 자산과 부채가 동일해질 것이다.

11장에서 우리는 운용리스에 대한 CostCo의 재구성된 재무제표를 조정한다. 표 11.5는 운용리스를 포함한 투입 자본을 보여주고, 표 11.9는 계산상의 이자(내재이자)에 대한 EBITA와 NOPAT 조정을 보여주고 있다. 2019년의 계산상의 이자(내재이자)를 계산하기 위해서는, 3.63%의 부채비용에 2018년의 자본화된 운

5 12월 15일 이후에 회계 연도가 끝나는 회사들은 2019년에 새로운 리스 기준을 실행해야 한다. CostCo의 회계연도가 2019년 9월 1일에 끝났기 때문에 그들은 2020년에 새로운 기준을 채택하도록 선택했다.

표 22.10 Costco: 운용리스 가치평가, 2019

$ million

추정연도	리스계약	리스계약 3.6%의 할인계수[1]	리스료의 현가
2020	239.0	0.965	230.6
2021	229.0	0.931	213.2
2022	202.0	0.898	181.5
2023	193.0	0.867	167.3
2024	181.0	0.837	151.4
2024년 이후의 리스료	1,757.1	0.837	1,470.0
운용리스의 가치			2,414.0

2024년 이후의 가치

2024년 이후의 리스계약	2,206.0
/ 마지막 연도의 리스료	181.0
= 연수	12.19

12.19년 동안 연간 181.0달러의 연금현가 = $1,757.1

[1] 10년 AA등급 부채의 만기이율

출처: Costco 2019년 사업보고서, 주석 5

용리스 25억 달러를 곱한다. EBITA 조정의 결과는 9,100만 달러이다.

운용리스 가치평가방법의 대안

운용리스를 재무상태표에 자본화하기 위해서, 회사는 향후리스계약을 회사의 대출금리로 할인한다. 단기리스의 경우, 이 방법은 임대인에게 돌아오는 자산의 잔존가치를 무시하기 때문에 자산의 실재가치를 과소평가할 것이다. 비행기의 40년 수명 중 3년간 항공기를 리스한 FlightCo의 경우를 생각해보라. 새로운 항공기는 1억 2,500만달러의 비용이 들 것이지만, 3년간의 리스비용은 한참 낮을 것이다.

실제 자산가치 대신에 리스지불금의 현가를 사용하는 것이 가치평가를 편중시키지는 않지만, 사업운영을 위해 사용되는 자산의 가치를 과소평가할 것이다.(이 오류는 장기자산의 단기리스에서 가장 클 것이다.) 두 회사를 벤치마킹할 때, 한 회사가 자산을 매입하고 다른 회사가 자산을 리스했다면 비교는 새로운 회계기준 상에서도 동일하지 않을 것이다.[6] ROIC와 자본회전율에 대한 왜곡은 리스자산이 투하자본의 상당한 부분을 차지할 때 가장 클 것이다.

다른 리스정책을 가진 회사들에 대한 동일한 비교를 하는 방법은 영구가치

6 이 부문에서, 우리는 다른 리스정책들에 의한 벤치마킹의 왜곡에 초점을 맞춘다. 회사들은 유연성과 세금을 포함한 다양한 이유로 다른 리스정책을 선택한다.

(perpetuity)를 이용해 각 회사의 자산가치를 평가하는 것이다. 그 방법을 살펴보기 위해, 리스비용의 결정요소에 대해 알아보자. 리스회사에게 적절하게 보상하기 위해, 리스비용은 자산을 융통하는데 드는 비용(담보부차입금의 조달비용으로, 다음의 식에서 k_d로 표시함)과 자산의 정기적인 감가상각(정액감가상각을 가정하는)에 대한 보상을 포함한다. 따라서 주기적인 리스비용은 다음과 같다.

$$\text{리스비용}_t = \text{자산가치}_{t-1}\left(k_d + \frac{1}{\text{Asset Life}}\right) \qquad (22.1)$$

자산의 가치를 추정하기 위해 상기 등식(22.1)을 재배열한다.

$$\text{자산가치}_{t-1} = \frac{\text{리스비용}_t}{\left(k_d + \frac{1}{\text{자산의 내용연수}}\right)} \qquad (22.1)$$

리스비용은 주석에 명시되고, 타인자본비용은 AA등급의 이자율을 사용하여 추정된다. 이런 경우에, 주석에서 리스된 자산의 유형을 찾고 자산유형에 적절한 자산 수명을 추정하라. 대안으로, Lim, Mann, Mihov는 유형자산을 연간 감가상각비으로 나눌 것을 제안했다.[7] 그들의 연구에 따르면, 20년 이상 7,000개의 회사를 대상으로 연구해 평균 자산의 내용연수를 10.9년으로 계산했다.

마무리하며

최근 리스회계의 변화로 인해 기업 재무보고 형식과 이 책의 원칙들 간에 일관성이 증가하였다. 그러나 여전히 적절한 가치평가는 운용리스에 관한 특별한 주의를 요한다. 더 나은 예측을 위해서는 운용리스를 통합하는 회계규정의 변화 이전에 만들어진 재무제표를 조정하자. 그렇지 않으면, 오렌지와 사과를 비교하는 것처럼 완전히 다른 것을 비교하게 되고 결정적인 변화의 이해를 어려울 것이다. 변화 이후에 보고된 재무제표의 경우, 운영경비에 포함된 이자를 제거시키는 것을 기억하라. 그렇지 않으면, 당신은 포함된 이자를 이중계상하여 가치평가를 하향 편중하는 리스크를 겪을 것이다. 이 업무는 세부사항에 대한 원칙과 주의를 요구하지만, 연습하면 이러한 조정은 평범한 일상이 될 것이다.

7 Steve C. Lim, Steven C. Mann, and Vassil T. Mihov, "Market Evaluation of Off-Balance Sheet Financing: You Can Run but You Can't Hide," EFMA 2004 Basel Meetings Paper (December 1, 2003)

23장

퇴직급여 부채

재능있는 사람들을 채용하고 유지하기 위해서 회사들은 주로 직원들에게 다양한 퇴직급여 제도를 제공한다. 이러한 퇴직급여는 고정연금지급, 절세혜택저축 그리고 직원들에게 은퇴 이후 의료보험을 제공한다는 약속을 포함한다. 몇몇 나라에서 회사들은 이러한 퇴직급여를 지불하기 위해 별도자금을 설립하도록 요구받지만 주로 규정과 세금정책의 차이 때문에 일관성이 떨어진다. 예를 들어, 미국에서는 회사들은 퇴직연금(확정급여형 퇴직연금제도로 알려진)을 위한 별도자금을 준비해야 하지만 퇴직의료를 위한 별도자금은 준비하지 않는다. 투자의 가치가 미래에 지불하기 위한 자금에 비해 부족한 경우, 회사는 미적립퇴직급여부채가 발생한다. 회사가 자금 부족분에 대한 책임이 있고, 자기자본보다 이러한 의무들을 우선하기 때문에, 정확한 가치평가가 필요하다.

이 장은 연금과 기타 퇴직급여부채를 가진 회사를 분석하고 가치평가 하는 방법을 탐색한다. 최근의 회계변화는 분석을 더 쉽게 만들었지만 재무제표에 대한 신중한 사고와 재구성은 여전히 필요하다. 어려움에는 연금비용의 어떤 부분이 영업과 비영업에 해당하는지 결정하는 것, 미적립부채와 초과적립부채에 대한 재무상태표를 처리하는 것, 연금을 가진 회사들의 자본비를 추정하는 것, 그리고 미적립(또는 초과적립)퇴직급여부채를 반영하기 위해 자기자본가치를 조정하는 것이 있다.

퇴직연금을 포함한 재무제표 재구성하기

과거에는 연금 등의 기타 퇴직급여부채 회계가 영업이익을 극심하게 왜곡시켜 조정사항들이 퇴직급여부채가 회사의 가치에 미치는 영향을 올바르게 측정할 것을 요구했다. 이에 대응하여 회계정책이 변경되었으며, 퇴직급여부채에 대한 회계는 이제 책의 기본적인 원칙과 일치하게 되었다.

미국 회계기준에 따라 보고하는 회사의 경우, 지난 수십 년 동안 수많은 변화가 있었다. 과거 회계원칙에서는 회사들은 재무상태표에 미적립연금부채를 인식하지 않았다. 첫 번째 변화는 단기의 불규칙적인 변동을 줄이기 위한 미적립퇴직부채를 기록하는 것을 포함한다. 1980년대에 기준이 새로 개정되었고 회사들은 미적립퇴직연금부채뿐 아니라 기타 은퇴후급여부채, 특히 퇴직의료보장까지 보고하게 되었다. 2006년부터 회사들은 미적립(또는 초과적립)퇴직연금부채의 실제 가치를 재무상태표에 인식하게 되었다.[1]

비록 재무상태표가 2006년 이후 미적립부채의 가치를 반영하지만, 연금비용은 영업항목과 비영업항목 모두를 계속해서 포함한다. 그것은 직원들에게 부여되는 새로운 급여들 뿐만 아니라 부채에 대한 이자, 사외적립자산에 대한 수익, 그리고 보험수리적 변동까지 포함되었다. 2018년에는 비영업항목들이 퇴직연금비용에서 제거되었다(이러한 변화는 본 책의 과거 판에서 권장한 조정사항들이 반영된 것이다). 직원들에게 부여된 새로운 급여는 매출원가나 판매비와 같이 적절한 운영비용에 포함된다. 이자비용, 보험수리적 변동, 그리고 소득과 같은 다른 모든 항목들은 "기타" 비용으로 분류된다.

이러한 변화들 덕분에 2018년 이후에는 연금 및 퇴직급여에 대한 재무제표에 많은 조정을 할 필요가 없다. 하지만 2018년 이전에 발표된 재무제표는 여전히 조정이 필요하다. IFRS 역시 개정되었지만, 이것은 완전히 새로운 기준이 아니라 기존에 있던 기준에 여러 가지 수정사항을 추가한 것이다.

이 장에서 우리는 미국 식품제조업체 Kellogg를 이용해 퇴직연금회계에 대해 알아본다. Kellogg는 퇴직연금부채가 거의 완전히 적립되었음에도 불구하고(매년 변동폭의 이내인 약 95%) 여전히 NOPAT과 투하자본을 추정하기 위해서 주석의 세부사항에 주의하는 것이 필요하다는 점에서 흥미로운 사례이다. Kellogg의 퇴직연금을 분석하기 위해 필요한 정보는 그들의 재무제표의 주석10 "퇴직연

1 SFAS 158은 FASB에 의해 2006년 9월 통과되었다. ASU Number 2017-07은 FASB에 의해 2017년 3월 통과되었다.

표 23.1 Kellogg: 사업보고서 퇴직연금 주석, 적립 상태

$ million

	퇴직연금[1]	기타급여[2]	총급여
기말 사외적립 자산의 공정가치	4,677	1,140	5,817
기말 예측급여채무(PBO)	(5,117)	(1,069)	(6,186)
자금상태	(440)	71	(369)
연결재무상태표상 금액			
기타 자산	228	107	335
기타 유동부채	(17)	(2)	(19)
퇴직급여부채	(651)	–	(651)
기타 부채	–	(34)	(34)
인식된 순 금액	(440)	71	(369)

[1] 2018 Kellogg 사업보고서 주석 10, "퇴직연금"
[2] 2018 Kellogg 사업보고서 주석 11, "연금 이외의 퇴직급여와 퇴직 후 급여"

금"과 주석11 "연금이외의 퇴직급여와 퇴직 후 급여"에 있다.[2] 두 주석에서 회사들은 PBO(모든 직원의 연금을 미래 퇴사시점의 급여로 산정된 연금 금액), 사외적립 자산의 적정가치, 그리고 연간 퇴직연금비용의 발생에 대한 정보를 제공한다.

재무상태표 재구성하기

우선, 재무상태표에서 모든 퇴직관련 자산과 부채를 찾아라. 이 항목들이 비교적 작다면, 회사는 선불연금자산을 다른 장기자산과 미적립연금부채에 다른 장기부채로 포함시킬 수 있다. 하지만 세부사항들은 연금 각주에 있을 것이다.

표 23.1은 주석에 보고된 대로, Kellogg의 확정급여형 연금의 적립상태와 회사의 자금부족이 재무상태표에서 나타나는 모습을 보여준다. 2018년 Kellog는 3억 6,900만 달러의 미적립연금과 기타 퇴직후 부채를 가지고 있었다. 이 액수는 재무상태표상에 단일 가치로 나타나지 않았다. 대신, 순자금부족은 기타 자산에 포함된 3억 5,500만 달러, 기타 유동부채에 포함된 1,900만 달러, 6억 5,100만 달러의 연금부채, 그리고 기타 부채에 포함된 3,400만 달러를 포함해 네 가지 계정으로 분할된다. 회사는 여러 퇴직연금기금을 가질 수 있고, 그 중 초과 적립된 하나의 기금과 미적립된 다른 하나의 기금은 서로 상계처리 되지 않기 때문에 초과연금자산과 미적립연금부채 모두를 가질 수 있다.

대부분의 회사들이 약속된 의료보험과 같은 그들의 "기타" 퇴직급여부채에 자금을 대지 않는다는 것에 주의하라. 그래서 이는 일반적으로 무자산이나 단지 부채

2 이 장의 Kellogg와 관련된 데이터는 Kellogg의 2018 연례보고서 기록물에 나온다.

표 23.2 Kellogg: 퇴직연금과 기타 퇴직후수당

$ million

	2016	2017	2018		
근무원가	119	114	105	→	영업비용
과거 근무원가의 상각	4	–	(1)	→	역사적 벤치마킹을 위한 영업
이자비용	213	201	201		
사외적립자산의 기대수익	(442)	(469)	(455)	→	비영업, 연금 성과와 관련
인식된 순(이익)손실	304	(126)	350		
정산(축소)	1	(151)	(30)		
순 기간(퇴직급여)원가	199	(431)	170	→	손익계산서에 기록된 정보

출처: Kellogg 2016-2018 사업보고서

로 나타날 것이다.

재무상태표를 재조정할 때, 영업용자산과 퇴직연금자산을 구별하고, 초과퇴직연금 자산을 비영업용으로 간주한다. 미적립 퇴직연금부채는(총액 기준으로) 부채 등가물로 취급되어야 하고, 투하자본을 결정짓기 위해 영업용자산으로부터 공제되어서는 안 된다. 대신, 그들은 기업가치에서 자기자본가치로 전환되는 동안 별도로 평가될 것이다.

손익계산서 재구성하기

퇴직연금 회계처리는 여러 항목을 연금비용으로 알려진 하나의 비용으로 결합한다. 어떤 요소들은 영업항목인 반면 다른 요소들은 사외적립자산의 성과와 연관된다. 이와 같이, 연금비용은 한 줄씩 꼼꼼히 분석되어야 한다. 표 22.3은 Kellogg의 연금비용을 나타낸다. 쉬운 설명을 위해 표는 Kellogg가 두 개의 별도의 주석에 보고한 연금비용과 기타 퇴직후수당을 결합한다.

표 23.2에서 여섯 개의 계정을 찾을 수 있다. 근무원가와 과거근무원가의 상각비는 회사에 대한 근무 대가로 직원들에게 부여된 급여를 나타낸다.[3] 확정급여채무(plan liabilities)의 이자비용, 사외적립자산의 기대수익, 그리고 인식된 이익과 손실은 시간 경과에 따른 사외적립자산과 부채의 진화를 나타낸다.[4] 사외적립자

3 근무원가는 특정 연도에 회사의 종업원에게 주어지는 퇴직 약정(retirement promises)의 현재가치를 나타낸다. 과거 근무원가는 퇴직연금 계획의 개정으로부터 종업원들에게 주어지는 추가적인 소급이익이다. 과거근무원가는 바로 비용처리되지 않고 직원들의 기대 고용기간에 걸쳐 상각된다. 더 많은 퇴직연금 회계처리(accounting)에 대해서는 D. Kieso, J. Weygandt, and T. Warfield, *Intermediate Accounting*, 17th ed. (Hoboken, Nj;hohn Wiley & Sons, 2019), 20장을 참조한다.

4 이자비용은 미래에 실제퇴직급여 지출액으로 증가하게 되는 근무원가의 현재가치와 관련된다. 사외적립자산

표 23.3 Kellogg: 퇴직연금을 위한 조정된 EBITA

$ million

	2016	2017	2018
영업이익, 미조정			
매출	13,014	12,923	13,547
영업비용	(11,619)	(10,977)	(11,841)
EBITA, 미조정	1,395	1,946	1,706
영업이익, 조정			
매출	13,014	12,923	13,547
영업비용	(11,619)	(10,977)	(11,841)
가산: 순 기간(퇴직급여)원가	199	(431)	–
차감: 근무원가	(119)	(114)	–
EBITA, 조정	1,475	1,401	1,706
영업이익률, %			
영업이익률, 미조정	10.7	15.1	12.6
영업이익률, 조정	11.3	10.8	12.6

출처: Kellogg 2016-2018 사업보고서

산의 변동이 매년 확정급여부채의 변동과 일치한다면, 이 계정들은 취소될 것이다. 시장이 불안정하기 때문에 이것은 사실이 아니다. 결과적으로 사외적립자산의 투자실적은 연금비용을 오염시킨다. 삭감은 퇴직급여를 제한하는 연금제도의 변화를 나타낸다.

2018년 이전에 GAAP를 사용하는 회사들은 전체연금비용을 영업비용의 일부로 보고했다. 비록 손익계산서에 보이지는 않지만 비용은 미묘하게 매출원가와 판매관리비(SG&A)에 포함되어 있었다. 이는 영업비용과 그 결과 영업이익이 사외적립자산의 투자실적 기능임을 의미하고 이는 경쟁기업과의 비교(competitive benchmarking)에서 왜곡으로 이어진다.

잠재적인 왜곡을 더 잘 이해하기 위해서는 표 23.2에서 "인식된 순(이익)손실"이라는 제목의 연금비용 부분을 살펴보아라. 2016년, Kellogg는 사외적립자산에서 3억 4,000만 달러의 손실을 인식했다. 이는 다른 해에 비해 연금비용을 증가시켰다. 2017년, Kellogg는 1억 2600만 달러의 인식된 이익을 보고했다. 이는 연금비용을 2016년 1억 9,900만 달러의 비용에서 2017년 4억 3,100만 달러의 이익으로 전환시켰다. 연금비용이 매출원가에 포함되어 있기 때문에 이는 2017년에 영업이익의 증가를 야기했다. 그 결과, 조정된 마진(근무원가만을 포함한)이 11.3%에서 10.8%로 떨어졌음에도 불구하고, 조정되지 않은 영업마진은 2017년 10.7%에

기대수익은 자산구성에 기반을 둔 기대 수익과 같다. 이익과 손실의 상각비는 연금기금의 과거 이익과 손실의 점증적 인식을 나타낸다.

서 15.1%로 증가했다.

연금성과를 과거 영업비용에서 제거하기 위해서는 연금비용을 제거하라(Kellogg의 경우, 2017년 4억 3,100만 달러의 이익). 그리고 그 대신 근무원가 1억 1,400만 달러를 가산한다. 표 23.3의 중간 부분에서 이 조정이 제시되어 있다. 회사들을 벤치마킹할 때, 과거 근무원가의 상각비도 운영비용으로 포함시킬 수 있다. 이러한 과거의 근무원가가 직원들에게 주어지는 실질적인 이익을 나타내기는 하지만, 그것은 현금 이외의 것이고 과거의 변화를 나타낸다. 그러므로, 잉여현금흐름에 포함되어서는 안 된다. 이러한 근무원가는 또한 주로 적고 과거실적에 대한 우리의 인식을 잘 변화시키지 않는다. 편의상 우리는 그들을 보통 비영업항목으로 간주한다.

새로운 회계기준에 따라 퇴직연금비용은 더 이상 영업항목으로 분류되지 않는다. 대신, 근무원가가 적절한 영업비용계정(판매된 상품의 가격이나 SG&A)에 할당되고, 퇴직연금비용의 비영업 부분은 2018년 Kellogg의 사례와 같이 "기타 소득 또는 비용"으로 간주된다. 기타 소득이나 비용이 보통 비영업항목들을 축적하기 때문에 이것은 재구성을 간단하게 만든다.

회계지침이 나라마다 다른 것을 고려해 항상 여러 요소의 위치에 대한 주석을 확인하고 그에 따라 조정하도록 한다.

기대 수익과 이익조정

손익계산서에서의 변동성을 감소시키기 위해, 회계기준은 회사가 실제수익이 아닌 퇴직연금비용에 퇴직연금 사외적립자산에 관한 "기대수익"을 포함하는 것을 허용한다. 예를 들어, 표 23.2는 Kellogg의 2018년 사외적립자산이 3억 5,000만 달러 감소했지만 같은 해 해당 자산의 기대 수익은 4억 5,400만 달러를 기록했다. 이로 인해 회사는 순이익의 변동성을 줄이면서 퇴직연금수익을 통해 이익을 유연화하였다.

기대수익의 추정을 위해, 회사는 사용되는 수익률에 대한 재량권(경영진이 회계적 수익성(accounting profitability)을 조정할 수 있도록 해 준다)을 갖는다. Bergstresser, Desai, 그리고 Rauh는 경영진이 다른 회사를 취득하기 전과 스톡옵션을 이행하기 전에 수익성을 즉시 높이기 위해 기대수익률을 증가시킨다는 사실을 알아냈다. 그들은 또한 주주 보호제도가 가장 약한 회사들의 기대수익 예측치가 높은 편이라는 것도 발견했다.[5] 그들은 다른 연구에서, 경영자들의 보상을 결정

5 Daniel B. Bergstresser, Mihir A. Desai, and Joshua Rauh, "Earnings Manipulation, Pension

표 23.4 2018년 3개 소비재 회사의 자본구조

$ million

	Kellogg	General Mills	Mondelēz
예측 급여채무(PBO)[1]	6,186	7,415	11,089
사외적립자산의 가치[1]	(5,817)	(6,904)	(9,975)
미적립 퇴직급여부채	369	511	1,114
차입금, 현금 차감 후	9,221	16,225	19,826
차입금 및 차입금 등가물	9,590	16,736	20,940
자기자본 시장가치	19,784	25,073	58,197
기업가치	29,374	41,809	79,137

1 국내 퇴직연금, 해외 퇴직연금, 기타 퇴직급여채무를 포함
출처: Kellogg, General Mills, Mondelez 2018 사업보고서

하는 데 퇴직연금 이익이 중요한 역할을 할 때, 경영자들이 더 높은 기대수익률을 사용한다는 사실을 발견했다. 비영업항목이 현재 기타 소득 또는 비용에 통합됨에 따라 매출원가와 영업 이익은 더 이상 기대수익선택에 영향을 받지 않는다. 그럼에도 순이익은 민감하며, 이는 EPS가 아닌 NOPAT이 정확한 벤치마킹과 재무예측을 하는 중요한 방법인 이유 중 하나이다.

연금과 자본비용

가치평가의 주요성분은 일반적으로 자본자산평가모델(CAPM)과 베타를 이용해 추정되는 자본비용이다. 15장에서 논의한 바와 같이, 한 회사의 베타를 정확하기 측정하는 것은 어렵다. 그러므로, 유사한 사업을 하는 여러 회사에서 도출된 산업별 베타를 이용할 것을 권장한다.

각 회사가 마주할 경제적 리스크를 없애기 위해, 레버리지의 효과와 연금효과(유의미하다면)를 베타에서 제거하는 것이 중요하다. 표 23.4에서 우리는 연금 세부사항, 부채, 그리고 Kellogg를 포함한 세 개의 소비재 회사의 자기자본을 보여준다. 데이터는 연금제도와 의료서비스를 포함한 기타 퇴직급여를 포함한다. 각 회사의 연금제도는 충분한 자금지원을 받고 있으며, 연금적자는 PBO(모든 직원의

Assumptions, and Managerial Investment Decisions," *Quarterly Journal of Economics* 121, no. 1(February 2006); 157-195. 더 많은 주주 보호 색인을 위해, P. Gompers, J. Ishii, and A. Metrick, "Corporate Governance and Equity Prices," *Quarterly Journal of Economics* 118, no. 1(2003); 107-155를 참조한다.

연금을 미래 퇴사시점의 급여로 산정된 연금 금액)의 10% 또는 그 이하이다.

퇴직연금을 무차입베타를 구하는 과정에 통합시키는 두 가지 방법이 있다. 첫 번째 방법에서 우리는 퇴직연금기금관리자가 성공적으로 사외적립자산의 베타 리스크를 예상 퇴직급여의 베타 리스크와 일치시켰다고 가정한다. 이 경우에, 적립된 부분은 제외하고 미적립된 부분만 자기자본 베타에 영향을 줄 것이다. 두 번째 방법에서 우리는 일치된 베타의 가정을 완화한다. 두 번째 가정이 첫 번째 가정보다 유연하지만(융통성 있지만), 이는 사외적립자산의 베타 리스크의 추정을 요구한다. 그 추정이 주석에서만 발견되는 자료(전문 자료 제공자에 비해)와 자산구성에 관한 몇 가지 가정을 요구하기 때문에 연금이 회사 가치평가에서 중대한 역할을 하는 경우에만 제한적으로 사용되어야 한다.

첫 번째 방법에서 우리는 미적립연금부채만이 자기자본베타에 영향을 미친다고 가정했다. 미적립연금부채가 부채를 반영하기 때문에 우리는 15장의 무차입베타를 구하는 식을 사용할 수 있다.

$$b_u = \frac{D}{V} b_d + \frac{E}{V} b_e \qquad (1)$$

b_u는 무차입 베타, b_d는 부채의 베타, b_e는 자기자본의 베타, 그리고 E는 자기자본의 시장가치와 같다. 미적립 연금부채는 부채등가물이다. 그러므로, D는 전통적인 부채에 과다현금을 뺀 미적립연금부채를 더한 것과 같다.

표 23.5에서 우리는 Kellogg와 다른 두 회사의 무차입베타를 추정했다. 우리는 비교를 위해 연금을 포함한 결과와 포함하지 않은 결과를 보여준다. 분석에서 우리는 부채베타를 0.17로 가정한다. 많은 이들은 부채 베타가 0이라고 생각하지만 우리는 일관성 있게 다양한 방법론들을 평가하기 위해 양수(+)베타를 이용한다. 5년간의 월별 주식 주식 수익률을 이용해 측정한 Kellogg의 자기자본 베타는 0.64이다. 부채-가치 비율은 미적립연금 없이 31.8%, 미적립연금을 포함해 32.6%이다. Kellogg의 3억 6900만 달러의 미적립 연금이 그의 부채 92억 달러와 비교했을 때 적기 때문에 미적립연금을 포함 또는 포함하지 않은 무차입베타의 결과는 거의 동일하다. 놀랄 것도 없이, 자기자본 베타는 레버리지가 리스크를 증가시키기 때문에 무차입베타보다 높다.

리스크가 일치하지 않을 때의 무차입베타를 구하려면 사외적립자산을 연금부채로부터 분리시키고 영업자산의 리스크를 해결하기 위해 경제학자 Franco Modigliani와 Merton Miller의 가르침을 적용시킨다.(10장 참조) 부록 C에서 우리는 무차입베타에 대한 다음의 공식으로 이어지는 대수적 도출(algebraic derivation) 단계별로 설명한다.

표 23.5 3개 소비재 회사의 무차입베타

	Kellogg	General Mills	Mondelēz	
차입금의 베타	0.17	0.17	0.17	
자기자본의 베타[1]	0.64	0.75	0.83	
사외적립자산의 베타[2]	0.66	0.75	0.42	
퇴직연금 제외한 차입금/기업가치, %	31.8	39.3	25.4	
퇴직연금 포함한 차입금/기업가치, %	32.6	40.0	26.5	
무차입베타				**평균**
퇴직연금에 맞게 조정되지 않은 무차입베타	0.49	0.52	0.66	0.59
방법 1: 미적립연금을 차입금 등가물로 취급	0.48	0.52	0.66	0.59
방법 2: 사외적립자산 베타와 퇴직급여채무 베타를 다르게 취급	0.39	0.42	0.63	0.52

[1] 2019년 7월 ThomsonOne의 자기자본베타

[2] 채무상품투자의 베타가 0.17이고 모든 잔여투자의 베타가 1.0이라고 가정

$$b_u = \frac{D + V_{pbo}}{V} b_d + \frac{E}{V} b_e - \frac{V_{pa}}{V} b_{pa} \tag{2}$$

b_u는 무차입베타, b_d는 부채의 베타, b_e는 자기자본의 베타, b_{pa}는 사외적립자산의 베타, D는 전통적인 순현금 부채순(traditional debt net cash)의 가치, V_{pbo}는 PBO, E는 자기자본의 시장가치, V_{pa}는 사외적립자산의 시장가치, 그리고 V는 부채, 미적립연금부채, 그리고 자기자본의 시장가치의 합계로 측정된 기업가치에 해당한다.

사외적립자산의 베타를 측정하기 위해서 우리는 연금각주에 보고된 목표할당을 사용한다. Jin, Merton, Bodie의 연구에 따라 우리는 부채증권이 0.17의 베타를 가지면 다른 투자들이 1.0의 베타를 가지고 있다고 가정한다.[6] 우리는 표 23.4와 23.5의 데이터를 이용해 무차입베타를 구한다. Kellogg의 경우, 무차입베타의 결과값이 0.39이다. 사외적립자산의 베타가 예상이익의 베타를 넘어서기 때문에 무차입베타의 결과 추정치는 우리가 앞선 방법을 사용해 얻은 수치보다 낮다. 사외적립자산과 사외적립부채에 대한 베타가 동일하다면, 두 방법은 동일한 결과를 산출할 것이다.

각 방법마다 장점이 있지만 우리는 미적립부채를 포함한 식1이 무차입베타에 대한 가장 쉽고 믿을만한 방법이라고 믿는다. 미적립연금부채의 추정은 이미 자기자본가치평가를 위해 요구되고, 그 방법은 사외적립자산에 대한 광범위한 분석을

---

6 L.Jin, R.Merton, and Z. Bodie, "Do a Firm's Equity Returns Reflect the Risk of Its Pension Plan?" *Journal of Financial Economics* 81, no.1 (2006):1~16.

필요로 하지 않는다-산업 내에 분석해야 할 회사가 많으면 힘들다.

자본비용 측정을 위한 베타 구하기

무차입산업베타를 추정했다면, 회사 자본구조에 대한 산업별 베타를 구하고 회사의 자본비를 산출하라. 산업별 베타를 구하기 위해서는 연금을 통합시켜서는 안된다. 퇴직연금을 보유한 회사에게 이것이 일관되지 않은 것처럼 보일 수 있지만 그렇지 않다. 우리는 잉여현금흐름과 자본비용으로부터 연금을 제거했기 때문에 연금이나 그와 관련된 리스크를 영업가치에 재도입할 이유가 없다. 대신, 연금을 별도로 평가하고 부분들의 합계를 낸다.

연금을 자기자본가치에 통합시키기

연금제도와 약속된 의료보험과 같은 기타 의무들은 두 가지 방법으로 기업의 가치에 영향을 미친다. 우선, 근무원가는 FCF에 포함되어 있다. 근무원가가 아닌 현금출자(cash contribution)만 세금공제가 된다는 점을 명심하면서 구조적으로 적립금이 부족상태에 있기 쉬운 기업에 대해 적절한 세금조정을 해야 한다. 모든 국가가 연금 기여금에 세금혜택을 주는 것은 아니다. 지방세법을 확인한 뒤 기여금에 해당하는 한계세율을 결정한다. 둘째로, 과거 초과 또는 미적립 부분은 비영업자산이나 부채 등가물로 가치에 반영되어야 한다.

계속기업에 있어서 초과연금자산은 미적립연금의무와 상계되어 순자산(또는 부채)을 결정할 수 있다. 만약 청산을 목적으로 기업의 가치평가가 이루어지거나, 연금이 종료하는 경우에는 많은 나라에서 연금에서 초과분을 인출하는 것에 대해 과징금을 부과하는 것과 같이 미적립 순부채는 초과연금자산과 상계될 수 없다. 대신, 연금 기여금에 세후 초과연금자산을 과징금율로 가산한 다음 세후 미적립연금부채를 한계세율로 차감한다.

순미적립부채 상태인 기업을 평가하려면 (1 – 한계세율)에 순연금부채를 곱한 값만큼 기업가치를 줄여준다. 순초과자산 상태인 기업의 평가에 연금을 적용시키려면, (1 – 연금에 대한 한계세율)에 순연금자산을 곱한 값 만큼 기업가치를 증가시킨다. 초과연금자산은 미래에 더 적은 기여금을 필요로 할 것이다.

2018년, Kellogg가 인식한 미적립연금부채는 4억 4,000만 달러, 선급 기타 퇴직급여는 7,100만 달러로(표 23.1 참조) 전체 순부채는 3억 6,900만 달러였다.

24%의 한계세율을 가정하면, 세후 부채는 2억 8,000만 달러가 된다. 자기자본 가치를 계산하기 위해서는, 전체 기업가치에서 세후 부채가치를 차감한다.

마무리하며

국제회계기준위원회(IASB)와 미국재무회계기준위원회(US-based FASB)는 연금회계에 의해 생겨난 왜곡을 제거하기 위해 노력해왔다. 대부분의 손익계산서는 현재 근무원가를 비영업연금비용에서 분리시키고, 재무상태표는 미적립퇴직연금부채의 시장가격을 인식한다. 그 결과로 벤치마킹이 개선되고, 조정이 덜 필요해지며, 평가를 수행하기 용이해졌다.

24장

소자본사업의 성과측정

이 책에서 자본이익률에 대한 우리의 기본척도는 투하자본이익률(ROIC)이다. 우리는 ROIC을 세후영업이익(NOPAT)을 투하자본으로 나눈 값으로 정의한다. 우리는 자금조달에서 영업을 분리하거나 영업항목들을 비영업항목들에서 분리하는 등의 조정으로 회사의 재무제표 항목들에서 ROIC를 얻는다.[1] ROIC는 대부분의 경우에서 자본이익률을 올바르게 반영하지만 특별한 상황에서는 대체방안을 요구한다. 예를 들어, 신생 생명공학 회사는 제품 출시 전 연구개발(R&D)에 10억 달러를 들일 수 있다. R&D가 자본화 된 것이 아닌 비용이 든 것이기 때문에 회사는 초기에 마이너스의 ROIC를 보이고, 제품 출시 이후 아주 높은 ROIC를 보일 수 있다. 제품수명주기 동안의 자본에 대한 실제 경제적 이익은 그 사이의 평균 레벨에 위치할 것이다.

이 장에서 우리는 R&D와 비용처리된 마케팅 및 판매에 대한 투자를 다루는 방법을 보여줄 것이다. 이러한 비용들을 자본화한 추정 재무제표를 만드는 것은 기업의 경제성(자본환경)에 대한 통찰력을 제공한다. 게다가 우리는 자본이익률을 측정하기 위해 경제적 이익 또는 수익에 의해 조정되는 경제적 이익을 이용해 매우 낮은 자금수요를 가지는 기업에 대해 논의한다.

---

1 11장에서 우리는 자기자본이익률(ROE)이나 총자산이익률(ROA)과 같은 다른 회계기반 계량적분석이 아닌 ROIC를 사용하는 이유를 설명한다.

비용처리한 투자 자본화 작업

회사가 공장을 짓거나 장비를 구매할 때, 회사는 재무상태표에 자산을 자본화하고 시간 경과에 따라 가치를 떨어뜨린다. 역으로, 회사가 새로운 생산기술, 브랜드명, 유통망과 같은 무형자산에 투자할 때 전체경비는 즉시 비용처리되어야 한다. 제약, 첨단기술, 그리고 브랜드 소비재와 같은 부문에서는 이러한 비용을 투자로 인식하지 않는 것이 회사의 투하자본을 상당히 과소평가하고 투하자본이익률을 과장하는 것으로 이어질 수 있다.

더 정확한 ROIC의 측정을 구하기 위해서는[2], 무형자산의 투자가 단지 올해뿐만 아니라 향후 여러 해 동안 혜택을 가져온다면 그 투자에 대한 경비를 자본화하는 것이 최선이다. 특정 연도의 소득은 그 해의 R&D나 브랜드광고비용에 의해서만 발생한(지원된) 것이 아닌, 이 비용들의 여러 전년도들(의 비용)에 의해서도 발생했다. 이는 Coca-Cola와 PepsiCo와 같은 회사들을 그들의 글로벌 브랜드 네임을 구축하는데 수십 년의 시간과 수십억 달러의 돈을 지출하게 했다. Pfizer와 같은 제약회사나 Intel과 ASML과 같은 첨단기술회사는 현재의 제품제공 수준을 구축하고 유지하기 위해 오랜 세월 기술개발사업에 투자해야만 했다.

무형자산 투자의 경제성은 유형자산의 것과 매우 비슷하다. 따라서, ROIC의 처리 역시 그것이 적절하게 기본투자의 내부수익률(IRR)과 실제 수익률을 반영하는 것을 확실히 하기 위해 같아야 한다.[3] 이에 실패하는 것은 ROIC가 기업의 실제 수익률을 한참 뛰어넘도록 할 것이다. 순자산, 시설(공장), 장비: (net PP&E)에 대한 자본지출이 자본화되지 않고 비용처리되었다면 ROIC가 어떻게 될 것인지 생각해보아라.

ROIC의 측정을 개선시키는 것에 더불어 무형자산 투자를 자본화하는 것은 단기이윤의 조정(manipulation)을 줄인다. 일반적인 회계에서는 단기소득목표를 이루고자 하는 경영진은 간단히 R&D 지출을 줄일 수 있었다. 하지만 R&D의 자본화 이후, 수익에 대한 상각비용은 대부분 단기간에 변화하지 않을 것이다. 투자를 자본화하는 것은 또한 전략적 통찰을 제공할 것이다. 예를 들어, 많은 회사들이 R&D 예산을 고정수익비율에 설정한다. R&D의 비용처리와 결합되었을 때, 수익마진(earnings margin)이 변화하지 않기 때문에 이는 수익의 변화에서 기인한 실적의 변화를 가리게 된다. 하지만 R&D가 자본화되면 상각비용은 수익에 따라

---

2 다음 장에서 다루는 바와 같이 현금흐름투자수익률(CFROI)과 같은 자본이익률 측정에도 동일하게 적용된다.

3 진정으로 "가치기반(value based)"이기 위해서는, 자본이익률의 측정은 투자가 이루어진 시점부터 그 투자로부터 모든 현금흐름이 모일 때까지 기본 사업의 내부수익률(IRR)을 반영해야 한다. (이 역시 25장을 참조하라)

표 24.1 PharmaCo: 재무제표의 재구성

$ million

부분 손익계산서	2015	2016	2017	2018	2019	2020	
매출	1,045	1,077	1,109	1,142	1,176	1,212	
매출원가	(627)	(646)	(665)	(685)	(706)	(727)	← 매출의 60%로 고정
R&D 비용	(229)	(235)	(242)	(248)	(255)	(262)	
영업이익	189	195	202	208	215	222	
법인세	(76)	(78)	(81)	(83)	(86)	(89)	
NOPAT[1]	113	117	121	125	129	133	

부분 재무상태표	2015	2016	2017	2018	2019	2020	
투하자본	348	359	370	381	392	404	← 자본회전율은 3배로 고정
NOPAT/매출, %	10.9	10.9	10.9	10.9	11.0	11.0	
ROIC, %	32.6	32.7	32.8	32.8	32.9	33.0	

[1] 세후영업이익(NOPAT, Net operating profit after taxes)

변경되지 않고 실적에 대한 영향은 수익에 분명히 반영된다.

R&D비용 자본화의 예

무형자산 투자를 자본화하는 것과 그것이 ROIC에 주는 영향에 대한 실례로서 표 24.1은 PharmaCo의 재구성된 재무제표를 보여준다. 이 가상의 회사는 과거 25년간 급속성장을 겪었으며 2020년에는 약 12억 달러의 수익에 도달했다. 세후이익 마진은 매출액의 11%이다. 제품전체구색을 새로 교체하기 위한 R&D 비용은 매출액의 대략 20%이다. ROIC는 재무상태표에서 직접 계산된 바와 같이 33%이며 투하자본의 세 배의 수익을 가진다. 하지만 투하자본이 R&D에서 내부적으로 만들어진 지적자산은 포함하지 않고 매입된 자산만을 포함하기 때문에 이 ROIC는 회사의 실제 경제적인 성과를 나타내지 않는다.

R&D에 자본화된 투자로 ROIC를 추정하려면, 다음 세 가지 과정을 사용하라.

1. 적절한 자산의 경제적 수명을 이용해 R&D 자산을 자본화하고 상각한다.
2. 투하자본을 누적 상각액을 차감한 역사적 R&D 원가를 고려하여 상향 조정한다.
3. R&D 비용을 R&D 상각으로 대체하여 NOPAT 조정한다.(영업법인세는 조정하지 말 것)

표 24.2 PharmaCo: 연구개발비의 자본화

$ million

연구개발 자산의 추정내용연수: 8년

부분 손익계산서	1995	1996	1997		2018	2019	2020
매출	10	22	43	…	1,142	1,176	1,212
연구개발비	(22)	(24)	(29)	…	(248)	(255)	(262)
자본화된 연구개발 자산							
자본화된 연구개발비, 기초	–	22	44	…	1,477	1,541	1,604
연구개발비	22	24	29	…	248	255	262
무형자산상각비	-	(3)	(5)	…	(185)	(193)	(200)
자본화된 연구개발비, 기말	22	44	67	…	1,541	1,604	1,666

부분 재무상태표	1995	1996	1997		2018	2019	2020
투하자본, 조정 전	3	7	14	…	381	392	404
자본화된 연구개발	22	44	67	…	1,541	1,604	1,666
투하자본, 조정 후	25	51	81	…	1,922	1,996	2,070

표 24.3 PharmaCo: 연구개발비 자본화를 위한 조정

$ million

	2016	2017	2018	2019	2020
매출	1,077	1,109	1,142	1,176	1,212
매출원가	(646)	(665)	(685)	(706)	(727)
연구개발비	(235)	(242)	(248)	(255)	(262)
영업이익	195	202	208	215	222
영업법인세	(78)	(81)	(83)	(86)	(89)
NOPAT	117	121	125	129	133
가산: 연구개발비	235	242	248	255	262
연구개발상각비	(168)	(177)	(185)	(193)	(200)
조정 후 NOPAT	184	186	189	192	195
ROIC, %	32.7	32.8	32.8	32.9	33.0
조정 후 ROIC, %	10.4	10.1	9.8	9.6	9.4

R&D 자산을 자본화하기 위해서는 시작 년도를 고르고 R&D 비용정보를 수집하는 것을 시작하라. 이 모델은 조정 ROIC 계산이 의미있기 위해서 누적 R&D가 안정된 상태에 이르기를 요구한다. 따라서 누적 R&D가 안정된 상태로 추정되는 가능한 가장 과거년도를 고른다. 표 24.2의 시작은 1995년으로, 정액법과 8년의 R&D 자산을 가정한다. PharmaCo는 1995년 R&D에 2,200만 달러를 들였고, 우리는 이를 자본화하고 투하자본에 더하여 1996년에 상각하기 시작했다. 전년도의 순자산가치에 R&D 비용을 더한 후 매년 상각비용을 공제함으로써, 우리

표 24.4 PharmaCo: 잉여현금흐름

$ million

연구개발비, 조정 전	2017	2018	2019	2020
NOPAT	121	125	129	133
감가상각비	37	38	39	40
총현금흐름	158	163	168	174
자본적 지출	(48)	(49)	(51)	(52)
잉여현금흐름	**110**	**114**	**118**	**122**

자본화된 연구개발비	2017	2018	2019	2020
조정 전 NOPAT	186	189	192	195
감가상각비	37	38	39	40
→ 연구개발상각비	177	185	193	200
총현금흐름	400	412	424	436
자본적 지출	(48)	(49)	(51)	(52)
→ 연구개발에 대한 투자	(242)	(248)	(255)	(262)
잉여현금흐름	**110**	**114**	**118**	**122**

는 2020년, 16억 6,600만 달러의 자본화된 R&D 자산에 이르게 된다.[4]

무형자산 투자의 투하자본을 조정하기 위해서는, 투하자본에 자본화된 R&D 자산을 더한다. 이 기준으로, PharmaCo의 자본총액은 2020년에 20억 7,000만 달러이고, 그 중 대부분이 자본화된 R&D의 형태이다.[5]

표 24.3에 나타난 계산과 같이, NOPAT을 R&D비용(2020년에 2억 6,200만 달러)을 R&D상각비(2억 달러)로 바꾸어 NOPAT을 조정한다. R&D비용의 자본화와 상각이 재정상의 목적으로 과세소득을 바꾸지 않기 때문에 영업법인세는 변경되지 않는다. PharmaCo의 경우, R&D비용을 상각으로 바꾸는 것이 2020년에 NOPAT을 1억 3,300만 달러에서 1억 9,500만 달러로 인상시켰다. 현재 R&D가 과거 R&D의 상각보다 일반적으로 높기 때문에 이는 성장회사에게 꽤 흔한 것이다. 하지만 회사의 성장률이 줄어듦에 따라 상각은 비용을 곧 따라 잡을 것이고, NOPAT 조정은 줄어들 것이다.

PharmaCo의 과거 년도의 경우, R&D 비용이 자본화되었을 때 잉여현금흐름은 변경할 수 없음을 주의하라.(표 24.4 참조) 상각은 NOPAT에서 비현금요금이며 총현금흐름을 계산하기 위해 다시 추가된다. 이는 잉여현금흐름을 변경시키지 않은 채 효과적으로 R&D비용을 총현금흐름에서 투자로 이동시킨다.

4 이 예에서, 예시를 위해, 우리는 전년도의 기말잔액의 10%로 상각을 계산한다. 우수한 모델들은 실제 R&D 비용의 정액법 상각을 사용한다.

5 만약 우리가 자본화된 R&D를 영업자산에 합친다면, 총투자재원(TFI)은 더 이상 균형을 이루지 않을 것이다. 총투자재원의 균형을 맞추기 위해서는, 자본화된 R&D를 자기자본 등가물에 더한다. 총투자재원과 그들의 조정에 대해 더 알고 싶다면 11장을 참조하라.

표 24.5 PharmaCo: ROIC, 1997–2020

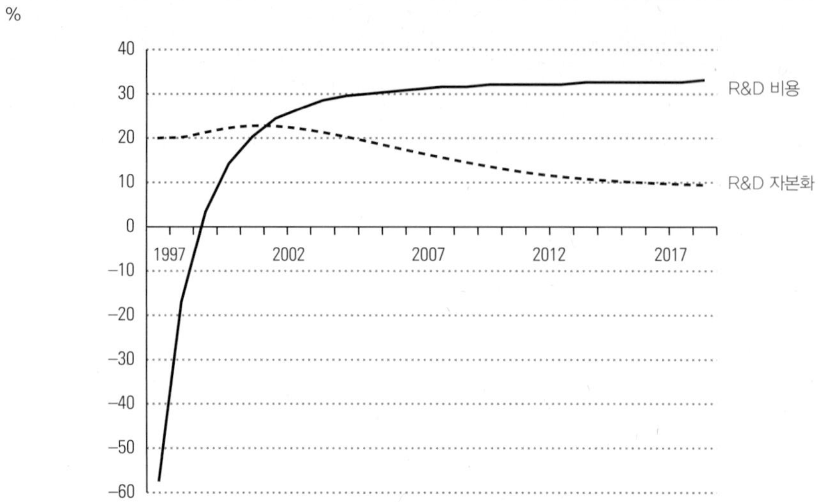

자본화된 R&D 투자, 그리고 비용 대신 R&D 상각으로의 NOPAT을 동반한 투하자본의 새로운 측정법에 기반을 두어, 우리는 조정된 ROIC를 얻어냈다. R&D가 자본화된 조정된 ROIC는 무형투자를 포함한 자본이익률을 나타낸다. 이것은 표 24.5에 나타나는 바와 같이, R&D가 비용처리된 조정되지 않은 ROIC와 비교될 수 있다. R&D 자산수명이 8년으로 추정되었기 때문에 적어도 8년 간의 꾸준한 성장이 지속되어야만 자본과 ROIC가 안정된 상태에 이르러 진정한 경제 수익률의 유의미한 지표를 제공할 수 있다. 표 24.5가 보여주듯이, 총자본에 산출된 조정된 ROIC는 약 9.5%로 안정되어 있고, 이는 조정되지 않은 재무제표의 33%의 ROIC보다 크게 낮다. 수익지원에 필요한 R&D 투자가 변하지 않는 한, PharmaCo의 조정된 ROIC는 진정한 경제수익률과 기본실적에 있어 더 나은 추정이 된다.[6]

무형의 투자를 자본화하는데 있어 만들어지는 주요가정 중 하나는 자산의 수명이다. 정확한 추정을 내기가 어려울지 몰라도 이것은 당신이 R&D 비용을 자본화하는 것을 못하게 하지는 않는다. 자산수명은 당신이 기대하는 것보다 ROIC에 적은 영향을 미친다. PharmaCo의 예시에서, 우리는 8년의 자산수명을 가정했다. 표 24.6에서 우리는 자산수명을 2년에서 12년까지 달리하면서 이 가정에 대한 검정(stress-test)을 실행했다. 불과 2년간의 자산수명도 PharmaCo의 ROIC를 R&D가 비용처리되었을 때 33%에서 자본화되었을 때 16%로 크게 줄인다. 자산

6 즉, 15장에서 설명한 바와 같이 ROIC는 투자의 가치창출의 더 나은 측정기법이다.

표 24.6 PharmaCo: 다양한 연구개발비 자산 추정 내용연수에 따른 ROIC, 2020

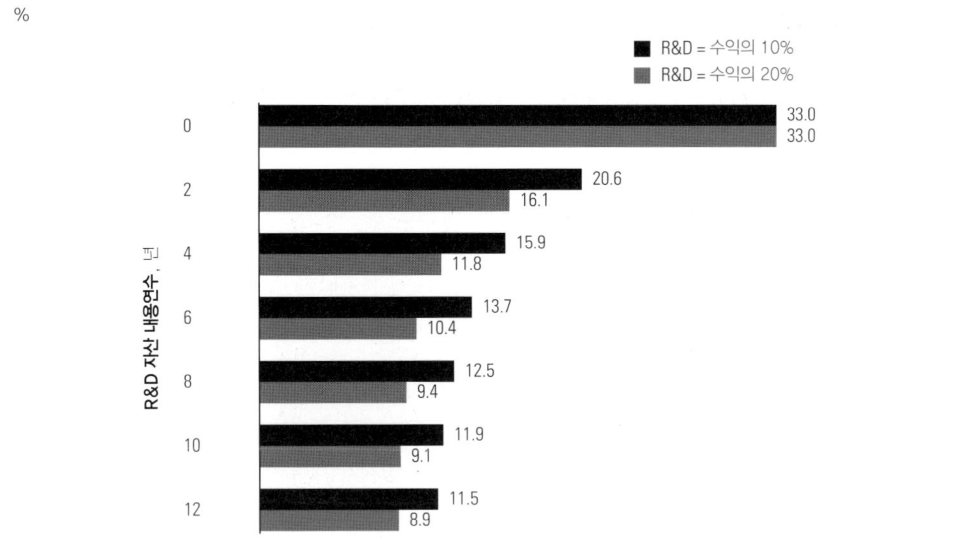

수명을 늘이는 것은 계속해서 ROIC를 줄이지만, 자산수명이 늘어날수록 더 적은 양으로 줄어든다. 따라서 자산수명을 8년이 아닌 12년으로 고르는 것이(대부분의 R&D 자산 수명의 합리적인 범주) 성과에 대한 인식에 실질적인 영향을 주지 않는다: PharmaCo의 경우, ROIC는 12년 수명일 때 8.9%, 8년 수명일 때 9.4%이다. R&D 지출이 더 낮을 때에도 이 패턴은 변하지 않는다.(예를 들어, 수익의 10%에 불과할 경우) 뿐만 아니라, 경쟁회사들의 성과를 비교하기 위해 ROIC를 사용할 때 가장 중요한 것은 자산수명추정이 모든 회사에서 일관성이 있다는 것이다. 유형자산에 대한 내용연수 역시 대략적인 추정과 회계관습(accounting conventions)을 기반으로 한 것임을 명심하자. 그럼에도 많은 경영진들과 분석가들은 유형자산 장부가치와 감가상각비용을 자본이익률과 이익에 대한 기준으로 사용하는 것을 꽤 편하게 느낀다.[7]

자본화된 비용을 포함한 자본이익률 해석

일반적으로, 무형자산의 자본화는 더 낮은 ROIC로 이어질 것이다. 안정적인 수익과 투자지출을 가지는 성숙한 회사의 경우, 무형자산의 상각비용은 지출된 금액과

7 자원(resource) 자본화를 포함한, 또는 포함하지 않는 CFROI와 같은 ROIC의 대안법의 경우, 자산내용연수의 추정이 중요하다.(장부가나 감가상각이 아닌 CFROI 자체를 측정하는 데 있어서) (25장 참조)

가까울 수 있다. 결과적으로, 비용을 자본화하는 것은 NOPAT에 거의 영향을 미치지 않는다. 하지만 비용이 자본화되면 자본기초는 항상 늘어나고 ROIC는 낮아질 것이다.

PharmaCo 예시에서 설명한 바와 같이, 자본화가 과거잉여현금흐름을 절대 바꿀 수는 없지만, 자본회전율과 ROIC에 대한 결과적 조정은 미래 잉여현금흐름에 대한 추정에 영향을 미칠 수 있다. PharmaCo의 경우, 매년 10%의 성장을 이루어내기 위한 R&D의 필요투자는 2021년에 3억 7,500만 달러로 추정되며, 이는 2020년에 지출된 2억 6,200만 달러보다 1억 1,300만 달러 더 많다. 이는 순 R&D 자산기반의 필수성장(10%, 또는 1억 6,700만 달러)에 2억 800만 달러의 연간상각비용을 더한 것이다.(2020년 기말잔액의 8분의 1) 앞으로의 R&D 투자가 비용으로 모델화되면, 2021년의 필수 R&D 추가경비는 2021년 추가수익의 10%, 또는 2,600만 달러에 불과할 것이다. 이는 유형자산에 대한 자본지출이 수익에 대한 일정한 비율에서 얻어졌거나 또는 그 대신 일정한 자본회전율에 의해 암시된 것이라면, 이를 투자예상에서 발생하는 것과 비교할 수 있다. (13장 참조)

PharmaCo가 R&D 비용을 10% 증가시킨 결과로 그 수익을 10% 증가시킬 수 있다면, 조정되지 않은 ROIC는 그 사업에 대한 미래투자에 대한 IRR의 최선의 추정치를 제공한다. 그에 반해, 동일한 수익증대를 성취하는 것이 PharmaCo에게 R&D 비용이 아닌, 그의 순 R&D 자산가치를 10% 증가시키도록 요구한다면, 조정된 ROIC가 더 나은 추정이 될 것이다. 물론, PharmaCo에 대한 이러한 R&D 투자추정이 해마다 적용될 것으로 보이지는 않는다. 중요한 것은, 어떤 R&D 투자가 장기간의 성장을 위해 요구되는가이다.

ROIC에서 무형자산 투자의 경제성을 더욱 정확히 반영하는 것은 투자결정, 실적평가, 자원할당, 그리고 경쟁적 행동에 대해 주요한 영향을 미칠 수 있다. 예시로, 자본비가 10%라면, PharmaCo는 사실상 가치를 저하시키고 있으며, 경영진들은 투자를 계속하는 것에 대해 의문을 가져야 한다. 경쟁자들은 회사의 제품 시장에 진입하는 것에 대한 타당성에 의문을 가져야 한다. 마진은 높을 수 있지만, R&D에 필요한 투자가 크다.

무형자산 투자의 자본화가 ROIC 추정과 가치창출관점에 미치는 영향을 설명하기 위해서, 우리는 네 개의 글로벌 회사들의 브랜드 소비재 연구와 홍보에 대한 과거 10년간의 지출을 분석했다. 과거 R&D 추정비용과 광고가 자본화되고 상각된 후, 모든 회사의 ROIC가 상당히 감소했으며, 표 24.7의 상단부분에서 볼 수 있듯이 매우 다른 성과 순위를 제공했다. 첨단 하드웨어 제조사들 간의 자본화된 R&D 비용을 포함한 ROIC에 대한 유사한 분석은 인식된 성과수준과 순위에서 유사한 변화를 제공했다.(표 24.7의 하단 참조)

무형자산을 자본화하는 것은 경쟁성에 대한 더 나은 금융관점을 제공한다. 개인용품 또는 가정용품제품의 기존업체와 신규업체 간의 브랜드 광고에 대한 현재 예산을 비교하는 것을 생각해보아라. 만약 기존업체가 다년간의 마케팅 노력에 의해 만들어졌다면 이 비교는 유용하지 않다. 기존업체의 현재광고예산은 소비자들 사이에서 비슷한 브랜드 인지도에 도달하기 위해 신규업체에게 필요한 투자를 과소평가할 것이다. 자본화된 투자기반은 더 정확한 추정을 제공할 수 있다.

자원(resources)의 자본화를 통한 통찰력은 가치 있지만, 회사들은 이를 잘 살펴야한다. 방치한다면, 경영진들은 장기적인 이익이 없는 사람들까지 모든 비용을 투자로 분류하고자 할 것인데, 이는 이것이 보고된 단기 실적을 극대화시키기 때문이다. 그들은 또한 자본화된 후 가치가 없는 것으로 판명되는 투자들을 감액

표 24.7 무형자산 투자에 대한 조정 후 ROIC

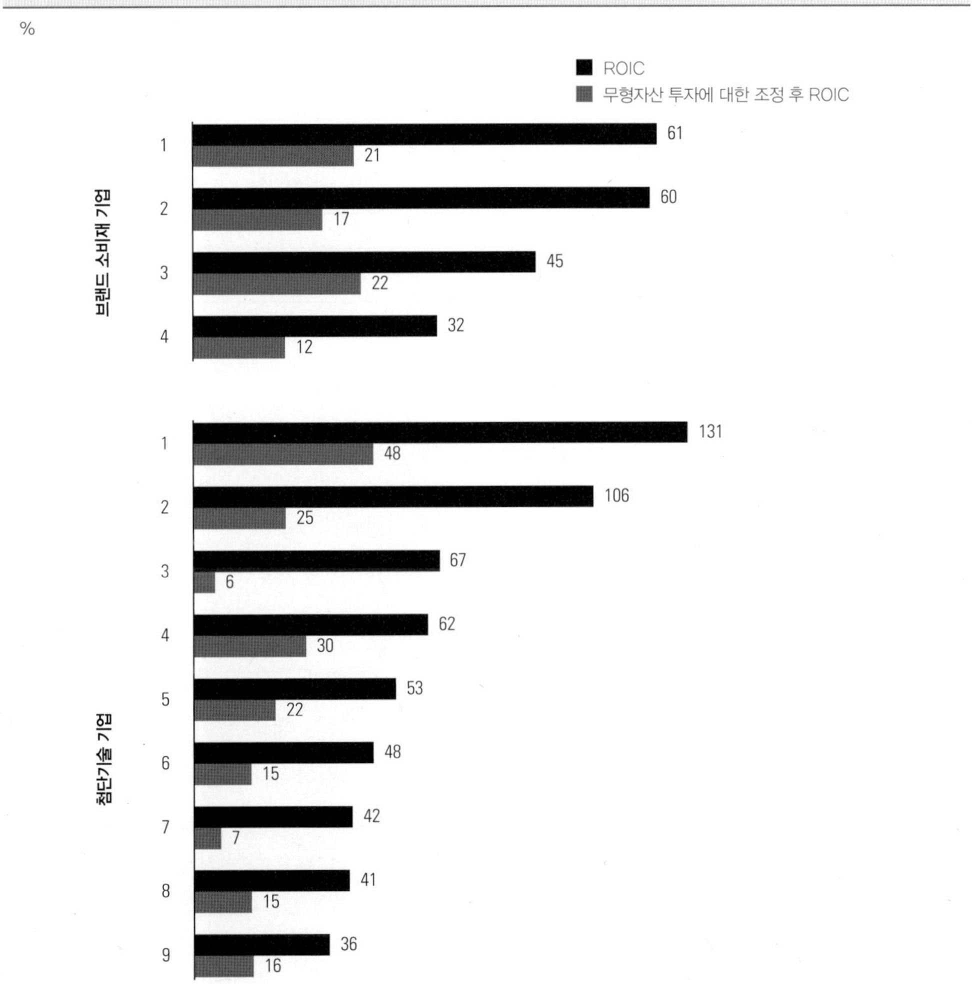

표 24.8 TradeCo: 재무제표

$ million

NOPAT	**2015**	**2016**	**2017**	**2018**	**2019**	**2020**
매출	200.0	209.0	212.1	216.4	214.2	212.1
매출원가	(160.0)	(165.1)	(169.7)	(175.3)	(171.4)	(170.7)
판매비와 관리비	(20.0)	(20.9)	(21.2)	(21.6)	(21.4)	(21.2)
영업법인세	(7.0)	(8.0)	(7.4)	(6.8)	(7.5)	(7.1)
NOPAT	13.0	14.9	13.8	12.7	13.9	13.1

투하자본	**2015**	**2016**	**2017**	**2018**	**2019**	**2020**
순운전자본	(12.0)	(8.4)	(10.6)	(2.2)	(4.3)	(6.4)
순유형자산	10.0	9.5	9.1	9.0	8.7	8.4
투하자본	(2.0)	1.1	(1.5)	6.8	4.4	2.1

잉여현금흐름	**2015**	**2016**	**2017**	**2018**	**2019**	**2020**
NOPAT	13.0	14.9	13.8	12.7	13.9	13.1
순투자	(2.0)	(3.1)	2.6	(8.3)	2.4	2.3
잉여현금흐름	11.0	11.9	16.3	4.4	16.3	15.4

핵심가치창출동인, %	**2015**	**2016**	**2017**	**2018**	**2019**	**2020**
NOPAT/매출	6.5	7.2	6.5	5.9	6.5	6.2
투하자본/매출	(1.0)	0.5	(0.7)	3.1	2.1	1.0
→ ROIC	N/M[1]	1,371	N/M	186	316	632

경제적 이익	**2015**	**2016**	**2017**	**2018**	**2019**	**2020**
NOPAT	13.0	14.9	13.8	12.7	13.9	13.1
자본비용[2]	0.2	(0.1)	0.1	(0.7)	(0.4)	(0.2)
→ 경제적 이익	13.2	14.8	13.9	12.0	13.5	12.9

[1] 무의미함

[2] 자본비용은 10%로 가정함

(write-off)하는 것을 망설일 수 있다. 예시로, 유통경로가 단지 경영진의 재무상태표에 감액(write-off) 작성을 피하기 위한 이유로 공개될 수 있다.

소자본이나 무자본 사업의 경우

일부 기업들은 상당량의 자본을 필요로 하지 않는다. 예를 들어, 전문 서비스업의 기업들과 외주 제작사를 둔 가전제품회사들이 그러하다. 이 회사들의 낮은, 또는 심지어 마이너스인 자본기반 때문에 ROIC는 덜 의미 있을 수 있다. 이러한 경우에 우리는 경제적 이익을 가치창출의 중요한 척도로 사용할 것을 권장한다.

소자본 사업모델과 ROIC

본질적으로 자본소요가 낮은 사업의 예시로는, 회계, 법률상담 및 기타 전문서비스와 부동산중개업 및 기타 중개서비스가 있다. 소프트웨어 개발 및 서비스와 같은 사업은 한정된 고정자금수요를 가지며, 고객 라이센스 선지급금(customer license prepayments)과 공급업체로부터의 자금조달(supplier financing)은 주로 그들의 총투자자본을 0에 가깝게 만든다. 이러한 경우에, 자본은 발생한 소득에 비해 매우 낮고, 이에 따라 ROIC도 높다. 이미 소액으로 투자된 자본기반에 약간의 변화는 ROIC에 아주 큰 변동으로 이어질 수 있으며, 특정년도의 ROIC를 성과관리 또는 재무설계와 목표설정에 사용하기 어렵게 만든다.

표 24.8에 재무제표가 요약되어 있는 TradeCo의 양식화된 예시를 가지고 설명해보자. TradeCo는 배관용품 및 도구 무역회사로 저비용의 위치에 사무실과 창고를 가지고 있다. 재고품들은 최소로 유지된다: 가장 높은 매출량을 가지는 물품을 제외하고, 물품들과 도구들은 고객 주문에 따라 구매된다. TradeCo는 고객송장에 대한 지불을 받은 후 공급업체에 지불하기 때문에 운영자본(운전자본)은 마이너스다.

표 24.8이 보여주는 바와 같이, 수익, 소득, 그리고 잉여현금흐름은 해마다 상당히 안정적이다. 하지만 표24.9의 그래프가 보여주는 바와 같이, ROIC는 대폭 변동하고 심지어 몇 년 동안은 안정적인 영업이익과 건강한 현금유동성에도 불구하고 측정불가하다. 그 이유는 TradeCo의 투하자본이 매우 적고 때때로 심지어 마이너스인데, 주로 운영자본(운전자본)의 이동 때문이다. 2015년과 2017년에는 회사가 마이너스의 투하자본을 가졌었기 때문에 ROIC가 의미가 없었다. ROIC는 숫자상으로 마이너스지만, 어떠한 경제적 해석도 가지지 않는다.[8] 표 24.9의 하단에서 우리는 경제적이익이 2017년에는 플러스였음을 알 수 있으며, 이는 가치창출을 분명하게 보여준다. ROIC의 이동은 당신의 실적평가를 틀리게 할 수 있다. 예를 들어, ROIC는 2019년에 316%에서 2020년에 632%까지 올랐다. 그렇지만, 같은 기간의 경제적 이익의 변화가 보여주는 바와 같이 가치창출은 감소했다. ROIC의 변화는 운영자본(운전자본)의 감소에서 일어났다. 동시에 소득이 감소했고 가치창출을 떨어트렸다.

저자본의 사업이라고 모두 본질적으로 소자본(capital light)인 것은 아니다. 사실, 일부 자본집약형 사업은 그들의 가장 자본집약적인 과정들-일반적으로 제조 및 유통을 아웃소싱(외부위탁)함으로써 소자본(capital light)모델을 채택해왔다.

8 수학적으로 ROIC는 여전히 3장에서 설명한 기본 논리에 따라 현금흐름 및 가치와 완벽하게 연결되어 있다.

표 24.9 TradeCo: ROIC와 NOPAT 이익률

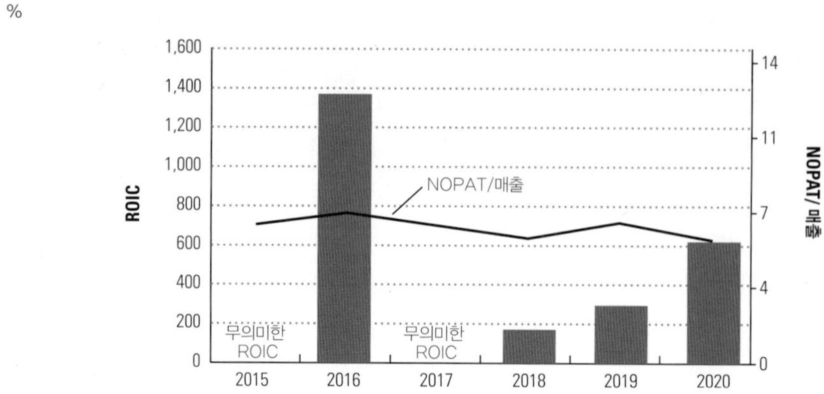

Apple, Fujitsu, Hewlett-Packard, Sony와 같은 첨단공학부분에서 이러한 접근법의 예시를 제공한다. 의류부문에서는 Nike와 같은 회사들이 그들의 제조를 아웃소싱(외부위탁)한다.

사업체인의 일부를 적극적으로 아웃소싱(외부위탁)하는 사업의 ROIC는 매우 높고 불안정적일 수 있다. 게다가, 아웃소싱(외부위탁)과 함께 오는 자본감소는 ROIC가 아웃소싱(외부위탁)이 처음부터 가치를 창출하는지의 여부를 평가할 때 혼란을 초래할 수 있다. 아웃소싱(외부위탁)후 많은 사업들이 훨신 더 높은 ROIC를 갖게 된다. 심지어 어떤 경우에는, 경영진들이 높아진 ROIC를 아웃소싱의 주요혜택 중 하나로 거론하기도 한다. 하지만 ROIC증가는 회사가 주주들을 위한 가치를 창출했다는 의미는 아니다.

표 24.10의 회사 InhouseCo와 ContractCo에 대해 생각해보라. 회사는 한 가지 사항만 빼고 동일하다: ContractCo는 모든 생산을 제3자에게 아웃소싱(외부위탁)했다. 순 PP&E와 감가상각비용이 없지만, InhouseCo와 비교했을 때 더 높은 운영비용을 가진다. ContractCo의 소득이 InhouseCo의 것보다 낮지만, 더 이상 PP&E가 필요하지 않기 때문에 ROIC는 5배 크다. 하지만 ContractCo는 InhouseCo보다 사업에서 더 많은 가치를 창출하지 않는다. 사실, 경제적이익의 측정이 나타내는 바와 같이, 두 회사들의 가치창출은 동일하다. 이 예시에서, ContractCo는 그의 자본집약적 생산활동과 저조한 ROIC 생산활동을 가치창출을 하지 않는 기타 활동들로부터 분리했다. ContractCo의 ROIC는 높은 ROIC 활동들만 보유하기 때문에 쉽게 올라간다. 하지만 그것은 아웃소싱(외부위탁)의 가

표 24.10 생산 아웃소싱이 ROIC에 미치는 영향

$ million

		InhouseCo	ContractCo
	NOPAT		
	판매비와 관리비	100.0	100.0
	감가상각비	(85.0)	(94.5)
	영업법인세	(3.8)	–
	투하자본	(3.9)	(1.9)
	NOPAT	7.3	3.6
	투하자본		
	순운전자본	5.0	5.0
	순유형자산	50.0	–
	투하자본	55.0	5.0
	핵심가치창출동인, %		
	NOPAT/매출	7.3	3.6
	투하자본/매출	55.0	5.0
→	ROIC	13.3	71.2
	경제적 이익		
	NOPAT	7.3	3.6
	자본비용[1]	(4.1)	(0.4)
→	경제적 이익	3.2	3.2

[1] 자본비용은 7.5%로 가정함.

치창출에 대해 아무런 이야기도 해주지 않는다.[9] 그러므로, 경영진들은 단지 ROIC를 상승시킨다는 이유로 아웃소싱(외부위탁)을 결정해서는 안 된다. 이러한 결정은 경제적 이익이나, 그와 동등하게 DCF 가치평가의 분석에 의해 결정되어야 한다.

핵심가치측정법으로서의 경제적 이익

구분점(커트라인)을 결정하는 객관적인 방법은 없지만, 우리는 50%가 넘는 ROIC를 가치창출의 측정으로 사용할 때 주의하여 취급해야 한다고 믿는다. 높은 수익마진보다는 ROIC 수준을 주도하는 높은 자본회전율의 사업에 각별한 주의가 요구된다.

이러한 경우에, 경제적 이익은 가치창출과 항상 일치하는 보다 견고한 성과척도이다.(경제적 이익에 대한 세부적인 사항은 3장을 참조하라.) 이는 다음과 같은 두 가지 동일한 방식으로 정의할 수 있다.

9 물론, 이 예시에서 아웃소싱(외부위탁)은 ContractCo가 더 높은 성장을 깨닫도록 한다면 사업에 대해 더 적은 자본을 필요로 하기 때문에 여전히 실제가치를 만들어낼 수 있다.

표 24.11 DiversiCo: 매출규모에 의해 조정된 경제적 이익

	매출	투하자본	NOPAT	NOPAT/ 매출, %	ROIC, %	경제적 이익 [1]	경제적 이익/ 매출, [1] %
소프트웨어	100	(5)	25	25	n/m[2]	25	25
하드웨어 서비스	250	10	44	18	438	43	17
소모품	750	250	94	13	38	73	10
하드웨어	2,500	1,000	188	8	19	103	4

[1] 자본비용은 8.5%로 가정함.
[2] 무의미함

$$\text{경제적 이익} = (\text{ROIC} - \text{WACC}) \times \text{투하자본} \quad (24.1)$$

$$\text{경제적 이익} = \text{NOPAT} - \text{자본변동} \quad (24.2)$$

24.2 등식에서, 자본요금은 WACC와 투하자본을 곱한 것과 동일하다.

투하자본에 의해 ROIC가 배가 되기 때문에, 경제적 이익은 현저히 낮은 자본 집약도의 사업모델에 대한 ROIC의 왜곡을 자동으로 시정한다. 표 24.8의 TradeCo 예시가 이를 설명한다. ROIC는 수년에 걸친 매우 큰 변동, 심지어 어떤 해에는 측정 불가할 정도의 변동을 보여준다. 그에 반하여, 경제적 이익은 TradeCo의 현금흐름이 안정적이고 몇 년간 지속적으로 일관적인 것과 같이 상당히 안정적이다. 경제적 이익은 TradeCo의 근간이 되는 사업경제성을 훨씬 더 잘 빈영하는 것이다. 이는 과거실적에 대한 더 정확한 통찰력과 향후실적예상에 대한 유용한 근거를 제공한다.

경제적 이익은 절대적인 관점에서 자본이익률의 척도이기 때문에, 특정사업의 가치창출이 이번 년도 대비 다음 년도에서 증가했는지의 여부를 이해하는데 매우 유용하다. 하지만 다른 규모의 사업들에 의해 창출된 경제적 이익의 차이를 해석하는데 사용하는 것이 더 어렵다. 표 24.11의 DiversiCo를 예시로 참고하라. DiversiCo는 소프트웨어, 하드웨어, 하드웨어 서비스 및 물품의 사업부문을 가지는 다각화된 산업 회사이다. 사업부문들은 규모와 경제성에서 매우 다르다. 예를 들어, 하드웨어는 소프트웨어개발에 의해 창출되는 1억 달러의 수익을 감소시키며 25억 달러의 연간수익을 가진다. 하드웨어 사업이 주로 제조 및 유통설비 그리고 재고를 위해 10억 달러의 자본을 필요로 하는 반면, 소프트웨어 사업은 고객 라이센스 선지급금(customer license prepayments) 덕분에 마이너스의 투하자본을 가진다. 소프트웨어와 하드웨어 서비스가 소규모의 자본 또는 마이너스 자본

표 24.12 매출 대비 경제적 이익의 성과 비교

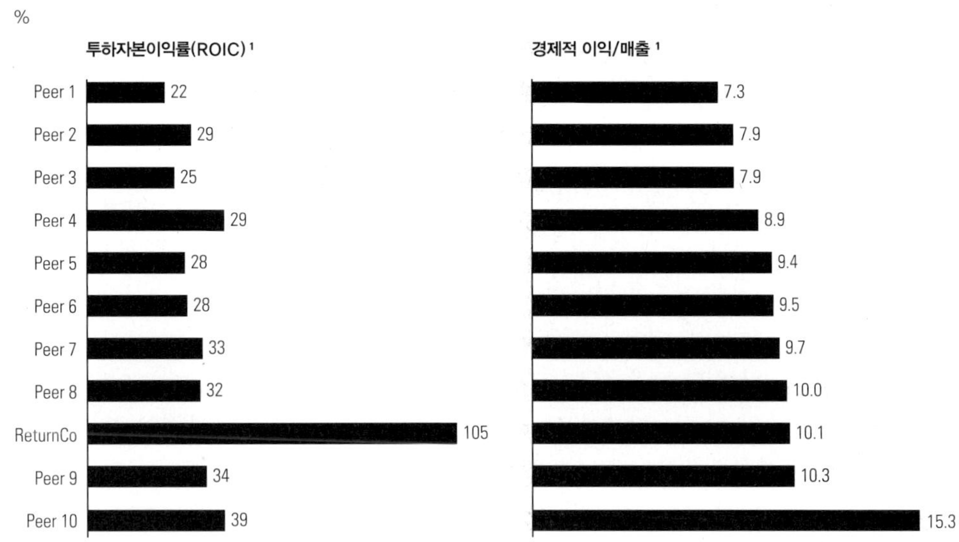

[1] 영업권과 인수 무형자산들은 제외

출처: McKinsey의 기업성과분석, Capital IQ25

을 가지기 때문에 ROIC는 DiversiCo의 사업들의 실적을 비교하는 것에 무의미하다. 경제적 이익은 가치창출의 정확한 묘사를 제공하지만, 다른 규모의 사업들에 대한 비교는 어렵다. 경제적 이익은 소프트웨어 사업에서 가장 낮으며(2,500만 달러), 이는 사업실적보다는 사업규모에 의한 것이다.

DiversiCo 사업의 가치창출을 더 잘 비교하기 위해서는, 수익으로 경제적 이익을 조정(확대)하여 매출 1달러당 가치창출의 척도로 만든다.[10] 표 24.11의 마지막 줄에 그래프로 표시된 바와 같이, DiversiCo의 소프트웨어 사업이 수익의 달러 당 가장 높은 가치를 창출하고 하드웨어 사업이 가장 낮은 가치를 창출한다는 것이 분명해졌다. 따라서, 소프트웨어개발에 매출증대를 촉진시키는 것이 주주들에게 가장 이롭다.[11] 경제적이익을 이러한 방식으로 조정(확대)하는 것은 DiversiCo의 경영진들에게 자원할당과 포트폴리오전략의 결정에 대한 더 나은 기준을 제공한다.

같은 방식으로, 수익에 대한 경제적 이익의 비율도 다른 규모와 다른 자본집약

---

10 M.Dodd and W.Rehm, "Comparing Performance When Invested Capital Is Low," *McKinsey on Finance* (Autumn 2005):17-20 를 참조하라.

11 이 예시의 소프트웨어 서비스와 하드웨어 서비스와 같이, 수익에 대한 경제적 이익이 거의 소자본사업에 대한 NOPAT 마진과 동일함에 주의하라. 이는 등식 24.2를 검토하는 것으로 쉽게 설명 된다: 투하 자본이 0일 때, 자본요금은 0이며, 경제적 이익은 NOPAT과 동일하다.

도를 가지는 회사들의 실적을 벤치마킹하는 것을 도와준다. 우리가 표 24.12에서 ReturnCo라고 지칭하는 브랜드 소비재회사의 예시를 생각해보아라. ReturnCo는 비슷한(동종회사) 국제기업의 30%에서 40%에 달하는 ROIC 수준보다 한참 높은 105%의 ROIC를 창출한다. 하지만 이것이ReturnCo가 동종회사들에 비해 더 많은 가치를 창출하고 더욱 경쟁력 있게 하는 원천이 있다는 의미는 아니다. 경험으로 보아, 50%를 넘는 ROIC는 주의를 가지고 해석되어야 하며 조심스럽게 분석되어야 한다. 이 경우에, ReturnCo가 고객들에게 선지급에 대해 적극적인 할인을 제공한다는 것으로 나타난다. 이 할인은 수익마진을 동종의 수준(peer level) 아래로 만들지만 선지급은 순운영자본(순운전자본)을 마이너스로 만들고 투하자본을 감소시킨다. 최종결과는 예외적으로 높은 ROIC를 초래한다. 동종회사들의 ROIC와의 비교는 자본집약도의 차이 때문에 무의미하며, 절대적인 경제적 이익 역시 경쟁사들의 규모에 따라 다를 것이다. 대신, 수익 대비 경제적 이익의 분석은 ReturnCo가 동종회사들에 비교해 어떻게 가치 창출을 수행하는가를 가장 잘 보여줄 것이다. 표가 보여주는 바와 같이, 자본효율성 향상은 제공된 할인에 의해 거의 상쇄된다: ReturnCo의 수익에 대한 경제적 이익의 비율은 동종회사의 것과 매우 비슷하다. 언뜻 보기에, ReturnCo의 ROIC가 우월하게 보일 수 있지만, 자세히 보았을 때 그의 가치창출이 동종 회사의 것과 일치한다는 것이 드러난다.

일반적으로, 매우 다른 자본집약도와 규모를 가지는 사업의 실적을 비교할 때, 수익 대비 경제적 이익을 사용하는 것은 실적과 가치창출에 대한 최상의 통찰력을 제공한다.

요약

대부분의 회사에서 ROIC는 자본이익률을 측정하는 좋은 척도가 된다. 그러나, R&D나 브랜드와 같은 상당한 무형자산 투자에 의존하는 사업의 경우, ROIC가 이러한 자원들의 자본화된 가치를 포함하도록 조정이 필요하다. 매우 작은 자본 또는 무자본의 기업의 경우, 경제적 이익은 가치 창출의 더 나은 척도이다. 다른 규모의 사업에 대한 비교를 위해서는, 수익으로 경제적이익을 조정(확대)한다.

25장

자본수익률을 측정하는 대체적인 방법

역사적 자본수익률은 기업이 성장함에 따른 미래 수익을 예측하는 좋은 출발점이라고 통상적으로 가치평가에서는 가정한다. 하지만 과거의 자본수익률을 측정하는 것이 가치창출의 지표가 되지 않는다면, 그 사업에 계속 투자를 하고 사업을 키울 것인지에 대한 결정이 잘못될 수 있다. 제대로 "가치에 근거한" 평가를 하려면, 자본수익률의 측정은 투자가 이루어진 시점에서부터 그 투자로부터 발생하는 모든 현금흐름이 회수될 때까지 내재된 사업의 내부수익률(IRR; Internal Rate of Return)을 반영해야 한다. 하지만 실무적으로 이는 가능하지 않다. 우리는 기업의 성과를 측정하기 위해 모든 프로젝트가 끝날 때까지 기다릴 수 없기 때문이다: 사업은 여러 시기에 이루어진 여러 투자의 축적물이다. 우리는 기업이 최근 시점에 얼마나 가치를 창출했는지를 측정하고, 특히 미래에 대한 계획수립에 대해 도움을 줄 수 있는 대용치가 필요하다.

대부분의 경우에서, 자본수익률을 측정하는 주된 방법인 투하자본이익률(ROIC; Return On Investment Capital)은 수익률을 정확하게 반영한다. 하지만 ROIC에도 허점이 있다. 예를 들어 이 방법은 자산의 나이나 인플레이션에 대한 영향을 반영하지 않는다. 따라서 분석가들은 ROIC의 한계를 극복하기 위한 대안을 제시했다. 이중 하나인 현금흐름투자수익률(CFROI; Cash Flow Return On Investment)은 회계적 기반이 아닌 현금흐름을 기반으로 하여 예측된다. CFROI는 특정 드문 상황에서는 가치창출을 측정하는 데에 더 나은 방법이다. 이 장에서는 ROIC가 정확하게 진정한 경제적 자본 수익률을 반영할 수 있는 조건과 더 복잡한 방법인 현금흐름투자수익률(CFROI; Cash Flow Return On Investment)을 언제 사용해야 하는지에 대해 설명할 것이다. 그다음 몇몇의 대안들을 보고 그것들이 왜 가치창출을 측정하는 데에 허점이 있는지 설명할 것이다.

이러한 측정 방법들을 비교할 때 모두 다음과 같은 원칙이 적용된다: 자본 수익률을 측정하는 방법은 기업의 현재 시장가치나 자산 가치가 아닌, 투자금액에 기초해야 한다. 예를 들어 자산의 공정가치가 본질적으로 미래현금흐름의 할인된 현금흐름(DCF) 가치에 기초한 사례를 살펴보자. 정의상으로는 공정가치로 측정된 자산의 자본 수익률은 그 자산에 투자한 현금이 창출하는 가치에 대해 어떠한 지표도 제공하지 못한다. 성장하는 사업에서 DCF 가치에 대해 측정된 자본 수익률은 자본비용보다 항상 낮을 것이다. 대개 DCF 가치는 미래 투자의 가치창출 효과를 반영하기 때문이다.

ROIC가 IRR과 같은 경우

대부분의 사례에 잘 적용할 수 있는 가장 간단한 접근방법은 우리가 본서에 걸쳐 사용했던 방법이다: ROIC로 자본수익률을 측정하거나 영업용 자본의 순장부금액(취득원가에서 감가상각누계액을 차감한 장부금액)에 대한 영업이익비율을 구하는 것이다. ROIC가 자산과 그 자산이 사용되는 영업활동의 내부수익률(IRR)의 정확한 추정치가 되는 경우를 설명하기 위해, 정형화된 예를 사용하려고 한다. 표 25.1은 개별 자산에 대한 재무 예상치를 보여준다. 초기투자금은 100달러이다. 그리고 자산의 5년 수명주기 동안 영업현금흐름은 점차적으로 감소하고 있다. 정액법으로 20달러씩 매년 감가상각하게 되면, 영업이익은 첫해 15달러에서 마지막 해는 3달러로 감소하면서 매년 순투하자본에 비례하게 된다. 특정 연도의 ROIC는 그 해의 영업이익을 기초투하자본에서 감가상각누계액을 차감한 순투하자본으로 나눈 금액으로 정의한다(단순화를 위해 세금은 무시한다). 이 사례에서 자산의 ROIC는 자산의 수명주기 동안 15%로 일정하다.

ROIC가 일정하다면, 자산은 초기투자금액에서 복구비용을 차감한 순투자금액에 대해 일정한 수익률을 제공한다. 그러므로, 이러한 수익률은 그 자산으로부터 발생하는 미래 현금흐름의 내부수익률(IRR) 또는 15%와 반드시 같아야 한다. 더 정확하게는 그 투자로부터 발생한 수익이, 투자의 수명주기 동안 매 년도마다 투자된 자본에서 감가상각누계액을 차감한 순투자액에 비례한다면 해당 투자의 ROIC는 IRR과 일치한다.

이는 잔존내용연수가 각각 1년, 2년, 3년, 4년, 5년인 5개의 개별자산으로 구성된 포트폴리오로 영업활동을 하는 사업에 대한 결과값을 일반화해 볼 수 있다(표 25.1의 맨 오른쪽 열 참조). 이 사업의 영업현금흐름, 이익 그리고 투하자본은 개

표 25.1 영업이익이 순투하자본과 비례할 때 수익률

$

		개별자산 연도 0	1	2	3	4	5	5개 자산으로 구성
영업현금흐름		(100)	35	32	29	26	23	145
감가상각비			(20)	(20)	(20)	(20)	(20)	(100)
영업이익			15	12	9	6	3	45
총투하자본[1]			100	100	100	100	100	500
감가상각누계액[1]			–	(20)	(40)	(60)	(80)	(200)
순투하자본[1]			100	80	60	40	20	300
IRR, %	15.0							15.0
총투하자본에 대한 수익률, %			35.0	32.0	29.0	26.0	23.0	29.0
순투하자본에 대한 수익률, %			35.0	40.0	48.3	65.0	115.0	48.3
ROIC, %			15.0	15.0	15.0	15.0	15.0	15.0
CFROI, %			22.1	18.0	13.8	9.4	4.8	13.8
			ROIC는 자산의 수명주기 동안 증가한다. CFROI는 자산의 수명주기 동안 일정하다.					ROIC = IRR CFROI < IRR

[1] 기초 시점

별 자산의 수명주기 동안 각 년도마다의 영업현금흐름, 이익 그리고 투하자본의 단순 합계이다(예를 들어 이 사업의 영업현금흐름은 \$35 + \$32 + \$29 + \$26 + \$23 = \$145로 계산할 수 있다). 그러므로 이 자산들을 보유하는 것은 그 사업의 전체를 보유하는 것과 같다. 따라서 사업의 ROIC는 개별 자산의 ROIC와 IRR인 15%로 동일해야 한다. 즉, 이 사업이 예를 들어, 10%만큼 이익을 성장시키기 원한다면, 10%만큼 순투하자본을 늘려야 할 것이다(이 사례에서 30달러의 투자금이 필요하다). 똑같은 성장을 위해 증액된 투자에 대한 IRR은 정확히 그 사업의 15%의 ROIC와 같다.

이는 그 사업(또는 기업)의 영업이익이 순투하자본과 비례한다면, 사업의 ROIC가 새로운 투자의 IRR가 일치한다는 것을 의미한다.[1] 이런 상황에서, ROIC는 자본수익률을 측정함에 있어 가치에 근거한 측정수단이 된다. 비록 이것이 회계적으로 측정된 이익과 자본에 기초한 것이지만 말이다.

1 같은 논리는 3장에서 소개한 가치동인공식에도 내재되어 있다. 가치동인공식은 DCF평가값은 ROIC가 자본비용보다 높을 때의 이익성장에 대해서만 증가함을 보여준다.

CFROI가 IRR과 같을 때

CFROI은 이익이나 장부금액보다는 현금흐름에 근거하여 자본수익률을 대체적으로 평가하는 방법이다.[2] 특정연도의 CFROI는 해당 연도 영업현금흐름(N 연도 연금현금흐름)의 현재가치를 해당 연도의 기초 총투하자본과 일치시키는 할인율로 정의할 수 있다(여기서, N은 해당 자산의 수명주기). 주어진 T연도의 CFROI를 계산하는 기본공식은 다음과 같다:

$$\text{GIC}_T = \sum_{t=1}^{N} \frac{\text{OCF}_T}{(1+\text{CFROI})^t}$$

여기서, $\text{GIC}_T = T$연도 기초 총투하자본

$\text{OCF}_T = T$연도의 영업현금흐름

CFROI 계산 시 자산의 잔존가치가 있는 경우 N연도의 추가현금흐름으로 포함시켜 할인해야 한다.

앞선 사례의 예시와는 다른 재무적 상황을 가진 자산의 재무 예측치를 가지고 CFROI를 측정 방법의 대안으로 설명해 보기로 한다. 표 25.2에서 나타난 사례에서는 자산의 수명주기에 걸쳐 영업현금흐름은 연간 29달러로 일정하다. 투자에 대한 IRR은 현재 13.8%이고 이는 CFROI와 정확히 일치하며 이는 그 자산의 수명주기 동안 일정하다. 2년 차를 예시로 하여 다음 방정식을 통해 그 자산의 CFROI를 주정해본다.

$$\$100 = \frac{\$29}{(1+\text{CFROI})^1} + \ldots + \frac{\$29}{(1+\text{CFROI})^5} \Rightarrow \text{CFROI} = 13.8\%$$

사실 영업현금흐름이 자산의 수명주기에 걸쳐 일정할 때, 앞선 공식에서 나타난 것처럼 CFROI는 IRR과 일치해야 한다. 또한 영업으로부터의 현금흐름이 (감가상각누계액 차감 전) 총투하자본과 비례한다면, CFROI가 투자에 대한 IRR과 일치한다고 말할 수 있다.

이 결과를 다시 잔존내용연수가 1년, 2년, 3년, 4년, 5년인 5개의 개별적인 자산으로 구성된 사업에 일반화 시켜보자(표 25.2의 맨 오른쪽 열). 앞선 예시에서처럼, 그 사업의 전체 현금흐름, 이익 그리고 투하자본은 이 사업을 구성하는 5개의

---

2 더 자세한 내용은 다음 참조. B. Madden, *CFROI Valuation: A Total System Approachto Valuing the Firm* (Oxford, UK: Butterworth-Heinemann, 1999).

표 25.2 영업이익이 총투하자본과 비례할 때 수익률

$

	개별자산 연도 0	1	2	3	4	5	5개 자산으로 구성
영업현금흐름	(100)	29	29	29	29	29	145
감가상각비		(20)	(20)	(20)	(20)	(20)	(100)
영업이익		9	9	9	9	9	45
총투하자본[1]		100	100	100	100	100	500
감가상각누계액[1]		–	(20)	(40)	(60)	(80)	(200)
순투하자본[1]		100	80	60	40	20	300
IRR, %	13.8						13.8
총투하자본에 대한 수익률, %		29.0	29.0	29.0	29.0	29.0	29.0
투하자본에 대한 수익률, %		29.0	36.3	48.3	72.5	145.0	48.3
ROIC, %		9.0	11.3	15.0	22.5	45.0	15.0
CFROI, %		13.8	13.8	13.8	13.8	13.8	13.8
		ROIC는 자산의 수명주기 동안 증가한다. CFROI는 자산의 수명주기 동안 일정하다.					ROIC > IRR CFROI = IRR

[1] 기초 시점

자산으로부터 비롯된 것이다. 그 사업의 CFROI와 IRR은 각 개별 자산의 CFROI와 IRR과 일치한다. 이 사업이 예를 들어, 10%만큼 현금흐름을 성장시키고 싶다면, 총 투하자본 또한 10%만큼 늘려야 한다- 50달러의 투자지출. 그 추가적인 투자에 대한 IRR은 이제 13.8%로 CFROI와 같다. 그 사업의 ROIC를 15%로 추정한 것은 이 사례에서 IRR을 과대 추정한 것임을 기억하라. 일반적으로 사업(또는 기업)의 영업현금흐름이 총 투하자본과 비례한다면, CFROI는 정확하게 새로운 투자의 IRR과 같다.

ROIC와 CFROI 중 선택 문제

ROIC과 CFROI 중 어느 것을 사용해야 하는지 이해하기 위해 표 25.1과 표 25.2의 두 가지 사례를 좀 더 자세히 비교해보자. 양 사례에서 (자산이 아니라) 사업들은 동일한 ROIC, CFROI, 이익(영업이익), 영업현금흐름 그리고 투하자본을 갖고 있다. 그럼에도 불구하고, 자본 수익률에 대한 "올바른" 측정 기준에서 볼 수 있는 것처럼, 내재된 재무환경과 가치창출은 꽤 다르다.[3]

3 내재자산의 수명주기에 걸친 누적현금흐름은 동일하지만 표25.1에 나타난 자산들은 초기에 더 높은 현금흐

표 25.1에 나타난 예처럼, ROIC는 그 자산과 사업에 대한 적합한 자본수익률 측정수단이다. 이는 15%로 IRR과 같다. 이유: 자산의 수명주기에 걸친 현금흐름 패턴이 매년 순투하자본에 비례하는 영업이익을 이끌어낸다. 자산단계에서, 이는 자산의 수명주기에 걸쳐 일정한 ROIC와 변동하는 CFROI를 가져온다. 사업단계에서, 이는 전체 이익과 순투하자본이 서로 같은 선상에서 성장한다는 사실을 의미한다(사업에 더 많은 자산을 투자해야 성장이 이루어짐을 가정).[4]

표 25.2의 예에서는 CFROI가 적합한 측정수단이고, 이것은 13.8%로 IRR과 같다. 그 이유는 영업현금흐름이 총 투하자본에 비례하기 때문이다. 자산 단계에서, CFROI는 자산의 수명주기에 걸쳐 일정하다. 그리고 ROIC는 최초취득가액(capital base)이 감가상각됨에 따라 계속해서 증가한다. 사업 단계에서, 이것은 총 영업현금흐름과 총 투하자본이 서로 같은 선상에서 성장함을 의미한다.

이러한 두 가지 사례는 자본수익률을 측정하는 적합한 수단이 한 가지만 있는 것이 아니라는 사실을 보여준다. 사업의 구성하는 투자 프로젝트의 이익과 현금흐름 패턴에 따라, 이론적으로 ROIC나 CFROI는 IRR과 동일할 수 있다. 이때, CFROI가 현금 구성요소에 기초해서 계산된다는 사실 때문에 회계에 기초한 ROIC보다 CFROI이 항상 우월하다는 것을 의미하지는 않는다.

이론적 상충관계

사례들이 정형화되어 있기는 하지만, ROIC와 CFROI 간의 이론적 상충관계에 대하여 일반적인 통찰력을 이끌어내는 것은 가능하다. CFROI는 투자가 불규칙한 사업에 더 적합하다. 두 가지 극단적인 예로서, 인프라프로젝트 또는 수력발전을 생각해 보자. 이들은 상당한 규모의 초기투자를 요구하는데, 이후 기간 동안은 상대적으로 안정적인 현금흐름을 창출한다. 여러 해, 심지어 수 십년 동안 유지보수나 정밀검사에 큰 투자를 하지 않아도 되기 때문이다. 회계기준상 자산의 감가상각을 요구할지 모르지만, 감가상각효과를 반영한 후의 순투하자본은 현금흐름을 창출하는 능력과는 별 관계가 없다. ROIC는 대개 그 프로젝트의 경제적 이익(IRR)과는 관계없는 수준까지 상승한다. 그러나 CFROI는 영업현금흐름이 매우 안정적이기 때문에 IRR에 더 근접할 것이다.

반대로 ROIC는 더 규칙적이고 완만한 패턴으로 투자를 하는 사업들로 구성

름을 만들어낸다. 그 결과 창출된 가치는 더 높았는데, 표25.1에 있는 자산들의 IRR은 15%이고, 표25.2에 있는 자산들의 IRR은 13.8%라는 것에 이 같은 점이 반영되어 있다.

4 사실 이는 3장에서 나온 ROIC-성장 가치동인공식을 이끌어낼 때 가정했던 경제적 모델임을 주목하자.

된 IRR을 더 잘 추정하는 경향이 있다. 그러한 투자는 이익을 유지하기 위하여 필요하다. 예를 들어, 소매 슈퍼마켓이나 많은 기계와 설비를 갖춘 제조업 회사를 생각해 보자. 이러한 사업들은 유지관리, 업그레이드 그리고 제조라인과 상점을 새로 교체하기 위해 정기적인 투자를 필요로 한다. 그러한 투자가 진행되는 기간에, 가격책정과 수익은 더 새로운 제조라인과 상점 포맷을 갖춘 경쟁자로부터의 압력에 직면하게 된다. 결과적으로, 감가상각효과를 반영한 후의 순투하자본은 이익을 산출하는 능력에 대한 합리적인 근사치가 된다. 이는 ROIC를 내재된 IRR의 더 나은 추정치로 만든다. 경험적으로 봤을 때, 이는 대부분의 기업에 해당하는 사례이다: 영업이익을 유지하기 위해서는 지속적으로 유지보수와 교체에 대한 투자가 필요하다.

실무적 고려사항

이러한 이론적 고려사항과 달리, ROIC와 CFROI 사이에 몇몇 실무적인 상충관계(trade-offs)가 존재한다. 우선, 표준화되어 작성된 재무제표를 일부 재구성하고 조정을 하면, ROIC 및 영업이익과 투하자본의 장부가치와 같은 ROIC의 구성요소를 더 쉽게 예측할 수 있다(11장에서 설명한 바와 같다). 그러한 구성요소를 찾기만 하면, ROIC는 대부분의 경영자들에게 친숙하고 간단한 비율이 된다. 반대로 CFROI는 많은 경영자들이 잘 모르는, 훨씬 복잡한 반복계산을 요구한다.[5]

CFROI가 정의되고 계산되는 방식 때문에, 이것을 해석하는 것 또한 ROIC의 경우보다 덜 직관적이다. 예를 들어 ROIC를 두 배로 하려면, 경영자들은 그 이익 마진이나 자본회전율을 두 배로 만들어야 할 것이다. 이러한 논리에 따라, 예를 들어, 재고수준 또는 원재료 비용의 감소는, ROIC의 증가로 쉽게 이어진다. 반대로 자본회전율을 두 배로 늘리는 것은 필연적으로 CFROI를 두 배로 만들지는 못한다. 이는 단순한 비율이 아니기 때문이다. 같은 이유로 사업부나 기업그룹의 CFROI는 이를 구성하는 사업부문의 CFROI 계산으로 쉽게 추출되지 못한다. 그러나 그룹의 ROIC는 단순히 이를 구성하는 사업들의 ROIC들의 자본으로 가중평균한 값이다.

CFROI의 추가적인 특징은 정의에 수익률에 대한 물가 상승효과에 따른 조정이 포함된다는 것이다. 총투하자본은 관련 자산의 초기 구입 이후 기간의 물가

---

5 이 이유로 실무자들은 덜 복잡한 계산공식에 근거하여 CFROI를 대략적으로 계산할 수 있는 방식을 개발하였다(다음 예시 참조. A. Damodaran, *InvestmentValuation*, 2nd ed. (New York: John Wiley & Sons, 2002) chap. 32).

상승률 효과를 반영하여 지수화되어야 한다. 북미와 서유럽 대부분의 경제 환경에서, 물가상승률은 보통 큰 차이를 보이지 않는다. 그러나 물가상승률이 연간 2% 포인트보다 더 큰 경우에는 조정의 영향은 크다. 일부 사례에서, 이러한 조정이 기업의 CFROI와 ROIC 간의 차이를 만드는 중요한 요소였음을 발견하였다. 그러나 ROIC를 계산할 때도 물가상승률에 대한 조정을 할 수 있다. 기본적으로 그러한 조정은 감가상각과 유형자산(PP&E: property, plant, and equipment)을 나타내기 위해 당해년도 화폐가치(current-year dollars)를 이용하는 것을 포함한다. 표 25.3에서 보는 바와 같이 인플레이션에 대해 ROIC를 조정하고 그러한 인플레이션 조정에 기초하여 CFROI를 활용하면 광범위하게 서로 다른 물가상승률과 자산 생애주기에 있어서도 일반적으로 비슷한 결과가 나온다. 표 25.3에서 보는 것과 같다(ROIC와 현금흐름에 대한 인플레이션의 영향은 26장에서 더 자세히 다룬다).

ROIC와 CFROI 간의 차이는 특정 사업들에서 상당한 규모가 될 수 있다. 이는 앞의 두 사례에서 본 바와 같이 그들의 경제성에 달려있다. 그럼에도 불구하고 2003년부터 2013년까지 1,000개의 미국기업을 조사해본 바에 따르면, 평균적으로 이러한 차이는 많이 크지 않았다(표 25.4 참조). 우리가 살펴본 10개의 비금융권 산업분야에서 하나를 제외하고는, ROIC와 CFROI 모두 인플레이션에 따른

표 25.3 인플레이션하에서 수익률: ROIC vs. CFROI

%

		20년 후 수익률		
물가상승률	자산수명주기, 년	ROIC	CFROI[1]	인플레이션 조정 후 ROIC
0	5	15	14	15
2	5	17	13	12
4	5	19	13	11
6	5	22	13	10
8	5	24	12	10
10	5	26	12	10
0	10	15	13	15
2	10	19	12	11
4	10	23	12	10
6	10	27	11	10
8	10	31	11	10
10	10	35	11	10
0	20	17	12	17
2	20	21	12	15
4	20	25	12	14
6	20	30	12	13
8	20	35	11	13
10	20	39	11	13

[1] CFROI는 인플레이션 조정을 포함함.

표 25.4 산업분야별 세전 ROIC 및 CFROI, 2003-2013

산업분야별 ROIC와 CFROI의 중앙값의 10년 평균,[1] %

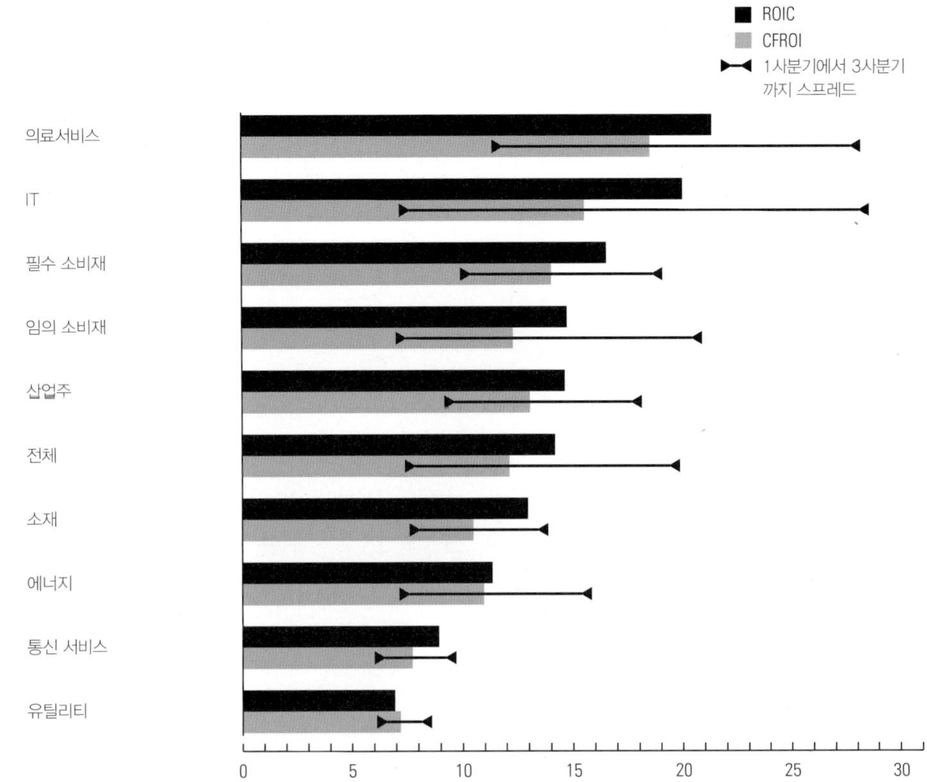

[1] 미국 시가총액 상위 1,000개 기업

조정을 하지 않은 경우, 평균 ROIC와 CFROI의 차이는 3% 포인트 또는 그 이하였다. 한 산업분야에서 가장 높은 분위의 ROIC와 가장 낮은 분위의 ROIC 간의 차이는 일반적으로 이러한 차이의 4배였다. 따라서 ROIC나 CFROI 중 어느 것을 활용하여 사업의 자본이익률을 측정하더라도 어떤 분야의 비교대상기업에 비해 그 기업의 상대적인 성과를 살펴보는 경우에 있어 차이를 만들기는 쉽지 않을 것이다.

기타 현금기준 자본수익률의 결함

실제로는 경영자와 애널리스트들이 ROIC와 CFROI뿐만 아니라 자본수익률을 측정하는 다른 수단들도 사용하는 것을 볼 수 있으며, 때로 유일한 차이는 그 이름뿐이다. 예를 들어, 비록 적용하는 방식에 따라 다르겠지만, 대부분의 사용자본이익률(ROCE: Return on Capital Employed)의 의미는 ROIC와 비슷하며, 계산 또한 둘 다 영업이익을 영업용 사용자본 금액으로 나눈 값이다.

또 다른 일련의 투하자본 현금 수익률 측정법들은 근본적으로 다르다. 이들은 여러 명칭으로 불리는데, 투하자본 현금수익률(CROCI: Cash Return on Capital Invested), 총 투자 현금 수익률(CROGI: Cash Return on Gross Investment), 자산 현금수익률(CashROA: Cash Return on Assets)로 불린다. 이들은 보통 영업 현금흐름을 투하자본으로 나눈 값으로 계산된다.[6]

$$\text{순투하자본 현금 수익률} = \frac{\text{영업현금흐름}}{\text{순투하자본}}$$

$$\text{총투하자본 현금 수익률} = \frac{\text{영업현금흐름}}{\text{총투하자본}}$$

안타깝게도 이러한 측정 방법은 내재한 IRR을 반영하지 못하기 때문에 가치 창출을 측정하는데 결함이 있다. 표 25.1과 25.2를 보면, 총투하자본과 순 투하자본에 대한 수익률은 내재한 IRR을 과대추정하고 있다. 이는 이러한 자본에 대한 현금수익률 측정 수단들이 감가상각 비용을 무시하기 때문에 내재한 자본의 감모를 고려하지 못하기 때문이다.[7] 자본의 생애에 거쳐 분모가 작아지기 때문에, 투하자본에 대한 현금 수익률에서 누적 감가상각을 제한 값의 오차는 확대된다. 표 25.1과 25.2의 영업 현금흐름을 순 투하자본으로 나눈 값에서 보듯이, 이는 IRR의 과대추정을 악화시킨다. IRR의 이러한 변동 때문에, 자본에 대한 현금수익률을 기업의 성과를 측정하는 수단으로 사용하는 것을 반대한다.

요약

대부분의 사업에서, ROIC는 자본이익률을 측정하는 좋은 수단이다. 사업이 창출하는 현금흐름의 내적 이익 비율이라고 정의한 바와 같이, 이는 경제적 이익을 정

---

6 예시를 위해서는 다음을 참조. *Cash Return on Capital Invested: Ten Years of Investment Analysis with the CROCI Economic Profit Model* (Amsterdam: Elsevier, 2006).

7 CFROI는 영업 현금흐름에 근거하기도 한다. 하지만 이는 IRR을 자산의 나이로 나눈 값으로 계산되기 때문에 해당 자산의 사용에 대한 비용이 내재하여있다. 여기에서 논의된 단순한 현금 수익률은 자산의 유효기간이 무한일 때의 CFROI와 같다.

확하게 반영한다. 게다가 이는 표준적인 재무보고서에서 손쉽게 이용할 수 있는 정보로부터 추출하여 측정가능하며, 또한 경영자들이 이해하기 쉽다. 수년 동안 꾸준한 현금흐름을 창출하고, 높은 자본의 선행투자가 요구되는 사업의 경우, ROIC와 비교하여 복잡한 CFROI를 활용할지에 대해 고민할 필요가 있다.

26장

인플레이션

높은 인플레이션 상황에서 회사의 재무성과에 대한 충분한 분석과 예측을 한다는 것은 어려운 일이다. 인플레이션은 기간별 비교, 비율분석, 실적 추정을 어렵게 하기 때문에, 재무제표를 왜곡시키는 경우도 있다.

인플레이션이 높은 경우의 분석과 가치평가는 명목기준 및 실질기준 두 관점 모두에 대한 통찰력이 필요하다. 명목 지표는 때때로 중요하지 않고(예를 들어 자본회전율), 다른 경우에는, 실질 지표에 문제가 발생한다.(예를 들어, 법인소득세를 결정할 때) 그러나 두 기준이 적절히 적용된다면, 실질기준 및 명목기준의 가치평가는 동일한 결과를 가져온다.

2부에서 기술되었던 익숙한 이론들은 높은 인플레이션 상황에서도 여전히 적용되지만, 이로 인해 몇몇 특정한 문제들이 발생되기도 한다. 이번 장에서는 다음을 살펴본다.

- 기업들이 자본비용이나 영업비용을 감당할 만큼 가격인상을 하지 못할 때 어떻게 인플레이션이 실질기준 잉여현금흐름(FCF: Free cash flow)을 나쁜 영향을 끼쳐 회사의 가치 창출을 저하시키는가
- 인플레이션이 높을 때, 회사성과에 대한 역사적 분석을 어떻게 할 것인가
- 어떻게 회사의 미래 실적에 대한 재무 추정을 명목기준 및 실질기준으로 모두 수행하는가

인플레이션은 낮은 가치창출로 이어진다

1980년대부터, 유럽, 북아메리카의 선진국 경제에서 인플레이션은 연간 약 2%에서 3%수준으로 일반적으로 무난했다. 그러나 이것은 인플레이션이 중요하지 않았다는 것을 의미하지는 않는다. 그러나 표 26.1이 보여주듯이, 동일한 경제상황에서 인플레이션이 10% 수준을 나타내던, 1970년대에는 상황이 매우 다르다. 몇몇 경제학자들은 정부의 재정적자가 선진국 경제 전체에 걸쳐 급속히 발생할 때, 이러한 인플레이션 수준이 되돌아올 수 있음을 경고하였다.[1] 그리고 브라질, 중국, 인도, 그리고 러시아와 같은 라틴 아메리카와 아시아의 경제대국들은 인플레이션이 오랫동안 두 자리 수준이었다. 이와는 대조적으로, 일본은 극히 낮은 인플레이션과 디플레이션을 1990년대 초반 이후로 경험해왔다.

인플레이션은 1970년대와 1980년대에 그랬던 것처럼 종종 몇 년씩 이어지기도 하는데, 인플레이션을 억제하려면 엄격하고 고통이 따르는 정부대책이 필요하기 때문이다. 예를 들어, 경기과열로 야기되는 인플레이션을 억제하려면 일반적으로 이자율을 상승시키고 공공 지출을 감소해야 하는데 이는 성장감소로 이어진다. 대다수의 경우에, 남아있는 다른 수단이 없고 인플레이션이 너무 높아 무시할 수 없을 때에만 이러한 조치가 취해진다.

다수의 학술논문에 따르면, 인플레이션은 주식시장에서의 수익과 부정적으로 관련된다고 보여주기 때문에 분석과 가치평가 시에 지속적인 인플레이션에 대해 고려해 볼 필요가 있다.[2] 이를 설명하기 위해, 1960년대 후반에 2~3%이던 인플레이션이 1970년대 후반에 약 10%까지 증가되었을 때, 미국 회사들의 평균 주가수익률(P/E; price to earnings) 은 약 18에서 10 아래까지 감소하였다. 1985년 이후 인플레이션이 떨어지고 난 뒤 P/E 는 과거 수준으로 되돌아왔다.

인플레이션은 가치 창출에 많은 부정적인 영향을 미친다. 학술적 연구에 의하면 투자자들은 종종 기업 가치를 억제하고 실질적인 자본비용을 증가시키는 인플레이션에 대해 잘못된 판단을 내린다.[3] 인플레이션 증가의 직접적 영향은 소위 순

---

1 예를 위해서 2018년 12월 12일 *Wall Street Journal*에 기재된 J. Lahart의 "Get Ready to Worry about Inflation Again,"과 2009년 6월 28일 *Financial Times*에 기재된 M.Feldstein의 "The Fed Must Reassure Markets on Inflation" 참조하라.

2 예를 들어, E. Fama와 G.Schwert, "Asset Returns and Inflation," *Journal of Financial Economics*5(1977);115-146; 그리고 J.Ritter and R.Warr, "The Decline of Inflation and the Bull Market of 1982-1999" *Journal of Financial and Quantitative Analysis* 37, no.1(2002); 29-61을 참조

3 예를 들어, F.Modigliani와 R.Cohn의 "Inflation, Rational Valuation, and the Martket," *Financial Analysts Journal* 35(1979);24-44 그리고 고인플레이션 상황에서 투자자들은 실질현금흐름을 명목할인율로 자본화하는 경향이 있다는 것을 설명하는 Ritter and Warr의 "The Decline of Inflation,"을 참조

표 26.1 선진국과 신흥경제국의 역사적 인플레이션

연간 CPI 기준 인플레이션율, %

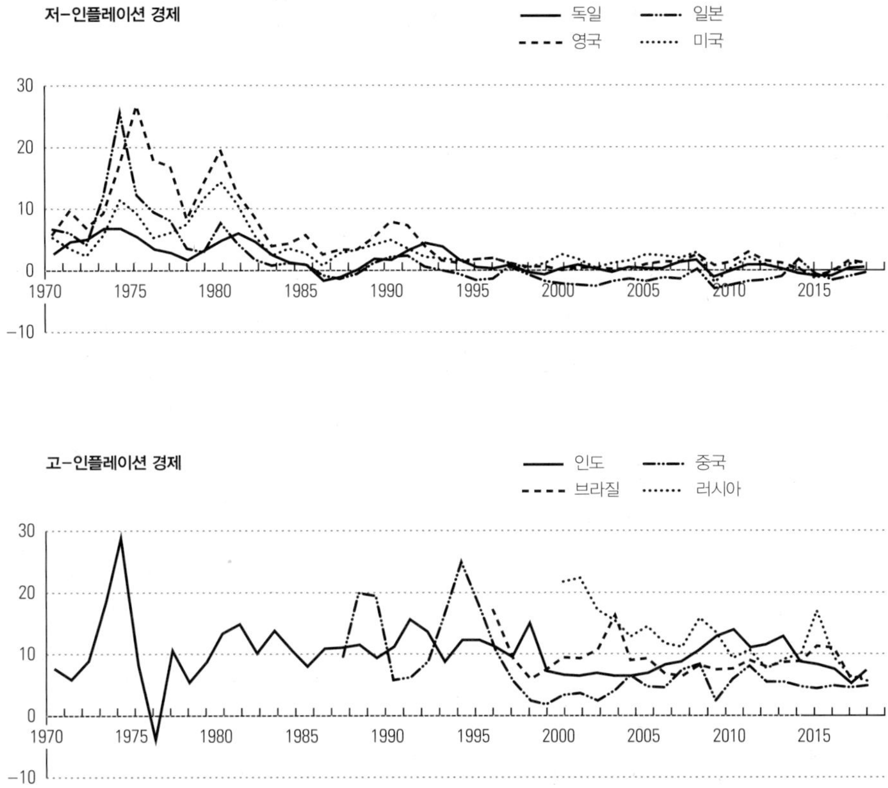

출처: *World Development Indicators, The World Bank.* Creative Commons Attribution 4.0 International license (CC-BY 4.0).

화폐성자산-즉, 명목기준으로 정해진 자산이 있는 회사에게 가치의 일회성 손실을 가져온다.[4] 예를 들어, 인플레이션이 예기지 않게 10%정도로 상승했을 때, 매출채권 금액은 그 가치가 10% 하락한다. 고정금리채권과 같은 순화폐성부채를 보유하는 것은 이와는 반대의 영향을 나타낼 것이다. 매출채권, 매입채무, 그리고 부채의 상대적 크기에 따라, 특정 회사에 대한 인플레이션의 직접적 영향력은 긍정적 혹은 부정적일 수 있다. 보통은, 감가상각 세금혜택을 인플레이션에 맞춰 조정하지 않아 더 많은 세금을 납부하게 된다.

인플레이션이 가치 훼손에 얼마나 영향을 미치는지는 명확히 밝혀지지 않았다. 기업이 가격을 인상하더라도 대부분의 기업들은 높은 운영비용 (급여 및 상품 구매

4 예를 들어, H.Hong의 "Inflation and the Market value of the firm: Theory and Test," *Journal of Finance* 32, no.4(1977); 1031-1048을 참조

표 26.2 인플레이션 반영 전 재무 추정

$

	1차년도	2차년도	3차년도	4차년도	......	16차년도	17차년도
매출액	1,000	1,000	1,000	1,000		1,000	1,000
EBITDA[1]	225	225	225	225		225	225
감가상각비	(125)	(125)	(125)	(125)		(125)	(125)
EBITA[2]	**100**	**100**	**100**	**100**		**100**	**100**
총유형자산	1,875	1,875	1,875	1,875		1,875	1,875
감가상각누계액	(875)	(875)	(875)	(875)		(875)	(875)
투하자본	**1,000**	**1,000**	**1,000**	**1,000**		**1,000**	**1,000**
EBITDA	225	225	225	225		225	225
자본적 지출	(125)	(125)	(125)	(125)		(125)	(125)
잉여현금흐름 (FCF)	**100**	**100**	**100**	**100**		**100**	**100**
EBITA 증가율, %	–	–	–	–		–	–
EBITA/매출액	10.0	10.0	10.0	10.0		10.0	10.0
ROIC, %	10.0	10.0	10.0	10.0		10.0	10.0
FCF 증가율, %		–	–	–		–	–

[1] EBITDA(이자비용, 법인세, 감가상각비, 무형자산상각비 차감 전 이익)
[2] EBITA(이자비용, 법인세, 무형자산상각비 차감 전 이익)

비)과 미래의 높은 자본지출도 감당할 수 있을 만큼의 가격은 올리지 못한다. 결과적으로 실질기준으로 수익성을 유지하지 못한다.

비용상승을 전가하는 문제가 얼마나 중요한지 이해하기 위해, 간단한 예시를 살펴보자. 회사가 매년 꾸준히 1,000 달러의 판매를 발생시킨다고 가정하자. 이자비용, 법인세, 무형자산상각비 차감전 이익(EBITA; earnings before interest, taxes, amortization) 은 100달러이고, 투하자본은 1,000달러다. 기초자산은 1에서 15년까지의 내용연수에 따라 15 그룹으로 동일하게 사용된다고 가정하자. 총유형자산은 1,875달러이고, 연간 자본비용은 125달러로 감가상각비용과 같다.[5] 회사의 주요 재무상태는 표26.2에 나타난다. 만약 자본비용이 8%이면, 2차년도 기초의 현금흐름할인(DCF; discounted cash flow) 가치는 다음과 같다:

$$\text{DCF} = \frac{\$100}{(8\% - 0\%)} = \$1,250$$

이제 2차년도에, 인플레이션이 갑작스럽게 15%로 증가하고, 비용과 자본적 지출에 동일하게 영향을 미치면서, 영구적으로 그 수준을 유지한다고 가정하자. 회사

5 매년 말에, 완전히 감가상각된자산 그룹의 대체 후, 자산의 평균잔존내용연수는 정확히 8년이다. 그러므로 연간감가상각비는 1,000달러/8 = 125달러이고, 총유형자산금액은 15 × 125달러 = 1,875달러와 같다.

표 26.3 재무 추정과 불완전한 인플레이션 전가(Pass-On)

$

	1차년도	2차년도	3차년도	4차년도	…	16차년도	17차년도
매출액	1,000	1,131	1,283	1,460		7,516	8,644
EBITDA	225	240	259	281		1,210	1,392
감가상각비	(125)	(125)	(126)	(129)		(397)	(456)
EBITA	**100**	**115**	**132**	**152**		**814**	**936**
총유형자산	1,875	1,894	1,934	1,999		6,840	7,866
감가상각누계액	(875)	(875)	(876)	(880)		(2,082)	(2,394)
투하자본	1,000	1,019	1,058	1,119		4,758	5,472
EBITDA	225	240	259	281		1,210	1,392
자본적 지출	(125)	(144)	(165)	(190)		(1,017)	(1,170)
잉여현금흐름 (FCF)	**100**	**96**	**93**	**91**		**193**	**222**
EBITA 증가율, %	–	15.0	15.0	15.0		15.0	15.0
EBITA/매출액	10.0	10.2	10.3	10.4		10.8	10.8
ROIC, %	10.0	11.5	13.0	14.4		19.7	19.7
FCF 증가율, %	0.0	–3.7	–3.2	–2.4		14.3	15.0

는 판매 실적과 일정한 물리적 생산 능력을 유지하면서 이자비용, 법인세, 무형자산상각비 차감전 이익(EBITA; earnings before interest, taxes, amortization)이 인플레이션에 따라 증가하고 판매마진(EBITA 를 매출로 나눈 값)이 10%에 가까이 머무를 수 있도록 가격을 인상한다. 이런 과정에서, 회사의 투하자본이익률(ROIC: return on invested capital)은 15년차 이후 거의 20%까지 상승한다. (표 26.3 참조)

비록 이 결과는 첫 눈에 보기에는 인상적일 수 있으나, 재무 성과를 자세히 살펴보면 가치를 훼손하는 점을 발견하게 된다. EBITA가 해마다 15%씩 성장한다 하더라도, 감가상각은 회계상 과거 명목원가 기준으로 계산되기 때문에 EBITDA는 해마다 7% 내지 8%씩 성장하는 데 그친다. 따라서, 물리적 생산시설이 동일하다고 한다면 자본지출이 감가상각을 초과해 처음 몇 해 동안 실질적인 잉여현금흐름(FCF; Free Cash Flow)의 감소를 초래한다. FCF 성장률은 17차년도에 가서야 비로소 인플레이션 비율로 점차 상승한다.[6] 이에 더하여 24% 정도의 자본비용 상승과의 결합은,[7] 회사의 가치를 폭락하게 만든다. 17차년도에 추정된 잔여가치를 적용한 DCF 가치는 2차년도 기초 가치가 481달러만큼 낮다는 것을 보여준다.

매출이 줄어들지 않으면서 인플레이션을 고객에게 온전히 전가하기 위해, 회

6 자산의 내용연수가 15년이라는 가정하에서, 새로운 안정된 상태에 도달될 때, 인플레이션이 일정한 상태를 유지한다면 FCF 성장률은 17차년도 전까지 점차 0부터 15%까지 증가한다.

7 15%의 인플레이션과 함께, 자본비용은 8%에서 (1+8%) × (1+15%) – 1 = 24%까지 증가한다.

사는 이익이 아니라 현금흐름을 연간 15% 증가시켜야 한다.(표 26.4 참조) 이러한 경우, 2차년도 기초 DCF 가치는 완전히 보존된다.

$$\text{DCF} = \frac{\$115}{(24\% - 15\%)} = \$1,250$$

그러나 모든 현금흐름을 인플레이션과 함께 증가시키는 것은 회사의 이익이 인플레이션보다 빨리 증가해야 한다는 것을 의미한다. 요약 재무제표에서 보여지듯이, EBITA 성장률은 이제 2차년도에 33% 이상이다. 동일한 연도에, 매출 마진(EBITA를 매출로 나눈 값)은 10.0%에서 11.6%로 증가하고, ROIC는 10.0%에서 13.4%로 증가한다. 일정한 인플레이션 하에서 15차 연도 이후에, 매출 마진과 ROIC는 각각 17.6%와 34.7%로 나타난다. ROIC는 인플레이션과 그보다 더 높은 자본비용을 극복하기 위해 좀 더 상승시킬 필요가 있다.[8]

비록 이 사례가 전형적인 것이지만, 그 결과는 모든 회사에 적용될 것이다. 인플레이션이 가속화된 이후에는, 실질기준으로 변하는 것이 아무것도 없다고 하더라도 회계상 이익이 인플레이션을 앞지르거나, 회계상 매출 마진과 ROIC가 증가할 것이라는 것을 예상해야 한다. 불행히도, 과거에는 인플레이션 기간 동안, 회사들이 투하자본에 대한 수익에서 그렇게 큰 향상을 성취하지 못했음을 보여준다. 인플레이션이 10% 또는 그 이상이었을 때인, 1970년대와 1980년대 미국기업들의 ROIC는 7%에서 12% 사이 구간을 유지하였다. 만약 회사들이 인플레이션효과를 전가하는데 성공했다면, 그들은 그 기간 동안 훨씬 더 높은 ROIC들을 보고했어야 할지도 모른다. 대신에, 그들은 인플레이션이전 수준으로 수익을 유지하지는 못하였을 것이다.

한 가지 그럴듯한 이유는 회사들이 매출을 감소시키지 않고 가격을 증가시킴으로써 고객들에게 비용 상승을 전가할 수 없다거나, 혹은 비용상승을 고객에게 전가하는데 시간이 걸린다는 것이다. 또 다른 이유는 경영자들이 인플레이션에 직면했을 때, 이익의 성장률과 매출 마진을 위해 목표치를 충분히 조정하지 못한다는 사실이다. 회사가 인플레이션기간 동안 매출 마진과 ROIC를 일정하게 유지시킨다면, 현금흐름과 가치는 실질 기준으로 잠식된다. EBITA 성장률을 인플레이션과

8 그 이유는 투하자본과 감가상각비는 인플레이션과 함께 즉시 증가되지 않는다는 것이다. 예를 들어, 2차년도에 연간 자본적 지출은 15%까지 증가하지만, 이로 인한 투하자본은 단지 15% × $125 = $18.75만 증가한다. 자산은 기말에 취득하고 감가상각은 다음 해 처음으로 이루어진다. 3차 연도의 연간 감가상각비의 변동은 단지 1/15 × 19 = 1.25의 소규모로 나타난다. 회사는 매년 오직 자산의 1/15을 상승된 가격으로 대체한다. 따라서, 투하자본과 감가상각비가 인플레이션 비율로 증가하는 안정된 상태에 도달하기 위해서는 일정한 인플레이션하에서 15년의 기간이 소요된다. 사례에서 나타나듯이, 매출이익률과 ROIC는 17차년도의 안정된 상태가 되기 전까지 매년 증가한다.

표 26.4 재무 추정과 완전한 인플레이션 전가(Pass-On)

$

	1차년도	2차년도	3차년도	4차년도	......	16차년도	17차년도
매출액	1,000	1,150	1,323	1,521		8,137	9,358
EBITDA	225	259	298	342		1,831	2,105
감가상각비	(125)	(125)	(126)	(129)		(397)	(456)
EBITA	**100**	**134**	**171**	**213**		**1,434**	**1,649**
총유형자산	1,875	1,894	1,934	1,999		6,840	7,866
감가상각누계액	(875)	(875)	(876)	(880)		(2,082)	(2,394)
투하자본	1,000	1,019	1,058	1,119		4,758	5,472
EBITDA	225	259	298	342		1,831	2,105
자본적 지출	(125)	(144)	(165)	(190)		(1,017)	(1,170)
잉여현금흐름 (FCF)	**100**	**115**	**132**	**152**		**814**	**936**
EBITA 증가율, %	–	33.7	28.1	24.5		15.1	15.0
EBITA/매출액	10.0	11.6	13.0	14.0		17.6	17.6
ROIC, %	10.0	13.4	16.8	20.2		34.7	34.7
FCF 증가율, %		15.0	15.0	15.0		15.0	15.0

유사하게 유지하는 것으로는 기업가치를 유지하는데 불충분하고, 이는 주당순이익과 같은 레버리지 지표를 더욱 하락시킨다.

정확한 이유가 무엇이든, 과거에는 회사가 인플레이션을 완전히 전가시키지 못했으며, 그 결과, 그들의 실질 기준 현금흐름은 일부 잠식되어 있었다. 게다가, 인플레이션 기간 동안, 투자자들이 인플레이션 효과를 잘못 판단해서 주식의 과소평가하는 경향이있다는 것이 검증되었다.[9] 현금흐름이 낮고 자본비용이 높을 경우에는 1970년대와 1980년대에서 보았듯이, 주가가 낮을 수 밖에 없다.

고인플레이션 시기의 과거실적 분석

높은 인플레이션(연간 25%이상)을 경험한 국가에서, 기업들은 종종 기말통화(year-end currency)로 보고한다. 손익계산서에, 연중 거래가 발생하는 매출과 원가 같은 항목은 기말 구매력으로 수정된다. 그렇지 않으면, 이러한 항목의 추가는 의미가 없을 것이다. 재무상태표는 보통 고정자산, 재고자산, 그리고 자기자본에 대하여 조정을 한다. 매입채무와 매출채권은 이미 연말가치로 표현되어 있다.

9 Modigliani and Cohn, "Inflation, Rational Valuation, and the Market"; Ritter and Warr, "The Decline of Inflation."

그러나, 다수의 국가에서 재무제표는 인플레이션 효과를 반영하기 위해 조정되지 않는다. 인플레이션이 높다면, 이것은 재무상태표와 손익계산서의 왜곡을 초래한다. 재무상태표에, 재고자산 및 유형자산 같은 비화폐성 자산은 현행대체원가(current replacement value)보다 훨씬 낮은 가치로 표시된다. 손익계산서에, 감가상각비금액은 현행 대체원가보다 상대적으로 매우 낮게 나타나게 된다. 통상적으로 동일연도의 12월과 1월의 매출과 원가는 마치 동일 구매력을 표시하는 것처럼 가산된다.

그 결과, 과거 분석에 사용되는 일반적인 많은 재무지표들은 높은 인플레이션 경제상황에서 재무제표로부터 직접적으로 계산될 때 쉽게 왜곡될 수 있다. 그러한 상황에서, 회사들은 이같은 문제를 해결하기 위해 그들의 내부관리회계를 조정한다. 만약 그러지 않거나 외부적인 분석을 할 경우, 최소한 다음 왜곡들은 수정해야 한다.

- 인플레이션 기간 동안 성장률은 과대평가되기 때문에 매출액이 연중 고르게 발생한다면, 연간물가지수로 하향조정(deflate)함으로써 실질가치로 재작성한다. 만약 매출이 고르게 발생하지 않으면, 해당 기간의 매출을 하향조정하기 위해 분기 또는 월별물가지수를 사용한다.
- 영업자산이 역사적 원가로 표시되므로 자본회전율은 통상 과대평가된다. 추정 평균 내용연수 동안 물가지수를 이용하여 회계상 가치를 조정함으로써 장기보유자산의 현행원가를 추정할 수 있다. 또는 소매점에서의 평방미터당 매출액과 같이 각 분야에 적합한 생산지수(physical-capacity) 대비 실질매출 비율을 개발하는 것을 고려할 수 있다. 재고자산의 회전율이 낮고 인플레이션이 매우 높다면 재고자산 금액 또한 재작성될 필요가 있다.
- 매우 낮은 감가상각비와 장기부진재고가 원인이 된 큰 규모의 명목보유이익으로 인해 영업마진(영업이익/매출액)이 과대계상될 수 있다. 감가상각비를 위한 수정은 유형자산에 대한 조정 후에 수행되어야 한다. 재고자산은 평균보유기간 동안 회계상 원가를 물가지수를 반영하여 상향조정함으로써 현행원가 기준으로 현금영업비용을 산출할수 있다. 또 다른 대안으로는, 유사회사 대비 기업의 실적을 평가하기 위해 과거 매출액 대비 EBITDA 비율을 사용한다. 최소한 이 비율은 감가상각비로 인한 왜곡을 가져오지는 않는다.
- 신용비율과 자본구조 건전성을 나타내는 지표들은 왜곡될 수 있기 때문에 해석하는데 주의를 기울여야 한다. 특히, 자본 또는 총자산 대비부채비율과 같은 지급능력 지표에서의 왜곡들은 특히 중요한 문제가 될 수 있다. 왜냐하면 장기보유자산은 현행대체원가대비 낮게 평가되는데 반해, 변동이율

표 26.5 실질기준 및 명목기준을 결합한 재무추정방법

✓✓우선 적용

	적용 기준	
추정항목	**실질**	**명목**
영업성과		
매출액	✓✓	✓
EBITDA	✓✓	✓
EBITA	✓✓	–
자본적 지출	✓✓	–
운전자본 투자	✓✓[1]	✓
기타		
법인세	–	✓✓
재무제표	✓[2]	✓✓
영구가치	✓✓[1]	✓✓

[1] 인플레이션 영향이 운전자본 투자에 명시적으로 포함될 때

[2] 인플레이션 조정이 별도로 모델화되고 손익계산서와 재무상태표에 포함될 때

차입금은 현행 통화 단위로 나타나기 때문이다. 33장에서 설명하겠지만, 지급이자 대비 EBITDA 같은 이자보상비율을 사용할 것을 추천한다.[10] 이러한 비율들은 감가상각비의 영향을 받지 않고 차입조달은 대부분 변동이율이거나 해외통화이기 때문에 왜곡이 일어날 가능성이 상대적으로 적기 때문이다.

실질기준 및 명목기준에 의한 재무추정

높은 인플레이션기간 중에 가치평가를 위해 손익계산서와 재무상태표에 대한 재무추정을 할 경우 회계조정은 FCF에 영향을 끼치지 않는다는 점을 명심해야 한다. 추정은 보통 실질기준과 명목기준 중 어느 하나로 이루어진다. 그러나 각 방법만의 강점이 있기 때문에 높은 인플레이션 상황에서는 하나의 방법으로 추정하는 것보다는 표 26.5에서 보여지는 것처럼 두 방법을 혼합하여 사용하는 것이 필요하다. 한편, 법인세는 보통 명목재무제표에 근거하여 과세되기 때문에 특별히 실질기준으로 추정할 때는 법인세를 정확히 계산하는 것은 종종 매우 어려운 일이 된다. 또한, 운전자본 변동에 따른 현금흐름 영향을 명시적으로 추정할 필요가 있다. 왜냐하면 운전자본은 실질 운전자본의 연간변동에 연동되어 자동적으로 계산되지 않기

10 낮은 감가상각비와 구입 원재료의 낮은 원가로 인해 영업이익이 과대평가되었다면 지급이자 대비 EBITA 보상비율에서 왜곡이 발생한다.

표 26.6 인플레이션을 고려한 DCF: 영업 및 재무적 가정

		추정					
	1차년도	2차년도	3차년도	4차년도	5차년도	…	25차년도
영업적 가정							
실질 성장률, %		2	2	2	2	…	2
실질 매출액, $	1,000	1,020	1,040	1,061	1,082	…	1,608
실질 EBITDA, $	300	306	312	318	325	…	483
순운전자본/매출액, %		20	20	20	20	…	20
실질 순유형자산/실질 매출액, %		40	40	40	40	…	40
순유형자산 내용연수, 년	5						
재무적 가정							
인플레이션율, %		20	10	10	10	…	10
물가지수	1.00	1.20	1.32	1.45	1.60	…	10.75
법인세율, %		35	35	35	35	…	35
실질 WACC, %		8	8	8	8	…	8
명목 WACC, %		29.6	18.8	18.8	18.8	…	18.8

때문이다. 반면, 명목현금흐름을 사용하면 미래의 자본적 지출을 추정하기 어렵다. 왜냐하면 매출과 고정자산 사이의 안정적인 관계가, 높은 인플레이션 하에서는 통상적으로 유지되지 않기 때문이다. 그 결과 감가상각비와 EBITA 또한, 추정하기 어렵게 된다.

따라서 이번 절에서는 DCF 가치평가에서 있어 두 가지 접근법을 어떻게 결합할지에 대해 서술한다. 연간 인플레이션율이 첫 예측 연도에 20%이고 그 후에는 10%인 상황에서 매출액이 실질기준으로 매년 2% 성장하는 회사를 가정해보자.(표 26.6 참조). 사례를 단순화하기 위해, 모든 현금흐름은 연말에 발생한다고 가정한다.[11]

실무적으로 높은 인플레이션 기간 중의 재무추정은 이러한 단순한 사례보다 많은 문제점을 가지고 있다. 다음의 단계별 접근법은 높은 인플레이션 기간 중에 현금흐름을 추정할 때 몇 가지 주요한 현안이 어떻게 기술되는지를 보여 준다. 다음의 단계적 접근법의 사용을 통해 표 26.7에서 보여지는 실질기준 및 명목기준가치평가 결과가 도출된다.

11 극단적으로 변동하는 인플레이션 수준에서, 연중 누적된 현금흐름은 서로 다른 인플레이션의 적용을 받으므로 이러한 가정은 재무추정에 왜곡을 가져올 수 있다. 그래서 이러한 경우에는, 연도를 분기별 혹은 심지어 월별 간격으로 나누고, 각 구간별 현금흐름을 추정하고 그 구간별 적절한 할인율로 현금흐름을 할인한다.

표 26.7 인플레이션에서의 DCF: 실질기준 및 명목기준 모델

	명목기준추정							실질기준추정						
	1차년도	2차년도	3차년도	4차년도	5차년도	…	25차년도	1차년도	2차년도	3차년도	4차년도	5차년도	…	25차년도
NOPAT, $ million														
매출액	1,000	1,224	1,373	1,541	1,729	…	17,283	1,000	1,020	1,040	1,061	1,082	…	1,608
EBITDA	300	367	412	462	519	…	5,185	300	306	312	318	325	…	483
감가상각비	(80)	(80)	(85)	(92)	(100)	…	(926)	(80)	(80)	(82)	(83)	(85)	…	(126)
EBIT	220	287	327	370	419	…	4,259	220	226	231	235	240	…	356
법인세율	(77)	(101)	(114)	(130)	(147)	…	(1,491)	(77)	(84)	(87)	(89)	(92)	…	(139)
NOPAT[1]	143	187	212	241	272	…	2,768	143	142	144	146	148	…	218
FCF, $ million														
NOPAT	143	187	212	241	272	…	2,768	143	142	144	146	148	…	218
감가상각비	80	80	85	92	100	…	926	80	80	82	83	85	…	126
자본적 지출	(80)	(106)	(118)	(133)	(149)	…	(1,491)	(80)	(88)	(90)	(92)	(93)	…	(139)
순운전자본 투자		(45)	(30)	(34)	(38)	…	(376)		(37)	(23)	(23)	(24)	…	(35)
잉여현금흐름		116	149	166	185	…	1,827		97	113	114	116	…	170
투하자본, $ million														
순유형자산(기초 장부가액)	400	400	426	459	500	…	4,631	400	400	408	416	424	…	631
감가상각비	(80)	(80)	(85)	(92)	(100)	…	(926)	(80)	(80)	(82)	(83)	(85)	…	(126)
자본적 지출	80	106	118	133	149	…	1,491	80	88	90	92	93	…	139
순유형자산(기말 장부가액)	400	426	459	500	549	…	5,196	400	408	416	424	433	…	643
순운전자본	200	245	275	308	346	…	3,457	200	204	208	212	216	…	322
투하자본	600	670	734	808	895	…	8,653	600	612	624	637	649	…	965
비율, %														
순유형자산/매출액		35	33	32	32	…	30		40	40	40	40	…	40
순운전자본/매출액		20	20	20	20	…	20		20	20	20	20	…	20
ROIC		31	32	33	34	…	36		24	24	23	23	…	23
FCF 증가율			28	11	12	…	12			17	1	1	…	2
DCF 가치평가, $ million														
FCF		116	149	166	185	…	1,827		97	113	114	116	…	170
영구가치(가치창출 요인공식)[2]							31,063							2,891
영구가치(영구현금 흐름공식)							31,064							2,891
현재가치계수		0.77	0.65	0.55	0.46	…	0.01		0.93	0.86	0.79	0.74	…	0.16
DCF 가치, $ million	**1,795**							**1,795**						

[1] NOPAT(세후영업이익)
[2] 실질가치 영구가치를 위한 조정식

1단계: 실질기준 영업실적 추정

가능한 범위에서, 과거 명목 재무상태표와 손익계산서를 실질기준으로 전환한다.(일반적으로 당해연도의 통화가치로 전환) 최소한성장률, 자본수익률, 기초자본회전율, EBITA 마진 등 핵심가치창출요인의 과거추이에 대한 실질기준 근사치를 만들기 때문에 기업의 진정한 경제본질을 이해할 수 있다. 이러한 근사치를 통해 실질기준으로 기업의 영업 실적을 예측한다.

- EBITDA 추정을 위해 미래 매출액과 현금 비용을 추정한다.[12]
- 실질기준의 자본회전율에 대한 가정으로부터 유형자산과 자본적 지출을 측정한다.
- 운전자본은 매출추정과 필요한 운전자본의 요구일수에 관한 가정으로부터 도출된다.
- 실질기준 EBITA를 산출하기 위한 추정된 순유형자산 및 내용연수에 관한 가정으로부터 연간 감가상각비를 도출해낸다.

2단계: 명목기준 재무제표 작성

명목기준에 의한 추정은 실질영업추정치를 명목기준으로 전환함으로써 쉽게 얻을 수 있다.[13]

- 실질가치를 해당년도 물가지수에 곱함으로써 명목기준 매출, 현금비용, EBITDA, 자본 지출을 추정한다.
- 전년도 잔액에 명목 자본 지출을 더하고 명목 감가상각비(추정내용연수에 따른 순 유형자산의 비율로 산출)를 공제함으로써 연도별 유형자산 장부가액을 산출한다.
- 운전자본은 해당년도 물가지수에 실질가치를 곱하여 산출한다(또는 실질기준 매출액과 운전자본 요구일수에 따라 산출한다).
- 명목 EBITA를 위해 명목감가상각비를 EBITDA로부터 차감한다.
- 세법이 인플레이션 수정을 허용하지 않는다면, 인플레이션 조정 없이 명목

12 이 단계는 EBITDA에 포함된 모든 지출이 현금 유출비용이라고 가정한다.

13 이미 언급하였듯이, 이러한 추정은 가치평가 목적으로 이루어지며, 특정 자산 및 부채항목들에 대한 물가 또는 화폐 조정을 표시한 현지 또는 국제회계기준을 꼭 따를 필요는 없다. 잉여현금흐름(FCF)는 이러한 조정에 의해 영향받지 않는다.

EBITA에 대한 법인세를 계산한다.

이번사례에서, 완전한 재무상태표와 손익계산서를 작성하지는 못했다. 완전한 재무제표는 배당 정책과 자본 구조, 부채 조달과 주식 재매입 등과 같은 사항에 대한 주요 결정들이 필요하다. 완전한 재무제표 만들기 위해서는 다음의 추가적 단계가 필요하다;

- 이자 비용과 다른 비영업 손익계산서 항목을 명목기준으로 추정한다.(전년도 재무상태표를 기초로)
- 자기자본은 전년도 자기자본에 이익가산, 배당금 차감, 주식발행 가산, 자사주매입을 차감하여 산출한다.
- 재무상태표를 차입금 또는 시장성 유가증권으로 대차균형을 맞춘다.

3단계: 실질기준 재무제표 작성

실질 손익계산서와 재무상태표의 대부분의 영업 항목들은 이미 1단계에서 추정되었다. 이제 2단계에서 추정된 명목 법인세를 물가지수를 반영, 하향조정하여 EBITA에 관한 실질 법인세를 포함시킨다. 완전한 재무제표를 작성하기 위해, 물가지수를 이용하여 차입금, 시장성유가증권, 이자비용, 법인세, 그리고 비영업 항목을 명목기준에서 실질기준으로 전환한다. 실질 자기자본 계정은 재무상태표의 대차균형을 맞추기 위한 삽입항목이다. 이러한 일련의 작업이 잘되었는지 확인하기 위해, 전년도 자기자본에 이익 가산, 배당금 차감, 주식발행가산, 자사주 매입, 화폐성 자산(현금, 매출채권, 매입채무, 차입금 등)의 물가변동 이익과 손실을 가감하여 실질자본금액과 동일한지 확인한다. 실질기준 추정과 달리 명목기준 추정에서는 자본 회전율이 시간이 지날수록 증가한다. 높은 인플레이션 상황에서는 명목매출이 순유형자산보다 빨리 성장하기 때문이다.

4단계: 실질기준 및 명목기준으로 FCF 추정

추정된 손익계산서와 재무상태표로부터 실질기준 및 명목기준으로 미래 잉여현금흐름(FCF)을 추정한다. 8장에서 서술된 일반적 접근법을 따른다. 유일한 차이점은 순운전자본(NWCR)에 대한 실질기준 투자가 운전자본 증가액에 인플레이션 때

문에 생긴 화폐성 손실을 가산한 것과 동일하다는 사실이다.[14]

$$\text{NWC}_t^{\text{R}}\ \text{투자} = \text{NWC}_t^{\text{R}}\ \text{증가} + \text{NWC}_{t-1}^{\text{R}}\left(\frac{i_t}{1+i_t}\right)$$

i_t는 t해의 물가지수다.

일관성을 확인하기 위해, 명목기준 추정 FCF를 실질기준으로 전환하기 위해 물가지수를 사용한다. 이것은 매년 실질기준 추정에 의한 FCF과 같아야 한다.

5단계: 실질기준 및 명목기준 DCF 가치 추정

높은 인플레이션 하에서 실질 및 명목 현금흐름을 할인할 경우, 주요한 세 가지 문제를 다루어야 한다;

1. 실질기준의 가중평균자본비용 추정(WACC^{R})과 명목기준의 가중평균자본비용추정(WACC^{N})은 매년 인플레이션(i) 가정과 일관되게 규정된다는 사실을 주지해야 한다.

$$1+\text{WACC}_t^{\text{N}} = \left(1+\text{WACC}_t^{\text{R}}\right)\left(1+i_t\right)$$

2. 잔여가치 공식을 사용할 때, 명시적 추정 기간은 가치평가 모델이 FCF의 일정한 성장률을 갖는 안정된 상태에 이를 정도로 길어야 한다. 인플레이션이 자본적 지출과 감가상각비에 영향을 미치는 방식 때문에, 낮은 인플레이션 또는 인플레이션을 반영하지 않은 가치평가보다 인플레이션이 있을 경우 훨씬 더 긴 기간이 필요하다.
3. 12장에서 제시된 가치창출요인 공식은 명목기준으로 영구가치를 추정할 때 적용될 수 있지만 높은 인플레이션 상황에서 실질기준으로 영구가치를 추정할 때에는 반드시 조정이 이루어져야 한다. 실질가치 추정에 의한 자본수익률(ROICR)은 순운전자본이 양(+)일 경우 경제적 수익을 과대계상하게 된다. 실질가치에 의한 FCF는 매년 가치창출요인 공식에 의해 암시된 현금흐름과 순운전자본의 화폐성 손실(moneytary loss) 금액만큼 차이가 난다.

---

14 실질기준 재무상태표에서 일정한 수준을 유지하는 자산에 대해, 대체투자는 인플레이션 상황에서 가격 상승을 필요로 한다. 이러한 대체 투자는 실질기준으로 현금 유출을 제시하지만, 매년 실질 재무상태표 차이를 제시하지는 않는다. 대조적으로 명목 투자 현금흐름은 매년 명목 재무상태표 차이를 따른다.

$$FCF_t^R = \left(1 - \frac{g_t^R}{ROIC_t^R}\right) NOPAT_t^R - NWC_{t-1}^R \left(\frac{i_t}{1+i_t}\right)$$

여기에서 gR 은 실질기준 성장률을, NOPLATR 는 실질기준 세후영업이익(NOPLAT; Net Operating Profit Less Adjusted Tax)을 의미한다. 실질기준 가치창출요인 공식은 이러한 인플레이션(i)과 투하자본 대비 순운전자본 비율(NWCR/ICR)에 대한 영속연금 가정(perpetuity assumption)을 반영하여 화폐성손실에 대한 조정이 이루어진다.

$$CV^R = \frac{\left(1 - \frac{G^R}{ROIC^R}\right) NOPAT^R}{WACC^R - g^R}$$

여기에서

$$G^R = g^R + \left[\frac{NWC^R}{IC^R}\left(\frac{i}{1+i}\right)\right]$$

결과적인 영구가치 추정치는 FCF 영구연금 공식으로부터 얻는 금액과 동일하다. 또한, 인플레이션을 조정할 경우 명목추정에 의한 영구가치 추정치와 동일하게 된다.

실질기준 및 명목기준 DFC 가치평가는 정확한 결과를 산출해야만 한다. 두 방법을 함께 사용하면 인플레이션 상황에서 기업이 놓인 경제적 상황에 대한 더 깊은 통찰을 얻을 수 있을 뿐 아니라 가치평가 결과의 유의성을 재차 확인할 수 있다.

요약

인플레이션이 높은 상태로 지속되면 기업의 가치는 훼손된다. 기업은 높은 인플레이션으로 인한 자본유출을 상쇄할 만큼 가격을 충분히 상승시킬 수 없기 때문이다. 높은 인플레이션 국가의 회사를 분석하고 평가할 때, 2부에서 소개된 바와 같은 원리와 접근법을 사용한다. 하지만, 그러한 이론에 대한 적용은 다소 다를 수 있다.

회사의 과거 성과를 분석할 때, 성장률, 자본회전율, 영업 마진, 지급능력비율(solvency ratios) 등과 같은 재무 지표들이 지속적인 인플레이션으로 인해 왜곡될 수 있음을 알아야 한다. 재무 추정시, 실질기준 및 명목기준 추정 모두 상대적인 통찰력을 제공하고 결과를 상호점검하기 위해 사용될 수 있기 때문에 명목기준 및 실질기준 접근법을 혼합하여 사용하는 것이 필요하다. 현금흐름을 할인 시에도, 현금흐름 추정과 충분히 일치하는 WACC하에서 인플레이션 가정을 적용해야 한다.

27장

해외 기업의 가치평가

해외에서 영위하고 있는 사업이나 해외 자회사 또는 기업을 평가할 경우에도 2부에서 소개했던 원칙과 방법들이 적용되어야 한다. 다행스럽게도 타국가 가치평가에서의 국가간 회계 문제는 줄어들고 있다. 현재 전 세계 대부분의 경제권이 국제회계기준 또는 미국 회계기준을 채택하고 있으며, 이 두 가지 기준은 빠르게 단일화되는 추세를 보이고 있다. 11장에서 이미 제시한 바와 같이 재무제표를 재조정한다면, 적용된 회계기준이 어떤 것인지에 상관없이 동일한 결과를 얻을 것이다.

그러나 다음의 몇 가지 현안들은 가치평가대상이 해외에 있을 때, 특별한 주의가 필요하다.

- 해외통화(가치평가가 이루어지는 해외기업의 통화) 또는 국내통화(가치평가 수행자의 자국 통화) 기준에 의한 현금흐름의 추정
- 자본비용의 산출
- 국내 또는 해외 자본의 가중평균자본비용(WACC: Weighted Average Cost of Capital) 적용
- 가치평가 시 해외통화의 위험 반영
- 해외통화로 환산된 재무제표의 이용

이번 장에서는 상기와 같이 특별한 분석이 요구되는 단계들과 관련하여 각각의 현안들을 상세히 다루게 될 것이다.

현금흐름 추정

기업 또는 사업단위에 대한 가치평가는 현금흐름을 추정한 통화가 단일한 통화로 수행되었건, 다수의 통화에 의해 수행되었던 간에 그 결과는 항상 동일하여야 한다. 이를 얻기 위해서는 일관된 통화 가정들을 사용하여야 하며, 해외통화 현금흐름을 추정하고 할인하는 데에는 다음 두 가지 방법들 중 한 가지를 사용할 수 있다.

1. 현물환율(spot-rate) 접근법: 해외통화로 해외 현금흐름을 추정하고, 그 현금흐름을 해외통화에 의해 산정된 자본비용으로 할인한 다음, 현물환율을 이용하여 현금흐름의 현재가치를 국내통화로 환산하는 방법

표 27.1 일관된 통화가정하의 현금흐름 및 할인

물가상승률, 이자율, 환율에 대한 일관된 가정

외화, 스위스 프랑(CHF)		2021	2022	2023	2024	2025	2026
현금흐름, (CHF) 백만							
명목 현금흐름		103.0	106.6	110.9	115.4	120.1	124.9
실질 현금흐름		102.5	105.1	107.7	110.4	113.1	116.0
물가상승률, %		0.50	1.00	1.50	1.50	1.50	1.50
이자율, %							
실질 이자율		3.00	3.00	3.00	3.00	3.00	3.00
명목 선도이자율		3.52	4.03	4.55	4.55	4.55	4.55
명목 이자율		3.52	3.77	4.03	4.16	4.24	4.29
외환율, CHF/Euros (€)							
현물환율	1.200						
선도환율		1.194	1.188	1.177	1.165	1.154	1.137
국내 통화, €							
이자율, %							
명목 이자율		4.03	4.29	4.71	4.93	5.06	5.23
명목 선도이자율		4.03	4.55	5.58	5.58	5.58	6.09
실질 이자율		3.00	3.00	3.00	3.00	3.00	3.00
Inflation, %		1.00	1.50	2.50	2.50	2.50	3.00
현금흐름, 유로 백만							
실질 현금흐름		85.4	87.6	89.7	92.0	94.3	96.6
명목 현금흐름		86.3	89.8	94.3	99.1	104.1	109.9

2. 선물환율(forward-rate) 접근법: 해외통화로 해외 현금흐름을 추정하고, 선물환율을 이용하여 국내통화로 환산한 다음, 환산된 현금흐름을 국내통화에 의해 산정된 자본비용으로 할인하는 방법

상기에서 언급한 방법을 이용한 간단한 사례를 살펴보자. 2020년 1월 시점에서 어느 독일기업이 보유한 스위스 자회사를 평가하고자 한다. 표 27.1은 자회사의 스위스 프랑으로 표시된 추정 현금 흐름을 보여준다.

현물환율 접근법을 통해 자회사를 평가하게 되면, 스위스 프랑으로 명목 현금흐름을 추정하고 스위스 명목 무위험이자율로 할인한다.(자회사의 베타는 0이라고 가정한다) 자회사의 현재가치는 589.9 백만 스위스 프랑이나, 이것을 유로 대 스위스 프랑 1.2000 현물환율에 의해 환산하게 되면, 현금흐름할인(DCF; discounted cash flow)의 가치는 491.6 백만 유로로 산정된다.

		Year					
		2021	**2022**	**2023**	**2024**	**2025**	**2026**
현물환율접근법							
현금흐름(백만 스위스 프랑)		103.0	106.6	110.9	115.4	120.1	124.9
할인계수		0.966	0.929	0.888	0.85	0.813	0.777
현금흐름의 현재가치, (백만 스위스 프랑)		99.5	99.0	98.6	98.1	97.6	97.1
DCF 가치 (백만 스위스 프랑)	589.9						
DCF 가치(백만 유로)	491.6						

주석: 반올림 때문에 숫자의 합은 일치하지 않을 수 있음

선물환율 접근법은 보다 더 정교하다. 스위스 프랑으로 추정된 자회사의 현금흐름은 선물환율을 적용하여 매년 유로로 환산하고 유로화로 산정된 명목 할인율로 할인한다. 다음 선물환율에서 설명된 내용과 같이, 이자율평가이론(interest rate parity theory)을 통해 합성선물환율(synthetic forward exchange rate)을 산출할 수 있다. 시장기반의 선물환율 또한 사용할 수도 있지만, 환율간의 일관성을 유지하기 위해 이자율평가를 해야 한다. 이를 통해 현물환율 접근법에서 구한 값과 같이 현재가치 491.6 백만 유로를 얻을 수 있다.

		Year					
		2021	**2022**	**2023**	**2024**	**2025**	**2026**
선물환율접근법							
선물환율 현금흐름 (백만 스위스 프랑)		86.3	89.8	94.3	99.1	104.1	109.9
할인계수		0.961	0.919	0.871	0.825	0.781	0.737
현금흐름의 현재가치, (백만 유로)		82.9	82.5	82.1	81.7	81.3	80.9
DCF 가치(백만 유로)	491.6						

주석: 반올림 때문에 숫자의 합은 일치하지 않을 수 있음

표 27.1에서 보여지듯, 국내외 현금 흐름은 일관된 통화 가정 하에서 추정되고 할인되기 때문에, 선물환율접근법과 현물환율접근법에 대한 결과는 동일하다. 다음 설명과 같이, 다른 통화로 표시된 현금흐름을 추정하고 할인하는 데 있어서 물가상승률, 이자율, 통화간 선물환율에 대한 가정들을 각각 독립적으로 설정해서는 안 된다.

- 특정통화로 표시된 추정현금흐름에 대한 물가상승률 가정이 해당통화의 이자율 가정과 일관되어야 함.
- 두 통화간 선물환율이 각 통화들 간의 물가상승률 및 이자율 차이와 일관되어야 함.
- 추정현금흐름은 선물환율로 하나의 통화에서 다른 통화로 변경되어야 함.

인플레이션과 이자율

인플레이션과 이자율은 피셔 효과(fisher effect)와 함께 추정되어야 한다[1]. 각 통화마다 매해년도의 물가상승률 i_t는, 해당년도의 명목 선물이자율(f_t)과 실질 이자율(R_t)이 일치해야 한다:

$$(1 + f_t) = (1 + R_t) \times (1 + i_t)$$

예를 들어, 표 27.1에서 스위스의 2022년도 선물이자율은 실질이자율과 기대물가상승률의 합과 같다.

1 예를 위해, R.Brealey, S. Myers, and F.Allen, *Principles of Corporate Finance*, 13th ed.(Burr Ridge, IL: Mc Graw-Hill/Irwin, 2020), chap. 27 참조

$$4.03\% = (1 + 3.00\%)(1 + 1.00\%) - 1$$

2020년 기준 2개년도의 이자율은, 1년차 및 2년차 명목 선물이자율의 기하 평균이다.

$$3.77\% = [(1 + 3.52\%)(1 + 4.03\%)]^{1/2} - 1$$

선물환율

선물환율은 이자율 평가에 따라 물가 상승률과 이자율을 반영해야 한다. 유동적인 선물시장의 통화인 경우, 재정거래는 이자율 평가의 이율을 높이지만, 추정 현금흐름과 가치 평가에 사용하는 물가 상승률과 해당 통화의 이자율이 일치하는지 항상 확인해야 한다. 이론에 따르면, t년도의 선물환율 X_t 는 현물환율 X_0에 추정기간 t기 동안의 두 통화 간의 명목이자율의 상대적 비율을 곱한 것과 같다.

$$X_t = X_0\left(\frac{1+r^{\mathrm{F}}}{1+r^{\mathrm{D}}}\right)^t$$

여기에서 r^F 는 해외통화의 이자율, r^D 는 국내통화의 이자율을 의미한다. 예시에서 보듯, 2020년 1월 스위스에서 4년동안의 명목이자율 r^F, 는 4.16%이며, 같은 기간 유로의 차입이자율 r^D는 4.93%이다. 현물환율 X_0는 유로당 1.200스위스 프랑이므로, 선물이자율 X_4은 다음과 같이 계산되어야 한다[2]:

$$X_4 = 1.200\left(\frac{1+4.16\%}{1+4.93\%}\right)^4 = 1.165$$

피셔효과와 이자율 평가 이론(interest rate parity)은 추정기간 t 동안의 두 통화의 물가상승률 비율이 t년도의 선물환율 Xt와 현재의 현물환율 X_0의 값이 일치해야 한다는 것을 의미한다.

$$X_t = X_0\left[\frac{\left(1+i_1^F\right)\times\left(1+i_2^F\right)\times\ldots\times\left(1+i_t^F\right)}{\left(1+i_1^D\right)\times\left(1+i_2^D\right)\times\ldots\times\left(1+i_t^D\right)}\right]$$

---

2 이자율 평가이론은 세금관련 영향이 없는 한, 기업이 스위스 프랑 또는 유로로 차입하던 그 가치에 대한 영향이 없다는 것이다. 현재 1,200 스위스 프랑을 연 4.16%의 이자로 빌릴 수 있으며, 2024년 기준 상환액은 총 1,412이다. 4년 만기 선물환율로 환산하면 €1,212 (1,412 ÷ 1.165)에 달한다. 또는 현재 €1,000를 연 4.93%의 이자로 대출받을 수 있으며, 2024년 기준 총 상환액은 €1,212가 될 것이다.

여기에서 i_t^D 는 t년도 국내통화의 물가상승률

i_t^F 는 t년도 해외통화의 물가상승률을 나타낸다.

표 27.1의 예시에서 볼 수 있듯이, 4년도 선도율(forward rate)은 유로와 스위스 프랑크의 이자율뿐만 아니라 물가 상승률과도 연관이 되어있다.

$$X_4 = 1.200\left[\frac{1.005\times1.010\times1.015\times1.015}{1.010\times1.015\times1.025\times1.025}\right] = 1.165$$

현금흐름의 환산

미래 현금흐름의 환산은 두 통화 간 선물환율이 각 통화들 간의 물가 상승률 및 이자율 차이와 일관될 경우에만 해야 한다. 그렇지 않으면, 가치 평과 결과는 추정 현금흐름에 사용된 통화에 따라 달라질 가능성이 높다. 만약 환율이 인플레이션과 이자율에 대한 가정과 일치하지 않는다면 가치 평가에 편향을 초래할 수 있기 때문에 예측(forecast) 환율에 의존하지 말아야 한다.

자본비용 추정

다른 통화로 현금흐름을 추정할 때, 해외기업의 자본비용 산출과 관련하여 가장 중요한 원칙은 현금흐름 추정 시 사용하는 통화와 할인율 산정 시 사용하는 통화 사이에 일관성을 확보하는 것이다. 해외통화로 표시된 현금흐름에서 나타나는 기대 인플레이션은 무위험이자율을 통해 산정되는 해외통화 표시 가중평균 자본비용에 포함되어 있는 기대 인플레이션과 동일해야 한다. 투자자의 위치를 고려해 자본비용을 산출한다.

투자자나 기업이 아무런 제약 없이 해외 투자를 할 수 있다면, 자본비용은 해외 투자와 국내 투자에 동일하게 적용되는 글로벌 자본자산가격결정모형(CAPM: capital asset pricing model)을 이용해서 계산하는 것이 좋다.

투자자나 기업의 해외 투자가 제약을 받는 상황이라면, 현지(local) CAPM 모형을 사용하기 권한다. 이런 경우에는 국내자산에만 투자할 수 있고 자본비용 또한 시장위험 프리미엄과 베타를 분산된 국내 포트폴리오를 기준으로 계산하는 등 국내관점에서 산출한다.

많은 실무자들이 정치적 위험, 해외투자 위험, 또는 환율 위험을 반영하기 위해

할인율을 임의로 조정해 사용하고 있지만, 우리는 이런 방법을 권장하지는 않는다. 35장의 신흥시장 논의에서도 언급하겠지만, 정치적 위험 또는 국가위험은 다각화될 수 있기에, 이를 다루는 가장 좋은 방법은 기대 현금흐름을 조정하고 다양한 시나리오에 대한 발생확률로 이에 대한 가중치를 달리하는 방법이다.

마지막으로, 자본비용을 산출하는 과정은 정확한 값을 도출하는 기계적 과정이 아님을 명심해야 한다. 이 장에서 소개된 방법을 통해 금융의사결정에 사용될 수 있을 만한 자본비용을 계산해내기 위해서는, 이자율과 시장위험 프리미엄의 장기 추세에 대한 논리적인 판단이 수반되어야 한다 (15장 참조). 다음과 부록 G에서는 해외통화로 자본비용을 산출하는 방법에 대해 제시한다.

글로벌 CAPM

아무런 제약없이 해외에 투자할 수 있는 투자자나 기업들은 글로벌 CAPM을 사용하기를 권한다. 글로벌 CAPM의 경우 단일의 실질 무위험이자율이 있고, 시장위험프리미엄과 베타가 글로벌 시장 포트폴리오를 대상으로 측정된다.

$$E(r_j) = r_f + \beta_{j,G}[E(r_G) - r_f]$$

여기에서 r_j 는 자산 j에 대한 수익률
r_f 는 무위험이자율
$\beta_{j,G}$ 는 글로벌 시장 포트폴리오 G에 대한 자산 j의 베타
r_G 는 글로벌 시장 포트폴리오 G의 수익률을 나타낸다.

효과 면에서는 15장에서 언급된 접근법을 적용하는 것이다. 국내 투자자와 해외 투자자의 자본비용은 정확히 같은 방법으로 정해진다. 글로벌 시장 포트폴리오에 대한 투자자별 베타와 해당 포트폴리오의 무위험이자율 대비 시장위험 프리미엄이 중요 고려사항이다.

주식거래의 많은 부분이 국경을 넘어 이루어지고 있고 거대 기관투자자와 같은 국제적인 투자자들도 지역적인 제약없이 자본을 이동시키고 있다. 이처럼 전 세계 자본시장이 점점 통합되어 가는 추세에서는 글로벌 CAPM의 사용이 타당해 보인다. 예를 들어 소비재 생산업체인 Procter&Gamble과 Unilever의 사례를 고려해보자. 두 기업은 지역적으로 유사하게 분포된 세계적인 시장을 가지고 있다. 두 기업의 주식은 미국과 유럽에서 거래되고 있다. 가장 큰 차이는 Procter & Gamble이 미국을 근거로 회사를 운영하고 있다면 Unilever는 영국과 네덜란드를 근

거로 회사를 운영하고 있다. 비슷한 사업환경과 투자자를 가진 두 회사가 각각 다른 자본비용을 가진다면 이상할 것이다. 보통, 이렇게 비슷한 환경을 가진 두 기업의 가치는 영업근거지의 위치에 영향을 받지는 않는다. 예를 들어, 미국과 유럽의 제약회사들의 기업 가치평가에 사용되는 가치배수는 모두 회사의 영업근거지에 상관없이 EBITA 대비 10배수 정도에 머물러 있다.

부록 G에서도 설명했듯이, 글로벌 CAPM은 PPP가 성립할 때만 적용 가능하다 (PPP는 장기적인 관점에서 성립되는 것이다).[3] 과거 실증자료는 PPP 성립여부를 명확히 밝히고 있지 못하지만, 최근의 연구에서 PPP에서 벗어난 통화들이 평균적으로 3년에서 5년 사이에 가치가 반감된다는 것이 발견되었다. 즉, 즉각적으로 완벽하게 반응하지는 못하더라도, 환율은 결국 나라간 인플레이션 차이를 조정한다.

글로벌 CAPM에서의 시장위험 프리미엄 측정 투자자에 대한 자본 규제가 없다면, 글로벌 시장위험 프리미엄은 전 세계 투자자산의 대부분을 포함하는 글로벌 지수를 바탕으로 산출되어야 한다. 15장에서 설명했듯이, 시장위험프리미엄은 과거 수익률 또는 미래예측 모델을 이용해 계산해낼 수 있으며 어떤 방법을 사용하든 비슷한 결과 값을 가진다. 그러나 글로벌 지수가 비교적 최근부터 사용되었기 때문에 장기간의 과거 시장위험 프리미엄 자료를 구할 수는 없다. 이런 이유로 우리는 보통 글로벌 시장을 염두에 두고 특별히 만들어진 측정값을 대신 사용하거나 글로벌 시장위험 프리미엄 계산에 분산이 잘 되어 있는 미국시장을 이용하기도 한다. S&P 500과 글로벌시장 지수(예를 들어, MSCI World Index) 사이의 상관관계는 지금까지 매우 높은 편이었기 때문에 S&P 500이 좋은 대안 값이 될 수 있다. 실제로 각각을 바탕으로 계산된 예측 값의 차이도 보통 4.5% 내지 5.5% 정도로 크지 않다. (15장 참조).

글로벌 CAPM에서 통화별 베타 측정 글로벌 시장위험프리미엄을 사용하고 있기 때문에, 베타 또한 글로벌 베타여야 한다. 베타를 추정하는 15장의 방법을 사용해 보자. 국제시장의 주식에 대한 베타를 계산할 때 특별히 고려해야 하는 문제는 어떤 통화로 수익률이 계산되느냐 하는 것이다. 스위스의 투자자들은 IBM의 베타를 미국달러 수익률을 기준으로 계산해야 할까? 아니면 스위스 프랑 수익률을 기준으로 계산해야 할까? 베타 계산에 총수익률을 사용한다면 수익률을 미국 달러와 스위

3 A. M. Taylor and M. P. Taylor, "The PPP Debate," *Journal of Economic Perspectives* 18, no. 4 (Fall 2004): 135 – 158을 참조한다.

스 프랑 중 어떤 통화로 측정하느냐에 따라 다른 결과를 얻게 될 것이다. 달러와 스위스 프랑의 환율은 시간에 따라 계속 변하기 때문이다. 그러나 주식베타는 통화와 상관없이 동일해야 한다. 주식베타에 차이가 있다면 이것은 통화별 실질기준 자본비용의 차이를 의미한다. 이런 문제를 해결하기 위해서 총수익 대신 무위험이자율을 초과하는 초과수익률을 사용할 수 있다.[4] 주식의 초과수익률과 글로벌 시장 포트폴리오의 초과수익률을 이용해 베타를 계산한다면 통화와 상관없이 안정적인 값을 얻을 수 있다. 임의의 t 기간 동안의 베타 값은 다음과 같이 계산된다.

$$\left(r_{j,t}^{A}-r_{f,t}^{A}\right)=\beta_{j}\left(r_{M,t}^{A}-r_{f,t}^{A}\right)$$

여기에서 $r_{j,t}^{A}$ = 통화A로 계산된 j주식의 실현수익률

$r_{f,t}^{A}$ = 통화A의 무위험이자율

$r_{M,t}^{A}$ =통화A로 계산된 글로벌 시장 포트폴리오의 실현수익률

국제피셔효과와 PPP가 성립된다면, 나라별 이자율 차이는 바로 인플레이션 차이에 기인한 것이고 이런 인플레이션 격차는 환율에 반영되어야 한다. 따라서, 각 통화의 무위험이자율은 미국 달러 무위험이자율에 환율차이를 더한 값과 동일해진다.

$$\left(1+r_{f,t}^{A}\right)=\left(1+r_{f,t}^{\$}\right)\frac{X_{t-1}}{X_{t}}$$

여기에서 $r_{f,t}^{\$}$ = 미국달러 무위험이자율

X_t = 미국달러로 표시된 통화A의 t 시기의 환율

통화별 무위험이자율이환율의 변화에 의해 결정된다면, 초과수익률로 추정하는 베타 값은 미국 달러, 스위스 프랑, 또는 어떤 통화를 기준으로 사용하든 같은 값이 될 것이다. 그러나 실제로는 무위험이자율과 환율의 관계가 완벽하지는 않다. 베타 측정 시의 차이를 줄이기 위해서는 주식의 초과수익률을 계산 시 각 통화별로 계산된 합성 무위험이자율을 사용하는 것이 좋다. 통화별 합성무위험이자율은 식

---

4 보통 실무자들은 시장모델(market model)이라고 불리는 방법을 이용해 초과수익률 대신 절대 수익률을 이용해 베타를 계산한다. 무위험이자율이 상대적으로 안정적인 환경에서는 이 방법을 통한 근사값은 매우 유효하다. 그러나 다른 통화로부터 수익률을 전환한다면, 환율에 따라 명목 무위험이자율이 계속 변하기 때문에 해당방법의 근사값의 유효성이 떨어진다.

27.1에서 보이듯이 미국달러 무위험이자율과 미국달러 대비 환율로 계산된다.

현지(Local) CAPM 우리는 해외 투자에 제한을 받는 투자자나 기업의 경우에만 현지 CAPM을 사용할 것을 권한다. 해외 투자가 제한을 받는 상황에서는, 자본비용을 측정하기 위해 현지시장 포트폴리오를 이용하는 것이 좋다. 따라서, 과거의 인도나 몇몇 아시아 주식 시장의 경우처럼 제한적인 시장에서의 가치평가는 글로벌 시장에서의 가치평가와는 다르다. 현지 CAPM은 15장에서 언급된 모델과 유사하지만, 현지 무위험이자율로 표기되며, 해당 무위험율 동안의 현지시장 포트폴리오에 대한 위험 프리미엄과 현지 베타가 같은 현지시장 포트폴리오를 대상으로 측정된다.

$$E(r_j) = r_{f,L} + \beta_{j,L}\left[E(r_L) - r_{f,L}\right]$$

여기에서 r_j 는 자산에 대한 수익률
$r_{f,L}$ 는 무위험이자율
$\beta_{j,L}$ 는 현지 시장 포트폴리오 L에 대한 자산 j의 베타
r_L 는 현지 시장 포트폴리오 L의 수익률을 나타낸다.

몇몇의 실무자들과 학자들은 투자자와 기업에 대한 투자 제한에 상관없이 항상 현지 CAPM을 사용할 것을 제안한다.[5] 흥미롭게도, 실증적인 연구에 의하면 잘 통합된 시장의 현지 CAPM과 글로벌 CAPM은 비슷한 결과를 나타낸다는 것을 알 수 있다 (부록 G에서 설명한 이론적 예측과 일치함). 미국, 영국, 독일, 프랑스, 그리고 네덜란드와 스위스 같은 작은 경제 규모의 나라들의 경우에도 자본비용에 대한 예측의 현지 CAPM과 글로벌 CAPM이 매우 비슷하다.[6]

그럼에도 불구하고, 몇가지의 이유로 인해 통합시장의 경우 현지 CAPM의 접근법을 사용하는 것을 추천하지 않는다. 현지 CAPM을 다른 국가의 투자에 적용할 때, 글로벌 CAPM에서 사용하는 하나의 글로벌 시장 위험프리미엄 대신 각 국가별 베타와 지역시장 위험프리미엄을 사용해야만 한다. 또한, 현지 CAPM을 사용하면 산업 내 유사기업들을 통해 계산된 산업평균베타를 이용해서 기업의 베타

---

5 R. Stulz, "The Cost of Capital in Internationally Integrated Markets: The Case of Nestlé," *European Financial Management* 1, no. 1 (1995): 11-22.를 참조

6 R. Harris, F. Marston, D. Mishra, and T. O'Brien, "Ex-Ante Cost of Equity Estimates of S&P 500 Firms: The Choice between Domestic and Global CAPM," *Financial Management* 32, no. 3 (2003): 51-66.

를 바로 추정할 수 없다. 15장에서는 표준오차를 줄이기 위해 산업평균베타 추정을 권장하고 있지만, 유사기업들이 각각 다른 나라에 존재한다면 그 기업들의 현지베타를 직접적으로 비교하기에는 무리가 있다. 마지막으로, 현지시장 위험프리미엄은 좀더 큰 개념인 글로벌 시장 위험프리미엄과 비교할 때 보통 덜 안정적이다. 더 자세한 내용을 위해서는 부록 G를 참고하라.

국내자본 또는 해외자본 WACC 적용

현금흐름과 자본비용이 일관되게 추정되면, 현금흐름에 표기된 통화는 가치평가에 영향을 미치지 않는다. 이는 전체 기업가치 DCF 접근방식, 조정현가(APV: Adjusted Present Value)접근방식, 자기자본 현금흐름(cash-flow-to-equity) 접근방식을 사용하든 관계없이 유지된다.

그러나 타국가 가치 평가에 대한 가중평균자본비용(WACC)을 포함한 기업 DCF 접근 방식을 적용할 때 몇 가지 암묵적인 가정을 알아야 한다. 15장에서 설명했듯이, WACC는 자동으로 잉여현금흐름 계산에 대한 이자비용 감세를 포함한다. WACC를 한 통화에서 다른 통화로 변환하는 경우 잠재된 이자비용 감세와 이에 따른 내재된 부채조달 및 세금 또한 변환된다.[7]결과적으로, 타국가 가치 평가에서 WACC를 적용하는 데는 기본적으로 2가지 선택이 있다.

1. 국내 자본 WACC. 타국가(cross-border) 사업의 사업자금과 세금이 국내 이자율과 세율로 부과되는 경우 국내 자본의 WACC를 사용한다. 국제 기업들이 모국에서 모회사의 통화로 차입하는 경향이 있기 때문에, 이것이 가장 일반적인 접근법이다.[8] 해외 현금흐름을 할인하기 위해서는, 국내 자본 WACC에 매년 통화간의 인플레이션율 차이를 더하여 동일한 가치인 외화의 WACC로 변환한다.[9] 평가 결과는 현물환율로 환산하여 국내통화로의 가치를 얻을 수 있다.

---

7 이러한 가정은 국외 운영에 대한 세율이 아닌 이자율에 대한 세금만 해당된다.

8 항상 그렇듯, WACC의 타국가 사업에 대한 리스크를 무차입 베타(unlevered beta)를 통해 고려해라.

9 즉 첫 부분에서 설명한 바와 같이, 국내 자본 WACC에 국내외 통화간의 선물인플레이션율(forward inflation rate)을 더하는 것이다.

표 27.2 독일 모기업의 멕시칸 자회사에 대한 WACC

타국가 DCF 가치평가 예시, %

		국내 자본 WACC		해외 자본 WACC	
현금흐름 측정 통화		Euros		Mexican pesos	
타인자본비용 (k_d)		5.0		12.3	
이자에 대한 세율		33.0		33.0	
타인자본/(타인자본+자기자본)		33.0		33.0	
가중된 세후 k_d		**1.1**		**2.7**	← 외화 및 국내 통화 이자 세액공제의 차이
무차입 자기자본비용 (k_u)		9.0		16.6	
타인자본/자기자본		49.3		49.3	
자기자본비용 (k_e)		11.0		18.7	
자기자본/(타인자본+자기자본)		67.0		67.0	
가중된 k_e		**7.3**		**12.5**	
WACC		**8.5**		**15.2**	
인플레이션 유로		1.0		1.0	
인플레이션 페소		8.0		8.0	
해당 WACC[1]	(in Mex$)	**16.0**	(in €)	**7.7**	

[1] 인플레이션율 차이가 조정된 다른 통화의 해당 WACC

2. 해외 자본 WACC. 사업의 사업자금과 세금이 해외 이자율과 세율로 부과되는 경우 해외 자본의 WACC를 사용한다. 이 WACC에서 직접 해외 현금흐름을 할인하고, 해당 결과를 현물환율의 국내통화로 변환한다. 또는, 해외 자본 WACC와 현금흐름을 국내 통화로 변환하고 선도금리 접근법(forward-rate approach)을 통해 기업을 평가해도 되며 이는 동일한 결과로 이어진다.

같은 통화로 환산해도, 국내외 자본 WACC는 같지 않기 때문에 다른 평가 결과를 산출한다는 점을 유의해야 한다. 예를 들어 독일의 모회사가 멕시코 자회사를 평가하는 WACC 추정치를 참고해보자 (표 27.2). 예를 위해, 모회사와 자회사는 동일한 경영위험 (k_u = 9.0% 유로), 세율 (33%), 신용상태 (k_d = 5.0% 유로), 목표 레버리지 (부채비율 = 33%)를 가지고 있다고 가정해보자. 현금흐름에 대한 국내자본 WACC는 유로로 8.5%이다. 두 통화 간의 7 퍼센트 포인트 인플레이션 차이를 계산해본다면, 8.5% WACC는 멕시칸 페소로 16.0%이다. 이러한 16.0% WACC를 적용하는 것은 부채조달 및 이자과세가 유로로 이루어지고 있다고 가정한다.

해외 자본 WACC는 유로로 표기된 부채비용과 무부채(unlevered) 자기자본비용(cost of equity)을 페소(k_d = 12.3% 과 k_u = 16.6%)로 환전하여 도출된다. 페소 기준 현금흐름의 해외자본 WACC는 15.2%이며, 이는 유로 기준 7.7%

와 같다. 국내 자본 WACC와의 차이는 세후 부채비용에서부터 발생된다: 모든 조건이 동일하다는 전제 하에, 부채가 물가상승률이 더 높은 통화에서 조달되고 과세되었을 때 세금절감은 더 크다.

실제로 타국가 기업 운영의 재무 선택은 여러 복잡한 요소들을 고려해야 하기에 간단하지 않다. 이에는 국제 조세의 차이, 국내외 대출펀드 비용의 차이, 대체채권시장의 깊이(alternative debt market), 해외 통화의 영향, 등과 같은 요소들이 포함되어있다. 따라서 이러한 국제적 재무 선택의 방법은 이 책의 범위를 벗어난다. 그러나 타국가 가치평가에서의 자본비용을 통한 재무 선택의 결과를 정확히 반영하기 위해서는 주의해야 한다. 실제로 국내자본 WACC가 가장 흔하지만 예외를 주의해야 한다.

해외통화위험의 가치평가 반영

많은 경영진들이 해외투자의 환율 변동과 이 변동이 회사의 가치창출에 미치는 영향에 대해 고민한다. 애널리스트들과 투자자들은 가치창출에는 영향을 미치지 않겠지만, 최종적인 이익규모의 변동성에 관심을 가진다. 이런 이유로, 여전히 많은 기업들이 해외투자에 대한 자본비용 계산에 통화위험을 반영한 프리미엄을 가산한다. 그러나 이는 불필요하다. 앞서 언급한 바와 같이, 전체 자본비용에서 통화위험 프리미엄이 차지하는 비중은 매우 작은 편이다. 해외통화로 이루어진 투자와 국내통화로 이루어진 동일한 투자에 대한 자본비용은 동일해야 한다(동일한 화폐적 가정을 적용했을 때). 첫째, PPP가 성립한다면 가격차이가 환율차이를 상쇄할 것이기 때문이다. 둘째, 통화위험은 대체로 기업이나 주주들에게 분산 가능한 위험이다. 그리고 환율 변화에 따른 위험이 남아있다면, 이는 투자에 따른 현금흐름 추정을 통해 반영되어야 한다.

환율이 즉각적으로 인플레이션 차이를 반영하는 상황에서는 명목 통화위험이 의미가 없음을 명심해야 한다. 의미 있는 통화위험은 오로지 상대적 구매력의 변동에 따라 측정되는 실질 통화위험뿐이다. 예를 들어, 만약 1994년에 1억 달러 가치의 브라질 통화를 보유하고 있었다면 2019년 해당 통화의 미국달러 기준 가치는 의미 없는 수준이 될 수도 있다. 그러나 구매력을 고려해 조정해본다면, 통화 가치는 지난 25년 동안 1억 달러가치를 기준으로 등락을 반복해왔다. 표 27.3은 미국달러화에 대한 명목환율이 급락했음에도 불구하고 1994년 수준을 맴돌고 있는 브라질 통화에 대한 실질(인플레이션 조정된) 환율의 움직임을 보여준다.

PPP에 대한 분석을 통해 통화는 상대적인 인플레이션 변동에 따라 실제 등가

표 27.3 물가상승률 조정된 브라질 환율

실질유효환율(REER) 및 US 명목환율 지수, 7/1/1994 = 100

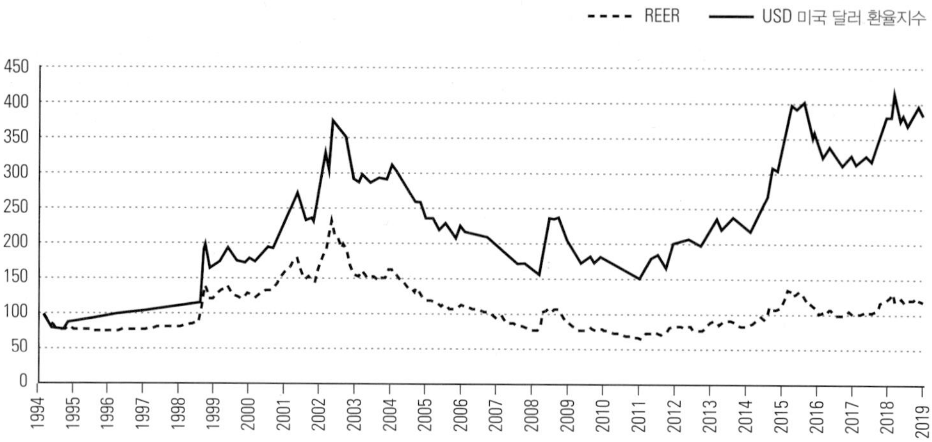

출처: Banco Central do Brasil.

수준(parity level)으로 회귀하나 즉각적으로 회귀하지는 않는다는 것을 알 수 있다.[10][1] PPP가 적용되는 환율의 단기적 변동으로 인해 기업은 잠재적으로 실질통화위험에 노출될 수 있다. 그러나, 주주들에게 이런 위험은 보통분산 가능한 것이다. 자세한 분석을 위해, 표 27.4를 살펴보자. 표 27.4는 남미 및 아시아의 몇몇 통화와 영국 파운드의 실질환율의 월간 변동성을 보여주고, 이들을 4개의 통화포트폴리오와 비교한다. 비록 일부 통화가 매우 큰 변동성을 보여주고는 있지만, 지역 포트폴리오를 형성하면 변동성이 낮아지면서 실질 통화위험의 상당부분을 제거할 수 있다. 신흥국가 포트폴리오와 영국 파운드 포트폴리오를 결합한다면 실질 통화위험을 더욱 분산시킬 수 있다. 만약 주주들이 분산을 통해 대부분의 실질 통화위험을 없앨 수 있다면, 기업의 자본비용에 통화위험 프리미엄이 포함될 필요가 없다.

종종 환율은 PPP와 급격한 차이를 보인다. 표 27.3에서 확인할 수 있듯이, 1999년에는 단 2주 만에 브라질 통화의 가치가 미국달러 대비 50%이상 하락하였다. PPP에서 많이 벗어난 상태에 있는 통화로 가치평가를 진행할 때에는, 해당 통화가 다시 PPP로 돌아가기까지 수주 심지어는 수년이 걸릴 수도 있다는 위험을 감안해야 한다. 자본비용을 조정하지 말고, 대신 4장에서 설명된 것과 같은 시나리오를 통해 위험을 감안해야 한다.

가치를 평가하는 해외사업이 국제적인 구매와 판매에 제한을 받고 있다면, PPP로 수렴되는 환율 움직임에도 큰 영향을 받지 않는다. 이 경우, 국내통화(do-

---

10 Taylor and Taylor, "The Purchasing Power Parity Debate" 참조

표 27.4 실질 통화 리스크 분산

10년간 월별 실질환율[1]의 변동성, %

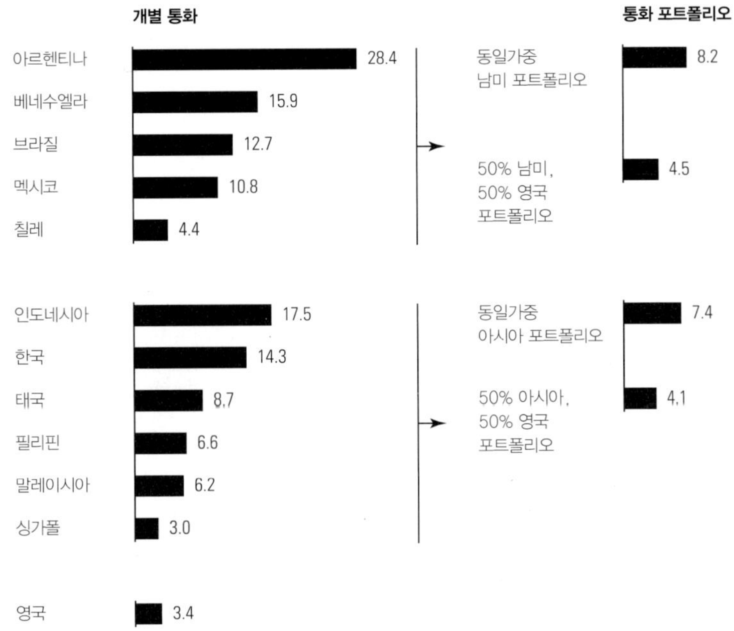

[1] 미국 달러대비 환율

출처: International Monetary Fund.

mestic currency)로 가치를 계산하기 위해 현물환율 또는 선물환율 접근법 중 하나를 이용하여 사업의 추정 현금흐름을 평가한다. 두 가지의 다른 통화 시나리오를 적용하는데, 하나는 실제 환율을 바탕으로 현물과 선물환율을 이용하는 시나리오이고 다른 하나는 PPP로의 환율수렴을 감안한 시나리오이다. 지역통화로 계산된 해외 사업의 가치평가 결과는 두 시나리오 하에서 동일할 것이다. 그러나, 잠재적 환율 변화에 노출되어 있기 때문에 국내통화로 계산한 가치평가 결과는 서로 다르게 나타날 것이다.

만약, 석유수출기업처럼 사업에서 국제통화로 표시되는 현금흐름이 큰 비중을 차지하는 경우라면, PPP로 수렴하는 환율의 조정이 현금흐름에 미치는 영향을 지역통화로 측정한다. 사업의 지역 현금흐름은 PPP로의 환율 수렴을 반영한 시나리오와 반영하지 않은 시나리오, 이렇게 두 가지 시나리오를 바탕으로 추정한다. 그 다음, 현물환율 또는 선물환율 접근법을 이용하여 두 가지 통화 시나리오 하에서 추정된 현금흐름을 평가한다. 이 때, 현물 및 선물환율이 환율의 수렴에 대한 가정을 정확하게 반영하고 있는지 확인해야 한다. 국내통화로 계산된 평가결과는 이번에도 두 시나리오에서 다르게 나타나는데, PPP로의 환율 수렴이 미치는 잠재적 영향 때문이다.

외화표시 재무제표의 환산

해외 자회사의 과거 실적을 분석할 때, 자회사의 통화를 적용하는 것이 가장 나은 방법이다. 하지만 때로는 이런 방법이 가능하지 않을 수 있다. 자회사의 재무제표는 모회사의 통화로 환산되어 모회사의 계정으로 통합(또는 연결)될 수 있기 때문이다.

예를 들어 유럽 기업의 영국 자회사들은 항상 영국 파운드화로 재무제표를 작성한다. 유럽 모회사가 재무제표를 작성할 때 영국 자회사의 파운드화 표시 재무제표는 유로-파운드 환율로 환산되어 표시된다. 비록 파운드화 표시 자산의 가치가 변동이 없더라도 환율이 연도마다 변동될 경우 유럽모회사는 동일 자산을 매년 상이한 유로 금액으로 보고하게 된다. 아무런 현금 지출이 일어나지 않았음에도 불구하고 자산 변동으로 인한 현금지출을 나타내는 경우가 있는데, 이때의 자산 변동은 순전히 환율의 변동에 기인한 것이다. 따라서 11장의 지침을 따르면, 재무제표의 외화 환산 손익만큼 현금흐름에 대한 수정작업이 필요하다.

세 가지 접근법

미국 회계기준 및 국제회계기준을 살펴보면 해외 자회사의 재무제표를 모회사 통화로 환산하는 데에는 현행법(current method), 시제법(temporal method), 물가조정 현행법(inflation-adjusted current method)의 세 가지 접근법이 있다. 표 27.5는 정상 인플레이션 국가 및 초인플레이션(hyperinflation) 국가에 대해 각각의 회계기준이 추천하는 방법을 보여주고 있다.

현행법 정상 인플레이션 국가에 위치한 자회사의 경우 모회사 통화로 재무제표를 환산하는 일이 매우 단순한데 미국회계기준 및 국제회계기준에 모두 현행법을 적용한다. 현행법은 자본항목을 제외한 재무상태표의 모든 항목은 기말 환율로 환산하며, 재무상태표의 외화환산손익은 자본계정으로 인식되며 손익에는 영향을 끼치지 않는다. 손익계산서에는 회계기간의 평균 환율이 적용된다.

초인플레이션 경제하의 자회사에 대해서는 초인플레이션의 정의, 재무제표의 인플레이션 조정 여부, 재무제표 환산방법에 따라 미국회계기준과 국제회계기준이 각각 다른 입장을 가지고 있다. 미국 회계기준은 초인플레이션을, 3년 누적 인플레

표 27.5 통화 환산 접근법

	미국회계기준	국제회계기준
정상 인플레이션	현행법	현행법
초인플레이션	시제법	물가조정 현행법

이션이 약 100% 이상인 경우로 정의한다. 한편, 국제회계기준에 의하면 이러한 정의는 하나의 지침일 뿐이며 다른 요소들을 고려할 것을 제안하고 있다. 예를 들면, 비화폐성 자산 또는 안정된 외환으로 자산을 보유하려는 현지 국가의 투자자 선호 수준 등이다.

시제법 미국회계기준은 초인플레이션 환경에서 재무제표를 환산하는 경우 시제법을 사용하도록 권장하고 있다. 시제법은 재무제표의 모든 항목은 거래발생일의 환율을 적용하여 환산한다. 즉 역사적 원가로 표시된 항목은 역사적 환율, 화폐성 항목은 현행환율, 다른 재무상태표 항목과 손익계산서 항목은 연평균 또는 다른 특정한 환율을 적용한다. 외화환산손익 결과는 모회사의 자본에 기타포괄손익으로 보고된다.

물가조정 현행법 국제회계기준에 의하면 초인플레이션 국가의 자회사 환산법은 정상 인플레이션 국가의 방법과 유사하다. 다만, 핵심적인 차이는 환산 전에 재무제표를 일반물가지수에 기초하여 현행 외국통화단위로 재작성하는 것이다. 화폐성 항목 이외의 모든 항목은 시간의 흐름에 따른 초인플레이션 영향을 반영하기 위해 재작성된다. 이러한 재작성은 자회사 손익계산서에 이익 또는 손실을 가져오게 되며, 모든 재무제표가 현행 기말 외국통화단위로 재작성되기 때문에 재무상태표와 손익계산서를 환산하는 데 기말환율을 사용하게 된다. 모든 환산결과는 모회사의 자본에 기타포괄손익으로 보고된다.

표 27.6 통화 환산

	현지 통화	현행법		시제법		물가조정 현행법		
		환율	U.S. $	환율	U.S. $	조정	환율	U.S. $
재무상태표								
현금 및 매출채권	100	0.85	85	0.85	85	100	0.85	85
재고자산	300	0.85	255	0.90	270	321	0.85	273
순고정자산	600	0.85	510	0.95	570	684	0.85	581
	1,000	–	850	–	925	1,105	–	939
유동부채	265	0.85	225	0.85	225	265	0.85	225
장기차입금	600	0.85	510	0.85	510	684	0.85	581
자본								
보통주 자본금	100	0.95	95	0.95	95	100	0.95	95
이익잉여금	35	–	32	–	95	56	–	48
외화환산조정	–	–	(12)	–	–	–	–	(10)
	1,000	–	850	–	925	1,105	–	939
손익계산서								
매출	150	0.90	135	0.90	135	161	0.85	137
매출원가	(70)	0.90	(63)	0.93	(65)	(75)	0.85	(64)
감가상각비	(20)	0.90	(18)	0.95	(19)	(23)	0.85	(20)
기타비용	(10)	0.90	(9)	0.90	(9)	(11)	0.85	(9)
외화환산이익(손실)	–	–	–	–	66	20[1]	0.85	17
세전이익	50	–	45	–	108	72	–	61
법인세	(15)	0.90	(13)	0.90	(13)	(16)	0.85	(13)
순이익	35	–	32	–	95	56	–	48

[1] 재작성에 따른 이익

방법의 적용

표 27.6는 미국 모회사의 세 가지 방법에 의한 환산사례를 보여 주고 있다. 이 사례에서 환율은 기초 0.95에서 기말 0.85로 바뀌었고 해당 기간 동안 미국은 2%의 인플레이션, 해당 해외국가는 14% 인플레이션을 보였으며, 해당 기간평균환율은 0.90이다. 사례에서와 같이 세 가지 방법은 모회사의 순이익및 자본에 상당히 다른 영향을 미치게 된다.

물론, 이러한 차이는 자회사의 잉여현금흐름 추정에 영향을 주어서는 안 된다. 일반적으로, 투자된 자본의 구성요소에 대한 환산 조정은 투자 현금흐름에서 제외되도록 해야 한다. IFRS에 따르면, 기업은 일반적으로 고정자산의 범주별로 통화 환산 조정을 하여 "현금" 투자를 식별할 수 있도록 한다. 미국회계기준에서는 이러한 정보가 제공되지 않으며 투자된 자본 변화에 환산결과를 다시 더해야 한다. 과거 실적 분석의 경우, ROIC, 영업마진, 그리고 자본회전율과 같은 수치는 현재 방법에서 크게 왜곡되지 않는다. 통화환산 효과를 위해 성장률 조정은 필요하다 (12장 참조). 초인플레이션 국가의 환산된 재무제표의 경우, 원본 재무제표를 기반으로 성과를 분석하거나, 주요 운영항목에 대한 환산을 역으로 환산하여 분석하는 방법을 추천한다 (35장에 언급된 분석방법을 참고).

요약

이론적으로, 해외기업에 대해 DCF 평가모델을 적용하는 방법은 국내기업과 동일하다. 그러나 몇몇의 고려 사항들이 있다. 분석시, 현지 회계기준 및 조세제도를 이해하고 반영하는 것이 필요하며, 이는 11장의 일반적인 지침을 참고하면 된다. 또한 최근에는 국제회계기준 및 미국회계기준이 널리 받아들여지고 있기 때문에, 회계처리와 관련한 문제점들이 많이 줄어들었다.

해외사업의 현금흐름은 평가자가 선택한 현물환율 또는 선물환율의 외화환산 접근법과 환율, 이자율, 그리고 인플레이션을 일관성 있게 적용하면 해외 또는 국내통화로 추정할 수 있다. 자본비용을 산출하는 방법은 전 세계 모든 회사에 동일하게 적용되어야 한다. 전 세계 금융시장이 점점 통합되고 있기 때문에, 우리는 모든 회사가 단일의 실질 무위험이자율과 시장위험프리미엄을 사용하기를 권장한다. 해외 투자에 제한을 받는 투자자와 기업의 경우 국내자본비용을 추정하는 것을 추천한다. 자본비용에 통화위험을 고려한 프리미엄을 추가로 가산하지는 않으며, 이는 시나리오 기반 가치평가에서 가장 잘 나타난다.

가치 관리

VALUATION Measuring and Managing the Value of Companies

4부

28장

기업 포트폴리오전략

기업의 가치는 경영자들의 행동에 전적으로 의존하지는 않지만 크게 좌우된다. 2018년 저자의 동료들은 2,393개의 회사를 대상으로 한 글로벌 연구 결과를 발표했는데, 이는 가치창출의 상위 5분위권으로 진출하는데에 필요한 핵심 동력을 밝혔다.[1] 이러한 가치 창출에 영향을 미치는 것들에는 기업이 위치한 산업과 지역, 그리고 다음 5가지 전략적 경영 활동들을 포함했다: 인수 및 기업분리를 통한 비즈니스 포트폴리오 수정, 자원 분배, 자본 소비, 생산성 증대, 그리고 서비스와 제품 차별화를 위한 혁신.

과학적, 그리고 예술적 가치창조에 경영학적 관점을 적용하는 것이 이 책의 4부를 구성하는 7개의 장의 초점이다. 특히 다음과 같은 두 가지 중요한 상위 관리 결정을 검토한다: 경영진은 기업의 포트폴리오에 무엇을 추가해야 하는가? 그리고 자본 지출, 연구개발 (R&D), 인재관리 등에 대한 결정을 지원하기 위해 어떻게 자원을 할당해야 하는가? 또한 목표 설정, 모니터링, 그리고 필요한 경우 조정을 통한 기업성과를 관리하는 방법에 대해서도 탐구할 것이다.

이번 장에서는 기업이 어떠한 사업을 해야 하는지에 대한 질문을 포함하여 최상의 소유주(best owner)가 되기 위한 요건은 무엇이며, 최상의 소유주 요건에 부합하였던 한 기업이 시간의 흐름에 따라 어떻게 변화할 수 있는지에 대하여 알아본다. 이와 더불어, 사업의 포트폴리오는 어떻게 진화하는가, 어떻게 사업의 포트폴리오를 구성할 것인가에 대하여 알아보고, 경영의 다각화(diversification)에 관한 몇 가지 오해에 대하여 알아보도록 한다. 마지막으로, 이번 장은 실제 사례 연구

---

1 C. Bradley, M. Hirt, and S. Smit, *Strategy Beyond the Hockey Stick* (Hoboken, NJ: John Wiley & Sons, 2018).

를 통해 사업의 포트폴리오를 어떻게 체계적으로 구축하는지에 대한 가이드로 마무리된다.

말에 투자할 것인가? 또는 기수에 투자할 것인가?

어떤 사업에 진출할 것인가를 결정하는 것은 경영진에게 주어진 가장 중요한 임무 중 하나이다. 사실, 기업이 속한 사업에 따라 기업의 미래가 결정된다. 예를 들어, 화학품을 생산하는 기업은 아침식사용 시리얼을 판매하는 기업의 투하자본이익률을 넘기 어렵다. 소유주나 경영자가 누구인가에 따라서 같은 사업에서도 다양한 가치가 창출된다. 매력적인 사업분야를 선정하는 것과 더불어, 포트폴리오 전략에서 중요한 요소는 소유주가 해당사업에서 가장 큰 현금흐름을 발생시키고 가장 많은 가치를 창출해야 한다는 것이다.

Kaplan, Sensoy 그리고 Strömberg 또한 적절한 사업분야를 선정하는 일의 중요성을 강조하였다. 그들은 말과 기수의 내기에 빗대어 사업분야 선정의 중요성을 분석하였다.[2] 벤처캐피탈의 자금지원을 받아 사업을 시작한 작은 기업을 대상으로 그들의 성공여부, 상장을 할만한 규모로 성공적으로 성장하는지의 여부를 추적하였다. 그들의 결과에 의하면 경쟁우위(말)를 갖는 편이 좋은 경영진(기수)을 갖는 것보다 성공확률이 높았다. 경쟁우위가 있을 경우, 벤처 캐피탈사는 언제든 성과가 좋지 않은 경영진을 교체할 수 있었다. 그러나 아무리 좋은 경영진이라 하더라도 경쟁우위가 없는 사업을 회생시키지는 못했다. 즉, 기수가 아닌 말에 투자하는 것이 중요하다는 것이다. 워렌 버핏은 또한 다음과 같은 말을 남겼다. "우수한 성과로 평판이 좋은 경영진이, 경제성이 없다고 평가되는 사업에 합류했을 때 변하지 않는 것은 사업에 대한 평가뿐이다."

최고의 경영진조차도 경제성이 없거나 하향세에 접어든 사업을 다시 살려내지는 못하지만, 소유주나 경영진에 따라 주어진 상황에서 더 나은 결과물을 도출해 낼 수는 있다. 그러한 소유주가 최상의 소유주라 할 수 있다. 수년 동안 동물 의약품을 만드는 제약회사들은 사람들을 위한 의약품을 만드는 제약회사들에 의해 소유되었다. 그 후 2009년부터 2019년까지 대대적인 구조조정은 동물 건강 사업에 변화를 가져왔다. 경제, 영업, 유통경로가 다른, Bayer, Johnson & Johnson,

---

2 S. N. Kaplan, B. A. Sensoy, and P. Strömberg, "Should Investors Bet on the Jockey or the Horse? Evi- dence from the Evolution of Firms from Early Business Plans to Public Companies," *Journal of Finance* 64, no. 1 (February 2009): 75-115.

Novartis, Pfizer와 Sanof와 같은 5대 제약회사들은 동물 건강 사업을 매각하거나 기업분할을 실행했다. Eli Lilly계열의 Elanco는 이 기간 동안 6개의 동물 보건 사업을 인수했고, 2019년에는 독립기업으로 분리되었다. 같은 기간 Johnson & Johnson, Merck, 그리고 Pfizer를 포함한 많은 제약회사들은 소비자 사업의 상당 부분을 매각했다.

General Mills가 Diageo로부터 Pillsbury를 매입한 사례는 이를 잘 보여준다. Pillsbury를 미화 1조 40억 달러에 매입한지 얼마 지나지 않아 General Mills의 세전현금흐름은 연간 4000억 달러 이상 상승하였으며, Pillsbury의 영업이익은 70퍼센트 가량 상승하였다. Diageo의 핵심사업부문은 주류사업이다. 반면, General Mills와 Pillsbury의 핵심사업은 인스턴트 음식 판매로 동일하다. Pillsbury가 Diageo의 자회사였을 때, Pillsbury는 Diageo의 핵심사업과는 전혀 다르게 운영되었다. 두 회사의 원재료구입, 제조, 운반, 마케팅 사업에서 겹치는 부분이 거의 없었기 때문이다. 이에 반해, General Mills는 Pillsbury의 원재료구입, 제조, 운반비용의 상당부분을 절감할 수 있었다. 두회사 사업에서 비용요소의 많은 부분이 겹치기 때문이다. 수익 면에서도 General Mills는 이미 General Mills에 대한 인지도가 높은 미국의 학교들을 상대로 Pillsbury 제품들을 소개함으로써 Pillsbury의 수익을 증대시켰다. 합병으로 인한 시너지는 두 회사에 모두 적용되었다. 예를 들면 Pillsbury의 냉동 트럭은 General Mills의 새로운 냉동식품의 운반에 쓰여졌다.

Pillsbury의 매각 당시 가치는 적어도 General Mills에 대한 가치와 Diageo에 대한 가치 두 가지 방식으로 나눠볼 수 있다. General Mills에게 거래가 매력적이기 위해서는 Pillsbury 매입이 창출하는 가치가 적어도 1조 40억불이라는 가격 이상이어야 한다. Diageo에게 거래가 매력적이기 위해서는 Pillsbury의 매각가격이 Diageo가 Pillsbury로 인하여 창출할 수 있는 미래가치보다 커야 한다. 명백히, 가치창출의 관점에서 보면 General Mills는 Diageo보다 나은 Pillsbury의 소유주였다.

그러나 실무적으로 어떠한 상황에서도 회사의 이상적인 소유주를 단정 지을 수는 없다. 주어진 상황 하에 잠재적으로 가장 나은 소유주를 선별하여 낼 수 있을 뿐이다. 이론적으로, General Mills가 아닌 다른 어떤 회사는 Pillsbury를 소유함으로써 더 높은 현금흐름을 창출해 낼 수도 있다. 그러나 위의 예는 General Mills로 회사 소유주의 변화가 가치에 큰 효과를 창출해낼 수 있다는 것을 보여준다: 위 예에서는 70퍼센트 (영업이익의 상승)가 그것이다.

최상의 소유주는 자원을 최상의 가치로 활용할 수 있도록 재분배한다는 면에서 경제에도 도움이 된다. 이를 통하여 막대한 경제활동들이 훨씬 낮은 비용으로도 수행될 수 있으며, 자본과 인적자원이 다른 경제활동에 활용될 수 있다.

최상의 소유주가 되기 위한 요건

최상의 소유주를 구별하기 위하여 맨 처음 해야 할 것은 새로운 소유주가 창출할 가치의 원천에 대한 이해이다. 어떤 소유주는 새로운 사업을 기존 포트폴리오에 포함된 사업들과 연계함으로써 가치를 창출하기도 한다. 기존에 가지고 있는 판매채널을 이용하여 새로운 고객들을 발굴하거나, 기존의 생산시설을 새로운 사업에 이용하는 등이 그 예이다. 다른 소유주들은 영업이나 마케팅에 대한 뛰어난 기술을 이용하거나, 더 나은 기업지배시스템이나 경영자들에 대한 성과급시스템을 통하여, 또는 시장 발전방향에 대한 더 나은 통찰력을 이용하여 가치를 창출하기도 한다. 어떤 소유주들은 정부, 규제기관이나 고객과 같은 특정시장의 주요 이해관계자들에 더 큰 영향력을 행사함으로써 가치를 창출해낸다. 물론 최상의 소유주는 위의 경우 중 두 가지 이상의 가치창출의 원천을 발굴해 낼 수도 있다. 이 장에서는 각 가치의 원천에 대하여 하나씩 알아보도록 한다.

다른 사업과의 고유한(unique) 연계

소유주가 가치를 창출하는 가장 단순한 방법은 기존의 포트폴리오 내에 있는 사업들 간의 연계를 창출하는 것이며, 특히 모회사가 그러한 연계를 만들 수 있을 때 이러한 방법이 이용된다. 어떤 광물 회사가 철도나 인프라 시설이 없는 외딴 지역의 광산에 대한 개발권을 가지고 있다고 가정해보자. 또 다른 광물 회사는 이미 10마일밖에 떨어져 있지 않은 곳에 광산을 운영하고 있으며 그에 필요한 인프라 시설과 철도를 건설하였다. 위의 경우 새로운 광산의 개발에 대한 추가발생비용에 대하여 두 번째 회사가 다른 회사들보다 확실이 낮을 것이라는 점을 고려해 보면 두 번째 회사가 광산의 더 나은 소유주일 것이다. 두 번째 회사의 경우 그 미개발된 광산을 시장에서 더 높은 가격에 매입할 수 있고 매력적인 투하자본이익률(ROIC: return on invested capital)을 올릴 수 있을 것이다.

이러한 고유한 연계(unique link)는 R&D부터 생산, 운반, 판매까지 가치사슬모형의 전반에 걸쳐 형성될 수 있다. 예를 들면, 종양관련 분야에 영업력을 가지고 있는 대형 제약 회사는, 그 분야에 영업력이 없지만 전망 있는 종양관련 신약을 개발한 소형 제약회사에 대한 이상적인 소유주가 될 것이다.

독특한(distinctive) 기술

이상적인 소유주는 새로운 사업에 도움이 되는 독특한 기능적 혹은 경영적 기술을 가지고 있을 수 있다. 이러한 기술은 제품 개발, 생산 과정, 판매와 마케팅 등 사업 구조의 전반에 걸쳐 존재할 수 있다. 하지만 어떠한 결과의 차이를 만들기 위해서는, 이러한 기술이 그 산업에서 성공의 핵심이 되어야 한다. 예를 들어, 탁월한 생산능력을 가지고 있는 어떤 회사는 소비재 사업의 이상적인 소유주가 아닐 수도 있다. 소비재 생산회사의 경쟁우위는 생산비용의 효율성으로 만들어지는 것은 아니기 때문이다.

소비재 산업에서는 브랜드 가치 개발과 마케팅 기술이 이상적인 소유주를 가늠할 수 있는 척도일 가능성이 높다. 2013년 매출 기준 230억 달러, 세제, 미용, 애완동물, 기저귀용품 등 여러 종류에 걸쳐 약 5억 달러 상당의 14개 브랜드들을 소유한 Procter & Gamble (P&G)의 경우를 보도록 하자. P&G의 거의 모든 브랜드는 각각의 시장에서 1, 2위를 점유하고 있다. 2013년 기준, 그 중에는 수십년 동안 P&G의 브랜드였던 Tide and Crest도 있다. 또한 P&G는 여러 방식을 통해 새로운 브랜드를 기업 포트폴리오에 추가해 나아갔는데, 이 중 Gillette와 Oral-B는 인수를 통해 추가되었으며, Febreze와 Swiffer은 자체 개발을 통해 추가되었다. 2014년, P&G 는 회사의 독특한 기술은 큰 규모의 브랜드에 더 적합하다는 사실을 인지하고 사업모델의 재편을 계속하였다. 그 결과로 핵심브랜드에 보다 역량을 집중하기 위해 보유브랜드 중 90 내지는 100개의 브랜드를 철수 또는 매각할 것이라고 발표하였다.

독특한 기술의 다른 사례로 매출 190억 달러규모의 다각화된 회사인 Danaher를 살펴보자. Danaher은 Danaher Business System을 통한 성공으로 유명하다. Danaher은 회사의 운영체계를 피인수 기업에 적용해 마진을 획기적으로 향상시킬 수 있을 것이라고 생각되는 경우에만 기업인수를 진행한다. 지난 25년간 이런 과정을 거쳐 기업을 인수한 결과, 피인수기업의 마진을 꾸준히 향상시킬 수 있었다. 피인수기업에는 point-of-sale(POS) 프로그램의 선두기업인 Gilbarco Veeder-Root solutions와 인쇄 및 마킹 솔루션을 생산하는 Videojet Technology들이 있다. 두 기업 모두 인수이후 마진이 700 베이시스 포인트 이상 상승하였다. Danaher의 활동이 복잡해지고 규모가 커지면서, 스스로 자립할 수 있을 만큼 규모가 큰 일부 사업들을 분할(spin-off)하거나 매각했다. 예를 들어 2016년에는 전문 계측 및 산업 기술 사업을 분리했다. 분할된 기업인 Fortifive에는 Danaher가 인수해 실적이 개선된 Gilbarco Veeder-Root를 포함한 21개의 다른 기업이 포함되었다. 2018년, Danaher는 갖고 있는 치과 사업 또한 분할하겠다고 발표하였다 (본 글 작성 당시 아직 분할이 완료되지 않음).

더 나은 기업지배구조

더 나은 소유주들은 직접적인 운영을 통하지 않더라도 더 나은 기업지배구조를 통하여 가치를 창출할 수 있다. 장기적으로 최상의 가치를 창출하기 위한 회사의 주주나 대표자와 경영자들 사이의 상호작용을 통해 더 나은 기업지배구조를 형성한다. 최고의 사모투자전문회사(PEF: private-equity firm)는 (인수한) 회사들의 부채를 이용해 단순히 자본을 재구성하는 것이 아니다. 사모투자전문회사들은 (인수한) 기업지배구조를 개선함으로써 회사들의 성과를 향상시킨다.

이 책의 저자 2명은 11개의 유명 사모투자전문회사들이 참여한 60개의 성공적인 투자 프로젝트들을 분석하였다. 그 결과 3분의 2 이상의 거래에서 새로운 가치 창출의 열쇠는 주주들과 경영진의 원활한 상호작용을 통한 영업성과의 향상에 있었다.[3] 재무 레버리지의 이용이나 현명한 투자 타이밍은 성공의 열쇠로 종종 언급되지만, 기업지배구조개선보다 중요하지는 않았다.

일반 사모투자 전문회사들은 보통 그들이 투자하는 회사들의 경영에 직접 참여할 수 있는 시간이나 기술이 부족하나, 위의 경우와 같이 탁월한 성과를 내는 사모투자전문회사들은 실제로 회사들의 경영에 직접 참여하며, 일반 상장회사들의 지배방식과는 상당히 다른 방식으로 회사를 경영한다. 이는 사모투자전문회사들이 우수한 성과를 내는 가장 중요한 핵심이라 할 수 있다. 일반적으로, 사모투자전문회사는 회시에 강력한 성과주의 문화를 도입하며 필요하다면 빠른 경영 의사결정을 한다. 사모투자전문회사들은 회사의 매니저들에게 기존의 룰을 버리고 일반 상장회사들이 가진 1년 주기의 관점보다 긴 5년 이상의 장기적인 관점을 가질 수 있도록 장려한다. 또한, 사모펀드의 사외이사들은 일반회사의 이사들보다 3배 이상 더 많은 시간을 업무에 투자한다. 그들이 가장 많은 시간을 투자하는 쪽은 일반회사의 이사들의 주 업무인 준법이나 리스크 관리보다는 전략과 성과경영이다.[4]

---

3 C. Kehoe and J. Heel, "Why Some Private Equity Firms Do Better," *McKinsey Quarterly*, no. 1 (2005): 24-26.

4 V. Acharya, C. Kehoe, and M. Reyner, "The Voice of Experience: Public versus Private Equity," *McKinsey on Finance* (Spring 2009): 16-20.

더 나은 통찰력과 예지력

시장과 산업이 어떻게 진화할 것인가에 대한 통찰력이 있는 기업은 그 능력을 이용하여 현재의 사업을 확장하거나 새로운 사업을 개발한다. 이와 같은 회사는 고유의 혁신적인 아이디어를 이용하여 사업을 확장하므로 더 나은 소유주일 수 있다. 일례로 중국의 온라인시장 선도기업인 Alibaba의 예를 살펴보자. Alibaba의 경영진은 구매자와 판매자간의 불신이 중국 온라인 시장의 성장에 걸림돌이라는 것을 간파하였다. Alibaba가 설립되고 5년이 되던 해인 2004년, Alibaba는 Alipay라는 에스크로(escrow) 서비스를 출범하면서 온라인 상거래의 활성화를 도모한다. 구매자는 Alipay에 물건구매를 위한 돈을 맡긴다. 물건이 배송되어 구매자가 구매를 확정지으면 Alipay는 판매자에게 대금을 지불한다. Alipay 서비스는 Alibaba의 온라인 시장에 참여하는 기업뿐 아니라 다른 수많은 상인들에게도 제공된다. 2011년 Alipay은 Alibaba에서 분사하여 하나의 독립법인이 되었다.

다른 사례로 아마존 웹 서비스를 (AWS: Amazon Web Services)를 살펴보자. 세계 최대 온라인시장으로 아마존은 분산컴퓨터 시스템을 운영하는 고유한 기술을 개발해왔다. 2006년 아마존은 공식적으로 AWS를 출시했고, 고유 기술을 통해 기업, 정부, 그리고 개인들에게 클라우드 컴퓨팅 서비스를 판매했다. 2012년까지 매출은 18억달러로 추산되었으며 (아마존은 2015년까지 AWS의 실적을 별도로 공개하지 않음), 2018년 AWS는 250억 달러의 매출과 73억 달러의 영업이익을 기록했다.

주요 이해관계자에 대한 더 큰 영향력

인재, 자본, 정부, 공급업자 및 고객에 대한 영향력이 크다면 신흥시장에서는 분명 이점으로 작용한다. 사업을 이끌어 갈 인력의 부족, 영세한 자본시장, 소비자, 공급자, 감시자의 역할로서 정부의 복합적인 개입 등으로 인해 신흥시장에서의 기업운영이 복잡해진다.

이러한 시장에서는 인도의 Tata and Reliance, 한국의 삼성, 현대 등의 큰 규모의 다양한 사업을 가진 대기업들이 최상의 소유주가 될 수 있다. 위와 같은 매력적인 회사들은 최고의 인재들을 고용할 여력이 있기 때문이다. 자본에 대해서는, 많은 신흥국가들은 여전히 인프라가 부족한 상황이다. 인프라 건설에는 보통 많은 자본이 필요하고 이것은 작은 규모의 기업들이 감당할 수 없다. 토지를 구매하고 공장을 건설하기 위해서는 정부의 승인이 필요하다. 또한 공장에서 생산된 제품이 차질 없이 수송될 수 있게끔 주변 인프라가 잘 갖춰져 있는지 그리고 공장이 문제

없이 운영될 정도의 충분한 전력이 공급되는지에 대한 정부의 보증도 필요하다. 대기업이 가지고 있는 자원과 정부와의 관계를 이용해 규제의 복잡함을 해결하고 공장을 보다 원활하게 운영할 수 있다.

선진국에서는 인재나 자본부족 등의 문제는 발생하지 않는다. 미국의 경우, 인재들이 오히려 작은 규모의 고성장 회사를 대기업보다 더 선호하기도 한다. 또한 시장에서의 자본조달이 용이해서 작은 기업에게도 많은 기회가 열려 있다. 또한, 몇몇 예외가 있긴 하지만, 정부 조직이 효율적으로 운영되고 있기 때문에 정부와의 친밀한 관계가 크게 이점으로 작용하지도 않는다.

최상의 소유주 라이프 사이클

최상의 소유주에 대한 정의는 고정되어 있지 않으며, 최상의 소유주도 사업 환경이 변함에 따라 변화한다. 그러므로 어떠한 사업의 최상의 소유주는 때에 따라서 대기업, 사모투자전문회사, 정부, 국부펀드, 가족, 고객회사, 고용인, 주주(그 사업이 독자적으로 주식시장에 상장 되었을 시) 등 다양하게 변화할 수 있다.

최상의 소유주가 되기 위하여 경쟁하는 주체들은 서로 다른 방향으로 또는 다른 지역으로 끊임없이 진화하여 나가고 있다. 미국의 경우를 보면, 대부분의 대형 기업들은 상장회사이거나, 사모투자전문회사가 소유하고 있다. 다른 지역의 기업들과 비교하여 미국의 기업들은 더 일찍 상장되는 경향이 있으며, 이러한 이유로 회사 창립자의 2세가 경영에 참여하는 경우가 드물다. 유럽의 경우, 정부의 기업소유가 중요한 역할을 차지한다. 아시아나 남미지역에서는, 대형 기업들이 때때로 여러 세대에 걸쳐 대대로 창립자의 집안에 의하여 경영된다. 이러한 지역은 자본시장이 성숙하지 않았기 때문에 창립자들은 회사가 자신의 은퇴 이후에도 창립자 집안의 소유로 남아있기를 원한다.

최상의 소유주가 어떻게 환경에 의하여 변화하는가에 대한 예를 살펴보자. 보통 어떠한 비즈니스의 창립자는 거의 모든 경우 그 사업의 첫 번째 소유주이다. 창립자의 기업가적 추진력, 열정, 물질적 투자는 회사를 세우고 발전시키는 핵심이다.

사업이 발전함에 따라, 회사는 더 많은 자본을 필요로 하게 되고, 회사는 새로 설립된 회사의 성장을 돕는 벤처캐피탈 펀드에 회사의 일정 지분을 매각할 수 있다. 이 시점에, 벤처캐피탈 펀드는 주로 전문가적 기술과 경험을 가진 새로운 경영자를 투입함으로써 기업의 확장으로 인한 복잡한 문제들과 위험에 대처한다. 더 많은 자본을 투입하기 위하여 벤처캐피탈 회사는 대상 회사의 투자자들을 공모하고,

투자자들에게 신주를 발행하며, 그 과정에서 회사의 창립자나 경영진들은 가치의 차익을 실현한다. 공모회사로서 회사의 경영권은 독립적인 사외이사들에게 넘어가게 된다. (하지만, 창립자가 여전히 막대한 지분을 소유하고 있다면, 자신이 소유한 지분만큼의 영향력을 행사할 수 있음)

산업이 성숙됨에 따라, 회사는 더 이상 대형 회사들과 경쟁하기 힘들 것이라 결론을 내릴 수 있다. 예를 들어 어떤 회사가 세계적인 경쟁사들과 경쟁하기 위해서는, 회사가 일정시간 안에 자체적으로 발전시킬 수 있는 유통의 역량을 넘어서는 능력을 요구할 수 있기 때문이다. 법적 또는 기술적 변화들과 같은 외부 요소들도 소유주의 변화를 가져올 수 있다. 이러한 제약에 대응하여 회사는 역량이 갖추어진 더 큰 규모의 기업에 자신을 매각할 수 있다. 이러한 방식으로, 회사는 인수기업의 하나의 상품 라인이나 부서의 사업으로 통합된다. 이 때, 회사는 인수기업의 생산, 판매, 유통, 행정 부서와 통합하게 될 것이다.

기존의 회사가 통합된 부서의 시장이 성숙해짐에 따라, 기업의 소유주는 주력사업을 고성장 사업으로 전환할 수 있다. 이에 따라 기업은 그 부서를 사모투자전문회사에 매각하게 된다. 사모투자 전문회사는 기업에서 분리된 그 부서가 저성장하는 산업의 특성과 비교하여 적절하지 못한 간접비용 구조를 어떻게 형성하여 왔는지에 대하여 분석한다. 사모투자전문회사는 분석을 바탕으로 더욱 경제적인 비용구조로 부서의 구조를 재편성한다. 구조조정이 완료되면, 사모투자전문회사는 그 부서를 저성장 브랜드의 영업에 특화된 대기업에 매각한다.

회사 수명의 각 단계에서, 최상의 소유주는 회사의 현금흐름을 증대시킴으로써 부가가치를 창출한다. 회사의 창업자는 사업에 대한 아이디어를 발굴하였다. 벤처캐피털 회사는 자본과 전문적 경영능력을 제공하였다. 회사의 공모를 통하여 초기투자자들은 창업자가 설립한 회사의 기반에 대한 가치를 실현하고, 회사는 현금을 조달 받는나. 대형 기업은 기업의 글로벌 유통적 역량을 이용하여 회사의 성장을 가속화시켰다. 사모투자전문회사는 회사의 성장이 둔화될 시기에, 그 조직의 구조를 재편한다. 수명주기 마지막의 최고 소유주는 저성장 브랜드의 경영에 자신의 기술을 적용한다. 이러한 회사의 소유권 전반에 관한 변화들은 가치창출이라는 공통의 목적을 가지고 있다.

동적 포트폴리오관리

최상의 소유주 변화단계의 순서를 적용하여, 회사의 경영진은 자신이 최상의 소유주가 될 수 있는 회사에 대하여 지속적인 탐색을 하고 해당회사를 인수해야 한다.

만약 소유하고 있는 사업의 최상의 소유주가 더 이상 자신이 아니라면 회사는 그 사업을 매각해야 할 것이다. 어떠한 사업의 최상의 소유주는 시간의 흐름에 따라 변화하는 것이므로, 회사는 체계적이고 정형화된 기업전략 과정을 갖추어 회사의 잠재적 인수 대상을 탐색하고 현재 가지고 있는 사업이 매각시기에 도달하였는가의 여부를 검토해야 한다. 또한, 성숙단계 산업의 수요가 하락하고 있다면 해당 산업에서 오랫동안 속해 있었던 기업은 초과설비상태(excess capacity)가 될 가능성이 높다. 이 경우 회사가 자산이나 인력을 줄이고자 하는 의지나 능력이 없다면, 더 이상 최상의 소유주가 아니다. 산업 내에서 언제든 더 나은 경영진을 찾을 수 있다. 더 나은 경영진을 찾아 자산을 인수 및 매각하는 것이 최선의 방법 때로는 유일한 방법일 수 있다.

McKinsey가 지난 10년간 미국의 200대 대기업을 대상으로 조사한 연구에 의하면, 저조한 성과로 매각압력이 발생한 사업만 매각하는 등 수동적으로 포트폴리오를 관리해 온 기업들은 능동적이고 적극적으로 포트폴리오를 관리하는 기업들보다 실적이 좋지 않았다.[5] 가장 실적이 좋은 기업은 구조적으로 자산을 인수 및 매각한다. 그 과정은 매우 자연스럽게 진행되고 단발성이 아니다. 성장과 기술개발이 빠른 산업분야에서는 특히, 매각된 부문이 매각 이후에 다시 분리(separations) 될 가능성이 높다.

미국 방위산업체인 General Dynamics는 많은 가치를 창출한 적극적 포트폴리오 관리의 흥미로운 사례이다. 1900년대 초, General Dynamics를 둘러싼 산업환경의 상황은 좋지 않았다. 당시 예측자료에 따르면, 미국 국방비 지출이 급격히 줄어들면서 미군에 무기를 공급하는 General Dynamic는 매출에 타격을 입을 것으로 전망되었다. 1991년에 William A. Andersr가 새로운 최고경영자가 되면서, 일련의 자산매각 프로젝트를 시행하였다. 그 후 2년간 매출은 반으로 줄어들었지만, 주주수익률은 급격하게 상승하였다. 1991년과 1995년 사이 주주수익률은 연간 58%에 이르렀는데, 이는 경쟁사들의 주주수익률을 2배 이상 뛰어넘는 수치였다. 1995년부터는 매력적인 하부산업에 속한 회사들을 인수하기 시작했다. 그 뒤 7년 동안 General Dynamics의 연간 수익률은 20%를 넘어섰고 이는 또 다시 같은 분야의 다른 기업들의 수익률 2배 이상을 뛰어넘는 결과였다.

사업의 인수에 있어서, 최상의 소유주 원칙(best-owner principle)을 적용하여 인수대상을 탐색할 경우 인수자는 전통적인 접근법을 적용하였을 경우와는 전혀 다른 결론에 이를 수 있다. 일반적으로 전통적인 접근법은 재무적인 성과가 좋

---

5 J. Brandimarte, W. Fallon, and R. McNish, "Trading the Corporate Portfolio," *McKinsey on Finance* (Fall 2001): 1-5.

고 인수자의 사업 분야와 다소 연관성이 있는 인수대상을 찾는 것에 집중하는 경향이 있다. 그러나 최상의 소유주 원칙의 관점에서 보면, 이와 같은 특징들은 별로 중요하지 않거나 무관한 것일 수 있다.

만약 인수자가 기업의 성과개선에 검증된 전문성을 가지고 있다면 재정적으로 부실한 회사를 인수하는 것은 인수자에게 더 나은 결과를 가져올 수 있다. 기업의 비용절감에 집중하거나 공통된 고객층을 분석하는 것은 모회사와의 연관성이라는 다소 모호한 이유를 갖고 인수대상을 탐색하는 것보다 더 나은 성과를 가져올 수 있다.

최상의 소유주 이론을 적용하는 회사들은 사업의 인수뿐 아니라 매각에도 적극적이다. 이러한 회사들은 중요한 목적을 가지고 주기적으로 회사를 매각하고 새로운 회사를 신설한다. 일례로 50년 전쯤, 유사한 제조시설과 기술을 가지고 있다는 이유로 제약회사와 화학회사들 사이에 많은 합병이 이루어졌다. 하지만, 두 산업이 성숙해지면서, 연구개발과 제조, 기술간의 차이가 벌어지게 되었고, 동종 산업이라 볼 수 없을 정도로 두 회사간의 공통성은 줄어들게 되었다.

오늘날 광물화학회사 운영의 핵심요소는 규모, 영업의 효율성, 자본적 지출과 비용에 대한 컨트롤 등이다. 이에 반하여, 제약회사 운영의 핵심은 지속적인 연구개발, 우수한 영업인력, 법적 허가 과정과 처방약품을 구입하는 지역의 정부 보건의료기관과의 관계 등이다. 따라서 두 다른 산업이 공통적인 최상의 소유주를 갖는 것은 더 이상 가능하지 않게 되었다. 하나의 회사였던 많은 화학업체와 제약회사들이 사업을 분리한 것도 위와 같은 이유에서이다. 예를 들어, Zenca라는 제약회사는 1993년 Imperial Chemical Industries 에서 사업을 분리하였고 그 후 AstraZeneca라는 제약회사와 합병하였다. 이와 유사한 예로 Aventis라는 제약회사는 1999년 화학회사인 Hoechst에서 분리 독립하였다. Aventis는 그 후 Sanofi Synthelabo라는 회사에 인수되어 더 큰 규모의 제약회사로 성장하였다.[6]

동적포트폴리오 관리는 정제 능력을 기반으로 한 미국 4대 정유 기업 중 3개 기업의 탄생을 촉진시켰다. 2011년 미국 최대 정유사인 Marathon Petroleum은 Marathon Oil로부터 분리되었다. 네번째로 큰 Phillips 66는 2012년 ConocoPhilips로부터 분리되었다. 또한 2위 정유사 Valero Energy는 1980년, Coastal States Gas로부터 분리되었다. Valero는 2000년, 2001년, 2005년, 그리고 2011년 주요 인수를 통해 정유사로서 순위를 높여갔다. 그 후 2013년, Valero는 정유회사로 자리매김하기 위해 가솔린 소매업을 분리하였다. 2019년에는 Marathon Petroleum 또한 소매업 중단 의사를 밝혔다.

6 2011년 Sanofi Aventis는 Sanofi로 회사명을 바꿨다.

경영진들은 때때로 사업의 매각이 실패를 인정하는 것으로 보여지는 것에 우려하며, 이로 인하여 회사의 규모가 축소되고 주식시장에서 기업의 가치를 떨어뜨릴 것이라 생각한다. 하지만 연구결과는 이와는 대조적으로 주식시장이 사업의 매각이나 스핀오프(Spin-off)에 지속적으로 긍정적 반응을 보내는 것으로 나타났다.[7] 또한 사업의 분사는 분사 후 약 3년간 회사의 영업이익율을 1/3 이상 상승시키는 것으로 나타났다.[8] 결론적으로 계획적인 사업의 매각은 성공적인 가치창출의 신호라 할 수 있다.

최근에는, 많은 유명기업들이 몸집을 줄이고 있다. 대표적으로, P&G는 90개 내지 100개의 작은 브랜드에 대한 투자를 줄이거나 시장에서 철수시켰을 뿐 아니라 2014년에는 반려동물 사료사업의 매각과 Duracell 배터리 사업부의 스핀오프를 계획을 발표하였다. 이런 계획적인 사업축소는 서로 이질적인 사업부가 각각의 고유한 시장상황이나 경쟁환경에 집중할 수 있도록 해준다.

사업축소의 다른 사례로, 2012년 Kraft가 Mondelez International과 Kraft Foods Group으로 나누어진 예를 들 수 있다. Mondelez는 쿠키, 크래커, 초콜릿 등을 판매하는 세계적인 과자회사이고, Kraft는 북미지역에서만 영업하는 치즈, 고기제품, 소시지, 커피 등을 주력상품으로 하는 식료품회사이다. 두 회사가 유사한 산업군에 속해 있었지만, 경영진은 두 회사가 가진 위기와 기회가 달라 각각 다른 회사로 운영되는 것이 더 나을 것이라 판단하였다.[9]

다각화에 대한 잘못된 인식

기업의 전략에 있어서 회사가 다각화된 사업의 포트폴리오를 가져야 하는가는 항상 언급되는 질문이다. 다각화된 포트폴리오에 대한 생각은 1970년대에 이미 그 가치를 상실한 듯 하나 아직도 몇몇의 경영자들은 "한 회사를 안정되게 지탱해 주는 것은 의자의 세번째 다리이다"라는 등의 말을 하곤 한다. 사업의 다각화는 본질적으로 좋은 것도 나쁜 것도 아니다. 사업화가 좋은 것인지 아닌지에 대한 판단은 바로 현재 다각화 포트폴리오를 가지고 있는 기업이 각 해당사업의 최상의 소유주인가의 여부에 달려있다. 잠재적인 소유주보다 현재의 기업이 다각화 포트폴리오

---

7 J. Mulherin and A. Boone, "Comparing Acquisitions and Divestitures," *Journal of Corporate Finance* 6 (2000): 117-139.

8 P. Cusatis, J. Miles, and J. Woolridge, "Some New Evidence That Spinoffs Create Value," *Journal of Ap- plied Corporate Finance* 7 (1994): 100-107.

9 2015년 Kraft와 Heinz는 Kraft Heinz Company로 인수합병되었다.

를 통해 더 많은 가치를 창출할 수 있느냐가 중요하다.

매끄러운 현금흐름은 답이 아니다

수년에 걸쳐 사업의 다각화를 장려하거나 정당화하기 위한 여러 견해들이 분분하였지만, 이러한 이론들은 이치에 맞지가 않다. 이러한 견해들의 일반적인 주장은 서로 다른 사업들은 서로 다른 사업주기를 가지고 있으며, 따라서 한 사업의 주기의 정점에서의 현금흐름이 다른 사업들의 저점의 현금흐름을 상쇄할 것이며, 이로 인하여 회사의 총 현금흐름을 안정화할 수 있을 것이라는 견해이다. 만약 이러한 방식으로 현금흐름과 이익을 매끄럽게 조정할 수 있다면, 투자자들이 그 회사의 주식에 대하여 더 높은 가격을 지불할 것이라는 논리를 근거로 제시한다.

그러나 위의 주장은 사실이 아니다. 첫째, 다각화된 회사들이 실제로 매끄러운 현금흐름을 창출하였다는 증거는 지금까지 발견되지 않았다. 우리는 1997년부터 2007년 동안 S&P 500안에서 가장 이익의 변동률이 낮았던 50개의 회사들을 관찰하였다. 그 결과 2개 이상의 산업에서 사업을 운영하고 있어서 다각화된 회사로 간주할 만한 수준인 회사는 10개 이하였다. 두번째로 투자자들이 위험이 적은 회사들에 대하여 높은 가격을 지불한다는 주장에 대한 근거는 발견되지 않았다. (7장 참고). 우리가 실시한 다각화된 회사들에 대한 정기적인 분석에 의하면 다각화된 회사의 사업 본부들이 가진 가치의 총합이 회사를 여럿 합쳐놓은 연결회사(Consolidated company)의 시장가치와 크게 다르다는 점을 발견할 수 없었다.

또 하나의 주장은 좀 더 안정적인 현금흐름을 보유한 다각화된 회사들이 더 많은 부채를 차입할 수 있으며, 따라서 부채로 인한 더 많은 절세효과를 낼 수 있다는 것이었다. 이는 이론상으로 가능할 수 있으나, 동종회사들보다 구조적으로 부채를 더 많이 보유하고 있는 다각화된 회사를 우리는 거의 발견할 수 없었다.

마지막으로, 좀 더 면밀한 주장 중 하나는 다각화된 회사들이 서로 다른 업세에 속한 다른 사업주기의 장점을 이용하기에 유리한 위치에 있다는 것이다. 회사들은 사업주기의 정점에서 발생하는 현금흐름을 사업주기상의 저점에 있는 사업에의 투자에 이용할 수 있다는 것이다 (다각화되지 않은 경쟁업체들은 위와 같은 투자를 할 수 없을 때). 하지만 역시 우리는 다각화된 회사들이 이러한 행동의 양상을 보이는 경우를 발견하지 못하였다. 실제로, 우리가 발견한 바는 이와는 정반대였다: 다각화된 회사의 경영진은 경쟁회사들이 투자를 하지 않는 사업주기상의 침체기에 투자를 감행할 만큼 회사 개별 사업단위를 잘 이해하지 못한다. 다각화된 회사들은 덜 다각화된 회사들보다 투자기회에 대하여 더 느리게 반응하는 편이다.

불분명한 이점, 분명한 비용

비록 사업의 다각화에 대한 이점은 분명하지 않지만, 이에 대한 비용은 매우 분명하다. 주식시장에서 저렴한 비용으로 손쉽게, 하루에도 여러 번 주식을 사고 팔면서 자신의 투자포트폴리오를 다양하게 관리할 수 있는 것과 달리 기업들이 사업포트폴리오를 다각화하는 데는 많은 비용이 발생된다. 다각화된 회사가 사업 포트폴리오의 형태를 변화시키는 것에는 상당한 거래비용과 장애물이 존재하며 수년의 시간이 걸린다. 게다가 다각화된 회사들의 사업 부서들은 회사구조의 복잡성과 관료주의로 인하여 보통 그 사업에 집중하는 동종업계의 회사들보다 성과가 낮다.

최근, 선진국의 많은 경영진들은 서로 연결고리가 전혀 없는 사업 포트폴리오로 가치를 만들어내는 것이 얼마나 어려운 일인지에 대해 인식하기 시작했다. 결과적으로 의미 없는 짝짓기가 많이 사라졌다. 예를 들어, 2010년 말 미국에 남아있는 복합기업(conglomerates)의 수는 22개에 불과하다.[10] 이중에서도 5개 기업은 그 뒤로 회사를 분리할 것이라 발표하였다.

우리는 이런 복합기업들과 특정분야에 집중하는 전문회사의 성과를 비교해 보았다. 〈놀라운 점은 복합기업의 평균 주주 총수익률 (TRS: total returns to shareholders)이 낮았다는 점이 아니고 상위권에 분포된 복합기업의 수익률을 찾아보기 힘들다는 점이다.〉 TSR이 20% 이상인 복합기업은 없었고, 집중된 기업들은 30% 이상을 기록했다 (표 28.1 참조). 다각화된 복합기업의 사업들이 동시에 좋은 성과를 내기란 매우 어려운 일이기 때문에 수익률의 상승가능성은 제한적이다. 사업단위가 좋은 성과를 내도 성과가 좋지 않은 사업단위로 인해 전체 수익은 떨어진다. 게다가, 복합기업들은 주로 성숙단계에 접어든 사업들로 구성되어 있기 때문에 예상외의 깜짝 실적이 나타나는 경우도 드물다. 그러나 실적악화의 가능성은 열려있다. 성장하는 기업들보다 성숙단계에 있는 기업들의 실적악화가 훨씬 더 심각할 수 있기 때문이다. 간단한 예를 들어 생각해보자. 만약 복합기업 기업가치의 1/3을 차지하는 사업단위의 TRS가 20%이고 그 외 나머지 산업단위의 TRS는 10%일 때, 전체 기업의 가중평균 TRS는 약 14%가 된다. 만약 해당 사업단위의 TRS가 -50%이면 다른 사업단위의 성과가 그대로라고하더라도 기업전체 가중평균 TRS는 약 (-)10%까지 하락한다. 그러나 한 사업단위의 나쁜 성과는 기업전체의 악영향을 끼친다. 기업에 대한 인식이 나빠져서 고객, 공급업자, 장래의 잠재

---

10 J.Cyriac,T.Koller,andJ.Thomsen,"TestingtheLimitsofDiversification," *McKinsey Quarterly* (February2012). 복합기업(Conglomerates)는 고객, 유통시스템, 기술이나 생산시설 면에서 공통점이 전혀 없는 3개 또는 그 이상의 사업단위를 보유하고 있는 기업을 의미한다.

표 28.1 다각화수준에 따른 TSR 분포도

주주총수익률(TSR)에 의한 S&P 500 기업의 분포, *n* = 461[1]

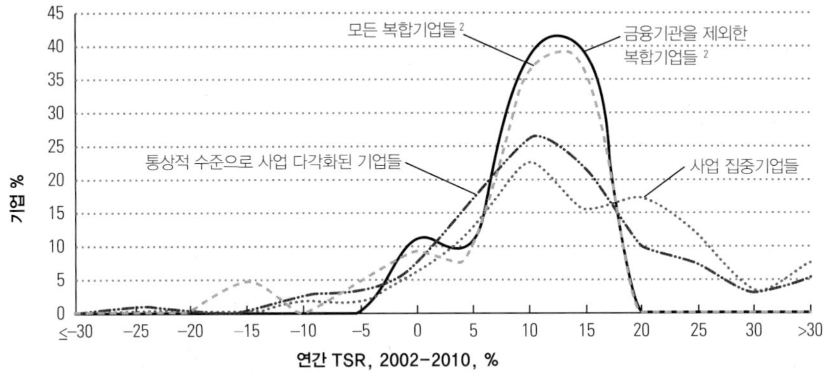

[1] 2002년 12월 31일 현재 상장 중이었던 2010년 S&P 500 기업들을 포함

[2] 공통된 고객, 유통 시스템, 제조설비 또는 기술을 공유하지 않는 3개 이상의 사업부문을 가진 기업으로 정의 systems, manufacturing facilities, or technologies.

고객에 대한 관계에도 영향을 미칠 수 있다.

정말 중요한 것

다각화 전략에서 중요한 것은 경영진이 연결고리가 없는 사업들로 이루어진 포트폴리오로 가치를 창출할 수 있는가의 여부이다. 우리는 성과가 뛰어난 복합기업들의 분석에서 3가지를 발견하였다. 첫째, 31장 "기업 인수합병"에서 보다 깊이 다루겠지만, 높은 성과를 보이는 복합기업들은 매수 후 성과향상을 기대할 수 있는 기업들을 꾸준히 매수함으로써 회사의 포트폴리오를 끊임없이 재조정한다.

둘째, 높은 성과의 복합기업들은 사업 단위에 대한 자본 배분을 매우 적극적으로 관리한다. 사업단위에 필요한 금액을 초과하는 모든 현금은 복합기업의 모회사(parent company)로 보내지고, 모회사는 성장률과 ROIC를 바탕으로 초과현금을 기존 또는 신규 사업에 배분할 것인지 새로운 성장기회에 투자할 것인지를 결정한다. 예를 들어, Berkshire Hathaway의 사업단위는 자본관리에 대한 다음과 같은 원칙이있다: 초과현금은 가장 생산성이 높은 사업단위에 배분되고, 모든 투자는 투하자본 이상의 수익을 실현한다.

마지막으로, 높은 성과의 복합기업들은 사모투자전문회사(private-equity firm)처럼 사업체를 관리한다. 기업전체를 아우르는 중앙관리 조직의 규모가 크지 않고 사업단위별로 이루어지는 경영진 선정, 자본배분, 전략검토, 성과목표 선정 및 점검 등의 업무에의 관여를 최소화한다. 또한, 업무프로세스가 기업 전반에 퍼져있지 않고 모든 사업단위가 공통적으로 사용하는 서비스 센터도 없다. (각 사업단위에게 운전자본은 중요 지표가 아니기 때문에 운전자본을 줄이기 위한 목적으로 운영되는 기업 전반적인 프로그램을 찾기란 어렵다.) 예를 들어, Illinois Tool Works의 사업단위들은 기업의 80/20(기업 매출의 80%는 20%의 고객에게서 창출된다.)의 원칙과 혁신 원칙을 지키는 범위내에서 독립적인 회사 운영이 보장된다. 기업본부는 세금, 감사, IR (investor relations) 및 인사관리 기능만을 수행한다.

신흥시장에서의 복합기업

앞서 언급했듯이, 신흥 시장의 경제적 상황에 선진경제의 기업에서 얻은 여러 교훈들을 그대로 적용하기에는 무리가 따른다. 비공개 McKinsey 연구에 따르면, 신흥시장에서는 다각화한 기업이 그렇지 않은 기업보다 성과가 좋다. 이것은 선진 경제와 반대의 결과이다. 복합기업의 형태가 언젠가는 사라질 것으로 예상되지만, 그 속도와 시기는 나라별로 산업별로 다를 것이다.

이미 신흥시장에서의 복합기업들도 그 역할이 점차 변하고 있다. 아직도 사회 인프라 구축사업이나 자본집약적인 사업의 경우에는 자본과 인맥에 대한 활용도가 중요하기 때문에 대형 복합기업이 사업을 전체적으로 관리하는 편이다. 그러나 자본과 인맥이 크게 중요하지 않은 사업의 경우에는 복합기업의 일부로 남기보다는 독립회사 형태로 운영되고 있다. 정보기술(IT) 서비스업체나 제약회사 같은 수출 중심의 회사들이 이에 속한다.

인도의 IT 서비스와 제약업, 그리고 중국의 인터넷 기업들의 약진을 통해 대형 복합기업만이 중요인재를 차지했었던 기존의 구도가 변했음을 알 수 있다. 신흥 시장이 점점외국투자자에게 개방될수록, 복합기업들의 자본접근성에 대한 우위도 사라질 것이다. 정부와의 긴밀한 관계만이 복합기업의 유일한 경쟁우위로 남아 정부의 영향력이 중요한 산업에만 진입하게 될 수도 있다. 시간이 지날수록 복합기업의 거대한 몸집과 다각화 포트폴리오는 경쟁우위가 아닌 사업운영의 장애물로 남을 것이다.

포트폴리오 구성하기

경영자들은 이번 장에서 알아본 원칙을 회사의 사업포트폴리오의 구성과정에 적용할 수 있다. 전형적으로 규모가 큰 회사들은 한 가지 사업을 가진 기업이거나 다각화된 형태의 사업 포트폴리오를 가지고 있다. 이러한 삭업에 있어서 한 가지 정답은 없지만, 지난 20년간의 연구결과에 의하면 구조적 접근은 사업의 포트폴리오 구성에 도움이 된다. 이번 섹션에서는 이러한 접근을 통한 사업포트폴리오 구성을 살펴보도록 한다.

사업부 평가

포트폴리오 구성은 각 사업부의 가치 창출 특성을 분석하는 것으로 시작된다. 다음 질문을 통해 분석을 시작할 수 있다.

- 매력적인 사업부인가-특히, 매력적인 ROIC와 성장 기회가 있는 산업인가?
- 높은 성장률, 또는 ROIC에서 보듯이 해당 사업부가 동종 업체보다 경쟁우위를 가지고 있는가? 이러한 장점은 어디에서 비롯되는 것인가? 이러한 장점들은 지속가능한가?
- 해당사업부의 소유자로써 왜 모회사가 더 나은가? 어떠한 이점을 가져다 주는가?
- 해당 사업부가 기업에게 확장의 기회를 가져다 주는가?
- 해당 사업부의 시장에 변곡점이 있는가 (부정적이든 긍정적이든), 그리고 이는 가치에 영향을 주는가?

더불어 다음과 같은 부수적인 요소들도 평가해야 한다.

- 해당 사업부가 나머지 회사의 사업에 미치는 리스크는 없는가?
- 순액 기준으로 해당 사업부는 현금을 제공하는가 또는 소비하는가?
- 가치창출의 가능성이 회사 전체에 의미 있는 영향을 미칠 만큼 충분히 큰가?
- 비슷한 가치창출 잠재력을 지닌 사업부과 비교하여 다른 사업보다 관리 시간이 훨씬 더 많이 소요되는가?

이러한 분석을 실시한 후에는 표 28.2와 같이 요약 형식으로 정리할 수 있다.

표 28.2 사업부문 평가: 샘플 데이터

주요 평가 기준	사업 A	사업 B	사업 C	사업 D	사업 E	사업 F	사업 G
ROIC, 2019, %	14%	33%	17%	12%	13%	22%	10%
성장률, 2019–2023, %	–4%	–4%	2%	4%	14%	7%	2%
ROIC vs. 경쟁기업, 2019	이상	이상	비슷함	비슷함	n/a	이하	비슷함
성장률 vs. 경쟁기업, 2014–2019	이상	이상	비슷함	비슷함	n/a	비슷함	비슷함
우위의 원천	• 제조 과정	• 제조 과정	• 가격 선도 • 기술 선도	• 시장 지위	• 주주관계 • R&D/특허권	• 제품 품질	• 없음
기업 부가가치	• 고객 인사이트 • 과정 우수성 • 혁신적 리더십	• 고객 인사이트 • 과정 우수성 • 혁신적 리더십	• 해당 산업에 대한 인사이트 • 과정 우수성 • 전문 공급망	• 과정 우수성	• 고객 인사이트 • 과정 우수성 • 혁신적 리더십	• 시장 통합을 추진할 자본	• 없음
확장 범위	이하	이하	낮음: 다른 제품의 적용 거의 없음	낮음: 전문적 기술력과 응용력	높음: 응용 가능 제품의 폭 넓음	중간: 전문적 기술력과 응용력	낮음: 다른 제품의 적용 거의 없음
변곡점	• 통화 변경 • 가격 및 교체 주기 변경 • 경쟁자 역량		• 새로운 경쟁자 유입	• 제품 적용 • 제도적 변화	• 사용자 친화적 기술 적용 • 새로운 경쟁자 개입	• 채널 합병 • 신흥 시장에서의 R&D	• 덤핑 방지 소송 • 지역 시장 회복
2차 평가 기준							
기업에 대한 리스크	높음: 통제밖의 요소가 많음 (예: 통화)	높음: 통제밖의 요소가 많음 (예: 통화)	중간: 새로운 경쟁상대와 기술에 대한 리스크	낮음: 너무 작음	높음: 미래 성장에 대한 원천 및 응용 불확실	낮음: 너무 작음	높음: 시장 노출
현금 흐름, 2019 FCF, $ billion	0.90	0.60	–0.10	0.03	–0.20	0.20	0.20
크기, 가치추정, $ billion	6.30	5.70	2.80	1.90	3.00	0.90	2.30
경영 기간 vs. 잠재력	적당	적당	적당	적당	적당	너무 높음	너무 높음

시나리오 분석

다음으로, 아래 4가지 시나리오에서 각 사업부의 가치를 추정한다:

1. 동종 업체와 같은 성장율을 띄며 성장하는 기준선 또는 탄력 DCF가치 (좁혀야 하는 격차가 있는지 확인하기 위해 동종 업체 대비 여러 번 평가될 수 있음.)
2. 이익 증대, 핵심 수익 증가, 가속화와 자본 효율성 향상과 같은 잠재적 또는 계획된 운영 개선에 기초한 DCF가치.
3. 사업부가 해체할 경우 대체 소유주에 대한 가치
4. 혁신 또는 인수를 토한 추가 성장 기회의 가치

실제 회사(Hexa라는 이름의 회사를 가정하자)의 기업전략팀이 어떻게 위의 방법을 적용하는지 살펴보자. Hexa는 6개의 사업을 운영하며 1조 650억 달러의 가치를 지닌 회사이다. 소비재를 주로 생산, 광고하는 Consumerco는 ROIC가 높지만 성장률이 인플레이션에 미치지 못하고 있다. 그럼에도 불구하고, 회사의 규모나 높은 ROIC 때문에 Consumerco는 Hexa의 총 기업가치의 72%를 차지하고 있다. Foodco는 계약주문형 외식 사업을 운영하고 있다. Foodco의 이익은 지속적으로 증가하고 있지만, Foodco의 ROIC는 낮은 편이다. 그 이유는 설비에 많은 자본의 투자가 필요하기 때문이다. 중간규모의 가구생산업체인 Woodco는 8개의 작은 회사들의 인수로 인하여 형성된 회사이지만, 회사의 운영에서 아직도 합병이 끝나지 않은 단계이다. Woodco의 이익은 지속적으로 감소하고 있다. 포트폴리오에 포함된 다른 사업들에는 소형 신문사(Newsco), 소형 부동산개발회사(Propco), 소형 소매금융회사(Finco)가 있다.

표 28.3에 나타나듯, 사업계획에 기인한 Hexa의 DCF가치는 Hexa의 시장가치와 대략적으로 일치한다. 현금흐름분석에서 나타나듯이 Hexa가 막대한 잉여현금흐름을 창출하고 있는 동안, 그 자금의 막대한 부분은 Woodco와 Foodco로 흘러들어갔고, 상대적으로 적은 양의 자금만이 Consumerco로의 재투자에 쓰여졌다. 게다가 Hexa의 주주들에게는 거의 자금의 배당이 이루어 지지 않았다. 지난 5년 동안, Hexa는 사실상 자금을 차입하여 주주들에게 배당을 하고 있었다.

기업전략팀은 회사의 운영을 향상시키거나 가능하다면 불필요한 사업을 매각하기 위하여 각 사업별 부서를 분석하였다. Consumerco가 강력한 브랜드를 개발하고 회사의 제품군이 막대한 시장지분을 획득할 동안 회사의 판매를 증대시키고 마진이 높아질 것이라는 분석이 나왔다.

표 28.3 Hexa 기업의 현재 상태

	매출, $ million	**EBITA**, $ million	**매출 성장률**, %	**ROIC**, %	**모멘텀 케이스의 DCF 가치** $ million
Consumerco	6,300	435	3	30	6,345
Foodco	1,500	120	15	9	825
Woodco	2,550	75	19	6	1,800
Newsco	300	45	6	20	600
Propco	–	15	–	–	450
Finco	–	9	–	–	105
기업전체 간접비용	–	–	–	–	(1,275)
합계	10,650	699			8,850
차입금					(900)
자기자본 가치					7,950
차감: 시가총액					7,200
가치 차이					750
시가총액 대비 비율%					10

- Consumerco는 Hexa가 추진하는 사업의 다각화와 Hexa 사업포트폴리오 내 다른 사업들의 부진한 실적에 대비하여 현금을 늘이기 위하여 R&D와 광고에 대한 지출을 줄여왔다. R&D와 광고에 대한 투자를 늘이는 것은 현 Consumerco상품들에 대한 판매량을 증대시키며 이익률이 높은 상품의 개발을 촉진시킬 수 있다.
- 시장에서 Consumerco의 막대한 영향력에도 불구하고, 상품의 가격이 Consumerco보다 인기가 덜 한 브랜드보다 낮은 편이었다. 상품의 가격 인상으로 인하여 창출되는 가치는 가격인상으로 인한 판매하락효과의 상쇄 이상일 것이다.
- Consumerco의 판매인력의 생산성은 같은 채널의 판매회사의 인력의 절반에도 못 미치고 있었다. 판매 생산성을 Consumerco의 동종업계 수준으로 향상시킬 수 있었다.
- Consumerco는 특히 원자재구매나 재고관리 분야에서 비용을 절감할 수 있는 여유가 있었다. 사실상, 판매원가의 경우에는 1% 정도를 쉽게 절감할 수 있었다.

기업전략팀은 위의 가능성들을 모두 반영하였을 때, Consumerco의 가치는 적어도 37% 이상 상승할 수 있었다는 것을 발견하였다.

위의 분석을 Foodco에 적용하면 Foodco가 명백한 매각의 고려대상임을 알 수 있다. Foodco의 ROIC는 회사의 자본비용보다 낮았고, 따라서 Foodco의 성장은 기업의 가치를 갉아먹는 요인이었다. 비록 몇몇의 대형 기업들이 이익을 내고 있기는 하지만, Foodco가 속한 산업군은 매우 경쟁이 치열하였다. 심지어 대형기업들의 이익도 감소하기 시작하는 단계였다. Foodco가 사용하였던 Consumerco라는 브랜드는 사업을 성장시킬 수 있는 잔재가치가 거의 없었으며 Foodco가 짧은 시간 내 규모의 경제를 실행할 수도 없는 상황이었다. 여기에 상황을 더욱 심각하게 하는 것은, Foodco는 기반시설을 확충하기 위하여 자본을 모으는데 집중하였지만, 자본비용을 충분히 커버할 수 있는 수익을 내지 못하고 있다는 사실이었다. 결과적으로, Foodco는 특히 유력한 매각의 대상이었다. 더 큰 규모의, 성장하고 있는 경쟁기업은 그 사업의 새로운 소유주로서 사업의 성과를 눈에 띄게 향상시킬 수 있기 때문이다.

만약 Woodco가 다른 탑 가구회사들과 같은 수준의 성과를 낼 수 있다면, Woodco 역시 Hexa의 소유아래 성과를 향상시킬 수 있는 위치에 있었다. 이 또한 Woodco로 하여금 성장보다는 높은 마진에 집중해야 하는 필요성이 있었다. 이를 위하여, Woodco는 더 나은 경영정보와 통제시스템을 갖추고 이전에 계획하였던 새로운 시장을 겨냥한 신제품들 보다는 대중적인 상품에 더 집중해야 한다.

비록 분석의 결과가 Woodco사업의 매각이라 하더라도 (작은 가구회사들을 매입하고 발전시키는 회사 등을 대상으로), Hexa가 사업결합이 일어나는 도중 Woodco를 당장 매각하지는 않을 것이다. 잠재적 투자자들이 Woodco의 사업이 존속하지 못할 것이라는 우려를 줄 수 있기 때문이다. 만약 사업결합이 성공한다면, Hexa는 12개월에서 18개월 안에 Woodco를 훨씬 높은 가격에 매각할 수 있을 것이고, 그 결과 Woodco의 가치는 33% 가량 상승할 수 있을 것이다.

Newsco와 Propco는 둘 다 규모가 작고, 우수한 인재들을 영입할 수 없었다. 두 회사에 대한 매수자들도 이미 존재하기 때문에, 이 사업들에 대한 매각은 분명한 선택이라 볼 수 있다.

소매금융업계의경쟁은 점점 심해져 왔고 Finco의 대출이자수익과 차입비용의 스프레드는 회사의 운영비용을 커버할 수 없었다. 회사의 대출 포트폴리오는 회사사업 전체의 가치보다 더 높은 가격에 팔릴 수 있었다. 실제로, 매년 새로 실행하는 사업들은 현존하는 대출 포트폴리오의 가치를 감소시키고 있었다. 사업기획팀은 이사회로 하여금 포트폴리오를 매각하고 Finco회사를 청산할 것을 권고하였다.

내부적인 발전을 위하여, 사업기획팀은 Hexa가 성장하며 Hexa의 사업포트폴리오가 매우 복잡해져 왔으며, 이로 인하여 사업의 부서들이 단지 다른 부서와 교류하기 위한 인력을 고용하고 있다는 사실을 발견하였다. 사업포트폴리오를 축소하는 것만으로, Hexa는 기업의 비용을 50% 가량 줄일 수 있을 것이다.

표 28.4 Hexa 기업: 구조조정을 통한 가치 창출

	모멘텀 케이스의 DCF 가치 $ million	신기업전략, $ million	차이, %	실행
Consumerco	6,345	8,700	37	영업개선
Foodco	825	1,050	27	매각
Woodco	1,800	2,400	33	사업결합/매각
Newsco	600	600	–	매각
Propco	450	480	7	매각
Finco	105	135	29	청산
기업전체 간접비용	(1,275)	(675)	n/a	구조조정
합계	8,850	12,690	43	
차입금	(900)	(900)	–	
자기자본 가치	7,950	11,790	48	
신성장 기회	–	2,400+	–	
신성장 기회를 포함한 자기자본 가치	7,950	14,190+	78	

매출의 측면에서, Hexa는 유명 브랜드라는 Consumerco의 강점을 이용하여 신규사업을 개발하려 하지 않았다. 만약 Hexa가 150억에서 300억 달러 가량의 신규매출을 달성하는 신성장의 기회를 발견할 수 있었다면, Consumerco의 시장가치도 240억 달러 이상 상승시킬 수 있었을 것이라는 사실을 우리는 간단한 분석을 통하여 알 수 있다. 즉각적인 구조조정이 첫 번째의 우선순위였음에도, Hexa는 신성장 아이디어를 내는 것에 집중하였다.

언급된 바와 같이, 구조조정은 별다른 성장계획 없이도 Hexa의 가치를 56% 가량 증가시키며, 성공적인 성장방안이 수반되어 실행된다면 많게는 86%까지 가치를 증대시킬 수 있다. 표 28.4는 Hexa의 구조조정계획을 보여준다.

요약

가치를 창출하는 사업들의 포트폴리오를 구성할 때, 운영자들은 회사가 현재포트폴리오 내의 각 사업에 대한 최상의 소유주인지에 대해 질문을 던져 보아야 한다. 만약 다른 회사가 사업에 대한 최상의 소유주라면, 그 사업은 매각의 대상이 될 수 있다. 이와 반대로, 만약 당신의 회사가 어떤 사업의 다른 소유주보다 더 큰 가치를 창출할 수 있다면 그러한 사업들은 매수의 대상이 된다.

어떠한 사업의 최상의 소유주는 사업의 주기에 따라 변화할 수 있으며 지리적 위치에 따라 달라진다. 미국에 있는 한 회사를 예로 들면, 그 회사는 창립자에 의하

여 세워지고 경영되었으나 결국 쇠퇴하는 산업에서 현금을 창출해 내는데 전문화한 기업의 포트폴리오 내에서 수명을 다 할 수도 있다. 그 회사의 시작과 끝 사이, 그 사업은 다양한 소유주들을 거쳐갔을 것이다.

다음 장들에서는 경영자들이 회사의 가치에 어떻게 기여할 수 있는지에 대한 내용들을 이어서 설명할 것이다. 29장은 자원 할당 및 성과관리의 분석적 측면에 대해 알아보고, 30장에서는 관련 행동 및 사회적 측면에 대해 알아 볼 것이다. 31장과 32장에서는 기업의 비즈니스 포트폴리오를 변경하기 위한 인수 및 기업분할에 대해서 다룰 것이다. 그리고 33장에서는 자본 구조, 배당 및 주식 재구매 정책과 같은 올바른 재무 기초가 왜 기업 전략에 뒷받침이 되어야 하는지 설명한다. 마지막으로 34장에서는 투자자들과 소통할 때 필요한 몇 가지 핵심원칙에 대해 설명한다.

29장

전략적 경영: 분석

회사가 창출해내는 전체 가치는 언제 고객에게 제품을 출시할 것인가에서부터 새로운 사업을 인수할 것인가의 여부까지, 경영자들과 직원들에 의하여 수행되는 수많은 사업적 의사결정들의 결과를 합한 것과 같다. 성공적인 전략적 경영은 기업이 전략 목표를 달성하고 장기 가치를 산출하기 위해 넘어야 할 모든 과제를 고려한 경영을 뜻한다.

기업의 경영층에선, 특히 다음의 과제들이 가치를 창출하는 데에 중요하다.

- 기업/사업 단위 전략 수립 및 감찰
- 전략적/재무적 성과의 장기적 목표 설정
- 사업 포트폴리오의 전반(인수, 합병, 사업분할 등등)에 자원을 배치하고 전략적 목표 달성을 위한 예산 산정
- 사업 단위의 성과를 검토하고 개입할 때와 방법 관리
- 인재 관리, 특히 관리직들에게 효과적인 인센티브 생성하기

가치지향적인 경영자는 이 과제들을 해결하면서 많은 함정에 맞딱드릴 것이다. 가장 주된 것은 단기적인 이익과 장기적 가치 창출 사이의 균형을 조절하는 것이다. 이는 경영진에게 있어 가장 어려운 일들 중 하나다. 특히 비즈니스, 시장, 관리계층이 많은 기업의 경우 많은 결정이 단기 이익을 올리는 쪽으로 치우쳐지기 마련이다. 가장 쉽게 얻을 수 있으며 널리 인정되는 성과 수치이기 때문이다. 투자자, 자본 분석가, 감독관, 언론, 심지어 내부 보고 프로세스조차도 이 단기 이익으로 치우쳐지는 경향에 일조한다.

이러한 장애물을 극복하고 전략적 경영을 달성하기 위해선, 다르지만 긴밀하

게 연관된 두 분야에 능력에 대한 깊은 이해가 필요하다. 그 첫 번째는, 이 장의 주제이기도 한, 심도깊은 분석을 통한 가치 창출 원인 탐색, 그리고 가치 창출에 있어 올바른 결정을 내리는 일이다. 두 번째는 전 경영진을 하나의 공통된 목표로 이끌 수 있는 효과적인 전략적 경영 프로세스 수립과 유지 능력이다. 두 번째 분야는 30장에서 다룬다.

전략적 경영 분석 능력은 세 가지 프로세스로 이루어져 있다. 첫째, 경영진은 목표를 수립하고 자원을 배치하는 데에 아주 세밀해야 한다. 20, 심지어는 50개의 부서 또는 프로젝트까지 파고 내려가야 한다. 두 번째, 경영진은 투자 기회를 정렬한 뒤, 각각의 부서나 사업이 기업 전체에 어떻게 기여하는지 보고, 투자 우선순위를 매겨야 한다. 마지막 세 번째로는, 성과를 계획하고 모니터링하는데 있어서, 경영진은 재무 성과 기준뿐만 아니라, 가치 창출에 있어 장기적/단기적 관점을 모두 갖는 요인과 관련된 접근방법에도 집중해야 한다. 이 요인엔 전략적, 조직적, 환경적, 사회적 지표 등이 있다.

세부적 관점으로 들여다보기

회사가 크고 사업 포트폴리오가 다각화되어 있을수록 경영진들은 기업전체 또는 부문별 성장률, 수익률, 투하자본이익률(ROIC; Return on Invested Capital)과 같은 상위레벨의 평가기준을 이용한 성과관리에 집중한다.[1] 수많은 부문과 사업단위를 효율적으로 비교하기 위해서는 이런 평가기준들이 사용될 수밖에 없을 것이다. 그러나 보통의 평균값이 가지고 있는 문제와 마찬가지로, 최상위값과 최하위값을 제대로 보여주지 못한다. 그래서 지원을 강화해야 될 최고실적의 부문과 재점검이 필요한 최저실적의 부문을 파악할 수 없다. 표 29.1은 다각화된 사업 포트폴리오를 가진 회사의 4개 부문(division)이 각각 전체 경제적 이익목표보다 5% 내지 10%씩 부족한 실적을 보이고 있는 사례를 보여주고 있다. 실적이 크게 나쁜 편은 아니다. 그러나 좀 더 자세히 들여다보면, 150개의 사업 세부단위(business segments) 중 2/3에 해당하는 세부단위가 목표치에 40% 정도 부족한 성과를 내고 있음을 알 수 있다. 그나마 나머지 세부단위에서 좋은 성과를 내고 있기 때문에 전체 평균치는 그리 나쁘지 않은 수치로 나타난다. 결과적으로 개선을 위해 노력해야 하는 부분은 경영진이 생각하는 것보다 훨씬 더 많다고 할 수 있다.

1 이 부분은 M. Goedhart, S. Smit, and A. Veldhuijzen, "Unearthing the Sources of Value Hiding in Your Corporate Portfolio," *McKinsey on Finance*, no. 48 (Autumn 2013): 2–9.를 참조하였다.

표 29.1 점검수준별 개선기회

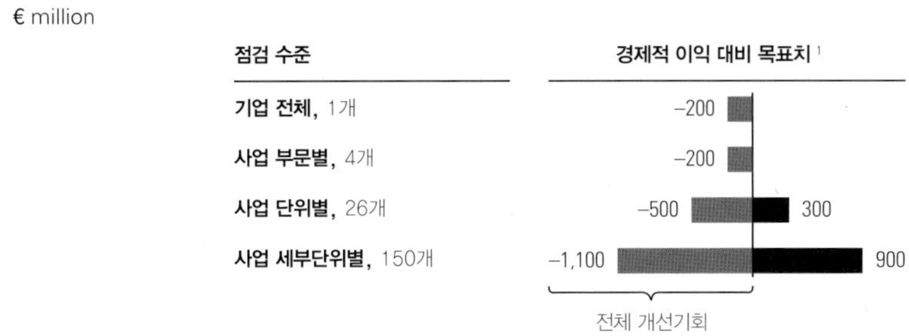

1 경제적 이익 목표: 26억 5,000만 유로

이 예시로 성과관리는 상품과 서비스를 직접 공급하는 이런 사업 세부단위별로 이루어져야 한다는 것을 명확히 알 수 있다. 현금흐름을 발생하고 가치를 만들어 내는 곳은 바로 사업 세부단위이지 기업본부가 아니기 때문이다. 그러나, 부문 관리자는 사업 부서장을 관리하고, 사업 부서장은 세부단위 관리자를 관리하는 방식의 경영 구조는 보통 가치 창출을 위한 의사결정에 방해가 된다. 부문 경영진들은 단기 수익 목표를 달성할 수 있는, "평균적인" 사업 부서 성과를 바라며, 이는 보통 장기적 가치 창출의 희생으로 이어진다. 경영진은 부문(division)이나 사업단위(business unit)로 사업을 분석하는 것을 넘어서 좀 더 세분화된 단위로 가치 창출을 분석할 필요가 있다.

우리의 경험에 의하면, 경영진에 의한 전략적 경영은 100억 달러의 매출을 올리는 회사의 경우 20개~50개 내지는 가끔 그 이상의 사업단위 또는 프로젝트 수준에서 통상적으로 이루어져야 한다.[2] 사업을 해체해서 세부단위로 나누는 대략적인 기준은 사업 세부단위 별로 성장률이나 자본수익률의 차이가 있고 전체기업가치 대비 사업 세부단위가 차지하는 가치의 비중이 의미가 있느냐이다. 회사가 매출, 영업이익, 자본적 지출과 같은 재무자료를 충분히 제공하지 못한다면, 전략 우선순위, 재무 목표치 및 자원예산배분 등을 설정할 때에도 지나치게 기업전체 평균치만을 근거로 판단하게 될 것이다.

기업을 세부적으로 분석하는 것은 여러 장점을 가지고 있다. 첫째, 포트폴리오의 평균 성과와 성장률을 세부적으로 분석함으로써 더 많은 가치창출 기회를 찾아볼 수 있다. 예를 들어, 한 세계적인 회사의 경영진은 아시아에서의 소비재 사업이 회사 내 포트폴리오에서 가장 성공적인 사업단위라고 생각했었다. 꾸준하게 두 자

2 이러한 단위는 소위 "Value cells"라는 개념과 비슷하다. 예를 들어, M. Giordano and F. Wenger, "Organizing for Value," *McKinsey on Finance*, no. 28 (Summer 2008): 20–25.를 참조한다.

릿수 성장률을 보였기 때문이다. 그러나 좀 더 세부적인 분석을 통해서 해당 사업단위는 관련 현지시장의 급격한 성장으로 인해 시장점유율을 잃어가고 있었고 이는 장기적으로는 낮은 가치창출로 이어질 것이라는 사실을 알게 되었다.

둘째, 세부단위 사업분석은 몇 개 주요 상품이나 사업 세부단위로 이루어진 사업단위의 성과추세 파악을 용이하게 한다. 사업세부단위가 많은 경우에는 어려움이 있겠지만, 몇몇 주요상품이나 사업세부단위로 이루어진 사업단위라면 세부단위 분석이 유용하다. 예를 들어, 각각의 사업 세부단위에서의 성장률이나 자본수익률 등이 일정하다고 하더라도, 각각 다른 성장률과 자본수익률을 가지고 있기 때문에 사업단위별로 합쳐진 성장률과 ROIC는 시간에 따라 계속 변할 수밖에 없다. 따라서, 세부단위 수준으로 분석을 하지 않는다면 사업단위의 성과를 이해하고 예측하는 데 어려움을 겪을 것이다.

마지막으로, 세부적인 분석은 필요시 경영진이 좀 더 적극적이고 과감하게 사업 세부단위에 개입할 수 있도록 정보를 제공해준다. 이런 개입은 사업부문 중심의 구조로 인해 실무진이 잘못된 의사결정을 내릴 가능성이 있을 때 필요하다.[3] 예를 들어, 세계적인 회사의 어느 사업단위에서는 수익 목표치를 맞춰야 할 때마다 획기적인 재생에너지 기술에 대한 연구 투자비를 줄이곤 했다. 그러나 재생에너지 프로젝트가 독립 사업단위로 분리되고 최고경영진에게 모든 사항이 직접 보고되기 시작하자, 해당기술의 장기적 가치창출의 잠재력을 인정받아 투자가 안정적으로 증가하였다.

기업적 관점 견지하기

전략적 경영에 있어 세부적 관점을 지니는 것과 동시에, 기업들은 부문 또는 부서의 일부분이 아닌 기업 전체의 맥락을 보고 자본비용, R&D, 인사, 판매와 마케팅 등의 자원을 어떻게 배치할 것인지 결정해야만 한다.[4]

기업적 관점을 견지한다는 것은 자원 투자가 회사 전체에 끼칠 영향을 고려한다는 뜻이다. 이러한 접근법엔 다양한 장점이 있다.

- 자원을 어떤 부문 또는 부서든 가장 큰 가치를 창출할 수 있는 곳으로 배치시킬 수 있다.

---

3 Giordano and Wenger, "Organizing for Value."

4 이 부분은 D. Lovallo, T. Koller, R. Uhlaner, and D. Kahneman, "Your Company Is Too Risk-Averse," *Harvard Business Review* (March/April 2020), hbr.org를 참조하였다.

- 매년 같은 곳에 자원이 배치되는 관성적 결정을 없앨 수 있다. 연구에 따르면 기업의 자원 배치를 예측하는 데에 가장 좋은 자료는 해당 기업의 작년 자원 배치 자료이다. 그러나 적극적으로 자원을 재배치하는 기업이 더 큰 가치를 창출한다. 평균 주주배당금 30% 이상의 차이가 난다.[5]
- 손실회피의 부정적 효과를 최소화시킬 수 있다. 손실회피란 개인이 이득보다 손실에 더 비중을 두기에 하이 리스크, 하이 리워드 투자를 꺼리는 경향을 뜻한다. 중간~하위 관리자들은 보통 극도의 손실회피 경향성을 지니고 있어, 투자의 잠재적 이득보다 손실에 더 비중을 두는 모습을 보인다(4장 참조). 이 경향성은 비용이 적어 조직 전체로 봤을 때 금방 복구될 수 있는 손실일 때에도 유지된다.[6] 다른 사업부의 투자 기회를 이끌어와 합치면 보통 분산 효과가 발생해 투자 달러당 리스크를 줄일 수 있다.[7]

전략적 경영 관점에서 자원 배치를 결정할 땐 반드시 기업 전체에, 아니면 최소한 그룹 전체에 영향을 끼쳐야만 한다. 잠재적 투자 프로젝트의 리스크 관계성을 포함하는 포트폴리오 최적화 모델을 적용할 것이 가장 이상적이다. 4장에서 이러한 접근방법을 택한 최신기술 기업의 예를 들었었다. 프로젝트가 어떤 부문 또는 부서에 소속되어있든, 대체 프로젝트에선 모드 합쳐져 총 수익과 리스크를 기준으로 순위가 세워지게 된다.[8] 이 방법으로 기업은 리스크와 수익 사이의 밸런스가 가장 좋은 프로젝트를 알아낼 수 있다. 예를 들어, 평균 목표 수익률에 적합하는 포트폴리오 중 가장 리스크가 적은 것을 뽑아낼 수 있다는 것이다.

더 간단한 대안

프로젝트의 리스크 관계성을 직접 측정하지 않는, 기저 논리는 같지만 덜 복잡한 접근법으로도 비슷한 정보를 얻을 수 있다. 세 개의 부서로 운영되는 기업을 생각해보자. 각가의 부서에겐 투자가 필요한 프로젝트가 10개씩 있다. 여기서는, 부서들이 프로젝트 제안서를 재무 계획과 분석, 기업 전략 등을 담당하는 팀에게 보낸

---

5 S. Hall, D. Lovallo, and R. Musters, "How to Put Your Money Where Your Strategy Is," *McKinsey Quarterly* (March 2012), www.mckinsey.com.

6 T. Koller, D. Lovallo, and Z. Williams, "Overcoming a Bias against Risk," McKinsey & Company, August 2012, www.mckinsey.com.를 참조하라.

7 4장에서 말했듯, 이는 기업의 자본비용이 낮아진다는 뜻이 아니다. 분산 효과는 정의상 프로젝트의 베타와 자본비용을 줄일 수 없다.

8 수익은 현재 가치를 투자금으로 나누어 산출한다. 그리고 리스크를 수익의 표준 편차로 사용하면 된다.

표 29.2 총 포트폴리오 단위 프로젝트 투자 순위

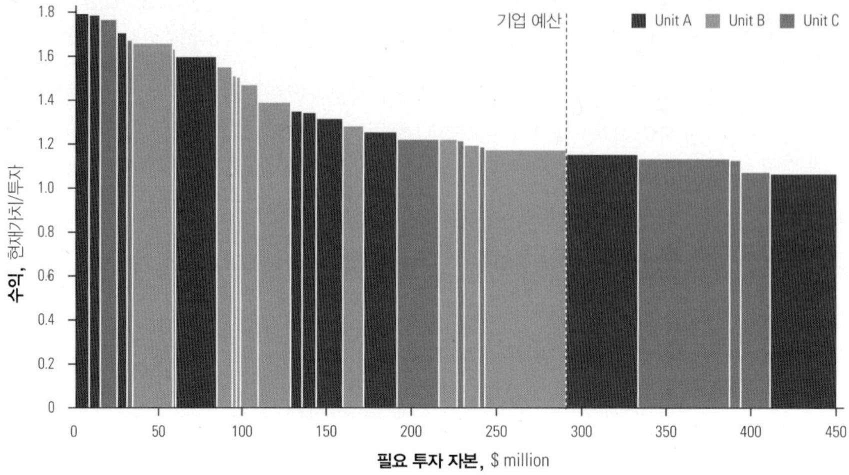

다. 각 제안서엔 잠재적 가치 창출 결과와 관련 리스크가 기재되어있다. 직원들은 일단 리스크는 무시한 채 그 제안서 30개를 예상 수익에 따라 순위를 매긴 후 기업 전체로 배분한다. 그 뒤 투자 예산과 프로젝트 순위에 따라, 부서에 관계없이 가장 큰 가치를 창출할 것 같은 프로젝트를 선택한다. (표 29.2 참조)

이 선택 과정에서는 전체적인 리스크를 기업 단계에서 용납할 수 있는 수준인지 추정해야 한다. 프로젝트들이 서로 연관되어있지 않다면, 해당 포트폴리오의 총 투자 달러당 리스크는 개별 프로젝트보다 낮을 것이다. 수익이 서로 연관되어있는 프로젝트들의 포트폴리오는 리스크를 줄이기 물론, 더 어려울 것이다. 그러므로 상황에 따라 포트폴리오의 프로젝트를 연관성이 적은 다른 프로젝트와 바꾸어 포트폴리오의 총 리스크를 줄일 수도 있다. 이 경우 총 수익은 줄어든다.

이러한 접근법은 기업의 관점에서 최적의 장소에 자원을 배치해, 기업 단위에서 용납할 수 있을 만한 리스크로 최대의 가치를 창출하는 것이 목적이다. 그러나 어떤 부서가 다른 부서에 비해 더 많은 프로젝트를 허가받는 등, 부서의 관점에서 보면 자원이 불균일하게 배치되어있을 수도 있다. 이러한 불균일한 투자가 지속해서 발생한다면 그 이유가 있을 수도 있다. 투자 자원을 따내는 데에 경쟁력이 약한 사업은 더 나은 기업으로 매각하거나, 투자를 통한 성장보다 현금 생산에 집중시키는 것이 좋다.

프로젝트 순위를 통한 자원 배치는 최소 1년에 한 번 이루어져야 한다. 프로젝트의 길이에 따라 그 횟수는 많을수록 좋다. 물론 부서 단위가 아닌 기업 단위에서 자원을 재배치한다면 새로운 기회나 정보에 빠르게 반응하는 능력을 저해할 수도

있으므로 유연성과 효율성 사이의 균형을 찾는 것이 좋다. 예를 들어, 어떤 기업들은 예상치 못한 일에 대비하여 예비 투자 자본을 둔다. 또 어떤 기업들은 상황에 따라 프로젝트 투자를 달리하여 해당 프로젝트가 설정된 목표를 달성하지 못하면 자원 배치를 변경하기도 한다. 우리가 아는 한 회사는 자원 배치를 결정하는 데에만 1년에 몇 주를 쓴다. 기업의 투자 결정은 대부분 이런 주간에 포트폴리오 프로젝트의 맥락 안에서 이루어진다. 투자 결정이 이러한 자원 배치 순서 바깥에서 이루어졌다면, 그 결정이 기업 전체의 포트폴리오에 미치는 영향은 따로 분석된다.

기업이 분석해야 하는 프로젝트 수가 너무 많다면, 이 접근법을 약간 변형하는 것으로 쉽게 고칠 수 있다. 투자가 필요한 프로젝트를 개별로 나누어 제출하는 대신 프로젝트의 그룹단위로 제출하는 것이다. 예를 들어, 한 부서가 계속 영업을 지속하는 데에만 5천만 달러 규모인 첫 번째 그룹, 시장 점유율을 유지하고 시장과 함께 성장하는 데에 1억 달러가 필요한 두번째 그룹, 새로운 제품, 서비스, 고객 서비스 향상에 1억 달러가 필요한 세번째 그룹을 제출할 수도 있다. 각 부문의 투자 제안에는 예상 가치와 리스크가 포함되어있을 것이다. 그 다음 전 부서에 걸쳐 위에서 언급한 논리를 따라 이 그룹의 순위를 매기고 우선순위를 정하면 된다. 표 29.3에서 나타난 것처럼 어떤 부서는 세 가지 그룹을 모두 받을 수 있고, 한두 개만 받는 부서도 있을 것이다.

어떤 부서가 치명적 위협을 해결하거나 기회를 쟁취하는 프로젝트를 제안할 수도 있지만 이는 기업 전체 시점에서도 큰 투자 비용과 리스크를 안고 있을 수도 있다. 위에서 나온 두 방법을 혼용한 접근법에선 이러한 프로젝트는 투자 또는 리스크 한계를 넘었을 때 전략적이라고 분류될 수도 있다. 여기서 말하는 한계는 기업의 CEO 또는 CFO가 정한다. 이러한 전략적 프로젝트들은 부서 그룹과 함께 전체 순위에 포함된다. 이런 접근법은 중요한 전략 프로젝트를 강조해 부서 단위가 아닌 기업 경영진 단위에서 투자를 결정토록 한다.

성과 평가에 가치 요인 적용하기

세밀하게 부서와 프로젝트를 분석하며 기업 전체에 투자 자원을 배치하는 일은 전략적 운용의 장점을 그대로 드러낸다. 경영진 사이의 의사소통이 목표 이익을 달성했는지 아닌지에 국한되는 기업이 많다. 잘 하기만 한다면 전략적 경영은 기업 내 여러 계층 사이의 의사소통을 좀 더 솔직하고 효과적으로 이루어지게 한다. 관리직들은 목표 성과에 이를 수 있을 것이라 상사들을 확신시키며 재량껏 부서를 관리할 수 있게 된다. 또한 목표를 세심하게 기업세부단위로 해부하여 모니터링하고 관

표 29.3 투자 기회의 그룹 순위

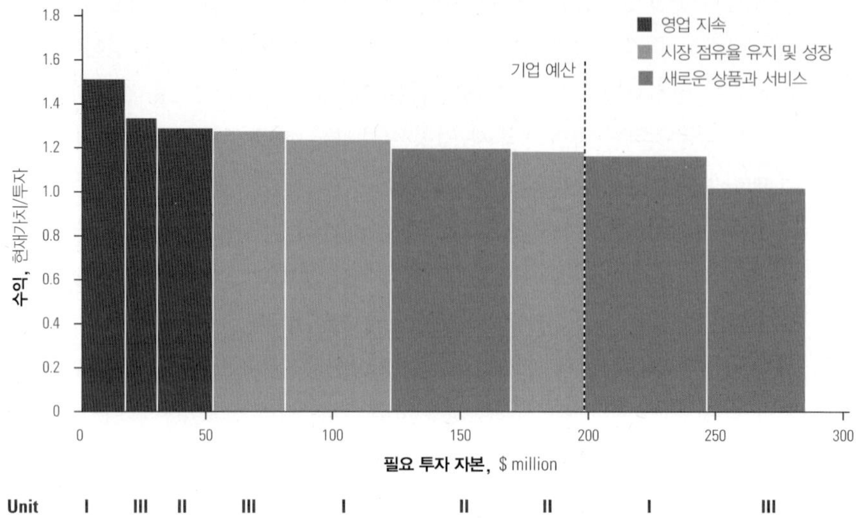

리할 수 있게 된다. 단기 수익 목표 뒤에 감추어진 장기적 가치 창출 잠재력과 장기 성과 목표를 이루기 위한 조정으로 주목이 옮겨가게 되는 것이다.

진행 과정을 계획하고 모니터링하려면, 장기 성과의 요인이 무엇인지 알아야만 한다. 병원에 가는 환자를 생각해보자. 환자는 체중, 근력, 기력 모두 정상이라고 느낄 수 있다. 그러나 콜레스테롤이 의학적으로 안전하다고 여겨지는 수치를 넘어서, 미래에 일어날지도 모르는 심장병을 예방하기 위해 조치를 취해야 할 수도 있는 것이다. 이와 비슷하게, 좋은 성장률과 ROIC를 보이는 기업도 이러한 성과가 지속되는 것인지 조사할 필요가 있다. 기업 건전도 수치를 목표치와 비교해보면 기업의 훌륭한 과거 실적이 장기적 성과의 희생해서 온 것은 아닌지 알 수 있다. 기업은 기업 성과 측정에 쓰이는 수치뿐만 아니라 환경, 사회, 정부 정책과 같은 영역까지 고려해야만 한다. 장기적으로 보면 이 요소들이 가치 창출 지속에 중요한 때가 있기 때문이다(6장 참조).

회사의 보고된 성과와 장기적 건전성의 차이를 알기 위해 제약업체 사례를 생각해보자. 약의 특허가 만료되면, 특허 소유사의 해당 약품 매출은 보통 50퍼센트에서 75퍼센트 또는 그 이상으로 감소하게 된다. 비브랜드인 일반 제약업체들이 가격을 낮추고 시장점유율을 빼앗아가기 때문이다. 이를 대체할 상품이 없다면, 투자자들은 미래의 매출이 줄어들 것이라는 것을 알게 된다. 이러한 경우, 회사의 현재 성과는 좋을 수 있으나 미래의 성과에 대한 어두운 전망은 회사의 낮은 시장가치로 나타난다. 회사의 시장가치는 단지 단기의 성과가 아닌 장기간의 건전성을 반영하기 때문이다. 또 다른 예를 들자면, 매장의 설비투자나 브랜드창조에 대한 부자를 줄여 미래의 경쟁력을 손상시키면서도 단기간 좋은 마진율을 유지하는 소매업체들이 있다.

단기 성과와 장기 성과를 효과적으로 관리하기 위해선 사업 기저에 있는 가치동인들을 알고 이해해야 한다. 이 지식들을 기반으로 사업에 알맞는 메트릭스를 만들고 모니터링 결과에 따라 적절한 목표를 수립해야만 한다.

가치창출동인 파악

우리는 장기간의 성장과 ROIC를 높이는, 즉 모든 회사들의 가치창출의 핵심 동인이라 여겨지는 요소들에 대하여 알아봄으로써 회사의 건전성에 대한 정보를 얻을 수 있다. 각 기업 고유의 가치창출동인을 재무 메트릭스와 주주 가치에 연결하여 시각적으로 나타낸 것을 가치창출동인 트리라고 한다. 이 메트릭스는 재무 성과의 각 요소를 가치창출동인으로 분해한다.

표 29.4에서 보여지는 가치창출동인 트리는, 단기, 중기, 장기의 가치동인들이 재무성과에 영향을 미치는 과정을 보여준다. 가치트리의 왼쪽부분은 가치의 재무적 동인인 매출 성장률과 ROIC를 나타낸다.[9] 가치트리가 오른쪽으로 진행되면서 단기, 중기, 장기의 가치동인들은 차례로 나열한다. 특정한 가치동인들에 대한 선택과 각각의 동인들을 테스트하고 강화하기 위한 목표설정은 각 회사가 속한 분야와 미래에 대한 기대치에 따라 다양할 것이다.

기업들은 일반적 주제에 따라 각자 고유의 가치창출동인과 메트릭스를 선택한 후 업계와 전략에 알맞게 변경해야 한다. 이러한 변경작업은 전략적 우선순위를 매기는 데에 아주 중요하다. 예를 들어, 한 업계에서는 제품의 혁신이 중요할 수도 있지만, 다른 업계에서는 세밀한 비용 관리와 고객 서비스가 더 중요할 수도 있다. 전기생산사 같은 기업들은 다음 10년간 재활용 가능한 자원을 통한 전기 생산이 아주 중요할 수도 있다. 경영진이 가치창출동인을 설정하는 방식은 이러한 변화를 반영해야만 한다. 이와 유사하게, 하나의 회사 안에서도 회사의 수명주기에서의 각기 다른 시점마다 서로 다른 가치요소들을 가지고 있다.

모든 회사는 각 회사에 맞는 적절한 가치동인 평가기준을 개발해야 할 필요가 있으나, 표 29.4에서 제시한 단기, 중기, 장기 가치동인들의 여덟 개의 카테고리들을 분석의 시작단계에서 적용하면 회사가 체계적으로 모든 중요 동인들을 검토하

---

9 자본비용 또한 기업 가치 창출의 동인이지만 보통 이는 업계가 결정하며 경영 단계에서 영향을 주기는 어렵다.

표 29.4 세 분야의 가치창출동인

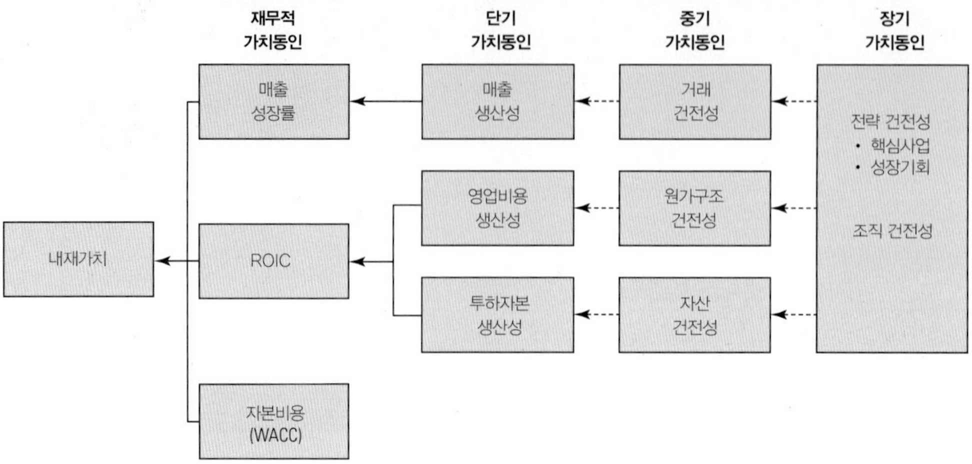

였음을 확인할 수 있다.

단기 가치창출동인 단기 가치창출동인은 즉각적인 ROIC과 성장률의 동인이다. 이들은 전형적으로 숫자화하고 자주 모니터링하기에 가장 쉬운 요소들이다. 이들은 현재의 성장과 ROIC가 단기간 동안 지속될 것인가, 발전할 것인가, 쇠퇴할 것인가의 여부를 알려주는 지표들이다. 이러한 지표들은 생산회사의 경우 부서당 비용, 소매업자의 경우 유사한 매장들의 매출 성장률을 포함한다.

표 29.4에 나온 성장과 ROIC 체계도에 따라, 단기 가치동인들은 3가지로 분류할 수 있다.

1. *매출 생산성*은 가격, 판매량, 시장 점유율, 회사가 동종업계의 다른 제품들보다 더 높은 가격을 책정할 수 있는 능력(또는 제품이나 서비스에 프리미엄을 붙일 수 있는 능력), 판매인력의 생산성, 그리고 소매업의 경우는 기존 유사매장의 매출성장성 대 새로운 매장의 성장성과 같은 최근 매출 성장의 동인들이다.
2. *영업비용 생산성*은 자동차 생산의 부분당 생산비용이나 패키지당 운송비용과 같은 단위당 비용에 대한 동인들이다. 예를 들어, UPS의 경우 생산성의 향상을 위하여 운송의 경로체계를 잘 정비하고 화물의 운송방법에 대한 자세한 기준을 개발하였다.
3. *투하자본 생산성*은 회사가 얼마나 회사의 운전자본(재고, 매출채권, 매입채

> 무들)과 유형자산을 잘 활용하는가를 측정한다. Dell은 재고를 최소화하는 주문 즉시 생산시스템을 도입함으로써 개인 PC업계에 혁신을 가져왔다. 회사의 재고량이 매우 낮았고, 매출채권이 거의 없었기 때문에 회사는 때때로 음(−)의 운전자본을 운영할 수 있었다.

단기의 기업성과를 평가할 때는 경영자의 통제 내에 있지 않은 효과들은 경영자의 통제가 가능한 요소들에서 분리하여야 한다. 예를 들어, 유가상승시의 정유회사의 경영진들에게 고유가로 인하여 높아진 수익에 대하여 보상(높은 성과급)이 이루어지면 안될 것이다. 부동산가격이 상승할 때의 부동산회사 경영진들의 경우도 이와 마찬가지이다. 정유회사의 성과는 새로운 매장량이나 생산의 증가, 탐사 비용, 시추 비용 등을 바탕으로 이루어져야 할 것이다. 부동산의 중개업자는 거래건수에 의해 평가되어야 하며 주택가격의 증감 여부에 영향을 받아서는 안될 것이다.

중기 가치동인 중기의 가치동인들은 회사가 향후 1년에서 5년 동안(또는 긴 상품주기를 가지고 있는 제약회사와 같은 경우는 더 길게) 성장률과 ROIC를 유지하고 발전시킬 수 있는지의 여부를 예측한다. 이러한 평가기준은 단기의 측정요소들보다 수치화가 더 어려우며 연 단위나 그 이상의 기간을 측정할 가능성이 더 높다.

중기적 가치동인들은 3개의 카테고리로 분류할 수 있다.

1. 거래 건전성 평가기준은 기업이 현 매출성장을 유지하거나 개선시킬 수 있는지를 알려준다. 기업의 제품 파이프라인 (신상품을 중기 동안 시장에 출시하기 위한 능력과 기술), 브랜드파워(브랜드개발에의 투자), 고객만족이 포함된다. 거래 건전성 평가기준은 시간, 그리고 산업에 따라 매우 다양하다. 브랜드 소비재 분야에선 포장식품이나 개인재, 희귀 자원 사용 감축, 그리고 공급자와의 공정한 거래가 어떤 제품 라인들보다 건전성을 판단하는 데에 더 적합하다. 제약회사의 경우, 당연하게도 제품 파이프라인이 가장 중요하다. 통신사는 고객 만족과 브랜드 네임밸류가 중기 거래 건전성을 나타내는 데에 가장 중요한 지표이다. 소비재 전자제품 제조회사의 경우에는, 당사 제품의 다년간에 걸친 가격추이가 중요한 지표가 되는데 지속적으로 가격이 하락할 때에는 타사 경쟁제품과 비교해 혁신이 부족하다는 것을 의미한다.
2. 비용구조 건전성 평가기준은 회사가 3년에서 5년 동안 경쟁사들과 비교하여 비용을 제어하는 능력을 측정한다. 이러한 평가기준들은 General Electric에 의하여 유명해지고 다른 여러 회사들이 지속적인 비용절감과 동종산

업의 경쟁사들에 비하여 비용적 우위를 유지하기 위해 채택한 6-시그마(Six Sigma)와 같은 프로그램에 대한 평가를 포함할 수 있다.

3. 자산 건전성은 회사가 얼마나 자산을 잘 유지하고 발전시킬 수 있는가에 대하여 측정한다. 육상 운송업에선 보유한 차량 중 전기 차량, 하이브리드 차량의 비율을 알면 화석 연료에 대한 증세가 끼칠 영향을 예측할 수 있다. 항공사의 경우엔 현재 보유 항공기의 수명, 그리고 퇴역한 항공기의 거래 가격 등이 중요한 지표가 될 수 있다. 호텔이나 레스토랑 체인의 경우, 프로젝트의 리모델링 사이의 평균기간은 건전성의 중요한 척도가 될 수 있다.

장기 가치동인 장기간의 전략 건전성을 측정하는 평가기준은 현재의 영업활동을 유지하는 능력과 새로운 성장분야를 개척할 수 있는 능력, 그리고 인재, 기술, 기업문화 등을 성장시키는 능력 등이 있다. 장기 가치동인을 분석하는 데에는 인수합병 파트너 또는 새로운 시장에 진입할 때의 파트너 선택 과정과 같이 질적인 기준이 쓰인다.[10] 대부분의 경우 이런 동인들은 여러 카테고리의 단기, 중기 가치창출동인을 거쳐 ROIC과 성장률에 영향을 끼친다. 예를 들어, 재능이 있는 직원들을 끌어들이고 개발하는 능력은 높은 판매량과 비용 생산성이라는 형태로 미래의 상업 및 비용 구조에 영향을 끼칠 것이다. 다른 예로는 공급자와의 공정한 거래는 중요 지분 소유자들 사이의 기업 명성을 높일 수 있어 가격 프리미엄을 적용하거나 더 실력있는 직원을 끌어모으는 요인이 될 수 있다.

장기 가치동인은 기본적으로 두 가지다.

1. 전략적 건전성은 기업이 주요 사업을 유지하고 새로운 성장 기회를 포착하는 능력을 의미한다. 예를 들어, 업계 내 새로운 기업의 시장 점유율 증가를 보면 기업의 전략적 건전성에 대해 알 수 있다. 새로운 기업들은 기성 기업이 경쟁하기 힘든 급진적 사업 모델을 지니고 있는 경우가 많다. 이러한 기업들에게 조금이라도 시장 점유율을 빼앗긴다면 장기적으로는 무시 못 할 전략적 위협이 될 수 있다. 그 예로 거래 분야의 Ayden, 여행 분야의 Booking.com, 면도기 및 치장 용품 분야의 Dollar Shave Club과 Harry's가 성공한 경우가 있다. 위협을 막아내는 것 외에도 기업은 업계나 지리적 위치와 관련된 성장 가능성을 항상 포착해야 한다. 그 예로 Aliba-

10 장기 가치 창출과 기업이 주주와 지분 소유자들에게 지닌 책무를 바라보는 맥락은 1장을 참조하라. 6장은 기업이 환경적, 사회적, 정부 문제(ESG; Enviornmental, Social, and Governance) 접근하는 방식을 가치평가하는 데에 생기는 어려움에 대해 다룬다.

ba와 Apple이 평소의 사업 영역과는 관련이 없는 Alipay나 Apple Pay 라는 사업으로 성공한 사례가 있다. 자동차 업계에서는, 생산자의 개발 파이프라인에서 전기차 비율은 고급 차 분야에서 장기적 성장을 측정하는 데 의미있는 지표가 된다.

2. 조직 건전성은 기업에게 유지하고 향상시킬 인재, 기술, 그리고 기업문화가 있는지를 의미한다. 조직 건전성은 보통 기업이 직원을 유지하고 만족시키는 능력, 기업 문화와 가치, 그리고 경영진의 능력을 추정해 평가한다. 다시 말하지만, 중요한 요인은 기업의 분야나 주기에 따라 달라진다. 전자 상거래업은 스타트업 단계에선 기업가의 능력과 혁신이 중요하지만 성장할수록 관리직과 고객 서비스 담당 직원이 더 필요해진다. 반도체와 생명과학 기업들은 심도깊은 과학적 혁신 능력이 필요하지만 관리직은 비교적 적어도 된다. 소매업엔 많은 매장 관리직, 훌륭한 공급자, 그리고 내부분의 경우 고객 서비스 담당 매장 직원이 필요하다.

사업의 가치동인들을 이해함으로써 얻는 장점

사업의 가치동인들을 명확하게 파악하는 것은 여러 가지 장점들을 가지고 있다. 첫 번째로, 만약 경영자들의 경우에 회사의 가치동인들이 장기의 가치창출에 미치는 상대적 영향력을 정확히 이해한다면, 덜 핵심적인 요소들의 성과를 희생하는 대신 핵심적인 요소에 더욱 집중할 수 있을 것이다. 이는 특히 단기 재무성과와 장기적으로 사업의 건전성을 향상시키는 활동 중 하나를 선택하여야 할 때 유용하다. 이런 결정은 사업에서 중요한 부분을 차지한다: 장기투자의 증가는 R&D나 광고비와 같은 비용적 지출의 증가로 이어져 투자에 대한 성과를 얻기 전인, 지출이 발생한 해의 단기적 성과를 감소시키는 요인으로 작용한다. 다른 비용들은 자본화되지만, 이 또한 프로젝트가 진행되기 전까지 이익을 얻지 못하며, 따라서 단기의 총 이익을 감소시킬 것이다. 이사회가 단기의 수익을 감소시키는 활동의 장기적 장점을 잘 이해한다면, 사업의 장기적 역량을 증대시키는 투자를 통해 기업가치를 창출하고자 하는 경영진의 결정을 지지할 것이다.

가치동인들에 대한 명확한 이해는 경영진이 활동의 우선순위를 정하고 이로 인하여 지속적으로 더 높은 가치를 창출하는 활동들에 우선순위가 부여되도록 할 수 있다. 우선순위의 결정은 기업으로 하여금 주력 사업에 집중하도록 하며, 다양한 분야를 동시에 개선하려고 노력할 때보다 더 많은 가치를 창출한다. 예를 들어, 통신서비스업에서 매출채권을 줄이면 가치를 창출할 수 있지만 고객유지비율을 올리면 더 많은 가치를 창출할 수 있다. 그러나 고객유지율을 높이려면 고객신용에 대

표 29.5 기본적 가치창출동인 트리: 생산업체

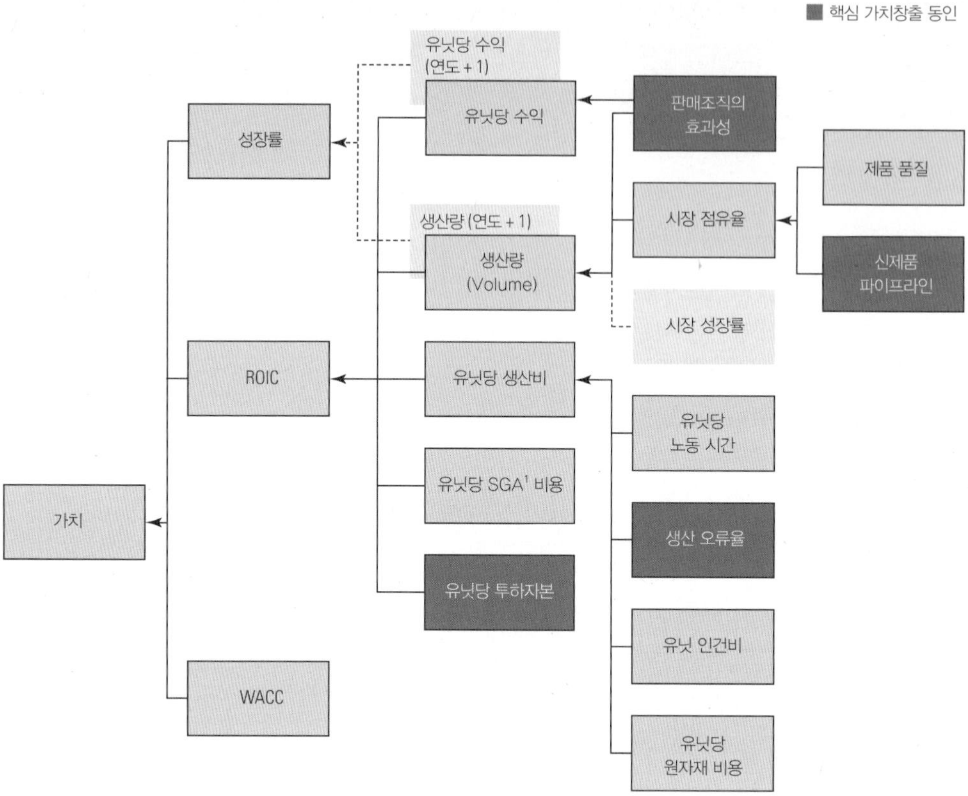

[1] 판매관리비

한 관리수준을 높여서는 안된다. 우선순위, 선택과 집중에 대한 확실한 기준이 없다면, 경영진의 구성원들은 사업의 전략을 각자 분석하여 저마다의 방법으로 다르게 집행할 수 있다.

일반적으로, 명확한 계획과 성과관리 시스템은 조직의 각 단계에서 경영자와 고용자들이 생각하는 가치를 창출하는 방법에 대한 공통의 이해를 장려한다. 예를 들어, 한 제약회사 안에서 훌륭한 성과 관리는 부서 간 토론을 장려하고 단합된 행동으로 체계화되어 제품 출시 속도를 향상시키고 결국 가치창출을 가속화한다. 이에 비해, 정유 및 기타 원자재 기반 공정 산업의 전략적 경영은 자본 활용도와 영업비용과 같은 부서별 운영 성과지표에 중점을 둔다.

표 29.6 기본적 가치창출동인 트리: 식료품 소매업체

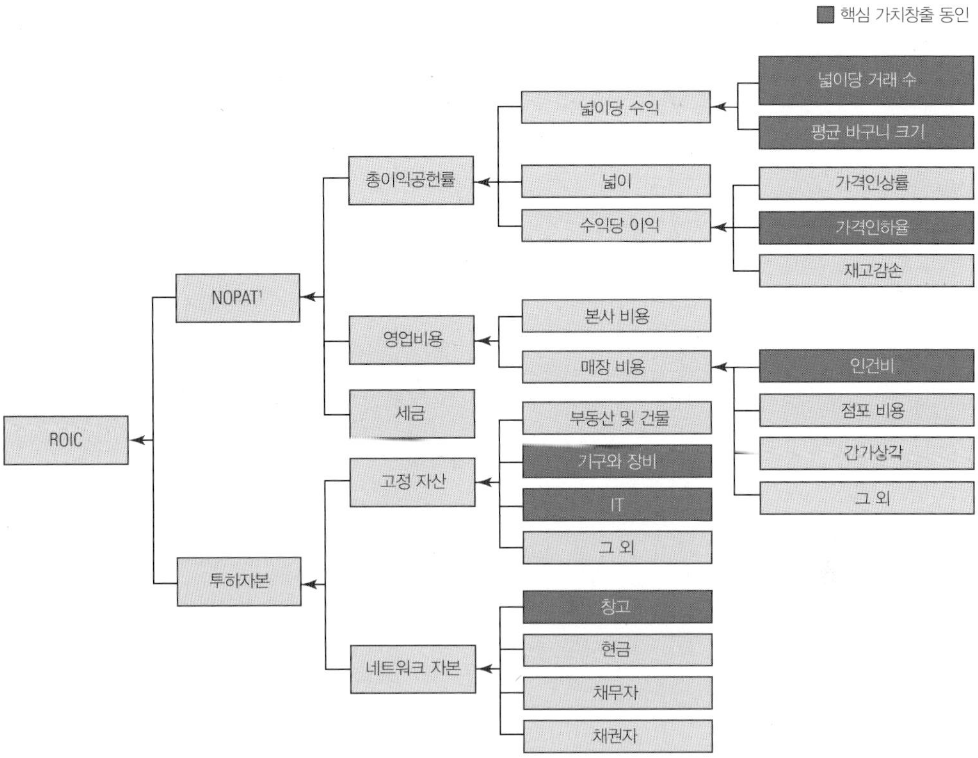

[1] 세후영업이익

행동 가능한 메트릭스 만들기

표 29.4에서 보았듯 대부분의 가치창출동인 트리는 왼쪽의 ROIC과 성장률같은 재무적 가치창출동인에서 시작해 오른쪽으로 갈수록 점점 세부적인 동인으로 분해된다. 가능하다면, 경영진과 분석가들은 가치창출동인에 있어 행동가능한 메트릭스를 만드는 것이 좋다.

가치창출동인 트리가 사업에 맞춰져 있을수록 기업의 중요 가치창출요인에 대한 정보를 더 많이 얻을 수 있고 이를 관리하는 법도 알 수 있다. 표 29.5는 생산업체의 기본적인 가치창출요인 트리를 보여준다. 이 사례에선 성장률의 주요 요인이 영업사원 생산성과 신상품 파이프라인임을 보여준다. 낮은 시장 성장률과 치열한 경쟁이 그 원인이다. 자본 수익으로 가면, 가치의 주요 요인은 유닛당 투자한 자본으로 측정된 설비 가동률과 생산 오류율이다. 몇 년간 투하 자본이 그대로이며, 유닛당 인건비와 원자재비가 매우 높기 때문에 이들이 중요한 것이다. 반대로, 표

표 29.7 자전거 수리업체의 대체 가치창출동인 트리들

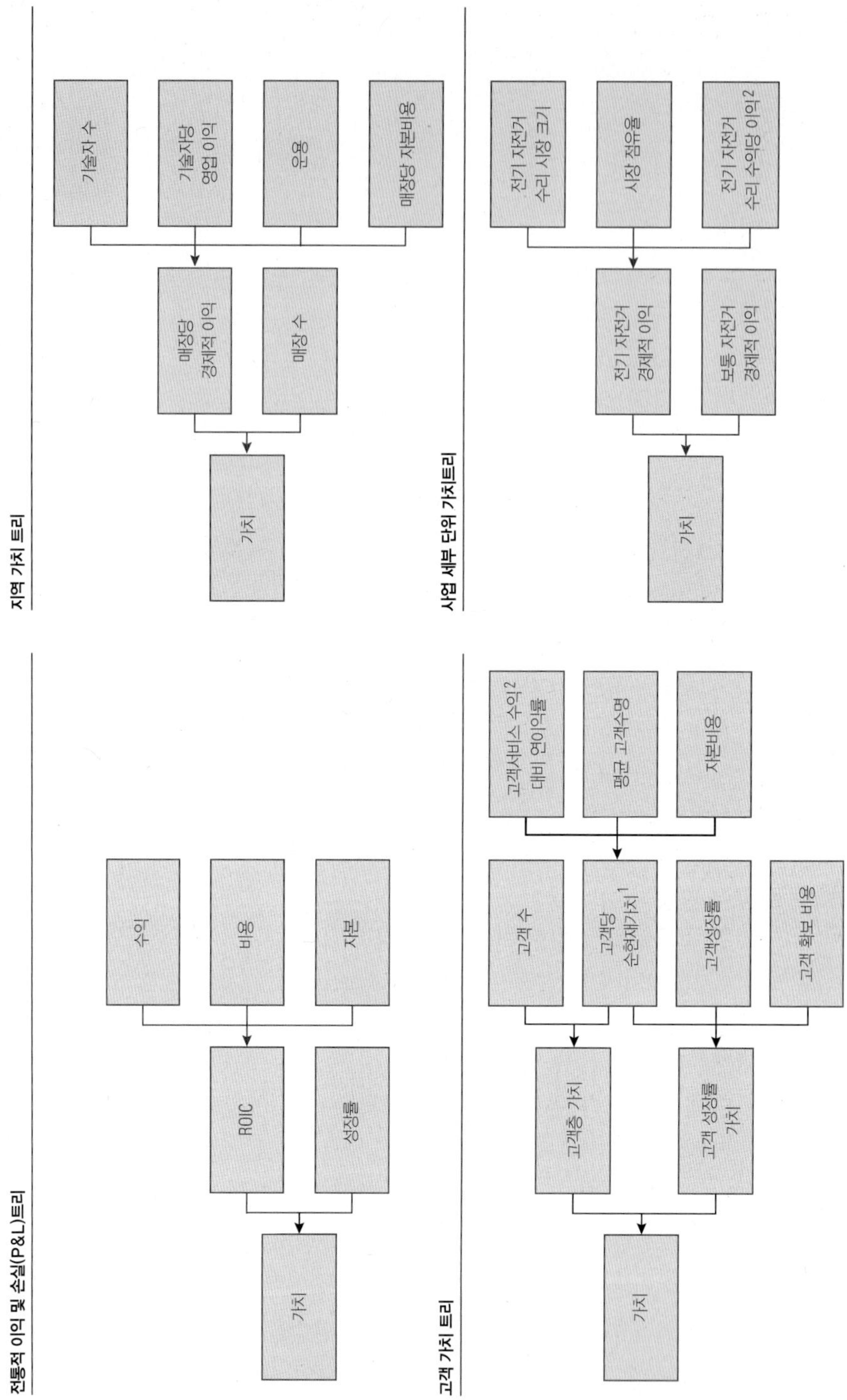

[1] 순현재가치

[2] 자본비용 포함

29.6에선 상황이 아주 다른 식료품 소매업체의 가치창출동인 트리를 보여주고 있다. 총 이익의 주요 가치 창출 요인은 바로 평균 바구니 크기와 제품의 가격인하율이다. 넓이당 거래수 또한 중요하지만 상한이 있다. 영업 비용에서는, 노동생산률이 가장 중요하다. 다른 요인들은 단기적으로 변하지 않기 때문이다. 비슷하게 투하 자본에서는 창고가 주요 가치 창출 요인이다. 여기서도 다른 요인은 단기적으로 변하지 않기 때문이다.

이런 트리는 어떻게 만드는 걸까? 우리의 경험이 알려준 것이 있다면, 여러 가설과 사업 지식을 가지고 초반 버전을 여러가지 만들면 평범하지 않은 가치 창출 요인을 드러낼 수 있다는 것이다. 이 버전들에서의 정보를 하나의 트리로(어떤 경우엔 여러 트리로) 묶어내면 사업을 이해하는 데에 도움이 된다.

가상의 자전거 수리 업체를 예로 들어 이 과정을 묘사해보겠다. 표 29.7은 가치 창출 요인 트리의 단기적 요인 부분을 만드는 과정을 나타내고 있다. 이 트리를 써서 29.8에 있는 요약된 단기 가치 창출 요인 트리를 만들었다. 처음에 만든 네 개의 트리에서 가장 유용한 정보를 채택하여, 결과적으로 위치 및 고객 가치 창출 요인 트리를 완성하였다.

관리직들은 보통 수익 및 손실(P&L) 트리를 가장 자연스럽고 만들기 쉬운 트리라고 생각한다. 그러나 그런 트리는 고객이나 매장 위치 등의 시점에서 바라봤을 때 얻을 수 있는 정보를 제공하지 못할 가능성이 높다. 예를 들어 거의 전세계 모든 곳에서 주유소의 수익은 석유가 아닌 음식과 음료 판매의 비중이 훨씬 높다. 그러므로, 주유소 방문 횟수보다 음식 및 음료 판매량이 더 중요한 가치창출동인이다.

가치창출동인 트리를 만들 때엔 성장률 동인에 특히 주목해야 한다. 성장 기회에 투자한 순간과 실제 성장 사이에는 시간적 차이가 있기 때문이다. 투자한 기회에 따라 그 시간은 모두 다를 것이다. 자전거 수리 업체의 예를 계속해서 들자면, 표 29.9는 새로운 위치에서 사업을 시작할 때의 가치창출동인을 나타내고 있다. 이 성장 기회의 경우에 가장 중요한 가치창출동인은 시장 점유율, 고객당 수익, 고객 확보 비용, 그리고 고객당 매장 수와 같은 고객층 확보 동인, 그리고 이익당 기술자 근무시간 등의 새로운 지역에서의 직원 생산률 향상이다. 이 두 동인 모두 달성하기까진 시간이 걸린다.

표 29.8 위치 및 고객 결합 가치창출동인 트리: 자전거 수리 업체

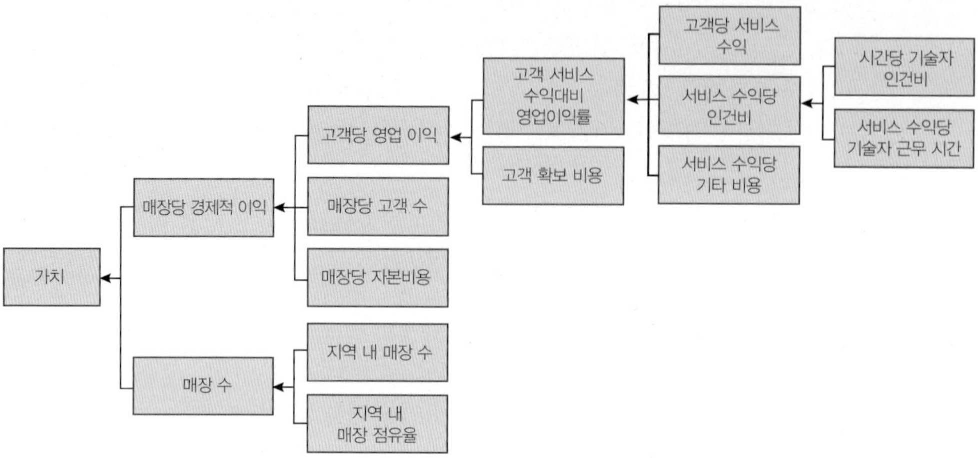

가치 창출 동인을 세심히 분해해보면 기업 성과를 상승시키기 위해 어떤 영업을 우선순위로 두어야 하는지 알 수 있다. 표 29.10엔 부품 생산업체의 가치창출동인이 나타나 있다. ROIC과 같은 재무적 가치 창출 동인은 기업 가치창출동인(총 생산 마진)에서 영업 가치창출동인(노동 생산성, 생산 오류율) 등으로 거쳐올라간다. 영업 또는 작업 단계에서 가치 창출에 있어 가장 중요한 동인이 무엇인지의 이해 여하에 따라 ROIC가 상승할 수도, 하강할 수도 있다. 다양한 영업 기회를 그와 연결된 가치창출동인에 맞게 조정하면 체계적인 비교가 가능해지고, 어떤 기회가 가장 중요한지 이해할 수 있다. 예를 들어, 직원 효율성을 증가시키기 위한 영업 기회는 판매조직의 효과성, 판매량, 판매 수익에 연결되어있다. 만약 제품을 다시 디자인한다면 원자재, 에너지, 인건비를 감축시켜 수익을 증대시킬 것이다.

모든 가치창출동인 트리의 끝은 잠재적 가치창출동인이므로 트리를 끝까지 분해한다면 기업에 도움이 되기엔 너무 많은 수준의 가치창출동인과 메트릭스가 나올 것이다. 성과 관리를 실용적이고 효과적으로 유지하기 위해선 어떤 단계에서 어떤 가치창출동인이 가장 중요한지 정해 집중해야만 한다.

표 29.9 신규 입점을 위한 가치창출 동인 트리: 자전거 수리 업체

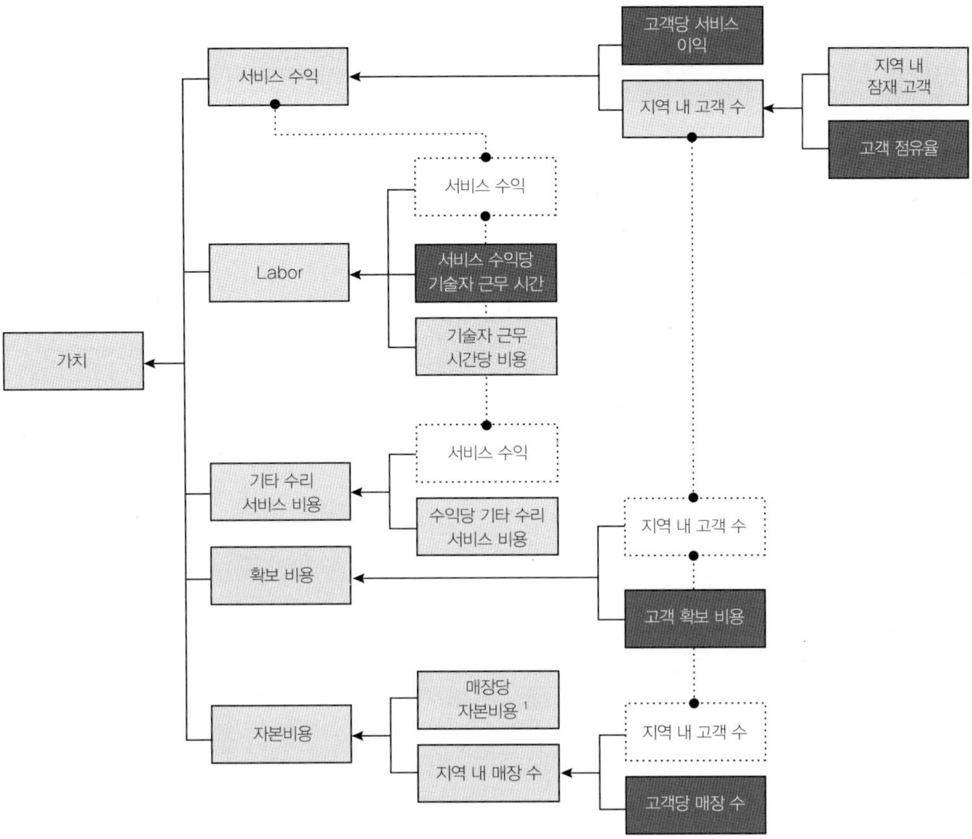

[1] 기타 간접비용 포함

표 29.10 영업 개선과 가치동인 조정: 제조 기업

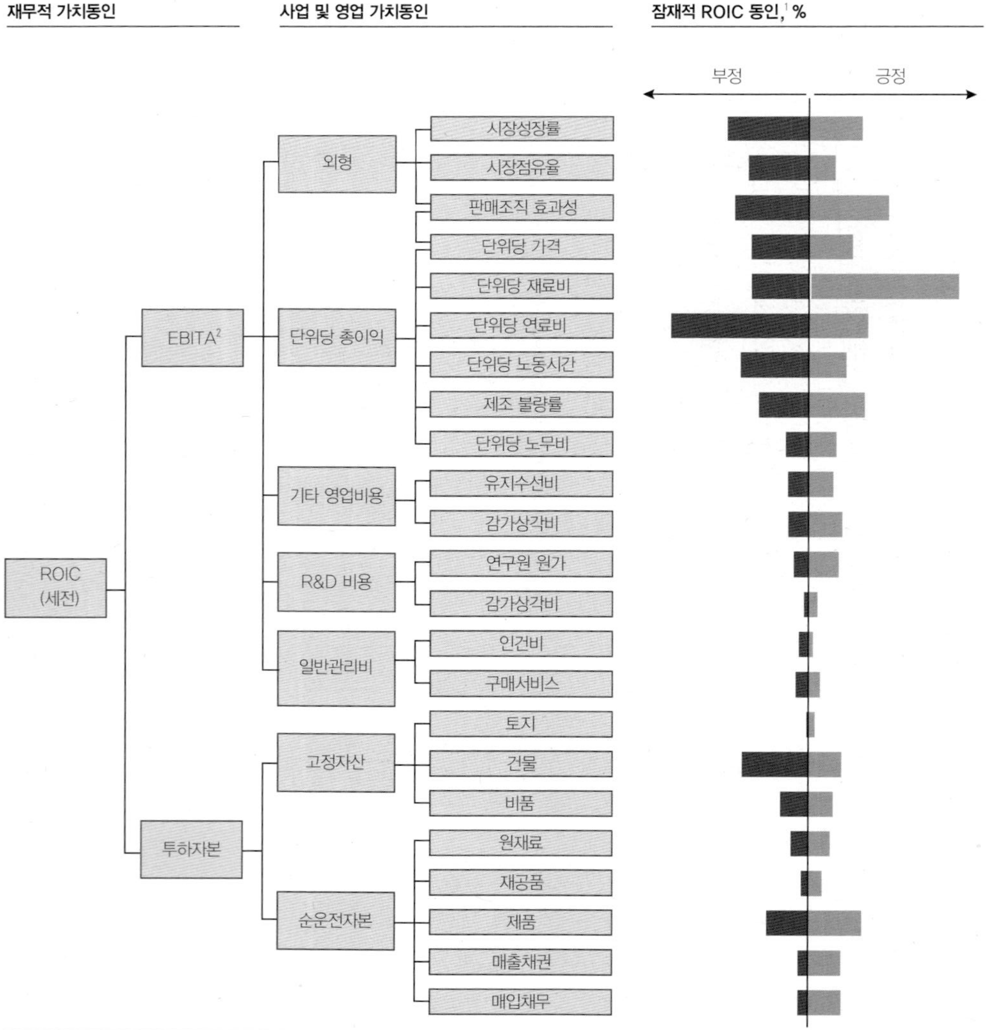

영업 개선에 대한 가치창출 영향

사업 및 영업 가치동인	종업원 효과성	작업장 최적화	제품 디자인	…
시장성장률				
시장점유율				X
판매조직 효과성	X			X
단위당 가격				X
단위당 재료비			X	
단위당 연료비		X	X	
단위당 노동시간	X	X	X	
제조 불량률	X	X	X	
단위당 노무비				
유지수선비	X	X		
감가상각비				
연구원 원가				
감가상각비				
인건비	X			
구매서비스				
토지				
건물				
비품		X	X	
원재료			X	
재공품		X	X	
제품				
매출채권				
매입채무				X

[1] 내재된 가치동인에 대한 가능한 성과범위 하에서 잠재적, 부정적, 긍정적 ROIC 영향
[2] EBITA(이자, 법인세, 무형자산상각비 차감 전 이익)

목표 설정

파악한 핵심가치동인들을 최대로 활용하여 회사의 미래 건전성을 유지하기 위해서는, 각 핵심가치동인들의 목표치에 대한 경영자들의 합의가 있어야 한다. 목표치는 도달하기 어려우면서도 경영자들이 수용할 수 있는 현실적인 것이어야 한다.

세계적인 회사들이 이루어낸 특정 가치 평가기준이나 성과에 대하여 연구하고 이를 각자 사업의 잠재 능력과 비교해보면서 보다 현실적인 사업 기회와 목표를 설정할 수 있다. 또는 서로 다른 분야에 속하지만 유사한 성격이 있는 우수한 실적을 보이는 회사들의 성과를 분석해 볼 수도 있다. 예를 들어, 정유회사는 주유소 편의점의 제품군에 대해 소매유통업의 유사제품들을 벤치마크할 수 있다. 이는 자동차업계에 의하여 개발된 린 생산방식(lean-manufacturing approach)이 유통이나 서비스업과 같은 다른 산업들에도 도입될 수 있었던 이유와 유사하다.

같은 모회사 내의 다른 사업들의 유사한 운영방식에서 또는 같은 사업부 내의 지난 운영방식에서 내부 벤치마크가 이루어 질 수도 있다. 내부 벤치마크는 반드시 세계 일류기업들을 대상으로 하지 않기 때문에 외부 벤치마크에 비하여 상대적으로 덜 도전적일 수 있다. 그러나 내부 벤치마크는 많은 이점을 가진다. 내부에선 정보를 공유하는 것이 경쟁이나 독점금지 문제를 야기하지 않기 때문에 자료를 더 쉽게 입수할 수 있다. 또한 해당부문의 최고책임자가 벤치마크 대상 부서를 방문할 수 있으므로 실적차이의 원인을 파헤치는 것이 훨씬 쉽다. 마지막으로, 이들 비교는 우리가 다음에 살펴볼 관점인 동료검토(peer review)를 용이하게 한다.

데이터를 분석한 뒤에 기업은 보통 목표를 단일로 설정할 것이나, 목표는 범위인 것이 좋다. 어떤 기업들은 기본 목표를 설정해두고 초과 범위까지 설정하기도 한다. 기본 목표는 최고 경영진이 작년도 성과와 경쟁 상황에 따라 결정한다. 관리직들은 이 기본 목표를 반드시 달성해야만 한다. 초과 목표는 관리 팀이 설정하고 도달하려 노력하는 희망 수치이다. 초과 목표를 달성한 팀은 보상을 받고, 가끔씩 초과 목표를 도달하지 못해 페널티를 받는 경우도 있다. 기본 및 초과 목표를 설정하면 성과 운영 시스템이 훨씬 더 복잡해지지만 사업 경영진들이 희망하는 성과율, 그리고 이를 이루기 위해 필요한 자원을 경영진에게 전달할 수 있도록 도와준다.

목표 설정은 부문 또는 부서 및 단계에서 이루어져야 한다. 언젠가 투하 자본의 중요 요소를 정확하게 배분하는 게 불가능해질 것이다. 이 때엔 자본 수익보다 판매량, 영업 및 자본 생산량 같은 세부적인 요소로 목표를 설정하는 것이 좋다(표 29.4 참조). 예를 들어, 대부분의 소비자 전자기기 기업들은 생산, R&D, 그리고 브랜드 광고에 자원을 집중한다. 이들의 투하 자본과 비용은 남 캘리포니아에 있는 단 한 개의 커피 자판기와 같은 개별 제품과 시장 분야에서 일어나는 사건들과는 대체로 무관하다. 어떤 기업들은 중앙화된 자본과 비용을 판매량 또는 판매수익에 따라 개별 분야에 배치하기도 하지만 이는 경제적으로 큰 영향을 끼치지 못한다.[11] 게다가 분야의 경영진들은 중앙의 활동 효율성을 통제할 수 없다. 이런 상황에서는, 자본 수익보다 시장 점유율 성장, 총 마진, 창고와 같은 기저 가치창출동인의 목표를 설정하는 것이 더욱 효과적이다. 물론 이러한 개별 분야를 포함하는 부문과 사업에서의 목표가 총 운전 자본과 양립할 수 있도록 노력해야 할 것이다. 어떤 시점에 이르면 시장 점유율과 판매량을 성장시키기 위해선 추가적인 생산 능력이 필요해질 것이다. 이 때는 개별 세부시장의 목표 설정 시 투자와 영업비용을 통합하는 것을 고려해 볼 필요가 있다.

올바른 성과 평가기준의 선택은 회사가 미래에 성과를 어떻게 발전시킬 것인가에 대한 새로운 통찰력을 줄 수 있다. 표 29.11은 가상의 제약회사를 위한 핵심 가치창출동인을 보여주고 있다. 이 표는 핵심가치의 동인들, 최상 및 최하의 벤치마크와 비교한 회사의 현재 실적, 각 동인에 대한 궁극적 목표, 그리고 목표달성이 잠재적으로 가치에 미치는 영향을 보여 준다. 가장 큰 가치창출은 다음의 세 부분에서 생겨난다. 신제품 출시의 비율을 매년 0.5에서 0.8로 가속화하고, 신약이 최고 매출의 80%에 도달하는 시간을 6년에서 4년으로 감소시키며, 매출원가율을 매출의 26%에서 23%로 삭감한 것이다. 가치창출동인 중 어떤 것(신약 개발)은 장기간이나, 다른 것들(매출원가 감소 등)은 단기목표이다.

결과 모니터링

제대로 된 성과 평가기준에 집중하면 부진한 성과의 원인 또한 파악할 수 있다. 소비재회사는 회사만의 핵심가치 평가기준을 가지는 것이 얼마나 중요한지를 보여준다. 수년 동안 한 사업부문이 경제적 이익에서 지속적으로 두 자릿수의 성장을 보였다. 재무적 성과가 지속적으로 양호하여 – 실제로, 모든 사업부문에 걸쳐 가장 양호 – 회사 경영자는 만족하였고 사업부문에 대하여 의문을 가지지 않았다. 1년 후, 그 사업부의 경제적 이익이 예상치 않게 감소하기 시작하였다. 기업 경영진은 해당 부문의 결과를 깊게 파헤치기 시작했다. 그들은 이전 3년 동안 가격을 인상하고 제품 마케팅을 축소하여 경제적 이익을 증가시켰다는 사실을 발견하였다. 이는 경쟁사들의 시장점유율을 높이는 결과를 낳았다. 뛰어난 단기 성과는 장기 건전성을 희

---

11 예를 들어, 한 분야에서의 판매량이 감소한다면 다른 분야의 판매량은 변하지 않았는 데에도 이들에게 투하되는 자본이 늘어날 것이다.

생함으로써 발생한 것이었다. 회사는 해당 부문의 경영진을 교체하였으나, 그 부문이 제자리를 찾기까지 수년 간 낮은 이익이 지속되었다.

경영진은 잘 정의되고 적절히 선택된 핵심가치 평가기준을 통하여 조직의 전략이 어떻게 가치를 창출하는가에 대하여 명확히 설명할 수 있어야 한다. 만약 핵심가치동인들을 통하여 전략의 어떤 측면을 설명할 수 없거나 핵심가치동인이 전략 안에서 제 역할을 하지 못한다면, 경영진들은 가치트리를 재검토하여야 한다. 이와 마찬가지로, 경영진들도 주기적으로 각 가치동인들을 위하여 세운 목표들을 재정비하여야 한다. 사업의 환경이 바뀌면, 목표도 변경되어야 하기 때문이다.

요약

전략적 경영이란 기업의 가치 창출에 있어 가장 중요한 선택들을 포함하는 개념이다. 전략적 경영의 가장 중요한 요소 중 하나는 성과와 투자 기회를 평가하기 위한 분석 결과를 수립하는 것이다. 올바른 분석 결과 산출은 개별 사업 부문의 목표 설정과 계획에 있어 세밀한 접근법을 필요로 한다. 이렇게 해서 얻은 정보로 기업 전체의 가치 창출에 기여하는 투자 기회의 순위를 세워야 한다. 성과를 모니터링하기 위해선, 평범한 재무적, 영업 메트릭스 외에 단기 및 장기 가치 창출의 요인이 무엇인지 알아내야 한다.

전략적 경영의 또 다른 중요한 요소는 기업이 장기적 가치 창출을 달성할 수 있는 프로세스를 수립하는 것이다. 이는 다음 장에서 다루겠다.

표 29.11 핵심가치동인: 제약회사

가치동인	실적과 목표: 비교집단 중 최하	현재 상태	목표	비교집단 중 최상	가치의 잠재적 증가, 십억 유로
최상의 성장					
• 매년 주요제품 출시율	0.1	0.5	0.8	1.0	15.3
• 제품 수명주기 최적화					
– 출시 소요시간(연)	14	10		9	4.5
– 최고매출 80% 도달기간(연)	7	6	4	3	9.8
• 고부가가치 부문의 시장점유율, %	25%	40	50	70%	2.3
효율성/효과성					
• 연구개발의 효과성					
– 전체 매출 대비 비주력제품 매출 비율	50%	35	25	10%	6.3
• 생산운영 최적화					
– 매출 대비 매출원가 비율	35%	26	23	14%	11.3
• 매출 대비 판관비 최적화	6%		5	3%	4.8

● 현재 상태

➡ 모든 화살표는 동등한 실행 노력을 의미함

30장

전략적 경영: 사고방식과 행동

29장의 시작에서 다루었듯 효과적인 전략적 경영을 위해서는 서로 상이하지만 연관된 두 능력이 필요하다. 하나는 29장의 주제였던 우수한 분석 능력, 그리고 두번째는 이 장에서 다룰 관리팀을 장기적 목표 달성으로 이끄는 사고방식, 행동, 그리고 프로세스가 그것이다.

관리직들이 전략 계획을 세우는 데에 시간을 많이 쓰는 데에 반해 그 계획을 행동으로 옮길때 효과적이지 못한 경우가 많다. 예산과 실제 소비 비용만이 전략적 우선순위를 반영하는 것은 아니다. 2016년에 1,271명의 경영진에게 설문조사를 한 결과, 오로지 30%만이 본인 기업의 자본비용, R&D, 판매와 마케팅 예산이 전략 계획에 맞게 조정되어있다고 대답했다.[1]대부분의 기업은 임의적으로 수립한 단기 목표를 달성하기 위해 R&D 비용, 판매 및 마케팅 비용을 줄인다는 뜻이다. 비슷한 경우로 또 다른 설문조사에 응답한 관리직들은 본인의 기업들이 너무 인색하다고 대답했다. 특히 투자 결과가 장기적이지 않고 손익계산서에 바로 반영되는 투자에 대해서 그렇다고 한다.[2] 응답자의 2/3가 상품 개발에 충분히 투자하지 않는다 대답했고, 반을 넘는 응답자가 신상품 또는 새로운 시장에서의 판매 및 마케팅에 예산이 충분하지 않다 대답했다(표 30.1 참조)

전략을 효과적인 행동으로 옮기기 위해선 이러한 관습을 없애야만 한다. 최고의 기회는 기업 단위의 자원 재배치에 있다. 자원 배치를 숙달하려면 조직적 사고

---

1 T. Koller, D. Lovallo, and Z. Williams, "The Finer Points of Linking Resource Allocation to Value Creation," *McKinsey on Finance*, no. 62 (Spring 2017), www.mckinsey.com

2 T. Koller, D. Lovallo, and Z. Williams, "A Bias against Investment?" *McKinsey Quarterly*, September 2011, www.mckinsey.com.

방식을 버리고 전략적 중요성에 따라 투자 기회의 순위를 매긴 뒤, 기업 전체에 분배해야만 한다. 그러나 CEO들은 보통 부문 리더에게 많은 자원을 배치하고, 그 부문 리더들은 그 자원을 하위 사업 단위에 비교적 적지만 여전히 너무 많은 자원을 배치한다. 이런 접근법은 전략적 우선순위와 자원 배치의 연결을 끊고, 효과적인 자원 배치를 방해하는 장애물과 편견에 기업을 그대로 노출시킨다. 반대로, 경영진이 모든 사업 기회의 우선순위를 매긴다면, 기업의 어느 부문에 위치해 있는지 관계없이 가장 필요한 곳에 가장 필요한 양의 자원이 배치되게 된다. 부서의 프로젝트 다섯 개 중 하나에만 투자되는 대신, 다섯 개 모두가 투자를 받는 상황이 벌어지더라도 말이다.

이러한 결정을 내릴 때엔 29장에서 다루었던 분석 정보뿐만 아니라 사고방식, 행동, 사고와 임직원 동기부여를 도와줄 프로세스, 장기적 목표에 집중하는 전략적 경영 문화 형성 및 강화 등의 요소가 필요하다.

이 장에선 그 중 특히 중요한 세 가지 요소를 다룬다.

1. 강한 경영력.[3] CEO와 최고 경영진은 기업의 장기적 전략에 완전히 전념하고 단기적 결과가 어떠하든 그 전략에 맞게 자원을 배치할 수 있어야 한다. 또한 부서의 투자 계획에 의문을 제기할 수 있는 영향력 강한 직원의 지지를 얻어야만 한다.
2. 편향되지 않은 의사결정. 많은 조직이 의사 결정을 할 때에 편향으로부터 자유롭지 않다. 기업이 올바른 의사결정을 하기 위해선 이러한 편향을 극복해야만 한다.
3. 잘 조율된 프로세스. 경영진은 총기업가치를 최대화한다는 목표를 두고 전략적 계획 수립, 예산안 수립, 및 여타 프로세스를 조율시켜야 한다. 이를 위해선 기업 조직 전체의 전략 기술을 성장시켜야만 한다.

강한 경영력

기업이 좋은 전략을 갖고 있어도, 최고 경영진이 그 전략을 실행하는 데에 필요한 결정을 하지 못한다면 성공할 수 없다. 예를 들어, 최첨단 기술 기업가 트렌드와 기술에 맞추어 야심찬 전략을 수립했다고 하자. 그러나, 그 기업이 이미 진행하고 있

3 6장에서 우리는 기업 관리에 필요한 프로세스에 대해 배웠다. 이 장에선 내부 의사 결정과 장기적 가치 창출을 위한 CEO의 전략적 선택법에 대해 다룬다.

표 30.1 가치 창출 최대화를 위해 경영진이 투자하는 분야

많이 또는 훨씬 더 많이 투자해야 가치 창출을 최대화할 수 있다고 대답한 %

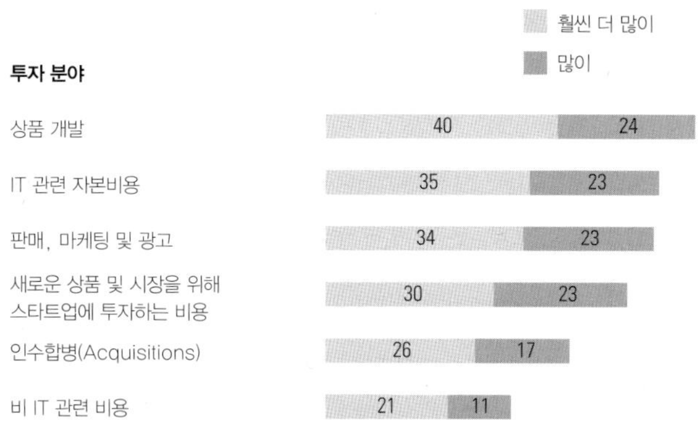

출처: T. Koller, D. Lovallo, and Z. Williams, "A Bias against Investment?" *McKinsey Quarterly*, September 2011, www.mckinsey.com; n = 1,586.

는 사업들이 감소하는 수요 때문에 압박을 받고 있다. 경영진은 단기 수익 성장을 유지하기 위해, 새로운 전략에 투자하는 것을 보류했다. 경쟁사는 이 기회를 포착하고 먼저 필요한 자원을 투자해 시장을 선점했다. 2019년엔, 경쟁사가 전략을 먼저 떠올린 기업보다 그 새로운 시장에서 5배 더 많은 이익을 창출하고 있었다.

장기적 비전

경영진은 기업의 전략에 전념할 때에 반드시 장기적 비전을 견지해야 한다. 그렇지 않으면 위에서 예로 든 최첨단 기술 기업이 그랬듯 단기적 수익을 향한 수요에 이끌릴 수가 있다. 이게 장기적 비전을 가지는 게 쉽다는 뜻은 아니다. 많은 경우에 직원들의 인센티브는 단기적 성과에 묶여있으며 기업의 경영진은 장기적 목표를 향해 나아가는 대신 눈 앞에 보이는 단기적 수익만을 좇는다.

이러한 장애물을 극복하려면 객관적 행동이 필요하다. 기업 전략을 향한 헌신은 CEO와 경영진이 단기적 압박과 인센티브를 버리고 장기적 가치 창출을 추구할 용기에 달렸다. 밑의 세가지 접근법은 장기적 가치 창출 전략을 채택할 수 있는 경영진이 취하는 방법들이다.

1. 중요한 곳에 적절한 투자. 관리직이 있을 정도의 단계에서 가장 전망이 좋은 곳에 투자가 이루어져야 한다. 경영진은 너무 많은 전략을 채택해 투자 자금을 너무 얇게 퍼뜨리지 않아야 한다. 단기적 수익에 손실이 오더라도 가장 중요한 사업에 자원과 인재를 배치해야만 한다. 수많은 기업의 성공 신

화가 투자금이 가치를 창출하기 전까지 수익률이 멈춘 기간을 이야기한다. 또한, 더 큰 가치 창출을 위해 아이디어를 포기해야 할 때도 있다. 이는 관리팀이 한 번에 너무 많은 프로젝트를 진행해 조각나는 것을 방지한다.

2. 최고 경영진을 위한 적절한 인센티브. 대부분의 관리직 인센티브 계획은 단기적 수익에 편향되어있고 1년 어치의 회계 및 수익 측정치에 비중을 둔다. 주가에 기반을 둔 인센티브조차 1년 수익을 기준으로 경영진에게 주를 배분한다. 인센티브는 수가 아닌 질적 기준으로 측정하더라도 이익 성장률과 전략적으로 중대한 단계를 달성하는 데에 비중을 두어야 한다.
3. 헌신적이며 지원을 아끼지 않는 경영진. 이는 전략을 이해하고, 관리직이 단기적 수익을 맞추기 위해 투자에 인색해지지 않도록 만드는 경영진을 뜻한다. 그들은 전략의 세부사항에 대해 잘 알고 있으며 세부적인 단계의 성과가 의미하는 바를 알고 있다. 또한, 관리직들이 투자와 현재 재무 성과 사이의 완벽한 균형을 찾을 수 있도록 해준다.

올바른 의사결정권자

전략적 경영을 실현하기 위해선 어려운 결정을 할 수 있는 의지가 필요하다. CEO의 가치 창출 추구에 있어 핵심적인 활동은 목표를 수립하고 자본, R&D, 인재와 같은 자원을 배치하는 일이다. 그러나 목표와 자원 배치가 전략적 선택과 맞물리지 않는 경우가 많다. 이는 결정이 적절한 단계에서 이루어지지 않았거나 전략적 활동을 약화시키는 의견을 대다수가 동의한다는 이유만으로 CEO가 따라가기 때문이다.

이를 해결할 수 있는 한 가지 방법은 기업의 투자에 대한 토의를 범위가 넓은 단위에서 시작해 마지막엔 최종 결정을 내리는 경영진으로 좁히는 깔때기 방식이다. 예를 들어, 부문 및 부서장을 모아 전략과 필요 자원 결정하는 넓은 범위의 회의를 한 뒤, 세 최고 경영진(CEO, COO, CFO)이 따로 회의를 열어 선택지를 줄이고 최종적으로 자원을 배치할 곳을 정하는 것이다. 이 접근법으로 기업 전체가 아니라 부서의 목표치를 달성하기 위해 자원을 요청하는 기성적인 구조에서 벗어날 수 있다. 또한, 회의실이 사람이 적으면 어려운 최종 결정도 조금은 쉬워진다.

이러한 깔때기 방식은 15명이 넘는 경영진의 의사결정으로 자원배치가 이루어지는 재무 기술 업체의 CEO를 도운 적이 있다. 그 기업의 CEO는 다수의 의견에 따르길 선호했으나 곧 이는 전략 우선순위와 맞지 않는 투자로 이어진다는 것, 그리고 이 과정을 개선시키려면 본인이 직접 결정을 내리는 수밖에 없다는 것을 깨달았다.

이러한 접근법에도 기업 또는 국가의 문화에 따라 변형이 필요할 수 있다. 예를 들어, CEO가 우선 자원 배치 계획을 수립한 뒤 다른 경영진들에게 동의를 얻는 방식이다.

세밀한 의사결정

의사결정을 할 때엔 너무 세밀해서도, 너무 세밀하지 않아서도 안된다. 규모가 큰 의료보험 기업을 예로 들어보자. 이 기업은 세 가지 부문으로 이루어져 있으며, 한 부문당 부서는 20개 정도이다. 또한 분산된 의사결정 문화를 지니고 있다. 경영진이 R&D, 판매 및 마케팅 자원을 세 부문에 배치하면 부문의 리더가 그 자원을 부서에 어떻게 분배할지 정하는 식이다. 그 결과로 기업의 우선순위에 맞지 않는 비용이 발생하였다. 한 부서의 연내 성과가 좋지 않으면, 부문 리더가 다른 부서의 장기적 가치 창출 투자에서 자금을 가져와서 지원하는 일이 종종 발생했다.

이를 해결하는 방법은 CEO와 CFO가 더 세밀한 단계에서 직접 자원을 배치하고 목표를 설정하는 것이다. 29장에서 다루었듯, 100억 달러의 연 이익을 창출하는 기업에선 보통 20~50개의 부서 또는 프로젝트 단위에서 자원을 배치하는 것이 바람직하다. 어떤 기업은 이보다 더 세밀하게 들어가기도 한다.

세밀하게 자원을 배치하는 일은 CEO의 시간을 필요로 한다. 그러나 자원 배치는 CEO가 내릴 수 있는 결정 중 가장 중요한 것이니만큼 시간과 노력을 쏟을 가치가 있다. 우리는 기업들과의 논의 중에, 넓은 범위에서만 자원을 배치하는 경영진과 더 세밀한 단계에서 자원을 배치하는 경영진의 차이를 발견했다. 세밀한 자원 배치는 장기적 우선순위에 맞게 비용이 쓰이도록 한다. 한 대기업은 1년에 자본비용을 100억원씩 썼는데, 최고 경영진은 자원 배치와 소비를 결정하는 데에 1년에 고작 몇 시간밖에 쓰지 않았다. 새로운 프로세스를 도입하고 나서야 이 시간은 이틀로 늘어났으며, 그 결과로 기업의 전략적 우선순위에 좀 더 적합한 자본 소비 계획이 수립되었다.

영향력 있는 직원

자원 배치를 결정할 때엔 CEO와 CFO에게 직원들의 강한 지원이 필요하다. 보통 직원의 지원이란 재무 계획 및 분석(FPA; Financial Planning and Analysis) 팀, 그리고 기업 전략 팀을 일컫는다. 이들의 역할은 매우 중요함에도 많은 기업들이 FPA 팀이 계획을 수립하거나 수치를 계산하기도 어려운 수준으로 예산을 깎아버린다. 보통 이는 자본비용을 줄이기 위함인데, 이러면 결국 사업 부서들의 자원 배치 요청에 효과적으로 대응해주기 어려워진다. 이러한 상황에서 사업 부서 계획 수립은 CEO와 CFO의 책임이 되는데, 보통 이들에겐 사업 부서에 대한 정보가 적어 좋은 계획을 수립하기가 힘들다.

반대로, FPA 팀과 기업 전략 팀에게 지원을 아끼지 않는 기업들은 귀중한 정보를 얻을 수 있다. 이 정보들은 계획 수립과 자원 배치에 있어 큰 차이를 만든다. FPA 능력이 강한지 알아보는 지표는 사내에서 위상과 영향력을 지닌 팀 리더, 재무 이외의 영역에서 다년간 경험을 한 팀원, 그리고 기업을 분석할 시간이 충분히 주어진 팀 등이 있다.

편향 없는 의사결정

인간은 결정을 할 때에 편향되어있기 마련이다. 기업 또한 마찬가지다. 이런 편향들은 전략적 경영에 충실한 결정을 방해하거나 부정할 수가 있다. 기업이 가치 창출을 위한 전략을 수립할 행동방식과 프로세스를 가지려면, 경영진이 이러한 편향을 극복하려는 확실한 노력을 보여야 한다. 이 파트에서는 전략적 계획에 영향을 끼치는 가장 흔한 편향들을 다루겠다. 이러한 편향으로 영향을 받은 사고방식을 파악하고 제거함으로써, 의사결정의 질을 향상시킬 수 있다. 좋은 소식은 엄격한 규칙과 프로세스만으로 경영진의 편향을 줄일 수 있다는 사실이다. 튼실한 분석을 지향하는 기업 문화 또한 도움이 된다(29장 참조).

비탄성 성질(안정성 편향)

안정성 편향이라고도 불리는 비탄성 성질은 조직의 변화를 거부하려는 경향을 말한다. 한 연구에 따르면 각 년도 기업의 자원 배치 유사율은 평균 90%가 넘는다. 조사 기업 중 1/3이 99%의 유사율을 보였다.[4] 이는 자원 배치가 매년 조금도 바뀌지 않았음을 의미한다. 같은 연구에서 많은 자원을 재배치한 기업은 그렇지 않은 기업보다 총 주주 수익(TSR; Total Shareholder Returns)이 평균적으로 30%나 더 높았다.

비탄성 성질을 해결하는 방법은 비교적 간단하다. 29장에서 논의했듯 기업 전체의 사업 우선순위를 정하면 된다. 거기에 지금 만들고 있는 예산안을 작년 예산

---

4 S. Hall, D. Lovallo, and R. Musters, "How to Put Your Money Where Your Strategy Is," *McKinsey Quarterly* (March 2012), www.mckinsey.com.

안이 아니라 현재 전략 계획을 기반으로 만들어야 한다. 중요한 것은 과거의 자원 배치 및 예산의 영향을 최대한 무시하는 것이다. 실무에서는 본 저서에서 말하는 것만큼 빠르게 자원을 움직일 수 없을지도 모른다. 일단 과거의 영향을 무시하는 것부터 시작하면 비탄성을 최대한 줄일 수 있을 것이다.

단체 사고

의사 결정권자 단체는 조화와 의견 일치를 중시하는 단체 사고를 하는 경향이 있다. 이는 객관적으로 사업을 바라보는 데에 방해가 될 수 있으며, 부실하거나 심지어는 재앙적인 결과를 불러올 수 있는 의사결정으로 이어질 수 있다. 존 F 케네디 시절 미국의 피그만 침공 실패를 예로 들어보자. 케네디의 고문이었던 Arthur Schlesinger Jr는, 쿠바 추방자를 지원하여 피델 카스트로를 무니뜨리려던 계획의 참담한 실패에 대하여 편지에 이렇게 썼다. "피그만 침공 후 몇 달 간 내내 저는 당시 내각실에서 입을 다물고 있었던 것을 자책했습니다... 그 때 이 계획은 말도 안 되는 짓이라 말하지 못하고 소심하게 질문 몇 개만 던진 이유는 분위기 때문이었다고 밖에 설명을 못하겠습니다."[5]

이런 일은 회의 참가자가 안건이 자신의 전문분야가 아니거나 책임소관이 아니라고 생각할 때에도 발생한다. 세계적 농업 기업에선, 전략 회의 도중 경영진이 자신의 소관에 대한 논의가 나올 때만 말을 하는 경향이 있었다. 동료들이 자신의 영역에 침범하지 않는 대신 자신도 동료의 영역에 침범하지 않는다는 암묵적 동의였고, 이는 결국 경영진들이 충분한 정보를 얻지 못하는 결과로 이어졌다.

실례들에 따르면 활발한 토의가 이루어졌을 때 의사결정의 질이 훨씬 높다. 한 연구에 의하면 큰 의사결정 사안에 대해서 질 높은 토의가 이루어졌을 때 성공률이 2.3배 더 높았다.[6] 의사결정 과정에서 활발한 토의가 있을 경우에 대한 연구는 그 외에도 많다.[7] 미국 대법원이 다양한 정치적 성향을 지닌 사람을 고용한 이유는 각 구성원의 사고를 활발하게 유지시키기 때문이다.

장기적 전략 성공을 좇는 기업은 활발한 토론이 받아들여지는 기업 문화를 지녀야만 한다. 대부분의 기업들이 이를 이루기 위해선 몇 가지의 변화를 거쳐야 한

5 A. Schlesinger Jr., *A Thousand Days: John F. Kennedy in the White House* (New York: Houghton Mifflin, 1965), 255.

6 I. Aminov, A. De Smet, G. Jost, and D. Mendelsohn, "Decision Making in the Age of Urgency," McKinsey & Company, April 2019, www.mckinsey.com

7 A. Duke, *Thinking in Bets: Making Smarter Decisions When You Don't Have All the Facts*(New York: Portfolio/Penguin, 2018).의 예를 참조하라.

다. 가장 중요한 것은 토론에서 개인적 감정을 배제하고 안건에 반대하는 것을 평범하게 받아들여지도록 해야 한다는 것이다. 다음은 이럴 때 쓰기에 유용한 테크닉 몇 가지이다.

- 악마의 대변인. 전략 회의를 할 때엔 반대쪽 의견을 가진 사람을 항상 포함시켜라. 그 참가자의 역할이 단순히 의견을 제시하는 것뿐이어선 안된다. 반대 상황의 시나리오나 중요하지만 회의에서 빠진 정보를 제공하는 역할이어야 한다.
- 회의에 다양한 그룹을 포함시켜라. 150년 전 John Stuart Mill이 "자유론"에서 이렇게 썼다. "안건을 전체적으로 아는 방법은 다양한 의견을 지닌 사람들이 하는 말을 들어보는 것이다". 최근의 연구가 이를 증명한다.[8] 다양성이란 회의에서 각각 다른 교육, 역할, 성별, 인종을 지닌 사람들의 의견을 이끌어내는 것을 말한다. 특수한 전문지식을 지닌 하급 직원을 데려오라. 말을 하는 것이 편한 환경을 조성하라. 그들에게 아이디어가 있냐고 물어보라.
- 무기명 투표로 토론을 장려하라. 토론 시작과 끝에서 무기명 투표를 시행하라. 안건이 제시되고 토론이 시작되기 전에, 참가자들에게 안건에 대해 어떻게 생각하는지 무기명으로 투표하게 하라. 이 투표로 동의-비동의를 묻거나 투자 우선순위를 어떻게 매겨야 할 지 물을 수도 있다. 결과가 나오고 회의실 내 최소 한 명은 자신의 의견에 동의한다는 것을 알게 된다면, 참가자가 의견을 표출하는 게 더 편해질 수 있다.
- 규모가 큰 투자를 위해선 회의를 두 팀으로 나누는 활동을 하라. 두 팀이 서로 상반되는 의견을 내도록 하라. 이러한 활동을 하기 위한 밑준비와 분석에는 비용이 들지만, 불확실성이 높고 규모가 큰 투자에서는 아주 큰 차이를 만들 수 있다.

확증편향 및 지나친 낙관

확증편향과 지나친 낙관은 서로 매우 다른 편향이지만, 해결하기 위해 취해야 하는 조치는 동일하므로 같이 다루도록 하겠다.

확증편향은 미리 정해둔 가설을 증명하기 위해 증거를 찾거나, 애매한 데이터를 그에 맞게 해석하는 편향을 뜻한다. 사업 의사결정에서 보통 이 편향은 "x에 투

8 7번의 참고문헌과 동일(ibid)

자하면 가치를 창출할 수 있을 것 같은 예감이 들어. 이 예감을 증명할 수 있는 증거를 찾아봐야지." 같은 식으로 발생한다. 가설을 증명하는 데에 전세계적으로 쓰이는 방법은 이와 반대이다. 가설의 반증을 찾는 것이다.

지나친 낙관은 프로젝트가 무조건 잘 흘러갈 것이라 믿는 편향이다. 과거에 그러지 않았음에도. 이 편향의 가장 유명한 예로는 시드니 오페라 하우스가 있다. 스케쥴과 예산이 지나치게 낙관적이어서 계획보다 10년 늦고 예산은 14배 더 쓰여서 완성되었다.

두 팀으로 나누기 등 단체사고를 막는 기술도 여기서 쓰일 수 있다. 가장 간단한 방법은 가설을 너무 일찍 수립하는 것을 피하거나 반증을 찾는 것이다. 그 외에는 다음 두 가지 방법이 있다.

1. 사전 검사하기. 사전 검사란 프로젝트 팀이 계획에 대해 브리핑을 받고 나서, 계획이 실패했을 때를 팀원들이 상정해 보는 것이다. 사전 검사라는 행위의 성질 자체때문에 계획의 문제점을 찾아내기 쉬워지게 된다. 팀원들이 누가 더 심각한 문제를 제시하나 경쟁하는 경우도 있다.[9]
2. 외부 시선 받아들이기. 미래 예측에 도움이되는 또다른 방법은 외부의 시선을 고려해보는 것이다. 이는 비슷한 규모의 프로젝트를 레퍼런스로 현재 프로젝트에 대한 통계적 시선을 지니는 것을 의미한다. 외부 시선을 이해하기 위해서 한 사모펀드 그룹의 실험을 예로 들어보자. 기업은 한 그룹으로 하여금 현재 진행중인 투자를 시작부터 종료까지, 목표를 달성하기 위해 달성해야 할 중요 단계 또는 행위를 표시하며 예측하도록 하였다. 이 투자의 기대 수익 중앙값은 50%가 뛰었다. 그리고 나서 해당 그룹은 비슷한 규모의 투자와 현재 진행중인 투자를 비교하는 표를 작성하도록 지시받았다. 그 표엔 투자의 품질 비교, 그리고 해당 투자 분야의 평균 수익 등이 포함되어 있었다. 이러한 외부 시선을 이용해 그룹은 비슷한 분야의 다른 투자들보다 자신들의 투자 수익의 예상 중앙값이 두 배가 넘는다는 것을 알아냈다.[10]

손실기피

4장에서 대부분의 경영진이 손실기피 성향을 지니고 있으며 현재 가치가 높지만 위

9 G. Klein, T. Koller, and D. Lovallo, "Pre-Mortems: Being Smart at the Start," *McKinsey Quarterly* (April 2019), www.mckinsey.com.

10 T. Koller and D. Lovallo, "Bias Busters: Taking the 'Outside View,'" *McKinsey Quarterly*, September 2018, www.mckinsey.com.

험한 프로젝트를 진행하길 꺼려한다는 사실을 다루었다.[11] 손실기피를 극복하는 주된 방법은 투자 의사결정을 할 때 개별 리스크에 집중하지 말고 기업 전체에 끼칠 리스크와 기여도를 비교하는 것이다(29장 참조).

이론상으로는 쉽다. 그러나 경영진은 보통 프로젝트에 걸린 리스크와 그게 자신들의 커리어에 끼칠 영향에 대해 걱정한다. 그렇기 때문에 리스크를 서로 상쇄하는 프로젝트 포트폴리오를 지닌, CEO와 같은 상위 경영진에게 선택권이 맡겨져야 하는 것이다.

기업들은 중간 관리직 및 직원들에게 위험한 아이디어를 제시하도록 장려해야 한다. 이는 아이디어를 제시할 때 직원에게 가해지는 리스크를 제거함으로써 가능하다. 대부분의 직원들이 아이디어가 실패했을 때 자신의 커리어에 끼칠 영향을 염려하여 자기검열을 한다. 이를 극복하기 위해선 미리 최고 경영진과 용납되는 리스크에 대해 합의하고 프로젝트에 사전 검사를 실행해 실패 원인을 알아내는 것이 중요하다. 만약 프로젝트의 진행 방향이 잘못되어 프로젝트를 실패하게 된다면(이런 일은 자주 발생한다), 그러한 실패로 프로젝트 담당자에게 책임을 묻는 일은 없어야 한다. 담당자에게 물을 책임은 프로젝트 계획을 실행했을 때의 품질 뿐이다.

어떤 기업들은 상황에 따라 실패한다고 커리어에 영향이 없다는 것을 직접 보여주기도 한다. Charles Schwab의 전 CEO였던 David Pottruck은 "고귀한 실패"라는 것이 있다고 말한다.[12] 프로젝트가 잘 계획되어있었고, 만약의 사태에도 대비되어 있었으며, 예상치 못한 악영향도 적었고, 돌발행동이 없도록 잘 통제했다면 실패하더라도 참가자들이 무언가를 배울 수 있기에 그 실패는 "고귀한" 것이다. Pottruck은 다음과 같이 설명한다. "고귀한 실패란, 실패하더라도 용납되거나 심지어 어떨 땐 축하해야 하는 일이라는 인식을 형성해 사람들이 자유롭게 의견을 내도록 장려하는 개념이다."

일시적이고 간결한 프로세스

기업의 계획 및 성과 관리 프로세스는 보통 기업 전략을 구상하고, 3~5년 단위의 재무 전략을 수립하고, 이를 연 단위 영업 계획으로 바꾸고, 자세한 예산안을 구상

11 손실기피를 극복하는 방법에 대해 더 자세하게 알고 싶다면 see D. Lovallo, T. Koller, R. Uhlaner, and D. Kahneman, "Your Company Is Too Risk-Averse," *Harvard Business Review* (March - April 2020), hbr.org를 참조하라.

12 D. Pottruck, *Stacking the Deck: How to Lead Breakthrough Change against All Odds* (San Francisco: JosseyBass, 2015), 164

하는 과정이다. 1년간, 기업은 성과를 모니터링하며 필요할 때에 시정하고 자원 배치를 조정해야 한다. 이 프로세스의 각 단계를 자세히 살펴보는 것은 이 저서에서 다루기는 힘들다. 대신, 기업 전략과 자원 배치가 효과적으로 수행되도록 만들어주는 몇몇 주요 요소를 살펴보도록 하겠다.

전략

우선 기업 전략부터 시작하자. 기업 전략은 높은 단계의 자원 배치, 중요 전략 사업 및 포트폴리오 변화(중요 인수 및 합병 등)같은 기업의 대략적인 전략적 방향을 뜻한다. 기업의 전략을 다른 계획 및 성과 관리 프로세스와 같이 고정된 스케쥴에 맞출 필요는 없다. 사실 어떤 전문가들은 상황이 바뀌고 새로운 정보가 들어올 때 계획을 즉각 수정할 수 있도록 스케쥴을 정할 필요가 아예 없다고도 한다.[13] 또 이 접근법을 취하면 감찰을 위한 시간을 더 벌어주고 시간을 굉장히 많이 소비하는 "상시대기상태"를 없앨 수 있다. 영향력 있는 직원들의 지원만 있다면, CEO와 최고 경영진들은 스스로 전략을 짤 줄 알아야 한다.

계획 수립

1년에 한 번, 전략을 세부 계획으로 만드는 작업을 해야 한다.[14] 기업들은 보통 전략적 재무 계획을 3~5년 단위로 세운다. 이 계획은 투자 달러(투자 비용과 자본)가 어디에 배치되고 전체적인 투자금은 얼마인지에 집중해야 한다. 또한 이 투자를 제대로 실행할 수 있는 사람들이 적재적소에 배치되어있는지도 고려해야 한다.

3~5년 전략 계획을 세울 때 기업이 자주 하는 실수는 잘못된 곳에 디테일을 기입하는 것이다. 좋은 전략적 재무 계획은 사업 부서와 전략적 기회를 세밀하게 살펴 부서당 수치 항목을 간단해 보이게 줄이는 것이다. 수입 증명서와 재무 상태표를 항목 단위로 비교해야 할 때가 있기 때문이다. 우리의 경험상, 가치창출동인 접근법(29장 참조)이 전략 문제를 다룰 때에 프로세스를 간단화하기에 적합하다. 이 접근법은 각 부서당 가장 중요한 항목에 집중하며(시장 성장률, 주가 성장률, 부서 및 가격 당 비용 변화, 전체적인 일반관리 비용, 전체적 R&D 비용), 인력이 덜 필요하고 다른 접근법으로 전환하기가 쉽다.

---

13 C. Bradley, M. Hirt, and S. Smit, *Strategy Beyond the Hockey Stick* (Hoboken, NJ: John Wiley & Sons, 2019), 175–177.

14 어떤 기업들은 매년 계획과 예산안을 세우는 대신 지속적으로 예산안을 업데이트하지만, 이는 특수한 경우로 한정된다.

영업 수행

3~5년 재무 계획이 완성되었다면 연례 영업 계획(AOP; Annual Operating Plan)을 세울 차례다. 어떤 기업들은 이 단계를 건너 뛰고 바로 세부 예산안 수립으로 도입하기도 한다. AOP는 기업이 소비 계획을 결정하고 이번 년도의 성과 목표를 설정할 기회이다.

이 단계가 바로 전략을 행동으로 옮기는 데에서 무언가 잘못될 가능성이 높은 곳이다. 이 장의 초반에 이야기했듯, 경영진의 30%만이 자본비용 및 기타 투자의 예산 배치가 전략적 재무 계획과 비슷하다고 이야기했다. 이는 대부분의 기업이 전략적 재무 계획의 1년째 AOP로 전환하는 데 실패한다는 뜻이다. 이는 두 프로세스가 연결되어있지 않을 때에 자주 발생한다. AOP가 전략이 아닌 작년의 비용 내역을 기반으로 만들어졌을 때 말이다. 또 어떨 때엔 단기적 목표를 달성하고 싶은 욕구가 전략 프로세스를 탈선시키는 경우가 있다.

이를 고치기 위해선 상위 경영진이 AOP 비용을 전략적 재무 계획의 1차년도에 맞게 조정하도록 명령하면 된다. 또다른 좋은 팁은 3~5년 재무 계획 수립과 예산안 수립 사이의 시간을 줄이는 것이다. 둘 사이의 시간이 길어질수록 조정이 잘못될 가능성이 높다. 어떤 기업들에선 둘 사이의 시간차가 2~3개월이다. 이는 너무 기므로 전략 계획 수립을 좀 더 늦게 하는 것이 좋다.

전략적 재무 계획과 AOP는 이들을 뒷받침할 행동 계획이 없다면 일견 고정된 것으로 보일 수도 있다. 성공적인 기업들은 행동 계획이 전략적 사업 기회를 잘 뒷받침하고 책임 소재를 확실히 함으로써 해결한다. 이러한 사항들이 달성되었을 때에만 예산안 수립을 진행해야 한다.

성과 검토 및 반복

다음 단계는 AOP와 예산 목표에 성과를 대조하여 그 해의 성과를 관리하는 일이다. 이 단계의 큰 장애물은 적절한 단계에서의 튼실하고 시기적절한 데이터의 부재, 그리고 아예 잘못된 데이터이다. 최고의 기업들은 매달 검토 결과를 산출해주는 자동화된 시스템을 갖고 있다. 아쉽게도 대부분의 회사는 성과 수치를 산출하기 위해 시간을 오래 쓰거나, 성과의 기업가치창출동인이 아닌 회계적 수치에 의존한다. 기업가치창출동인을 이해해야만 성과를 향상시키기 위한 조치를 취할 수 있다. 시장이 예상보다 빨리, 또는 느리게 성장하고 있는가? 점유율은 늘어나고 있는가 줄어들고 있는가? 경쟁사들은 예상대로 행동하는 중인가? 시장이 느리게 성장중이라면, 점유율을 높이기 위해 노력해야 할까? 아니면 가격 경쟁 때문에 문제가 악화될까? 판매량이 목표 수준에 이르지 않았으므로 자유재량 비용을 줄여야 할까? 줄인다면 내년에 문제가 되지 않을까?

내년에 어떤 일이 일어날지는 계획 단계에서 알 수가 없으므로 기업들은 연내에 자원 배치, 어떨 때엔 성과 목표를 조정할 수 있는 프로세스를 지니는 것이 좋다.

또한, 기업들은 프로젝트가 일단 시작되고 나면, 그 프로젝트의 수익이 좋지 않더라도 중지하는 것을 망설이는 경향이 있다. 게다가, 어떤 기업들은 프로젝트가 시작되고 나면 아예 예상 수익을 산출하지 않는다. 이를 해결할 방법을 몇 가지 소개하겠다.

첫 번째, 우리는 어떤 기업들이 예산 배치 프로세스 도중 유연성을 발휘한다는 것을 배웠다. 그 기업들은 늦출 수 없는 새로운 아이디어, 경쟁사의 행동, 고객 수요 변화 등 연내 돌발사항에 대비하기 위해 기업 전체 단위의 예산을 5~10%정도 보류해둔다.

두 번째, 프로젝트 소비 계획은 어느 때나 검토되고 변형될 수 있도록 만들어야 한다. 이는 프로젝트가 일단 시작되면 중지할 이유를 찾지 말라는 관례와 정반대이다. 그러나 프로젝트를 언제든 검토되고 변형될 수 있게 함으로써, 관리직들이 프로젝트가 시작되자마자 모든 예산을 탕진하는 것을 막고 진행 도중 허가를 받도록 만든다. 이 방법의 장점은 성공할 확률이 낮은 프로젝트를 미리 중지시켜 다른 곳에 배치할 수 있는 자원을 만들 수 있다는 점이다. 어떤 프로젝트는 상황에 따라 허가되어야 한다. 예를 들어 연내 예산안에 한 프로젝트가 포함되어있는데, 10월이 되기 전까지 예산 소비가 시작되지 않는다고 해보자. 그 프로젝트를 8월이나 9월에 검토하여 아직 현재 가치가 양(+)의 수인지, 또는 기업 전략과 맞는지 알아볼 수 있다.

가능한 한 가장 세밀한 단계에서의 자원 배치가 주는 장점을 활용하기 위해선, 경영진은 허가 없이 부서가 프로젝트를 옮기는 것을 막아야 한다. 대부분의 기업에서 예산안이 통과되고 나면 부서끼리 예산을 이리저리 옮기는 일이 많고, 이는 예산이 장기적 전략 목표에서 벗어나는 결과를 초래할 수 있다.

한 기업은 이 전술들을 성공적으로 조합하였다. 이 기업에선 경영진이 매월 회의를 열어 연내 예산 배치 문제를 토론한다. 매 회의때마다 모든 프로젝트를 검토하는 것은 아니지만, 자원 배치 요청 대한 지침은 수립할 수 있었다. 자원 배치를 요청하는 주체는 중간에 변경할 수 있는 프로젝트, 일시적으로 허가된 프로젝트, 예산이 부족해 예산을 더 요청하는 프로젝트, 그리고 부서 내 또는 외부로의 예산 이동 요청 등이 있다.

많은 기업들의 또다른 문제는 투자를 지지하기 위한 경영 사례의 질에 있다. 어떤 기업들의 의사결정 프로세스에는 아예 경영 사례가 등장하지도 않는다. 이 기업들의 CFO들이 얼마나 불평할지 예상이 될 것이다. 또 다른 기업들에서는, 투자 요청을 할 때 프로젝트가 "전략적"이라 간주되거나 보안 또는 규제와 연관되어있다는 이유만으로 가치 창출에 끼칠 영향조차 측정하지 않는다.

우리는 모든 프로젝트에 그 수치가 대략적인 추정치라도 수량화된 현재 가치와 리스크 분석을 포함한 경영 사례가 있어야 한다고 생각한다. 어떤 기업에선 경영진이 고객 서비스를 향상시키기 위한 프로젝트를 수치화할 수 없다고 불평했다. 이익을 증가시키는 게 아니라 유지하는 프로젝트이기 때문이다. 그 경영진은 이 사례가 이익 측정치를 변화시키지 않는다고 정의한 것부터 잘못하였다. 만약 고객 서비스를 향상시키지 않으면 어떻게 될까? 이익이 감소할까? 얼마나 빨리 감소할까? 이 질문들에 대답하고 거기서 나온 정보를 통합하고 나서야 경영진은 프로젝트의 가치 창출 효과를 수치화하고 다른 프로젝트와 비교할 수 있었다.

마무리

경영진은 조직적 장애물, 행동 편향, 부실한 프로세스, 그리고 아이디어를 가치를 창출할 수 있는 실제 행동으로 옮기는 데에 필요한 용기 부재 등으로 건실한 기업을 망칠 수도 있다. 전략적 경영이란 튼실한 분석 능력과, 전략과 가치를 연결시키며 경영진을 장기적 가치 창출로 이끄는 사고방식, 행동, 그리고 영업 가이드라인으로 이루어져 있다. 장기적 가치를 생각하는 경영진의 주 목표는 전략적 목표와 자원 배치를 연결하는 것이다. 기업에게 가장 좋은 접근법들은 그 수가 많아 위압적으로 보일 수도 있으나 가장 쉽고 성과에 큰 영향을 미칠 법한 접근법부터 실행해보는 방식으로 시작해도 된다. 시간에 따라 점점 다른 개선법을 쌓아가면, 기업의 장기적 가치 창출을 위한 전략적 경영에 더욱 가까워질 것이다.

31장

기업인수 및 합병(M&A)

기업인수 및 합병(Merger and Acquisitions, M&A)은 역동적인 경제의 중요한 요소이다. 산업 또는 기업의 수명주기가 달라짐에 따라, 한때는 경제적으로 합리적이었던 기업 자원에 대한 의사결정이 더 이상 그렇지 않게 될 수 있다. 예를 들어, 획기적인 혁신 제품을 발명한 회사가, 그것의 이용에 있어서는 가장 적합하지 않을 수 있다. 또한, 성숙단계 산업에 대한 수요가 하락하고 있다면, 해당 산업에서 오랫동안 속해 있었던 기업은 초과설비상태(excess capacity)가 되어있을 가능성이 높다. 사업 역사상 어느 때라도, 더 나은 경영진이 출현할 수 있다. 따라서, 이러한 시기에는, 기업인수가 자원을 적절하게 재분배할 수 있는 최상의, 또는 유일한 방법이다.

기업의 초과설비를 줄이거나, 회사를 더 나은 소유주나 경영자가 관리하도록 만드는 기업인수는 일반적으로 투자자들 뿐 아니라 경제 전체에 막대한 가치를 창출한다. M&A에 참가한 기업들의 전체적인 현금흐름이 증가하는 것에서 이러한 가치창출의 효과를 알 수 있다. 이러한 효과는 기업인수에 관여하는 많은 회사의 결합된 현금 흐름의 증가에서 확인할 수 있다. 비록 기업인수가 전체적으로 가치를 창출한다고 하더라도, 창출된 가치의 분배는 보통 한쪽으로 치우치는 경우가 많으며, 주로 피인수기업의 주주들이 대부분을 차지한다. 실제로 대부분의 실증연구는 대규모 인수의 경우, 이에 따르는 모든 이익이 피인수기업 주주에게 넘어가기 때문에, 3분의 1 이상의 기업인수가 주주가치를 파괴하는 것으로 나타났다.

성장 상태에 있는 기업의 경우, 확장을 가속화하거나 제품, 기술 또는 지역의 격차를 메우는 효과적인 방법이 기업인수가 될 수 있다. 일반적으로, 수많은 소규모 기업인수는 기업의 시장 접근 또는 소규모 기업의 제품 출시를 빠르게 하는 것을 도울 수 있다.

따라서 경영자들에게 당면한 과제는 기업인수가 기업의 주주들에게 가치를 창출할 수 있는 것임을 확실히 하는 것이다. 이를 위하여, 이번 장에서는 어떻게 기업인수로 가치를 창출할 것인가에 대한 분석을 위한 프레임워크를 제공하며, 실증 연구를 요약하여 볼 것이다. 또한 가치를 창출할 가능성이 높은 전형적인 전략들에 대하여 알아보고, 가끔 시도되지만 성공적으로 실행될 것 같지 않은 전략들에 대해서도 살펴본다. 어떻게 영업적 개선을 추정하고 달성하는지, 인수대금을 현금과 주식 중 무엇으로 결제하는지에 대한 실무적인 조언도 제시할 것이다. 마지막으로 주식시장은, 회계적 결과가 아닌 합병이 기업의 내재가치에 미치는 영향의 기대치에 반응한다는 사실을 경영자들에게 상기시킬 것이다.

가치 창출 프레임워크

기업인수는 합병된 기업의 전체 현금흐름이 이전보다 더 많을 때 가치를 창출한다. 인수기업이 인수에 대한 가격을 너무 과도하게 지불하지 않는다면, 가치의 일부는 인수기업의 주주들에게 돌아가게 된다. 기업인수는 (3장에 자세히 설명되어 있는) 가치보존원칙의 좋은 사례이다.

인수기업 주주들에게 창출된 가치는 인수기업이 획득한 가치에서 인수를 위해 지불한 금액의 차이와 같다.

$$\text{인수기업 창출가치} = \text{인수기업 획득가치} - \text{인수가격}$$

인수기업이 획득한 가치는 피인수기업의 내재가치, 즉 피인수기업이 기존의 경영진에 의하여 경영되었을 경우의 가치와, 인수 후 기업의 성과가 개선되어 피인수기업이나 인수기업의 현금흐름이 증가한 부분의 현재가치를 합한 것과 같다. 인수가격은 피인수기업의 시장가치와 피인수기업의 주주들이 지분을 매각하도록 설득하기 위한 프리미엄으로 이루어져 있다:

$$\begin{aligned}\text{인수기업 창출가치} = & (\text{피인수기업 독립가치} + \text{성과향상에 대한 가치}) \\ & - (\text{피인수기업의 시장가치} + \text{인수 프리미엄})\end{aligned}$$

표 31.1는 가상의 기업인수를 설명하기 위해 이러한 프레임워크를 이용하고 있다. 기업 A는 기업 B를 13억 달러에 인수했는데, 인수가격에는 시장가치의 30퍼센트에 해당하는 프리미엄이 포함되어 있다. 기업 A는 여러 영업상의 향상을 통하

표 31.1 기업인수 가치평가 프레임워크

$ million

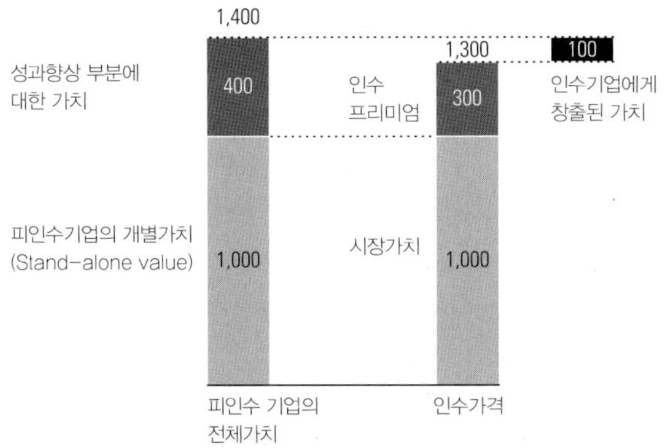

여 기업 B의 가치를 40퍼센트 증가시킬 것이라 예상하고 있기 때문에, 기업 A가 인식하는 기업 B의 가치는 14억 달러이다. 기업 B의 가치인 14억 달러에서 13억 달러의 매수가격을 차감하면, 1억 달러의 창출된 가치가 기업 A의 주주들에게 남겨지게 된다.

피인수기업의 독립가치가 시장가치와 동일한 경우에는, 향상에 따른 가치가 지불된 프리미엄보다 큰 경우에만 인수기업의 주주들에 대한 가치가 창출된다:

$$창출가치 = 성과향상에\ 대한\ 가치 - 인수\ 프리미엄$$

위의 공식을 살펴보면, 기업인수를 통하여 창출되는 가치의 대부분이 왜 피인수기업의 주주들에게 돌아가는지에 대해서 쉽게 알 수 있다. 만약 인수기업이 30퍼센트의 프리미엄을 지불했다면, 이 기업은 어떠한 가치라도 창출하기 위해서는 피인수기업의 가치를 적어도 30퍼센트만큼 상승시켜야 한다.

표 31.2는 몇 가지 인수 프리미엄과 영업상의 향상 조합에서 기업인수 투자금액 대비 창출된 인수기업 주주가치를 보여준다. 예를 들어, 바로 앞에서 언급했던 기업 A는 기업 B를 인수하기 위하여 30퍼센트의 프리미엄을 지불했고 기업 B의 가치를 40퍼센트 정도 향상시킴으로써, 인수기업 주주들에게 창출된 가치는 기업 A가 인수 거래에 투자한 금액의 8퍼센트가 됨을 보여준다.

만약 기업 A가 인수 시점에서 기업 B의 세 배 정도의 가치를 갖고 있었다고 추가적으로 가정해 본다면, 이 기업인수는 기업 A의 가치를 단지 3퍼센트 증가시킬 것이다: 기업 A의 가치 30억 달러에 대한 1억 달러의 가치 창출(표 31.1 참조). 이 예시가 보여주는 것처럼, 인수기업이 기업인수를 통하여 큰 가치를 창출하는 것은

표 31.2 성과향상에 따른 가치창출과 인수 프리미엄

거래가치 대비 가치창출(%)

인수 프리미엄, 피인수기업의 개별가치(Stand-alone value) 대비 \ 성과향상의 가치, 피인수기업의 개별가치(Stand-alone value) 대비	10	20	30	40	50
0	10	20	30	40	50
10	0	9	18	27	36
20	−8	0	8	17	25
30	−15	−8	0	8	15

표 31.3 인수합병 사례: 유의한 성과향상

%

	Year	피인수기업의 가치대비 성과향상의 가치[1]	인수 프리미엄	인수가격 대비 창출된 순가치[2]
Abbott Labs/Alere	2016	45–55	35	10–20
Tesoro/Western Refining	2016	45–55	35	10–20
RF Micro Devices/Triquint Semiconductor	2014	60–70	10	50–60
InBev/Anheuser-Busch	2008	35–45	20	15–25
Henkel/National Starch	2007	60–90	55	5–25
Kellogg/Keebler	2000	45–70	15	30–50
PepsiCo/Quaker Oats	2000	35–55	10	25–40
Clorox/First Brands	1998	70–105	60	5–25

[1] 공시된 성과향상의 현재가치/피인수기업의 가치

[2] 인수로 인해 창출된 순가치/인수가격

어렵다.

40퍼센트의 성과 향상은 매우 높아 보이지만, 이것은 유능한 인수기업이 종종 이루어 내는 일이다. 표 31.3은 과거 20년 동안의 기업인수 거래의 표본에서 창출된 가치의 추정치를 보여준다. 총 창출가치 추정을 위해, 우리는 공시된 실제 성과 향상 부분을 기업의 가중평균자본비용으로 할인했다. 성과 향상 수준은 상당이 컸으며, 일반적으로 피인수기업 가치의 50퍼센트가 넘었다. 또한, Kellogg와 PepsiCo는 기업인수에 대해서 이례적으로 낮은 프리미엄을 지불했고, 더 높은 가치를 획득할 수 있었다.

실증분석 결과

기업인수와 이것이 가치창출에 미치는 효과는 연구자들의 영원한 관심 주제이다. 기업인수에 대한 실증연구를 통하여 우리는 그것이 일어나는 시기, 가치 창출 여부 및 가치창출에 대한 수혜대상에 대해서 유의미한 통찰을 얻을 수 있었다.

언제 인수합병이 이루어지는가?

표 31.4에서 볼 수 있듯이, 기업인수에는 특정한 흐름이 존재한다. 여러 가지 요인들이 이러한 흐름을 유발한다. 첫째, 가치창출을 극대화하기 위해서는 주식가격이 낮을 때 기업을 인수를 해야 함에도 불구하고, 우리는 주식가격이 오르고 있고 경영자들이 긍정적인 전망을 갖고 있을 때, 더 많은 기업인수가 발생하는 것을 알 수 있었다. 낮은 이자율도 기업인수를 유발하는데, 특히 사모펀드회사(private-equity firm)에 의한 막대한 레버리지를 이용한 기업인수가 활발히 이루어진다. 마지막으로, 어떤 산업에서의 대규모 기업인수는 같은 산업 내의 다른 회사들의 기업인수도 부추기기도 한다.

표 31.4 과거 M&A 활동: 미국과 유럽 거래

인플레이션을 감안한 M&A 거래 가치, 2018(10억 달러)

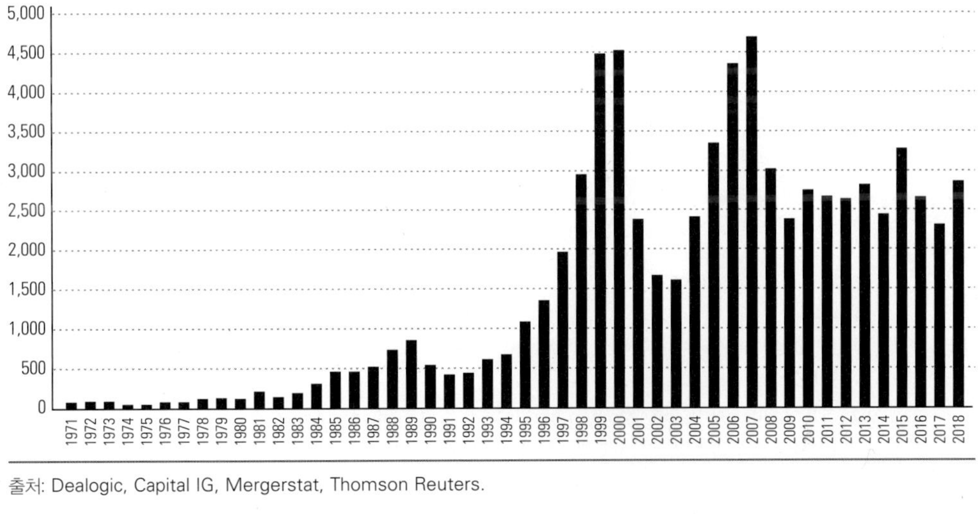

출처: Dealogic, Capital IG, Mergerstat, Thomson Reuters.

기업인수가 가치를 창출하는가?

지난 몇 십년 동안, 학자들과 연구자들은 기업인수가 가치를 창출하는지의 여부에 대한 질문에 대해 연구해왔다. 대부분의 연구는 기업인수 발표에 대한 주가 반응을 조사했다. 이런 연구는 주로 대규모의 (인수기업의 규모 대비) 기업인수에 집중되었다. 소규모 기업인수에 대한 시장의 평가는 판단하기 어렵지만, 대기업에 의한 기업인수의 95퍼센트는 인수기업 대비 시가 총액이 5퍼센트 미만인 작은 기업이 대상이었다.

연구자들은 기업인수가 인수기업과 피인수기업의 전체 주주들에게 가치를 창출한다는 것을 보여주었다. McKinsey가 1999년부터 2013년까지 1,770개의 기업인수를 대상으로 한 연구에 따르면, 인수기업과 피인수기업의 전체 가치는 약 5.8퍼센트 정도 증가했다.[1] 따라서 우리는 기업인수가 비용과 매출의 시너지 효과를 통해 경제적인 가치를 창출할 수 있다는 결론을 내릴 수 있다.

기업인수로 인해 창출되는 가치의 수혜 대상은 누구인가?

기업인수의 이점을 확인하기 위해, 대규모 기업인수에 의한 연구를 검토하는 것에서 시작할 것이다. 지분을 사고 파는 것은 기업인수에서 전체적으로 가치를 창출하지만, 평균적으로 대규모 기업인수는 인수기업의 주주들에게 어떠한 가치도 창출하지 못한다. M&A 발표에 대한 자본 시장의 반응을 조사한 실증 연구는 가중평균한 대형 거래의 가치가 인수기업의 주식 가격을 1에서 3퍼센트 낮춘다는 사실을 발견했다.[2] 기업인수 후 주식 수익률은 나아지지 않았다. Mark Mitchell과 Erik Stafford는 기업인수 후 3년 동안, 인수기업의 주주 수익률은 비교 대상 기업 대비 5퍼센트 낮음을 발견했다.[3] 영국은 더 큰 기업인수에 대해서 주주들의 투표를 요구하는 새로운 규칙을 갖고 있었다. Marco Becht, Andrea Polo, 그리고 Stefano Rossi의 연구는 주주들이 투표를 하지 않았을 때보다, 주주들이 투표를 한 상황에서, 인수기업의 주가 반응이 훨씬 긍정적일 가능성이 높다는 것을 보여주었다. 그들은 주주들이 투표를 하지 않는 미국의 대형 거래에 대해서도, 주가 반응이 부정

---

1 D. Cogman, "Global M&A: Fewer Deals, Better Quality," McKinsey on Finance, no. 50 (Spring 2014): 23-25

2 S.B.Moeller, F.P.Schlingemann, and R.M.Sulz, "Do Shareholders of Acquiring Firms Gain from Acquisitions?" (NBER Working Paper W9523, Ohio State Univrsity, 2003).

3 M.L.Mitchell and E.Stafford, "Managerial Decisions and Long-Term Stock Price Performance", *Journal of Business* 73 (2000): 287-329.

적일 가능성이 높다는 것을 보여주었다.[4]

이 질문을 살펴보는 또 다른 방식은, 인수기업 주주들을 위한 가치를 조금이라도 창출한 거래의 비율을 추정하는 것이다. McKinsey 연구에 따르면 3분의 1은 가치를 창출했고, 3분의 1은 그러지 못했으며, 마지막 세 번째 그룹에 대해서는 결론을 내릴 수 없었다.[5]

대부분 혹은 모든 기업인수에 의한 가치창출이 피인수기업의 주주들에게 돌아간다는 결정적 증거를 발견하는 것은 놀라운 일이 아닌데, 왜냐하면 피인수기업의 주주들은, 평균적으로, 발표 이전 주식가격의 30퍼센트에 해당하는 높은 프리미엄을 받고 있기 때문이다.

이러한 연구에서는 합병 발표 이후 며칠 동안의 주식시장 반응을 관찰했다. 많은 이들은, 가치창출을 측정하기 위하여 공시효과(announcement effect)를 이용한다는 점을 비판해왔다. 공시효과가 지속되는지 여부에 대한 증거는 일관되지 않고 있다. Sirower와 Sahna는 처음 시장 반응은 지속적이며 향후 1년 동안의 실적을 나타내는 것임을 보였다.[6] 그러나 몇몇 학자들은 또 2년 기간 동안의 다른 대형 거래 표본들을 연구했고, 지속성에 대한 결론을 내릴 수 없는 증거를 발견했다.[7]

공시효과에 대한 연구가 대형 표본에 대해서는 유용한 결과를 줄 수는 있겠지만, 개별 거래에 대해서는 이러한 접근법이 적용될 수 없다. 평균적으로 시장이 거래의 결과를 정확하게 평가한다고 해도, 이러한 통계치가 개별 결과의 초기 평가에 대해서 항상 옳다는 것을 의미하는 것은 아니다.

앞선 연구에서의 대기업 인수 편향을 극복하기 위해서, 우리의 동료들 중 몇 명은, 단일 기업인수가 아닌 기업인수 프로그램을 살펴보았다.[8] 그들은 2007년부터 2017년 사이의 1,645개의 비금융기업을 조사했고, 4개의 유형으로 분류했다:

---

4 M. Becht, A. Polo, and S. Rossi, "Does Mandatory Shareholder Voting Prevent Bad Acquisitions? The Case of the United Kingdom," *Journal of Applied Corporate Finance* 31, no. 1 (Winter 2019): 42–61.

5 W. Rehm and C. Siverstsen, "A Strong Foundation for M&A in 2010." *McKinsey on Finance*, no. 34(Winter 2010): 17-22

6 M.Sirower and S.Sahna, "Avoiding the Synergy Trap: Practical Guidance on M&A Decisions for CEOs and Boards," *Journal of Applied Corporate Finance* 18, no. 3 (Summer 2006): 83–95.

7 Rehm and Siverstsen, "AStrong Foundation for M&A in 2010." An unpublished update in 2018 showed similar results.

8 다음 문헌에 대한 갱신 및 확장된 결과. W. Rehm, R. Uhlaner, and A. West, "Taking a Longer-Term Look at M&A Value Creation," *McKinsey Quarterly* (January 2012), www.mckinsey.com.

1. 계획적(Programmatic) 인수기업은 다수의 기업인수를 완료했다.[9]
2. 대형거래(Large-deal) 기업은 인수기업 가치의 30퍼센트를 초과하는 거래를 적어도 하나 완료했다.
3. 내부성장(Organic) 기업은 M&A를 거의 하지 않았다.
4. 선택적(Selective) 인수기업은 위의 3가지 유형에 속하지 않는 기업들이다.

표 31.5는 25번째 및 75번째 백분위 수와 함께 동종업계 대비 주주총수익률(total shareholder returns, TSR) 중간값, 동종업계 기업 대비 높은 성과를 낸 기업 수를 포함한 결과를 보여준다. 계획적 인수기업은 가장 성과가 좋았는데, 연간 0.9퍼센트의 TSR 초과성과 중간값을 보였다. 대형거래 기업은 성과가 가장 안 좋았으며, 이는 공시효과 연구 결과와 일치한다.

그러나 중위수는 중요한 세부 사항을 감추고 있다. 25번째 백분위 수에서 75번째 백분위 수의 간격은 매우 크고, 서로 다른 인수 전략에 대해서 서로 포개어 지고있다. 모든 분류 중에서, 계획적 인수기업이 가장 큰 양의 편향을 보이고 있으며, 초과 성과 기업 수 비율도 가장 높다. 대형거래 인수기업은 가장 심한 음의 편향을 보이고 있다. 이것은 놀랄 만한 사실이 아닌데, 왜냐하면 이 표본에는, 감축 경영에 초점이 맞추어진 쇠퇴 또는 문제 상태의 기업뿐만 아니라, M&A에 착수하기에는 지나치게 이른 고속 성장 중인 TSR이 높은 젊은 기업들이 포함되어 있기 때문이다. 예를 들어, 대형 기업인수 거래는 초과설비를 줄이는데 가치를 두는, 저성장 및 성숙 단계의 산업에서 더욱 성공하는 경향이 있다. 이와는 대조적으로, 빠르게 성장하는 산업군에서의 대형 거래는, 현저하게 저조한 실적을 보였다. 이러한 기업에서는, 대규모 인수를 사후적으로 관리하느라 제품의 혁신에 들여야 할 노력이 분산되는 결과가 초래되었다. 계획적 전략만이 대부분의 산업에서 우수한 성과를 보였다. 이러한 결과는 2017년 Fich, Nguyen, and Officer의 연구와도 일치하는데, 그들은 대기업이 작은 기업을 인수하는 것은 큰 기업을 인수하는 것보다 더 많은 가치를 창출하는 경향이 있음을 발견했다.[10]

새로운 소식은, 대형 기업인수가 거래가 항상 나쁘기만 한 것은 아니라는 것이다. 연구자들은, "인수기업 주주" 수익률을 바탕으로, 성공하지 못한 거래와 구분

9 우리는 계획적 인수기업을 1년에 두 개를 초과하는 소기업 또는 중기업에 대한 거래를 수행한 기업으로 정의한다.

10 Eliezer M. Fich, Tu Nguyen, and Micah S. Officer, "Large Wealth Creation in Mergers and Acquisitions" (paper presented at American Finance Association 2013 annual meeting, San Diego, CA, January 4–6, 2013, revised November 8, 2017), available at http://dx.doi.org/10.2139/ssrn.2020507.

표 31.5 관측된 기업인수 전략에 대한 성공률

1,645개 비금융회사, 2007-2017, %

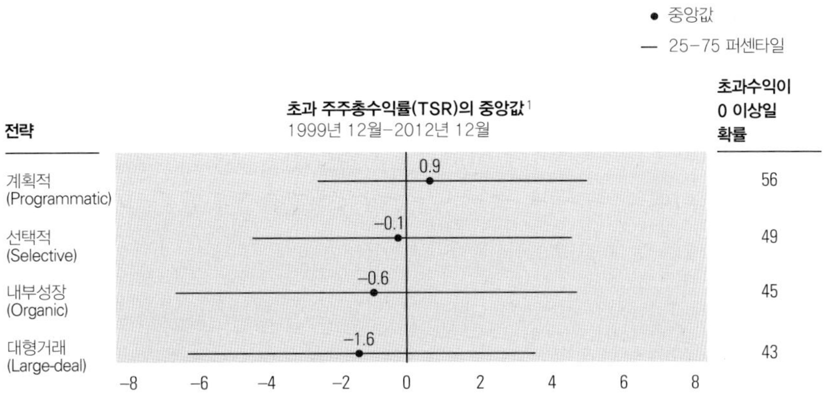

[1] 각 기업의 글로벌 업종지수 대비 초과성과

출처: Dealogic.

되는 성공적인 거래의 특정 요인을 찾아냈다. 이 연구는 4가지 중요한 특징을 지적했다:

1. *건실한 기업이 더 성공적이다.* 실증연구에 의하면, 이익과 주가가 인수시점 이전 3년간 산업 평균치 이상으로 성장한 인수기업은, 발표에 대해 통계적으로 유의한 양의 수익률을 얻는다.[11] 다른 장부가치대시장가치비율(Market-to-book ratio)을 기업의 성과측정에 이용한 다른 연구에서도 이와 유사한 결과가 나타났다.[12]
2. *낮은 거래 프리미엄이 더 나은 결과를 가져온다.* 연구자들은 높은 프리미엄을 지불한 인수기업은 발표에 대해서 음의 수익률을 얻는다는 사실을 발견했다.[13]
3. *유일한 인수입찰자가 되는 것은 더 나은 결과를 가져온다.* 많은 연구에서, 인수기업의 주가수익률이 입찰자의 수와 음의 상관관계에 있다는 사실을

11 R. Morck, A. Shleifer, and R. Vishny, "Do Managerial Objectives Drive Bad Acquisitions?" *Journal of Finance* 45 (1990): 31-48.

12 H.Servaes, "Tobin's Q and the Gains from Takeovers," *Journal of Finance* 46 (1991): 409-419; "and Fich et al., "Large Wealth Creation in Mergers and Acquisitions.

13 M. L. Sirower, *The Synergy Trap* (New York: Free Press, 1997); and N.G. Travlos, "Corporate Takeover Bids, Methods of Payment, and Bidding Firms' Stock Return," *Journal of Finance* 42 (1987): 943-963. 이 결과는 Sirower에서 통계적으로 유의하지만, Travlos에서는 유의하지 않다.

발견했다. 즉, 더 많은 입찰자가 존재할 수록 인수가격은 더 높아진다.[14]

4. *비상장기업 인수가 더 나은 결과를 가져온다*. 비상장기업 및 대기업의 자회사를 인수하는 경우 상장기업을 인수하는 경우보다 더 높은 초과수익률을 얻었다.[15]

중요하게 여겨지지 않는 문제들을 파악하는 것 또한 중요할 수 있다. 기업인수에 대한 아래의 측면들을 고려하는 것이 가치창출이나 가치파괴로 이어진다는 근거는 밝혀진 바가 없다:

- 거래가 주당 순이익을 증가시키는가 또는 희석시키는가 여부
- 피인수기업의 주가이익비율 (P/E; Price-to-earnings) 대비 인수기업의 P/E
- 표준산업분류(SIC; Standard Industrial Classification) 코드를 바탕으로 한, 인수기업과 피인수기업이 연관된 정도
- 거래가 경제 호황 또는 불황 시기에 이루어졌는가 여부[16]

이 경험적 증거는 기업인수를 성공적이게 하는 어떠한 마법의 공식은 존재하지 않는다는 것을 보여준다는 점에서 중요하다. 다른 기업 전략과 마찬가지로, 기업인수 또한 그 자체만으로 가치를 평가하기는 어렵다. 마케팅이나 연구개발이 그 자체만으로 평가될 수 없는 것과 마찬가지다. 각각의 거래는 반드시 그 거래만의 전략적 논리를 가지고 있어야 하고 기업은 그 거래를 실행에 옮길 수 있는 적절한 능력을 갖추고 있어야 한다. 경험에 비추어 보면, 성공적인 거래를 주도한 인수기업들은 매우 명료하고 구체적인 가치창출에 대한 아이디어를 갖고 있었다. 그다지 성공적이지 못했던 거래의 전략적 근거는, 국제적 규모 추구, 포트폴리오의 허점 보안, 포트폴리오의 안정성 보안 등과 같이 대체적으로 구체적이지 못했음을 알 수 있다.

---

14 Morck et al., "Do Managerial Objectives Drive Bad Acquisitions?"; and D.K.Datta, V.K.Narayanan, and G.E.Pinches, "Factors Influencing Wealth Creation from Mergers and Acquisitions: A Meta-Analysis," *Strategic Management Journal* 13 (1992): 67-84.

15 예를 들어, L..Capron and J. Shen, "Acquisitions of Private versus Public Firms: Private Information, Target Selection and Acquirer Returns" (INSEAD Working Paper Series, 2005); 및 P. Draper and K. Paudyal, "Acquisitions: Public versus Private," *European Financial Management* 12, no. 1 (2006): 57–80 참조.

16 Fich et al., "Large Wealth Creation in Mergers and Acquisitions.

가치를 창출하는 기업인수의 전형

실증 분석은 가치를 창출하는 특정 인수 전략을 식별하는 것으로 제한된다. 기업인수는 형태와 규모가 매우 다양하며, 또한 전략 별로 기업인수를 분류할 객관적인 방법이 없기 때문이다. 게다가, 명시된 전략이 실제 전략이 아닐 수도 있다. 기업들은 일반적으로 기업인수에 따르는 모든 종류의 전략적 이점을 이야기하지만, 사실 그것은 비용 절감에 대한 이야기에 불과하다.

실증 분석의 부재 하에서, 가치를 창출하는 전략에 대한 제안은 우리의 기업인수 업무를 바탕으로 했다. 우리의 경험에 비추어 볼 때, 인수기업의 가치를 창출하는 기업인수에 대한 전략적 근거는 다음의 여섯 가지 중 하나에 들어맞는다:

1. 피인수기업의 성과를 향상시켜라.
2. 산업의 초과설비를 제거하기 위하여 합병하라.
3. 피인수기업 제품(경우에 따라서는, 인수기업의 제품)을 시장에 진출시켜라
4. 내부에서 만드는 것보다 더 빠르게 혹은 더 낮은 비용으로 노하우나 기술을 획득하라.
5. 사업에서 산업 고유의 확장성을 활용하라.
6. 승자를 빠르게 파악하고, 그들의 사업을 발전시키는데 협조하라.

만약 어떠한 기업인수가 위의 유형 중 하나 이상에 들어맞지 않는다면, 그것은 가치를 창출하지 않을 가능성이 높다.

전략적 근거는 위의 유형을 포함하는 구체적으로 표현한 것이어야 하며, “성장”이나 “전략적 포지셔닝”과 같은 모호한 개념이어서는 안 된다. 성장이나 전략적 포지셔닝은 중요할 수 있으나, 이러한 개념은 보다 실질적인 무언가로 구체화되어야 한다. 나아가, 어떠한 기업인수가 위의 유형 중 하나를 포함한다 하더라도, 인수가격을 지나치게 지불하면 이 여전히 가치는 창출되지 않을 것이다.

피인수기업의 성과 향상

가장 흔한 가치를 창출하는 기업인수 전략은 피인수기업의 성과를 향상시키는 것이다. 간단히 말해, 기업을 인수하고, 비용을 획기적으로 줄여, 이익과 현금흐름을 개선하는 것이다. 경우에 따라서는, 인수기업은 매출성장률을 가속화하기 위한 단계를 밟아나갈 수도 있다.

이 전략을 추구하는 것은 최고의 사모투자회사들이 하는 일이다. Acharya,

Hahn, and Kehoe는 인수대상기업을 매수하여 성과를 개선하고, 추가적인 인수 없이 매각하는 성공적인 사모투자회사의 기업인수에 대하여 연구했다.[17] 그들은 사모투자회사가 소유권을 행사하는 동안, 피인수기업의 영업이익률은 동종 업계 기업들보다 평균적으로 2.5퍼센트 정도 더 증가했음을 발견했다. 이는 많은 거래들이 영업이익률을 더 증가시켰다는 것을 의미한다.

낮은 이익률과 ROIC를 가진 회사의 성과를 향상시키는 것은 높은 이익률과 ROIC를 가진 회사의 성과를 향상시키는 것보다 더 쉽다는 사실을 명심하자. 6퍼센트의 영업이익률을 기록하는 어떤 회사를 인수한다고 가정해 보자. 비용을 매출의 94퍼센트에서 91퍼센트로 3퍼센트 포인트 절감하는 것은 이익률을 9퍼센트 증가시키고, 이는 기업가치의 50퍼센트 상승을 가져온다. 이와 대조적으로, 만약 그 회사의 영업이익률이 30퍼센트였다면, 기업가치를 50퍼센트 상승시키기 위하여 영업이익률을 45퍼센트까지 향상시켜야 한다. 비용은 매출의 70퍼센트에서 55퍼센트로 절감시킬 필요가 있는데, 이는 비용의 21퍼센트 감소를 의미한다. 이와 같은 기대치는 합리적이라고 할 수 없다.

합병을 통한 초과설비를 제거

산업이 성숙되어 감에 따라, 일반적으로 초과 설비가 생겨나게 된다. 예를 들어, 화학산업에서, 회사들은 지속적으로 공장에서 더 많은 생산량을 산출할 수 있는 방법을 찾고 있는 동시에 새로운 경쟁자들(예를 들어, 석유화학제품에서의 사우디아라비아)이 산업에 진입하고 있다. 기존 설비에서 너 높은 생산량과 신규진입 기업들로부터 새로운 설비의 조합은 수요량을 넘어선 공급량으로 이어질 수 있다. 그러나 공장을 멈추는 것은 어떠한 경쟁기업에게도 이익이 되지 않는다. 기업은, 생산성이 가장 떨어지는 공장을 폐쇄하고 기업 규모를 줄이기 위해서, 인수를 통해 규모가 더 커진 기업에서 공장을 닫는 것이, 인수가 없는 상태에서 같은 조치를 취하는 것보다 더 쉽다는 사실을 알게 되기도 한다.

초과설비를 줄이는 것은 공장 폐쇄에만 국한되지 않으며, 설비의 덜 유형적인 형태로 확장될 수도 있다. 예를 들어, 제약업계의 통합은 합병기업의 제품 포트폴리오가 바뀌고 의사와 어떻게 소통할지 다시 고민하면서 영업인력을 크게 줄일 수 있었다. 대형 제약사들도 보다 생산적인 연구 수행 방법을 찾고 개발 프로젝트의

---

17 V. V. Acharya, Moritz Hahn, and Conor Kehoe, "Corporate Governance and Value Creation: Evidence from Private Equity"(Working Paper, Social Science Reserch Network, February 17, 2010)

포트폴리오를 폐기하면서 연구개발 설비를 크게 줄였다.

초과설비를 제거함으로써 막대한 양의 가치가 창출되기는 하지만, 창출된 가치는 피인수기업의 주주들에게 돌아가며, 인수기업 주주들의 몫이 되지 않는다. 게다가 동종산업내 경쟁자들 또한 아무런 행동을 취하지 않고서 초과설비 제거에 따르는 혜택을 누린다(무임승차 문제 발생).

상품의 시장진출 가속화

보통의 경우, 혁신적인 제품을 판매하는 비교적 작은 규모의 회사들은 잠재적 시장 전체에 접근하는 데 전반적으로 어려움을 느낀다. 예를 들어, 규모가 작은 제약회사들의 경우는 자사의 상품을 의사들에게 홍보하기 위해 필요한 영업인력을 충분히 보유하지 못한 경우가 대부분이다. 대형 제약회사들은 이러한 작은 회사들을 인수하고 회사가 가진 방대한 영업인력을 이용하여 소형 회사 제품의 판매성장을 가속화하기도 한다.

IBM은 이러한 전략을 소프트웨어와 서비스 사업에서 추구했다. 2010년에서 2013년 사이, IBM은 43개의 회사들을 거래 당 평균 3.5억 달러에 인수했다. IBM의 글로벌 영업망을 통해 인수한 기업의 제품을 판매함으로써, IBM은 피인수기업의 매출을 크게 가속화할 수 있었다고 평가하는데, 인수 거래 후 첫 2년 동안 40퍼센트 이상을 넘어서기도 했다.[18]

어떤 경우에는, 피인수기업이 인수기업의 매출성장을 가속화하는데 도움을 줄 수도 있다. Procter & Gamble이 Gillette를 인수했을 때, P&G가 신흥 시장에서 강력한 매출을 올린 반면, Gillette는 다른 시장에서 더 큰 점유율을 갖고 있었기 때문에, 합병된 기업 전체가 이익을 누렸다. 협업을 통해서, 이들 두 회사는 새로운 시장에 그들의 제품을 더 빨리 선보일 수 있었다.

자체개발보다 더 빠르게 또는 더 낮은 비용으로 노하우나 기술을 획득

많은 기술 기반 기업들은 자사제품의 성능 향상에 필요한 기술을 보유한 다른 회사를 인수한다. 그렇게 함으로써, 스스로 개발하는 것보다 더 빠르게 기술을 획득할 수 있고, 특허기술에 대한 로열티 지불을 회피할 수 있으며, 경쟁회사로부터 해당 기술을 지킬 수 있기 때문이다. 예를 들어, Apple은 2010년 iPhone의 기능 향상을 위해 Siri(자동 개인비서)를 인수하였다. 또한 2014년에는 Siri의 능력의 더 많

18 IBM Strategic Decisions Conference, 2014

은 향상을 위해, 음성인식 기술회사인 Novauris Technologies를 추가로 인수하였다. 같은 해, Apple은 Beats Electronics도 인수했는데, 이 회사는 최근에 음악 스트리밍 서비스를 출시했다. 이 인수의 한 가지 이유는 음원을 구매하고 다운로드 받는 iTunes 사업모형으로부터 시장이 멀어지는 상황에서, Apple이 고객들에게 빠르게 음악 스트리밍 서비스를 제공할 수 있게 하는 것이었다.

네트워크 제품 및 서비스 회사 Cisco Systems(2018년 기준 매출액 490억 달러)는 인터넷 관련 산업이 엄청난 속도로 성장하던 시기에, 네트워크 솔루션 제품의 광범위한 라인업을 모으기 위해 핵심기술의 인수를 활용했다. 1993년부터 2001년까지 Cisco는 평균 3.5억 달러의 가격으로 총 71개 기업을 인수하였고, 그 결과로 매출이 1993년 6.5억 달러에서 2001년 220억 달러로 성장했는데, 2001년의 매출 중 약 40퍼센트는 기업인수의 결과이다.

기업이 속한 산업에 따라 적절한 규모의 경제 추구

규모의 경제는 종종 M&A를 통한 가치창출의 핵심동인으로 언급된다. 그러나 특히 대형 기업인수 거래의 경우에는 규모의 경제를 정당화하는 데 주의를 기울여야 한다. 왜냐하면 대기업들은 이미 어느 정도 규모의 경제를 누리고 있어서, 기업을 합병하는 것이 더 낮은 단위 비용으로 이어지기는 어려울 것이기 때문이다. 예를 들어, 두 포장운송 기업을 생각해보자. 이들은 이미 세계에서 가장 많은 항공기를 보유하고 있으며, 매우 효율적으로 운영하고 있다. 이들이 합쳐진다면, 항공기 운용에서 상당한 절약이 이루어지기는 어려울 것이다.

규모의 경제는 기업인수로 인해 증가하는 생산능력의 단위가 크거나 대형회사가 그보다 규모가 작은 회사를 인수할 때 가치창출에 중요한 역할을 한다. 예를 들어, 신차 플랫폼을 개발하는 데에는 막대한 비용이 소요되기 때문에 자동차회사들은 차량 플랫폼의 수를 최소화하려고 한다. Audi, Porsche 그리고 VW의 조합은 이들 회사에게 일부 플랫폼을 공유할 수 있게 했다. 예를 들어, Audi의 Q7, Porsche의 Cayenne 그리고 VW의 Toureg은 모두 동일한 플랫폼을 사용한다.

기업은 구매에서 규모의 경제를 발견하기도 하는데, 이러한 이익은 미묘한 측면이 있다. 예를 들어, 건강보험사들이 합병하면, 병원시스템을 상대로 더 유리한 요율로 협상할 수 있다-이렇게 절감한 돈은 고객들에게로 전달될 것이다. 그러나, 건강보험사들의 합병은 일반적으로 두 보험사가 이미 동시에 존재하는 도시에서만 이러한 절감액을 만들어 낸다. 왜냐하면 대부분의 병원시스템이 지역에 한정되어 있기 때문에, 보험업자들은 같은 지역 시장에서 서비스를 제공할 때만 경쟁자가 되기 때문이다.

규모의 경제가 M&A 가치창출의 핵심동인이긴 하지만, 관리부서 비용 절감과 같은 일반적인 규모의 경제 달성만으로, 기업인수를 정당화할 만큼 중요한 경우는 거의 없다. 규모의 경제는 기업인수를 정당화할 만큼 충분히 커야 한다.

승자를 빠르게 선택하고 그 사업을 발전시키는 데 협조

기업인수에서 승리하는 마지막 전략은 다른 이들이 해당 산업이 성장할 것을 인지하기 오래 전에, 새로운 제품 영역이나 산업 라인의 수명 초반에 인수 거래를 실행하는 것이다. 대표적인 예는, 더 큰 기업들이 젊고 혁신적인 기업을 사들여 그들이 기술을 가다듬고, 제품 출시를 가속화하는 것이다. 그럼에도, 이러한 케이스들에서 보상을 받는데 5년 이상 걸리는 것은 드문 일이 아니다.

이러한 전략은 높은 수준의 위험을 수반한다. 미국의 대마초에 대한 예시를 생각해보자. 이 글이 쓰여지고 있을 시점에서, 여러 주정부는 레크리에이션 목적의 대마초 판매를 합법화했는데, 대마초는 연방법 하에서 소유 및 판매가 불법이었다. 일부 주요 소비재 상품 회사들은 어떻게 산업이 발전하고 그들의 사업 모형에 맞아떨어질지에 대한 불확실성에도 불구하고, 높은 성장에 대한 기대로 대마초 회사들을 사들였다. 이것이 어떻게 결론이 날지는 당분간은 알 수 없을 것이다.

이러한 인수 전략은 경영자들이 세 가지 축에서 규율 있는 접근을 할 것을 요구한다. 첫째, 다른 경쟁자들이나 시장이 산업이나 기업의 잠재력을 발견하기 훨씬 전에 투자할 의사가 있어야 한다. 둘째, 여러 번 베팅하고, 그 중 몇 가지는 실패할 수 있음을 예상하여야 한다. 셋째, 인수한 사업을 키울 수 있는 기술과 인내심이 필요하다.

기업인수를 통한 가치창출을 위한 고난도 전략

지금까지 기술하였던 여섯 개의 인수 전략 외에도 여러 가지 다른 전략들을 통하여 가치를 창출할 수 있다. 하지만, 이를 성공적으로 실행하는 것은 더욱 어렵다.

롤링업 전략

롤업 전략은 현존하는 경쟁업체들이 규모의 경제를 실행하기에는 규모가 너무 작은 고도로 세분화된 시장을 합병할 때 활용된다. Service Corporation International이 미국의 장례 사업을 롤업한 것이 그 예이다. 1960년대 휴스턴에서 하나의 장례식장을 운영하던 Service Corporation은 2018년에 2,000개의 장례식장과 공동묘지를 운영하는 기업으로 성장하였다. 이러한 전략은 그룹으로서 수행하는 사업이, 개별 사업보다 상장한 수준의 비용 절감과 더 높은 매출액을 실현시킬 수 있을 때 유효하다. 예를 들어, 한 도시 내의 Service Corporation 소속 장례식장들은 차량, 용품 구매, 지원부서 운영 등을 공유할 수 있다. 또한 도시 전역에 대한 광고를 조직화하여 비용을 절감하고 매출을 증대시킬 수 있다.

기업의 규모 그 자체가 성공적인 롤업을 만들어 내는 것은 아니다. 중요한 것은 적절한 규모에 대한 것이다. Service Corporation의 예를 들면, 한 도시 안에 여러 개의 장례식장 을 두는 것이 많은 도시에 걸쳐 여러 개의 지점을 두는 것보다 중요한데, 왜냐하면 차량 공유와 같은 비용 절감은 한 지점이 다른 지점과 가까이 있어야만 실현되기 때문이다.

롤업 전략은 감추기 어렵기 때문에 카피켓들을 끌어들이게 된다. 다른 회사들이 Service Corporation의 전략을 모방하려고 하면서, 장례식장의 매수가격은 더 이상의 인수 거래를 이행하기에는 비경제적인 수준까지 상승하게 되었다.

경쟁적 행동 개선을 위해 합병

경쟁이 치열한 산업의 경영진은 기업간 합병이 가격경쟁을 낮추고, 산업 평균 ROIC를 개선시킬 수 있을 것이라고 기대한다. 그러나, 현실에서는 산업 내에서 3~4개의 경쟁자로 통합되고 신규 진입자들을 막을 수 있는 상황이 아니라면, 경쟁사들의 가격 책정 행태는 변하지 않는다는 사실이 드러났다: 작은 기업과 신규 진입자는 가격 경쟁을 통해 시장점유율을 얻을 수 있는 유인이 있기 때문이다. 따라서 10개의 경쟁사가 존재하는 산업에서는, 경쟁의 구조가 변하기 전에 많은 인수 거래가 완료 되어야만 한다.

새로운 회사로 재탄생

M&A에 대해서 일반적으로 언급되는 이유는, 한 쪽 또는 두 회사 모두를 변화시킬 수 있다는 것이다. 하지만 이러한 변혁적 합병은 드문데, 왜냐하면 상황이 적절해야 하고 경영진이 전략을 잘 실행할 필요가 있기 때문이다. 변혁적 합병을 설명하는 가장 좋은 방법은 예를 들어 보는 것이다. 세계 유수의 제약회사 중 하나인 스위스의 Novartis는 1996년 발표된 Sandoz와 Ciba-Geigy의 300억 달러 합병으로 설립되었다. 그러나 이 합병은 단순한 사업 간의 결합 이상의 것이었다. 신임 CEO Daniel Vasella의 리더십 하에서, Sandoz와 Ciba-Geigy는 완전히 새로

운 회사로 탈바꿈했다. Vasella와 그의 경영진은 14억 달러의 비용 시너지 효과를 얻었을 뿐만 아니라, 회사의 미션과 전략, 포트폴리오와 조직, 그리고 연구부터 영업에 이르는 모든 프로세스를 재정의했다. 모든 분야에서, Ciba나 Sandoz의 업무 방식 중 자동으로 선택된 것은 없었다. 대신에, 업무 수행에 대한 가장 좋은 방식을 찾기 위한 체계적인 노력이 이루어 졌다.

Novartis는 1997년, 기업의 전략적 핵심을 생명과학사업(제약, 영양, 농업)의 혁신으로 옮기고, 70억 달러 규모의 Ciba Specialty Chemical 사업을 스핀오프했다. 이러한 조직적 변화는 Novartis가 세계 선도적인 종양학 프랜차이즈를 구축할 수 있도록, 지리적 영역 보다는 치료 분야로 연구 개발을 전세계적으로 재편성한 것이 포함되었다. 모든 부서와 관리 계층에서, Novartis는 연공 서열 기반에서 성과 기반 보상시스템으로의 변화로 인해, 강력한 성과 지향적 문화를 창출했다.

저가 매수

기업인수에서 가치를 창출하는 마지막 방법은 저가에 매입하는 것이다-즉, 피인수기업의 내재적 가치보다 더 낮은 가격에 기업을 인수하는 것이다. 그러나, 우리의 경험상, 이러한 방식으로 가치를 창출할 수 있는 기회는 드물고 상대적으로 작았다.

시장가치가 장기적으로는 내재가치로 돌아간다고 하더라도, 두 가치가 서로 일치하지 않는 순간이 잠시 존재할 수 있다. 시장은, 경영진의 범죄 혐의 수사 또는 다수의 강력한 제품들로 이루어진 포트폴리오에서 단 하나의 제품 실패 등과 같은 부정적인 뉴스에 종종 과민반응한다. 이러한 시점들은 경기 순환적인 산업에서 보다 덜 드문데, 왜냐하면 경기순환의 저점에서 자산이 종종 저평가되기 때무이다. "완벽한 예측" 모형을 바탕으로 하는 내재가치를 실제 시장가치와 비교함으로써, 우리는 경기 순환적 사업 내의 회사들이 자산을 주기 저점에서 매수하고 고점에서 판매한다면, (실제 수익률 대비) 주주 수익률이 2배 이상 될 수 있다는 사실을 발견했다.[19]

그러나, 시장은 내재가치 이하의 가격으로 기업을 인수할 수 있는 기회를 종종 제공하지만, 많은 사례가 관찰되는 것은 아니다. 피인수기업에 대한 지배력을 획득하기 위해, 인수기업은 피인수기업의 주주들에게 현 시장가치에 더해 프리미엄을 지불해야 한다. 비록 프리미엄의 크기는 천차만별이겠지만, 기업 지배에 대한 평균

19 T. Koller and M. de Heer, "Valuing Cyclical Companies, *McKinsey Quarerly*, no. 2 (2000): 62-69.

적인 프리미엄은 매우 일정한 편이며, 주로 합병 발표 이전 피인수기업의 자기자본 가격대비 30퍼센트 정도이다.

복수의 기업들이 인수대상으로 삼는 기업의 경우, 프리미엄은 급격히 상승하며, 소위 말하는 '승자의 저주'를 불러올 수 있다. 만약 여러 기업들이 인수대상기업을 평가하고 모든 기업들이 거의 동일한 시너지를 발견하였다고 가정하면, 잠재적 시너지를 가장 과대평가한 기업이 가장 높은 가격을 제시할 것이다. 제시 가격이 창출되는 가치에 대한 과대평가에 기초했기 때문에, 승자는 초과가격을 지불하게 되고, 결과적으로 패자가 된다.[20] 이와 관련된 문제점은 경영자의 자만 또는 인수기업 경영진이 인수를 통한 성과 향상을 자신하며 능력을 과대평가하는 경향과 관련이 있다.[21]

시장 가치는 종종 내재가치에서 벗어날 수 있기 때문에, 경영진은 시장이 잠재적 기업인수에 대하여 과대평가를 할 수 있다는 사실에 대해서 경계해야 한다. 1990년 후반의 주식시장 거품을 생각해보자. 기술, 미디어, 통신 관련 기업들과 합병 또는 이들을 인수했던 기업들의 주가는 시장이 거품 이전의 단계로 돌아가면서 급격하게 떨어졌다. 시장이 과열상태에 있을 때의 초과 지출은 심각한 문제인데, 왜냐하면 M&A 활동은 시장 실적이 좋았던 시기에 뒤를 이어서 증가하는 것처럼 보이기 때문이다. 인수가격이 인위적으로 높다면(그리고 높을 때), 피인수기업을 시장가치 대비 프리미엄 없이 매수하더라도, 기업인수를 정당화하기 위한 상당한 실적 향상이 필요하다.

영업 개선효과 예측

앞서 논의한 바와 같이, M&A를 통해 창출되는 가치의 주요 원천은 비용, 자본 및 매출 개선이며, 이는 흔히 합병 기업이 창출하는 시너지라고 한다. 단지, 낮은 매수가격이 이와 같은 차이를 만드는 경우는 드물다. 따라서 잠재적 개선 효과에 대한 추정은, 거래 후 이러한 개선 사항에 대한 실행과 함께, M&A에서 가장 중요한 성공 요인 중 하나이다.

본격적인 추정에 앞서서, 기업 단위의 결합으로 인한 개선 효과 추정은 일회성 이벤트가 아니라는 점을 강조할 필요가 있다. 이것은 여러 차례 이루어지는 이벤트이다: 첫째, 협상이 시작되기 전에, 둘째, 협상 기간 동안에 인수기업이 더 많은 정보를 얻게 되면서, 마지막으로, 거래 종료 후에 평가가 이루어진다. 일부 기업은 마

20 K. Rock, "Why New Issues Are Underpriced," *Journal of Financial Economics* 15 (1986): 187–212.

21 R.Roll, "The Hubris Hypothesis of Corporate Takeovers," *Journal of Business* 59 (1986): 197-216.

지막 단계에 큰 의미를 부여하지 않기도 하지만, 이것은 매우 중요하다. 우리의 동료들은, 거의 50퍼센트에 해당하는 인수거래 종료 이전 추정이 개선 기회를 완전히 파악할 수 있는 충분한 로드맵을 제공하는데 실패했다는 사실을 발견했다.[22]

우리는 기업들이 매출 개선보다 비용 절감 효과를 훨씬 더 잘 실현한다는 사실을 발견했다. McKinsey의 Merger Management Practice는 90개의 기업인수를 분석하여, 86퍼센트의 인수기업이 기대 비용절감액의 적어도 70퍼센트를 달성할 수 있었음을 확인했다.[23] 반대로, 인수기업의 절반 정도가 목표했던 매출 향상의 70퍼센트 미만을 달성했고, 관측된 인수기업의 약 25퍼센트는 목표 매출 향상치의 30퍼센트 미만을 실현시켰다.

원가 및 자본 절감 예측

너무나 흔하게, 경영자들은 단순히 인수기업과 피인수기업의 재무적 성과 차이를 계산하여, 비용절감액을 추정한다. 그러나 EBITA 이익률이 200 베이시스 포인트 높다는 것이 반드시 피인수기업의 더 나은 성과로 이어지는 것은 아니다. 비용 및 자본 절감을 추정하는 손쉬운 방법은 따로 없다. 가장 좋은 추정치는 상세한 분석을 바탕으로 한다. 비용 및 자본 절감은 기본값 추정, 각 분류에 대한 절감액 추정, 벤치마크에 대한 테스트 결과 등 체계적인 프로세스를 따라야 한다.

두 회사가 비용 구조의 서로 다른 부분에 걸쳐서 독립성을 유지된다는 가정 하에서 비용과 자본에 대한 세부 기본값에서 시작해보자. 기본값의 목적은 인수기업과 피인수기업의 모든 비용이 설명되고 비용 절감을 추정할 때 이중 계산을 하는 위험을 피하는 것을 확인하기 위함이다. 기초 비용 및 자본은 본질적 가치평가와 일관되어야 한다.

이제, 인수기업과 피인수기업의 각 비용 부문에 대한 잠재적 비용 및 자본 절감액을 체계적으로 추정할 수 있다. 표 31.6과 같이, 전형적인 절감 유형이 있지만, 비용 부문과 절감 방식이 회사와 산업에 맞게 조정되도록 해야 한다. 잠재적인 절감액에 대한 정확한 추정을 위해서, 절감액을 사업 상 구체적인 영업활동과 연결해보자. 예를 들어, 판매관리비(SG&A) 지출에 대한 절감액에 대응하는 동등한 인원 감축 인원은 몇 명인가? 인력 당 결과적인 매출액은 얼마인가? 화물차량에 일부 적재된 것이 아니라 완전히 적재되었을 경우, 유통 비용은 얼마나 하락할 것인가? 완

---

22 O. Engert and R. Rosiello, "Opening the Aperture 1: A McKinsey Perspective on Value Creation and Synergies" (working paper, McKinsey & Company, June 2010), www.mckinsey.com.

23 S. A. Christofferson, R. S. McNish, and D. L. Sias, "Where Mergers Go Wrong," *McKinsey Quarterly*, no. 2 (2004): 93–99.

표 31.6 비용절감 산출을 위한 체계도 사례

부문	비용 절감 사례
연구개발	• 불필요한 프로젝트 중단 • 연구인력 중복 제거 • 연구기술 이전을 통한 신제품 개발
구매	• 공동구매 • 제품 표준화
제조	• 초과설비 제거 • 우수사례 공유
판매 및 마케팅	• 교차판매 • 판매채널 공유 • 우수사례 공유 • 전체 마케팅 예산 절감
유통	• 물류창고와 트럭 운송경로 통합
관리	• 재무/회계 및 지원부서 운영에서 규모의 경제 실현 • 전략과 리더십 기능의 통합

전히 적재된 화물 차량을 운영하기에 충분한 매출인가?

비용절감 부문을 영업요소들과 연결할 때, 경력 있는 부서의 책임자를 그 과정에 포함시켜라. 재무 전문가로만 팀을 구성했을 때보다, 재무 분석가와 경력 있는 부서의 책임자를 통합한 팀은 업무 정확성이 높아질 가능성이 높다. 게다가 경력 있는 부서 경영진들은 보통 피인수기업에 대한 세부 사항을 이미 알고 있는 경우가 많다. 만일 그렇다면, 생산능력, 품질 문제, 제품별 매출 등의 공공 영역에서 찾을 수 없는 부문들에 대한 통찰력을 얻을 수 있을 것이다.

영업 부문의 최고 경영진이 제조 능력, 유통 네트워크 및 공급자를 개선함으로써 생기는 비용절감에 대한 추정을 주도하는 기업인수를 생각해보자.[24] 주요 제품 라인에 대한 예외적인 제조 관련 요구사항들이나 피인수기업의 주 공장에 대한 투자 필요성에 대한 그의 깊이 있는 지식은 절감액 추정치를 상당히 개선시킨다. 또한 이 경영진은 피인수기업 측 운영 부서의 책임자와 실사를 위한 인터뷰를 진행했고, 이 기업이 전사적 자원관리시스템(enterprise resource planning, ERP)을 갖추고 있지 않다는 사실을 알게 되었다. 예를 들어, 이러한 각 사실은, 경영진이 피인수기업의 주요 미국 지역 설비에 대한 유연성을 유지하면서, 유럽 지역의 거점을 유지하는 것에 대한 약속을 허용함으로써, 협상과 거래 구조를 향상시켰다. 더욱이, 영업 부문 최고 경영진의 참여는 회사가 계약 체결 후 비용 절감을 실현하기 위해 신속하고 결단력 있게 움직일 준비가 되어 있음을 보장했다.

평가를 완료한 후, 합병기업의 총 성과를 영업이익과 자본효율성에 대해서 산

24 이것 또는 다른 사례들은 Christofferson 외 "Where Mergers Go Wrong"에서 볼 수 있다.

표 31.7 자동차 회사 합병: 예상 비용 절감

업 벤치마크와 비교하라. 산업 전반의 경제성을 고려할 때, 결과적인 ROIC와 성장률 예측에 대한 타당성 여부를 질문하라. 완전하게 준비된 연결손익계산서와 연결재무상태표만이 절감액 추정치가 경제적인 현실과 일관되는지 확인시킬 수 있을 것이다. 특히, 새로운 합병기업의 ROIC가 영구가치에 대해서 타당한 수준을 나타내고 산업의 본질적 경쟁 구조와 일관되는지 확인하라. 비교우위를 지속하기 어려울수록, 장기적인 성과 개선 사항도 줄여야 한다.

비용의 유형에 따라 잠재적인 비용 절감액도 달라진다. 표 31.7은 자동차 산업 기업인수 사례에서 유형에 따른 비용 절감액을 보여준다. 자동차회사 인수에 대한 전체 추정 절감액은 10퍼센트 정도이지만, 이러한 절감액은 유형에 따라 상당히 다르다. 예를 들어, 조달 비용이 자동차 제조 업체의 가장 큰 단일 비용 유형이지만, 대부분의 회사는 이미 유리한 계약을 협상하기 위한 필요 규모를 갖추고 있다. 따라서, 조달 비용에서의 절감액은 5퍼센트 정도에 불과했다. 이와는 대조적으로, 연구개발에서의 비용 절감은 33퍼센트로 추정되었는데, 두 회사가 신제품 개발 부문을 통합하여 예상 제품 수를 줄였기 때문이다. 이러한 절감은 또한 제조에서 후속 효과를 가져왔는데, 이는 제품 설계가 공통 플랫폼으로 이동하면서, 전체 제조 비용을 낮추었기 때문이다. 마지막으로, 판매와 유통 비용은 낮추면서, 경영진은 합병회사의 마케팅 예산은 유지하기로 했다.

매출 향상 예측

새 합병기업의 매출이 합병 전 기업들의 매출과 새 기업의 교차판매(cross-selling)의 합과 같다고 가정하고 싶다 하더라도, 현실은 상당히 다르다. 첫째, 합병은 기존의 고객관계를 흐트러뜨릴 수 있고, 이는 사업상 손실로 이어진다. 또한, 현명한 경쟁업체들은 스타급 판매원들과 제품 전문가들을 고용하는 기회로 합병의 시기를 이용한다. 일부 고객은 인수기업과 피인수기업 각각을 공급원으로 이용했을 수도 있으며, 최소한 둘 이상의 공급원을 유지하기 위해서 사업의 일부를 다른 회사로 이전할 것이다. 마지막으로, 합병 기간 동안 남아있기로 결정한 고객들은, 사업 손실에 대한 두려움 때문에 영업사원들이 하려고 하는 제안에 대해서 가격이나 다른 양보를 요구하는 것을 주저하지 않을 것이다.

시장의 성장성과 경쟁적 현실과 일관되는 가격 결정력과 시장 점유율에 대한 추정치를 개발하라. 비용절감액을 추정하는 프로세스에서처럼 시장 현실과 비교하여 사전적 가정을 보정하라. 한 글로벌 금융회사는 한 기업인수가 첫 해 두 자릿수의 이익률 성장을 포함하여 향후 5년 내에 10억 유로의 매출 개선 효과를 거둘 것으로 추정했다. 그러나, 전체적인 성장은 제한적이었기 때문에, 이러한 판매 목표를 달성하기 위한 유일한 방법은 가격을 낮추는 것이었다. 실제 이익 증가율은 2퍼센트에 불과했다.

매출 개선을 예측할 때, 기본케이스 추정치(base-case assessment) 이상의 매출의 증가분이 어디서 오는지에 대해서 명확히 하라. 매출 개선은 다음 4가지 원천 중 한 가지 이상에서 이루어진다:

1. 각 제품의 최고 매출 수준(peak sales level)의 증가
2. 최고 매출 수준에 더 빠르게 도달
3. 제품 수명의 연장
4. 회사가 개별적으로 존재하였다면 개발할 수 없었을 신제품의 개발.

그렇지 않으면, 매출의 증가는 높은 가격에서 비롯될 수 있는데, 이는 기업인수가 경쟁을 줄이기 때문이다. 그러나, 반독점규정은 기업들이 이러한 기회를 이용하여 고객의 가치를 주주들에게 이전시키는 것을 못하도록 시행되고 있다. 대신에, 가격 인상은 고객 가치 상승에 직접적으로 기인해야만 하며, 이들의 선택권을 감소시켜서는 안 된다.

또한, 매출 성장률의 증가보다는 일년 간 매출 향상의 절대치나 합병 전 회사 매출에 대한 비율로 매출액의 향상을 추천한다. 성장률 접근법으로는, 매출 개선의 진정한 영향이 쉽게 과대평가될 수 있다.

실행 비용, 요구사항 및 타이밍

성과 향상이 더 적은 자원을 이용해 많은 결과를 만들어낸 결과이긴 하지만, 변화를 만들어내고 조직을 결합하는 데에는 비용이 발생할 수밖에 없다. 어떠한 비용들은 명확한데, 공장의 폐업과 관련된 비용과 고용자들에게 지불되어야 하는 퇴직금의 예가 그러하다. 다른 더 미묘한 것들도 있는데, 피인수기업의 사명이 변경되었

을 경우 새로운 브랜딩 캠페인, 서로 다른 IT 시스템에 대한 통합 비용, 고용자들에 대한 재교육 등을 들 수 있다. 이러한 비용들은 때때로 잊혀지지만, 반드시 인식되고 추정되어야 한다. 이러한 실행 비용이 그 해 비용의 총 절감액과 동일하거나 그 이상인 경우를 흔히 볼 수 있다.

인수기업들이 개선사항을 포착하는데 얼마나 걸리는지에 대하여 지나치게 낙관적인 가정을 한다는 것을 명심해야 한다. 현실은 이와 다르게 여러 방향으로 흐를 수 있다: 공장을 폐쇄하는 동안 고객에게 안정적인 공급을 보장하는 것은 인수기업이 기대하는 것보다 더 복잡할 수 있으며, 여러 출처에서 나온 서로 다른 고객 리스트를 통합하는 것은 어려운 문제이고, 구매 데이터베이스의 수천 개의 라인 항목을 검토하는 것은 거의 항상 예상 보다 많은 시간이 소요된다.

게다가, 타이밍 문제는 개선 사항의 포착 여부에 영향을 미칠 수 있다. 지난 경험에서 보았을 때, 통합 후 첫 번째 예산 연도 내에 포착되지 않은 개선사항은 결코 잡히지 않는데, 왜냐하면 이를 포착하려는 추진력이 다른 문제들로 인하여 묻혀질 수 있기 때문이다.

절감액의 "소멸" 기한을 무시하는 것도 마찬가지로 문제가 될 수 있다. 많은 잠재적 절감액이 영원히 남아있지는 않는다. 예를 들어, 비용 절감의 하나의 원천은 성장하는 산업에서 주기적인 초과 용량을 제거하는 것이다. 그러나 이러한 상황에서는, 초과 설비는 자연 적인 성장을 통해 소멸될 것이다. 따라서, 예상되는 설비과잉 기간 동안에 설비 감축이 이루어질 경우에만, 추가적인 절감 효과를 달성할 수 있다.

지불 수단: 현금 또는 주식?

인수기업은 현금으로 지불해야 하는가 아니면 주식으로 지불해야 하는가? 연구에 따르면 평균적으로, 인수기업이 현금을 제안할 때 주식을 제안할 때보다 인수 발표를 전후한 기간에서 인수기업의 주식 수익률이 더 높았다. 하지만, 전체적인 통계만으로 결론을 내리기에는 무리가 있다. 결국, 현금을 제안하는 기업조차도 과도한 돈을 지불할 수 있기 때문이다. 인수 발표에 인접하여 인수기업의 주가수익률은 현금으로 지불할 경우가 주식으로 지불할 경우보다 높았다. 하지만, 종합적인 통계만으로 결론을 도출하기에는 무리가 있다. 현금을 지불하는 인수기업 또한 과도한 인수가액을 지불할 위험이 있기 때문이다.

인수기업이 자본에 대해 제약을 받지 않는다고 가정했을 때, 실질적인 문제는 거래의 위험과 보상을 피인수기업의 주주들과 공유해야 하는가 여부이다. 인수기업이 현금으로 지불했을 때, 시너지의 발생 및 과도한 지불에 대한 위험을 인수기업의 주주가 모두 떠안게 된다. 기업이 주식을 교환할 경우, 피인수기업의 주주들은 위험을 일부를 부담하게 된다.

주식 대신에 현금으로 지불하는 것의 가치에 대한 효과를 살펴보기 위해, 표 31.8은 가상의 거래를 요약하고 있다. 인수기업과 피인수기업이 가각 10억 달러와 5억 달러의 시가총액을 갖고 있다고 가정하자. 인수기업은 30퍼센트의 프리미엄을 포함하여, 총 6.5억 달러의 가격을 지불한다. 우리는 두 가지 시나리오에서 기업의 추정 할인현금흐름(discounted cash flow, DCF)을 계산했다: (1) 영업 개선의 가치가 지불한 프리미엄보다 낮은 하방 시나리오와 (2) 이러한 개선의 가치가 프리미엄보다 5천만 달러 높은 상방 시나리오(간결하게 하기 위해, 우리는 시장가치는 피인수기업과 인수기업 모두에 대한 내재가치와 동일하다고 가정한다.)

만약, 현금으로만 지불된다면, 피인수기업의 주주들은 개선 정도가 프리미엄을 정당화할 수 있을 만큼 충분했는지 여부와 관계없이, 6.5억달러를 받게 된다. 이러한 주주들은 실행에 대한 위험을 공유하지 않는다. 인수기업의 주주는 상방 시나리오의 경우 지분 가치가 5천만 달러가 증가하고 하방의 경우 같은 금액만큼 감소한다. 그들은 모든 위험을 부담한다.

다음으로, 주식으로 지불된 동일한 거래를 고려해보자. 인수기업의 주주들은 새로운 합병 기업의 주주가 되었기 때문에, 실행 위험을 부담하게 된다.[25] 상방 시나리오에서, 인수에 따른 주주 지급액은 개선 정도가 증가함에 따라 증가한다: 주주들은 6.5억달러가 아닌 6.7억달러의 가치를 받는다. 사실상, 훨씬 더 많은 가치가 인수기업의 주주로부터 피인수기업의 주주로 이전되었다. 그러나 인수기업의 주주들은 이러한 형태의 지불을 기꺼이 허용하려고 하는데, 왜냐하면 실행이 제대로 이루어지지 않을 경우, 그들은 보호받을 수 있기 때문이다. 만약 인수 거래가 가치를 파괴한다면, 피인수기업의 주주들은 이전보다 더 적은 프리미엄을 받게 되지만, 거래 전 5억 달러의 시가총액과 비교했을 때, 합병 기업에 대한 그들의 몫이 6.3억달러의 가치가 있기 때문에, 여전히 괜찮은 프리미엄을 받게 된다.

이러한 관점에서 볼 때, 두 가지 핵심 이슈가 지불 방법 선택에 대한 영향을 미칠 것이다. 첫째, 피인수기업 또는 인수기업이 과대 또는 과소 평가되었는가? 버블 시기 동안, 당신은 주식으로 지불하려는 경향이 더 강해질 것인데, 왜냐하면 모든 사람들이 시장 조정의 부담을 공유하게 될 것이기 때문이다. 이러한 시나리오에는,

25 소액 지분을 보유한 피인수기업의 주주는 실행 위험을 피하기 위해, 그들의 지분을 시장에 매도할 수 있다. 창업자나 고위 임원 등 많은 지분을 갖고 있는 영향력 있는 주주들은 특정 기간 동안 주식을 매도하지 않기로 합의하는 경우가 많다. 이 경우, 그들은 실행 위험을 공유하게 된다.

표 31.8 현금 또는 주식에 의한 지불: 가치에 대한 영향

거래 후 주주가치, 백만 달러

거래 이전 시장가치	
인수기업	1,000
피인수기업	500
인수가격(30% 프리미엄)	650
지분율(주식거래)	39.4%/60.6%

	하방 시나리오 (시너지 = 100)	상방 시나리오 (시너지 = 200)
현금 대가		
합산 가치	1,600	1,700
지불 가격	(650)	(650)
거래 후 인수기업 가치	950	1,050
창출(소멸)된 피인수기업 가치	150	150
거래 전 인수기업 가치	(1,000)	(1,000)
창출(소멸)된 인수기업 가치	(50)	50
주식 대가		
합산 가치	1,600	1,700
피인수기업 지분율(39.4%)	(630)	(670)
거래 후 인수기업 가치	970	1,020
창출(소멸)된 피인수기업 가치	130	170
거래 전 인수기업 가치	(1,000)	(1,000)
창출(소멸)된 인수기업 가치	(30)	30

두 사업의 상대적 과대평가 수준에 대한 관점이 필요하다. 만약, 인수기업의 주식이 피인수기업의 주식보다 과대평가되었다고 믿는다면, 그것들은 거래 통화로서의 그 자체의 가치가 있다.[26] 둘째, 거래로 인해 가치가 창출될 것이라는 가능성은 어느 정도인가? 시너지가 발생하는 거래라는 확신이 강할수록 현금으로 지불하기를 원할 것이다.

현금 지불과 주식 지불을 저울실 할 때, 당신은 최적의 자본 구조가 어떻게 되어야 하는지에 대해서도 고려해야 한다. 당신의 회사는 피인수기업에 대한 전액 현금 지불을 위해 부채를 통한 충분한 현금 조달이 가능한가? 기업을 인수하기 위해 부채를 과도하게 증가시키는 것은 채무자를 완전히 망쳐버릴 수 있다. 자동차 부품을 납품하는 한 회사는, 일련의 기업인수에 대한 지불을 위해 현금을 차입했다. 당초 예상했던 것처럼 영업 개선은 이루어지지 않았고(부분적 원인으로서, 합병 후 계획의 실행이 철저하지 못했기 때문에), 회사는 감당할 수 없는 부채의 부담으로 끝내 파산으로 이어졌다.

26 주식을 고려하는 것에 대한 신호 효과는 주식 발행의 경우와 유사하다. 자본시장은 주식의 가격설정 시 이러한 (주식이 고평가 되었을 수도 있다는) 새로운 정보를 이용할 것이다.

만약 합병 기업의 자본 구조가 현금 인수를 위해 추가된 새로운 부채를 감당할 수 없다면, 새로운 회사의 주주들이 위험을 공동 부담하는 것에 대한 생각과 관계없이, 부분적으로 또는 전적으로 주식으로 지불될 필요가 있다.

회계수치가 아닌 가치창출에 집중

많은 경영자들은 기업인수로 인하여 창출될 수 있는 가치보다 그로 인하여 발생하는 회계적 이익의 증가 또는 희석에 초점을 맞춘다. 그들은 주식시장이 기업인수가 회계적 수치에 미치는 영향에 대해서는 별 관심을 보이지 않고, 이 거래가 창출할 것이라고 추정되는 가치에만 반응한다는 수많은 연구 결과에도 불구하고 그렇게 한다. 따라서 회계적 지표에 집중하는 것은 위험하고 잘못된 결정을 쉽게 초래할 수 있다.

예를 들어, 2005년에 국제회계기준(IFRS)와 미국회계기준(GAAP) 모두 영업권의 상각을 금지시켰다. 하룻밤 사이에, 주당순이익(EPS)을 희석시켰던 대부분의 기업인수는 이제는 증가시키는 효과를 가져온다. 현금 거래에서, 유일한 희석효과는 추가적인 이사 비용에서 오는데, 세후기준으로 보통 거래금액의 4퍼센트 미만이다. 주식으로 지불하는 경우, 인수기업의 P/E가 피인수기업의 그것보다 높을 경우, 이익의 증가 효과가 나타난다.

그러나 회계기준의 변화가 해당거래의 경제성을 변화시키지는 않는다. 다수의 기업인수는 이익이 증가하지만 가치는 파괴된다. 표 31.9의 가상 거래를 고려해보자. 당신은 시장에서 현재 4억 달러의 가치를 가진 회사를 5억 달러에 현금으로 인수할 것인가에 대해서 고민하고 있다. 인수자인 당신의 기업은 16억 달러의 가치를 지니고 있으며, 8억 달러의 순 이익을 내고 있다. 문제를 단순화하기 위하여 거래를 통하여 얻게 되는 영업상의 개선은 없다고 가정하자. 당신은 세전이율 6퍼센트의 부채를 조달하여 거래자금을 마련하기로 하였다. 이 거래는 가치를 파괴한다: 당신은 1억 달러만큼 더 지불하기 때문이다(운영상 개선이 없다는 것을 기억하라). 그렇다 하더라도, 이듬해의 이익과 EPS는 증가하게 되는데, 피인수기업의 세후이익(3천만 달러)이 추가적 차입으로 인하여 발생한 세후이자비용(1950만 달러)을 초과하기 때문이다.

어떻게 거래가 이익을 증가시키면서 가치를 파괴할 수 있는가? 인수기업은 두 회사의 합산 현금흐름을 근거로 하여 거래 가치의 100퍼센트를 차입하고 있다. 그러나 인수된 사업만으로는 이 정도의 부채를 감당할 수 없다. 인수기업이 기존 주주들에게 추가적인 위험에 대해서 적절히 보상하지 않고 부채 부담을 가중시키기

표 31.9 가치파괴를 가져오는 EPS 증가

가정	인수기업	피인수기업
순이익, 백만 달러	80.0	30.0
유통 주식수, 백만 주	40.0	10.0
EPS, 달러	2.0	3.0
인수발표 전 주가, 달러	40.0	40.0
PER	20.0	13.3
시장가치, 백만 달러	1,600.0	400.0
인수가격, 백만 달러	–	500.0

EPS 영향	현금 거래	주식 거래
순이익, 백만 달러		
인수기업 순이익	80.0	80.0
피인수기업 순이익	30.0	30.0
추가 이자비용	(19.5)	–
합병 후 순이익	90.5	110.0
주식수, 백만 주		
기존 주식수	40.0	40.0
신규 발행	–	12.5
주식수	40.0	52.5
Eper share, 달러		
인수 전 EPS	2.00	2.00
EPS 증가	0.26	0.10
인수 후 EPS	2.26	2.10

[1] 세전 타인자본비용 6%, 세율 35%

때문에 가치를 파괴하고 있다. 오직 ROIC(피인수기업의 이익과 영업 개선 부분의 합에서 총 인수가격으로 나눈 값)가 WACC보다 더 클 때에 주주들은 적절한 보상을 받을 수 있다. 위의 예시적인 거래에서, 5억 달러의 투자, 그리고 3천만 달러의 세후수익은 고작 6퍼센트의 ROIC밖에 되지 않는다. 이는 부채의 세후 자본조달 비용인 3.9퍼센트보다는 높지만, WACC에 미치지는 못한다.

이제, 피인수기업을 주식 교환을 통하여 인수하였다고 가정해보자. 인수기업은 피인수기업의 주주들이 요구하는 2퍼센트의 프리미엄을 지불하기 위하여 1250만주의 신주를 발행하여야 한다.[27] 거래 이후, 합병된 기업은 5억 2500만주의 주식을 보유하고, 이익은 1.1억 달러가 발생했다. 이 새로운 회사의 EPS는 2.1달러로 증가하고, 따라서 합병으로 인해 창출된 가치없이 이익이 증가하였다. 이 증가분은 거래가 창출한 가치가 아닌 수학적 계산의 결과이다.

반대로, 기업은 합병 후 초기 몇 년간 이익이 희석된다는 이유로 가치를 창출할 수 있는 기업인수를 포기하기도 한다. 매력적인 시장에서, P/E가 30인 고성장기업을 인수하기 위해 1억 달러를 쓴다고 가정해보자. 성과 향상 전 합병으로 인한 이익은 330만 달러가 될 것이다. 만약 세후 4퍼센트의 비용으로 자금을 차입했다면, 이자비용은 400만 달러가 되어, 이익 희석액이 70만달러가 된다. 그러나 만약 피

27 이 예시적인 거래에서 주식 교환비율은 피인수기업의 주식 1주 당 인수기업의 주식 1.25주이다. 우리는 자본시장이 인수기업에게 불이익을 주지 않으며, 교환비율은 합병 발표전 주식가격에 25퍼센트의 프리미엄을 더한 값으로 계산한다고 가정한다.

인수기업의 성장률이 합병 후 5년간 20퍼센트까지 끌어올릴 수 있어서 자본수익률이 25퍼센트가 된다면, 이익과 ROIC가 몇 년간 좋은 수치를 보여주지 못한다 하더라도, 주주를 위한 가치가 창출될 것이다.

금융시장은 진정한 가치창출과 단순한 EPS 증가를 구별한다. 미국에서 발생한 30억 달러 이상의 거래 117 건을 분석한 결과, 우리의 동료들은 인수거래에서 비롯되는 이익의 증가나 희석이 시장 반응의 요인이 아니라는 것을 발견했다(표 31.10 참조). 합병 후 2년 뒤의 기대 EPS 값에 상관없이 시장의 반응은 이익의 공시 한달 후와 일년 후가 유사했다(유의성이 인정되는 통계적 오차범위 안에서).

더 나은 인수기업의 특징

이 장은 더 나은 인수기업의 특징에 대해서 살펴보며 마무리한다. 기업들은 M&A에 다른 중요한 업무와 마찬가지로 집중력, 일관성, 전문성 등을 적용하면 M&A에 더욱 성공한다.[28] 이를 위해서는 종종 무시되고는 하는 다음의 4가지 조직 역량이 필요하다: 테마별로 M&A에 관여하기, 인수기업의 평판 관리하기, 전략적 비전 확인하기, M&A 주기에 걸쳐 성과 개선 목표를 관리하는 것.

주제별로 M&A 접근하기

성공적인 기업들은 회사의 전략을 지원하는 2~3가지의 명확한 M&A 테마를 중심으로 잠재적인 인수에 대한 파이프라인을 개발한다. 이런 테마들은 사업에 대한 최적의 소유자로서 조직의 역량과 특징에 대해서 명확하게 고려하면서 특정한 목적을 충족하기 위해서 M&A와 내부적 투자 모두를 활용하는 유효한 사업 계획이다. 우선순위 테마는 기업이 전략을 전달하고 피인수기업에 가치를 부가할 수 있는 능력을 갖추기 위해 M&A가 필요한 분야이다. 이는 매우 구체적이며, 이것의 효과는 시장점유율, 고객 세분화, 제품 개발 목표 등으로 측정될 수 있다.

예를 들어, 글로벌 소매업체의 M&A 테마를 고려해보자: 수익성은 없지만 자국 내 상위 3위 안에 드는 기업들만 인수함으로써, 신흥 시장 2곳으로의 진입을 통해 성장하는 것. 이는 소수의 기업만이 접근할 수 있는 구체성 수준이다. 이를 위해, 경영진은 회사의 전략 목표를 갖고 시작했다: 신흥시장에 공격적으로 진출하여

---

28 C. Ferrer, R. Uhlaner, and A. West, "M&Aas a Competitive Advantage," *McKinsey on Finance*, no. 47 (Summer 2013): 2–5에서 인용.

표 31.10 기업인수에 따른 EPS 변화에 대한 시장 반응

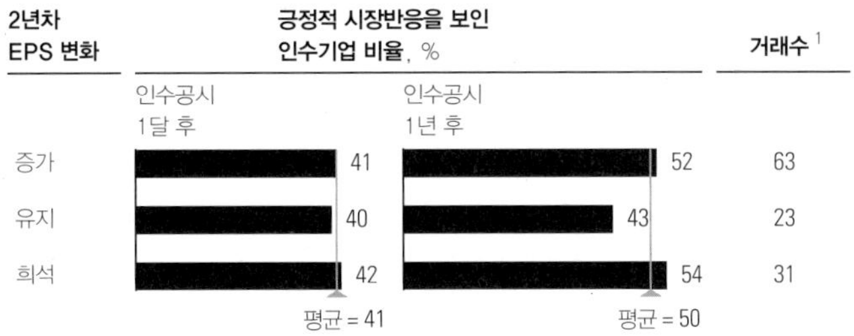

주석: EPS 증가와 희석 사이의 수익률 차이는 통계적으로 유의하지 않다. 수익률은 CAPM을 이용한 위험조정 수익률이다.
[1] 1999년 1월 - 2000년 12월 사이 30억 달러 규모 이상의 미국기업 거래, 117건 대상
출처: Thomson, analyst reports, Compustat.

5년 내 업계 3위 기업이 되는 것. 훈련이 덜 된 기업은 전략적 목표를 M&A 목표와 동일시하고 광범위한 인수기업 탐색으로 넘어갔을 수 있다. 그러나 이 소매업체의 경영자들은 그들의 M&A 목표를 더욱 개선했다. 그들은 한번에 너무 많은 시장에 관리 시간의 제약과 새로운 지역 진입의 복잡성으로 인해 비현실적이라고 결론을 내렸고, 그들은 가장 유망한 두 지역으로 조사를 제한했다. 그들은 특히, 산업 내에서의 규모의 경제의 중요성이 고려했을 때, 린 오퍼레이션이 비대해진 영업활동을 하는 회사들에게 비용 절감 향상을 제공할 것과 현지 브랜드와 현지 선호도에 부응하는 것이 매우 중요하다는 것도 알고 있었다. M&A 테마가 매우 정확하게 정의됨에 따라, 경영진들은 잠재 후보들의 리스트를 소수의 회사로 좁힐 수 있었다.

인수기업의 평판 관리하기

피인수기업에 의해서 어떻게 인식되는지 또는 인수기업이 제시하는 가치가 경쟁업체와 어떻게 비교되는지 고려하는 기업은 거의 없다. 많은 기업들이 잠재적인 피인수기업을 식별하는데 너무 느리고 사후 대응적이며, 그들과 관계를 맺는데 너무 소극적이거나, 대화를 시작할 때 너무 전술적이다. 그들은 광범위한 목표를 갖고 있어서 그들의 잠재적인 인수기업들에게 선제적으로 접근할 수 없을 수도 있다.

우리가 관찰한 바에 따르면, 인수기업으로서의 평판에 투자하는 기업은 대담하고, 협업에 초점을 맞추고 있으며, 피인수기업에 대한 실질적인 멘토쉽과 특별한 능력을 제공할 수 있을 것으로 인식된다. 일부 규모가 가장 크고 복잡한 조직에서조차도, 작고 민첩한 피인수기업들에 의해서 매력적인 매수자로 인지되기도 하는데, 이는 주로 M&A를 직접 제시하고 관리하는 방식 때문이다. 이들 중 최고는 시너지 또는 거래 가치가 아니라 실질적이고 시장에서의 승리에 초점을 맞춘 깊

이 있는 산업에 대한 통찰력과 사업 사례를 통해 이끄는 경향이 있다. 이들은 피인수기업 경영진들이 일반적으로 더 작은 규모의 기업들의 공격적인 성장을 가능하게 함으로써 새로운 조직에서 그들이 어떻게 성공할 수 있는지에 대해서 살펴본다. 또한 확장 가능한 기능과 피인수기업이 쉽게 탐색할 수 있는 예측가능하고 투명한 M&A 프로세스도 갖추고 있다. 그 결과, 이들은 시장에서 자신의 지위를 이용하여 인수 가격을 넘어서는 차원으로 성공할 수 있으며, 종종 아직 매물로 올라오지 않은 인수 대상 기업이 접근할 수도 있다. 이것은 진정한 경쟁 우위가 되는데, 최고의 자산이 그들이 인지하는 기업으로 이전하면 가치가 더해질 것이고, 이것은 검색 시간, 통합의 복잡성 및 입찰 전쟁의 가능성을 감소시키기 때문이다.

예를 들어, 한 첨단기술 회사의 경우에는 이러한 개념이 혁신을 가능하게 하는 테마로 엮이기도 한다. 이 회사의 인수자로서의 평판에 대한 투자는 외부 마케팅 캠페인에서 시작되었지만, 빠르게 M&A 과정에 깊이 파고들었다. 컨퍼런스와 엔지니어링 커뮤니티에서의 토론에서, 경영진들은 피인수기업 직원들의 증언을 활용하여 회사를 매수하고 제품 파이프라인을 가속화하는 데 필요한 전문 지식과 자원을 그들에게 제공하는 데 그들의 실적을 강조했다.

전략적 비전 확인하기

대부분의 기업의 경우, 실사(due diligence)기간 동안 전략은 실행과 연결되기 힘들다. 실사는 재무적, 법적, 세무적, 운영적인 문제들에 집중하기 때문에 전략적 비전의 유효성을 점검하기 위한 데이터 확인이 어렵다.

계약의 이면에 있는 전략적 자극을 뒷받침하기 위해, 기업들은 재무 실사와 더불어 전략 실사를 시행하여야 한다. 전략 실사를 통해, 인수의향서 작성으로 접근 가능해진 보다 자세한 자료를 바탕으로 M&A의 가치창출 논리에 대해 점검할 수 있을 뿐 아니라 미래 영업 모형 비전의 실현가능성을 확인할 수도 있다. 전략 실사에서는 인수기업이 피인수기업의 최상의 소유주임을 확인시켜 줄 자산, 기업의 능력, 그리고 연결 관계 등을 명확히 확인해야 한다. 전략 실사를 통해 인수기업의 경영진은 자신들이 자산 인수의 최적임자임을 확인시켜 줄 수 있어야 한다.

인수기업의 경쟁력 분석은 정직하고 철저하게 시행되어야 한다. 이상적으로는, 인수기업 경영자들의 믿음을 근거로 사실에 근거한 자료를 만든 다음, 이를 실제로 M&A 업무를 진행할 일선의 책임자들, 예를 들어 판매책임자, R&D 연구원, 인사관리 책임자, 재무책임자 등과 함께 점검해보는 것이 좋다. 실제로 이런 접근법은 대형금융회사에도 도움이 되었을 것이다. 실사는 보통 미래 영업 모형의 실현가능성보다는 기존 영업의 상태를 점검하는 데 그 목적이 있다. 경쟁력있는 인수자가 되기 위해서는 강력한 IT 시스템과 프로세스를 바탕으로 업계에서 가장 효율적으로 영업을 하는 사업자가 되기 위해 노력해야 한다. IT팀이 기업의 최종 목표에 대해 다른 비전을 가지고 있다는 것을 알지 못하고 M&A를 진행한다면 거래가 종료된 후에야 양사의 IT 시스템이 통합될 수 없다는 것을 발견하게 될 것이다.

성과 개선 목표의 재평가

모든 거래에서 가장 흔하지만 피할 수 있는 함정 중 하나는 통합 중에 인수기업이 피인수기업에 대해서 더 많이 알게 되면서 성과 개선에 대한 기대치를 업데이트하지 못하는 것이다. M&A를 프로젝트로 취급하는 기업은 일반적으로 실사 기간 동안 한 번만 기업의 평가 승인을 작성하고 확보한 다음 설정된 목표치를 운영 예산에 포함시킨다. 이러한 압력은 정보가 불충분하고 거래의 실질적인 잠재력과의 연관성도 높지 않은 상태에서, 기대치를 동결하고 이를 예산에 반영함으로써, 조직의 포부를 최소한의 기대치로 끌어내리게 된다.

이 문제를 해결하는 것은 무척 복잡하지만 그럴만한 가치가 있다. 어느 소비재 기업의 경우에는, 경영진이 피인수기업의 탁월한 점포내 프로모션 능력을 인수기업에 도입하여 인수기업의 기본 사업을 개선시킬 수 있다는 점을 인지한 뒤, 실제로 연간(run-rate) 시너지가 75% 상승했다. 어느 제약회사의 경우에는 거래가 종료된 직후에 적극적으로 수치를 재확인함으로써 상당히 큰 거래에서 시너지 효과를 40% 이상 증가시켰고 이로 인해 경영진들이 새로운 아이디어를 계속해서 생각해낼 수 있는 환경이 조성되었다. 이런 분위기 덕분으로 시너지는 몇 년 후까지 지속적으로 높게 유지되었다.

기업은 다양한 전술을 구사하여 시너지 효과를 실현시키는 진정한 역량을 구축할 수 있다. 예를 들어, 그들은 소위 말하는, 가치 창출 정상회담에서 이해당사자들을 한데 모이게 할 수 있는데, 이는 실사의 강도와 초점을 모방하지만, 인센티브를 위쪽에 초점을 맞추도록 바꾸는 것이다. 우리는 경험 많은 인수기업들이 창의력을 기르기 위해 백지 상태의 접근 방식을 취하는 것을 보아왔다. 이는 종종 점진적인 시너지 효과로 이어진다. 이와 유사한 활동은 기업들이 성과 개선에 대한 실사는 허용 가능한 성과 개선에 대한 최저치라는 생각을 강화시키며, 이는 경영진들이 목표를 더 높이 설정하는데 익숙하게 한다.

맺음말

기업인수는 소유주 간의 자원을 보다 효율적으로 배분할 때 경제에 도움이 된다. 그러나 대부분의 기업인수는 피인수기업의 주주에게 인수기업의 주주보다 더 많은 가치를 창출하며, 많은 거래가 인수기업의 주주 가치를 훼손시킨다. 이는 인수기업이 피인수기업의 주주를 설득하기 위해, 인수기업이 피인수기업에 제안해야하는 피인수기업의 내재가치에 붙이는 프리미엄의 가치보다 피인수기업의 성과 개선이 더 클 경우에만 인수가 인수기업에 대한 가치를 창출할 수 있다는 점을 생각해 볼 때, 놀랄 만할 일이 아니다.

경영자들은 과거에 인수기업에게 가치를 창출했던 제한된 수의 인수 유형 중 하나를 선택함으로써, 그들의 인수 거래가 자사 주주들에게 가치를 창출하는 것 중 하나라는 것을 보장할 수 있다. 또한 성공은 피인수기업이 새로운 소유권 하에서 실현할 수 있는 비용 및 수익 개선의 현실적 추정치를 산출하는데 결정적으로 의존하며, 이러한 개선의 실현에 따르는 상당한 비용을 고려해야 한다.

경영자들은, 주식시장이란 합병한 회사의 본질 가치에 대하여 기업인수가 미치는 영향에만 관심을 가진다는 사실을 언제나 명심하여야 한다. 기업인수가 단기적으로 주당순이익을 증가시킬 것인가, 감소시킬 것인가의 여부는 인수 공시 이후의 매수 기업의 주식가격의 방향과 움직임에 아무런 영향이 없다.

마지막으로, 최고의 인수기업은 M&A 전략을 정의하고, 인수자로서의 평판을 관리하고, 거래가 종료되기 전까지 실사에서 나타난 측정치에 더해 지속적인 성과 개선 기회를 탐색하는 체계적인 조직적 기술을 구축한다.

32장

사업부문 매각*

표 32.1에 제시된 바와 같이, 사업부문 매각은 인수합병과 마찬가지로 일정한 추세 속에서 일어나는 경향이 있다. 1960년대와 1970년대 복합기업들의 문어발식 확장에 이은 10년 동안, 많은 기업들이 포트폴리오를 재조정했다. 이러한 사업부문 매각들은 일반적으로 다른 기업들이나 사모인수회사(private buyout firms)를 상대로 이루어졌다. 1990년대까지 사업부문 매각 활동은 스핀오프(spin-off), 피투자기업 공개(carve-outs), 그리고 트래킹 주식(tracking stocks)과 같은 더 많은 공개지분거래(public-ownership transactions)를 포함한다. 그리고 대부분의 사업부문 매각이 여전히 기업들 간의 거래 형태를 취하지만, 그러한 공개지분거래는 확립된 사업부문 매각 접근방식이 되어왔다.

28장에서 논의된 기업 포트폴리오 관리에서 시사한 바와 같이, 가치를 창출하는 프로그램에는 체계적으로 사업 포트폴리오를 검토하는 과정을 포함해야 한다. 글로벌 상장 대기업들을 분석한 바에 따르면, 상위수준을 유지하는 기업들은 인수합병(M&A) 프로그램과 선택된 사업부문 매각을 조합하여 운영하고 있다. 여기에는 성과가 좋지만 다른 소유자 밑에서 더 나은 성과를 낼 수 있는 사업부문의 매각도 포함된다. 사업부문 매각은 기업의 발표 전후의 단기간에서 뿐만 아니라 사업부문 매각 이후 장기간에서도 높은 주주수익률을 가져왔다는 증거들이 있다. 특히, 이러한 증거는 인수와 사업부문 매각 양쪽 모두에 대해 균형 잡힌 포트폴리오 접근방식을 취하고 있는 기업들의 경우에 두드러진다.

많은 경영자들은 가치 창출 프로그램의 부분으로서 사업부문 매각을 추진하는

* 이 장의 공동저자인 André Annema에게 특별한 감사를 표한다.

것을 여전히 망설이고 있다. 게다가, 많은 사업부문 매각은 여전히 전략적 계획이 아니라 기업 외부로부터의 압력에 대한 반응으로 일어났다. 예를 들어, 2017년에 AkzoNobel은 행동주의 투자자(activist-investor)의 활동과 경쟁사인 PPG의 인수 시도에 직면했을 때 특수화합물 사업부문 매각을 발표했다.

이 장에서는 먼저 사업부문 매각이 가치를 창출한다는 증거들을 보여주고, 가치를 창출하는 요인들을 설명한다. 그리고 이러한 증거에도 불구하고 왜 경영자들이 보통 선제적인 사업부문 매각의 추진을 꺼리는지를 논한다. 다음 절에서는 사업부문 매각으로 인한 가치창조의 잠재력을 어떻게 평가할지를 보여준다. 마지막 절에서는 사업부문 매각거래의 구체적인 형태를 어떻게 선택할 것인지에 대해 안내한다.

사업부문 매각으로부터의 가치 창출

학술연구들은 가치창조를 하는 사업부문 매각의 잠재력에 관하여 많은 증거를 제공하고 있다.[1] 2012년의 한 조사는 10,000개의 비공개 및 공개거래들에 대한 실증결과를 통해 다양한 유형의 사업부문 매각 발표에서 유의한 양(+)의 초과수익률을 발견하였다.[2] 표 32.2는 이 결과를 요약해서 보여준다. 많은 기업들은 사업부문 매각 거래를 발표하기 전에 그러한 매각 거래의 의도를 충분히 공시하기 때문에 실제 초과수익률은 아마도 더 높을 것이다.[3]

---

1 예시로 다음 문헌들 참조. J. Mulherin and A. Boone, "Comparing Acquisitions and Divestitures," *Journal of Corporate Finance* 6 (2000): 117–139; J. Miles and J. Rosenfeld, "The Effect of Voluntary Spin-Off Announcements on Shareholder Wealth," *Journal of Finance* 38 (1983): 1597–1606; K. Schipper and A. Smith, "A Comparison of Equity Carve-Outs and Seasoned Equity Offerings: Share Price Effects and Corporate Restructuring," *Journal of Financial Economics* 15 (1986): 153–186; K. Schipper and A. Smith, "Effects of Recontracting on Shareholder Wealth: The Case of Voluntary Spin-Offs," *Journal of Financial Economics* 12 (1983): 437–468; J. Allen and J. McConnell, "Equity Carve-Outs and Managerial Discretion," *Journal of Finance* 53 (1998): 163–186; and R. Michaely and W. Shaw, "The Choice of Going Public: Spin-Offs vs. Carve-Outs," *Financial Management* 24 (1995): 5–21.

2 B. Eckbo and K. Thornburn, "Corporate Restructuring," *Foundations and Trends in Finance* 7 (2012): 159–288.

3 다음 문헌 참조. P. Ghazizadeh, A. de Jong, and F. Schlingemann, "Voluntary Disclosures of Asset Sales," working paper, 2018. 조사대상 기업들의 약 40%는 사업부문 매각 거래 발표의 6개월 정도 전에 그러한 매각의 의도를 공시한다. 이러한 공시에 따른 초과수익률을 감안하여 그들은 사업부문 매각 발표에 따라 추정되는 전체적인 결과에 약 2.4%를 가산한다.

표 32.1 사업부문 매각 규모 대비 M&A 규모

십억 달러[1]

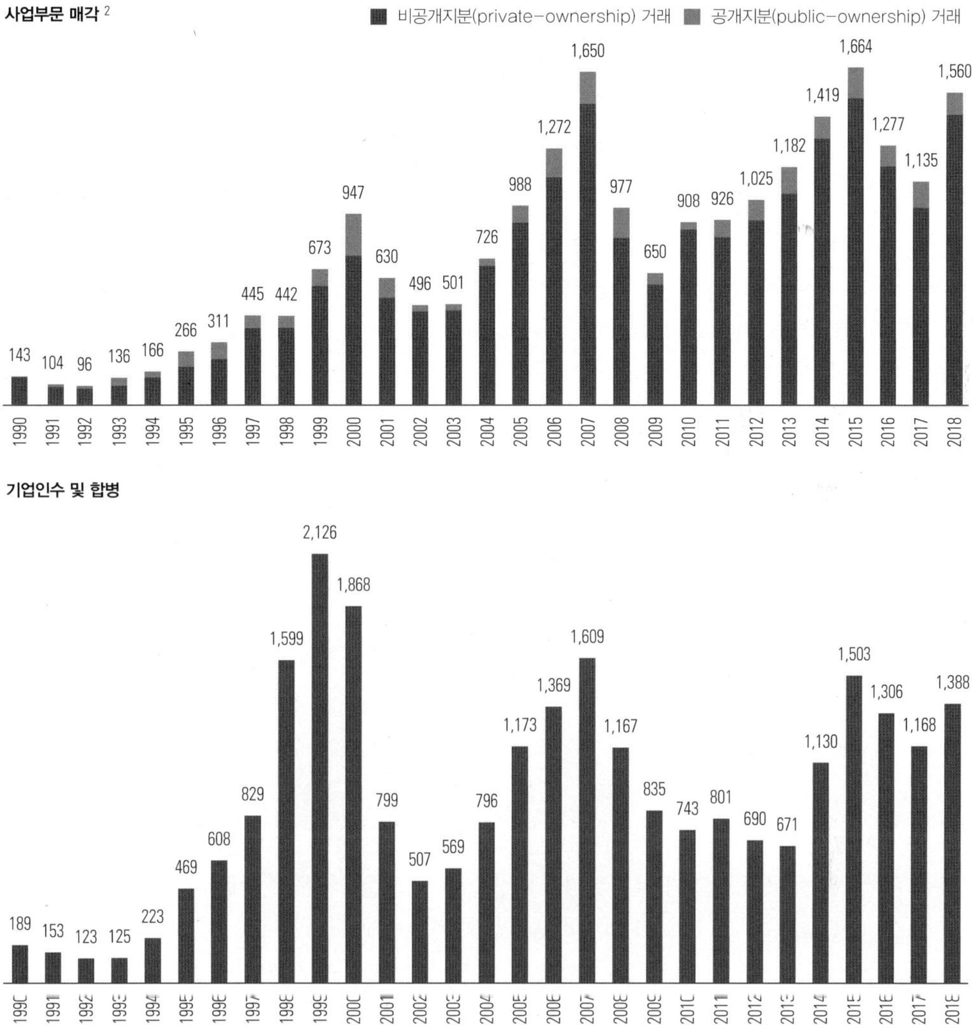

[1] 거래가치 50백만 달러 이상 거래, 거래는 미국 또는 유럽의 피인수기업 그리고/또는 인수기업 포함

[2] 50% 초과의 지분매각 거래, 사업단위 매각, 자산매각 및 공개지분거래(스핀오프(spin-offs), 카브 아웃(carve-outs), 스플릿 오프(split-offs) 등)를 포함한 사업부문 매각

출처: Securities Data Company; Dealogic; Corporate Performance Analysis by McKinsey.

발표에 따른 초과이익률은 투자기업(parent company)과 매각된 사업 모두의 성과가 개선될 것이라는 시장의 기대를 반영한다. 그런 기대는 정당하다. 예를 들어, 투자기업과 분리 설립된 사업의 영업마진은 그 거래 종결 이후 5년 동안 크게 향상되었다. 그리고 분리 설립된 사업의 성장률은 거의 2배가 되었다.[4] 학술연구는 영업성과의 개선이 투자기업보다 피투자기업(subsidiary company)에서 더 크게 나타난다고 확인하였다.[5] 인수에서와 같이 과거 경험은 성과에 영향을 미치는 것으로 나타났는데, 사업부문 매각을 자주 실행한 기업들이 그러한 매각으로부터 더욱 많은 가치를 창출하였다.[6]

사업부문 매각에 의한 가치창출이 보장되어 있는 것은 아니다. 대규모의 미국 스핀오프들에 대한 맥킨지 연구에 따르면, 상위의 사업부문 매각기업들은 전체시장보다 높은 성과를 보이지만, 하위의 사업부문 매각기업들은 시장보다 아주 저조한 성과를 보였다.[7] 이는 대규모의 사업부문 매각은 중대한 위험을 수반하며 신중한 준비와 실행이 요구된다는 것을 보여준다. 당연히 속도는 중요하다. 12개월 이내에 완료된 대규모의 미국 스핀오프에서는 약 6%의 초과 수익률이 나타난 반면에 13~24개월 이내에 완료된 경우에는 −11%의 수익률이 나타났다.[8] 늘어지는 사업부문 매각은 보통 부실한 준비와 실행의 징후이다. 낮은 속도는 또한 사업침체 위험을 증가시킨다. 예를 들어, 기업의 주요 종업원이나 경영진 또는 고객들을 잃을 수 있다. 준비와 실행뿐만 아니라 기업의 포트폴리오 전략도 사업부문 매각의 성공에 영향을 미친다. 10년 기간의 200개 미국 대기업에 대한 맥킨지 연구에서 소극적인 포트폴리오 접근전략(사업을 매각하지 않거나 압력에 의하여 실적이 안 좋은 사업들만 매각)을 취한 기업들은 같은 기간 적극적인 포트폴리오 접근 전략을 취한 기업들보다 성과가 부진했다.[9] 가장 실적이 좋은 기업들은 체계적으로 다른 기업을 인수하였을 뿐 아니라 사업부문을 매각했다.

---

4 다음 문헌 참조. B. Huyett and T. Koller, "Finding the Courage to Shrink," *McKinsey on Finance*, no. 41 (Autumn 2011): 2–6.

5 P. Cusatis, J. Miles, and J. Woolridge, "Some New Evidence That Spinoffs Create Value," *Journal of Applied Corporate Finance* 7 (1994): 100–107.

6 M. Humphery-Jenner, R. Powell, and E. Jincheng Zhang, "Practice Makes Progress: Evidence from Divestitures," *Journal of Banking and Finance* 105 (2019): 1–19.

7 1992년에서 2013년에 발생한 대규모의 미국 스핀오프 132개 표본의 분석결과, 스핀오프 이후 1, 2, 3년 기간의 최상위 4분위 주주 수익률과 최하위 4분위 주주 수익률 간의 범위는 사업부문 매각기업들이 전체시장보다 유의하게 크게 나타났다. 다음 문헌 참조. S. O'Connell and J. Thomsen, "Divestitures: How to Invest for Success," *McKinsey on Finance* (Summer 2015): 2–6.

8 O. Ezekoye and J. Thomsen, "Going, Going, Gone," *McKinsey on Finance* (August 2018): 2–6.

9 J. Brandimarte, W. Fallon, and R. McNish, "Trading the Corporate Portfolio," *McKinsey on Finance* (Fall 2001): 1–5.

표 32.2 사업부문 매각의 시장조정(Market-Adjusted) 발표 수익률

최저 CAR — 표본크기 가중평균 CAR — 최고 CAR

누적초과수익률(CAR),[1] %	실증연구 개수	거래의 개수[2]	기간[3]
스핀오프	24	2,957	1962–2007
카프아웃	10	1,251	1965–2007
자산매각	25	7,544	1963–2005

[1] CAR는 발표 하루 전부터 하루 후까지 측정되는 누적초과수익률이며 개별 실증연구에 걸쳐 최고, 최저, 표본크기 가중평균 값이 제시됨.
[2] 모든 개별 실증연구들의 표본크기의 합
[3] 최소 한 개의 실증연구가 거래를 포함시킨 연도
출처: B. Eckbo and K. Thornburn, "Corporate Restructuring," *Foundations and Trends in Finance* 7 (2012): 159 – 288.

체계적인 접근을 하는 기업의 예로 독일계의 Siemens를 들 수 있다. Siemens는 여러 해 동안 목표기업 인수와 일련의 중요한 사업부문 매각들을 통한 전체적인 포트폴리오 재구조화 전략을 포함하여 내실 성장(profitable growth)이라는 목표를 추구해왔다. Siemens는 통신 사업을 2006년에 Nokia와 50 대 50의 합작투자로 전환했고, 2013년에 합작투자 지분을 Nokia에 매각하였다. 2007년에 Siemens는 VDO사업(자동차제조사에 소프트웨어, 부품과 구성품 공급)을 Continental에 매각했다. 2013년에는 OSRAM 조명 부문도 분사했다. 2017년에 Siemens는 풍력 사업부문과 스페인의 Gamesa를 합병하여 새로운 업계 리더를 만들었다. 2018년에 헬스케어 사업부문은 Siemens Healthineers로 피투자기업 공개가 소수지분 IPO 형태로 이루어졌는데, 독일 역사상 가장 큰 규모의 주식공모들 중 하나였다. 2019년 5월에 Siemens는 2020년까지 가스와 전력 부문을 약 300억 유로의 매출을 가진 독립된 기업으로 분사한다는 계획을 발표했다. 2020년 이후에 Siemens의 핵심 사업들은 디지털 산업(산업용 소프트웨어와 자동화)과 스마트 기반시설(안전과 보안 시스템, 그리드 제어, 에너지 저장)이 될 것이다. 일련의 거래들은 근본적으로 그 기업이 장기적 관점에서 더욱 매력적으로 생각하는 사업 분야로 그룹의 포트폴리오를 구성하려는 것에 기인한다.[10] Siemens는 성과가 저조한 사업들(가스와 전력 등)만 매각한 것이 아니라 더 이상 기업 전략과 맞지 않는 다른 사업들(헬스케어 등)도 매각하였다고 설명하였다.

10 포트폴리오 변화는 보청기 사업과 가전제품 사업의 매각 등의 다른 많은 사업부문 매각(그리고 인수)을 포함한다.

Siemens의 사례에서 강조했던 것과 같이 체계적인 사업부문 매각의 과정은 자연스럽고 지금도 계속 진행 중이다. 매각된 사업부문은 사업의 존속기간 동안 추가적인 분리를 추진할 수 있을 것이다. 특히 급속히 성장하고 기술변화가 빠른 동적인 산업에서 그렇다. 예를 들어 2007년에 Tyco International은 스스로를 3개의 독립된 부문으로 분리하여 이들을 상장시켰다: Tyco Healthcare(Covidien), Tyco Electronics(TE Connectivity), 그리고 Tyco International이 그 세 회사이다. 2012년에 Tyco International은 다시 3개의 독립된 사업으로 나누었다: Tyco (기업 보안 및 방화벽), Pentair(수로 제어 제품), 그리고 ADT (지역 보안). 그 과정은 거기서 멈추지 않고 계속 진행되었다. TE Connectivity는 2015년에 브로드밴드 네트워크 솔루션 사업을 Commscope에 매각하였다. 2013년에는 의학기기가 주력인 Covidien이 제약 사업부를 Mallinckrodt로 분사했다. ADT는 2016년에 가정보안기업 Protection 1과 합병하였다.

현 소유주보다 다른 소유주가 경영했을 때 더 많은 가치를 끌어낼 수 있다면 사업부문 매각은 가치를 창출한다. 이것이 28장에서 설명한 '최상의 소유주' 이론이다. 새로운 소유주가 더 뛰어난 시너지 효과를 실현할 수 있기 때문에 가치창출이 발생하는 것이다. 그뿐만 아니라 사업부문 매각이 그 사업부문 자체 그리고(또는) 현 소유주의 고유한 비용들을 제거하기 때문이다. 적극적 포트폴리오 관리 접근법은 이러한 비용을 회피 또는 제거하거나 적어도 최소화함으로써 가치를 창출한다.

보유비용

부진한 사업부문의 매각의 명확한 이득은 저조한 성과를 낳는 직접비를 없애는 것이다. 너무 오랜 기간 동안 실적이 부진한 사업부문을 유지하고 있는 기업들은 전체 기업가치를 낮추는 위험을 가진다. 기업이 자산을 매각해야 하는 때가 오게 되면, 이미 상당한 가치가 파괴된 후이고, 보통 사업부문 매각으로부터 낮은 수준의 대가만 받을 수 있다. 경영자들은 사업의 성과 전망을 결정할 때 외부자보다 더 나은 위치에 있어야 한다. 어떤 사업이 더 성숙해지고 경쟁적인 도전이 늘어나게 되면, 계속해서 가치를 창출하는 잠재력을 잃게 되고, 그 사업이 속한 산업분야에 비해 상대적으로 주주총수익률이 감소하기 시작한다는 것을 연구결과는 보여준다.[11] 그러므로 사업부문 매각의 적기는 시장가치가 저성과로 인한 기대치를 반영하기 직전이다.

수익성 및(또는) 성장성이 있는 사업부문의 매각도 투자기업과 사업부문 양

11 R. Foster and S. Kaplan, *Creative Destruction* (New York: Doubleday, 2001).

쪽에 이익이 될 수 있다. 건실하고 성숙한 사업들은 기업에 안정성과 현금흐름을 가져다준다. 그러나 이러한 사업을 너무나 오랫동안 유지하는 것은 기업의 타성(corporate inertia)으로 이어질 수도 있다. 예를 들어, 상대적으로 크고 안정적인 사업부문은 혁신할 유인(포트폴리오에서 소규모 사업들에게 성공에 대한 주요 동인)이 떨어질 수 있다. 게다가 그런 큰 사업부문은 대개 성장기회를 포착하는 데 사용하면 좋았을 부족한 경영진 시간을 소비하게 한다. 예를 들어 Bristol-Myers Squibb의 소유 하에 있던 정형외과 장치 사업인 Zimmer는 그 매출성장을 가격 인상에 의존하고 있었다. 2001년 분사 이후에, Zimmer는 더 적극적으로 새로운 기술에 투자하고, 새로운 제품을 소개하며 새로운 시장을 개척하는데 집중하여 크게 성장할 수 있었다.

사업부문간 교차보조행위(채산이 맞지 않는 사업을 다른 사업의 수익으로 유지하는 것)의 결과로서 경제적 유인이 왜곡되는 것 또한 비용의 하나이다. 이는 사업부문간 이해관계의 충돌뿐만 아니라 잘못된 결정을 초래할 수 있다. 예를 들어, 1990년 초반에, AT&T의 사업부서로 통신장비분야의 성공적인 제조부문이었던 Lucent는 제품을 많은 AT&T의 경쟁자에게 팔고 있었다. 이익충돌을 피하고 잠재고객의 우려를 없애기 위하여, AT&T는 1996년 Lucent를 분사했다. 또한 사업부문간 이해관계의 충돌은 자본구조의 결정에서도 발생할 수 있다. 2006년 Tyco International이 헬스케어 사업부문을 매각한다고 발표한 주요 이유도 자본구조 결정에서 사업부문간 이해관계 충돌 때문이었다. Tyco의 CFO인 Chris Coughlin은 다음과 같이 설명했다. "헬스케어 산업에서 필요로 하는 자본구조에 맞추어서 Tyco 전체의 자본구조를 관리하고 있었다. 그러나 헬스케어는 우리 매출의 1/4에 불과했다. 다른 사업들은 그런 종류의 자본구조를 필요로 하지 않음이 명백했다."[12] 이런 상황에서 사업부문 매각은 가치를 창출할 수 있다. 왜냐하면 분리된 사업부문은 재무와 투자결정에 있어 더 많은 재량권을 가지게 되고, 경영을 제대로 할 유인이 증가하며, 더 집중할 수 있게 되어 경쟁력을 갖출 수 있기 때문이다.

투자기업의 역량 부족은 사업부문의 성과를 침해할 수 있다. 모든 사업들은 사업초기부터 확장을 거쳐 성숙기까지의 생애주기를 가진다. 생애주기의 각 순간마다 다른 기술들과 능력들이 사업을 관리하기 위해 필요해진다: 살아남을 수 있는 사업 아이디어와 플랫폼이 만들어지는 초기 단계에서는 혁신이 중요하다. 효율성이 가장 중요한 성공동인이 되는 시기인 성숙기에는 원가관리기술이 필요하다. 많은 기업들은 기술의 폭과 깊이가 모두 충분하지 못하다. 보통 기업들은 단지 몇몇

---

12 L. Corb and T. Koller, "When to Break Up a Conglomerate: An Interview with Tyco International's CFO," *McKinsey on Finance* (Autumn 2007): 12–18.

능력에 한해서만 탁월한 능력이 있고, 그것도 시간이 지나면서 정체된다. 그 결과 사업부문 매각은 수명주기의 어떤 단계에서든 사업을 위하여 적합한 전략이 된다. 이런 매각에는 수익을 내고, 현금을 창출하는 사업 또는 상대적으로 높은 성장잠재력을 가지고 있는 사업이 포함될 수도 있다.

사업부문 매각에 대한 흔한 오해는, 이것을 시장에서 기업이 저평가되는 것을 쉽게 해결하는 방안으로 여기는 것이다. 일부 경영자들은 사업부문 매각 발표로 인한 초과이익을 사업부문 매각으로 인해 시장이 간과했던 가치가 드러난 증거로 보고 있다. 그러한 해석은 틀렸다. 이는 "부분의 합(sum of the parts)" 분석방법에 대한 오해에서 비롯된 것이다. 이에 따르면 기업의 현재 시장가치가 개별 기업가치의 합보다 작은 것처럼 보인다. 불행히도 그러한 분석들은 대개 높은 성과를 내는 유사 기업 또는 해당기업의 사업과 다른 산업에 속해 있는 기업의 가치평가배수에 기초한 것이다. 진정한 비교대상기업을 분석하면 복합기업 저평가(conglomerate discount)는 일반적으로 사라진다(19장 참조).

경영진은 왜 사업부문 매각에 소극적인가

대부분의 경영자들은 적극적인 포트폴리오 접근법을 통해 사업부문 매각으로부터 가치를 창출할 수 있다는 것을 알지만, 이를 시행하는 것에 소극적인 것처럼 보인다. 2000년부터 2013년까지 글로벌 상위 기업 1,000개 안에 들어있는 690개 기업을 살펴보면, 거의 60%의 기업들은 시장가치의 5%를 초과하는 사업부문 매각을 어느 연도에도 실행하지 않았다. 약 20% 기업들은 최소한 시장가치의 5%에 해당하는 사업부문 매각을 14년 중에서 단지 1년만 했다. 앞서 언급한 200개 미국기업들에 대한 맥킨지의 연구에 따르면 적어도 거래의 75%가 투자기업, 사업부문 또는 양쪽 모두의 실적 부진과 같은 어떤 형태의 압력에 대한 반응에 따른 것이었다.

실적부진이 마침내 시장에 알려지면, 투자자들은 기업이 해당 사업부문을 매각하도록 계속 압박한다. 자산 매각을 결정한 기업들은 저조한 성과를 내고 차입금에 대한 의존도가 높은 경향이 있다는 것을 학술연구가 발견하였는데, 이는 대부분의 자발적인 자산매각이 적극적인 사업부문 매각 프로그램의 일부가 아니라 수동적인 반응으로 인한 것임을 시사한다.[13] 투자기업은 실적이 부진한 사업부문에 대하여 경제상황이나 기술 또는 규제에 따른 충격으로 반응할 때까지 기다리느라 너무나

---

13 L. Lang, A. Poulsen, and R. Stulz, "Asset Sales, Firm Performance, and the Agency Costs of Managerial Discretion," *Journal of Financial Economics* 37 (1994): 3–37.

오랜 기간 그 사업부문을 유지한다는 사실을 여러 연구들이 확인했다.[14]

경험적으로 보면, 많은 경영자들이 사업부문 매각을 싫어한다. 왜냐하면 이러한 거래가 기업의 주당이익, 주가이익비율(P/E) 또는 다른 성과지표를 감소시킬 수 있기 때문이다. 그러나 사업이 외부자에게 더 가치 있거나 독립된 회사로서 더 가치가 있다면, 사업부문 매각은 가치를 창출할 것이고 이를 추진해야 한다. 표 32.3의 사례가 이를 보여준다.

표의 왼쪽에 나오는 기업은 성숙기의 사업부문을 매각하면 현금 5억 5천만 달러를 얻을 수 있다. 그 사업부문은 상대적으로 높은 ROIC를 가지고 있지만 성장 가능성에 한계가 있다. 이 기업은 해당 사업의 가치를 4억 5천만 달러로 추정하므로 이 사업부문을 5억 5천만 달러에 매각하는 것은 분명히 기업 가치를 증가시킨다. 그러한 거래 이후에 그 기업의 이익배수(P/E 혹은 기업가치대비 EBIT 배수)

표 32.3 사업부문 매각을 통한 이익이 희석화

$ million

	기업	철수 사업부문	매각대금의 사용: 현금보유	매각대금의 사용: 차입금 상환	매각대금의 사용: 자사주 취득
영업가치	2,800	450	2,350	2,350	2,350
현금	–	–	550	–	–
기업가치	2,800	–	2,900	2,350	2,350
차입금	(600)	–	(600)	(50)	(600)
자기자본 시장가치	2,200	–	2,300	2,300	1,750
유통 주식수	100.0	–	100 .0	100.0	76.1
주당 가격	22.0	–	23.0	23.0	23.0
투하자본	1,800	150	1,650	1,650	1,650
EBIT	236.0	50.0	186.0	186.0	186.0
이자수익(2%)	–	–	11.0	–	–
이자비용(6%)	(36.0)	–	(36.0)	(3.0)	(36.0)
세전이익	200.0	50.0	161.0	183.0	150.0
법인세(25%)	(50.0)	(12.5)	(40.3)	(45.8)	(37.5)
순이익	150.0	37.5	120.8	137.3	112.5
주당이익, $	1.50	–	1.21	1.37	1.48
P/E	14.7	14.7	19.0	16.8	15.6
이익수익률, %	6.8	6.8	5.3	6.0	6.4
세전 ROIC, %	13	33.3	11.3	11.3	11.3
영업가치/EBIT	11.9	9.0	15.6	12.6	12.6

14 예시로 다음 문헌들 참조. Mulherin and Boone, "Comparing Acquisitions and Divestitures"; D. Ravenscraft and F. Scherer, *Mergers, Sell-Offs, and Economic Efficiency* (Washington, DC: Brookings Institution, 1987), 167; and M. Cho and M. Cohen, "The Economic Causes and Consequences of Corporate Divestiture," *Managerial and Decision Economics* 18 (1997): 367–374.

또는 주당이익에 발생한 변화는 이 매각과는 관련이 없다. 매각된 부문은 일반적으로 기업의 포트폴리오에서 성숙기의 사업(더 낮은 이익배수를 보임)이기 때문에, 사업부문 매각은 보통 이익배수를 증가시키고 주당이익을 감소시킨다. 그러나 이것이 가치창출에 대하여 무언가를 의미하는 것은 아니다. 예를 들어, 명백하게 가치를 파괴시키는 가격 수준인 4억 5천만 달러 미만의 가격으로 사업부문 매각이 이루어지더라도 이익배수는 증가될 것이다.

게다가 주당이익과 이익배수의 변화는 사업부문 매각으로부터 발생한 현금의 사용 형태에도 다음과 같이 영향을 받는다.

- *현금보유* : 투자기업이 그 매각대금을 가지고 있으면, 이는 주당이익을 희석시킬 것이다. 이유는 간단하다: 그 현금에서 벌어들이는 이자율(1.5%, 2%의 이자율에서 25%의 법인세 차감)이 매각된 사업부문의 이익수익률(earnings yield, 판매대금가치 대비 이익으로 세후 6.8%)보다 낮기 때문이다. 이것은 간단한 산수이다. 반면 지분가치는 증가하고, 주가이익비율(P/E)은 전보다 더 높아진다.
- *부채상환* : 투자기업이 그 현금으로 부채를 갚는다면, 주당이익은 여전히 희석된다. 왜냐하면 감소되는 부채의 이자율이 4.5%(6%의 이자율에서 25% 법인세 효과 차감)로 매각된 사업부문의 이익수익률보다 낮기 때문이다. 부채에 대한 이자율이 현금투자의 이자수익률보다 높기 때문에 매각대금을 현금으로 보유하는 첫 번째 시나리오에 비해 주당이익의 희석화는 덜하나. 또다시, 주당이익은 감소하며, 주가이익비율(P/E)은 증가한다. 다만, 첫 번째 시나리오보다 변화는 작다.
- *자사주 매입* : 투자기업이 현금으로 자사주를 매입한다면, 주당이익은 희석되는데, 이는 잔존 사업부의 이익수익률(P/E의 역수, 6.4%)이 매각된 사업부문의 이익수익률(6.8%)보다 낮기 때문이다. 다만, 희석 정도는 다른 시나리오들보다 낮다. 주가이익비율(P/E)은 증가하는데 다른 두 개의 시나리오들보다 낮은 수준이다. 제시된 사례에서 사업부문 매각에 의해 이익이 증가하기 위해서는 매각 수입과 자사주매입으로 쓴 금액이 5억8천3백만 달러보다 높아야 한다.

사업부문 매각이 매출과 시가총액 측면에서 기업규모를 더 작게 만들고 주당이익을 감소시키더라도, 주주는 이러한 사업부문 매각으로부터 이익을 얻는다. 중요한 것은 기업이 사업을 운영할 때보다 사업부문을 매각할 때 더 많은 가치를 창출한다는 것이다. 주주는 규모가 아니라 가치에 신경 쓴다.

사업부문 매각으로 인한 잠재적 가치 평가

사업부문 매각에 대한 가치창조 접근법은 사업의 생애주기 모든 국면을 통해 좋은 사업과 나쁜 사업을 매각하는 것으로 나타날 수 있다. 분명 성과가 좋은 사업부문을 매각하는 것은 일반적으로 경영자들에게는 직관적인 선택이 아닌 힘든 선택일 것이다. 그러므로 적극적인 포트폴리오 운영을 위한 몇 가지 원칙을 강제하는 것이 합리적이다 - 예를 들어, 사업철수전략을 검토하는 회의를 정기적으로 개최하여 해당 주제를 이사회의 의제로 유지하는 방법 그리고 부문에 특정 일자를 정해주거나 대략의 철수일자를 정하는 방법이 있다. 경영진들이 그 특정 일자 이후에 해당 사업을 유지하기로 결정할지라도, 이러한 특정 일자 매각 접근법으로 경영진들이 모든 사업을 평가하도록 강제할 수 있는 장점이 있다. 원칙을 촉진하는 또 다른 접근 방법에는 기업 포트폴리오에 넣을 수 있는 사업의 수에 제한을 두는 것이나 인수와 사업부문 매각에 있어 목표 밸런스를 맞추려고 노력하는 것이 있다. 이러한 접근법들은 사업부문 매각을 실패의 증거에서 가치를 증진시키는 통찰력 있는 전략으로 전환하도록 도와준다.

투자기업에게 사업부문 매각으로 인해 창출된 가치는 투자기업이 받은 가격에서 상실되는 가치와 분리 비용(separation costs)을 차감한 금액과 같다.

창출가치 = 수취가격 – 상실가치 – 분리 비용

상실가치는 매각된 사업을 현재의 경영진이 운영할 때의 독립적 가치(stand-alone value)에 투자기업의 다른 사업들과의 시너지 효과를 더한 값이다. 이는 투자기업이 그 사업을 매각함으로써 포기하는 현금흐름으로 나타난다. 분리 비용은 투자기업이 다른 사업들로부터 그 사업을 분리하기 위해 발생하는 비용에 사업부문 매각 이후 잉여상태가 되는 자산과 활동의 좌초비용(stranded costs)을 더한 것이다(앞으로 보게 되겠지만, 이 비용은 대체로 투자기업에서 중심되거나 공유되는 서비스를 구조조정하여 감소될 수 있다). 이를 보다 상세하게 정리하면, 창출되는 가치에 대해 다음과 같이 표현할 수 있다.

창출가치 = 수취가격

– 매각사업부문의 독립적인 가치(stand-alone value)

– 상실된 시너지

– 분리비용(disentanglement costs)

– 좌초비용(stranded costs)

이 절에서는 이러한 시너지와 비용을 논한다. 또한 그 사업들의 가격책정과 유동성뿐만 아니라 법적, 규제적 이슈를 둘러싼 실무적인 문제들을 검토한다.

상실된 시너지

기업이 사업부문을 매각할 때, 그 기업이 해당 사업에 가장 적합한 소유자가 아니라 할지라도 포트폴리오에 그 사업을 유지했을 때의 시너지 효과를 상실할 것이다. 예를 들어 어떤 사업부문은 다른 사업부문에 교차매각 기회를 줄 수도 있다. 마찬가지로 기업은 전 세계적으로 분산되어 있는 여러 사업부문에 대한 물품구입을 대량으로 묶어서 하면 큰 할인효과를 누릴 수 있다. 사업부문 매각으로 구매량이 줄어들게 되면 매각된 사업부분 그 자체뿐만 아니라 남아있는 사업부문들도 더 적은 할인효과와 높은 비용증가를 초래할 수 있다.

일반적으로 그 영향은 상대적으로 작지만 사업부문 매각은 세금 및 자금조달과 관련된 비영업적 측면의 시너지 상실도 초래할 수 있다. 예를 들어, 전기 전송 및 (또는) 배급 사업을 매각하고 생산 및 공급 부문의 포트폴리오는 유지하고 있는 통합전력기업은 그 사업부문 매각 이후에 더욱 높은 위험의 특성을 가질 것이고, 결과적으로 더욱 낮은 부채부담능력과 절세효과의 가치를 가질 것이다.

분리비용

사업부분이 조직과 영업에 통합되어 있는 정도에 따라, 이를 분리하는 것은 상당한 비용을 발생시킬 수 있다. 그러한 비용의 예로 법률 및 자문수수료, 정보기술(IT) 시스템 대체 또는 재구성 비용, 이전 비용 및 유지 보너스 등이 있다. 큰 규모의 M&A 거래에서 발생하는 통합과정보다 분리과정이 더 복잡할 수 있다.

사업부문 매각에 의해 발생되는 세금은 제안된 거래구조의 내용에 좌우된다. 이는 거래 이후의 경제성에 실제적 영향을 미칠 수 있다. 재정 정권들(fiscal regimes)의 차이가 또한 중요한 역할을 한다. 많은 유럽 국가들에서, 피투자기업이 투자기업에 한 이익배분(자본이득을 포함)은 법인세와 원천징수세금이 일정부분 면제된다. 미국에서 기업들은 매각된 피투자기업들로부터 얻은 자본이득에 대해 이러한 소위 참여면제(participation exemption) 세금혜택을 누리지 못한다. 따라서 경영진들은 재정 정권에 따라 다른 유형의 거래를 선호할 것이다(이 장의 후반부 논의 참조).

좌초비용

좌초비용은 현실화될 수 있지만 쉽게 과대 추정된다. 이는 사업부문과 연관된 자산과 활동에 대한 (기업)비용이지만 궁극적으로는 그 사업부문으로 이전되지 않는 비용들이다. 좌초비용은 조달, 마케팅, IR(investor relations)과 같은 공통의 서비스들과 관련될 수 있다. IT 기반시설과 공통의 생산 자산도 이에 포함할 수 있다. 예를 들어 하나의 제조시설로 여러 사업부문의 제품을 제조하는 경우를 말한다. 그리고 사업부문에 할당되어 있는 이사회 비용, 법률고문 비용, 준법감시 비용과 같은 일반 간접비도 관련될 수 있다.

경험적으로 봤을 때, 일반적으로 사업부문 매각은 매각된 사업부문으로 전가시킬 수 없고 좌초비용 명목으로 집계되는 과도한 간접비를 감소시킬 수 있다. 대기업들은 여러 단계의 관리 및 의사소통 채널을 가지는 경향이 있다. 이로 인해 잉여비용과 불필요한 비용이 쉽게 발생한다. 예를 들어, 상당한 규모의 사업부문은 대개 인사관리, 전략계획 또는 재무관리 기능에 경영진들을 두고 있다. 그 경영진들의 주요 역할은 기업본부에 있는 상대조직과 문제를 조율하고 의사소통하는 것이다. 사업부문 매각 이후에 그러한 기업 내부거래비용은 투자기업과 매각된 사업 양쪽에서 상당부분 제거될 수 있다. 사실 성공적인 매도자는 간접비를 감소시키고 존속하는 사업의 효율성을 향상시키려는 기폭제 역할로서 사업부문 매각을 활용한다.

사업부문 매각으로 인해 실제로 발생하는 좌초비용을 감소시키는 데는 상당한 시간과 노력이 소요된다. 공통의 IT 시스템의 사례처럼, 일부의 좌초비용은 고정비적 성격이고 감소시키기 어렵다. 반면에, 다른 좌초비용은 공통의 서비스 센터의 인원수 감소 등과 같이 시간에 걸쳐 보다 쉽게 관리될 수 있다. 맥킨지 조사에 따르면, 투자기업이 좌초비용을 회복하는 데는 일반적으로 3년까지도 걸린다고 나타났다. 그 기간 동안 실질적으로 이윤은 더 낮아진다.[15] 따라서 매각기업은 매각되는 사업에 대한 전환 서비스 계약을 포함하는 것을 고려할 수 있다. 이는 적어도 가까운 기간 동안 본부서비스 및 공유되는 지원서비스에 대한 비용을 만회하는 데 도움을 줄 수 있다. 그러나 매도자는 전환 계약이 그 조직으로 하여금 보다 장기의 기간에 좌초비용을 감소시키도록 하는 압력을 낮추지 않도록 주의해야 한다. 좌초비용을 어떻게 다룰 것인지는 매수 회사의 유형에 따라 달라질 것이다. 전략적 투자자는 모든 기업지원서비스나 제조시설조차 없이 매각된 사업부문을 흡수할 수 있을

15 D. Fubini, M. Park, and K. Thomas, "Profitably Parting Ways: Getting More Value from Divestitures," *McKinsey on Finance* (Winter 2013): 14–21.

것이다. 반면, 재무적 투자자는 이런 서비스와 제조시설을 포함하여 사업을 인수하는데 더 관심을 가질 것이다.

법적 및 규정상 장벽

사업부문 매각과정이 법적 또는 규제상 이슈 때문에 복잡해질 수 있다. 이런 이슈들은 일반적으로 가치창출 잠재력을 파괴할 만큼 크지는 않다. 그러나 이런 이슈로 인해 그 과정이 심각하게 느려지고 해야 할 일의 양이 늘어날 수 있다. 그에 따라 마무리될 때까지 요구되는 시간과 자원이 증가할 것이다. 예를 들어, 제약기업들은 보통 하나의 국가인 특정시장에서 개별제품을 판매하기 위해서는 소위 마케팅권한(marketing authorization)이라는 것을 획득해야만 한다. 제약기업이 특정한 제품 포트폴리오(예를 들어, 종양, 호흡기, 백신)를 또 다른 제약기업에 매각하기로 결정했다면, 특정 개별시장마다 해당 개별제품에 대한 마케팅 권한을 이전 신청해야 한다. 이는 시간이 소모되는 과정으로 추가적인 비용이 발생한다. 자산거래는 특히 더 복잡할 수 있다. 왜냐하면 거래에 포함된 모든 다른 종류의 자산에 대하여 광범위한 문서와 계약이 요구되기 때문이다.

일반적으로 기업이 사업부문 매각 절차를 시작한 이후에 계약상의 이슈들이 종종 달갑지 않게 등장한다. 예를 들어, 조달계약, 고객과의 장기 계약 그리고 대출계약은 그 사업부문의 지속성을 보장하기 위해 매수인과 매도인 간에 전환 서비스 약정을 맺을 것을 종종 요구한다. 또는 사업부문 매각 시에 발효되는 소유권변경 조항을 포함할 수 있다. 이는 그 사업의 소유권이 이전되면 기존 계약이나 약정을 무효로 만든다.

가격책정과 유동성

7장에서 논의된 바와 같이, 시장의 가치평가 수준은 장기적으로 봤을 때 일반적으로 잠재적인 내재가치에 수렴하지만 단기적으로는 빗나갈 수 있다. 경영진이 추정한 내재가치보다 시장에서 이루어지는 가격이 더 높은 사업에 대한 단기적인 사업부문 매각은 좋은 전략일 것이다. 그 반대도 마찬가지다: 예를 들어 Siemens는 불리한 시장 상황 때문에 조명사업 부문인 OSRAM의 기업공개(IPO)를 여러 번 포기한 적이 있다.

외부 시장 요인들이 사업부문 매각에 따른 잠재적인 매각대가를 낮출지라도, 경영진은 이것과 현 상태를 유지할 경우 발생하는 (숨은) 비용과의 균형을 맞춰야 한다. 대안적으로 경영진은 현금으로 매각대가를 받을 수 없는 거래유형을 검토해

볼 수 있다. 그래야 기업의 주주들이 철수가격(exit price)에 사로잡히지 않는다. 예를 들어, 2008년에 신용경색이 발생했을 때, Cadbury는 미국음료사업을 (현금으로) 매각하기로 한 계획을 철회했다. 대신에 Cadbury는 기업을 두 개의 상장회사로 만드는 비현금방식의 분할 방법을 선택했다. 이는 Cadbury 주주들에게 미국사업의 주식을 갖고 있든지 아니면 추후에 가격이 더 올랐을 때 매각하든지 결정할 수 있는 선택권을 남겨주었다.

시장가치 수준이 왜곡되지 않고, 매도자가 가치를 창조하는 제안이라고 합리적으로 예상하는 경우에도, 경쟁적인 매수자들의 부족은 매도자로 하여금 이 거래를 추진하는데 주저하게 만든다. 학술연구에 의하면, 시장에서 매각대상 자산의 거래량이 적을 때(덜 유동적일 때), 기업들이 해당 자산의 매각을 추진할 가능성이 낮다.[16] 즉, 특정 자산에 대해 시장이 더 유동적일수록, 더 나은 가격을 기대할 수 있다.

거래유형 결정

일단 기업이 매각하려는 사업을 정했으면 기업은 어떤 거래 구조를 이용할지 결정해야 한다. 그 선택은 전략적 또는 재무적 투자자의 확보가능성, 현금조달의 필요성, 사업분리의 초기 단계에서 어느 정도의 통제권을 확보하는 것의 혜택 그리고 기업과(또는) 주주에게 미치는 재정적 영향에 달려있을 것이다.

이번 장의 나머지 부분에서는 서로 다른 거래유형들에 대한 간략한 검토와 함께 서로 다른 공개적인 지분거래간의 상충관계, 거래유형들이 장기 성과에 미치는 영향, 시간경과에 따른 소유권 구조의 역동성에 대해 논의할 것이다. 최고경영진은 여러 가지 비공개적이거나 공개적인 다양한 거래구조를 선택할 수 있다.

비공개적 거래

- 트레이드 세일: 사업의 일부 또는 전부를 전략적 또는 재무적 투자자에게 매각
- 조인트벤처: 다른 산업 영위자, 가치사슬상의 타 기업 또는 벤처캐피탈 종사자와 사업의 일부 또는 전부를 협력

16 F. Schlingemann, R. Stulz, and R. Walkling, "Divestitures and the Liquidity of the Market for Corporate Assets," *Journal of Financial Economics* 64 (2002): 117–144.

공개적 거래

- 기업공개(IPO): 주식시장에서 새로운 주주에게 피투자기업 지분 전부를 판매
- 피투자기업 공개(Carve-out, 소수지분 IPO): 주식시장에서 새로운 주주에게 피투자기업 지분의 일부를 판매
- 스핀오프(Spin-off): 투자기업 기존 주주에게 피투자기업의 모든 지분을 배분
- 스플릿 오프(Split-off): 투자기업 기존 주주에게 보유하고 있는 투자기업 지분을 피투자기업 지분으로 교환하는 것을 제안
- 트래킹 스톡(Tracking stock): 스핀오프를 통해 투자기업의 기존 주주에게 배분되었거나 피투자기업 공개를 통해 신규주주에게 매각된 별도 종류의 투자기업 지분

비공개적 거래

다른 참여자가 그 사업의 더 나은 소유자로 판단되는 경우에는, 비공개적 거래가 일반적으로 가장 큰 가치를 창출한다. 비공개적 거래를 하면 사업부문을 프리미엄을 붙여 매각하고 즉각적으로 가치를 획득할 수 있다. 대부분의 경우 거래 상대방은 전략적 매수자로서 다른 사업의 종사자들이다. 그러나 기업은 잠재적인 재무적 매수자도 감안하여야 한다.

하지만 공개적인(outright) 매각은 이러한 대안을 단점으로 만드는 과세이익을 초래할 수 있다. 예를 들어 미국에서 기업은 사업 매각에 따른 이익에 대하여 법인세를 내야 한다. 따라서, 상대적으로 높은 ROIC나 낮은 자본집약도를 가진 사업들은 제안된 프리미엄이 자본이득세를 감당하지 못한다면 공개적인 매각 대상으로서는 그다지 매력적이지 않을 수 있다. 많은 유럽국가에서, 이른바 '경영참여소득면제(participation exemption)'는 투자기업의 피투자기업 주식 매각과 관련한 세금을 면제해준다.

공개적 거래

기업이 더 나은 소유주를 찾을 수 없다면, 공개적인 구조개편 대안을 고려해볼 수 있다. 앞서 언급한 모든 공개거래들은 새로운 공개증권의 발행을 수반하지만, 모두가 현금유입을 발생시키는 것은 아니다. 전면적인 IPO와 피투자기업 공개(carve-outs)는 주식이 신규 주주에게 매각되므로 현금유입이 발생된다. 스핀오프와 스플릿 오프 거래에서는 새로운 주식이 기존 주주에게 제공되며, 때때로 다른 기존 지

분(스플릿 오프)과의 교환에도 사용된다.

공개적 거래에서 주주는 사업부문 매각 그 자체로부터 프리미엄을 얻지 못한다. 그러나 주주를 위하여 중요한 가치가 미래에 창출될 수 있다. 예를 들어, 산업 내 통합이 예상되는 경우, 새롭게 떠오르는 사업부문이 통합을 추진하거나 인수 후보가 된다면, 공개적 거래는 주주에게 장기적으로 더 유리할 수 있다.

스핀오프(spin-off) 공개지분거래의 가장 일반적인 유형은 스핀오프이다. 스핀오프의 경우에, 투자기업은 투자기업 주주에게 피투자기업 지분을 배분함으로써 그 사업부문에 대한 통제권을 포기한다. 이러한 전면적인 분리는 피투자기업의 전략적 유연성을 극대화한다. 또한 (이전 투자기업을 대신하여) 더 경쟁력 있는 기업으로부터 자원을 조달해 운영을 개선할 수 있는 가장 큰 자유를 줄 수 있다. 그리고 투자기업과 그 사업부문 간 이해상충을 방지한다. 스핀오프는 보통 사업부문의 운영성과를 개선하기 위하여 이루어진다.

관할권에 따라, 스핀오프는 또한 트레이드 세일(trade sale)과 IPO 같은 대안을 뛰어넘는 세금상 이득을 제공할 수 있다. 미국, 영국, 그리고 여러 유럽대륙 국가들에서, 스핀오프는 세금이 없는 거래로서 이루어질 수 있다. 트레이드 세일로 인한 이익이 과세되는 미국 등의 국가들에서, 그러한 세금상 이득은 스핀오프가 상당한 수준의 프리미엄이 포함된 트레이드 세일보다 주주들에게 더 많은 가치창출을 가져다준다. 다음의 가상의 예를 생각해보자. 2억 달러의 세법상 장부금액을 가진 사업이 12억 달러에 매각되거나 10억 달러의 기대시가총액에 스핀오프될 수 있다. 세율이 25퍼센트라면, 이 매각거래로 투자기업은 9억 5천만 달러의 세후 수입이 발생한다. 그리고 이는 주주에게 귀속될 것이다. 스핀오프 거래에서 투자기업은 주주에게 10억 달러의 기대가치가 있는 사업의 주식을 배분할 것이다.

때때로 스핀오프는 두 단계로 진행된다: 우선 피투자기업의 소수지분에 대한 IPO(피투자기업 공개)를 한 후 비교적 즉시 전면적인 스핀오프가 이어진다. 일부에서는 2단계로 이루어진 스핀오프가 장점이 있다고 주장한다: 초기의 소수지분 상장을 통해 자기자본을 구축하고, 그 지분을 통해 시장을 조성하며, 이해관계가 있는 투자자 기반을 구축함으로써 자금의 반환으로 인한 가격압력의 위험을 줄일 수 있다.[17] 그러나 대부분의 경우에 이런 잠재적 이슈들은 드문 편이고 한 단계로 진행되는 스핀오프에서 잘 관리될 수 있다. 예를 들어, 2013년 Siemens가 OSRAM 조명 사업을 스핀오프할 때, 일부 애널리스트들과 투자자들은 자금의 반환을 우려

17 스핀오프에서, 모든 투자기업 주주들은 스핀오프된 피투자기업의 주식을 받는다. 그 후에 투자기업 주주들이 주식시장에서 이 주식들을 매각하면 자금의 반환이 이루어진다.

하였다. 왜냐하면 OSRAM이 Siemens에서 가장 덜 매력적인 사업이라고 생각했기 때문이다. 그러나 OSRAM 주식의 공급과 수요를 맞추는데 쓰였던 소위 균형맞추기 장부(balancing book)로 자금의 반환을 효과적으로 다루었다. 어떤 가격압력도 일어나지 않았다. 한 단계로 이루어지는 스핀오프는 투자자에게 주식을 매각할 필요가 없기 때문에 덜 복잡하고 시장환경에 의존하지 않아도 된다.

스핀오프가 완료된 후 5년 동안 스핀오프는 투자기업과 스핀오프된 사업 모두의 영업이익에서 일반적으로 큰 개선을 이끌어낸다는 증거들이 있다. 스핀오프된 사업들에 대한 연구에서, 이 기간 동안 성장률은 거의 두 배가 되었다.[18] 투자기업보다 피투자기업에서 영업성과가 더 크게 개선되었다는 것을 확인시켜주는 학술연구도 있다.[19] 다른 연구에서는 스핀오프된 사업이 투자기업의 핵심 사업라인과 다른, 주력사업 개선 스핀오프(focus-improving spin-offs)에서만 유의한 영업개선이 이루어진 것으로 나타났다.[20]

스핀오프한 투자기업과 피투자기업에서 거래 이후 총주주수익률(Post-transaction total shareholder returns: TSR)은 영업개선의 결과와 일관되게 나타났다(표 32.4 참조). 학술연구는 또한 주력사업 개선 스핀오프가 피투자기업의 양(+)의 성과를 이끌었다는 것을 보여주었다. 주력사업을 개선하지 못했던 거래들은 대부분 거래 이후 수익률이 음(-)의 값을 가졌다.[21]

피투자기업 공개 (Carve-outs) 투자기업이 사업부문에 대한 통제권을 즉시 포기하고 싶지 않다면, 그들은 소수지분 피투자기업 공개를 고려할 수 있다. 피투자기업 공개를 고려하는 또 다른 이유는 투자기업이 인수나 자본재조정을 위한 현금을 필요로 하는 경우이다. 피투자기업 공개는 통신, 방송 그리고 기술(TMT) 분야가 각광받던 1990년대 후반 활발했다. 그 이후로 업무 진행을 위한 대부분의 의사결정 추진에 현금이 필요하여 피투자기업 공개의 매력은 사라져왔다. 미국에서 TMT 붐 시기동안 매년 약 15~20건의 피투자기업 공개가 있었던 것과 비교하여, 2001년 이후로는 평균적으로 매년 약 3~4건의 피투자기업 공개가 있었다.

피투자기업 공개를 통한 어떤 사업부문의 부분적 소유권 분리에 대하여 생각할 때, 경영진들은 완전한 분리와 독립에 대한 계획을 세워야 한다. 분리된 사업들은

---

18 다음 문헌 참조. Huyett and Koller, "Finding the Courage to Shrink."

19 Cusatis, Miles, and Woolridge, "Some New Evidence."

20 L. Daley, V. Mehrotra, and R. Sivakumar, "Corporate Focus and Value Creation: Evidence from Spinoffs," *Journal of Financial Economics* 45 (1997): 257–281.

21 Cusatis, Miles, and Woolridge는 "Some New Evidence."에서 투자기업과 피투자기업에게 유사한 수익률이 나타남을 보여 주었다.

표 32.4 스핀오프의 장기적 시장 성과

거래 후 2년 간 누적 TSR, %

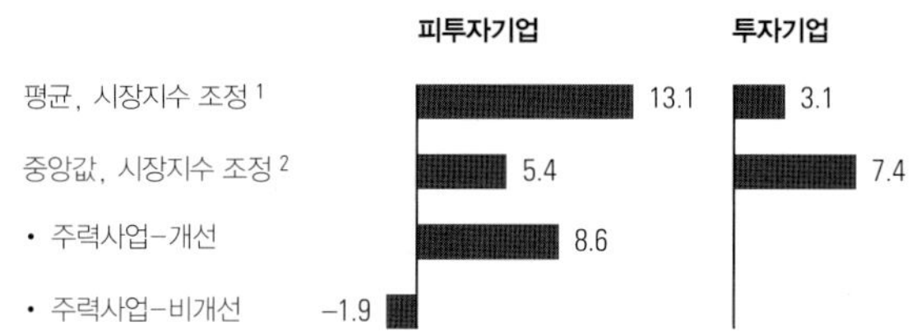

[1] 미국 또는 유럽 시장지수 수정
[2] 유사 측정 기간 동안 지수 구성요소의 중앙값 조정
출처: Datastream; Compustat.

그 성장에 필요한 자금을 조달하기 위하여 신규로 자기자본조달을 하거나 인수를 추진하게 되는데, 이 모두가 공개된 피투자기업의 투자기업 지분을 희석시키고, 궁극적으로는 지배권의 상실로 이어진다. 피투자기업 공개는 오직 투자기업으로부터 진정한 독립을 한 경우에만 진정한 혜택이 발생한다. 독립을 향한 이동은 시작부터 분명해야 한다. 예를 들어, Philips는 2016년에 조명 사업의 IPO 이후에 해당 사업(Signify)의 남은 지분을 점진적으로 매각할 것을 공개적으로 약속했다. 2019년 9월에 Philips는 마지막 남은 Signify 지분을 매각하였다.

1990년대의 피투자기업 공개가 활발하던 시기에 완료된 200개가 넘는 피투자기업 공개에 대한 우리의 연구에서, 피투자기업 공개 회사들의 대다수는 존속하지 못했다.[22] 표 32.5에 제시된 것처럼, 분석대상인 피투자기업 공개에 따른 피투자기업들의 8%만이 투자기업에 의한 지배주주 지배로 남았다. 투자기업으로부터 독립을 이끌어낸 피투자기업들만이 양(+)의 주주수익률을 나타냈다. 재인수되거나 투자기업에 의해 통제되는 피투자기업들은 음(-)의 주주수익률을 보였다. 학문적 연구에서도 유사한 결과가 발견되었다.[23] 평균적으로 피투자기업의 시장조정 장기성과는 음(-)의 값이다. 그러나 다른 유형의 피투자기업 공개는 그 성과에 있어 유의한 차이를 보였다. 재무적 어려움이 있는 투자기업에서 피투자기업 공개가 된 피투자기업은 음(-)의 수익률을 보였고 상대적으로 계속해서 영업성과가 낮았다. 이는 부분적으로 피투자기업들이 투자기업의 재무적 어려움의 원인이었음을 의미한다. 두 기업의 주력사업을 개선하는 피투자기업 공개 거래의 시장성과가 더 나은 것으

22 A. Annema, W. Fallon, and M. Goedhart, "Do Carve-Outs Make Sense?," *McKinsey on Finance* (Fall 2001): 6–10.

23 예시로 다음 문헌들 참조. J. Madura and T. Nixon, "The Long-Term Performance of Parent and Units Following Equity Carve-Outs," *Applied Financial Economics* 12 (2002): 171–181; and A. Vijh, "Long-Term Returns from Equity Carveouts," *Journal of Financial Economics* 51 (1999): 273–308.

표 32.5 전형적인 피투자기업 공개(Carve-Out)의 궤적

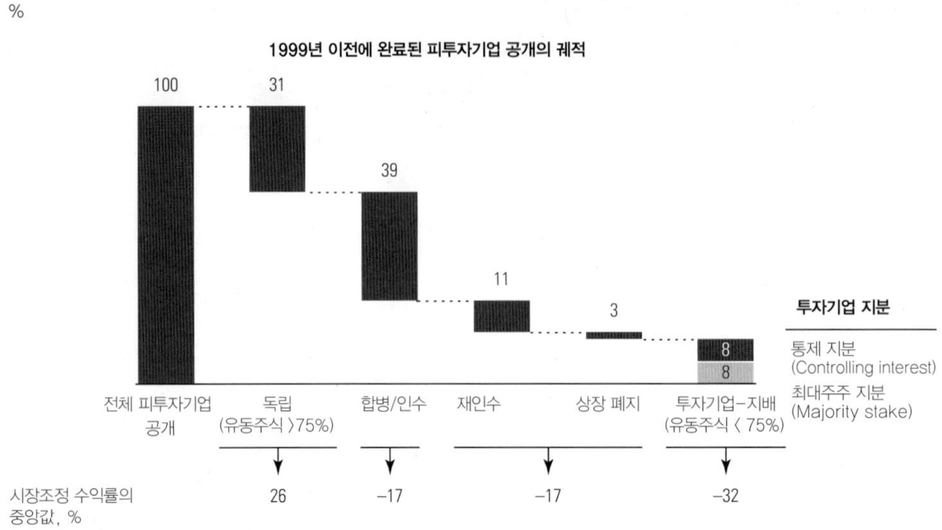

출처: Datastream; Factiva.

로 나타났다. 일부 연구에서는 또한 자본시장에서 피투자기업 공개가 된 피투자기업의 성공과 그 소유구조의 개선 사이에는 명확한 관계가 있다고 주장한다. 이는 표 32.5에서 우리가 내린 결론과 유사하다.[24]

투자기업이 지배권을 다시 획득한다면, 이는 장기적으로 지배구조 마찰을 초래할 수 있다. 예를 들어, 투자기업이 통제권을 유지하려고 최소 지분을 강제한다면 이것은 분리된 사업부문에 의한 성장과 가치창조를 억제하여 의도했던 피투자기업 공개로 인한 이득을 취하지 못할 수 있다.

트래킹 주식(tracking stock) 공개적인 소유권 개편방안의 한 대안적 형태는 트래킹 주식을 발행하는 것이다. 트래킹 주식은 분리된 피투자기업에 대한 지배권을 투자기업이 유지할 수 있는 이점을 제공하지만 종종 기업지배구조를 복잡하게 만든다. 왜냐하면 피투자기업과 투자기업 사이에 어떤 공식적이고 법률적인 분리도 없으며, 단일 이사회가 보통주와 트래킹 주식의 주주 사이에서 발생 가능한 분쟁사항들에 대한 판단을 내려야 할 필요가 있기 때문이다.

---

24 A. Klein, J. Rosenfeld, and W. Beranek, "The Two Stages of an Equity Carve-Out and the Price Response of Parent and Subsidiary Stock," *Managerial and Decision Economics* 12 (1991): 449–460; K. Gleason, J. Madura, and A. K. Pennathur, "Valuation and Performance of Reacquisitions Following Equity Carve-Outs," *Financial Review* 41 (2006): 229–246; and M. Otsubo, "Gains from Equity Carve-Outs and Subsequent Events," *Journal of Business Research* 62 (2008): 1207–1213.

게다가 양쪽의 주체는 서로의 부채에 대하여 갚을 의무가 있는데, 이는 유연한 자본조달을 방해한다. 비록 분사에 대한 구체적인 조세나 법률적 제약들이 존재하고, 그로 인해 트래킹 주식을 대안으로 사용하는 것이 바람직해 보일 수 있다. 하지만 트래킹 주식에 대한 증거들은 그것이 설득력이 낮음을 보여준다. 트래킹 주식에 대한 분석에서 이러한 종류의 거래는 장기적으로 가치를 파괴하는 것으로 나타났다.[25] 트래킹 주식을 제거했다는 발표는 투자기업에 긍정적인데, 이는 그러한 소유구조가 중단되었다는 시장의 안도감을 반영한다. 우리가 책을 집필하는 이 순간, 미국과 유럽의 주요 기업들은 트래킹 주식을 가지고 있지 않다. 이는 이러한 형태의 소유권 조정은 경영진들이 기대한 이득을 가져오지 못한다는 것을 의미한다.

요약

사업들이 생애주기에 걸쳐 발전함에 따라, 이들은 투자기업에게 새로운 도전을 안겨준다. 그러므로 투자기업들은 사업들을 유지할 것인지, 매각할 것인지를 끊임없이 재평가해야 한다. 그러나 대부분의 기업들은 주주의 압력에 직면한 이후에야 비로소 사업을 매각한다. 매각이 지연될 경우 기업은 잠재적으로 중요한 가치를 상실하는 위험을 떠안게 된다.

고위 경영진은 조직으로 하여금 보다 적극적인 접근법으로의 문화적 변화를 준비하도록 해야 한다. 새로운 접근법에서는 양호한 사업을 매각할 수 있고, 그러한 매각이 실패로 간주되지 않는다는 메시지를 고위 경영진이 전달해야 한다. 경영자들이 양호한 사업을 매각하는 것은 어려울 수 있기 때문에, 기업은 매각 프로그램을 강제하는 장치를 둘 필요가 있다.

사업부문 매각이 가치를 창출한다는 보장은 없다. 성공적인 사업부문 매각은 실제로 시장성과를 뛰어넘지만, 성공적이지 않은 경우에는 시장성과보다 훨씬 낮은 성과를 보인다. 성공적인 매각 기회를 높이기 위해, 경영진들은 남아있는 사업들의 경제성이 가지는 의미를 철저하게 판단해야 한다. 그리고 매각합의를 결정지을 때 이러한 의미를 고려해야 한다. 경영진들은 또한 사업부문 매각을 완결하기 위해 필요한 시간과 노력을 과소평가하지 않도록 주의해야 한다.

---

25 M. Billett and A. Vijh, "The Wealth Effects of Tracking Stock Restructurings," *Journal of Financial Research* 27 (2004): 559–583.

33장

자본구조, 배당, 자사주 매입

현대 기업의 재무 프로필을 정하는 것은 대단히 복잡한 일처럼 보일 수 있다. 그러나 실무에서는 전형적으로 오직 3가지의 결정사항들로 압축할 수 있다. 얼마나 투자하는지, 부채를 얼마나 보유하는지, 주주들에게 현금을 얼마나 돌려줄지가 그 3가지이다. 이 책에서는 이러한 주제들 중 첫 번째 주제에 집중하여 설명하지만 다른 주제들도 중요하다. 자본구조에 대한 올바른 결정이 상당한 가치를 창출한다는 것 보다도, 잘못된 결정이 엄청난 가치를 파괴할 수 있다는 점이 핵심이다. 예를 들어, 1990년대 후반의 하이테크 버블 시기 동안에 유럽의 많은 통신 기업들은 디지털 이동통신망 투자를 위해서 전례 없는 수준까지 부채를 증가시켰다. 기업들은 추후에 주식발행을 통하여 그 부채를 갚으려고 계획하였다. 그러나 2000년에 발생한 하이테크 버블의 붕괴로 인해 모바일 서비스의 이익전망과 통신 기업들의 주가는 곤두박질쳤다. 기업들은 막대한 고통과 비용으로 자본구조를 재편해야 했고, 이로 인하여 수십억의 주주가치가 감소하였다.

기업이 자본구조, 배당, 자사주 매입 결정을 하는 주요 목적은 기업의 전략적 목표를 달성하기 위한 충분한 자본을 비축하는 것과 그 목표를 수행하는 데 있어 현금부족이 발생하지 않도록 하는 것이다. 기업이 충분한 자본을 가지지 못하면, 투자 기회를 놓치거나 심하게는 재무적 곤경 혹은 파산으로까지도 갈 수도 있다. 기업이 필요 이상 많은 자본을 가지고 있을 때의 해결책은 훨씬 수월하다: 주주들에 대한 현금 배분을 증가시키는 것이다.

이 장에서는 적정자본구조를 결정할 때 경영자들에게 어떠한 선택권들이 있는지와 주주들에 대한 현금배분 및 신규 자본조달의 결정근거를 어떻게 마련해야 하는지에 대하여 살펴본다. 두 개의 절에서는 몇 가지의 실무적 가이드라인들과 자본구조, 배당, 자금조달을 결정하는 4단계 접근법을 논의한다. 나머지 절에서는 우리가 제시하는 가이드라인과 접근법의 근간이 되는, 자본구조와 배당에 대한 주요 이론적 및 실증적 결과들을 논의한다.

실용적인 지침

재무이론은 자본구조와 주주배분에 대한 많은 조언을 제공한다. 예를 들어, 레버리지의 득과 실, 시장이 주주 배분에 반응하는 방식, 경영자가 자사주 매입의 시점을 정하는 능력 등이 있다.[1] 그러나 주어진 한 기업에 대해 효과적인 자본구조 및 주주배분 정책을 설정하는 방법을 알려주지는 않는다. 재무이론(이 장의 뒷부분에서 설명)의 통찰력을 바탕으로, 경영진이 자본 구조 및 주주배분에 대해 올바른 선택을 할 수 있도록 다음과 같은 실용적인 지침을 제공한다.

- *자본구조, 배당 및 자사주 매입에 대한 결정은 전체적인 현금운용의 일부분이어야 한다.* 이는 회사의 전략 및 위험성향을 가장 잘 지원하기 위해 자금조달 기회 및 주주에 대한 배분과 함께 사업들 전반의 투자요구를 충족시킨다. 현금운용을 결정할 때(예로 자사주 매입에 사용), 표 33.1에 제시된 바와 같이 기업은 모든 현금사용 대안들을 고려하고 가치창출 가능성에 따라 우선순위를 설정해야 한다. 가치를 창출할 수 있는 가장 큰 기회는 사업 운영(유기적 성장)에 현금을 투자하는 것과 자본비용을 초과하는 수익을 거두는 인수를 하는 것이다.[2] 유기적 성장은 일반적으로 수익이 더 높기 때문에 현금운용의 최우선 순위이다. 한 단계 아래는 인수를 이용한 성장에 현금을 사용하는 것이다. 인수는 일반적으로 프리미엄을 지불해야 하므로 ROIC가 다소 낮은 경향이 있다.[3] 회사의 자본구조를 조정하기 위해 현금을 사용하거나 조달하는 파이낸싱 활동은 보다 낮은 순위를 가져야한다. 이것은 자본구조 결정이 중요하지 않다는 것을 의미하지 않는다. 오히려 매력적인 투자기회를 포착하고 현금부족을 견딜 수 있는 충분한 자금을 확보하는 데 필

1 선행연구들에 대한 개요를 위해 다음 문헌 참조. M. Barclay and C. Smith, "The Capital Structure Puzzle: The Evidence Revisited," *Journal of Applied Corporate Finance* 17, no. 1 (2005): 8 – 17.

2 4장에서의 가치보존원칙(conservation of value principle)에 따라, 이는 기업에서 가치창출의 주요 원천이다.

3 다음 문헌 참조. M. Goedhart and T. Koller, "The Value Premium of Organic Growth," *McKinsey on Finance*, no. 61 (2017): 14 – 15.

요한 수단이다. 현금운용 대안 목록의 마지막 순위에는 주주에 대한 지급의 결정이 있다. 이는 직접적으로 가치를 창출하는 것이 아니라, 기업이 자본비용을 넘는 수익이 발생하는 재투자 기회가 충분하지 않은 경우 주주에게 현금을 돌려주는 것을 목표로 해야 한다.

- *자본구조의 경우, 대기업은 어려운 시기에 적절한 유연성을 유지하기 위해 A+와 BBB− 사이의 투자적격 신용등급을 목표로 해야 한다.* 전 세계적으로 상장된 대기업의 대부분은 이러한 신용등급 범위의 자본구조를 가지고 있다. 낮은 신용등급은 일반적으로 상당한 유연성 손실로 이어지는데, 이는 투자부적격등급 기업에 대한 대출계약에 포함된 제한적 계약 조항들 때문이다. 일반적으로 기업이 확실한 투자적격등급에 도달하면 투자기회를 추구할 수 있는 충분한 유연성을 갖기 때문에, 보다 높은 신용등급은 추가적인 혜택을 거의 또는 전혀 제공하지 않는다.
- 주주에 대한 지급 결정은 주가에 대한 단기적 영향을 고려해야 한다. 배당금과 자사주 매입은 장기적으로 가치중립적이지만, 기업의 주가에는 가치창출에 대한 인식이 조기에 이루어질 수 있다. 장기적인 가치창출은 주주에 대한 지급이 아니라 자본비용을 넘는 수익을 창출하는 사업 운영 및 투자에서 비롯되지만, 자금 사용의 경영진 규율 및 그 기업의 전망에 대한 확신의 신호를 제공하는 주주지급 증가로 인해 단기적인 주가상승이 발생할 수 있다. 이 지침을 적용 할 때 이러한 주가 상승은 미래 가치창출에 대한 더 높은 기대치를 반영한다는 점을 명심해야 한다. 기업이 이러한 기대를 충족하지 못하면 가격은 다시 떨어질 것이다.
- *배당은 발생할 수 있는 불리한 조건(예로, 이익 주기의 하단)에서도 기업이 유지할 수 있는 수준으로 설정되어야 한다.* 대부분의 주주는 심각한 차질이 있는 경우에만 정기 배당금(또는 배당금 지급비율)이 통상적인 수준에서 삭감될 것으로 예상한다.[4] 투자자들은 거의 항상 정기 배당금 삭감을 현저히 낮아진 미래 가치창출의 신호로 인식하므로 이러한 삭감은 일반적으로 주가의 급격한 하락과 주가 변동성의 증가로 이어진다.
- *자사주 매입은 배당 수준을 넘는 잉여현금을 주주에게 돌려주는 데 사용되어야한다.* 투자자들은 자사주 매입을 정기 배당금과 동일한 장기 약정으로 생각하지 않는다. 결과적으로 자사주 매입은 해마다 달라지는 현금 금액을 지급하는 유연한 방법이다. 배당금과 달리 자사주 매입은 일반적으로 기업의 주당순이익(EPS)을 증가시키지만, 이것이 자사주 매입을 통해 가치가

4 소수의 기업들은 이익에 대한 고정 배당금비율(또는 범위)을 정하는 가변적인 배당정책을 가지고 있다.

창출된다는 의미는 아니다. 정기 배당금 지급과 같이 자사주 매입은 가치중립적이라는 점을 명심해야 한다. 사실, 두 가지 유형의 주주지급 모두 매력적인 투자를 포기한 대가에 의한 것이면, 간접적으로 가치를 파괴할 수도 있다. 그렇기 때문에 이러한 결정은 기업의 광범위한 현금운용계획의 일부가 되어야 한다.

4단계 접근방식

이러한 지침을 염두에 두고, 자본구조 및 주주지급 정책을 수립하기 위한 순차적 접근방식을 권장한다. 명확하게 정의된 기업전략을 통해 접근방식 자체는 다음 4단계로 구성된다:

1. 미래 영업현금흐름을 추정하고 스트레스 테스트(stress-test)를 수행한다.
2. 기업의 위험특성(risk profile)과 위험성향(risk appetite)에 따른 목표자본구조를 개발한다.
3. 영업현금흐름과 목표자본구조를 결합하여 주주들에 대한 현금흐름의 잉여분과 부족분을 추정한다.
4. 현금잉여분의 지급(payout)과 현금부족분의 조달(financing)을 결정한다. 이에는 자사주 매입, 배당지급, 신주발행과 같은 전략적 수단들이 포함된다. 기업의 부채를 특정목표수준으로 조정하는 것도 마찬가지다.

접근방식을 설명하기 위해 국제적인 브랜드의 소비자 제품을 판매하는 가상의 기업을 예로 들겠다. MaxNV의 이름을 가진 이 기업은 과거에 연간 약 10억 달러의 EBITDA(원자재 가격 및 환율 변화로 인해 약간의 변동이 있음)를 창출하였다. 기업은 부채가 거의 없었지만, 인수로 인해 EBITDA 대비 순부채 비율이 2015년 1.5에서 2020년 초 2.8로 증가하였다(그 해에 예상되는 EBITDA 대비 연 초의 순부채로 계산됨. 2020년에는 28억 달러를 10억 달러로 나눈 값).

1단계: 미래 영업현금흐름 추정과 스트레스 테스트 수행

기본 시나리오에 따른 MaxNV의 전략 계획은 5%의 연간 성장률을 가정하여 EBITDA가 2020년 10억 달러에서 2024년 12억 달러로 증가될 것으로 예상한다(표 33.2 참조). 성장은 부분적으로 연간 약 2억 달러의 계획된 볼트온(bolt-

표 33.1 현금운용: 가치창출 체계

현금운용 유형 지침		가치창출 가능성
투자 투하자본이익률이 자본비용을 초과하는 사업에 투자하라	**내부 성장** 기업에 주는 가치가 자본적 지출을 토과하면 투자하라 (즉, ROIC가 *WACC*보다 높은 경우)[1]	고
	인수 기업에 주는 가치가 인수가격을 초과하면 인수하라 (즉, 영업권을 포함한 ROIC가 WACC보다 높은 경우)[1]	
	매각 판매가격이 기업에 주는 가치를 초과하면 매각하라	
파이낸싱 사업을 지원하는 자본구조로 관리하라	**레버리지 조정** 더 많은 차입금에 따른 높은 효율성과 낮은 유연성 사이에서 균형을 유지하라	
주주지급 투하자본이익률이 자본비용보다 낮으면 투자자(주주)에게 지급하라	**배당지급** 경영진 확신의 신호를 제공하기 위해 지속 가능한 수준으로 설정하라	
	자사주 매입 잉여현금을 주주에게 돌려주라	저

[1] ROIC: 투하자본이익률, WACC: 가중평균자본비용

on) 인수 및 소규모 매각에 따른 일부 수익감소로부터 도출되었다. 기본 사례에서 MaxNV는 향후 5년 동안 누적하여 약 30억 달러의 영업활동 잉여현금흐름을 창출한다.

두 가지의 불리한 시나리오를 개발하여 MaxNV의 주요 시장 및 제품 부문에 대한 가장 중요한 사업 위험을 테스트하였다. 경쟁 발생 시나리오에서, 고객에게 직접 판매하는 신규 진입자는 예상보다 더 성공적일 것이다. 2021년 이후에는 가격과 물량 수준이 하락하기 시작하고 MaxNV가 직접 고객에 판매하는 채널에 대한 인수 및 투자를 가속화해야 한다. 기본 시나리오와 비교할 때 연간 EBITDA는 약 2억 달러 낮고, 자본적 지출은 2024년까지 약 5천만 달러 높을 것이다. 인수에 추가로 5억 달러를 지출하는 것을 포함하여 MaxNV는 기본 시나리오보다 약 10억 달러 적은 세후 영업활동현금흐름을 창출할 것이다. 두 번째의 불리한 시나리오에서는 주요한 경기침체로 인해 이러한 경쟁이 악화되어 산업 전체의 수익과 이익이 저하된다. EBITDA는 이제 기본 시나리오에 비하여 2024년에 3억 달러 낮을 것이다.

코모디티(commodities) 산업과 같이 가격 및 물량 위험이 더 큰 산업에 속한

표 33.2 MaxNV: 영업현금흐름의 예상

$ million

		2020	2021	2022	2023	2024	누적, 2020–2024
		← 예상 →					
EBITDA[1]	**기본 시나리오**	**1,000**	**1,050**	**1,103**	**1,158**	**1,216**	**5,526**
	경쟁발생의 영향	–	–	(100)	(200)	(200)	(500)
	경기침체의 영향	–	(100)	(150)	(100)	(100)	(450)
자본적 지출	**기본 시나리오**	**(100)**	**(105)**	**(110)**	**(116)**	**(122)**	**(553)**
	경쟁발생의 영향	–	(50)	(50)	(50)	(50)	(200)
인수	**기본 시나리오**	**(200)**	**(200)**	**(200)**	**(200)**	**(200)**	**(1,000)**
	경쟁발생의 영향	–	–	(500)	–	–	(500)
매각	**기본 시나리오**	**–**	**25**	**50**	**–**	**–**	**75**
	경쟁발생의 영향	–	–	–	25	25	50
법인세	**기본 시나리오**	**(188)**	**(197)**	**(207)**	**(217)**	**(228)**	**(1,036)**
	경쟁발생의 영향	–	–	25	50	50	125
영업활동 FCF[2]	**기본 시나리오**	**513**	**573**	**636**	**625**	**666**	**3,012**
	경쟁발생의 영향	–	(50)	(625)	(175)	(175)	(1,025)
	경기침체의 영향	–	(100)	(150)	(100)	(100)	(450)

[1] 이자비용, 법인세, 감가상각비, 무형자산상각비 차감 전 이익

[2] 미래 현금흐름(Future cash flows)

기업의 경우 시나리오들의 사용을 보다 정교한 접근방식(다양한 부채수준에서 재무적 어려움의 가능성을 추정하기 위해 확률적 시뮬레이션 기법을 사용하여 미래 현금흐름을 모델링함)으로 대체할 수 있다.

2단계: 목표자본구조의 개발

다음으로 목표 자본구조를 개발하기 위해 목표 신용등급과 이에 해당하는 커버리지 비율을 설정한다. MaxNV의 영업 실적은 일반적으로 안정적이지만(대부분의 브랜드 소비재 기업과 마찬가지로), 수출기업으로서 환위험을 감안하여 BBB 신용등급을 최고 목표로 설정하였다. 해당하는 목표 신용등급은 2.5배의 목표 EBITDA 대비 순부채 커버리지 비율로 환산된다.[5] 이 커버리지 비율은 모든 시나리오에 적용되었다.

5 이번 장의 뒷부분에서 논의되는 바와 같이, 실증 분석은 대략적인 신용등급은 산업, 규모, 이자비용 커버리지의 세 가지 요인으로 잘 추정될 수 있음을 보여준다.

3단계: 현금잉여액 혹은 현금부족액 추정

목표 커버리지 비율과 영업현금흐름의 예상치를 기반으로 MaxNV의 목표 자본구조와 향후 5년 동안의 현금잉여액(또는 현금부족액)을 추정하였다. 자세한 계산은 표 33.3에 나와 있다. 예를 들어, 기본 시나리오에서는 2020년에 10억 달러의 EBITDA와 2.5배의 목표 커버리지 비율을 적용하여 연말의 목표 부채수준이 25억 달러가 된다. 2020년 초 28억 달러의 부채로 시작하여 5억 1,300만 달러의 영업 잉여현금흐름을 차감하고, 1억 5백만 달러의 세후 이자비용을 더하면 MaxNV는 2020년에 주주에게 지급될 수 있는 1억 8백만 달러의 현금잉여액을 남긴다. 이후의 연도에도 동일한 방식으로 계산하면, 5년 동안 주주지급을 위한 누적 현금잉여액은 약 27억 달러에 달한다. 표 33.3은 경쟁발생 시나리오(약 12억 달러)와 경기침체 시나리오(5억 5,200만 달러)에서도 누적 현금잉여액이 발생한다는 것을 보여준다.

두 가지 불리한 시나리오 모두에서 일부의 개별 연도에 현금부족액이 발생한다. 이 기간 동안 MaxNV는 단순히 목표 부채수준을 넘기고, 나중에 목표 수준으로 돌아가는 것을 결정할 수 있다. 또는 목표 부채수준이 매년 충족되도록 만들기 위해 이전 해에 초과 부채 부담능력을 구축할 수 있다. 물론 전체 계획기간 동안 누적 현금부족액이 발생한 경우에는, 주식발행을 고려하거나 추가 매각 또는 비용절감과 같은 기타의 자금조달 기회를 찾아야 한다.

4단계: 현금잉여액의 지급 및 현금부족액의 조달에 대한 의사결정

마지막 단계는 기업이 목표 자본구조를 달성하게 하는 향후 몇 년 동안의 주주지급 및 자금조달 금액을 결정하는 것이다. 세 가지 시나리오 각각에 대한 네 단계와 관련된 누적 현금흐름을 요약한 표 33.4를 살펴보자. 모든 시나리오에서 향후 5년 동안 MaxNV는 정기 배당금 형태로 4억 5천만 달러(연간 9천만 달러)를 쉽게 지급할 수 있다. 덜 보수적인 입장을 취할 경우 MaxNV는 약 10억 달러(연간 2억 달러)의 배당금 지급도 고려할 수 있다(경기침체 시나리오의 경우에는 이보다 적은 금액). 새로운 배당금 지급이 현재 수준에서 증가한 것을 나타낸다면, 그에 대한 발표는 MaxNV가 사업전망 및 이 배당수준을 유지할 수 있는 능력에 대해 확신하고 있다는 강한 신호를 주식시장에 보낼 것이다.

각 시나리오에서, 남겨진 현금은 자사주 매입 또는 특별 배당을 통해 향후 몇 년 동안 주주에게 지급될 수 있다. 보수적인 4억 5천만 달러의 배당금 지급액을 기준으로 할 때, 그 금액은 기본 시나리오에서 거의 23억 달러, 경쟁발생 시나리오에

표 33.3 MaxNV: 현금잉여액과 현금부족액의 예상치

$ million

기본 시나리오	2020	2021	2022	2023	2024	누적, 2020–2024
	←		예상		→	
EBITDA[1]	1,000	1,050	1,103	1,158	1,216	5,526
순차입금(연초)	(2,800)	(2,500)	(2,625)	(2,756)	(2,894)	(2,800)
영업활동 FCF[2]	513	573	636	625	666	3,012
세후 이자비용	(105)	(94)	(98)	(103)	(109)	(509)
가산: 목표 순차입금(연말) @ 2.5xEBITDA[1]	2,500	2,625	2,756	2,894	3,039	3,039
주주에 지급되는 현금잉여액(차입금으로 조달되는 현금부족액)	108	604	668	659	702	2,742
목표 순차입금(연말) @ 2.5xEBITDA	(2,500)	(2,625)	(2,756)	(2,894)	(3,039)	
초과차입금	–	–	–	–	–	
차입금으로 조달되는 현금부족액	(2,500)	(2,625)	(2,756)	(2,894)	(3,039)	
경쟁발생 시나리오						
EBITDA[1]	1,000	1,050	1,003	958	1,016	5,026
순차입금(연초)	(2,800)	(2,500)	(2,625)	(2,713)	(2,394)	(2,800)
영업활동 FCF[2]	513	523	11	450	491	1,987
세후 이자비용	(105)	(94)	(98)	(102)	(90)	(489)
가산: 목표 순차입금(연말) @ 2.5xEBITDA	2,500	2,625	2,506	2,394	2,539	2,539
주주에 지급되는 현금잉여액(차입금으로 조달되는 현금부족액)	108	554	(207)	29	546	1,237
목표 순차입금(연말)	(2,500)	(2,625)	(2,506)	(2,394)	(2,539)	
초과차입금	–	–	(207)	–	–	
순차입금(연말)	(2,500)	(2,625)	(2,713)	(2,394)	(2,539)	
경기침체 시나리오						
EBITDA[1]	1,000	950	853	858	916	4,576
순차입금(연초)	(2,800)	(2,500)	(2,375)	(2,604)	(2,351)	(2,800)
영업활동 FCF[2]	513	423	(139)	350	391	1,537
세후 이자비용	(105)	(94)	(89)	(98)	(88)	(474)
가산: 목표 순차입금(연말) @ 2.5xEBITDA	2,500	2,375	2,131	2,144	2,289	2,289
주주에 지급되는 현금잉여액(차입금으로 조달되는 현금부족액)	108	204	(472)	(207)	240	552
목표 순차입금(연말)	(2,500)	(2,375)	(2,131)	(2,144)	(2,289)	
초과차입금	–	–	(472)	(207)	–	
순차입금(연말)	(2,500)	(2,375)	(2,604)	(2,351)	(2,289)	

[1] 이자비용, 법인세, 감가상각비, 무형자산상각비 차감 전 이익
[2] 미래 현금흐름(Future cash flows)

서 약 8억 달러, 경기침체 시나리오에서 약 1억 달러가 될 것이다. 배당금 증가와 마찬가지로 자사주 매입과 특별 배당은 자신감을 나타내는 신호이지만, 투자자들이 미래 기간 동안 추가 지급에 대한 약정으로 보지 않는다는 이점이 있다. 이를 통해 MaxNV는 사업성과 및 시장성장에 따라 향후 몇 년 동안 지급되는 현금을 변경할 수 있는 귀중한 유연성을 가진다. 예를 들어, 경영진이 기본 시나리오의 가능

표 33.4 MaxNV: 주주지급 결정

$ million

	누적 현금흐름, 2020–2024				
	기본	경쟁발생		경기침체	
	시나리오	경쟁발생의 영향	시나리오	경기침체의 영향	시나리오
1단계					
추정 영업 현금흐름					
EBITDA[1]	5,526	(500)	5,026	(450)	4,576
자본적 지출	(553)	(200)	(753)		(753)
인수	(1,000)	(500)	(1,500)		(1,500)
매각	75	50	125		125
법인세	(1,036)	125	(911)		(911)
영업활동 미래 현금흐름	3,012	(1,025)	1,987	(450)	1,537
2단계					
목표 자본구조의 개발					
목표 순차입금/EBITDA	2.5		2.5		2.5
3단계					
추정 현금잉여액(현금부족액)					
순차입금(2020년 초)	(2,800)		(2,800)		(2,800)
영업활동 미래 현금흐름	3,012		1,987		1,537
세후 이자비용	(509)		(489)		(474)
가산: 목표 순차입금(2024년 말) @ 2.5xEBITDA	3,039		2,539		2,289
주주에 지급되는 현금 잉여액	2,742		1,237		552
4단계					
주주지급 결정(재무활동)					
배당금 지급	450		450		450
자사주 매입	2,292		787		102
주주에 지급되는 현금 잉여액	2,742		1,237		552
연평균 배당금	90		90		90
연평균 자사주 매입	458		157		20

[1] 이자비용, 법인세, 감가상각비, 무형자산상각비 차감 전 이익

성이 높다는 확신이 들어 지급을 늘리거나, 경기침체 시나리오의 가능성이 높다고 판단하여 대부분의 현금을 지급하지 않을 수 있다.

목표자본구조의 설정

전통적인 보통주와 일반채권(straight debt)에서부터 전환우선주(convertible preferred equity), 전환사채(convertible debt) 및 상품연계채권(commodity linked debt)과 같은 더 이색적인(exotic) 금융상품에 이르기까지 여러 옵션들을 제공하는 아주 다양한 자본조달수단들이 있다. 그러나 근본적인 것은 여전히 일반사채와 보통주 중 선택하는 것이다. 이 둘 간의 균형을 맞출 때 자본의 비중을 늘리면, 예상치 못한 실적 악화가 있을 때 혹은 기업인수와 같은 예상치 못한 기회를 잡을 수 있을 때 경영자들이 더 유연한 대처를 할 수 있다. 반면, 부채가 더 많으면 절세효과로 높은 효율성을 가져올 수 있고, 투자자금 사용에 대한 경영자 규율을 강화할 수 있다.

실증적 연구는 기업들은 특정 부채비율 범주 근처에서 적극적으로 자본구조를 관리하고 있다는 것을 보여주었다.[6] 기업들은 목표자본구조에서 벗어난 후 한 두 해에 걸쳐 재무구조를 목표 자본구조로 변경시키는 작업한다. 부채비율이 변할 때마다 즉시 재무구조를 변경하지는 않는데, 왜냐하면 계속해서 이를 조정하는 일은 주가 변동성과 거래비용을 고려할 때 비현실적이고 많은 비용을 발생시키기 때문이다.[7]

부채와 자본의 상충관계의 펀더멘탈

학계에서는 유연성과 효율성 사이에서 최적의 상충관계를 보이며 주주의 가치를 극대화하는 자본 대비 부채비율을 수십 년 동안 연구하였다. 그러나 불행하게도 명확한 모델은 아직 존재하지 않는다.[8]

자본과 대비되는 부채의 가장 분명한 이점은 절세효과이다. 차입금에 대한 이자는 일반적으로 비용으로 처리되어 세법상 공제가 가능한 반면, 배당금 지급과 자사주 매입 같은 주주에 대한 지급은 세법상 공제되지 않는다.[9] 자기자본을 타인자본으로 바꾸면 세금이 감소하기 때문에 기업의 총현금흐름과 기업가치가 증대된다.[10] 그러나, 이런 절세효과에도 불구하고 모든 자본을 타인자본으로 조달하는 것

---

6 P. Marsh, "The Choice between Equity and Debt: An Empirical Study," *Journal of Finance* 37, no. 1 (1982): 121–144.

7 예시로 다음 문헌 참조. M. Leary and M. Roberts, "Do Firms Rebalance Their Capital Structures?" *Journal of Finance* 60, no. 6 (2005): 2575 – 2619.

8 이에 대한 개요는 다음을 참조. M. Barclay and C. Smith, "The Capital Structure Puzzle: Another Look at the Evidence," Journal of Applied Corporate Finance 12, no. 1 (1999): 8–20.

9 항상 이자비용 전체가 세법상 공제되지는 않는다. 많은 나라들은 세법상 공제되는 이자비용을 제한하는 과소자본규칙(thin capitalization rule)을 적용한다. 예를 들어, 2018년 현재 미국의 기업들은 오직 EBITDA의 30%까지만 이자비용을 세법상 공제할 수 있다.

10 이에 대한 개요는 다음을 참조. M. Grinblatt and S. Titman, *Financial Markets and Corporate Strategy*, 2nd ed. (New York: McGraw-Hill, 2002), chap. 14; and R. Brealey, S. Myers, and F. Allen, *Principles of Corporate Finance*, 13th ed. (New York: McGraw-Hill, 2019), chap. 18.

이 반드시 가장 세법상 효율적인 방안은 아니다. 더 많은 타인자본 조달은 법인세를 감소시키지만 투자자들에게는 더 많은 세금이 부과될 수도 있기 때문이다. 많은 국가에서 이자 소득에 대한 세율이 주식보유에 따른 자본이득 세율보다 더 높다. 이러한 환경 하에서는 기업과 투자자들의 관련된 세율에 따라 타인자본보다 자기자본에 의한 자금조달이 더욱 매력적일 수 있다.[11]

잉여현금흐름 가설에 따르면, PEF(private equity firms)가 수십 년 동안 잘 입증한 것처럼 부채는 또한 경영진에게 투자규율을 부과할 수 있다.[12] 특히 견고한 현금흐름과 적은 성장 기회를 가진 기업들에서, 경영진은 기업가치를 대가로 하여 임직원 혜택이나 성장을 촉진할 수 있는 투자와 기업인수를 늘리는 경향이 있다. 만일 주식 소유권이 널리 분산되어 있다면 주주는 이런 과잉투자를 알아차리기가 어렵다. 부채는 기업이 이자와 원금상환의무 일정에 따라 잉여현금흐름을 지급하도록 강제함으로써 경영진이 추가적인 투자를 진행하기 전에 이러한 행위를 억제한다.

그러나, 높은 수준의 부채는 기업의 재무적 유연성을 감소시킨다. 이는 사업기반 위축(business erosion)과 투자자간 갈등으로부터 야기되는 비용의 증가를 불러온다.[13] 높은 수준의 부채를 가진 기업들은 부채를 제때에 상환할 현금이 필요하기 때문에 투자기회를 모색하거나, 연구개발(R&D) 예산을 자유롭게 운영하는데 있어 덜 유연하다. 이러한 기업들의 대출계약에는 보통 기업 활동의 자유를 제한하는 조항들이 포함된다. 2008년 금융위기 동안과 같이 신용시장이 엄격할 때는, 특히 이들 기업의 부채가 투자적격등급이 아니라면 새로운 차입기회를 가지는 것 또한 제한되었을 것이다.

그 결과 이들 기업은 중요한 가치창출기회를 잃을 수 있다. 또한, 더 높아진 재무적 곤경의 위험으로 인해 그 기업들은 고객, 종업원 및 공급자를 더 잃기 쉽다. 예를 들어, 부채가 많은 소매상들과 거래하는 공급자는 보통 선결제를 요구하기 마련이다. 이는 종종 낮은 수준의 재고로 인해 판매가 부진해지고 따라서 부채상환스케줄을 맞추지 못하는 등의 악순환을 만든다. 고객을 잃을 위험은 특히 제품이 장기적인 서비스와 유지보수를 필요로 할 때 더 높다. 예를 들어, Chrysler와 General Motors는 2008년 신용위기 동안에 재무적 곤경에 직면함에 따라 일본과 유

11 M. Miller, "Debt and Taxes," *Journal of Finance* 32, no. 2 (1977): 261–275.

12 M. Jensen, "Agency Costs of Free Cash Flow, Corporate Finance and Takeovers," *American Economic Review* 76, no. 2 (1986): 323–339.

13 우리는 자주 사용되는 재무적 곤경(financial distress)이라는 용어 대신 사업기반 위축(business erosion)이라는 용어를 선호한다. 왜냐하면 채무불이행과 같은 실제 재무적 곤경이 있기 전에 사업기반 위축관련 비용이 매우 점진적으로 장기간 발생하기 때문이다.

럽 경쟁자들에게 시장점유율의 상당부분을 빼앗겼다. 궁극적으로 이러한 사업기반 위축은 파산으로까지 이어질 수 있다.

높은 수준의 부채는 채권자, 주주, 경영진 간의 이해관계 충돌을 불러와 추가적인 가치손실을 야기할 수 있다. 예를 들어 기업의 채무불이행이 임박했을 때, 주주들은 채권자들의 비용을 대가로 하여 기업으로부터의 현금회수나 위험이 높은 투자를 선호할 것이다.[14] 물론 채권자들은 이런 갈등을 예상하고 제한적 조항들(restrictive covenants)과 다른 수단들을 통해 그들 자신을 방어하려고 할 것이다.

부채와 자본의 상충관계에 대한 증거

비록 재무이론이 비용의 원천과 레버리지의 혜택에 관해 명확하게 설명해주고 있지만, 주어진 기업에 대해 가장 최적의 자본구조를 측정하는 방법은 구체적으로 제시하지는 않는다. 다행스러운 것은 자본구조는 많은 실무자들이 생각하는 것보다는 기업가치에 영향을 덜 미치는 것으로 판명된 것이다. 더군다나, 학술 논문에서는 부채와 자본의 상충관계의 펀더멘탈로부터 우리가 기대했듯이, 기업들이 자신의 특성에 근거하여 다른 레버리지를 채택하고 있다는 증거를 제시하고 있다.[15]

수익성이 높을수록, 성장률과 사업 위험이 낮을수록, 그리고 자산이 크고 범용성이 높을수록 기업의 레버리지가 더 높을 것이다. 실제로 레버리지가 가장 높은 산업들은 일반적으로 성숙기에 있으며 자산집약적인 산업이다(시멘트나, 소비재, 유틸리티 산업을 떠올려보자). 이런 기업은 안정적 이익을 내므로 이자비용의 절세효과 혜택을 볼 가능성이 높다. 저성장 기업에서는 과잉투자의 가능성을 고려하여 더욱 강력한 경영자 규율이 요구된다. 왜냐하면 이들 기업은 담보로 사용할 수 있는 자산을 가지고 있으며 파산 후에도 이들 자산을 재배치시킬 수 있어서 사업기반 위축의 기대비용이 낮기 때문이다. 이것은 어떻게 항공사가 저수익성과 고위험에도 불구하고 높은 레버리지를 견딜 수 있는지를 설명해준다: 항공기는 기업 파산 시에도 타 항공사를 위해 쉽게 재배치될 수 있다.[16] 직접적인 파산비용은 곤경에 빠지기 전 기업가치의 약 3% 정도로 상대적으로 작다는 점을 명심하라.[17]

---

14 높은 레버리지로 인해 발생되는 이러한 효과는 재무이론에서 기업 과소투자(corporate underinvestment: 낮은 위험의 투자보다는 현금을 회수하는 것)와 자산대체(낮은 위험의 자산을 높은 위험의 자산으로 교체하는 것)로 불린다; 예시로 다음 문헌 참조. S. Ross, R. Westerfield, J. Jaffe, and B. Jordan, *Corporate Finance*, 12th ed. (New York: McGraw-Hill, 2019), chap. 17.

15 R. Rajan and L. Zingales, "What Do We Know about Capital Structure? Some Evidence from International Data," *Journal of Finance* 50, no. 5 (1995): 1421–1460.

16 특히, 항공기의 운용리스를 고려하면 레버리지가 높다.

표 33.5 자본구조는 기업가치에 제한된 영향을 끼친다.

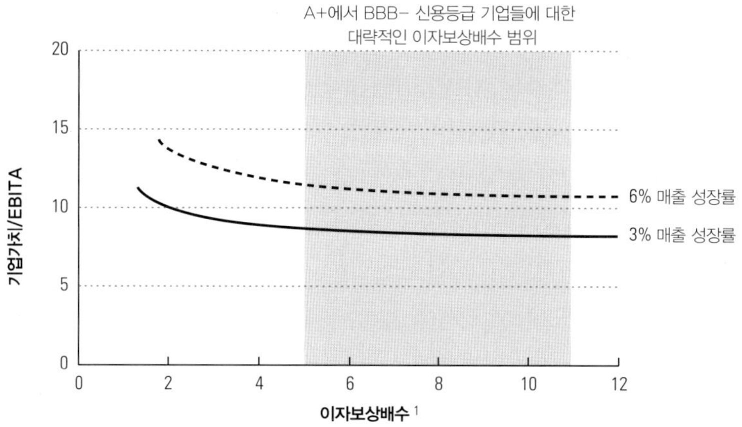

1 EBITA/지급이자

기업의 수익성이 낮을수록, 성장 잠재력과 위험이 높을수록, 그리고 자산의 범용성이 낮을수록 기업의 레버리지가 더 낮을 것이다. 소프트웨어, 생명공학 및 하이테크 신생기업이 이러한 섹터의 예이다. 이러한 기업은 가까운 장래에 과세대상 소득이 작기 때문에 잠재적인 절세효과가 작다. 미래 성장을 위하여 투자는 필수적인 요소이므로, 경영진이 재무적으로 보다 자유로워야 한다. 반면, 가치 있는 성장기회를 빨리 상실하며 남은 자산들도 제3자에게는 거의 가치가 없기 때문에, 사업기반 위축의 비용이 크다. 같은 이유로 보다 이익의 변동성이 크고 광고나 R&D 비용이 높은 기업들은 일반적으로 낮은 수준의 부채를 사용한다.[18] 또한, 장기간의 유지보수와 지원을 필요로 하는 기계나 장비와 같은 내구재 생산기업도 레버리지가 낮은 경향이 있다. 왜냐하면 고도의 특정 역량을 가진 이러한 기업들의 재무적 곤경이 그 기업들의 구매자들에게 줄 수 있는 대가가 크기 때문이다.[19]

비록 재무관리 교재에서는 높은 레버리지를 통해 잠재적인 절세효과를 더 높일 수 있다고 설명하지만, 이러한 효과가 투자적격등급의 대기업에게는 제한적이다.

---

17 예를 들어, L.Weiss, "Bankruptcy Resolution: Direct Costs and Violation of Priority of Claims," *Journal of Financial Economics* 27, no. 2 (1990): 285–314. 참조

18 M. Bradley, G. Jarell, and E. Kim, "On the Existence of an Optimal Capital Structure: Theory and Evidence," *Journal of Finance* 39, no. 3 (1984): 857–878; and M. Long and I. Malitz, "The Investment-Financing Nexus: Some Empirical Evidence," *Midland Corporate Finance Journal* 3, no. 3 (1985): 53–59.

19 다음 문헌 참조. Barclay and Smith, "The Capital Structure Puzzle"; and S. Titman and R. Wessels, "The Determinants of Capital Structure Choice," *Journal of Finance* 43, no. 1 (1988): 1 – 19.

이를 보여주기 위한 간단한 예시를 살펴보자. 표 33.5는 S&P 500 편입 평균기업의 EBITA(earnings before interest, taxes, and amortization) 대비 기업가치 배수가 차입 조달 수준에 따라 어떻게 변하는지를 이자보상배수로 측정하여 보여준다. EBITA 배수는 APV(adjustedpresent-value) 방법을 적용하여 3장에서 설명된 기본 가치창출요인공식으로 추정한다.[20] 우리는 S&P 500 기업의 중간 수준인 14%의 장기 ROIC와 9%의 무차입 자본비용을 가정한다. 표가 보여주듯이 투자적격등급의 대기업에서는 거의 나타나지 않는 아주 낮은 이자보상배수 수준(2 미만)을 제외하고는, 차입으로 인한 절세효과로 인해 기업가치가 크게 바뀌지 않는다.[21] ROIC 또는 성장률과 같은 핵심가치동인이 주주가치에 미치는 영향이 훨씬 더 크다는 점을 비교해보라.

반대로, 높은 레버리지로 인해 유연성을 잃어버리는 것은 중요한 가치의 파괴로 바꿔 말할 수 있다. John Graham 등은 25년 넘는 기간 동안의 미국 상장기업을 조사하여, 이론상 최적자본구조로 추정되는 레버리지 수준으로부터 이탈하는 데에 따른 기업가치의 손실을 분석하였다.[22] 이 분석은 표 33.6에 제시된 것과 같은 두 가지 통찰력을 제공한다. 첫째, 이론상 최적자본구조 주위의 꽤 넓게 분포되어 있는 구간에서 기업가치가 위태로워지는 수준은 단지 몇 포인트 정도에 지나지 않는다는 우리의 분석을 확인해주었다. 둘째, 과소한 수준의 부채보다 과잉 수준의 부채가 훨씬 더 불리하다. 다시 말하면, 유연성의 감소로 인해 발생하는 손실이 절세효과와 경영자 규율로 인한 이익보다 더 크다.

---

20 가치창출요인공식에 APV방법을 적용하고 무차입 자기자본비용으로 지급이자 절세효과를 할인하면, 다음의 공식을 얻을 수 있다:

가치

$$\text{Value} = \text{NOPAT}\left(\frac{1-\frac{g}{\text{ROIC}}}{k_u - g}\right) + \sum_{t=1}^{\infty} \frac{k_D \times T \times D_t}{(1+k_u)^t}$$

여기서, k_u 는 무차입 자기자본비용, D_t는 t연도 타인자본, k_D는 타인자본비용, T는 법인세율, 다른 변수들은 3장의 정의 참조. 만약 기업이 안정된 이자보상배수를 유지하면서 타인자본으로 자금을 조달한다는 추가적인 가정을 하게 되면, 다음과 같이 공식을 단순화시킬 수 있다:

가치

$$\text{Value} = \text{NOPAT}\left(\frac{1-\frac{g}{\text{ROIC}}+\frac{T}{1-T}\left[\frac{\text{Interest}}{\text{EBITA}}\right]}{k_u - g}\right)$$

여기서, Interest는 지급이자, EBITA/Interest는 목표 이자보상배수.

21 이자보상배수가 낮은 수준에서는 기업이 과세소득을 창출하지 못할 가능성이 증가하기 때문에 절세의 기대가치가 그 자체로 하락할 것이라는 점을 주목하라. 이 결과 진짜 곡선은 여기에 나타난 것보다 더 평평할 것이다.

22 예시로 다음 문헌 참조. J. Van Binsbergen, J. Graham, and J. Yang, "The Cost of Debt," *Journal of Finance* 65, no. 6 (2010): 2089–2136.

표 33.6 자본구조 관리에 따른 이익보다 많은 손실

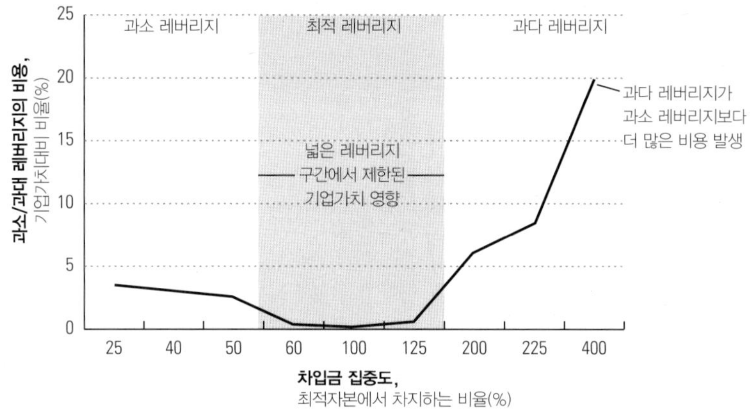

출처: J. Van Binsbergen, J. Graham, and J. Yang, "The Cost of Debt," *Journal of Finance* 65, no. 6 (2010).

신용등급과 목표자본구조

최적 자본구조를 결정하는 것은 어렵지만, 효과적인 자본구조를 찾는 것은 훨씬 쉽다. 그것은 표 33.5와 33.6의 가치곡선에서 상대적으로 평평한 구간 어딘가에 있기 때문에 주주가치 창출에 관해서 분명히 개선될 수 없는 수준이다.

표 33.7은 S&P(Standard & Poor's)가 작성한 2018년 매출액 기준으로 10억 유로가 넘는 전 세계의 모든 상장 및 비상장 기업들의 신용등급 분포와 이에 따른 평균 부도율을 보여준다. 이러한 등급분류는 AAA(최상급)과 D(부도) 사이에 있는 어떤 기업의 신용상태를 보여주는 지표로서 기능한다. BBB- 등급 이상은 소위 투자적격 등급으로 불린다. 표 33.7에서 대다수의 기업들(60%)은 A+에서 BBB- 등급 사이에 분포한다. 50억 유로가 넘는 기준의 경우에는 보다 많은 기업들(71%)이 동일한 등급 구간에 분포한다. 이는 명백하게 효과적인 등급수준이다: 신용등급은 상당기간 꽤 안정적이며, 따라서 대부분의 기업들이 이 구간을 벗어나거나 혹은 새로 들어올 가능성은 적다고 볼 수 있다. AA- 혹은 그 이상의 등급 수준에는 기업들이 거의 분포하고 있지 않은데, 이는 부채조달을 너무 안하면 절세효과와 경영자 규율의 형태로 너무나 많은 가치를 남겨두기 때문이다. BBB- 미만의 등급들이 있는 반대의 극단에서는 많은 부채조달에 따른 사업기반 위축과 투자자 갈등의 비용이 너무 부담스러워진다. 또한, 이러한 등급에서는 부채조달의 기회가 훨씬 적은데, 이는 투자부적격 등급 채권에 투자하는 것이 많은 투자자들에게 금지되어 있기 때문이다.

지난 10년 동안 이러한 대기업의 신용등급은 평균적으로 하락하여 표 33.7의

표 33.7 대기업의 신용등급: 대부분 A−와 BBB− 사이에 있음

표본기업의 비율(%), 기업 규모(매출액) 기준

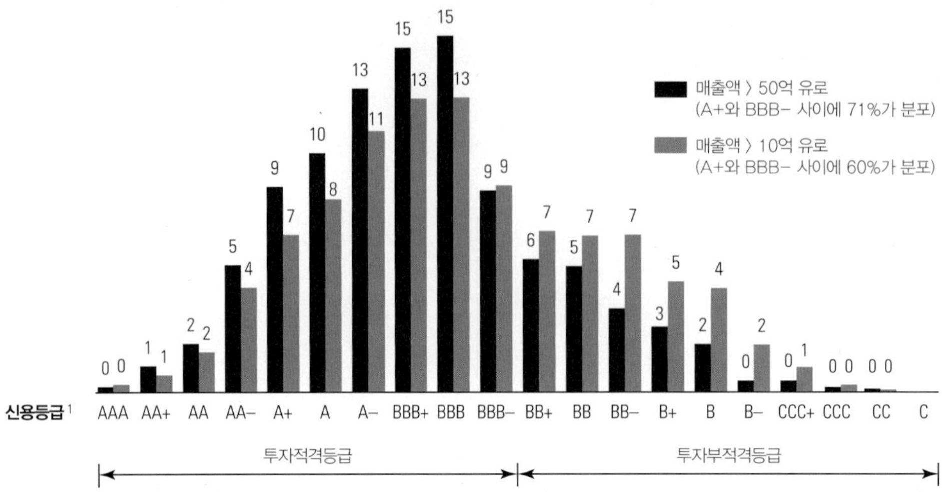

[1] Standard & Poor's가 작성한 2018년 매출액 기준으로 10억 유로가 넘는 전 세계의 모든 상장 및 비상장 기업들의 신용등급
출처: S&P Capital IQ; Corporate Performance Analytics by McKinsey.

분포가 오른쪽으로 이동하였다.[23] 미국의 일부 전문가들과 정책 입안자들은 기업의 부채수준 상승과 신용등급 하락에 대해 우려를 표명하였다.[24] 그러나 이러한 추세가 반드시 기업이 너무 많은 부채를 가지고 있다는 것을 의미하지는 않는다. 투자부적격 등급 기업의 비율은 실제로 2008년부터 2018년까지 증가했지만, 이는 주로 기업의 강등 때문이 아니라 아마도 역사적으로 낮은 이자율의 혜택을 받기 위해 부채시장에 진입하여 새롭게 평가된 기업에 의한 것이다. 2008년과 2018년 사이에 미국의 기업부채가 2조 3천억 달러에서 5조 2천억 달러로 증가한 것은 사실이지만, 주요 신용비율들은 이전 10년 기간과 여전히 유사하다.[25] (저자의 코멘트: 2020년 3월에 이 책의 편집이 마감되면서, 기업들과 정부들은 전 세계 COVID-19 대유행의 경제적 영향을 평가하고 이에 대응하기 시작했다.)

투자적격 등급(AAA에서 BBB-)을 어떤 기업의 목표자본구조로 전환하는 방

---

23 예시로 다음 문헌 참조. "Carry the Weight: Should the World Worry about America's Corporate-Debt Mountain?" *The Economist*, March 14, 2019, www.economist.com.

24 예시로 다음 문헌들 참조. J. Cox, "Yellen and the Fed Are Afraid of a Corporate Debt Bubble, but Investors Still Aren't," CNBC, December 11, 2018, www.cnbc.com; N. Timiraos and A. Ackerman, "Fed Chairman Powell Warns of Economic Risks from Rising Business Debt," *Wall Street Journal*, May 20, 2019, www.wsj.com.

25 예시로 다음 문헌 참조. T. Khurana, W. Rehm, and A. Srivastava, "Is a Leverage Reckoning Coming?" *McKinsey on Finance*, no. 70 (May 2019): 1–6.

표 33.8 신용등급을 설명해주는 이자 보상비율과 차입금 보상비율

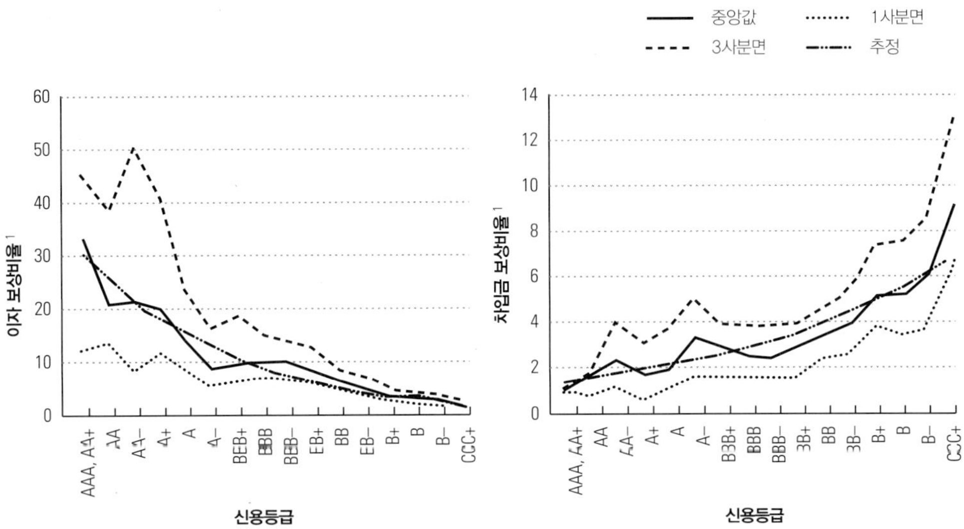

[1] EBITDA/이자비용. EBITDA: 이자비용, 법인세, 감가상각비, 무형자산상각비 차감 전 이익
[2] 순차입금/EBITDA
출처: S&P Capital IQ; Corporate Performance Analytics by McKinsey.

법을 이해하기 위해서는 기업의 신용등급이 무엇을 나타내고 무엇이 이를 결정하는지를 이해하는 것이 중요하다. 실증적 증거는 신용등급이 두 가지 재무지표와 주로 연관되어 있다는 것을 보여준다.[26]

첫 번째 지표는 매출액과 시가총액으로 나타낼 수 있는 "기업의 규모"이다. 그러나 이 지표는 매우 크거나 아주 작은 회사에 대해서만 차이가 있다. 예를 들어 2019년에 AAA등급을 가진 Microsoft 및 Johnson & Johnson 등의 기업들은 모두 시가총액이 3천5백억 달러를 넘는다. 한 가지 가능한 설명은 규모가 큰 기업일수록 위험을 분산시키기 쉽다는 것이다.

두 번째 지표는 이자비용이나 차입금(debt) 대비 EBITA 혹은 EBITDA로 나타낼 수 있는 "보상비율"로 다음과 같이 정의할 수 있다:

---

26 개요는 다음 문헌들 참조. R. Cantor, "An Introduction to Recent Research on Credit Ratings," *Journal of Banking and Finance* 28, no. 11 (2004): 2565–2573; E. Altman, "Financial Ratios, Discriminant Analysis, and the Prediction of Corporate Bankruptcy," *Journal of Finance* 23, no. 4 (1968): 589–609; and J. Pettit, C. Fitt, S. Orlov, and A. Kalsekar, "The New World of Credit Ratings," UBS research report (September 2004).

$$\text{차입금 보상비율} = \frac{\text{순차입금}}{\text{EBITA}} \text{ 혹은 } \frac{\text{순차입금}}{\text{EBITDA}}$$

$$\text{이자 보상비율} = \frac{\text{EBITA}}{\text{이자비용}} \text{ 혹은 } \frac{\text{EBITDA}}{\text{이자비용}}$$

신용 분석가가 널리 사용하는 유사한 지표는 EBITA 또는 EBITDA 대신 소위 FFO(free flow from operations)를 기반으로 한다. FFO는 EBITDA에서 이자비용과 세금을 뺀 값으로 정의된다.

보상비율은 목표자본구조를 설정할 때 기업의 규모보다 더 관련성이 높다. 기초적으로 이는 기업이 부채를 상환할 수 있는 능력을 나타낸다. 예를 들어 EBITA 이자 보상비율은 기업이 사업을 지속하기 위하여 매년 감가상각비와 동일한 금액만을 투자한다는 가정을 할 경우, 세전 영업현금흐름으로 약정이자의 몇 배까지 지불할 수 있는가를 측정한다(투자를 전혀 하지 않았을 경우는 EBITDA 보상비율을 사용). 그러나, 오늘날의 저금리 시대에서는 부채 보상비율이 기업의 장기 부채상환능력을 평가하기에 더 적합하다. 어떤 기업들에게는 이자 보상비율이 요즘 같은 저금리 시대에 높아 보일 수 있는데, 단순하게 생각해보면 이는 지난 몇 년 간 낮은 이자율로 부채를 조달하였기 때문이다. 이러한 기업들이 미래에 높은 이자율로 부채를 다시 조달해야 한다면 이자 보상비율은 크게 감소할 것이다.

표 33.8은 S&P에 의해 평가된 미국 대기업(금융기관 제외)으로 구성된 표본에서 이자 보상비율과 부채 보상비율이 신용등급의 차이를 어떻게 설명하고 있는지를 보여주고 있다. 당연히 이자비용대비 영업활동 잉여현금흐름(FFO), 상환능력과 같은 지표를 더 포함시켜 이 분석을 좀 더 개선할 수 있다. 하지만 이런 비율들은 대개 높은 상관관계를 가지고 있어서 이들을 포함하여 계산한다고 해서 항상 보다 명확한 설명이 가능해지는 것은 아니다.

주어진 신용등급에서 보상비율은 산업별로 일반적으로 다르게 나타나는데(표 33.9 참조), 이는 해당산업에 내재된 사업 위험의 차이 때문이다. 이익변동성이 높은 산업의 기업들은 주어진 신용등급을 유지하기 위해 보다 양호한 보상비율이 필요하다. 왜냐하면 그들의 현금흐름은 약정이자를 지급하기에 충분하지 않을 확률이 높기 때문이다.[27] 예를 들어, 철강 기업들같이 원자재 산업에 속한 기업들은 동일한 신용등급을 갖기 위해 음식료업종의 기업들보다 더 높은 수준의 이자 보상비율이 필요할 것이다. 산업에 걸친 보상비율 요구수준의 차이점을 생각해 봄으로

27 각 산업별 기업들에 대한 EBITDA의 연간 상대적 변동치의 평균 표준편차로 이익변동성을 측정하였다.

표 33.9 일부 산업별 이자 보상비율 및 신용등급

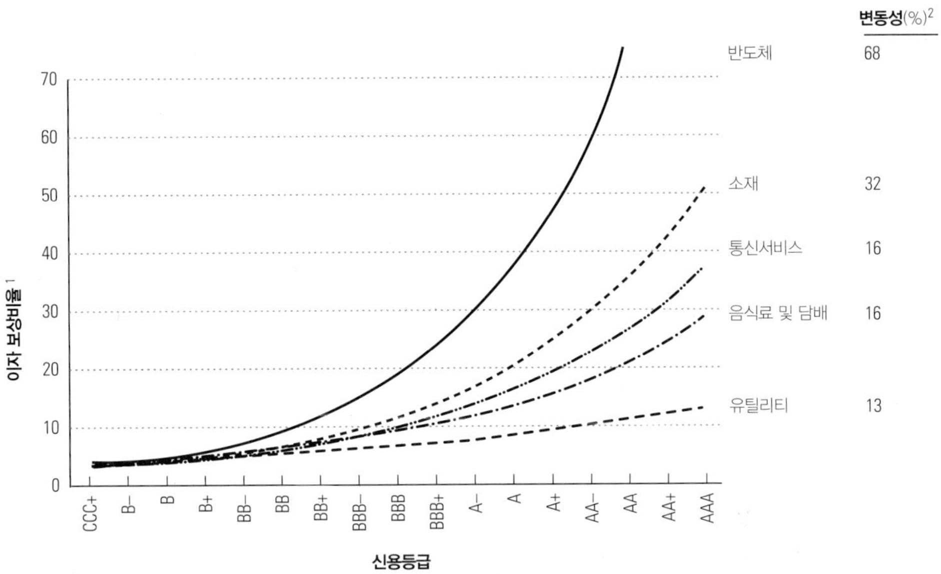

[1] EBITDA/이자비용. EBITDA: 이자비용, 법인세, 감가상각비, 무형자산상각비 차감 전 이익
[2] 각 산업에 속한 기업들의 직전 5년간 EBITDA에 대한 변동성의 중앙값
출처: S&P Capital IQ; Corporate Performance Analytics by McKinsey.

써 우리는 기업의 목표 신용등급을 목표 보상비율로 바꾸어볼 수 있다. 기업의 추정 미래 영업이익(그리고 이자율)에 기초하여 우리는 선택된 신용등급에 대한 최대 부채상환능력을 도출할 수 있으며, 이에 따른 목표자본구조도 도출할 수 있다. 예를 들어, 음식료업종에서 투자적격 등급을 목표로 하고 있는 기업들은 일반적으로 EBITDA 대비 이자비용 비율이 5배 근처나 혹은 그보다 더 좋아야 한다. 가까운 기간의 EBITDA 및 이자율을 추정한 후에, 이런 기업이 투자적격 등급이 되기 위한 목표 순부채를 도출할 수 있다. 확실한 평가 추정치를 위해서는 회사가 직면하고 있는 특정 재무 및 사업 위험에 대한 보다 심층적인 분석이 필요하다. 예를 들어, 이러한 분석은 Standard & Poor's (www.spratings.com) 또는 Moody's (www.moodys.com) 의 웹 사이트에서 시작할 수 있다.

기업의 목표자본구조를 동일한 산업에 속한 비교 기업군의 목표자본구조와 비교해보는 것은 중요하다. 자본구조를 설계함에 있어 가치 상충관계(trade-offs)를 결정짓는 핵심 요인은 대부분 성장률, 수익성 그리고 자산 특수성과 같이 산업특성과 연관되어 있다. 따라서 자본구조의 차이가 크다면 보다 자세한 조사가 필요하다. 이는 또한 경쟁적 관점에서도 타당하다. 어떤 기업의 자본구조가 아주 상이하

표 33.10 부도확률 및 신용스프레드

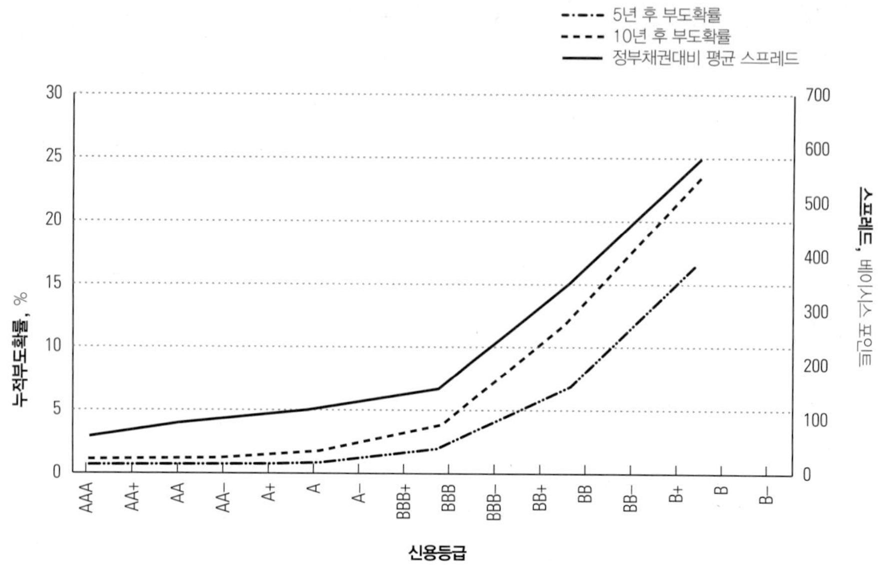

출처: S&P Capital IQ; Corporate Performance Analytics by McKinsey.

지 않는 한, 자본구조에서 나오는 경쟁 우위를 잃지는 않는다(물론 어떤 이득도 얻지 못한다).[28] 1960년대 이래 기업들의 신용등급 분포가 산업별로 특정한 평균등급을 중심으로 분포한다는 실증적 증거가 있는데, 이는 각 산업이 각기 다른 효과적인 자본구조를 가지고 있다는 것을 시사한다.[29]

기업의 신용등급으로부터 부채조달에 대해 지급 가능한 이자율도 추정할 수 있다. 회사채 수익률과 무위험채권 수익률의 차이인 신용스프레드는 기업의 신용등급이 낮아짐에 따라 커지는데, 이는 부도확률이 증가하기 때문이다. 표 33.10은 신용등급별 5개년 및 10개년의 누적부도확률과 각 신용등급에서의 평균 신용스프레드를 점으로 연결한 것이다. 신용스프레드는 거의 비례적으로 부도확률의 증가를 반영한다. 하지만 투자적격 등급의 벤치마크인 BBB 등급 미만에서는, 더욱 가파르게 증가한다. 한 가지 가능한 설명은 몇몇 기관투자자의 경우에는 투자등급(BBB-) 미만의 채권에 투자할 수 없다는 것이다. 따라서 투자등급 아래의 채권에 대한 시장은 그 규모가 매우 작으며 이자율도 이에 상응하여 매우 높다.

---

28 예를 들어, 부채비율이 높은 기업들은 종종 재무적으로 우수한 경쟁자들이 시작한 가격전쟁에서 희생양이 된다는 연구결과가 있다. 다음 문헌 참조. P. Bolton and D. Scharfstein, "A Theory of Predation Based on Agency Problems in Financial Contracting," *American Economic Review* 80, no. 1 (1990): 93–106.

29 E. Schwarz and R. Aronson, "Some Surrogate Evidence in Support of the Concept of Optimal Financial Structure," *Journal of Finance* 22, no. 1 (1967): 10–18.

주주에 대한 배분

대부분의 성공한 기업들은 어떤 시점에 도달하면 그들이 벌어들인 모든 현금을 재투자하는 것이 사실상 거의 불가능해진다. 이런 경우에는 잉여현금을 주주들에게 배분하는 것 말고는 다른 대안이 거의 없다. 비록 일부 경영자들은 가치를 창출할 수 있는 투자 기회를 찾는데 실패한 것으로 간주할 수도 있지만, 성숙기의 기업들에게 있어 자본에 대한 고수익과 적당한 성장은 사실상 필연적인 결과이다. 예를 들어, 세후영업이익(NOPAT) 10억 달러, ROIC 25% 그리고 연간 매출성장률이 5%인 기업의 경우 해당 성장률을 계속 유지하기 위해서는 연간 2억 달러의 순투자 금액만 필요하다. 이 경우 8억 달러의 잉여현금은 추가투자 혹은 주주에게 배분하는 용도로 남아있게 된다(표 33.11 참조). 매년 8억 달러의 매력적인 신규투자처를 찾는 것은 많은 산업들에서 어려운 일이다. 현재의 ROIC 25%로 신규투자처에 8억 달러의 잉여현금을 재투자하는 것은 이 기업의 매출이 매년 20%씩 성장한다는 것을 의미하기 때문이다.

표 33.11에 제시된 수익률과 성장률의 다양한 조합에서 주주에 대한 배분 수준은 대부분의 성공적인 회사, 심지어 두 자릿수 성장률을 가진 회사의 경우에도 그 의미하는 바가 결국 유사할 것이다: 주주들에게 엄청난 양의 현금을 돌려주는 것 말고는 선택의 여지가 없다. 2002년과 2014년 사이에 Procter & Gamble은 배당, 자사주 매입의 방법으로 1,130억 달러를 돌려주었는데, 이는 이 기간 동안 순이익의 90%를 넘는다. Procter & Gamble 같은 기업조차도 이미 매년 R&D에 20억 달러와 광고에 80억 달러를 지출한다고 해도, 이 많은 양의 현금을 재투자하는 것이 거의 불가능했을 것이다.

표 33.11 10억 달러의 이익을 가정한 잉여 현금흐름

주어진 조건에서 잉여 현금흐름, 백만 달러

예상 투하자본 이익률, % \ 예상 성장률, %	15	10	5
50	700	800	900
25	400	600	800
15	–	333	667

잉여현금을 주주들에게 배분하는 기본적인 대안들은 세 가지가 있다: 배당 증가, 자사주 매입, 특별배당이 그것이다. 이 세 가지 방법 모두 기업의 장기전망에 대해 자본시장에 긍정적인 신호를 보내게 된다. 하지만 기업이 투자기회가 없어서 그런 식으로 잉여현금을 배분하고 있다는 부정적인 신호로 해석될 수도 있다. 이는 기업이 재투자할 수 있는 것보다 더 많은 현금을 창출하고 있었다는 것을 투자자들은 미리 알아채지 못했다고 가정한다. 그러나 이런 경우는 아주 드물다. 표 33.11에 제시된 예시에서 간단한 수학으로 설명된 것처럼, 투자자들은 일반적으로 경영진이 주주에 대한 배분을 결정하기 훨씬 전부터 이를 예상하고 있다.[30]

배당

배당증가를 발표하는 기업은 일반적으로 발표 당일에 주가가 약 2% 상승한다.[31] 처음으로 배당을 시작한 기업들의 경우 그 영향은 더욱 크다.[32] 일반적으로 투자자들은 배당 증가를 그 기업의 미래 이익과 현금흐름 장기전망에 대하여 좋은 소식으로 해석한다. 실증적 증거에 의하면 평균적으로 이러한 해석은 옳다. 배당금 지급을 증가시키는 기업들은 이익이 크게 성장하고, 배당을 증가시킨 이후에도 이러한 높은 이익 수준을 지속할 수 있을 때 그러한 조치를 취한다. 처음으로 배당금 지급을 시작하는 기업들은 일반적으로 높은 이익성장률을 계속 보인다.

배당 증가의 단점은 투자자가 이러한 고배당을 일시적인 것이 아닌 장기적인 약속처럼 해석한다는 것이다. 기업들은, 특히 미국에서 그러했는데, 극심한 경영 차질이 발생했을 경우에만 배당이 삭감될 것이라는 기대를 주주들에세 만들어왔다. 주식시장은 과거 장기적인 수준보다 삭감하여 배당을 하는 기업을 크게 응징한다. 1994년과 2008년 사이에 매출이 5억 달러보다 많은 미국 상장기업의 5%만이 배당을 삭감하였고, 거의 모든 경우에 그 기업들은 극심한 재정위기를 직면했다.

일부 기업은 부정적인 사건이나 경기 악화에도 불구하고 유지해야 하는 배당금

30 전 세계적으로 가장 큰 제약회사 중 하나인 Merck사의 경우가 그러한 드문 사례이다. Merck사는 2000년에 100억 달러의 자사주 매입을 발표하였고, 이로 인해 이후 4주간 주가는 15% 하락하였다(비록 처음의 주가 반응은 우호적이었지만). 투자자들이 Merck사가 흥미로운 R&D 투자기회를 찾지 못했고, 장기 이익성장률 목표치인 20%를 유지할 수 없을 것으로 예상하여 이러한 결과가 나타났을 것이다. 다음 문헌 참조. J. Pettit, "Is a Share Buyback Right for Your Company?" *Harvard Business Review* 79, no. 4 (2001): 141–147.

31 예시로 다음 문헌들 참조. S. Benartzi, R. Michaely, and R. Thaler, "Do Changes in Dividends Signal the Future or the Past?" *Journal of Finance* 52, no. 3 (1997): 1007–1034; and J. Aharony and I. Swarey, "Quarterly Dividends and Earnings Announcements and Stockholders," *Journal of Finance* 35, no. 1 (1980): 1–12.

32 P. Healey and K. Palepu, "Earnings Information Conveyed by Dividend Initiations and Omissions," *Journal of Financial Economics* 21, no. 2 (1988): 149–175.

또는 배당금 성장률을 약속하지 않는다. 대신에, 그들은 가변적인 배당정책을 가지고 있으며 배당금을 사업 성과와 명시적으로 연관시켜 미래의 배당금에 대한 투자자의 기대를 관리하려고 한다. 예를 들어, 2016년에 영국-오스트레일리아 자원 기업들인 BHP와 Rio Tinto는 배당금을 사업 성과와 더 밀접하게 관련되도록 하는 배당금 지급정책을 채택하였다. BHP는 최소 배당금 지급 비율을 기초가 되는 이익의 50%로 전환하면서, 회사의 재무상태가 허용하는 경우(예를 들어, 매각 수익금의 지급) 추가적으로 특별 배당금 또는 자사주 매입의 형태로 지급하기로 하였다.[33] 가치창출 관점에서 가변적인 배당정책은 고정적인(또는 점진적인) 배당정책보다 좋거나 나쁘지 않다. 그러나 가변적인 배당정책은 더 많은 재무적 유연성을 갖도록 하여, 경영자가 배당금을 유지해야 한다는 생각(매력적인 투자기회의 포기나 자산 매각을 의미하더라도)에서 벗어날 수 있게 한다.

배당금 증가의 약속(고정적인 배당 혹은 가변적인 배당의 지급률) 을 고려하는 경영자는 미래의 영업활동에서 창출되는 현금흐름이 자본적 지출을 충당할 뿐 아니라, 높은 배당을 지급하는데도 충분할 것이라는 확신이 있어야 한다. 더군다나, 배당지급액을 높이는 것은 과세당국 및 주주 개인들의 다른 과세소득 수준에 따라 주주들에게 높은 과세소득을 가져다 줄 수 있다. 이런 주주들은 기업이 배당지급률을 예상치 않게 크게 변경하면 세금 손실이 생길 수 있다. 바꿔 말하면, 배당증가는 구조적인 잉여현금을 장기간에 걸쳐 조절하기에는 유용하지만 일시적인 잉여현금의 지급으로 사용하기에는 매우 부적합하다.

자사주 매입

1980년대 초반에 자사주 매입은 주주에게 현금을 돌려주는 방법 중 10% 미만으로 활용되었다. 그 이후, 자사주 매입은 주주에게 현금을 배분하는 대안적 방법으로 크게 중요해졌는데, 이는 1982년 미국에서 기업이 자사주를 매입할 수 있는 주요 규제적 제한이 사라진 것이 크게 작용하였다.[34] 예를 들어, 1999년의 자사주 매입 금액은 총 1,810억 달러로, 이는 뉴욕 증권거래소에 상장된 기업들의 정기 배당금 지급액 2,160억 달러에 근접하는 액수이다.[35] 심지어 2000년의 주식버블 붕괴 중에도 서로 다른 산업의 주요 기업들은(예를 들어, ExxonMobil, IBM, Marks

---

33 BHP의 새로운 배당정책은 2016년 2월 23일에 2015년 하반기 성과 공시에서 발표되었다. Rio Tinto의 배당정책에 따르면, 주기에 걸쳐 총 기초 이익의 40~60% 범위에서 배당금을 지급할 것으로 예상된다(https://www.riotinto.com/investors-87.aspx).

34 미국 증권 거래위원회의 규칙(Rule) 10b-18을 따름.

35 다음 문헌 참조. Pettit, "Is a Share Buyback Right for Your Company?"

표 33.12 지급수준이나 지급방식 조합과 무관한 가치평가

Median enterprise-value-to-EBITDA multiple,[1] 기업가치대비 EBITDA 배수의 중앙값, 2007년 말

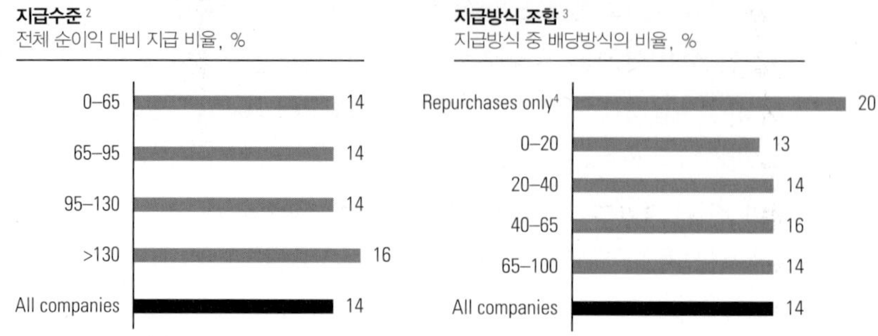

[1] Median multiple of nonfinancial companies in S&P 500 index.
[2] 지급은 배당과 자사주 매입을 더한 것으로 정의됨, 2002-2007
[3] 전체 지급에서 배당이 차지하는 비중의 평균, 2002-2007
[4] 이 범주의 높은 수준은 다른 범주에 비해 빠르게 성장하는 기업들의 비율이 높기 때문이다.
출처: Corporate Performance Analytics by McKinsey.

& Spencer, Shell, Unilever, 및 Viacom) 대규모로 자사주 매입을 지속했다. 2018년에 미국 내에서 주주들에게 현금을 배분하는 방법의 약 60%는 자사주 매입이다.

투자자는 일반적으로 자사주 매입을 여러 이유로 긍정적으로 해석한다. 첫째, 주식을 되사는 것은 경영진이 예상하는 미래 현금흐름이 미래의 투자와 채무상환을 하고도 충분할 정도로 견고하다고 확신한다는 신호이다. 둘째, 이것은 기업이 가치 파괴적 투자에 현금을 낭비하지 않을 것이라는 신호를 준다. 셋째, 자사주 매입은 경영진이 그 기업의 주식이 저평가되어 있다고 믿는다는 것을 투자자에게 나타낸다. 만약 경영진 자신이 주식을 되산다면 이러한 효과는 더 강화된다. 학술연구에서는 이런 신호 때문에 소규모 자사주 매입 프로그램(예를 들어 공개시장 거래를 통하여 유통주식의 10% 미만의 주식을 매입하는 경우) 발표 당일에 평균 2~3%의 주가 상승이 있음을 보여준다.[36] 그러나 이러한 결과는 주로 소규모 회사의 주가 상승으로 인한 것이다. 게다가, 시간이 지남에 따라 자사주 매입이 정규적

36 소규모 프로그램(smaller programs)에서 기업들은 통상적으로 소위 공개시장매입(open-market purchases)으로 프리미엄 없이 또는 제한된 프리미엄으로 그들의 자사주를 매입한다. 대규모 프로그램(larger programs)은 대개 상당한 프리미엄으로 특정 수량의 주식을 매입할 것이라는 발표가 이루어지는 공개매수(tender offers)의 형태로 이루어진다. 예시로 다음 문헌들 참조. R. Comment and J. Jarrell, "The Relative Signaling Power of Dutch-Auction and Fixed Price Self-Tender Offers and Open-Market Repurchases," *Journal of Finance* 46, no. 4 (1991): 1243–1272; and T. Vermaelen, "Common Stock Repurchases and Market Signaling: An Empirical Study," *Journal of Financial Economics* 9, no. 2 (1981): 138–183.

인 현금 배분수단이 되면서 이런 신호효과는 줄어들게 된다.

이러한 신호효과는 주주들을 위한 가치창출과 혼동되어서는 안 되는데, 이는 미래의 성과에 대해 높아진 시장 기대만을 반영하기 때문이다. 만약 기업이 이러한 높아진 기대에 부응하지 못한다면 주가는 다시 하락할 것이다. 주주에 대한 모든 현금배분과 마찬가지로, 자사주 매입은 주주를 위한 가치를 창출하지 못한다. 왜냐하면 이것은 영업활동에서 창출되는 기업의 현금흐름을 증가시키는 것이 아니기 때문이다. 이익배수는 현금을 되돌려주는 금액이나 방식(배당이든 자사주 매입이든 그 형태와 무관)과 관련이 없다는 것이 실증적 증거에 의해 확인되었다(표 33.12 참조).[37]

그럼에도 불구하고 자사주 매입에 대한 두 가지 통념은 애널리스트와 경영자 사이에서 지속되는 것처럼 보인다. 첫 번째 통념은 경영자들이 주가가 저평가되어 있을 때 자사주 매입을 통해 가치를 창출해낼 수 있다는 것이다.[38] 경영자들은 내부 정보를 가지고 있어서 주식시장에서 그 기업의 주가가 언제 저평가되어 있는지를 평가하는 것과 언제 이 주식을 사들이면 되는지를 투자자들보다는 더 잘 알 수 있는 위치에 있다. 저평가된 주식을 사는 것은 그 주식을 팔지 않고 계속 보유한 주주들에게는 이익을 줄 수 있다. 하지만 실증적 증거는 기업들이 주식을 되사는 최적의 매수 시점을 거의 제대로 포착하지 못하는 것을 보여주고 있다.[39] 2001년에서 2010년까지 S&P 500에 소속된 기업들의 대다수는 주가가 높을 때 자사주를 매입하였고, 극히 일부만이 주가가 낮을 때 자사주를 매입하였다. 실제로 자사주 매입을 실행한 S&P 500에 소속된 기업들 중에서 3/4이 넘는 기업들에서 동일기간 동안 균등하게 자사주를 매입하는 간단한 매입전략보다 더 적은 주주수익이 나타났다(표 33.13 참조).

두 번째 통념은 자사주 매입이 주당순이익(EPS)을 증가시키기 때문에 가치를 창출한다는 것이다. 여기에 내재된 가정은 주가수익률(P/E)이 일정하게 유지된다는 것이다. 3장에서 설명한 것과 같이, 이 논리는 결함이 있다: 자사주 매입을 잉여현금이나 신규부채로 조달하면 회사의 EPS가 실제로 올라가는데, 이는 단순

---

37 다음 문헌 참조. B. Jiang and T. Koller, "Paying Back Your Shareholders," *McKinsey on Finance*, no. 41(2011): 14-17.

38 다음 문헌 참조. B. Jiang and T. Koller, "The Savvy Executive's Guide to Buying Back Shares," *McKinsey on Finance*, no. 41 (2011): 14 – 17.

39 일부 학술 연구에서는 기업들이 실제로 자사주 매입의 시기를 잘 정하고 있다고 결론지었다. 그러나 이 결과는 대개 소규모기업들에 대한 것으로 일회성 의사결정으로 자사주 매입을 한 경우였다. 소규모 기업들을 제외하고 나면 최적의 매수시점을 포착하는 효과는 사라진다.

표 33.13 자사주 매입 시점과 상대적인 성과

TSR 집단에 따른 기업 수[1], 2004-2010

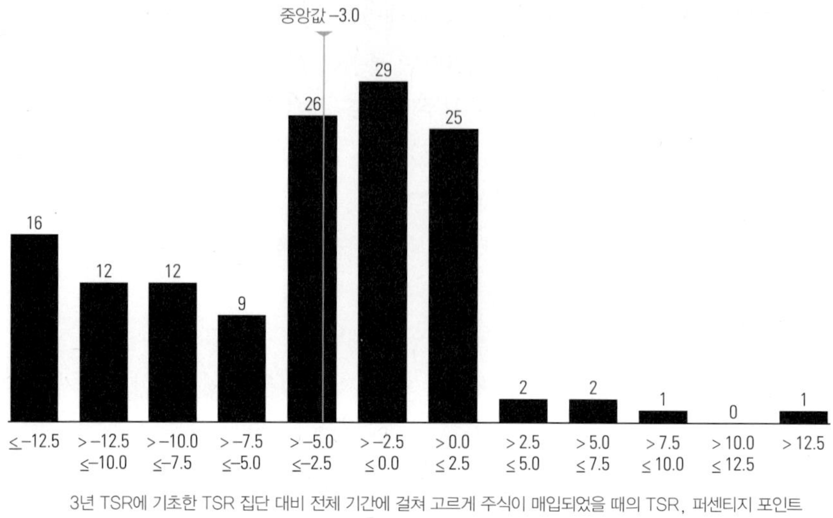

[1] 2004년부터 2010년까지 자사주 매입한 S&P 500에 소속된 135개 기업을 대상으로 하였음. TSR은 총주주수익률을 의미함.
출처: Corporate Performance Analytics by McKinsey.

히 현금이나 부채에 대한 P/E가 자기자본에 대한 P/E보다 높기 때문이다.[40] 그러나 자사주 매입 이후에는 회사의 레버리지가 증가하여 자기자본 P/E가 낮아질 것이다.[41] EPS의 증가는 P/E의 감소로 정확히 상쇄되기 때문에 주주 가치창출로 이어지지 않는다. 물론, 많은 기업 표본과 장기간에 걸쳐, EPS 성장과 총주주수익률(TSR) 간에는 명백한 상관관계가 있지만 이는 전적으로 매출성장과 이익률에 기인한다. 이러한 가치 동인들을 통제한 후에는, 회사의 자사주 매입의 강도와 주주수익률 간에 상관관계가 없다.[42]

자사주 매입으로 인한 실제 가치창출은 사업투자, 부채상환, 현금보유 또는 배당금 지급과 같은 대체적인 현금운용과 비교해서만 평가할 수 있다. 일반적인 신념

---

40 여기서 P/E는 일반적인 용어로 자산 또는 부채의 시장가치를 세후 이익 기여(after-tax earnings contribution)로 나눈 값으로 정의한다. 현금 및 부채에 대한 P/E는 그들의 세후 이자율의 역수이며 일반적으로 회사의 자기자본에 대한 P/E보다 높다.

41 P/E 하락을 설명하는 방법에는 두 가지가 있다. 첫 번째는 회사의 자기자본에 대한 P/E를 영업, 현금 및 부채에 대한 P/E들의 가중 평균으로 간주하는 것이다. 현금을 지불하는 것은 현금에 대한 상대적으로 높은 P/E의 가중치를 줄여주므로 회사의 자기자본에 대한 P/E가 낮아진다. 부채를 유치하면 상대적으로 높은 P/E의 음(-)의 가중치가 증가하고 자기자본에 대한 P/E도 낮아진다. 두 번째 설명은 높은 레버리지로 인해 주주 위험이 증가했다고 하는 것이다. 이는 자기자본비용을 높이고 P/E 배수를 낮춘다.

42 다음 문헌 참조. O. Ezekoye, T. Koller, and A. Mittal, "How Share Repurchases Boost Earnings without Improving Returns," *McKinsey on Finance*, no. 58 (2016): 15–24.

과 달리, EPS 및 P/E는 평가에 대한 지침을 제공하지 않는다. 대체적인 현금운용은 가치창출과 반드시 관련이 있는 것은 아니지만 이러한 지표에 기계적으로 영향을 준다. 이는 표 33.14에서 가상의 기업으로 설명된다. 이 기업은 100달러의 세후순영업이익(NOPAT)을 내는데, 이는 1,500달러의 기업 가치(15배의 기업가치대비 NOPAT 배수)를 의미한다. 기업은 100달러의 잉여현금 포지션을 취하고 있으며, 부채는 없고 유통주식수는 100주이다. 기업은 현금을 보유하거나, 그 현금으로 자사주 매입, 배당금 지급, 영업에 투자 중 하나를 선택할 수 있다. 투자에 대한 수익률이 자본비용을 초과하기 때문에 투자안의 선택하면 주주가치가 증가한다. 그러나 EPS 또는 P/E의 관련된 변화가 다른 어떤 것을 나타내는 것처럼 보이지만 다른 세 가지 대안에 대해서는 변경되지 않는다. 표는 모든 4가지의 현금운용 대안을 자세하게 비교한다:

1. 현금보유. 이 경우 기업은 잉여현금을 보유하고 내년 순이익은 102달러이다(100달러 현금에 대한 세후이자율이 2%라고 가정). 주당 기업가치는 16달러, EPS는 1.02달러, P/E는 15.7이다.
2. 자사주 매입. 기업은 현금 100달러를 사용하여 자사주 6.25단위를 매입한다(100달러를 주가 16달러로 나눈 것과 동일). 주당 가치는 16달러로 변경되지 않는다(잔여지분가치 1,500달러를 잔여주식 93.75로 나눈 값). 그러나 가치가 창출되지 않더라도 EPS는 1.07달러로 증가한다. 이는 단순히 현금에 대한 P/E가 주식에 대한 P/E보다 높다는 사실 때문이다.[43] 자사주 매입 후 레버리지가 높아졌기 때문에 기업의 자기자본에 대한 P/E는 낮아졌다. P/E 하락은 EPS 상승을 상쇄시켜 주주가치를 그대로 유지한다.
3. 배당금 지급. 기업은 유통주식 100주 각각에 대해 1달러의 배당금을 지불한다. 주당 가치는 16달러에서 15달러로 감소하지만, 각 주주가 가지는 배당금을 포함한 총 가치는 여전히 주당 16달러이다. 다시 말하지만, 가치창출은 없지만 이자창출 현금이 주주에게 지급되었기 때문에 EPS는 1.00달러로 감소한다. 현금지급으로 인해 레버리지가 증가하기 때문에 기업의 자기자본에 대한 P/E도 감소한다. 낮은 EPS와 P/E는 주당 가치의 1달러 하락과 연결되며, 이는 주당 지급되는 배당금과 정확히 일치한다.
4. 영업에 투자. 기업이 15%의 세후이익률(ROIC)로 사업에 100달러를 투자할 수 있을 때 주주가치는 변한다. 15배의 일정한 기업가치 배수에서, 기업가치 및 자기자본가치는 1,725달러로 증가할 것이다(NOPAT가 100달러

43 이 예에서 현금에 대한 P/E는 50배이다(세후이자율 2%의 역수).

> 에서 115달러로 증가함에 따라). 높은 투자수익률로 인해 EPS는 1.15달러로 증가하는데, 이는 다른 어떤 시나리오보다 분명히 높다. 주당 가치는 이제 다른 모든 시나리오에서보다 높은 17.25달러이다. 왜냐하면 사업 투자가 주주에게 125달러의 추가 가치를 창출하기 때문이다(주당 1.25달러).

현금운용 대안들에서 EPS 변화의 불규칙한 패턴은 EPS가 가치창출과 같이 변동하지 않음을 보여준다. 가치창출이 가장 높은 대안에서 가장 높지만, EPS가 신뢰할 수 있는 가치창출지표라는 의미는 아니다. 예를 들어, 투자가 내년에 영업이익을 창출하지 않고 몇 년 후에만 영업 이익을 창출한다고 가정하자. 물론, 투자는 여전히 가치를 창출할 것이다.[44] 그러나 이제 EPS는 1.15달러로 증가하지 않고, 대신에 1.00달러로 떨어진다. 또한 P/E의 변화는 잘못된 신호를 보내게 된다. 지연된 이익은 투자하는 대안의 P/E를 더욱 증가시키는데, 이는 가치창출이 더 크기 때문이 아니라 단순히 내년에 기업의 이익이 낮아질 것이기 때문이다. 표 33.14는 또한 자사주 매입으로 인해 기업이 매력적인 투자기회를 추진하지 못한다면, 자사주 매입이 가치를 파괴할 수 있음을 보여준다. 이는 자사주 매입 또는 배당금 지급에 관계없이 현금지급 결정이 항상 기업의 전체적인 현금운용의 일부로 고려되어야 함을 강조한다.

주주들에게 현금을 지급하는 수단으로 자사주 매입을 사용하는 좋은 이유가 있다. 배당증가와는 달리 자사주 매입은, 변화가 심한 경제상황에서 예상치 못한 투자가 필요할 때 기업들로 하여금 이 투자를 실행하는 데 있어 좀 더 유연하게 해준다. 자사주 매입 프로그램은 장기약정처럼 보이지도 않고, 정기배당에 대한 조정만큼 투자자들의 기대에 영향을 끼치지 않고 조정할 수 있다. 그리고 그들은 투자자에게 참여할 것인지 아닌지를 결정할 수 있는 유연성을 제공한다. 이는 기관투자자들에게 그들이 주식에 투자한 금액을 유지할 것인지 선택할 수 있다는 것을 의미한다. 예를 들어, 고객과의 약정 때문에 또는 그들이 지수를 추종하고 있기 때문에 배당금을 다시 투자하고 거래비용을 부담할 필요가 없다는 것이다. 마지막으로, 자본소득에 더 낮은 세율을 부과하는 나라에 있는 투자자에게 자사주 매입은 배당소득보다 더 낮은 세금부담을 가져오게 된다. 몇몇 국가들에서 개인들은 자본소득에 대한 세금을 이연할 수 있는 선택권이 있고, 아마도 몇 년 뒤에 세금을 절약해주는 방식으로 그 이익을 실현할 수 있다. 그러한 유연성 때문에 자사주 매입은 정기배당금 수준을 초과하는 잉여현금을 배당하는 데 있어 매우 효과적인 수단이 된다.

---

44 동일한 15% ROIC와 15배의 기업가치 배수를 가정한다.

표 33.14 자사주 매입 및 현금운용 대안들로부터의 가치창출

$

	현금보유	자사주 매입	배당금 지급	영업에 투자
주당순이익(EPS)				
NOPAT[1]	100.0	100.0	100.0	115.0
세후이자수익(비용)[2]	2.0	–	–	–
당기순이익	102.0	100.0	100.0	115.0
주식 수	100.00	93.75	100.00	100.00
주당순이익(EPS)	1.02	1.07	1.00	1.15
기업가치 및 자기자본가치				
기업가치/NOPAT	15	15	15	15
기업가치	1,500.0	1,500.0	1,500.0	1,725.0
현금	100.0	–	–	–
자기자본가치	1,600.0	1,500.0	1,500.0	1,725.0
지급: 배당금			100.0	
지급: 자사주 매입		100.0		
지급을 포함한 자기자본가치	1,600.0	1,600.0	1,600.0	1,725.0
주당 가치				
주당 가치	16.00	16.00	15.00	17.25
주당 배당금	–	–	1.00	–
배당금을 포함한 주당 가치	16.00	16.00	16.00	17.25
주가수익률(P/E)	15.7	15.0	15.0	15.0

[1] 세후순영업이익(Net operating profit after taxes)

[2] 현금에 대한 세후이자율을 연 2%로 가정함.

특별배당

자사주 매입에 대한 대안으로 기업들은 특별배당금 지급을 선언할 수 있다. 2004년 Microsoft가 4년간 750억 달러 규모의 현금상환 프로그램의 일부분으로 특별배당을 하였다. Microsoft는 자사주 매입으로만 동 프로그램을 진행할 경우 매입 규모가 너무 커서 Microsoft 주식의 시장 유통물량이 없어질 수 있다는 우려로 인해 특별배당의 형태로 상당 부분을 지급했다. 자사주 매입과 비교하여 특별배당의 단점은, 주주마다 자본차익이나 배당소득에 대한 선호가 다름에도 불구하고 주주들에게 선택권을 제공하지 않고 모두에게 일방적으로 현금을 지급한다는 것이다.

자기자본 조달

기업이 현금부족에 시달리고 있거나 이미 장기적 레버리지 목표수준에 도달했다면, 자기자본 조달을 하거나 배당을 하지 않는 것(또는 이번 장의 뒷부분에서 설명할 비핵심 사업부문 매각) 외에는 대안이 거의 없다. 모든 자본구조 결정에 있어 어떤 방법도 그 자체로 가치를 창출하거나 파괴하지 않는다. 하지만 자기자본 조달과 (특히) 배당을 하지 않는 것은 투자자들에게 부정적인 신호를 보낼 것이다.

앞서 언급한 것처럼, 기업들은 새로운 투자를 위한 자금조달 때문에 배당을 지급하지 않는 것을 극도로 꺼린다. 왜냐하면 주식시장은 일반적으로 이를 미래 현금흐름이 감소할 것이라는 신호로 해석하기 때문이다. 기업이 배당의 축소나 미지급을 발표하는 날에는 평균적으로 9% 정도의 주가하락이 나타난다.[45] 더욱이 어떤 투자자 그룹은 배당이 매년 지급된다고 기대한다. 이러한 투자자들은 배당이 지급되지 않는 경우 포트폴리오 일부를 청산하는데, 이는 불필요한 거래비용을 발생시킨다. 배당을 지급하지 않을 때, 그것이 엄청난 성장기회로 인한 경우에만 부정적인 주가 반응을 완화시킬 수 있을 것이다.[46] 마지막으로, 배당축소에 의해 비축되는 자금규모는 보통 제한적이므로, 배당감축과 같은 한 가지 방법으로는 심각한 자금부족을 해결하기 어렵다.

신규 주식발행 또한 단기적으로는 주가의 하락으로 이어질 가능성이 크다. 이른바 유상증자(seasoned equity offerings) 발표 시에 일반적으로 주가는 약 3% 가량 하락한다.[47] 투자자들은 경영진이 기업의 현황과 재무전망에 우월한 통찰력을 가지고 있다고 보기 때문에, 주가가 과대평가된 경우에만 유상증자를 할 것으로 생각한다. 그러므로 실제로 과대평가된 주가가 아니더라도, 유상증자 발표 시에 주가는 단기적으로 하락할 것이다. 우선주, 전환주, 워런트 및 보다 이색적인 복합형 자본 등의 다양한 지분연계금융상품(equity-like-instruments)에서도 유사한 주가반응을 예상할 수 있다.

---

45 Healey and Palepu, "Earnings Information Conveyed by Dividend Initiations and Omissions."

46 L. Lang and R. Litzenberger, "Dividend Announcements: Cash Flow Signaling versus Free Cash Flow Hypothesis," *Journal of Financial Economics* 24, no. 1 (1989): 181–192.

47 예시로 다음 문헌들 참조. B. Eckbo and R. Masulis, "Seasoned Equity Offerings: A Survey," in *Handbooks in Operations Research and Management Science* 9, ed. R. Jarrow, V. Maksimovic, and W. Ziemba (Amsterdam: Elsevier, 1995); and C. Smith, "Investment Banking and the Capital Acquisition Process," *Journal of Financial Economics* 15, nos. 1/2 (1986): 3–29.

타인자본 조달

원칙적으로, 발행해야 하거나 상환해야 하는 부채의 수준은 기업의 실제 자본구조와 목표 자본구조에 달려있다. 자기자본 조달과는 반대로, 부채를 발행하거나 상환하는 것은 일반적으로 기업의 미래 현금흐름에 대한 강한 신호를 투자자들에게 보내지는 않는다.

기업들이 부채를 조달하면 고정된 미래 이자지급을 약정해야 하는데, 이로 인해 상당한 비용이 발생될 수도 있다. 또한, 경영진이 기업의 주가가 저평가되었다고 인식할 때 부채를 발행하는 경향이 있다는 것을 투자자들은 알고 있다. 결과적으로, 부채발행은 일반적으로 유상증자에 비해 보다 긍정적인 주가반응이 나타난다. 실증적 연구에 따르면, 주식시장의 반응은 일반적으로 밋밋하다.[48]

기업이 재무적으로 어려움에 처해 있는 경우가 아니라면, 부채의 상환으로 유의미한 주식시장에서의 반응이 나타나지는 않는다. 이 경우 채권을 되사는 것은 주식시장에 긍정적인 신호를 보낼 수 있다. 재무적 어려움에 빠진 회사의 경우 채권가격은 주가가 출렁이듯이 기업가치와 함께 오르락내리락 한다. 그러므로 채권을 되사는 것은 경영진이 채권이 저평가되어 있다(그리고 이 경우 채권은 주식과 유사하기 때문에, 이것은 주식 또한 저평가되었다는 것을 의미한다)고 판단한다는 믿을만한 신호가 된다. 예를 들어, 스위스-스웨덴 엔지니어기업인 ABB는 2004년 7월에 7억 7,500만 유로의 채권을 되산다고 발표했을 때, 이 기업의 주가는 발표 당일에 4% 상승했다. 즉, 주식시장은 그것을 이 기업이 종전에 겪던 재무적 어려움에서 회복하고 있다는 추가적인 증거로 본 것이다.

비핵심 사업부문 매각

28장에서 논의한 바와 같이, 기업은 사업 포트폴리오에서 그들이 더이상 최적의 소유주가 아닌 사업들이 있는지 정기적으로 검토해야 한다. 그러한 사업들은 새로운 소유주에 의해 더 많은 가치를 창출할 수 있는데, 그 이유에는 구매자의 특수한 기술, 보다 나은 지배구조, 뛰어난 통찰력과 예지력 또는 기존 사업과의 강한 시너지 효과 등이 있다. 이상적으로는, 타인자본 조달, 자기자본 조달 및 사업부문 매각에

48 예시로 다음 문헌들 참조. W. Mikkelson and M. Partch, "Valuation Effects of Security Offerings and the Issuance Process," *Journal of Financial Economics* 15, nos. 1/2 (1986): 31–60; and Smith, "Investment Banking and the Capital Acquisition Process."

따른 자금조달을 통해 사업 전반에 걸쳐 투자수요를 맞추고, 주주에 대한 배분도 고려해야 하는 현금운용 프로세스에서 사업 포트폴리오 검토는 필수적인 요소이어야 한다.

최근 몇 년 동안 BP, General Electric 및 기타 회사들은 400억 달러가 넘는 비핵심자산을 매각하여 기업 포트폴리오를 재구성하고 재무상태를 강화하였다. 마찬가지로, Royal Philips는 조명사업과 같이 그들 포트폴리오에서 중요한 부문들을 매각하여 확보한 현금으로 유기적 성장(organic growth)에 투자하고 핵심적인 헬스케어사업을 인수하였다.

이러한 사례는 사업부문 매각이 가치창출뿐만 아니라 중요한 자금 원천이 되기 때문에, 현금운용에서 사업부문 매각을 항상 고려해야 함의 중요성을 강조한다.

금융공학에 의한 가치 창조

일반 채권 및 주식 이외의 금융상품으로 기업의 자본구조를 관리하는 것(금융공학에 대한 우리의 정의)에는 일반적으로 합성 리스(synthetic leasing), 메자닌 금융(mezzanine finance), 증권화(securitization), 상품 연계 채무(commodity-linked debt), 상품 및 통화 파생상품(commodity and currency derivatives) 그리고 재무상태표 보험(balance sheet insurance)처럼 복잡하고 때로는 이색적인 상품들이 포함된다. 일반적으로 자본시장은 가격을 매기는 훌륭한 역할을 하는데, 이는 복잡한 금융상품의 가격에도 동일하게 적용된다. 따라서 그 조달구조가 복잡하다고 해도 기업은 이른바 저렴한 자금조달방법(cheap funding)을 통해 주가를 부양하기는 어려울 것이다. 그럼에도 불구하고, 특정 조건에서는 금융공학이 주주가치를 창출할 수 있다. 이것은 절세효과 또는 낮은 자금조달비용을 통한 직접적인 가치창출도 가능하고, 가치를 창출하는 투자기회들을 보다 많이 실행하기 위한 자금조달을 위해 기업의 차입능력을 증가시키는 등의 간접적인 가치창출도 가능하다. 그러나 이런 장점은 금융공학의 복잡성 때문에 어쩔 수 없이 발생되는 의도하지 않은 잠재적 결과를 능가해야 한다.

이 절은 금융공학에서 일반적으로 보편화된 세 가지 기본 형태를 살펴본다: 기업 위험을 제3자에게 이전하는 파생상품, 기업신용위험으로부터 자금조달을 분리하는 부외 자금조달, 그리고 새로운 위험과 수익의 자금조달 조합을 제공하는 복합형 자금조달(hybrid financing)이 그것이다.

파생상품

기업은 선도, 스왑, 옵션 등의 파생상품으로 제3자에게 특정 위험을 이전할 수 있는데, 제3자는 이런 위험을 더 낮은 비용으로 부담할 수 있다. 예를 들어, 대부분의 항공사는 갑작스런 유가 변화의 충격을 완화시키기 위하여 파생상품으로 연료비를 헤지(hedge)한다. 물론 고유가가 장기화되면 이러한 파생상품 거래로는 모든 위험을 회피할 수 없는데, 이는 현재의 파생 포지션이 어떠한 시점에는 반드시 갱신되어야 하기 때문이다. 그러나 적어도 파생상품은 항공사에게 원가절감이나 가격인상 같은 사업상 수단을 준비할 어느 정도의 시간을 벌어줄 수 있다.

파생상품이 모든 기업들에게 적절한 것은 아니며, 실제로 많은 예들에서 파생상품 사용에 대한 복잡성으로 인하여 잘 관리되지 못하는 것을 볼 수 있다.[49] 대개 파생상품은 그 위험이 명확히 확인될 때, 유동적인 시장으로 인해 합리적인 가격으로 파생상품을 이용할 수 있을 때, 기업이 노출된 전체 위험이 너무 커서 기업의 건전성을 심각하게 해칠 가능성이 있을 때에 재무 관리자에게 유용한 수단이다.

부외(OFF-BALANCE-SHEET) 자금조달

부외자금조달(Off-Balance-Sheet financing)에는 상당히 많은 범주의 상품들이 있다. 이들은 리츠(REITs), 증권화, 프로젝트 파이낸스, 합성 리스, 그리고 운용리스와 같은 것들이다. 비록 이러한 수단들은 매우 다양하지만 공통점을 가지고 있는데, 그것은 기업이 이 수단들을 자신의 재무상태표에 부채로 나타내지 않으면서 부채형태의 자금조달을 효과적으로 수행하도록 해준다는 것이다. 그 수단들을 여전히 부외 자금조달이라고 하지만, 미국 회계기준(U.S. GAAP) 및 국제회계기준(IFRS)의 새로운 기준은 2019년부터 적용된 운용리스 및 렌탈의 기준 사례와 같이 부외자금조달 수단의 대부분을 재무상태표에 인식하도록 요구한다.

대부분의 경우, 부외 자금조달은 세금혜택을 위해 사용된다. 예를 들어, 미국의 대규모 호텔기업 대다수는 그들이 운영하는 호텔 대부분을 직접 소유하지 않는다. 대신, 호텔 자체는 다른 기업들이 소유하면서 파트너십이나 리츠 형태로 운영된다. 주식회사와 다르게 파트너십이나 리츠는 미국에서 법인세를 내지 않고, 소유주들만 세금을 부담한다. 그러므로 미국에서 파트너십이나 리츠 형태로 호텔을 운영하는 것은 전체적인 과세 계층을 피할 수 있다. 소유와 운영을 이와 같은 방식으로 분

49 1990년대 메탈게셀샤프트(Metallgesellschaft) 및 캘리포니아주 오렌지 카운티(Orange County, California) 등의 일부 저명한 기업들의 파생상품관련 사고는 이러한 주의가 필요함을 보여준다.

리하게 되면 총 세금이 낮아진다. 따라서 소유권을 가진 투자자와 운영을 하는 기업들은 그들의 전체 현금흐름이 더 커지기 때문에 이들을 하나의 그룹으로 보았을 때는 더 나은 결과를 가져온다.

하지만 이러한 거래는 매우 복잡하다. 왜냐하면 소유주의 이익과 관리회사의 이익이 서로 잘 설정되어 있다는 확신이 필요하기 때문이다. 예를 들어, 이 거래는 먼저 리츠와 호텔운영기업이 호텔 리노베이션, 리스계약의 종료, 그리고 양 당사자 간에 이해관계가 충돌할 수 있는 여러 상황들에 대한 의사결정을 어떻게 할 것인지에 대해 사전에 정의할 필요가 있다. 불행히도 이러한 잠재적 갈등요인은 종종 간과되거나 너무 복잡해서 미리 대처할 수 없다. Mervyn's (미국의 의류소매체인회사)의 소유주는 2004년에 유사한 무언가를 시도했지만 부동산기업과 운영기업의 이해관계를 조율하는 데에 실패하였다.[50] Mervyn's는 다른 많은 문제들도 있었지만, 이 구조가 기업의 성과를 개선시키는 데에 어려움을 더 악화시켰다. 결국 Mervyn's는 2008년에 파산신고를 하였다. 모든 점포는 문을 닫았고, 자산은 2009년에 처분되었다.

다른 경우에서 부외 자금조달은 전통적인 차입 형태로는 불가능했을 조건으로 기업들이 부채를 조달하도록 만드는 것을 목표로 한다. 잘 알려진 사례로 자동차산업의 여러 기업들이 수행한 대규모 고객 매출채권 유동화 사례가 있다. 이러한 기업들은 자신들이 완전히 소유하고 있지만 법적으로는 별개의 실체(entities)에 엄청난 양의 매출채권을 매각하였다.[51] 이들 매출채권은 상대적으로 건전한 담보였기 때문에 이 실체들은 모회사들보다 더 좋은 신용등급과 신용조건을 가질 수 있었다. 이러한 방법은 더 유리한 차입 조건으로 기업들이 많은 양의 부채를 조달하여 투자에 이용하는 것을 효과적으로 가능하게 해주었다 – 2008년 신용위기 때 증권화 구조가 무너지면서 그들의 투자가 어떠한 가치창출로 이어졌는지 의문을 가질 수 있다.

다른 성공적인 사례들에는 가스 파이프라인, 유료 교량, 터널과 같은 대규모 사회기반시설의 건설과 운영을 위한 프로젝트 파이낸스의 사용이 있다. 신흥시장에 있는 신용등급이 낮은 기업들(혹은 종종 정부들)은 큰 규모의 부채를 조달하기가 어렵다. 그러나 이들은 초기투자에 사용할 현금 조달 시 프로젝트 파이낸스를 이용할 수 있다; 사회기반자산이 건설되어 운영이 시작되면, 자산의 매출에서 발생한 현금흐름으로 부채에 대한 이자와 원금을 대여자에게 바로 지급한다. 이런 방식으

50 Emily Thornton, "What Have You Done to My Company?" *BusinessWeek*, December 8, 2008, pp. 40–44.

51 소위 특수목적법인(SPE: special-purpose entity) 또는 미국 회계기준에 의한 변동지분실체(VIE: variable-interest entity) 등을 말한다.

로 부채를 빌려주는 것은 그 기업 자체가 파산한다 하더라도 이자와 원금을 보장받을 수 있다.

어떤 경영자는 부외 자금조달이 재무상태표에 표시되는 자산의 크기를 줄여 보고되는 총자산이익률(ROA)을 증가시키기 때문에 더욱 매력적이라고 생각한다. 그러나, 이것은 부외 자금조달을 위한 충분한 이유가 될 수 없다. 투자자들은 7장에서 논의한 것과 같이 회계처리로 인한 착시현상을 꿰뚫어볼 것이다. 더구나, 이미 언급한 것과 같이 최근의 미국 회계기준과 국제회계기준에 따라, 부외 자금조달을 위한 운용리스와 특수목적법인은 재무상태표에 전부 인식되어야 한다.

복합 형태의 자금조달

복합형 자금조달(hybrid financing)은 자본과 부채 양쪽의 일부 요소를 공유하는 자금조달 형태이다. 그러한 예로는 전환사채, 전환우선주와 상환가능 영구사채(callable perpetual debt)가 있다. 특히 전환사채의 발행은 지난 10년간 강한 성장을 보여 왔고, 2014년 4천억 유로를 넘어서는 발행규모를 보이고 있다.[52]

투자자나 채권자가 평가한 신용위험이 그 기업 경영진의 평가와 차이가 날 때, 전환사채 혹은 전환조건에 따라 특정 기간 이후에 혹은 이내에 보통주로 전환할 수 있는 사채는 효율적인 부채조달 형태이다.[53] 그 불일치 정도가 클 때 신용조건에 대한 합의를 이루는 것은 어렵거나 심지어 불가능하다. 하지만 부채가 보통주로 전환 가능하다면, 기업의 신용위험은 신용조건에 영향을 덜 받는다. 그 주요한 이유는 신용위험이 높을수록 전환증권의 일반채권 요소의 매력도는 떨어지지만, 보통주 매입선택권 요소의 매력도는 상승하기 때문이다. 따라서 두 구성요소는 어느 정도 균형을 이룬다. 전반적으로 전환사채는 신용위험 평가의 차이에 대해 덜 민감하기 때문에 양 당사자 모두에게 매력적인 자금조달 조건의 합의를 촉진시킬 수 있다. 이것은 다른 기업들보다 고도성장 기업들이 이 수단을 훨씬 많이 사용하는 이유이다. 그들은 대개 미래 신용위험에 대하여 더 많은 불확실성을 가지고 있다. 2018년에 미국의 하이테크 기업은 채권을 보통주로 교환할 수 있는 전환가격을 높이는 소위 콜 스프레드 오버레이(call spread overlays)를 사용하여 기록적인 수준의 전환증권을 발행하였다(예로 16장 참조).

단지 낮은 약정 이자율로 자금조달이 가능하다는 이유로 전환사채를 발행하면

52 Bank for International Settlements, *BIS Quarterly Review*, September 2014.

53 다음 문헌 참조. M. Brennan and E. Schwartz, "The Case for Convertibles," *Journal of Applied Corporate Finance* 1, no. 2 (1988): 55–64.

안 된다. 액면 이자율은 그 사채가 전환권을 가지고 있기 때문에 낮은 것이다. 전환사채가 저렴한 자금조달수단이라고 생각하는 것은 잘못된 것이다. 이는 일반 전환가능사채, 의무적 전환가능사채, 콜 스프레드 오버레이가 있거나 없는 전환가능사채, 또는 기타 변형된 여러 형태에 관계없이 동일하다. 또한, 주가가 훨씬 높아질 미래 어느 시점에 현재 주가의 수준에서 보통주를 발행할 수 있다는 단순한 이유로 전환사채를 발행해서도 안 된다. 그 미래가치는 이미 전환권으로 가격에 반영되어 있다. 더구나 그 기업의 주가가 충분히 상승하지 않는다면 전환사채는 주식으로 전환되지 않을 것이며 그저 단순한 이자부 차입금으로 끝날 것이다.

요약

비록 잘못된 재무구조가 재무적 어려움이나 가치파괴를 초래할 수 있을지라도, 재무구조 그 자체가 핵심가치 창출요인은 아니다. 이미 레버리지가 합리적인 수준에 있는 기업들에게 재무구조 조정이 추가로 창출할 수 있는 가치의 가능성은 제한적이다. 특히, 투하자본이익률이나 성장률의 개선이 창출할 수 있는 가치와 비교하면 더욱 그렇다. 경영자는 최적 자본구조를 위해 정교하게 재무구조를 조정하는 것과 일부 주주들에 의한 더욱 많은 현금지급의 요구에 단순하게 응하는 것을 자제해야 한다. 대신에, 경영자는 재무구조와 주주에 대한 현금지급의 결정이 기업의 전체적인 현금운용의 일부라는 것을 확실히 해야 한다. 그리고 그러한 현금운용은 기업이 재무적 어려움의 위험을 최소화하면서 동시에 전략을 지원할 충분한 재무적 유연성을 가지도록 하는 것을 보장해야 한다.

34장

투자자 커뮤니케이션*

투자자 커뮤니케이션에 대해서는 여러 의견들이 있다. 투자자들과 활발하게 관계를 형성하는 것은 경영진들의 시간을 낭비하는 행동이며 기업의 주가에도 아무런 영향을 주지 못한다는 의견이 있는 반면, 투자자와의 커뮤니케이션을 통해 투자자들에게 회사를 좀 더 잘 홍보할 수 있을 뿐만 아니라 기업홍보(IR: investor relations)를 담당하는 직원이 명석하다면, 주가가 어제 1.2% 하락한 원인도 정확히 파악할 수 있을 것이라는 다소 비현실적인 의견도 있다.

우리의 입장은 위의 두 의견의 중간이라고 할 수 있다. 그 어떤 방법을 동원한다고 하더라도 주가의 단기 변동성을 설명할 수는 없다. 또한, 내재가치 이상으로 기업의 주가를 홍보할 수는 있겠지만, 그래서는 안 된다. 그렇지만, 투자자 커뮤니케이션을 제대로 한다면 주가는 내재가치에서 크게 벗어나지 않는 선에서 형성될 수 있고, 충성도 높은 고객층을 확보할 수 있으며, 투자자들의 의견 수렴에 실패해 경영진이 잘못된 전략적 의사결정을 할 가능성도 낮아진다. 그러나 지나치게 잦은 커뮤니케이션은 오히려 혼선을 초래하는데, 너무 많은 투자자들의 다양한 의견을 조율하는 데에는 어려움이 따른다.

올바른 투자자 커뮤니케이션의 핵심은 중요한 투자자들과의 관계를 공고히 형성하고 그들과 적절한 수준에서 커뮤니케이션을 하는 것이다. 단기적 성향의 투자자나 언론에서 다뤄지는 기업 이미지에 크게 신경쓰지 않으면서 셀사이드(sell-side) 애널리스트들이 관심을 가지는 부분을 관리하는 것도 수반된다. 마지막으로, 기업의 메시지를 투자자에게 정확히 전달하는 것 못지않게 중요한 투자자의 의

* 이 장은 Robert Palter와 Werner Rehm의 연구 및 그들이 Jonathan Shih와 함께 연구한 McKinsey on Finance (Spring 2008): 1 – 4에 실린 "Communicating with the Right Investors,"를 주로 참조하였다.

견에 귀를 기울이는 것이 중요하다.

이번 장에서는 투자자 커뮤니케이션과 관련된 두 가지 질문을 다룬다. 첫째는, 기업이 실적전망을 제공해야 하는가이다. 기업이 실적전망을 제공한다고 해서 시장이 호의적으로 반응한다고는 할 수 없다. 두 번째는, 기업이 실적예상치 또는 그 이상을 달성하기 위해 노력해야 하는가이다. 현실에서는, 실질적인 성과— 투하자본이익률(ROIC: return on invested capital)과 성장률— 를 높이는 것이 실적예상치의 달성여부보다 중요하다.

투자자 커뮤니케이션의 목적

올바른 투자자 커뮤니케이션은 올바른 목적을 지향하여야 한다. 가능한 한 주가를 최고로 올리겠다는 것은 투자자 커뮤니케이션의 목적이 될 수 없다. 투자자 커뮤니케이션의 가장 큰 목적은 경영진이 가지고 있는 기업의 내재가치에 대한 평가치에 주가가 근접하게 형성될 수 있도록 하는 것이다.

기업의 주가와 내재가치 사이에 괴리가 발생한다면 기업과 관련된 이해관계자 모두에게 불이익이 발생한다. 만약 주가가 너무 높게 형성되어 기업의 내재가치를 상회한다면, 기업의 실질 성과가 시장에 공개된 다음 주가가 떨어지게 된다. 주가가 하락하면 직원들의 사기가 떨어질 뿐 아니라 이사회는 주가가 떨어지는 이유에 대해 경영진들을 추궁하게 될 것이다. 주가가 너무 높게 형성되어 있으면 경영진은 주가를 떠받치기 위해 투자를 연기하거나 비용을 줄이는 근시안적 경영의 유혹에 빠질 수 있다. 반대로 주가가 너무 낮아도 문제다. 해당 기업이 인수합병을 당할 위험에 처할 수도 있고 행동주의 투자자(activist investor)의 공격을 받을 수도 있다. 반대로 다른 기업을 인수할 때에는 주식으로 인수대금을 처리하는데 불리해지며, 경영진과 직원들의 사기에도 영향을 미칠 수 있다.

투자자 커뮤니케이션의 두번째 목적은 기업의 전략과 강점, 약점을 제대로 이해하고 있으며 단기와 장기의 효과를 명확히 구분할 수 있는 전문 투자지식을 보유한 내재가치 투자자들(intrinsic investor)의 지지를 얻어내는 것이다. 이런 투자자들은 주가가 단기적으로 하락하는 시기를 매입 타이밍이라고 판단할 것이다.

마지막 목표는 투자자들이 기업에 원하는 것과 원하지 않는 것을 배우는 것이다. 여기서 전문 투자지식을 보유한 장기투자자들(sophisticated long-term investors)에 해당하는 현재 및 잠재적 투자자들에 초점을 맞추는 것이 중요하다. 투자자들은 많은 다양한 투자 전략들을 가지고 있으며, 단기적으로 투자하는 경우도 있다. 여기서 장기 투자자들과 단기 투자자들을 구분하는 것은 매우 중요하다. 기업은 모든 투자자들을 만족시킬 수 없으므로 장기 투자자들의 관점에 우선순위를 두어야 한다. 이러한 투자자들은 기업의 고객, 경쟁사, 공급자에 관한 정보의 원천이 될 수 있다. 최고의 투자자는 정기적으로 기업의 고객, 경쟁사, 공급자들과 소통을 하고 기업의 자체적인 리서치 결과보다 더 객관적인 정보를 경영진에게 제공할 수 있다.

내재가치 VS. 시장가치

최고 경영진은 종종 기업의 주가가 저평가되어 있거나 아니면 시장이 기업을 너무 모르고 있다고 불평한다. 공개적인 자리에서든, 사석에서든 그들의 주장은 계속된다. 그들은 만약 투자자들이 달라진다면, 혹은 투자자나 애널리스트들이 기업을 보다 잘 이해하게 된다면 주가가 상승할 것이라고 생각한다. 그러나 이런 경영진은 외부 투자자의 입장에서 객관적으로 기업의 가치에 대해 평가해 보려고 하지 않는다. 단지 주가수익률(P/E; price to earnings)만을 근거로 한 가치평가 결과나 주가가 저평가되어 있다는 구체적이지 않은 애널리스트의 언급 등에만 의존해 주가를 긍정적으로 평가하는 경향이 있다.

훌륭한 전략은 상황에 대한 솔직한 평가에서 시작되어야 하며 투자자 커뮤니케이션 전략도 마찬가지이다. 투자자 커뮤니케이션 전략은 경영진이 평가하는 기업의 내재가치와 시장가치 사이에 어떤 차이가 있고 그 차이가 얼마만큼인지를 분석하는 작업에서 시작되어야 한다. 실제 분석 결과, 우리는 두 값 사이에는 큰 차이가 없는 경우가 대부분이고, 차이가 있더라도 유사업체 대비 해당 기업의 과거 실적치 또는 시장이 산업전체의 가치를 측정하는 방법을 바탕으로 설명이 가능하다는 것을 발견하였다. 예시적인 사례를 들어 살펴보도록 하자.

Fashion Co.라는 대형 의류제조업체의 ROIC는 대략 20% 정도이다. 그러나 제품 라인은 낮은 성장률을 보이는 분야에 속해 있었기 때문에 매출 성장률은 낮은 편이었다. 그러나 최근, Fashion Co.는 높은 ROIC를 가지고 빠르게 성장하는 소형기업들을 인수하는 전략을 채택하였다. Fashion Co.가 가지고 있는 제조 및 유통 노하우를 접목시켜 피인수기업의 성과를 향상시키는 것이 목적이다. 이런 전략에 따라 처음으로 기업을 인수하고 18개월이 지난 뒤, Fashion Co.에서 고성장 분야의 매출이 전체 매출에서 차지하는 비중은 5%가 되었다.

Fashion Co.의 경영진은 회사의 P/E가 유사기업의 P/E 수준으로 낮아지는 것을 염려하면서, 시장가치가 낮게 형성되는 이유의 원인이 구식으로 느껴지는 브랜드 탓이거나 업계를 전담하여 분석하는 애널리스트가 많지 않기 때문이라고 생

표 34.1 Fashion Co: 유사기업과의 가치비교

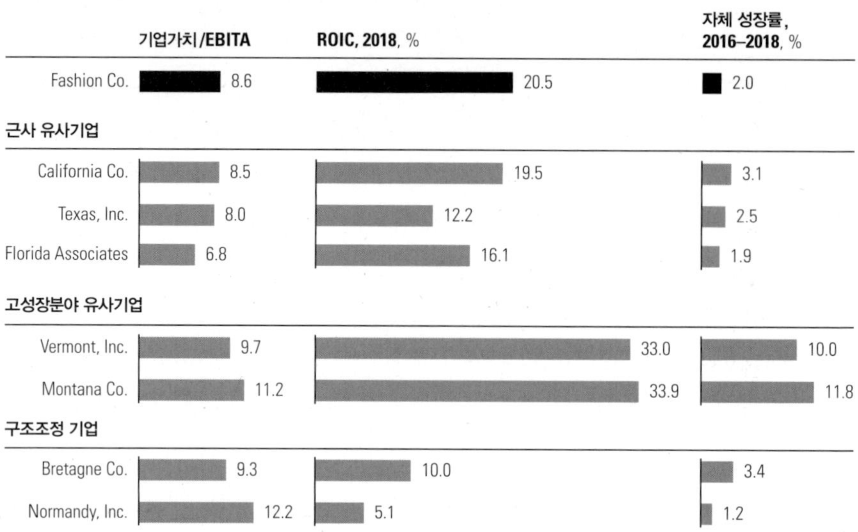

각하였다.

우리는 Fashion Co.의 가치를 유사기업이라고 판단되는 다른 기업들과 비교함으로써 경영진이 느끼는 내재가치와 시장가치와의 차이에 대해 분석해보았다. 유사기업으로 분류되는 기업 중 일부는 매출의 100%가 고성장 분야에서 발생하는 기업으로 Fashion Co.의 고성장 사업 비중이 5%인데 비해 월등히 높았다. Fashion Co.의 유사기업들을 성장률 기준으로 분류하면서, 우리는 Fashion Co.의 이익배수(전체기업가치를 이자비용, 법인세, 무형자산상각비 차감전 이익(EBITA; earnings before interest, taxes, and amortization)으로 나눈 값)가 근사 유사기업들과 비슷한 수준이며 고성장분야 유사기업의 이익배수와는 차이를 보인다는 점을 발견하였다(표 34.1 참조). 또한 Fashion Co.와 근사 유사기업들은 고성장 기업들보다 낮은 ROIC를 보여주며, 세 번째 기업들 집합에서는 구조조정에 따른 당기의 낮은 순이익으로 인해 이익배수가 높게 형성되었음을 표 34.1에서 확인할 수 있다. 따라서, Fashion Co.의 가치는 근사 유사기업들의 성과 대비 최근의 기업성과에 근거해 계산되었다고 할 수 있다.

다음으로, 우리는 Fashion Co.와 유사기업에 대한 현금흐름할인(DCF; discounted cash flow) 모델을 계산하고 이를 통해서 지금의 주가 수준이 미래의 성과에 대해 시사하는 바를 추정해보았다. Fashion Co.는 매년 2%의 매출성장률을 보이면서 현재의 이익률과 자본회전율(capital turnover)을 유지할 때 DCF 모델로 계산된 가치와 지금의 주가가 일치한다. 2%의 성장률은 근사 유사기업의

성장률과 비슷한 수치이며 고성장분야에 속한 기업들의 성장률보다는 낮은 수치이다.

어떤 투자자들이 중요한가?

기업의 투자자들이 누구인지가 중요한가? 기업의 내재가치와 주가를 일치시키는데 특정 투자자층(investor base)이 더 긍정적인 영향을 미치는지 여부는 명확하지 않다. 그러나, 경영진은 투자자층에 대한 이해를 통해 시장이 중요한 사건이나 전략적인 결정에 어떻게 반응할지를 예측할 수 있는 통찰력을 배가할 수 있고 기업홍보 활동(IR activities)의 유효성과 효율성을 개선할 수 있다.

이 질문의 답을 찾기 위한 한 가지 방법은 분석에서 개인투자자들(retail investors)을 포함시키지 않는 것을 인식하는 것이다. 왜냐하면 개인투자자들은 기업의 주식 가격에 영향을 미치는 경우가 거의 없기 때문이다. 개인투자자들은 미국 투자 지분 중 30% 내지 40%의 비중을 차지함에도 불구하고 거래빈도가 높지 않아 주식 가격에 미치는 영향이 크지 않다. 주식 가격을 움직이는 실질적인 주체는 기관투자자들이다. 기관투자자들은 헷지 펀드, 뮤추얼 펀드, 또는 연금 기금을 운영하고 기업에서 중요한 위치를 점할 수도 있다.

기관투자자들을 이해하기 위한 일반적인 접근법은 도움이 되지 않는다. 예를 들어, 투자자들은 종종 그들이 투자하는 주식이나 지수의 성격에 따라 성장투자자(growth investor) 또는 가치투자자(value investor)로 분류된다. Standard & Poor's의 지수처럼 대부분의 성장 및 가치 지수들은 주가수익률(P/E)이나 장부가치 대비 시장가치 비율을 이용하여 주가수익률과 장부가치 대비 시장가치의 비율이 높은 기업은 성장주로, 해당비율이 낮은 기업은 가치주로 구분한다. 그러나, 성장률은 주가수익률과 장부가치 대비 시장가치 비율의 차이를 가져오는 여러 요인들 중 하나일 뿐이다. 실제로 7장에서 논의한 것과 같이 소위 가치주와 성장주라 불리는 기업들 사이에 그 어떤 성장률 차이도 발견되지 않았다.[1] 이런 사실에서 짐작할 수 있겠지만, 장부가치 대비 시장가치 비율의 차이는 주로 자본수익률의 차이에 기인한다. 가치주로 분류되는 기업의 자본수익률 중앙값은 15%로 성장주 자본수익률 중앙값 35%보다 낮았다. 성장주로 분류되는 기업은 빠르게 성장하지 않지만 높은 자본수익률을 보이므로 Clorox(the high-ROIC consumer pack-

1 T. Koller and B. Jiang, "The Truth about Growth and Value Stocks," *McKinsey on Finance*, no. 22 (Winter 2007): 12–15 참조.

aged- goods company)와 같이 완만한 성장을 보이는 회사들도 성장주로 분류된다.

성장 투자자들은 주로 가치배수가 높은 주식을 보유하고 있기 때문에, 경영자들은 종종 성장 투자자들이 회사의 주식에 투자한다면 회사의 주가(및 가치 배수)가 상승할 것이라고 착각하게 된다. 그러나 이는 인과관계를 잘못 이해한 것이다. 최근 주가가 상승하여 가치주에서 성장주로 분류가 변경된 기업들의 사례를 분석해보면, 성장투자자의 유입으로 인해 회사의 시장가치가 상승한 것이 아니었다. 오히려 성장투자자들은 주가가 상승해서 가치 배수가 충분히 높아진 다음에야 해당 주식으로 유입되었다.

전략에 따른 투자자 분류

기관 투자자를 분류하고 이해하는 유용한 방법으로 투자전략에 따른 분류방법이 있다. 기업의 미래 가치에 대해 분석하고 있는가, 아니면 단기 주가 움직임을 중시하는가? 심도 깊은 분석을 바탕으로 거래횟수를 최소화하는가, 아니면 작은 정보를 이용해서 자주 거래를 하는가? 상향식(bottom up)으로 자신만의 포트폴리오를 구축하는가, 아니면 지수를 모방하는가?

이런 접근법을 이용하여, 기관 투자자를 네 가지 유형으로 분류할 수 있다: 내재가치 투자자(intrinsic investors), 트레이더, 기계적 투자자(mechanical investors) 그리고 유사 인덱스 투자자(closet indexers[2]) 그리고, 투자자의 유형에 따라 투자목적과 포트폴리오 구축 방법이 다르다. 즉, 기관투자자의 유형에 따라 회전율, 포함된 주식들의 포지션, 내부 투자전문가 당 보유하고 있는 포지션의 수 등에서 차이가 있는 포트폴리오가 형성된다(표 34.2 참조).

내재가치 투자자들은 장기 가치를 창출할 수 있는 기업의 능력에 대한 철저한 실사를 거친 뒤에야 포지션을 구축한다. 이런 과정은 보통 한 달 이상의 시간을 필요로 한다. 내재가치 투자자들이 실행하는 분석의 깊이는, 포트폴리오에 포함된 주식의 전체 수가 80개 미만이며, 내부 투자 전문가가 인당 관리하는 포지션의 수도 5개에서 10개 내외라는 점에서 짐작 가능하다. 내재 투자자들은 보통 시장가격과 내재가치의 차이가 최대 3년에서 4년까지는 지속될 것으로 생각하기 때문에, 포트폴리오의 회전율이 낮다. 우리는 미국 기관투자 지분의 약 20% 내지 25%가 이런 내재가치 투자자에 속해있으며, 미국 주식시장 전체 거래량의 10% 정도를 차지할 것으로 추정한다.

2 Palter et al., "Communicating with the Right Investors." 참조.

표 34.2 투자전략에 따른 투자자 분류

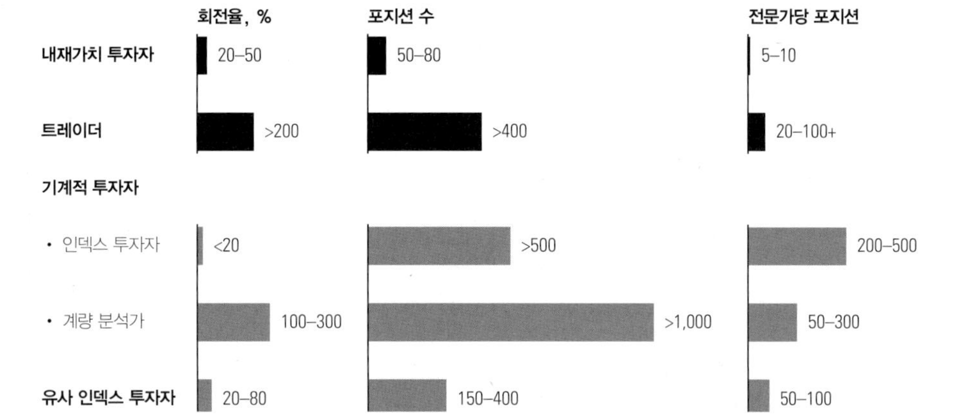

내재가치 투자자의 예로 William Blair Growth Fund를 들 수 있다. 2019년 6월, 펀드는 57개 기업의 주식을 보유하고 있었고 회전율은 38%였다. 헷지펀드 중에는 Pzena와 Hermes Capital이 대표적인 내재가치 투자자들이다. Maverick의 고위 경영진 중 한 명인, 유명한 헷지펀드 매니저 Lee Ainslie는 펀드 내 투자전문가 당 보유 포지션이 5개 정도이며 대부분의 전문가들이 전문인 산업분야만 10년 넘게 담당하고 있는 것이 회사의 장점이라고 설명한다.[3]

트레이더들은 기업과 관련된 공시로 인한 또는 기업 주가흐름의 모멘텀과 같은 기술적 요인으로 인한 주가의 단기 움직임에 투자함으로써 수익을 창출한다. 전형적인 트레이더들은 20개 이상의 포지션을 가지고 있으며 작은 수익을 위해 자주 거래를 실행한다. 거래주기는 몇 일이 될 수도 몇 시간이 될 수도 있다. 우리는 트레이더가 미국 기관투자 지분 중 35% 내지 40%의 비중을 차지하고 있다고 추정한다.

트레이더는 기업의 내재가치에 대한 분석을 하지 않으며 단지 해당 주식이 단기에 상승할 것인지 하락할 것인지에 관심을 둔다. 예를 들어, 트레이더들은 제약회사가 곧 신약개발에 대한 긍정적인 소식을 발표할 것이고 이는 주가를 상승시킬 것이라는 예측을 할 수 있다. 이런 예측을 바탕으로, 트레이더들은 주식을 매입할 것이고 회사의 발표를 기다리다 주가가 오르기 시작하면 이익을 실현하고 바로 포지션을 청산한다. 몇몇 트레이더들은 한 해 동안 동일한 주식을 여러 번 거래하기도 한다. 이런 트레이더들의 거래 패턴이 투자하는 기업이나 산업을 제대로 이해하

---

3 R. Dobbs and T. Koller, "Inside a Hedge Fund: An Interview with the Managing Partner of Maverick Capital," *McKinsey on Finance*, no. 19 (Spring 2006): 6–11 참조.

지 못하고 있다는 것을 의미하지는 않는다. 오히려, 트레이더들은 대상 기업의 소식을 지속적으로 면밀히 분석하면서 때로는 단기적으로 주가에 큰 영향을 미칠 수 있는 요인들을 파악하고자 직접 대상기업에 연락을 취하기도 한다. 그러나 기업에 대한 장기적 전략이나 영업성과에 대한 입장을 구축하지는 않는다.

기계적 투자자는 미국 기관투자 지분의 25% 내지 30% 정도를 차지하며 철저히 기준과 원칙에 따라 투자 의사결정을 한다. 인덱스 투자자는 기계적 투자의 전형적인 예시로 S&P500와 같은 인덱스의 구성을 그대로 따르는 전략으로 포트폴리오를 구성한다. 기계적 투자자에는 기업의 내재가치에 대한 정성적 판단 없이 수학적 모델만으로 포트폴리오를 구축하는 계량 분석가라 불리는 투자 유형도 포함된다.

마지막으로, 유사 인덱스 투자자는 적극적 투자자(active managers)로 분류되기도 하지만 인덱스 투자자와 유사한 포트폴리오를 보유하고 있다. 이들은 인덱스를 기본으로 약간의 수정을 가해서 포트폴리오를 구축하기 때문에 많은 수의 주식을 보유하지만 깊이 있는 분석을 위한 시간과 자원은 가지고 있지 않다.[4] 반대로, 내재가치 투자자들은 포트폴리오에 속해있는 기업들에 대한 깊은 이해를 바탕으로 인덱스의 구성을 참고하지 않고 완전히 새로운 포트폴리오를 구축한다.

유사 인덱스 투자자로 분류되는 투자 펀드는 액티브 쉐어(active share)라고 불리는 방법을 사용한다. 액티브 쉐어는 포트폴리오가 벤치마크 인덱스와 얼마나 다른지 0%(인덱스와 완전히 겹치는 경우)에서 100%(전혀 겹치지 않는 경우)로 측정하는 방법이다. 인덱스 펀드는 액티브 쉐어가 0%이다. 액티브 쉐어가 60%보다 낮은 펀드는 주로 유사 인덱스 투자자로 분류된다. 예를 들어 앞에서 내제적 투자자로 언급했던 William Blair Growth Fund는 일반적으로 액티브 쉐어가 70%보다 높은 반면 Putnam Investors Fund는 액티브 쉐어가 일반적으로 40%이다. 예일 경영대학에서 가르쳤던 연구자이자 펀드 매니저인 Antti Petajisto는 유사 인덱스 투자자로 분류되는 펀드가 차지하는 퍼센트는 1980년도 1%에서 2009년도에는 거의 30%까지 증가한 것으로 측정했다.[5]

---

4 보다 자세한 유사 인덱스 투자자에 대한 정보는 M. Cremers and A. Petajisto, "How Active Is Your Fund Manager? A New Measure That Predicts Performance" (paper presented at American Finance Association 2007 Chicago Meetings, January 15, 2007) 및 E. Khusainova and J. Mier, *Taking a Closer Look at Active Share*, Lazard Asset Management, September 2017, www.lazardassetmanagement.com 참조.

5 A. Petajisto, "Active Share and Mutual Fund Performance," December 2010, available at SSRN: http://ssrn.com/abstract=1685942 or http://dx.doi.org/10.2139/ssrn.1685942 참조.

표 34.3 내재가치 투자자가 주가에 가장 큰 영향을 미친다.

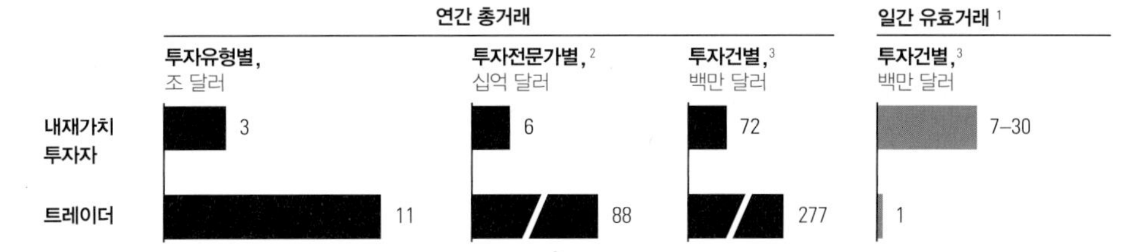

1 거래가 발생한 일자별 유형별 거래 활동

2 투자유형 내 투자전문가(인원)별

3 투자금액당 투자유형 내 투자전문가(인원)별

출처: R. Palter, W. Rehm, and J. Shih, "Communicating with the Right Investors," McKinsey on Finance, no. 27 (Spring 2008): 1 – 5.

투자유형에 따른 커뮤니케이션

어떤 투자자가 주가에 가장 큰 영향을 미치는가? 네 가지 유형의 투자자들의 거래 성향을 면밀히 살펴본 뒤, 우리는 내재가치 투자자가 기업의 장기적 주식가격을 결정하는 가장 중요한 투자자라는 증거를 발견하였다.

표 34.3를 살펴보면 본질적으로 단기 수익에 집중하는 기계적 투자자와 유사 인덱스 투자자는 고려하지 않았다. 트레이더들은 주가에 가장 큰 영향을 미치는 것처럼 느껴진다. 트레이더들은 미국 기관투자 지분의 35% 내지 40%를 차지하고 있으며, 표 처음 두 결과에서 알 수 있듯이 내재가치 투자자에 비해 주식시장에서의 거래 활동이 매우 활발하다. 전체 거래량 중 상당부분이 비교적 단기간에 동일 주식에 대해 이루어진 거래이기도 하다. 2006년, 트레이더 펀드는 평균적으로 800억 달러의 주식을 사고 팔았는데, 이는 전형적인 내재가치 투자자 거래금액의 12배를 상회하는 수치이다. 또한, 표의 세 번째 결과를 살펴보면, 전형적인 트레이더는 보유주식 당, 내재가치 투자자들의 평균 거래금액보다 훨씬 높은 약 2억 7,700만 달러어치의 거래를 발생시킨다.

표의 마지막 부분은 거래가 발생한 날의 거래당 유효한 일일 거래금액을 보여주는 것으로, 이는 각 투자자가 시장의 주식가격에 미치는 실질적인 영향력을 알려준다. 실질적일 일일 거래금액은 내재가치 투자자가 상당히 높다. 내재가치 투자자의 거래당 금액은 트레이더에 비해 월등히 크다. 자주 거래를 하지는 않지만, 포트폴리오에 속해 있는 기업에 한해서는 해당기업의 상당한 비중을 보유하고 있다. 따라서 내재가치 투자자가 해당기업에 대한 거래를 할 때에는 그 기업의 주가를 움직일 수 있는 만큼의 영향력이 생긴다. 이런 이유로, 내재가치 투자자가 장기적으로 기업의 주가를 형성하는 데 가장 중요한 투자자 유형이라고 할 수 있다.

따라서, 기업들은 투자자 커뮤니케이션의 역량을 내재가치 투자자와의 소통에 집중해야 한다. 만약 내재가치 투자자가 생각하는 회사의 가치가 경영진이 생각하는 가치와 동일하다면, 시장 또한 내재가치 투자자의 평가에 따라 경영진의 가치평가 결과와 유사한 반응을 보일 것이다. 다른 투자유형에 비해 내재가치 투자자들은 장기적 가치 창출이라는 목표가 확고하기 때문에, 단기적으로 변동성이 높다고 하더라도 경영진을 지지하며 주식을 보유한다(단, 단기 변동성이 기업의 기본가치에 중대한 영향을 끼치지 않아야 한다). 시장의 반응을 파악하고자 한다면 내재가치 투자자의 의견과 반응에 주의를 기울여야 한다.

어려운 점은 꽤 높은 비중을 차지하는 유사 인덱스 투자자(closet indexers)를 어떻게 다루어야 하는가이다. 유사 인덱스 투자자들은 보통 200개 이상의 기업들을 포트폴리오로 보유하고 있다. 각 기업의 보유비율은 S&P 500과 같은 인덱스 내에서 해당기업이 차지하는 비중에 따른다. 우리는 우선 유사 인덱스 투자자들이 특정 기업이나 산업에 눈에 띄게 두드러지는 비율로 투자를 하고 있는지의 여부를 확인해보았다. 만약 그렇다면, 그런 유사 인덱스 투자자들은 해당 기업이나 산업에 대해서는 내재가치 투자자로 취급되어야 한다. 만약 두드러진 비중으로 보유하고 있는 특정 기업이나 산업이 없다면, 유사 인덱스 투자자로 분류하기로 한다.

CEO와 CFO는 시간에 쫓기는 직업이다. 그래서 투자자들은 그들이 투자자 관리에 너무 많은 시간을 쓴다면 정작 기업운영에 할애해야 할 시간이 부족하게 되지는 않을까 우려한다. CEO가 어떤 고객에 좀 더 집중할 것인지를 결정하는 것과 마찬가지로, CEO와 CFO는 그들이 집중해야 할 투자자를 적극적으로 결정해야 한다. 우리가 제시하는 투자자 분류를 바탕으로 생각해보면, CEO와 CFO는 내재가치 투자자와의 커뮤니케이션에 좀 더 집중하고, 트레이더와 유사 인덱스 투자자와의 소통은 기업홍보(IR) 부서가 전담해야 한다는 것을 알 수 있다. 기업홍보 부서는 CEO와 CFO가 집중해야 할 투자자를 분석적으로 파악하고, 집중관리 투자자와의 관계를 유지하고 발전시키며, CEO와 CFO를 대신해 우선순위가 떨어지는 투자자들을 상대하는 역할 등을 수행해야 한다. 마지막 역할은 투자자들에게는 달갑지 않은 것이겠지만, 기업입장에서는 반드시 필요한 역할이다.

물론, CEO와 CFO는 셀사이드 애널리스트들도 신경을 써야 한다. 셀사이드 애널리스트의 역할이 조금씩 변해왔지만, 그들의 가장 중요한 고객은 거래 수수료를 가장 많이 발생시키는 투자자들이다. 그러나 전문 투자지식을 보유한 투자자들(내재가치 투자자 포함)의 다수는 애널리스트의 주식에 대한 의견, 매수추천이나 보유 등의 의견(매도 의견은 거의 없다)에는 큰 비중을 두지 않고 그들이 전하는 기업관련 최신 뉴스에 관심을 보인다. 따라서, 셀사이드 애널리스트들도 기업의 단기 이벤트나 최근 성과를 집중적으로 관찰하면서 투자자들에게 가장 빠른 소식을 전하고자 조력하고 있다.

이런 이유로, 기업의 활동이나 전략, 기회와 위기에 대해 깊이 이해하고 있는 셀사이드 애널리스트가 한 명 또는 서너 명 존재하기 마련이다. 이런 애널리스트들은 내재가치 투자자들과 비슷한 접근법을 가지고 있다. 기업은 셀사이드 애널리스트들을 분류할 때 트레이더와 유사한 성향을 지닌 애널리스트와 내재가치 투자자와 유사한 성향을 지난 애널리스트를 구분하고 후자와의 커뮤니케이션에 좀 더 집중해야 한다.

내재가치 투자자와의 커뮤니케이션

내재가치 투자자들은 전문 투자지식을 보유하고 있으며 기업을 이해하기 위해 많은 시간과 노력을 들인다. 그들은 결과에 대한 투명성을 요구하며, 회사 실적에 대한 경영진의 솔직한 평가, 기업의 목표와 전략에 대한 통찰력 있는 전망 등을 요구한다. 내재가치 투자자들은 주가를 결정하는 데 중요한 역할을 담당하기 때문에 경영자들은 보다 깊이 있는 커뮤니케이션을 원하는 그들의 요구에 주의를 기울여야 할 필요가 있다.

투자자가 원하는 것

2015년 McKinsey와 Aspen Institute Business and Society Program은 내재가치 투자자들이 무엇을 중요하게 생각하는지에 대해서 설문조사 및 인터뷰를 했다.[6] 이 설문조사에서의 첫 번째 하이라이트는 내재가치 투자자들이 단기적으로 비용이 생기더라도 기업의 장기적 가치를 위한 노력에 압도적인 지지를 한다는 것이다. 두 번째 하이라이트는 내재가치 투자자들이 매니저들에게 기업의 전략과 관련된 교육을 제공해달라고 요구한다는 것이다.

내재가치 투자자는 단기적으로는 이익이 떨어지더라도 장기적인 가치를 이끌어내는 결정을 압도적으로 지지한다. McKinsey-Aspen 설문조사는 해외에서 수익 및 이익의 70%을 내는 미국 기반의 기업이 환율의 큰 변동으로 단기 이익이 크게 감소한 투자 시나리오를 제시하였고 투자자들이 어느 범위 안에서 가능한 매니저의 결정에 지지하는지에 대한 질문에 응답하였다. 24명의 내재가치 투자자들 중

6 이 섹션은 R. Darr and T. Koller, "How to Build an Alliance against Corporate Short-Termism," *McKinsey on Finance*, no. 61 (2017): 2–9 참조.

19명은 기업이 아무런 대처를 하지 않고 단순히 낮은 이익을 보고한 경우에 대해서는 중립적이지만, 기업 전반에 걸친 원가 삭감에 대해서는 약 3분의 2의 투자자들이 부정적인 시각을 보였다. 내재가치 투자자는 기업이 환율을 통제나 예측할 수 없다는 것을 알며, 만약 원가 삭감이 이후의 기업활동에 악영향을 준다면 기업이 현재 이익실적을 달성하기 위해 임의로 원가를 삭감하는 것을 원하지 않는다. 23명의 내재가치 투자자 중 21명은 장기적인 측면에서 수익에 부정적인 영향을 준다면, 기업이 이익 증가 추세를 유지(환율은 동일하다는 전제하에)하기 위해 다음 해에 높은 수준으로 원가를 삭감하는 것에 대해 부정적이다. 이어지는 인터뷰에서 일부의 투자자들은 이러한 상황이 투자와 수익 성장의 급감이라는 악순환으로 이어지게 한다고 인식하였다. 새로운 CEO가 현재 손실이 발생하고 추후에도 이익이 예상되지 않아도 전통적 부문(a legacy unit)을 계속 유지하려는 시나리오에서, 24명의 투자자 중 17명은 폐쇄하는 원가가 발생되는 것을 회피하기 위해 그 부문을 유지하는 것에 대해서 부정적이었다. 반면 20명의 투자자는 비록 이익에 한번 영향을 주더라도 기업이 전통적 부문을 폐쇄하는 것에 대해서는 중립적이거나 긍정적이었다. 대부분의 투자자는 CEO가 취임한 첫 해에 그 부문을 처분하는 것에 대해 호의적이지만, 유일하게 반대한 투자자는 취임한 첫 해는 그 결정이 성급할 수 있음을 우려하였다.

이러한 투자자들은 기업에 대해 확신을 가지고 이야기할 수 있는 경영진이 존재하는 기업을 선호한다. 설문조사에 참여한 다수의 투자자들은 많은 기업들이 오늘날 하고 있는 것과 반대되는 접근법을 고려한다. 한 투자자의 말을 쉽게 표현하면 다음과 같다. "탁월한 CEO는 내가 무엇을 알아야 하는지를 알고 나를 설득하려고 한다. 그들은 내가 무엇을 듣기 원하는지 추측하려고 하지 않는다."

내재가치 투자자들은 이것을 그들이 교육이라고 부르는 것에 대한 요구(desire)라고 표현한다. 한 투자자는 다음과 같이 말한다. "난 교육을 받고 싶다. 기업의 비즈니스와 전략을 이해할 수 있도록 도와 달라. 만약 내가 동의하지 않는다면 나는 투자를 하지 않아도 된다." 투자자들은 기업의 경쟁우위가 무엇이고 어떠한 전략을 취하는지를 알고 싶어 한다. 그리고 기업이 직면한 외부적인, 경쟁적인 영향력이 무엇인지 알고 싶어 하며, 인재관리와 같이 기업의 목표를 실현하기 위해 어떠한 구체적인 행동을 취했는지 알고 싶어 한다. 투자자들은 보기 좋게 만들거나 불투명하거나 셀링(selling)을 원하지 않으며, 과도하게 자세한 설명은 실체가 없을 가능성이 있다라고 받아들인다.

투자자들은 어떻게 CEO가 결정을 하고, 기업의 접근법이 장기 가치 창출에 맞춰 가는지, 경영진이 모두 동의하여 같은 의견을 내는지 여부를 알고 싶어 한다. 설문조사에서 24명의 장기 투자자들 중 23명이 투자를 결정할 때 경영진의 신뢰성을 가장 중요한 고려 요소라고 한 것은 전혀 놀랍지 않다. 경영진의 신뢰성은 의사결정을 명확하게 하는 것과 사업이 잘 진행되지 않는 것을 솔직하게 공개하는 것을 포함한다. 한 투자자는 이렇게 표현한다. "길에는 항상 장애물이 있다. 보기 좋게 꾸미는 것을 하지 않음으로써 신뢰와 존경을 얻는다. 이것은 주가가 떨어지지 않는다는 것이 아니다. 그러나 투자자는 신중하고 객관적인 경영진에 더 신뢰를 하기 때문에 주가 회복에는 더 좋을 수 있다." 또 다른 투자자는 이렇게 말한다. "나는 pitchbook에 있는 내용이 아닌 다른 내용에 대해 이야기하기 위해 경영진을 만나며, 그들이 어떻게 생각하는지를 알고 싶다. 예를 들어, 기업 가치를 높이기 위한 의사결정의 근거가 무엇인지 알고 싶다." 행동심리학 분야에서 지지하는 또 다른 일반적인 논제는 경영진이 장기와 장기적 맥락이 각 투자자들의 참여의 한 부분이라는 것임을 확신시키는 것에 능하다고 보는데, 특히 단기성과에 대해 말할 때 그렇다. 이 접근법은 기업을 장기적으로 넓은 시각으로 바라보는 것으로 시삭하나 필요할 때는 세부사항들을 자세하게 확인한다. 한 투자자는 이렇게 말한다. "이것은 모두 호라이즌(horizon)에 관한 것이다. 장기 투자자는 분기별 수치에 대한 구체적인 정보가 필요하지 않다. 그들은 경영진의 전략적 우선순위와 장기적인 예측을 발표할 때 명확성, 일관성과 투명성을 원한다."

투명성의 장점

많은 기업들이 회계적 이익을 관리할 수 있는 여유가 줄어들거나 경쟁자에게 민감한 사안이 노출될 수 있다는 점을 들어 결과나 이슈, 기업이 직면한 기회 등에 대해 자세한 자료를 제공하기 꺼려한다. 그러나 우리의 경험으로는 경쟁사, 고객, 공급자들은 이미 경영진이 생각하는 것보다 사업에 대해 더 많은 것을 알고 있다. 예를 들면, 자동차 제조회사가 신차를 발표하기도 전에 사진 작가들은 신차를 촬영할 준비를 하고 있는 것이다. 경쟁사들은 이미 기업의 고객이나 공급업자와 주기적으로 의사소통을 하고 있으며, 이들은 경쟁사에게 도움이 될 정보를 주저하지 않고 제공한다. 따라서, 기업에 대한 세부적인 정보를 공개하는 것이 기업들이 우려하고 있는 것처럼 나쁜 영향을 끼칠 가능성은 그리 많지 않다. 경영자들은 이를 염두에 두고 투명성 제고에 따른 비용과 효과를 따져보아야 한다.

다른 상황에서는 경쟁사들을 앞질러 나가는 데 투명성을 이용할 수도 있다. 어떤 기업이 경쟁기업들을 앞지르는 신기술이나 제품, 생산공정을 개발했다고 가정하자. 더욱이 경영진은 경쟁기업들이 그 혁신적인 신기술 등을 모방하지 못할 것으로 믿고 있다. 전략적인 관점에서는, 해당 기업이 경쟁사들을 크게 앞서 있다고 경영진이 믿는다면 혁신적인 기술 등의 개발 사실을 공개하는 것으로 경쟁사들의 추격의지를 꺾을 수 있을 것이다. 투자자의 관점에서는, 혁신적인 기술 등의 공시는 경쟁기업과 비교하여 그 기업의 주가를 올릴 수 있고 이로 인하여 잠재적인 파트너와 임직원들에게 이 회사는 더욱 매력적이 된다. 또한 주식을 기반으로 다른 기업을 인수할 때 관련 비용을 낮출 수도 있다.

전문 투자지식을 보유한 투자자들은 기업의 각 사업부별 가치를 합하여 기업전체의 가치를 판단한다. 그들은 사업부별이 아닌 기업전체의 단순한 총 가치에는 신경을 쓰지 않는다. 기업전체의 총 가치는 단지 평균적인 값에 불과하며, 개별 사업부의 미래성장성과 투하자본에 대한 보상이 어떨 것인지에 대해서는 매우 제한된 정보만을 제공하기 때문이다. 자체적인 기업평가의 결과와 시장의 평가가 동일하기를 바라는 기업의 경영진들은 각 개별 사업부에 대한 보다 자세한 정보를 제공함으로써 그들의 목표를 이룰 수 있을 것이다.

이상적으로는, 기업들은 각 사업부 단위별로 최소한 EBITA수준에 대한 자세한 손익계산서를 제공해야 한다. 그리고 또한 유형자산과 운전자본과 같은 재무상태표 상의 영업자산들을 전체 공시된 금액에서 조정하여 제공하여야 한다. 한 가지의 사업만을 운영하고 있는 기업들도 전략적으로 중요한 정보를 노출하지 않으면서 동시에 그들의 정보공개수준을 높일 수 있다. 유기농 제품을 판매하는 미국의 식료품체인점 Whole Foods Market은 2017년 아마존이 인수하기 전 빠르게 성장하던 기간에 투자자들에게 수익이 어떻게 계산되는지를 보여주는 자세한 정보뿐만 아니라 매장별 운영기간에 따른 ROIC 정보를 제공한다. 이러한 정보 공개는 투자자들에게 회사의 경제적 수명주기에 대한 더욱 자세한 정보를 제공한다.

사업 또는 사업단위별 핵심 가치동인이 무엇인지에 따라 어떤 영업정보를 공개할지가 결정된다. 이상적으로는 경영진이 전략적 또는 경영적 의사결정을 내리는데 활용되는 메트릭스에 포함된 정보여야 한다. 예를 들어, 선두적인 리서치 자문회사인 Gartner Group은 각 분기별로 회사의 3개 사업부문에 대한 한정적이지만 매우 관련성이 높은 메트릭스를 제공한다. Gartner의 CFO에 따르면, 회사는 경영진이 사업부분의 성과를 측정하는데 활용하는 메트릭스에서 가장 중요한 부분만 공시하는 것이다. 비슷하게 철강산업이나 항공산업을 영위하는 회사들은 에너지 소비량과 원가 정보 뿐 아니라 산업의 핵심 가치 동인인 판매량과 평균가격에 대한 정보 또한 정기적으로 제공한다. 표 34.4에서 보여지는 바와 같이, 유통업체인 Lowe's라는 회사는 거래횟수와 평균 매출단가와 같은 핵심 가치 동인에 대한 유용한 정보를 제공한다.

투명성을 제고하는 것은 쉬운 일은 아니다. 경영진의 재량권을 존중했던 기업들의 경우에는 투명성을 높여야 하는가에 대한 확신이 서지 않을 것이다. 이런 기업들 중에는 경영 실적이 계속 좋았던 경우가 종종 있다. 수 년간 이익이 안정적으

표 34.4 Lowe's: 영업관련 통계와 ROIC

	2016	2017	2018
매출 증가율, %	4.2	4.0	2.4
고객 거래건수, 백만	945	953	941
평균 매출단가, 달러	68.83	72.00	75.79
매장 수	2,129	2,152	2,015
전체 매장면적, 백만 제곱 피트	213	215	209
평균 매장면적, 천만 제곱 피트	100	100	104
투하자본이익률(ROIC), %	15.8	18.8	12.8

출처: SEC 제출 자료

로 증가해왔기 때문에 투명성을 높이라는 투자자들의 요구를 거절할 수 있었다. 하지만 성공적인 실적이 계속된 후 몇 년이 지나 사업이 성숙되거나 시장의 경쟁이 더욱 치열해지면 성장률은 더뎌진다. 이 때가 되면, 기업은 가치 창출을 계속 이어가기 위해 신규전략을 필요로 하게 되고 이런 변화는 반드시 투자자와의 커뮤니케이션을 통해 전달되어야 한다. 그래야 주가가 계속 기업의 진정한 가치를 반영할 수 있다.

몇몇 대기업은 이익의 대부분이 단단한 기반을 갖춘 오래된 저성장 제품군에서 발생하고 있으며 경쟁과 신기술 개발투자비가 많이 드는 신규 고성장 제품들의 수익성은 좋지 않다는 사실을 종종 공개하지 않기도 한다. 또 다른 경우, 어떤 소비재 기업은 광고와 판촉에 대한 투자를 선별적으로 줄여 이익을 유지하였다. 이런 기업들은 외형적으로는 오랫동안 성공적인 실적을 달성해왔기 때문에 갑작스럽게 투명성을 높이려 하면 주가가 떨어질 것이 확실하다; 학술적 연구에 의하면 이런 기업들은 일단 추락하기 시작하면 추락의 규모가 크다는 것을 보여 준다.[7]

이들 기업의 경영진은 현재의 곤경이 일시적이고 단기적인 것인지 혹은 고성장을 구가하며 높은 수익률을 달성하던 시기가 사실상 종료된 것인지를 판단하여야 한다. 만약 후자의 경우라면 경영진은 신속히 전략을 변경해야 한나. 만약 진자의 경우라면, 경영진은 투명성을 제고하면서, 정상적인 성장궤도로 재진입하기까지 발생할 수 있는 주가의 변동성을 감내할 것인지를 결정해야 한다.

규정과 회계기준은 점점 더 높은 수준의 투명성을 요구하고 있다. 그러나 규정상 요구사항을 충족시킬 만큼의 투명성이라 하더라도 내재가치 투자자들이 만족할 만한 수준은 아닐 수 있다. 투자자들의 강력한 요구로 인해 또는 몇몇 선도기업들

7 D. J. Skinner and R. G. Sloan, "Earnings Surprises, Growth Expectations, and Stock Returns, or Don't Let an Earnings Torpedo Sink Your Portfolio," *Review of Accounting Studies* 7 (2002): 289–312. 및 J. N. Myers, L. A. Myers, and D. J. Skinner, "Earnings Momentum and Earnings Management"(working paper, August 2006), (http://ssrn.com/abstract=741244) 참조.

이 투자자에게 정보를 제공하는 추세를 만들어감에 따라 업계 내 다른 기업들도 유용한 정보를 투자자들에게 제공하게 되었다. 예를 들어, 석유업계는 몇 년간 계속해서 투자자들이 석유회사를 평가할 때 중요하게 생각하는 석유 생산량과 지역별 저장량과 같은 핵심지표들이 포함된 자료를 발간하고 있다. 제약업계에서는 기업이 준비하고 있는 신제품 파이프라인에 대해 연구개발 단계별로 자세한 정보를 제공하고 있다. 이런 업계에서 정보 제공에 실패한 기업은 바로 시장의 신뢰를 잃게 된다.

그러나 정보제공과 투명성의 정도에 대해 통일된 기준을 가진 업계는 많지 않고 경영진이 기업의 투명성 정도를 결정해야 한다. 이 경우, 경영진들은 기업이 처한 상황에 대한 자세한 정보가 공개된다면 경쟁자들에게 유리해지지는 않을지 혹은 기업의 성과를 멋지게 포장하는 데 어려움이 있지는 않을지에 대해 지나친 걱정을 하게 된다. 대형 글로벌 전자회사의 경우에는 상품과 서비스 사업부 모두에 대한 총마진을 공시한다. 그러나 정작 각기 다른 R&D 지출 및 판매비용을 가지는 사업부에 대한 사업부별 운영마진 정보를 공개하지 않아 투자자들이 사업부별 가치평가에 어려움을 겪는다. 미국의 한 미디어 기업은 손익계산서 상에서는 사업부별로 항목을 분리해 자세한 정보를 제공하지만 재무상태표는 회사 전체적인 정보만을 공시한다. 투자자에게 정확한 정보를 제공하지 않는 경우, 투자자들은 종종 경영진이 좋지 않은 실적을 감추려 한다고 생각하게 된다.

투자자 의견 수렴

효과적인 투자자 커뮤니케이션의 마지막 요인은 투자자의 목소리에 귀를 기울이는 것이다. 경쟁 정보(competitive intelligence)를 얻기 위해 투자자의 의견을 수렴하는 것은 실패하지 않는 방법이다. 그러나 기업의 전략에 투자자들의 의견 (순수한 의견 제시와 질문형태로 제시되는 의견 모두)을 어느 정도까지 반영해야 하는 것일까? 특히 투자자의 의견이 경영진이 장기적인 기업가치 창출에 최선이라고 생각하는 전략과 배치될 때는 위의 질문이 더욱 중요해진다.

해당 질문에 대한 답은 투자자를 분류하고 각각의 의견을 투자자별 전략에 비추어 해석함으로써 찾을 수 있다. 예를 들어, 가장 자주, 그리고 강하게 의견을 제시하는 트레이더 유형의 투자자들은 보통 사건(event)을 바탕으로 거래 전략을 수립한다. 따라서, 기업이 좀 더 자주 공시를 하고 단기적으로 시장에 대응함으로써 보다 많은 거래기회가 생겨날 것을 기대한다. 반면, 내재가치 투자자들은 보다 장기적인 전략 수립 및 기업과 산업 전반을 고려한 포괄적인 대응을 기대한다. 투자자들의 의견을 투자자 유형에 따라 분류한다면 경영진의 의사결정에 도움이 된다. 우리는 경영자들이 접하는 투자자들의 의견 중 대체적으로 내재가치 투자자들의 의견이 가장 큰 도움이 되었다는 점을 확인할 수 있었다.

하지만, 그 어떤 투자자보다도 경영진이 회사의 상황이나 회사의 능력, 기회와 위기요소에 대해 잘 알고 있다. 경영진은 회사의 전략적 선택에 대한 자신감을 가지고 이를 투자자들에게 제대로 전달할 수 있어야 한다. 모든 투자자를 만족시킬 수는 없다. 경영진은 회사의 장기적 가치창출을 위한 일을 수행해야 한다.

실적 전망

많은 경영진들은 다음 분기나 다음 연도의 주당순이익(EPS; Earnings Per Share) 전망에 대해 발표하는 것이 번거롭긴 하지만 금융시장과 소통하는 필요한 과정이라고 생각한다. 조사를 통해, 우리는 경영진이 실적전망 발표에 대한 장점을 평가가치 상승, 주가 변동성 하락, 유동성 증가의 세 가지로 생각한다는 것을 알게 되었다. 그러나 애널리스트들은 경영진들이 생각하는 장점이 현실화된다는 증거는 찾아볼 수 없다고 말한다.[8] 우리는 EPS 전망보다는 기업의 성과를 결정하는 여러 운영지표들, 예를 들어 목표 판매량, 목표 매출액, 원가절감계획 등을 투자자에게 제공해야 한다고 생각한다.

실적 전망의 무의미함

분기별 EPS 전망은 필요하고 대부분의 기업들이 실적전망을 하고 있다는 것은 근거 없는 믿음이다. 2002년, 코카콜라는 대기업 최초로 실적전망 발표를 중단하기로 결정하였다. 코카콜라는 단기 실적 전망치를 제공하는 일로 인해 경영진이 장기적 전략에 집중하기가 힘들다고 판단하였다. 당시 코카콜라의 CFO였던 Gary Fayard는 이런 회사의 결정이 단기 성과가 좋지 않다는 의미가 아니라 좀 더 장기적 성과에 집중하겠다는 신호로 받아들여질 것이라고 생각했다. 시장 반응은 경영진의 예상과 동일했고, 코카콜라의 주가는 변화가 없었다.[9] 그 후로 다른 기업들도 실적전망 발표를 중단하였고, 발표를 하는 경우에도 EPS 중심이 아닌 성과에 대한

---

8 P. Hsieh, T. Koller, and S. Rajan, "The Misguided Practice of Earnings Guidance," *McKinsey on Finance*(Spring 2006): 1–5 및 A. Babcock and S. Williamson, *Moving beyond Quarterly Guidance: A Relic of the Past*, FCLTGlobal, October 2017, www.fcltglobal.org 참조.

9 D. M. Katz, "Nothing But the Real Thing," *CFO*, March 2003, cfo.com 참조.

다양한 지표를 제시하게 되었다. 실제로 2016년에는 S&P500 기업들의 28%가 분기별 EPS 전망을 공시한 반면 31%는 연도별 전망을 공시하였고, 41%는 실적 전망을 공시하지 않았다.[10] 유럽에서는 Eurostoxx300 기업의 4%만이 EPS 전망을 공시하였다.

EPS에 대한 전망을 공시하는 기업들의 가치가 높게 평가되는지 여부를 알아보기 위해 우리는 산업별로 전망치를 제시하는 기업과 제시하지 않는 기업의 이익배수를 비교하였다. 대부분의 산업군에서 두 집단의 근본적인 분포는 통계적으로 구별할 수 없었다. Harvard Business School과 KKS Advisors의 연구도 비슷한 결과를 보여주었다.[11]

실적전망을 제시하기로 결정한 기업들은 이런 노력이 주주총수익률 (TRS: total returns to shareholders) 상승에 도움이 되기를 바란다. 그러나 실적전망을 제시하기 시작한 해의 평균 TRS는 실적전망을 제시하지 않는 기업들의 TRS와 차이가 없다. 실적전망을 제시하기 시작한 해의 TRS가 시장평균을 상회하는 기업과 시장평균을 하회하는 기업의 수가 비슷하게 나타난다.

주가의 변동성 측면에서는, 실적전망을 공시하기 시작한 해의 주가 변동성이 증가하거나 감소할 가능성은 실적전망을 공시하지 않는 기업의 주가 변동성의 움직임과 유사하다는 점을 알 수 있었다. 마지막으로 기업이 실전 전망을 공시하기 시작했을 때에는, 경영진이 기대한 바대로 해당 기업의 주식 거래량이 증가하였다는 것을 발견하였다. 그러나 이런 효과는 다음 해에 바로 사라졌다. Harvard Business School과 KKS Advisors의 연구도 같은 결과를 보여주었다.[12]

우리가 경영진에세 실석 전망 공시를 중단할 것을 권유하였을 때, 많은 경영진들이 주가가 하락하고 변동성이 증가하지 않을까 걱정하였다. 그러나 실적 전망 공시를 중단한 126개 기업에 대해 분석한 결과에 따르면, 해당 기업들의 주주수익률이 높거나 낮은 정도가 시장의 평균적인 수준과 크게 다르지 않았다. 126개 기업 중 58개 기업은 실적전망 공시를 중단한 해의 주주수익률이 시장평균을 상회하였고, 68개 기업은 시장평균보다 낮았다. 시장평균을 하회한 기업들의 이유는 좋지 않은 실적 때문이었고 이것은 실적전망 공시를 중단했기 때문은 아니었다. 예를 들어, 실적공시를 중단하고 낮은 자본 수익률을 보이는 기업들 중 2/3에 해당하는 기업들이 시장평균보다 낮은 TRS를 보였다. ROIC가 증가한 기업들 중에서는 단지 1/3 정도의 기업이 시장평균보다 낮은 TRS를 보였다.

---

10 Babcock and Williamson, *Moving beyond Quarterly Guidance* 참조.

11 Babcock and Williamson, *Moving beyond Quarterly Guidance* 참조.

12 Babcock and Williamson, *Moving beyond Quarterly Guidance* 참조.

결론적으로, 실적전망을 공시하는 것이 기업과 투자자에게 실질적인 이익이 되지 않는다는 것이다. 오히려 의도하지 않았던 결과나 비용들이 발생할 수 있다. 예를 들면, 실적을 정확히 예상하는 것이 힘들기 때문에 경영진이 예상된 분기 실적을 달성하지 못하는 경우가 종종 발생하는데, 이 경우 경영진은 힘든 시간을 감수해야 한다. 따라서, 경영진은 장기적인 투자를 소홀히 하며 단기 성과에 과도하게 집중하게 되고, 또한 이익을 안정적으로 보이게 하기 위해 분기별로 부적절하게 이익을 관리하게 된다. 게다가, 내재적 투자자들에 대한 연구 결과, 그들은 이익이 예측 불가능하다는 것을 인식하고 있기 때문에 분기별 EPS 실적을 공시하지 않는 기업을 선호하는 것으로 나타났다. McKinsey와 Aspen Institute의 설문조사에서 내재적 투자자들의 20%만이 기업의 실적전망 중단에 대한 공시를 황색기(yellow flag[13])로 본다고 하였다. Rivel Research Group's Intelligence Council의 설문조사에서 7% 투자자들만이 기업들에게 일 년보다 짧은 기간에서의 전망을 제공하길 원한다고 답했다.[14]

실적전망의 대체재

단기적인 실적전망을 공시하지 않는 것에 대한 대안은 경영진이 단기, 중기, 장기적인 관점에서 사업의 가치동인이 무엇인가를 하나의 특정한 숫자보다는 범위로 제시하는 것이다. 예를 들어, 몇몇 기업들의 경우 자본수익률에 대해 목표를 범위로 제시한다. 다른 기업들은 인플레이션에 대한 다양한 가정 하에서 가능한 매출성장률의 범위를 제시하기도 하며, 개별 사업의 성장률이 중요할 경우에는, 각 사업단위당 성장률에 대한 정보를 제공하기도 한다. 어떤 기업들은 투자자들이 성장률의 지속가능성을 평가하는 데 도움이 되는 가치 동인에 대한 자료를 제공하기도 한다. 예를 들면, Humana라는 보험회사는 보험 상품별(회사입장에서 가입자가 줄어들 것으로 예상하는 상품 포함) 추정가입자 수에 대한 전망과 관련된 정보를 제공한다.

기업이 공시를 결정하는 가치 동인은 각 사업의 특성에 따라 다르다. 예를 들면, 프로젝트 위주의 선두기업은 현재 진행 중인 개별 프로젝트의 성과 및 잠재적 프로젝트가 추진될 시기 및 추정이익 등을 상세히 공시한다. 유럽의 한 기업은 기업이 직면할 세율에 대한 최적의 추정치를 제공하기 위해 지역별 성장률에 따른 세

13 Darr and Koller,"How to Build an Alliance." 참조.

14 "Evolving Guidance Preferences: Attitudes and Practices of the Global Buy Side," Intelligence Council, Rivel Research Group, September 2017 참조.

무 분석 방법을 투자자들에게 제공한다.

이상적으로, 기업은 투자자들이 직접 평가한 외적 요인을 바탕으로 회사의 성과를 자체적으로 예측할 때 도움이 될 수 있는 정보를 제공해야 한다. 예를 들어, 자원 산업의 경우, 금, 구리, 석유 등과 같은 상품들의 가격은 매우 변동성이 크다. 이런 산업에 속한 기업들의 경영진들이 추정하는 미래 상품가격은 반드시 투자자들의 추정치보다 우월하다고 할 수 없다. 이러한 산업에서는 매출 목표보다 생산목표가 투자자들에게 더욱 유용한 정보가 된다. 비슷한 관점에서 환율은 예측이 불가능하지만, 환율은 연간 5% 또는 그 이상까지 다국적회사의 이익에 영향을 미칠 수 있는 요소이다. 따라서 기업들은 예상 환율을 EPS에 반영하는 것을 자제하여야 한다. 차라리, 목표 설정 시 환율은 특정환율로 고정시킨 후 추정하는 편이 좋다. 이렇게 하는 것이 투자자들로 하여금 예상 실적을 보다 명확하게 예측할 수 있도록 해준다.

예상실적 컨센서스 달성

기업의 실적전망 제공 여부와 상관없이, 애널리스트들은 기업이 달성해야 하는 최소의 실적 컨센서스를 제시한다.[15] 애널리스트들의 실적 컨센서스가 잘못된 전망치였을 때조차도, 예상실적 컨센서스에 조금이라도 미달되는 결과를 보이는 기업들의 주가는 하락한다는 것이 시장의 통념이다. 대표적인 예로 eBay를 들 수 있다. 2005년 초, eBay는 2004년 4분기 실적이 예상실적 컨센서스보다 1센트 부족하다고 발표하였고, 주가는 그 후 22% 하락하였다. 반대로, 많은 경영진이 예상실적 컨센서스를 꾸준히 달성한다면 주가 프리미엄을 얻게 될 것이라고 생각한다. 따라서, 이 예상실적 컨센서스에 영향을 미치기 위해 기업이 실적전망을 제시한다고 할 수 있다.

경영진은 종종 사업의 장기적 건전성에 부정적 영향을 미칠 수도 있다는 것을 알면서도 실적 컨센서스를 달성하기 위해 애쓴다. 실적보고의 마지막 날에 기업이 파격적인 할인률을 제시해서 매출을 급하게 끌어올리는 경우가 종종 있는데, 이는 다음 분기의 매출을 미리 실현하는 것일 뿐 실질적으로 매출이 상승하는 것은 아니다. 몇몇 연구에 의하면, 경영진은 단기적 결과를 위해 가치창출을 위한 투자기회

15 T. Koller, R. Raj, and A. Saxena, "Avoiding the Consensus Earnings Trap," *McKinsey on Finance*, no. 45 (Winter 2013) 참조.

를 포기하기도 하거나[16], 이익을 안정적으로 보이게 하기 위해 부적절한 방법으로 이익을 조정하기도 한다.

그러나 미국의 대형기업들을 대상으로 한 우리의 연구에서는 이 같은 점들이 발견되지는 않았다.[17] 단기적으로 예상실적 컨센서스를 달성하지 못한다고 해서 기업에 큰 문제가 생기는 경우는 드물다. 실제 성과와 예상실적 컨센서스의 차이가 기업의 성장률과 영업성과에 제대로 반영되어 있다면, 기업이 실적 컨센서스를 꾸준히 달성하고 있다는 점이 기업에 큰 영향을 미치지도 않는다. 실제로 실적 컨센서스 대비 실제성과가 중요해지는 때는 기업이 수년간 예상실적 컨센서스를 달성하고 있지 못할 때이다.

그렇다고 투자자들이 어떤 생각으로 기업을 지켜보고 있는지를 알려주는 예상실적 컨센서스를 무시해도 된다는 것은 아니다. 예를 들어, 산업의 전체적인 성장률을 바라보는 투자자와 경영진의 시각에는 어떤 차이가 있는지는 컨센서스를 통해 확인할 수 있다. 실적 컨센서스를 통해 애널리스트와 투자자들이 기업의 성과동인을 얼마나 잘 이해하고 있는지 확인할 수도 있다. 우리의 연구에 의하면, 투자자들이 기업을 평가할 때에는 기업이 실적 컨센서스를 달성했는가의 여부보다 재무적 건전성을 더 중시하는 것으로 보인다. 따라서 기업은 굳이 기업의 장기적 전망에 해를 입히면서까지 애널리스트들의 기대에 부응하고자 노력하지 않아도 된다.

예상실적의 미달

예상실적 컨센서스에 조금 못 미치는 결과로 인해 주가가 엄청나게 하락하는 순간을 경험해 본 경영진은 많지 않다. 그래서 경영진은 그러한 실적 컨센서스의 케이스가 매우 드문 경우일 것이라고 생각한다. 실적 예상치가 어떻게 만들어지는가를 생각해보면 이런 경영진의 생각에 동의하게 된다. 지난 연구에서 밝혀진 바에 따르면, 애널리스트들은 보통 회계연도 초에는 과도하게 실적치를 높게 설정하는 경향이 있지만, 3분기쯤이 되면 실제 기업실적과 유사한 정도로 실적치를 조정한다.[18]

---

16 J. R. Graham, C. Harvey, and S. Rajgopal, "Value Destruction and Financial Reporting Decisions," *Financial Analysts Journal* 62 (2006): 27–39에서는 다수의 CFO들이 "양(+)의 NPV를 가지는 프로젝트가 있다 하더라도 현분기 실적컨센서스를 달성하는 데 방해가 된다면 해당 프로젝트의 채택을 꺼린다."는 것을 발견하였다.

17 이는 12월 31일을 회계연도의 말로 설정한 226개 미국에 기반을 둔 대형 비금융회사를 대상으로 한 연구 결과이다.

18 M. Goedhart, B. Russell, and Z. Williams, "Prophets and Profits" *McKinsey on Finance*, no.2 (October 2001):11-14 참조.

표 34.5 EPS의 영향 대비 어닝 서프라이즈

2007년 실적을 발표한 590개 유럽기업의 분석

향후 2년간의 EPS[1] 가 상향조정되었다면…	…수익률이 높아질 가능성이 높고…	…컨센서스 달성여부와 관계없이
	초과수익 중앙값,[2] %	실제 EPS 대비 컨센서스 수치[3]
향후 2년간 EPS 예측치를 상향조정한 기업	2.4	높음
	1.5	낮음
향후 2년간 EPS 예측치를 하향조정한 기업	–0.6	높음
	–0.5	낮음

[1] 주당순이익

[2] 시장수익률 대비 초과수익률

[3] 표본 크기: 상향조정 및 낮음 = 127, 상향조정 및 높음 = 203, 하향조정 및 낮음 = 118, 하향조정 및 높음 = 142

따라서 실제 이익이 가장 최근의 예상치(거의 대부분 회계연도 종료 후 추정)보다 높다면 예상실적 컨센서스를 달성하게 된다. 결과적으로 이 단계에서 애널리스트들의 추정치가 매우 정확할 것이라고 기대한다. 게다가 경영진은 실적 컨센서스를 달성하지 못함으로 인해 주가가 큰 폭으로 하락했던 eBay의 사례와 같은 극단적인 경우에 매우 민감하다.

그러나 실제로는 예상실적 컨센서스에 미달되는 경우가 매우 흔하며 그 영향 또한 미미한 편이다. 40% 이상의 기업이 실적 컨센서스를 달성하지 못하고 있다. 예상실적 컨센서스는 일 년 내내 제공될 수도 있고, 실적발표일의 바로 3일 전에 공지될 수도 있다. 몇몇 학자들이 기업의 실적발표 전후의 주가 움직임과 예상실적 컨센서스의 달성률과의 상관관계에 대해 연구한 결과, 영향력은 작은 것으로 나타났다. 우리 연구에서는 실적 컨센서스에 1% 못 미치는 결과를 보여줄 때, 실적발표 후 5일동안 주가는 0.2% 하락하는 것으로 나타났다. 즉, 실적 컨센서스보다 1페니 부족한 성과를 보였다고 해서 주가가 크게 하락하는 경우는 거의 없다는 것이다(eBay의 경우는 매우 예외적인 경우이다).

경영진들은 오히려 예상실적 컨센서스에 미달하는 실적을 발표한 기업들 중 40% 가까이가 오히려 주가가 상승하는 경험을 하였다는 것에 주목하여야 한다. 페인트 및 화학제품의 세계적 공급업체인 PPG Industries는 2010년 실적이 컨센서스에 4% 미달한다고 발표하였지만 시장은 반대로 긍정적으로 반응하며 오히려 주가가 7% 상승하였다. 왜 그랬을까? 자세히 들여다보면, 장기적 전망이 개선되었다는 것을 발견한 투자자들 때문이었다. 모든 사업분야에 걸쳐 매출이 기대보다 많이 성장했으며 CEO 또한 장기적으로 가치를 창출할 수 있는 부문에 대한 투자를 발표한 것이 투자자들의 기대를 충족시켰던 것이다.

표 34.6 펀더멘탈 대비 컨센서스 수치

초과수익률 대비 분야별 수익률의 중앙값,[1] 2005–2011, %

	고성장률 + 고 ROIC[3]	고성장률 + 저 ROIC[3]	저성장률 + 고 ROIC[3]	저성장률 + 저 ROIC[3]
지속적 달성[2]	4	3	0	–2
불규칙적[2]	2	0	0	–3
지속적 미달[2]	0	–5	–5	–6

[1] 기업의 TSR - 분야별 TSR 중앙값. 12월말 회계연도 기준 S&P 500 해당 243개 비금융기업 대상

[2] 실제 EPS와 실적공시 30일 전 컨센서스 차이. "지속적 달성": 7년 중 최소한 4년 이상, 기대치를 2% 초과하여 달성, 2005-2011."지속적 미달": 7년 중 4년 이상, 기대치를 2% 초과하여 미달.(7년 중 최소한 4년 이상 +/- 2%) 지속적으로 기대치를 만족한 기업은 표본수가 미미하여 제외하였다.

[3] ROIC = 투하자본이익률(2005-2011): 성장률 = 매출 연평균성장률(2004-2011). 고ROIC 또는 고성장률로 분류된 기업은 ROIC 15%와 성장률 7%를 절대값으로 초과하거나 각 분야의 중앙값을 초과하는 기업이다.

출처: Standard & Poor's Capital IQ.

예상실적 달성

예상실적 컨센서스를 달성하거나 초과하는 것은 이익이 달성된 이유보다 덜 중요하다. 왜냐하면 투자자들은 계속적으로 기업의 이익뿐만 아니라 예상실적 컨세서스를 달성했는지 여부와 관련된 다른 뉴스들을 접하기 때문이다. 북미의 맥주회사인 Molson Coors는 2010년, 예상실적 컨센서스를 2% 상회하는 실적을 발표하였지만 시장의 반응은 부정적이었고 주가는 7% 하락하였다. 투자자들 입장에서, 기업의 매출은 2% 하락하였고 마진도 감소하였다. 기업이 실적 컨센서스를 초과할 수 있었던 유일한 이유는 기대보다 낮았던 세율 때문이었다. 시장의 움직임은 EPS 자체보다는 매출이나 마진과 같은 보다 근본적인 성과 동인에 의해 좌우되었다.

또한 투자자들은 실적 컨센서스의 달성이 일회성의 이벤트로 인한 것은 아닌지도 꼼꼼히 따져본다. 기업의 실적 발표에 포함된 정보를 통해 투자자들은 기업의 장기 실적 전망에 대한 재평가를 내리기도 한다. 우리의 연구에 따르면, 실적 발표 당시의 시장 반응은 최근의 실적이 컨센서스를 달성하였는지의 여부보다는 장기 실적에 대한 애널리스트 전망치의 변화에 더 많은 영향을 받는다. 최근 실적이 컨

센서스에 미치지 못했더라도 애널리스트들이 향후 2년간 기대되는 실적을 상향조정하였다면 기업의 주가는 상승할 것이다(표 34.5 참조).

예상실적 컨센서스를 꾸준히 달성해온 기업의 주가가 높을 것이라는 통념도 실제와는 거리가 있었다. 몇몇 연구에서는 예상실적 컨센서스의 꾸준한 달성이 높은 주가로 이어진다는 주장이 제기되고 있지만, 그들의 연구에서는 매출 성장률이나 자본수익률로 측정한 기업의 실제성과에 대한 고려가 빠져있다.[19] 지속적으로 예상실적 컨센서스를 달성한 경우(7년 중 4년 이상 예상실적 컨센서스를 달성한 경우)이에 해당하는 기업에 대해 성과를 반영해 조정해보면 예상실적 컨센서스 달성의 표면적 효과가 사라진다. 성장률이 높거나 높은 ROIC를 가진 기업들은 실적컨센서스를 지속적으로 달성하느냐의 여부에 상관없이 높은 주주수익률을 보였다. 단지, 실적 컨센서스를 지속적으로 달성하지 못한 기업들(7년 중 4년 이상)의 주식시장 반응은 통계적으로 유의한 만큼의 부정적 결과를 보였다(표 34.6 참조).

요약

투자자 커뮤니케이션을 둘러싼 이슈들은 한동안 해결되지 않을 것이다. 전통적으로 크게 두 가지 견해로 나뉜다. 첫 번째는 주가를 실제보다 좋게 홍보할 수 있다고 믿는 의견이며, 두 번째는 투자자와의 커뮤니케이션으로 달라지는 것은 없으니 기업은 투자자 커뮤니케이션에 많은 시간과 노력을 쏟지 말아야 한다는 의견이다. 우리는 올바른 정보가 있으면 투자자들은 기업을 더 정확히 평가할 수 있으며 투자자 커뮤니케이션 전략의 최고 성과는 시장가치와 기업의 진정한 가치가 동일해지는 것이라고 생각한다. 또한 단기적으로는 주식의 가치를 실제보다 좋게 부풀릴 수 있을지 몰라도 그것이 장기적으로는 기업에게 최선이 아닐지도 모른다.

이 장에서는 기업가치를 이해하고, 기업의 현재 그리고 잠재적인 투자자를 파악하며, 기업의 주가를 궁극적으로 결정할 전문 투자지식을 보유한 투자자와 소통하는 것에 대한 구조적 접근법들을 소개하였다. 이런 접근법을 활용한다면 기업의 주가는 내재가치에 보다 가까울 뿐 아니라 경영진들이 보다 효율적이고 효과적으로 투자자와 소통할 수 있을 것이다.

경영진은 정확한 실적전망을 공시하거나 예측된 실적대로 성과를 달성하기 위

19 예를 들어, R. Kasznik and M. McNichols, "Does Meeting Earnings Expectations Matter? Evidence from Analyst Forecast Revisions and Share Prices," *Journal of Accounting Research* 40, no. 3 (June 2002): 727–759 참조.

해 노력하기보다는, 주주를 위한 가치를 극대화하기 위해 ROIC와 성장률 향상에 힘써야 한다. 기업의 내재가치를 벗어나서 주가가 형성되는 일시적인 상황은 흔히 발생하는 일로, 가장 효율적인 시장에서조차 종종 발생한다. 따라서 이와 같은 주가의 단기 변동성을 신경 쓰기보다는 기업의 ROIC와 성장률을 집중적으로 관리해야 한다.

특수 상황

VALUATION Measuring and Managing the Value of Companies

5부

35장

신흥시장*

전 세계적으로 86%의 인구를 차지하고 2017년 세계 GDP의 59%를 차지하는 신흥시장은 선진국들보다 더 빠르게 발전한다.[1] 신흥시장이 글로벌 경제와 투자자들에게 더욱 중요해지면서, 신흥시장에 속한 기업들을 분석하고 평가하는 정확한 방법이 필요해졌다.

26장과 27장에서 우리는 외화현금흐름과 자본비용의 측정, 현금흐름 추정에 있어 높은 수준의 인플레이션을 어떻게 반영할 것인가에 대한 일반적인 사항을 논의하였다. 이 장에서는 극심한 경기위축이나 자산 전유 등의 예상 밖의 정부 조치와 같은 신흥시장과 관련된 추가적인 사항을 논의할 것이다. 이러한 위험 요소들은 국가 및 기업에 따라 각기 다른 양상을 지니므로 일반화하는 것은 불가능하다. 학계, 투자은행, 업계 실무자들 간에 이러한 도전을 어떻게 해결해야 할지 합의가 이루어지지 않았고, 각 기업가치평가 방법론은 크게 달라 실무자들은 종종 직관과 제한된 경험적 증거들을 바탕으로 자의적인 조정을 하게 된다.

신흥시장의 정확한 가치평가를 위해서 우리는 16장에서 소개한 시나리오 DCF 접근법을 사용하여 회사가 직면하게 될 다양한 위험의 결과를 반영한 여러 가지 현금흐름 시나리오를 준비할 것을 추천한다. 시나리오들은 각각 할인이 되고 각 시나리오에 부여된 확률로 가중치를 준다. 이 방법은 다른 두 가지 접근법에 의한 결과들과 비교하여 보완될 수 있다. 다른 두 가지 접근법 중 하나는 자본비용에 국가위

* 이 장에 도움을 준 Andre Gaeta, Daniel Guzman, Paulo Guimaraes, Joao Lopes Sousa, Barbara Castro에 감사를 표한다.

1 중국과 인도는 전 세계 GDP의 19%와 8%를 각각 차지하고, 전 세계 인구의 19%와 18%를 각각 차지한다. International Monetary Fund, "GDP Based on PPP, Share of Word." IMF Data Mapper,imf.org.

험프리미엄을 반영한 DCF 접근법이고, 나머지 하나는 유사기업 배수(multiples of comparable companies)에 근거한 가치평가방법이다.

왜 시나리오 DCF가 리스크 프리미엄보다 더 정확한가

신흥시장 기업들의 가치평가에서 가장 활발하게 논의되고 있는 사항은 국가위험 프리미엄을 자본비용에 반영하는지의 여부이다. 일반적으로 신흥시장에서 영업의 위험이 높은 경우 할인율에 국가위험 프리미엄을 가산한다.[2] 종종 프리미엄은 미국 정부 차입이자율과 같은 기준 대비 정부의 차입이자율을 근거로 한다.

이 접근법의 가장 주요한 문제는 정부 대출의 위험이 기업의 투자 위험과 거의 관련이 없다는 것이다. 직관에 반하는 것처럼 보이지만, 기업이 정부 부채의 이자율보다 낮은 자본비용을 가질 수 있다. 신흥시장에서 CPG(consumer packaged-goods) 생산자와 그 국가의 정부 부채 위험을 비교해보자. CPG 생산자는 경제 위기 시 이익이 크게 감소하는 것을 경험하지만 이것은 일반적으로 빠르게 회복된다. 그리고 은행들과 광업 또는 에너지 산업의 기업들이 직면한 정치적 환경과 대조적으로 CPG 기업들은 정부에 의한 전유(appropriation) 위험이 거의 없다. 그러나 신흥국 정부의 경우 종종 채무를 이행하지 않는 경우가 발생한다. 1990년 이후 러시아와 아르헨티나는 디폴트를 선언하였고, 석유 자원이 풍부한 나이지리아도 세 번 디폴트를 선언했다. 그리스도 IMF(International Monetary Fund)와 유럽중앙은행에게 2010년, 2012년, 2015년에 걸쳐 구제금융을 요청하였다. 또한 기업 부채의 자본비용은 정부 부채의 자본비용보다 낮을 수도 있으며, 브라질의 경우 정부 부채와 달리 기업 부채의 다수가 투자적격등급으로 평가된다.

뿐만 아니라 모든 산업에 걸쳐 동일한 리스크 프리미엄을 적용하는 것은 논리적이지 않다. CPG 생산자는 일반적으로 경제적 붕괴에서도 살아남지만 은행은 파산할 수도 있다. 예를 들어 2013년에서 2018년에 브라질의 10년 국채는 음료 회사인 Ambev보다 불안하고 주요 브라질 은행들보다 덜 불안하다. 어떤 기업은(원자재 수출업자) 통화의 평가절하로 이익을 얻을 수 있는 반면, 다른 기업은(원자재 수입업자) 피해를 입을 수 있다.

우리는 실무에서 사용되는 국가위험 프리미엄이 너무 높다는 것과 이로 인하여

---

2 T. Keck, E. Levengood, and A. Longfield, "Using Discounted Cash Flow Analysis in an International Setting: A Survey of Issues in Modeling the Cost of Capital," *Journal of Applied Corporate Finance* 11, no. 3 (1998): 82–99.

미래 추정 성과에 과도한 보상이 이루어진다는 것을 알아냈다. 높은 프리미엄을 사용하는 애널리스트는 종종 성장과 ROIC에 대한 지나친 예측을 한다. 화학업종의 브라질 대기업에 대한 가치평가가 좋은 일례이다. 10%의 현지 WACC를 적용하여 우리는 EBITDA 대비 4.0-4.5배의 기업가치를 얻었다. 다른 전문가도 가치평가에 대한 의뢰를 받았는데, WACC에 매우 높은 국가위험 프리미엄인 11%를 적용했음에도 불구하고 우리와 유사한 수준인 약 4.5배의 EBITDA 배수를 산출했다. 두 개의 가치평가에서 결과는 비슷하게 산출되었는데, 다른 전문가는 매년 실질 매출 성장률이 거의 10%이며, ROIC가 장기적으로 46%로 증가한다는 매우 지나친 성과의 가정을 세웠다. 하지만 그러한 가정들은 화학 산업과 같이 원자재에 기초하고 있으며 경쟁적인 산업에 속해있는 기업에게 비현실적이다. 2015년에서 2018년 사이 애널리스트들의 많은 분석들에서, 미국에서는 5%의 산업들만 20% 이상의 성장률을 달성할 것으로 예측된 반면에 30%의 산업들이 20% 이상의 성장률을 보일 것으로 예상되었다. 산업들의 30%가 매년 20% 이상 성장한다는 것은 믿기 힘들다.

앞에서 언급한 내용들은 우리가 신흥시장 가치평가에서 시나리오 DCF 접근법을 선호하는 이유들이다. 시나리오 DCF 접근법은 포괄적인 리스크가 아닌 기업만의 특정한 리스크에 집중할 수 있다.

또한 우리의 실증 연구는 일부 신흥시장의 주식 가치평가에 국가위험 프리미엄은 거의 적용하지 않는다는 것을 보여주었다. 만약 상당한 국가위험 프리미엄이 존재한다면, P/E 배수가 실제보다 많이 낮을 것으로 예상한다.

브라질의 경우, 지난 10년 동안 많은 가치평가들에서 2-3%의 미국 기업 대비 인플레이션 격차에 더하여 3-5%의 국가위험 프리미엄을 적용하였다. 이는 자기자본비용을 15-18%에 이르게 한다. 2015년도에서 2018년도까지 주요 브라질의 시장 인덱스에서 P/E 배수는 10-17배였다. 3장에서 보았던 가치동인공식(value driver formula)을 이용하여 우리는 이익의 기대성장률을 구할 수 있다.

$$\frac{P}{E} = \left(1 - \frac{g}{\text{ROE}}\right) / (k_e - g)$$

여기서 g는 이익의 성장률이며 ROE는 자기자본이익률, k_e는 자기자본비용을 의미한다.

만약 P/E 배수가 12배, 자기자본비용은 15% 그리고 자기자본 한계이익은 20%(역사적 평균보다 높음)로 가정한다면 영구적으로 명목적 잠재 이익성장률은 11.5% 또는 실질적 잠재 이익성장률은 7.5%가 된다(4% 인플레이션 가정, 2%의 미국 인플레이션에 브라질에 적용되는 2% 포인트 차이를 반영함). 그러나 영구적

표 35.1 내재자기자본비용의 낮은 변동성

브라질의 명목적 내재자기자본비용[1]

%

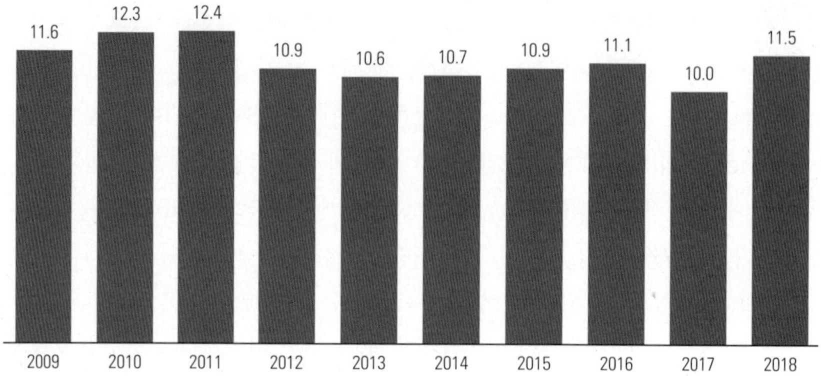

[1] 과거 10년 평균 ROE, 4.0% 장기 인플레이션, 3.5% 장기 실질 이익성장률 가정.
출처: Capital IQ.

으로 실질적 잠재성장률이 7.5%라는 가정은 분명히 비현실적이다.

다른 방법을 살펴보자. 만약 영구적으로 실질 이익성장률을 3.5%(낙관적 관점)로 가정하면 15%의 자기자본비용에서 내재적 P/E 배수는 8.3배가 되며 이 수치는 현재 P/E 배수보다 30% 정도 낮다. 12배의 P/E 배수와 15%의 자기자본비용을 동시에 가정하는 것은 불가능하다.

만약 국가위험 프리미엄을 제거하면, 우리는 수학적이고 경제적으로 결과를 얻을 수 있다. 2016년을 예로 들어 내재적 자기자본비용을 계산해 보자. 장기 실질성장률 3.5%에 4% 인플레이션과 14%의 ROE를 가정하여 약 11%의 명목적 자기자본비용을 계산할 수 있다. 4% 인플레이션을 차감하면 7%의 실질적 자기자본비용을 계산할 수 있으며 이 수치는 미국의 실질적 자기자본비용과 많이 차이나지 않는다(15장 참고).

물론 이러한 결과는 일부 가정들의 미세한 변화에 매우 민감하다. 요점은 현재 P/E 배수와 3% 이상의 국가위험 프리미엄을 양립하게 하는 것이 매우 어렵다는 것이다. 표 35.1은 2009년에서 2018년까지 10년 동안의 브라질 인덱스에 대한 내재자기자본비용의 시계열 자료이다. 명목적 자기자본비용은 10-12% 범위에, 실질적 자기자본비용은 6-8% 범위에 속한다. 브라질의 내재적 국가위험 프리미엄은 3-5%보다 1%에 더 가깝다.

국가위험 프리미엄이 일반적으로 많이 사용하는 레벨보다 낮아야하는 한 가지 이유는 강제 수용, 가치 하락, 전쟁 등의 국가위험이 매우 분산가능하기 때문이다.

표 35.2 다양한 신흥시장 포트폴리오 수익률

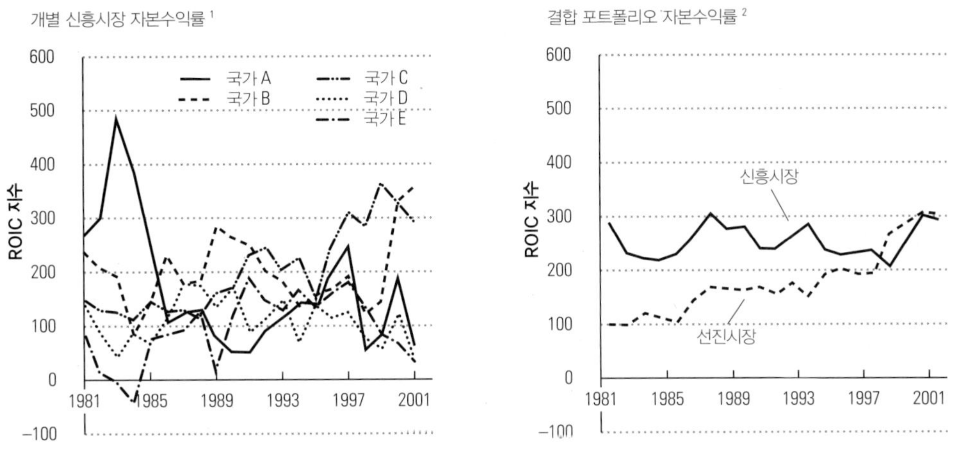

[1] 안정된 통화 및 현지 회계 차이 조정

[2] 결합 포트폴리오는 여기에 반영되지 않은 추가 국가가 포함됨

출처: Company information.

표35.2에 제시된 다국적 소비재 기업을 살펴보자. ROIC는 개별 신흥시장의 경우 변동성이 매우 심하나, 신흥시장을 모두 합칠 경우 선진국시장보다 변동성이 심하지는 않다. 이 기업의 포트폴리오는 대부분의 위험을 분산시켰다고 볼 수 있다. 재무이론은 분산시킬 수 있는 위험은 자본비용에 반영해서는 안 된다고 명확히 제시하고 있다. 그러나 이러한 점은 분산가능위험이 가치평가와 무관하다는 것을 뜻하지는 않는다. 불리한 미래사건의 확률은 기대현금흐름의 수준에 영향을 미칠 것이다. 그러나 이것이 현금흐름 추정에 통합될 경우 만약 위험이 분산 가능하다면 자본비용의 추가적인 할증은 필요 없다.

끝으로, 비록 낮은 수준의 국가위험 프리미엄이라고 하더라도 이것이 가치평가에 미치는 영향에 대해 우리들 대부분은 과소평가하는데, 이는 다음 섹션에서 설명하겠다.

시나리오 DCF 접근법의 적용

앞에서 본 브라질의 자기자본비용 분석은 경제 전반에 걸친 P/E 배수의 폭 넓은 변화에 대한 이해를 어렵게 한다. 이러한 사항은 시나리오 DCF 접근법의 이점을 보여주는 부분이고, 이 접근법은 기업의 특정한 위험 요소를 기반으로 각 기업의 위험을 측정할 수 있게 한다. 최소한 두 개의 시나리오를 모델화할 수 있는데, 그

표 35.3 시나리오 DCF 대비 국가 위험 프리미엄 DCF

€

... 에 위치한 동일한 생산설비의 순현재가치

시나리오 접근법

... 유럽시장

확률	영구연금 현금흐름[1]	1 차년도	2	3	4	...
100%	정상경기	100	103	106	109	
0%	불황경기					
	기대현금흐름	100	103	106	109	
	자본비용			7.5%		
	순현재가치		2,222			

... 신흥시장

확률	영구연금 현금흐름[2]	Year 1	2	3	4	...
75%	정상경기	100	103	106	109	
25%	불황경기	45	46	48	49	
	기대현금흐름	86	89	92	94	
	자본비용			7.5%		
	순현재가치		1,917		유럽의 순현재가치(NPV)의 86%	

국가 위험 프리미엄 접근법

... 유럽시장

영구연금 현금흐름[1]	1 차년도	2	3	4	...
정상경기	100	103	106	109	
자본비용			7.5%		
순현재가치		2,222			

... 신흥시장

영구연금 현금흐름[2]	1 차년도	2	3	4	...
정상경기	100	103	106	109	
자본비용			7.5%		
국가 위험 프리미엄			0.7%		
조정 자본비용			8.2%		
순현재가치		1,917		유럽의 순현재가치(NPV)의 86%	

1 영구연금 현금흐름 성장률 3% 가정

2 영구연금 현금흐름 성장률 3% 가정 및 정상경기 현금흐름의 45%로 불황 가운데 회복 가정

중 하나는 정상 상황(as usual, 특이한 경기침체가 없는)을 가정하고 현금흐름을 추정하는 것이고 다른 하나는 한 가지 또는 그 이상의 신흥시장의 위험요소를 반영하여 현금흐름을 추정하는 것이다.

표 35.3은 유럽 지역의 생산설비와 신흥시장 위험을 제외하면 동일한 전망(outlook)이 예상되는 신흥시장 지역의 생산설비를 보유한 한 기업의 지역별 생산설비에 대한 가치평가를 비교한 결과이다. 본 사례에서 유럽지역 생산설비의 현금흐름은 영구적으로 연 3% 수준으로 성장한다. 신흥시장지역 생산설비의 경우 현금흐름 성장률은 정상경기 시나리오(business-as-usual scenario)에서와 같으나, 25%의 경기침체 확률이 존재하며, 이는 유럽지역과 비교하여 55%가 감소한 수준의 영구현금흐름을 도출하게 한다. 신흥시장 위험은 자본비용에 반영되지 않고, 발생 가능한 확률로 두 시나리오를 가중 평균하여 낮아진 미래 현금흐름의 기대가치로 반영되게 된다. 결과적으로 7.5%의 WACC를 적용하여 평가한 신흥시장의 기업가치(1,917유로)는 유럽의 기업가치(2,222 유로)보다 확실히 더 낮다.

우리는 편의를 위하여 만약 불경기가 신흥시장에서 발생하면 영업 첫 해에 발생할 것이라고 가정하였다. 물론 현실에서, 투자활동은 매년 국내 경기 침체의 영향을 받을 것이다. 장기간에 걸쳐, 위험 요소를 모델링하는 것은 좀 더 복잡한 계산을 요구하게 되지만, 기본적인 결과는 바뀌지는 않을 것이다. 우리는 또한 경기침체 상황에서 신흥시장 기업이 매우 낮은 현금흐름에 직면하게 되나 완전히 파산하지는 않을 것이라고 가정했다.

표 35.3을 통해 우리는 국가위험 프리미엄이 쉽게 과대평가될 수 있음을 확인할 수 있다. 표에서 알 수 있듯이 현금흐름이 기본 수준보다 55% 더 낮아질 수 있는 확률이 25%이지만, 동등한 국가위험 프리미엄은 겨우 0.7% 밖에 되지 않는다(기본 현금흐름을 가정하고 가치평가를 역산하여 할인율을 계산함). 만약 국가위험 프리미엄을 3%로 설정하면, 사례에서 25%였던 경제침체 확률은 70%가 될 것이다.

표 35.4는 투자의 현금흐름이 줄어드는 규모와 확률에 따라 달라지는 위험프리미엄을 보여준다. 위험프리미엄 자체는 과대평가되기 쉽다. 예를 들어, 만약 미래 현금흐름이 영구히 40% 정도 낮아질 확률이 50%일 때의 위험프리미엄은 단지 1.5% 포인트이다. 실제 위험프리미엄은 현금흐름의 성격과 자본비용에 따라 다양한 값을 가진다.[3] 표 35.4는 몇몇 가정 하에 계산된 프리미엄의 일부 예시 값을 보여준다.

정상경기와 불황경기 시나리오 상에 영향을 미치는 경기침체확률의 산출은 궁

3 현금흐름의 성장률이 높을수록, 위험프리미엄이 DCF 가치에 미치는 영향도 커진다.

표 35.4 위험 프리미엄의 작은 변화에 따른 경제적 침체의 기대치

주어진 조건을 반영한 위험 프리미엄, %

현금흐름 축소 확률, %	현금흐름 축소 규모, % 20	40	60	80	100
10	0.1	0.2	0.4	0.5	0.7
20	0.2	0.5	0.8	1.1	1.5
30	0.4	0.8	1.3	1.9	2.6
40	0.5	1.1	1.9	2.8	4.0
50	0.7	**1.5**	2.6	4.0	**6.0**

가치의 40%를 잃을 확률이 50%인 경우의 위험 프리미엄은 1.5%

가치를 모두 잃을 확률이 50%인 경우의 위험 프리미엄은 6%

주석: 변동성이 적은 현금흐름, 8% WACC, 2% 영구성장률, 이항(binomial) 결과를 가정

출처: R. Davis, M. Goedhart, and T. Koller, "Avoiding a Risk Premium That Unnecessarily Kills Your Project," *McKinsey Quarterly* (August 2012).

극적으로는 경영진들이 판단할 문제이지만, 합리적인 수준의 경기침체확률을 제시할 수 있는 여러 지표들이 있다. 과거 경기침체와 관련된 재무 자료들은 국가 경제 위기 상황의 빈도와 수준, 회복기간에 대한 지표들을 제공할 수 있다. 1985년 이래 20개 신흥 국가의 GDP 변동을 분석하면, 매 5년에 한 번 정도 경기침체(5% 이상 실질가치 GDP 하락)를 경험하고 있음을 알 수 있다. 이러한 사실은 불황경기 시나리오에 대해 20%의 확률을 제시한다.

확률 산출을 위한 다른 지표는 현재의 정부 채권 가격으로부터의 예상되는 데이터 값이다.[4] 최근 학계 조사에 의하면, 아르헨티나와 같은 신흥시장에서 미래 5년 내 정부 파산확률은 불경기가 아닌 해에도 약 30%였다.[5]

우리가 제시한 사례에서는 생산설비의 진정한 가치를 시나리오 접근법으로 이미 알고 있기 때문에, 국가위험 프리미엄은 이를 역산하여 쉽게 산출할 수 있다. 그러나 실무적으로는, 국가위험 프리미엄을 계산하는 합의된 방법은 없다. 애널리스트들은 저마다의 방법을 이용하여 위험프리미엄을 계산하기 때문에 그 값은 다양하다. 국가위험리스트는 소위 재정위험 프리미엄(sovereign risk premium) 수준에서 설정되며 이는 미국 달러로 표시된 현지 국가 정부채 수익률과 유사만기의 미국 정부채 수익률 간의 스프레드를 의미한다. 그러나 이러한 방법은 현지 국가

4 D. Duffie and K. Singleton, "Modeling Term Structures of Defaultable Bonds," *Review of Financial Studies* 12 (1999): 687–720 와 R. Merton, "On the Pricing of Corporate Debt: The Risk Structure of Interest Rates," *Journal of Finance*,29(2) (1974): 449–470.

5 J. Merrick, "Crisis Dynamics of Implied Default Recovery Ratios: Evidence from Russia and Argentina," *Journal of Banking and Finance* 25, no. 10 (2001): 1921–1939.

정부채 수익률이 해당기업 투자 수익률과 매우 상관관계가 높을 경우에만 타당하다. 우리의 경험상, 이런 경우는 흔하지 않다.

운영적 관점에서 볼 때, 경영자들은 할인율에 임의적으로 가산하는 방법보다 시나리오 DCF를 적용한 방법을 통하여 신흥시장 위험과 그러한 위험들이 현금 흐름에 미치는 효과에 대한 더 깊은 통찰력을 얻을 수 있다. 경영자들은 기업가치에 주요한 영향을 미치는 특정 요인들을 파악함으로써 이러한 위험 요소들을 줄일 수 있을 것이다.

신흥시장에서의 자본비용 산출

어떤 나라에서든 자본비용을 계산하는 것은 어려운 일이지만, 신흥시장의 경우 그 어려움은 배가된다. 지금부터 우리는 기본 가정들, 중요한 이슈사항들에 대한 설명 및 자본비용의 요소를 산출하기 위한 실무 방법을 제시하고자 한다.

기본 가정

우리의 분석은 다국적기업 또는 다각화된 포트폴리오를 통해 국제적 투자자로 대변되는 글로벌 투자자의 관점에서 수행될 것이다. 물론 많은 신흥시장은 글로벌 시장과 잘 연계되어 있지 않다. 예를 들어 중국에서 현지 투자자는 해외투자를 할 때 장애에 직면할 수 있다. 결과적으로 이러한 시장에서 현지 투자자는 잘 분산된 포트폴리오를 항상 보유할 수는 없으며, 그들의 자본비용은 글로벌 투자자의 자본비용과 다를 수 있다. 하지만, 현지 투자자의 자본비용을 산출하기 위해 정해진 접근방법은 없다. 그러나 현지 주식시장이 글로벌시장과 상당히 통합되어 있다면(국내외 투자자들이 자유롭게 현지에서뿐만 아니라 국제적으로도 거래할 수 있다), 현지 주가는 국제적 자본비용과 더욱 밀접하게 연관될 것이다.

다른 가정은 대부분의 국가위험이 글로벌 투자자의 관점에서는 분산될 수 있다는 것이다. 따라서 시나리오 DCF 접근법에서 기대현금흐름을 할인할 때, 신흥시장에서 직면한 위험에 대한 자본비용을 산출하는 데 추가위험 프리미엄은 필요하지 않다. 물론, 정상경기 시나리오의 현금흐름할인을 선택하였다면 앞에서 언급했듯이 국가위험 프리미엄을 가산하여야 한다.

이러한 가정에서, 일반적으로 신흥시장의 자본비용은 글로벌 자본비용에 현지 인플레이션과 자본구조를 조정한 값과 유사하게 도출된다. 이때 명심하면 좋을 유용한 지침 몇 가지는 다음과 같다.

- *자본가격결정 모형 (CAPM: capital asset pricing model)을 사용하여 신흥시장 자기자본비용을 산출할 것*. CAPM은 덜 조직화된 신흥시장에서 유의성이 떨어지는 모델이나 오늘날 더 나은 대체모델은 없다. 더욱이, 시장이 지속적으로 안정적인 구조를 형성해가면서 자기자본비용에 대한 보다 의미 있는 예측치가 될 것이라고 믿고 있다.
- *정답은 없으므로 실용적일 것*. 신흥시장에서는 종종 정보와 근거 자료 사이에 중요한 차이가 있다(예를 들면, 현지 통화로 베타 또는 무위험이자율을 산출하는 것). 자본비용을 산출하기 위해 가용 정보를 부분적으로 결합시키는 것에 유연해져야 하며, 그 결과를 국가위험 프리미엄 접근법 및 시장배수법과 함께 비교해야 한다.
- *화폐적 가정들이 일관성이 있을 것*. 현금흐름추정과 할인율이 일관성 있게 적용되기 위해 가치평가모델은 공통된 화폐적 가정에 근거하여 작성하여야 한다. 만약 현지 명목현금흐름을 사용하면, 자본비용은 명목현금흐름에 내재된 현지 인플레이션율을 반영해야 한다. 실질현금흐름을 사용할 경우 명목자본비용에서 인플레이션을 제거해야 한다.
- *자본비용의 변동가능성을 고려할 것*. 신흥시장 가치평가에서 자본비용은 인플레이션 변동에 대한 예측, 회사의 자본구조상 변화, 부채비용, 예측 가능한 과세 체계의 개정에 근거하여 변동될 수 있다. 예를 들면, 2002년 아르헨티나는 경제 및 금융위기 상태였으며, 이 때, 단기 인플레이션율은 30%였다. 하지만, 이 값은 장기자본비용 추정 시 합리적 근거로 적용할 수 없다. 왜냐하면 2002년의 위기상황이 영원히 지속될 것으로 볼 수 없기 때문이다.[6] 그러한 경우, 화폐와 관련된 기본적인 가정들에 근거하여 연도별로 자본비용을 산출해야 한다.
- *접근방법을 혼합하지 말 것*. 시나리오 DCF접근법에 의한 현금흐름을 할인하기 위하여 자본비용을 사용한다. 이 경우, 위험프리미엄을 가산해서는 안되는데, 이는 이중으로 위험을 고려하는 것이기 때문이다. 정상경기 시나리오에 의한 미래 현금흐름을 할인할 경우에만 할인율에 위험프리미엄을 가산한다.

자기자본비용 산출

자기자본비용의 요소들을 추정하기 위해 다음에서 설명할 무위험이자율, 베타, 시

6 2004년 아르헨티나 연 소비자물가 인플레이션은 거의 5%로 떨어졌다.

장위험 프리미엄과 15장에서 설명했던 접근법을 사용한다.

선진국보다 신흥시장에서 정부채권 수익률을 무위험이자율로 가정하는 것은 세 가지 주요 문제가 발생하기 때문에 더 어렵다. 첫째, 신흥시장에서 대부분의 정부채권은 위험이 없지 않다. 이러한 채권들 대부분의 신용등급은 투자등급 미만인 경우가 많다. 둘째, 충분한 유동성을 가지고 활발하게 거래되는 장기정부채권을 찾기란 쉽지 않다. 마지막으로, 거래되는 장기채권은 종종 미국 달러, 유로로 표시되어 있기 때문에 현지 명목현금흐름을 할인하기 위해 적합하지 않다.

따라서 이러한 경우 매우 직접적인 접근법을 사용할 것을 추천한다. 선진국 시장에서와 같이 만기가 10년인 미국 정부채권 수익률을 기초로 무위험 이자율을 산정한 다음, 현지통화로 표시된 명목 무위험이자율을 산출하기 위해 미국과 현지 인플레이션의 예측된 차이를 가산해준다.[7] 상대적으로 위험이 낮은 신흥시장 채권에 대해서는, 현지 통화로 표시된 현지 정부채권 수익률과 미국 달러로 표시된 현지 정부채권 수익률 사이의 스프레드로부터 인플레이션 차이를 얻을 수 있다.

때때로 실무자들은 현지 시장의 주가지수 대비 베타를 산출한다. 이것은 글로벌 투자자의 관점과 불일치할 뿐만 아니라 신흥시장의 지수가 분산된 경제를 대표하지 않기 때문에 제대로 된 베타를 구할 수 없다. 대신, 15장에서 제안했던 것처럼 잘 분산된 시장 또는 글로벌 시장지수 대비 산업베타를 산출하면 된다.

현지 채권수익률 대비 현지 주식시장 초과수익률은 시장위험프리미엄의 대용수치로 적합하지 않다. 현지 주식시장의 분산이 제대로 되지 않은 신흥시장의 경우에는 더욱 심해진다. 더군다나 주식 및 채권 시장수익률에 관한 가용 데이터의 질적인 측면이나 관련 데이터의 수집기간은 장기적인 추정치를 만들기에 부적합하다. 글로벌 투자자의 관점과 일관성 있는 시장 위험 프리미엄을 사용하기 위해 글로벌 추정치(자세한 사항은 15장 참조)인 4.5%-5.5%를 사용하는 것을 권장한다.

세후 타인자본비용 산출

대부분의 신흥국가에서는 활발하게 거래되는 회사채 시장이 없기 때문에 타인자본비용 산출을 위한 시장정보는 거의 없거나 아예 없다고 볼 수 있다. 글로벌 투자자의 관점에서 현지 통화로 표시된 부채비용은 달러(또는 유로) 표시 무위험이자율, 신용 스프레드의 체계적 부분(systematic part) (부채의 베타에 좌우됨. 15장 세후 타인자본비용 산출 부분 참조), 및 현지 통화와 달러(또는 유로) 통화 간 인플레이션 차이의 합계와 같게 된다. 대부분의 국가위험은 글로벌 채권 포트폴리오에 의

7 기술적으로, 미국 정부채 수익률의 기간구조를 고려하여야 하지만 가치 평가에 큰 차이를 가져오지는 않는다.

해 분산될 수 있다. 따라서 파산위험의 체계적 부분은 국제적 기업들과 비교하여 크지 않을 것이며, 타인자본비용은 별도의 국가위험 프리미엄을 포함시킬 필요가 없다.[8] 더 나아가 브라질과 같은 국가의 기업들은 유동성을 제공하고 기업의 순부채를 최소화하기 위해 주로 많은 양의 현금을 보유한다.

신흥시장에서 한계법인세율은 종종 투자세액공제, 수출세액공제, 세금, 자본 또는 배당공제, 영업손실공제를 포함하는 유효법인세율과 매우 다를 수 있다. 대부분 이러한 공제들은 이자비용에 대해 절세효과를 제공하지 않는다. 절세효과를 가져올 수 있는 세금만이 WACC 산출에 이용되어야 한다. 다른 과세 또는 공제는 현금흐름모델에 직접적으로 반영되어야 한다.

자본구조와 WACC 산출

자기자본비용 및 세후 타인자본비용이 주어지면 WACC를 산출하기 위해 타인자본과 자기자본의 비중이 필요하다. 신흥시장의 많은 기업들은 국제적 유사기업들과 비교하여 완전히 다른 자본구조를 지녔다. 물론 국가위험이 원인 중의 하나이다. 거시경제 침체의 가능성은 기업들로 하여금 좀 더 보수적인 차입 구조를 유지하도록 만든다. 또 다른 이유는 현지 채권 또는 주식시장에서의 이상현상이 될 수 있다. 장기적으로 이상 현상이 바로잡힌다면, 신흥시장 기업들이 글로벌 경쟁기업들과 유사한 자본구조를 갖추게 될 것으로 기대할 수 있다. 기업들이 글로벌 기준과 좀 더 유사한 자본구조로 어떻게 바뀌어 가는지 명시적으로 예측할 수 있다. 이 경우 10장에서 설명한 조정현가모델(APV: adjusted present value)의 적용을 고려해야 한다.

신흥시장 기업가치 평가에 고려할 다른 요소들

신흥시장 기업가치 평가에 고려해야 하는 다른 사항들은 거시경제 지표, 회계기준 차이, 비영업자산 그리고 비효율적인 자본시장이 있다.

기업의 재무성과에 대한 모든 추정은 실질 GDP 성장률, 인플레이션, 이자율 및 환율, 그리고 에너지 가격과 같이 관련 있는 여러 지표들에 대한 가정에서 출발한다. 신흥시장에서 이러한 지표들은 매년 크게 변동될 수 있다. 따라서 신흥시장

8 이러한 점은 Coca-Cola, Colgate-Palmolive와 같이 대규모 신흥시장 포트폴리오를 갖춘 다국적기업들의 타인자본비용이 주로 미국시장에만 초점을 맞춘 경쟁기업들보다 더 높지 않음을 설명할 수 있다.

에서는 미래 인플레이션, 이자율, 환율, 자본비용 등에 대한 경제 및 금융시장의 가정이 일관성 있게 지켜지는 게 무엇보다 중요하다 (보다 자세한 내용은 26장과 27장 참조). 예를 들어, 동일한 인플레이션율이 재무성과 예측과 기업의 자본비용 추정에 사용되어야 한다.

환율은 특별히 주의를 기울여야 하는 지표이다. 환율이 장기적으로는 구매력평가(PPP: purchasing power parity)로 수렴하지만,[9] 단기적으로는 그 차이가 상당하고 특히 신흥시장의 경우 수년간 지속될 수 있기 때문이다. 27장의 표 27.3은 인플레이션 차이를 조정한 뒤에도 지난 50년간 브라질 통화인 레알(BRL)이 미국 달러 대비 얼마나 심하게 변동하였는지를 보여준다. 만약 실질환율의 장기 평균이 PPP의 척도라면,[10] 2008년의 브라질 통화는 미국 달러나 다른 통화 대비 20% 내지 35% 정도 과대평가될 수도 있었을 것이다. 소매기업들은 매출과 비용이 모두 브라질 레알에 의해 결정되기 때문에 PPP로 수렴하는 어떠한 환율변동도 현금흐름이나 가치에 영향을 미치지 않는다. 그러나 환율변동은 외국 통화로 측정되는 현금흐름이나 가치에 영향을 준다. 이 경우, 환율 자체를 예측하는 것은 사실상 불가능하기 때문에,[11] 환율이 외국 통화로 표시된 기업가치에 미치는 영향의 범위를 예측하는 것이 더 의미가 있다. 소매업과 같은 현지 기업인 경우 브라질 레알로 DCF 평가를 진행하는 게 최선이다. 그리고 필요시 실제 환율과 PPP 환율을 이용하여 DCF평가 결과에서 외국 통화로 표시된 기업가치를 계산하면 된다.

다행히 지난 10년 동안 서로 다른 회계기준으로 발생하는 문제들의 많은 부분들이 해결되었다. 미국 이외의 거의 모든 국가들은 국제회계기준(IFRS)을 도입하였다. 여기서 중국과 인도는 주목해야 될 제외 국가라 할 수 있다. 이러한 상황은 가치평가 목적에서 재무제표 수정의 복잡함을 감소시켰다. 중국과 인도의 경우에도 대다수의 회계기준이 국제회계기준으로 수렴하고 있으며 현재 대부분이 동일하다.

하지만, 비영업자산은 해결해야 될 문제로 남아있다. 신흥시장 기업들(종종 다양한 분야의 사업을 가진 대기업)은 주로 주식이나 부동산과 같은 비영업자산을 대량으로 보유한다. 예를 들어, 2008년에 600억 달러 매출을 보고한 인도의 가장 큰 기업인 Reliance Industries는 정유, 석유화학제품, 오일 및 가스 탐사와 생산, 소매업, 디지털 서비스, 그리고 미디어와 엔터테인먼트의 사업을 하고 있다. 재무

9 A. M. Taylor and M. P. Taylor, "The Purchasing Power Parity Debate," *Journal of Economic Perspectives* 18, no. 4 (Fall 2004): 135–158.

10 PPP와 환율에 대한 자세한 내용은 27장을 참조한다.

11 또한 표 27.3과 같이 2013년에 일정한 조정을 보여주기 전에, 2008년 이후 브라질 레알의 가치가 실질기준으로 미국 달러 및 다른 통화 대비 더욱 상승하였다.

표 35.5 ConsuCo: ROIC 및 재무지표, 정상경기 vs. 불황경기 시나리오

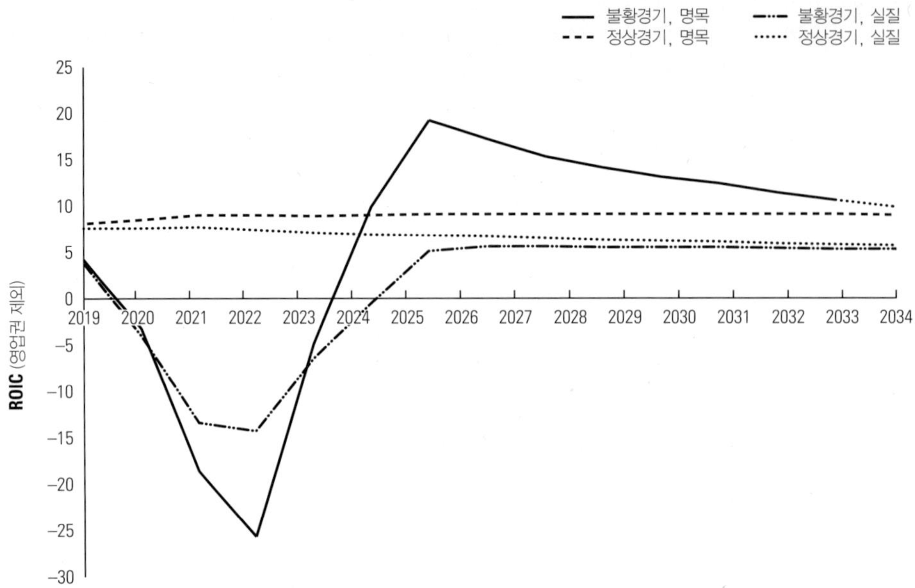

재무지표, %	2019	2020	2021	2022	2023	2024
명목지표: 정상경기						
매출 성장률	15.3	14.5	13.6	12.6	11.7	10.8
조정 EBITA/매출	6.1	6.2	6.4	6.4	6.4	6.4
NOPAT/매출	4.4	4.5	4.6	4.5	4.4	4.4
투하자본(영업권 제외)/매출	54	53	51	51	50	49
투하자본(영업권 포함)/매출	62	59	57	56	55	54
ROIC(영업권 제외)	8.1	8.5	9.0	9.0	8.9	9.0
잉여현금흐름, 백만 레알	(63)	(136)	(94)	(91)	(85)	113
명목지표: 불황경기						
매출 성장률	10.0	25.0	66.3	66.3	25.0	11.3
조정 EBITA/매출	3.1	(2.2)	(8.0)	(7.6)	(1.1)	3.3
NOPAT/매출	2.3	(1.5)	(5.8)	(5.8)	(1.1)	2.2
투하자본(영업권 제외)/매출	55	47	31	22	21	22
투하자본(영업권 포함)/매출	63	54	35	25	23	24
ROIC(영업권 제외)	4.2	(3.2)	(18.6)	(25.7)	(5.0)	9.9
잉여현금흐름, 백만 레알	(149)	(777)	(2,533)	(4,504)	(2,677)	(558)

상태표에는 별도의 가치평가가 필요한 장부금액 110억 달러의 투자를 포함하고 있다(시가총액은 약 1,050억 달러).

신흥시장의 기업들이 거래하는 자본시장은 비효율적일 수 있다. 많은 경우에 이러한 기업들은 지배주주들이 많은 지분을 가지고 있기 때문에 매매가 가능한 주식 수량이 제한적이다. 지배주주(주로 창업자 그룹)의 존재는 지배구조와 관련된 우려 및 소액주주와 지배주주와의 이해관계로 인한 잠재적 갈등을 유발할 수 있으

표 35.6 ConsuCo: 시나리오 DCF 가치평가

reais, million

		2019	2020	2021	2022	2023	2024	...	2029	...	2034
	정상경기 시나리오										
	명목기준 추정										
	잉여현금흐름	(63)	(136)	(94)	(91)	(85)	113	...	301	...	516
	WACC, %	11.1	9.5	9.3	9.2	9.1	9.0	...	9.0	...	9.0
	실질기준 추정										
	잉여현금흐름	(60)	(125)	(83)	(77)	(68)	87	...	187	...	257
	WACC, %	6.0	5.1	4.9	4.7	4.5	4.4	...	4.4	...	4.4
	DCF 가치	14,451									
	비영업용 자산	1,139									
확률 70%	차입금 및 차입금등가물	(5,605)									
	자기자본 가치	9,985									
	주당 가치	42.4									
	불황경기 시나리오										
	명목기준 추정										
주당 가치 32	잉여현금흐름	(149)	(777)	(2,533)	(4,504)	(2,677)	(558)	...	250	...	834
	WACC, %	11.1	29.4	76.7	76.4	28.7	9.5	...	9.0	...	9.0
	실질기준 추정										
	잉여현금흐름	(142)	(593)	(1,105)	(1,123)	(534)	(106)	...	38	...	102
	WACC, %	6.0	3.5	1.0	0.8	2.9	4.3	...	4.4	...	4.4
	DCF 가치	6,313									
	비영업용 자산	1,139									
확률 30%	차입금 및 차입금등가물	(5,605)									
	자기자본 가치	1,847									
	주당 가치	7.9									

며, 이는 낮은 주가로 이어질 수 있다. 어떠한 국가는(특히 중국과 인도) 투자자들에게 제한을 두거나, 정부가 시장에서 적극적으로 방해하여 주가가 내재적 가치와 괴리가 생길 수 있다. 예를 들어, 중국에서 중국인들이 해외 주식을 투자하는 것을 허용하지 않기 때문에 중국 본토 기업의 주가는 내재적 가치 또는 중국 외에 위치한 가치가 유사한 기업의 주가와 동떨어질 수 있다. 이것은 주식의 수요와 공급 불균형으로 발생할 수 있다. 대부분의 시장과 달리 중국의 무역 시장은 소매투자자들이 지배하고 있는데(보유의 75%), 이는 기관 투자자들이 대부분의 주식을 가지고 있는 미국 시장과 거의 반대라 할 수 있다. 소매투자자들은 기관투자자들처럼 전문적이지도 않고 많은 연구를 하지도 않는다. 그들은 또한 같은 방향으로 움직이며 주가에 큰 변동을 일으킨다. 이러한 시장의 비효율성은 DCF 가치와 시장가치의 조정(reconcile)을 어렵게 한다. 끝으로, 신흥시장에서의 기업들은 주로 의결권 주

식과 무의결권 주식이 있는 복잡한 기업구조를 가지고 있다. 이것은 소규모 투자자 그룹이 50% 미만의 소유권으로도 기업을 지배할 수 있게 한다. 약한 거버넌스를 가진 국가에서는 시장투자자들이 지배주주가 모든 주주들의 이익을 위해 의사결정 한다고 믿지 않는다면, 이러한 기업들을 할인된 가치로 평가할 것이다.

삼자비교

우리는 시나리오 DCF 접근법을 이용한 결과를 가치배수 접근법 및 국가위험 프리미엄을 이용한 DCF 접근법과 삼자비교하는 것을 권한다. 브라질의 소매업 ConsuCo를 사례로 들어 설명하겠다.

우리는 두 가지 시나리오로 정상경기 시나리오(the base case)와 경제위기 상황에서의 성과를 반영한 불황경기 시나리오(downside scenario)를 설정하였다. 표35.5는 ROIC의 예측을 보여준다. 브라질은 2000%가 넘는 인플레이션율을 보인 1993년을 비롯하여, 여러 번의 경제 불황 및 금융 침체를 경험하였다. EBITDA/매출액, 실질가치매출액성장률과 같은 주요 재무지표에 의해 판단해 보면 경제불황은 ConsuCo의 기업실적에 큰 영향을 미쳤다. ConsuCo의 현금영업이익률은 정상수준으로 회복하기 전까지, 약 4년 동안 −5%~−10% 수준의 음(−)의 값을 보였다. 같은 기간동안, 실질가치 기준으로 매출액은 매년 10%~15%까지 감소하였으나, 경제불황 이후 급격하게 증가하였다. 경기침체 시나리오의 경우 우리는 최초 경기침체 시점부터 향후 5년끼지 유사한 음(−)의 현금영업이익률과 실질가치 매출의 하락을 가정하였으며, 그 뒤 정상경기 시나리오에서 가정한 장기이익률과 성장률로 점차 회복하는 것으로 가정하였다.

정상경기 시나리오와 불황경기 시나리오 하에서 ConsuCo에 대한 잉여현금흐름을 할인하였다. 기업가치 평가 결과 산출되는 영업의 현재가치는 표 35.6에 제시되어 있다. 명목 및 실질 기준 추정과 관계없이, 각 시나리오 별 가치평가 결과는 모두 동일하다. 다음 단계로 시나리오별 확률에 따라 가치평가 결과를 가중평균하여, 영업의 현재가치를 산출한다. 최종적으로, 비영업용자산의 시장가치를 합산하고, 추정된 자본가치에서 청구권인 부채를 차감하여 자기자본 가치를 산출한다. 경제침체의 가능성이 30%일 경우, ConsuCo의 산출된 기업가치는 주당 32 브라질 레알(BRL)이다. 이는 가치평가 당시 ConsuCo의 주식시장 시세인 37 레알보다는 낮은 값이다.

가치평가 결과를 삼자비교하기 위해 사용하는 가치배수 분석방법은 18장의 지침을 적용한다. ConsuCo 사례의 경우 EBITDA 대비 기업가치의 내재가치배수

표 35.7 ConsuCo: 가치배수 분석 대비 유사기업

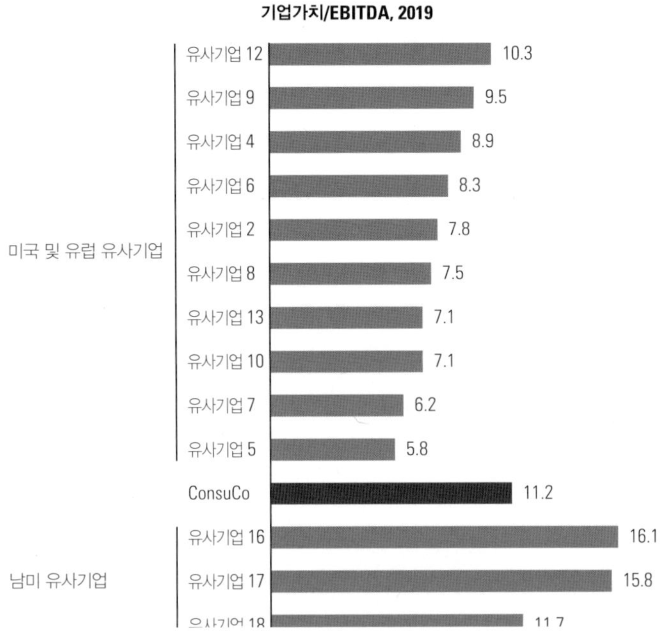

(implied multiples)를 유사기업들과 비교하였다. 모든 주식가치배수는 EBITDA 대비 추정배수 (forward-looking multiples)이다. 표 35.7에 제시된 바에 따르면, ConsuCo 가치평가에 의해 도출된 내재가치배수는 미국과 유럽의 유사기업보다는 현저히 높지만, 미국이나 유럽의 대형 체인의 성장률 대비 브라질 시장에서 ConsuCo의 높은 성장률을 감안하면 놀라운 정도는 아니다. ConsuCo의 가치는 라틴 아메리카의 유사기업들 중 하위권에 속하는데, 이 또한 놀라운 결과는 아니다. 지역의 유사기업들과 비교해, ConsuCo는 이미 조직이 잘 정립되어 있고 또 지역적으로도 고루 퍼져있기 때문에 상대적으로 성장기회가 작다고 생각될 수 있기 때문이다. 또한 다른 유사기업과 비교해서 저성장 식품사업의 비중이 더 높다.

마지막 삼자비교는 국가위험 프리미엄 접근법을 이용하여 ConsuCo의 가치평가를 하는 것이다. 표35.4를 이용하여 우리는 ConsuCo의 국가위험 프리미엄을 예측하였다. 우리는 과거로부터 국가위험의 확률이 20% 내지 30% 정도로 나타나고 소비재산업의 경우 현금흐름을 모두 잃어버릴 확률이 매우 낮다는 것을 확인하였다. 따라서, ConsuCo와 같은 브라질의 소비재 기업에 대해서는 전문가들이 주로 사용하는 3%-5% 또는 그 이상의 위험프리미엄보다는 1% 내지 2% 정도에 해당되는 위험프리미엄이 사용되어야 한다.

자본비용에 국가위험 프리미엄을 합산하여 정상경기 시나리오를 할인하면 주당 20브라질 레알(BRL)로 산출되며, 이는 시나리오 DCF 접근법에 따른 주당 산출가치인 32 브라질 레알(BRL)보다 적은 값이다. 이렇게 결과 값이 다른 원인은 ConsuCo의 현금흐름 특징에서 비롯된 것으로 볼 수 있으며, 이는 시나리오 접근법이 국가위험 프리미엄을 반영한 DCF 접근법 보다 왜 더 선호되는지를 보여준다. 최근 ConsuCo는 높은 수준의 성장과 관련 투자로 인해 영여현금흐름이 첫 5년간은 음(-)이며, 이는 이익 창출을 지연하게 하는 결과를 가져온다. 그러나 양(+)의 현금흐름이 지연될수록, 미래 현금흐름을 현재가치로 할인하는 과정에서 기간이 늘어남에 따라 WACC가 점차 증가하여 현금흐름은 국가위험 프리미엄에 의해 더 큰 악영향을 받게 된다. 시나리오 접근법에서는 미래현금에 시나리오 확률을 동일하게 반영하기 때문에 이러한 결과가 생기지 않는다. 만약, ConsuCo의 성장률이 낮은 수준으로 예상된다면, 국가위험 프리미엄 접근법은 시나리오 접근법과 유사한 수준의 가치로 산출될 것이다.

ConsuCo의 현금흐름 특징과 상관없이, 3%~5%의 위험프리미엄(신흥시장의 통상적인 국가위험프리미엄)을 적용하는 것은 현재 주가 및 유사기업 시장배수에 대비하여 비현실적으로 낮은 수준의 가치평가 결과를 가져오거나, 비현실적이고 낙관적인 미래 실적 추정을 요구하게 된다는 것을 주목할 필요가 있다.

요약

신흥시장 기업을 평가하기 위해 우리는 선진국시장에 적용되는 방법과 유사한 개념을 사용한다. 그러나 거시경제 또는 정치적 위기와 같은 신흥시장이 가지는 고유한 위험은 시나리오 DCF 접근법에 통합 반영해야 한다. 이는 미래 현금흐름에 시나리오를 설정하고 이를 국가위험 프리미엄을 고려하지 않은 자본비용으로 현금흐름을 할인하고 각 시나리오의 DCF 가치평가 결과를 발생 가능한 확률로 가중평균하여 산출한다. 신흥시장의 자본비용 산출 과정은 선진국시장과 유사한 가정을 따르며 글로벌 무위험이자율, 시장위험프리미엄, 베타에 관한 가정에 근거하여 만들어진다. 신흥시장의 기업가치는 선진국시장보다 변동성이 더 크기 때문에, 우리는 시나리오 DCF 접근법의 결과를 국가위험 프리미엄 DCF 접근법 및 가치배수 평가방법과 삼자비교하는 것을 추천한다.

36장

고성장기업

고성장하고 있는 불확실성이 높은 기업을 가치평가하는 것은 매우 어려운 일이다. 일부 실무자들은 이것을 심지어 가망 없는, 즉 불가능한 일로 보고 있다. 하지만 이 책에서의 가치평가 원리는 불확실성이 큰 고성장기업들에게도 잘 적용된다.[1] 고성장기업을 가치평가하는 가장 좋은 방법은 경제 펀더멘털과 확률가중평균 시나리오에 의해 보완된 전통적인 현금흐름할인(DCF; discounted cash-flow) 접근법이다.

비록 시나리오에 근거한 DCF가 진부한 접근이라는 의심이 들 수 있겠지만, 다른 방법에 의한 가치평가가 불가능한 경우에도, 이 방법은 경제학 및 재무관리의 핵심 원리들이 제대로 반영될 수 있는 평가방법으로 인정받고 있다. 기업가치 배수(enterprise value multiples)와 같은 대안은 이익의 변동폭이 큰 경우에는 정확하지 않으며, 이익이 음(−)일 때는 사용할 수 없을 뿐 아니라 어떤 요소가 기업가치를 결정하는지에 대한 통찰력을 제시할 수 없다. 더 중요한 것은, 약식의 평가방법은 빠르게 변화하는 환경에서 각 기업의 고유한 특징을 포함시키기에는 역부족이다. 또 하나의 다른 대안인 실물옵션(real option)도 DCF 접근법과 마찬가지로 장기매출성장률과 매출성장률의 장기 변동성, 이익률에 대한 예측이 필요하다.[2]

이 장에서는 DCF 접근법으로 안정된 기업을 평가하는 것과 다르게 고성장기업을 평가할 때에는 가치평가 순서와 중점 사항들이 다르다는 것을 자세히 설명한

1 우리는 자체 매출 증가율(organic revenue growth)이 매년 15%를 넘어가면 고성장기업으로 정의한다.

2 39장에서는 실물옵션이 시나리오 분석보다 어떻게 이론적으로 더 탄탄한 평가로 이끌어내는지 살펴본다. 그러나 시나리오 분석과는 달리 실물옵션 모델은 복잡하고 기업의 가치를 이끌어내는 경쟁 원동력을 파악하기 모호하다.

다. 가치평가 과정은 기업과 산업의 과거 성과 분석에서 시작하지 않고, 기업과 산업의 미래 예측에서 시작한다. 이러한 장기적인 기대 성장 수준의 추정은 매우 불확실하기 때문에 여러 개의 시나리오를 만들어야 한다. 만약 한 시점의 추정치가 필요하다면 그 시나리오에 일어날 확률을 가중하여 구한다. 우리의 연구에서는 한 시점의 추정치를 사용하지 않는다. 왜냐하면 이 접근법은 실제로 존재하지 않는 정확성을 시사하고, 보다 나은 의사결정을 할 수 있는 중요한 불확실성들을 이해하기 어렵게 만든다.

DCF 접근법은 불확실성을 계량화하는 데 도움을 줄 수 있지만 이를 제거할 수는 없다는 점을 명심해야 한다. 고성장기업의 주가는 타당한 이유들에 의해 변동성이 크다.

고성장기업 가치평가 과정

기업의 가치평가를 위한 첫 번째 단계는 과거 실적을 분석하는 것이다. 그러나 고성장기업의 경우 과거 실적은 미래 전망에 대해 제한된 정보를 제공한다. 따라서 과거 실적 분석이 아닌 미래에 대한 추정으로부터 기업가치 평가를 시작한다. 미래 잠재적인 시장의 규모를 기초로, 기업의 시장 점유율을 예측하고, 지속 가능한 영업이익의 수준을 예측하고, 성장목표달성을 위하여 필요한 투자규모를 산출하는 데 초점을 맞추어야 한다. 이를 위해 재무적 성과가 안정화될 것으로 예상되는 미래 시점을 잘 선택한 후 추정을 시작해야 한다.

기업의 장기적인 성장과 관련된 추정을 수행한 이후, 역으로 현재 실적과 미래에 대한 추정을 연계한다. 재무제표로 파악한 현재 실적은 투자와 비용이 섞여 있을 것이다. 가능하다면, 회계기준상 비용으로 처리되는 항목이라고 할지라도 실질은 투자 성격이라면 이를 자본화시킨다.[3] 물론 투자와 비용의 구별이 보통 파악하기 어렵고 주관적이기 때문에, 이 작업은 어려운 일 중의 하나가 될 것이다.

고성장기업과 관련된 불확실성으로 인해 하나의 장기추정에 의존하지는 말아야 한다. 시장규모 및 경쟁 구조 등에 대한 예측에 대하여 다양한 시나리오를 가정하여 시장을 추정해야 한다. 종합적인 시나리오를 수립할 때, 매출액 성장률, 이익률, 투자소요액 등 모든 추정이 특정 시나리오에 내재된 가정과 일관성이 있어야 함에도 유의해야 한다. 마지막으로 각 시나리오에 대해 확률가중치를 적용하는데, 각 시나리오에 적용할 가중치는 과거 장기간에 걸친 기업의 성장과 관련된 실증 수

---

3 24장에서는 연구개발비같은 무형의 비용(intangible expense)을 자본화하는 방법을 소개한다.

표 36.1 Farfetch: 매출, 2015-2018

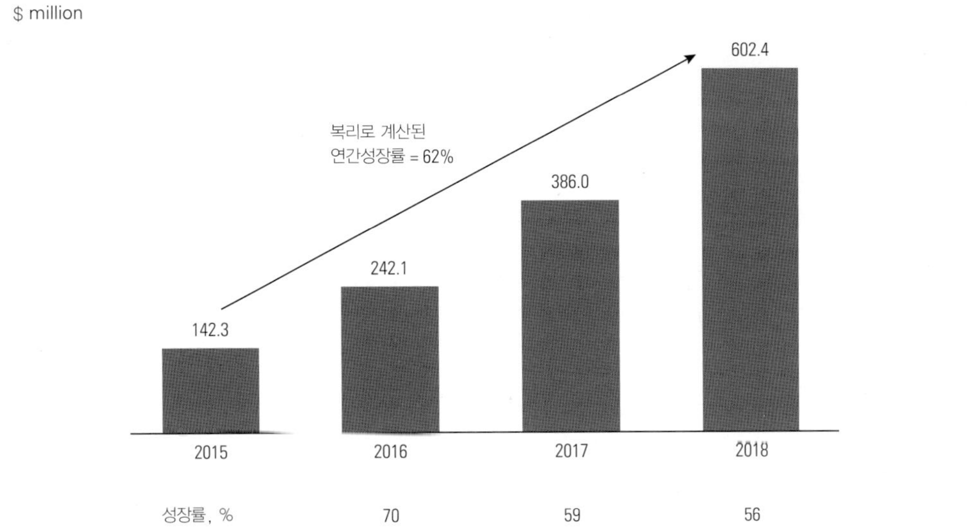

출처: Farfetch F-1 filing and 2018 20-F filing.

치와 일관성이 있어야 한다. 1990년대 말 닷컴버블 기간에 보았듯이, 너무 비현실적인 분석에 치중한 가치평가는 기업가치를 과대평가하게 하거나 전략적 오류에 빠지게 만든다.

미래시점부터 출발

고성장기업은 높은 성장률을 보이지만 불확실성이 존재하는 현재 상태에서 시간이 지남에 따라 안정적이고 지속 가능한 성장 상태로 발전해 나간다. 이런 고성장기업의 가치평가는 기업과 기업이 속한 산업이 어떻게 변화할 것인지 가정하는 것으로부터 시작한다. 그 다음, 미래 추정과 현재 실적을 연계한다. 미래 추정은 고객침투율, 고객당 평균매출, 지속가능한 이익률 등의 영업성과 지표를 바탕으로 정의되고 한정되어야 한다. 그 뒤, 초고속성장 수준에서 정상 수준의 성장으로 안정화되기까지의 기간을 결정한다. 대부분 고속성장기업은 초창기 기업이 대부분이기 때문에 안정적인 성장은 최소한 미래 10년-15년 후일 것이다.

고성장기업의 가치평가 과정을 설명하기 위해서, 럭셔리 상품(luxury goods)을 파는 인기 온라인 사이트인 Farfetch의 사례를 살펴보자. 2007년에 Jose Neves가 설립한 Farfetch는 부티크 매장을 웹기반의 인터넷 소매업체로 이행하고자 하는 설립자의 노력에 의해 이루어졌다. Neves는 로컬 부티크 매장의 경우

표 36.2 Farfetch: 제품 종류별 및 지역별 매출

%

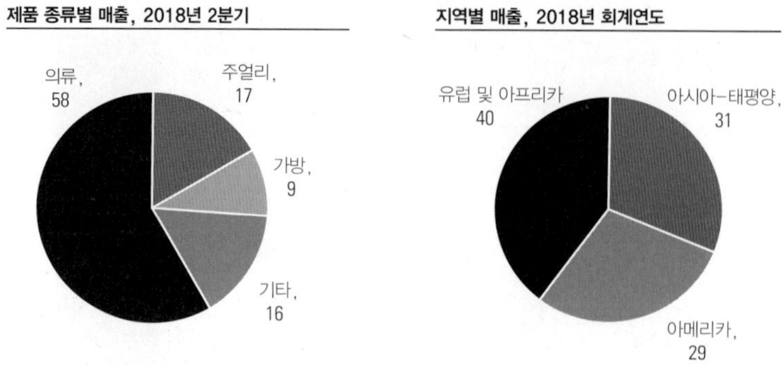

출처: Farfetch F-1, 2018 20-F; Deutsche Bank 추정치.

그들의 힘으로 성공적으로 디지털화하는 데에는 능력과 규모가 부족할거라고 생각하고, 이러한 부족한 부분을 채우고자 하였다.

이 기업은 2008년에 5개국에서 25개의 부티크의 럭셔리 물건들을 파는 웹사이트를 시작하였다. 이후 10년 동안 기업은 약 7억 달러의 자본을 모으게 되었고 2018년에는 수익이 6억 달러 이상까지 성장하였다. 표 36.1은 지난 3년 동안 Farfetch가 매년 50%이상 증가했음을 보여준다. 이러한 성장은 확실히 자리를 잡은 기술지원 시장의 성장률을 크게 앞지르는 수준이다.

잠재 시장의 크기를 추정하기 위해서는, 기업이 고객의 니즈를 어떻게 만족시키는지부터 파악한 다음 기업이 어떻게 매출을 발생시키는지(혹은 발생시킬 계획인지)에 대해 알아본다. 신생기업이 어떻게 수익을 창출하는지 파악하는 것은 매우 중요하다. 테크놀로지산업의 신생기업들은 광고, 제품판매, 구독료 그리고 수수료 등을 포함한 여러 수입원에 의존한다. 많은 신생기업들이 고객의 니즈에 부합하는 제품이나 서비스를 만들지만 이를 이용해 수익을 창출하는 데에는 대부분 실패한다.

기업의 성장가능성을 이해하기 위해서는 어떠한 제품 카테고리가 현재와 미래의 포트폴리오에 속하는지 파악하는 것이 필요하다. 이것을 위해 표 36.2의 왼쪽 그래프에서 Farfetch 매출을 제품 종류별로 보여주고 있다. 고가 패션의류가 매출의 많은 부분을 차지하고 있으나 고가의 쥬얼리, 가방과 신발 또한 상당 부분을 차지한다.

럭셔리 물건의 경우에는 지역에 따라서 럭셔리 제품 시장이 매우 다르기 때문에 제품을 어디에서 파는지를 평가하는 것이 중요하다. 지리적 특성을 이해하는 것은 미래 시장을 측정하는 것과 잠재적 경쟁의 영향 평가에 도움이 된다. 표 36.2의

표 36.3 Farfetch: 매출 모델, 2018

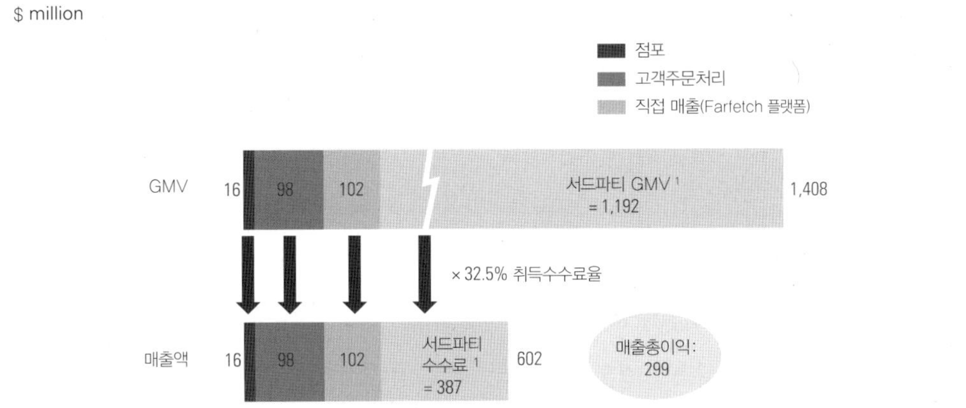

[1] Black & White 아웃소싱 매출 포함.
출처: Farfetch F-1, 2018 20-F, Cowen and Company 추정치.

오른쪽 그래프는 지역에 따른 Farfetch의 수익을 보여주고 있다. 비록 Farfetch가 유럽에서 시작하였으나 현재 아메리카와 아시아도 큰 비중을 차지하고 있다.

Farfetch는 이러한 제품 라인과 지역을 걸쳐 다양한 활동으로 매출이 발생된다. 언제든지 가능하다면 매출의 원천을 분리하도록 노력하는 것이 좋은데, 이는 각 매출 원천별로 성장, 수익성 그리고 필요한 투자수준이 다르기 때문이다. Farfetch 매출의 주된 원천은 서드파티 마켓(third-party marketplace)이다. 다른 유명한 시장들처럼, 고객들은 Farfetch가 아닌 다른 회사에서 제품을 구입하지만, Farfetch는 그 거래를 용이하게 하여 매출의 일정 부분을 취한다. 기술지원 시장에서는 커미션의 수준을 취득수수료율(take rate)이라고 부르며, 이것은 제품 카테고리에 따라 매우 다양하다. Farfetch의 경우에는 취득수수료율이 30% 정도를 오가는데, 이는 대부분의 테크놀로지 시장보다 높다. Farfetch는 또한 거래의 한 부분으로 배송비, 관세 및 세금을 청구한다. 이러한 비용은 고객의 관점에서는 하나로 묶여져있지만, Farfetch는 고객의 주문처리과정과 관련된 수수료 부분을 다른 매출과 분리한다.

이와 더불어 Farfetch는 다른 3가지 수입원천을 가지고 있다. 자신의 플랫폼(first party sales, 1P) 및 Browns라고 알려진 두 개의 런던기반 소매점을 통해 고객에서 럭셔리 제품을 직접 판매하고 있다. 또한, Black & White(현재 Farfetch의 플랫폼 솔루션으로 알려짐)로 불리는 비즈니스 유닛을 통해 전자 상거래 사이트를 운영하려는 럭셔리 브랜드들과 직접적으로 일한다.

취득수수료율은 시간과 비즈니스에 따라 달라지기 때문에 기업가치를 측정할 때 매출이 아니라 총거래액(GMV; gross merchandise value)에서 시작해야 한다. 표 36.3은 Farfetch의 영업단위 별로 GMV와 매출을 보여주고 있다. GMV는 플랫폼에서 판매된 재화의 가치를 의미하며 2018년에는 14억 달러였다. Farfetch는 GMV의 일정 부분만을 가지가기 때문에 매출은 그 일부분에 한정된다. 이것은 Farfetch에게만 해당되는 것은 아니다. 많은 테크놀로지 기업들은 총 매출액과 순매출액을 모두 보고한다. 예를 들면, 차량공유 기업의 경우 총 예약금액을 보고하는데, 매출의 보고 전에 운전자에게 지불되는 금액을 차감한다. 취득수수료율의 미래방향을 결정하기 위해 럭셔리 부티크나 글로벌 럭셔리 브랜드와 같은 다양한 이해관계자들의 시장 지배력을 측정한다.

점포매출, 자신의 플랫폼(1P)을 통한 매출 그리고 플랫폼의 고객주문처리 과정에서 발생한 매출의 경우에는 매출액이 GMV와 동일하다. 직접 판매와 서드파티 마켓은 수익성 및 요구되는 자본의 차이가 나기 때문에 항상 분리하여 분석한다. 비록 우리는 유사한 방법을 이용하여 다른 수입 원천들을 추정하였지만, 이 장에서는 서드파티 마켓에 대해서만 자세하게 분석한다.

시장규모 추정 많은 신생 고성장기업에게는 잠재시장의 규모를 추정하는 것이 어려울 수 있다. 추정을 위해 어떠한 데이터를 수집해야 하는지에 대해 잘 결정해야 한다. 예를 들어, 차량고유 기업의 경우에는 글로벌 택시 매출로부터 시작할 수 있다. 그러나 어느 정도의 택시 운전자들이 차량공유로 전환할 것인지 관한 것뿐만 아니라 접근 용이성으로 인해 새롭게 발생하는 추가적인 탑승 수요도 고려해야 한다.

설립 초기의 다른 테크놀로지 기업들과 비교해보면 Farfetch의 제품시장은 규모를 추정하기가 쉽다. 많은 투자은행과 컨설팅 회사들은 글로벌 럭셔리 시장에 대해 깊게 연구한다. 많은 제품들의 정보 및 매장과 온라인에서 팔리는 재화들의 총 가치에 대한 정보를 이용할 수 있다.

표 36.4는 2010년에서 2018년 사이의 글로벌 럭셔리 시장의 매출과 이후 2025년까지의 애널리스트 추정치를 보여준다. 아시아에서의 큰 성장이 원동력이 되어 럭셔리 시장은 매년 4-5% 성장하고 2025년까지 4,500억 달러까지 성장할 것으로 예상된다. 그러나 채널에 따라 성장률은 일정하지 않을 것으로 보인다. 향후 10년간은 럭셔리 제품의 매장 매출은 거의 일정할 것으로 예상되고, 온라인 매출은 총 시장의 10%에서 25%까지 증가할 것으로 예상된다.

그러나 럭셔리 제품의 온라인 판매로의 전환은 확실하지 않다. 이러한 고급 제품들이 미디어, 전자제품 등 다른 아이템들처럼 빠르게 움직일지 아무도 알 수 없다. 이번 장의 뒷부분에서 우리는 각기 다른 수준의 온라인 침투율에 기반을 둔 각 시나리오를 이용한 다양한 시나리오를 다룬다.

표 36.4 글로벌 럭셔리 시장: 오프라인 대 온라인 매출, 2010-2025(예측치)

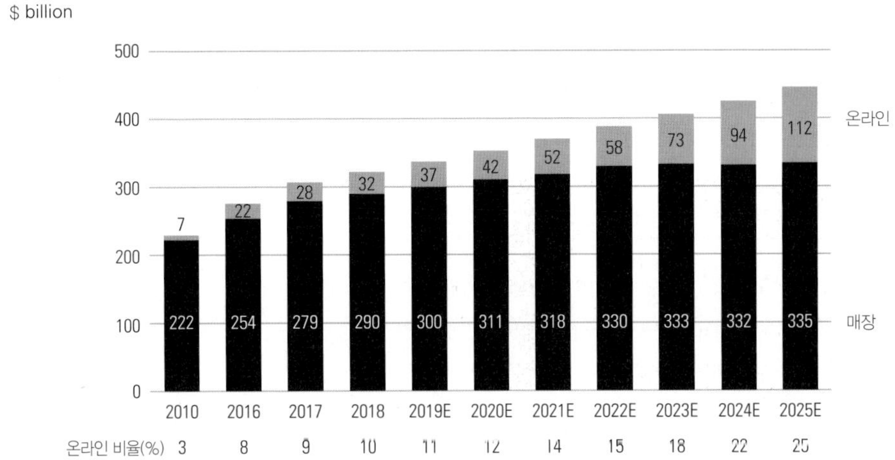

출처: Farfetch Investor Presentation, December 4, 2019, Bain & Company.

매출 모델링 설립 초기 기업에 대한 강건한 매출 모델은 기업의 경제성을 보여주는 운영에 대한 자료들을 반영한다. 이러한 자료로 소비재 기업의 경우에는 고객 수, 고객 한 명 당 거래 수, 평균 거래 규모 등이 포함된다. 표 36.5는 Cowen and Company[4]에서 연구팀이 추정한 내용을 기반으로 한 Farfetch의 서드파티 마켓에 대한 매출 모델을 보여준다. 이러한 특정 추정치들은 이번 장의 뒤에서 제시되는 네 개의 시나리오 중 한 개를 뒷받침한다.

표 36.5의 매출 모델은 고객 수에서 시작하며 이는 2018년에 약 140만 명이었다. 일반적으로 고객은 일 년에 두 번을 약간 넘게 구매하기 때문에 2018년에 거래 수는 300만 건에 약간 못 미치는 정도로 발생하였다. 평균 주문 규모는 약 600달러이므로, 총 거래 금액은 18억 달러로 추정된다. 어떠한 거래는 반품이 되기도 하므로, 이러한 거래는 원 주문 수에서 차감해야 한다. 우리는 또한 고객주문처리 과정의 비용을 차감하여 GMV를 계산했다. GMV는 약 13억 달러로 320억 달러로 추정되는 온라인 럭셔리 시장의 4%에 약간 못 미친다.

우리는 2028년을 Farfetch가 수익성도 있고 안정된 기업으로 성장한 연도로 가정하고, 그 해의 성과와 관련한 예측치들을 중심으로 하는 시나리오를 추정한다.

4 우리의 시나리오 중 하나를 만들기 위해 John Blackledge et al., "FTCH 2Q Preview: Order Growth Momentum in Focus when FTCH Reports 8/8" (unpublished manuscript, Cowen and Company, August 5, 2019)의 데이터를 사용하였다(블룸버그에서 얻을 수 있다). 이 장에서 이용할 수 있도록 데이터를 제공해준 Cowen and Company의 팀에게 감사를 전한다.

표 36.5 Farfetch: 서드파티 마켓의 매출 모델, 2017-2028(예측치)

별도 표기를 제외하고 백만 달러

	2017	2018	2019E	2020E	2021E	2022E	...	2028E
서드파티 매출 모델								
고객 수(천 명)	936	1,353	1,787	2,293	2,897	3,603	...	9,911
× 고객당 주문량	2.01	2.15	2.31	2.33	2.35	2.38	...	2.52
총 주문량(천 건)	1,881	2,913	4,121	5,342	6,817	8,563	...	25,005
× 평균 주문 금액(달러)	620	618	605	637	650	659	...	700
총 거래금액[1]	1,166	1,801	2,493	3,402	4,428	5,645	...	17,500
반품 차감	(290)	(439)	(577)	(782)	(1,018)	(1,411)	...	(4,375)
차감	(74)	(98)	(138)	(197)	(256)	(318)	...	(984)
GMV, 차감 후[2]	802	1,265	1,777	2,423	3,154	3,917	...	12,140
× 서드파티에 의해 발생된 비율	95.0%	91.9%	91.5%	92.2%	92.8%	93.3%	...	93.3%
× 수수료율	32.8%	32.5%	30.9%	30.9%	30.6%	30.3%	...	29.4%
서드파티 매출	250	377	503	691	896	1,108	...	3,331
기타 매출								
고객주문처리 과정 매출	74	98	138	197	256	318	...	984
자신의 플랫폼을 통한 매출	40	102	152	189	228	261	...	815
Black & White 부문 매출	6	10	16	23	30	37		135
Browns 매장 매출	15	16	18	20	22	23	...	30
Farfetch 전체 매출	386	602	827	1,119	1,430	1,746	...	5,296

[1] Black & White 아웃소싱 매출 및 Browns 매장 매출 제외

[2] 총 거래액(고객주문처리 과정 매출 차감)

출처: Farfetch F-1, 2018 20-F, Cowen and Company 추정치.

출처: Farfetch F-1 filing and 2018 20-F filing; Cowen and Company estimates.

990만 명의 고객이 있으며, 고객 당 2.5개의 거래가 이루어진다고 가정하면, 2,500만개의 거래가 발생한다. 한 거래 당 평균 주문 규모가 700달러임을 가정하면, 총 거래금액은 약 175억 달러가 된다. 반품과 고객주문처리 과정의 비용을 차감한 Farfetch의 디지털 플랫폼 매출은 121억 달러가 된다.

서드파티 플랫폼 판매로부터 발생되는 93.3% 매출(나머지 6.7%는 자신의 플랫폼 매출)과 29.4% 취득수수료율을 적용하면, 서드파티 매출은 33억 달러가 예상된다. 자신의 플랫폼을 통한 매출은 8억 1,500만 달러(121억 달러의 6.7%)이다. 고객주문처리 과정에서 발생하는 매출, 아웃소싱, 그리고 매장 매출과 같은 다른 수익들은 총 53억 달러의 수익 중 약 11억 달러이다.

우리는 또한 전체 시장과 Farfetch의 시장점유율 관점에서 매출 추정치를 검토하였다. 럭셔리 제품 시장은 꾸준히 성장하여 2028년에는 약 5,000억 달러에 이를 것이다. 30%의 온라인 침투율과 Farfetch의 8% 시장 점유율(서드파티 매출 대비 자신의 플랫폼 매출과 매장 매출에 대한 조정을 동반)을 가정하면, 2028년에 매출이 53억 달러인 시나리오가 도출된다.

표 36.6 미국 온라인 침투율 그래프, 2000-2023(예측치)

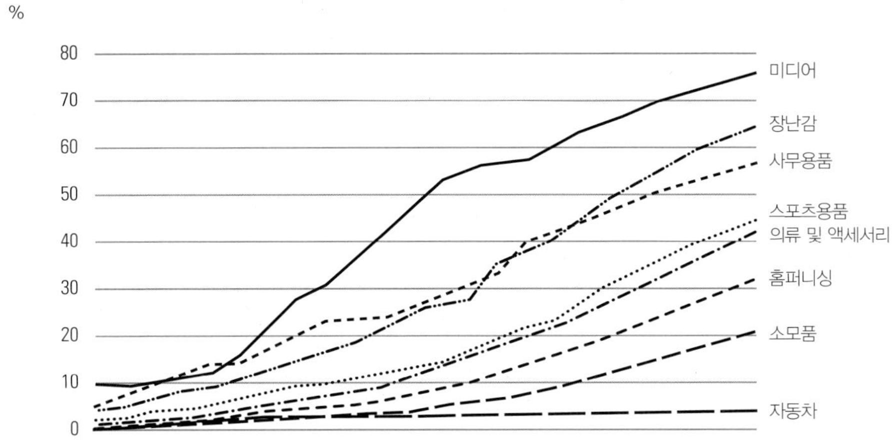

출처: 미국 Census Bureau; Cowen and Company 추정치.

Farfetch의 매출을 예측하는데 가장 불확실한 요소는 중의 하나는 럭셔리 제품 시장의 온라인 침투율이다. 이 시나리오를 위해 우리는 다른 제품 카테고리를 비교한 내용을 기반으로 30%의 온라인 침투율을 가정하였다. 표 36.6은 미국의 다양한 제품 카테고리에 대한 온라인 침투율을 보여준다. 현재 미디어와 장난감 판매의 대부분이 온라인에서 이루어진다. 반면 럭셔리 제품은 대부분의 제품 카테고리보다 뒤처진다. 유용한 비교 대상으로 애널리스트들이 선정한 의류와 액세서리 카테고리는 2023년에 온라인 침투율이 42%에 달할 것으로 예상된다. 럭셔리 제품 고객들은 구입하는 물건을 직접 체험하는 것을 선호하므로 이 시나리오에서 온라인 침투율을 30%로 정하였다. 우리가 사용한 시나리오에서 가장 낙관적인 시나리오는 40%의 온라인 침투율을 사용한다.

영업이익, 자본집약도 및 ROIC 추정 매출 예측을 근거로 장기 영업이익, 요구되는 자본 투자, 투하자본이익률(ROIC: return on invested capital)을 예측해보자. 영업이익을 예측하기 위해, 예상되는 매출과 원가 및 기존 기업들의 영업이익을 삼자비교한다. 각 산업별 ROIC의 범위와 ROIC의 동인들에 대한 논의는 8장을 참조한다. 6장은 네트워크 효과에 의해 높은 수준의 ROIC로 이끄는 사업여건들의 유형에 대해 논의하였다.

Farfetch의 사업 부문들은 근본적인 경제성이 매우 상이하기 때문에 각 부문을 분리하여 평가하는 것이 중요하다. 서드파티 마켓과 관련하여 Farfetch는 재고자산을 생산하거나 보유하지 않고, 단지 참여자들 간에 거래가 용이하게 이루어지도록 지원한다. 그러므로 그 부문은 판매비가 낮으며 요구되는 자본이 적고 측정 가능성이 높다. 안정된 상태에서의 이익과 자본집약도를 추정하기 위해 20%를 넘는 이익률을 가지는 안정된 테크놀로지 기업들을 가정한다. 이러한 경쟁자는 이익 성장과 자본집약도에 대한 통찰력을 제공할 수 있는 반면, 각 경쟁자들이 보유하는 사업 구성의 차이들은 직접적인 비교를 어렵게 할 수 있다. 그러므로 기업에 맞는 실질적 판단이 요구된다.

고객에게 직접적으로 판매하는 자신의 플랫폼을 통한 판매에서 나오는 이익률은 온라인 전자소매업체 또는 럭셔리 제품 소매업체의 이익과 더욱 유사할 것이다. 서드파티 마켓 판매와 대조적으로, 성장을 위해서 더 많은 재고자산 구매 및 보유가 요구되며, 아마도 미래에는 창고와 매장을 추가하기 위한 자본투자가 요구될 것이다. 여기서의 이익률은 테크놀로지 시장에 비해 많이 낮으며 보통은 10%보다 꽤 낮다.

표 36.7은 한 애널리스트가 예측한 시간의 흐름에 따른 Farfetch의 이익률 변화를 보여준다. 비록 2018년에 매출총이익이 양(+)이지만, 마케팅비용 및 기타 지원비용이 제품 판매로부터 발생하는 매출총이익을 넘어서기 때문에 영업손실이 발생한다. 기업이 성장함에 따라 기술비용(technology costs)과 일반관리비용은 증가할 것으로 예상되는데, 이는 매출의 증가율보다 느리게 증가할 것이다. 결국 이러한 비용이 매출에서 차지하는 비중은 감소할 것이고, 영업이익률은 증가할 것이다. 모든 비용이 이와 유사하지는 않다. 매출원가 등은 매출에서 차지하는 비중이 상대적으로 일정하게 유지될 것이다. 왜냐하면 기업은 더 많은 매출을 위해서는 제품을 추가로 구입해야 하기 때문이다.

표에서 2028년 영업이익률이 18%로 예측되고 있으며, 이는 시나리오B에서 사용된다. 향후 우리는 이익률 추정치의 범위를 보여줄 것이다. 우리는 Farfetch의 자본 생산성을 Farfetch의 서드파티 마켓 매출 대비 자신의 플랫폼을 통한 매출에 비례한 온라인 시장(marketplace) 기업과 전자소매업체의 혼합(hybrid)으로 가정하였다.

미래 추정에서 현재 실적으로 거꾸로의 작업

전체 시장크기, 시장점유율, 영업이익 및 자본집약도에 대한 추정을 완료한 이후 거꾸로 장기 실적 예측치를 현재 실적에 재연결한다. 이를 위해 우리는 현재 실적 수준에서 미래 장기실적 수준으로의 전환 속도를 분석해야 한다. 분석결과들은 거시 경제적인 요인 및 산업 특성과 일관성이 있어야 한다. 예를 들면, 영업이익과 관련해서는 고정비가 변동비보다 높은 비중을 차지하면서 결과적으로 이익이 낮은

표 36.7 Farfetch: 현재 및 미래 추정 이익률, 2017–2028(예측치)

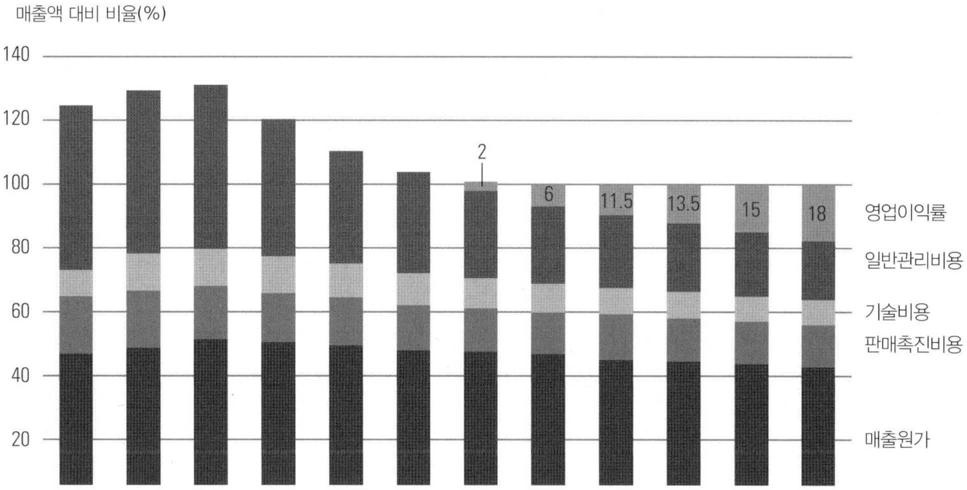

출처: Farfetch F-1, 2018 20-F; Cowen and Company 추정치.

상태가 언제까지 지속될 것인가? 자본회전율과 관련해서는, 매출액이 자본보다 더 빠르게 증가하기 위해서는 어느 정도 규모의 자본이 필요한가? 어느 정도의 규모에 도달했을 때, 기업들 간의 경쟁이 가격하락을 불러올 것인가? 등의 질문을 할 수 있다. 이런 질문들에 모두 대답할 수 있는 것은 아니다.

현재의 성과 수준에서 목표 성과 수준으로의 전환 속도를 추정하는 한 가지 방법은 과거 유사한 기업들의 성장 추이를 살펴보는 것이다. 다만, 고성장기업일 경우에는 과거 재무분석이 종종 잘못된 판단으로 이어질 수 있다. 왜냐하면, 이러한 고성장기업에서 이루어지는 장기적인 투자들이 현재는 장부상 계상이 되어 있지 않을 가능성이 크기 때문이다. 현행 회계기준에 따르면, 이러한 투자들은 자산이 아닌 비용으로 처리되어야 한다. 따라서, 초기의 회계상 이익과 투하자본은 과소평가될 것이다. 정형화된 자본이 거의 없기 때문에, 많은 기업들은 순이익으로 돌아서는 순간 터무니없이 높은 ROIC를 갖게 된다.

시나리오 전개

고성장기업과 관련된 불확실성을 다루는 간단하면서 직접적인 방법은 확률가중평균 시나리오를 이용하는 것이다. 시나리오 접근법을 이용할 때 사용하는 주요 가정들과 상호작용들은 실물옵션과 Monte Carlo 시뮬레이션 등의 다른 가치평가 접근방법보다 더 명확하다.

표 36.8 Farfetch: 시나리오별 주요동인, 2028 추정

	럭셔리 제품 온라인 침투율, %	Farfetch 시장점유율,[1] %	총매출액, $ million	영업이익률, %	비고
시나리오 A	40	12	11.4	22	럭셔리 시장의 온라인 침투율이 의류 및 액세서리 시장과 유사한 수준으로 증가, 해당 시장의 선두 기업으로 영업이익률이 높음.
시나리오 B	30	8	5.3	18	럭셔리 시장의 온라인 침투율이 역사적 과정의 수준에 도달함, 영업이익률은 애널리스트의 기대수준임.
시나리오 C	30	5	3.3	14	럭셔리 시장의 온라인 침투율이 역사적 과정의 수준에 도달함, 강력한 경쟁기업들의 진입으로 영업이익률의 수준이 낮음.
시나리오 D	15	4	1.2	6	럭셔리 시장의 온라인 침투율이 기대보다 낮음, 대규모의 경쟁기업들 진입과 전통적 소매업체들의 증가된 옴니채널 존재로 영업이익률 압박이 심각함.

[1] 온라인 판매의 GMV로 측정함.

확률가중평균 시나리오를 이용하기 위해서는 낙관적인 가정부터 비관적인 가정까지 모든 범위의 결과를 포함하는 미래의 재무성과를 예측해야 한다. 표 36.8은 Farfetch의 2028년에 대하여 가능한 시나리오 4가지를 보여준다.

시나리오 A에서 우리는 Farfetch가 유리한 시장여건과 경쟁기업 진입의 지연으로 혜택을 받는다고 예측한다. 전체 럭셔리 제품 시장은 일정하게 지속적인 성장을 보이는 반면, 브랜드 기업들 및 고객들이 온라인 채널을 빠르게 수용하면서 온라인 침투율은 애널리스트의 예상보다 빠르게 증가한다. 럭셔리 제품 시장의 온라인 침투율은 최고로 40%에 도달한 의류시장의 온라인 침투율 패턴을 따른다. 2028년에 Farfetch의 시장점유율은 12%, 매출은 114억 달러에 도달한다. 경쟁기업의 진입을 사전에 차단하여 영업이익률은 동급 최상의 테크놀로지 기업들 수준인 22%에 달한다. 시나리오 A는 낙관적인 추정을 보여주지만, 온라인 럭셔리시장과 의류시장의 구조적 유사점은 이 시나리오를 전적으로 타당하게 만든다.

시나리오 B에서부터 D는 유사한 구조를 따르지만 주요가정에서 차이가 있다. 시나리오 B와 C에서는 럭셔리 제품 고객들이 다른 카테고리에 비해서 구입하는 물건을 직접 체험하는 것을 선호한다는 것을 반영하여 온라인 침투율이 30%까지만 도달한다. Farfetch의 시장점유율은 정상적이며 너무 과하지 않은 8%와 5%로 각각 가정한다. 강력한 공급자들의 시장 지배력으로 인하여 최고 수준의 전자소매업체보다 다소 낮은 14-18% 범위의 영업이익률을 보인다. 시나리오 D는 온라인 침투율의 부진한 성장을 가정하는데, 이는 전자상거래가 덜 사용되는 홈퍼니싱 시장을 반영한다. 시나리오 D에서 2028년에 온라인 침투율은 15%이고, Farfetch의 매출은 겨우 12억 달러이다. 대규모의 경쟁기업들 진입과 개별 브랜드 기업들의 폭

표 36.9 Farfetch: 확률가중 기대가치

시나리오	내재 자기자본 가치평가, $ billion	×	발생확률, %	=	자기자본 가치평가에 대한 기여분, $ billion
Scenario A	19.6		10		2.0
Scenario B	8.2		30		2.5
Scenario C	4.1		35		1.4
Scenario D	1.0		25		0.2
			100		6.1
		유통 주식수, 백만			300.0
		주당가치, 달러			20

넓은 옴니채널 채택으로 영업이익률이 6%까지 밖에 이르지 못하는데, 이는 할인 소매업체와 유사하다.

시나리오 가중평균

Farfetch의 현재 자기자본 가치를 산출하기 위해서는, 각 시나리오별 내재 자기자본 가치를 각 시나리오의 발생확률로 가중한 다음, 각각의 확률로 곱해진 시나리오별 자기자본 가치를 모두 더한다. 표 36.9는 각 시나리오의 발생확률과 자기자본 가치를 보여준다. 시나리오 A는 10%의 확률, 시나리오 B는 30%의 확률, 시나리오 C는 35%의 확률, 시나리오 D는 25%의 확률로 발생될 가능성이 있으며, 이 확률에 따라 계산하면 Farfetch의 자기자본 가치는 61억 달러가 되고 주당 가치는 20달러가 되는데, 이는 2018년 IPO 가격과 일치한다. 이 가격이 적정한지는 예측들과 각 예측들의 발생확률에 대한 당신의 믿음에 달려있다. 너무 낙관적이거나 너무 비관적인가? 아니면 적당한가?

불확실성

DCF 접근법을 사용함으로써 급속하게 변화하는 사업에 대한 합리적인 수준의 가치평가를 수행할 수 있다. 그러나 새로운 테크놀로지와 복잡한 시스템을 가진 사업과 같은 고성장시장에 뛰어든 투자자와 기업들은 엄청난 불확실성에 직면한다. 불확실성에 대하여 검토하기 위해서, 2018년에 20달러에 구입한 Farfetch의 주식이 이후 5년 동안 네 가지 시나리오 상황에서 어떻게 변하는지 살펴보자. 계산의 편의를 위해 투자자는 점진적으로 발생 가능성이 높은 시나리오를 파악할 수 있다고 가

표 36.10 Farfetch: 주가, 2018-2019

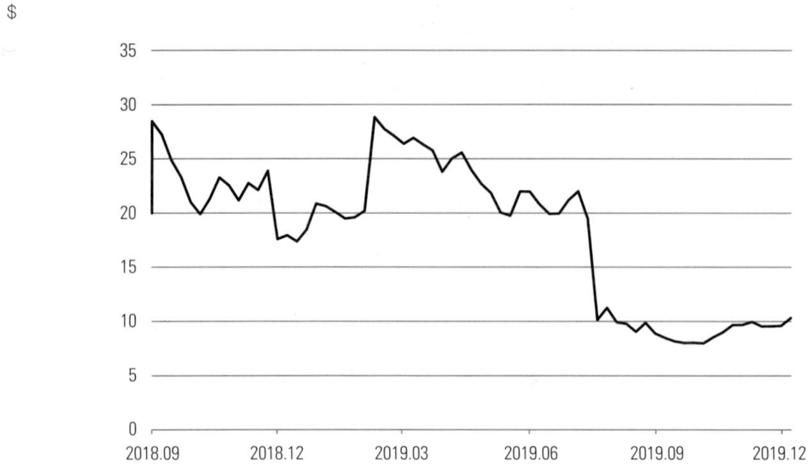

정하자.

시나리오 A가 발생하면 투자자는 39%의 연간수익률을 벌어들일 것이며, 2018년 기준으로 Farfetch는 주식시장에서 상당히 저평가되어 있는 것으로 보인다. 만약 시나리오 C가 발생하면 투자자는 겨우 연간 2% 정도의 수익률을 보여 자본비용보다 낮은 수익률을 벌어들인다. 만약 시나리오 D가 발생하면 연간 약 23% 정도의 손실을 보게 될 것이며 2018년 기준으로 회사의 주가는 상당히 고평가되어 있는 것으로 보인다. 이와 같은 고평가 또는 저평가 가능성이 현재 주가가 비정상적임을 의미하는 것으로 해석되어서는 안 된다. 이것은 단지 미래에 대한 불확실성을 반영하고 있을 뿐이다.

정확히 어떤 시나리오가 발생할지 예측할 수 있다면 좋겠지만, 그것은 불가능하다. 투자자들은 매일 최신의 정보를 반영하려 애를 쓰고, 이것은 신생 기업들의 주가에 큰 변동을 야기한다. 예를 들어 Farfetch는 IPO(initial public offering) 당일에 50% 주가 상승이 나타났다. 이후 2019년 8월에 거래량 추정치가 하향 조정되면서 주가는 40% 떨어졌다(표 36.10 참조).[5] 처음 2년간의 주가 변동성이 S&P500 기업들에 비해 다섯 배나 높았다.

5 2019년 8월 Farfetch는 럭셔리 패션 브랜드들의 포트폴리오를 운영하는 이탈리아 브랜드 플랫폼인 New Guards Group의 인수를 발표하였다. 인수를 통해 제품 포트폴리오를 차별화하고 온라인 시장의 점유율을 높이고자 하였으나, 몇몇의 애널리스트들은 기업의 낮은 수준의 자산비중을 보유하는(asset-light) 서드파티 사업모델로부터 벗어나는 변화에 대한 우려를 표하였다. 동시에 Farfetch는 판매촉진비용의 감소를 반영하여 GMV 단기 예측치를 낮추었다. 우리는 연초에 모델링한 우리의 네 가지 시나리오가 비록 처음에 만들어진 시점보다 덜 우호적인 시나리오의 확률이 높아졌지만, 여전히 적절해 보인다.

표 36.11 미국 IPO 기업들의 주주 연간수익률의 분포

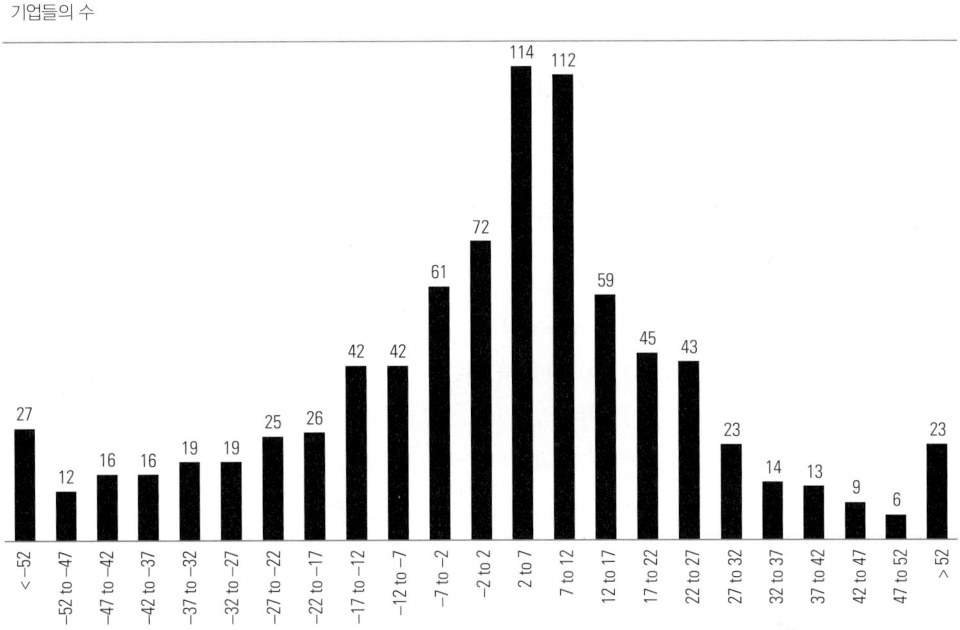

주석: 2010년-2017년의 838개 IPO 기업들의 전체 주주 수익률이며, 수익률은 최초 거래일부터 2019년 12월 31일까지 기간으로 측정되었다.

그러나 Farfetch에 대한 전망이 점차 안정됨에 따라, 발생 가능한 결과의 범위를 좁히는 것은 가능할 것이다. 이러한 정확성의 개선은 주식의 변동성 감소에 반영되어야 한다.

정확한 가치평가의 어려움은 Farfetch에만 국한된 것이 아니다. 우리는 2010년도 이후 800개 이상의 IPO 기업을 대상으로 전체 주주 수익률을 조사하였다. 838개의 IPO 중에서 112개의 기업만이 지분 투자에 대한 적당한 수익률이라고 여겨지는 범위인 7-12%의 수익률을 얻었다. 대신 투자자들은 기대 이상으로 많이 얻거나 잃었다. 실제로 IPO의 약 10%는 상장 이후로 가치의 50%를 얻거나 잃었다.[6]

이러한 큰 규모의 불확실성은 경쟁이 치열한 산업에서 최종 승자를 파악하는 이슈와 관련이 되어 있다. 과거 자료들을 통해서 살펴보면, 일부 기업만이 크게 성공할 것이며 대부분의 기업들은 힘들게 사업을 영위해 나갈 것이다. 어떤 기업이 성공하고 어떤 기업이 그렇지 않을지 예측하는 것은 어려운 일이다. 투자자와 기업 모두 이러한 불확실성을 제거할 수 없으며, 이러한 사실은 전문가들이 투자자에게

6 McKinsey의 Corporate Performance Analytics 결과이며, Standard & Poor's Compustat and Capital IQ에서 제공하는 재무자료를 기반으로 한다.

포트폴리오를 분산하라고 충고하거나 기업들이 초창기 고성장기업들을 인수할 때 현금을 지불하지 않는 이유이기도 하다.

요약

인터넷, 모바일과 기타의 테크놀로지 산업의 출현은 일부의 고성장 기업들에게 막대한 기업가치를 부여하였다. 그러나 손실이 많이 누적될수록 그러한 기업들에 더 많은 가치를 부여하여 주식시장의 건전성에 대하여 많은 의문점을 일으켰다. 하지만 본 장에서 보여주었듯이, DCF 접근법은 고성장기업의 가치를 이해하는 데 주요한 방법이다. 다만, DCF 접근법을 이용하여 고성장기업을 가치평가할 경우에는 몇 가지 수정 사항이 있다. 예를들어, 추정은 현재 시점이 아닌 미래 시점에서 출발할 것, 시나리오를 바탕으로 추정할 것, 사업 모델의 경제성 측면을 유사기업들과 비교하여 이해할 것 등이다. 이런 방식으로 당신은 고성장기업의 변동성을 줄일 수는 없더라도, 이해할 수는 있게 된다.

VALUATION
Measuring and Managing the Value of Companies

37장

경기 변동형기업

경기변동형기업(cyclical company)은 이익의 상당한 증가와 감소가 반복되는 형태를 보여주는 기업이다. 제철, 항공, 제지, 화학 산업을 포함한 이러한 기업은 수요에 따라, 그리고 때로는 과잉설비 때문에 제품가격이 크게 변하기 때문에 이익이 크게 변동한다. 경기순환에 따르는 이익의 변동은 이러한 경기변동형기업의 가치평가를 복잡하게 만든다. 예를 들어, 과거 실적은 경기순환 관점에서 검토되어야 한다. 또한, 최근 실적의 하락은 부정적 장기 추세의 시작이라기보다는 순환주기상 다음 단계로 전환되는 시그널이라고 볼 수 있다.

이 장에서는 경기변동형기업에 대한 가치평가를 살펴볼 것이다. 우리는 경기변동형기업의 주가가 어떻게 움직이는지를 먼저 분석할 것이며, 이러한 분석은 경영자를 위한 시사점뿐만 아니라 이러한 기업들의 가치평가를 위한 접근법을 제시해 줄 것이다.

주가 움직임

경기변동형기업을 가치평가하기 위해 현금흐름할인(DCF; discounted cash flow) 접근법을 사용하며, 혹자가 산업주기에 대해 완벽한 예측을 할 수 있다고 가정해 보자. 과연 기업가치와 회계이익은 유사한 움직임을 보일 것인가? 그렇지 않다. DCF 가치는 회계이익이나 현금흐름보다 훨씬 더 작은 변동성을 보일 것이다. DCF는 미래기대현금 흐름을 할인하여 하나의 가치로 보여주는 방법이다. 그 결과, 어느 한 해의 실적은 중요하지 않다. 경기변동형기업의 경우 높은 현금흐름은

표 37.1 장기적 관점: 잉여현금흐름 및 DCF 변동성

FCF 패턴, A기업, 백만 달러

1

기간(연 단위)	0	1	2	3	4	5	6	7	8	9	10
세후영업이익	10	9	6	3	–	(2)	3	18	7	6	10
순투자	(3)	(3)	(2)	(2)	(1)	(3)	(5)	(3)	(3)	(3)	(3)
FCF	7	6	4	1	(1)	(5)	(3)	15	4	3	7
2 DCF 가치	34	33	27	28	30	35	40	33	33	34	31

1차년도 이후의 현금흐름 가치

3 FCF 및 DCF 가치 패턴

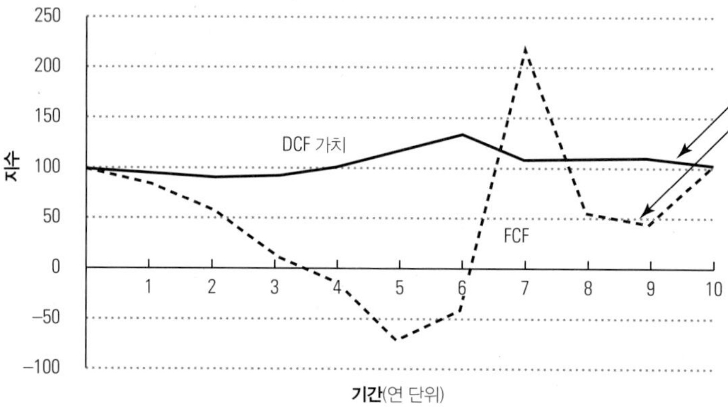

이후에 낮은 현금흐름으로 상쇄되므로 오로지 장기적 추이만이 중요하다.

사례를 들어 살펴보자. 기업 A의 사업주기는 10년이라고 하자. 표 37.1 파트1은 회사의 가상적인 현금흐름 패턴을 보여 주고 있다. 양(+)의 현금흐름과 음(−)의 현금흐름을 포함하여 변동성이 매우 높다. 10%로 미래 잉여현금흐름(FCF; Free Cash Flow)을 할인하면 표 37.1의 파트2에 보이는 바와 같은 DCF 결과를 얻을 수 있다. 표 37.1의 파트3은 현금흐름과 DCF 결과를 비교하고 있다(비교를 위해 값을 지수화함). 그래프는 DCF 값이 기초가 되는 현금흐름보다 훨씬 변동성이 낮다는 것을 보여 주고 있다. 왜냐하면 DCF에서는 어느 한 해의 성과가 기업가치에 중요한 영향을 미치지 않기 때문이다.

실제 현실에서 경기변동형기업들의 주가는 표 37.1의 사례에서 보여주는 것보다 덜 안정적이다. 표 37.2는 4년 주기를 가진 15개 기업들에 대한 주당순이익(EPS; Earnings Per Share)과 주가를 지수화하여 보여 주고 있다. 주가는 DCF 접근법이 예측한 것보다 변동성이 더 크다. 이는 시장가격이 현재 이익에 편향된다는 사실을 보여주고 있다.

표 37.2 주가 및 EPS: 15개 경기변동형 기업대상

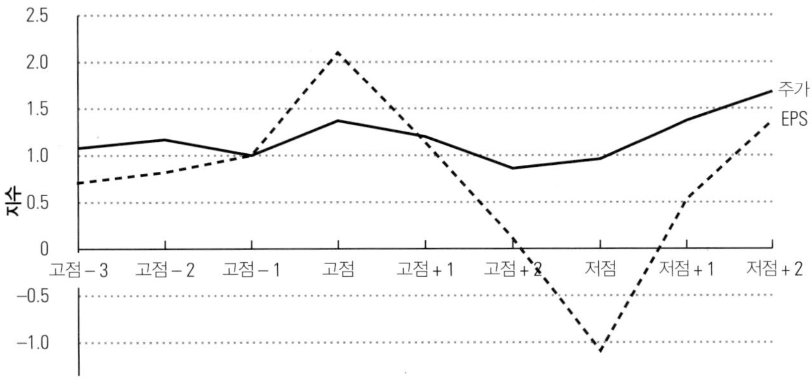

왜 이런 현상이 나타나는 것일까? 경기변동형기업들의 주가변동성에 대한 실마리를 찾기 위해 애널리스트들이 분석한 실적 시장전망치(consensus earnings forecasts)를 분석하였다. 경기변동형기업들에 대한 실적 시장전망치에는 경기변동성의 효과가 완전히 제외되어 있는 듯 했다. 실적 시장전망치들을 살펴보면 회사가 경기순환의 고점에 있든 저점에 있든 관계없이 변함없는 우상향 기울기의 흐름을 보여 주고 있다.

이를 통해 드러난 점은 DCF 모델이 현실과 맞지 않는다는 것이 아니라, 이익과 현금흐름에 대한 시장예측(시장은 주식 분석가들의 실적 시장전망치를 따르는 것으로 가정할 경우)에 문제가 있다는 것이다. 이러한 결론은 1985년부터 1997년에 걸쳐 이루어진 미국의 36개 경기변동형기업들에 대하여 수행한 분석에 근거하였다. 우리는 기업들을 유사한 순환주기(예를 들어 고점에서 저점까지의 기간을 3년, 4년, 5년으로 구분함)로 몇 개 그룹으로 나누고 조정평균이익(scaled average earnings)과 이익추정치를 계산하였다. 그 다음 순환주기에 걸쳐 실제 이익을 실적 시장전망치와 비교하였다.[1]

표 37.3은 주로 1차 금속과 운송장비제조산업에 속한 4년 주기를 가진 15개 기업에 대하여 실제 이익과 실적 시장전망치를 나타내고 있다. 여기에서 실적 시장전망치는 전혀 이익의 순환주기를 예측하지 못하고 있다. 사실 저점 직후 연도의 추정을 제외하고, EPS는 미래 변동을 고려하지 않고 우상향 기울기의 흐름을 따라

1 경기순환성 이슈에 초점을 맞추기 위해 애널리스트들 추정의 전형적인 양의 편의(bias)를 하향 조정하였다는 점에 주의하자. V. K. Chopra,"Why So Much Error in Analysts' Earnings Forecasts?" *Financial Analysts Journal* (November/December 1998): 35-42.

표 37.3 실제 EPS 및 시장 컨센서스 EPS: 15개 경기변동형 기업 대상

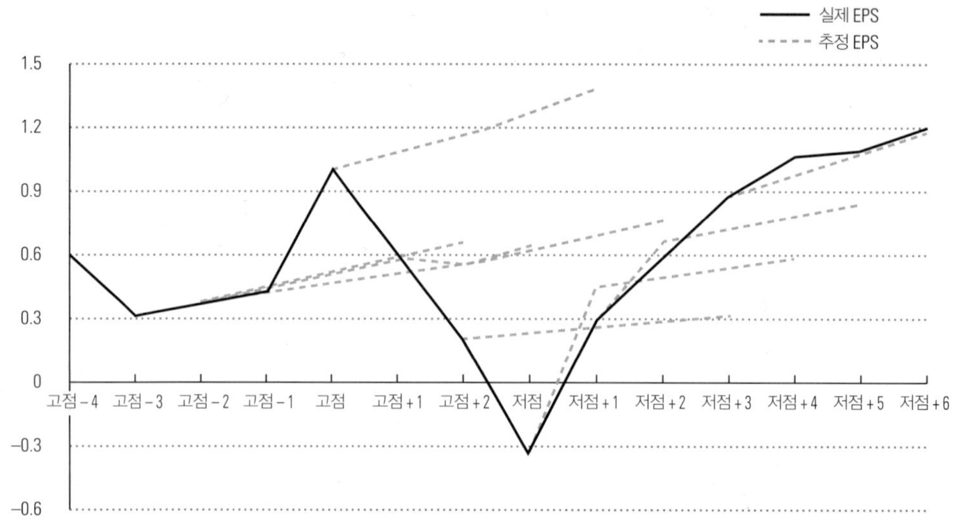

예측된다.[2]

이러한 결과에 대해 애널리스트들이 이익주기 중, 특히 하락기에 대한 예측을 회피하려는 성향이 있기 때문이라는 한 가지 설명이 있다. 여러 연구에 의하면 이익추정은 일반적으로 양의 편의를 보이고 있으며 종종 이는 투자은행에 있는 애널리스트들이 직면한 인센티브가 원인이라고 보기도 한다.[3] 비관적인 이익추정은 애널리스트를 고용하고 있는 투자은행과 특정 기업 간의 관계를 손상시킬 수 있다. 또한, 부정적인 의견을 받은 회사의 경우 애널리스트가 회사 경영과 관련된 사항에 대하여 접근하지 못하도록 할 수도 있다. 이러한 사실에 근거하여 우리는 애널리스트들이 이러한 기업들에 대한 경기순환적 주기를 예측할 수 없거나 예측할 의도가 없다고 결론지을 수도 있을 것이다. 만약 주식시장이 애널리스트들의 예측을 따른다면, 이런 특성이 경기변동형기업의 높은 주가변동성을 설명할 수 있을 것이다.

우리는 경기순환이 예측하기 어렵다는 것을 잘 알고 있다. 특히, 변화가 시작되

---

2 유사한 결과가 3년과 5년의 순환주기를 가진 기업들에게도 발견되었다.

3 다음 논문들은 이러한 가설에 대해 논의하고 있다: M. R. Clayman and R. A. Schwartz, "Falling in Love Again—Analysts' Estimates and Reality," *Financial Analysts Journal* (September/October 1994): 66–68; J. Francis and D. Philbrick, "Analysts' Decisions as Products of a Multi-Task Environment," *Journal of Accounting Research*, 31(2) (Autumn 1993): 216–230; K. Schipper, "Commentary on Analysts' Forecasts," *Accounting Horizons* (December 1991): 105–121; B. Trueman, "On the Incentives for Security Analysts to Revise Their Earnings Forecasts," *Contemporary Accounting Research*, 7(1): 203–222.

표 37.4 경기순환 추세전환 시점

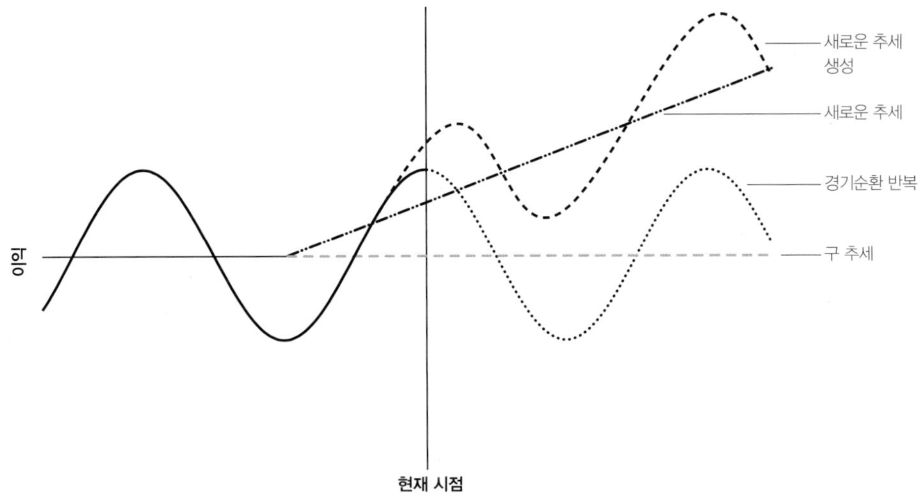

는 변곡점에서는 더욱 그렇다. 따라서 시장이 정확히 올바르게 반응하지 않는 것은 놀라운 일이 아니다. 그러나 실적 시장전망치 분석이 제시하듯, 주식 시장 전체가 경기순환흐름을 간과한다면 실망스러운 일이 될 것이다. 이러한 이슈를 다루기 위해 시장이 어떻게 움직여야 하는지에 대한 근본적인 질문으로 다시 돌아가보자. 경기순환은 예측할 수 있어야 하며 이를 통해 주가변동성은 낮아질 수 있는 것인가? 이것은 아마 너무나 많은 사항이 요구되는 질문일 것이다. 표 37.4에서 보는 바와 같이 어느 시기이든 간에 기업 또는 산업은 본래 경기순환흐름에서 벗어나 더 높거나 더 낮은 수준으로 옮겨갈 수 있다.

이익순환과정에서 최고점의 시기에 있다고 판단되는 기업을 가치평가한다고 가정해보자. 과거 경기순환을 토대로 조만간 해당 산업의 이익이 하향 조정될 것이라고 예측하고 있고 실제로 해당 산업이 과거 경기순환에서 벗어나려는 조짐들이 나타나고 있다고 해보자. 합리적인 가치평가방법은 두 가지 시나리오를 작성하여 각각의 가치를 가중 평균하는 것이다. 첫 번째 시나리오는 50%의 확률로 발생가능하며, 경기순환은 과거 주기를 따를 것이고 다음 해 쯤에 하향 조정될 것이라고 가정한다. 두 번째 시나리오도 50%의 확률을 가지며, 해당 산업은 과거 순환 주기에서 탈피해 현재 개선된 성과를 바탕으로 새로운 장기 추세를 만들 것이라고 가정한다. 해당 기업 가치는 이러한 두 결과를 가중 평균한 것이 될 것이다.

우리는 실제로 시장이 이런 방식으로 움직이고 있다는 여러 증거들을 찾을 수 있었다. 그리고 4년 경기순환 주기를 가지고 있는 기업들을 다음의 세 가지 방법으로 가치평가했다.

1. 향후 경기순환에 대한 완전한 예측력을 갖고 있는 경우
2. 향후 경기순환에 대한 예측력이 전혀 없고, 현재 실적이 새로운 장기 추세선(실적 시장전망치)의 한 부분이라고 가정하는 경우
3. 위의 두 경우가 50/50의 확률로 섞여있는 경우

표 37.5는 각 방법에 따른 결과를 실제 주가의 움직임과 비교한다. 표에 따르면, 시장은 완벽한 예측력에 의한 경로나 예측력이 전혀 없는 경로를 따르지 않는다. 시장은 50/50 확률 방법에 따른 경로와 유사하게 움직인다. 따라서 시장은 완벽한 예측력을 갖고 있는 것도 아니며 그렇다고 예측력이 전혀 없는 것도 아니라는 것이다. 따라서, 50/50 가치평가가 올바른 방법이라고 주장할 수 있을 것이다.

경기변동형기업의 가치평가 방법

산업에 대한 이익순환주기를 정확히 예측할 수 없으며 실적에 대한 단일 예측 또한 틀릴 수 밖에 없다. 기업의 경영자와 투자자들은 경기변동형기업의 가치를 평가하는 경우 복수 시나리오 확률접근법을 이용할 것을 추천한다. 이는 16장에서 소개된 방법과 36장에서 소개된 고성장기업의 가치평가방법과 유사하다. 확률접근법은 단일 예측으로부터 발생하는 함정을 피할 수 있으며 다양한 범위의 결과값에 따른 설명과 의미에 대한 분석을 할 수 있다.

경기변동형기업을 두가지 시나리오 확률접근법으로 평기하는 과정은 다음의 네 단계로 구분된다(물론 시나리오가 두 가지 이상 준비될 수도 있다).

1. 회사의 과거 경기순환에 관한 정보를 이용하여 '정상 경기순환(normal cycle)'시나리오를 작성하고 가치평가를 수행한다. 영업이익, 현금흐름, ROIC에 대한 장기 추세선에 대하여 특별한 주의를 기울인다. 왜냐하면, 이 항목들은 가치평가에 가장 큰 영향을 주기 때문이다. 또한 영구가치(CV: Continuing Value)는 정상 수준(normalized level)의 이익(회사의 장기 현금흐름 추세선 상의 한 지점)에 기초해야지, 고점이나 저점에 기초해서는 안 된다.
2. 회사의 최근 실적에 근거하여 새로운 추세선 시나리오를 작성하고 가치평가를 수행한다. 기업가치에 커다란 영향을 주기 때문에 다시 한 번 장기 추세선에 주된 초점을 맞추어야 한다. 미래 순환성(cyclicality)을 모델링하는데 너무 많이 신경을 쓰지 않아도 된다(물론 미래 순환성은 재무상환능력

표 37.5 경기변동형 기업의 시장가치: 세 가지 수준의 예측력으로 추정

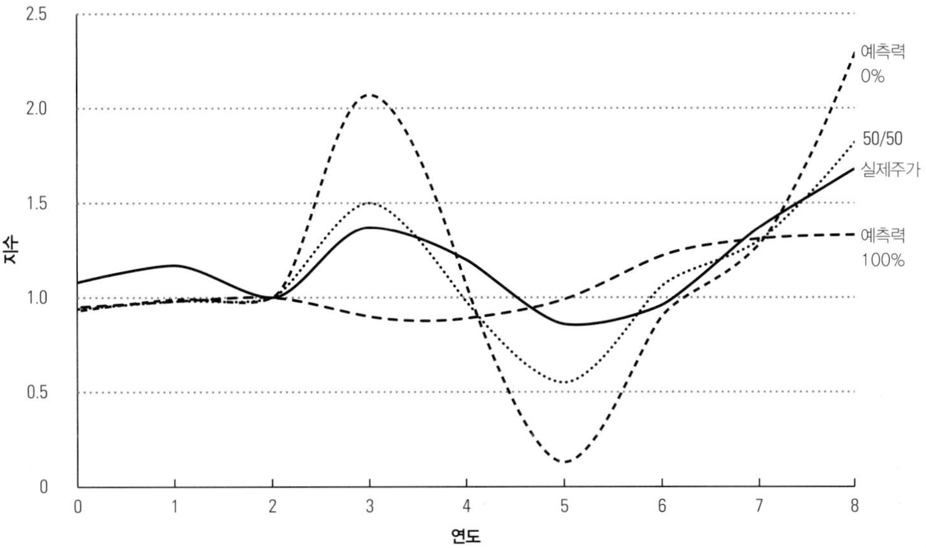

측면에서는 중요하다).

3. 수요와 공급의 균형에 영향을 미치는 수요 증가, 산업 내 신규기업 진출 및 기존 기업 퇴출, 기술변화 등의 요소를 고려하여 각 시나리오에 대한 경제적 논리를 발전시킨다.
4. 각 시나리오에 확률을 배분하여 각 시나리오의 가중평균값을 도출한다. 각 시나리오에 배분되는 확률을 결정하기 위해 경제적 논리와 가능성을 고려한다.

이러한 접근방법은 기업가치에 대한 평가뿐만 아니라 가치평가의 한계선을 결정하는 시나리오를 제공한다. 기업의 경영자는 그들의 전략을 개선하기 위해 이러한 한계선을 이용할 수 있으며 발생확률이 높은 시나리오에 대한 조짐이 있을 경우 이에 대응할 수 있다.

경기변동형기업의 가치평가에서 상품과 관련된 산업의 경우 수익을 기초로 성과를 모델링하는 것은 최선의 방법이 아닐 수 있다는 것은 또 다른 고려사항이다. 천연 가스를 폴리에틸렌으로 가공 처리하는 폴리에틸렌 생산 기업을 생각해보자. 전통적인 평가 접근방법은 매출 수량과 폴리에틸렌 가격을 이용하여 수익을 예측하며, 여기서 천연가스 구입 원가와 영업비용을 차감하여 영업이익을 예측한다. 그러나 오직 양(volumes)과 크랙스프레드(crack spread, 폴리에틸렌 가격과 천

연가스의 비용 차이)를 모델링한 뒤 영업비용을 차감하는 것이 더 단순하다. 여기서 궁극적으로 중요한 것은 수익이 아니라 크랙스프레드이다. 크랙스프레드는 천연 가스 가격의 수준이 아닌 폴리에틸렌의 수요와 공급의 균형으로 정해진다. 예를 들면, 천연 가스 가격이 떨어질 때 생산자가 낮아진 천연가스 가격을 반영하여 낮은 폴리에틸렌 가격으로 고객에게 판매한다면 크랙스프레드는 변함없이 유지된다. 그에 따라 수익이 감소하더라도, 만약 양이 안정적이면 영업 이익도 안정적일 것이다.[4]

경기변동형기업 경영을 위한 시사점

기업 경영자가 산업의 경기순환성을 감소시키거나 이를 활용하기 위해 할 수 있는 일들이 있는가? 많은 경우 산업 내에서 기업들 자체가 경기순환을 일으키는 것으로 증명되었다. 표 37.6은 1980년부터 2013년까지 화학원료상품 업종에 대한 ROIC 및 순투자율을 보여 주고 있다. 표에서 알 수 있듯이, 화학원료상품 기업들은 가격과 이익률이 높을 때 대규모 투자를 감행한다. 그러나 생산시설은 대규모로 투자되기 때문에 결과적으로 회전율은 떨어지고 가격과 자본이익률의 하락 원인으로 작용한다. 생산시설에 대한 순환적 투자는 순환적 이익의 주요 요인이 된다. 고객으로부터의 수요변동은 이익 측면에서 순환성에 대한 원인이 되지 않으며 제품 공급이 그 원인이 된다.

해당 제품시장에 대하여 상세한 정보를 가진 기업의 경영자는 금융시장 관계자들보다 경기순환을 더 잘 파악하고 적절한 조치를 취할 수 있어야 한다. 그러나 실제로는 오히려 경기순환을 유발하고 있다. 그 이유를 파악하고자 경영진들과의 인터뷰를 진행한 결과, 우리는 다음의 세 가지 요인들에 의해 집단행동(herding behavior)이 유발되었다고 믿게 되었다. 첫째, 가격이 높을 때가 현금을 가용하기 쉽기 때문에 투자가 용이하다. 둘째, 이익이 높을 때 이사회로부터 투자승인을 얻기 쉽다. 마지막으로, 경영진은 그들 기업보다 더 빠르게 성장하는 경쟁기업에 대해 우려를 갖는다(투자는 시장점유율을 유지하기 위한 방법임).

또한 이러한 행동은 주식시장에 혼란스러운 신호를 보내게 된다. 가격이 높을 때 시설을 확장하는 것은 주식시장에 미래 전망이 좋다는 신호를 보내는 것이다(실제로는 추세반전 직전의 시점일 수 있다). 상승기 직전의 비관적인 신호 또한 시장

4 폴리에틸렌 생산자들은 원재료를 천연가스가 아닌 나프타를 사용하는 경우가 있기 때문에 이 분석은 여기서 제시한 예시보다 더 복잡하다.

표 37.6 ROIC 및 투자율: 화학원료 상품 업종, 1980-2013

북미기업들의 중앙값, %

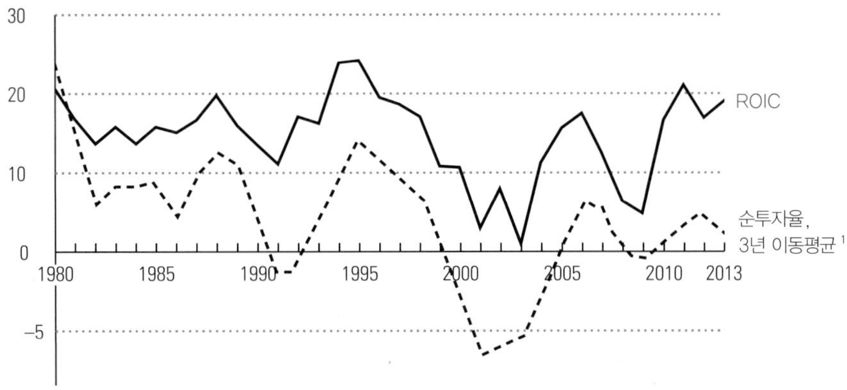

[1] 인플레이션이 조정된 유형자산 변동분

표 37.7 자본적 지출 시기에 따른 상대적 수익률

내부수익률(IRR), %

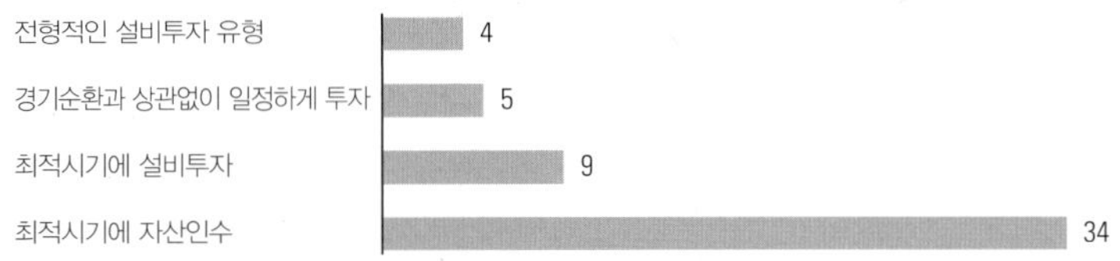

을 교란시킨다. 따라서 주식시장에서 경기변동형기업을 가치평가하는데 어려움을 겪는 것은 놀라운 일이 아니다.

기업의 경영자들은 어떻게 경기순환에 대한 우월한 경험과 지식을 이용할 수 있을까? 가장 확실한 방법은 자본적 지출 시기를 잘 조정하는 것이다. 또한 경기순환의 고점에서 주식을 발행하고 경기순환의 저점에서 자사주를 취득하는 재무적 전략을 추진할 수 있다. 가장 공격적인 경영자는 매매접근법(trading approach)을 채택함으로써 한 단계 더 발전한 전략을 추진할 수 있다. 즉, 경기순환의 저점에서 취득하여 경기순환의 고점에서 자산을 매각하는 것이다. 표 37.7은 경기순환주기상 적정한 자본적 지출시기에 따른 시뮬레이션 결과를 보여 준다. 이에서 보듯이 자본적 지출시기에 따라 전형적인 기업의 투자이익률은 엄청나게 증가할 수 있다.

경기 순환형 기업들이 실제 이와 같이 행동하고 경기순환에 맞춰 투자할 수 있을까? 기업이 시장의 일반 통념과 반대되는 견해를 취하는 것은 실제 매우 어려운 일이다. 산업전망이 불투명하고 경쟁기업들이 투자를 축소하고 있는 상황에서,

CEO는 사업확장에 대하여 이사회를 설득해야 하고 주거래은행들 또한 설득해야만 하고, 경쟁기업들이 경기순환의 고점에서 시설투자하고 있는 동안 투자를 중단하고 있어야 한다. 경기순환으로부터 벗어나는 것이 가능할지는 모르나, 실제로 그것을 할 수 있는 CEO는 드물다.

요약

언뜻 보기에 경기변동형기업의 주가는 너무 변동성이 심해 보여 DCF 가치평가 방법과 일관성이 없어 보인다. 그러나 본 장에서 우리는 주가변동성이 산업의 경기순환을 둘러싸고 있는 불확실성에 의해 설명될 수 있음을 살펴보았다. 시나리오와 시나리오별 확률을 사용하여, 기업 경영자와 투자자는 경기변동형기업의 가치평가와 분석에 대하여 체계적인 DCF 접근법을 수행할 수 있다.

38장

은행

은행은 가치평가에 있어서 가장 복잡한 분야 중 하나이며, 특히 외부에서 평가하는 경우 더욱 그렇다. 공시된 정보가 은행의 경영성과에 대한 개괄적인 정보를 제공하지만, 이러한 정보에는 은행의 신용손실 규모 혹은 자산과 부채의 불일치와 같은 은행의 경제성에 대한 핵심정보가 종종 빠져있다. 또한, 은행의 높은 차입비중으로 인하여 은행 가치평가는 다른 분야의 가치평가보다 경제상황의 변동에 훨씬 더 민감하다. 마지막으로 대부분의 은행들은 사실상 다양한 사업을 영위하는 기업이기 때문에 주요 사업부문에 대한 별도의 분석 및 가치평가가 요구된다. 오늘날 소위 '유니버설 뱅크(Universal Bank)'라고 불리는 은행들은 도 · 소매 은행업, 투자은행업 및 자산관리 등 다양한 분야의 업무를 수행하고 있다.

일부 학자, 경영자나 규제당국은 "대마불사"("too big to fail")[1]가 되어버린 몇몇 미국과 유럽의 유니버설 뱅크들이 가지고 있는 규모와 복잡성, 그리고 투명성의 부족으로 인해 금융시장의 시스템적 위험이 초래되었다고 주장한다. 2008년의 신용위기 동안, 대형 유니버설 은행들의 파산위험은 정부들의 구제금융으로 해결되긴 했지만 그 이후로 이런 은행들을 투자은행과 상업은행으로 분리해야 한다는 주장이 계속되고 있다.[2]

---

1 M. Egan의 "Too-Big-to-Fail Banks Keep Getting Bigger," *CNNMoney*, November 21, 2017, money.cnn.com. 및 "Universal Banking: Together, Forever?" *The Economist*, August 12, 2012, www.economist.com. 참조.

2 유니버설 뱅크의 장점 및 단점에 대한 최근의 분석은 다음을 참조, *Global Financial Stability Report 2014*, International Monetary Fund, April 2014, www.imf.org 및 *Large Bank Holding Companies: Expectations of Government Support*, GAO-14-621, U.S. Government Accountability Office, July 2014, www.gao.gov.

이 장에서는 은행을 어떻게 가치평가 하는가에 대한 개괄적인 내용을 다루게 되며, 가치평가 과정에서 접하게 되는 은행 고유의 특성 중 대표적인 사항들을 중점적으로 살펴볼 것이다. 우선 우리는 은행업의 기본요소와 영업성과 및 성장성의 추이에 대해 논의할 것이고, 이후 단순화된 사례를 통하여 은행 가치평가에 자기자본 현금흐름 접근법(equity cash flow approach)을 어떻게 사용할지에 대해 설명할 것이다. 끝으로 유니버설 뱅크의 가치평가에서 현실적인 복잡성을 반영하기 위한 실무적인 조언을 제시하며 결론을 내릴 것이다.

은행업의 경제성

몇 년 동안 미국과 유럽의 은행업 분야에서 높은 수익과 성장을 구가한 이후, 2007년 발생한 모기지 채권(Mortgage-backed securities) 시장의 위기로 인하여 2008년 많은 대형 은행들이 금융위기에 휘말리게 되었다. 미국과 유럽의 많은 대형 기관들이 파산을 하거나 정부의 구제금융을 받게 되었다. 은행분야의 위기에서 비롯된 실물경제의 침체는 전세계 거의 모든 영역의 성장을 둔화시켰고, 2008년 전세계의 경제성장이 정체되는 결과가 초래되었다.

그 이후, 은행산업은 구조조정, 인수합병, 정부의 구제금융, 국유화, 때로는 파산 등의 힘겨운 과정을 거쳐 왔다. 관리감독은 한층 심화되어 더욱 엄격한 자본기준, 거래에 대한 규제가 생겨나고 몇몇 유럽국가에서는 최고경영자와 직원에 대한 보너스 상한이 생기기도 하였다. 2018년까지 미국의 은행들은 강한 내수경제 성장, 대출수요의 회복, 부실채권 감소 등의 노력에 힘입어 다시 신용위기 이전의 이익수준을 회복하거나 넘어섰다. 그러나 유럽 은행들은 유럽지역의 낮은 경기성장과 2010년 유럽 재정부채 위기로 인해 여전히 위기이전보다 낮은 이익수준을 보이고 있다.

신용위기는 은행업이 경제에서 차지하는 역할이 얼마나 중요하면서도 동시에 취약한지를 잘 보여주는 사례이다. 은행은 높은 차입비율을 갖고 있으며, 투자자와 고객의 신용에 기반하여 자금조달이 이루어지기 때문에 상당히 취약한 측면이 있다. 이러한 신용은 하룻밤 사이에 사라져 버릴 수 있으며, 순식간에 은행을 곤경에 처하게 할 수 있다. 결과적으로 일반기업의 가치평가보다 은행의 가치평가에 있어서 보다 높은 불확실성이 존재한다. 은행 가치평가 시에는 은행의 영업방법, 가치창출 방법, 가치창출의 동인 등을 이해하는 것이 무엇보다 중요하다고 할 수 있다.

오늘날의 유니버설 뱅크들은 예금, 대출, 증권의 인수 및 발행, 결제서비스, 자산관리, 자기자본매매 및 중개업무 등을 포함한 거의 모든 분야의 업무를 수행하고 있다. 우리는 재무분석과 가치평가의 목적상 이자수익, 수수료 수익, 거래수익 등 은행에서 발생하는 주요 수익에 따라 업무유형을 분류하였으며, 일반적으로 은행의 주 업무영역과 관련이 없는 작은 규모의 수익인 기타수익을 네 번째 유형으로 분류하였다.

순이자수익

은행의 전통적인 역할은 잉여자금을 보유하고 있는 사람과 자금이 부족한 사람간의 중개인 역할을 하는 것이다. 은행들은 예금 및 차입의 형태로 자금을 조달하고 모기지대출, 신용카드대출, 기업대출 등의 형태로 자금을 고객에게 제공해 주는데, 이 과정에서 대출 시 은행이 얻는 이자수익과 자금조달을 위해 지급해야 하는 이자비용의 차이가 순이자수익이다. 미국의 지역소매 은행들과 Banco Santander, ING Group과 같이 소매금융에 중점을 둔 유니버설 뱅크들은 전체 순수익에 있어서 순이자수익이 차지하는 비중이 가장 크다.

다음 장에서 논의가 되겠지만, 은행의 모든 순이자수익이 가치를 창출하는 것은 아니라는 점을 이해하는 것이 중요하다. 대부분의 은행들은 단기예금을 장기대출 및 모기지대출을 위한 자금으로 사용하기 때문에 만기불일치(maturity mismatch)가 발생한다. 이러한 경우, 은행은 수익률 곡선 상의 차이를 통해 수익을 얻는다. 일반적으로 예금은 적은 비용이 드는 예측 가능한 형태의 자금이며, 장기대출로부터 은행이 얻는 수익보다 자금조달비용이 작다. 하지만, 이러한 방식으로 은행이 얻는 모든 수익이 가치를 창출한다고 보기는 어렵다. 예를 들어, 대출의 진정한 가치는 은행이 얻는 대출금의 이자 및 금융시장에서 동일한 만기를 가진 대출금이 발생시키는 수익의 차이로 측정된다(이 장의 뒷부분에서 설명되는 경제적 스프레드 분석 참조).

수수료 수익

은행은 일반적으로 재무자문, 증권의 인수 및 발행, 투자자산의 관리, 주식중개 등의 서비스를 제공하면서 고객들에게서 수수료를 받는다. Morgan Stanley, Goldman Sachs와 같은 투자은행은 전체 순수익에서 수수료 수익이 차지하는 비중이 거의 절반 수준에 이르며 HSBC, Bank of America와 같이 대규모의 투자은행 업무를 병행하는 유니버설 뱅크의 경우에는 전체 순수익에 있어서 수수료 수익이 차지하는 비중이 거의 3분의 1 수준에 이른다. 수수료 수익은 자금조달과는 무관하기 때문에 순이자수익보다는 이해하기가 쉽지만, 증권의 인수 및 재무자문

서비스 등은 경기순환의 영향을 많이 받기 때문에 주의하여야 한다.

거래수익

과거 30년 동안 고유계정 거래인, 자기자본 거래(proprietary trading)가 은행 업무 분야 전체에 걸쳐 세 번째 주요활동으로 부상하였다. 이러한 매매는 주식, 채권, 외화 등 장내/장외시장에서 거래되는 다양한 종류의 상품뿐만 아니라 대부분 장외시장에서 거래되는 신용부도스왑(credit default swap), 자산담보부채권(asset-backed debt obligations) 등의 비정형상품(exotic products)도 포함한다.

거래이익은 변동성이 상당히 높아서, 신용위기의 경험에서 알 수 있듯이, 수 년 동안에 걸쳐 창출한 이익이 단 한 해의 대규모의 손실로 인해 사라질 수 있다. 자기매매 거래는 특히 신용위기를 지나면서 큰 주목을 받았다. 2010년, 미국은 은행의 자기자본 거래를 금지하는 법안을 채택하였다.[3] 고객과 관련된 거래만 허용되면서, 은행의 전체 거래수익은 급격히 낮아졌다. 예를 들어, 유럽에서는 2017년 제2차 금융상품시장지침(MiFID II)을 통해 은행의 거래수익 활동에 제한사항들이 채택되었다. 2008년 이후로는 유럽은행의 거래수익이 급격하게 감소하였다.

기타수익

일부 은행은 부동산 개발, 일반기업에 대한 소수지분 투자, 투자상품 및 보험상품의 판매, 제 3자를 위한 연금 상품 및 서비스 등의 업무를 통해 수익을 창출한다. 일반적으로, 이러한 활동들은 은행 전체 수익에서 작은 비중을 차지하고 있으며 은행의 주요 업무와는 무관하다.

표 38.1에 제시된 유럽은행 섹터를 보면, 이러한 4가지 주 수익원의 상대적인 비율은 급격하게 변화하였는데, 유럽은행들은 이자수익의 비중을 줄이고, 수수료 및 거래수익의 비중을 늘렸다. 그러나 거래수익은 신용위기 때 큰 타격을 받았다. 그 이후로 어느 정도 회복이 되긴 했지만, 거래수익은 여전히 위기 전 수준으로 회복하지 못하였다.

---

3 2010 Dodd-Frank Wall Street Reform 및 Consumer Protection Act의 목표는 규제와 관리감독의 강화를 통한 미국 금융시장의 안정이다. 예를 들어, Volcker Rule을 통해 은행의 자기자본 거래에 제한을 두었고 새로운 감독기관인 Financial Stability Oversight Council을 신설하였다.

표 38.1 유럽 은행 수익원, 1988-2018

유형별 수익/총수익,[1] %

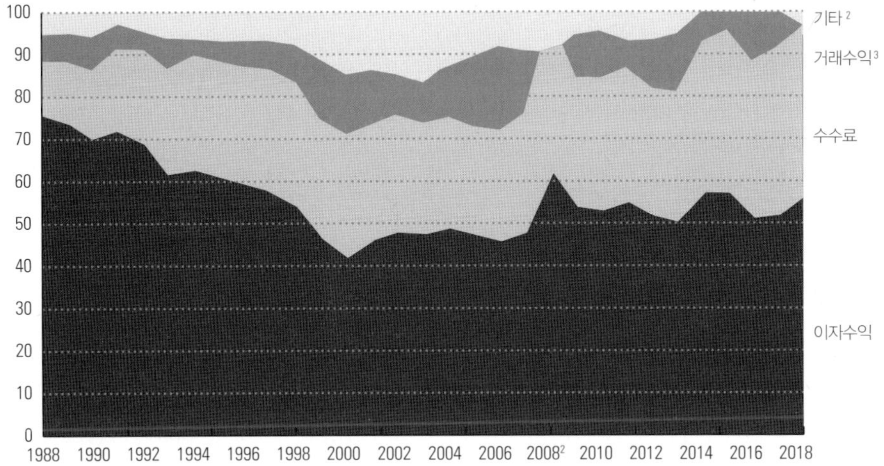

[1] 1988-2007년의 경우, 2007년에 영업 중인 109개를 포함한 113개 유럽 은행들, 2008-2013년의 경우, 2013년에 영업 중인 211개 유럽 은행들, 2014-2018년의 경우, 2014년에 상위 규모의 80개 유럽 은행들의 자료에 기초하였다.

[2] 2014년에서 2017년까지 기타수익은 음(-)의 수치임

[3] 2008년 거래수익은 -9%였다.

출처: Bloomberg, Compustat, Datastream, CapitalIQ.

은행들이 주 수익원을 변화시킴에 따라 그들의 수익성 및 시장가치의 경기변동성 또한 높아지고 있는데, 이러한 사실은 그들의 자기자본이익률 및 장부가액 대비 시장가치 비율을 통해 확인할 수 있다(표 38.2 참고). 이러한 측정치는 미국과 유럽의 은행분야에서 전체적으로 1995년 이후 가파르게 상승하여 2006년에 정점에 다다랐으나, 신용위기로 인해 급격히 하락하였다. 유럽의 은행들은 2010년의 유럽채권시장의 위기 때 다시 한 번 급격한 하락을 경험하였다. 2018년, 미국의 은행들이 유럽의 은행들보다 상황이 좀 더 나은 편이긴 하지만, 미국과 유럽의 은행들 모두 수익성과 가치가 정점이었을 때와 비교해 낮은 수준에 머물러 있다.

은행 가치평가의 원리

이 책의 대부분에서 우리는 가치평가의 방법으로 전체기업가치 DCF 접근법을 적용하고 있다. 현금흐름을 할인하는 것은 영업의사결정과 재무의사결정이 분리된 비금융기관에는 적절한 방법이지만 은행의 경우 이자수익과 이자비용을 제외한 채 영업부문의 가치를 평가할 수 없다. 이자수익과 이자비용은 은행의 핵심영업에 따

표 38.2 은행업 경기변동성 증가

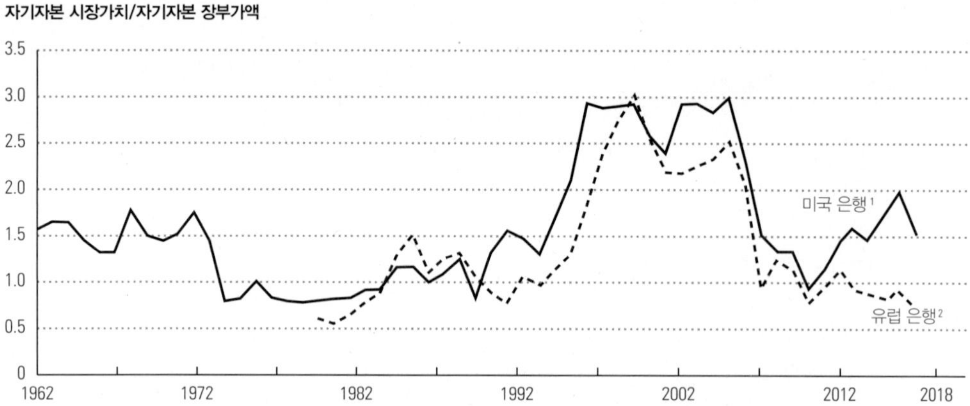

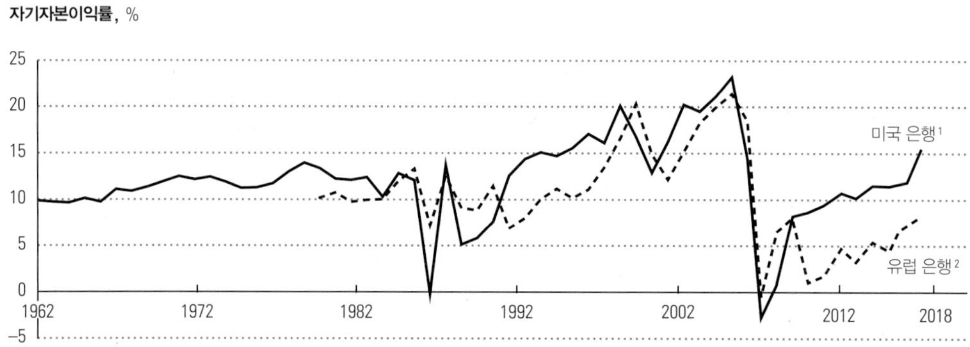

[1] 미국 은행: 1962-2007년의 경우, 2007년에 영업 중인 346개를 포함한 957개 미국 은행들, 2008-2013년의 경우, 2013년에 영업 중인 509개 미국 은행들, 2014-2018년의 경우, 2014년에 상위 규모의 156개 미국 은행들의 전체 재무 및 가치평가 자료에 기초하였다. 한편, 자기자본 장부가액에서는 영업권을 제외하였다.

[2] 유럽 은행: 1980-2007년의 경우, 2007년에 영업 중인 109개를 포함한 113개 유럽 은행들, 2008-2013년의 경우, 2013년에 영업 중인 211개 유럽 은행들, 2014-2018년의 경우, 2014년에 상위 규모의 80개 유럽 은행들의 전체 재무 및 가치평가 자료에 기초하였다. 한편, 자기자본 장부가액에서는 영업권을 제외하였다.

출처: Bloomberg, Compustat, Datastream, CapitalIQ.

른 결과이기 때문이다. 우리는 영업현금흐름과 재무현금흐름을 모두 포함한 자기자본 현금흐름(cash flow to equity)을 평가해야 하며, 이러한 측면에서 은행 가치평가에 있어 자기자본 DCF접근법의 사용을 권한다.[4] 우리는 한 소매은행의 정형화된 사례를 통하여 자기자본 DCF의 원리에 대해 설명할 것이다. ABC 은행은 고객의 예금을 유치하여 일반대출과 모기지론의 형태로 대출을 해주고 있으며, 회사의 재무상태표, 손익계산서, 주요 재무지표는 표 38.3에 나타나 있다.

2018년 말, 은행은 11억 3,400만 달러의 대출채권을 보유하고 있으며, 이를

4 전체기업가치 DCF법과 자기자본 DCF법의 비교는 10장을 참고한다.

표 38.3 ABC 은행: 과거 재무제표

$ million

	2015	2016	2017	2018	2019
재무상태표[1]					
대출채권	1,030.0	1,063.5	1,097.5	1,133.7	1,173.4
자산총계	1,030.0	1,063.5	1,097.5	1,133.7	1,173.4
예수금	988.8	999.7	1,009.7	1,043.0	1,079.5
자기자본	41.2	63.8	87.8	90.7	93.9
부채총계	1,030.0	1,063.5	1,097.5	1,133.7	1,173.4
손익계산서					
이자수익	70.0	72.1	74.4	71.3	73.7
이자비용	(48.0)	(47.5)	(47.0)	(45.4)	(44.9)
순이자수익	22.0	24.6	27.5	25.9	28.8
영업비용	(11.2)	(13.1)	(14.3)	(12.2)	(13.0)
세전영업이익	10.8	11.6	13.2	13.7	15.9
법인세	(3.2)	(3.5)	(4.0)	(4.1)	(4.8)
순이익	7.5	8.1	9.2	9.6	11.1
주요지표, %					
대출채권 증가율	3.0	3.3	3.2	3.3	3.5
대출채권 이자율	7.0	7.0	7.0	6.5	6.5
예수금 증가율	3.0	1.1	1.0	3.3	3.5
예수금 이자율	5.0	4.8	4.7	4.5	4.3
비용/수익	51.0	53.0	52.0	47.0	45.0
법인세율	30.0	30.0	30.0	30.0	30.0
자기자본/자산총계	4.0	6.0	8.0	8.0	8.0
자기자본이익률[2]	18.9	19.7	14.5	10.9	12.2

[1] 기말 장부가액
[2] 기초 자기자본이익률

통해 6.5%의 이자수익을 창출하였다. 또한 회사는 자본적정성에 대한 규제사항을 충족하기 위하여, 대출자산에 대하여 8%의 Tier 1 자기자본비율(본 사례에서는 자기자본을 총 자산으로 나눈 비율로 정의함)을 유지하여야 한다. 즉, 은행 대출금액의 8% 혹은 9,100만 달러는 자기자본의 형태로 자금조달이 되며, 나머지 10억 4,300만 달러는 예수금(deposits)의 형태로 조달이 된다는 것이다. 예수금에는 4.3%의 이자율이 적용되며, 이로 인해 4,500만 달러의 이자비용이 발생하게 된다.

2019년 ABC은행은 2,900만 달러의 순이자수익을 기록하였는데, 이는 예수금에 대해 지불하여야 하는 이자율보다 대출채권으로 인하여 벌어들이게 되는 이자율이 높았기 때문이다. 여기서 대출채권과 예수금에 관련된 모든 자본이익 또는 자본손실은 이자수익 및 이자비용에 포함된다. 한편 인건비 및 임차료 등의 영업비용은 1,300만 달러이며, ABC은행의 수익 대비 비용 비율(cost-to-income ratio)은 순이자수익의 45% 수준이다. 30%의 법인세를 차감하면, 당기순이익은 1,100만 달러이며, 자기자본이익률은 12.2% 수준이다.

10장에서 논의한 것과 같이, 회사의 지분가치는 미래의 자기자본 현금흐름(CFE: cash flow to equity)을 자기자본비용 k_e로 할인한 현재가치와 같다:

$$V_e = \sum_{t=1}^{\infty} \frac{\text{CFE}_t}{(1+k_e)^t}$$

두 가지 방법으로 CFE를 도출할 수 있는데, 우선, 당기순이익에서 이익잉여금을 차감하는 방식으로 CFE 계산이 가능하다.

$$\text{CFE}_t = \text{NI}_t - \Delta\text{E}_t + \text{OCI}_t$$

여기서 CFE는 자기자본 현금흐름을 지칭하며, NI는 당기순이익, ΔE는 자기자본의 장부가액의 증가분, OCI는 비현금 기타포괄손익을 의미한다.

당기순이익은 이론적으로 예금자와 채권자에게 지급되는 비용을 포함한 모든 비용을 지급한 후 주주에게 귀속되는 이익을 의미한다. 그러나 당기순이익 그 자체가 현금흐름은 아니다. 은행이 성장할수록 자기자본 또한 증가해야 한다. 그렇지 않을 경우 자기자본 대비 차입 및 예수금의 비율이 증가하게 되어, 감독기관과 고객들이 은행의 지급능력에 대한 우려를 제기할 수 있다. 자기자본의 증가는 은행이 주식을 추가로 발행하거나 혹은 주주에게 귀속이 가능한 이익의 유보를 의미하기 때문에 결국 자기자본 현금흐름을 감소시키게 된다. 마지막으로, 특정 주식이나 채권의 평가손익, 헤징(hedging) 평가손익, 연금부채의 조정관련 손익, 외화환산 평가손익 등의 비현금 기타포괄손익을 계산식에 가산해주게 되면 자본에 대한 모든 비현금거래의 조정을 대체할 수 있게 된다.[5]

표 38.4는 ABC 은행에 대한 자기자본 현금흐름의 계산을 보여준다. 2015년 ABC은행은 당해연도에 중단된 해외대출 사업으로 인한 외화환산이익을 기타포괄이익으로 인식하였으며, 회사의 자기자본 현금흐름은 2016년과 2017년에 Tier 1 자기자본비율을 4%에서 8%로 높이기 위한 증자로 인하여 음(−)의 수치를 기록하였다.

5 물론 자기자본 현금흐름은 재무상태표의 모든 계정의 증감분석을 통해서도 계산이 가능하다. 예를 들어, 은행의 자기자본 현금흐름은 당기순이익에 예수금과 대손충당금의 증가분을 가산하고, 대출채권과 투자자산의 증가분을 차감하는 등의 과정을 통해 계산이 가능하다.

표 38.4 ABC 은행: 과거 주주귀속 현금흐름

$ million

	2015	2016	2017	2018	2019
현금흐름표					
순이익	7.5	8.1	9.2	9.6	11.1
자본 (증가)감소	(1.2)	(22.6)	(24.0)	(2.9)	(3.2)
기타포괄이익(손실)	0.2	–	–	–	–
주주에 대한 현금흐름	6.5	(14.5)	(14.8)	6.7	7.9

표 38.5 소매금융에 대한 전체적인 가치동인 트리: 자기자본 DCF 모델

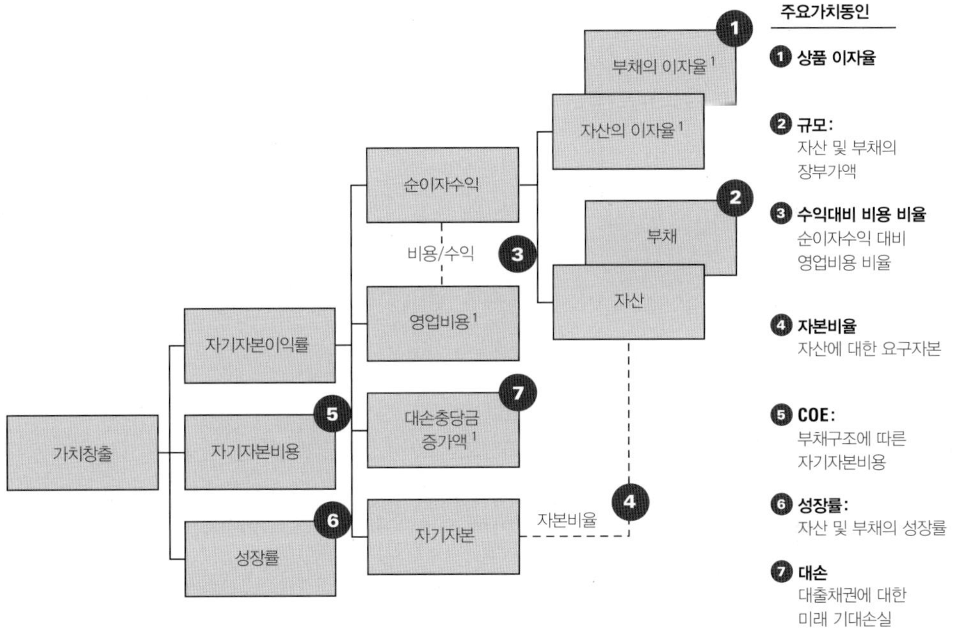

[1] 세후

자기자본 현금흐름을 계산하는 또 다른 방법으로 배당금, 자사주 취득, 신주발행 등으로 인해 주주에게 지급되거나 혹은 주주로부터 수취하는 모든 현금의 합을 계산하는 방법이 있는데, 두 방법의 결과는 모두 동일하여야 한다. 여기서 유의할 점은 자사주 취득과 신주발행 또한 주주에 대한 혹은 주주로부터의 현금흐름에 있어서 중요한 부분을 차지하기 때문에, 자기자본 현금흐름과 주주에게 지급된 배당금을 동일한 개념으로 보아서는 안 된다는 것이다.

자기자본 현금흐름의 분석과 추정

표 38.5는 소매은행에 대한 일반적인 가치동인 트리(value driver tree)를 보여주고 있는데, 개념적으로는 일반회사와 동일하다. 우리는 트리의 가지를 따라가면서 표 38.3에서 제시된 ABC 은행의 과거 영업성과를 분석할 것이다.

과거 5년 동안, ABC 은행의 대출채권 포트폴리오는 매년 약 3.0%~3.5% 수준으로 성장하였다. 2015년 이후, 대출채권 이자율은 7.0%에서 2019년 6.5%로 하락하였으나, 동기간 동안 예수금 이자율 또한 5.0%에서 4.3%로 급격히 하락하면서 그 영향이 상쇄되었다. 대출채권 포트폴리오의 성장과 더불어 이자율 변동으로 인해 순이자수익 또한 2015년 2,200만 달러에서 2019년 2,900만 달러로 증가하였다. 게다가, 비용관리를 실시하여 2016년 최고치였던 53%에서 2019년 45% 수준으로 수익 대비 비용 비율도 크게 개선되었다.

위험자본(equity risk capital)에 대한 보다 강화된 규제요건을 충족시키기 위하여 동기간 동안 ABC 은행은 Tier 1 자본비율을 4%에서 8%로 증가시켰다. 대출채권 포트폴리오 성장에 수반되는 보다 강화된 자본비율 규제 요건을 충족하기 위하여 2015년 이후 자기자본을 5,000만 달러 규모로 확충하여야만 했고, 결과적으로 ABC 은행의 자기자본이익률은 2016년 20% 수준에서 2019년 12% 수준까지 급격히 감소하였다.

표 38.6은 대출채권 성장률이 추정기간 동안에는 4.5%, 추정기간 이후에는 3.5%로 영구히 유지될 것이라는 가정을 바탕으로 산출된 ABC 은행의 추정재무제표를 보여준다. 여기서 대출채권과 예수금의 이자율은 각각 6.1% 및 3.9%로 하락할 것으로 추정하였고, 영업비용은 순이자수익의 43% 수준으로 하락할 것이라고 가정하였다. 결과적으로 자기자본이익률은 2021년에 12.8% 수준까지 개선될 것이고 동 수준이 영구히 유지될 것으로 추정하였다. 여기서 눈여겨볼 점은 ABC의 높은 차입비중(총자산 대비 자본 비율은 8%임)으로 인하여 단 1%의 대출채권 이자율의 변화만으로도 자기자본이익률이 12%까지 변동될 수 있다는 것이다.

자기자본 현금흐름의 할인

ABC 은행의 자기자본비용인 k_e를 추정하기 위하여 우리는 비교대상 소매은행의 평균베타 1.1, 무위험이자율 4.5%, 시장위험 프리미엄 5%를 사용하였다.[6]

---

6 자기자본비용의 추정을 위한 자세한 내용은 15장 참조.

표 38.6 ABC 은행: 재무추정

$ million

	2020	2021	2022	2023	2024	2025
재무상태표[1]						
대출채권	1,226.2	1,281.4	1,332.6	1,379.3	1,427.6	1,477.5
자산총계	1,226.2	1,281.4	1,332.6	1,379.3	1,427.6	1,477.5
예수금	1,128.1	1,178.9	1,226.0	1,268.9	1,313.4	1,359.3
자기자본	98.1	102.5	106.6	110.3	114.2	118.2
부채총계	1,226.2	1,281.4	1,332.6	1,379.3	1,427.6	1,477.5
손익계산서						
이자수익	71.6	74.8	78.2	81.3	84.1	87.1
이자비용	(41.6)	(43.4)	(45.4)	(47.2)	(48.9)	(50.6)
순이자수익	30.0	31.4	32.8	34.1	35.3	36.5
영업비용	(13.5)	(13.5)	(14.1)	(14.7)	(15.2)	(15.7)
세전영업이익	16.5	17.9	18.7	19.4	20.1	20.8
법인세	(5.0)	(5.4)	(5.6)	(5.8)	(6.0)	(6.2)
순이익	11.6	12.5	13.1	13.6	14.1	14.6
현금흐름표						
순이익	11.6	12.5	13.1	13.6	14.1	14.6
자기자본 (증가)감소	(4.2)	(4.4)	(4.1)	(3.7)	(3.9)	(4.0)
기타포괄(이익)손실	–	–	–	–	–	–
주주귀속 현금흐름	7.3	8.1	9.0	9.9	10.2	10.6
주요지표, %						
대출채권 증가율	4.5	4.5	4.0	3.5	3.5	3.5
대출채권 이자율	6.1	6.1	6.1	6.1	6.1	6.1
예수금 증가율	4.5	4.5	4.0	3.5	3.5	3.5
예수금 이자율	3.9	3.9	3.9	3.9	3.9	3.9
비용/수익	45.0	43.0	43.0	43.0	43.0	43.0
법인세율	30.0	30.0	30.0	30.0	30.0	30.0
자기자본/자산총계	8.0	8.0	8.0	8.0	8.0	8.0
자기자본이익률[2]	12.3	12.8	12.8	12.8	12.8	12.8

[1] 기말 장부가액

[2] 기초 자기자본이익률

$$k_e = r_f + \beta \times \text{MRP} = 4.5\% + 1.1 \times 5.0\% = 10.0\%$$

여기서 r_f는 무위험이자율을, β는 자기자본 베타, MRP는 시장위험프리미엄을 말한다(비교대상 은행들의 자본 커버리지 비율(capital coverage ratio)이 유사하다고 가정하여, ABC 은행의 자기자본 베타 산출시 비교대상 은행의 차입효과를 고려한 조정을 할 필요가 없음).

자기자본 DCF 접근법에서, 우리는 3장에서 보았던 가치동인공식(value

driver formula)에서 투하자본이익률(ROIC: Return on invested capital)과 신규투자자본이익률(RONIC: Return on new invested capital)을 자기자본이익률(ROE: Return on equity)과 신규자기자본이익률(RONE: Return on new equity investments)로 대체하고, 세후순영업이익(NOPAT: Net operating profit after taxes)을 당기순이익으로 변경한 수정모형을 사용하게 된다.

$$CV_t = \frac{NI_{t+1}\left(1-\frac{g}{RONE}\right)}{k_e - g}$$

여기서 CV_t는 t연도의 영구가치(CV: Continuing value), NI_{t+1}은 t+1연도의 당기순이익, g는 성장률, k_e는 자기자본비용을 의미한다.

ABC 은행이 영구히 매년 3.5%씩 성장하면서 새로운 투자에 대해서는 12.8%의 ROE를 창출한다고 가정하면,[7] 2025년 말의 영구가치는 다음과 같이 계산된다:

$$CV = \frac{\$15.1 \text{ million}\left(1-\frac{3.5\%}{12.8\%}\right)}{10.0\% - 3.5\%} = \$168.4 \text{ million}$$

ABC 은행의 자기자본 현금흐름의 할인가치 계산은 표 38.7에 나타나 있다. 자기자본의 현재가치는 1억 3,420만 달러이며, 자기자본의 장부가액 대비 시장가치 비율은 1.4, 주가수익률(P/E: Price to earnings)은 11.6이다. 일반적인 기업의 가치평가와 같이, 가능하다면 이러한 분석결과를 배수를 이용한 결과와 비교 검토해 보아야 한다(18장 참조). 장부가액 대비 시장가치 비율은 ABC 은행이 자기자본의 장부가보다 높은 가치를 창출하고 있다는 것을 보여주는 결과인데, 이는 ABC 은행이 10.0%의 자기자본비용을 초과하는 12.8%의 장기 자기자본이익률을 보인다는 결과와 일치한다.

7 만약 RONE가 ROE와 같다면, 공식은 다음과 같이 간단하게 변한다.

$$CV_t = \frac{NI_{t+1}\left(1-\frac{g}{ROE}\right)}{k_e - g} = E_t\left(\frac{ROE - g}{k_e - g}\right)$$

여기서 E는 자기자본의 장부가액이다.

자기자본 DCF 접근법의 문제점

여기서 설명되고 있는 자기자본 DCF 접근법은 직관적이고 이론적으로 옳은 방법이지만, 몇 가지 잠재적인 문제점을 포함하고 있다. 그것은 가치창출의 요인, 차입효과와 자기자본비용에 있어서의 영업위험, 위험자본의 보유에 따른 비용에 대한 우려 등이다.

가치창출의 원천 자기자본 DCF 접근법은 우리에게 은행이 영업과정에서 어떻게 그리고 어디서 가치를 창출하는지에 대해서는 알려주지 않는다. ABC 은행이 대출채권에 대하여 6.5%의 이자를 얻거나 혹은 예수금에 대하여 4.3%의 이자를 지급할 때 이로 인해 가치가 창출 혹은 파괴되는가? ABC 은행의 당기순이익은 회사의 내재가치창출을 어느 정도 반영하고 있는가?

이러한 문제점은 다음 부분에서 다뤄지게 될 경제적 스프레드 분석(economic-spread analysis)을 통해 극복할 수 있다. 다음 부분에서 볼 수 있듯이, ABC 은행은 대출영업활동을 통하여 가치를 창출하고 있지만, 예수금 측면에서는 훨씬 저조하며 2019년까지 어떠한 가치도 창출하고 있지 못하다. 사실 ABC 은행의 2019년 순이자수익의 상당 부분은 단기 자본조달 및 장기대출의 만기불일치를 통하여 창출된 것이며, 이것은 주주들에게 어떠한 가치도 창출하지 않는다. 주주들은 채권시장에서 이와 비슷한 포지션을 구축할 수 있기 때문이다. 따라서 이 문제에서 중요한 점은 바로 ABC 은행이 시장이자율보다 나은 조건으로 예수금을 유치하고 대출을 제공할 수 있느냐는 것이다. 이를 경제적 스프레드 분석을 통해 살펴본다.

차입과 영업위험이 자기자본비용에 미치는 영향 ABC 은행과 같은 은행에 대한 자기자본비용은 영업위험과 차입비중이 반영되어야 한다. 자기자본 베타는 회사의 모든 대출 및 예금 관련 베타들의 가중평균베타이다. 따라서, 은행의 자산이나 부채의 구성 또는 자기자본비율의 중요한 변화를 추정할 때에는 자기자본비용을 조정을 해주어야 한다.

예를 들어, 만약 ABC 은행이 자기자본비율을 감소시킨다면, 추정 자기자본이익률은 상승할 것이다. 그러나 법인세를 고려하지 않는다면 이러한 변동이 자기자본의 본질가치를 증가시키지는 않는다. 왜냐하면 현금흐름의 위험성이 더욱 증가하기 때문에 ABC 은행의 자기자본비용 또한 증가할 것이기 때문이다. ABC 은행의 기업가치는 자기자본비율을 감소시키면서 늘어난 예수금에서 창출된 가치만큼

만 증가한다(다음의 경제적 스프레드 분석 참조).[8]

연장선상에서 자산 혹은 부채 구성의 변동을 설명할 수 있다. ABC 은행이 추가로 5,000만 달러의 자본금을 증가시키고, 이 대금을 무위험이자율인 4.5%의 정부채에 투자한다고 가정하면, 미래 자기자본이익률이 감소할 것이다. 만약 ABC 은행의 자기자본비용을 10.0% 수준으로 유지한다면 추정 주당 자기자본 가치는 감소하게 된다. 하지만 세금효과를 고려하지 않을 경우 무위험 투자는 가치를 파괴하지 않는다. 왜냐하면 추정 이익은 정확히 무위험자산에 대한 자본비용과 동일하기 때문이다. 은행이 정부채에 대한 투자에 특별한 경쟁우위가 없다고 가정한다면, 가치창출에 미치는 영향도 없다. 경쟁우위가 없다는 의미는, 은행이 정확히 공정시장가격으로 정부채를 인수한다는 의미이므로 합리적인 가정이라고 느껴진다. 결과적으로, 만약 자산 구성 변화의 자기자본비용에 대한 영향을 적절히 설명하고 그 결과로 영업에서의 베타 하락을 설명하고자 한다면, ABC 은행의 자기자본 가치는 변동하지 않고 유지될 것이다.

위험자본의 보유에 따른 추징세금 은행이 위험자본을 보유하려면 비용이 발생하는데, 무엇이 이러한 비용을 발생시키는지를 이해하는 것이 중요하다. 여기에서 다시 ABC 은행의 사례를 살펴보자. ABC 은행은 증자를 통하여 자본 확충을 한 후 무위험자산에 투자하여 결과적으로 위험기준자본을 증가시켰다. 세금효과를 고려하지 않는다면 이러한 추가위험자본은 가치에 영향을 주지 않게 되고 보유에 따른 비용도 발생하지 않게 된다. 그러나 이자수익에 과세가 된다고 하면 위험자본 보유에 따라 비용이 발생하게 되며, 이러한 자본은 차입금 혹은 예수금과 달리 절세효과를 제공하지 않는다. 이 사례에서 ABC 은행은 무위험자산 5,000만 달러에 대한 이자수익이 발생한다. 이 이자수익은 예수금 혹은 차입금에 대한 이자비용의 절세효과로 상쇄될 수 없다. 왜냐하면 이러한 투자는 자기자본을 통해 이루어졌으며, 이 경우 세금공제가 가능한 이자비용이 없기 때문이다.

위험자본의 보유에 따른 진정한 비용은 바로 추징세금(tax penalty)이다. 추징세금의 현재가치는 자기자본에 세율을 곱한 값이다. 만약 ABC 은행이 자기자본을 5,000만 달러만큼 증자하여 무위험 채권에 투자하였다면, 다른 모든 것이 동일하다는 가정 하에 추징세금으로 인하여 현재가치 1,500만 달러(5,000만 달러의 30%)를 파괴하게 된다. 자기자본비용이 은행의 레버리지와 영업위험을 반영하고

8 부채비율은 은행과 일반기업의 가치평가에서 각각 다르게 작용한다. 법인세를 고려하지 않는다면, 일반기업의 가치는 부채비율에 의해 좌우되지 않는다. 일반기업의 가치평가에서 시장이자율로 조달되는 부채는 기업가치에 아무런 영향을 미치지 않는다고 가정하기 때문이다(10장 참조).

있다고 한다면, 추징세금은 자기자본 DCF에 내재적으로 포함되어 있다. 그러나 다음에 논의되는 경제적 스프레드 분석에서는 추징세금을 은행의 차입활동에 따른 비용으로 별도로 포함시킨다.

경제적 스프레드 분석

자기자본 DCF 접근법은 은행의 가치창출 원인을 보여주지 못한다. ABC 은행이 각기 다른 영업분야에서 얼마나 많은 가치를 창출해 내는가를 이해하기 위하여 우리는 경제적 스프레드를 이용하여 분석할 수 있다.[9] 우리는 2019년 ABC 은행의 대출영업 분야의 세전 경제적 스프레드를 대출채권 이자율에서 대출채권에 대한 내부기준금리(MOR: Matched-opportunity rate)를 차감한 이율에 기초 대출채권 금액을 곱한 것으로 정의한다.

$$S_{BT} = L(r_L - k_L) = 1,133.7\,(6.5\% - 5.1\%) = 15.9$$

여기서 S_{BT}는 세전 스프레드(백만 달러 단위)를, L은 대출채권 금액을(백만 달러 단위), rL은 대출채권 이자율을, 그리고 kL은 대출채권에 대한 MOR을 나타낸다.

MOR은 대출채권에 대한 자본비용으로, 은행이 금융시장에서 대출채권과 유사한 만기와 위험을 가지고 있는 자산에 투자했을 때 얻을 수 있는 수익을 나타낸다. 그러나 대출채권과 모기지론의 만기와 위험은 종종 예수금이나 차입금의 그것과 일치하지 않기 때문에, 은행이 예수금 혹은 차입금에 대해 지급하는 실제 이자율이 투자이자율과 반드시 관련이 있을 필요는 없다. 예를 들어, 건전성이 양호한 4년 만기 대출채권의 MOR은 시장에서 거래되는 4년 만기 투자적격 등급 회사채의 수익률과 유사하다. 만약 대출채권 이자율이 MOR보다 높다면 은행은 대출영업활동에 있어서 가치를 창출하게 된다.

세후 경제적 스프레드(SAT)를 계산하기 위하여 우리는 대출영업활동에 요구되는 자본에 대한 추징세금(TPE)과 차입 및 대출채권 간의 만기불일치에 따른 세금(TMM)을 스프레드에서 차감해줄 필요가 있다.

$$S_{AT} = L(r_L - k_L)(1 - T) - \text{TPE} - \text{TMM}$$

예수금 및 차입금과는 다르게, 배당지급액은 소득 공제항목이 아니기 때문에

9 이 접근법은 J. Dermine, *Bank Valuation and Value-Based Management*(New York: McGraw-Hill, 2009)에서 설명하는 것과 유사하다.

자기자본은 절세효과를 제공하지 않아서 세무상 불이익이 발생한다.[10] 따라서 다른 사항들이 동일하다는 전제하에, 은행이 예수금이나 차입금이 아닌 자기자본을 이용한 자금조달에 더욱 의지할수록 은행이 창출하는 가치는 줄어들게 된다. 물론 은행은 적어도 부분적으로나마 자기자본을 이용한 자금조달을 해야만 한다. 그 첫 번째 이유는 대부분 나라의 규제당국들은 은행이 자산 대비 특정수준의 최소 자기자본 비율을 유지하도록 지급여력규제 제도를 운영하고 있기 때문이다. 또한, 자기자본조달이 없거나 적은 은행의 경우 그들의 채무불이행 위험이 높아지기 때문에 고객들로부터 예수금을 유치하거나 차입금을 조달하는 데 어려움을 겪을 수 있다. ABC 은행의 대출영업활동에 대한 2019년의 추징세금은 다음과 같이 계산된다.[11]

$$\text{TPE} = \text{T} \times \text{L} \times e_L \times k_D$$
$$= 30\%(1{,}133.7)(8.0\%)(4.6\%) = 1.3$$

여기서 e_L은 요구 자기자본을 대출채권 잔액으로 나눈 값이며, k_D는 예수금에 대한 MOR을 나타낸다.

만기불일치에 따른 세금(TMM)은 대출금의 만기와 예수금의 만기가 일치하지 않을 때 필요한 항목이다. 보통 대출금의 만기가 예수금의 만기보다 길다. 이런 차이로 영업수익이 발생하고 각각의 MOR도 달라진다. 예를 들어, ABC 은행의 사례에서, 대출금의 만기가 예수금의 만기보다 길기 때문에 대출금의 MOR은 5.1%로 예수금의 MOR, 4.6%를 상회한다. 만기불일치 그 자체는 대출금이나 예수금의 경제적 스프레드에 어떠한 영향도 미치지 않기 때문에, 결과적으로 가치를 파괴하지도 창출하지도 않는다. 그러나 만기불일치에 따라 발생하는 이자수익에 대한 세금은 가치에 영향을 미치기 때문에 대출금에 대한 경제적 스프레드 분석에 포함되어야 한다. 가능성이 높진 않지만, 은행 대출금의 만기가 예수금의 만기보다 짧은 경우라면, TMM이 긍정적 결과를 가져올 수도 있다. 2019년, ABC 은행에 대한 TMM(백만 달러 단위)은 다음과 같이 계산된다.

$$\text{TMM} = T \times L(k_L - k_D)$$
$$= 30\%(1{,}133.7)(5.1\% - 4.6\%) = 1.7$$

대출채권에 대한 세후 경제적 스프레드는 다음과 같이 도출된다.

$$S_{AT} = 15.9(1 - 30\%) - 1.3 - 1.7 = 8.2$$

10 부채 조달은 절세효과를 제공하고 자기자본 조달은 추징세금을 발생시킨다. Dermine, *Bank Valuation*, 77. 참조.

11 복수대출상품일 경우, 추징세금을 개별 상품의 자본충족요건에 따라 각 상품별로 할당할 수 있다.

표 38.7 ABC 은행: 가치평가

$ million

	현금 주주귀속 현금흐름(CFE)	할인계수	CFE의 현재가치
2020	7.3	0.909	6.7
2021	8.1	0.826	6.7
2022	9.0	0.751	6.7
2023	9.9	0.683	6.7
2024	10.2	0.621	6.3
2025	10.6	0.564	6.0
영구가치	168.4	0.564	95.0
자기자본가치			134.2
장부가액 대비 시장가치 비율			1.4
P/E[1]			11.6

[1] 2020년 순이익에 대한 추정 PER

이 숫자는 ABC 은행의 대출영업활동으로 인해 창출된 가치의 금액(백만 달러)을 나타낸다. 동일한 방식으로 우리는 ABC 은행의 예수금 상품의 경제적 스프레드 또한 정의할 수 있다(표 38.8 참조). 일반기업과는 다르게 은행들은 자금조달 활동에 있어서 가치를 창출하려고 하기 때문에 우리의 분석은 분명히 예수금에 대한 스프레드를 포함하고 있다. 예를 들어, ABC 은행은 유사한 수준의 높은 신용등급을 갖는 채권 이자율인 4.6%보다 낮은 수준인 4.3%의 예금이자율을 적용하고 있기 때문에, 2019년 예금영업에 있어서 주주들에 대한 가치를 창출하고 있다.[12]

과거 몇 년 동안의 ABC 은행 상품의 스프레드와 비교해 보면, 우리는 대부분의 가치가 대출영업활동을 통해 창출된다는 사실을 쉽게 알 수 있다. 2015년부터 2019년까지 기간 동안에 ABC 은행이 영(0) 혹은 음(-)의 스프레드를 보여준다는 점을 통해 알 수 있듯이, 동 기간 동안 ABC 은행은 예금영업을 통해서는 어떠한 이윤도 창출하지 못했다.

두 가지 영업활동에 대한 경제적 스프레드의 계산을 통해, 우리는 표 38.5에서 설명했던 자기자본 DCF 접근법으로부터 가치동인트리를 재구성할 수 있다. 표 38.9의 재구성된 가치동인트리를 살펴보면, 핵심동인들은 동일하지만 은행의 가치창출에 관한 몇 가지 중요한 메시지는 다음과 같다.

- 자산에 대한 이자수익은 이자율이 동 자산에 대한 자본비용(예를 들면 MOR)을 만기불일치에 따른 세금 이상의 금액만큼 초과할 경우에만 가치를 창출한다.

12 예수금에 대한 스프레드에는 만기 불일치나 위험 자본에 대한 세금이 포함되어 있지 않다. 이는 대출금에 대한 스프레드에 포함된다.

표 38.8 ABC 은행: 금융상품별 과거 경제적 스프레드

$ million

	2015	2016	2017	2018	2019
대출채권 이자율, %	7.0	7.0	7.0	6.5	6.5
내부기준금리(MOR), %	5.5	5.5	5.5	5.5	5.1
대출채권의 경제적 스프레드, %	1.5	1.5	1.5	1.0	1.4
대출채권 장부가액[1]	1,000.0	1,030.0	1,063.5	1,097.5	1,133.7
대출채권 세전 경제적 스프레드	15.0	15.5	16.0	11.0	15.9
경제적 스프레드에 대한 법인세	(4.5)	(4.6)	(4.8)	(3.3)	(4.8)
자기자본 및 만기불일치 추징세금	(2.1)	(3.1)	(3.8)	(4.5)	(3.0)
대출채권의 경제적 스프레드[2]	8.4	7.8	7.4	3.2	8.2
예수금 이자율, %	5.0	4.8	4.7	4.5	4.3
내부기준금리(MOR), %	5.0	4.7	4.6	4.5	4.6
예수금 스프레드, %	–	–0.1	–0.1	–	0.3
예수금 장부가액[1]	960.0	988.8	999.7	1,009.7	1,043.0
예수금의 경제적 스프레드[2]	–	(0.7)	(0.7)	–	2.2

[1] 기초 기준
[2] 법인세 차감 후

- 자본비율의 변동은 오직 자기자본에 대한 추징세금을 통해서만 가치창출에 영향을 준다.
- 추가적인 상품판매로부터의 경제적 스프레드가 양(+)이고, 영업비용을 감당하기에 충분한 경우일 때만 성장을 통해 가치가 창출된다.

서로 다른 자산과 부채 구분으로 표현되는 상품군에 대한 영업비용을 배분함으로써 가치동인트리를 더욱 정교하게 할 수 있다. 단 각각의 상품라인에 대한 영업비용 및 필요자본에 대한 충분한 정보가 있어야 한다.

경제적 스프레드와 순이자수익

스프레드 분석을 통해 왜 은행의 회계상 순이자수익이 은행에 의해 창출된 가치를 나타내 주지 못하는 지와 해석에 주의가 요구되는지를 알 수 있다. 예를 들어, ABC 은행의 2019년 세후 순이자수익 2,020만 달러 중, 오직 1,030만 달러만이 창출된 진정한 가치를 나타낸다(표 38.10 상의 대출채권과 예수금에 대한 경제적 스프레드 820만 달러와 220만 달러를 더한 뒤 반올림 계산오차를 차감한 금액). 나머지 990만 달러는 수익이기는 하나 표에 나오는 두 종류의 비용에 의해 상쇄되기

표 38.9 소매금융에 대한 전체적인 가치동인 트리: 경제적 스프레드

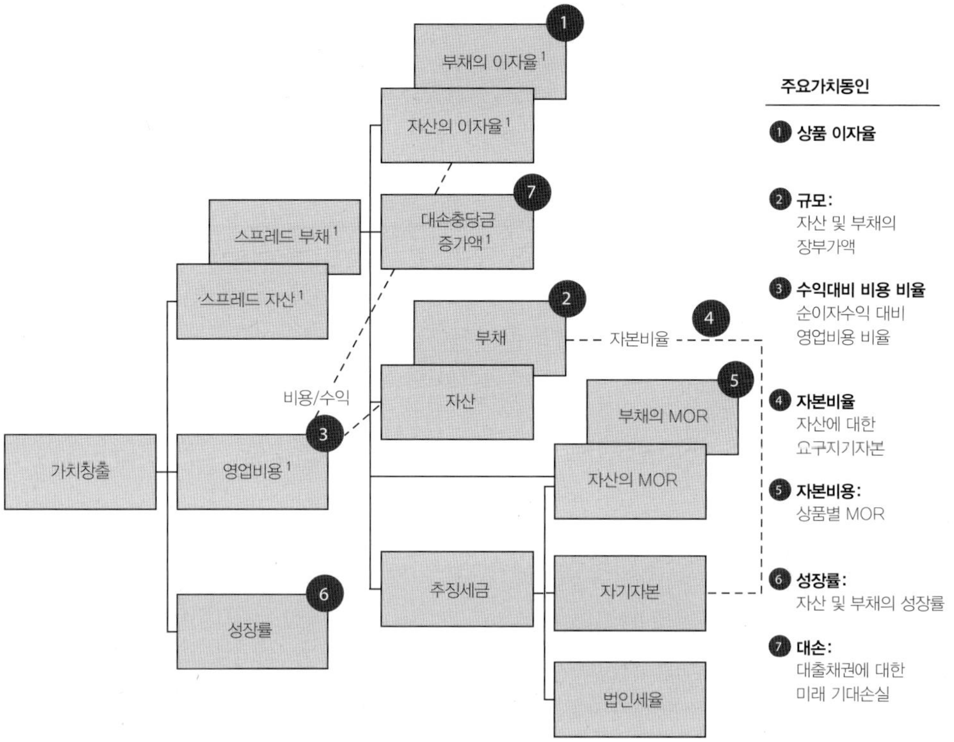

[1] 법인세 차감 후

때문에 가치창출분이라고 말할 수 없다.

1. 2019년 420만 달러의 만기일치 비용(Matched-maturity charge)은 만약 만기불일치와 경제적 스프레드가 존재하지 않는다면 자산과 부채에 요구되는 수익을 나타낸다. 이 경우 모든 자산과 부채가 예수금에 대한 동일한 만기(그리고 위험)를 갖게 되고, 그들의 수익은 K_D(예수금에 대한 MOR)와 같고 순이자수익은 자기자본에 K_D를 곱한 값과 같게 된다. 이러한 순이자수익은 가치를 창출하지 않는다. K_D는 단지 자본과 부채의 만기가 정확히 일치하는 은행에 투자한 주주들의 요구수익률을 의미할 뿐이다.[13]
2. ABC 은행의 순이자수익 중 5,700만 달러의 만기불일치 비용(Mismatched-maturity charge)은 ABC 은행의 자산과 예수금의 만기 차이

13 은행의 자기자본에 대한 자본비용은 모든 자산과 부채에 대한 자본비용의 가치-가중평균이기 때문에 k_D와 같게 된다.

표 38.10 ABC 은행: 순이자수익 및 가치창출

$ million

	2019	산식
순이자수익(세후)	20.2	$(1-T)(L \times r_L - D \times r_D)$
만기일치 자본비용	4.2	$(L-D)\,k_D = (L \times e_L \times k_D)$
만기불일치 자본비용	5.7	$L \times (k_L - k_D)$
경제적 스프레드(세후)	10.3	$= (1-T)\,L\,(r_L - k_L) - T \times L \times e_L \times k_D - T \times L\,(k_L - k_D) + (1-T)\,D\,(r_D - k_D)$
		$S_{BT} = 11.2$; TPE = −1.3 ; TMM = −1.7 ; $S_{BT} = 2.2$
		For loans: 8.2 ; For deposits: 2.2

에 의해 발생한다. 은행이 단기로 자금을 빌려온 후 장기로 투자를 한다면 이를 통해 수익이 발생하게 된다. 장기와 단기의 위험 차이를 고려한다면 이런 수익이 가치를 창출하는 것은 아니다. 만기불일치 비용은 주주에게 이러한 위험을 보상하기 위해 요구되는 순이자수익의 한 부분일 뿐이다.[14]

은행 가치평가의 복잡성

은행 가치평가를 할 때 ABC 은행 사례에서 논의되었던 것 외에도 몇 가지 문제들이 있다. 실제로 은행은 신용카드 대출과, 모기지 대출, 기업대출을 포함하여 이자수익을 내는 다양한 사업부문을 보유하고 있으며 이러한 대출들의 만기는 다양하다. 부채의 측면에서 봤을 때 은행은 다양한 종류의 고객 예수금뿐만 아니라 여러 형태의 일반 및 하이브리드 부채(hybrid debt)를 취급한다. 또한 총자산 대비 작은 비중이긴 하지만 운전자본과 유형자산에도 투자해야 한다. 이러한 다양성이 실제 은행에 대한 분석을 보다 복잡하게 만든다. 하지만, ABC 은행 사례에서 적용되었던 원칙들은 일반적으로도 적용 가능하다. 이 장에서 우리는 은행의 분석과 가치평가 과정에서의 몇몇 실무상의 어려움들에 대해 살펴본다.

14 만기 일치 및 만기 불일치에 대한 세금은 경제적 스프레드의 비용에 포함되어 있다.

표 38.11 수익률 곡선 및 미래 이자율

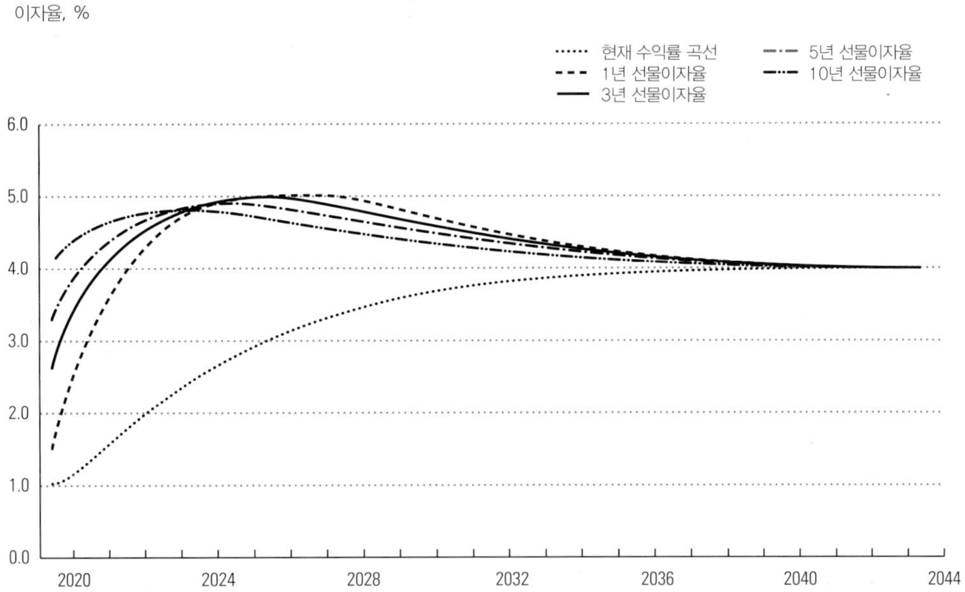

선물이자율들의 수렴

ABC 은행에서 우리는 단기와 장기 이자율의 차이가 영구히 지속될 것을 가정하였다. 이러한 가정의 결과로 단기의 예수금을 장기대출의 자금으로 사용하는 ABC 은행은 만기불일치를 이용한 영구적인 순이자수익을 창출하게 된다. 그러나 이자율에 대한 기대이론에 따르면 단기이자율이 상승할 것이라고 예측될 경우 장기 이자율은 더 빠르게 상승하게 되고 반대의 경우도 마찬가지이다. 따라서 미래기간 동안의 이자율에 대한 우리의 기대가 현재의 수익률곡선과 일관성이 있다는 것을 확실히 할 필요가 있다.

표 38.11은 2019년 현재 가상의 수익률 곡선과 일치하는 1, 3, 5, 10년 선물이자율의 예를 보여준다. 은행의 이자수익과 이자비용에 대한 추정은 서로 다른 상품군에 대한 MOR을 구성하는 선물이자율을 근거로 해야 한다. 예를 들어, 만약 은행의 예수금이 평균 3년 만기를 가지고 있다고 하면, DCF 모델에서 예수금에 대한 기대이자율을 추정하기 위해 3년 만기 선물 이자율 곡선에서 기대스프레드를 차감한 이자율을 사용하여야 한다. 이러한 이자율들은 모두 현재 수익률 곡선으로부터 산출된다. 2021년의 3년 만기 기대이자율은 현재 3년 만기와 6년 만기 이자율을 이용하여 다음과 같이 계산된다.

$$r_{2021-2024}=\left[\frac{(1+Y_{2024})^6}{(1+Y_{2021})^3}-1\right]^{\frac{1}{3}}=\left[\frac{(1+2.82\%)^6}{(1+1.66\%)^3}-1\right]^{\frac{1}{3}}=4.0\%$$

여기서 $r_{2021\text{-}2024}$는 2021년 3년 만기 기대이자율을 나타내고, Y_{2021}은 현재의 3년 만기 이자율을, Y_{2024}는 현재의 6년 만기 이자율을 나타낸다.

실제로, 수익률 곡선에서 도출된 선물이자율 곡선이 표 38.11과 같이 부드러운 곡선의 형태를 보이는 일은 드물다. 현재 수익률 곡선의 작은 불규칙은 선물이자율 곡선상의 급격한 변화를 가져올 수 있으며 이것은 순이자수익 추정에 있어서 큰 변동성을 낳게 된다. 실무적인 해결책으로, 다음의 절차를 사용할 수 있다. 첫째, 현재 이자율 곡선으로부터 1년 만기 선물 이자율을 얻는다. 그리고 이러한 현재 수익률 곡선의 불규칙성으로부터 야기된 급격한 변화를 조정하여 1년 만기 선물이자율을 완만한 곡선의 형태로 만든다. 결국, 완만해진 1년 만기 선물이자율로부터 2년 또는 보다 장기의 선물이자율을 도출해 낸다. 표에서 볼 수 있듯이, 모든 이자율은 장기적으로 현재 이자율 곡선으로 수렴하게 된다. 결과적으로 예수금과 대출채권의 만기차이로 인한 은행의 수익 또한 장기적인 관점에서 사라지게 된다.

대출채권 대손충당금

ABC 은행의 가치평가에서, 우리는 대출금의 채무불이행으로 인한 어떠한 손실도 반영하지 않았다. 현실에서는 대출채권 손실이 소매와 도매 영업의 가치를 결정하는 중요한 변수 중 하나이기 때문에, 분석과 가치평가 시에는 반드시 대출채권 대손충당금에 대한 추정이 포함되어야 한다. 대출 범주별로 대손을 예측하기 위해서, 은행의 과거 추가 대손충당금 혹은 범주별 대출채권 대손 추정액을 참고할 수 있다(표 38.12 참조). 표를 보면 대손금액은 2008년 신용위기 동안 급격히 증가했지만 2013년에는 위기 전 수준으로 회복되었다. 신용카드 대출은 일반적으로 가장 높은 수준의 손실을 보이며, 모기지론의 경우 가장 낮고, 기업대출의 경우 중간 정도이다. 모든 채무불이행은 전반적인 경제성장과 높은 관련이 있기 때문에 자기자본 현금흐름의 추정에 적용하기 위한 미래 연간 대출채권 대손율을 산출하기 위하여 추가 충당금의 경제순환예측을 사용한다.

은행의 대출채권에서 미래 이자수익을 추정하기 위하여, 매 추정연도의 대출채권에 대한 미래 이자율로부터 추정 대출채권 대손율을 차감한다. 또한 대출채권 대손에 대한 충당금이 과소 혹은 과도하게 설정되었는지 확인하기 위하여 은행의 현재 대출채권 구성의 건전성을 검토해야만 한다. 대손충당금을 늘리면 자기자본 가

표 38.12 미국 은행의 대출 유형별 연간 손실률

대출채권 대비 대손비용 비율

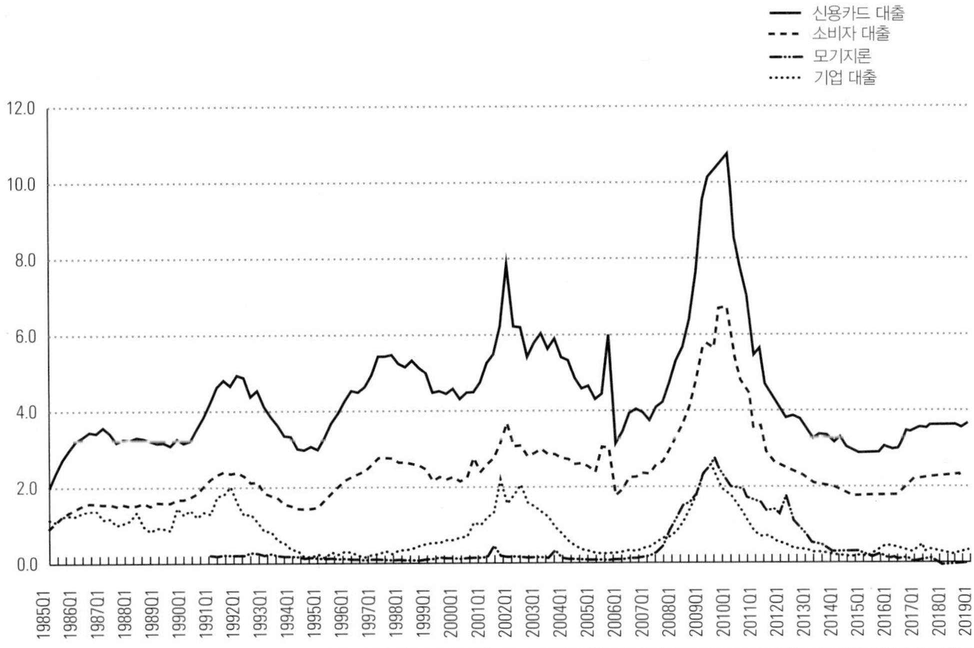

출처: Federal Reserve, "Charge-Off and Delinquency Rates on Loans and Leases at Commercial Banks," www.federalreserve.gov.

치는 줄어든다.

위험가중자산과 위험자본

은행은 고객 및 투자자에 대한 지급의무를 지키기 위해 잠재적 손실에 대비한 최소한의 자본을 유지해야 할 필요가 있다. 2010년 12월, 자본의 적정성에 대한 새로운 규제가 Basel III 가이드라인에서 구체화되었다. Basel III 가이드라인은 2008년과 2010년의 금융위기 이후 그 유효성이 떨어진다고 판단된 Basel II 협약을 대신하는 새로운 규제이다.[15] 전 세계 은행들은 2013년에서 2022년에 걸쳐 점진적으로 이를 적용할 것이다.

Basel III는 위험가중자산(RWA: Risk-weighted assets) 대비 보유해야 하

15 바젤협약은 은행 규제에 대한 권고사항으로 바젤은행감독위원회(BCBS: Basel Committee on Banking Supervision)가 발표한다.

는 자본에 대한 규제를 구체적으로 나열하고 있다.[16] RWA의 수준은 은행의 자산 포트폴리오에 내재된 위험과 그 거래내역에 따라 달라진다. 은행은 RWA를 추정하기 위해 은행 내부의 위험모델 혹은 Basel 표준접근법 중 하나를 사용할 수 있다. 어떤 방법을 사용하든, 전체 RWA는 신용위험, 시장위험, 영업위험에 대해 추정된 각각의 RWA들의 합이라는 원칙을 기본으로 한다. 그러나, 은행은 내부 위험모델을 공개하지 않는다. 만약 외부에서 가치평가를 진행한다면, 은행의 미래 필요위험자본에 대한 추정을 해야 한다. 은행은 총 RWA에 대한 정보는 제공하지만, 자산별 위험가중치, 거래내역, 영업활동에 대해서는 공시하지 않기 때문에, 외부평가자는 미래의 RWA와 위험자본을 추정하기 위해 주요 자산항목이 총 RWA에 미치는 영향을 각각 예측해야 한다.[17]

표 38.13은 대형 유럽은행의 RWA에 대한 외부추정 결과치를 보여주고 있다. 은행은 신용위험, 시장위험, 운영위험에 대한 총 RWA를 별도로 보여주고 있다.

- 신용위험에 대한 RWA를 추정하기 위하여 Basel II 표준접근법(Basel II Standardized Approach)(표 38.14 참조)으로부터 위험가중치를 구하고 은행의 대출채권에 대한 신용 건전성에 대한 정보도 사용할 수 있다. 대출금 종류별로 각각의 위험가중치와 RWA를 구해서 계산해보면 전체 대출금에 대해 공시된 RWA값을 구할 수 있다(여기에서는 2,020억 유로).
- 시장위험은 이자율, 주가, 환율, 상품가격 변동에 대한 은행의 노출을 나타낸다. 일반적으로 주어진 시장가격에 대한 최악의 시나리오 하에서 은행의 최대 손실을 의미하는 VaR(Value at Risk)과 연관되어 있다. 은행의 RWA를 VaR 비율로 추정하기 위하여 수년 동안의 공시된 VaR을 사용한다(여기에서는 242%).
- 운영위험은 시장위험 혹은 신용위험이 아닌 모든 위험을 의미한다. 이것은 통상 은행의 순수익(순이자수익과 기타순수익의 합계액)과 연관이 있다. 수익단위당 RWA를 추정하기 위하여 이전기간 동안의 은행 평균 수익률을 사용한다(여기에서는 155%).

16 Basel III는 최소 유동성비율(LCR: liquidity coverage ratio), 순안정자금조달비율(NSFR: net stable funding ratio), 임계치 레버리지 비율(LR: leverage ratio) 등의 지표를 통해 유동성과 레버리지에 대한 제한을 두었다. 여기에서 우리는 은행의 가치를 평가할 때 가장 중요하게 고려되는 자본 적정성을 중점적으로 살펴본다.

17 사업부문별 RWA에 대한 예측이 없다면 모든 사업이 동일한 비율로 성장한다고 가정하는 시나리오 하에서의 위험자본만 추정할 수 있을 것이다.

표 38.13 대형 유럽 은행의 위험가중자산(RWA) 산정

€ billion

	공시된 RWA				추정 RWA 변수, %			
	연도	**자산유형**	**대출채권**	**RWA**	**표준화된 RWA/대출채권, %**	**표준화된 RWA**	**할당된 RWA**	**추정 RWA/대출금, %**
신용위험	2013	국가대출	16,228		10	1,623	2,220	14
		은행대출	25,100		35	8,785	12,016	48
		기업대출	147,242		35	51,535	70,486	48
		모기지론	148,076		35	51,827	70,885	48
		기타 소비자대출	45,440		75	34,080	46,613	103
		합계	382,086	202,219		147,489	202,219	53

	연도	**거래계정의 위험노출손실**	**RWA**	**추정 RWA/VaR**
시장위험	2013	19,564	47,259	242%

	연도	**수익**	**RWA**	**추정 RWA/수익 산정**
영업위험	2013	32,826	50,891	155%

표 38.14 Basel II 위험 가중 표준화된 접근법

%

	자산 유형						
신용 위험	**AAA to AA–**	**A+ to A–**	**BBB+ to BBB–**	**BB+ to BB–**	**B+ to B–**	**B– 미만**	**미등급**
국가대출	–	20	50	100	100	150	100
은행대출	20	50	50	100	100	150	50
기업대출	20	50	100	100	150	150	100
모기지론	현지 정책당국 자율권: 저대출/가치 비율, 모기지 35%; 기타 100%						
기타 소비자대출	75% 위험가중						

각각의 대출종류별 성장률, 거래별 VaR, 은행의 순수익에 대한 추정을 바탕으로, 추정기간 동안의 매년 총 RWA를 예측할 수 있다.

Basel III는 RWA에 따라 보유해야 하는 자본에 대해 보다 엄격한 기준을 마련하였다. 자본은 RWA 대비 보통주 Tier 1(CET1), 추가 Tier 1 및 Tier 2 자본 수준 등의 비율로 나타낸다. 이 중에서, RWA 대비 CET1의 비율이 가장 엄격하다. 은행이 보유해야 하는 최소 CET1은 총 RWA 대비 8.0%에서 10.5% 정도인데 구체적으로 살펴보면 다음과 같다.

Basel III CET1 자본 요구액	
RWA 대비 비율	
법적 최소금액	4.5
자본보전 완충자본	2.5
G-SIB 경기대응 완충자본	1.0–3.5
합계	8.0–10.5

여기에서, 4.5%는 모든 은행에 동일하게 적용되는 법적 최소 요구자본이다. 2.5%는 자본보전 완충자본(Capital conservation buffer)으로 손실이 발생한 연도에는 줄어들었다가 수익이 발생하면 다시 늘어난다. 셋째 항목은 글로벌 시스템적 중요 은행(G-SIB: Global systemically important banks)에만 해당되는데, 경기대응 완충자본(Countercyclical buffer)이라고 불리며 RWA 대비 3.5%까지 요구될 수 있다. G-SIB는 금융안정위원회(FSB: Financial Stability Board)에 의해 선정된 규모가 크고 복잡한 은행들로, 전 세계 금융시장의 시스템적 위험에 미치는 영향이 크다.[18] FSB는 G-SIB의 위험에 대해 평가를 내리고 이를 바탕으로 매년 11월에 G-SIB별 추가 필요자본에 대해 발표한다. 대형 글로벌 은행들 중 JPMorgan Chase는 2018년에 2.5%의 추가자본을 확보해야 했으며, Citigroup, Deutche Bank, HSBC는 그보다 낮은 2.0%를 확보해야 했다. Santander, ING Bank, Agricultural Bank of China 및 Morgan Stanley와 같이 보다 작은 G-SIB의 경우 1.0%의 추가자본을 마련해야 했다.

많은 대형은행들이 RWA 대비 CET1의 목표치를 대략 13% 또는 그 이상으로 설정하면서 엄격해진 새로운 규제뿐만 아니라 높아진 투자자 기대치에 부응하려고 노력하고 있다. 국제결제은행(BIS: Bank for International Settlements)에 따르면, 국제적인 대형은행들 뿐 아니라 지역중심의 소형은행까지 포함한 전 세계 CET1의 평균이 2018년에는 RWA 대비 12.9%로 2013년 9.5% 수준보다 높았다.[19]

RWA 추정치와 목표 CET1 비율을 이용하면, 향후 매년 요구되는 Tier 1 자본을 예측할 수 있다. 추정된 CET1 요구자본을 바탕으로, 과거 CET1의 평균값을 영업권과 이연법인세자산이 제외된 자기자본에 적용해서 주주가 추가적으로 부담하여야 할 요구자본을 구할 수 있다. 과거의 Tier 1 자본은 은행의 재무제표 내 주

18 FSB는 전 세계 금융 시스템의 건전성을 감독하는 국제기구로 2009년 4월 G20 정상회담에 의해 설립되었다.

19 *Basel III Monitoring Report*, Bank for International Settlements, 2019년 3월, p.2 (www.bis.org) 참조.

석에 따로 기재되어 있고, 보통 영업권과 이연법인세자산을 제외한 자기자본과 거의 유사한 값이다.

다양한 은행 영업별 가치동인

많은 은행들은 종종 신용카드 대출, 자기자본 거래 등으로 분류되는 서로 다른 영업활동의 구성을 갖고 있다. 각각의 영업활동이 저마다의 고유한 위험과 수익구조를 가지고 있기 때문에, 통합된 재무적 결과로는 각 활동에 대한 이해가 어렵고 미래에 대한 추정도 쉽지 않다. 19장에서 논의되었듯이, 다중사업회사(Multibusiness company)들의 경우처럼 각각의 영업활동들은 독립적으로 가치평가가 이루어져야 한다. 불행히도 다중사업은행의 재무제표로 서로 다른 영업활동에 대해 별도의 손익계산서와 재무상태표를 작성하기에는 부족한 점이 많다. 이러한 경우 19장에서 언급된 가이드라인에 따라 개별적으로 표를 작성하여야 한다.

이자 창출 활동 소매은행, 신용카드서비스, 그리고 도매대출은 대규모의 자산 포지션과 위험자본으로부터 이자수익을 창출한다. 이러한 이자창출활동은 ABC 은행 사례에서도 언급되었듯이 경제적 스프레드 접근법을 이용해서 분석될 수 있고, DCF 모델을 이용하여 가치평가가 될 수 있다.

거래활동 은행의 이자창출활동과 마찬가지로, 거래활동 또한 대규모의 자산 포지션과 상당한 위험자본을 통해 수익을 창출한다. 그러나 거래수익은 이자수익보다 훨씬 더 변동성이 심하다. 최대 수익은 매우 높을 수 있음에도 불구하고, 평균 거래수익은 매우 제한적이라고 판명되었다. 표 38.15에 나타나는 거래활동 가치동인트리에서 핵심가치동인을 확인할 수 있다.

은행 거래활동의 결과는 거래규모, 거래에 있어서 위험(총 VaR), 위험단위의 거래결과 (VaR 수익률)에 의해 결정된다고 볼 수 있다. 순거래규모 대비 VaR의 비율은 거래의 상대적인 위험 수준을 의미한다. 거래의 위험이 높을수록, 요구 위험자본뿐만 아니라 요구 거래수익률 또한 높아져야 한다. 본 장 초반부에 언급했듯이 거래활동에 대한 요구 위험자본은 VaR(그리고 RWA)에 따른다. IT 기반시설, 관리부서 비용, 종업원 보상 등을 포함한 영업비용의 경우에 일부는 거래규모(혹은 거래 수)와 연관이 있고 또 일부는 거래결과(예로, 종업원 보너스)와 연관이 있다.

수수료 창출 활동 중개업무, 거래자문업무, 자산관리업무 등과 같이 은행의 수수료 창출활동은 제한된 자산 규모와 최소의 위험자본을 기반으로 이루어진다. 예를

표 38.15 가치동인: 거래활동(단순화)

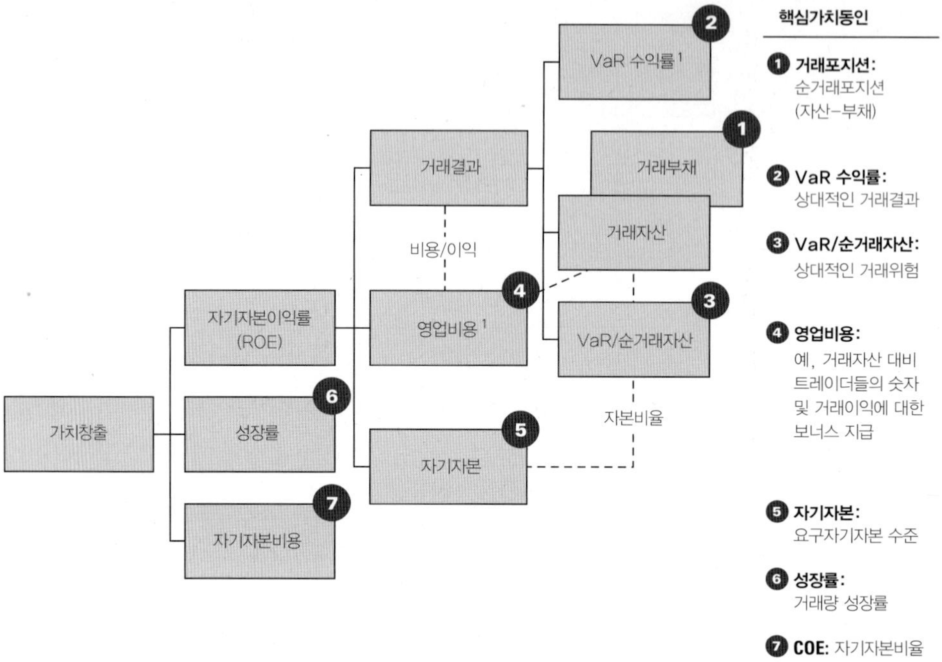

[1] 법인세 차감 후

들어, 자산관리에 있어서 가치동인은 표 38.16의 사례에서 보듯이 이자창출 활동의 가치동인과 매우 다르다. 핵심동인은 관리자산의 성장과 그러한 자산으로부터 얻는 수수료인데, 이는 관리자산의 규모에 따르는 관리수수료와 자산에 대한 성과 달성에 따르는 성과수수료 등이 있다.

이러한 영업활동의 변수와 더불어, 은행들의 레버리지는 매우 높고 그들의 영업활동 중 상당부분이 경기순환적이라는 점을 기억해야 한다. 따라서, 은행의 가치를 평가할 때 한 시점의 예측에 의존할 것이 아니라 가능한 성과의 범위와 핵심 가치동인을 이해하기 위하여 미래 성과에 대한 시나리오를 사용하여야 한다.

요약

앞에서 살펴보았듯이 DCF 접근법의 기본원리는 은행 가치평가에도 동일하게 적용된다. DCF 접근법 중 자기자본 현금흐름을 이용한 방법은 은행의 가치평가에 가장 적절한 방법이다. 왜냐하면 은행이 자금조달과 대출이라는 영업활동을 통해

표 38.16 가치동인: 자산관리(단순화)

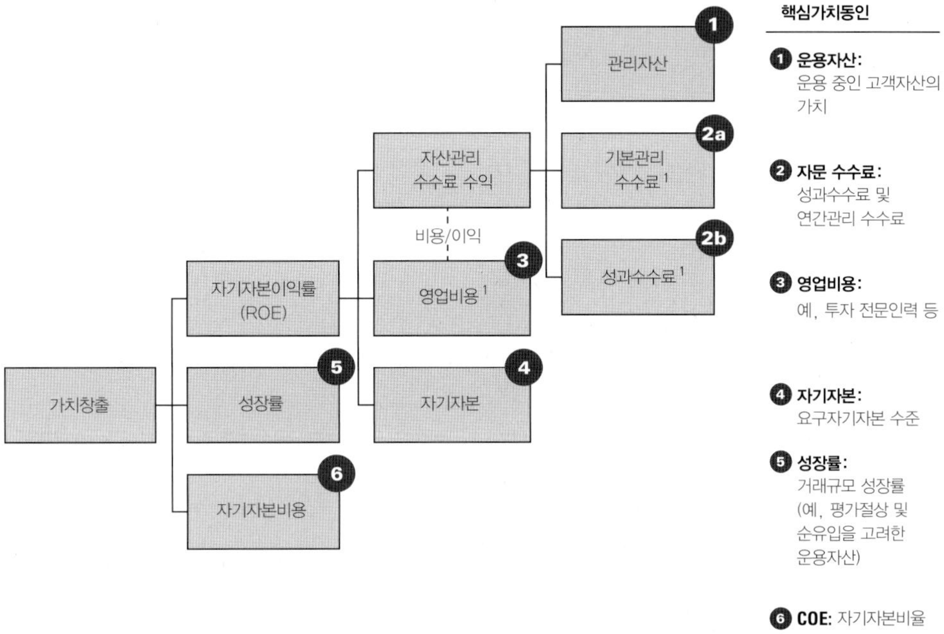

[1] 법인세 차감 후

가치를 창출한다는 전제하에 이러한 기관들의 영업현금흐름과 재무현금흐름이 분리될 수 없기 때문이다.

은행의 가치평가는 영업활동 구조의 다양성과 많은 은행업무의 경기순환성(특히 자기자본 거래와 수수료 기반 영업활동), 그리고 높은 레버리지 때문에 복잡한 작업으로 여겨진다. 영업활동별로 가치동인이 달라지기 때문에, 수익의 원천에 따라 이자창출 활동, 수수료 활동, 자기자본 거래 활동 등으로 나누어 은행의 가치를 평가하는 것이 최선의 방법이다. 또한, 은행의 이자창출 활동에 있어서 가치창출의 원천을 이해하기 위해, 경제적 스프레드 분석을 자기자본 DCF 방법과 함께 사용할 수 있다. 이러한 분석은 은행의 순이자수익 중 어떠한 부분이 진정한 가치 창출의 요소이며, 어떠한 부분이 단순히 만기불일치와 자본비용만을 반영하는 부분인지를 보여줄 수 있다. 은행의 재무자료에 대한 추정을 할 때, 핵심 사업영역의 경기순환성을 반영하는 시나리오를 이용하여 은행의 미래 성과와 성장에 대한 불확실성을 반영하여야 한다.

39장

유연성

현대 기업의 올바른 경영은 가치를 창출하는 의사결정에 달려있다. 가치평가는 기업의 전략, 주식의 매입과 매각, 자본구조 및 기타 경영관련 활동에 대한 의사결정 시 경영진에게 중요한 통찰력을 제공한다. 이러한 모든 결정은 여러 대안들의 성과에 대한 불확실성을 고려하여 이루어진다.[1] 그러나, 경우에 따라서 불확실성뿐만 아니라 유연성이 존재하는 상황에서 의사결정을 해야 하는 경우가 있다.

경영관리의 유연성(managerial flexibility)은 불확실성을 의미하는 것이 아니다. 불확실성의 측면에서 볼 때 기업 또는 프로젝트의 미래는 예측하기 어려우며, 신제품을 개발하거나 새로운 생산 설비에 투자하는 것과 같은 경영진의 의사결정에 달려있다. 이와 달리 유연성은 사건에 대응하는 여러 가지 대안 중 경영진이 취하게 될 선택들을 의미한다. 이것은 특히 투자 프로젝트를 가치평가하는 경우에 적용된다.

가치평가를 위한 접근법을 결정할 때 불확실성과 유연성의 차이점은 매우 중요하다. 특정자산의 가치를 평가할 때는 불확실성의 수준과 관계없이 복수의 시나리오 또는 통계적 시뮬레이션(사례는 17장 참조)을 활용하여 표준 현금흐름할인(Standard DCF) 접근법을 사용하는 것이 가능하다. 경영진이 창업 초기에 투자를 하는 단계를 가정해 볼 때, 각 단계에서는 이전 단계에서 얻은 정보를 기반으로 투자를 계속할지 말지를 결정하게 된다. 기업은 경영에 유연하게 대응하기 위해, 미래 경제상황이나 경영진의 의사결정에 따른 미래 잉여현금흐름(FCF; free cash flows)을 암묵적 또는 구체적으로 예측하고 현재가치로 할인하는 소위 옵션 가치

---

1 예를 들어 시나리오 기반 접근법에서 불확실성을 다루는 것과 관련된 내용은 4장과 13장 참조.

평가법(contingent valuation approach)을 사용하게 된다. 이러한 의사결정에서 다른 접근법들은 보다 정확한 가치평가 결과를 제공한다. 그리고 가치를 창출하는 요소에 대한 깊은 통찰력을 제공하는데, 아마도 이것이 더욱 중요하다고 볼 수 있다.

유연성은 다양한 형태로 나타나며, 사업이나 프로젝트의 가치에 큰 영향을 준다. 하지만 사업과 프로젝트는 경영진이 더 나은 의사결정을 하는 경우에만 가치를 가질 수 있다. 이번 장에서는 경영상 유연성의 평가에 대한 기본개념과 비즈니스와 프로젝트에서의 실물옵션에 대해 다루는데, 다음의 주제들을 중심으로 한다.

- 불확실성, 유연성, 가치에 내재하고 있는 근본적인 개념(유연성은 언제 그리고 왜 가치를 가지는가?)
- 투자이연, 후속투자, 생산의 확장, 변경, 포기 등과 관련하여 실물옵션 관점에서 유연성을 경영에 반영하는 것
- 유연성에 대한 가치평가와 관련된 DTA(decision tree analysis)와 ROV(real-option valuation)방법의 비교와 언제 각 방법이 가장 적합하지 파악하는 것
- ROV와 DTA방법을 사용하는 다양한 사례를 인용하여 실물옵션을 분석하고 가치평가하는 네 단계 접근법

접근법의 체계

불확실성과 유연성이 있는 상황에서 표준 가치평가방법과 옵션 가치평가법으로 구분하여 설명할 수 있으며, 각 방법이 어떠한 상황에서 가장 적합한지 보여준다(표 39.1). 경영진의 유연한 대응을 기대할 수 없거나 필요로 하지 않는 경우, 다음 세 가지 유형의 표준 현금흐름할인 접근법 중에 최선의 방법을 선택할 수 있을 것이다.

1. 단일 경로 현금흐름할인 접근법(Single-path DCF valuation): 미래 투자성과에 대한 불확실성이 매우 적은 경우 또는 예상 투자성과들에 걸쳐 불확실성이 균등하게 분산된 경우에는 미래 예상 현금흐름(점으로 추정)을 할인하는 표준 단일 경로 현금흐름할인 접근법을 사용한다.
2. 시나리오 현금흐름할인 접근법(Scenario-based DCF): 불확실성이 매우 높은 경우, 특히 미래 현금흐름의 증가 가능성이 감소 가능성보다 클 경우

(또는 그 반대의 경우)에는 미래 현금흐름의 다양성을 포함할 수 있는 두 가지 혹은 그 이상의 시나리오에 대한 미래 투자성과를 나타내는 시나리오 현금흐름할인 접근법의 사용이 보다 적합하다. 이 방법은 기업이나 사업의 투자정책을 평가할 때 적용하기 용이하다.

3. 통계적 시뮬레이션 현금흐름할인 접근법(Stochastic simulation DCF): 평균값, 표준편차 및 왜도(skewness)와 같은 미래 현금흐름 확률분포에 대한 신뢰 가능한 예측치가 있는 경우에는 통계적 시뮬레이션 현금흐름할인 접근법이 적합하다. 이 방법은 미래 현금흐름의 경로가 구체적으로 모델링되며 통계적 시뮬레이션에 반영된다. 그러나 이 방법은 매우 복잡하고 대용량의 데이터가 필요하므로 보험회사나 상품(commodity) 기반의 회사와 같이 특정 산업에만 제한적으로 사용된다.

경영의사결정의 유연성이 요구될 때, 사용가능한 정보량에 따라 다음의 옵션가치평가 접근법(contingent valuation approaches)을 적용할 수 있다.

- 의사결정트리분석(DTA; Decision tree analysis): 미래현금흐름의 분포에 대한 정보가 제한되어 있고, 이 현금흐름에 근거하여 경영진의 투자의사결정이 이루어지는 경우에는 의사결정트리분석(DTA)을 사용할 수 있다. 다음 장에서 논의되겠지만, 의사결정트리분석은 시나리오 현금흐름할인 접근법에 근거하여 만들어졌으며, 간단하고 명료한 방법이다. 이 의사결정트리분석은 연구개발 프로젝트, 신제품 개발 및 공장의 폐쇄결정과 같이 시장에서 가격이 형성되지 않는 기술적 위험(technological risks)과 관련된 유연성 평가를 위해 효과적인 대안이라고 볼 수 있다.
- 실물옵션가치평가(ROV; Real-option valuation): 통계적 시뮬레이션 현금흐름할인 접근법(Stochastic simulation DCF)의 요구사항들과 유사하게 미래 현금흐름 경로의 확률분포에 대해 신뢰 가능한 정보가 있는 경우에는 실물옵션가치평가 접근법이 보다 나은 분석결과와 통찰력을 제공할 수 있다. 그러나, 이 방법은 정교하고 정형화된 옵션가치평가모델이 필요하므로, 의사결정트리분석(DTA) 방법보다 경영진이 평가결과를 해석하기 어렵다. 상품가격은 시장에서 관찰 가능하기 때문에 실물옵션가치평가(ROV) 방법은 석유 및 가스 산업, 정유 시설, 화학 공장, 발전소에 대한 투자와 같은 상품관련 의사결정을 할 때 가장 적합하다.[2]

2 다음의 문헌을 참조: E. S. Schwartz and L. Trigeorgis, eds., *Real Options and Investment under Uncer-*

실물옵션가치평가(ROV)와 의사결정트리분석(DTA) 접근법은 위험의 유형에 따라 각각의 이점을 가지고 있다. ROV는 이론상 DTA에 비해 정확성이 높으나, 모든 투자의사결정에 적합하지는 않다. ROV를 이용하여 옵션가치를 평가할 때 여전히 기초자산(underlying assets)의 가치를 알아야 하므로 전통적인 DCF 접근법을 대체할 수는 없다. 만약 이 자산에 관찰 가능한 시장가격이 없다면, 전통적인 DCF 접근법을 이용하여 가치를 예측해야 할 것이다.

통상 기업 차원의 가치평가모델은 유연성에 대한 부분을 거의 고려하고 있지 않다. 유연성에 대해 정확히 분석하여 모형화하기 위해서는 미래 사건에 대응하여 경영진이 취할 수 있는 특정 의사결정과 그 의사결정에 따른 현금흐름을 이해할 수 있어야 한다. 따라서 기업 가치평가를 할 때, 유연성은 기업의 방침을 변화시키는 특정 사건에 경영진이 대응하는 상황에서만 관련이 있다. 예를 들어, 유망한 신제품을 개발 중인 인터넷 또는 바이오 기업을 가치평가할 경우 성공적인 제품 개발의 가정 하에 매출, 이익, 투자금액을 추정할 수 있을 것이다.[3] 또 다른 예로, 소규모 기업들을 인수하여 보다 큰 기업으로 통합시켜 시너지를 창출하는 전략을 세우는 기업을 들 수 있다. 최초의 인수는 그 기업이 기대하는 대로 가치를 창출할 수 없을 수도 있지만, 향후 추가인수를 통하여 가치를 창출할 수 있는 기회는 열려 있다.

유연성은 통상 개별 사업과 프로젝트의 가치평가에 적합하다. 왜냐하면 이것들은 생산, 설비투자, 마케팅, 연구개발과 같은 기업의 활동과 관련된 상세한 투자결정에 필요하기 때문이다.

불확실성, 유연성 및 가치

유연성 가치 및 핵심 가치창출요인을 평가하기 위해 간단한 사례를 살펴보자.[4] 개발 중인 신약을 생산 및 판매하기 위해 지금부터 1년 후에 6,000달러를 투자할지에 대한 의사결정을 가정해 보자. 다가오는 최종 개발단계에서 그 제품으로 1년 동

---

tainty: Classical Readings and Recent Contributions (Cambridge, MA: MIT Press, 2001); T. Copeland and V. Antikarov, *Real Options: A Practitioner's Guide* (New York: Texere, 2003); or L. Trigeorgis, *Real Options: Managerial Flexibility and Strategy in Resource Allocation* (Cambridge, MA: MIT Press, 1996).

3 예로 다음의 사례를 참조: E. S. Schwartz and M. Moon, "Rational Pricing of Internet Companies," *Financial Analysts Journal* 56, no. 3 (2000): 62–75; and D. Kellogg and J. Charnes, "Real-Options Valuation for a Biotechnology Company," *Financial Analysts Journal* 56, no. 3 (2000): 76–84.

4 본 사례는 다음 문헌을 참고로 만들어졌음. A. Dixit and R. Pindyck, *Investment under Uncertainty* (Princeton, NJ: Princeton University Press, 1994), 26.

표 39.1 불확실성하의 가치평가방법

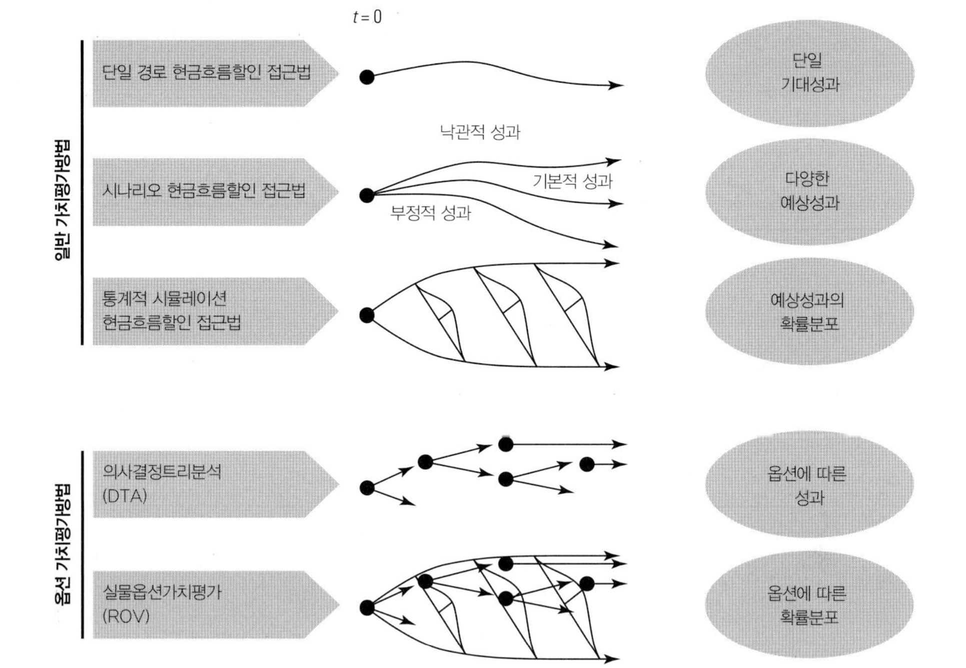

안 환자들에게 임상실험을 할 예정이고, 이에 대한 모든 투자는 이미 이루어졌다. 이 임상실험은 미래 현금흐름을 수반하지 않는다. 이 실험은 둘 중 하나의 결과를 가져올 것이다. 만약 신약이 매우 효과적이라고 판명되면 영구히 해마다 500달러의 순현금을 창출할 것이다. 반면 약간의 효과만 있다면 영구히 해마다 100달러의 순현금만을 창출할 것이다. 각 결과의 확률은 동일하다.

이러한 정보를 바탕으로 한 기대 미래 순현금흐름은 각 위험 결과(500달러와 100달러)의 확률가중평균값인 300달러이다. 간단하게 하기 위해 신약개발에 대한 성공과 신약의 가치가 전체 경제에 발생하는 일과 무관하다고 가정한다. 따라서 이 위험은 기업의 투자자들에 의해 완전히 분산가능한 위험이 되기 때문에 이 제품의 베타는 영(0)으로 자본비용은 무위험이자율(risk-free rate), 예를 들어 5%와 같게 된다(분산이 불가능한 위험만이 프리미엄을 요구한다). 실험이 끝나는 즉시 첫 해 매출이 발생하고 그 후 매년 기말에 매출이 생긴다고 가정하면 이 투자안의 순현재가치는 다음과 같다.

$$\text{NPV} = \frac{(-)\,6{,}000\text{ 달러}}{1.05} + \sum_{t=1}^{\infty} \frac{300\text{ 달러}}{(1.05)^t} = 286\text{달러}$$

순현재가치 접근방법은 프로젝트의 증분 기대현금흐름을 자본비용으로 할인한다. 기존의 개발 비용은 모두 매몰비용이므로 의사결정과 무관하다. 만약 이 프로젝트를 취소한다면, 순현재가치가 0(영)달러가 되기 때문에 경영진은 6,000달러의 추가투자비용을 승인할 것이다.

순현재가치 의사결정에 관한 앞의 사례에서 개발을 진행하는 것은 가치를 창출한다. 그러나 투자를 할지에 대한 오늘의 의사결정보다 더 많은 대안들이 존재하게 된다. 17장에서 기술한 시나리오 접근법과 같은 방법을 사용하여 오늘의 시점으로 할인된 신약의 확률가중가치 측면에서 이전의 순현재가치를 다시 기술할 수 있다.

$$\text{NPV} = 0.5\left[\frac{(-)\,6{,}000\,\text{달러}}{1.05} + \sum_{t=1}^{\infty}\frac{500\,\text{달러}}{(1.05)^t}\right] + 0.5\left[\frac{(-)\,6{,}000\,\text{달러}}{1.05} + \sum_{t=1}^{\infty}\frac{100\,\text{달러}}{(1.05)^t}\right]$$

$$= 0.5\left(4{,}286\,\text{달러}\right) + 0.5\left((-)\,3{,}714\,\text{달러}\right)$$

$$= \$286$$

여기서 순현재가치는 두 개의 독립된 결과의 가중평균값으로 나타난다. 즉, 유리한 결과인 양(+)의 순현재가치 4,286달러와 불리한 결과인 음(−)의 순현재가치 (−)3,714달러의 평균값이다. 만약 투자에 대한 의사결정을 결과가 나올 때까지 이연할 수 있다면, 이 프로젝트는 훨씬 더 매력적이 될 것이다. 특히, 신약이 그다지 효과적이지 않다고 판명되면, 프로젝트는 중단될 것이며 음(−)의 순현재가치라는 결과를 피할 것이다. 신약이 매우 효과적일 경우에만 투자가 이루어져 요구되는 투자금액을 보상하고도 남을 연 500달러의 현금흐름을 창출할 것이다. 실무에서는 임상결과와 무관하게 선불의 투자가 필요할 수 있으나, 우리는 예시를 간단하게 하기 위해서 그러한 비용은 모두 무시하였다.

이러한 유연성은 투자의사결정을 이연시킬 수 있는 옵션이다. 옵션의 가치를 평가하기 위해서 표 39.2의 의사결정트리에서 보여주듯이 옵션 가치법(contingent NPV approach)을 사용할 수 있다.

표 39.2 투자이연에 따른 유연성의 가치

$

$t=0$				$t=1$	$t=2$	...	?
옵션가치 = 2,143	$p=$	제품 성공 50%	현금흐름	500	500	...	500
			투자금액	(6,000)	–	...	–
자본비용 = 5%	$1-p=$	50% 제품 실패	현금흐름	100	100	...	100
			투자금액	(6,000)	–	...	–

주석: t = 기간(연)
p = 확률

$$\text{NPV} = 0.5 \times \text{Max}\left[\left(\frac{(-)\,6{,}000\text{달러}}{1.05} + \sum_{t=1}^{\infty} \frac{500\text{달러}}{(1.05)^t}\right), 0\right]$$

$$+\,0.5 \times \text{Max}\left[\left(\frac{(-)\,6{,}000\text{달러}}{1.05} + \sum_{t=1}^{\infty} \frac{100\text{달러}}{(1.05)^t}\right), 0\right]$$

$$= 0.5(4{,}286\text{달러}) + 0.5(0) = 2{,}143\text{달러}$$

옵션가치 2,143달러는 오늘의 의사결정에서 얻는 순현재가치 286달러보다 월등히 높은 수준이다. 따라서 가장 최선의 대안은 임상결과를 알 때까지 투자의사결정을 이연하는 것이다. 투자를 이연하는 옵션의 가치는 유연성이 있는 프로젝트의 가치와 유연성이 없는 가치의 차이이다. 즉 2,143달러 − 286달러 = 1,857달러가 된다.

이러한 사례를 통하여 표준 순현재가치 접근법의 NPV(standard NPV)와 옵션가치법의 NPV(contingent NPV)의 차이를 다음과 같이 요약할 수 있다. 표준 순현재가치 접근법의 NPV는 오늘 결정되며, 할인된 기대현금흐름과 영(0) 중 큰 금액이다.

$$\text{표준순현재가치접근법의 NPV(standard NPV)} = \underset{t=0}{\text{Max}}\left(\frac{\text{기대(현금흐름)}}{\text{자본비용}}\right), 0$$

옵션가치법의 NPV는 정보를 얻을 때 결정되며, 각각의 미래 상황마다 할인된 현금흐름과 영(0) 중 큰 금액의 기대치이다.

$$\text{옵션가치법의 NPV(contigent NPV)} = \text{기대치}_{t=0}$$

$$\times\left[\text{Max}\left(\frac{\text{새로운 정보에 따른 현금흐름}}{\text{자본비용}},0\right)\right]$$

이러한 두 가지 NPV 접근법은 관련 정보를 상당히 다르게 활용한다. 표준 순현재가치 접근법의 NPV는 미래 정보에 대한 현재의 기대치에 근거하여 의사결정을 하게 된다. 이에 반해 옵션가치법의 NPV는 정보를 알게 된 이후 의사결정의 유연성을 허용함으로써, 표준 순현재가치 접근법의 NPV와 달리 유연성에 대한 가치를 반영한다. 프로젝트에 대한 옵션가치법의 NPV는 항상 표준 순현재가치 접근법의 NPV보다 크거나 같다.

유연성의 가치는 불확실성의 정도와 경영진의 관련 대응 여지와 관련이 있다(표 39.3 참조). 불확실성이 높고 경영진이 새로운 정보에 대응할 수 있을 때 유연성의 가치가 가장 크며, 불확실성이 거의 없고 미래 의사결정을 바꿀 만한 새로운 정보를 입수할 가능성이 낮을 때 유연성은 낮은 가치를 갖게 된다.

프로젝트 가치평가에 유연성을 포함하는 것은 그 프로젝트에 대한 표준 순현재가치 접근법의 NPV가 영(0)에 가까울 때 가장 중요하다. 즉, 프로젝트를 계속 수행해야 할지에 대한 의사결정을 할 때가 바로 아슬아슬한 상황이다. 최고 경영진이 표준 순현재가치 접근법의 NPV 결과를 직관적으로 무시하고 전략적 이유로 투자 프로젝트를 받아들이는 경우가 종종 있다. 예를 들어, 어떤 프로젝트가 향후 큰 시장으로 성장할 수 있는 초기 시장을 만들 수 있다면, 경쟁력 있는 제품이나 서비스를 제공할 수 있는 기업은 표준 순현재가치 접근법의 NPV에 상관없이 그 프로젝트를 진행할 것이다. 이러한 경우에는 옵션가치평가로 인식되는 유연성이 표준 순현재가치 접근법의 엄격한 가정들보다 전략적인 직관에 더 잘 들어맞는다고 볼 수 있다.

유연성 가치 창출요인

유연성을 파악하고 가치를 평가하기 위해 무엇이 가치를 창출하는지 이해해야 한다. 만약 매년 가능한 현금흐름 범위가 100달러 또는 500달러에서 0달러 또는 600달러로 커졌다면 어떤 현상이 발생하는지 살펴보자. 기대 현금흐름 및 자본비용은 변동이 없으므로 표준 순현재가치 접근법의 NPV는 286달러로 동일하다.[5] 하지만, 옵션가치법의 NPV는 기존 2,143달러에서 3,143달러로 증가한다.

5 우리는 임상결과에 따른 위험은 전체 경제에 발생하는 일과 무관하다고 가정한다.

표 39.3 유연성이 가치있는 시점

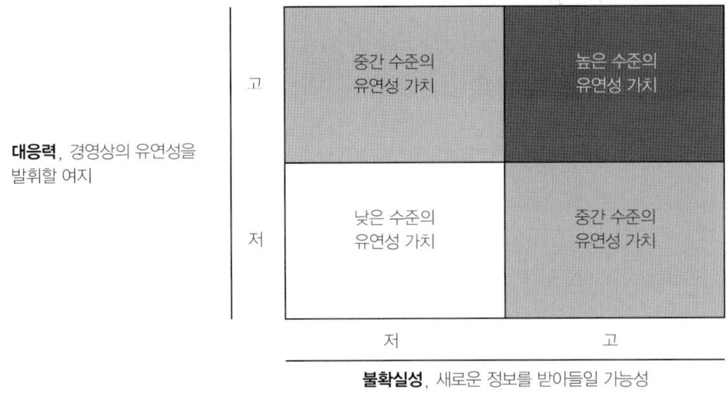

$$\text{NPV} = 0.5 \times \text{Max}\left[\left(\frac{(-)\,6{,}000\text{달러}}{1.05} + \sum_{t=1}^{\infty} \frac{600\text{달러}}{(1.05)^t}\right), 0\right]$$

$$+ 0.5 \times \text{Max}\left[\left(\frac{(-)\,6{,}000\text{달러}}{1.05} + \sum_{t=1}^{\infty} \frac{0\text{달러}}{(1.05)^t}\right), 0\right]$$

$$= 0.5(6{,}286\text{ 달러}) + 0.5(0)$$

$$= 3{,}143\text{ 달러}$$

이와 같이 불확실성의 수준이 높은 경우에 옵션가치법의 NPV인 3,143달러는 거의 50%가 커진 수치이다. 이러한 결과는 오직 유리한 결과의 현금흐름만이 옵션가치에 영향을 미치기 때문이다. 유리한 결과에 따른 현금흐름 추정치는 20% 증가했고 이에 따른 투자금액에는 변동이 없기 때문에, 옵션가치법이 NPV는 실질적으로 증가하게 된다. 이연옵션 가치는 1,857달러에서 2,857달러(3,143달러 − 286달러)로 증가하게 된다.

예를 들어, 주식에 대한 콜옵션이나 풋옵션과 같은 금융옵션의 가격결정이론을 이용하여 실물옵션(real options)의 핵심 가치창출요인을 공식적으로 알 수 있다. 우리가 살펴본 애초의 사례에서 이연옵션은 6,000달러의 현행가치(current value)와 임상결과에 따라 400달러의 현금흐름 스프레드의 변동성을 갖는 위험자산을 기초로 한 6,000달러의 행사가격 및 1년 만기의 콜옵션과 동일하다.[6] 표 39.4에서 보

6 기초(underlying) 위험자산의 현행가치(current value)는 5%의 자본비용으로 할인되는 영구히 해마다 창출되는 300달러의 순현금흐름의 현재가치이다.

는 바와 같이 금융옵션처럼 실물옵션의 가치는 6가지 요인에 의해 결정된다.

이러한 옵션가치의 창출요인들은 유연성이 어떻게 특정 프로젝트의 가치에 영향을 미치는지를 보여준다. 다른 요인들이 일정할 때, 투자비용이 많을수록 옵션가치는 감소하며 옵션을 보유하는 동안 더 많은 현금흐름을 잃게 될 것이다. 기초자산(underlying asset) 현금흐름의 가치가 커질수록, 불확실성이 커질수록, 무위험 이자율이 높을수록, 옵션의 만기가 길수록 옵션가치는 증가하게 된다. 유연성을 고려하지 않는 표준 현금흐름할인(standard DCF) 계산방법은 옵션가치가 클수록 더욱 심각하게 투자 프로젝트의 진정한 가치를 과소평가하게 만든다.

유연성을 이용하는 투자전략을 수립할 때 가치창출요인들의 영향력을 해석하는 방법에는 주의를 기울여야 한다. 표 39.4에서 기술된 개별 요인의 영향은 오로지 모든 다른 가치창출요인들이 일정하게 유지될 때에만 유효하다. 실제로 불확실성과 이자율의 변화는 옵션가치에 영향을 미칠 뿐 아니라 통상 기초자산의 가치를 변화시키게 된다. 이러한 요인들의 영향력을 평가할 때 가능한 옵션 가치에 대한 직접적 영향과 간접적 영향을 모두 평가할 필요성이 있다. 불확실성이 더 높은 경우를 살펴보자. 기존 사례에서 성공 시나리오와 실패 시나리오의 차이를 400달러에서 600달러로 증가시켜 미래현금흐름의 불확실성을 증가시켰다. 그러나 미래현금흐름의 기대치는 동일하게 300달러이기 때문에 현재가치도 변화되지 않았다. 그러나 만약 불확실성의 상승이 현금흐름의 기대수준을 낮추거나 자본비용을 증가시키면, 옵션가치에 대한 영향은 부정적일 수 있다. 왜냐하면, 기초자산의 가치가 감소하기 때문이다. 무위험이자율 상승의 영향도 마찬가지이다. 기초자산의 가치가 일정하다면, 이자율이 커질수록 필요한 투자금액의 현재가치를 감소시키고 이에 따라 옵션가치는 증가하게 된다. 그러나 만약 더 높은 이자율이 자본비용을 증가시킨다면 기초자산 현금흐름의 현재가치는 감소하고 이에 따라 옵션가치도 낮아지게 된다.

유연성 관리

옵션가치법(contingent valuation)은 전략상이나 운영상 유연성이 필요한 시기에 경영진으로 하여금 주주가치를 극대화할 수 있는 올바른 의사결정을 내릴 수 있도록 하는 중요한 수단이다. 실제 업무상에서 유연성은 기존 사례처럼 명확히 정의되거나 간단하지가 않다. 운영 및 전략상 유연성에서 가치를 창출하기 위한 투자기회를 찾고, 구조화하여 관리하는 경영진의 능력에 대부분 달려있다고 볼 수 있다. 자세한 논의는 본 저서의 주제를 넘어가므로[7] 본 저서에서는 기본적인 지침만 제공

표 39.4 유연성 가치에 영향을 미치는 요인들

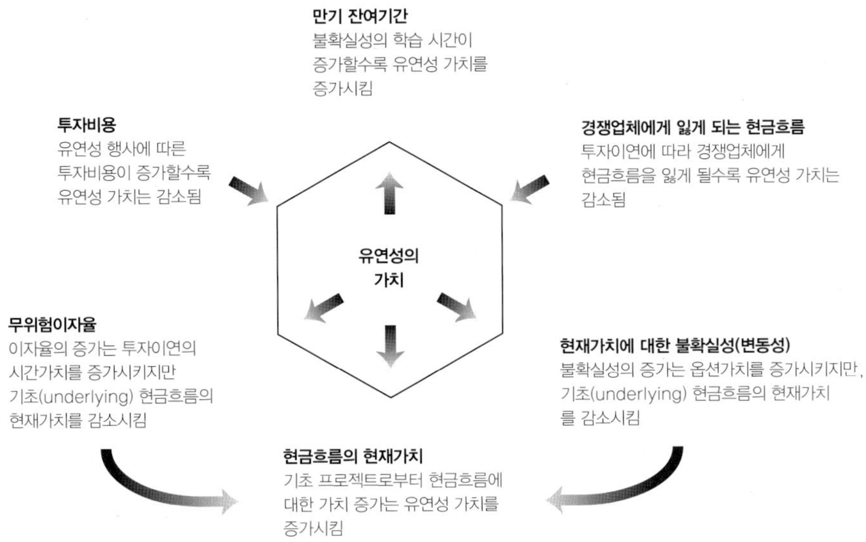

한다.

투자프로젝트 또는 전략을 평가할 때 유연성에서 가치를 창출하는 기회를 가지기 위해서는 경영진이 다음 세부항목에 대하여 구체적으로 이해하고 있어야 한다.

- 경영상의 사건(events): 불확실성의 주요 원인은 무엇인가? 어떤 경영상의 사건이 새로운 정보를 창출하는가? 그 시점은 언제인가? 관련된 새로운 정보가 투자의사결정을 변경시킬 가능성이 높을 때에만 불확실성의 원인이 중요하다. 그 예로, 신제품 개발을 위한 시범사업의 결과가 신제품 출시 의사결정을 실제 변경시킬 경우에만 시범사업에 투자하는 것이 상식적일 것이다. 이와 유사하게 생산공정의 투입요소 가격이 크게 달라질 것으로 예상되는 경우에만 생산공정의 투입요소를 변경하는 옵션이 의미 있게 된다.
- 의사결정: 경영상의 사건에 대응하기 위해 경영진은 어떤 의사결정을 내릴 수 있을까? 여기서 중요한 것은 경영진이 관련된 사건에 대응하는 재량권을 가지고 있는 것이다. 예를 들어, 스마트폰 생산 기업들 간의 치열한 경쟁은 경영진이 혁신적인 기능(음성통제나 접이식 스크린 기술 등)을 가진 신상품의 출시여부를 그러한 기능에 대한 잠재수요를 알려주는 정보를 얻을 때까

7 좀 더 깊이 있는 논의는 다음 문헌 참고 Copeland and Antikarov, *Real Options* 또는 Trigeorgis, *Real Options*.

지 이연하는 것을 매력적이지 않게 한다.

- 보상: 이러한 의사결정에는 어떤 보상이 뒤따르는가? 실제로 지속 가능한 경쟁우위가 있는 경우 양(+)의 순현재가치가 있을 수 있다는 것을 명심하자. 예를 들어, 어떤 투자자들은 "미래 성장을 위한 옵션"으로서 특정 전자상거래 스타트업들이 높은 가치가 있다고 생각한다. 이는 종종 월별 웹사이트 방문자 수 대비 기업가치에 근거한다. 하지만 웹사이트 방문 수치만으로는 가치를 창출할 수 없다. 게다가 전자상거래 스타트업의 가치는 그들의 미래현금흐름에 달려있다. 스타트업은 실현가능한 미래 시나리오에서 지속가능하고 경쟁력 있는 비즈니스 모델을 가지고 있는 경우에만 가치가 있는 옵션이라 할 수 있다. 스타트업을 옵션으로 가치평가하려면 성공확률 및 영업 현금흐름뿐만 아니라 시나리오에 대한 정확한 이해가 필요하다.

유연성을 구조화하는 데 있어, 특정 프로젝트와 전략들은 사전에 유연성과 관련된 옵션들이 잘 정의되어 있는 경우도 있다. 대표적인 예로, 임상실험의 성과를 가지고 투자를 계속할지 말지를 결정하게 되는 신약 연구개발 투자가 있다. 그러나 많은 다른 경우에도 투자의 가치를 극대화하기 위해 유연성 옵션을 투자에 포함시킬 수 있다. 예를 들어, 항구나 비행장의 사회기반시설 투자를 각 단계에서 필요한 경우에만 확장하도록 재설계하는 것이 그것이다. 또한, 추가 정보를 얻을 때 자원들을 전용할 수 있는 옵션을 포함하는 방식으로 성장전략을 재수립할 수도 있다.

결국 유연성은 경영진이 실제로 관리하는 경우에만 의미가 있다. 즉, 경영진이 투자의사결징을 적절하세 전환시킬 새로운 정보를 사용할 수 있어야 한다. 따라서 경영진이 유연성에 따른 잠재적 가치를 얻으려는 동기부여가 되어있다고 기업은 확신할 수 있어야 한다. 예를 들어, 프로젝트의 중간결과가 나쁠 때 그 프로젝트를 중단하는 옵션이 있다고 하더라도 경영진이 활용하지 않는다면 의미가 없다. 경영진은 프로젝트를 중단하지 않은 것에 대해 상당한 규모의 기존 투자를 이유로 들 것이다. 경영진은 가치가 오직 미래 현금흐름으로만 결정되기 때문에 매몰비용과 무관하다는 사실을 잊어버린 것이다. 회사가 일련의 기업인수를 통한 성장옵션(growth option) 창출의 전략에 기초를 둘 경우, 새롭고 긍정적인 정보가 입수될 때까지 추가적인 기업인수를 연기하는 경우에 이러한 옵션은 최대의 가치를 창출한다. 추가적인 기업인수가 불확실성 하에서 진행될 경우 기업은 옵션가치를 활용하지 못할 것이다.

경영진이 유연성에서 가치를 창출하기 위한 투자기회를 찾고, 체계화하여 관리하는 것을 돕기 위해 표 39.5에서 옵션을 범주별로 나누고 몇 가지 사례를 제시해 보았다.

표 39.5 실물옵션의 분류

옵션 형태	금융등가물	정의	사례(들)
투자 이연 옵션	콜옵션	개발비용 이상으로 자산의 현재가치가 오를 때까지 투자를 이연할 수 있는 옵션	미개발 유전의 임차권자가 원유가격이 개발비용 이상으로 가치를 올릴 때까지 개발과 투자를 이연할 수 있는 능력
포기 옵션	풋옵션	현재가치가 청산가치 미만으로 떨어지는 경우 프로젝트를 포기할 수 있는 옵션	리스이용자에게 계약을 조기 해약하고 기약정된 해약비용을 지불하고 비행기를 리스회사에 반납할 수 있는 유연성을 부여하는 비행기의 장기리스
연속 (복합) 옵션	옵션에 대한 연속옵션	성과 조건부 단계별 투자옵션	경영진이 각 의사결정 시점에서 추가금액(행사가격)을 투자함으로써 그 프로젝트를 지속할 수 있거나 또는 중단할 수 있음. 그 예로 공장, 연구개발프로그램, 신제품 개발 또는 유전 건설 등이 있음
확장 및 계약옵션	콜옵션 또는 풋옵션	성과에 따라 투자의 규모를 조정할 수 있는 옵션	제품이 기대보다 더 또는 덜 성공적이면 투자를 확장하거나 계약을 체결하는 것이 용이한 생산설비 건설
연장 및 단축옵션	콜옵션 또는 풋옵션	자산의 내용연수 또는 계약의 연장 또는 단축옵션	리스회사에게 리스기간의 연장 또는 단축을 허용하는 조항이 있는 부동산 리스계약
범위 증가 옵션	콜옵션	미래에 프로젝트의 활동 개수를 늘리거나 줄이는 능력	호텔의 소유주가 회의시설을 추가하는 등 숙박서비스 이외의 서비스를 쉽게 다양화 할 수 있음
스위칭 옵션	콜옵션 및 풋옵션의 포트폴리오	프로젝트를 중단 또는 재개할 수 있거나, 서로 다른 두 지역 간의 영업활동을 교체할 수 있는 능력	두 가지 또는 그 이상의 상이한 제품을 생산할 수 있는 유연한 생산시스템, 최대부하 전력생산(peak-load power generation, 최대부하 시 가동되는 별도 발전시설), 퇴출과 재진입이 가능한 산업

유연성 가치평가 방법

앞에서 언급한 바와 같이, 옵션가치법(contingent valuation)에는 공식적인 옵션가격결정모델을 사용하는 두 가지 방법인 DTA와 ROV가 있다. 각 방법에 대한 간단한 사례를 통하여 설명하겠다. 광물가격에 따라 150달러 또는 50달러의 현금흐름을 동일한 확률로 창출할 수 있는 채광 프로젝트에 대해 1년 말 시점에서 105달러를 투자할 수 있는 기회가 있다고 가정하자. 무위험이자율은 5%이며 동 프로젝트에 대한 가중평균자본비용(WACC)은 10%이다. 현금흐름의 현재가치는 다음과 같다.

$$PV = \frac{0.5(150\text{달러}) + 0.5(50\text{달러})}{1.10} = 90.9\text{달러}$$

만약 투자의사결정이 즉시 이루어져야 한다면, 이 프로젝트는 기각될 것이다. 이 채광 프로젝트에 대한 표준 순현재가치 접근법의 NPV는 기대현금흐름의 현재가치 90.90달러에서 1년 후의 투자지출액 105달러의 현재가치를 차감한 금액과 동일하다.

표 39.6 투자 프로젝트, 복제증권 및 무위험채권의 조건부 성과

$

t = 0		*t* = 1	유연성이 없는 프로젝트	유연성이 있는 프로젝트	복제 증권	무위험 채권
	성공 프로젝트	현금흐름	150	150		
	p = 50%	투자채권	(105)	(105)		
순현재 가치 = ?		**순현금흐름**	**45**	**45**	**50**	**1.05**
	1 − *p* = 50%	현금흐름	50	50		
	실패 프로젝트	투자채권	(105)	(105)		
무위험이자율 = 5% WACC = 10%		**순현금흐름**	**(55)**	**–**	**16.7**	**1.05**

주석: *t* = 기간(연)
p = 확률

$$\text{표준순현재가치접근법의 NPV(standard NPV)} = 90.9\text{달러} - \frac{105\text{달러}}{1.05}$$

$$= 90.9\text{달러} - 100\text{달러} = (-)9.1\text{달러}$$

표 39.6에서 보는 바와 같이, 만약 경영진이 다음 해의 광물 가격과 현금흐름 결과를 지켜본 후에 의사결정을 할 수 있도록 1년 동안 투자의사결정을 연기할 수 있는 옵션을 가지고 있다면 대답은 달라질 것이다. 유리한 상황에서 순현금흐름은 150달러 − 105달러 = 45달러이다. 불리한 상황에서 경영진은 0달러의 순현금흐름을 받아들이고 투자를 기각할 것이다.

유연성의 가치를 평가하기 위해 먼저 ROV 접근법을 사용하고, 그 다음으로 DTA 접근법을 사용한다.

실물옵션 가치평가(REAL OPTION VALUATION; ROV)

옵션가격결정모델은 프로젝트 가치를 평가하기 위해 복제 포트폴리오(replicating portfolio)를 사용한다. 복제 포트폴리오의 기본적인 개념은 단순하다. 만약 어떤 옵션과 동일한 재무적 결과(payout)를 가져오는 가격이 있는 증권 포트폴리오를 만든다면, 그 두가지의 가격은 같아야 한다. 만약 증권과 옵션이 공개시장에서 거래된다면 동일 가격으로 거래될 것이며, 그렇지 않으면 차익거래가 발생할 수 있다. 흥미로운 것은 ROV 접근법으로 복잡한 조건부 현금흐름 패턴의 가치를 정확하게 평가할 수 있다는 것이다.

앞에서 설명한 105달러 투자 프로젝트로 돌아가면, 주당 30.30달러로 시장에서 거래되며 완벽한 상관관계를 가진 증권(이 사례에서는 상품)이 있다고 가정해보자.[8] 이 증권의 결과치는 50달러 및 16.70달러로 이 프로젝트 결과치의 3분의 1에 해당하며 기대수익률은 기초 프로젝트의 자본비용과 같다.

이러한 복제증권은 복제포트폴리오를 만들어 이연옵션을 포함하여 프로젝트의 가치를 평가하는 데 이용할 수 있다.[9] N개의 복제증권과 액면가치가 1달러인 B개의 무위험채권으로 구성되는 포트폴리오가 있다고 가정해 보자. 유리한 상황에서 N개의 복제증권은 증권 당 50달러를 지불하고 각 채권은 액면가치와 이자의 합인 $(1 + r_f)$를 지급한다. 도합 이러한 결과치는 45달러와 같아야 한다. 불리한 상황에서도 동일한 방식을 적용하면, 다음과 같이 두 개의 미지수를 가진 두 개의 방정식을 얻게 된다.

$$50.0\text{딜러}N + 1.05\text{딜러}B = 45\text{딜러}$$

$$16.7\text{달러}N + 1.05\text{달러}B = 0\text{달러}$$

해답은 $N = 1.35$, $B = -21.43$이다. 따라서 1.35주의 증권을 매수하고 −21.43달러의 채권을 매도(채권에서 'short'는 '채권매도' 또는 '현금차입'과 같다)하여 복제포트폴리오를 구성할 수 있다.

이러한 구성은 유리한, 그리고 불리한 두 가지 상황에서 투자 프로젝트와 정확히 동일한 현금흐름을 가져온다. 따라서 이연할 수 있는 프로젝트의 가치는 복제포트폴리오의 가치와 일치해야 한다.

$$\begin{aligned}\text{옵션가치법의 NPV} &= N \times \text{복제증권의 가격} - B(1\text{달러}) \\ &= 1.35(30.3\text{달러}) - 21.43(1\text{달러}) \\ &= 19.5\text{달러}\end{aligned}$$

이연옵션의 가치는 프로젝트에 대한 옵션가치법의 NPV와 유연성이 없는 표준 순현재가치 접근법의 NPV의 차이라고 볼 수 있다. 즉 19.50달러 − (−9.10달러) = 28.60달러가 된다(표준 순현재가치 접근법의 NPV는 음(−)의 값임을 기억하자).

8 복제포트폴리오를 이용하여 유연성이 없는 투자프로젝트의 가치를 평가하기 위해 이 복제증권을 이용할 수 있다. 복제증권의 현금흐름이 항상 정확히 프로젝트 현금흐름의 3분의 1이므로, 유연성이 없는 프로젝트는 복제증권의 3배인 90.90달러(=3×30.30달러)의 가치가 있다. 복제증권은 일반적인 표준 DCF에도 암묵적으로 사용되는 기본적인 개념이다. 즉, DCF 가치평가에서 상관관계가 상당히 높은 시장에서 거래되는 증권을 찾아서 프로젝트의 베타를 도출하고 그 증권의 베타를 자본비용의 요소로 사용한다.

9 프로젝트가 거래된다면 복제증권이 필요하지 않겠지만, 거래되지 않으므로 프로젝트의 거래가치와 같은 복제포트폴리오를 구성할 필요가 있다.

옵션가치법의 NPV는 위험중립가치평가(risk-neutral valuation)라고 불리는 대체적 방법인 ROV 접근법으로 산출될 수도 있다. 위험중립가치평가는 할인율 측면보다 시나리오 확률의 측면에서 위험을 조정하기 때문에 명칭에 있어 어느 정도 오해의 소지가 있다. 옵션을 가치평가하기 위해서 실제 시나리오 확률 대신 소위 '위험중립'이라고 불리는 위험조정확률(risk-adjusted probabilities)에 의해 미래 현금흐름을 가중평균한다. 그 다음에는 현재가치를 산출하기 위하여 확률가중 평균현금흐름을 무위험이자율로 할인한다. 유리한 상황의 위험중립확률(risk-neutral probability)인 p*는 다음과 같이 정의된다.[10]

$$p^* = \frac{1 + r_f - d}{u - d} = 0.45$$

여기서,

$$u = \frac{\text{FV(유리한 상황)}}{\text{PV}} = \frac{50.0\text{달러}}{30.3\text{달러}} = 1.65$$

$$d = \frac{\text{FV(불리한 상황)}}{\text{PV}} = \frac{16.7\text{달러}}{30.3\text{달러}} = 0.55$$

확률을 다음과 같이 구분하여 산출한다.

$$p^* = 0.45$$
$$1 - p^* = 0.55$$

이러한 확률은 암묵적으로 복제증권과 완벽하게 상관관계가 있는 투자에 대한 위험프리미엄을 반영한다. 미래 현금흐름을 위험중립확률로 가중평균하여 5%의 무위험이자율로 할인하면 복제포트폴리오를 사용하여 산출되는 가치와 정확히 동일한 결과를 얻게 된다.

$$\text{옵션가치법의 NPV} = \frac{0.45(45\text{달러}) + 0.55(0\text{달러})}{1.05} = 19.5\text{달러}$$

복제포트폴리오와 위험중립가치평가를 이용하는 것이 동일한 결과를 가져온다는 것은 결코 우연의 일치가 아니다. 두 가지 모두 수학적으로 동일하며, 이연옵션을 가진 투자프로젝트의 가치를 평가하기 위해 복제증권의 가격을 이용한다.

---

10 그 예로 Trigeorgis, *Real Options*, 75-76 참고.

의사결정트리분석(DTA)에 근거한 가치평가

유연성이 있는 프로젝트의 가치를 평가하는 두 번째 방법은 의사결정트리분석(DTA: Decision Tree Analysis)을 사용하는 것이다. 이 방법은 원칙적으로 프로젝트의 조건부 현금흐름(contingent cash flows)에 대한 정확한 자본비용을 적용할 수 있는 경우 정확한 해답을 얻을 수 있다.

일반적인 DTA 접근법은 프로젝트의 조건부 성과(contingent payoffs)에서 투자비용을 차감하여 할인한다. 안타깝게도 이러한 현금흐름의 정확한 자본비용은 ROV 결과에서만 이끌어낼 수 있다. 동일한 확률로 45달러와 0달러의 성과가 발생하는 프로젝트에 대한 옵션가치법의 NPV가 19.50달러라면, ROV 분석에 근거한 내재할인율(implied discount rate)은 15.5%이다.[11] 이는 기초자산의 자본비용인 10%보다 상당히 높은 수준인데, 이러한 결과는 조건부 현금흐름이 더 위험하기 때문에 발생한다. 옵션가치법의 NPV는 동일한 확률로 131% 상승과 100% 하락이 가능하다. 기초자산의 가치는 90.90달러이며 50:50의 동일 확률로 65% 상승(150달러로 증가)하거나 45% 하락(50달러로 감소)할 수 있다. 만약 기초자산의 자본비용 10%가 사용된다면, DTA의 결과치는 정확한 ROV의 결과치에 비해 너무 높을 것이다.

$$\text{옵션가치법의 NPV} = \frac{0.5(45\text{달러}) + 0.5(0\text{달러})}{1.10} = 20.5\text{달러}$$

개선된 DTA 접근법은 조건부 현금흐름의 두 가지 요소를 각각 할인한다. 기초자산의 조건부 성과(contingent payoff)는 기초자산의 자본비용으로 할인하고, 투자비용은 무위험이자율로 할인한다.

$$\text{옵션가치법의 NPV} = 0.5\left(\frac{150\text{달러}}{1.10} - \frac{105\text{달러}}{1.05}\right) + 0.5(0\text{달러}) = 18.2\text{달러}$$

장기 조건부 성과의 경우에 이러한 DTA 접근법은 정확한 ROV 가치와 더욱 유사한 결과치를 산출한다. 다음 섹션에서는 이러한 두 번째 DTA 접근법이, 기초위험(underlying risk)이 분산가능하거나(diversifiable) 분산가능하지 않지만 너무 작아서 미래 투자결정에 영향을 미치지 않는 경우에(즉, 불리한 상황에서도 프로젝트 가치가 투자비용보다 크다면), 어떻게 정확한 ROV 결과치를 산출할 수

11 이러한 간단한 사례에서 자본비용은 하나의 값만 존재한다. 일반적으로 조건부 현금흐름에 대한 자본비용은 일정하지 않으며, 시간 및 경제상황에 따른 옵션의 위험에 따라 변동한다.

표 39.7 가치평가 결과: 표준 순현재가치 vs. 옵션가치

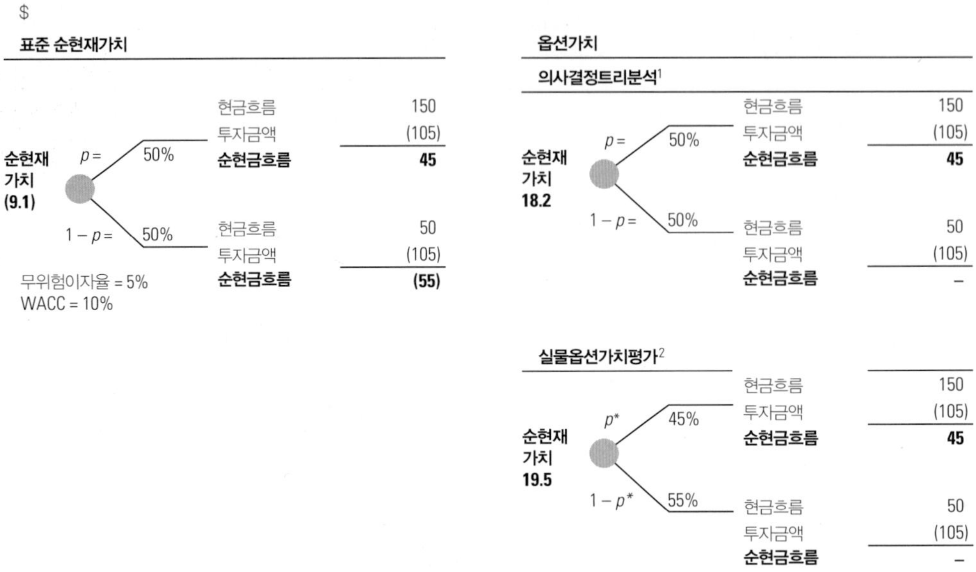

주석: t = 기간(연); p = 확률; p^* = 이항(위험중립)확률

[1] 10%의 프로젝트 자본비용으로 현금흐름을 할인하고 5%의 무위험이자율로 투자금액을 할인

[2] 위험중립가치평가를 적용

있는지를 논의한다.

ROV와 DTA 접근법의 비교

표 39.7에 정리되어 있듯이, 표준 순현재가치 접근법은 채광 프로젝트의 순현재가치를 (−)9.10달러로 저평가하였다. ROV 접근법은 복제포트폴리오 또는 위험중립가치평가를 사용하여 유연성의 가치를 산정하기 때문에 올바른 순현재가치인 19.50달러를 도출한다. 본 사례에서 DTA 접근법에 따른 순현재가치는 18.20달러로 매우 근사치라고 볼 수 있는데, 이는 표준 순현재가치 결과치와 더 세밀한 ROV 결과치 사이의 전체 차이를 대부분 반영한다. 한편, DTA 결과는 프로젝트의 수익과 위험에 따라 ROV 결과와 한참 다르거나, 보다 근접할 수도 있다.

이러한 사례는 ROV 접근법이 경영관리상 유연성의 가치를 평가하는 최선의 방법임을 의미하지는 않는다. 이 정형화된 사례에는 실제 투자의사결정에서 고려되는 두 가지의 중요한 측면이 포함되지 않았다. 두 가지 측면은 주된 위험(prevailing risk) 유형과 기초자산 현금흐름의 가치와 변동성에 대한 데이터의 가용성이다. 표 39.8은 각각의 방법이 언제 가장 최적인지를 보여주고 있다. 향후 설명

표 39.8 실물옵션가치평가 대 의사결정트리분석의 적용

가용 자료		분산 가능	분산 불능
	비거래 자산	의사결정트리 분석	의사결정트리분석, 실물옵션가치평가
	거래 자산	의사결정트리 분석	실물옵션 가치평가
		기초(underlying) 위험	

을 하겠지만, 실무에서는 기초자산 위험의 대부분이 분산가능하거나 기초자산의 가치 및 변동성과 같은 필수 투입요소에 대한 대략적 수치만을 이용할 수 있기 때문에 더욱 간단한 DTA 접근법이 선호된다. 게다가 DTA는 사용하고 이해하기가 더 쉽다. ROV 접근법은 미래현금흐름이 시장에서 거래되는 상품, 증권 또는 화폐와 밀접한 관련되어 있는 때에 가장 적합하다. 실물옵션 가치평가법이 채광 및 원유산업과 같이 상품연계투자(commodity-linked investments)에서 가장 빈번하게 사용된다는 것은 놀랍지 않다.

주된 위험(prevailing risk): 분산가능위험 및 분산불가능위험 투자프로젝트는 제품 가격, 수요위험, 이자율 및 통화위험, 기술적 위험, 정치적 위험과 같은 다양한 위험에 노출될 수 있다. 여기서 질문은 어떤 특정한 위험(또는 위험집단)이 주된 것인지, 즉 경영진의 미래 의사결정을 변경할 정도로 프로젝트의 현금흐름에 영향을 미칠 것인가이다. 주된 위험에 대한 다음의 사례들은 위험이 분산가능한지와 이것이 가치평가 접근법의 선택에 어떠한 영향을 주는지를 보여준다.

- 만약 상품가격(채광, 원유 또는 발전산업) 또는 통화와 이자율이 미래 투자 의사결정의 핵심요소라면, 주된 위험은 분산가능하지 않으며, 오직 ROV 접근법만이 이론적으로 정확한 가치평가가 가능하다. 이는 광물 가격의 변동으로부터 채광의 성과(payoffs)에 차이가 발생하는 경우를 다룬 이번 장의 앞선 사례에서 설명하였다. DTA 접근법은 비록 특정 사례에서는 올바른 가치와 유사한 가치를 산출할 수는 있지만, 일반적으로 올바른 가치를

산출할 수 없다.

- 만약 기술적 위험(고객의 선호도, 기술 혁신, 임상실험결과 또는 지질학적인 조사 결과 등)이 미래 투자의사결정에 중요하다면, 주된 위험은 분산가능하며, ROV 및 DTA 모두 유연성을 가치평가하기에 효과적인 수단이다. 우리의 경험상, 이것이 주된 위험과 관련하여 더욱 일반적인 상황이다. DTA 접근법을 적용하여, 각 시나리오의 프로젝트 성과(payoffs)를 기초자산의 자본비용으로 할인하고, 투자비용은 무위험이자율로 할인하는 것이 가능하다(이번 장 초반의 제약회사 사례에 있는 공식 39.1을 보자).[12]

이전 절의 채광 사례보다 좀 더 복잡한 경우 어떤 위험들이 있는지에 따라 ROV와 DTA를 어떻게 적용할 수 있는지 설명한다. 가격위험 뿐만 아니라(표 39.9. 사례 1 참조), 매장량의 규모에 대한 불확실성이 있다고 가정하자. 광산은 매우 커서 예상 수준의 2.50배의 가채매장량을 가지고 있거나, 매우 작아서 예상수준의 0.26배의 가채매장량을 가지고 있을 수 있다. 가채매장량이 매우 클 가능성이 33%, 반대로 매우 작을 가능성이 67%라고 하자. 이는 최초 투자에 대해 두 가지 결과만이 아닌 네 가지 결과를 산출하게 된다. 즉, 큰 광산 및 높은 광물가격 시나리오(150달러×2.50)에서의 375달러에서 작은 광산 및 낮은 광물가격 시나리오(50달러×0.26)에서의 13달러까지의 현금흐름 범위를 가진다. 표 39.9에 제시된 바와 같이 조건부 성과(conditional payoffs)를 고려할 때, 상품 가격에 관계없이 광산이 크다고 밝혀질 경우에만 생산을 시작하는 것이 합리적인 의사결정이다. 작은 광산에 대해서는, 심지어 높은 광물가격 시나리오에서도 투자비용 105달러가 현금흐름(39달러=150달러×0.26)보다 크기 때문에 생산을 하는 것이 타당하지 않다.

가치평가 결과를 산출하기 위해 ROV 접근법을 사용할 때 가격 시나리오에 대해서는 조건부 성과(conditional payoffs)에 위험중립(가상의)확률을 적용하고, 수량 시나리오에는 정규 확률을 적용한 다음 무위험이자율로 할인한다.[13] 그 예로,

---

12 ROV 접근법으로 신약 개발 프로젝트를 가치평가하기 위해 복제포트폴리오를 만들었다. 증권의 성과가 신약의 임상실험 결과와 완벽하게 상관관계가 있는 복제증권이 있다고 가정하자. 유리한 결과가 나왔을 때 52.50달러를 얻고, 불리한 결과일 때 10.50달러를 얻게 된다. 이러한 현금흐름이 기술적 위험으로부터 나오므로, 증권시장 베타는 0이고 현재가치는 30달러이다. 복제 포트폴리오는 이러한 증권의 107.1 개를 매입하는 포지션(long position)과 무위험채권 1,071.40달러를 매도하는 포지션(short position)으로 구성된다. 따라서 ROV는 107.1(30달러) − 1,071.4달러(1) = 2,143 달러이다. 또한 유사한 증거를 Dixit and Pindyck, *Investment under Uncertainty*, 30-32에서 참고할 수 있다.

13 기존 사례에서는 광물 가격위험이 변동하지 않았기 때문에 위험중립확률을 사용할 수 있었다. 수량위험은 분산가능하므로 확률에 대한 위험 조정이 필요하지 않다. 이런 경우 위험중립확률 접근법이 보다 적용하기 용이하므로 ROV 가치평가에 위험중립확률 접근법을 사용하며, 당연히 복제포트폴리오 접근법은 동일한 가치를 창출한다.

표 39.9 가격 및 수량 위험이 혼합된 경우의 가치평가 결과

● 가격 위험 사건
■ 수량 위험 사건

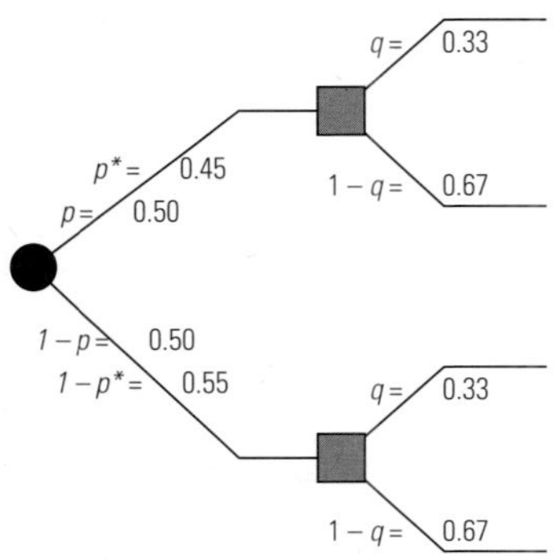

사례 1: 높은 기술적 위험							사례 2: 낮은 기술적 위험						
가격	규모	현금흐름	투자액	현금흐름	ROV	DTA	가격	규모	현금흐름	투자액	현금흐름	ROV	DTA
150	2.50	375	(105)	270	38.6	39.8	150	1.50	225	(105)	120	17.1	17.3
150	0.26	39	(105)	–	–	–	150	0.75	113	(105)	8	2.3	0.9
50	2.50	125	(105)	20	3.4	2.3	50	1.50	75	(105)	–	–	–
50	0.26	13	(105)	–	–	–	50	0.75	38	(105)	–	–	–
				Value	42.0	42.0					Value	19.5	18.2

주석: p = 높은 광물가격의 확률
p^* = 이항(위험중립) 확률
q = 큰 광산의확률

큰 광산 및 높은 광물가격 시나리오를 들어보자.

$$\frac{0.45 \times 0.33 \times 270\text{달러}}{1+5\%} = 38.6\text{달러}$$

모든 가능한 시나리오의 결과치를 합하면 42달러의 ROV 가치가 산출된다.[14]

DTA 접근법을 사용하면, 가격 및 수량 시나리오에 대한 정규 확률에 조건부 성과(conditional payoffs)를 곱한 후 광산의 자본비용으로 현금흐름을 각각 할인하고, 무위험이자율로 투자비용을 할인한다. 예를 들어, 큰 광산 및 높은 광물가격 시나리오인 경우 다음과 같다.

$$0.50 \times 0.33 \times \left(\frac{375\text{달러}}{1+10\%} - \frac{105\text{달러}}{1+5\%}\right) = 39.8\text{달러}$$

유사하게도, 모든 시나리오에 대한 결과를 합치면 ROV 결과와 정확히 동일한 42달러라는 DTA 가치를 얻게 된다. 왜냐하면 투자의사결정이 전적으로 광산의 크기와 관련된 분산가능한 기술적 위험에 의해 이루어졌기 때문이다. 분산가능하지 않은 가격위험으로 현금흐름이 달라지지만 투자의사결정에는 영향을 주지 않는다.[15]

DTA와 ROV 접근법은 모두 조건부 의사결정이 대개 분산가능한 기초위험(underlying risk)에 의해 이루어질 때는 이론적으로 올바른 해답을 제공한다. 그 사례로는 미개발 유전의 크기와 같은 지질학적 위험, 신제품의 소비자 수용성과 같은 일종의 마케팅 위험이 있다. 계산사례와 같이, 이러한 위험들은 종종 분산불가능위험들보다 가치에 더 큰 영향을 미친다. 그 예로, 신약 개발에 투자하는 의사결정의 주요요인은 그 약이 임상실험을 통과하는지 여부이지, 기존에 성공적으로 개발된 약이 일반적인 경제상황에 따라 가치가 있는지의 여부가 아니다.

반대로, 만약 조건부 의사결정이 분산불가능한 위험에 의해 영향을 받는다면, 오직 ROV 접근법만이 이론적으로 정확하며, DTA 접근법은 대략적인 결과만 제시한다. 이전의 동일한 계산사례에서, 수량위험이 더 적으면(표 39.9, 사례2 참조), 분산불가능한 가격위험은 투자의사결정에 영향을 미칠 것이다. 표에서 보여주듯이 잠재적인 광산 규모의 변동이 적은 경우에는, 가격의 변동이 생산을 시작할지 여부

---

14 가채매장량이 큰 경우에만 광산을 개발하는 추가적인 유연성을 가지므로 이 값은 기존 사례보다 더 크다.

15 이 사례에서 상품가격의 확률분포가 이산적이 아니라 연속적이라면, 생산결정을 뒤집을 가격의 수준이 항상 있을 수 있다. 그러나 만약 그런 가격 수준이 될 확률이 적다면, ROV와 DTA 결과의 차이는 여전히 적을 수 있다.

를 결정하는 주된 위험이 된다. 예를 들어, 높은 광물가격이 정해지면, 광산 규모가 큰지 또는 작은지에 상관없이 생산을 시작한다. 그 결과 DTA 접근법은 ROV 접근법에 의한 올바른 가치(19.50달러)의 근사치(18.20달러)만을 제공한다.[16] 유사하게, 실제로 일부 투자의 경우 분산불가능한 위험이 어떠한 기술적, 규제적, 또는 다른 분산가능한 위험을 능가한다. 그 예로 발전소의 확장에 투자하는 의사결정은 일반적으로 연료와 전기요금의 차이 및 전반적인 전력수요에 의해 이루어진다.

데이터 가용성: 거래자산 vs. 비거래자산 옵션가치평가 결과는 기초자산 현금흐름의 가치와 변동성에 대한 합리적인 예측치에 의해 주로 결정된다.

만약 기초자산의 가치에 대한 평가가 부정확하면, 유연성의 가치 또한 부정확하게 된다. 첫 번째 사례로 돌아가면, 매우 효과적인 신약에 의해 창출되는 미래 현금흐름이 부정확하게 추정되었다면, 이연옵션의 가치는 부정확할 것이다. 실무적으로는 매출액성장률, 영업이익률, 자본회전율 등을 예측하는 완전한 DCF 모델을 가지고 가치를 추정해야 할 것이다. 모든 ROV(및 DTA) 접근법은 기초자산의 이러한 가치평가를 기초로 하여 만들어졌다.

기초자산 현금흐름의 변동성(옵션가격결정 문헌에서 변동성(volatility)이라고 한다)의 예측에 대하여도 유사한 논쟁이 있다. 실물옵션은 일반적으로 만기가 장기이고 때때로 등가(at-the -money)이거나 등가에 가까워서[17] 프로젝트 수행 의사결정이 간발의 차이로 이루어지므로[18] 변동성이 가치에 상당한 영향을 미칠 수 있다. 여전히, 많은 경영진과 실무진에게 변동성은 추상적인 개념으로 남아있다. 예를 들어 "아직 출시하지 않은 제품의 판매로부터 발생하는 현금흐름 결과의 범위를 어떻게 합리적으로 예측하겠는가?"라는 의문을 가지게 된다.[19]

때때로 기초자산의 가치와 변동성은 거래자산으로부터 얻을 수 있다. 예를 들면 가스연료 발전소의 폐쇄, 구리광산의 폐쇄, 유전 생산의 연기에 대한 옵션이 그것이다. 그러한 경우에는 주요 요소를 합리적으로 정확하게 예측할 수 있으므로 ROV 접근법이 DTA 접근법보다 더 정확할 것이다. 기초자산의 가치평가와 변동

---

16 ROV 결과에서 큰 광산 및 높은 광물가격 시나리오의 현재가치는 (0.45 × 0.33 × 120달러)/(1 + 5%) = 17.1달러이다. 여기에 작은 광산 및 높은 광물가격 시나리오의 현재가치, (0.45 × 0.67 × 7.5달러)/(1 + 5%),를 추가하면 약 19.5달러의 총 ROV 가치가 된다.

17 변동성의 변동에 대한 옵션가치의 민감도(vega)는 옵션의 만기가 길어질수록, 옵션이 등가격에 가까워질수록(closer to the money) 커진다는 옵션가격결정이론을 따른다. 만약 행사가격이 기초자산의 가치와 동일하다면, 옵션은 등가격(at-the-money)이다.

18 투자의사결정의 채택여부가 매우 확실하다면 우선 유연성의 가치가 거의 없고, 따라서 옵션가치를 고려할 필요도 없게 된다.

19 현금흐름의 범위는 변동성 예측치를 제공하는 관련 확률을 포함할 필요가 있다.

성이 거래자산으로부터 얻을 수 없고 주로 판단에 의해 이루어진다면, DTA 접근법이 보다 타당할 것이다. 즉 DTA 접근법은 ROV 접근법보다 의사결정자에게 보다 간단하고 투명한 접근법이 된다. 가치평가의 주요한 가정이 의사결정자의 판단을 요구한다면 투명성은 특히 중요하다. DTA 접근법은 유연성 가치의 핵심을 끄집어 낼 수 있다. 그리고 필요한 투입요소의 정보를 얻을 수 없다면 ROV 접근법이 가진 이론적인 장점의 중요성이 낮아진다.

유연성 가치평가를 위한 4가지 단계 프로세스

유연성의 가치를 평가하기 위해서, 표 39.10에서 설명한 4단계 프로세스를 사용한다. 1단계에서는, 전통적인 DCF 모델을 이용하여 유연성을 고려하지 않고 투자 프로젝트의 가치평가를 수행한다. 2단계에서는 DCF 모델을 사건트리(event tree)로 확장한다. 즉, (미조정된) 확률과 가중평균자본비용을 이용하여 시간이 지나가면서 프로젝트의 가치가 어떻게 변하는지를 연결시킨다. 이 단계에서 DCF 모델은 유연성을 포함하지 않기 때문에, 사건 트리의 현금흐름을 할인한 것을 근거로 한 프로젝트의 현재가치는 첫 단계의 표준 DCF 가치와 동일해야 한다.

3단계에서는, 경영상의 유연성의 형태를 파악함으로써 사건트리(event tree)를 의사결정트리(decision tree)로 전환한다. 이때 유연성은 트리의 각 지점(node)에 설정해야 한다. 포기 또는 확장옵션과 같이 개별 의사결정 지점(node)에서도 다양한 원천의 유연성이 가능한데, 이들 간에 명확한 우선순위를 갖는 것이 중요하다. 특히 의사결정트리가 복합옵션을 가질 경우, 유연성과 관련하여 의사결정 순서를 수립할 때 주의해야 한다.

마지막으로 4단계에서는 유연성의 행사가 프로젝트의 위험요소를 어떻게 바꾸는지를 인식해야 한다. 만약 조건부 현금흐름에 영향을 주는 주된 위험이 완전히 분산가능하다면, 특별한 모델은 필요하지 않다. 즉, ROV와 DTA에 관한 다음 섹션에서의 제약회사 사례처럼 무위험이자율로 투자현금흐름을 할인하고 가중평균자본비용으로 기초프로젝트의 현금흐름을 할인하는 DTA를 이용할 수 있다. 만약 주된 위험이 분산불가능하고 시장에서 가격이 결정된다면, 프로젝트의 현금흐름에 대한 적정 위험조정할인율은 더 이상 1단계에서 사용한 가중평균자본비용이 아니다. 이러한 경우 위험중립가치평가나 복제포트폴리오를 사용하여 유연성이 있는 프로젝트의 가치평가를 위한 ROV 접근법을 사용해야 한다.

표 39.10 유연성 가치평가를 위한 4단계 프로세스

	유연성을 고려하지 않고 순현재가치 산출	사건트리를 이용하여 불확실성을 모델화	의사 결정을 이용하여 유연성을 모델화	옵션가치 산출
목표	유연성을 고려하지 않은 기본적인 시나리오의 현재가치를 계산한다.	불확실성의 변화에 따라 현재가치가 어떻게 산출되는지 이해한다.	새로운 정보에 따른 경영상의 유연성을 파악하고 반영하기 위해 사건트리를 분석한다.	DTA와 ROV 접근법을 사용하여 전체 프로젝트의 가치를 산출한다.
내용	기초자산(underlying asset)의 가치평가에 표준 순현재가치 접근법이 사용된다.	유연성이 모델화되지 않음; 사건트리에 따른 가치평가결과가 표준 순현재가치와 동일해야 한다.	유연성은 사건트리에 반영되며 의사결정트리로 전환된다.	불확실성과 이에 따른 경영상의 유연성이 높은 경우 옵션가치는 표준 순현재가치의 결과보다 매우 높을 것이다.

실물옵션가치평가: 계산사례

4단계 프로세스를 이용하여, 분산불가능한 위험으로 발생된 것으로 가정한 유연성의 가치평가를 위하여 단순이항격자(straightforward binomial lattice)를 가진 ROV 접근법을 설명한다. 확률수학 또는 몬테카를로 시뮬레이션(Monte Carlo simulation)과 같은 복잡한 수학을 이용한 다른 옵션가격결정모델을 사용했어도 결과는 동일하다.

1단계: 유연성을 고려하지 않은 순현재가치 산출 기대수익률 및 자본비용(k)은 8%이며, 현재가치가 100달러인 현금흐름을 창출하는 공장을 짓는 투자프로젝트를 가정한다. 무위험이자율은 연 5%이고, 프로젝트를 수행하기 위해 즉시 투자할 경우 필요한 현금지출은 105달러이다. 따라서, 표준 순현재가치 접근법의 NPV는 기대현재가치 100달러에서 투자금액 105달러를 차감한 (-)5달러이고, 오늘 즉시 투자해야 한다면 프로젝트를 채택하지 않을 것이다.

2단계: 사건트리를 이용하여 불확실성 모델화 기초위험자산의 잠재력 가치를 모델화한 격자모형을 사건트리라고 한다. 이것은 의사결정 분기점들(decision node)을 포함하고 있지 않으며 기초자산의 진전(evolution)을 단순히 모델화한 것이다. 표 39.11에서는 공장이 향후 5년 동안 매년 취할 수 있는 잠재적 가치를 보여주고 있으며, 매년 15%의 변동성을 가정한다.[20] T는 상승연도 수, σ는 기초공장(underlying factory) 가치의 연간 변동성이며, 다음의 계산식을 이용하여 상승-

20 공장의 가치 변화율의 표준편차

표 39.11 사건트리: 유연성 없는 공장

$

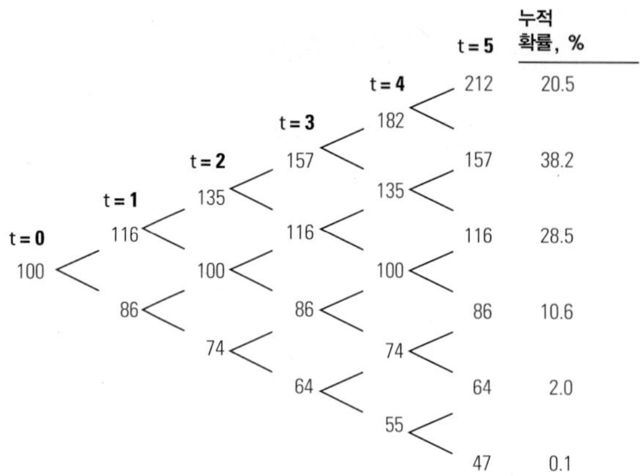

기초자산
현재가치 = 100
변동성 = 15%
최초투자 = 105
유연성이 없는 순현재가치 = 100 – 105 = (5)

가정
무위험이자율 = 5%
자본비용 (k) = 8%

주석: t = 기간(연)

하강 이동을 결정할 수 있다.[21]

$$\text{상승이동(Up Movement)} = u = e^{\sigma\sqrt{T}}$$

$$\text{하강이동(Down Movement)} = d = \frac{1}{u}$$

이 계산식에 숫자를 대입해 보자.

$$u = e^{0.15\sqrt{1}} = 1.1618$$

$$d = \frac{1}{1.1618} = 0.8607$$

자본비용 8%를 이용하는 전통적인 DCF 접근법에 기초하면, 상향이동의 확률은 72.82%이고, 하향이동의 확률은 27.18%이다.[22] 사건트리의 어떤 가지(branch)의 현재가치도 자본비용 8%로 할인한 기대 성과(payoff)와 같다는 것이 증명될 수 있다. 예를 들어, 5년차에서 가장 상위 가지의 현재가치는 다음과 같다.

---

21 J. Cox, M. Rubinstein, and S. Ross, "Option Pricing: A Simplified Approach," *Journal of Financial Economics* 7, no. 3 (1979): 229–263. T가 점점 작아질수록, 이항격자 결과치는 옵션의 올바른 가치로 수렴한다. 본 사례에서 편의를 위해 T=1로 설정하였다.

$$PV_{t=4} = \frac{E(PV_{t=5})}{(1+k)} = \frac{0.7282(211.7\text{달러}) + 0.2718(156.8\text{달러})}{1.08} = 182.2\text{달러}$$

유사한 계산방식으로 사건트리의 어떠한 값도 산출할 수 있으며, 영 시점(t = 0)에서 프로젝트의 현재가치 100달러를 얻을 수 있다. 이 현재가치는 1단계의 결과와 동일하므로, 우리는 트리가 정확함을 알 수 있다.

3단계: 의사결정트리를 이용한 유연성 모델화 사건트리에서 의사결정 지점들(decision points)을 추가하게 되면 의사결정트리가 된다. 공장을 확장하는데 15달러가 추가된다고 가정하자. 이러한 확장은 그 지점(node)에서 공장의 가치를 20% 상승시킨다. 이러한 옵션은 다음 5개년 동안 어느 시점에든 행사할 수 있지만 단 한 번 가능하다.

표 39.12는 의사결정트리의 결과를 보여주고 있다. 트리의 주어진 지점에서 성과들을 파악하기 위해 마지막 가지에서 시작한다. 5차 연도 최상위의 가지를 고려해 보자. 이 가지의 경우 확장옵션이 없는 현금흐름은 표 39.11에서 보는 바와 같이 211.70달러이지만 확장옵션이 있는 현금흐름은 1.20 × 211.70달러 − 15달러 = 239.00달러이다. 확장옵션이 있는 가치가 더 높기 때문에 확장을 결정할 것이다. 같은 지점에서 아래 가지의 경우 확장옵션이 없는 현금흐름 156.80달러 대비 확장옵션이 있는 현금흐름은 1.20 × 156.80달러 − 15달러 = 173.20달러가 되어, 이 상황에서도 확장을 결정하게 될 것이다. 이러한 방법으로 모든 최종 가지들의 현금흐름 예측치를 완성할 수 있다.

4단계: 옵션가치 산출 확장할 수 있는 유연성이 있는 프로젝트의 가치를 결정하기 위해 각 지점에서 복제포트폴리오 방법을 사용하여 의사결정트리를 통하여 역방향으로 가치를 산출해 보자. 표 39.12에서 강조된 지점의 경우, N단위의 기초프로젝트와 B단위의 1달러짜리 무위험채권의 포트폴리오를 사용하여 t = 5일 때 확장옵션의 현금흐름(payoff)을 복제할 수 있다.[23]

22 상향이동의 확률 산출을 위한 공식 도출은 이전의 주석 참조.

$$\frac{(1+\text{k})^T - \text{d}}{u-d} = \frac{(1+8\%) - 0.8607}{1.1618 - 0.8607} = 0.7282\text{달러}$$

23 만약 프로젝트 자체가 거래되지 않고 거래되는 복제증권이 있다면, 복제증권과 무위험채권을 이용하여 유사한 방식으로 포트폴리오를 구성할 수 있다.

표 39.12 의사결정트리: 공장확장옵션

$

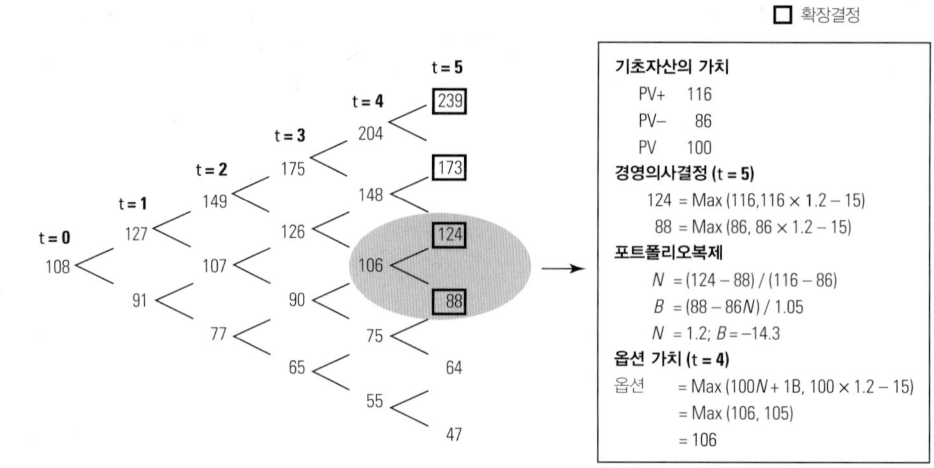

주석: t = 기간(연)
PV = 현재가치
N = 복제증권 수
B = 무위험채권 수
추가 투자: 15달러
추가 현금흐름: 20%

116.2달러N + 1.05달러B = 124.4달러
86.1달러N + 1.05달러B = 88.3달러

계산식을 풀어보면 $N = 1.2$ 그리고 $B = -14.3$을 얻게 된다. 따라서 복제 포트폴리오는 유연성이 없는 프로젝트 1.2단위(이 지점에서 사건트리의 가치는 100달러가 됨. 표 39.11 참조)와 1달러짜리 채권 14.3단위의 매도 포지션(short position)으로 구성되어 있다. 표 39.12의 계산결과에서 볼 수 있듯이 $t = 4$일 때 지점(node)에서 옵션의 가치는 다음과 같다.

현재가치 = 100달러N + 1달러B = 105.7달러

오른쪽에서 왼쪽방향인 역방향으로 지점별로 계속 가치를 산출해 보면 확장옵션을 가진 프로젝트의 현재가치 108.40달러를 얻을 수 있다. 그 결과 프로젝트의 순현재가치는 (−)5.00달러에서 3.40달러로 증가하고 옵션 자체의 가치는 8.40달러가 된다. 이러한 분석으로 가치극대화 의사결정 전략이 가능하게 되고, 표 39.12에서 박스로 표시한 지점에서 보여주는 바와 같이 경영진은 오직 5년 후에 공장의

표 39.13 의사결정트리: 공장폐쇄옵션

$

□ 폐쇄결정

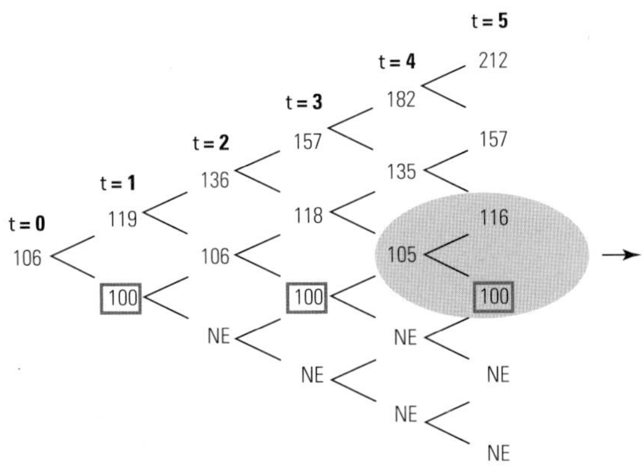

기초자산 가치

PV+ = 116

PV− = 86

PV = 100

경영의사결정 (t = 5)

116 = Max (116, 100)

100 = Max (86, 100)

위험중립가치평가

$p^* = (1 + r_f - d) / (u - d)$

$= (1.05 - 0.861) / (1.162 - 0.861)$

$= 0.629$

옵션가치 (t = 4)

Option $= \text{Max}\,([p^* \times 116 + (1 - p^*)\,100] / 1.05,\ 100)$

$= \text{Max}\,(105, 100)$

$= 105$

주석: t = 기간(연)

NE = 존재하지 않음

PV = 현재가치

p^* = 이항(위험중립)확률

r_f = 무위험이자율

d = 가치의 하향이동

u = 가치의 상향이동

청산가치: 100달러

가치가 75달러 이상인 경우에만 공장을 확장할 것이다.[24]

만약 경영진이 확장옵션 대신에 100달러의 고정된 청산가치로 어떤 지점에서도 공장을 폐쇄할 옵션을 가지고 있다면, 가치는 표 39.13과 같이 될 것이다. 최종 가지의 조건부 성과를 결정하고, 다시 의사결정트리에서 오른쪽에서 왼쪽방향으로 가치를 산출해 보자. 표에서 $t = 4$일 때 강조 표시된(highlighted) 지점에서 기초공장의 가치는 위의 가지(branch)에서는 116.20달러이고 아래의 가지에서는 86.10달러이다(표 39.11의 사건트리 참조). 기업은 아래의 가지에서 100달러로 프로젝트를 청산할 수 있기 때문에, 의사결정트리의 현금흐름(payoff)은 위의 가지는 116.20달러, 아래의 가지는 100달러가 된다. 위험중립가치평가를 이용하면, 표 39.13에서 보는 바와 같이 포기옵션은 $t = 4$ 지점에서 104.9달러로 평가될 수 있다(복제 포트폴리오는 동일한 결과를 가져올 것이다). 역으로 가치를 평가해 보

24 이것은 배당을 지급하지 않는 주식에 대한 콜옵션(절대 만기 전에 행사되지 않음)과 유사하다. 그 예로, 기존 계산식에서 산출된 것처럼 표 39.12에서 강조된 지점에서 공장 확장 이연옵션의 4차 연도의 가치는 105.70달러이다. 4차 연도의 가치는 100달러 × 1.20 − 15달러 = 105달러이다. 따라서 5차 연도 전에는 모든 지점에서 확장을 이연하는 것이 최선이 될 것이다.

면, 포기옵션이 있는 공장의 가치는 106.40달러가 되고 포기옵션의 가치는 6.40달러이다. 따라서 지금 시점의 가치극대화 의사결정 전략은 공장가치가 100달러 아래로 떨어지는 시점에서 즉시 공장을 폐쇄하는 것이다.

유연성의 다양한 원천은 표 39.14에 예시된 바와 같이 위험중립가치평가를 이용하여 단일 의사결정트리에서 결합되어질 수 있다. 확장과 포기옵션이 있는 프로젝트의 가치는 유연성이 없는 경우의 100달러가 아닌 113.50달러가 된다. 이러한 옵션들이 있는 경우, 프로젝트를 채택하는 것이 올바른 의사결정이 될 것이다. 확장과 포기옵션이 결합된 유연성의 가치는 13.50달러인데, 개별 유연성의 가치의 합(8.40달러 + 6.40달러 = 14.80달러) 보다는 작지만, 개별 유연성 가치보다는 크다는 점에 주목해야 한다. 두 옵션의 가치는 복잡한 방법으로 상호 작용하므로 가산하지 않는다(예를 들어, 공장을 폐쇄하면 그 공장을 확장할 수는 없다). 표 39.14에서 나타난 바와 같이, 최선의 의사결정 전략은 공장의 가치가[25] 100달러 아래로 떨어질 때 공장을 폐쇄하고, 공장의 가치가 75달러보다 높아지는 5차 연도에 확장하는 것이다.

실물옵션가치평가와 의사결정트리분석 : 계산사례

다음 사례를 통해 연구개발 프로젝트의 가치평가와 관련하여 DTA 및 ROV 접근법을 적용해 보자. 어떤 기업이 신약 개발 여부에 대한 의사결정을 해야 할 필요가 있다고 가정해 보자. 단순화된 사례에서[26] 개발의 첫 단계는 가장 가능성이 높은 화학 성분을 선택하는 3년간의 연구 단계이다. 연구 단계의 성공 확률은 15%로 추정된다. 다음 단계는 성분을 연구실 및 임상에서 실험하는 3년간의 테스트 단계이다. 테스트 단계가 성공적으로 끝날 확률은 40%이다. 만약 성공적인 결과가 나오면 약품은 시장에 출시될 것이다. 어떤 단계에서든 실패가 있을 경우 기업은 개발을 멈추고 제품은 아무런 가치도 가지지 못하고 없어질 것이다.

25 이 가치는 확장 옵션을 포함한 공장의 가치를 말한다. 그러므로 공장 폐쇄는 표 39.13에서보다 상황이 더욱 불리한 경우에만 발생한다.

26 제약관련 연구개발은 이 사례보다 실제 매우 복잡하면 여러 단계로 이루어진다. 제약관련 연구개발에서 유연성의 가치평가에 대한 심층 사례는 아래 문헌을 참조. Kellogg and Charnes, "Real-Options Valuation for a Biotechnology Company."

표 39.14 의사결정트리: 공장확장 또는 폐쇄옵션

$

□ 확장결정
⬚ 폐쇄결정

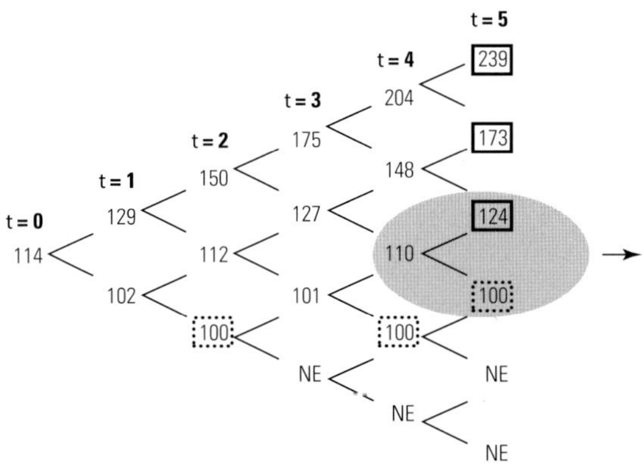

기초자산 가치

PV+ = 116

PV− = 86

PV = 100

경영의사결정 (t = 5)

124 = Max (116, 100, 116 × 1.2 − 15)

100 = Max (86, 100, 86 × 1.2 − 15)

위험중립가치평가

$p^* = (1 + r_f - d) / (u - d)$

$= (1.05 - 0.861) / (1.162 - 0.861)$

$= 0.629$

옵션가치 (t = 4)

옵션 $= \text{Max}([p^* \times 124 + (1 - p^*)100] / 1.05,$ $100, 100 \times 1.2 - 15)$

$= \text{Max}(110, 100, 105)$

$= 110$

주석: t = 기간(연)
NE = 존재하지 않음
PV = 현재가치
p^* = 이항(위험중립)확률
r_f = 무위험이자율
d = 가치의 하향이동
u = 가치의 상향이동
청산가치: 100달러
추가 투자: 15달러

DTA 접근법: 기술적 위험

DTA 접근법은 이전 섹션에서 기술한 바와 같이 유연성 가치평가의 4단계 프로세스를 따르게 된다. 연구개발 프로젝트의 DTA 가치평가에서 연구와 테스트 결과와 관련된 기술적 위험을 고려한다. 신약의 미래 수익성에 대한 상업적인 위험과 기술적 위험은 다음 섹션에서 논의할 ROV 접근법에서 함께 고려한다.

1단계: 유연성을 고려하지 않은 현재가치 산출 만약 개발 프로세스가 성공적이라면 신약은 6년 동안 실질적인 가치를 가질 것이다. 신약은 특허에 의해 경쟁으로부터 보호받기 때문에 제약 산업에서 신약의 이익은 높다. 성공적인 신약은 시장 출시 이후 특허가 소멸되는 10년 이후까지 연간 매출 29억 2,500만 달러와 매출 대비 45%의 EBITDA를 창출할 것으로 기대된다(특히 특허 만기 이후에는 가격이 엄청나게 떨어지기 때문에 그 이후 현금흐름은 고려하지 않는다). 법인세율 30%,

자본비용 7%를 가정하면 출시일 시점에서 시장성 있는 신약의 현재가치는 64억 7,500만 달러가 될 것이다. 그러나 성공적인 개발 확률은 작아서 연구 및 개발 단계의 누적 성공 확률은 단지 6%에 불과하다(연구 0.15 × 테스트 0.40). 게다가 신약에 대한 개발, 테스트, 마케팅에 필요한 투자비용이 높아서 연구단계에서 1억 달러, 테스트 단계에서 2억 5,000만 달러, 마케팅 단계에서 1억 5,000만 달러가 필요하다.

만약 오늘 시점에서 3가지 투자를 모두 집행해야 한다면, 순현재가치는 음(-)의 값이기 때문에 프로젝트를 진행시켜서는 안 된다.

$$\text{표준순현재가치 접근법의}NPV_0$$
$$= \text{기대현금흐름의 현재가치}_0 - \text{투자금액의현재가치}_0$$
$$= 0.06\left(\frac{6{,}475\text{달러}}{(1.07)^6}\right) - 100\text{달러} - \frac{250\text{달러}}{(1.05)^3} - \frac{150\text{달러}}{(1.05)^6}$$
$$= -169\text{달러}$$

한편 경영진이 프로젝트를 포기할 수 있는 능력이 있다면 프로젝트의 가치는 훨씬 더 커질 것이다.

2단계: 사건트리를 이용한 불확실성 모델화 이러한 개발 프로젝트에서는 간단한 사건트리를 이용하여 주된 기술적 위험을 모델화할 수 있다(표 39.15 참조). 성공적인 개발 이후 시장성 있는 신약의 기대가치는 $t = 6$인 시점에서 DCF 가치가 64억 7,500만 달러임을 보여준다.

3단계: 의사결정트리를 이용한 유연성 모델화 다음은 오른쪽에서 왼쪽방향으로 가치평가를 할 때, 의사결정트리에서 의사결정의 유연성을 포함해 보자. 테스트 단계 말에 제품 출시를 위한 마케팅에 1억 5,000만 달러를 투자할 수 있는 옵션을 가지고 있다고 하자. 테스트에서 시장성 있는 제품이 만들어져야만 투자가 이루어진다. 연구 단계 말에 테스트 단계로 진행할지에 대한 옵션이 있다고 하자. 현금흐름이 추가 투자 2억 5,000만 달러를 정당화할 수 있는 경우에만 테스트를 진행하게 된다.

4단계: 유연성 가치의 산출 기술 위험은 완전히 분산가능하므로 유연성의 가치평가를 위해 간단한 DTA 접근법을 적용할 수 있다. 다시 의사결정트리의 오른쪽에

표 39.15 사건트리: 기술적 위험이 있는 연구개발 옵션

$ million

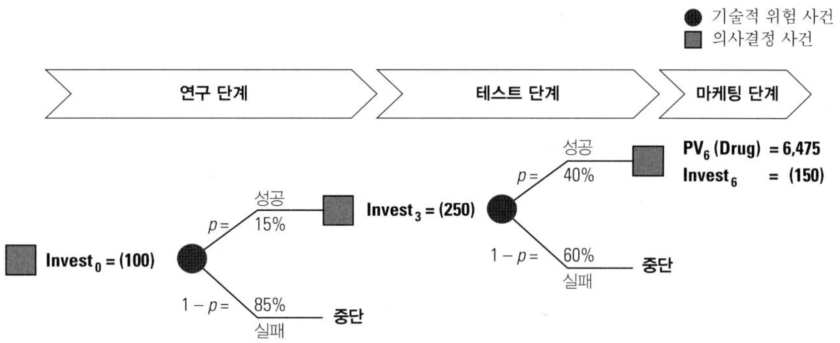

주석: PV_t = 시장성 있는 신약의 t 연도 시점에서 현재가치
p = 기술적 성공의 확률

서 왼쪽 방향으로 가치를 평가해보자(표 39.16 참조). 6년 이후, 테스트 단계 말에 제품의 시장성이 있는 경우에만 제품을 출시하며, 이 시점의 가치는 NPV_6 = Max [(6,475백만 달러 − 150백만 달러), 0] = 6,325백만 달러이다. 연구 단계의 말 시점에, 미래 현금흐름이 투자금액보다 큰 경우에만 테스트 단계로 진행한다. 3년 후인 이 시점에 프로젝트의 가치는 다음과 같이 계산된다.

$$NPV_3(\text{옵션}) = \text{Max}[PV_3(\text{테스트}) - Inv_3(\text{테스트}), 0]$$

이 계산식에서 PV3(테스트)은 3년, 7%의 자본비용으로 할인된 확률가중평균 미래 현금흐름과 같다.

$$PV_3(\text{테스트}) = 0.40\left[\frac{6{,}475\text{백만 달러} - 150\text{백만 달러}}{(1.07)^3}\right] + 0.60(0)$$

$$= 2{,}065\text{백 만 달러}$$

Inv3(테스트)은 테스트 단계를 위한 투자소요액으로 2억 5,000만 달러이며, 테스트 단계 전의 개발프로젝트 가치는 다음과 같다.

$$NPV_3(\text{옵션}) = \text{Max}[(2{,}065\text{백 만 달러} - 250\text{백 만 달러}), 0]$$

$$= 1{,}815\text{백 만 달러}$$

의사결정트리에서 오른쪽에서 왼쪽방향으로 더 진행하면, 연구 단계 이전의 전체 프로젝트에 대한 옵션 NPV를 알아낼 수 있다.

표 39.16 의사결정트리: 기술적 위험이 있는 연구개발 옵션

$ million

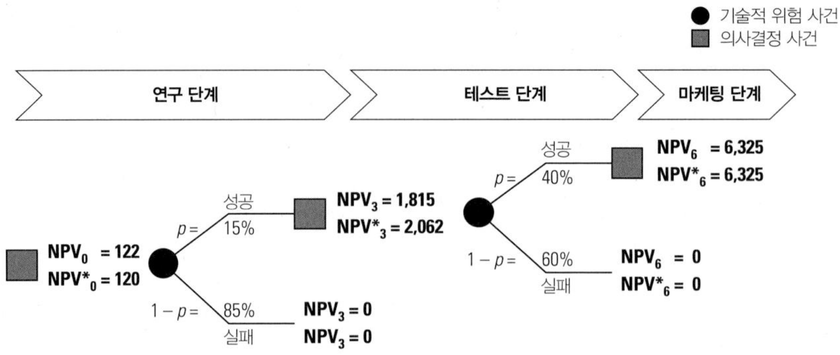

주석: NPV_t = t연도 시점에서 순현재가치
NPV* = 옵션 NPV
p = 기술적 성공의 확률

$$\begin{aligned} NPV_0(\text{옵션}) &= \text{Max}[PV_0(\text{연구}) - Inv_0(\text{연구}), 0] \\ &= \text{Max}\left[0.15\left(\frac{1{,}815\text{백만 달러}}{(1.07)^3}\right) + 0.85(0) - 100\text{백 만 달러}, 0\right] \\ &= 122\text{백 만 달러} \end{aligned}$$

유연성을 포함한 이 가치는 표준 순현재가치 접근법의 NPV (−)1억 6,900만 달러보다 현저히 높은 값이다. 우리는 모든 조건부 현금흐름을 기초자산의 자본비용으로 할인했기 때문에 진정한 옵션 가치의 근사치(1억 2,200만 달러)만을 얻을 수 있었다. 그러나 바로 다음에 이어지는 계산에서처럼 그 결과는 진정한 가치에 가깝다. 이는 이 접근법의 적용이 간단하며 설명이 쉽다는 것을 보여준다.

진정한 옵션 가치는 1억 2,000만 달러이다. 자산 현금흐름은 7%의 자본비용으로 할인하고, 투자 현금흐름은 5%의 무위험이자율로 할인하는 개선된 DTA 접근법을 적용하여 계산할 수 있다.[27] 테스트 진행의 가치는 이제 다음과 같다.[28]

$$PV_3^*(\text{테스트}) = 0.40\left[\frac{6{,}475\text{백만 달러}}{(1.07)^3} - \frac{150\text{백만 달러}}{(1.05)^3}\right] + 0.60(0)$$

27 표 39.7의 사례를 보면, 투자금액을 무위험이자율로 할인한다는 가정이 ROV 접근법에서도 내재적으로 적용되었다.

28 이 책의 이전 버전에서, 우리는 대체적이지만 동일한 의사결정트리를 사용하였다. 트리의 오른쪽에서 왼쪽 방향으로 옵션 가치를 산출하기 전에 모든 자산 및 투자 현금흐름은 t=0 시점으로 할인했었다. 옵션 NPV 결과는 동일하다.

$= 2{,}114$백 만 달러 $- 52$백 만 달러 $= 2{,}062$백 만 달러

테스트 단계로 진행하는 옵션의 가치는 다음과 같다.

$NPV_3{}^*$(옵션) $=$ Max[(2,144백 만 달러 $-$ 52백 만 달러) $-$ 250백 만 달러, 0]

$= 2{,}114$백 만 달러 $- 302$백 만 달러 $= 1{,}812$백 만 달러

각 단계에서 자산 및 투자의 현금흐름을 각각 다른 할인율로 할인하면서, 오른쪽에서 왼쪽방향으로 가치를 산출하면 $t = 0$ 시점에 옵션 NPV^*는 다음과 같다.

$NPV_0{}^*$(옵션) $=$ Max[$PV_0{}^*$(연구) $-$ Inv_0(연구), 0]

$$= \text{Max}\left[0.15\left(\frac{2{,}114\text{백만 달러}}{(1.07)^3} - \frac{302\text{백만 달러}}{(1.05)^3}\right) + 0.85(0) - 100\text{백만 달러},\ 0\right]$$

$= 120$백 만 달러

설명을 위해 우리는 다른 방법인 ROV 접근법을 이용하여 동일한 가치인 1억 2,000만 달러를 산출하였다. 이 접근법에서는 위험중립 수익률의 가정 하에 기초자산의 미래가치를 추정한 뒤 무위험이자율로 조건부 현금흐름을 할인한다. 성공적으로 개발된 신약의 위험중립 미래가치는 6년 동안 무위험이자율로 복리가 적용된 오늘 시점의 가치이다.

$PV_6{}^{**}$(신약) $= 4{,}314$백만 달러$(1.05)^6 = 5{,}781$백 만 달러

이것은 테스트 진행의 위험중립 가치가 다음과 같다는 것을 의미한다.

$$PV_3{}^{**}(\text{테스트}) = 0.40\left[\frac{5{,}781\text{백만 달러} - 150\text{백만 달러}}{(1.05)^3}\right] + 0.60(0)$$

$= 1{,}946$백 만 달러

$t = 3$ 시점에서 테스트를 진행하는 옵션의 위험중립 가치는 다음과 같다.

$NPV_3{}^{**}$(옵션) $= Max$[1,946백 만 달러 $-$ 250백 만 달러, 0]

$= 1{,}696$백 만 달러

모든 현금흐름을 무위험이자율로 할인하면서 오른쪽에서 왼쪽방향으로 가치를 산출하면 $t = 0$ 시점의 옵션 NPV는 1억 2,000만 달러가 된다.

NPV_0^{**}(옵션) $=$ Max[PV_0^{**}(연구) $-$ Inv_0(연구), 0]

$$= \text{Max}\left[0.15\left(\frac{1{,}696\text{백만 달러}}{(1.05)^3}\right) + 0.85(0) - 100\text{백 만 달러},\ 0\right]$$

$$= 120\text{백 만 달러}$$

ROV 접근법: 기술적 위험과 상업적 위험

이제까지의 분석은 개발 프로젝트의 불확실성의 다른 원천을 포함하지 않았다. 그것은 성공적으로 개발되고 시장에 출시된 신약의 미래 잠재 현금흐름과 관련한 상업적 위험이다. 기술적 위험과 상업적 위험을 모두 다루기 위해서는 ROV 접근법이 필요하다.

1단계: 유연성을 고려하지 않는 현재가치 산출 유연성을 고려하지 않고 현재가치를 산출하는 첫 번째 단계는 DTA 및 ROV 접근법이 모두 동일하다.

2단계: 사건트리를 이용한 불확실성 모델화 두 가지 위험 모두 결합사건트리(combined event tree)에서 모델화가 가능하다(표 39.17 참조). 단순화를 위해 각각 3년의 기간 동안 신약 가치의 변화를 전개하기 위해 1단계 이항격자(one-step binomial lattice)를 이용하였다.[29] 연간 변동성 15%를 가정할 때, 상향 및 하향 이동을 나타내는 u와 d를 다음과 같이 산출할 수 있다.

$$u = e^{\sigma\sqrt{T}} = e^{0.15\sqrt{3}} = 1.30$$

$$d = \frac{1}{u} = \frac{1}{1.30} = 0.77$$

상향 이동 확률은 86%이고 하향 이동 확률은 14%가 된다.[30] 연구 단계 초의 시점에 시장성 있는 신약의 가치는 43억 1,400만 달러이다. 연구 단계 말의 시점에는 다음의 3가지 결과가 가능하다. 55억 9,400만 달러까지 시장성 있는 신약의 가치가 증가하는 성공, 33억 2,700만 달러까지 시장성 있는 신약의 가치가 감소하는

29 더 많은 지점(node)이 있을수록 기술적 위험으로 수렴하지 않으므로 트리는 더 복잡해져서 하나의 표로 보여줄 수 없게 된다. 이 사례에서 10개의 지점으로 분석하였으나 이것은 이 특정 사례의 결과에 영향을 미치지 않았다.

30 상향 확률 추정 계산식은 다음과 같다.

$$\frac{(1+k)^T - d}{u - d} = \frac{1.07^3 - 0.77}{1.30 - 0.77} = 0.86$$

여기서, k는 자산의 기대수익률이다.

표 39.17 사건트리: 기술적 위험 및 상업적 위험이 있는 연구개발 옵션

$ million

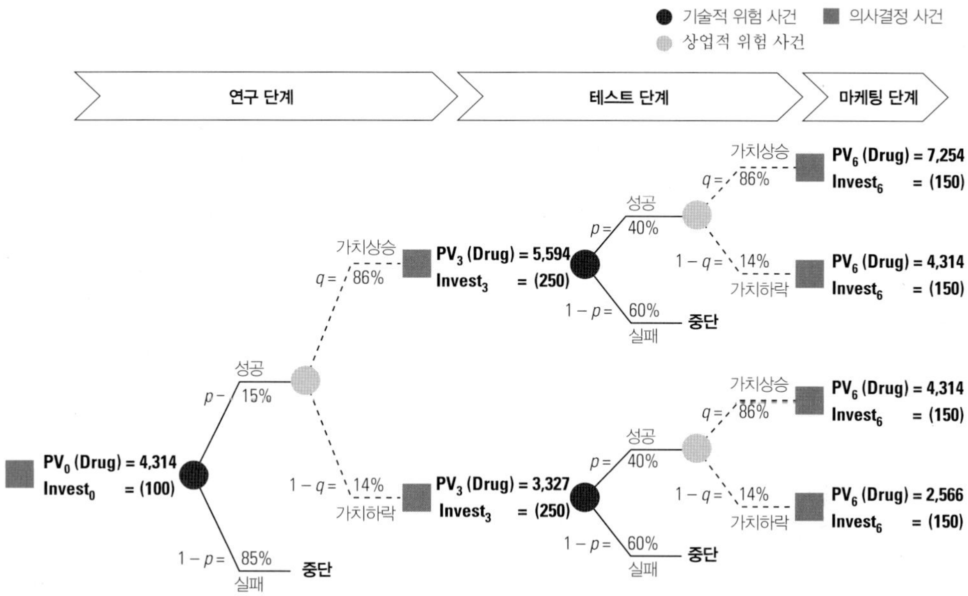

주석: PV_t (신약) = 시장성 있는 신약의 *t* 연도 시점에서 현재가치
$Invest_t$ = *t* 연도 시점에서 투자금액
p = 기술적 성공의 확률
q = 신약 가치 상승의 확률

성공, 신약의 가치가 영(0)달러가 되는 실패, 동일한 논리를 따르게 되면 테스트 단계 이후에 6가지의 결과가 가능하다.

3단계: 의사결정 트리를 이용한 유연성 모델화 상업적 위험을 포함한 의사결정트리를 바탕으로 한 논리구조는 DTA 접근법 하에서의 논리구조와 같다(표 39.18 참조). 예를 들어, 가장 높은 가지에 있는 테스트 단계 말 시점의 현금흐름은 Max[(7,254백만 달러 − 150백만 달러), 0] = 7,104백만 달러이다. 주요한 차이점은 ROV 버전의 경우 신약 가치가 너무 많이 떨어질 경우 개발을 중단할 수 있다는 것이다.

4단계: 옵션가치 산출 신약의 미래 현금흐름에 관한 상업적 위험은 분산불가능하므로, 이것을 가치평가에 포함시킬 수 있는 ROV 접근법을 사용할 필요가 있다.[31]

31 시장에 출시된 신약의 자본비용은 7%로 가정했음을 상기하자. 따라서 5%의 무위험이자율 가정 하에 베타는 영(0)이 아니다.

표 39.18 의사결정트리: 기술적 위험 및 상업적 위험이 있는 연구개발 옵션

$ million

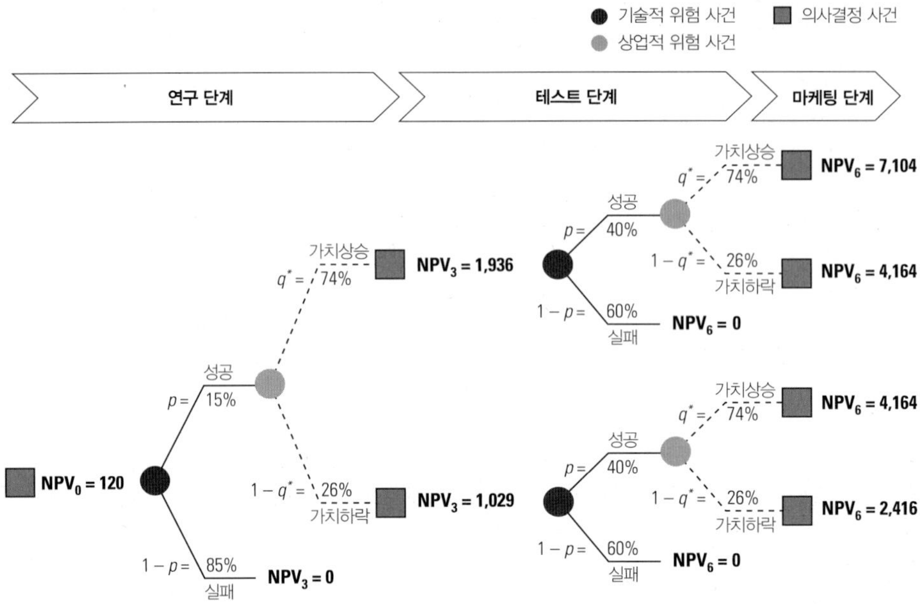

주석: NPV_t = t 연도 시점에서 프로젝트의 순현재가치
q^* = 시장성 있는 신약 가치 상승의 이항(위험중립)확률
p = 기술적 성공의 확률

이 사례에서는 위험중립가치평가를 사용한다. 따라서 신약가치의 상향과 하향 이동의 모든 확률에 대한 위험조정을 한다.

$$p^* = \frac{(1+r_f)^T - d}{u-d} = \frac{1.05^3 - 0.77}{1.30 - 0.77} = 0.74$$

트리에서 오른쪽에서 왼쪽으로 작업을 수행하면서 위험중립 확률을 적용하여 무위험이자율로 조건부 현금흐름을 할인한다. 기술적 위험은 완전히 분산가능하기 때문에 연구와 테스트 단계에서 성공과 실패의 확률을 조정할 필요가 없다.

예를 들어, 표 39.18로부터 신약 가치의 하락을 보여주는 연구단계 말 시점의 옵션 가치는 다음과 같이 표현된다.

$$NPV_3(\text{옵션}) = \text{Max}[PV_3(\text{테스트}) - Inv_3(\text{테스트}), 0]$$

이 계산식에서 PV_3(테스트)은 이 지점에서의 테스트 진행에 대한 가치를 나타낸다. 이것은 위험중립 확률에 의해 조정되고 무위험이자율로 할인된 미래 현금흐름의 가치와 같다.

$$PV_3(\text{테스트}) = \frac{0.40[0.74(4,164\text{백만 달러}) + 0.26(2,416\text{백만 달러})] + 0.60(0)}{(1.05)^3}$$

$$= 1,279\text{백 만 달러}$$

Inv_3(테스트)은 2억 5,000만 달러이고, 따라서 이 지점에서 개발 프로젝트의 가치는 다음과 같다.

$$NPV_3(\text{옵션}) = \text{Max}[(1,279\text{백 만 달러} - 250\text{백 만 달러}), 0]$$

$$= 1,029\text{백 만 달러}$$

같은 방법으로 다른 지점의 값도 계산할 수 있다. 역방향으로 계산하면, 옵션 NPV는 1억 2,000만 달러로 산출된다. 상업적 위험을 제외한 DTA 접근법에 의한 결과와 같다.

이것은 놀라운 일이 아니다. 의사결정트리를 자세히 보면 시장성 있는 신약의 미래가치 불확실성은 개발 프로세스에서 의사결정에 영향을 끼칠 만큼 중요하지 않다는 것을 알 수 있다. 이 예에서, 많은 첨단기술주의 변동성을 능가하는, 50%의 변동성을 가정하더라도 상업적 위험은 아무런 차이점을 만들지 않는다. 앞서 언급했듯이, 분산불가능한 위험(베타로 측정한 신약의 상업적 위험)이 투자 결정에 영향을 끼치지 않을 때, DTA와 ROV 접근법의 결과는 동일하다.

더욱이 실제상황에서, 신약개발에 있어서 주된 불확실성은 심각한 부작용이 없는 효과적인 치료제임을 증명하는 것이다. 상업적인 위험은 오히려 관련이 적은데, 진짜 효과적인 약품은 거의 항상 매력적인 이윤을 창출하기 때문이다. 이 사례는 이런 경우에 DTA 접근법을 사용하여 전적으로 기술적 위험에 초점을 맞추는 것이 실용적이라는 것을 보여준다. 분산불가능한 위험(예를 들어, 상업적 위험)을 명확하게 모델링하기 위해서는 좀 더 복잡하고 가치평가 결과에 영향을 끼치지 않는 ROV 접근법을 사용해야 한다.

일반적으로, 기초 위험의 다양한 원천들에 직면했을 때, 이 모든 위험들이 중요한지 또는 하나의 주된 위험이 다른 모든 것들보다 중요한지를 신중하게 검토해야 한다. 때때로 한두 가지 불확실성의 원천에 집중하는 접근방식으로 분석을 크게 단순화시킬 수 있다.

요약

경영상의 유연성은 사업이나 프로젝트의 진행상황에 맞추어 경영진이 투자 결정을 이연하거나 변경할 수 있게 해준다. 이에 따라, 유연성은 사업이나 프로젝트의 가치를 근본적으로 변화시킬 수 있다. 표준화된 일반 DCF 분석을 엄격하게 적용하는 접근으로는 유연성이 현재가치에 미치는 영향을 설명하기 어렵다.

유연성은 프로젝트의 이연, 확장, 축소, 포기, 보류 및 재진행의 결정 등 다양한 형태로 나타난다. 이 장에서는 단지 몇 가지 적용사례만 설명하였다. 의사결정트리분석(DTA) 또는 실물옵션가치평가(ROV) 형태의 옵션 NPV 분석은 유연성이 가치에 미치는 영향을 정확하게 산출할 수 있다. ROV 접근법이 이론적으로 DTA 접근법보다 우월하지만, 그 적용은 더 복잡하다. 따라서 ROV 접근법은 가격 측정이 가능하여 적용이 더욱 간단한 소비재 기반 산업의 유연성을 측정하는 데 주로 사용된다. 다른 대부분의 경우에서는, 신중한 DTA 접근법이 합리적인 신뢰성을 가진 결과를 도출하고 더욱 가치 있는 통찰력을 제공한다.

부록 A

경제적 이익의 현가와 잉여현금흐름의 현가는 동일하다

이번 부록에서는 잉여현금흐름의 현가와 경제적 이익의 현가 사이의 등가성을 수학적으로 보여준다. 첫 번째 절에서는 3장에서 제시하였던 핵심가치동인공식을 경제적 이익에 기초한 가치동인공식으로 변환할 것이다. 이 공식은 8장에서 경제적 이익 평가방식에서 일정한 비율로 성장하는 영구현금흐름의 가치를 구하는 영구가치 공식에서 사용되었다. 이 부록의 두 번째 절에서는 어떤 현금흐름에도 적용되는 공식으로 일반화하여 본다.

영구현금흐름을 사용한 증명

핵심가치동인공식을 경제적 이익 기반 공식으로 변환하기 위하여 일정한 비율로 성장하는 영구현금흐름가치 공식에서부터 시작한다:

$$V = \frac{FCF_{t=1}}{WACC - g}$$

여기서,

V = 영업가치

$FCF_{t=1}$ = 1차년도의 FCF

$WACC$ = 가중평균자본비용

g = NOPAT과 FCF의 성장률

3장에서 성장하는 영구현금흐름을 핵심가치동인공식으로 변환하였다:

$$V = \frac{\text{NOPAT}_{t=1}\left(1 - \dfrac{g}{\text{RONIC}}\right)}{\text{WACC} - g}$$

여기서, $\text{NOPAT}_{t=1}$ = 1차연도의 세후영업이익 – 조정세금
RONIC = 신규투하자본 이익률

핵심가치창출요인 공식은 경제적 이익에 기반한 공식으로 재정리할 수 있다. 우리는 이를 통하여 DCF를 이용하여 구한 기업가치가 현재 투하자본의 장부금액에 미래경제적 이익의 현재가치를 더한 금액과 동일함을 보여줄 수 있다.

정의상, 투하자본을 투하자본이익률(ROIC)에 곱하면 1차 연도의 NOPAT과 동일하다. 그러므로 NOPAT을 투하자본에 ROIC를 곱한 금액으로 변환할 수 있다.

$$V = \frac{\text{Invested Capital}_0 \times \text{ROIC} \times \left(1 - \dfrac{g}{\text{RONIC}}\right)}{\text{WACC} - g}$$

RONIC가 현재 ROIC와 동일하다는 가정 하에 분자에 ROIC를 대입하여 소거하면 다음과 같은 간단한 식을 얻을 수 있다:[1]

$$V = \text{Invested Capital}_0 \left(\frac{\text{ROIC} - g}{\text{WACC} - g}\right)$$

경제적 이익에 관한 공식으로의 변환을 완성하기 위해, 우리는 이 공식에 WACC를 더하고 뺀다.

$$V = \text{Invested Capital}_0 \left(\frac{\text{ROIC} - \text{WACC} + \text{WACC} - g}{\text{WACC} - g}\right)$$

분자를 두 개의 항으로 나누고 단순화하면 다음과 같다:

1 이 방정식은 핵심가치동인공식 사용에 대한 두 가지 전제조건을 보여준다: WACC와 ROIC 모두가 현금흐름의 성장률보다 커야 한다. 만일 WACC가 성장률보다 작다면, 현금흐름은 할인되는 속도보다 더 빨리 증가하여 기업가치는 무한히 증가할 것이다(성장률이 WACC보다 큰 구간에서는 절대 영구가치 공식을 사용하지 말아야 한다). 반면, ROIC가 성장률보다 작다면, 현금흐름은 (−)가 되고, 기업가치도 (−)가 될 것이다. 실제로는 이러한 상황이 일어날 것 같지 않은데, 이는 투자자들이 (−)의 현금흐름을 기록할 회사에 투자하지는 않을 것이기 때문이다.

$$V = \text{Invested Capital}_0\left(\frac{\text{ROIC} - \text{WACC}}{\text{WACC} - g}\right) + \text{Invested Capital}_0\left(\frac{\text{WACC} - g}{\text{WACC} - g}\right)$$
$$= \text{Invested Capital}_0 + \text{Invested Capital}_0\left(\frac{\text{ROIC} - \text{WACC}}{\text{WACC} - g}\right)$$

경제적 이익은 ROIC와 WACC의 차이에 투하자본을 곱한 값으로 정의된다. 이 정의를 앞의 공식에 대입하면 마지막 공식을 얻게 된다:

$$\text{영업가치} = \text{투하자본}_0 + \frac{\text{경제적이익}_1}{\text{WACC} - g}$$

이 공식에 의하면 기업의 영업가치는 투하자본의 장부가치와 미래 창출될 모든 경제적 이익의 현가를 더한 것과 같다(공식의 마지막 항은 일정하게 성장하는 경제적 이익의 영구가치이다). 미래의 경제적 이익이 "0"으로 수렴할 경우에, 이 회사의 내재가치는 장부가치와 같다. 덧붙여서, 회사의 미래경제적 이익이 (−)일 것으로 예측된다면 회사의 가치는 투하자본의 장부가보다도 낮을 것인데, 이는 현실에서 종종 목격되는 현상이다.

일반화된 증명

이전 절에서는 일련의 현금흐름이 일정한 비율로 성장한다는 증명으로 한정지었다. 이번 절에서는 어떤 현금흐름에도 적용할 수 있는 공식으로 일반화해보려고 한다. 동일성을 입증하기 위하여 정기적으로 발생하는 현금흐름의 현재가치계산부터 시작한다.

$$V = \sum_{t=1}^{\infty} \frac{\text{FCF}_t}{(1 + \text{WACC})^t}$$

여기서, V = 영업가치

FCF_t = t년도의 잉여현금흐름

WACC = 가중평균자본비용

이 식에 투하자본의 모든 현재 및 미래 금액의 누적 합계를 더하고 빼준다:

$$V=\sum_{t=0}^{\infty}\frac{\text{IC}_t}{(1+\text{WACC})^t}-\sum_{t=0}^{\infty}\frac{\text{IC}_t}{(1+\text{WACC})^t}+\sum_{t=1}^{\infty}\frac{\text{FCF}_t}{(1+\text{WACC})^t}$$

여기서, $\text{IC}_t = t$년도의 투하자본

다음으로 이후 취소될 수 있는 조건으로 같은 값을 다시 쓰기 위해 이전의 방정식을 약간 변형시킨다. 먼저, 첫 번째 항인 각 연도의 투하자본의 누적합에서 최초 연도의 투하자본을 분리시킨다. 다음에 각 연도 투하자본의 누적합을 1차년도부터 무한대까지 누적하는 것으로 바꾸고, 두 번째 항 속의 각각의 t를 모두 $t-1$로 바꾼다. 이 새로운 등식은 맨 처음 등식과 동일한 것이다. 다만 식을 이렇게 변형하면 나중에 조건을 취소할 수 있다. 새로운 등식은 다음과 같다.

$$V=\text{IC}_0+\sum_{t=1}^{\infty}\frac{\text{IC}_t}{(1+\text{WACC})^t}-\sum_{t=1}^{\infty}\frac{\text{IC}_{t-1}}{(1+\text{WACC})^{t-1}}+\sum_{t=1}^{\infty}\frac{\text{FCF}_t}{(1+\text{WACC})^t}$$

이 식의 두 번째 누적합 항을 (1 + WACC)/(1 + WACC)로 곱한다. 이는 누적합 항 분모의 $t-1$을 t로 바꾸기 위한 작업이다. 우리는 이 식의 세 번째 항에 'FCF = NOPAT-IC의 증분'이라는 FCF의 정의를 대입한다.

$$V=\text{IC}_0+\sum_{t=1}^{\infty}\frac{\text{IC}_t}{(1+\text{WACC})^t}-\sum_{t=1}^{\infty}\frac{(1+\text{WACC})\text{IC}_{t-1}}{(1+\text{WACC})^t}+\sum_{t=1}^{\infty}\frac{\text{NOPAT}_t-(\text{IC}_t-\text{IC}_{t-1})}{(1+\text{WACC})^t}$$

이제 세 항의 분모가 모두 같아졌으므로, 이를 하나의 누적합으로 나타내면 다음과 같다:

$$V=\text{IC}_0+\sum_{t=1}^{\infty}\frac{\text{IC}_t-(1+\text{WACC})\text{IC}_{t-1}+\text{NOPAT}_t-\text{IC}_t+\text{IC}_{t-1}}{(1+\text{WACC})^t}$$

분자의 두 번째 항 $(1+\text{WACC})\text{IC}_{t-1}$을 괄호를 풀어 전개하여 IC_{t-1}와 WACC (IC_{t-1})로 나타낸다.

$$V=\text{IC}_0+\sum_{t=1}^{\infty}\frac{\text{IC}_t-\text{IC}_{t-1}-\text{WACC}(\text{IC}_{t-1})+\text{NOPAT}_t-\text{IC}_t+\text{IC}_{t-1}}{(1+\text{WACC})^t}$$

각 항들을 소거하여 간단하게 나타내면 다음과 같다:

$$V = \text{IC}_0 + \sum_{t=1}^{\infty} \frac{\text{NOPAT}_t - \text{WACC}(\text{IC}_{t-1})}{(1+\text{WACC})^t}$$

정리된 식의 분자는 경제적 이익의 정의와 같다. 따라서 최종 식은 경제적 이익에 근거한 가치평가 모델이 된다:

$$V = \text{IC}_0 + \sum_{t=1}^{\infty} \frac{\text{Economic Profit}_t}{(1+\text{WACC})^t}$$

기업의 가치는 현재 장부가로 평가된 투하자산과 미래 발생할 경제적 이익의 현가를 합한 것과 같다. 이를 정확하게 계산하기 위해서는 전년도 말 기준(즉, 당기 기초 기준)의 투하자본을 사용해야 한다.

투하자본, 경제적 이익, 잉여현금흐름 사이의 상호의존성은 놀라운 일이 아니다. 현금흐름의 현가를 다음과 같이 생각해보자. 미래 현금흐름 중 일정 부분은 투자자의 요구수익에 부응하기 위하여 배당이나 이자 등의 형태로 지출될 것이다. 남은 현금흐름은 재투자되어 회사의 투하자본을 늘리거나(미래의 현금흐름을 늘리기 위한 재투자), 투자자들에게 "추가보너스"의 형태로 돌아갈 것이다. 이 보너스는 물론 가치가 있으며, 투자자들은 이를 위하여 회사가 요구수익을 뛰어넘는 현금흐름을 창출하기를 열망한다(또한, 이러한 회사는 기꺼이 프리미엄을 지급하고 살 용의가 있다). 결론적으로, (+)의 경제적 이익을 창출하는 회사는 투하자본의 장부가보다 높은 가격에 거래된다.

부록 B

잉여현금흐름, 가중평균자본비용 및 조정현재가치의 도출

8장에서, 전체기업 DCF법과 APV법, 자기자본 DCF법이 재무구조(시장가치 기준으로 측정된 자기자본대비 타인자본비율)가 일정하게 유지되는 조건하에서 동일한 결과를 도출함을 배웠다. 이 부록에서는 각 모델에 나오는 주요 용어들 즉, 잉여현금흐름(FCF)과 가중평균자본비용(WACC) 등을 도출하며 수학적으로 이에 대한 등식을 증명한다.

분석을 단순화하기 위하여, 우리는 자기자본에 대한 현금흐름이 일정한 성장률 g에 따라 성장한다고 가정한다. 이렇게 가정하면 우리는 각 접근법 사이의 관계를 분석하기 위하여 영구성장현금흐름 공식을 사용할 수 있게 된다.[1]

전체기업가치 DCF 법

정의상, 기업의 가치는 타인자본의 시장가치와 자기자본의 시장가치의 합이다.

$$V = D + E$$

1 보다 복잡한 상황(현금흐름이 특정한 패턴을 따르는 경우도 있다)에 적용할 분석을 위해 다음 문헌을 참조한다. 전체기업 DCF와 WACC는 J. A. Miles and J. R. Ezzell, "The Weighted Average Cost of Capital, Perfect Capital Markets, and Project Life: A Clarification," Journal of Financial and Quantitative Analysis 15 (1980): 719.730을 참고하고, APV 법은 S. C. Myers, "Interactions of Corporate Financing and Investment Decisions: Implications for Capital Budgeting," Journal of Finance 29 (1974): 1.25를 참고한다.

기업가치의 요소들을 검증하기 위해, 식의 우항에 그 값이 1이 되는 번분수를 곱한다(분자와 분모가 같다. 이 수학적 기법은 앞으로도 여러 번 사용할 것이다):

$$V = (D+E)\left(\frac{D(1-T_m)k_d + \text{CF}_e - D(g)}{D(1-T_m)k_d + \text{CF}_e - D(g)}\right) \tag{B.1}$$

여기서, T_m = 한계세율

k_d = 타인자본비용

CF_e = 주주에게 귀속되는 현금흐름

g = 주주에게 귀속되는 현금흐름 성장율

다음의 몇 과정을 통해, 분자가 FCF로 변환될 것이다. 이후에는 몇 단계에 걸쳐 그 분수의 분모는 WACC으로 변환될 것이다. FCF를 정의하자면:

$$\text{FCF} = D(1-T_m)k_d + \text{CF}_e - D(g)$$

만약 타인자본의 시장가치가 액면가와 동일하다면, 타인자본비용은 표면금리와 같으며 D에 k_d를 곱하면 회사의 이자비용이 된다. 따라서,

$$\text{FCF} = \text{Interest}\,(1-T_m) + \text{CF}_e - D(g)$$

정의에 따라, 주주에게 귀속되는 현금흐름(CF_e)는 [EBIT − 지급이지 − 법인세 − 순투자 + 타인자본의 증가]와 같다. 재무구조가 일정하다고 가정할 때, 연간 타인자본 증가율은 $D(g)$와 동일하다. 그 이유는 주주현금흐름이 g의 비율로 성장할 때 자기자본의 가치도 역시 g의 비율로 성장하기 때문이다. 중요 가정인 재무구조가 일정하게 유지되면, 타인자본은 반드시 g만큼 증가할 것이다. 주주현금흐름의 정의를 다음의 식으로 바꾸어 쓰면:

$$\text{FCF} = \text{Interest}(1-T_m) + \text{EBIT} - \text{Interest} - \text{Taxes} - \text{Net Investment} + D(g) - D(g)$$

다음으로, 세후이자비용에 대한 표현을 두 개의 구성요소로 나누고 $D(g)$를 소거하면 다음과 같다:

$$\text{FCF} = \text{Interest} - T_m\,(\text{Interest}) + \text{EBIT} - \text{Interest} - \text{Taxes} - \text{Net Investment}$$

이자부분을 소거하고 식을 간단히 정리하면:

$$\text{FCF} = \text{EBIT} - \left[\text{Taxes} + T_m(\text{Interest})\right] - \text{Net Investment}$$

11장에서 회사가 자기자본으로만 자금조달을 했을 경우 발생할 세금을 영업법인세(Operating Tax)라고 정의하였다. 영업법인세는 장부상 세금에 이자비용에 대한 법인세 비용 절감효과(이자비용이 제거됨에 따라 이자비용의 세금절세효과 만큼 법인세가 올라가게 된다)만큼을 더한 값이 된다. 이는 우리가 책에서 정의한 FCF가 된다:

$$\text{FCF} = \text{EBIT} - \text{Operating Taxes} - \text{Net Investment}$$

다음, 분모를 살펴보면 WACC을 구하기 위해 B.1식을 사용해보자. CF_e에 $k_e - g$를 곱하고 다시 나눈다.

$$V = (D+E)\left(\frac{\text{FCF}}{D(1-T_m)k_d + \frac{\text{CF}_e}{k_e - g}(k_e - g) - D(g)}\right)$$

여기서, k_e = 자기자본비용

자기자본 현금흐름이 일정비율로 증가한다면, 자기자본의 가치는 CF_e를 $(k_e - g)$로 나눈 값이 된다. 따라서, 영구연금인 분모가 자기자본(E)으로 대체하고 전개하면:

$$V = (D+E)\left(\frac{\text{FCF}}{D(1-T_m)k_d + E(k_e) - E(g) - D(g)}\right)$$

분모에서 E(g)와 D(g)를 인수분해하면

$$V = (D+E)\left(\frac{\text{FCF}}{D(1-T_m)k_d + E(k_e) - (D+E)g}\right)$$

분모에서 WACC 도출을 완성시키기 위해 분모와 분자를 (D+E)로 나눈다. 이렇게 되면 첫 번째 (D+E)식이 제거되어 제수로서 분모에 위치하게 된다. 분모 전체에 그 항목을 배분하면 다음과 같다:

$$V = \frac{\text{FCF}}{\frac{D}{D+E}(k_d)(1-T_m) + \frac{E}{D+E}(k_e) - \frac{D+E}{D+E}(g)}$$

다음 분모식은 WACC에서 현금흐름 성장률을 뺀 값이다. 따라서, B.1식은 다음과 같이 표현될 수 있다.

$$V = \frac{\text{FCF}}{\text{WACC} - g}$$

따라서,

$$\text{WACC} = \frac{D}{D+E}(k_d)(1-T_m) + \frac{E}{D+E}(k_e)$$

여기서, 세후 타인자본이자비용과 자기자본비용이 각 항목의 시장가치에 따라 어떻게 가중되는지 유의한다. 이것이 자본비용을 산출하기 위하여 장부가액이 아닌 시장가치를 사용해야 하는 이유이다. 또한 이것이, FCF로 기업가치를 산출할 때 가중평균자본비용으로 할인되어야 하는 이유이다. 하지만, 재무구조가 일정하게 유지될 것으로 기대될 때에만 일정한 WACC을 사용할 수 있다는 사실을 명심해야 한다(즉, 사업이 커짐에 따라 채무도 비례적으로 커져서 그 비율이 일정하게 유지된다).[2]

APV법(조정현재가치법)

수정 현재 가치법을 이용하여 기업의 가치를 구하기 위해서는, 다시 한 번 V = D + E의 등식에서 시작하여 그 값이 1인 분수를 곱한다. 하지만, 이번에는 분수에 한계세율은 포함시키지 않는다:

$$V = (D+E)\left(\frac{D(k_d) + \text{CF}_e - D(g)}{D(k_d) + \text{CF}_e - D(g)}\right)$$

지난번과 동일한 과정에 따라, 분모에 있는 각 현금흐름을 각각의 현가에 기대수익률을 곱한 식으로 변환한다. 그리고 이것을 다시 그 값이 1인 분수 (D+E)/(D+E)로 나누어라:

2 더 일반적인 상황에서 이 제약이 적용된 예를 보려면, Miles and Ezzell, "Weighted Average Cost of Capital."을 참고한다.

$$V = \frac{D(k_d) + \text{CF}_e - D(g)}{\frac{D}{D+E}(k_d) + \frac{E}{D+E}(k_e) - g}$$

부록 C에서 우리는 회사의 이자비용 절세효과는 회사의 영업자산과 동일한 위험을 지닌다는 것을 보았다(회사의 재무구조가 일정하게 유지될 것이라는 가정 하에). 따라서 윗 식의 분모는 무차입 자기자본비용(k_u)에서 현금흐름의 성장률(g)를 뺀 값과 같다. 이 관계를 상기 식에 대입하면 다음과 같다:

$$V = \frac{D(k_d) + \text{CF}_e - D(g)}{k_u - g}$$

이번에는 분자에 초점을 맞추는데, 이 부록의 앞부분의 전체기업가치 DCF에서 했듯이, 채무자에 귀속되는 현금흐름과 주주에게 귀속되는 현금흐름의 정의를 분자에 대입한다:

$$V = \frac{\text{Interest} + \text{EBIT} - \text{Interest} - \text{Taxes} - \text{Net Investment} + D(g) - D(g)}{k_u - g}$$

이 등식에서 이자비용 관련 두 항목은 상계되고 채무자에 귀속되는 현금흐름의 성장분 D(g) 관련 두 항목 또한 상계되므로 우리는 단순히 이 항목들을 소거하여 식을 더 간단하게 만들 수 있다. 그런 후에 분자에 T_m(Interest) − T_m(Interest)를 삽입한다:

$$V = \frac{\text{EBIT} - \text{Taxes} + T_m(\text{Interest}) - T_m(\text{Interest}) - \text{Net Investment}}{k_u - g}$$

다음으로, 공시된 법인세와 음(−)으로 표시된 T_m(Interest)를 100% 자기 자본 조달에 대한 법인세로 묶는다. 양(+)으로 표시된 T_m(Interest)는 별도의 분수로 표시한다:

$$V = \frac{\text{EBIT} - [\text{Taxes} + T_m(\text{Interest})] - \text{Net Investment}}{k_u - g} + \frac{T_m(\text{Interest})}{k_u - g}$$

이렇게 하면, 우리는 첫 번째 분수의 분자에서 다시 FCF를 갖게 된다. 두 번째 분수는 이자비용에 대한 절세효과의 현가가 된다. 이렇게 해서 기업가치는 무차입 자기자본할인율로 할인한 FCF의 가치와 이자비용에 대한 절세효과의 현가의 합으

로 표현된다:

$$V = \frac{\text{FCF}}{k_u - g} + \text{PV}(\text{Interest Tax Shield})$$

이 식은 흔히 조정현재가치로 불린다.

간단한 증명과정에서, 우리는 절세효과가 무차입 자기자본 할인율로 할인되어야 한다고 가정하였다. 그러나 항상 그런 것만은 아니다. 어떤 재무분석가들은 이자비용의 기대절세효과를 타인자본비용으로 할인한다. 당신이 만일 이렇게 한다면, 전통적인 WACC(앞에서 정의된)으로 할인한 FCF와 APV는 다른 결과를 낳게 될 것이다. 이러한 경우 WACC는 절세효과의 위험과 관련된 다른 가정을 반영하도록 조정되어야 할 것이다.

부록 C

차입levering 및 무차입unlevering 자기자본비용

이 부록은 서로 다른 가정 하에서 무차입 베타와 무차입 자본비용을 계산하는 데 사용할 수 있는 다양한 공식을 도출한다. 15장에서 자세히 설명한 것처럼 산업 베타를 추정하기 위해서는 무차입 베타가 필요하다. 우리는 기업 베타보다는 산업 베타를 사용하여 자본비용을 결정하는 것을 선호한다. 왜냐하면 기업 베타는 정확하게 추정할 수 없기 때문이다. 10장에서 논의한 바와 같이, 무차입 자본비용은 조정된 현재가치를 계산하기 위해 잉여현금흐름을 할인하는 데 사용된다. 퇴직 후 의무(postretirement obligations)가 큰 기업의 경우, 이 부록에서 연금 및 기타 퇴직 후 복리후생 제도를 무차입 프로세스에 통합하는 것을 해법으로 제시한다.

무차입 자기자본비용

Franco Modigliani와 Merton Miller는 영업용 자산의 가치(V_u), 절세효과의 가치(V_{txa})와 같은 차변에 해당되는 회사의 경제적 자산의 가치는 타인자본(D)과 자기자본(E)과 같은 대변에 해당하는 회사의 경제적 청구권의 가치와 동일하여야 한다고 주장하였다:

$$V_u + V_{txa} = \text{Enterprise Value} = D + E \tag{C.1}$$

Modigliani와 Miller의 두 번째 연구는 회사의 경제적 자산과 영업에 관련된 총 위험은 그 자산을 위해 조달된 재무적 청구권의 총 위험과 동일하여야 한다는 것이다.

$$\frac{V_u}{V_u + V_{txa}}(k_u) + \frac{V_{txa}}{V_u + V_{txa}}(k_{txa}) = \frac{D}{D+E}(k_d) + \frac{E}{D+E}(k_e) \qquad \text{(C.2)}$$

여기서, k_u = 무차입 자기자본비용

k_{txa} = 이자비용에 대한 절세효과의 자본비용

k_d = 타인자본비용

k_e = 자기자본비용

이 식의 4개 항은 각각 영업용 자산, 세무자산, 타인자본, 자기자본에 비례하는 위험을 나타낸다.

영업자산의 비용(k_u)는 관찰할 수 없기 때문에, 위 식의 다른 변수들을 구해서 풀어야 한다. 절세효과에 대한 요구수익률 (k_{txa}) 역시 관찰이 불가능하다. 하나의 방정식에 미지수가 두 개이므로, k_u의 값을 구하기 위해서는 추가적인 제약조건을 내세워야 한다. 기업가치 대비 타인자본 비율이 항상 일정하다고 가정하면(즉, 타인자본이 사업의 성장과 동일하게 성장한다면), k_{txa}는 k_u와 같아야 한다. 이러한 제약조건을 달면, 다음과 같은 식을 유도할 수 있다.

$$\frac{V_u}{V_u + V_{txa}}(k_u) + \frac{V_{txa}}{V_u + V_{txa}}(k_u) = \frac{D}{D+E}(k_d) + \frac{E}{D+E}(k_e)$$

기업가치 대비 타인자본 비율이 일정할 때, 식의 좌변을 무차입 자기자본비용에 관하여 묶어 정리하면 나음과 같다:

$$k_u = \frac{D}{D+E}(k_d) + \frac{E}{D+E}(k_e) \qquad \text{(C.3)}$$

대부분의 회사들이 그들의 부채비율을 특정 범위 안에 머무르게 관리하기 때문에 우리는 이 공식과 공식에서 산출된 값들이 표준 가치평가에 가장 적합하다고 믿는다.

K_{txa}가 K_d와 동일할 때의 무차입 자기자본비용

어떤 재무분석가들은 이자비용의 절세효과에 대한 요구수익률이 타인자본비용과 같다고 모델링한다. 이러한 경우 C.2번 식이 다음과 같이 표현될 수 있다:

표 C.1 무차입 자기자본비용

	절대수준의 타인자본 변동	절대수준의 타인자본 유지
절세효과가 영업용자산과 동일한 위험 $k_{txa} = k_u$	$k_u = \frac{D}{D+E} k_d + \frac{E}{D+E} k_e$	$k_u = \frac{D}{D+E} k_d + \frac{E}{D+E} k_e$
절세효과가 타인자본과 동일한 위험 $k_{txa} = k_d$	$k_u = \frac{D - V_{txa}}{D - V_{txa} + E} k_d + \frac{E}{D - V_{txa} + E} k_e$	$k_u = \frac{D(1 - T_m)}{D(1 - T_m) + E} k_d + \frac{E}{D(1 - T_m) + E} k_e$

주: k_e = 자기자본비용
k_d = 타인자본비용
k_u = 무차입 자기자본비용
k_{txa} = 절세효과의 자본비용
T_m = 한계세율
D = 타인자본의 시장가치
E = 자기자본의 시장가치
V_{txa} = 절세효과의 현가

$$\frac{V_u}{V_u + V_{txa}}(k_u) + \frac{V_{txa}}{V_u + V_{txa}}(k_d) = \frac{D}{D+E}(k_d) + \frac{E}{D+E}(k_e)$$

k_u에 대하여 풀기 위하여 양변에 기업가치를 곱해준다:

$$V_u(k_u) + V_{txa}(k_d) = D(k_d) + E(k_e)$$

그리고, V_{txa} (k_d)를 식의 우변으로 이항한다:

$$V_u(k_u) = (D - V_{txa})k_d + E(k_e)$$

이 식의 우변에서 V_u를 소거하기 위하여, 우리는 C.1번 식을 $V_u = D - V_{txa} + E$로 변환하고, 양변을 이 값으로 나눈다:

$$k_u = \frac{D - V_{txa}}{D - V_{txa} + E}(k_d) + \frac{E}{D - V_{txa} + E}(k_e) \tag{C.4}$$

항등식 C.4는 항등식 C.2와 매우 흡사하다. 이 식은 오로지 부채의 시장가치가 절세효과의 현가만큼 작아져 있다는 점만 C.2번 식과 다르다.

타인자본이 일정하게 유지될 때 무차입 자기자본비용

표 C.1은 무차입 자기자본비용을 구하는 네 가지 접근법을 요약해서 보여주고 있다. 윗 행의 두 가지 접근법은 이자비용에 대한 절세효과의 위험(k_{txa})이 영업의 위험(k_u)과 관련이 있다고 가정한다. 만일 이것이 사실이라면, 타인자본이 일정하든지 아니면 변화하든지 이 공식은 일정하다.

아래의 식은 이자비용에서 절세효과의 위험이 타인자본의 위험과 같다고 가정한다. 좌측 열에서는 미래 타인자본이 어떤 가치를 가질 수 있다. 우측 열에서는 타인자본이 일정하게 유지된다는(기업가치에 대한 비율이 아니라, 금액 기준으로 일정하게 유지됨) 추가적인 제한이 추가되어 있다. 이러한 경우, 연간이자지급액은 $D(k_d)$와 같으며 연간 절세효과는 $D(k_d)(T_m)$과 같다. 이러한 절세효과가 일정한 값이므로, 절세효과는 일정 영구연금법 (constant perpetuity) 을 사용하여 평가될 수 있다:

$$\text{PV}(\text{Tax Shields}) = \frac{D(k_d)(T_m)}{k_d} = D(T_m)$$

결국, 공식 내의 왼쪽 아래 부분에 있는 V_{txa}은 $D(T_m)$으로 대체될 수 있다. 공식 내의 D를 묶어서 위 등식을 단순화할 수 있다. 그 결과 산출된 방정식은 하기 우측에 제시되어 있다.

차입 자기자본비용

특정 상황에서는 무차입 자기자본비용, 이를 목표 자기자본 구조에 맞는 차입을 가정한 자기자본비용으로 변환시킬 필요가 있는 경우가 있다. 이러한 경우 C.2번 식을 사용하여 차입 자기자본비용(levered cost equity) k_e를 구한다.

$$\frac{V_u}{V_u + V_{txa}}(k_u) + \frac{V_{txa}}{V_u + V_{txa}}(k_{txa}) = \frac{D}{D+E}(k_d) + \frac{E}{D+E}(k_e)$$

양변에 기업가치를 곱한다:

$$V_u(k_u) + V_{txa}(k_{txa}) = D(k_d) + E(k_e)$$

그 다음, $D(k_d)$를 좌변으로 이동한다:

$$V_u(k_u) - D(k_d) + V_{txa}(k_{txa}) = E(k_e)$$

그리고 전체 식을 자기자본의 시장가치 E로 나눈다:

$$k_e = \frac{V_u}{E}(k_u) - \frac{D}{E}(k_d) + \frac{V_{txa}}{E}(k_{txa})$$

식의 우변으로부터 V_u를 소거하기 위하여, C.1번 식을 $V_u = D - V_{txa} + E$로 정리하고, V_u를 대체하기 위하여 다음 식을 사용한다:

$$k_e = \frac{D - V_{txa} + E}{E}(k_u) - \frac{D}{E}(k_d) + \frac{V_{txa}}{E}(k_{txa})$$

첫 번째 분수항을 구성요소로 나눈다:

$$k_e = \frac{D}{E}(k_u) - \frac{V_{txa}}{E}(k_u) + k_u - \frac{D}{E}(k_d) + \frac{V_{txa}}{E}(k_{txa}) \tag{C.5}$$

이제 항들을 공통인수로 묶는다. 그 결과, 일반적인 자기자본비용 공식이 된다:

$$k_e = k_u + \frac{D}{E}(k_u - k_d) - \frac{V_{txa}}{E}(k_u - k_{txa}) \tag{C.6}$$

만일 기업가치 대비타인자본비율이 일정하다면 (즉, 타인자본이 기업이 성장함에 따라 같은 비율로 성장한다면), k_u는 k_{txa}와 동일할 것이며, 이에 의해 최후의 식이 도출된다.

$$k_e - k_u + \frac{D}{E}(k_u \quad k_d)$$

위 공식은 차입 자기자본비용과 무차입 자기자본비용을 가장 잘 설명한다.

이자비용에서 절세효과의 위험과 타인자본의 위험이 같다는 가정하에 똑같은 분석이 반복된다. 반복되는 초기 몇 단계를 반복하지 말고 C.5번 식부터 시작한다:

$$k_e = \frac{D}{E}(k_u) - \frac{V_{txa}}{E}(k_u) + k_u - \frac{D}{E}(k_d) + \frac{V_{txa}}{E}(k_{txa})$$

k_e에 대하여 풀기 위하여, 우리는 k_{txa}를 k_d로 대체한다.

$$k_e = \frac{D}{E}(k_u) - \frac{V_{txa}}{E}(k_u) + k_u - \frac{D}{E}(k_d) + \frac{V_{txa}}{E}(k_d)$$

동일한 항으로 묶어서 정리한다.

$$k_e = k_u + \frac{D - V_{txa}}{E}(k_u) - \frac{D - V_{txa}}{E}(k_d)$$

마지막으로 다시 한 번 동일한 항끼리 묶어 단순화하면 다음과 같다.

$$k_e = k_u + \frac{D - V_{txa}}{E}(k_u - k_d)$$

이제 우리는 부채의 규모는 변할 수 있으며, 이자비용 절세효과의 위험은 타인자본의 위험과 동일한 회사의 차입을 가정한 자기자본 비용을 구했다.

표 C.2는 차입을 가정한 자기자본비용을 구할 때 사용할 수 있는 공식들을 정리한 것이다. 표 윗줄에 있는 공식들은 k_{txa}가 k_d와 동일하다는 가정에서 사용하는 공식이고, 아랫줄은 k_{txa}가 k_d와 동일하다는 가정에서 사용하는 공식이다. 왼쪽 열의 공식은 미래의 어떤 재무구조도 다룰 수 있는 가변성 높은 공식이지만, 절세효과를 별도로 계산해주어야 하는 방식이다. 우측 열의 공식은 타인자본의 금액이 전 기간에 걸쳐 고정되어 있을 때 사용하는 공식이다.

표 C.2 차입 자기자본비용

	절대수준의 타인자본 변동	절대수준의 타인자본 유지
절세효과가 영업용자산과 동일한 위험 $k_{txa} = k_u$	$k_e = k_u + \frac{D}{E}(k_u - k_d)$	$k_e = k_u + \frac{D}{E}(k_u - k_d)$
절세효과가 타인자본과 동일한 위험 $k_{txa} = k_d$	$k_e = k_u + \frac{D - V_{txa}}{E}(k_u - k_d)$	$k_e = k_u + (1 - T_m)\frac{D}{E}(k_u - k_d)$

주: k_e = 자기자본비용
k_d = 타인자본비용
k_u = 무차입 자기자본비용
k_{txa} = 절세효과의 자본비용
T_m = 한계세율
D = 타인자본의 시장가치
E = 자기자본의 시장가치
V_{txa} = 절세효과의 현가

차입 베타(levered beta)

자본비용과 마찬가지로, 회사 차변에 속하는 영업과 금융자산의 가중평균베타는 회사 대변에 속하는 금융청구권들의 가중평균베타와 같아야 한다.

$$\frac{V_u}{V_u + V_{txa}}(\beta_u) + \frac{V_{txa}}{V_u + V_{txa}}(\beta_{txa}) = \frac{D}{D+E}(\beta_d) + \frac{E}{D+E}(\beta_e)$$

이 식의 형태는 자본비용의 형태와 동일하기 때문에, 앞서 설명한 바와 동일한 과정을 거쳐 이 식을 재정리한다. 이 과정을 반복할 필요 없이, 우리는 차입 베타의 공식을 C.3에 정리해놓았다. 역시 기대한 대로, 자본비용(k)이 베타(β)로 바뀐 점을 제외하고는 앞쪽 두 열의 공식은 C.2의 공식과 동일하다.

베타를 사용하여, 우리는 공식을 한 번 더 단순화시킬 수 있다. 타인자본이 무위험이라면, 타인자본의 베타는 0이 되며 β_d는 사라진다. 이렇게 되면 우리는 다음의 일반적인 공식을(β_{txa}가 β_u와 같을 때):

$$\beta_e = \beta_u + \frac{D}{E}(\beta_u - \beta_d)$$

표 C.3 차입 베타

	절대수준의 타인자본 변동	절대수준의 타인자본 유지 및 위험 타인자본	무위험 타인자본
절세효과가 영업용자산과 동일한 위험 $\beta_{txa} = \beta_u$	$\beta_e = \beta_u + \frac{D}{E}(\beta_u - \beta_d)$	$\beta_e = \beta_u + \frac{D}{E}(\beta_u - \beta_d)$	$\beta_e = (1 + \frac{D}{E})\beta_u$
절세효과가 타인자본과 동일한 위험 $\beta_{txa} = \beta_d$	$\beta_e = \beta_u + \frac{D - V_{txa}}{E}(\beta_u - \beta_d)$	$\beta_e = \beta_u + (1 - T_m)\frac{D}{E}(\beta_u - \beta_d)$	$\beta_e = [1 + (1 - T_m)\frac{D}{E}]\beta_u$

주: β_e = 자기자본 베타
β_d = 타인자본 베타
β_u = 자기자본 무차입 베타
β_{txa} = 절세효과의 자본베타
T_m = 한계세율
D = 타인자본의 시장가치
E = 자기자본의 시장가치
V_{txa} = 절세효과의 현가

다음의 공식으로 변환시킬 수 있다.

$$\beta_e = \left(1 + \frac{D}{E}\right)\beta_u$$

마지막 공식은 이자비용 절세효과의 위험(β_{txa})이 영업의 위험(β_u)과 같고, 회사의 타인자본이 무위험일 경우 베타를 무차입 조건으로 바꾸거나 차입 조건으로 바꿀 때 많이 사용하는 공식이다. 투자 적격 등급의 회사일 경우에는 타인자본의 위험이 0에 가까워서, 이 공식을 사용함에 있어 발생하는 오류는 작을 것이다. 그러나 만약 차입수준이 높을 경우 오류는 커질 수 있다. 이러한 경우 타인자본의 베타를 측정하여 보다 일반적인 공식을 사용한다.

무차입 베타와 연금

주주들은 미래의 퇴직연금 지불과 기타 퇴직채무에 대한 책임이 있으므로, 종업원 보상과 관련된 위험은 기업의 베타에 영향을 줄 수 있다. 만약 회사가 상당한 금액의 퇴직연금을 가지고 있으면, 특히 미적립된 경우, 이 금액이 무차입 프로세스에 포함되었는지 확인해야 한다.

만약 사외적립금의 변동 위험이 미래 퇴직연금의 변동과 잘 연동되어 있다면, 미적립 부분의 채무만 자기자본 베타에 영향을 준다. 이러한 경우에 앞 절에서 설명한 무차입 자기자본비용 등식을 사용한다. 하지만 미적립 퇴직연금은 채무와 동일하게 처리해야 한다.

사외적립금의 변동 위험이 미래 퇴직연금의 변동과 잘 연동되어 있지 않다면, 무차입 자기자본비용 등식은 사외적립금과 퇴직연금의 변동은 각각 평가되는 것으로 수정되어야 한다. 이를 위해서는 베타의 등식부터 살펴보자.

$$\frac{V_u}{V}\beta_u + \frac{V_{pa}}{V}\beta_{pa} = \frac{V_{pbo}}{V}\beta_{pbo} + \frac{D}{V}\beta_d + \frac{E}{V}\beta_e$$

여기서 V_{pa} = 사외적립자산의 가치
V_{pbo} = 확정급여채무의 현재가치
β_{pa} = 사외적립자산의 베타
β_{pbo} = 확정급여채무의 베타
V = 부채, 자기자본, 그리고 확정급여 채무의 합

그리고 양변에 V를 곱하면;

$$V_u \beta_u + V_{pa} \beta_{pa} = V_{pbo} \beta_{pbo} + D\beta_d + E\beta_e$$

등식의 양변에서 사외적립자산과 관련된 용어를 차감하면

$$V_u \beta_u = V_{pbo} \beta_{pbo} + D\beta_d + E\beta_e - V_{pa} \beta_{pa}$$

β_u로 정리하기 위해, 양편을 V_u로 나눈다. 이러면 퇴직급여를 포함한 무차입 베타의 추정을 위한 일반적인 등식이 도출된다.

$$\beta_u = \frac{V_{pbo}}{V_u}\beta_{pbo} + \frac{V_d}{V_u}\beta_d + \frac{V_e}{V_u}\beta_e - \frac{V_{pa}}{V_u}\beta_{pa}$$

만약 채무와 퇴급급여 부채의 베타가 동일하다면, 마지막 등식은 다음과 같이 단순화된다.

$$\beta_u = \frac{D + V_{pbo}}{V_u}\beta_d + \frac{E}{V_u}\beta_e - \frac{V_{pa}}{V_u}\beta_{pa}$$

23장에서 퇴직연금을 가치평가에 어떻게 반영할지 논의하였다. 표23.5에서 식품 제조회사들에 대한 무차입 베타 계산에 위의 등식을 사용하고 있다. 각 기업의 시가총액에 비해 퇴직연금의 규모가 크지 않은 점을 고려하면, 무차입 베타와 퇴직연금을 조정하는 것의 차이는 크지 않다. 그러므로 퇴직연금의 조정은 퇴직연금의 규모가 큰 경우에만 사용하는 것을 추천한다. 대대분의 경우, 퇴직연금의 미적립부분을 채무로 분류하는 것만으로도 충분하다.

부록 D

부채비율과 주가이익배수

이번 부록에서는 차입금을 사용하는 회사의 P/E 배수는 무차입 시(100% 자기자본으로 조달되었다고 가정할 경우) 회사의 P/E, 타인자본비용, 부채비율에 따라 결정된다는 것을 보여준다. 무차입 P/E 배수가 $1/k_d$(k_d는 타인자본비용)보다 작을 때는 부채비율이 올라갈수록 P/E 배수는 낮아진다. 반대로, 무차입 P/E 배수가 $1/k_d$보다 클 때는 부채비율이 올라갈수록 P/E 배수가 높아진다.

이 증명 과정에서, 우리는 법인세와 파산비용이 존재하지 않는다고 가정한다. 우리는 부채비율과 기업가치 간의 복잡한 관계의 모델링을 피하기 위해서 이러한 가정을 취한다. 이 관계 대신에 우리는 부채비율과 P/E 배수 사이의 체계적 관계를 파악하는 것을 목적으로 한다.

1단계: 무차입 P/E 정의하기

P/E 배수와 부채비율 간의 관계를 설정하기 위해서, 무차입 P/E 배수(PE_u)에 대해 정의하자. 회사가 모든 자금을 자기자본으로 조달했을 경우, 기업의 전체가치는 자기자본의 가치와 같으며, 회사의 NOPAT은 회사의 당기순이익과 일치한다.

$$PE_u = \frac{V_{ENT}}{NOPAT_{t+1}}$$

여기서, V_{ENT} = 기업가치

$NOPAT_{t+1}$ = 세후 영업이익

이 식을 다음 단계에 사용하기 위하여, 기업가치에 관한 식으로 바꾸면 다음과 같다:

$$V_{\text{ENT}} = \text{NOPAT}_{t+1}(\text{PE}_u) \quad \text{(D.1)}$$

2단계: 순이익을 NOPAT으로 연결하기

타인자본을 사용하는 회사에 있어서 당기순이익은 NOPAT에서 세후 이자비용을 차감한 값과 같다. 부채의 가치가 부채의 액면가와 동일하다고 가정할 때, 기업의 이자비용은 타인자본비용에 타인자본의 가치를 곱한 값이 되는데, 이 중 타인자본의 가치는 전체기업가치에 부채비율을 곱한 값으로 정의할 수 있다:

$$\text{NI}_{t+1} = \text{NOPAT}_{t+1} - V_{\text{ENT}}\left(\frac{D}{V}\right)k_d$$

여기서, D.1번 식을 기업가치에 대입하면 다음과 같다.

$$\text{NI}_{t+1} = \text{NOPAT}_{t+1} - \text{NOPA}T_{t+1}(\text{PE}_u)\left(\frac{D}{V}\right)k_d$$

인수 NOPAT을 단항으로 묶어낸다:

$$\text{NI}_{t+1} = \text{NOPAT}_{t+1}\left[1 - \text{PE}_u\left(\frac{D}{V}\right)k_d\right]$$

3단계: 차입 P/E 도출하기

이제 우리는 회사의 P/E 배수에 관하여 풀어나갈 준비가 되었다. P/E 배수가 자기자본의 가치에 기반하기 때문에, 우리는 먼저 기업가치를 자기자본의 가치로 변환하여야 한다. 이 작업을 위해서 다시 D.1번 식을 보자:

$$V_{\text{ENT}} = \text{NOPAT}_{t+1}(\text{PE}_u)$$

기업가치를 자기자본의 가치로 변환하기 위하여, 우리는 양변에 1에서 시가기준 부채비율(즉, 시가기준 자기자본비율)을 차감한 값을 곱한다.

$$V_{\text{ENT}}\left(1-\frac{D}{V_{\text{ENT}}}\right)=\text{NOPAT}_{t+1}\left(\text{PE}_u\right)\left(1-\frac{D}{V_{\text{ENT}}}\right)$$

좌변의 괄호 안의 V_{ENT}를 괄호 밖으로 풀어나간다:

$$V_{\text{ENT}}-D=\text{NOPAT}_{t+1}\left(\text{PE}_u\right)\left(1-\frac{D}{V_{\text{ENT}}}\right)$$

그리고, 기업가치(V_{ENT}) – 타인자본(D) 값을 자기자본(E)으로 치환한다:

$$E=\text{NOPAT}_{t+1}\left(\text{PE}_u\right)\left(1-\frac{D}{V_{\text{ENT}}}\right)$$

다음에 우리는 NOPAT_{t+1}을 소거하기 위하여 D.2번 식을 사용한다:

$$E=\frac{\text{NI}_{t+1}\left(\text{PE}_u\right)\left(1-\frac{D}{V}\right)}{1-\text{PE}_u\left(\frac{D}{V}\right)k_d}$$

양변을 당기순이익으로 나누면, 차입을 가정한 P/E 배수가 도출된다:

$$\frac{E}{\text{NI}_{t+1}}=\frac{\text{PE}_u-\text{PE}_u\left(\frac{D}{V}\right)}{1-\text{PE}_u\left(\frac{D}{V}\right)k_d}$$

이제 우리는 무차입 P/E, 부채비율, 타인자본비용에 따라 달라지는 자기자본 가치와 당기순이익 사이의 관계를 밝혔다. 하지만 부채비율의 경우 식의 분자와 분모에 모두 들어가 있기 때문에, 재무구조의 변화가 차입을 가정한 P/E 배수에 어떠한 영향을 미치는지 알기 어렵다. 분자에서 부채비율을 제거하기 위하여 우리는 몇 가지 수학적 기법을 사용할 것이다. 먼저, 우리는 분자와 분모에 모두 k_d를 곱해 준다:

$$\frac{E}{\text{NI}_{t+1}}=\frac{\text{PE}_u\left(k_d\right)-\text{PE}_u\left(\frac{D}{V}\right)\left(k_d\right)}{k_d\left[1-\text{PE}_u\left(\frac{D}{V}\right)\left(k_d\right)\right]}$$

그리고 다음에는 분자에 1을 더해주고 빼준다(순변동은 0이다):

$$\frac{E}{\mathrm{NI}_{t+1}}=\frac{\left[\mathrm{PE}_u\left(k_d\right)-1\right]+\left[1-\mathrm{PE}_u\left(\frac{D}{V}\right)\left(k_d\right)\right]}{k_d\left[1-\mathrm{PE}_u\left(\frac{D}{V}\right)\left(k_d\right)\right]}$$

우변의 분수를 두 개의 항으로 분리한 다음, 오른쪽 항의 분자와 분모의 공통항을 소거한다. 이렇게 하면 분자에서 부채비율이 사라지게 된다:

$$\frac{E}{\mathrm{NI}_{t+1}}=\frac{\mathrm{PE}_u\left(k_d\right)-1}{k_d\left[1-\mathrm{PE}_u\left(\frac{D}{V}\right)\left(k_d\right)\right]}+\frac{1}{k_d}$$

식을 더 간단히 하기 위하여, 복잡한 분자와 분모를 각각 k_d로 나눈다.

$$\frac{E}{\mathrm{NI}_{t+1}}=\frac{1}{k_d}+\frac{\mathrm{PE}_u-\frac{1}{k_d}}{1-\mathrm{PE}_u\left(\frac{D}{V}\right)\left(k_d\right)}$$

마지막으로, 두 번째 항의 분자와 분모에 −1을 곱한다:

$$\frac{E}{\mathrm{NI}_{t+1}}=\frac{1}{k_d}+\frac{\frac{1}{k_d}-\mathrm{PE}_u}{\left(\frac{D}{V}\right)k_d\left(\mathrm{PE}_u\right)-1}$$

위의 식에서 보듯이, 회사의 차입을 가정한 P/E 배수는 무차입 P/E 배수, 타인자본비용, 부채비율의 함수이다. 무차입 P/E 배수가 타인자본비용의 역수와 같을 때 분수의 분자는 0이 되고, 부채비율은 P/E 배수에 영향을 미치지 못한다. 무차입 P/E 배수가 매우 높은 회사의 경우 부채비율이 상승하면서 차입을 가정한 P/E 배수는 같이 상승한다. 반대로, 무차입 P/E가 작은 회사의 경우 부채비율이 상승할수록 P/E 배수는 하락할 것이다.

부록 E
자본구조와 관련한 기타 이슈

이번 부록은 자본구조 모델의 대안과 신용평가 산출에 관해 논의한다. 이 모델들은 몇 가지 재미있는 통찰력을 제공하지만 실무적으로 기업의 자본구조를 설계하는 데는 그다지 유용하지 못하다. 마지막으로 이번 부록은 레버리지, 커버리지, 상환능력과 같은 광범위하게 사용되는 신용비율 사이의 유사성과 차이점에 대해 보여준다.

자본조달 순위이론(Pecking-order theory)

자본과 부채 사이에 상충관계가 있다는 관점에 대한 대안으로 자금조달에 있어 조달의 우선 순위를 분석한 재무이론의 한 학파가 있다.[1] 이 이론에 따르면, 기업들은 투자수요를 먼저 내부자금(유보이익으로부터의)으로 충족하며, 다음으로 차입, 그리고 마지막으로 유상증자를 통하여 충족시킨다. 이 순위이론의 근거 중 하나는 투자자들은 경영진에 의한 자금조달 의사결정을 기업의 재무 전망의 신호로 해석한다는 것이다. 예를 들어, 경영진이 유상증자를 결정하면 이는 경영진이 주식이 고평가되었다고 여긴다는 신호로 시장에서는 해석한다는 것이다. 이런 해석 때문에 합리적인 경영진은 주가 하락을 초래할 유상증자를 통한 자금조달을 가장 마지막 수단으로 선택하는 것이다. 부채가치는 기업의 재무적 성과에 훨씬 덜 민감하기 때

1 참조. G.Donaldson, "CorporateDebt Capacity:AStudy of CorporateDebt Policy and the Determination of Corporate Debt Capacity" (Harvard Graduate School of Business, Boston, 1961); and S. Myers, "The Capital Structure Puzzle," Journal of Finance 39, no. 3 (1974): 575.592.

문에 고평가에 대한 신호를 덜 나타내고, 이러한 논리에 의해 상대적으로 차입이 선호된다.[2]

이 이론에 의하면 성숙도와 수익성이 높은 기업일수록 내부 자금조달이 가능하며 추가 차입이나 자본의 조달이 필요하지 않다는 단순한 이유 때문에 차입비중이 낮을 것이다. 그러나, 이 이론을 뒷받침하는 실증적 증거는 결정적이지 않다. 예를 들어 높은 현금흐름을 창출하는 성숙된 기업들은 가장 높은 차입비율을 가진 기업들에 속해 있는데, 반면 자본조달 순위이론은 그 기업들이 가장 낮은 차입비율을 가질 것이라고 전망하기 때문이다. 하이테크 신생기업은 이론이 예상한 것처럼 가장 차입비중이 낮은 부류에 속해 있다.[3] 최근 설문조사를 통한 연구결과에 의하면 재무담당자들의 입장에서는 장기적 목표자본구조의 결정보다는 특정한 자금조달 대안의 선택과 시기 결정에 있어 순위이론 하의 신호가설이 어떻게 더 적합한지에 대해 보여주고 있다.[4] 그리고, 재무책임자들에 대한 설문결과는 이러한 사실을 확인해주고 있다.[5]

시장기반 신용평가 접근법

신용평가에 대한 새로운 접근법은, "자기자본은 부채상환액을 행사가로 하는 전체 기업가치에 대한 콜옵션으로 모델링될 수 있다"는 논리에 기초하여 개발되었다.[6] 이 접근법은 옵션가치 평가모형과 해당 주식의 가격 및 변동성에 대한 시장자료를 이용하며 기업가치가 부채상환액의 가치보다 하회할 가능성, 즉부도가능성을 추정

2 물론 재무적으로 곤경에 빠진 회사의 부채 가치는 예외이다.

3 참조. M. Barclay and C. Smith, "The Capital Structure Puzzle: Another Look at the Evidence," Journal of Applied Corporate Finance 12, no. 1 (1999): 8.20; and M. Baker and J. Wurgler, "Market Timing and Capital Structure," Journal of Finance 52, no. 1 (2002): 1.32.

4 참조. A. Hovakimian, T. Opler, and S. Titman, "The Debt-Equity Choice," Journal of Financial and Quantitative Analysis 36, no. 1 (2001): 1.24, for evidence that the pecking-order theory predicts short term movements in corporate debt levels but that long-term changes are more in line with the trade-offs discussed earlier in this section.

5 J. Graham and H. Campbell, "How Do CFOs Make Capital Budgeting and Capital Structure Decisions?"Journal of Applied Corporate Finance 15, no. 1 (2002): 8.23.

6 그 이유는 자기자본은 부채에 대한 원금 및 이자 상환후 기업가치에 대한 잔여 청구권이기 때문이다. 즉 부채 상환 약정금액을 초과하는 기업가치가 자기자본의 가치에 해당한다. 참조 R. Merton, "On the Pricing of Corporate Debt: The Risk Structure of Interest Rates," Journal of Finance 29 (1974): 449.470; or for an introduction, R. Brealey and S. Myers, Principles of Corporate Finance, 7th ed. (New York: McGraw-Hill, 2003), chap. 24.

한다.[7] 이 방식의 장점은 주식시장에서 획득되는 모든 정보가 직접 부도 가능성의 추정치로 변환되는 점이다. 전통적인 신용평가는 기업의 실적 및 전망 변화에 뒤쳐지는 경향이 있는데, 이는 신용평가가 기업의 신용도를 "경기순환 전체과정을 포함하여"[8] 측정하고자 하기 때문에 단기 변동에 덜 민감하기 때문이다.

시장기반 신용평가의 단점은 그 기업의 기반사업과 재무 건전성에 대한 근본적인 분석이 이루어지지 않는 것이다. 만약 주식시장이 몇몇 중요한 정보를 누락하였다면 결과적으로 부도확률 추정치는 해당정보를 반영하지 못한다. 5장에서 논의한 대로 시장은 대부분의 기간에 기업의 펀더멘털을 잘 반영하고 있으나 항상 그런 것은 아니다. 시장이 펀더멘털을 잘 반영하지 못할 경우 시장기반 신용평가 접근법에 의한 부도확률 추정치 또한 부정확할 수 밖에 없는데, 예를 들어 2001년 Royal KPN Telecom의 사례에서처럼 주식시장(그리고 전통적인 평가시장)에서 주식가격과 신용등급 양쪽에서 갑작스런 하락으로 어려움을 겪을 수 있다.[9]

레버리지, 커버리지 상환능력

학계에서 레버리지에 대한 측정은 시장가치 측면의 레버리지로 부채의 시장가치(D)를 부채 및 자본(E)의 시장가치의 합으로 나눈 것으로 정의된다.

$$\text{Leverage} = \frac{D}{D+E}$$

위 비율은 기업가치에서 얼마만큼 채권자에 의해 요구될 수 있는지를 측정하며 이것은 차입에 의한 자금조달에서 감세효과 산정을 위한 중요한 개념이다. 따라서, 레버리지는 WACC(Weighted average cost of capital; 가중평균자본비용, 13장의 자본구조 가중치 참고) 계산과정에서 아주 중요한 입력 데이터이다.

그러나, 지급이자 대비 EBITA와 같은 커버리지와 비교했을 때, 레버리지는 회사의 자본구조를 측정하고 목표를 정하는 방법으로 사용하기에는 몇 가지 단점들이 있다. 첫째, 어떤 기업이 시장가치 측면에서 매우 낮은 레버리지를 가지더라도

---

7 참조. P. Crosbie and J. Bohn, "Modeling Default Risk" (Moody's KMV White Paper, December 2003).

8 참조. E. Altman and H. Rijken, "How Rating Agencies Achieve Rating Stability," Journal of Banking and Finance 28, no. 11 (2004): 2679.2714.

9 참조. Crosbie and Bohn, "Modeling Default Risk," 23.

단기 현금흐름이 이자지급액과 비교하여 낮을 경우에는 여전히 높은 재무적 위험에 처할 수 있다. 고성장 기업들은 일반적으로 매우 낮은 레버리지 수준에 있으나, 이것이 부채에 대한 낮은 위험을 의미하는 것은 아니다. 두 번째 단점은 시장가치가 급격히 변할 수 있어(특히 높은 성장률, 상대가치 배수가 높은 기업에 대하여), 레버리지는 변동성이 큰 지표가 될 수 있다. 예를 들어 1990년대 말 주식시장 호황기에는 Royal KPN Telecom과 France Telecom을 포함한 여러 유럽 통신회사들도 레버리지 관점에서 합리적인 수준의 부채를 조달한 것으로 보였다. 신용 제공자는 가까운 시기의 내재적 현금흐름이 상환의무액과 비교하여 아주 높지는 않을지라도 기꺼이 신용을 제공하려고 한 것 같았다. 그러나 2001년 주식의 시장가치가 폭락했을 때, 이 기업들의 레버리지는 치솟았고, 재무적 위험이 대두되었다. 그러므로 시장가치에 기초한 기준을 목표 자본구조로서 삼는 것은 위험하다.

이것은 커버리지와 레버리지가 근본적으로 다른 측정치라는 것을 의미하는 것은 아니다. 커버리지와 레버리지는 동일한 것을 다른 시계열(time horizon)에 걸쳐 측정한다는 차이를 가질 뿐이다. 설명을 쉽게 하기 위하여 매출액, 이익 그리고 현금흐름에 전혀 성장이 없는 특정 기업을 가정하자. 이 기업의 레버리지와 커버리지는 다음과 같다.[10]

$$\text{Leverage} = \frac{D}{D+E}$$

$$= \frac{\text{Interest}_1 + \text{PV}(\text{Interest}_2) + \ldots + \text{PV}(\text{Interest}_\infty)}{\text{NOPAT}_1 + \text{PV}(\text{NOPAT}_2) + \ldots + \text{PV}(\text{NOPAT}_\infty)}$$

$$\text{Coverage} = \frac{\text{EBITA}}{\text{Interest}} = \frac{1}{(1-T)} \times \frac{\text{NOPAT}}{\text{Interest}}$$

여기서, D = 부채의 시장가치
E = 자본의 시장가치
NOPAT_t = 세후영업이익 t
Interest_t = 이자비용 t
T = 법인세율

부채의 시장가치는 부채 자금조달이 영구적으로 연장된다는 가정하에 모든 미래의 이자 지급액의 현재가치로 결정된다. 무성장 기업의 경우 감가상각비와 자본적 지출이 동일하므로 기업가치 (E+D)는 미래 NOPAT의 현재가치이다. 그러므

10 무성장 기업을 가정하여 단순화하는 것은 단지 예시목적이다. 성장기업에 대해서는 같은 맥락이 적용된다.

로 레버리지 비율은 그 기업이 매우 장기간 동안 이자지급을 감당하는 능력을 측정한다. 하지만 문제는 기업이 재무적 어려움에 빠지는 주요 원인은 단기적인 이자지급 의무 때문이라는 것이다. 커버리지는 레버리지와는 대조적으로 NOPAT이 대체적으로 EBITA × (1 − T)와 일치한다는 것을 고려하며 레버리지 중 단기적인 부분에만 초점을 맞춘다. 커버리지는 기업이 단기채무에 대해 얼마나 쉽게 대응할 수 있는지를 나타내 준다.

이 두 가지 측정방법은 각기 의미가 있으며 서로 보완적이다. 예를 들어 시장 레버리지와 현재의 높은 지급이자 커버리지가 동시에 매우 높은 수준이라면, 이것은 현재의 부채 수준을 미래에도 계속 지속하기가 어려울 수 있음을 나타낸다고 볼 수 있다. 이러한 상황은 제품이 수명주기의 종료시점에 근접하고 있어서 이익률과 현금흐름이 빠르게 악화되는 상황에 직면한 단일 제품생산 기업에 적용될 수 있다. 이런 기업들은 현재의 높은 지급이자 커버리지에도 불구하고 높은 신용등급을 획득할 수 없고 차입능력이 제한될 것이다.

상환능력지표는 장부가액으로 측정된 총자산 또는 자기자본 대비 부채로 측정하며 커버리지나 레버리지와 같이 중요한 의미는 별로 없다. 그 중요한 원인은 장부가액 기준 측정방법이 그 기업의 단기 또는 장기 채무상환능력을 나타낼 수 없기 때문이다. 장부가액 대비 시장가치는 각 부문과 시간에 걸쳐 크게 변동할 수 있기 때문에 장부가액 기준 상환능력 지표는 장기부채 상환능력을 나타내는 데 한계가 있다.

상환능력지표는 재무적으로 어려운 시기에 더 중요한 지표가 되는데, 이때 채권자들은 가용 가능한 담보가치의 개략적인 측정치로 이 지표를 사용한다. 자산의 장부가액이 청산가치와 합리적으로 근접한다는 가정 하에, 높은 수준의 상환능력 지표는 채무자가 만기가 도래한 원금과 이자를 회수하는데 유리한 위치에 있다는 것을 나타낸다. 그러나, 계속기업의 자본구조 의사결정을 위해서는 상환능력지표가 커버리지와 레버리지 측정치보다 관련성이 훨씬 낮다.

부록 F

시장위험프리미엄 추정 시 발생하는 기술적 문제들

가장 간단한 방법에 의한 역사적인 시장위험프리미엄은 일부 기간에 걸쳐 많은 회사들을 샘플링하여 이들의 수익률(주주총수익률)에서 국채수익률을 차감하여 측정할 수 있다. 그러나 그 결과에 영향을 주는 많은 선택을 해야 한다. 과거 데이터를 이용한 위험프리미엄에 대한 최선의 측정방법은 다음 가이드라인을 따르는 것이다.

장기국채에 대비한 프리미엄을 계산

시장위험프리미엄을 계산할 때, 10년 만기 국채에 대한 수익률과 역사적인 시장수익률을 비교한다. 장기국채는 단기국채보다 회사의 현금흐름 지속기간에 더 잘 맞는다.

가능한 한 가장 오래 전부터의 자료를 이용

미래의 결과를 추정하기 위해 과거 관측치를 이용하는 경우, 얼마나 긴 기간을 대상으로 할지가 관건이다. 이때 시장위험프리미엄이 안정적이면 더 긴 자료로 추정오류를 줄일 수 있을 것이다. 반대로, 시장프리미엄이 변화하고 추정오류가 작은 경우에는 짧은 기간을 이용하는 것이 더 좋다. 적절한 기간을 결정하기 위해 우리는 단기추정과 관련된 오류와 비교하면서 시장위험프리미엄이 어떠한 추세를 갖는지 살펴볼 것이다.

장기적 추세가 있는지 여부를 판단하기 위하여 미국의 시장위험프리미엄을 시간에 따라 회귀분석해 보았다. 그 결과 지난 114년에 걸쳐 통계적으로 유의적인 추세는 관찰할 수 없었다.[1] 회귀분석의 결과를 바탕으로 평균적인 초과수익은 연간 2 베이시스 포인트로 하락하였지만, 이 결과는 통계적으로 "0" 베이시스 포인트와 무차별하다. 단기간에 걸쳐 계산된 프리미엄은, 의미가 있기에는 너무 변동성이 심하다. 예를 들어 미국 주식은 1950년대 채권보다 18% 이상 수익을 냈지만, 1970년대에는 어떠한 초과수익도 없었다. 이로써 어떠한 추세도 관측되지 않고 기간이 짧을 때 발생하는 큰 변동성을 고려할 때, 가능한 한 긴 시계열을 이용하여야 한다.

충분히 긴 구간의 산술평균(가령 10년)

시장위험프리미엄을 보고할 때, 대부분의 연구자들은 연간 6.3%와 같이 연환산수치로 보고한다. 그러나 한 세기의 자료를 어떻게 연간수치로 환산하는가? 그리고 연간으로 변환한 수치가 중요한가?

연환산수익은 산술평균 혹은 기하평균을 이용하여 계산될 수 있다. 산술(단순) 평균은 각 연도의 측정된 프리미엄을 합하여 관찰값의 수로 나눈 것이다.

$$\text{산술평균} = \frac{1}{T}\sum_{t=1}^{T}\frac{1+R_m(t)}{1+r_f(t)} - 1$$

여기서, T = 관찰갯수

$R_m(t)$ = T연도의 시장수익률

$r_f(t)$ = T연도의 무위험이자율

기하평균은 매 연도의 초과수익을 복리계산하여 그 결과에 루트(root)를 취하는 것이다.

$$\text{복리평균} = \left(\prod_{t=1}^{T}\frac{1+R_m(t)}{1+r_f(t)}\right)^{1/T} - 1$$

---

1 Jonathan Lewellen과 같은 일부 저자들은 시장위험프리미엄이 실제로 시간에 걸쳐 변화하며, 배당수익률과 같은 재무비율을 이용하여 측정될 수 있다고 주장한다. 우리는 이러한 모델을 별도로 다룬다. J. Lewellen, "Predicting Returns with Financial Ratios," Journal of Financial Economics 74, no. 2 (2004): 209.235.

평균을 내는 방법에 따라 결과는 달라진다. 예를 들어 산술평균을 할 때, 1900년과 2019년 기간 동안의 미국주식은 국채 대비 연간 6.3%의 위험프리미엄을 나타냈다. 기하평균을 사용하면 이 숫자는 4.2%로 하락한다. 이러한 차이는 우연이 아니다. 수익률이 변동적일 때 산술평균은 항상 기하평균을 초과한다.

그렇다면 역사적 자료를 어떠한 방법으로 평균하는 것이 미래의 기대수익률을 가장 잘 추정하는가? 널리 받아들여지는 통계원칙에서는 다양한 변수의 평균(기대값)을 추정하기 위해서는 일반적으로 산술평균이 가장 오차가 적은 추정방법이라고 설명한다. 따라서 단일기간 주식의 기대수익을 결정하기 위하여 가장 오차가 적은 추정치는 다수의 단일기간 수익률을 산술평균한 것이다. 그러나 단일기간의 위험프리미엄으로는 여러 해에 걸쳐 현금흐름이 발생하는 회사를 평가할 수 없다. 대신에 여러 해에 걸쳐 발생하는 현금흐름은 복리수익률로 할인되어야 한다. 그러나 복리를 적용할 경우, 산술평균은 상향편의(할인율이 너무 높게 된다)가 발생한다.

이러한 편차의 원인은 매우 기술적인 내용이므로 여기에서는 이에 대해 요약해서 제공하고자 한다. 기존의 산술평균들을 복리로 했을 경우, 할인계수가 편향적으로 될 수 있는 이유는 두 가지이다. 첫째, 산술평균은 오차가 항상 포함되어 계산된다. 이런 수준의 오차는 한 기간의 예측에는 영향을 미치지 않지만(예상 오차는 "0"임), 예측값을 제곱했을 때에는(복리계산처럼) 오차도 같이 제곱되기 때문에 오차의 숫자가 항상 양수로 표현된다. 때문에 이런 양(+)의 오차로 인해 다년도 예상 수익이 과도하게 높이 계산된다. 둘째, 많은 연구자들이 오랫동안 주식시장의 수익률을 살펴본 결과, 여러 기간에 걸쳐 음의 자기상관관계를 가지고 있다고 주장하고 있다. 만약 양(+)의 수익률 다음에 일반적으로 음(−)의 수익률이 이어진다면(그 반대도 해당됨), 평균을 제곱하는 것은 실제 두 기간의 수익률을 과대평가하는 할인계수를 가져오게 된다. 즉, 상향편의가 발생한다.

수익률의 추정오류 및 음(−)의 자기상관관계로 인한 편의를 조정하기 위한 두 가지 안이 있다. 첫째, 단일기간 수익률의 평균을 복리로 계산하지 않고 장기간 보유했을 때의 보유수익률을 계산할 수 있다. 이 방법을 이용함으로써 10년간 발생한 현금흐름을 매년 시장위험프리미엄의 10제곱으로 할인하는 것이 아니라 10년을 단일기간으로 보고 10년간의 평균적인 시장위험프리미엄을 구해 할인하면 된다.[2] 1900년부터 2019년까지의 1년 보유기간 초과수익률 평균은 6.3%이다. 10년 보

2 Jay Ritter는 "1개년도가 적절한 보유기간이라는 이론적인 이유는 없다. 사람들이 이자율을 연리로 생각하는 경향이 있으므로 연환산된 숫자를 보고하는 것이 사람들로 하여금 숫자에 대한 이해를 쉽게 할 뿐이다. 그러나 연간 수익률의 이용에 대한 편의성 이외의 다른 이유를 생각할 수는 없다."고 저술하였다. J. Ritter, "The Biggest Mistakes We Teach," Journal of Financial Research 25 (2002): 159,168.

유기간 누적초과수익률은 71.3%이다.[3] 이를 연간 수익률로 변환하면 5.5%에 해당한다. 다른 대안으로는, 연구가들은 Marshall Blume에 의해 제시된 추정치가 수익률의 추정오류 및 자기상관으로 초래된 문제를 가장 잘 조정할 수 있다는 것을 보여주는 시뮬레이션을 이용해왔다.[4]

$$R = \left(\frac{T-N}{T-1}\right)R_A + \left(\frac{N-1}{T-1}\right)R_G$$

여기서, T = 표본에서 과거 관측치의 숫자

N = 추정기간

R_A = 산술평균

R_G = 기하평균

Blume의 추정치는 할인하고자 하는 기간의 길이에 좌우된다. 첫 번째 해의 현금흐름은 산술평균(T = 119, N = 1)을 사용하여 할인하여야 하고, 10번째 해의 현금흐름은 92.4%는 산술평균으로 8.3%는 장기 기하평균(T = 119, N = 10)으로 구성된 수익률을 기반으로 할인해야 한다. 10년 현금흐름에 대한 추정치는 6.2%로 계산되었다.

그러나, 아무리 좋은 통계적 기법이라 하더라도 우리의 표본은 지난 세기동안 시장에서 가장 훌륭한 성과를 낸 미국자료만 포함하고 있기 때문에, 이 추정결과들은 아마도 매우 높을 것이다. 미국의 주식시장이 다음 세기에도 이전에 냈던 성과를 그대로 재현할 것 같지 않으므로, 우리는 이 역사적 시장위험프리미엄을 하향 조정한다. 연구에 의하면 미국의 연수익률의 산술평균은 17개 국가혼합수익률 중앙값을 실질 기준으로는 0.8% 초과하였다.[5] 이는 이전에 제시하였던 범위에서 0.8%의 생존프리미엄을 차감하면 기대 수익률은 5.0%~5.5%로 산출된다.

---

3 10년 평균누적수익률을 계산하기 위해 우리는 중첩되는 10년 기간을 사용하였다. 초반과 후반기간의 관측치에 가중치가 과소 부여되는 것을 피하기 위해(예를 들어, 첫 번째 관측치는 단 한 번만 포함될 것이고, 반면 중간의 관측치는 10번의 별도의 표본에서 계속 포함될 것이다), 우리는 가장 최근의 관측치와 가장 오래된 관측치를 결합한 10년의 인위적인 기간을 생성하였다. 중첩되는 기간이 없는 가상의 기간은 유사한 결과를 가져왔으나 시작 연도에 크게 달라진다.

4 D. C. Indro and W. Y. Lee, "Biases in Arithmetic and Geometric Averages as Estimates of Long-Run Expected Returns and Risk Premia," Financial Management 26, no. 4 (Winter 1997): 81.90; and M. E. Blume, "Unbiased Estimators of Long-Run Expected Rates of Return," Journal of the American Statistical Association 69, no. 347 (September 1974): 634.638.

5 E. Dimson, P.Marsh, andM. Staunton, "TheWorldwide Equity Premium: ASmaller Puzzle," in Handbook of Investments: Equity Risk Premium, ed. R. Mehra (Amsterdam: Elsevier Science, 2007).

부록 G

전세계global, 국제international 그리고 지역local CAPM

15장에서 자본비용을 추정하기 위해 소개된 표준적인 자산가격결정모형(CAPM)에서는 해외 자산, 해외 투자자 또는 해외 통화를 명시적으로 설명하고 있지는 않다. 이러한 점은 이 모형이 해외 통화로 이루어진 투자에 대한 자본비용을 제대로 추정할 수 있는지 의문을 일으킨다. 만약 환율이 변한다면, 동일한 투자라도 출신 국가에 따라 다른 수익률을 올리게 될 것이다. 유로화로 된 독일의 국채를 살펴보자. 독일이나 네덜란드의 투자자의 관점에서는 이 국채는 무위험수익률(인플레이션이 없다고 가정하면)을 제공하는데, 왜냐하면 유로화는 투자자의 현지에서 사용하는 통화이기 때문이다. 그러나 미국의 투자자들에게는 이 국채가 무위험이 아니다. 미국 달러화로 측정된 수익률은 달러와 유로화의 환율에 따라 변동할 것이기 때문이다.

일반적으로 다른 통화를 사용하는 국가의 투자자들은 한 자산의 예상 수익률이나 위험에 대해 서로 다르게 판단할 수 있다. 이론적으로 더 이상 표준적인 CAPM은 성립하지 않으며, 보다 복잡한 국제 CAPM이 필요하다. 하지만 실무적으로는 15장에서 설명한 것처럼 국가 간 투자에 대해 CAPM을 여전히 유용하게 사용하고 있다. 이번 부록에서는 해외 통화로된 투자의 자본비용을 추정하는 경우에 대한 추천과 실무적인 가이드라인을 제공하고 그 배경에 대해 살펴본다.

전세계(global) CAPM

만약 모든 통화들에 대해서 구매력 평가(PPP; Purchasing Power Parity) 가설이 성립한다면 국제적인 투자의 수익률과 위험에 대한 투자자들의 견해는 일치하게 된다. 이러한 경우, 환율의 변동은 인플레이션과 환율의 차이와 완벽하게 일치하게 된다.[1]

$$X_t = X_{t-1}\left(\frac{1+i_A}{1+i_B}\right)$$

여기서 $X_t = t$시점에 A 통화로 표현된 B 통화의 환율
i_A, $i_B = A$, B 통화의 인플레이션율

결과적으로, 어떤 자산에 대한 기대 수익률과 위험은 어떤 통화를 사용하든지 모든 투자자들에게 동일하게 된다. 독일 국채의 사례에서 유로에 대한 미국 달러화의 평가절상은 미국 투자자들의 명목 채권수익률을 낮추게 될 것이다. 그러나 PPP 가설이 성립한다면, 미국의 인플레이션율은 정확히 명목 채권수익률의 차이만큼 낮을 것이고, 실질수익률로는 미국과 독일의 투자자들은 동일한 수익을 얻게 된다. 실질수익률 관점에서 투자자에게 환율 위험이 없는 것이다. 만일 하나의 통화만이 존재한다면, 모든 위험자산의 전 세계 시장포트폴리오와 실질 무위험이자율은 동일할 것이다.

결과적으로 전 세계 CAPM은 사실 전 세계 시장포트폴리오에 대한 표준 CAPM과 동일하다. 자산 j에 대한 실질 기대수익률은 다음과 같이 표현된다.

$$E(r_j) = r_f + \beta_{j,G}\left[E(r_G) - r_f\right]$$

여기서 r_j = 자산 j에 대한 수익률
r_f = 무위험자산 수익률
$\beta_{j,G}$ = 전 세계 시장포트폴리오 G에 대한 자산 j의 베타
r_G = 전 세계 시장포트폴리오 G에 대한 수익률

---

1 정확하게는 이것을 상대적 PPP라고 하는데, 가격의 변동과 환율의 변동을 말한다. 절대적 PPP는 통화 간에 동일한 가격을 필요로 한다. R. Brealey, S. Myers, and F. Allen, Principles of Corporate Finance, 13th ed. (New York: McGraw-Hill, 2020), chap. 27.을 참고할 것.

전 세계 CAPM에 따르면, 국내 자산과 해외 자산의 자본비용은 자산의 전세계 시장포트폴리오 G에 대한 베타와 시장포트폴리오 수익률과 무위험 수익률의 차이인 시장위험프리미엄에 따라 결정된다.

기술적으로 전 세계 CAPM은 PPP가 성립한다고 가정할 때 유효한 것이다. PPP 가설이 성립하는지에 대한 증거들은 혼재되어 있지만, 학계의 연구들에 따르면 통화들 사이에서 PPP 가설과의 차이는 3-5년 안에 대략 절반으로 줄어든다고 보고하고 있다.[2] 다시 말하면 환율은 국가 사이의 인플레이션 차이를 조정한다. 비록 즉각적이고 완전한 조정은 아니지만 말이다.

해외 투자를 제한 없이 할 수 있는 투자자와 기업을 위해, 우리는 전 세계 CAPM을 사용하여 해외 및 국내 투자의 자본비용을 추정할 것을 권고한다. 이는 15장에서 소개된 접근방식을 사용하는 것을 말한다. 대안인 국제 CAPM(다음에 논의됨)이 이론적으로 우수할 수 있지만, 그것은 훨씬 더 복잡하며 실제로 중대한 차이가 있는 것은 아니다.

국제(international) CAPM

만약, PPP 가설이 성립하지 않는다면, 해외 자산의 실제 수익률은 이제 환위험에서 자유롭지 못하다. 왜냐하면, 환율의 변동이 인플레이션의 변동으로 완벽하게 상계되지 않기 때문이다. 해외 자산의 수익률과 관련 환율의 상관관계가 커질수록, 투자자의 위험도 커지게 된다. 예를 들어 한 네덜란드 회사가 미국으로부터 원자재를 수입하고 완제품을 유럽에서 판매한다면, 유로가 미국 달러화에 비해 절상될 때 유로화로 측정되는 주식수익률이 커지게 된다. 물론 이와 반대도 성립한다. 유럽 투자자보다는 미국 투자자들의 위험이 더 큰게 된다. 이는 미국 달러화로 환산될 때 수익률의 변동폭이 커지기 때문이다. PPP 가설이 성립하지 않는다는 것은 달러와 유로화에 대해서 인플레이션 차이가 실제 수익률로 측정된 수익률의 차이를 상계하지 못한다는 뜻이다.

해외 자산을 보유하기 위해서 이성적인 투자자들은 외화 위험에 노출되는 대신 자산에 대한 높은 기대 수익률이라는 보상을 필요로 한다. 그 결과 자산의 기대수익률은 이제 전 세계 시장포트폴리오(전 세계 CAPM에서)와 자산의 베타와의 관계로 계산되지 않는다. 국제 CAPM은 자산의 베타와 외화환율의 관계에서 추가

2 A. M. Taylor and M. P. Taylor, "The Purchasing Power Parity Debate," Journal of Economic Perspectives 18, no. 4 (Fall 2004): 135–158.을 참고할 것.

로 요구되는 수익률을 고려한다. 예를 들어 3개의 국가로 구성된 세상을 생각해보자. 각 나라는 고유 통화를 보유하고 있다면 국제 CAPM은 자산 j에 대한 기대수익률을 다음과 같이 정의한다.[3]

$$E(r_j) = r_f + \beta_{j,G}\left[E(r_G) - r_f\right] + \beta_{j,A}\text{CRP}_A + \beta_{j,B}\text{CRP}_B \tag{G.1}$$

여기서 r_j = 자산 j에 대한 수익률

r_f = 무위험이자율

$\beta_{j,G}$ = 전 세계 시장포트폴리오 G 에 대한 자산 j의 베타

$\beta_{j,A}$ $\beta_{j,B}$ = 환율 X_A, X_B에 대한 자산 j의 베타

CRP_A , CRP_B = 통화 A와 B에 대한 리스크 프리미엄

통화 리스크 프리미엄은 다음과 같이 정의된다.

$$\text{CRP}_n = \frac{E(X_{n1}) - F_{n1}}{X_{n0}} \tag{G.2}$$

여기서 X_{nt} = n이 A, B일 때, t 시점에서 통화 n으로 표현된 자국 통화의 환율

F_{n1} = 통화 n으로 표현된 t=1 시점에 대한 자국 통화의 선도환율

비록 이론적으로 정확하더라도, 국제 CAPM은 아마도 실무에서 쓰기에는 번거로울 것이다. 특히 전 세계의 몇 개의 통화를 자본비용 추정에 사용해야 하는지가 불분명하다. 몇 개의 선진국 통화만 고려해도 그 숫자만큼의 리스크 프리미엄을 추정해야 한다. 더구나 자산의 시장베타를 구한 뒤에, 각 통화에 대한 베타도 추정해야 할 것이다.

국제 CAPM을 사용하지 않는 다른 이유는 통화 위험 프리미엄은 특히 자본비용을 추정할 때 크지 않다는 실증연구의 결과 때문이다.[4] 최근 연구에 따르면 미국의 대형 기업들에 대한 전 세계 CAPM과 국제 CAPM으로 계산한 자본비용 차이가 1% 포인트의 절반이 안되는 것으로 나타났다.[5] 수식 G.1과 G.2를 보면 국제

---

3 이것은 단순화된 버전의 Solnik-Sercu 국제 CAPM이다. P. Sercu, International Finance (Princeton, NJ: Princeton University Press, 2009), chap. 19; and S. Armitage, The Cost of Capital (Cambridge: Cambridge University Press, 2005), chap. 11.를 참고하라.

4 Sercu, International Finance, chap. 19.

5 W. Dolde, C. Giaccotto, D. Mishra, and T. O'Brien, "Should Managers Estimate Cost of Equity Using a Two-Factor International CAPM?" Managerial Finance 38, no. 8 (2012): 708–728; and D. Mishra and T. O'Brien, "A Comparison of Cost of Equity Estimates of Local and Global

CAPM은 통화 위험 프리미엄이 무시할 만할 경우에 전 세계 CAPM을 단순화한 것이다. 다른 말로, PPP 가설이 성립할 때 전 세계 CAPM은 국제 CAPM과 동일한 자본비용을 산출하게 된다. 따라서 전 세계 CAPM을 사용할 것을 추천한다.

지역 CAPM

일부 실무자들과 학계의 연구는 지역 CAPM을 이용해서 특정 국가의 투자기회에 대한 자본비용을 구할 것을 제안한다. 투자안의 베타는 해당 국가의 시장 포트폴리오를 이용해 추정되고 시장 위험 프리미엄은 동일한 시장 포트폴리오의 수익률에서 해당 지역의 무위험이자율을 초과하는 부분으로 계산된다. 이러한 접근법은 만약 주식이 오직 지역 시장을 통해 전 세계 시장 포트폴리오와 관련되어 있는 경우에 이론적으로 정확하다.[6]

$$\beta_{j,G} = \beta_{j,L} \times \beta_{L,G} \tag{G.3}$$

여기서 $\beta_{j,G}$ = 전 세계 시장포트폴리오 G에 대한 자산 j의 베타

$\beta_{j,L}$ = 지역 시장포트폴리오 L에 대한 자산 j의 베타

$\beta_{L,G}$ = 전 세계 시장포트폴리오 G에 대한 지역 시장포트폴리오 L의 베타

이는 회사의 수익률에 영향을 주는 어떤 국제 위험요인들도 해당 국가의 지역 시장 포트폴리오에 포함된다라는 뜻이다. 그러면 지역 시장의 전 세계 베타와 지역 베타를 곱하는 방식으로 간접적으로 어떤 자산의 전 세계 베타를 추정할 수 있다. 만약 지역 주식 시장이 완전히 통화되고 전 세계 시장에서 정확한 가격으로 거래된다면, 기대수익률은 다음과 같다.

$$E(r_L) = r_f + \beta_{L,G}[E(r_G) - r_f] \tag{G.4}$$

여기서 r_L = 지역 시장포트폴리오 L의 기대 수익률

r_f = 무위험이자율

r_G = 전 세계 시장포트폴리오 G의 수익률

CAPMs," Financial Review 36, no. 4 (2001): 27 – 48.을 참고하라.

6 R. Stulz, "The Cost of Capital in Internationally Integrated Markets: The Case of Nestlé," European Financial Management 1, no. 1 (1995): 11 – 22.을 참고하라.

수식 G.3과 G.4를 결합하면 지역 CAPM과 전 세계 CAPM을 이용하여 계산한 주식 j의 기대수익률은 동일하여야 한다는 결과를 보여준다. 전 세계 CAPM을 이용하면, 이 수익률은 다음과 같다.

$$E(r_j) = r_f + \beta_{j,G}[E(r_G) - r_f]$$

자산의 전 세계 베타를 앞의 G.3에서 정의된 간접 베타로 치환하면,

$$E(r_j) = r_f + \beta_{j,L} \times \beta_{L,G}[E(r_G) - r_f]$$

재정리하면, 지역 CAPM과 동일하게 된다.

$$E(r_j) = r_f + \beta_{j,L}[E(r_L) - r_f]$$

비록 가정이 현실적으로 보이지는 않지만, 지역 CAPM과 전 세계 CAPM이 유사할 결과를 보인다는 증거가 있다. 실증연구에 따르면, 지역 CAPM으로 계산한 미국 기업들의 자본비용이 전 세계 CAPM과 매우 유사하였다.[7] 미국 주식들을 생각해보면 이것은 놀라운 일은 아닌데, 왜냐하면 미국 시장 포트폴리오는 잘 분상되어 있으면서 전 세계 시장 포트폴리오와 높은 상관관계가 있기 때문이다. 그러나 미국, 영국, 독일, 프랑스와 조금 규모가 작은 네덜란드, 스위스를 포함한 9개의 선진국을 대상으로 한 조사에서도 유사한 결과를 얻었다. 지역 시장 포트폴리오와 전 세계 포트폴리오를 이용한 베타 추정을 연구한 결과 식G.3에서 나타난 것처럼 서로 연관되어 있었다.[8]

그러나 지역 CAPM 접근법은 전 세계 CAPM과 비교하면 실무적인 약점이 있다. 첫째로 지역 CAPM을 다른 국가들의 투자안에 적용하면, 전 세계 CAPM을 적용할 때 전 세계 시장 위험 프리미엄 하나만 필요한 것과 달리, 각 국가별로 지역 시장 위험 프리미엄과 베타를 추정해야한다. 또한 지역 CAPM으로는 한 회사의 동일 산업군에 속하는 회사들의 추정 베타의 평균을 근거로 하여 베타를 직접적으로 추정할 수 없다(이는 15장에서 베타 계산의 오차를 줄이기 위해 추천한 방법이다). 만약 동일 산업군의 회사들이 다른 국가들에 있다면, 이들의 지역 베타는

---

7 R. Harris, F. Marston, D. Mishra, and T. O'Brien, "Ex-Ante Cost of Equity Estimates of S&P 500 Firms: The Choice between Domestic and Global CAPM," Financial Management 32, no. 3 (2003): 51–66.

8 C. Koedijk, C. Kool, P. Schotman, and M. van Dijk, "The Cost of Capital in International Financial Markets: Local or Global?," Journal of International Money and Finance 21, no. 6 (2002): 905 – 929.을 참고하라.

직접적인 비교가 어렵기 때문이다. 마지막으로 지역 위험 프리미엄은 전체 합계의 성격을 갖는 전 세계 위험 프리미엄에 비해서 시간이 경과에 따라 불안정해진다. 예를 들어 표G.1은 지역 주식 시장 인덱스를 몇몇 국가들의 국채 수익률 그리고 Dimson, Marsh 그리고 Staunton의 장기간 평균 주식수익률과 회사채 및 국채 수익률 자료를 이용하여 전 세계적으로 분산된 포트폴리오의 수익률을 비교하고 있다.[9] 개별 국가들의 위험 프리미엄은 측정된 시기에 따라 상당히 변동이 큰 반면에 전 세계 위험 프리미엄은 거의 변동이 없었다.

표 G.1에 나타나는 위험 프리미엄의 차이는 국가에 따라 위험에 대한 가격이 다르다는 것을 의미하는 것이 아니다. 이러한 차이는 몇 가지 요소에 의해 나타난다. 첫째로 경제의 발전 정도에 의한 것이다. 지난 세기동안 국가별로 이익 성장률에 차이가 있었다. 둘째로 과거에는 자본시장이 덜 통합되어 있었고, 국가별 가격은 동일하지 않았다. 하지만 주된 이유는 사용된 주식 시장 인덱스가 다른 정도의 분산화와 베타를 가지고 있었기 때문이다. 그러므로 수익률은 산업에 대한 집중도의 차이에 따라 왜곡되었다. 대부분의 유럽 국가들에서는 주요 주식 시장 인덱스들(시장의 시가총액을 대부분을 설명하는)은 일반적으로 20에서 40개 정도의 회사를 포함하고 있었고 제한적인 산업군을 커버하고 있다. 사실 연구에 따르면 유럽 시장 인덱스의 많은 수익률 변동은 그들의 산업군의 구성에 의해 설명이 된다(표 G.2를 참고하라).[10]

우리는 지역 CAPM을 오직 해외 투자에 제한이 있는 투자자와 회사들에게만 추천한다. 그런 경우 자본비용을 추정하기 위해서 지역 시장 포트폴리오를 사용하는 것이 적절하다. 그 결과 그런 제한된 시장에서의 가치평가는 전 세계 시장에 투자하는 경우와 차이가 생기게 된다. 이러한 점이 예를 들면 아시아 주식 시장에서 과거에 가치평가를 할 때 마주한 문제였다.

---

9 E. Dimson, P. Marsh, and M. Staunton, Triumph of the Optimists: 101 Years of Global Investment Returns (Princeton, NJ: Princeton University Press, 2002); and E. Dimson, P. Marsh, M. Staunton, and J. Wilmot, Credit Suisse Global Investment Returns Yearbook 2016 (London: Credit Suisse Research Institute, 2016).

10 R. Roll, "Industrial Structure and the Comparative Behavior of International Stock Market Indexes," Journal of Finance 47, no. 1 (1992): 3–42.

표 G.1 국가별 시간별 위험 프리미엄의 비교

1년 만기 T-bill 대비 연간 위험 프리미엄, %

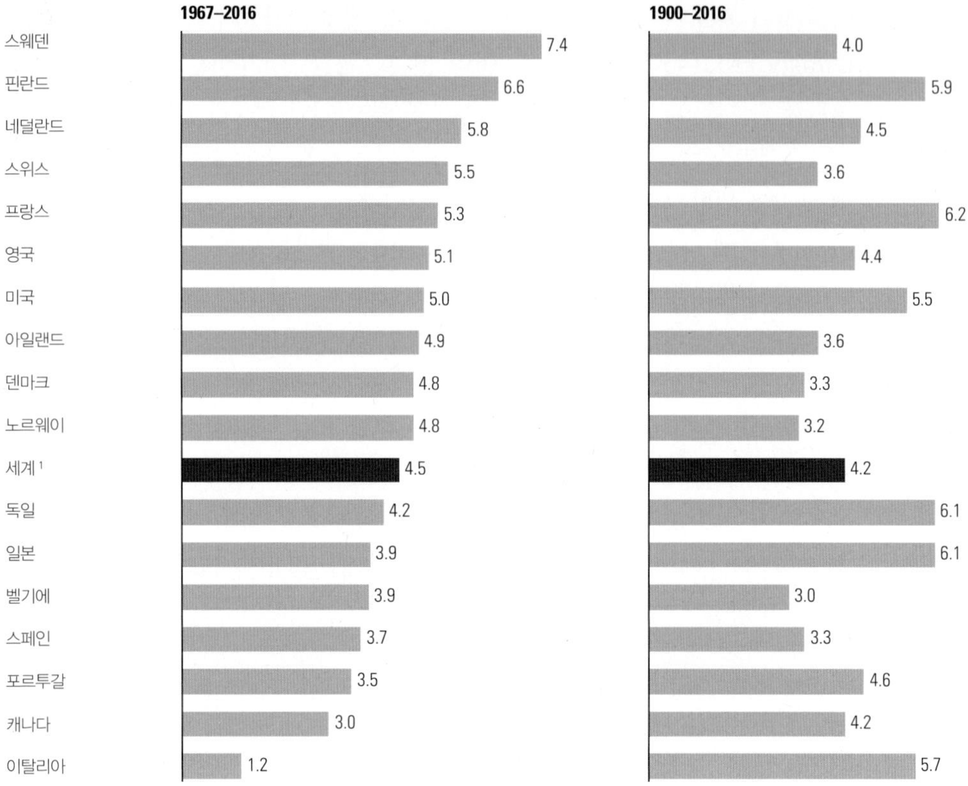

출처: E. Dimson, P. Marsh, and M. Staunton, *Triumph of the Optimists: 101 Years of Global Investment Returns* (Princeton, NJ: Princeton University Press, 2002); E. Dimson, P. Marsh, M. Staunton, and J. Wilmot, *Credit Suisse Global Investment Yearbook 2016* (London: Credit Suisse Research Institute, February 2016).

1 Globally diversified portfolio.

표 G.2 지수 수익률에서 산업의 구성에 의해 설명되는 정도

조정 R^2, %

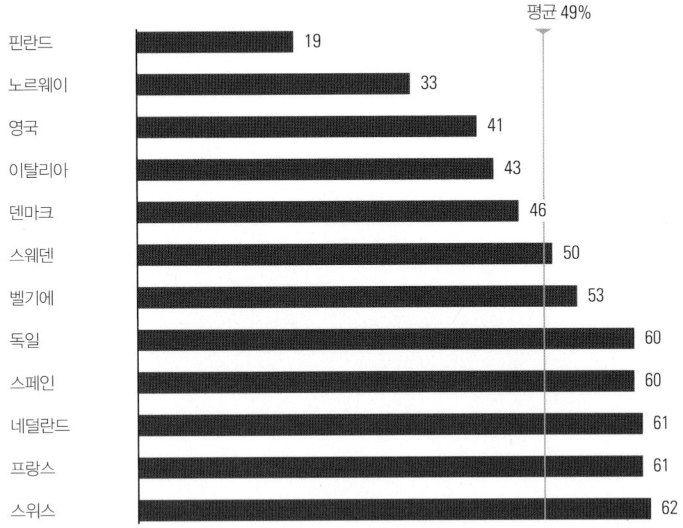

출처: R. Roll, "Industrial Structure and the Comparative Behaviour of International Stock Market Indexes," *Journal of Finance* 47, no. 1 (1992): 3–42.

VALUATION
Measuring and Managing the Value of Companies

부록 H

Costco Wholesale의 가치평가

이 부록은 Costco를 사례로 전형적인 고객 입장에서의 가치평가모형을 제시한다. 우리의 분석은 Costco의 2015년부터 2019년까지의 사업보고서와 발표된 손익계산서를 기반으로 한다. 기업들은 1, 2년 이상 과거의 재무상태표를 재작성하는 경우가 거의 없기 때문에 혼란을 피하기 위해 원본 데이터를 사용한다. 계정과목과 주석에 대한 참조는 2019년 사업보고서를 이용한다.

여기서 우리가 적용할 가치평가 프로세스는 2부에서 자세히 다루고 있다. 다음의 설명에는 애매한 부분에 대한 명확한 설명을 포함하여 각 표에 대한 비공식적인 가이드가 제공된다. 우리는 특정 장에 대한 우리의 언급이 독자들이 이 책에서 공부한 일반 원칙과 표들을 연결하는 데 도움이 되기를 바란다.

재무제표의 모델링

가치평가 과정은 재무상태표, 손익계산서, 자본변동표, 법인세조정표(tax reconciliation table)를 포함한 재무제표를 스프레드시트에 모델링하는 것에서 시작된다. Costco에 대한 3개의 보고서(재무상태표, 손익계산서, 자본변동표)는 사업보고서에서 감사보고서 페이지를 지나면 찾을 수 있다. 회사의 법인세조정표는 재무제표의 법인세 주석에서 찾을 수 있다.

표 H.1: 손익계산서. 우리는 두 가지 예외를 제외하고 회사가 보고한 손익계산서를 사용한다. 첫째, 이 표는 감가상각비를 판매관리비와 구분한다. Costco는 현금흐름표에 감가상각을 보고한다. 둘째, 이자수익과 기타수익을 구분한다. 이 작업은 미래의 과다보유현금액에서 창출되는 수입의 모델링을 위해서 수행한다. Costco는 사업보고서의 경영진단의견서에서 이자 및 기타수익에 관한 세부사항을 보고하고 있다.

각각의 재무제표에 대해 우리는 회사가 보고한 역사적 가격과 함께 미래 성과에 대한 예측치도 제공한다. 영구가치를 계산하기 위한 기준 연도는 CV로 표시된 마지막 연도이다. 우리는 부록에서 영구가치에 대해 논의한다.

표 H.2: 재무상태표. 우리는 세 가지 예외를 제외하고 회사가 보고한 재무상태표를 사용한다. 첫째, 현금과 단기투자자산을 하나의 계정으로 사용한다.

둘째로, 이연법인세 관련 계정을 기타 유동자산, 기타자산 그리고 기타부채와 구분한다. 이를 통해 우리는 법인세부담액을 추정하고, 이월결손금 공제를 파악하고, 잔여액을 재무제표의 재구조화 과정에서 자본 등가물로 구분할 수 있다. Costco는 이연법인세를 주석 8번 법인세 항목에서 설명하고 있다.

세 번째로 금융리스는 일종의 차입금이므로 기타 유동부채와 기타부채와 구별해서 사용한다. 우리의 경험에 의하면, 대부분의 회사들은 금융리스를 부채 항목 안에 기록하지만, Costco는 이런 경우가 아니다. 주석 5번 리스항목에서 금융리스를 설명하고 있다.

표 H.3: 자본변동표. 자본변동표는 연간 자본의 변동에 대해 설명한다. 이 표는 해외사업환산에 따른 조정, 주식급여보상, 자기주식의 취득과 배당 등을 포함하고 있다. 이러한 계정과목들은 FCF와 투자자로의 현금흐름을 대사하는 목적으로 필요하다. 배당 등의 몇몇 계정들은 현금흐름의 대사에서 직접적으로 표시된다. 해외사업환산차(대)와 같은 다른 계정들은 재무상태표의 계정에서 비현금거래에 따른 변동을 제거하는 방식으로 사용된다.

표 H.4: 법인세조정표. 법인세조정표는 영업 법인세를 추정하고 세후영업이익을 당기순이익과 대사하는데 필요하다. Costco는 법인세조정표를 주석 8 법인세에서 보고하고 있다. 대부분의 회사들은 이 표를 화폐단위 또는 퍼센티지로 보고하는데 비해 Costco는 두 가지 버전을 모두 보고한다.

재무제표의 재구성

재무제표를 입수했다면, 다음은 세후영업이익, 영업법인세, 투하자본 그리고 총투자재원으로 이를 재구성해야 한다. 여기서는 간단하게 재구성 과정을 소개한다. 11장에서 재무제표의 재구성을 자세히 소개하고 있다.

표 H.5: 세후영업이익(NOPAT). 이 표는 손익계산서를 세후영업이익 그리고 세후영업이익에서 당기순이익으로의 대사로 재구성한다. Costco는 비조정 EBITA가 손익계산서에 보고된 영업이익과 일치하는데, 언제나 그런 것은 아니다. 21장에서 논의한 것처럼 많은 기업들은 구조조정 비용처럼 반복되지 않는 계정들을 영업이익 산출에 이용하고 있다. 오직 반복되는 영업비용만이 매출에서 차감되어 EBITA를 추정하는데 사용되어야 한다.

우리가 11장에서 설명한 것처럼 운용리스 이자를 영업이익에서 참가하고 금융이자처럼 다룬다. 리스 이자는 타인자본비용에 전년도에 자본화된 운용리스(표 H.8에서 찾을 수 있음)를 곱해서 계산된다. 금융리스와 관련된 이자비용을 다시 더하지 않는다. 이 항목은 벌써 이자비용에 포함되어 있다.

표 H.6: 법인세. 세후영업이익을 계산하고 당기순이익과 대사하기 위해서는 법인세 항목을 영업관련 법인세, 비영업관련 법인세, 기타 비영업 법인세로 구분한다. 표 H.6은 11장에서 소개하고 20장에서 자세히 설명한 3단계법을 이용하여 영업관련 현금 법인세를 추정한다. 첫째로 EBITA에 표 H.4에서 보이는 법정세율을 곱한다. 법정세율은 연방세율과 주정부세율의 합과 일치한다.

다음으로 EBITA에 대한 법정세율을 반복 여부, 영업관련 여부에 따라 조정한다. 어느 조정이 반복되는지 또 영업과 관련되어 있는지 판단한다. Costco 사례에서 우리는 두 가지 항목에 대해 EBITA에 대한 법정세율을 조정하였다. 해외세액공제와 우리사주 관련 세금이 그것이다. 마지막으로 영업관련 법인세를 영업관련 현금 법인세로 변환하기 위해서 영업관련 이연법인세 부채의 순 증가분을 차감하였다. 이연법인세 부채의 증가는 회사가 손익계산서에 보고한 법인세비용보다 법인세부담액이 적었다는 뜻이다.

표 H.7: 이연법인세. 현금 법인세율을 계산하기 위해서 이연법인세를 이월결손금공제, 영업관련 이연법인세 자산 순액, 비영업관련 이연법인세 자산 순액으로 재구성한다. 법인세조정표를 보면, 영업관련 항목과 비영업관련 항목으로 구분하는 것은 판단을 필요로 한다. 어느 항목이 영업과 관련되어 있으며, 매출에 따라 비례하여 증감하는지 판단한다. 이연된 영업관련 법인세 금액을 계산하려면, 이연된 항목의 증가분을 영업관련 법인세에 가산한다.

영업관련 법인세율과 관련된 개념과 이연법인세의 처리에 대해서는 20장을 참고하라.

표 H.8: 투하자본과 총투자재원. 투하자본을 추정하기 위해서는 두 가지 항목만 제외하고 재무상태표에서 해당 계정을 직접 추출하면 된다. 그 두 가지는 영업관련 현금과 자본화된 운용리스이다. 영업관련 현금은 매출액 대비 2%정도로 추정된다. 2%를 초과하는 현금은 과다보유현금으로 분류한다.

2019년 12월에 종료하는 회계연도부터는 회사들이 운용리스를 자본화하여 재무상태표에 표시할 것을 요구하는 새로운 회계기준이 적용되었다. Costco는 8월 31일이 결산일이므로 2019년 재무제표는 운용리스의 가치를 자본화하지 않는 과거의 회계기준으로 보고되었다. 이러한 배경에서 우리는 리스의 자본화된 가치를 투하자본과 총투자재원으로의 조정에 반영하였다. 앞으로 이러한 작업은 필요가 없을 것이다. 22장에서는 새로운 회계기준에서 운용리스를 어떻게 처리할지 다루고 있다. 표 22.10은 리스계약의 현재가치를 이용하여 Costco의 실제 자료를 사용하는 마지막 연도인 2019년도의 운용리스의 가치를 어떻게 계산하는지 제시하고 있다.

표 H.9: 총투자재원의 대사. 비즈니스가 어떻게 자본을 조달하고 있는지를 더 잘 이해해고, 더 정확하게 계산하기 위해서는 총투자재원을 재계산해본다. 이번에는 자본의 원천을 이용해보자. 표 H.9는 타인자본과 자본화된 운용리스를 포함하는 타인자본등가물를 계산한다. 자기자본은 보통 주로 이익잉여금을 포함한다. 자본 등가물은 이월결손금 공제를 제외한 이연법인세 계정을 포함한다. Costco는 이연법인세 계정이 몇 년간 음수(이연법인세 자산이 이연법인세 부채보다 큼)여서 표 H.9에서 자기자본을 계산할 때 차감되는 역할을 한다.

Costco의 총투자재원은 대부분 자본에 의해 조달되었다. 비즈니스를 운영하기에 적합한 자본 구조는 어떻게 만들어지고 평가되는지에 대하여는 33장을 참고하라.

재무 추정치의 작성

각각의 재무제표를 위해서 10년의 기간을 추정한다. 13장에서 어떻게 추정하는지,

그리고 이 추정치를 재무제표와 연결하는 법과 자주 빠지는 함정을 피하는 법을 다룬다.

표 H.10: 손익계산서의 추정 비율. Costco의 매출과 매출원가 성장률을 추정하기 위해서 우리는 2019년 9월의 애널리스트 보고서를 사용한다. 표 13.3에 하나의 보고서가 자세히 제시되어 있다. 우리는 작년 또는 안정성을 위해 과거 5년의 평균 재무비율을 이용하여 나머지 계정에 대한 재무 추정치를 산출한다.

부채로 계상될 이자비용을 추정하기 위해서, 우리는 전년 부채 대비 이자비용의 비율을 이용하여 이자비용을 추정한다. FCF를 이용하여 영업의 가치평가를 실시하기 때문에 이자비용의 추정은 영업의 가치평가에 영향을 미치지 않는다. 현금흐름 계획만을 목적으로 추정을 실시하고, 각 계정 추정치를 통합하여 재무제표를 완성한다. 통합 재무제표는 모델의 오류를 줄여준다.

표 H.11: 재무상태표의 추정 비율. 재무상태표의 추정 비율을 운전자본, 고정자산, 부채와 자본으로 구성한다. 대부분의 운전자본 항목들은 매출대비 회수기간을 이용하여 추정한다. 예외는 매출원가와 관련있는 상품 재고자산과 매입채무계정이다. 고정자산과 부채는 매출의 일정 비율로 추정한다.

부채비율을 추정하기 위해서 우리는 Costco가 현재의 부채/가치 비율이 유지될 것으로 가정한다. 우리는 5년 평균을 이용하여 총 부채를 단기채무와 장기 채무 그리고 금융리스로 구분한다. 주식기준보상은 매출액의 비율로 추정한다. 배당은 당기순이익의 비율로 추정한다. 과다보유현금이 존재하면 5년에 걸쳐서 부채를 상환한다. 그리고 투자, 채무상환 또는 배당에 필요하지 않은 현금은 자기주식을 취득하는데 사용된다. 자기주식 취득은 다른 모든 항목들이 설명되고 난 후의 현금흐름을 설명하기 위한 끼워넣기(plug in) 항목으로 이 모델에서 사용된다.

채무와 자기주식 취득과 관련된 예측치는 손익계산서와 재무상태표에 영향을 미치지만, 기업의 DCF로 평가되는 기업가치에는 영향이 없다. 자본구조는 WACC를 통해서만 기업가치에 영향을 미치게 된다.

표 H.12: FCF와 투자자로의 현금흐름. 표 H.12는 FCF가 어떻게 추정되는지 보여준다. 영업관련 운전자본처럼 대부분의 계정은 상응하는 투하자본의 변동과 일치한다. 자본적 지출은 현금흐름표에 보고된다. 외화환산 때문에 자본적 지출은 유형자산과 감가상각의 변동과 일치하지 않는다. 자본적 지출과 유형자산 사이의 관계는 표 11.14에서 자세하게 보고한다. 설명되지 않은 외화환산은 영업과 관련없는 현금흐름으로 처리한다.

표 H.13: 투자자로의 현금흐름 조정표. 투자자로의 현금흐름으로 조정하기 위해 부채와 자본 계정의 변동을 누적한다. 부채는 전통적인 채무, 금융리스 그리고 자본화된 운용리스를 포함한다. 자본은 주식기준보상, 자기주식 취득, 배당, 비지배지분으로의 지출 등을 포함한다.

영구가치의 추정

다음으로 영구가치 공식을 이용하여 추정기간을 넘어서는 현금흐름의 가치를 추정한다. 회사가 안정적인 상태에 도달했을 때만 영구가치공식의 사용을 시작한다.

표 H.14: 영구가치. 핵심가치동인 공식을 이용하여 영구가치를 추정한다. 이 공식은 2029년의 영구가치를 계산하기 위해 2030년(표 H.1, H.5, H.6, H.10, H.17에서 CV로 표시되는 추정기간의 마지막 연도)의 NOPAT 추정이 필요하다. 우리는 추정기간 마지막 연도의 투하자본이나 FCF의 영구가치를 위해 추정하지는 않는다.

영구가치에서 중요한 추정은 장기적인 매출 성장률이다. Costco의 역사적인 성장력을 볼 때 우리는 장기 성장률을 4%로 추정했다. 영구가치를 추정하는 방법에 대한 심도깊은 논의는 14장을 참고하라.

WACC의 추정

기업가치를 평가하기 위해서 WACC를 이용하여 현금흐름을 할인한다. WACC는 모든 종류의 자본의 원천에서 필요로 하는 수익률을 하나의 숫자로 표현한다.

표 H.15: WACC. Costco는 유사업종에서 채무를 덜 사용하고 있다. 우리는 Costco가 과다보유현금을 감소시킬 것이며 그들의 목표 부채/가치 비율을 현재의 부채/가치 비율로 유지할 것이라고 가정한다.

우리가 타인자본비용이나 자기자본비용을 추정할 때 우리는 동일한 부채/가치 비율을 사용한다. WACC의 심도깊은 논의는 15장을 참고하라.

기업의 가치평가와 자기자본 가치로의 변환

Costco의 가치를 평가하기 위해서 우리는 DCF법과 경제적이익의 할인 방법을 모두 사용한다. FCF 모델은 회계와는 관련없이 회사에 현금이 유입되고 유출되는 것을 측정한다. 경제적 이익은 가치 창출과 보다 연관되어 있다. 정확하게 수행된다면 두 가지 방법은 동일한 가치평가 결과를 얻게 된다.

표 H.16: 기업 DCF 방법. 현금흐름의 현가를 계산하기 위해서 우리는 매년의 할인된 FCF와 영구가치의 현가를 계산하여 합산한다. 그리고 우리는 기업의 가치를 추정하기 위해서 결과값을 반년으로 조정한 뒤에 해당연도를 통해 현금흐름 창출을 반영한다. 기업의 가치평가를 위해 FCF 측정에서 제외된 영업과 관련없는 자산을 가산한다. 주로 과다보유현금과 이월결손금 공제의 가치 등이다. 단순화하기 위해서 이월결손금공제는 장부가치에서 충당금을 차감하는 방식으로 가치평가한다.

주식보상이나 이연된 회원권 등과 관련된 이연법인세 자산은 가산하지 않는다. 이러한 세무 자산은 이미 현금 기준 법인세를 계산하는 과정에서 NOPAT에 반영되어 있다. 결과적으로 이러한 항목은 자본 등가물로 분류되고 무시된다.

자기자본의 내재가치를 추정하기 위해서 채무와 채무등가물을 기업의 가치에서 차감한다. 이는 모든 채무와 자본화된 운용리스 그리고 비지배지분을 포함한다. 우리가 편의를 위해 장부가치를 사용할 수 있지만, 가능하다면 각 항목들의 시장가치를 사용하라. 자기자본 가치를 주식 수로 나누면 주당 거의 $220가 추정되는데, 이는 2019년 초의 주가와 일치한다. 기업가치를 자기자본 가치로 바꾸기 위해서는 영업과 관련이 없는 자산을 더하고 채무 등가물을 차감한다. 16장을 참고하라.

표 H.17: ROIC와 경제적 이익. 믿을 수 있는 가치평가는 결과물인 주당 가격에만 집중하는 것이 아니라, 모델에서 결과를 이끄는 가치창출요인의 핵심이 무엇인지에 집중해야 한다. 표 H.17은 ROIC와 경제적 이익을 연도별로 제시하고 있다. 여러 회사 간의 비교 또는 한 회사를 오랜기간 분석할 때, 우리는 보통 투하자본의 2년 평균을 사용하여 ROIC를 계산한다. 이 경우에 우리는 기업가치 DCF와 일치하는 경제적 이익 가치평가를 만들기 위해서 기초의 투하자본을 이용하여 ROIC를 계산한다. 표에서 우리는 성과를 높은 수준에서의 분석만 제시하였다. 보다 세분화된 ROIC의 측정을 위해서는 12장을 참고하라.

표 H.18: 경제적 이익을 이용한 가치평가. 기업의 가치를 결정하기 위해서는 투하자본에 경제적 이익을 할인한 값을 더한다. 예상한 것처럼 경제적 이익을 기반으로 한 가치평가는 DCF법과 동일한 기업가치를 산출한다.

모델을 실행에 옮기기

가치평가 모델이 완성되면, 훌륭한 가치평가 애널리스트나 투자자는 이제 실행에 옮기게 된다. 몇 가지 질문을 확인하자. 어느 변수가 가치평가에서 가장 중요한가? 경영성과가 변동되지 않는다면 가치는 얼마인가? 다른 추정치에 근거한 가치평가 방법과 얼마나 차이가 나는가? 제안된 개선이 이루어지면 가치는 얼마인가? 다양한 전략에 추가적인 통찰력을 주는 다른 시나리오는 없는가?

모델은 단순히 가치평가 결과를 얻는 것이 아니다. 17장에서 논의한 것처럼 가장 중요한 통찰력은 대안을 생각해보고 시나리오를 만들어 보는 것에서 나온다.

표 H.1 Costco: 손익계산서

$ 백만

	실제					추정										
	2015	**2016**	**2017**	**2018**	**2019**	**2020**	**2021**	**2022**	**2023**	**2024**	**2025**	**2026**	**2027**	**2028**	**2029**	**CV**[2]
상품 매출액	113,666	116,073	126,172	138,434	149,351	163,570	174,630	185,926	197,112	208,140	218,970	229,565	239,896	249,937	259,934	270,331
회원 가입비	2,533	2,646	2,853	3,142	3,352	3,671	3,919	4,173	4,424	4,671	4,915	5,152	5,384	5,610	5,834	6,067
매출액	116,199	118,719	129,025	141,576	152,703	167,241	178,549	190,099	201,536	212,811	223,884	234,718	245,281	255,546	265,768	276,399
상품 매출원가	(101,065)	(102,901)	(111,882)	(123,152)	(132,886)	(145,370)	(155,021)	(164,859)	(174,777)	(184,555)	(194,158)	(203,553)	(212,713)	(221,616)	(230,481)	(239,700)
판매관리비	(10,318)	(10,813)	(11,580)	(12,439)	(13,502)	(14,787)	(15,787)	(16,809)	(17,820)	(18,817)	(19,796)	(20,754)	(21,688)	(22,595)	(23,499)	(24,439)
감가상각비[1]	(1,127)	(1,255)	(1,370)	(1,437)	(1,492)	(1,584)	(1,734)	(1,852)	(1,971)	(2,090)	(2,207)	(2,322)	(2,434)	(2,544)	(2,650)	(2,756)
개업준비금	(65)	(78)	(32)	(68)	(86)	(94)	(101)	(107)	(114)	(120)	(126)	(132)	(138)	(144)	(150)	(156)
영업이익	3,624	3,672	4,111	4,480	4,737	5,406	5,906	6,473	6,854	7,229	7,597	7,957	8,307	8,647	8,988	9,348
이자비용	(124)	(133)	(134)	(159)	(150)	(277)	(302)	(315)	(327)	(340)	(354)	(368)	(382)	(397)	(413)	(429)
이자수익	50	41	30	75	126	64	51	38	26	13	—	—	—	—	—	—
기타수익	54	39	12	46	52	—	—	—	—	—	—	—	—	—	—	—
세전이익	3,604	3,619	4,039	4,442	4,765	5,192	5,655	6,197	6,552	6,902	7,244	7,589	7,925	8,250	8,575	8,918
법인세비용	(1,195)	(1,243)	(1,325)	(1,263)	(1,061)	(1,255)	(1,369)	(1,503)	(1,590)	(1,676)	(1,760)	(1,845)	(1,928)	(2,008)	(2,088)	(2,172)
연결 당기순이익	2,409	2,376	2,714	3,179	3,704	3,937	4,286	4,694	4,962	5,226	5,484	5,744	5,997	6,242	6,488	6,746
비지배지분 손익	(32)	(26)	(35)	(45)	(45)	(49)	(53)	(56)	(59)	(63)	(66)	(69)	(72)	(75)	(78)	(81)
당기순이익	2,377	2,350	2,679	3,134	3,659	3,888	4,233	4,638	4,903	5,163	5,418	5,675	5,925	6,167	6,409	6,665

1 원본 사업보고서에는 판매관리비에 포함되어 있었음

2 영구가치 추정

표 H.2 Costco: 재무상태표

$ 백만

	실제					추정									
	2015	**2016**	**2017**	**2018**	**2019**	**2020**	**2021**	**2022**	**2023**	**2024**	**2025**	**2026**	**2027**	**2028**	**2029**
자산															
현금및현금등가물[1]	6,419	4,729	5,779	7,259	9,444	8,457	7,405	6,358	5,309	4,256	4,478	4,694	4,906	5,111	5,315
매출채권	1,224	1,252	1,432	1,669	1,535	1,681	1,795	1,911	2,026	2,139	2,251	2,359	2,466	2,569	2,672
상품	8,908	8,969	9,834	11,040	11,395	12,466	13,293	14,137	14,987	15,826	16,649	17,455	18,240	19,004	19,764
이연법인세자산[2]	521	—	—	—	—	—	—	—	—	—	—	—	—	—	—
기타유동자산	227	268	272	321	1,111	1,217	1,299	1,383	1,466	1,548	1,629	1,708	1,785	1,859	1,934
유동자산 계	17,299	15,218	17,317	20,289	23,485	23,820	23,792	23,789	23,788	23,769	25,006	26,216	27,396	28,543	29,684
유형자산	15,401	17,043	18,161	19,681	20,890	22,879	24,426	26,006	27,570	29,113	30,628	32,110	33,555	34,959	36,357
이연법인세자산[2]	109	202	254	316	398	513	640	797	868	1,002	1,241	1,410	1,587	1,770	1,956
기타 자산	631	700	615	544	627	687	733	781	828	874	919	964	1,007	1,049	1,091
자산 총계	33,440	33,163	36,347	40,830	45,400	47,899	49,591	51,372	53,053	54,758	57,794	60,700	63,544	66,321	69,089
부채와 자본															
매입채무	9,011	7,612	9,608	11.237	11,679	12,776	13,624	14,489	15,361	16,220	17,064	17,890	18,695	19,477	20,256
미지급 급여와 효익	2,468	2,629	2,703	2.994	3,176	3,478	3,714	3,954	4,192	4,426	4,656	4,882	5,101	5,315	5,528
미지급 회원권 보상	813	869	961	1 057	1,180	1,292	1,380	1,469	1,557	1,644	1,730	1,814	1,895	1,975	2,054
선수 회원가입비	1,269	1,362	1,498	1 624	1,711	1,874	2,001	2,130	2,258	2,384	2,509	2,630	2,748	2,863	2,978
유동성 장기채무	1,283	1,100	86	90	1,699	1,038	1,082	1,028	953	1,137	1,357	1,256	1,296	1,335	1,395
유동성 금융리스[3]	10	10	7	7	26	14	15	16	18	20	19	20	21	22	23
기타 유동부채	1,686	1,993	2,632	2,917	3,766	4,125	4,403	4,688	4,970	5,248	5,521	5,789	6,049	6,302	6,554
유동부채 계	16,540	15,575	17,495	19,926	23,237	24,597	26,218	27,774	29,309	31,081	32,857	34,279	35,805	37,290	38,788
장기채무	4,864	4,061	6,573	6,487	5,124	6,408	6,661	7,038	7,430	7,576	7,697	8,154	8,488	8,837	9,185
금융리스[3]	286	364	373	390	395	432	467	470	493	511	532	555	574	598	622
이연법인세부채[2]	462	297	312	317	543	700	873	1,087	1,184	1,367	1,693	1,924	2,165	2,415	2,669
기타 부채	445	534	515	607	517	566	605	644	682	721	758	795	830	865	900
부채 총계	22,597	20,831	25,268	27,727	29,816	32,704	34,824	37,013	39,098	41,256	43,537	45,706	47,863	50,005	52,163
Costco 자본	10,617	12,079	10,778	12,799	15,243	14,854	14,425	14,018	13,615	13,161	13,916	14,652	15,340	15,975	16,585
비지배지분	226	253	301	304	341	341	341	341	341	341	341	341	341	341	341
자본 총계	10,843	12,332	11,079	13,103	15,584	15,195	14,766	14,359	13,956	13,502	14,257	14,993	15,681	16,316	16,926
부채와 자본 총계	33,440	33,163	36,347	40,330	45,400	47,899	49,591	51,372	53,053	54,758	57,794	60,700	63,544	66,321	69,089

[1] 단기투자를 포함

[2] 원래 보고서에서 이연법인세는 통합되어 보고되었음.

[3] 원래 보고서에서 금융리스는 기타 유동부채와 기타 부채로 통합되어 보고되었음.

표 H.3 Costco: 자본변동표

$ 백만

	실제					추정									
	2015	**2016**	**2017**	**2018**	**2019**	**2020**	**2021**	**2022**	**2023**	**2024**	**2025**	**2026**	**2027**	**2028**	**2029**
기초 자본	12,303	10,617	12,079	10,778	12,799	15,243	14,854	14,425	14,018	13,615	13,161	13,916	14,652	15,340	15,975
당기순이익	2,377	2,350	2,679	3,134	3,659	3,888	4,233	4,638	4,903	5,163	5,418	5,675	5,925	6,167	6,409
외화환산조정	(1,045)	22	85	(185)	(237)	—	—	—	—	—	—	—	—	—	—
포괄이익	1,332	2,372	2,764	2,949	3,422	3,888	4,233	4,638	4,903	5,163	5,418	5,675	5,925	6,167	6,409
주식기준보상	394	459	518	547	598	655	699	744	789	833	877	919	961	1,001	1,041
행사된 스톡옵션	69	—	—	—	—	—	—	—	—	—	—	—	—	—	—
사용제한주식의 해제	(122)	(146)	(165)	(217)	(272)	(298)	(318)	(339)	(359)	(379)	(399)	(418)	(437)	(455)	(473)
자기주식 취득	(494)	(477)	(473)	(322)	(247)	(2,128)	(2,315)	(2,463)	(2,577)	(2,744)	(1,649)	(1,782)	(1,942)	(2,104)	(2,236)
선언된 배당	(2,865)	(746)	(3,945)	(936)	(1,057)	(2,505)	(2,728)	(2,989)	(3,160)	(3,327)	(3,491)	(3,657)	(3,818)	(3,974)	(4,130)
기말자본	10,617	12,079	10,778	12,799	15,243	14,854	14,425	14,018	13,615	13,161	13,916	14,652	15,340	15,975	16,585

표 H.4 Costco: 법인세조정표

$ 백만

	2015	2016	2017	2018	2019
연방법인세	1,262	1,267	1,414	1,136	1,001
주세	85	91	116	154	171
외국세액	(125)	(21)	(64)	32	(1)
종업원주식보상	(66)	(17)	(104)	(14)	(18)
2017 Tax Act	—	—	—	19	(123)
기타	39	(77)	(37)	(64)	31
미국과 외국 법인세	1,195	1,243	1,325	1,263	1,061
법인세율[1]					
연방법인세, %	35.0	35.0	35.0	25.6	21.0
주세, %	2.4	2.5	2.9	3.5	3.6
법정세율, %	37.4	37.5	37.9	29.0	24.6

[1] 각 세율을 결정하기 위해서 각각의 세액을 세전영업이익으로 나누었음. 세전영업이익은 표H.1에 제시됨.

출처: Costco 사업보고서 주석 8 법인세

표 H.5 Costco: NOPAT과 당기순이익으로의 대사

$ 백만

	실제					추정										
	2015	**2016**	**2017**	**2018**	**2019**	**2020**	**2021**	**2022**	**2023**	**2024**	**2025**	**2026**	**2027**	**2028**	**2029**	**CV**
매출액	116,199	118,719	129,025	141,576	152,703	167,241	178,549	190,099	201,536	212,811	223,884	234,718	245,281	255,546	265,768	276,399
매출원가	(101,065)	(102,901)	(111,882)	(123,152)	(132,886)	(145,370)	(155,021)	(164,859)	(174,777)	(184,555)	(134,158)	(203,553)	(212,713)	(221,616)	(230,481)	(239,700)
판매관리비	(10,318)	(10,813)	(11,580)	(12,439)	(13,502)	(14,787)	(15,787)	(16,809)	(17,820)	(18,817)	(19,796)	(20,754)	(21,688)	(22,595)	(23,499)	(24,439)
감가상각비	(1,127)	(1,255)	(1,370)	(1,437)	(1,492)	(1,584)	(1,734)	(1,852)	(1,971)	(2,090)	(2,207)	(2,322)	(2,434)	(2,544)	(2,650)	(2,756)
개업준비금	(65)	(78)	(82)	(68)	(86)	(94)	(101)	(107)	(114)	(120)	(126)	(132)	(138)	(144)	(150)	(156)
세전영업이익, 조정전[1]	3,624	3,672	4,111	4,480	4,737	5,406	5,906	6,473	6,854	7,229	7,597	7,957	8,307	8,647	8,988	9,348
운용리스 이자[2]	73	75	57	74	91	88	96	103	109	116	122	129	135	141	147	153
세전영업이익, 조정후	3,697	3,747	4,168	4,554	4,828	5,493	6,002	6,576	6,963	7,345	7,719	8,085	8,442	8,788	9,135	9,500
영업관련 법인세[3]	(1,184)	(1,149)	(1,493)	(1,455)	(1,009)	(1,287)	(1,409)	(1,538)	(1,665)	(1,736)	(1,790)	(1,905)	(1,990)	(2,073)	(2,157)	(2,239)
NOPAT	2,513	2,598	2,675	3,098	3,818	4,206	4,593	5,037	5,298	5,609	5,929	6,180	6,451	6,715	6,978	7,262
이자비용																
운용리스 이자[2]	2,409	2,376	2,714	3,179	3,704	3,937	4,286	4,694	4,962	5,226	5,484	5,744	5,997	6,242	6,488	6,746
이자수익	7	219	(82)	(115)	159	42	46	57	26	49	87	62	64	67	68	76
기타수익[4]	2,416	2,595	2,632	3,064	3,863	3,979	4,332	4,751	4,988	5,275	5,570	5,806	6,062	6,309	6,556	6,823
이자비용	124	133	134	159	150	277	302	315	327	340	354	368	382	397	413	429
운용리스 이자[2]	73	75	57	74	91	88	96	103	109	116	122	129	135	141	147	153
이자수익	(50)	(41)	(50)	(75)	(126)	(64)	(51)	(38)	(26)	(13)	—	—	—	—	—	—
기타수익[4]	(54)	(39)	(12)	(46)	(52)	—	—	—	—	—	—	—	—	—	—	—
비영업계정 관련법인세[5]	(35)	(48)	(49)	(32)	(15)	(74)	(85)	(93)	(101)	(109)	(117)	(122)	(127)	(132)	(138)	(143)
기타 비영업 법인세[3]	39	(77)	(37)	(45)	(92)	—	0	0	(0)	(0)	(0)	(0)	—	—	—	—
NOPAT	2,513	2,598	2,675	3,098	3,818	4,206	4,593	5,037	5,298	5,609	5,929	6,180	6,451	6,715	6,978	7,262

[1] EBITA

[2] 기초의 자본화된 운용리스와 10년 AA등급의 채무 이자율을 곱하여 추정됨. 자본화된 운용리스는 표 H.8에 이자율은 표 H.10에 보고되어 있음.

[3] 영업 현금 법인세와 기타 비영업 법인세는 표 H.6에 보고되어 있음.

[4] 기타 수익은 주로 외환차익으로 구성되어 있으며 단순화를 위해 비영업관련으로 구분됨.

[5] 법정세율과 이자와 운용리스 비용의 합을 곱하고 이자수익과 기타수익을 차감하여 추정됨. 법정세율은 표 H.6에 제시되어 있음.

표 H.6 Costco: 법인세

$ 백만

	실제					추정										
	2015	2016	2017	2018	2019	2020	2021	2022	2023	2024	2025	2026	2027	2028	2029	CV
EBITA	3,697	3,747	4,168	4,554	4,828	5,493	6,002	6,576	6,963	7,345	7,719	8,085	8,442	8,788	9,135	9,500
× 법정세율[1]	37.4%	37.5%	37.9%	29.0%	24.6%	24.6%	24.6%	24.6%	24.6%	24.6%	24.6%	24.6%	24.6%	24.6%	24.6%	24.6%
EBITA에 대한 법정세금	1,382	1,406	1,579	1,322	1,187	1,351	1,476	1,617	1,713	1,807	1,899	1,989	2,076	2,161	2,247	2,337
외국세액[2]	(125)	(21)	(64)	32	(1)	(1)	(1)	(1)	(1)	(1)	(1)	(1)	(1)	(1)	(1)	(1)
종업원주식보상[2]	(66)	(17)	(104)	(14)	(18)	(20)	(20)	(20)	(20)	(20)	(20)	(20)	(20)	(20)	(20)	(20)
영업관련 법인세	1,191	1,368	1,411	1,340	1,168	1,330	1,455	1,596	1,691	1,785	1,877	1,967	2,055	2,140	2,225	2,315
영업관련 이연법인세[3]	(7)	(219)	82	115	(159)	(42)	(46)	(57)	(26)	(49)	(87)	(62)	(64)	(67)	(68)	(76)
영업관련 현금 법인세	1,184	1,149	1,493	1,455	1,009	1,287	1,409	1,538	1,665	1,736	1,790	1,905	1,990	2,073	2,157	2,239
세율, EBITA의 %																
법정세율[1]	37.4	37.5	37.9	29.0	24.6	24.6	24.6	24.6	24.6	24.6	24.6	24.6	24.6	24.6	24.6	24.6
기타 영업관련 세금	(5.2)	(1.0)	(4.0)	0.4	(0.4)	(0.4)	(0.4)	(0.4)	(0.4)	(0.4)	(0.4)	(0.4)	(0.4)	(0.4)	(0.4)	(0.4)
영업관련 법인세율	32.2	36.5	33.8	29.4	24.2	24.2	24.2	24.2	24.2	24.2	24.2	24.2	24.2	24.2	24.2	24.2
이연된 %	0.6	16.0	(5.8)	(8.6)	13.6	3.2	3.2	3.6	1.5	2.7	4.6	3.1	3.1	3.1	3.0	3.3
영업관련 현금 법인세율[4]	32.0	30.7	35.8	32.0	20.9	23.4	23.5	23.4	23.9	23.6	23.2	23.6	23.6	23.6	23.6	23.6

[1] 연방 + 주 법인세를 세전영업이익으로 나누어서 추정함

[2] 표 H.4 법인세조정표에서 제시됨

[3] 표 H.9에 제시된 이연법인세의 감소(증가)로 계산됨

[4] 영업관련 현금 법인세율은 영업관련 법인세율에 (1-법인세 중 이연된 비율)을 곱한 값임

표 H.7 Costco: 이연법인세의 재구성

$ 백만

	실제 공시		
	2017	**2018**	**2019**
이연법인세자산			
주식보상	109	72	74
선수수익/회원권수익	167	136	180
외국납부세액공제	—	—	65
미지급비용과 충당금	647	484	566
기타	18	—	—
총 이연법인세자산	941	692	885
충당금	—	—	(76)
이연법인세부채 차감된 이연법인세자산	941	692	809
이연법인세부채			
유형자산	(747)	(478)	(677)
상품	(252)	(175)	(187)
해외지점관련 이연	—	—	(69)
기타	—	(40)	(21)
총 이연법인세 부채	(999)	(693)	(954)
순 이연법인세자산	(58)	(1)	(145)

	재구성		
	2017	**2018**	**2019**
영업관련 이연법인세자산(이연법인세부채 차감 후)			
주식보상	109	72	74
선수수익/회원권수익	167	136	180
미지급비용과 충당금	647	484	566
유형자산	(747)	(478)	(677)
상품	(252)	(175)	(187)
충당금	—	—	(76)
영업관련 이연법인세자산(이연법인세부채 차감 후)	(76)	39	(120)
영업과 관련없는 이연법인세자산(이연법인세부채 차감 후)			
기타자산	18	—	—
해외지점관련 이연	—	—	(69)
기타 부채	—	(40)	(21)
영업과 관련없는 이연법인세자산(이연법인세부채 차감 후)	18	(40)	(90)
세무결손금 이월공제			
외국납부세액 이월공제	—	—	65
이연법인세자산(이연법인세부채 차감후)	(58)	(1)	(145)

표 H.8 Costco: 투하자본과 총투자재원

$ 백만

	실제					추정									
	2015	2016	2017	2018	2019	2020	2021	2022	2023	2024	2025	2026	2027	2028	2029
영업 현금[1]	2,324	2,374	2,581	2,832	3,054	3,345	3,571	3,802	4,031	4,256	4,478	4,694	4,906	5,111	5,315
매출채권(순액)	1,224	1,252	1,432	1,669	1,535	1,681	1,795	1,911	2,026	2,139	2,251	2,359	2,466	2,569	2,672
상품	8,908	8,969	9,834	11,040	11,395	12,466	13,293	14,137	14,987	15,826	16,649	17,455	18,240	19,004	19,764
기타 유동자산	227	268	272	321	1,111	1,217	1,299	1,383	1,466	1,548	1,629	1,708	1,785	1,859	1,934
영업관련 유동자산 계	12,683	12,863	14,119	15,862	17,095	18,708	19,958	21,233	22,510	23,769	25,006	26,216	27,396	28,543	29,684
매입채무	(9,011)	(7,612)	(9,608)	(11,237)	(11,679)	(12,776)	(13,624)	(14,489)	(15,361)	(16,220)	(17,064)	(17,890)	(18,695)	(19,477)	(20,256)
미지급 급여와 효익	(2,468)	(2,629)	(2,703)	(2,994)	(3,176)	(3,478)	(3,714)	(3,954)	(4,192)	(4,426)	(4,656)	(4,882)	(5,101)	(5,315)	(5,528)
미지급 회원권 보상	(813)	(869)	(961)	(1,057)	(1,180)	(1,292)	(1,380)	(1,469)	(1,557)	(1,644)	(1,730)	(1,814)	(1,895)	(1,975)	(2,054)
선수 회원가입비	(1,269)	(1,362)	(1,498)	(1,624)	(1,711)	(1,874)	(2,001)	(2,130)	(2,258)	(2,384)	(2,509)	(2,630)	(2,748)	(2,863)	(2,978)
기타 유동부채	(1,686)	(1,993)	(2,632)	(2,917)	(3,766)	(4,125)	(4,403)	(4,688)	(4,970)	(5,248)	(5,521)	(5,789)	(6,049)	(6,302)	(6,554)
영업관련 유동부채 계	(15,247)	(14,465)	(17,402)	(19,829)	(21,512)	(23,545)	(25,122)	(26,730)	(28,338)	(29,924)	(31,481)	(33,004)	(34,489)	(35,933)	(37,370)
영업관련 운전자본	(2,564)	(1,602)	(3,284)	(3,967)	(4,417)	(4,837)	(5,164)	(5,497)	(5,828)	(6,154)	(6,474)	(6,788)	(7,093)	(7,390)	(7,686)
유형자산	15,401	17,043	18,161	19,681	20,890	22,879	24,426	26,006	27,570	29,113	30,628	32,110	33,555	34,959	36,357
자본화된 운용리스[2]	2,230	2,320	2,528	2,500	2,414	2,644	2,823	3,005	3,186	3,364	3,539	3,711	3,878	4,040	4,202
기타자산[3]	631	700	615	544	627	687	733	781	828	874	919	964	1,007	1,049	1,091
기타부채[3]	(445)	(534)	(515)	(607)	(517)	(566)	(605)	(644)	(682)	(721)	(758)	(795)	(830)	(865)	(900)
투하자본	15,253	17,928	17,506	18,151	18,997	20,806	22,213	23,651	25,073	26,476	27,854	29,202	30,516	31,793	33,065
과다보유현금[1]	4,095	2,355	3,199	4,427	6,390	5,112	3,834	2,556	1,278	—	—	—	—	—	—
외국납부세액공제[4]	—	—	—	—	65	65	65	65	65	65	65	65	65	65	65
총투자재원	19,348	20,282	20,704	22,578	25,452	25,983	26,112	26,272	26,416	26,541	27,919	29,267	30,581	31,858	33,130

1 영업관련 현금은 매출액의 2%로 추정. 잔여 현금은 과다보유현금으로 간주함

2 2019년도 자본화된 운용리스의 추정은 표 22.10를 참고할 것

3 기타자산과 부채는 회사 보고서에 관련 설명이 없어서 영업 관련으로 임의 분류함

4 외국납부세액공제는 표 H.7에 제시되어 있음

표 H.9 Costco: 총투자재원의 대사

$ 백만

	실제					추정									
	2015	**2016**	**2017**	**2018**	**2019**	**2020**	**2021**	**2022**	**2023**	**2024**	**2025**	**2026**	**2027**	**2028**	**2029**
장기채무와 금융리스[1]	6,443	5,535	7,039	6,974	7,244	7,892	8,225	8,552	8,894	9,245	9,606	9,984	10,379	10,792	11,224
자본화된 운용리스[2]	2,230	2,320	2,528	2,500	2,414	2,644	2,823	3,005	3,186	3,364	3,539	3,711	3,878	4,040	4,202
부채와 부채등가물	8,673	7,855	9,567	9,474	9,658	10,536	11,048	11,558	12,080	12,609	13,145	13,695	14,257	14,832	15,426
영업 이연법인세[3]	(61)	158	76	(39)	120	162	208	265	291	340	427	489	553	620	688
비영업 이연법인세[3]	(107)	(63)	(18)	40	90	90	90	90	90	90	90	90	90	90	90
비지배주주지분	226	253	301	304	341	341	341	341	341	341	341	341	341	341	341
Costco 주주자본	10,617	12,079	10,778	12,799	15,243	14,854	14,425	14,018	13,615	13,161	13,916	14,652	15,340	15,975	16,585
자본과 자본등가물	10,675	12,427	11,137	13,104	15,794	15,447	15,065	14,714	14,337	13,932	14,774	15,572	16,324	17,026	17,704
총투자재원	19,348	20,232	20,704	22,578	25,452	25,983	26,112	26,272	26,416	26,541	27,919	29,267	30,581	31,858	33,130

[1] 유동성 부분을 포함

[2] 2019년도 자본화된 운용리스의 추정은 표 22.10를 참고할 것

[3] 이연법인세부채(이연법인세자산 차감후). 이연법인세는 표 H.7을 참고할 것

표 H.10 Costco: 손익계산서의 추정 비율

%

	실제					추정											
	2015	**2016**	**2017**	**2018**	**2019**	**2020**	**2021**	**2022**	**2023**	**2024**	**2025**	**2026**	**2027**	**2028**	**2029**	**CV**	**추정 비율**
매출성장률	3.2	2.2	8.7	9.7	7.9	9.5	6.8	6.5	6.0	5.6	5.2	4.8	4.5	4.2	4.0	4.0	% of prior-year revenues
매출의 구분																	
상품 매출	97.8	97.8	97.8	97.8	97.8	97.8	97.8	97.8	97.8	97.8	97.8	97.8	97.8	97.8	97.8	97.8	매출액 %
회원권 수익	2.2	2.2	2.2	2.2	2.2	2.2	2.2	2.2	2.2	2.2	2.2	2.2	2.2	2.2	2.2	2.2	매출액 %
매출	100.0	100.0	100.0	100.0	100.0	100.0	100.0	100.0	100.0	100.0	100.0	100.0	100.0	100.0	100.0	100.0	
영업비용																	
상품 매출원가[1]	87.0	86.7	86.7	87.0	87.0	86.9	86.8	86.7	86.7	86.7	86.7	86.7	86.7	86.7	86.7	86.7	매출액 %
판매관리비	8.9	9.1	9.0	8.8	8.8	8.8	8.8	8.8	8.8	8.8	8.8	8.8	8.8	8.8	8.8	8.8	매출액 %
감가상각비	7.6	8.1	8.0	7.9	7.6	7.6	7.6	7.6	7.6	7.6	7.6	7.6	7.6	7.6	7.6	7.6	% of net PP&E
개업준비비	<0.1	<0.1	<0.1	<0.1	<0.1	<0.1	<0.1	<0.1	<0.1	<0.1	<0.1	<0.1	<0.1	<0.1	<0.1	<0.1	매출액 %
비영업관련 항목																	
부채 이자율[2]	3.5	3.6	2.6	3.1	3.8	3.8	3.8	3.8	3.8	3.8	3.8	3.8	3.8	3.8	3.8	3.8	% of total debt
리스 이자율	3.2	3.4	2.4	2.9	3.6	3.6	3.6	3.6	3.6	3.6	3.6	3.6	3.6	3.6	3.6	3.6	% of leases
과다보유현금 이자율	1.0	1.0	2.1	2.3	2.8	1.0	1.0	1.0	1.0	1.0	1.0	1.0	1.0	1.0	1.0	1.0	% of excess cash
기타 이익[3]	<0.1	<0.1	<0.1	<0.1	<0.1	—	—	—	—	—	—	—	—	—	—	—	매출액 %

[1] 영업이익의 구성요소를 잘 이해하기 위해 총 매출대비 %로 추정함. 회원권 수익이 없는 회사와 비교를 위해서는 회원권 수익을 제외할 것.

[2] 10년 A등급 채무에 대한 이자비용 추정치. 타인자본비용은 장기실질이자율에 예상 인플레이션을 가산하는 방법으로 추정하였음. 자본비용에 대해서는 15장을 참고할 것.

[3] 기타 수익은 주로 외환차손익으로 구성되며 추정에서는 0이 되도록 함.

표 H.11 Costco: 재무상태표의 추정 비율

운전자본은 일수, 기타 모든 계정은 %

	실제					추정										
	2015	**2016**	**2017**	**2018**	**2019**	**2020**	**2021**	**2022**	**2023**	**2024**	**2025**	**2026**	**2027**	**2028**	**2029**	**추정 비율**
운전자본																
영업관련 현금	20.2	14.5	16.3	18.7	22.6	7.3	7.3	7.3	7.3	7.3	7.3	7.3	7.3	7.3	7.3	매출대비 회수기간
매출채권(순액)	3.8	3.8	4.1	4.3	3.7	3.7	3.7	3.7	3.7	3.7	3.7	3.7	3.7	3.7	3.7	매출원가대비 회수기간
상품	32.2	31.8	32.1	32.7	31.3	31.3	31.3	31.3	31.3	31.3	31.3	31.3	31.3	31.3	31.3	Days in revenues
기타 유동자산	0.7	0.8	0.8	0.8	2.7	2.7	2.7	2.7	2.7	2.7	2.7	2.7	2.7	2.7	2.7	Days in revenues
매입채무	32.5	27.0	31.3	33.3	32.1	32.1	32.1	32.1	32.1	32.1	32.1	32.1	32.1	32.1	32.1	매출원가대비 회수기간
미지급 급여와 효익	7.8	8.1	7.6	7.7	7.6	7.6	7.6	7.6	7.6	7.6	7.6	7.6	7.6	7.6	7.6	Days in revenues
미지급 회원권 보상	2.6	2.7	2.7	2.7	2.8	2.8	2.8	2.8	2.8	2.8	2.8	2.8	2.8	2.8	2.8	Days in revenues
선수 회원가입비	4.0	4.2	4.2	4.2	4.1	4.1	4.1	4.1	4.1	4.1	4.1	4.1	4.1	4.1	4.1	Days in revenues
기타 유동부채	5.3	6.1	7.4	7.5	9.0	9.0	9.0	9.0	9.0	9.0	9.0	9.0	9.0	9.0	9.0	Days in revenues
고정자산과 부채																
유형자산	13.3	14.4	14.1	13.9	13.7	13.7	13.7	13.7	13.7	13.7	13.7	13.7	13.7	13.7	13.7	매출액 %
자본화된 운용리스	1.9	2.0	2.0	1.8	1.6	1.6	1.6	1.6	1.6	1.6	1.6	1.6	1.6	1.6	1.6	매출액 %
기타자산	0.5	0.6	0.5	0.4	0.4	0.4	0.4	0.4	0.4	0.4	0.4	0.4	0.4	0.4	0.4	매출액 %
기타부채	0.4	0.4	0.4	0.4	0.3	0.3	0.3	0.3	0.3	0.3	0.3	0.3	0.3	0.3	0.3	매출액 %
채무와 금융리스[1]																
유동성 장기채무	19.9	19.9	1.2	1.3	23.5	13.2	13.2	12.0	10.7	12.3	14.1	12.6	12.5	12.4	12.4	부채 대비 %
유동성 금융리스	0.2	0.2	0.1	0.1	0.4	0.2	0.2	0.2	0.2	0.2	0.2	0.2	0.2	0.2	0.2	부채 대비 %
장기채무	75.5	73.4	93.4	93.0	70.7	81.2	81.0	82.3	83.5	82.0	80.1	81.7	81.8	81.9	81.8	부채 대비 %
금융리스	4.4	6.6	5.3	5.6	5.5	5.5	5.7	5.5	5.5	5.5	5.5	5.6	5.5	5.5	5.5	부채 대비 %
부채와 금융리스 계	100.0	100.0	100.0	100.0	100.0	100.0	100.0	100.0	100.0	100.0	100.0	100.0	100.0	100.0	100.0	
자본 항목[2]																
주식기준보상	0.3	0.4	0.4	0.4	0.4	0.4	0.4	0.4	0.4	0.4	0.4	0.4	0.4	0.4	0.4	매출액 %
행사된 스톡옵션	0.1	—	—	—	—	—	—	—	—	—	—	—	—	—	—	매출액 %
사용제한된 주식의 해제	0.1	0.1	0.1	0.2	0.2	0.2	0.2	0.2	0.2	0.2	0.2	0.2	0.2	0.2	0.2	매출액 %
배당	120.5	31.7	147.3	29.9	28.9	64.4	64.4	64.4	64.4	64.4	64.4	64.4	64.4	64.4	64.4	당기순이익 대비 %

[1] 채무와 채무등가물의 합은 리스를 포함하며, 예상 기업가치의 목표 부채비율을 이용하여 추정하였음. 총 부채는 5년 과거 평균을 이용하여 차무와 금융리스 그리고 단기와 장기로 구분하였음.

[2] 과다보유현금은 5년간 지출한다. 잔여 현금흐름은 자기주식취득에 사용함.

표 H.12 Costco: FCF와 투자자로의 현금흐름

$ 백만

	실제				추정									
	2016	**2017**	**2018**	**2019**	**2020**	**2021**	**2022**	**2023**	**2024**	**2025**	**2026**	**2027**	**2028**	**2029**
NOPAT	2,598	2,675	3,098	3,818	4,206	4,593	5,037	5,298	5,609	5,929	6,180	6,451	6,715	6,978
감가상각비	1,255	1,370	1,437	1,492	1,584	1,734	1,852	1,971	2,090	2,207	2,322	2,434	2,544	2,650
현금흐름 총액	3,853	4,045	4,535	5,310	5,790	6,328	6,889	7,269	7,699	8,136	8,502	8,886	9,259	9,628
운전자본의 감소(증가)	(962)	1,682	384	449	420	327	334	331	326	320	313	305	297	296
차감: 자본적 지출[1]	(2,649)	(2,502)	(2,369)	(2,998)	(3,573)	(3,281)	(3,432)	(3,536)	(3,633)	(3,722)	(3,804)	(3,879)	(3,948)	(4,049)
자본화된 운용리스의 감소(증가)	(91)	(208)	28	86	(230)	(179)	(183)	(181)	(178)	(175)	(171)	(167)	(162)	(162)
기타자산(부채 차감한 순액)의 감소(증가)	20	66	163	(173)	(10)	(8)	(8)	(8)	(8)	(8)	(8)	(8)	(7)	(7)
FCF	**171**	**3,083**	**2,441**	**2,675**	**2,397**	**3,186**	**3,600**	**3,875**	**4,206**	**4,552**	**4,832**	**5,137**	**5,438**	**5,706**
이자수익	41	50	75	126	64	51	38	26	13	—	—	—	—	—
기타수익	39	12	46	52	—	—	—	—	—	—	—	—	—	—
비영업항목과 관련된 법인세	48	49	32	15	74	85	93	101	109	117	122	127	132	138
기타 비영업 법인세	77	37	45	92	—	—	—	—	—	—	—	—	—	—
과다보유현금의 감소(증가)	1,740	(844)	(1,229)	(1,962)	1,278	1,278	1,278	1,278	1,278	—	—	—	—	—
이월세액공제의 감소(증가)	0	—	—	(65)	—	—	—	—	—	—	—	—	—	—
설명되지 않는 외화환산손익2	(226)	99	(173)	60	—	—	—	—	—	—	—	—	—	—
투자자로의 현금흐름	1,890	2,486	1,238	993	3,813	4,601	5,009	5,280	5,606	4,669	4,954	5,264	5,570	5,844

1 자본적지출은 현금흐름표에 보고되어 있음

2 외화환산손익은 표 11.14에 지시된 유형자산의 변동에 따른 비율을 차감 조정하였음

표 H.13 Costco: 투자자로의 현금흐름조정표

$ 백만

	실제				추정									
	2016	**2017**	**2018**	**2019**	**2020**	**2021**	**2022**	**2023**	**2024**	**2025**	**2026**	**2027**	**2028**	**2029**
이자비용	133	134	159	150	277	302	315	327	340	354	368	382	397	413
운용리스이자	75	57	74	91	88	96	103	109	116	122	129	135	141	147
장기채무의 감소(증가)	908	(1,504)	65	(270)	(648)	(333)	(327)	(341)	(351)	(361)	(378)	(395)	(413)	(432)
자본화된 운용리스의 증가(감소)	(91)	(208)	28	86	(230)	(179)	(183)	(181)	(178)	(175)	(171)	(167)	(162)	(162)
부채와 부채등가물로의 현금흐름	1,025	(1,521)	326	57	(513)	(114)	(93)	(86)	(73)	(60)	(54)	(45)	(38)	(34)
비영업 이연법인세	(44)	(45)	(58)	(50)	—	—	—	—	—	—	—	—	—	—
주식기준보상으로 발행된 주식, 순액[1]	(313)	(353)	(330)	(326)	(357)	(381)	(406)	(430)	(454)	(478)	(501)	(524)	(546)	(567)
자기주식취득	477	473	322	247	2,128	2,315	2,463	2,577	2,744	1,649	1,782	1,942	2,104	2,236
배당	746	3,945	936	1,057	2,505	2,728	2,989	3,160	3,327	3,491	3,657	3,818	3,974	4,130
비지배주주지분 지출[2]	(1)	(13)	42	8	49	53	56	59	63	66	69	72	75	78
자본과 자본등가물로의 현금흐름	865	4,007	912	936	4,326	4,715	5,102	5,365	5,679	4,729	5,008	5,309	5,608	5,878
투자자로의 현금흐름	1,890	2,486	1,238	993	3,813	4,601	5,009	5,280	5,606	4,669	4,954	5,264	5,570	5,844

[1] 주식기준보상, 행사된 스톡옵션, 사용제한된 주식의 발행을 포함함.

[2] 연결총당기순이익 중 비지배주주지분 몫에서 비지배주주지분의 증가(감소)분을 차감(가산)함.

표 H.14 Costco: 영구가치

$ 백만

주요 변수들	
추정 마지막 연도의 예상 NOPAT	7,261.7
NOPAT 영구성장률(g)	4.0%
신규 투하자본이익률(RONIC)	22.0%
가중평균자본비용(WACC)	8.0%

$$영구가치_t = \frac{NOPAT_{t+1}\left(1-\frac{g}{RONIC}\right)}{WACC-g}$$

= 148,301.9

주석: $148,301.9 백만 달러의 영구가치는 반올림하지 않은 자료를 이용해 계산됨. 반올림한 값을 이용할 경우 $148,534.8 백만 달러로 계산됨

표 H.15 Costco: 가중평균자본비용(WACC)

%

자본의 원천	자본의 목표비율	자본 비용	한계 세율	세후 자본비용	가중평균 기여도
부채	10.4	4.9	24.6	3.7	0.4
자본	89.6	8.5		8.5	7.6
WACC	100.0				8.0

표 H.16 Costco: 기업 DCF 가치평가

별도의 설명이 없으면 $ 백만

예측연도	FCF	8% 할인계수	FCF의 현재가치
2020	2,397	0.926	2,219
2021	3,186	0.857	2,731
2022	3,600	0.794	2,857
2023	3,875	0.735	2,848
2024	4,206	0.680	2,862
2025	4,552	0.630	2,868
2026	4,832	0.583	2,819
2027	5,137	0.540	2,775
2028	5,438	0.500	2,719
2029	5,706	0.463	2,642
영구가치	148,302	0.463	68,662
현금흐름의 현재가치			96,002
중위연도 조정계수			1.039
영업관련 기업가치			99,770
과다보유현금의 가치			6,390
외국납부세액공제의 가치			65
기업의 전체가치			106,225
차감: 부채와 금융리스 가치			(7,244)
차감: 자본화된 운용리스의 가치			(2,414)
차감: 비지배주주지분의 가치			(341)
자기자본 가치			96,226
유통주식수			440
주식의 가치			218.80

표 H.17 Costco: ROIC와 경제적 이익

별도의 설명이 없으면 $ 백만

	실제					추정										
	2015	2016	2017	2018	2019	2020	2021	2022	2023	2024	2025	2026	2027	2028	2029	CV
방법 1																
투하자본이익률[1], %	16.8	17.0	14.9	17.7	21.0	22.1	22.1	22.7	22.4	22.4	22.4	22.2	22.1	22.0	21.9	22.0
가중평균자본비용, %	(6.5)	(6.3)	(5.5)	(6.4)	(7.0)	(8.0)	(8.0)	(8.0)	(8.0)	(8.0)	(8.0)	(8.0)	(8.0)	(8.0)	(8.0)	(8.0)
경제적 스프레드, %	10.4	10.7	9.4	11.3	14.0	14.1	14.1	14.7	14.4	14.4	14.4	14.2	14.1	14.0	13.9	14.0
× 투하자본[1]	14,941	15,253	17,928	17,506	18,151	18,997	20,806	22,213	23,651	25,073	26,476	27,854	29,202	30,516	31,793	33,065
경제적 이익	1,549	1,639	1,682	1,978	2,541	2,685	2,928	3,259	3,405	3,602	3,810	3,950	4,114	4,272	4,433	4,615
방법 2																
투하자본이익률[1], %	14,941	15,253	17,928	17,506	18,151	18,997	20,806	22,213	23,651	25,073	26,476	27,854	29,202	30,516	31,793	33,065
× 가중평균자본비용, %	6.5%	6.3%	5.5%	6.4%	7.0%	8.0%	8.0%	8.0%	8.0%	8.0%	8.0%	8.0%	8.0%	8.0%	8.0%	8.0%
요구수익, %	964	959	993	1,120	1,277	1,521	1,665	1,778	1,893	2,007	2,119	2,230	2,338	2,443	2,545	2,647
NOPAT	2,513	2,598	2,675	3,098	3,818	4,206	4,593	5,037	5,298	5,609	5,929	6,180	6,451	6,715	6,978	7,262
요구수익	(964)	(959)	(993)	(1,120)	(1,277)	(1,521)	(1,665)	(1,778)	(1,893)	(2,007)	(2,119)	(2,230)	(2,338)	(2,443)	(2,545)	(2,647)
경제적이익	1,549	1,639	1,682	1,978	2,541	2,685	2,928	3,259	3,405	3,602	3,810	3,950	4,114	4,272	4,433	4,615

[1] 투하자본은 기초금액으로 측정됨

표 H.18 Costco: 경제적 이익을 이용한 가치평가

별도의 설명이 없으면 $ 백만

예측연도	투하 자본[1]	ROIC,[1] %	WACC, %	경제적 이익	8% 할인계수	경제적 이익의 현재가치
2020	18,997	22.1	8.0	2,685	0.926	2,486
2021	20,806	22.1	8.0	2,928	0.857	2,510
2022	22,213	22.7	8.0	3,259	0.794	2,587
2023	23,651	22.4	8.0	3,405	0.735	2,502
2024	25,073	22.4	8.0	3,602	0.680	2,451
2025	26,476	22.4	8.0	3,810	0.630	2,400
2026	27,854	22.2	8.0	3,950	0.583	2,304
2027	29,202	22.1	8.0	4,114	0.540	2,222
2028	30,516	22.0	8.0	4,272	0.500	2,136
2029	31,793	21.9	8.0	4,433	0.463	2,052
영구가치				115,237	0.463	53,354
경제적 이익의 현재가치						77,005
2019년 투하자본						18,997
투하자본과 경제적이익						96,002
중위연도 조정계수						1.039
영업관련 기업가치						99,770
과다보유현금의 가치						6,390
외국납부세액공제의 가치						65
기업의 전체가치						106,225
차감: 부채와 금융리스 가치						(7,244)
차감: 자본화된 운용리스의 가치						(2,414)
차감: 비지배주주지분의 가치						(341)
자기자본 가치						96,226

[1] 투하자본은 기초금액으로 측정됨

부록 I

영구가치 평가를 위한 두 단계 공식

어떤 경우에는, 영구가치 기간을 서로 다른 성장률 및 ROIC를 갖는 두 기간으로 분할하고 싶을 수도 있을 것이다. 이와 같은 상황에서, DCF 가치평가를 위한 가치창출요인공식의 두 단계의 변형을 이용할 수 있다. 첫 번째 단계는 유한한 기간의 연금을 이용하는 것이고, 두 번째 단계는 영구을 이용하는 것이다.

$$\text{영구가치} = \text{연금 단계} + \text{영구가치 단계}$$

여기서

$$\text{연금단계} = \left[\frac{\text{NOPAT}_{t+1}\left(1-\dfrac{g_A}{\text{RONIC}_A}\right)}{\text{WACC}-g_A}\right]\left[1-\left(\frac{1+g_A}{1+\text{WACC}}\right)^N\right]$$

$$\text{영구가치 단계} = \frac{1}{(1+\text{WACC})^N}\times\frac{\text{NOPAT}_{t+1}(1+g_A)^N\left(1-\dfrac{g_B}{\text{RONIC}_B}\right)}{(\text{WACC}-g_B)}$$

단, NOPAT = 세후영업이익

g_A = CV 기간의 첫 번째 단계 기대성장률

RONIC_A = CV 기간의 첫 번째 단계 동안 기대 증분 ROIC

WACC = 가중평균자본비용

N = CV 기간의 첫 번째 단계 연도의 수

$$g_B = \text{CV 기간의 두 번째 단계 기대성장률}$$
$$\text{RONIC}_B = \text{CV 기간의 두 번째 단계 동안 기대 증분 ROIC}$$

g_A는 어떤 값이어도 상관없다. WACC보다 반드시 작아야 하는 것도 아니다. 하지만 이 공식이 유효하기 위해서 g_B는 WACC보다 더 작아야 한다. 그렇지 않으면 이 회사는 결국 전세계의 경제규모보다 커질 것이다.

두 단계 변형은 경제적 이익 영구가치 공식을 위해서도 이용될 수 있다.[1]

$$\text{CV} = \frac{\text{Economic Profit}_{t+1}}{\text{WACC}} + \left[\frac{\text{NOPAT}_{t+1}\left(\frac{g_A}{\text{RONIC}_A}\right)(\text{RONIC}_A - \text{WACC})}{\text{WACC}(\text{WACC} - g_A)}\right]\left[1 - \left(\frac{1+g_A}{1+\text{WACC}}\right)^N\right] + \frac{\text{NOPAT}(1+g_A)^N\left(\frac{g_B}{\text{RONIC}_B}\right)(\text{RONIC}_B - \text{WACC})}{\text{WACC}(\text{WACC} - g_B)(1+\text{WACC})^N}$$

이러한 공식들은 기존 ROIC가 일정하게 유지될 것이라 가정한다. 기존 투하자본을 포함하여, 모든 투하자본에 대한 ROIC의 하락을 모델화하고 싶은 경우, 현금흐름을 추정함으로써 모델화하는 것이 가장 좋다.

공식으로 평균 ROIC 변화를 모델화하는 것은 어려운데, 수익 및 NOPAT 성장률이 FCF 성장률과 같지 않을 것이며 ROIC 하락에는 여러 양상이 있기 때문이다. ROIC를 설정하고 시간에 걸쳐 NOPAT을 감소시킴으로써 하락하는 ROIC를 (NOPAT이 자본에 비해 훨씬 더 느리게 성장하는 경우로) 모델화할 수 있다. 혹은 NOPAT의 성장률을 설정하고 매 기간 FCF를 조정 (그래서 FCF가 NOPAT보다 느리게 성장하게) 할 수도 있으나 이러한 관계는 복잡하다. 특히 핵심가치창출요인의 투명성이 떨어질 땐 이러한 복잡한 관계를 영구가치 공식에 끼워 넣는 것을 권장하지 않는다.

1 이 공식의 유도에 기여한 Pieter de Wit와 David Krieger에게 감사한다.

찾아보기

ㅎ

A

B

C

E

F

M

N

P

R

S

T

VALUATION

기업가치평가 7판

인 쇄 2024년 7월 15일 7판 2쇄
발 행 2024년 7월 30일 7판 2쇄

저 자 TIM KOLLER, MARC GOEDHART, DAVID WESSELS
역 자 김종일, 정경철, 권대욱
발 행 인 성희령
기 획 팀 채희만
영 업 팀 한석범, 최형진, 이호준
편 집 팀 한혜인, 임유리
경영관리팀 이승희
발 행 처 INFINITYBOOKS

주 소 경기도 고양시 일산동구 하늘마을로 158
대방트리플라온 C동 209호

대표전화 02)302-8441
팩 스 02)6085-0777

도서 문의 및 A/S 지원
홈페이지 www.infinitybooks.co.kr
이 메 일 helloworld@infinitybooks.co.kr

I S B N 979-11-92373-07-2
등록번호 제2021-000018호
판매정가 70,000원